Friedrich Haase

Vorlesungen über lateinische Sprachwissenschaft

Friedrich Haase

Vorlesungen über lateinische Sprachwissenschaft

ISBN/EAN: 9783742894526

Hergestellt in Europa, USA, Kanada, Australien, Japan

Cover: Foto ©Thomas Meinert / pixelio.de

Manufactured and distributed by brebook publishing software
(www.brebook.com)

Friedrich Haase

Vorlesungen über lateinische Sprachwissenschaft

Vorlesungen

über

lateinische Sprachwissenschaft

von

Friedrich Haase,

weil. o. ö. Professor a. d. Universität Breslau,

herausgegeben

von

Friedr. Aug. Eckstein.

Band I.

Einleitung. Bedeutungslehre.

Leipzig,

Simmel & Co.

1874.

Vorrede.

Als Friedrich Haase Ostern 1840 zum ausserordentlichen Professor an der Universität zu Breslau ernannt und damit der Bann gelöst war, den seine Theilnahme an der Burschenschaft im Jahre 1835 über sein amtliches Wirken verhängt hatte, begann er sofort im Sommer jenes Jahres die Vorlesungen über die lateinische Sprachwissenschaft auszuarbeiten. Die Wahl gerade dieser Vorlesung war leicht zu erklären, denn er hatte kurz vorher die Vorlesungen unseres unvergesslichen Lehrers Reisig über denselben Gegenstand mit reichhaltigen Anmerkungen herausgegeben. Aber er schlug einen ganz anderen Weg ein. Der Fortschritt, welchen die deutsche Grammatik damals schon gemacht hatte, bestimmte ihn für die lateinische Grammatik neue Anforderungen zu stellen, um eine wissenschaftliche Einsicht in dieselbe zu gewinnen. Sie sollte nicht mehr ein untergeordnetes Hülfsmittel sein, sondern eine selbständige Wissenschaft werden; sie sollte in ihren Anregungen und Ergebnissen auch für die practischen Bedürfnisse der Schule lebendigere Anschauung ermöglichen und tieferes Interesse erwecken, indem sie als eine Schöpfung des römischen Nationalgeistes hervortrat. Das Material, welches er in den Anmerkungen zu Reisigs Vorlesungen niedergelegt hatte, fand seine Verwendung und Erweiterung; die Bedeutungslehre, auf die er besonderes Gewicht legte, wurde neu begründet.

Die Handschrift Haase's ist bei diesem Abdrucke benutzt; er hat bei der Wiederholung der Vorlesungen Vieles hinzugefügt, aber im Ganzen wenig geändert, obschon er das Bedürfniss dazu an verschiedenen Stellen nicht verkannte.

Der Wunsch diese Vorlesungen durch den Druck weiter verbreitet zu sehen, ist oft laut geworden. Dies hat den Verleger bestimmt, Haase's Handschrift zu erwerben. Und doch hat es grosse Bedenken, nach so langer

Zeit mit denselben hervorzutreten, da inzwischen gar Vieles durch die Fortschritte der Sprachforschung und durch den bei uns jetzt besonders regen Eifer in der Erforschung des Sprachgebrauchs einzelner Schriftsteller oder ganzer Klassen von Schriftstellern sich anders gestaltet hat. Wenn ich trotzdem es nicht gemacht habe wie Haase bei Reisig, wenn ich mich gehütet habe eingehende Widerlegungen und umfangreiche Zusätze zu machen, so hat mich einerseits das Gefühl der Pietät abgehalten, mit der ich die Erinnerung an den alten Studiengenossen und langjährigen Freund pflege, andererseits die Ueberzeugung, dass das Buch auch ohne solche Zuthat namentlich jüngeren Philologen noch immer grossen Nutzen bringen werde. Meine Arbeit an dem Buche hat sich hauptsächlich auf die Redaction bezogen, die bei der Masse von einzelnen, noch dazu in verschiedener Zeit gemachten „Observationen", grosse Schwierigkeit bot und doch nicht im Stande gewesen ist das Buch so lesbar zu machen, wie es unter Haase's eigener Hand sich würde gestaltet haben. Ich habe es auch nicht für nöthig erachtet meine Bemerkungen besonders zu bezeichnen, nachdem der Setzer dies auf dem ersten Bogen zu thun übersehen hatte. — Die zweite Abtheilung wird dieser ersten bald folgen.

Leipzig, 25. October 1874.

Dr. **Fr. Aug. Eckstein.**

Inhalt der Vorlesungen über lateinische Grammatik.

Band I.

Begriff und Methode der Grammatik [1]).

Die gesammte Sprachwissenschaft zerfällt in drei grosse Gebiete, die Grammatik, Rhetorik, Poetik; in engerem Sinne versetzt man bloss die Grammatik darunter, welche die nothwendige Grundlage der beiden anderen ist, weil sie ohne besondere Rücksicht zu nehmen auf die einzelne Anwendung der Sprache nur den Stoff der Sprache überhaupt und ihre allgemeinen Gesetze erkennt, wie diese bei jeder Aeusserung menschlicher Gedanken durch die Sprache, in jeder Stil- und Redegattung zur Anwendung kommen. Es giebt aber überhaupt dreierlei Arten von Grammatik; sie ist entweder historisch oder philosophisch oder vergleichend. Die philosophische Grammatik oder genauer die Sprachphilosophie setzt keine bestimmte einzelne Sprache voraus, auf welche sie sich bezöge, sondern sie sucht allein aus dem Begriff und den Gesetzen des Denkens die Gesetze aller menschlichen Sprachen, die Formen des allgemeinen Sprachgeistes zu entwickeln; die einzelne Sprache dient ihr nur als Beleg und Beispiel; sie verhält sich zu der historischen Grammatik, welche sich auf eine gegebene Sprache bezieht, gerade so wie die Philosophie der Geschichte zur Geschichte; oder wie die Metaphysik zur Physik; sie könnte nach dieser Analogie auch Metagrammatik genannt werden. Sie ist ein Theil der Philosophie, leider aber von dieser sehr vernachlässigt. Die Philosophen haben daher sehr wenig Berechtigung den Philologen eine unphilosophische Behandlung der Grammatik zum Vorwurf zu machen, ein Vorwurf, der freilich auch nicht ohne Grund ist.

Die historische Grammatik aber ist wieder von doppelter Art, speciell, indem sie sich auf die Erforschung einer einzelnen Sprache beschränkt, oder vergleichend, indem sie mehrere und möglichst viele Sprachen zu gleicher Zeit rücksichtlich ihrer Verwandtschaft und Verschiedenheit betrachtet. Die vergleichende Grammatik ist eines der grössten und wichtigsten Produkte, welches die historische Wissenschaft in neuerer Zeit geliefert hat; ihr verdanken wir die grosse und folgenreiche Lehre von der Verwandtschaft des indo-germanischen Sprachstammes. Die Darlegung dieser Verwandtschaft im Einzelnen und ihrer Gesetze hat schon jetzt für die einzelnen Sprachen sehr wichtige Resultate gehabt und wird deren noch mehr haben, wenn die noch junge Wissenschaft älter und so zu sagen gesetzter wird, wenn sie zu einer

---

[1]) Zur Einleitung siehe von mir zwei Reden: 1) die Eröffnungsrede zu den Verhandlungen der 17. (Breslauer) Versammlung deutscher Philologen und Schulmänner, Breslau 1857. Dieselbe mit einigen Fehlern unter dem Titel: „Die Grammatik der Zukunft", abgedruckt im deutschen Museum, 1857. Nr. 51, S. 828—916. 2) „Ueber das Verhältniss der Sprachwissenschaft zur Geschichte" (gleichsam eine Fortsetzung), akademische Rede, gehalten am 3. August 1859; gedruckt im deutschen Museum 1860. Nr. 3, S. 95—104.

festeren Methode gelangt und zu einem besonneneren Gebrauch der schönen ihr zu Gebote stehenden Mittel. Die vergleichende Grammatik ist zugleich ein sehr brauchbares Werkzeug für die Sprachphilosophie; denn indem sie die einzelne Erscheinung in jeder besonderen Sprache mit den entsprechenden Erscheinungen in den anderen zusammenstellt, muss sie die Besonderheiten der einzelnen Sprachen von dem allgemein Durchgehenden sondern, und wenn sie das Letztere hervorhebt und auf seinen Begriff zurückführt, so tritt sie dadurch der philosophischen Grammatik sehr nahe; ja sie fällt vielleicht in den allgemeinsten Resultaten mit ihr zusammen, was wenigstens ein Postulat der Wissenschaft ist. Sie ist „Weltgeschichte der Sprache“, zu der sich die Sprachphilosophie und die historische Grammatik verhalten wie die Philosophie der Geschichte und die Geschichte eines Volkes zur Weltgeschichte der Menschheit. Aber ihre Methode, um dahin zu gelangen, ist nicht die der philosophischen Grammatik, sondern gerade die entgegengesetzte, nämlich die der historischen Grammatik überhaupt, welche nicht von dem allgemeinen Begriff ausgeht, um daraus das Besondere zu entwickeln und es ihm unterzuordnen, sondern umgekehrt: sie geht von dem einzelnen historisch gegebenen Material aus, erklärt dies, fasst es naturgemäss zusammen und führt es auf seinen Begriff zurück, unbekümmert um die philosophische Wahrheit dieses Begriffes, die nur in dem Zusammenhange eines philosophischen Systems gesucht und geprüft werden kann. Das historische Factum also und dessen wahre Bedeutung zu ermitteln ist die Aufgabe der wissenschaftlich historischen Grammatik, mit welcher wir es hier zu thun haben; sie hat nachzuweisen, wie sich in der Sprache eines besonderen Volkes der allgemein menschliche Sprachgeist offenbart hat. Wollte sie bloss das Factum der gegebenen Redeweise darlegen, ohne dessen innere Bedeutung zu entwickeln, so würde sie nicht im Stande sein, das Factische wissenschaftlich zu ordnen; sie würde es zu einem dunkeln, unzusammenhängenden Chaos aufhäufen oder es nur äusserlich, lexikalisch ordnen und es nicht mit lebendigem Bewusstsein so reproduciren, dass daraus zugleich allgemeine Resultate gezogen werden könnten; sie würde höchstens ein mechanisches Verständniss des Einzelnen erreichen, wie es die herkömmliche Schulgrammatik eben wirklich thut, die indess nicht vom Ursprung her so unwissenschaftlich war, als sie es im Laufe der Zeiten dadurch geworden ist, dass sie aus Sorge für allerhand practische Bedürfnisse von der alten Grundlage Manches weggerissen, noch mehr aber angeflickt hat, was nicht dazu passte.

Es giebt noch eine andere Methode Sprachen zu lehren, welche noch weniger auf Wissenschaftlichkeit Anspruch machen kann; dies ist die Jacototsche Methode und was damit verwandt ist. Hier ist bloss das möglichst schnelle practische Erlernen einer Sprache der Zweck, etwa in derselben beinahe bewusstlosen Manier, wie Kinder die Muttersprache lernen. Dies kann für das practische Bedürfniss nützlich sein, aber wissenschaftlichen Werth hat es nicht, weil es nicht zur bewussten Erkenntniss des Sprachgenius führt. Wie man also aus zarter Schonung unserer lieben Jugend in den Gymnasien ihr durch eine solche Methode eine Erleichterung verschaffen will, so erweist man ihr einen sehr schlechten Dienst, da man ihr gerade den hauptsächlichsten Nutzen des Sprachunterrichts vorenthält.

Die wissenschaftliche Methode der Grammatik setzt keine infantes voraus, sondern Schüler, die irgend eine Sprache schon in ihrer Gewalt haben

und eines wissenschaftlichen Studiums fähig sind; ja sie setzt selbst die
Sprache, welche sie lehren will, wo nicht ganz, doch einem grossen Theile
nach als bekannt voraus, nämlich den ganzen Sprachschatz, den sie der
mechanischen Thätigkeit des Vocabellernens überlassen muss. Dies kann
natürlich durch keine Methode überflüssig gemacht werden, aber doch wird
sie auch hierbei Principien geltend machen, nämlich die allgemeinen Principien der Lexikographie, welche bisher freilich weder in den Lexicis noch
in der Grammatik zu finden waren; sie sind aber ein Theil der Grammatik
und werden als solcher ihres Orts behandelt werden.

Wenn aber überhaupt die Wissenschaft sich nicht auf Erzeugung und
Uebung der practischen Fertigkeit einlassen kann, so darf doch diese desshalb
nicht gering geschätzt werden; sie ist vielmehr eine nothwendige Bedingung für
eine lebendige Auffassung und freie Bewegung; ihr Mangel führt unausbleib-
lich zu Missverständnissen und schiefen Urtheilen. Dies wird sogleich
erhellen, wenn wir uns den letzten und höchsten Zweck der wissenschaftlichen Erkenntniss vergegenwärtigen, welche die Grammatik anstrebt.

Hat sie nämlich, wie schon bemerkt, die Frage zu beantworten: wie hat
sich der allgemein menschliche Sprachgeist in der einzelnen Sprache geschichtlich offenbart?, so wird die Antwort den besonderen Genius der Sprache
kennen lehren; sie wird der Ausdruck für die Volksthümlichkeit sein, soweit
sich diese überhaupt in der Sprache offenbart; sie offenbart sich aber nirgends
tiefer und treuer. So wie die Volksthümlichkeit selbst das Wesen und den
Begriff eines Volkes ausmacht, das ohne sie nichts ist, so wieder ist die Sprache
das Wesen, der Grund und Halt der Volksthümlichkeit. Sie ist darum das
heilige Palladium der Existenz eines Volkes, die geheime Lebenskraft, die
auch ein unterdrücktes Volk nicht sterben lässt; erst dann ist es todt, wenn
es nicht mehr in eigener Sprache seine Erinnerungen bewahren, sein Unglück
beklagen kann; und selbst nach seinem Untergange ist die Sprache der schönste
Nachlass, den er der Nachwelt überliefern kann; es lebt darin gleichsam
noch fort, wie der Geist eines abgeschiedenen Schriftstellers, der ein grosses
Werk hinterlassen. Unendlich wäre der Verlust, wenn mit den beiden grossen
Völkern des Alterthums auch ihre Sprachen untergegangen wären; aber auch
ein so kleines Volk, wie der arme verkümmerte Stamm der Galen, dessen
letzte Reste von den Schaafheerden englischer Lords verdrängt wurden, lebt
noch fort in seiner schönen liebenswürdigen Gestalt; denn Ossian ist gleichsam der verklärte Geist, in den das Volk mit seiner ganzen Eigenthümlichkeit aufgegangen ist. Gäbe ein Volk freiwillig seine Sprache auf, so beginge
es einen Selbstmord an sich, der nur dann begreiflich wäre, wenn es zu
einem solchen Grade der Erniedrigung und Verderbniss versänke, dass es an
sich selbst verzweifelte und sich des Daseins nicht mehr werth hielte. Es
giebt freilich noch viele andere Dinge, worin sich eine Volksthümlichkeit
ausdrückt; aber die Sprache ist das Heiligste und Tiefste. Alle übrigen
Bestandtheile der Eigenthümlichkeit eines Volkes in Glauben, Wissenschaft
und Kunst, Sitte und Verfassung liegen meistens viel offener da und sind
viel wandelbarer, weil sie nicht eine so unmittelbare, unbewusste Eingebung
des innersten Volksgeistes sind, noch eine so ursprüngliche Thätigkeit der
angeborenen Denkweise und des logischen Characters; vielmehr werden sie
vielfach getrübt und verändert durch äussere Lebensverhältnisse, durch besondere Schicksale, durch fremde Einflüsse und eigene Willkür. Allerdings

1*

ist auch die Sprache veränderlich; aber nicht momentane und gleichgültige, sondern nur bleibende und wesentliche Einflüsse hinterlassen in ihr dauernde Veränderungen und auch diese nur, wenn sie mit dem ursprünglichen Sprachgenius nicht unverträglich sind, so lange nämlich dieser noch Lebenskraft genug hat, um dem Neuen, was nicht aus seiner eigenen Wurzel erwachsen ist, zu widerstehen, oder um es sich selbst zu assimiliren, indem er es an einen analogen Punkt als organische Weiterbildung anschliesst. Denn die Sprache ist ein geistig belebter Organismus, der allmählich wächst und erstarkt, der seine Zweige und Aeste nach allen Seiten ausbreitet, Blüthen und Früchte trägt, und dann ebenso allmählich abstirbt und vergeht. So liegt also in der geschichtlichen Erscheinung einer Sprache nicht nur das reinste Bild, sondern auch die tief ausgeprägte Geschichte einer Volksthümlichkeit.

Von dieser Seite betrachtet muss uns die Aufgabe der historischen Grammatik als eine unendlich grosse und wichtige erscheinen, deren Lösung in sich selbst ihren Zweck und Lohn trägt; demnach ist die Grammatik den übrigen Theilen der gesammten Alterthumswissenschaft keinesweges subordinirt, sondern mindestens coordinirt; ja man könnte sie selbst über die anderen stellen, da ja der geistige Charakter des Volkes, den sie entwickelt, in allen anderen Sphären, worin sich das äussere und innere Leben bewegt, die Grundlage bildet. Wenn dagegen zuweilen die Grammatik nur angesehen wird als ein subsidiäres Hülfsmittel, welches bloss durch das einen Werth bekomme,. dessen Verständniss uns dadurch eröffnet wird, wenn sie demnach zur Magd der Litteratur erniedrigt wird, so ist dies eine ganz unrichtige und unwürdige Ansicht der Grammatik, welche nur durch eine unrichtige und geistlose Behandlungsweise derselben veranlasst und entschuldigt werden kann. Freilich dient sie auch als subsidiäres Hülfsmittel und zwar allgemein allen anderen Theilen der Alterthumswissenschaft, und auch schon insofern hat sie einen unendlich grossen Werth; aber sie ist nicht von Natur eine bloss untergeordnete Hülfswissenschaft; und wenn sie oft als solche benutzt werden muss, so trifft das eben so sehr alle anderen Disciplinen, die sogar von der Grammatik selbst oft so benutzt werden. Was aber namentlich die Litteraturgeschichte betrifft, welche uns die organische Ausbildung und Anwendung der Sprache durch alle Stilgattungen und Kunstformen hindurch historisch darlegt, so muss sie von dem Bekenntniss ausgehen, dass alle diese mannigfaltige Entwickelung an gewisse Schranken gebunden und durch einen ursprünglichen Character bestimmt worden ist. Diese Schranken lagen in der Eigenthümlichkeit der Sprache, in welcher die Litteratur sich entwickelte; die Kenntniss dieser Eigenthümlichkeit kann die Litteraturgeschichte nur von der Grammatik entlehnen.

Nachdem ich so die Stellung und den Zweck der Grammatik festgestellt habe, ist es nicht mehr nöthig ihre Würde und ihren Werth noch weiter zu empfehlen. Nur noch Eines bemerke ich, was die Alterthumswissenschaft im Allgemeinen betrifft: die Erkenntniss und die lebendige Reproduction der beiden hervorstechenden Volksthümlichkeiten des Alterthums, oder, was dasselbe ist, des antiken Geistes ist der Zweck unserer Wissenschaft überhaupt; diesen erreicht die Grammatik auf ihrem Standpunkte und mit ihren Mitteln schon für sich, indem sie das Wesen der alten Völker gerade von seiner innersten Seite her darstellt; ausserdem aber ist sie das unentbehrliche Werkzeug aller übrigen Disciplinen, welche denselben Zweck haben. Die Grammatik also innerhalb der Alterthumswissenschaft selbst gering zu schätzen ist eine sehr falsche Würdigung ihres Verhältnisses zu derselben; und wenn dies Philologen der neueren Zeit zuweilen gethan haben, so ist dies nur eine Einseitigkeit, die nicht verfehlt sich auf den bevorzugten Gebieten zu rächen. Wer aber die antike Grammatik sammt der ganzen Alterthumswissenschaft desshalb verschmäht, weil er nicht einsieht, warum gerade die alten Sprachen so vorzugsweise als ein würdiges Studium aller liberal Gebildeten und als einer der wichtigsten Theile jeder wissenschaftlichen Cultur festgehalten werden sollen, da ja auch neuere Sprachen und Litteraturen viel Vorzügliches enthalten, der verkennt zweierlei: 1) überhaupt die Höhe und Vollendung der Leistungen des Alterthums, woran gewöhnlich Unkenntniss oder Oberflächlichkeit Schuld ist, zuweilen, und dann ist freilich gar nicht zu helfen, Urtheils- und Geschmacklosigkeit, 2) verkennt er ganz besonders dies, dass die römische und griechische Volksthümlichkeit eine ganz andere historische Wichtigkeit hat als die eines jeden anderen Volkes; dass jene mit dieser gar nicht parallelisirt werden darf. Die heutigen Volksthümlichkeiten stehen gar nicht in einem nothwendigen Zusammenhange; es hängt von der Willkür und dem Geschmacke des Einzelnen, zuweilen von der Mode der Zeit oder auch von vorübergehenden politischen Einflüssen ab, ob wir uns mit der französischen oder englischen oder italienischen, spanischen, russischen Litteratur oder sonst einer anderen beschäftigen wollen; allen diesen werden wir uns mindestens coordiniren; manche können wir selbst geringschätzen und verachten, oder wir können sie als etwas Fremdes und Feindseliges zurückstossen ohne Schaden; ja wir halten es selbst für eine Pflicht, unsere eigene Volksthümlichkeit von fremden Einflüssen rein zu erhalten. Ganz anders ist dies mit der antiken Volksthümlichkeit; sie ist die gemeinsame Mutter und Nährerin aller modernen; an ihr ist unser eigenes Bewusstsein erwachsen und gebildet; denn sie ist es, der alle neueren Völker das Erwachen aus der rohen Unmittelbarkeit zur Abstraction, zur Wissenschaft und Kunst verdanken, wie die Geschichte aller Völker und aller Litteraturen unwidersprechlich zeigt. Sie ist also für kein Volk eine fremde, die man von sich abzuwehren hätte; sie ist das gemeinsame Band aller gemeinschaftlichen Cultur; sie ist ausserdem todt und tritt uns nicht mehr im äusseren Leben mit dem anmassenden Anspruch auf vorwiegende Geltung und Macht entgegen; sie ist für die moderne Bildung der Völker das, was für den Glauben der christlichen Kirchen das ursprüngliche Christenthum. Es liesse sich denken, dass zu irgend einer Zeit einmal das Alterthum verbraucht und abgenutzt wäre; dass man sagen könnte, Plato und Aristoteles, Homer, Pindar und Sophocles, Demosthenes und Cicero, Herodot, Thucydides und Tacitus, Phidias und so viele Andere waren gegen uns nur arme Stümper, die so die ersten kleinen Anfänge in der Philosophie und Poesie, in der Beredsamkeit und Geschichtschreibung und in der ganzen schönen Kunst machten; aber so weit sind wir für jetzt noch lange nicht; und wenn wir auch in manchen Einzelheiten den Alten weit voraus sind, so kehren wir doch in allen wesentlichen Angelegenheiten der Kunst und Wissenschaft immer wieder zum Alterthume zurück als dem nie versiegenden Quell, an dem wir unser eigenes Leben immer von Neuem wieder erfrischen. Dieser Quell ist noch bei Weitem nicht ausgeschöpft. Wie gross auch die Fortschritte sind, welche die Philologie in dem letzten Jahrhundert gemacht hat, so kann man doch noch keinen ihrer Theile für fertig und abgeschlossen ansehen; wohin man auch eine treue und sorgfältige Forschung richten möge, immer tritt uns noch eine neue, fruchtbare Seite des Alterthums entgegen. So ist es auch und ganz besonders mit der Grammatik und sie, dünkt mich, verdient es ganz besonders, dass wir ihr in dem angegebenen, einzig würdigen und wissenschaftlichen Sinne nahe zu treten versuchen. Es ist aber die Behandlung der Grammatik nach dem aufgestellten Begriffe bisher noch nicht versucht worden; es kann daher auch keine der bisher befolgten Methoden beibehalten werden, sondern aus dem genannten Begriffe selbst muss die ihm angemessene Methode hervorgehen. Die lateinische Grammatik soll den Geist des römischen Volkes in seiner Eigenthümlichkeit geschichtlich darstellen. Es kann uns folglich nicht darum zu thun sein, ein bloss mechanisches Hülfsmittel zum Uebersetzen zu erlangen, eine Sammlung von sogenannten Regeln, die man gleichsam wie einen guten Rath befolgt, um das Verständniss eines lateinischen Textes glücklich zu bewerkstelligen, oder wie Rechenregeln, durch deren Anwendung man das Facit bekommt, man weiss nicht wie. Vielmehr müssen diese Regeln, vorausgesetzt, dass sie richtig sind, als Gesetze des Denkens betrachtet werden und zwar nicht sowohl als Gesetze des allgemein menschlichen Denkens überhaupt, als vielmehr als die Gesetze der individuellen römischen Denkweise. Denn im ersteren Falle würden wir nur einen mageren logischen Extract erhalten, der in seiner Besonderheit nicht einmal für die Philosophie von grossem Werth wäre; für uns, die wir das römische Alterthum möglichst lebendig in uns reproduciren wollen, handelt es sich um eine individuell bestimmte Denkweise, um einen ganz substantiellen Begriff. Allgemeine Kategorien enthalten an sich keine historische Bestimmung und darum ist mit ihnen auf dem historischen Boden, auf welchem wir stehen, wenig anzufangen; sie können uns höchstens als ein Mittel der Zusammenfassung (als Ueberschriften) dienen, obgleich sie selbst nicht einmal die Norm der Anordnung sein können, welche aus der Natur des gegebenen Stoffes selbst erwachsen muss. Ueberhaupt ist es klar, dass das, was für die Philosophie die meiste Bedeutung hat, für uns die geringste hat; denn wo eine sprachliche Erscheinung nur eine allgemein menschliche Bedeutung hat, ist sie leer für die Characteristik der Römer. Das Allgemeine also ist uns nur wichtig als der Gegensatz des Besonderen, als das grosse leere Gebiet, auf dem sich das frische substantielle Leben ausbreitet und bewegt. Wenn demnach die Regeln der Sprache zu Denkgesetzen gemacht werden sollen, so kann dies nur heissen: es ist der höhere Begriff nachzuweisen, den die Römer von den einzelnen Bestandtheilen der Sprache hatten, und weiter dann ihre besondere Vorstellungsweise im Einklang damit zu erklären, wonach diese oder jene Erscheinung in grammatischen Fügungen und Verbindungen entstand und entstehen musste. Aber das Leben der Sprache ist sehr mannigfaltig; oft kann dasselbe oder nahe Verwandtes auf mehrfachen Wegen erreicht werden, und dann entstehen zarte Differenzen bald der Zeitalter, bald der Stilgattungen, bald die kleinen und feinen Nüancirungen der Ironie, der Satire, des Humors, welches alles der groben Grammatik entgeht, die sich auf die Regeln und Ausnahmen beschränkt. Oft findet sich eine dem Anschein nach eigensinnige Schranke gezogen in der Verfolgung einer Analogie, deren consequente Durchführung man hätte erwarten sollen, und dies bildet das, was man in der gewöhnlichen Grammatik Ausnahmen,

Anomalien nennt, die als verdriessliche Abnormitäten und eigensinnige Will-
kürlichkeiten hingestellt werden, die aber oft gerade die interessantesten
Züge des römischen Sprachgeistes darbieten, wenn man sie zu erklären weiss.
Auch hierin ist oft eine Differenz der Stilgattung und des Zeitalters wahrzunehmen, und es gewährt ein grosses Interesse, wenn sich in so kleinen
Einzelnheiten jene Wandlungen des römischen Geistes abspiegeln, die zu
gleicher Zeit die grammatischen Regeln und das Schicksal der Welt änderten.
In solchen Dingen treten wir auf das Gebiet der Observation im Einzelnen, die im Gebiet der allgemeinen Regeln und um sie herum noch
eine Anzahl von kleinen Regeln und Gesetzchen aufstellt, die oft kaum der
Bemerkung werth scheinen, weil sie aussehen wie blosse Zufälligkeiten, wie
besondere Gewohnheiten und Launen einer Zeit, oder einer Klasse von
Schriftstellern, oder gar nur eines einzigen; es sind wunderliche Schnurr-
pfeifereien, die von Vielen gering geachtet werden, weil sie oft ohne Sinn
und Menschenverstand observirt und gesammelt wurden, wie z. B. von Drakenborch und anderen Holländern. Andere in neuerer Zeit legten mehr Gewicht darauf und in geistreicherer Manier, wie Niebuhr und besonders Lachmann, der es aber auch verschmäht diesen Einzelnheiten ihren systematischen
Werth dadurch zu geben, dass er ihren Sinn und Grund angäbe. Aber
gerade wenn dies geschieht, sind diese Sachen von grosser Wichtigkeit für
die besondere römische Eigenthümlichkeit überhaupt, für einzelne Schriftsteller insbesondere und für ihre Kritik. Ist es auch nicht jedes Mal eine
besondere Vorstellungsweise, welche den Sprachgebrauch im Einzelnen bestimmt, so ist es dann doch etwas Anderes, was auch der Berücksichtigung
nicht unwerth ist, oft wird die consequente Durchführung eines allgemeinen
Gesetzes beeinträchtigt durch ästhetische Rücksichten auf Wohlklang und
Rundung, durch Rücksicht auf Deutlichkeit, Kürze und Bequemlichkeit, ja
selbst durch Missverständnisse, oder durch zufällige Beschaffenheiten des
Materials der Sprache, welches nicht fügsam genug ist, um der Ausbildung
eines Gesetzes nach allen Seiten zu folgen.

Zweierlei ist also durchaus erforderlich, um die Aufgabe der Grammatik
zu lösen: 1) möglichst vollständige Darlegung der grammatischen Erscheinungen
und Eigenthümlichkeiten, 2) eindringendes Verständniss dieses Materials,
Leben und Denken darin. Die äusserliche Vollständigkeit ist nothwendig,
um die Gesetze der Sprache nicht unvollständig, d. h. zu weit, aufzustellen;
das innere Verständniss aber, um nicht überhaupt falsche, bloss abstrahirte,
dem römischen Sprachgeiste nicht angemessene und ihm abgelauschte Gesetze
aufzustellen. Beide Forderungen sind übrigens ein Gegenstand des Spottes
geworden, die eine als wüste Handlangerarbeit, die andere als ein thörichtes,
erfolgloses, unnatürliches und antinationales Bemühen eingefleischter Philologen.
Es ist nicht nöthig diese Vorwürfe abzuweisen; sie sind nur dann verdient,
wenn eine geistlose Betriebsamkeit das Mittel als Zweck behandelt und sich
darauf beschränkt; das kann in jeder anderen wissenschaftlichen Aufgabe
ebenso gut geschehen. Wenn wir nun die wissenschaftliche Richtung und
Umsicht überall festhalten, so wird dadurch auch das Mechanische geistig
belebt. Die Philosophie, deren Verhältniss zur Grammatik schon im Eingange
besprochen ist, dient uns hierbei nur als Werkzeug; wollte man von ihr die
zu findenden Begriffe und Denkgesetze schon fertig mitbringen, wie dies in
neueren Zeiten gar oft bei historischen Forschungen geschehen, namentlich

durch einen Missbrauch der Hegelschen Philosophie, so würde dadurch die Unbefangenheit und Freiheit unserer eigenen Forschung beeinträchtigt werden, und im Grunde wird dadurch auch der Philosophie kein guter Dienst geleistet, da sie eine unfreie Historie nicht als Correctiv benutzen könnte in den Dingen, worin beide, jede auf ihre Weise, dieselbe Wahrheit suchen. Giebt uns nun die Philosophie nur ganz im Allgemeinen ein Werkzeug bei unserer Arbeit, so haben wir ausserdem noch andere uns näher liegende allgemeine und besondere Hülfsmittel in der grammatischen Forschung: 1) fleissige Lectüre und Observation; 2) genaue Beobachtung der Analogie und des eigenthümlichen Sprachgenius; 3) Vergleichung anderer Sprachen, nicht als Zweck, sondern als Hülfsmittel. Hierzu kommen dann

4) die Vorarbeiten.

Hier wäre es am Orte eine Geschichte der grammatischen Wissenschaft zu geben. Indess ist dies bei der Kürze der Zeit um so weniger zweckmässig, da diese, wenn sie ein Ganzes sein sollte, sich nicht bloss auf die Syntax, sondern auch auf die Etymologie und ausserdem in beiden Beziehungen nicht nur auf die lateinische Sprache, sondern auch auf die griechische erstrecken müsste, da die Römer die ganze grammatische Wissenschaft von den Griechen bekommen und mit fortwährender Benutzung der Griechen cultivirt haben, und da auch in neueren Zeiten diese Verbindung vielfältig festgehalten ist. Indem ich also darauf für jetzt verzichte, die Geschichte der Grammatik als ein Ganzes darzustellen, beschränke ich mich möglichst auf die Syntax und zwar die lateinische.

Ueber den Werth und die Autorität der Vorarbeiten für uns ist im Allgemeinen dies zu bemerken, dass wir uns mit den Grammatikern der neuern Zeit ganz auf gleiche Linie zu stellen und ihre Ansichten ohne Vorurtheile zu prüfen haben. Was aber die alten anbetrifft, die von Vielen ganz ignorirt, von Andern überschätzt werden, so müssen wir hierbei einen Mittelweg gehen. Wo sie, ihre sonstige Glaubwürdigkeit vorausgesetzt, Facta referiren und wo sie Bemerkungen machen, die aus dem für sie noch ganz lebendigen Sprachgefühl hervorgehen, ohne aus Liebe zu einer Theorie gewaltsam verdreht zu sein, da verdienen sie grosse und sorgfältige Berücksichtigung. Im Uebrigen aber können wir uns nicht für verbunden halten, unser System und dessen Begründung von ihnen zu entlehnen; denn man kann sich leicht überzeugen, dass ungeachtet der grossen Verdienste der Stoiker und Anderer doch die grammatische Wissenschaft im Alterthum noch in ihren ersten Anfängen war. Weiter zu kommen waren sie besonders durch folgende Umstände gehindert:

1) Die Grammatik, wo sie wissenschaftlich betrachtet wurde, hatte sich noch nicht von der Philosophie hinlänglich gesondert: es handelte sich um Ermittelung einzelner allgemeiner Begriffe, um ihnen das gesammte Material unterzuordnen im Dienste der Logik, Rhetorik und Poetik; ein eigentliches, durch die Masse der Einzelheiten hindurchgehendes System der Grammatik kannte man nicht.

2) Man stand unter der Herrschaft der noch lebenden Sprache und war desshalb weniger fähig zu einer anatomisirenden Reflexion über das Einzelne; zumal da man

3) auch nicht seinen Standpunkt ausserhalb der Muttersprache durch Vergleichung einer anderen Sprache zu nehmen suchte, am wenigsten in der Syntax. Was über die Vergleichung des Lateinischen und Griechischen geschrieben ist, davon ist das Meiste verloren, wie das Buch des Didymus περὶ τῆς παρὰ ῾Ρωμαίοις ἀναλογίας worüber vgl. Lersch, die Sprachphilosophie der Alten I. S. 143. Tyrannio bei Suid. s. v. περὶ τῆς ῾Ρωμαιχῆς διαλέχτου ὅτι ἐκ τῆς ῾Ελληνιχῆς, und Hypsicrates bei Gell. XVI, 12.: Super his, quae a Graecis accepta sunt. Bei allen diesen Schriften herrschte das besondere Interesse vor, die Römer als Abkömmlinge der Griechen darzustellen. Bloss etymologisch ist Macrobius de societatibus verbi graeci et latini. Vgl. J. F. Cramer, de studiis quae veteres ad aliarum gentium contulerint linguas. Stralsund, 1844. 4. Progr.

4) Wo man sich auf die Einzelnheiten, etymologische oder syntactische, einliess, geschah es bloss aus practischen Rücksichten, theils um daran bei der Interpretation der Dichter, dem Hauptgeschäft der Grammatiker, Gebrauch zu machen, theils um die Reinheit der Sprache zu bewahren.

Bei uns finden alle diese Hindernisse nicht mehr Statt; es steht uns frei, die Grammatik als eine freie Wissenschaft gesondert von der Philosophie zu behandeln; auch beherrscht uns im Lateinischen weit weniger der bewusstlose Gebrauch; vielmehr kommt uns die Eigenthümlichkeit, wenn wir wollen, leicht zum Bewusstsein, da wir, auch ohne uns auf weitere Sprachenvergleichung einzulassen, doch schon den Gegensatz in uns tragen, den uns unsere Muttersprache mittelst ihrer grossen Verschiedenheit giebt, und nur durch ihren Gegensatz kann eine Eigenthümlichkeit als solche erkannt werden. Daher sind wir hierzu selbst fähiger als die romanischen Völker, die sich zum Lateinischen nicht in so schroffem Gegensatz befinden, die ihm näher stehen und daher bei Weitem schlechtere Grammatiker sind als wir, dagegen oft bessere Stilisten: wenigstens haben sie vielfach mehr Leichtigkeit dazu.

Die Römer haben so ziemlich alle Wissenschaften, mit Ausnahme der unmittelbar practischen, Jurisprudenz, Baukunst, Kriegskunst, und alle Gattungen der Litteratur auf Anregung und nach dem Muster der Griechen bearbeitet, meistens ohne ihre Lehrer zu erreichen. *Graecia capta ferum victorem cepit et artis intulit agresti Latio.* Horat. Ep. II. 1, 156. Natürlich traten sie dann gleich auf die Stufe der Ausbildung, welche jedes Fach gerade bei den Griechen erreicht hatte, ohne die vorhergegangenen Grade der Entwickelung durchzumachen. Auf dieselbe Weise haben sie auch die Wissenschaft der Grammatik überkommen; dies geschah zwischen dem ersten und zweiten punischen Kriege, also zu einer Zeit, wo die griechische Bildung schon vielfältig angefangen hatte sich bei den Römern geltend zu machen. Zu jener Zeit schickte der Pergamenische König Attalus den Crates aus Mallos in Cilicien (daher Mallotes) als Gesandten nach Rom, kurz nach dem Tode des Ennius; er fiel beim Palatium in ein Loch einer Kloake und brach ein Bein; so lange seine Krankheit und Gesandtschaft dauerte, hielt er Akroases. Sueton. de ill. gramm, c. 2. Er war ein Stoiker, also aus der Schule, welche sich viel mit Grammatik beschäftigte, und besonders geschah dies in Pergamum eifrig, und zu jener Zeit war die Grammatik in vorzüglicher Blüthe; es war die Zeit des Aristarch.

So wurde das grammatische System der Stoiker eingeführt [1]), das immer das vorherrschende geblieben ist, obwohl Einzelne in Einzelnheiten später sich Abweichungen erlaubten, meistens auch nach dem Vorgange der Griechen.

Aus jener Anregung ging eine grosse Zahl von grammatischen Schriften hervor, von sehr ungleichem Werth und Zweck; sie alle durchzugehen ist für die Syntax nicht erspriesslich; eine kurze Aufzählung mit litterarischen Nachweisungen s. in Reisig S. 19—27. Dazu füge Osann, Beiträge zur griechischen und römischen Literaturgeschichte Bd. II (Cassel und Leipzig 1839), wo in der zweiten Hälfte dieses Bandes schätzbare Untersuchungen über die späteren Grammatiker, besonders chronologische, enthalten sind. Aber eine zusammenhängende Geschichte der lateinischen Grammatik fehlt noch, was sehr zu bedauern, wie auch im Griechischen.

Die drei ältesten von den bedeutenderen Grammatikern sind wahrscheinlich von allen zugleich auch die ausgezeichnetsten und gelehrtesten gewesen, nämlich C. Julius Caesar, M. Terentius Varro und M. Verrius Flaccus; dazu der etwas spätere Plinius.

Caesar schrieb 2 Bücher de analogia, deren Fragmente in manchen Ausgaben seiner Schriften, z. B. in der von Cellarius, Lips. 1746 (bei Nipperdey p. 753—57) gesammelt sind, zuletzt von Laur. Lersch, die Sprachphilosophie der Alten I p. 131 fgg. [2]). Diese Schrift war wohl vorzugsweise der Etymologie gewidmet, in welcher Caesar die Analogie mit grosser Consequenz durchzuführen suchte. Dieselbe Beziehung auf Etymologie hatte auch Plinius der Aeltere, der 8 Bücher de dubio sermone geschrieben hatte, wie Plinius der Jüngere epp. 5, 5. bezeugt. Die Fragmente hat Lersch 1. c. p. 179 fgg. [3]) gesammelt, wozu er noch einen Nachtrag giebt Bd. II p. 159 fg. Wenn also diese Grammatiker für die practische Anwendung schrieben und für die grammatische Correctheit des Stils sorgten, so hatte dagegen Verrius eine ganz andere Richtung, nämlich die gelehrte Erklärung dunkler Wörter bei alten Schriftstellern oder in der Sprache überhaupt, theils in antiquarischer, theils in grammatischer Beziehung [4]); er hatte geschrieben mehrere Bücher rerum memoria dignarum, rerum Etruscarum vielleicht de rebus sacris: wenigstens wird ein Buch erwähnt, das Saturnus überschrieben war bei Macrob. Sat. I, 4 [5]). Dazu gehören noch seine Fasti, die wie Sueton de ill. gramm. c. 17 berichtet, zu Praeneste auf dem Markte nahe bei seiner Statue in Marmor geschickt ausgehauen waren. Diese Fasti sind im Jahre 1770 zum Theil wiedergefunden und von Franc. Foggini sorgfältig herausgegeben; sie beziehen sich auf Januar, März, April, December und sind voll von Beweisen seiner ausserordentlichen Gelehrsamkeit, und ausserdem auch für die

[1]) R. Traug. Schmidt, Stoicorum grammatica. Hal. 1839. 8.
[2]) Fr. Schlitte, de G. Julio Caesare grammatico. Halae 1865. 8.
[3]) Alfr. Schottmüller, de C. Plinii Secundi libris grammaticis part. I. Bonn. 1858. 8.
[4]) Er war libertinus, zeichnete sich aus durch eine neue Lehrmethode, wodurch er Wetteifer unter den Schülern erregte. Ging mit seiner Schule in das Palatium, da er berufen war den Enkel des Augustus zu unterrichten; er starb unter Tiberius in sehr hohem Alter. Nach Merkel hat er auch erst unter Tiberius geschrieben; s. proll. p. XCIV fg., während O. Müller ihn so früh sterben liess, dass er noch von Varro citirt werden konnte.
[5]) „Verrius Flaccus als auctor de praenomine erwiesen", eine Abhandlung von G. F. Grotefend, in der Zeitschrift für die Alterthumswissenschaft. 1843. H. 2. Nr. 22 fg.

Sprache und Orthographie sehr merkwürdig [1]). Dagegen waren mehr grammatischer Art seine Schriften de orthographia, de obscuris Catonis und de verborum significatu. Alle sind leider verloren und vielleicht noch andere. Wir besitzen nur noch den Festus, welcher vorzüglich die Schrift de verborum significatu in einen Auszug gebracht hatte mit Benutzung der de obscuris Catonis und vielleicht noch anderer. Festus hat zwar weggelassen, was ihm gar zu veraltet vorkam, jedoch ist sein Buch auch so ein grosser Schatz für Erklärung dunkler Worte geblieben, der freilich ebenfalls dem grössten Theile nach für uns verloren gegangen ist; ganz erhalten ist nur der magere und mit grosser Unwissenheit gemachte Auszug von Paulus Diaconus. Beide sind zuerst zuverlässig herausgegeben nach genauer Collation des einzigen cod. Farnes. in Neapel von O. Müller, Lips. 1839. Eine nochmalige Collation hat H. Keil angestellt und das Ergebniss, Supplementum Festi a. C. O. Müller editi publicirt im Rhein. Museum für Philol. Jhrg. VI 1848 p. 618—626. Dass Festus ausserdem noch ein kleines Werk, libri admodum pauci priscorum verborum cum exemplis geschrieben, scheint aus seiner Aeusserung s. v. Porriciam (p. 218 O. Müll.) hervorzugehen, wenn man mit Gräfenhan Ztschr. für Alterthumswissenschaft 1847. H. 1. S. 14 fg. jenen Titel nicht auf die 20 Bücher des Verrius Flacius de verborum significatu bezieht.

Varro umfasste beide Richtungen; in seinen 24 Büchern de lingua latina [2]), wovon jedoch nur V—X, also 6, aber lückenhaft auf uns gekommen sind, hatte er im ersten wahrscheinlich irgend einen allgemeinen Gegenstand behandelt; dann 2—7: quemadmodum vocabula imposita essent rebus. 8—13 quemadmodum ea in casus declinarentur. 14—24 quemadmodum coniungerentur. Der dritte Theil ist sonach ganz verloren gegangen, der gerade für die Syntax am wichtigsten gewesen wäre. Die zwei übrigen Bücher des ersten Theils enthalten viele wunderliche und falsche Etymologien, aber grosse antiquarische Gelehrsamkeit und wichtige Citate aus alten Schriftstellern, besonders Dichtern, deren Erklärung auch Varro besonders berücksichtigt. Die Bücher 8, 9, 10 aus dem zweiten Theile beziehen sich auf die Gesetze der Flexion, deren Analogie und Anomalie. Der Text sehr schlecht, erst lesbar durch Spengel, Berol. 1826, dann durch O. Müller, Lips. 1833. Nun sind noch zwei Ausgaben zu erwarten, von Pape in Lindemann's corpus, und besonders von Lachmann [3]).

Nonius Marcellus, Flavius Sosipater Charisius und Diomedes; von diesen ist Nonius Marcellus lexikalisch, wie Festus; ausgezeichnet ist Charisius, der sich jedoch vorzugsweise mit der Etymologie beschäftigt; das Syntactische ist sehr kurz abgefunden und gehört grösstentheils mehr in die Rhetorik. Diomedes hat aus ihm abgeschrieben.

Ich übergehe die kleineren Schriften von Donat und den Commentar dazu von Pompejus, Consentius, Rhemmius Palaemon, Probus [4]), Macrobius,

---

[1]) S. Corp. Inscr. Lat. I p. 311—319.
[2]) Aug. Wilmanns, de M. Terenti Varronis libris grammaticis. Berol. 1864. 8.
[3]) Vergebliche Hoffnungen; eher ist zu wünschen, dass L. Spengel sich entschlösse die Ergebnisse seiner langjährigen Studien mit den handschriftlichen Ergebnissen in einer neuen Ausgabe zu veröffentlichen.
[4]) Valer. Probus ad Virg. Georg. III, 25 giebt sich als Zeitgenossen des Domitian zu erkennen. Vgl. Jul. Steup, de Probis grammaticis, Jenac 1871. 8. H. Keil in den grammat. lat. Vol. IV.

um noch den einzigen zu erwähnen, welcher die Syntax ex professo behandelt hat, nämlich Priscianus, der im 6. Jahrhundert gelebt hat; Osann a. a. O. p. 147—161 bemüht sich ihn in's 5. Jahrhundert zu setzen, so dass das Hauptwerk desselben schon vor 450 nicht nur geschrieben, sondern auch abgeschrieben sein müsste; das ist nicht glaublich; jedoch ist wohl anzunehmen, dass Priscianus am Ende des fünften und im Anfang des sechsten Jahrhunderts gelebt hat. Von den 18 Büchern seiner Ars grammatica sind die ersten 16, bloss etymologisch, nach den Redetheilen geordnet, jedoch sind oft auch syntactische Bemerkungen beigefügt. Die beiden letzten Bücher aber sind keineswegs eine eigenthümlich römische Syntax, sondern es ist nur eine dem Lateinischen angepasste Ueberarbeitung und zum Theil Uebersetzung des ausgezeichneten griechischen Grammatikers Apollonius von Alexandrien περὶ συντάξεως.

Bietet uns nun schon der ausführlichste lateinische Grammatiker so wenig für eine systematische Syntax, so wird man noch weniger von denen erwarten, welche vor ihm und nach ihm unter dem Titel einer ars kleine Compendien geschrieben haben. Die ganze Systematik besteht darin, dass die octo partes orationis mit ihren Definitionen und Accidenzen durchgegangen werden. Das, was wir unter Syntax verstehen, hat dabei noch einen lexikalischen Zuschnitt; es ist eine Anweisung für jedes einzelne Wort, es so oder so zu construiren; hierbei hätte wenigstens äusserlich das Gleiche zusammengestellt werden können, woraus die in unseren Grammatiken aufgestellten Regeln entstanden wären; aber auch dies ist nur in geringem Masse geschehen.

In diesem Zustande ging die Grammatik in das Mittelalter über, d. h. in eine Zeit, wo die lateinische Sprache nicht mehr lebendig, und doch auch zunächst noch nicht todt war. Dieser Mittelzustand brachte bisweilen die wunderbarsten Erscheinungen an den Tag. Die unmittelbare Verbindung mit dem Alterthum war gerissen; die Sprache wurde zu einer dunkeln und matten Reminiscenz; da sie weder in sich selbst erhaltende Lebenskraft hatte, noch diese durch Studium ersetzt wurde, so versank sie in einen unglaublichen Grad von Uncultur und Verkehrtheit. Was aber das Wunderbarste ist, in einer gewissen Zeit wurde gerade diese Uncultur wieder cultivirt, indem sie als der natürliche Zustand betrachtet und zur Basis einer neuen Cultur gemacht wurde. Aus dieser (d. h. ungefähr der carolingischen) Zeit hat Angelo Mai im 5. Bande seiner Auct. class. einige erstaunliche Schriften publicirt; wir erfahren, dass zwei grammatische Schulen bestanden, wovon das Haupt der einen Terentius, der andern Galbungus hiess. Als ein Mann von einer gewissen Berühmtheit zeigt sich ein Virgilius Maro[1]), der zwar schöne Namen citirt, wie Cicero, Cato, Varro, Terentius, Lucanus u. s. w., aber alle diese sind, wo nicht fingirt, das Eigenthum von Zeitgenossen des Virg. Maro, und nicht weniger barbarisch als er selbst. Er selbst hatte den Namen Virgilius vielleicht als Familiennamen; den Beinamen Maro gab ihm sein Lehrer Aeneas nach einem Manne von unaussprechlicher Weisheit, der, wie er sagt, zur Zeit der Sündflut gelebt habe: *repperitur in libris, quod vir quidam Maro fuerit prope diluvium, cuius sapientiam nulla narrare saecula potuerunt. Unde Aeneas cum*

---

¹) H. Keil, de grammaticis quibusdam latinis infimae aetatis. Erlang. 1868. 4. H. Hagen, anecdota Helvetica p. CVI. u. 188—201.

me vidisset ingeniosum hominem, me hoc vocabulo iussit nominari, dicens: hic filius meus Maro vocabitur, quia in eo antiqui Maronis spiritus redivivit. S. bei Mai l. c. p. 129. Dies ist doch noch schlimmer, als wenn ein anderer noch ungedruckter Grammatiker des Mittelalters, Petrus Helias [1]), der einen Commentar zu Priscianus geschrieben hat, den Thucydides einen graecus poëta nennt, wie ich zu Reisig Anmerk. 10. S. 27 aus einer Handschrift angeführt habe. Von welcher Art die Sprachkenntniss des Virgilius Maro ist und der Gewährsmänner, welche er citirt, kann man daraus sehen, dass nach ihm *esto = recto, ergo = saepe, tamen = inde* (z. B. *reversi*). Dass eine solche Art von Grammatikern ihre Wissenschaft nicht weiter fördern konnten, versteht sich von selbst. Freilich war die Barbarei nicht immer gleich gross; Karl der Grosse hatte um sich und hinterliess eine Anzahl Männer, die mit dem Alterthum vertraut waren und selbst gut schrieben; im 10. Jahrhunderte blühten in Deutschland die Schulen noch; aber aus verschiedenen Gründen wurden keine Fortschritte, sondern gar Rückschritte gemacht. Das Latein wurde nur nothdürftig practisch gelernt; man bediente sich dazu höchstens des Priscian oder Donat, wenn man es weit trieb, und so bildete sich eine neue Barbarei aus auf Grundlage des kirchlichen Lateins, woraus denn das scholastische hervorging. Sonst begnügte man sich mit kleinen Handbüchern, welche meistens lexikalisch und etymologisch waren. Mit Hülfe solcher Bücher gelangte man zu der Latinität, die in den epp. obscurorum virorum sich findet. Es sind deren folgende zu nennen:

Joannes de Garlandia, ein Engländer im 11. Jahrhundert, schrieb de modis significandi, wovon ein cod. super modos significandi aus der Abtei St. Emmeram, s. Serap. Bd. II. S. 263 [2]).

Papias, um 1063, elementarium doctrinae rudimentum, gedr. Venet. 1496; ein Auszug daraus verfasst von Martinus de Arenis 1307.

Eberardus oder Everardus schrieb 1212 [1124] den Graecismus; er war von Bethune. Es ist eine versificirte Erklärung der Wörter und Redensarten, die aus dem Griechischen stammen; öfter gedruckt und noch von Erasmus in seiner Jugend studirt [3]). Ein unvollständiger cod. in Giessen.

Hugutio oder Ugutio Pisanus, Bischof von Ferrara 1220, schrieb ein liber derivationum, worin eine kurze Grammatik und ein Wörterbuch, gezogen aus Papias, mit abenteuerlichen Etymologien.

In Deutschland allgemein verbreitet und in den Schulen sehr fest gewurzelt, selbst noch bis in das sechszehnte Jahrhundert, war Alexandri doctrinale [4]), eine Grammatik in leoninischen Versen geschrieben um 1242 und dann unzählige Male abgeschrieben, später gedruckt und vielfach commentirt. Das Buch besteht aus 4 partes, die in dunkler Sprache geschrieben und voll von scholastischer Dialectik sind. Die Abschaffung dieses Buches

---

[1]) Ueber Petrus Helias s. Reines. ad Hoffmann et Ruppert. epp. p. 682 (jetzt Thurot in den notices et extraits des manuscrits de la Bibl. Impériale, T. XXII. p. 18 u. öfter). Ex universa Hispania Alexandros, Petros Elias, et duriora adhuc nomina, Galteros, Ebrardos, Pastranas et nescio quos indignos qui nominentur, grammatistas ac litteratores funditus eradicavi, sagt Aelius Antonius Nebrissensis in dem Dedicationsbrief vor seinem Dictionarium. S. Majans. vita Sanctii p. 52.

[2]) S. Böcking Hutteni opera T. VII. p. 376.

[3]) S. Böcking l. c. p. 360.

[4]) S. Böcking l. c. p. 297, Thurot de Alexandri doctrinali, Paris 1850, u. in den Notices et extraits T. XXII. p. 29. 98.

war ein Gegenstand des eifrigsten Bemühens der ältesten deutschen Humanisten. S. Burckhard, de linguae latinae in Germania facit I. p. 284. II. p. 407.

Das Catholicon war verfasst von Joannes Januensis aus Genua um 1290 [1]). Mammotrectus s. expositio in singulis libris Bibliae authore Marchesino. Der Verfasser, Franziskaner aus Reggio, lebte wahrscheinlich um 1300. S. Majans. in Sanctii vita, vor dessen Opera T. I. p. 46 fgg. Handschrift in Berlin. Serap. Bd. I. S. 108. III. S. 105. 107 [2]).

Joannis comprehensorium ist geschöpft aus Isidor, Papias, Hugutio, Catholicon, gedr. 1485.

Joannis Pastranae opus grammaticae, auch thesaurus pauperum und speculum puerorum genannt, scheint etwas besser gewesen zu sein.

Eine Reihe anderer ähnlicher Bücher nennt mit Namen Wimpheling bei Burckhard II. p. 387, und spöttisch Rabelais I. c. 14 mit den Anmerkungen von Regis S. 72 [3]).

Aber in Italien hatte sich ein neuer Aufschwung vorbereitet. Die römische Kirche zwar, obgleich auch in ihrer Sprache römisch, hatte doch verschmäht sich aus dem Heidenthum zu cultiviren. Das römische Recht, das nie seine practische Gültigkeit verloren hatte, war ebenfalls ins Barbarische übersetzt in verschiedenen Breviarien; als aber die oberitalienischen Städte frei wurden und sich durch einen regen Verkehr und Kriege zur Macht erhoben, forderten die dadurch complicirter werdenden Verhältnisse ein genaueres Rechtsstudium. Man ging endlich auf die Quellen zurück, und neben den Professoren des Rechts wurde auch ein Grammaticus angestellt. Darüber s. Savigny, Geschichte des römischen Rechts im Mittelalter. Von diesen Anfängen aus, lange vor der Zerstörung von Constantinopel, entfaltete sich die neue Cultur, die durch das Zurückgehen auf das Alterthum erzeugt wurde; es war eine neue Belebung und Erhebung des Geistes, die zunächst in Italien ihren Sitz hatte, Tausende von Schülern aus allen Nationen anzog und erzog und sich bald über Italien hinaus ausbreitete, bis diese ursprünglich bloss auf die Wissenschaft gerichtete Erleuchtung in Deutschland eine tiefere Richtung auf die Religion nahm, wodurch das schöne Band, das vorher alle Nationen vereinigt hatte, zerrissen wurde und an die Stelle des gemeinsamen Bewusstseins einer wissenschaftlichen Wiedergeburt der Kampf um die grössten und heiligsten Güter trat, der noch jetzt nicht beendigt ist, der aber endigen wird durch das gemeinsame Bewusstsein einer neuen wissenschaftlichen Erhebung.

Wie nun aber die neue Cultur allen Wissenschaften neue Grundlagen und ein neues Leben gab, so war dies besonders auch in der Grammatik der Fall; ja in gewisser Weise wurde sie gleichsam das Schiboleth der neuen

---

[1]) S. Böcking l. c. p. 399.
[2]) S. Böcking l. c. p. 411.
[3]) Einiges hat Haase genauer behandelt in dem Progr. de medii aevi stud. philol. Vratislav. 1856. 4., jetzt vor Allen Thurot in den Notices et extraits pour servir à l'histoire des doctrines grammaticales au moyen âge. Paris 1868. 4. Ueber die gemma gemmarum s. Böcking I. c. p. 378, der p. 496 auch einige vocabularii bespricht, über welche noch Diefenbachs Vorrede zu dem glossarium latino-germanicum bibliographische Mittheilungen macht. — Den Kampf der Humanisten gegen diese mittelalterlichen Lehrbücher hat H. ziemlich unberührt gelassen.

Erhebung und Aufklärung; während nämlich die hartnäckigen Anhänger der scholastischen Philosophie auch fortfuhren sich der für diese herkömmlichen barbarischen Sprache zu bedienen, nahmen die Führer der neuen Richtung aus den alten Autoren auch einen reineren Stil an [1]), der somit das Zeichen des Eingehens in die neue freiere Richtung war; aber freilich wird gar leicht das Zeichen mit der Sache verwechselt und so fügte es sich wohl, dass auf beiden Seiten über die Sorge für die Form pro und contra sehr übertriebene, extreme Ansichten geäussert wurden. Sehr interessant sind hierüber zwei Briefe von dem talentreichen Jo. Picus von Mirandula und Hermolaus Barbarus, von denen jener, jedoch nicht ganz im Ernst, die scholastische Philosophie mit ihrer Sprache vertheidigt; sie stehen beide bei Politian epp. lib. IX. am Ende und sind sonst öfter gedruckt, z. B. als Anhang zu Melanchthon's Rhetorik, mit den Vorlesungen darüber von Mart. Crusius, Basil. 1582.

Die Gegner der barbarischen Sprache behielten die Oberhand; jedoch gingen viele von ihnen darin zu weit, dass sie eine gar zu einseitige Nachahmung des Cicero ausübten und verlangten, woraus sich denn ein neuer, lange und von Vielen geführter Streit über die Ciceronianer entspann; die Litteratur hierüber findet man gesammelt bei Walch, hist. crit. ling. lat. p. 726 fgg. Lips. 1729. Hand, Lehrb. des lateinischen Stils p. 16 und 473. Bernhardy, Encyclopädie der Philologie p. 255 und 259. Mencken, hist. vitae Aug. Politiani p. 194 fgg. Lazarus Bonamicus erklärte, er wolle lieber so sprechen wie Cicero als römischer Papst sein. Zu den übertriebensten gehören Christophorus Longolius und P. Bembus, welcher letzterer *apua et igni interdicere* für excommuniciren gebrauchte; und obgleich er Cardinal der römischen Kirche war, doch *deos superos manesque placare* sagte für: einem Sterbenden die Sünden vergeben; der Christus einen heros nannte; und die Briefe des Paulus *epistolaccie* schalt und einem Freunde rieth, wenn ihm die Beredsamkeit lieb sei, sie nicht anzurühren, oder, wenn er angefangen sie zu lesen, sie sogleich wegzuwerfen. Er fand den Stil der Bibel so niedrig und gemein, dass er sagte, nachdem er sie Ein Mal gelesen: *amissurum quod reliquum haberet pietatis, si semel praeterea sacra biblia perlustraret.* Dies erzählt Aut. Borremans Var. lectt. c. XI. p. 126, aber Petr. Burman erklärt es für erdichtet in seiner Oratio pro literatoribus et grammaticis, Leidae 1732. 4.

Wie thöricht solche Uebertreibungen auch waren, so hatten sie doch den Nutzen, dass die Urtheile über alte Autoren und ihre stilistische Kunst vielfach erwogen, die Stilistik eifrig geübt wurde; natürlich ging dabei auch die Grammatik nicht leer aus, jedoch ist freilich klar, dass der theoretische Fortschritt mit der practischen Fertigkeit in gar keinem Verhältniss stand. Ein richtiger Instinct, gleichsam ein philologisches Gehör, wird in der Stilistik immer ein nothwendiges Erforderniss bleiben; damals aber war dies fast die einzige Norm der Stilistik; es wurde geübt durch sehr häufiges Lesen und Schreiben, und unterstützt durch Phrasensammlungen, welche man in Menge zu einzelnen Autoren hatte, selbst anlegte, oder sich machen liess. Wie wenig indess die grössten Stilisten jener Zeit eine theoretische Einsicht von ihrer Kunst hatten, zeigen ihre Commentare zu den Schriftstellern. Hätte

---

[1]) Petrarca, Boccaccio schrieben nicht rein, aber doch gebildet durch die Alten, in freier Weise, selbstständig und mit Geist die alte Sitte fortsetzend.

man z. B. Bembus oder Muret oder Sigonius gefragt, warum er in diesem oder jenem Falle dieses oder jenes Tempus oder Modus setze, so würde man eine sehr ungenügende Antwort bekommen haben; übrigens ist gerade diese Lehre so intricat, dass der Instinct, das lebendige Sprachgefühl nicht immer ausreicht. Darum finden sich auch bei den Besten nicht eben selten Fehler dieser Art, und das berühmte Buch von Sleidan, Commentarii de statu religionis et reipublicae Carolo V. Caesare, das auch in Rücksicht des Stils nicht übel ist, ist voll davon.

Gleichwohl begann doch eben damals zugleich ein gründliches und man kann selbst sagen wissenschaftliches Studium der Grammatik, das besonders vier Quellen hatte, 1) die alten Grammatiker; 2) die Lectüre und Observation; 3) die Kritik neuerer Stilisten; 4) zuweilen die Philosophie.

Die Etymologie war, da man die Syntax ex usu lernte, das nöthigste Bedürfniss, wofür eine Menge kleiner Handbücher sorgten, wie Aldi Manutii rudimentae linguae latinae zuerst 1501, Impressae Lyptzk per Melchiorem Lotter. Anno domini 1510, ferner ib. 1511 bei demselben, aber mit dem Titel: Aldi M. Rom. summo viri ingenio et singulari doctrina lucubrationes Grammatice, iam secundo formis nitidioribus expresse, und institutiones grammaticae, zuerst 1508 gedruckt und dann sehr häufig wiederholt, z. B. Paris. 1513. Tübing. 1516. Demnächst schweifte man oft ab in rhetorische Vorschriften und Phrasensammlungen. Dies zeigen z. B. die grammatische Schrift des Ant. Mancinelli ([Venet. 1492], nachgedruckt Basil. 1501 und 1508, geschrieben um 1480) und das Dictionarium des Aelius Antonius Nebrissensis. Nicol. Perottus (archiepiscopus Sipontinus), gest. 1480, hat ausser seinem Cornu copiae (eigentlich Commentar zu Martial, aber lexikalisch) und vielen anderen Schriften auch Rudimenta Grammatices verfasst, die seit 1476 oft gedruckt; von Bernhard Perger in Wien überarbeitet, und dann auch gedruckt, Argentinae 1488.

Aber einen bedeutenden Anstoss gab Laur. Valla durch seine sechs Bücher de linguae latinae elegantia oder elegantiarum, welche wahrscheinlich Romae 1471 fol. zuerst gedruckt sind, geschrieben aber und herausgegeben um 1440. Valla war der rüstigste Kämpfer gegen die Barbarei und Vorurtheile des Mittelalters; gegen seine zahlreichen Feinde war er stets mit scharfer Kritik, energischer Selbständigkeit und gründlicher, freier Einsicht gewappnet. Ueber sein wechselvolles Leben s. Heeren, Geschichte der Philol. S. 216 fgg., der nur Tiraboschi, Storia della letteratura italiana VI, II. p. 301 fgg. über ihn anführt, und dabei die sorgfaltige Biographie übersehen hat, welche Drakenborch in der Vorrede zum letzten Bande seines Livius gegeben hat. Ausserdem s. C. G. Zumpt, Leben und Verdienste des Laur. Valla, in der Zeitschrift für Geschichtswissenschaft, von A. Schmidt, Bd. VI. (1845) S. 397—434. Vahlen, Lorenzo Valla. Ein Vortrag. Wien 1864 [1]). Allerdings ist Valla weit entfernt von einer systematischen Behandlung der Grammatik. Seine Elegantiae sind eine Sammlung zerstreuter Observationen, aber die Observation ist überhaupt die Quelle grammatischer Gesetze. Sie erstrecken sich, freilich ohne Ordnung, auf ziemlich alle Theile

---

[1]) Vahlens Vortrag ist Berlin 1870 in einem zweiten Abdrucke erschienen; andere Schriften habe ich in dem nomenclator p. 583 angeführt, zu denen die von Alessandro Paoli, 1872 in Rom erschienene, hinzukommt.

der Grammatik und enthalten viel Lexikographisches über Synonyma und dergleichen; auch sind die Bemerkungen über Constructionen verschiedener Wörter noch sehr unzusammenhängend und nicht unter allgemeine Gesetze geordnet. Aber überall zeigt Valla ein lebendiges Sprachgefühl und richtigen, feinen Tact, genährt durch sorgfältige, nicht zu einseitige Lectüre, grossen Scharfsinn in der Observation. Freilich tadelt er zuweilen als unlateinisch, was später gerechtfertigt ist, und macht Regeln und Unterscheidungen, die sich nicht haben halten lassen; aber in den meisten Fällen ist ihm Alles dies auch glücklich gelungen, und wo dies nicht der Fall ist, regt er wenigstens immer zu erspriesslicher Prüfung und Forschung an, so dass noch jetzt sein Buch seinen Werth nicht verloren hat. In der Einleitung spricht er mit Eifer und Begeisterung von der Würde und Heiligkeit der lateinischen Sprache mit Bevorzugung vor der griechischen, weil durch ihre Verbreitung die wissenschaftliche Bildung bedingt sei, wendet sich lib. III praef. an die Juristen, IV praef. an die Theologen. Bedenkt man vollends, wie viel und wie genau er gelesen, wie unbedeutend die Leistungen seiner Vorgänger waren und wie schwierig in jener Zeit, vor Erfindung der Buchdruckerkunst, bei der Kostbarkeit und Unzuverlässigkeit der Manuscripte das Studium der Alten war, so ist man zur Bewunderung dieses Mannes gezwungen, bei der es begreiflich wird, wie seine Zeitgenossen die Beschuldigung ersinnen und zum Theil glauben konnten, dass nicht er, sondern Asconius Pedianus, der bekannte alte Commentator des Cicero, der Verfasser der Elegantiae sei.

Gegen Valla schrieb Curius Lancilottus Pasius Ferrariensis de arte grammatica libri VIII. seu de rebus non vulgaribus, Regii Lepidi 1504, nachgedruckt Argentorati 1518, darin ein Brief von Rhenanus von 1511, in welchem Jahre dieser den ersten Nachdruck besorgt hat. Auch Parmae 1514. Sein Streben ist, die hergebrachten Regeln durch Zurückführung auf alte Autoritäten zu begründen oder zu berichtigen; dabei verzichtet er ganz auf Benutzung des Griechischen, worüber er sich stark ausspricht, prooem. lib. VI., mit polemischer Beziehung auf einen graeculus literator. Er stand in dem Rufe, sein grammatisches Werk unredlich aus einem ungedruckten Buche des Pomponius Laetus compilirt zu haben.

Nach Valla fehlte nur, dass die vereinzelte Observation systematisirt wurde, und diese Richtung schlugen nach ihm die Philologen ein, aber weniger in Italien und Frankreich, als in Spanien, England und Deutschland. Es werden daher von nun an die grammatischen Lehrbücher, mehr oder weniger populär, sehr häufig, anfangs mit bedeutender Strebsamkeit verfasst, bis nach Sanctius eine Stagnation eintritt, die bis auf unsere Zeit gedauert hat. Aus der ganzen Masse werde ich aber nur diejenigen erwähnen, welche wegen ihres wirklichen Werthes oder wegen ihrer grossen Verbreitung besonders ausgezeichnet zu werden verdienen.

Gegen Ende des 15. Jahrhunderts (Sanctius sagt im Jahre 1585 vor 100 Jahren) erwarb sich erhebliche Verdienste um die lateinische Sprache Aelius Antonius Nebrissensis, dessen Dictionarium schon oben erwähnt wurde. Seine Ars grammatica erschien Lugduni 1508. 4. mit mehreren kleinen grammatischen Schriften von ihm; zuerst Salamanca 1481, öfters aber später in einem Auszuge von Xantus Nebrissensis zu Complutum 1524 und zu

Lyon 1541. Sanctius in der Vorrede zu seiner Minerva rühmt seine Verdienste. Grammatica Tardivi. Guillaume Tardif widmet sie dem König Karl VIII. (1483—98) ohne Bettelei. Ein Brief von Yvo ist vorausgeschickt; dann folgt von ihm selbst auf 20 Seiten eine eloquentiae studium suadens oratio. Auf fol. 106 giebt er an, dass der erste Theil schon früher, aber sehr fehlerhaft gedruckt sei, weshalb er 1484 eine verbesserte Ausgabe besorgt habe, was er mit Beispielen alter Autoren entschuldigt.. Die lange Verzögerung entschuldigt er mit anderen Beschäftigungen, namentlich führt er mehrere von ihm verfasste Bücher auf. Das ganze Werk besteht aus drei Theilen: grammatica, elegantia, rhetorica. Die Grammatik hat drei Theile. 1) Buchstaben, aussprechende Redetheile, alle definirt, mit ihren Accidenzen. Nach den Conjunctionen ist unmittelbar das Schema der Conjugation angehängt, sehr auffallend, vielleicht ein Versehen, denn gleich dahinter folgt pars grammatice secunda dictionis specierum accidentia singulatim illarum ordine dicens, beginnend mit de declinationibus. Es folgt dann das Uebrige über Substantiva, Adjectiva und Pronomina, und dann kommt wieder das Verbum, womit der zweite Theil schliesst. Es folgt tertia grammatice pars cetera latinitatique pertinentia perficiens. Kapitel sind: 1. De adiectivi et substantivi latini convenientia ac discrepantia. 2. De relativi et antecedentis. 3. De cuius interrogativo possessivo responsioneque sibi debito casu facienda. 4. De suppositi et verbi latina convenientia et discrepantia. 5. De numeralibus dictionibus. 6. Nominativo sine genetivo quando utendum est. 7. Tempus et mensura quomodo accusativo sive ablativo significatur. 8. Ueber den Unterschied des Ablativ in e und i. 9. Mei, tui, sui, nostri, vestri, nostrum, vestrum genetivi quomodo differunt. 10. Meme, tete, tutu, sese quando geminanda sunt. 11. De reciprocatione sui et suus. 12. De hic, iste, ille, is, idem, ipse. 13. Nostras et vestras. 14. De syllabis quae pronominibus quibusdam iunguntur. 15. Activo vel passivo verbo quando utendum. 16. Casus diversos regentia verba non sunt coniungenda. 18. Accusativa ac damnativa verba quomodo cum genetivo vel ablativo ponuntur. 19. De temporum consimilitudine et praeterito et futuro. 19. De vicaria modorum positione 20. Imperandum quibus modis est. 21. Esse infinitiv. cum nominat. et accusat. 22. Gerundia. 23. Infinitiv und Gerundiv. 24. Supina. 25. Participia. 26. Adverbia. 27. De regimine, sehr kurz. 28. De constructione, worunter die Wortstellung verstanden wird. Dann de orthographia viel ausführlicher, de punctis, de metrificatione (Prosodie und Metrik); am Schlusse die Abschnitte de licentia poetica und de accentu. Danach ist grammatice finis, und es beginnt die elegantia, eine alphabetische Phraseologie; zuletzt rhetorica, tertia huius compendii pars. Am Ende stehen die Kapitelüberschriften des ganzen Werkes.

Hiernächst sind zwei Engländer zu nennen, Guil. Grocinus (William Grocyn) und Thomas Linacer; beide waren in Florenz Schüler von Demetrius Chalcondylas und Aug. Politianus; über beide kann man Nachweisungen finden bei Heeren, Geschichte der Philol. p. 137; Mencken, historia vitae Ang. Politiani p. 80 sq. Der erstere verliess im Jahre 1488, wo er schon 46 Jahre alt war, sein Vaterland, weil er dort keine Gelegenheit fand Griechisch zu lernen; er lehrte es nach seiner Rückkehr zu Oxford. Ueber Grammatik hat er wohl nichts geschrieben, doch wird seine Ansicht über die

Eintheilung der Tempora erwähnt von Linacer de emend. struct. lat. serm.
I. p. 28, von Scaliger de causis c. 113. p. 296 sq., und neuerdings von
Seguier, la philosophie du langage p. 32.

Thomas Linacer (Linacre) war eigentlich Arzt, geb. um 1460 und
ging mit dem englischen Gesandten beim römischen Hofe, Wilhelm Tilly
von Canterbury, seinem Lehrer, nach Italien; nach seiner Rückkehr war er
Leibarzt der Könige Heinrichs VII. und VIII. Er übersetzte den Galen und
Proclus de sphaera ins Lateinische, schrieb auch eine englische Grammatik
und Anderes. Sehr wichtig sind seine de emendata structura latini sermonis
libri VI, welche zu London 1524. 4. erschienen; später noch oft, wie ap.
And. Cratandrum Basil. 1530. 4. Paris. 1532. Viteb. 1531. 1532. 1543.
Lips. 1545 mit Vorrede von Ph. Melanchthon, welche von 1531 datirt ist,
wo er es in die Schulen einzuführen sich bemühte für die schon reiferen
Schüler. Venet. 1557 bei Manutius. Dann hat Joach. Camerarius eine Ausgabe besorgt mit einer Vorrede von ihm, einem Abschnitt über die Figuren,
und mit Anmerkungen von Casp. Landsidel zu Linacer; diese Ausgabe ist
öfter erschienen, Lips. 1564. 1580 und 1591, in welcher Ausgabe noch Anmerkungen von Phil. Bech angehängt sind. Linacer ist ein genauer Kenner
der Latinität, ein scharfer und systematischer Kopf, der sich die grösste
Mühe giebt in alle Dinge Ordnung zu bringen. Sein erstes Buch handelt
von den 8 Redetheilen für sich und im Allgemeinen, das zweite über die
Enallage derselben. Im dritten, vierten und fünften handelt er von der
eigentlichen structura emendata, nämlich von der regelmässigen, nach einer
scharfsinnigen und durchgehenden Disposition, über die es jedoch nicht leicht
ist eine Uebersicht zu bekommen, und die auch bloss äusserlich gemacht,
nicht aus dem Stoffe erwachsen ist. Zwei Haupttheile der Syntax sind die
constructio transitiva, wenn sie übergeht in einen verschiedenen Casus; die
intransitiva, wenn gar kein Casus folgt oder wenn derselbe folgt; das letztere
ist im Ganzen die Concordantia. Diese Eintheilung hat Alvarus beibehalten,
Im sechsten handelt er von der unregelmässigen Construction, d. h. von den
Figuren. Ueberall bringt er fleissig gesammelte Beispiele bei, obwohl sie
oft bloss aus Valla entlehnt, auch nicht selten wegen falscher Lesarten und
Missverständnisse übel angewendet sind.

Die Hauptabtheilung, syntaxis regularis und irregularis oder figurata,
kehrt bei den meisten wieder und hat sich zum Theil bis in die neuesten
Zeiten gehalten, wo an die Stelle der letzteren die syntaxis ornata getreten
ist, die ein Allerlei enthält ohne jenen Begriff. Aber die syntaxis regularis
hat man auf verschiedene Weise getheilt. Zuerst bloss nach den Redetheilen; so Melanchthon. Dann unterscheidet man concordantia und regimen.
Diese hat am consequentesten durchgeführt P. Ramus, indem er nicht bloss
in substantivis, adjectivis und pronominibus, sondern in allen Redetheilen
eine convenientia nachweist. Im regimen werden die Redetheile durchgenom-
men; dies ist eigentlich lexikalisch, und oft werden selbst alphabetische Verzeichnisse eingelegt; doch bemüht man sich auch die Klassen nach Begriffen
zu ordnen, z. B. die verba nach der Bedeutung; so Ramus. Dagegen hat
Despauterius erst concordantia und dann regimen, dies aber nicht nach den
Wortklassen, sondern nach den Casus geordnet, also regimen nominativi,
genetivi etc., aber ohne Einsicht der Casusbedeutung, bloss als äussere
Ordnung.

In Deutschland[1]) war sehr verbreitet die Gramm. Philippea, d. h. die von Ph. Melanchthon, zuerst 1526[2]), welche schon denuo recognita Norib. 1542. 8. und später Lips. 1554. 8. 1560. 8. und sonst noch sehr häufig erschienen ist; namentlich öfters recognita ac locupletata ab Erasmo Schmidio, z. B. Lips. 1698. 1714. 8. Dazu gehören desselben Er. Schmid Hypomnemata et alia quaedam ad gramm. Phil. Mel. pertinentia pro usu adultiorum et docentium seorsim edita, 1619. 1621. 1696. 1709. 8.

Melanchthon hatte noch ganz die lexikalische Methode, indem er die Structur der Redetheile abhandelt; es ist noch nicht einmal die concordantia ausgesondert, sondern bei den nomina kommt sie eben so gut vor wie nachher bei den verba, aber in gleicher Weise auch bei beiden die Rection der casus obliqui. Die syntaxis ist auch abgesondert erschienen und nachher vermehrt von Vitus Winsemius, und mit einem ausführlichen Commentar versehen von Henricus Decimator, Lips. 1591. 1606.

In Frankreich hatte man besonders zwei Grammatiken, die des Petrus Ramus und die von Despauterius. Die erstere, des berühmten Philosophen Ramus, der am 26. August 1572 bei der Pariser Bluthochzeit ermordet wurde, ist sehr häufig auch in Deutschland gedruckt, z. B. Basil. 1569. Francofurti 1578. Magdeburg. 1602 u. s. w. Später hat man Versuche gemacht nicht nur die Philosophie des Ramus und Melanchthon, sondern auch ihre Grammatiken zu vereinigen, und so erschien eine grammatica latina Philippo-Ramea, Herborn. 1591 und 1620. Steinfurt 1600. (Lignicii excudebat Nicol. Sartorius a. C. 1602); ferner Rudimenta grammaticae Philippo-Rameae cum vestibulo Jo. Amos. Comenii. Herborn. 1651. Ich habe die Grammatica, Francofurti 1585; die Rudimenta Grammaticae, ex P. Rami Professoris Regii postrema Grammatica breviter collecta, Francof. 1585; endlich P. Rami Scholae in tres primas liberales artes: videlicet Grammaticae, Rhetoricae, Dialecticae —. Recens emendatae per Joann. Piscatorem Argentinensem. Francof. 1581. Alle drei Schriften zeichnen sich aus durch grosse Klarheit, Bestimmtheit und schöne Latinität. Die Scholae sind ein räsonnirender Commentar zur Grammatica, wobei die Syntax nur in einem kurzen Anhange zum 20. Buche besprochen wird. Ramus war wegen der Syntax wenig in Sorgen; er meint, sie folge logischen Gesetzen, und war damit fertig. Er theilt in convenientia und rectio, geht beide nach allen Redetheilen durch und knüpft überall das Anomale an. Das Anomale beseitigt er möglichst, indem er es läugnet oder als Fehler schlechter oder als Freiheiten poetischer Autoren erklärt. Despauterius[3]) war anfangs in Frankreich allgemein und in England bis auf Ruddiman im Anfange des acht-

---

[1]) Nachdem im Süden Bebel und Wimpheling für die Beseitigung der alten Schulbücher gewirkt hatten, traten dort rasch hintereinander zahlreiche Grammatiker auf, wie Locher (Philomusus) 1495, Heinrichmann 1506, Brassicanus 1510, Cochlaeus 1511, Aventinus (Turmair von Abensberg) 1512.

[2]) Mel. grammat. lat. erschien zuerst 1525. Nachweisungen über die zahlreichen Ausgaben bis 1737 giebt Bindseil im Corp. Reformat. T. XX. p. 193—244.

[3]) Despauterius d. i. Jan van Pauteren, geb. um 1460, würde eher seine Stelle unter den Hieronymianern finden müssen, die im Nordwesten Deutschlands gegen das Doctrinale kämpften und neue Bücher statt desselben einführten oder es wenigstens verbesserten, wie Hegius, Sintheu, Caesarius, Murmellius u. a. Von ihm sind die grammaticae insti-

zehnten Jahrhunderts. Wenigstens in der Prosodie galt er in Frankreich noch fort, und diese hat seit ihm dort keinen Schritt weiter gethan, wie L. Quicherat, nouvelle prosodie latine, Par. 1839, im Anfange der Vorrede bemerkt. Eine allgemeine Verbreitung, zunächst besonders ihrer Bestimmung gemäss in den Jesuitenschulen, fanden des Emanuel Alvarus (de Alvares) de institutione grammatica libri III, zuerst erschienen Dillingae 1572, dann 1574, 1583; Genuae 1586. 8.; Coloniae Agr. 1596. 4. 1653. 1655. 8. Der Verfasser ist gestorben 1582. Das Buch ist practisch für die Schulen eingerichtet, jedoch auch mit methodischen Anweisungen, (fleissigen Sammlungen und sonstigen Zusätzen für die Lehrer versehen; es war in Portugal in den Schulen eingeführt, bis es verdrängt wurde durch Antonius Pereira, nova methodus Grammaticae Latinae. Olisipone 1752. S. Majans. vita Sanctii p. 118 fg.

Augustini Saturnii Lazaronei Buennatis Mercurii maioris, sive grammaticarum institutionum libri X. 1531. Basileae 1546. 8. Er hatte schon früher eine kleinere Grammatik unter dem Namen Mercurius herausgegeben. Der Mercurius maior ist mehr eine philosophische Betrachtung aller Sprachtheile, wobei also Etymologie und Syntax nicht gesondert werden. Die Hauptsache sind Spitzfindigkeiten in den Definitionen, die jedoch dann auch durch Berufung auf den Gebrauch begründet werden. Dabei ist sehr viel gegen Laur. Valla polemisirt; wenn auch im Einzelnen nach philosophischer Bestimmung strebend, ist doch für die Systematisirung des Ganzen nichts gethan. An Arroganz fehlt es nicht.

Noch muss erwähnt werden Jul. Caesar Scaliger de causis latinae linguae libri XIII. Lugd. 1540. 4. apud Sebast. Gryphium und dann noch oft. Hier ist nicht von Darlegung des factischen Gebrauchs die Rede, sondern es ist eine Art Philosophie der lateinischen Grammatik, worin die Definitionen der Redetheile, ihr logisches Verhältniss zu einander erörtert werden, zuweilen mit Beziehung auf die eigentliche Bedeutung ihrer termini und anderer grammatischer Begriffe vorzugsweise behandelt werden in einem etwas widerhaarigen, aber nicht schlechten Latein, mit dem starken aristokratischen Selbstbewusstsein, das den Scaligeris und am meisten diesem eigen war; denn er ist nicht zu verwechseln mit seinem berühmteren Sohne Joseph Justus Scaliger. Oft feine und geistreiche Bemerkungen unter unnützen Spitzfindigkeiten.

Cornelii Valerii Ultrajectini Grammaticarum institutionum libri IV. Antverp. 1560. 1562. 8. behandelt concordantia und rectio nach den Redetheilen.

Nicod. Frischlini grammatica latina, Venet. 1583. 8. Tubing. 1585. Francofurti ad Moenum 1586 ist bemerkenswerth durch einen langen Krieg, der darüber zwischen Mart. Crusius und Frischlin, an dessen Stelle nachher sein Bruder Jacob Frischlin trat, entstanden ist und eine ziemlich lange Reihe sehr harter Schriften und Gegenschriften hervorgebracht hat, worüber siehe Walch, historia critica linguae latinae p. 273—77. Diese Streitschriften sind sehr derb und persönlich, voll der ärgsten Vorwürfe über lüderliches Leben und dergleichen, aber über die Grammatik wird wenig Näheres

tutionis libri VII oft gedruckt, eben so die rudimenta. Aber auch Andere haben Compendien daraus gemacht, wie Joann. Pelisson u. Sebastianus Novimola.

verhandelt. Frischlin [1]) war ein poetischer Mensch, turbulent und unordent-
lich in seinem Leben, der überall in Streit gerieth; seine Grammatik be-
kämpft heftig eine in Süddeutschland damals eingeführte Ueberarbeitung der
Grammatica Philippea, damit auch Melanchthon selbst; im Wesentlichen jedoch steht er auf derselben Grundlage, scheidet bloss syntaxis regularis und
figurata ab und geht jene nach den Redetheilen durch, ohne auch nur concordantia und rectio zu unterscheiden. Er bemüht sich im Einzelnen Definitionen genauer zu fassen und die Zahl der Regeln zu vermindern. Er
hatte schon den Sanctius benutzt, dem er an Hochmuth nichts nachgiebt.
Ihn und Scaliger und Aug. Saturnius nennt er ausdrücklich als seine Führer;
von früheren rühmt er am meisten Linacer und Melanchthon und als Wieder-
hersteller nach Priscian den Valla. Angehängt sind Paralipomena, Zusätze
für die Lehrer, und ein besonderes Buch: Disputatio Grammatica, tributa in
ducentas et plures propositiones: in quibus demonstrantur et refutantur Soloe-
cismi et Barbarismi: falsae et superfluae regulae: absurdae et ab omni ratione
alienae definitiones et divisiones Grammaticorum: quas res plagosi huius
aetatis Orbilii teneris puerorum animis non sine multis verberibus, ipsi flagris
digniores, inculcant, Argentorati 1586, Thesen zur öffentlichen Disputation
herausfordernd und die Grammatik vertheidigend.

Von allen bisher genannten Grammatikern hat keiner einen so grossen
Einfluss auf die systematische Gestaltung der Grammatik gehabt, keiner von
allen, wie gross auch ihre Verdienste um Sammlung des Materials, um
logische, übersichtliche, practische Anordnung desselben und klaren Ausdruck
waren, ist so tief und energisch in das Wesen der Grammatik und der grammatischen Begriffe eingedrungen, keiner hat daher eine so allgemeine und
so lange unangefochtene Alleinherrschaft behauptet, als der Spanier Fran-
cesco Sanchez de las Brozas, oder Franciscus Sanctius Brocensis, erster
(primarius doctor) Professor der Rhetorik und griechischen Sprache an der
Universität zu Salamanca, welcher er seine Minerva seu de causis linguae
latinae commentarius in vier Büchern gewidmet hat. Er trat mit einem ge-
waltigen Selbstbewusstsein auf, worin er die früheren Grammatiker oft sammt
und sonders als eine stupide Masse bezeichnet, z. B. II. c. 7. p. 192. *In
ablativo, quem falso absolutum vocant, valde sunt allucinati Grammatici:
sed illis danda venia est; hoc enim altioris est considerationis, quam quo
possit ingenium grammaticorum ascendere.* Ferner IV, c. 15 nennt er sie
carnifices linguae latinae; II. c. 12 *Valla magno conatu magnas, ut solet,
nugas dicit* und dergleichen Blumen kann man noch viele finden, womit er
seine Vorgänger behängt. Nur wenige finden Gnade vor ihm, und auch
diese nur sehr bedingt; Aelius Antonius Nebrissensis namentlich, der in
seiner Heimat gelebt hatte und ein Freund seines Vaters gewesen war,
wird von ihm als derjenige bezeichnet, dessen Werk er fortzusetzen und zu
vollenden sich gleichsam von jenem selbst beauftragt glaubte; er versteht

---

[1]) S. D. Fr. Strauss, Leben u. Schriften des N. Frischlin. Frkft. a. M. 1856, der
den Streit mit Crusius sehr genau behandelt. Die Streitschriften gegen den Tübinger
Professor sind strigilis grammatica 1586 u. öfter, pro sua grammatica et strigili grammatica libri tres 1587, Celetismus 1588, poppysmus grammaticus tributus in duos dia-
logos 1594 und der dialogus tertius 1596. Von den Gegenschriften des M. Crusius liegen
mir vor die antistrigilis in einer Ausg. von 1586, gegen die dialogi tres von 1593, gegen
den Celetismus von 1588.

darunter den Kampf gegen die frühere Barbarei. Er will, dass Valla auf
der Universität Salamanca von den cathedris primariis deturbirt und die Minerva an seine Stelle gesetzt werde; und vollends denkt er noch schlimmer
von den *rivulis, qui ex tam coenoso turbidoque fonte defluxerunt.* Ferner
erwähnt er den Jul. Caesar Scaliger, von dem er den Titel de causis L. L.
beibehalten, weil er ihm in vielen Dingen folge. Endlich erkennt er noch
den Augustinus Saturnius an, der seine acutissimas dissertationes in grammatica Mercurium genannt habe. Er selbst nennt sein Buch Minerva, weil
diese die Göttin der ratio sei, die als solche auch dem Diomedes bei Homer
die Augen geöffnet habe. So will er nun der Welt die Augen öffnen über
die ratio, vernünftige Principien der Grammatik, und es lässt sich nicht
läugnen, dass er dabei grossen Scharfblick und eine durchgehende Consequenz
entwickelt hat. Frühere Grammatiker hatten behauptet, es gäbe gar keine
ratio in der Grammatik, sondern nur auctoritas, und in den herkömmlichen
Regeln war allerdings wenig ratio zu finden; diesem Uebelstand half Sanctius
ab, indem er von Definitionen der grammatischen Begriffe ausging, die zum
Theil sehr schroff waren oder so durchgeführt wurden, die jedoch jedenfalls
dies grosse Verdienst hatten, dass sie eine Einheit aufstellten, aus der das
Mannigfaltige .hergeleitet wurde. Die grössten Fehler des Sanctius liegen
nicht immer in jenem ersteren Theile seiner Leistung, sondern in dem
zweiten. Er hat z. B. ganz recht, wenn er behauptet, der Genetiv könne
nicht von einem Verbum regiert werden; aber die Methode, wie er dies beweist, wie er das scheinbar Widersprechende damit vereinigt, ist eine sehr
unglückliche; er nimmt nämlich seine Zuflucht zur Ellipse, mit der er einen
schrecklichen Missbrauch treibt, weil er sich theils von dem hergebrachten
Begriff der Rection nicht freigemacht, theils keine richtige, oder eigentlich
gar keine Ansicht von dem Wesen der etymologischen Sprachformen hatte.
So stellt er ferner auf, der Dativ werde überhaupt gar nicht regiert, sondern
bedeute in jedem Zusammenhange eine acquisitio. Der Accusativ werde
ausser als Subject des Infinitivs und als Object eines Activs immer von Präpositionen regiert; den Ablativ aber nennt er casum praepositionis, weil er
überhaupt immer von einer Präposition regiert werde. Indem er nun solche
Principien consequent durchführt, trifft er zuweilen auf sehr richtige Bemerkungen, wie z. B. lib. III. c. 4 über den Gebrauch des Dativs beim passivum. Solche Dinge, welche einem lebendigen Sprachgefühl, wie er es
hatte, einleuchten, mochten ihn um so mehr in seiner Theorie bestärken, so
dass er sie auch mit solchen Hülfsmitteln durchführte, welche mit allem
Sprachgefühl im grössten Widerspruch stehen. Auch genirt er sich nicht
gewaltsam zu ändern, z. B. lib. III. c. 8; besonders im Anhange dazu will er
den accusativus beim gerundium überall wegschaffen, indem er bei viam
ingrediendum est sagt, das *est* ist falsch hinzugesetzt und *ingrediendum* sei
ein Infinitiv; oder er ergänzt κατά, z. B. *rectius vives, Licini, neque altum
semper urgendo* etc., oder er streicht ohne Weiteres den accusativus, z. B.
cupiditas (imperium) augendi. Dabei erklärt er, man solle ihm nicht mit
der Zumuthung kommen in die Codices zu sehen, denn die Verderbniss sei
sehr alt und sei eine Schuld der alten Grammatiker. Schon Martial klage
über Fehler in den Abschriften seiner epigrammata, und er selbst habe dies
auch erfahren bei Abschriften seiner Werke durch andere Hand. So war
also sein Grundirrthum der alte, dass er die Sprache und die Philosophie

darüber nicht zu einem innigen Einverständniss bringen konnte, sondern der ersteren Gewalt anthat, um der letzteren zu genügen. Daher finden sich auch mancherlei ganz überflüssige Spitzfindigkeiten, die theils unrichtig, theils wenigstens gar nicht in der Natur der Sprache, sondern nur in einer scholastischen Wortkrämerei bei den Definitionen begründet sind, z. B. wenn er I. c. 7. p. 55 behauptet, dass die Adjectiva kein Genus haben, sondern nur terminationes ad genus, und dass die Verba ebenso keine Personen haben.

Bei alledem imponirte Sanctius durch die Consequenz seiner Demonstration so sehr, dass er fast in allen Ländern die Grundlage der Grammatik bildete; in Frankreich und Spanien ist man davon noch jetzt nicht im mindesten zurückgekommen; und wenn er namentlich in Deutschland nie mit seinem ganzen System durchgedrungen ist, so hat doch wenigstens die Ellipsenreiterei in ihm und seinen nächsten Anhängern lange Zeit hindurch ihren Halt gefunden.

Die Minerva [1]) erschien zuerst in Salamauca 1587, aber vollendet war sie schon 1585, welche Jahreszahl in der dem Buche ertheilten Approbation steht. Aber ausserhalb Spaniens wurde es erst 40 Jahre später bekannt; nämlich im Jahre 1625 brachte ein spanischer Gesandter, Ferdin. Henricides, Herzog von Alcala, unter dessen Vorfahren sich 29 Kaiser und 139 Könige befanden, ein Exemplar davon nach Rom, was in die Hände von Casp. Scioppius kam, welcher der excentrischste Verehrer der grammatica Sanctiana wurde und ihre Verbreitung durch alle möglichen Mittel betrieb. Dies ist der bekannte Schreier, der grösste Renommist, der je unter den Philologen sich bemerklich gemacht hat. Er war eines Todtengräbers Sohn, geb. 1576 zu Neumark in der Pfalz, und starb 1649. Von Altorf, .wo er studirte, ging er nach Italien, wurde katholisch und wusste sich so viel Gunst zu erwerben, dass er in Rom und Spanien das Bürgerrecht erhielt, dass er geadelt und Graf von Clairvaux (a Claravalle) wurde; auch rühmt er sich eines viel grösseren Fürsten als Attalus von Pergamum Gesandter in Rom gewesen zu sein; in seiner Paedia zählt er alle seine Schriften, auch die nie erschienen sind, auf, desgleichen auch seine Tugenden und die ihm von vielen Fürsten zu Theil gewordenen Auszeichnungen, um zu beweisen, dass er von Christo zwei Pfunde empfangen habe, nämlich den Willen und die Fähigkeit, sich um Staat und Kirche verdient zu machen. Besonderes Aufsehen machten seine heftigen Fehden mit Jos. Scaliger, Js. Casaubonus und anderen ausgezeichneten Männern, namentlich über religiöse und politische Dinge; seine Heftigkeit wurde natürlich erwiedert, so dass er z. B. *monstrum ex omni spurcitiarum et scelerum colluvie concretum* genannt wurde; mehr solcher Ehrentitel nebst Aeusserungen der entgegengesetzten Art zählt Walch, hist. crit. linguae latinae p. 547 auf, wo auch seine Schriften erwähnt sind, die jedoch Scioppius selbst in mehreren seiner Werke aufzuzählen Sorge getragen hat. Der gewöhnlichste Beiname, den er sich durch seine Bissigkeit erworben, ist *canis grammaticus*, unter welchem ihn auch Jean Paul im Titan vorführt. Was seine grammatischen Verdienste anbetrifft, so ist allerdings anzuerkennen, dass er eine grosse und ausgedehnte Kenntniss der

---

[1]) Ueber die Ausgaben der Minerva s. Majans. in Sanctii vita S. 54 fgg.; Walch, hist. crit. l. l. p. 260 fgg.

Latinität besass, obgleich sein eigenes Latein weder schön noch rein war *(penitius, maioris constare* in der Vorrede zur Gramm. philos.). Aber sein Urtheil in grammatischen Dingen war ganz nach dem Zuschnitt der Grammatica Sanctiana; alle früheren trat er mit Füssen und nannte die herkömmliche Grammatik *cloacina*. Danach beurtheilte er auch die alten Autoren und nahm sich die Freiheit, Cicero, Varro und vollends Spätere wie Schulknaben zu behandeln. Sein Verdienst steht und fällt mit dem des Sanctius; diesen hat er theils erläutert und vertheidigt, theils in eine bequemere, populärere Form gebracht, letzteres namentlich in seiner Grammatica philosophica, welche zuerst Mediolani 1628, Amstelod. 1664, Gerae 1671, Franequer. 1704, und mit Anmerkungen von J. Ch. Herzog Augustae Vindel. 1712. 8. erschienen ist. Geordnet ist sie nach alter Weise: Syntaxis regularis und irregularis seu figurata. Jene ist theils concordia theils rectio, aber nicht jede für sich, sondern bei jedem Redetheile erst concordia, dann rectio. Gerade so behandelt die Grammatica Marchica die Syntax nach den Redetheilen. Dazu gehört des pseudonymen Mariangeli de Fano Benedicti (d. h. Scioppius selbst) Auctarium ad grammaticam philosophicam, welches zuerst Mediol. 1692 und dann in Verbindung mit der grammatica philosophica erschien. Sonst sind noch von grammatischem und philosophischem Interesse seine Paradoxa litteraria, De arte critica, Infamia Famiani u. s. w. Endlich gab er auch die Minerva selbst heraus mit Anmerkungen Patavii 1663 und Amstelod. 1664.

Dann schliessen sich an dieses Buch mehrere Arbeiten Anderer an; namentlich die des Jac. Perizonius, Professors zu Leyden, der vier Ausgaben davon besorgte, Francq. 1687 und 1693; diese jedoch ist nur ein Abdruck ohne sein Wissen; dann Amstelod. 1702 und 1714. Gegen die zweite Ausgabe gab Georg. Henr. Ursinus seine Institutiones linguae latinae heraus Ratisbon. 1700 und 1701, 2 Bände, 8., worin die Hauptregeln deutsch, die weitere Ausführung lateinisch geschrieben ist. Auf die darin enthaltenen Einwürfe nahm Perizonius später Rücksicht, dessen letzte Ausgabe noch öfter wiederholt ist; die siebente erschien Amstelod. 1761 mit einer Abhandlung von Küster über das Verbum cerno. Endlich ist das Buch mit allen früheren Anmerkungen und mit vielen grossentheils unbedeutenden Zusätzen von L. Bauer herausgegeben Lips. 1793 und 1801; 2 Bde. 8. Alle über die Minerva ausgeschütteten Commentarien enthalten zwar viele brauchbare Nachweisungen und zuweilen auch treffende Berichtigungen, die letzteren jedoch nur in Einzelnheiten; das ganze System in seinem Zusammenhange ist nie ordentlich geprüft und widerlegt worden, jedoch ist es in Deutschland auch nie ganz aufgenommen in die Schulgrammatik, obwohl die Ellipsenkrämerei hauptsächlich von dort her auch bei uns bis in die neueste Zeit eingedrungen ist, z. B. noch Zumpt § 663 ergänzt einmal *negotium* ganz à la Sanctius.

In Italien hat Monte gegen Sanctius geschrieben, s. p. 27. In Frankreich und Spanien dagegen sitzt Sanctius als König der Grammatiker noch heutzutage viel fester auf dem Throne, als irgend ein anderer König in diesen Ländern. Er wurde nämlich schon früh in eine französisch geschriebene Schulgrammatik umgesetzt, welche par Messieurs de Port-Royal herausgegeben wurde (d. h. die zu dem Nonnenkloster Port-Royal gehörenden Priester Benedictiner-Ordens, die sehr wichtig in der Litteratur geworden sind, worüber siehe Racine, histoire de Port-Royal, und Reuchlin). Die nicht genannten

Verfasser waren besonders Claude Lancelot, gest. 1695 im Exil, dann auch Arnauld und Nicole. Die Grammatik führt den Titel Nouvelle méthode pour apprendre facilement et en peu de temps la langue latine, erschienen Paris 1644, ursprünglich für den Unterricht französischer Prinzen bestimmt. Sie ist nachher sehr oft wieder abgedruckt, zuletzt 1819, von M. Le Clerc. Da seit ihrem ersten Erscheinen die Philologie in Frankreich in einem jämmerlichen Zustande ist, in dem sie sich auch heute noch befindet, so ist dies im Grunde die einzige Grammatik geblieben, an welche mit allen ihren Vorurtheilen und Irrthümern noch heute wie an das Evangelium geglaubt wird. Die sonst noch erschienenen, wie z. B. das sehr verbreitete Schulbuch C. F. Lhomond, Elémens de la gramm. latine, wovon es eine Unzahl von Editionen giebt, sind nur magere Excerpte; die im Jahre 1839 erschienene Nouvelle grammaire latine par G. Dutrey nimmt zwar einen Anlauf die neueren in Deutschland gemachten Fortschritte einzuführen, aber er kommt wenig über Bröder hinaus, ausser dass er die Conjugation vor die Declination stellt und nur drei Declinationen annimmt; in allem Wesentlichen findet man auch hier noch das System der Nouvelle Méthode oder des Sanctius. S. Recens. von mir in d. Hall. A. L. Z. 1841 Erg. Bl. Nr. 39—42.

Auf die Schulgrammatiken hatte die Anregung durch Sanctius manchen Einfluss; und in ihnen zeigt sich zuweilen manches Eigenthümliche, hervorgegangen aus dem Bestreben die verschiedenen Richtungen zu vermitteln. Dahin gehört die Grammatica latina, opera et studio Casp. Finckii et Christoph. Helvici, Philosophiae antehac in acad. Giessena Professorum, Giessae Hessorum 1613. 1615., aber schon früher vor 1610 zuerst erschienen. Die Verfasser verlassen die Philippea, haben auch Einiges aus der Ramea (die convenientia aller Redetheile); sie theilen die Rectio in fünf Gattungen: 1) rectio simplex seu perpetua; 2) promiscua (wenn zweierlei oder mehr Structuren zulässig sind ohne wesentlichen Unterschied der Bedeutung); 3) geminata, wenn ein Wort zweierlei verschiedene Bestimmungen regiert, z. B. zwei Dative, oder zwei verschiedene Casus zugleich; 4) subintellecta (Bestimmungen, die durch eine Ellipse, namentlich von Präpositionen erklärt werden können, wie bei Maass-, Zeit-, Orts-Bestimmungen); 5) Infinitorum (Construction der Infinitive). Dadurch wird zwar das Thatsächliche des Gebrauchs in eine practische Uebersicht gebracht, aber nach äusserlichem Gesichtspunkt, und die Rectionslehre zerrissen.

Aber ganz gleichzeitig mit Scioppius, nämlich nur ein Jahr später geboren, 1577, und in demselben Jahre 1649 gestorben ist ein viel verdienstlicherer Mann, Gerard Jo. Vossius, aus Heidelberg, der aber meistens in Holland gelebt hat und zu Leyden gestorben ist „eines gewaltsamen Todes in den Armen der Musen", indem er von der Bücherleiter fiel, wie der Kirchenhistoriker Schröckh. Er ist nicht zu verwechseln mit seinen drei Söhnen Dionysius, Isaac und Gerard Vossius, die auch ihre Verdienste haben, ohne jedoch ihren Vater zu erreichen. Dieser war ein Mann von eisernem Fleisse, ein wahrer χαλκέντερος, der mit grosser Aengstlichkeit seine Zeit bewachte. Er war ein verständiger Mann, hatte jedoch mehr Fleiss als Scharfsinn, mehr philosophische Kenntnisse als philosophischen Geist. Seine de arte grammatica libri VII erschienen Amstelod. 1634. 4. und unter dem Namen Aristarchus sive de a. gr. nach seinem Tode 1662, wenig vermehrt. Das Werk ist erstaunlich durch die Masse des darin zusammengebrachten

Materials; jedoch ist daran der etymologische Theil bei Weitem reichhaltiger und bis heute noch nicht übertroffen; die Syntax ist weit weniger ausgezeichnet, am wenigsten durch Systematik; denn sie ist ganz nach den Ideen des Scioppius eingerichtet. Eine neue Ausgabe erschien in 4. zu Halle im Waisenhause. P. I von Foertsch, 1833. P. II von Eckstein, 1834. P. III von demselben ist noch nicht fertig; besonders der letztere hat sehr viele Zusätze gemacht, die jedoch bloss in einer Aufhäufung von Citaten bestehen. Sonst ist von Vossius zu nennen sein Etymologicon linguae latinae Amstelod. 1662 fol. und vermehrt von Is. Voss. und Mazochi Neap. 1762. 2 Bände Fol. für den Standpunkt der damaligen Zeit sehr verdienstlich. Sein Buch de vitiis latini sermonis et glossematis latinobarbaris libri III Amstelod. 1645, Francofurti 1666. 4. ist ebenfalls sehr fleissig; es enthält Vieles für die Latinität des Mittelalters, wie Du Fresne, und dann über Fehler, die zu seiner Zeit im Gange waren. Darüber hat Scioppius Animadversiones geschrieben, Ravennae 1647, Amstelod. 1660. 8. ungewöhnlich höflich und mit vieler Achtung vor Vossius, den er am Schluss sogar nebst dem Salmasius in schlechten Hexametern besingt. Noch kann bemerkt werden, dass Vossius auch eine Grammatica latina in usum scholarum adornata herausgegeben hat, im Auftrage der Stände von Holland und Westfriesland; diese ist eine Ueberarbeitung einer älteren von Ludolf Lithoconius, die früher in den Schulen eingeführt war[1]). Im Jahre 1644 erschien von Vossius die vierte Ausgabe zu Amsterdam, auch wieder 1710 und später öfter.

Kurz erwähne ich Thomae Bangii observationum philologicarum libri II. Hafn. 1637. 1640. 2 Bände in 8 auf Königlichen Befehl verfasst; es enthält eine vollständige Grammatik und wird sehr gerühmt; es ist aber sehr selten. Es giebt von demselben auch praecepta grammaticae latinae minora, Hafn. 1640 wahrscheinlich für den Schulgebrauch. Doch ist später eine andere Grammatik von Jacob Baden (erschien 1782) in Dänemark eingeführt, welche daselbst noch jetzt im Gebrauch ist: sie soll nicht ohne philosophischen Sinn verfasst sein. Derselbe hat geschrieben: parentalia grammatica ex philosophia adornata, sive observationes philosophicae ad grammaticam latinam, quarum critica falce omnibus ad Lydium philosophiae lapidem probe examinatis superflua praeceptionum quarundam seges demetitur et ex agro grammaticae exstirpatur. Hafn. 1715. Ueber seine Grammatik siehe Michelsen histor. Uebersicht S. 60.

Von Augustinus Maria de Monte giebt es ein Buch: Scioppii Minerva Sanctiana impugnatur atque refellitur ab Aug. M. de Monte, una cum huius ludimagistro seu grammaticorum apologia, was Kapp, Lips. 1723 herausgegeben hat; ich kenne es nicht: es wird aber schwerlich viel Gutes über die eigentliche Streitfrage darin enthalten sein, wenn man schliessen darf nach desselben Verfassers Hauptwerk: Latium restitutum sive latina lingua in veterem restituta splendorem, Romae 1720. 4 Bände 8, von denen der erste den ineffabilibus Virginis Matris crucifixo filio compatientis doloribus gewidmet ist. Dies ist ein Buch, worin eine unglaubliche Verwirrung herrscht; alles ist durcheinander geworfen und dieselben Sachen sind an mehreren Orten zugleich behandelt. Es sieht aus wie ein wüstes, schlechtgeordnetes Collectaneum, das für die Etymologie dürftige, für die Syntax aber oft sehr

---

[1]) Die Vorrede zu der ersten Ausg. datirt Vossius Kal. Novemb. 1626.

reichhaltige Sammlungen enthält, und dabei mitunter sogar einige kleine nicht uninteressante Observationen.

Ebenso ist besonders für die Syntax verdienstlich und viel methodischer Thom. Ruddimanni grammaticae latinae institutiones [1]), Edinburgh 1725 und 1731. 2 Bände. 8. 1735 und öfter; in einem Excerpt ist es die noch jetzt in England übliche Schulgrammatik geworden an der Stelle des Despauterius. In Deutschland ist es Lips. 1823. 2 Bände 8. nachgedruckt curante Godofredo Stallbaum, der auch eigene, aber äusserst dürftige Bemerkungen hinzugefügt hat. Methode ist wie bei Sanctius, Scioppius und den Franzosen bis jetzt: concordantia, regimen nach den Redetheilen und Figuren.

In Deutschland hatte man inzwischen angefangen die lateinische Grammatik deutsch zu schreiben; Ursinus ist schon oben erwähnt; er ist recht verdienstlich, fleissig im Material, besonnen im Urtheil, sucht möglichst die ältere Grammatik mit der Sanctiana zu verbinden, protestirt desshalb oft gegen Sanctius, Scioppius, Perizonius. Seine Ordnung nicht eigenthümlich wie bei Ruddiman und Früheren; dreierlei Typen für die Praxis, aber doch nicht recht übersichtlich im Aeussern. Früher war Christoph. Cellarius, der um 1689 neben seinem liber memorialis auch eine lateinische Grammatik herausgab, die oft wiederholt ist, z. B. Merseburg 1729 [2]). Vom lib. mem. erschien 1730 ib. die siebzehnte Ausgabe. Die Anordnung ist für den practischen Gebrauch zweckmässig, wie bei Lange.

Zu bemerken ist die Grammatica latina Marchica, erschienen Berlin 1718. 8. [3]) und dann öfter wiederholt (dritte Ausgabe 1735). Sie ist die erste bedeutendere unter der Reihe von deutsch geschriebenen Schulgrammatiken, welche fast das Einzige sind, das bei uns in der Grammatik geleistet wurde. Sie war auf königlichen Befehl anno 1709 von den „Rectores und Conrectores der vier Gymnasiorum in Berlin" verfasst, oder vielmehr die schon erschienene Grammatik eines Mitgliedes dieser Conferenz wurde zum Grunde gelegt, revidirt und verbessert, die so entstandene Grammatik aber priviligirt und alle märkischen Schulen an sie gebunden. Sie ist zuletzt erschienen von A. F. Bernhardi, Berlin 1795—97. 2 Bände 8. und soll die französische Nouvelle Méthode zur Grundlage haben.

Die meisten deutschen Schulgrammatiken sind jedoch davon abgegangen; wie die von Joach. Lange, welche im Jahre 1816 ihre neunundfünfzigste Auflage erlebt hat (das erste kaiserliche Privilegium ist von 1739) [4]), welche wahrscheinlich die letzte gewesen ist. Dieser reducirt die ganze Syntax auf

---

[1]) Ruddiman's Grammatik im Auszuge unter dem Titel the rudiments of the latin tongue erschien 1714 zuerst, 1749 in elfter, 1752 in zwölfter Ausgabe.

[2]) Cellarius' Grammatik bearbeitete nach des Verf. Tode J. M. Gesner, und in dieser Form ist sie noch 1786 in Leipzig erschienen. Der liber memorialis ist seit 1689 sehr oft gedruckt, auch nach 1730.

[3]) Vergl. Geschichte des Grauen Klosters in Berlin, 1874. Den Hauptantheil hat Rector J. Leonhard Frisch, der ausgezeichnete Lexikograph. Nachgedruckt ist sie zu Erfurt 1745 u. 1751. Die erste Berliner Ausg. der grösseren u. vollständigeren gramm. M. ist übrigens 1728 erschienen.

[4]) Zuerst 1706 erschienen, als der Verfasser noch Rector am Werder'schen Gymn. in Berlin war. Die Grammatik wurde mit „stehenden Lettern" gedruckt und diese sind erst in den dreissiger Jahren dieses Jahrhunderts auseinandergenommen und eingeschmolzen. In der Historie, von den die Langische Lat. Gr. angehenden Umständen in Bidermans Acta schol. B. 5. S. 316 erzählt Rector Procopius in Prenzlau, dass der erste Entwurf zu dieser Grammatik von ihm herrühre.

sieben Hauptregeln, die wenigstens das Verdienst haben dem Anfänger eine kurze Uebersicht über den Inhalt der Syntax zu geben: von den sieben Regeln beziehen sich die mittleren auf die fünf casus ausser dem Vocativ; sie haben eine vor sich, welche die concordantia umfasst, die Uebereinstimmung des Adjectiv mit dem Substantiv, und eine nach sich, welche den Gebrauch der Modi betrifft, die freilich sehr kurz und dürftig abgefunden werden.

Dieselbe Ordnung war schon bei Cellarius und sie ist bis auf die neuesten Zeiten die gewöhnliche geblieben, während die andern, die Nouv. Meth. und die sonstigen französischen mit Dutrey, ebenso Ursinus, Ruddiman, Grammatica Marchica und welche sonst auf derselben Grundlage ruhen, nämlich auf Sanctius und Scioppius, nur in dem ersten Capitel übereinstimmen, de concordia, concordantia, französich accord; dann lassen sie rectio oder regimen folgen, dépendance, complément bei Dutrey, und zwar nach den Redetheilen, so dass hier die Casuslehre gänzlich zersplittert wird, und es entstehen solche Inconsequenzen, wie bei Ursinus, wo in der Syntax das Cap. XIII handelt: De nominibus temporum et locorum, deque spatiis horum et distantiis. Dies Capitel folgt nämlich auf die constructio verborum mit den einzelnen Casibus; in Capitel 13 kommen dann verschiedene Casus und Präpositionen vor. Ein ähnlicher Abschnitt bei Rath § 87. Die Tempora und Modi bleiben ganz aus, wie bei Ruddimannus und Anderen, soweit nicht Einzelnes davon bei dem Regimen der Conjunctionen berührt werden muss, oder es wird schon im etymologischen Theil behandelt, wie bei Ursinus. Dutrey hat davon etwas mehr, weil er eine Satzlehre hat, eine Syntaxe des propositions, welche den zweiten Theil zu der Syntaxe des mots bildet; aber eine selbstständige Abhandlung über Tempora und Modi findet auch da keinen Raum.

Im Wesentlichen folgt dieser Ordnung auch J. G. Kistemaker, Lateinische Sprachlehre zum allgemeinen Gebrauch auf Gymnasien und Schulen. Frankfurt und Leipzig 1787, der aber eine Parallel-Grammatik zu Adelungs deutscher Sprachlehre geben will, nach einer neuerdings wieder aufgegriffenen Idee. Desgleichen Rud. Gotthold Rathii de grammaticis et rhetoricis elocutionis Romanae praeceptis libri tres. Pars prior grammatica praecepta continens, Halae et Lipsiae 1798; er hat manches Eigenthümliche.

Die nächsten Grammatiken unterscheiden sich nur durch einzelne Wendungen für bequemere Praxis, durch Berichtigungen einzelner Irrthümer und mehr oder weniger grossen Reichthum an Beispielen und Observationen.

Auf Lange folgten mit derselben Methode Rambachs vollständigere und sehr erleichterte lateinische Grammatik nach der Grundlage der beliebten Langischen zum Gebrauch der Hessen-Darmstädtischen Schulen, Giessen 1770, Scheller seit 1779 und Bröder seit 1787 im Regiment, letzterer mit noch mehr Glück; seine grössere Grammatik erlebte 1832 die neunzehnte Auflage, welche nach des Verfassers Tode von Ramshorn besorgt ist. Von Ordnung ist darin gar nicht die Rede; die zusammengehörigen Regelhaufen sind auseinandergerissen und das Populärste davon voraufgeschickt, um der Anfänger willen. Das Verdienst Bröders liegt allein in der fleissigen Sammlung zweckmässiger Beispiele; denn mit der von ihm entdeckten Rangordnung ist es nichts.

Helfr. Bernh. Wenck, lateinische Sprachlehre oder Grammatik für Schulen, Frankfurt a. M. 1791; sechste Auflage ibidem 1806; nachher vom ältern Grotefend (G. F.) in 2 Bänden überarbeitet, Frankfurt 1814—16.

Joseph Uihlein Erster — Zweyter Unterricht in der lateinischen Sprache in Verbindung mit der deutschen. Etymologie — Syntax, Frankfurt a. M. dritte Ausgabe 1812—13 nach des Verfassers Tode; die erste Ausgabe im Jahre 10 (der französischen Republik) oder 1803. Die Syntax war schon früher erschienen aber nicht nach demselben Plan der Verbindung mit dem Deutschen. Diese Verbindung (wie oben bei Kistemaker) hat bloss eine practische Bedeutung und sonst manche Nachtheile, indem die Uebereinstimmung erzwungen wird. Z. B. muss die Zahl der deutschen Declinationen sich auf 5 bestimmen lassen (jetzt würde man 3 machen). Die Syntax weicht etwas ab von der Langischen; sie besteht aus 3 Hauptstücken: I. Uebereinstimmende Wortfügung (d. h. Concordantia): II. bestimmende Wortfügung (also Rectio); III. besondere Fälle. Der zweite Theil ist nach den Redetheilen disponirt, aber die Casuslehre ist nicht zerrissen, sondern vollständig beim Nennwort abgehandelt; jedem Casus wird seine allgemeine Bedeutung voraufgeschickt (nicht die Fragen: *wessen* etc.). Der Gebrauch eines jeden Casus aber wird nach seiner Verbindung mit verschiedenen Redetheilen abgehandelt; beim Zeitwort wird der Gebrauch des Infinitiv, der Gerundia, Supina, Participia, Modi, Tempora in dieser Reihe abgehandelt, welche darauf beruht, dass Infinitivus, Gerundia, Supina als Casus betrachtet, sich zunächst an die Casuslehre anschliessen. Darauf folgen Adverbia, Praepositiones, Conjunctiones, Interjectiones. III. enthält Bemerkungen über die Uebersetzungen von *müssen, lassen, man.* Wortstellung. Figuren. Röm. Kalender. Diese Disposition ist insofern logischer als bei Anderen, weil nicht bloss Nomen und Verbum in der Syntax behandelt werden; aber es fehlen Adjectiva, Pronomina und Zahlwörter, die eingefügt sind, letztere als Anhang, in dem Abschnitt von der Concordia. In dem dritten Abschnitt ist ohne Princip und Zusammenhang manche Bestimmung recht gut, doch jetzt schon Vieles antiquirt: der deutsche Stil oft schlecht.

Weit besser war Zumpt, der zuerst Berlin 1818 erschien, und Ramshorn zuerst 1824, zweite Ausgabe, 2 Theile 1830 sehr vermehrt und ungearbeitet. Der letztere hat gegen jenen nicht aufkommen können, obgleich sein Verdienst vielleicht grösser ist; er hat sehr fleissig gesammelt und nach einer systematischen Ordnung gestrebt, die er durch viele Divisionen und Subdivisionen hindurchführt, worüber er aber freilich die Uebersichtlichkeit verliert: hin und wieder zeigt er selbst Velleität die Gründe des Gebrauchs anzugeben, was aber freilich weder immer glücklich ist, noch dem Schulpublikum zweckmässig schien. Nächst der Concordia folgt die Casuslehre und dann vom Nomen an die Redetheile; eine Anordnung, die zwar nicht eben logisch ist, jedoch für die Praxis nicht unzweckmässig, namentlich hat er eine zusammenhängende Lehre von Tempora und Modi beim Verbum, worauf denn noch eine Satzlehre folgt, die einen wesentlichen Fortschritt dieser Grammatik bildet, und dann folgt noch, nach allgemeinem Herkommen, die Syntaxis ornata, figurata oder wie sie sonst heisst, hier: „Veredlung des Ausdrucks", nicht ohne Eigenthümlichkeit.

Zumpt dagegen hat sich gar nicht auf Systematik und logischen Zusammenhang weder im Ganzen noch im Einzelnen eingelassen. Seine ganze Syntax besteht aus folgenden Theilen: I. Verbindung des Subjects und Prädicats (concordia). II. Casuslehre. III. Tempora. IV. Modi, wozu auch Participia, Gerundia, Supina gerechnet sind. Endlich V. Syntaxis ornata.

Es ist also ganz wieder Cellarius und Lange. Was hier nothwendig ausgelassen werden musste, ist, so gut es gehen wollte, in dem etymologischen Theil untergebracht, wo es am wenigsten hingehörte. Der Vorzug vor Ramshorn besteht in grösserer Uebersichtlichkeit und Deutlichkeit, und desshalb hat sich Zumpt noch bis jetzt auf dem grammatischen Throne behauptet: er ist 1844 bis zur neunten Auflage gelangt, 1874 bis zur dreizehnten. Er hat sich bemüht in den wiederholten Auflagen Einzelnes zu berichtigen und hinzuzusetzen, wodurch aber der Umfang sich auf eine für Schulen beschwerliche Weise vergrössert hat. Im Wesentlichen hat er dagegen nichts geändert, soweit dies hätte durch andere Anordnung und innere Verbindung des positiven Materials geschehen können und sollen; da ihm jedoch in neueren Zeiten wissenschaftlichere Anforderungen und Leistungen immer näher auf den Leib gerückt sind, so hat er, ohne das Ganze zu ändern, bei Einzelheiten unnützer Weise wissenschaftliche Wendungen und Ausdrücke angenommen, so dass die Schulleute jetzt mit Recht über Dunkelheit klagen.

O. Schulz, Schulgrammatik 1815. Zweite Auflage 1818. Achtzehnte Auflage 1865., und ausführliche lateinische Grammatik Halle, 1825 und neue Auflage 1834, schliesst sich theilweis an die Märkische Grammatik an; übrigens aus kantischer Schule.

Andere Grammatiker derselben Richtung zu erwähnen ist nicht nöthig. Bevor ich aber auf die neuesten komme, welche einen neuen Weg eingeschlagen haben, muss ich noch eine andere erwähnen, die ganz ausserhalb der Richtung unserer Zeit steht; es ist die: „auf Geschichte und Kritik gegründete lateinische Sprachlehre von Ernst Jos. Alex. Seyfert, Brandenburg 1798—1802. 5 Bände und abgekürzte lateinische Sprachlehre für Schulen, Magdeb. 1803. zweite Auflage 1810. Seyfert war ein sehr eigenthümlicher Mann; geboren in Ungarn, ursprünglich Mönch, verwickelte er sich unter Joseph II. in heftige Streitigkeiten mit den Jesuiten, denen er unrechtmässig erworbene Güter mit Glück bestritt; sie trachteten ihm nach dem Leben und er entfloh nicht ohne Gefahr nach Weimar und Halle, von wo er nach Magdeburg kam. Er war im Lateinischen sehr gelehrt, hatte aber von neuerer Litteratur, zumal der Protestanten, keine Notiz nehmen können; z. B. war er nicht bis Vossius vorgerückt, von dessen Existenz er gar nichts wusste; doch kannte er Rambach und versichert seine Bekanntschaft mit allem Wichtigen (Vorrede Theil V.). Er kannte und schätzte nur die ältesten Ausgaben, welche er allein für unverdorben hielt; die neueren, d. h. die von Aldus Manutius an, seien schon corrumpirt. Uebrigens hatte er die Alten sehr fleissig gelesen, und von Grammatikern kannte er auch nur die alten, die er fleissig benutzte, woher auch seine zuweilen bemerkte Uebereinstimmung mit Vossius kommt. Er hat viel nicht uninteressante und abgelegene Bemerkungen, aber schlechte Ordnung; er geht die Syntax nach den Redetheilen durch, ohne auch nur Convenientia und Rectio zu sondern; natürlich ist dabei auch keine Casuslehre für sich. Die grössere Grammatik, in 4 Cursus getheilt, entbehrt gänzlich der Uebersichtlichkeit. Er protestirt gegen Ellipsen- und Gräcismenkrämerei.

Ferd. Schultz, Lateinische Sprachlehre zunächst für Gymnasien. Paderborn 1848. und seitdem oft; wie bei Zumpt Concordia, Casuslehre, dann aber über adjectiva, pronomina; dann verba mit allem Zubehör, dann Satzlehre, also zum Theil wie Ramshorn. Doch erwartet man nach den verbis vergebens Fortsetzung der Redetheile, womit doch der Anfang durch Adjectiva und Pronomina gemacht war. Sonst practisch klar, vielleicht zu schwer. Um nun auf die neuesten Grammatiken zu kommen, denn bis hierher gehen die alten, Zumpt nicht ausgeschlossen, noch O. Schultz, so ist aus ihnen sehr klar, dass sich die grammatische Wissenschaft in einem Zustand der Krisis befindet, in dem man nur darüber einig zu sein scheint, dass die bisherigen Methoden und Systeme nicht mehr genügen. Man strebt nach einem bessern Wege, aber in sehr verschiedener Weise, je nachdem man von dieser oder jener Seite angeregt ist. Man kann darnach vier Hauptrichtungen unterscheiden, zwei, die von der Philosophie, zwei, die von historischer Forschung in der Grammatik ausgegangen sind.

Im vorigen Jahrhundert ist zwar Philosophie der Sprache vielfältig von Engländern, Franzosen und Deutschen betrieben worden, aber ihr Einfluss bestand darin, dass sich zwar „allgemeine Grammatik" zu einer Disciplin ausgebildet hat, selbst in Compendien für Schulen, aber sie blieb ohne eingreifende Beziehung auf die specielle historische Grammatik. Die beiden philosophischen Richtungen sind die Kantische und die Hegelsche. Die erstere ist zuerst in einem kleinen und unbedeutenden Buche hervorgetreten: Versuch einer griechischen und lateinischen Grammatologie für den akademischen Unterricht und obere Classen der Schulen, Königsberg 1792. von J. G. Hasse. Dann aber ist sie besonders in die Philologie eingeführt worden durch G. Hermann und seine Schule. Die ausführlichste Erörterung der grammatischen Fragen nach Kantischer Philosophie findet man bei Hermann[1]) de emendanda ratione graecae grammaticae, Lips. 1801; er hat dann dieselben Principien in anderen Schriften und namentlich auch in seinen Vorlesungen angewendet, aus denen dann verschiedene lateinische Grammatiken hervorgegangen sind: die von Gustav Billroth, Lateinische Schulgrammatik für alle Klassen. Leipzig 1834 und davon eine neue Ausgabe von Ellendt. Zuerst hatte der Verfasser nur ein ganz kleines Buch: Lateinische Syntax für die oberen Klassen gelehrter Schulen, Leipzig 1832, herausgegeben, das zweckmässig war. Ferner sind hier zu nennen die grammatischen Abhandlungen von Aug. Gotth. Gernhard, welche gesammelt unter dem Titel: Opuscula seu commentt. gramm. et prolusiones varii argumenti, Lips. 1836 erschienen sind. Endlich ist noch Reisig zu erwähnen, der aus derselben Schule hervorgegangen und auf dem Standpunkt derselben, wenigstens in der Grammatik, stehen geblieben ist. Seine Vorlesungen sind verschiedentlich auf unredliche Weise benutzt worden, wovon das grösste Beispiel Reuscher in seiner lateinischen Schulgrammatik gegeben hat, 2 Theile, Sorau 1827 und 28, Anderer nicht zu gedenken, die bloss Commentare zu Schriftstellern aus derselben Quelle bereichert haben, wie Benecke, Otto zu Cicero, Kritz zu Sallustius u. s. w. Dies wird nun künftig nicht mehr möglich sein, da Reisig's Vorlesungen selbst 1839 zu Leipzig erschienen sind mit Anmerkungen von mir. Dass ich Reisig's Verdienste um die lateinische Grammatik nicht hoch anschlage, habe ich dort in der Vorrede gesagt und durch meine Anmerkungen bewiesen, die so viel möglich war Reisig in allen wichtigeren Dingen nach-

---

[1]) Sein Einfluss ist auch schon bei mehreren der früher angeführten Grammatiker sichtbar.

gehen und seine Behauptungen verwerfen und berichtigen. Das Buch ist
etwas wunderlich, da so zwei sehr verschiedene Richtungen in Text und
Noten neben einander hergehen; auch habe ich das Buch aus Noth unter
sehr verdriesslichen Umständen und in sehr kurzer Zeit gemacht: jedoch hat
es einen Vorzug vor allen anderen Grammatiken voraus, dass es nämlich
ausser den eigentlich gewöhnlichen Regeln der Grammatik auch sehr viele
von den einzelnen, in Commentaren zerstreuten Observationen ihres Orts ein-
reiht, und dass es ausserdem die Litteratur sorgfältig angiebt, und zwar in der
resümirenden Weise, dass meistens daraus hervorgeht, bis auf welchen Punkt
die einzelnen Streitfragen heutzutage gediehen sind. Dies sind auch die
Gründe, wesshalb ich mich darauf zuweilen beziehen werde; denn was die
Systematik der Grammatik betrifft, so habe ich darin sehr wenig mit Reisig
gemein und er kann daher nicht als Leitfaden dienen.

Betrachten wir nun, worin das Charakteristische dieser, auf der Kantischen Philosophie beruhenden grammatischen Richtung besteht, so muss man
zuvörderst rühmend anerkennen, dass die vorzugsweise grammatische und
kritische Richtung der Hermann'schen Schule ein lebendiges Sprachgefühl
zu erzeugen sucht und erzeugt hat, wovon allein ein richtiger Tact in grammatischen Dingen und eine gute Stilistik ausgehen kann. Die Schule hat
den hergebrachten Vorurtheilen entsagt, welche einer Theorie zu Gefallen der
Sprache Gewalt anthaten; der grosse Missbrauch, der seit Sanctius mit Ellipsen
getrieben wurde, ist fast ganz abgestellt, und ebenso der andere Kram mit
Figuren. Aber alle diese sehr erheblichen Verdienste sind negativ weit mehr
die Frucht einer natürlichen vernünftigen Einsicht, als insbesondere der Kantischen Philosophie. Denn diese wird überhaupt mehr nur gebraucht, um das
Material der Sprache zu classificiren, es nach den Kantischen Kategorien
zu benennen; das ist aber auch fast der ganze Gebrauch, den man von dieser
Philosophie mit Nutzen gemacht hat. Sie dringt nicht tiefer ein, um das
Wesen der Sprache und ihre Gesetze innerlich zu organisiren; sie bringt
nämlich die Begriffsbestimmungen mit, die abstract sind und unfähig den
Entwickelungsgang des Sprachlebens in sich aufzunehmen, die Freiheit der
Bewegung darin; sie bleibt ausserhalb stehen und wird der Grammatik wie
ein Schaustück vorgehängt, das übrigens in dem Leben der Sprache keinen
Curs hat. Darum ist aus dieser Richtung auch keine eigenthümliche Systematik und Anordnung hervorgegangen; ihre Wirkung ist im Ganzen mehr
negativ; sie hat das Unvernünftige weggeräumt, gewissermassen eine grammatische
Aufklärung herbeigeführt, ohne einen neuen gründlichen Bau aufführen zu
können. So wird und muss es immer gehen, wenn man bloss abstracte Ideen
aus der Philosophie mitbringt, die des concreten Inhalts leer sind, den sie
doch organisiren sollen und aus dem sie folglich auch hervorgehen müssen.

Die zweite philosophische Richtung ist die Hegel'sche, die vermöge ihrer
substantiellen Idealität ganz besonders fähig wäre der Grammatik eine
wissenschaftliche Haltung zu geben. Indessen ist dies bis jetzt noch nicht
geschehen. Die Philosophen dieser Schule haben bisher noch zu sehr die
historische Forschung versäumt und verachtet, und da die Grammatik und die
Philologie ihnen nicht gleich mit offnen Armen entgegen gekommen ist und
ihre Unterwerfung angeboten hat, so ist sie zuweilen sogar der Gegenstand
feindseliger Angriffe und Verhöhnungen von jener Seite geworden. Es kann
jedoch nur eine Folge persönlicher Beschränktheit und Laune sein, wenn es

zuweilen den Anschein gehabt hat, als wollten einzelne Hegelianer das Heer der oberflächlichen Realisten verstärken; an sich muss diese Philosophie ihrem Wesen nach die Grammatik und die Philologie überhaupt als ein wesentliches Moment in sich aufnehmen, wie es auch der Meister derselben in der Encyklopädie gethan hat.

Was indess von einzelnen Hegelianern für die Grammatik bisher geleistet wurde, ist kaum der Rede werth; eine Sprachlehre von einem gewissen Städler in Berlin: Wissenschaft der Grammatik, ein Handbuch zu akademischen Vorlesungen, sowie zum Unterricht in den höheren Klassen der Gymnasien, Berlin 1833, und eine theoretisch-practische Vorschule zu einer wissenschaftlichen Auffassung der lateinischen Sprache, ein Elementarbuch nach strenger Stufenfolge von Ludwig, Kassel 1837, sind nicht geeignet als würdige Vertreter ihrer Schule zu gelten, zumal da besonders der letztere bemüht gewesen ist Fragen gleich für die niederen Schulen zurecht zu machen, die vorher erst auf rein wissenschaftlichem Gebiete abzumachen sind. Jedoch muss anerkannt werden, dass das Verdienst, die Wissenschaftlichkeit zu einer dringenden Anforderung in allen Theilen der Wissenschaft gemacht zu haben, dieser Philosophie gebührt; sie hat es auch in anderen Theilen der Philologie schon mehr geltend gemacht, und so lässt sich mit Bestimmtheit erwarten, dass auch die Grammatik von dieser Seite Vortheil ziehen werde.

Grösser und fruchtbarer ist in den neuesten Zeiten der Einfluss gewesen, den, die zwei erwähnten historischen Richtungen auf die lateinische Grammatik gehabt haben; das ist nämlich die erst in der neuesten Zeit cultivirte vergleichende Grammatik und die deutsche. Vgl. Georg Curtius, die Sprachvergleichung in ihrem Verhältniss zur classischen Philologie, Berlin, Besser 1845. Die vergleichende Grammatik ist besonders und zunächst für die Etymologie von Wichtigkeit, und es ist daher nicht nöthig hier näher die Schriften darüber von Bopp, Pott, Hartung, Wüllner, Max Schmidt, Ge. Curtius, Schleicher, Leo Meyer, Benary und Anderen anzugeben; jedoch ist offenbar, dass der früher ganz verkannte innere Organismus der Sprachformen, die Gesetze des Consonantenwechsels und der Lautverschiebung, der ganze Zusammenhang in der etymologischen Gestalt jeder Sprache und Verwandtschaft hierin immer klarer und die eine der andern eine Hülfe und Erläuterung werden. Nur hat man zu sehr die ganze Etymologie als ein vielfach verschlungenes Gewächs betrachtet, als einen sinnlichen Organismus, der launenhaft herumrankt aus sinnlichem Trieb des Wohlklangs und der Lautverbindung; es ist zu sehr übersehen, dass die treibende Kraft in dem Gewächs das geistige Leben des Volks ist, dass zwischen der Form und ihrem geistigen Inhalt, ihrer Bedeutung ein inniges Verhältniss besteht, was namentlich Bopp am meisten anerkannt hat, der auch nur die Sprache als Gewächs äusserlich betrachtet, nicht nach ihrem innern Leben in der Litteratur und dem Geiste des Volks. Aber allmählich muss der Vergleich auch in der Etymologie hierauf führen und damit Anerkennung der Volksthümlichkeiten sich finden.

Durch diese geistreiche Art der Betrachtung ist besonders ausgezeichnet W. v. Humboldt, von dem daher theils einzelne Aufsätze in den Schriften der königlichen Akademie zu Berlin, theils sein grosses opus postumum über die Kawi-Sprache, besonders dessen Einleitung, für jede Grammatik das grösste Interesse haben. Ihn zeichnet namentlich die Ansicht aus, dass die Sprache kein bewusstes Kunstwerk sei, sondern unbewusst aus der Tiefe der geistigen Eigenthümlichkeit jedes Volkes emanirt, und daher lehrreich ist für die Erkenntniss dieser geistigen Eigenthümlichkeiten. Danach das System entwickelt von M. Schasler und Steinthal [1]). Auf Humboldt meinte sich zu stützen Conr. Michelsen, Philosophie der Grammatik unter steter Leitung der Geschichte. Erster Band. Kasuslehre der Lateinischen Sprache vom lokalkausalen Standpunkte aus, Berlin 1843. Aber s. meine Rec., Hall. Allg. L. Z. 1844. No. 33. 36. In die gewöhnlichen lateinischen Grammatiken ist jedoch bis jetzt von dieser Seite her nur im Allgemeinen hin und wieder die Tendenz übergegangen, die Etymologie auf eine tiefere Weise zu erforschen, wie z. B. in Weissenborn's Grammatik, Wüllner und Hartung über die Casus, Döderlein im sechsten Bande seiner Synonymik und in dem Anhange dazu über Wortbildung. Die Resultate im Einzelnen sind noch zu problematisch, als dass davon jetzt schon in Schulgrammatiken ein zweckmässiger Gebrauch gemacht werden könnte.

Was endlich die Anregung von Seiten der deutschen Grammatik betrifft, so gehört diese einerseits zu dem, was schon über die vergleichende Grammatik bemerkt ist, deren Standpunkt namentlich Grimm in seiner ausserordentlich verdienstlichen deutschen Grammatik festhält. Hiervon ist ausgegangen die lateinische Sprachlehre von Heinrich Hattemer, Professor an der Cantonschule in St. Gallen, Stuttgart und Tübingen (Cotta) 1842. XVI u. 236 S. 8. Die Syntax geht sehr auf scharfe logische Bestimmungen aus, schematisirt zu sehr, übrigens kurz und nicht viel Neues; dagegen ist die Formenlehre sehr umgestaltet. Derselbe hat auch eine deutsche Grammatik geschrieben, der er die lateinische möglichst parallel gemacht hat. Neben dem zum Theil wesenlosen Schematisiren zeigt er sich zuweilen im Positiven unsicher, beherrscht dies nicht genug und ist nicht genug davon durchdrungen, sondern hat es unlebendig mehr entlehnt. Andererseits aber erstreckt sich diese Anregung vorzugsweise auf die Syntax, und ist namentlich ausgegangen von den sehr verdienstlichen Arbeiten über deutsche Grammatik, welche besonders Schmitthenner, Herling, Grotefend, Becker geliefert haben. Es ist natürlich, dass sich die deutsche Grammatik von der antiken emancipirt, seitdem sich auch die Volksbildung zu emancipiren angefangen hat, und seitdem durch das Aufblühen unserer nationalen Litteratur im vorigen Jahrhunderte ein auf diese allein basirter, zahlreicher Stand von sogenannten Gebildeten entstanden ist, welche nicht mehr durch unsere Schule gehen wollen und welche uns höchstens durch die Schule laufen. Für diese musste eine andere Methode der Schulbildung erfunden werden, und da einmal die Grammatik (nebst der Mathematik) das wesentlichste und unentbehrlichste Mittel formaler Bildung ist, so musste zu diesem Zwecke die deutsche Grammatik ausgebildet werden in einer wissenschaftlichen, wahrhaft bildenden Weise. Aber sie ist die Grammatik einer lebendigen Sprache und, als Bildungsmittel betrachtet, wird und muss sie manches Rhetorische und Philosophische aufnehmen; denn die Gebrauchsweisen, welche Jeder vermöge der unreflectirten Gewohnheit schon sich angeeignet hat, kann er an sich nur sehr schwer objectiviren und darin die eigene und volksthümliche

---

[1]) Schasler, Die Elemente der philosophischen Sprachwissenschaft W. v. H., Berlin 1847. 8. Dagegen H. Steinthal, Die Sprachwissenschaft W. v. H. und die Hegelsche Philosophie, Berlin 1848. 8.

Vorstellungsweise erkennen; aber auch wenn dies geschähe, so wäre es doch nicht denkbar, dass das eigentlich Grammatische der deutschen Sprache eine in allen Stücken passende Methode für eine todte Sprache und namentlich für das Lateinische abgeben sollte. Die genannten Grammatiker und namentlich Becker haben das Verdienst, dass jetzt die deutsche Sprache in lebendigerer Weise gelehrt wird als früher; man geht vom einfachen Satze aus und entwickelt aus ihm seine nöthigen und möglichen Theile bis zu klarem Bewusstsein. Hierbei wird, wie ganz natürlich in der Muttersprache, das Verständniss des einfachen Satzes vorausgesetzt. Im Grunde wird also davon ausgegangen, zu erwägen, aus welchen Theilen ein vollständiger Gedanke bestehen muss und kann, so dass dies eigentlich eine logische Frage ist; jeder Redetheil, jede Formation desselben wird nur insofern erkannt, als man erkennt, welche Stelle sie in dem Umfang eines vollständigen Gedankens einnehmen, welche Art von Bestimmung jedes Stück liefert. Diese Arten der Bestimmung, „die Satzverhältnisse", bilden die Rubriken, in welche die einzelnen Sprachformationen eingetragen werden; darüber werden diese also in ihrer Besonderheit nicht erkannt, welches Bedürfniss sie überhaupt erschaffen hat, welchen individuellen Charakter sie haben und wie sie durch diese dazu kommen jenen logischen Rang im Satze einzunehmen. Es ist, wie wenn ich im Allgemeinen vom Staat spräche und sagte, seine nothwendigen und möglichen Theile sind diese: da ist ein König, der möglicher Weise Minister und Staatsrath um sich hat; da sind Stände, die möglicher Weise ein oder zwei Kammern bilden etc. Dadurch bekomme ich zwar einen Ueberblick von dem Staate und seinen Gliedern, aber ich erfahre nicht, wie ist er zu diesen Gliedern gekommen, was hat ein Jedes eigentlich von Anfang bedeutet, was ist es gewesen, wie ist es in das Verhältniss zu anderen gekommen, wie alt ist es, welchen Character und Gesinnung haben die Personen, die es darstellen. Eine solche Voraussetzung kann aber nicht im Latein gemacht werden, wo alle einzelnen Theile der Sprache erst entwickelt werden müssen, um durch eine allmähliche Synthesis zum Verständniss des Satzes zu führen. Dieser wesentliche Unterschied ist von den Philologen übersehen, welche sich beeifert haben die Fortschritte der deutschen Grammatik auf die der alten Sprachen überzutragen. Auch im Griechischen ist dies schon geschehen durch Raphael Kühner; im Lateinischen aber ist dieser Eifer noch viel grösser gewesen. Es giebt schon jetzt eine ganze Reihe lateinischer Grammatiken, welche à la Becker zurecht gemacht sind, und zwar auch hier wieder gleich für die Schuljugend, noch ehe die Frage auf dem wissenschaftlichen Gebiete entschieden ist. Aug. Grotefend jun. und Krüger (Untersuchungen aus dem Gebiete der lateinischen Sprachlehre. 3 Hefte. Braunschweig 1820. 21. 27) haben hiermit den Anfang gemacht. Dagegen s. Bartelmann, Einige Bemerkungen über das grammatische System v. K. Fr. Becker. Oldenburg 1857. Osterprogramm des Gymnasiums 31 S. 8. Mit lästiger dialectischer Umständlichkeit hat gegen Becker gestritten Steinthal. Es folgte dann Wilh. Weissenborn, Syntax der lateinischen Sprache für die oberen Klassen gelehrter Schulen. Eisenach 1835; dann desselben: Lateinische Schulgrammatik. Eisenach 1838. Felix Sebastian Feldbausch, Lateinische Schulgrammatik für die mittleren und oberen Gymnasialklassen. 1837. Eichhoff und Belty, Lateinische Schulgrammatik mit Rücksicht auf die neuere Gestaltung der deutschen Sprachlehre, für die unteren und mittleren Gymnasialklassen und für Progymnasien. Elberfeld 1837. Lateinische Schulgrammatik von Aug. Grotefend (der Jüngere † 1836). Hannover 1833. Dieser hatte jedoch manche Abweichungen von dem Becker'schen Schema. Krüger, Grammat. der lat. Sprache, Umarbeitung dieser Grotefend'schen, Hannover 1842. 2 Thle. Raph. Kühner, Schulgrammatik der lateinischen Sprache. Hannover 1842. In allen diesen Schriften wird die Becker'sche Satzlehre als das Schema genommen, um danach die lateinische Syntax abzuhandeln; man geht vom einfachen Satze aus, entwickelt dessen Theile, die Satztheile, und ordnet nun die Sprachtheile danach (nämlich ob prädicatives, attributives oder objectives Satzverhältniss), welche Satztheile sie zu bilden im Stande sind. Da sie aber sehr häufig mehrere Satztheile zugleich bilden können, so werden sie entweder willkürlich dem einen oder andern zugeordnet, oder es wird über denselben Sprachtheil das Eine hier, das Andere dort besprochen, und so entstehen daraus ganz ähnliche Nachtheile, wie sie bei der Grammatica Sanctiana erwähnt sind, dass eine zusammenhängende Entwickelung der Casuslehre, sowie der Lehre von Temporibus und Modis nicht möglich ist. Ausführlicher habe ich die Nachtheile dieser Methode besprochen in einer Recension über die Grammatiken von Weissenborn, Feldbausch, Eichhoff und Belty und mehrere andere grammatischen Schriften in der Hall. Litt. Z. Ergänz. Bl. im August 1838, No. 65—70 [1]).

Diese Schwierigkeiten hat Krüger eingesehen; er hat daher einen Mittelweg versucht in seiner Grammatik; vergl. seine Abhandlung: Ueber die Behandlung der Satzlehre in der lateinischen Grammatik, in Jahn's N. Jbb. Suppl. Bd. VI. H. 3. Indem er nun in der Syntaxis convenientiae doch prädicatives und attributives Satzverhältniss unterscheidet, aber in der Syntaxis rectionis den Unterschied der Satzverhältnisse fallen lässt und doch im Allgemeinen wieder die ganze Syntax nur als Satzlehre betrachtet, so ist dies augenscheinlich eine Inconsequenz aus Noth und Gutmüthigkeit. Uebrigens ist die Grammatik fleissig, sorgfältig, aber unerträglich breit und dick, gar zu umständlich.

Von der Beziehung der deutschen Grammatik auf die lateinische und griechische ist nun auch eine andere Idee ausgegangen, nämlich eine Parallel-Grammatik für diese drei in den Gymnasien gelehrten Sprachen zu verfassen, die nach Thiersch's Ansicht Paragraph für Paragraph übereinstimmen sollte. Die Idee ist nicht neu. S. oben Kistemaker und Uihlein. Auch schon Wolfgang Ratichius hatte sie im Anfange des 17. Jahrhunderts. S. Raumer, Geschichte der Pädagogik Th. II. S. 34. Hattemer hat ebenfalls die lateinische Grammatik mit der deutschen parallel behandelt, jedoch in eigener Weise, ohne die Becker'sche Satzlehre zur Grundlage zu nehmen. Diese Frage ist in Gotha besprochen und angeregt, auf der Philologen-Versammlung in Bonn lebhaft debattirt [2]) worden, wo ein Herr Bartelmann

---

[1]) Dieser Verurtheilung treten nicht blos die Philosophen bei, wie Steinthal, sondern auch die Germanisten Ph. Wackernagel und R. v. Raumer, und doch erscheint die Satzlehre noch immer in lat. Grammatiken danach eingerichtet.

[2]) Die Anregung gab Fr. Thiersch 1840 in Gotha (vergl. Verhandl. S. 115). Bartelmanns Vortrag steht in den Bonner Verhandl. S. 22—30; die Gegenbemerkungen Haase's stehen S. 76, der seine gewichtigen Bedenken auch in der zur Eröffnung der Breslauer Versammlung gehaltenen Rede ausgesprochen hat. Breslauer Verhandl. S. 17.

den Vorschlag unterstützte und namentlich ausführte, dass das dabei zum
Grunde zu legende Princip das Deutsche der Becker'schen Grammatik sein
müsse, was von Thiersch und Anderen unterstützt wurde; das haben auch
alle diejenigen angenommen, welche den Plan überhaupt billigen, ausser
Hattemer; ich habe mich dagegen erklärt und dabei die drei Stufen grammatischer
Forschung überhaupt dargelegt, die im Eingange erwähnt; Gerlach von Basel
und viele Andere stimmten bei, obwohl sich Thiersch auf das Allgemein-
menschliche berief, was allen Sprachen zu Grunde liege, was aber gerade
darum nicht das Verständniss des Eigenthümlichen eröffnet. Bartelmann
meinte, die Parallel-Grammatik sei zu der vergleichenden zu ziehen, wobei
nur freilich der Zweck der entgegengesetzte ist; die vergleichende Grammatik
will und muss gerade die Verschiedenheiten der Volkscharaktere herausstellen,
die Parallel-Grammatik will diese gerade verwischen; die Schüler sollen ein-
sehen, dass die drei Sprachen Paragraph für Paragraph in Uebereinstimmung
sind, und so sollen sie viel weniger zu lernen haben. Man spannt die drei
Sprachen in dasselbe Schema, und so kann es nicht fehlen, dass allen Gewalt geschieht, die Kenntniss der einzelnen oberflächlich wird, die Eigenthümlichkeit verwischt wird und vollends die geschichtliche Entwickelung der
Einzelnen, die so sehr verschieden ist, keinen Raum findet. Von wissen-
schaftlicher Seite ist demnach die Parallel-Grammatik nur nachtheilig.
Gleichwohl ist anzuerkennen, dass sie von einem praktischen Bedürfniss ausgeht. Wenn zu gleicher Zeit nach Buttmann, Zumpt und Becker unter-
richtet wird und jeder Lehrer damit seinen besonderen Gang geht, so kann
freilich eine grosse Confusion entstehen. Das ist aber eine blos praktische
Frage rücksichtlich der organischen Concentrirung des Unterrichts, die verloren geht, wenn jeder Lehrer summus arbiter und rector ist. Jetzt haben
nun die Lehrer in Gotha sich in der Weise vereinigt, dass sie drei verschiedene Grammatiken ausarbeiten nach gemeinsam verabredeten Plänen;
die griechische von Rost ist Göttingen 1840 erschienen; es wird sich zeigen,
ob hier der Parallelismus Nachtheil bringt, oder ob er sich bloss auf die
äussere Erleichterung des Orientirens, auf die Gemeinschaft der termini etc.
bezieht. Uns kommt es hier auf solche praktische Rücksichten nicht an. Die
lateinische Grammatik Ist in Gotha von Habich und Berger verfasst, aber
unpraktisch scheint sie selbst dem Director Schmidt, der sonst ein Freund
der Parallel-Grammatik ist, und für unpraktisch erklärt derselbe auch Hattemer. S. Schmidt: Der classische Sprachunterricht auf den Gymnasien in
seinem Verhältnisse zur Gegenwart. Progr. von Wittenberg 1844. S. 25 fg.
Eine andere haben geliefert Kritz und Berger, Göttingen 1848. Die ursprünglich von Thiersch geforderte Uebereinstimmung bis auf die der Para-
graphen ist aufgegeben, weil diese sich offenbar als unmöglich erweisen
musste; auch hatte Thiersch selbst schon in Bonn diese Forderung bedeutend
ermässigt. Dessenungeachtet sind erhebliche Inconsequenzen und sonstige
Uebelstände übrig geblieben, z. B. gleich am Anfang §. 110: Beziehungsform
des Subjects beruht auf Verwechselung des Subjects mit dem Substantivum
oder Nomen; dies hat zwar die Fähigkeit Subject zu sein, wenn es im
Nominativ steht, aber alles Weitere, der substantive Gebrauch der Adjectiva,
der Pluralis der ersten Person statt Singularis; der Pluralis der Abstracta
trifft gar nicht das Nomen als Subject, sondern das Nomen als Nomen, ohne
Rücksicht auf seinen Casus, also ohne Rücksicht auf sein Verhältniss zum Satze.

Vgl. G. T. A. Krüger, Andeutungen zur Parallel-Grammatik. Braunschweig 1843. Programm.

Fr. Lübker, Vorschlag und Plan zu einer Parallel-Syntax der griechischen, lateinischen und deutschen Sprache. Zeitschrift für Alterthumswissenschaft 1846. H. S. No. 49. 50 [1]).

J. N. Madvig, Lateinische Sprachlehre für Schulen. Braunschweig 1844. Dessen Bemerkungen über verschiedene Punkte des Systems der lateinischen und einige Einzelnheiten derselben. Als Beilage. ib. 1843. Wenn wir so engherzig wären wie die Dänen, so kleinstaatlich hochmüthige Hartköpfe, so würde bei uns nicht die Rede von Madvig sein; wir aber können seine Verdienste anerkennen. Er hat doch das Beste von Deutschen gelernt, hat sich auch mit Hegel'scher Philosophie beschäftigt, wovon freilich nicht viel zu merken. Da Madvig auch für Schulen geschrieben, so ist nicht an eine neue wissenschaftliche Behandlung zu denken; sein Augenmerk ist hauptsächlich auf Einzelnheiten gerichtet, über die er Manches genauer observirt hat als Frühere. Jedoch ist auch seine Syntax eigenthümlich disponirt; sie wird als Wortfügungslehre erklärt und dabei der Satz vorausgesetzt. Er macht danach drei Theile: Von der Verbindung der Wörter im Satze. Convenientia. Substantiva im Satze (Casus). Adjectiva, Pronomina in adjectiver Verbindung. 2) Die Beziehung der Art und Weise der Aussage und der Zeit des Ausgesagten. Arten und Verbindung der Sätze. Tempora, Modi nebst Imperativ, Infinitivus, Supina, Gerundia und Participia. 3) Folge und Stellung der Wörter und Sätze. In 1) und 2) ist aber ganz gleichgültig, ob dabei ein Satz vorausgesetzt wird oder nicht, ja zum Theil ist es nicht möglich, wie bei der adjectiven Verbindung eines Begriffes mit einem anderen; es. ist nur auszuschliessen der Titel: „Arten und Verbindung der Sätze", der zu No. 3 zu setzen war, wie auch Anhang 2. — Anhänge: 1) Gewisse, besondere Unregelmässigkeiten in der Wortfügung; 2) Gebrauch der Conjunctionen, die fragenden und negativen Partikeln; 3) Bedeutung und Gebrauch des Pronomens. Dies ist ein willkürlicher Gang. Schliesslich folgen noch die gewöhnlichen Beiwerke, Metrik, Kalender und Abkürzungen in der Schrift, wovon aber nur die letzten beiden als Anhang zur Grammatik bezeichnet werden, wie wenn die Metrik zur Grammatik gehörte [2]).

Dies ist die Uebersicht über das, was in der lateinischen Syntax bisher geleistet ist; es kann dazu die kleine Schrift von Michelsen verglichen

---

[1]) Abgedr. in den gesammelten Schr. S. 192—202.

[2]) Es ist nicht der Ort hier ergänzend und weiterführend einzutreten. Sonst würde zu erwähnen gewesen sein, wie die Linguistik nicht blos in den Untersuchungen über die Lautgesetze und Wortbildung und namentlich in der Wurzelgräberei grosse Fortschritte gemacht, sondern auch in den Arbeiten von Curtius, Lange, L. Meyer, Delbrück und Windisch mit Erfolg zu syntactischen Forschungen übergegangen ist. Aber nicht minder beachtenswerth sind die Arbeiten zur Erforschung der historisch-kritischen Grammatik, für welche Ritschl die Bahn eröffnet hat und die nicht blos von seinen Schülern eifrig gepflegt wird. Gerade für die Syntax sind in den letzten Jahrzehnten zahlreiche Schriften erschienen, welche theils einzelne Zeitalter, theils einzelne Redegattungen besonders behandeln, und die Menge der Monographien über den Sprachgebrauch einzelner Schriftsteller wächst mit jedem Jahre. Dass Haase's Schüler auf diesem Gebiete auch nicht feiern, zeigen unter andern die ausgezeichneten Arbeiten von Lübbert und Em. Hoffmann.

werden: Historische Uebersicht des Studiums der lateinischen Grammatik seit der Wiederherstellung der Wissenschaften, Hamburg 1837, worin Sanctius sehr günstig beurtheilt, Vieles übergangen, aber Anderes auch besprochen wird, was mir unbekannt ist, namentlich die Grammatik von Baden. Es hat sich also ergeben, wie die lateinische Syntax verschiedene Phasen durchlaufen hat, ohne bis jetzt zu einer wissenschaftlichen Methode gelangt zu sein; wie sie im Alterthum von der Philosophie oder Dialektik und Rhetorik beherrscht, oder nur eine mehr lexikalische Wehr gegen Barbarismen und Solöcismen war, ohne die Unmittelbarkeit des Sprachgefühls für die Wissenschaft ablegen und die noch lebende Sprache objectiviren zu können; wie sie dann durch eine mangelhafte Tradition der classischen Latinität und durch die scholastische Philosophie mit Scharfsinn, aber im Einzelnen willkürlich und ohne historischen Sprachsinn über das Mittelalter hinausgelangt, wieder erwacht zunächst als Schutz gegen die scholastische Barbarei des Mittelalters, als bloss praktisches und mehr lexikalisches Hülfsmittel zur Wiederbelebung und Reinigung der Sprache, allmählich als eine Art von System, das nicht ohne scholastische Spitzfindigkeit ist, das dann consequenter wird und der Sprache Gewalt anthut, um gewisse Principien energisch durchzuführen, und das eben durch seine energische Consequenz sich Achtung verschafft und der Syntax fast in allen Ländern ihre Form giebt, mit Ausnahme von Deutschland, wo sie mehr für die übersichtliche und natürliche Entwicklung eingerichtet in vielen Schulgrammatiken behandelt wird; wie während des langen Stillstandes in der systematischen Ausbildung der Grammatik nur für die Sammlung des Materials gearbeitet wird; wie dann das Ungenügende beider Systeme gefühlt und man sich dem Material abwendet, philosophische Begriffe sucht durch die Sprachphilosophie, aber ohne sichtbaren Erfolg; dann nimmt man die Philosophie und wendet sie unmittelbar auf die positive Sprache an; wie man theils durch die Kantische Philosophie, jedoch ohne wesentliche Umgestaltung, modificirt und gleichsam aufgeklärter wird und die Forderung der Hegel'schen Philosophie, sich wissenschaftlich zu begründen, nicht erfüllt, aber doch anerkennt, wie sie dabei einerseits die vergleichende Grammatik zu Hülfe nimmt, andererseits in der neu entstandenen deutschen die gesuchte wissenschaftliche Form zu finden glaubt, sich aber mit einem unwissenschaftllichen, bloss der praktischen Erleichterung dienenden Parallelismus begnügt.

In jeder dieser Richtungen, wie verfehlt sie auch übrigens im Ganzen sein mögen, ist doch irgend etwas, das als richtig anzuerkennen ist; jede ist ein Moment der Entwicklung, das als solches nothwendig ist und auch nicht verloren geht. Die wissenschaftliche lateinische Grammatik, wie sie im Eingange verlangt wurde, muss sowohl das lebendige Sprachgefühl des Alterthums als auch den Widerspruch gegen grammatische Barbarei, sowohl die consequente Einfachheit der Principien des Sanctius, als auch die natürliche, ungezwungene, übersichtliche Entwicklung der deutschen Schulgrammatiken, sowohl die Genauigkeit und den Fleiss in der Sammlung des Materials, als auch die Verbindung der Einzelnheiten zu der theils formalen Einheit im Satze, theils idealen zum substantiellen Begriff der römischen Volksthümlichkeit in sich tragen, und zwar dies Alles naturgemäss gestaltet zu einem vollständigen Organismus. Dies ist heutzutage die Aufgabe; sie zu lösen wird schwerlich bald gelingen; Glück genug, wenn es für jetzt uns nur gelingt uns einigermassen von den Einseitigkeiten und Vorurtheilen der früheren Methoden loszumachen.

Entstehung und Bestandtheile der Sprache.

Die Entstehung der Sprache liegt jenseit jeder Historie und kann daher nur entweder philosophisch entwickelt werden, oder von dem Gegebenen, Entstandenen aus und von dessen späterer historischen Gestaltung durch Rückschlüsse. Im Ganzen aber ist die Frage von jeher als eine philosophische und theologische betrachtet werden, und daher möge hier wenigstens eine kurze Angabe der Litteratur über philosophische Grammatik folgen, da darin die Redetheile und ihre Definitionen immer einen wesentlichen Theil ausmachen. Dass bei den Alten die Grammatik mehr Philosophie war als sie sollte, ist schon oben erinnert; ja man kann selbst behaupten, dass sie überhaupt noch keine Sprachphilosophie als gesonderte Wissenschaft hatten, sondern, dass diese vielmehr unaufhörlich überspielte in Logik und Dialektik oder Rhetorik; wenn wir daher uns heutzutage bemühen die sprachphilosophischen Ideen der Alten zu entwickeln, so machen wir dabei Scheidungen, die nur auf unseren heutigen Ansichten beruhen. Das meiste, was sich hierüber ermitteln lässt, bezieht sich mehr auf die Griechen, denen die Römer nur nachfolgten. Man kann darüber folgende Schriften vergleichen: Herm. Schmidt, doctrinae temporum verbi graeci et latina expositio historica, Halis Sax. Partic. I—IV. 1836 — 42. 4.

Ueber Plato siehe Deuschle, die platonische Sprachphilosophie, Marb. 1852. 4.

Theodor Benfey, über die Aufgabe des platonischen Dialogs Cratylus (Schriften der Königl. Gesellschaft den Wissenschaften zu Göttingen 1866.) Auszug daraus von Benfey in den Nachrichten von der Königl. Ges. d. W. 7. März 1866, Nr. 8. p. 113—127, wobei vorbehalten, ob Schaarschmidt mit Recht den Cratylus für unecht erklärt.

Jo. Classen, de Grammaticae graecae primordiis. Diss. inaug. Bonn. 1829.

Seguier, Marquis de Saint-Brisson, la philosophie du langage exposée d'après Aristote. Paris 1838. 8., wo jedoch zugleich die alten Interpreten des Aristoteles zugezogen und auch einige Ideen des Verfassers eingemischt sind.

Laur. Lersch, die Sprachphilosophie der Alten. Bd. I, Streit über Analogie der Sprache. Bonn, 1838. Bd. II, histor. Entwickelung der Sprachkategorien ib. 1839. Bd. III. 1841.

Dr. Rud. Schmidt, Stoicorum grammatica. Halle, 1839 [1]).

Gräfenhan, Geschichte der class. Philologie im Alterthum. 4 Bde. Bonn 1843—50. 8.

M. L. Loewe, historiae criticae grammatices universalis seu philosophicae lineamenta, Dresden 1829. Diese Geschichte fängt aber erst mit der zweiten Hälfte des vorigen Jahrhunderts an, da darin den Alten die Sprachphilosophie gänzlich abgesprochen wird.

---

[1]) E. Egger, Apollonius Dyscole, essai sur l'histoire des théories grammaticales dans l'antiquité, Paris 1854. 8. und die Monographien von L. Lange und Skrczczka in Königsberg. Ganz besonders H. Steinthal, Geschichte der Sprachwissenschaft bei den Griechen und Römern, Berlin 1863. 8. K. E. A. Schmidt, Beiträge zur Geschichte der Gramm. des Griech. u. des Lat. Halle 1859. 8. G. F. Schömann, Die Lehre von den Redetheilen nach den Alten dargestellt, Berlin 1862. 8.

In der That kann die eigentliche besondere Behandlung der Sprachphilosophie nicht früher gesetzt werden. Die ersten, welche sich thätig und
eifrig dafür bewiesen, waren Engländer, an welche sich die Deutschen an-
schlossen. Was schon vorher Leibniz darüber gedacht hatte, ist von ihm
selbst nicht näher ausgeführt und von Anderen auf verschiedene Weise ge-
deutet worden. Er scheint die Idee gehabt zu haben, ein auf gleiche Art
auf alle Sprachen anwendbares, ein Allen verständliches System sprachlicher
Begriffe und Bezeichnungen aufzustellen, eine Idee, deren Unhaltbarkeit dar-
gethan ist von Herder, Adrastea in der Wiener Ausgabe seiner Schriften
Bd. 9. S. 392 fgg. Desgleichen von Schleiermacher in einer besonderen
Abhandlung, welche in seinen akademischen Abhandlungen abgedruckt ist[1]).
Von dieser Idee sind vielleicht die verschiedenen Versuche ausgegangen,
welche man im vorigen Jahrhundert machte, eine Pasigraphie zu erfinden,
man könnte sagen eine Omnibus-Schrift, welche, bloss auf allgemeine Begriffe
gegründet, in allen Sprachen den Völkern verständlich sein sollte. Ein
solcher Versuch ist gemacht von einem Ungarn: Georg Kalmár, praecepta
grammatica atque specimina linguae philosophicae sive universalis ad omne
vitae genus accommodatae, Berol. et Lips. 1772. 4. Es giebt darüber noch
mehrere deutsche Schriften, die aber alle wenigstens kein praktisches Resultat
gehabt haben. Vgl. J. Sev. Vater, Versuch einer allgemeinen Sprachlehre,
mit einer Einleitung über den Begriff und Ursprung der Sprache und einem
Anhange über die Anwendung der allgemeinen Sprachlehre auf die Grammatik
einzelner Sprachen und auf Pasigraphie, Halle 1801. 8.

Aber andere, besonders auf Sprachphilosophie und den Ursprung der
Sprache gerichtete Schriften sind besonders folgende:

Jacob Harris, Hermes oder philosophische Untersuchung über die allgemeine Grammatik; übersetzt von Chr. Gottfr. Ewerbeck, nebst Anmerkungen
und Abhandlungen von F. A. Wolf und dem Uebersetzer. Th. I, Halle, 1788.
Der zweite Band mit den angekündigten Anmerkungen und Abhandlungen
ist nicht erschienen. Das Buch war englisch zuerst erschienen London 1751,
8., dann zweite Auflage 1765., dritte 1777. Das Buch fand eine allgemeine
Anerkennung und regte sehr an, zum Theil freilich auch zum Widerspruch;
namentlich ist eine heftige Gegenschrift erschienen von John Horne Tooke,
῎Επεα πτερόεντα or the diversions of Porley. Part. I. London, 1786, 8,
die in manchen Stücken gegründet ist. Davon zweite Ausgabe in 2 Bänden.
4. London 1798 und 1805.

Dagegen war ein geistreicher und gelehrter Anhänger von Tooke, der
zugleich mehr und vorzugsweise auf die vergleichende Sprachforschung ein-
ging, Alex. Murray, dessen Werk deutsch bearbeitet ist unter dem Titel:
Zum europäischen Sprachenbau; oder Forschungen über die Verwandtschaft
der Teutonen, Griechen, Celten, Slaven und Inder. Nach Alex. Murray
bearbeitet von Adolf Wagner. 2 Bände. Leipzig 1825.

Der nächste Nachfolger von Harris war Lord Monboddo (James Burnet
of Monboddo), Von dem Ursprunge und Fortgange der Sprache, übersetzt von
E. A. Schmid. Mit einer Vorrede von Herder. 2 Theile. Riga 1784. 85.

---

[1]) In Bd. IV von Franz v. Baaders' sämmtlichen Werken. Zur Religionsphilosophie.
Herausgegeben von Professor Dr. Franz Hoffmann, Leipzig 1855, findet sich eine Abhandlung, worin eine interessante Bemerkung über die Natur der Sprache. Sie ist aus-
gehoben in Wolfgang Menzel's Litteraturblatt, 1856, 24. September, No. 77, S. 308a.

Ferner G. M. Roth, Anti-Hermes oder philosophische Untersuchung über den reinen Begriff der menschlichen Sprache und die allgemeine Sprachlehre, Frankfurt und Leipzig 1795. Von demselben Roth giebt es einen: Grundriss der reinen allgemeinen Sprachlehre. Frankf. 1815, 8. und darüber eine Kritik von Grotefend in den Abhandlungen des Frankfurtischen Gelehrten-Vereins für deutsche Sprache im zweiten Stück.

Diese Abhandlungen enthalten überhaupt mehreres Wichtige für die neuere Richtung der deutschen Grammatik von Grotefend, Herling, Becker und Anderen.

Einiges thaten auch die Franzosen; Thurot übersetzte den Hermes. Von Beauzée giebt es eine grammaire raisonnée, Paris 1767, 2 Bände und Condillac, grammaire raisonnée in seinem cours d'études pour le Prince de Parme um dieselbe Zeit. De Brosses, traité de la formation mécanique des langues, Paris 1765. Dann Court de Gebelin, histoire naturelle de la parole, herausgegeben mit Anmerkungen von Lanjudnais, 1816. Ant. J. Silvestre de Sacy, Grundsätze der allgemeinen Sprachlehre in einem allgemein fasslichen Vortrag, mit besonderer Rücksicht auf die französische Sprache, bearbeitet von J. Sev. Vater. Halle 1804, 8. Darüber vgl.: Philosophische Principien einer allgemeinen Sprachlehre nach Kant und Sacy, in einer ausführlichen Recension der Grundsätze des Letzteren. Königsberg 1805. Früher ist ein unbedeutender Aufsatz von J. J. Rousseau, Essai sur l'origine des langues, ou il est paré' de la mélodie et de l'imitation musicale, in der neuesten, zum Panthéon litteraire gehörenden Ausgabe seiner Schriften. Paris 1836. Bd. 3. S. 495 fgg. mit besonderer Beziehung auf Musik, wesshalb er es früher auch betitelt hatte: Essai sur le principe de la mélodie. Er sagt Chap. II.: Ce n'est ni la faim ni la soif, mais l'amour, la haine, la pitié, la colère, qui leur ont arraché les premières voix.

Von deutschen sind bekannt Herders Schriften: Ideen zur Philosophie der Geschichte der Menschheit, und Ueber den Ursprung der Sprache.

A. F. Bernhardi, Sprachlehre. Berlin 1801—3 Thl. 1. Reine, Thl. 2, Angewandte und dessen Anfangsgründe der Sprachwissenschaft. Berlin, 1805.

Meiner, Versuch einer an der Sprache abgebildeten Vernunftlehre, Leipzig, 1781. Jo. Henr. Meyer, grammaticae universalis elementa, Braunschweig, 1796. Anderweitige Litteratur ist gesammelt von Hoffmann im 6. Bande von Wolfs Vorlesungen, S. 156. Wozu noch gefügt werden kann: Wagner, de partium orationis indole atque natura commentat. I—IV. 1811—15. in seinen opusculis acad. Marburg 1832. Vol. I. p. 39—146. C. E. Geppert, Darstellung der grammatischen Kategorien. Berlin 1836, und ferner von meinem verehrten Collegen, dem Professor Schneider, akademische Vorlesungen über griechische Grammatik. Erste Reihe. Ursprung und Bedeutung der Redetheile und ihrer Beugungen. Breslau 1837. Conr. Michelsen, Philosophie der Grammatik. Unter steter Leitung der Gesch. 1. Band. Kasuslehre der Lateinischen Sprache vom kausallocalen Standpunkte aus. Berlin 1843.

Leber, Grammaire générale synthétique. Paris 1808.

J. Grimm, las am 9. Januar 1851 in der Akademie zu Berlin über den Ursprung der Sprache [1]).

---

[1]) Abgedr. in J. Grimm's kleineren Schriften I. S. 255—298.

Max Müller, Lectures on the science of language. London. First Series und Second Series. 1862—64. Ueber die zweite Reihe siehe Benfey, Gött. gel. Anz. 1864 Nr. 39.

Benloew, de quelques caractères du langage primitif; recens. 1864 von G. Arendt in Kuhns Z. XIV, 2.

Dr. Wilh. Mohr, Dialektik der Sprache, Heidelberg 1840.

Dr. H. E. Bindseil, Abhandlungen zur allgemeinen vergleichenden Sprachlehre, Hamb. 1838. Enthält: Physiologie der Stimm- und Sprachlaute und: die verschiedenen Bezeichnungsweisen des Genus.

Brodie (ein Engländer), The alphabet explained, or the science of articulate sounds, in connexion with the origin and history of nations. 1839, will zeigen, dass die charakteristische Aussprache der verschiedenen Völker ihre ethnologische Verwandtschaft charakterisire, weil durch die Sprachorgane und die specifische Modification derselben bei den verwandten Volksstämmen gewisse bestimmte Laute sich ausgebildet hätten, welche das einzig sichere Kriterium der ethnographischen Classification sein könnten.

Dr. Steinthal, Philologie, Geschichte und Psychologie in ihren gegenseitigen Beziehungen. Berlin 1864 (Erweiterung des in Meissen gehaltenen Vortrags).

Dr. L. Tobler, über das Verhältniss der Sprachwissenschaft zur Philologie und Naturwissenschaft, im Neuen Schweizerischen Museum, Jahrg. V, H. 3. Basel, 1865, p. 193—214.

F. G. Bergmann, l'unité de l'espèce humaine et la pluralité des langues primitives, im Bulletin de la société littéraire de Strasbourg. 1864. eine schöne Abhandlung, worin der Ursprung des Menschengeschlechts nicht nach Asien, sondern nach Africa gesetzt wird.

Hat die Sprachwissenschaft auch, wie in der Einleitung gesagt, den historischen Zweck, den Character des Volks, soweit er sich in der Sprache abgedrückt hat, zu ermitteln, so kann sie sich doch nicht auf die speciell volksthümlichen Elemente beschränken, weil die Grundlagen der Sprache in mehr oder weniger fortgeschrittener Entwickelung älter sind als die Entstehung des Volks. Denn jede Sprache enthält ausser dem Volksthümlichen etwas allgemein Menschliches und wenigstens ist sogar die Grundlage, auf der sich jenes ausbreitet, Gemeingut der sprachverwandten Völker. Dies ist aber ein Element, das jenseit aller Geschichte liegt, weit jenseit der Entstehung des Volkes; folglich ist es nicht Gegenstand einer eigentlich historischen Forschung, sondern einer philosophischen, wobei jedoch historisch vorliegende, spätere Analogien benutzt werden können. Wir müssen zurückgehen bis an die Wiege der Menschheit, die in ein geheimnissvolles Dunkel gehüllt vor allem liegt, auf was Geschichte und Sage uns zugeführt.

Wie der einzelne Mensch von seiner Geburt und ersten Kindheit an sich ganz allmählich körperlich und geistig entwickelt, so auch die Völker und die Menschheit, nur dass an der Wiege der Menschheit keine schon gebildeten Menschen standen, die sie gehegt und gepflegt und geistig gebildet hätten, und die zugleich über den Gang dieser Bildung berichtet hätten. So liegt uns einfach das Factum vor, dass die Menschheit und die Völker da sind, dass sie mehr oder weniger gebildet sind; und wie weit uns auch die Geschichte und geschichtliche Vermuthung zurückführen möge auf die frühesten Stufen der Bildung, immer sind diese noch unendlich weit getrennt von jener ersten Stufe, wo der Mensch zum Bewusstsein erwachte und dies Bewusstsein sich zu äussern anfing. Wir können also über den ersten Ursprung der Sprache nur durch Schluss und Vermuthung und nach der Analogie des sonstigen Bildungsganges im Menschen und in der Sprache etwas aussagen, und je specieller dies ist, desto sicherer ist es unhaltbar. Namentlich hat das Bestreben oft irregeführt, aus den vorliegenden historischen Sprachen eine als die erste und älteste herauszufinden; dies ist ein eben so vergeblichen Bemühen, als wenn Naturphilosophen für die physische Welt eine materia prima haben finden wollen. Wenn also Frühere, besonders Theologen, das Hebräische für die Ursprache gehalten haben, die schon damals im Paradiese gesprochen sei und noch jetzt im Himmel gesprochen werde; wenn andere das Deutsche für die Ursprache hielten, oder gar nur einen bestimmten Dialekt desselben, wie der Director Kuithan das Westphälische, oder Dr. K. Scheller in Braunschweig das Niederdeutsche überhaupt, oder wenn ferner der erwähnte Engländer Murray, der übrigens auch die teutonische Sprache für die der Ursprache am nächsten stehende hält, sogar glaubt die neun einsilbigen Wörter ausfindig gemacht zu haben, welche allein die Ursprache ausgemacht und durch deren weitere mannigfaltige Ausbildung den ganzen europäischen Sprachstamm erzeugt hätten, so sind dies beinahe ebenso abenteuerliche Ideen, als wenn ein bairischer Historiker behauptet, das Paradies habe eigentlich im Königreich Baiern gelegen. Immerhin kann indess eine Sprache mehr als die andere dem allgemeinen Sprachursprung nahe stehen, wie z. B. vom Sanskrit mit Grund behauptet wird. Man kann behaupten, dass die Sprache eines noch ganz rohen, ideenarmen Volkes der Sprache der ersten Menschen sehr ähnlich sein müsse, dennoch wird uns hierdurch kein wirklicher Aufschluss gegeben, da wir es immer mit Sprachen zu thun haben, die schon längst in Gebrauch und fertig sind oder gar Litteratur haben, und da die Sprachen der wilden Völker unter einander eben so sehr verschieden sind als die der zahmen, und da sie, wenn auch roh im Ganzen, doch oft im Einzelnen sehr scharfsinnig und geistreich sind.

Lassen wir also diese zu viel leistenden Hypothesen und halten uns an einige wenige Sätze, welche so ziemlich allgemein anerkannt sind, wenigstens im Einzelnen, wenn auch nicht in dem Zusammenhange und mit den Folgerungen, welche ich im Folgenden daran knüpfen werde.

Der Mensch im Urzustande ist, wie das Kind, ein vorwiegend sinnliches Wesen, dessen geistige Anlagen, die ihn fast allein und besonders vom Thiere unterscheiden, zwar nicht fehlen, aber noch unentwickelt schlummern. Dies bestätigen auch im Allgemeinen die Sprachen, welche, je älter sie sind, desto sinnlicher, desto weniger geistige Begriffe haben.

Der Mensch hat Bewusstsein, aber kein Selbstbewusstsein; d. h. er scheidet noch nicht zwischen sich und der Aussenwelt, zwischen Subject und Object, zwischen Ding und Denken; für ihn besteht also die Identität, welche erst die neueste Philosophie auf wissenschaftlichem Wege wiederherstellt, noch wirklich in substantieller Unmittelbarkeit. Er hat weder Abstraction, noch Reflexion; er hat bloss sinnliche Wahrnehmung und Empfindung, und von geistigen Kräften schliesst sich daran zunächst das Gedächtniss, das auch Thiere haben. Die Menschen auf dieser Stufe sind gleichförmig, wie die Thiere, wegen der Gleichheit der sie umgebenden Natur, von der sie noch abhängen. Befangen in dieser ursprünglichen Unmittelbarkeit und in diesem Mangel an Selbstbewusstsein ist er gleichwohl ein gesondertes Wesen und lebt für sich; sein Leben ist an sich eine Reaction gegen das Aeussere, die schon laut wird in dem ersten Schrei, mit dem jedes neugeborene Kind begrüsst; näher dann regt und zeigt sie sich in drei Weisen: durch Streben darnach, durch Abwehr desselben, durch Nachahmung. Streben und Abwehr gehen aus von der Empfindung, nicht vom Begriff; es ist Instinkt, dessen begrifflose Aeusserung ist die Interjection, beschränkt auf den Augenblick und ohne weitere Folgen und Entwickelung.

Die Nachahmung, welche jene beiden Gegensätze vermittelt, ist der erste und natürlichste Ausdruck des noch im Frieden und Einheit mit der Aussenwelt sich befindenden Bewusstseins von derselben, wenn das Bewusstsein nicht dominirt wird durch die Empfindung, durch Lust und Schmerz, sondern Herr über beide gleichsam in friedlicher Hingebung mit den Eindrücken spielt, Theil nimmt an dem Leben der Wesen, die sie hervorbringen, sich ihnen nahe weiss, ihnen zuruft wie seines Gleichen; da entsteht denn das einfache Abbild, der Wiederhall, den sie in dem ursprünglichen Menschen findet.

Die Nachahmung erstreckt sich nur auf das sinnlich Wahrgenommene. Sie kann durch verschiedene Mittel bewerkstelligt werden und wird es, je nach dem der Mensch so oder so afficirt, folglich auch dieses oder jenes Werkzeug zur Nachahmung aufgeregt wird.

Aber viele sinnliche Wahrnehmungen können gar nicht als solche unmittelbar nachgeahmt werden, nämlich die Wahrnehmungen durch die niederen Sinne, Gefühl, Geschmack, Geruch, weil man kein Mittel besitzt, um dieselbe Empfindung zu wiederholen für den Andern, man kann z. B. den Geruch nicht abmalen durch Anwendung separirten riechenden Stoffs, wie eine Farbe.

Diese Wahrnehmungen machen gleichwohl einen Eindruck, eine Empfindung; und dann ist es diese, welche nachgeahmt ausgedrückt wird; es ist Abwehr oder Nachstreben, Wohlgefallen oder Missfallen. Hieraus entstehen die Interjectionen, blosse unorganisirte Ausbrüche der Empfindung. Es giebt aber auch eine mittelbare Nachahmung (wovon unten). Dagegen das Gesehene und Gehörte kann selbst und unmittelbar nachgeahmt werden, jedoch nicht auf gleiche Weise.

Das Gesehene ist Bewegung oder Form, welche nicht ohne Farbe ist. Die Bewegung kann durch Bewegung, Gestus, ausgedrückt werden und wird es. Bei der ruhigen Form ist dies schon viel schwerer, und die Farbe, die dabei sehr wesentlich ist, ist gar keiner unmittelbaren Nachahmung fähig, so lange man den Farbestoff nicht separirt besitzt und durch Malerei aufzeigt. Zu beiden ist ausserdem Licht die Bedingung. Das Gehörte dagegen ist immer unmittelbar nachahmbar durch den Laut, den der Mensch von sich giebt; er ist hier also in unmittelbarem Besitz des Stoffs, welcher die Empfindung erzeugt hat. Daher ist diese Art der Nachahmung die häufigste und ausgebildetste.

Dies zeigt sich auch in den Sprachen, welche oft sehr reich sind an genauer Bezeichnung des verschiedenen Hörbaren; z. B. im Deutschen. Alles was wir hören, unterscheidet sich theils durch die Beziehung auf den Gegenstand, wovon es ausgeht, theils durch die Eigenschaften des Gehörten selbst,

d. i. 1) die intensive Stärke und Schwäche; 2) extensive Höhe und Tiefe; 3) Dauer oder Zeitmessung. Unbestimmtes durch Gegenstand und Zeitmessung wird bloss nach Höhe und Tiefe oder Stärke und Schwäche bezeichnet, z. B. Geräusch, Getöse, Hallen, Knacken. Solche Nachahmungen nehmen dann zuweilen eine bestimmte Beziehung auf den Gegenstand an, woher sie kommen, wie murmeln, donnern, klingeln, zwitschern, knistern u. s. w., obwohl dabei der Gegenstand ursprünglich auch unbestimmt ist. Schall ist durch das Zeitmass als einzeln bestimmt, aber nicht durch den Gegenstand. Klang ist ebenfalls durch das Zeitmass, aber zugleich auch durch den Gegenstand bestimmt, dem er eigen ist, dem er jedoch erst durch einen andern entlockt werden muss. Laut dagegen ist ebenfalls der einem Gegenstande eigene Schall, der aber von dem Gegenstande selbst ausgeht, ohne Zuthun eines anderen; daher ist er Eigenthum eines lebenden Wesens oder was als solches betrachtet wird; ist, wie Schall und Klang, durch die Zeit von andern getrennt, aber nicht durch Höhe oder Stärke bestimmt, noch zu einem besonderen Zwecke. Ton ist ein Schall, einzeln, und von bestimmter Höhe und Stärke. Aber der Ton, eben so bestimmt, und dann noch dadurch, dass ihn ein lebendes Wesen hervorbringt, ist Stimme, im passivem Sinne; denn in activem bedeutet.dasselbe Wort die Fähigkeit jene hören zu lassen.

Die Stimme des Menschen kann willkürlich alle Arten des Hörbaren nachbilden und zwar verständlicher, als der Gestus die Form und Bewegung nachbildet.

Diese Nachahmung ist nicht das Erste, sondern ein Fortschritt; das Erste sind die blossen Interjectionen; es sind keine Worte, sondern Laute, dunkle Abdrücke von Empfindungen, die sich der Mensch noch nicht durch Nachahmung klar machen kann.

Die Nachahmung ist der erste Schritt zum Denken, indem der Mensch den Eindruck, zunächst den Ton, nachmacht, begreift er ihn; er kommt zu dem Bewusstsein, dass das, was er nachmacht, gleich sei dem, was er hört.

Er setzt dabei auch mit Recht voraus, dass seine Nachahmung von Audern als solche anerkannt und verstanden wird. Denn unter gleichen Umständen werden gleiche sinnliche Wahrnehmungen bei gleicher Organisation auch zu gleicher Nachahmung führen.

Indem nun die Nachahmung als solche zum Bewusstsein kommt und ihr Verständniss vorausgesetzt und angenommen wird, bleibt sie nicht ein blosses Abbild, haftend an dem Moment der Wahrnehmung, sondern sie wird, losgelöst davon und mit dem Gedächtniss festgehalten und fixirt, ein Symbol, ein Zeichen für den gehörten Ton; und dieser Ton ist des Zeichens Bedeutung.

So wird also zunächst und am leichtesten das Gehörte durch Nachahmung dargestellt und wird in gemeinschaftlichen Zeichen verstanden, die aber noch keine Worte sind.

Es findet eine Analogie zwischen den sinnlichen Wahrnehmungen und Eindrücken statt. Man reducirt ja alle fünf Sinne auf Einen, das Gefühl, es ist daher natürlich, dass auch in den Eindrücken auf sie eine Einheit stattfindet; ein Ton, der das Trommelfell auf eine rauhe Weise berührt, macht denselben Eindruck, wie ein rauher harter Körper auf die Hand.

Endlich kann derselbe Eindruck auch auf das Auge gemacht werden; ein rauhes Gebirge ist dies nur für das Auge. Wie ist es aber bei den anderen Wahrnehmungen? Diese werden am häufigsten nach Analogie der Töne bezeichnet oder nur durch Uebertragung, ohne zu eigenen Ausdrücken für sich zu kommen; oder auch es werden die ursprünglich rohen Empfindungslaute fixirt als Zeichen bestimmter Gegenstände, welche die Empfindung hervorbrachten, oder der Empfindungen selbst. Beispiele: Die Analogie der Wahrnehmungen durch Gesicht und Gehör zeigt sich sehr häufig; z. B. hell wird von der Farbe gebraucht, aber das Ursprüngliche ist ein heller Ton von *hallen*. In der Malerei spricht man von Farbentönen. *Clarus* wird sowohl bei *clara vox* als *clara lux* gebraucht, und ist das Etymon γαληρός von γελᾶν richtig, so geht es also zunächst von etwas Hörbarem aus. Es ist aber gar nicht nöthig, dass die Bedeutung des Hörbaren immer die erste gewesen sei. Die Malerei der Stimme stellt nicht einen Ton, sondern eine andere Wahrnehmung dar; z. B. *durus*, hart, σκληρός; beides malt, aber eine Wahrnehmung des Gefühls, die dann wieder rückwärts auf das Gehör übertragen werden kann; denn man sagt: etwas klingt hart; *oratio dura;* auch spricht man von hartem Wasser, wo es einen Eindruck auf die Geschmackorgane bezeichnet; auch sieht man in Gemälden Härten und Hartes. Der Geruch und Geschmack haben nur sehr wenig eigenthümliche Ausdrücke; *foetere* ging wohl aus von einem Empfindungslaut; denn *fafae* ist die Interjection zur Bezeichnung des Gestankes, ähnlich φεῦ, pfui, fi. Doederlein jedoch, lat. Wortbildung S. 38, leitet es von πύθειν [1]), ἔλεος von ἔ, ἔ, ἐλελεῦ, ächzen von *ach; αἰάζειν, οἰμώζειν, οἰμωγή.* Sonst werden die Gerüche durch Uebertragung ausgedrückt, wie *suave, grave olere, hircum olere* u. s. w. Beim Geschmack und schmecken ist offenbar der Ton nachgemacht; wollen wir jetzt bloss den Ton bezeichnen, so sagen wir schmacken. So lassen sich noch sehr viele andere Beispiele anführen; jedoch die ganze Sprache so durchzugehen, ist sehr schwer, weil uns die ursprünglichen Anschauungen und auch die ursprünglichen Formen verloren gegangen sind. Es fehlt uns die Physiologie der ursprünglichen Sprachen, die die Malerei der Stimme nach ihren Regeln und Mitteln bestimmt; zwar nähern wir uns ihr durch die Sprachvergleichung, doch bleibt immer noch ein grosser Abstand übrig.

Also es bildet sich die Sprache zunächst als Darstellung des Gehörten (onomatopoetisch), dann als Darstellung alles sinnlich Wahrgenommenen durch Nachahmung der Töne und deren analoge Ausbildung zu weiterer tönender Malerei.

Auch die Musik ist ja eine Malerei, die eine Sprache des Gefühls und dunkler Ahnung genannt werden kann; die Musik hat nur reine und leere Töne, die blossen Luftschwingungen, die nur nach Höhe und Tiefe, Stärke und Schwäche, und Zeitmessung in mannigfaltigem Wechsel bestimmt sind. Dieser Wechsel der relativen Grössen kann nicht eine bestimmte Bedeutung

---

[1]) Dass foetere nichts mit der Wurzel pu zu thun habe, wird jetzt allgemein angenommen, s. Corssen Beitr. S. 179. 233. Aber eben so wenig dürfte an die Interjection fufae (nicht fafae) zu denken sein, welche Charisius II. p. 239 K. überliefert cum putoris aliquid perhorrescimus. Schon Lipsius hat fu fu vorgeschlagen, das einfach bei Plaut. Mostellar. v. 39, Pseudul. v. 1294 sich findet. — clarus und γαληρός hat gleichfalls Doederlein, Handb. der Etym. S. 37, zusammengestellt.

haben, noch kann die Bedeutung eines einzelnen Tones sowenig als dieser selbst fixirt werden. Die Sprache dagegen gelangt zu einer bestimmten Bedeutung 1) indem sie die Höhe und Tiefe nicht ins Unendliche variiren lässt, sondern dafür ein für alle Mal die fünf Vocale festsetzt (in dieser Ordnung: u, o, a, e, i), die nun zwar an sich noch leere Töne sind; aber 2) sie werden erfüllt durch einen bestimmten Inhalt mittels der Organe; dieser Inhalt sind die Consonanten. Indem also die durch Höhe und Tiefe ohnehin schon modificirten Klänge, die das allein wirklich tönende Substrat sind, nicht als solche bloss, sondern unter vorgehender oder nachfolgender verschiedentlich modificirter Anwendung der Kehle, Lippen, Zunge, Gaumen hervorgebracht werden, entstehen Klänge von fester Natur, Charakter und Individualität, die eben der malende Ausdruck für eine sinnliche Wahrnehmung sind. Das Gesetz dafür könnte nur die Physiologie der Sprache feststellen, indem sie nachwiese, wie die Organe den äusseren Eindrücken entsprechen, wie man dies, um so auch von dieser Seite auf eine Einheit in allen Sprachen zu kommen, allerdings schon versucht hat, indem man die Bedeutung der einzelnen Buchstaben zu ermitteln suchte; aber dies ist nur in geringem Masse möglich, weil nicht für alle Länder und Völker dieselben Gesetze gelten können bei der verschiedenen sinnlichen Organisation der Menschen, z. B. Bewohner der Gebirge und der Thäler, und weil es doch nur für die ursprünglichen Sprachen passen würde, nicht auf die aus Ableitung und Corruption entstandenen, noch auf die, welche, wie die französische, gar kein Bewusstsein des ursprünglichen physiologischen Gesetzes und der ersten Bedeutung mehr haben und daher davon nach anderen Gesetzen abweichen. Es ist jedoch vielfältig in neuerer Zeit versucht worden in die physiologischen Gesetze der Sprache einzudringen. Litteratur hierüber: De Brosses, traité de la formation mécanique des langues, Paris 1765. Court de Gebelin, histoire naturelle de la parole (herausgegeben von Abel Rémusat), Paris 1776. Dr. H. E. Bindseil, Abhandlungen zur allgemeinen vergleichenden Sprachlehre, Hamburg 1838. Enthält: Physiologie der Stimme und Sprachlaute und: die verschiedenen Bezeichnungsweisen des Genus. Fleissig an Material und Litteratur. Rapp, Versuch einer Physiologie der Sprache. 4 Bände. Stuttgart 1836—41. Max Wocher, allgemeine Phonologie oder natürliche Grammatik der menschlichen Sprache, Stuttgart und Tübingen 1841.

So hat sich das erste rohe Material der Sprache ergeben, die Empfindungslaute und die onomatopoetischen und malenden Ausdrücke für die empfangenen sinnlichen Wahrnehmungen. Diese sind aber eigentlich noch keine Worte, vorausgesetzt, dass man darunter nicht bloss Zeichen für schranklose, nicht begriffsmässig bestimmte sinnliche Wahrnehmung, sondern auch durch bestimmte Form und Verhältniss zur Rede organisirte Zeichen darunter versteht. Bis jetzt aber fehlt noch sowohl die bestimmte, auf einem Princip ruhende Form, als auch eine begriffsmässig bestimmte und beschränkte Bedeutung, und damit auch ein bestimmtes Verhältniss zur Rede bei jenen onomatopoetischen Aeusserungen. Denn die sinnliche Wahrnehmung ist ein Totaleindruck, dessen einzelne Glieder noch nicht begriffsmässig geschieden sind.

Wenn z. B. der Mensch den Ton eines Vogels nachahmt, *turtur, picus:* Specht, Fink: *fringilla,* oder wenn er den Bären nach seinem Ton *ursus* (urs) nennt, so ist vorläufig noch gar nicht nöthig, dass dieser Ton der Name für das Thier werde; es ist vorläufig nur die Nachahmung des Gehörten, welche den Ton selbst, oder sein Sein, seine Bewegung, den damit verbundenen Schrecken, die Vorstellung des Thieres, ja vielleicht auch die des Ortes, wo es war, auf einmal umfasst. Die gemachte Wahrnehmung ist keine einfache, sondern eine erfüllte sinnliche, die gar Vielerlei umfasst, was zu sondern erst Sache der ferneren Beobachtung ist; namentlich ist Ursache und Wirkung, Substanz und Accidenz noch ungesondert, in welche Gegensätze die Wahrnehmung erst später auseinanderfällt. Wenn ferner der Mensch sagt: *knistern*, so kann dies bloss der Ton sein oder wieder das Tönen, oder das Feuer, oder das Holz, oder was sonst brennt, oder die aufsprühenden Funken, und dennoch ist die Nachahmung ganz einfach und richtig.

Es ist also bei den auf dem bisher beschriebenen Wege gebildeten Ausdrücken weder der damit bezeichnete Begriff schon ganz bestimmt und beschränkt, noch die Wörterklasse oder der Redetheil, wozu der Ausdruck gehört, noch auch die daraus folgende bestimmte Form. Dies Alles muss zugleich, und kann nicht Eines ohne das Andere bestimmt werden, jedoch sind dazu schon weitere geistige Fortschritte im Menschen nöthig, als vorher bei der Nachahmung bemerkt wurden. Um nämlich eine Wahrnehmung in ihre Momente zu sondern, die Bestandtheile zu klar bestimmten Begriffen zu bilden und einen jeden derselben von dem Fremdartigen, was ihm bei einer einzelnen Wahrnehmung anhängt, loszulösen, ist es nöthig, dass derselbe zu verschiedenen Zeiten und unter verschiedenen Umständen öfter wahrgenommen werde. Dabei ist dann die Erinnerung thätig, die mit demselben Eindruck auch dieselbe Nachahmung erneuert und dabei die zufälligen, ungehörigen Beimischungen der Wahrnehmung fallen lässt. Demnach fixirt sich einerseits das Wahrgenommene selbst in seiner Besonderheit mit grösserer Schärfe, andererseits wird damit nothwendig die Nachahmung durch öftere Wiederholung bestimmter und fester, sie wird zu einer ausgeprägten Bezeichnung, die mit derselben Geltung immer wiederkehrt, ohne dass man sich noch der ursprünglichen Nachahmung dabei bewusst bliebe. Hier wird diese Form aber auch anfangen sich wirklich zu formiren, d. h. zu einem Worte zu werden. Denn früher war, so wie der Begriff, so auch das Wort unbestimmt; es war ein Ton, den man für ein Substantivum, Adjectivum, Adverbium oder Verbum impersonale, oder Nomen proprium, oder auch für eine Interjection nehmen konnte, denn alles dies lag darin. Wenn sich nun aber das Wahrgenommene zu einem Begriffe bestimmt, so muss es auch das Wort, und so entstehen allmählich die Redetheile. Dies ist die dritte Stufe; die erste sind die instinctmässigen Empfindungslaute ohne Begriff; die zweite die stehend werdenden Nachahmungen, Zeichen für sinnliche Wahrnehmung, mit unbestimmtem Begriff; die dritte die zu Worten formirten Zeichen, bestimmt in demselben Masse, wie sich die Begriffe bestimmen.

Nun entsteht die schwierige Frage: welches ist der erste und älteste Redetheil? [1]) Antwortet man: die Interjectionen, so ist dies zwar nicht nur

---

[1]) „Ueberhaupt ist, meiner innersten Ueberzeugung nach, alles Bestimmen einer Zeitfolge in der Bildung der wesentlichen Bestandtheile der Rede ein Unding." W. v. Humboldt, über die Verwandtschaft der Ortsadverbien mit dem Pronomen S. 3.

dem oben Gesagten angemessen, sondern es ist auch die ziemlich allgemein angenommene Meinung; nur schade, dass die Interjectionen keine Redetheile sind; und wenn sie es wären, so würde man doch wieder weiter fragen: was ist das zweite?

Abgesehen also von den Interjectionen, so entsteht hauptsächlich ein Zweifel zwischen Nomen und Verbum, wobei sich Philosophen und Etymologen nicht vereinigen können, indem jene behaupten, das Nomen müsse dem Begriff nach eher sein, und diese: das Verbum sei der Form und aller Analogie nach älter [1]). Wir ziehen uns am besten aus der Schlinge, wenn wir sagen, sie entstehen gleichzeitig; und das ist in der That auch nicht ein blosses Auskunftsmittel, sondern scheint wirklich in der Natur der Sache zu liegen. Nomen und Verbum, festes und fliessendes Sein, Substanz und Accidenz, Ursache und Wirkung sind Gegensätze, die einer ohne den anderen gar keinen Sinn haben, gar nicht entstehen können. Beides liegt in dem ungeformten Ausdrucke, der die ursprüngliche Nachahmung gab; wird dieser näher bestimmt, so wird in den meisten Fällen beides zugleich entstehen, indem die Gegensätze eben auseinanderfallen und sich, jeder für sich, bestimmen.

Aber der Stoff, aus dem die Gegensätze sich bilden, die ungeformten Worte werden eher dem Verbum nahe gestanden haben, weil das feste Sein ruhig angestaunt wird, während die Bewegung mehr zum Nachahmen reizt; insofern kann sich von den Gegensätzen das Verbum eher ausgebildet haben; dagegen für die Reflexion über die Sprache ist das Nomen verständlicher und anschaulicher, und daher ist dies zuerst erkannt. Dies zeigt schon Gen. II, v. 19. 20: „Als Gott der Herr gemacht hatte von der Erden allerlei Thiere auf dem Felde und allerlei Vögel unter dem Himmel, brachte er sie zu dem Menschen, dass er sähe, wie er sie nennete; denn wie der Mensch allerlei lebendige Thiere nennen würde, so sollten sie heissen. Und der Mensch gab einem jeglichen Vieh und Vogel unter dem Himmel und Thier auf dem Felde seinen Namen". So haben auch die Griechen den Unterschied zwischen ὄνομα und ῥῆμα zuerst erkannt, aber Homer hat nicht das Wort ῥῆμα, und auch die ältesten Philosophen dachten nur an die ὀνόματα. S. Lersch II. 1.

Um jedoch das logische Verhältniss der Redetheile zu einander darzustellen, ist es freilich richtiger mit dem Nomen anzufangen und in logischer Entwickelung zu den übrigen fortzugehen. Diese Entwickelung aber brauchen die ersten Menschen keineswegs so nach der Reihe der Logik durchgemacht zu haben; sie konnten sich durch das Aeussere und mehr oder weniger Zufälligkeiten so oder anders führen lassen; wenn aber die Philosophen uns überhaupt Sätze aufstellen, die in der Natur der Dinge begründet sind, so werden diese sich auch in der Sprache der ersten Menschen wiederfinden, abgesehen von der Reihenfolge. Also

1. Vom Nomen.

Die sinnliche Wahrnehmung ist immer eine ganz einzelne; so lange sie das bleibt, kann auch das Wort, das sie producirt hat, nichts weiter be-

---

[1]) Hermann, de cm. rat. gr. gr. p. 126 fg. tadelt Hasse, dass er das Verbum vorgestellt; es sei unphilosophisch, *temporis ordinem malle quam naturae sequi, et ea ponere rerum elementa, quae non sint prima, sed prima apparuerint.* Aber dies ist unhistorisch und folglich unphilosophisch.

zeichnen als das ganz Einzelne; daher ist das erste Nomen ohne Zweifel Nomen proprium; wenn dies auch keineswegs nach der ganzen Summe seiner Merkmale benannt ist, sondern nur nach dem einen oder andern, das sich gerade besonders bemerklich gemacht hat, wie z. B. ein bestimmtes Individuum von Vogel, nach seinem Fliegen, oder nach seinem Gesange oder anderem Tone benannt sein kann. Zeigt es sich aber nachher, dass die Wahrnehmung desselben Merkmals an anderen Objecten sich wiederholt, dass also der mit dem Nomen proprium belegte Gegenstand nicht der einzige seiner Art ist, sondern dass derselben mehrere sind mit unerheblichen Differenzen, so wird das Nomen proprium auf alle diese übertragen; es wird Nomen appellativum. Es liegt in dieser Bildung der Klassen der Nomina ein deutlicher und natürlicher Fortschritt. Anfangs wird nur die einzelne sinnliche Wahrnehmung aufgefasst und benannt; es ist ein Individuum mit allen seinen besonderen, wesentlichen und zufälligen Eigenschaften; es ist also der Inhalt des Begriffs nur Eins, aber die Zahl der Merkmale, welche ihn bilden, ist unendlich. Wird nun dieses Nomen proprium zu einem Appellativum, so beschränkt sich die Zahl der Merkmale, dagegen vergrössert sich der Inhalt; die dem einzelnen Individuum anhaftenden Merkmale, wodurch es eben zu dem bestimmten Einzelnen wird, lässt man fallen und behält bloss die bei, welche auch den anderen Individuen derselben Gattung zukommen; den Inhalt aber bildet die ganze Gattung. So schreitet die Operation fort; es wird erkannt, dass die Gattung noch zu viel individuelle Merkmale hatte, dass sie durch Verringerung derselben einen noch grösseren Inhalt bekommen, dass sie sonach eine Species zu einer anderen, weiteren Gattung werden kann; also z. B. x ist ein bestimmtes einzelnes Pferd, dann Pferd überhaupt, dann Thier. Die Reihenfolge kann eine andere sein, je nachdem bei dem Nomen proprium ein mehr oder weniger allgemeines Merkmal aufgefasst war, z. B. x = eine bestimmte Eiche, dann = Eiche überhaupt, dann = Baum; es kann aber auch vom Nomen proprium gleich zum Baum übergehen und dann erst später die Species bemerkt werden. Dies hängt von der grösseren oder geringeren Wahrnehmbarkeit der Unterschiede ab und ist gleichgültig für unsere Deduction. Führt man dies weiter, so kehrt sich zuletzt das Verhältniss um; man ging aus von Einem Individuum, mit einer Unendlichkeit von Merkmalen; jetzt, indem sich fortschreitend der Inhalt an Individuen vergrössert und die Zahl der Merkmale verringert hat, kommen wir endlich bis auf Ein Merkmal mit einer Unendlichkeit von Individuen, und dies ist das Nomen adjectivum. Es ist das entgegengesetzte Extrem vom Nomen proprium, auf das man durch eine ganz natürliche Fortbewegung des Begriffs kommt; es ist daher auch kein Grund, von der Ansicht der Alten abzugehen, welche es eben so gut ein Nomen nannten als das Nomen proprium und Nomen appellativum. Dafür stimmt auch die Analogie in der Formation und die häufige Verwechselung, das Uebergehen der Adjectiva in Substantiva (wovon einige Beispiele bei Döderlein, Wortbildung S. 23). Es ist jedoch natürlich, dass das Adjectivum als ein nur durch ein einziges Merkmal bestimmtes Nomen eine eigenthümliche Rolle in der Rede einnehmen musste. Bei der Unendlichkeit seiner Begriffssphäre musste es sehr häufig als die allgemeine Gattung erscheinen, der ein anderes Nomen sich unterordnet; in der Sprache dreht sich aber das Verhältniss um; hier wiegt der speciell angeschaute Begriff als der festere vor, der, wenn er dem Adjectivum dem Begriffe nach untergeordnet wird, derselbe bleibt und nur noch das Eine Merkmal, welches das Adjectivum führt, in sich aufnimmt, sich dadurch näher bestimmen lässt; folglich wird hier das Adjectivum zu dem Untergeordneten, während es philosophisch das Nomen sein müsste. Diese grammatische Unterordnung zwingt dann das Adjectivum sich seinem Nomen zu accommodiren durch die concordia. So auch die Apposition, wenn die ganze Summe der Merkmale, welche ein Nomen substantivum umfasst, gleichsam zu einem einzigen vereinigt und so einem anderen Substantivum zu dessen näherer Bestimmung beigegeben wird. Ferner, da das Adjectivum nur in geringem Masse im Stande ist durch sein einziges Merkmal einen bestimmten concreten Begriff zu beschränken und zu fixiren, weil dies eine Merkmal gleichsam keinen Körper gewinnen kann, der nicht zugleich andere Merkmale an sich trüge, da es vielmehr nur den Eindruck bezeichnet, den das an einer Substanz haftende Merkmal hervorbringt und zu flüchtig ist, so wird es dadurch nicht frei davon bleiben, diese Flüchtigkeit der Existenz, dies Gebundensein an die Zeit auszudrücken, indem es immer nur als zufällig verbunden mit einer Substanz zu verschiedenen Zeiten erscheint, bald vorhanden an ihr, bald nicht (wie ein Participium), wodurch es denn dem Verbum sehr nahe tritt. Ja wir brauchen es nur mit dem Ausdrucke des Seins zu vereinigen, um sogleich auf das Verbum zu kommen; aber das wäre theils nicht ganz richtig, da das Verbum anders entsteht, theils ist es zweckmässiger sogleich noch die weitere Ausbildung des Nomen zu verfolgen. Das Collectivum fasst eigentlich sowohl das Appellativum als auch das Adjectivum in sich; es hat nämlich, wie dieses, eine Unendlichkeit von Individuen; es hat aber zugleich auch nicht nur Ein Merkmal, sondern mehrere, die Gattungen und Species bilden; das Charakteristische ist daher nur, dass die Unendlichkeit der darunter begriffenen Einzelnen theils wegen der Unendlichkeit oder wegen Mangels an Grenzen wie beim Wasser, Feuer, Metalle, oder wegen Unterschiedslosigkeit, wie Erde, Sand, nicht geschieden werden kann; und dass immer die ganze Masse zugleich bezeichnet wird, vom Adjectivum aber immer nur das concrete Einzelne besonders.

Wenn nun das Adjectivum einen Gegenstand nur durch Ein Merkmal bezeichnete, welches ihm beiwohnt, so giebt es ferner Wörter, welche einen Gegenstand bezeichnen ohne alles ihm inhärirende Merkmal; dies sind die Pronomina [1]). Indem nämlich die Pronomina, die ursprünglich alle demonstrativa sind, hinweisen, fast physisch, mit einem Gestus auf den zu bezeichnenden Gegenstand, wird dieser Gegenstand selbst durch seine Merkmale nicht bezeichnet, sondern auf die allgemeinste Weise, die sich denken lässt, nämlich durch Relation, wie die Tempora; alle Pronomina drücken nämlich ursprünglich einen Gegenstand nur dadurch aus, dass sie das räumliche Verhältniss desselben zu der sprechenden Person angeben. Also *is* weist hin auf das, was ausser dem Sprechenden und nicht ihm gegenüber ist; *tu* ausser ihm, zu dem er sich wendet; *ego* ist das letzte, weil es am schwersten ist in der Abstraction so weit zu kommen, dass man nicht nur ein bestimmtes Selbstbewusstsein hat, womit wir uns der Aussenwelt gegen-

---

[1]) Ed. Müller, von dem Pronomen. Erste Abtheilung. Der Begriff und das Wesen des Pronomens überhaupt. Im Philologus 1850. Jahrgang V. H. 2. S. 225—237. (Schwerfällig, doch in der Sache nicht übel.)

überstellen, sondern auch, dass man sich selbst objectivirt, sich von sich selbst trennt, den Sprechenden von dem Besprochenen, sich ausser sich versetzt, um sich selbst zum Gegenstande der Wahrnehmung zu machen; daher auch Kinder lange von sich in der dritten Person sprechen. *Ego* und *tu* sind am klarsten, weil beide unmittelbar angeschaut werden; es fehlt auch das Genus, wenn auch nicht in allen Sprachen. Dagegen das dritte ist sehr unbestimmt, und um es durch noch weitere Relationen zu bestimmen, breitet sich auf diesem Felde der Objectivität noch ein grosser Reichthum von Formen aus, die sich jedoch auf das angegebene Princip einfach zurückführen lassen. *Is* ist bloss das dritte ohne genauere Hinzeigung; aber *hic* ist zeigend auf das, was bei der ersten, *iste* auf das, was bei der zweiten, *ille* auf das, was bei der dritten Person ist, fern von jenen beiden. Die weiteren Ableitungen und Verhältnisse der Pronomina sparen wir; denn innerhalb der ersten, allgemeinen Relation haben sie wieder andere unter sich selbst, wie *qui*, das eigentliche Relativum, *alius, ceteri* u. s. w. Somit kommen wir wie im Kreise ganz wieder auf den Anfang, das Nomen proprium zurück; denn diese Pronomina bezeichnen auch gerade nur das einzelne Individuum, aber nicht speciell durch die Masse seiner Merkmale, sondern allgemein durch Relation, durch allgemeine Zeichen, welche immer gültig sind, sobald sich Dinge in demselben Verhältnisse zu einander befinden.

So sind sämmtliche Nomina entwickelt, bis auf das Participium. Dies ist jüngeren Ursprungs; es geht hervor aus dem Verbum, und zu diesem wenden wir uns jetzt, obgleich es seiner Entstehung nach nicht hätte nach den letzten Klassen der Nomina stehen sollen; aber wenn Nomen oder Verbum, wie wir annehmen, zugleich entstehen, so entwickelt sich daraus in zwei Reihen das Uebrige allmählich nebeneinander und ebenfalls gleichzeitig; um aber dem philosophischen Begriffe zu genügen, muss man eine Reihe nach der andern nehmen.

Die Reihenfolge der Nomina sieht zwar sehr darnach aus, als wäre sie nach Anleitung der formalen Logik gemacht; aber die Logik liegt in der Natur der Dinge, die dem Menschen nicht anders zum Bewusstsein kommen können; es versteht sich aber, dass der sprachbildende Mensch nicht das Bewusstsein der Logik hat.

Vor dem Uebergange zum Verbum sind noch Abstracta, Genera, Numeri, Casus, Declinationen zu erwähnen, als andere Rubriken der Nomina, welche die Sprache selbst bildet und bezeichnet; über diese siehe unter Bedeutungslehre.

2. Das Verbum.

Verhältniss des Nomen zum Verbum: Bewegung, Veränderung, Action fällt am leichtesten in die Wahrnehmung; später richtet man seine Aufmerksamkeit auf das Feste, Stehende. Daher sind die ungeformten Zeichen der Nachahmung dem Verbum näher als dem Nomen. Wird aber ein Unterschied gemacht z. B. zwischen dem Löwen und seinem Brüllen, zwischen dem Vogel und seinem Fliegen, Singen, zwischen festem Dasein in bestimmter Form und fliessendem, zwischen Ursache und Wirkung, Substanz und Accidenz, so fallen die Gegensätze gleichzeitig auseinander. Das Nomen bezeichnet dann den festen, in individueller Form bestehenden Gegenstand, mit einem gewissen, durch seine Merkmale gebildeten Charakter, das Verbum nur eine so oder so modificirte, vorübergehende, flüchtige Bewegung, wahrgenommen zwar im Raum, aber bestimmt und beschränkt durch die Zeit; die ersten Nomina sind Raumformen, die Verba sind Zeitformen; jene füllen den Raum durch einen Stoff, diese die Zeit durch Bewegung; für jene ist die Zeit, für diese der Raum ein Unwesentliches, obgleich weder der Stoff ausser der Zeit, noch die Bewegung ausser dem Raume ist. In welcher Reihe sind die Verba entstanden? Wie beim Nomen das proprium das erste war, das von unmittelbarer, sinnlicher Wahrnehmung ausgeht, so ist es ähnlich beim Verbum. Man fängt nicht vom Allgemeinsten, dem leeren Sein an, wie die Philosophie, denn darin ist keine sichtbare Bewegung, und überhaupt ist es abstract. Aber durch das Erfülltsein mit bestimmten concreten Merkmalen, wie Licht, Farbe, Raumbestimmungen, wird es in Bewegung gesetzt und in dieser zuerst von der Sinnlichkeit wahrgenommen; denn der Wechsel, die Action reizt die Sinne und macht ihre Aufmerksamkeit rege. Solche Verba sind also die ersten. Allmähliche Beobachtung führt den Menschen zu der Bemerkung, dass das, was sich erst den Sinnen als unveränderlich zeigte, doch auch der Zeit unterworfen ist, z. B. blühen; auch dies vergeht, und es tritt etwas Anderes an seine Stelle, aber die Bewegung ist langsamer und wird daher später bemerkt; also alle die ruhigen Zustände in gewissen Qualitäten, in denen wenig Bewegung ist, werden erst dann durch Verba bezeichnet, wenn ihre Vergänglichkeit beobachtet ist. So führt immer nur die Bewegung, nämlich die Aenderung, der Wechsel der Gegensätze zu dieser Bemerkung; so rückt die Wahrnehmung fort bis zu dem bloss örtlichen und zeitlichen, wie wirklichen oder unwirklichen, bestimmenden, dauernden, aufhörenden Sein, kurz zu Merkmalen, die dem Sein selbst sehr nahe stehen, wie *sterben, leben, bleiben, werden, dasein;* bis dies endlich zu dem blossen Sein selbst wird, d. h. seiend sein, woraus dann endlich, jedoch erst im Satze, die Copula entsteht, die schwerste Production des menschlichen Geistes und die letzte in dem eigentlich nothwendigen Material; denn wenn auch noch viele andere Verba erst später entstehen durch fortgesetzte Betrachtung, durch Ableitung u. s. w., so ist dies doch nur zufällig und ein wechselnder Reichthum, der auch hätte entbehrt oder anders gestaltet werden können. Auch Scaliger de caus. c. 112 bemerkt, dass von allem sich Bewegenden, Fliessenden das Sein der nothwendige Schlusspunkt ist, an dem alle Bewegung zum Ziel, alles Werden zum Sein kommt. Bernhardi, Sprachlehre I. S. 255 hält dagegen das Verbum sein für äusserst alt und erklärt daraus die Irregularität. Diese erkläre ich vielmehr daher, weil der Begriff als abstract nicht fortwährend angeschaut, sondern dem Gedächtniss überliefert wurde, daher geht er durch die Sprachen. Die erste Grundlage ist jedoch sinnlich, nämlich essen, wie auch Bernhardi a. a. O. andeutet. Man könnte demnach im Allgemeinen sagen, die Verba transitiva seien die ersten, die intransitiva die späteren. Indessen die Sprache selbst unterscheidet diese Klassen gar nicht durch eine gewisse Form; es hat also dieser Unterschied überhaupt nicht im Bewusstsein der Sprachbildner gelegen; sie ist eine künstliche Erfindung der Grammatik und Reflexion und lässt sich gar nicht halten. Dagegen unterscheiden die Sprachen verschiedene Conjugationen; dies sind die Rubriken, welche der Sprachbildung zu Grunde lagen; dies sind also auch die Klassen der Verba, von denen sich demnach der Begriff muss finden lassen; diese werden sich auch dem Alter nach unterscheiden.

Ueber die weitere Ausbildung der Verba ist dies zu bemerken. Der erste Theil derselben waren gewiss die Verba impersonalia[1]); diese sind die älteste Art; sie enthalten die ganze Wahrnehmung mit allem, was eben wahrgenommen wurde, ohne Rücksicht auf deren Ursach. Die anderen Personen haben sich eben so erst später gebildet am Verbum wie absolut in den Pronominibus. Die jetzt vorhandenen Impersonalia sind nur die übrig gebliebenen, auf welchen keine Person zu finden war. Ferner muss das Verbum numeri haben, wie das Nomen, jedoch wohl später als dies, wofern es nämlich ursprünglich impersonell ist.

Ferner scheiden sich leicht zwei andere Gegensätze, das Activum und Passivum, die ursprünglich vereinigt waren. Die Scheidung erfolgte, als man anfing Ursache und Wirkung zu unterscheiden und dies im Satze auszusprechen, d. h. die Gegensätze wieder zu verbinden; hier ist philosophische Trennung = grammatische Verbindung. Dies ist zugleich mit den Personen entstanden, da diese schon den Begriff der Ursache gesondert enthalten. Dabei musste sich der Unterschied des Seins sehr leicht zeigen; es war auf der einen Seite ein Thätiges, Wirkendes, aus sich Herausgehendes (und dies als das leichter Wahrnehmbare war das erste), auf der anderen ein leidendes Empfangen. Die Unterscheidung geht also aus von der Betrachtung zweier Objecte, z. B. des Wolfes und Schafes, wenn jener zerreisst und dieses zerrissen wird. Jedoch ist diese Beziehung nicht nothwendig. Das Activum bezeichnet also irgend eine Handlung oder. ein Sein, dessen Vollendung von dem Seienden selbst ausgeht, in ihm seinen Ursprung und Anfang hat; dagegen bezeichnet das Passivum überhaupt eine Vollendung der Handlung ausserhalb des thätigen Subjects, ein abgeleitetes, übertragenes Sein, wenn ein solches das ist, an einem andern, sei es nun, dass sie doch von Aussen her auf jenes ursprüngliche Subject bezogen oder von ihm hergeleitet wird oder nicht (was durch *a*, *per* u. s. w. geschieht), und ferner sei es, dass von dieser sich vollendenden Handlung ein anderer Gegenstand getroffen wird oder nicht; im letzteren Falle ist es Verbum pass. impersonale. Deponentia und Neutro-passiva sind Spielarten. S. H. C. von der Gabelentz,

---

[1]) Der Defect liegt hier nicht im Verbum, sondern in den Sachen; res ipsae potius quam verborum naturae defecere, Scalig., de caus. c. 110. p. 284, der damit bloss den Defect der ersten und zweiten Person erklären will, während er in dem impersonale eine wirkliche dritte Person annimmt und fingirt. Vgl. Herm. Müller, de tertia in verbo finito persona inprimis de verbis impersonalibus, Putbusii 1836 (Greifswald, Koch), 4. von Miklosich, über die verba impersonalia im Slavischen, Abhandlung vorgelegt den 1. Febr. 1865 in der Kaiserlichen Akademie der Wissenschaften. In der Einleitung wird das Wesen der sogenannten verba impersonalia erörtert und eine Darstellung der Lehren der Grammatiker von Quintilian bis auf Steinthal gegeben. Sie ist gedruckt in den Denkschriften der philosophisch-historischen Klasse der Kaiserlichen Akademie der Wissenschaften Bd. XIV. S. 199—244, auch in einem besonderen Abdrucke, Wien 1865, 4. Darüber s. eine Recens. von Benfey in d. Gött. gel. Anz. 1865, S. 45. p. 1778—1792, der sich auf die allgemeineren Grundsätze einlässt und gegen Miklosich polemisirt, aber in völlig verkehrter Richtung; auch mit Miklosich kann ich nicht ganz übereinstimmen und mit Trendelenburg, an den er sich meistens anschliesst. Die Sache ist nach meiner Ansicht noch weiter auszuführen mit Rücksicht darauf, dass die Sprachtheile entstehen durch Auflösung, nicht durch Zusammensetzung, wie es später bei Entstehung des Satzes gesagt ist. Dies scheint Allen entgangen zu sein. Hinzuzufügen ist Leo Meyer's Vortrag über die sogenannten unpersönlichen Zeitwörter im Lateinischen in den Verh. der Frankfurter Philol.-Vers. S. 120—132.

über das Passivum. Eine sprachvergleichende Abhandlung, in den Abhandlungen der philol. historischen Klasse der Königl. Sächs. Ges. der Wissenschaften Bd. III, 1861. Da es ferner die Zeit erfüllt, und durch diese Form und Schranke bekommt oder sie ihr giebt, so muss es dies ausdrücken; es kann aber keine speciellen Zeitbestimmungen angeben, denn das wäre unendlich, wohl aber allgemeine, relative, nämlich durch Beziehung auf den Sprechenden. Von diesen ist natürlich die erste und älteste die Gegenwart: dass vor dieser eine Zukunft, hinter ihr eine Vergangenheit liegt, ist eine unbewusste Abstraction, die erst nach längerer Erfahrung und durch Beobachtung der Unterschiede zum Bewusstsein kommt, wenn der Mensch sich dazu erhebt auch das wahrzunehmen, zu denken, was nicht ist, nämlich nicht mehr oder noch nicht. Das Nähere von den Zeiten muss unten vorkommen.

Modi. Hierbei geht die Reflexion über das Sein noch einen Schritt weiter. Schon in den frühesten Zeiten wird ein wirkliches Sein (praesens) von einem gedachten (praeteritum, futurum) unterschieden. Denn wenn wir in der Gegenwart von der Vergangenheit sprechen, so schauen wir diese nicht unmittelbar an, sondern sie ruht nur in unserer Vorstellung und Erinnerung, und diese bezeichnet sie, indem sie dieselbe in Gegensatz zur Gegenwart, zur unmittelbaren Anschauung setzt. Wenn aber so das Sein der Vergangenheit seine substantielle, sinnliche Wirksamkeit verloren hat, so ist das nicht seine Schuld und es darf nicht darunter leiden; denn als es noch in der Gegenwart war, wurde es eben so lebendig angeschaut als die jetzige Gegenwart. Es muss daher, obgleich es nur noch in der Vorstellung beruht, als ein ebenso factisches Sein dargestellt werden, als das, was in der Anschauung beruht. Dasselbe gilt wie von der Vergangenheit, so auch von der Zukunft, und darum haben beide eben so gut einen Indicativ wie das Praesens; denn der Indicativ ist es, der das wirkliche, factische Sein in allen Zeiten ausdrückt. Wenn dagegen das Sein überhaupt nicht factisch ist, es weder jetzt ist, noch in der Vergangenheit gewesen ist, oder wenn es wenigstens nur so bezeichnet werden soll, als bestehe es nicht factisch, sondern bloss in der subjectiven Vorstellung; oder in relativer Abhängigkeit, subjectiver oder objectiver, in Bezug auf ein anderes Sein, so wird dies durch den Conjunctiv ausgedrückt; auch für einen besonderen Fall durch den Imperativ. Aber der Conjunctiv drückt bloss auf Eine Weise das nicht wirkliche Sein aus, nämlich auf allgemeine relative Weise, deren besonderer Sinn erst aus dem Zusammenhang zu entnehmen; es giebt aber viele andere Weisen, wodurch ein Sein aufgehoben wird, nämlich indem es durch ein anderes Sein modificirt wird.

Schwieriger ist der Infinitiv, den Manche für einen Modus erklärt haben. Dies ist ein disponirendes Sein, welches bezeichnet, wie ein Wesen zu einem Sein disponirt ist oder wird; in wiefern also dies zweite Sein sich verwirklicht, ist lediglich aus der Natur des disponirenden Seins zu entnehmen, wie auch das wann neben dem ob; bleibt das Disponirte auch zeitlich, so ist seine Zeitlichkeit doch abhängig, untergeordnet. So kann also die Substanz nur noch das eigentlich Substantielle ihres Wesens, die besondere Bedeutung des Verbi bewahren, ohne alle formelle Bestimmung des Seins, ausser insofern das Sein nothwendig immer ein Sein in der Zeit ist, weshalb der Sinn der Zeit nicht ganz verloren gehen kann, aber er muss sich natürlich dem bestimmenden Accidens unterordnen. Ferner muss das

Sein, mag es nun seiner Modalität nach bestimmt werden wie es wolle, doch
zu den äusseren Objecten, mit denen es etwa in Verbindung gebracht wird,
genau in demselben Verhältnisse stehen, wie wenn es die Modalität selbst
bestimmte durch eine eigene Form, d. h. es hat dieselbe Rection, die sogenannte; es unterscheidet auch Activum und Passivum. Dieser also so formlos
übrig bleibende Begriff des in der Zeit liegenden Seins ist nichts weiter als
der Infinitiv. Es folgt hieraus evident, dass der Infinitiv kein Modus ist,
wenn man nicht eine Form, welche jede Modusbestimmung ausschliesst und
gegen alle indifferent ist, eben darum einen Modus nennen wollte; denn der
Zweck des Modus, die Bestimmung der Modalität des Seins, wird ja eben
nicht durch ihn erreicht, sondern durch sein Accidens, das ihn bestimmende
Verbum, oder vielmehr durch die Verbindung beider; er ist nur das Substrat, auf dem jenes seine Bestimmung entfaltet; und insofern dies eine
blosse, nicht für sich bestehende Bestimmung sein kann, die erst durch den
Zusatz des dadurch bestimmten einen genügenden Sinn bekommt, nennt man
es auxiliare[1]), eine Benennung, die nur in der Beziehung passt, dass das
bestimmte Verbum keine eigene Form hat, um darin die Bestimmung
der Modalität oder der Zeit selbst zu übernehmen. Ferner geht hieraus auch
hervor, dass der Infinitiv nicht eigentlich ein Nomen ist. Denn er giebt ja
wesentlich den Begriff des fliessenden Seins, also mit Einschluss der Zeit.
Wäre es der blosse feste Begriff des Seins, also nicht existere oder extitisse,
sondern existentia, so hätte es dann den Begriff ohne Zeit, und dann wäre
es ein wirkliches Nomen. Freilich läugnen Einige, dass der Infinitiv und
namentlich der Infinitiv des Praesentis eine Zeit ausdrücke; das ist aber ein
Irrthum, wobei man nicht unterscheidet die absolute und relative Zeitbestimmung; wovon unten. Da nun auch das Nomen, indem es kein Sein aussagt, gar keine Bestimmung darüber enthält, ob und wie dies Sein ein wirkliches ist an der Substanz, welche es bezeichnet, so kommt in dieser Beziehung
das Nomen mit dem Infinitiv überein.

Der gerade Gegensatz gegen den Infinitiv ist das Participium. Wenn
jener die durch keine Modalitätsform bestimmte blosse Bezeichnung des fliessenden Daseins in der Zeit enthält, so bezeichnet dieses eine Substanz, deren
Wesen durch das ihr anhaftende fliessende Sein in der Zeit gebildet wird;
aber eine Substanz im Nomen ausgedrückt enthält, eben weil es nicht Verbum
ist, keine Bestimmung über ihre Wirklichkeit oder Unwirklichkeit; daher auch
das Participium keine Bestimmung der Modalität enthält; *aegrotans* kann
einen Gesunden bezeichnen; z. B. *Caius aegrotans non ambularet* d. h.
si aegrotaret; at non aegrotat. Die Zeitbestimmung geht auch hier ebenso
wenig verloren wie beim Infinitiv, aber sie ist ebenfalls eine relative.

Diesen Sinn hat das Participium; nur dass es auch, gerade so wie der
Infinitiv, den Sinn der Zeit beibehält, sowie auch dieselbe Rection und die
Unterscheidung von Activum und Passivum, so lange es nämlich wirklich
Participium bleibt. Beide, Infinitiv und Participium, sind daher als Vermitte-
lungen zwischen Nomen und Verbum zu betrachten; sie sind weder das eine
noch das andere ganz, und haben doch von jedem Etwas; sie sind unter
einander so nahe verwandt, dass sie selbst in einander übergehen, ganz be-

---

[1]) Dr. Otto, de verbis auxiliariis periphrasticis et expletivis apud scriptores an-
tiquiores particula, Rastenburg 1839. Progr.

sonders an dem Participium praesentis passivi, dem Gerundium, indem das concret Seiende im Neutrum mit dem Sein an sich verwechselt wird; dies zeigt sich an manchen Erscheinungen: im Griechischen am Particium prae- sentis (τὸ διάλλασσον), im Lateinischen am Participium passiv perfecti und futuri activi, ganz besonders aber am Participium praes. pass., dem Gerundium Die Gerundia sind wieder eine andere Art den Verbalbegriff zu substan- tiviren, und sie schliessen sich in dieser Beziehung an den Infinitiv an; je- doch ist dieser Gebrauch nur erst syntactisch entstanden; etymologisch ist das Gerundium sammt dem gesammten Participium futuri passivi oder adj. verb. nichts weiter als ein Participium praesentis passivi, was unten bewiesen werden wird.

Supina sind wieder eine andere Art von Vermittelung zwischen Nomen und Verbum. Ob sie blosse Nomina verbalia sind, ist schwer zu sagen; insofern könnten sie es sein, als sie nicht wie Infinitiv und Participium die Bedeutung der Zeit beibehalten; diese haben sie in der That verloren; jedoch scheinen sie dafür eine andere Eigenschaft der Verbalität festgehalten zu haben, nämlich den Unterschied zwischen Activum und Passivum — worauf ich, wenn ich nicht irre, zuerst aufmerksam gemacht habe — und für das erstere folglich auch die Rection. Jedoch da die Natur dieser Supina sich nur in wenigen Gebrauchsweisen entwickelt hat, so kommt Alles darauf an, wie man diese beurtheilt.

Die Gerundia und Supina drücken wie der Infinitiv das Verhältniss eines Verbalbegriffs zu dem anderen aus, aber in der Weise, dass das regierende Verbum eine solche Beziehung hat oder beibehält, wie zu einem festen Sein, wo die Beziehung ausgedrückt wird; da muss also der Verbalbegriff wirklich Nominalform annehmen, um Casus bilden zu können.

3. Verbindung zwischen Nomen und Verbum.

Nachdem wir nun die beiden grossen Gegensätze, Nomen und Verbum, die ersten und wichtigsten Redetheile mit dem, was sich ihnen anschliesst, in zwei Reihen durchlaufen haben, fehlt uns nur noch der dritte zu den beiden; denn mehr giebt es nicht.

Wir haben gesehen, dass die Nomina sich durch einander bestimmen können, indem man entweder eines überhaupt einem anderen weiteren sub- sumirt, oder die Merkmale des einen zu denen eines anderen addirt, wie bei der Verbindung durch ein Adjectivum; appositio. Ist aber dies weitere so weit, dass es nur ein einziges Merkmal enthält (Adj.), oder gar kein Merkmal, sondern nur eine relative Bestimmung (Pronomen), so ordnet es sich dem Nomen unter, zu dessen Begriff es seinen eigenen Inhalt, das Eine Merkmal oder die relative Bestimmung, noch hinzugefügt. Immer also findet hierbei concordia statt. Oder es kann ein Nomen mit einem anderen in ungleichem Verhältnisse stehen als Substanz und Accidens; alsdann steht die Substanz im Genetiv.

Auf ähnliche Weise muss nun auch das Verbum bestimmt werden können. Zuerst geschieht dies einem Verbum durch das andere, wie oben gezeigt; wo das eine im Infinitiv steht. Es kann aber auch anders ge- schehen, nämlich dadurch, dass die Verba in ein Verhältniss zu den Nominibus treten; dieses Verhältniss kann ausser in der Beziehung zwischen Subject

und Prädicat nicht die concordia sein; denn beide sind ganz heterogen;
wenn ein bestimmtes Sein sich zu einer Substanz verhält, so geräth die
Substanz in Unterthänigkeit; sie ordnet sich unter, denn sie dient nur zur
näheren Bestimmung des Seins, indem dessen Beziehung auf die Substanz
ausgedrückt wird. Das fliessende Sein geht seinen Gang im Strom der Zeit;
seine Quelle liegt in einer Substanz, dem Subject; aber auch in seinem Laufe
kann es auf Substanzen treffen, die es ergreift, mit sich fortreisst als seine
Objecte, oder zu denen es ein anderes Verhältniss hat, im Dativ und Ablativ.
Und dies Verhältniss der Unterordnung, dem Sein gegenüber, wird ausgedrückt durch die Casus obliqui, jedoch mit Ausnahme des Genetivs, der
immer nur mit einem Nomen oder dessen Sinne verbunden wird, wie unten
gezeigt werden soll. Also Dativ, Accusativ und Ablativ drücken die Verhältnisse der Unterordnung aller Nomina unter die verschiedenen Weisen des
Seins aus [1]). Jedoch nur insofern sie als Nomina selbstständig sind, oder zu
einem selbstständigen Nominal-Begriff als Theil gehören, zu welchem das
Sein in eine Beziehung tritt. Die Adjectiva und Pronomina, zuweilen selbst
Substantiva, können auch unselbstständig untergeordnet sein, wenn sie adjectivisch gebracht werden, d. h. es ist möglich sie dem Begriffe nach ebenso
mit dem Verbum zu verbinden, wie ein Adjectivum mit einem Substantivum,
so dass sie nun zu dem Begriff des Verbi ihren eigenen Inhalt hinzuthun.
Dies Verhältniss ist ein etwas anderes als das, was die Casus obliqui haben;
diese geben eine gegenseitige Bestimmung der Substanz und des Seins; hier
kommt es gar nicht darauf an, eine gewisse Substanz zu bestimmen nach
der Affection, welche ein Sein zufällig an ihr bewirkt, sondern lediglich das
Sein soll bestimmt werden. Jene bestimmen das Verbum selbst, innerlich,
seiner Bedeutung nach. Es ist also nicht eine Beziehung des Seins, sondern
eine durch ein besonderes Merkmal bestimmte gewisse Weise, eine neue,
engere Species desselben. Nun ist es an sich möglich auch diese Bestimmung,
die Art und Weise durch Casus obliqui auszudrücken, indem eben die Beziehung des Seins auf ein Object als eine wesentliche Bestimmung seiner
Weise, seiner Bedeutung betrachtet wird, als eine wesentliche Modification
des Begriffs; die Substanz muss dann also ein für alle Mal dem Verbalbegriff inhäriren, ihrem allgemeinen Begriffe nach, sie ist nicht eine zufällig
vorhandene und in eine zufällige Berührung mit dem Sein tretende, welche
sich etwa bei Adjectiven auf a, o und ter, bei den Pronominibus aber sehr
vielfältig geendigt hätten. Indess so wie uns jetzt die Formationen in einer
von ihrem Ursprunge sehr fernen Sprache vorliegen, ist es nicht mehr möglich darin die Regelmässigkeit einer Casusbildung durchzuführen; sie lässt
sich nur in einzelnen Gruppen nachweisen, während andere unerklärt bleiben;
selbst mit Hülfe der vergleichenden Grammatik kann man nicht weiter kommen.

Nehmen wir die Sache also, wie sie liegt, so betrachten wir alle diese
Formationen als einen dritten Redetheil, die Adverbia oder Particulae,
hervorgegangen aus dem Bedürfnisse den Verbalbegriff durch den Begriff der
Nomina, und besonders der Adjectiva und Pronomina zu bestimmen, und

---

[1]) Diese Bestimmung ist eine vollkommen gegenseitige; sowohl die Substanz wird
von dem Sein, als auch das Sein von der Substanz afficirt; beide bleiben übrigens für
sich selbstständige Begriffe, die nur in eine zufällige Berührung miteinander getreten
sind, durch welche beide während der Dauer derselben afficirt, also auch näher bestimmt werden.

daher im Ganzen von diesen abgeleitet. Dass wenigstens die von Adjectiven und Substantiven (wie *caelitus, viritim*) hergeleiteten Adverbia nicht ursprünglich sind, noch etwa die Wurzel jener, ist evident. Aber alle die Adverbia, welche man primitiva zu nennen pflegt, können nicht mit gleicher Leichtigkeit von den Pronominibus abgeleitet werden. Offenbar ist es bei den einfachen, allgemeinen (d. h. relativen) Ortsbestimmungen [1]), wie *ibi, eo, inde, ibidem, eodem, indidem* von *is;* und so auch die anderen Localia; ferner auch Temporalia: *tum, tunc* von dem demonstrativen *te* in *tute, iste,* wie auch *tam,* das von *te* ist, wie *iam, ita, item* von *is.* Aber es giebt noch andere Localia, nämlich die Präpositionen. Wie diese etymologisch abzuleiten sind, möge hier dahin gestellt bleiben; die Sauscritaner leiten wirklich die ursprünglichen Präpositionen von den Pronominibus ab; s. Bopp, Abhandlungen der Berl. Akademie der Wissenschaften, 1825 S. 92. Car. Schmidt, de praepositionibus graecis, Berlin 1829. Sie können aber auch ursprünglich sein; denn wie die Erscheinung des festen Seins mittels allgemeiner Relationen demonstrirt wird und dadurch ihr lokales Verhältniss zur sprechenden Person und unter sich bestimmt, so ist auch das Bedürfniss vorhanden, die Erscheinung des fliessenden Seins lokal durch dieselben Relationen zu bestimmen; ob etwas hier oder da, vor ihm oder hinter ihm etc. geschieht, ist ihm wichtig, ist ein grosser Unterschied, während das Sein dasselbe ist. Er bezeichnet daher die Relationen zu sich, welche aber eben so sehr in zwei Gegenstände ausser ihm übergetragen werden können. Uebrigens unterliegen die Präpositionen wenig Aenderung, weil sie sehr abstract sind, unter Voraussetzung des Standpunktes der ersten Person. Uebrigens sind die Relationen andere als die bei den Pronominibus zu Grunde liegenden; es sind die verschiedenen lokalen Richtungen und Dimensionen, vom Centrum der ersten Person aus gefasst; dabei ist keine zweite und dritte Person vorausgesetzt. Für unsern Zweck ist es allein wichtig zu bemerken, dass es ganz unnöthig ist sie als einen besondern Redetheil zu betrachten, da sie ihrem Sinnnach als allgemeine relative Ortsbestimmungen [2]) mit den schon erwähnten ganz gleich stehen; viele von ihnen werden auch ganz wie jene als Adverbien gebraucht, andere dagegen werden nur mit Casibus verbunden, und können diese nicht entbehren, aus Gründen, die unten angegeben werden sollen. Andererseits giebt es Adverbien, die oft ganz wie Präpositionen mit Casibus construirt werden, wie *clam, coram, palam, simul, procul, usque.* Es ist also nicht angemessen, was man nur aus vorgefasster Meinung von der sogenannten Rection gethan, die Präpositionen von den Adverbien zu trennen, denen sie nach allen Beziehungen angehören. Näheres über beide unten.

Nun bleibt uns von den gewöhnlich angenommenen Redetheilen nur noch einer übrig, die Conjunctionen [3]) Diese sind aber nichts weiter als Adverbien; zu Conjunctionen werden sie nur durch besondere syntactische

---

[1]) Vgl. W. v. Humboldt, über die Verwandtschaft der Ortsadverbien mit dem Pronomen in einigen Sprachen, Berl. 1830. (Gelesen in der Königl. Akad. der Wissenschaften den 17. Decbr. 1829.)

[2]) Prof. Konr. Wittmann in dem Programm von Schweinfurt 1840, 15, S. 4, der den Satz durchführt: praepositiones primo initio nihil aliud quam adverbia localia fuisse, und ihn besonders aus Homer beweist.

[3]) C. Fr. Jahn, Grammaticorum Graecorum de coniunctionibus doctrina, Greifsw. 1847, 8. Diss. inaug.

Anwendung in Sätzen. So werden eine Anzahl Adverbien in zusammengesetzten Sätzen zu Conjunctionen, während sie in anderem Zusammenhange Adverbien sind, z. B. *simul = simulac, dum* und *nondum,* Adverbia relativa wie *ubi, cum, ut* bleiben Adverbia, wie die Pronomina relativa *qui, qualis* etc. Pronomina bleiben trotz der Satzverbindung. Freilich einige wenige sind als Adverbien nicht mehr vorhanden und es ist gewöhnlich schwer auf die ursprünglich adverbielle Bestimmung zurückzukommen, welche eine lokale, temporale oder anderweitige Relation enthielt, die dann dazu dient, nicht bloss das Sein an sich zu bestimmen, sondern in seinem Verhältniss zu einem anderen Sein, folglich ein Verhältniss zweier Sätze anzugeben. Wie nun die Adverbia, wenn sie ein Verhältniss des Seins zu einer Substanz angeben, einen Casus erfordern (als Präpositionen), so erfordern sie unter gewöhnlichen Umständen ein gewisses Tempus und Modus, wenn sie das Verhältniss eines Seins zu einem anderen angeben. Alle sind offenbar eines der jüngsten Produkte; denn die meisten sind nicht ohne Periodologie. Die hebräische Sprache hat beides nicht, auch nicht das Sanscrit. Bei den Griechen ist der Fortschritt augenscheinlich zwischen Homer und Demosthenes. Im Lateinischen ist derselbe Fortgang; die Anfänge sind roh und unbehülflich mit *et* und Relativen.

Kaum braucht es erwähnt zu werden, dass man sehr irrt, wenn man auch noch das Numerale zu einem Redetheil stempelt; man vergisst dabei ganz, dass gar nicht nach der besondern lexicalischen Bedeutung der Wörter ihre Eintheilung in Redetheile gemacht wird, sondern nach der allgemeinen grammatischen, welche nur das Verhältniss bestimmt, das ein jedes Wort im Satze einnehmen kann, welche auch hier wieder eine relative ist. Nach dieser giebt es nur drei Redetheile[1] (höchstens) und alles Andere fügt sich darunter. So gehören die Numeralia theils unter die Nomina als Substantiva und Adjectiva; *monas, unus, singuli, simplex,* oder unter die Adverbia wie *semel, bis, dupliciter,* oder unter die Verba: *duplicare, decimare.* Sollten die Numeralia gelten, so müssten es mit demselben Rechte auch die Localia, Temporalia, Modalia, deren Zusammenstellung eben so zweckmässig wäre für die Praxis; und diese scheint eigentlich der Grund zu sein, wesshalb die Numeralia zu dem Range eines besonderen Redetheils gelangt sind. Aber dann hätten sie nicht in der Grammatik, sondern im Wörterbuch zusammengestellt werden sollen.

So haben wir nun das ganze Material der Sprache vorgelegt mit seinen wichtigsten Formen und Modificationen, entwickelt nach Wahrscheinlichkeitsgründen halb historisch, halb begrifflich und so geordnet: ich hoffe, dass diese Entwickelung des einen aus dem anderen nicht nur an sich klar gewesen ist, sondern dass sie auch das Verhältniss der Redetheile zu einander, worauf nachher ausserordentlich viel beruht, sowohl ihre eigene besondere Bedeutung als auch die allgemeine, relative, klar gemacht hat. Zugleich habe ich darauf aufmerksam gemacht, wie sich in der allmählichen Sprachbildung auch die

---

[1] Auch Hermann, de emend. rat. gr. gr. p. 127 fg., nimmt nur drei Redetheile an, nomen, verbum, particula; aber ganz verkehrt meint er, die Particula sei eigentlich nöthig das Prädicat im einfachen Satze auszudrücken, wie dies die deutsche Sprache mit bewundernswürdiger Wahrheit und Einfachheit zeige; es sei nur ein Fehler und eine unnütze Mühseligkeit (quanto operosius) im Lateinischen und Griechischen, dass dafür ein Adjectivum gesetzt werde.

erste Bildung des Menschen offenbart, wie er, so wie noch heute jedes neugeborene Kind, mit einem nichtssagenden, begriffsleeren, aber empfindungs-
vollen Schrei die Welt begrüsst. Er schreit auch später noch, und die
Empfindung des Strebens und der Abwehr in Bezug auf die Aussenwelt
spricht sich aus in Interjectionen. Diese sind der erste Stoss des individuellen
Lebens gegen das äussere, aber der Gegensatz ist noch nicht entfaltet, noch
nicht bewusst; die Aussenwelt beherrscht den Menschen noch und bildet sich
unwillkürlich in ihm ab; aber indem er erstaunt über die Aehnlichkeit seiner
Abbilder, gelangt er allmählich zum Bewusstsein; er setzt die Nachahmung
fort und sie giebt ihm eine dunkle Erinnerung an ihr Urbild, ein unbestimmtes, rohes Zeichen dafür [1]). Die sinnliche Wahrnehmung dringt aber
immer wieder auf ihn ein; er befestigt die Bilder mehr sammt ihren
Zeichen, er löst die Totalität der sinnlichen Wahrnehmung in ihre Momente
auf, und er sondert sie in ihre Gegensätze, die er vorher ungetrennt anschaute;
er trennt das flüchtige Sein in der Bewegung von dem Dasein in befestigter
Form, von dem festen Begriff Nomen, vom Verbum; er trennt die Gegensätze im Nomen, die im Verbum; er unterscheidet Substanz und Accidens,
Ursache und Wirkung. So findet er die Redetheile mit ihren Unterarten und
Uebergängen, und alle diese Einzelnheiten findet er nicht gesondert für sich,
sondern sie ergeben sich ihm als die zusammengehörigen Theile einer unge-
sonderten Totalität; er findet sie also in Verbindung mit einander als die
Bestandtheile des schon vorhanden gewesenen Ganzen, und als solche treten
sie mit einander in Verhältniss und es bestimmt sich eines durchs andere,
um dasselbe Ganze darzustellen, alles in Folge wiederholter sinnlicher Wahrnehmung und genauer, immer bewusster werdender Anschauung. Zu alledem
ist er allmählich von der ersten rohen Aeusserung der Empfindung zur
sinnlichen Wahrnehmung, zu deren Bewusstsein, Gedächtniss, also äusserlich
zur malenden Bezeichnung und Festhaltung der Bezeichnung mit genauerem,
in seine Gegensätze gesondertem Begriffe fortgeschritten. Er hat für alle
Dinge, die in den Bereich seiner Wahrnehmung fallen, Zeichen, und diese
sind nach der Natur jener zu Worten und Wortklassen ausgebildet; die
Kategorien des Seins und Daseins, wie sie concret existiren, sind in der
Sprache nachgebildet, aber ohne reflectirtes Bewusstsein; alle die so geschaffenen
Sprachtheile können demnach in eine so mannigfaltige Bewegung kommen,
wie alles darin dargestellten Leben; unendliche Combinationen sind möglich,
wie in der Wahrnehmung, so in der Sprache; das freie Combiniren ist das
bewusste Denken, das Urtheil, dessen Form der Satz ist, das Combiniren
eines festen Seins mit einem fliessenden aber mittels des fliessenden mit
einem anderen Ersten in unendlicher Mannigfaltigkeit.

Man hat die Frage schwierig gefunden: wie kommt der Mensch zum
Satze? Freilich zum einfachen Satze mit Nomen, Copula und Prädicat kommt
er nicht so leicht, weil er die Copula erst später findet. Aber es ist vor
allen Dingen zu bemerken, dass der Satz nicht durch Zusammensetzung,
sondern durch Auflösung gebildet wird. Fangen wir von dem ersten Laute
der Nachahmung an, so muss hier schon, zumal bei öfterer Wiederholung,
ein Erkennen, nämlich ein Wiedererkennen stattfinden; das Gedächtniss hält
die Wahrnehmung sammt dem durch sie selbst gegebenen Abbilde fest, und

---

[1]) Die Philosophie beginnt mit dem ϑαυμάζειν und endigt mit dem nil admirari.

so wird es zum Zeichen für das Nachgeahmte, und die Richtigkeit dieses Zeichens liegt in der unmittelbaren Wahrnehmung; sie wird nicht bewiesen, oder auch nur durch Reflexion erwogen, sondern hat sich selbst dem Menschen naturgemäss aufgedrängt. Wie gross aber auch noch sein Mangel an Selbstbewusstsein sein möge, wie fern von aller eigenen Reflexion, so wird doch wenigstens diese geistige Thätigkeit in ihm vorgehen, dass er den Gegensatz zwischen Bild und Abbild erkennt und beides sondert, dass er, indem er seine Nachahmung ausspricht, noch ganz formlos, doch den Gedanken dunkel in seiner Seele hat. Der Laut, den ich von mir gebe, ist oder bedeutet das, was ich nachahme; und er will, dass auch der, der es hört, dasselbe denken soll. Die Nachahmung enthält also schon ein Urtheil, das der Gleichheit; und in der That enthält der einfache Satz gar nicht mehr; er liegt also schon seinem Inhalte nach in einem einzelnen nachahmenden Tone. Das Schwierige ist daher gar nicht die Bildung des einfachen Satzes seinem Gedankeninhalte nach, sondern die Bildung und Sonderung seiner Elemente; es ist auch hier klar, dass das Ganze eher ist als die Theile; denn diese werden ja erst unter Voraussetzung des Satzes zu den bestimmten Redetheilen, die sich eben dadurch wesentlich von einander unterscheiden, dass sie ein verschiedenes Verhältniss zum und im Satze haben. Also z. B. der Satz: „der Vogel singt", wird zuerst durch einen einzigen nachahmenden Laut (Interjection oder Verbum impersonale) ausgedrückt, der unbestimmt die darin ausgesprochene Wahrnehmung bezeichnet, ohne ihre Theile, Ursache und Wirkung, zu sondern. Geschieht diese Sonderung, so bleibt der Gedanke derselbe seinem Umfange nach, aber er ist gegliedert; und dazu hat erst wahrgenommen werden müssen, dass der Vogel und das Singen verschiedene Dinge sind, weil der Vogel auch ohne zu singen gesehen wird, und das Singen selbst wieder muss als etwas Verschiedenes vom Fliegen u. s. w. wahrgenommen sein. So geht also die Sprachbildung, wie das Denken, von der Identität der Gegensätze zu ihrer Sonderung fort, von dem Ganzen zu den Theilen; schon das Ganze war ein Satz dem Inhalt nach; die Theile bleiben es, und sind es nun auch der Form nach. Es ist folglich die bisher besprochene Entstehung der Redetheile wesentlich identisch mit der Entstehung des Satzes; denn nur im Satze und durch ihr verschiedenes Verhältniss zu einander im Satze werden sie zu Redetheilen [1]). Gegen die bisher vorgetragene Ansicht wird noch ein anderer Einwurf gemacht werden, den ich mit wenigen Worten abweisen will. Namentlich die Kantische Schule, die sich zuweilen einem sehr flachen Rationalismus hingiebt, möchte gern überall den Verstand des Menschen herrschen lassen in freier Bewegung (was in anderen Dingen ganz rathsam ist); sie will daher auch die Sprache aus freier Reflexion und Uebereinkunft entstehen lassen; sie macht die falsche

---

[1]) Es ergiebt sich, dass die Wortbildung und die Satzbildung zwei Thätigkeiten sind, welche, wenn auch die Wurzelbildung vorausgegangen, dem Wesen nach dasselbe, der Form nach das Entgegengesetzte leisten. Die Wortbildung ist eine Composition verschiedener Bestimmungen zu Einem Begriffe und Worte; die Satzbildung ist ebenso eine Verbindung, Composition verschiedener Bestimmungen zu einem Ganzen, das wie ein componirtes Wort betrachtet werden kann, aber es ist darin jeder Bestandtheil gesondert, selbstständig, alle aber sind durch Wortstellung, Construction zu einem Ganzen verbunden und begrenzt. In dem Verhältnisse dieser beiden Thätigkeiten liegen eine Menge von Verschiedenheiten der verschiedenen Sprachen; sie fliessen in mehreren in einander, andere haben sie streng geschieden, die eine oder andere mehr ausgebildet.

Voraussetzung, dass, wenn wir jetzt mühsam die Gründe einer sprachlichen Erscheinung ermitteln und uns zum Bewusstsein bringen, auch die ursprünglichen Sprachbildner ein Bewusstsein von denselben Gründen gehabt und danach mit voller Freiheit der Reflexion die Sprache gebildet haben sollen. Und es hört sich gut an, wenn sie hier dem Menschen die Freiheit vindiciren; es klingt so liberal und des Menschen so würdig, aber es ist falsch aus dem einfachen Grunde, weil diese Freiheit das Ziel des menschlichen Strebens ist, und nicht der Anfang; sonst müssten die ersten Menschen noch weit grössere Philosophen gewesen sein als Kant; aber sie waren Kinder, und von dem Zustande der Unmittelbarkeit und harmlosen Bewusstlosigkeit aus hat die Menschheit einen langen, sehr langen Weg machen müssen, bis sie zum Selbstbewusstsein, zu freier Reflexion und gar zur Kantischen Philosophie gelangte. Diesen Weg geht jeder einzelne Mensch, diesen geht jedes Volk, diesen ist die Menschheit überhaupt gegangen. Allerdings ist Vernunft in der ursprünglichen Sprachbildung, aber es ist nicht die freie, mit Bewusstsein wirkende Vernunft im Menschen, sondern es ist die unfreie, bewusstlose Vernunft in der Natur und in der ganzen den Menschen umgebenden objectiven Welt, welche sich auch im Menschen und in der Nachahmung mittels der Sprache bewusstlos abbildet und zwar in dem Masse und mit der Schärfe, wie der Mensch mehr oder weniger offenen Sinn für die ihn umgebende Natur hat.

Die Sprachbildung geht von dem Universellen aus, insofern es concret angeschaut wird, d. h. von sinnlicher Totalität, und ihr Fortschritt ist die Trennung der Gegensätze, die Auflösung der Anschauungen von dem mit Merkmalen erfüllten Dasein in ihre Einzelnheiten. Hieraus folgt nothwendig die Regel, die sprachlichen Erscheinungen, welche aus der ursprünglichen Bildungsperiode herkommen, nicht so zu erklären, dass man dabei eine bewusste freie Reflexion voraussetzt, sondern man kann nur den oben dargestellten Weg, der von der Bewusstlosigkeit ausgeht, zur Erklärung anwenden. Ferner erklärt sich daraus eine andere Erscheinung, die zugleich eine Bestätigung der dargelegten Ansicht und eine Regel für die Beurtheilung der Sprachformen giebt, und hiermit gehe ich auf die allgemeine Geschichte der Sprachausbildung bis zu ihrem Untergange fort.

Es giebt eine Zeit, wo das sprachbildende Volk seine Entdeckungsreisen ins Reich der sinnlichen Wahrnehmung, wenigstens den Haupttheilen nach, beendigt hat; es hat einen Schatz von Anschauungen, d. h. von Worten, gesammelt; denn eine Anschauung ist erst dann ein fester Besitz, wenn sie durch eine Benennung fixirt ist; dieser Schatz von Anschauungen ist verschieden je nach der Verschiedenheit der Talente eines Volkes, welche unter dem Einflusse der Natur und der Bedingungen seines Lebens stehen; demnach wird dieser Schatz bei stumpferen Völkern geringer sein als bei aufgeweckteren, zur Beobachtung fähigeren; er wird sich in einzelnen Partien unterscheiden, je nachdem ein Volk durch die Beschaffenheit seiner Wohnsitze und seiner dadurch nothwendigen Beschäftigung veranlasst ist, auf die eine oder andere eine grössere Aufmerksamkeit zu richten und seine Wahrnehmungsfähigkeit nach verschiedenen Seiten zu schärfen oder unausgebildet zu lassen [1]). Wenn nun dieser Schatz von Lauten sich allmählich zu Worten

---

[1]) Dr. A. Kuhn, zur ältesten Geschichte der indogermanischen Völker, Progr. des Realgymn. Berlin 1845, giebt eine interessante Zusammenstellung einiger Momente, die

formirt hat, die Wortklassen gesondert sind und jede für sich bestimmte Formationen angenommen haben, die nur aus ihrem relativen Verhältnisse zu einander hervorgehen, und ebenso auch die Verhältnisse der einzelnen Wörter zu einander durch die Flexion bestimmt sind, so hört hiermit die Aufgabe der ursprünglichen Sprachbildung auf; der Sprachschatz, seinem Hauptstamme nach, ist vorhanden und er ist zugleich zu denjenigen Formen organisirt, in welchen sich alle weitere Ausbildung der Sprache und ihr ganzes Leben bewegt. Dieser Punkt war im Allgemeinen erreicht, bevor die zu dem indo-europäischen Sprachstamme gehörenden Völker sich trennten; bis dahin müssen die Stammväter derselben in Gemeinschaft gelebt und in Gemeinschaft ihren ersten Besitz von Wörtern und Begriffen ausgebildet haben; die Sprache war gleichsam ihre ganze Litteratur, sie war die einzige Form ihres geistigen Lebens. Wenn man das Ausgehen des Menschengeschlechts von Einem Orte und von Einem Menschenpaare annimmt gemäss der mosaischen Sage, so muss man auch annehmen, dass schon in sehr frühen Zeiten, als jenes gemeinsame Sprachgut der indo-europäischen Völker noch nicht erreicht war, Abtrennungen stattgefunden haben; diese liegen dann noch innerhalb der langen Periode, in der die Menschen noch nicht bis zu formirten Redetheilen fortgeschritten waren, wozu manche Sprachen und Völker überhaupt nicht gelangt sind. Je früher die Trennung stattfand, desto grösser mussten natürlich die sprachlichen Verschiedenheiten werden. In jener Zeit also mögen die Lostrennungen derjenigen Völker liegen, die nicht zum indo-europäischen Sprachstamme gerechnet werden können, die die neuere Sprachforschung sich bemüht zu verwandten Gruppen zu vereinigen, wie z. B. Bunsen und mit ihm Ewald (Gött. gel. Anz. 1855, S. 29 fgg., bes. S. 296 fg.) den sinesischen, den turanischen und den semitisch-ägyptischen annehmen. Andere anders; s. Steinthal, die Classification der Sprachen dargestellt als die Entwickelung der Sprachidee, Berl. 1850. Ders., der Ursprung der Sprache im Zusammenhange mit den letzten Fragen alles Wissens. Eine Darstellung der Ansicht Wilhelm von Humboldt's, verglichen mit denen Herder's und Hamann's, Berl. 1851. Auch Jac. Grimm, vom Ursprunge der Sprache (jetzt in seinen kleinen Schriften Bd. I, Berl. 1864) und wer sonst sich mit der Frage beschäftigt, kann nicht umhin, auf die Sprachvergleichung einzugehen. Dies ganze Gebiet von Forschungen können wir hier übergehen, da wir es mit einer indo-europäischen Sprache zu thun haben, der also jener vorhin bezeichnete, bis zur Formirung und

---

sich aus dem Sprachvergleiche für die Cultur der Völker in der ältesten Zeit ergeben. Er sucht zu beweisen, dass das Urvolk bereits ein sesshaftes gewesen. Aber auch die Trennung der verwandten indogermanischen Völker hat allmählich in verschiedenen Zeiten stattgefunden und also auch auf verschiedener Stufe der Entwickelung; sie zogen hinaus in weite Ferne, entfremdeten ihren Stammgenossen, und in anderen Ländern und unter ganz anderen Verhältnissen bildete jedes Volk sein Leben in besonderer Weise aus, also auch seine Denk- und Redeweise; aus der reichen Fülle ursprünglicher Analogien und Begriffe behielt jedes Volk das, was seiner Besonderheit entsprach; und so konnte die gemeinsame sprachliche Grundlage von verschiedenen Völkern in sehr verschiedener Weise modificirt werden; das eine hielt dies, das andere jenes fest und schuf sich nun sein besonderes volksthümliches Sprachgefühl, in welchem ein bestimmter, national fixirter Bestand von Analogien festgehalten wurde. Die lateinische Sprache nun steht so nahe der griechischen, dass wohl angenommen werden muss und wird, beide Völker haben nach dem Abzuge aus Asien noch lange ein einziges Volk gebildet, das etwa in Klein-Asien sesshaft war, bis eine neue Trennung eintrat.

Flexion der Redetheile in grossem Reichthum mannigfacher Analogien fort-
geschrittene gemeinsame Sprachstamm als Grundlage diente. Es müssen vor
der Trennung schon die Grundlagen eines geordneten Lebens erreicht gewesen
sein; s. Kuhn.

Es folgt nun dieser Periode der ursprünglichen Sprachbildung, die auf
sinnlicher Anschauung beruhte, eine andere, die von der Reflexion ausgeht
und die zugleich sich nicht mehr in dem Urzustande menschlicher Gesellschaft befindet, sondern in einem schon bewegteren, vielgestaltigen Leben
vor sich geht, das fern ist von der ersten naturwüchsigen Gemeinschaft in
Empfindungen und Anschauungen; diese bildet auch neue Wörter, aber
meistens nur durch Ableitung und Zusammensetzung, folglich — durch Abstraction; die abgeleiteten, abstracten Begriffe beschäftigen jetzt den Geist,
nachdem die sinnliche Anschauung erschöpft ist; hatte man früher *vir, longus,
dicere*, so bildet man nun *virtus, virilis, longitudo, dictio, dicax* und dergleichen. Der Geist und die Sprache bereichern sich an abstracten Begriffen,
die niemals ursprünglich sind. Zugleich werden Begriffe in übertragener
Bedeutung gebraucht, namentlich die Bezeichnungen des sinnlichen Raumes
auf die der nicht sinnlichen Zeit übertragen, und so werden auch die Flexionen
mit ihren ursprünglich einfachen Bedeutungen in mannigfaltigeren Beziehungen
nach der Analogie angewendet. Hierbei bleibt also sowohl der ursprüngliche, aus der Anschauungsperiode herrührende Vorrath an Stammwörtern
im Ganzen unverändert, als auch die einmal gebildeten Flexionen. Im Gegentheil gehen manche Stammwörter verloren, wenn sie durch abgeleitete ersetzt werden, die der Reflexion verständlicher sind, oder wenn die damit
ursprünglich verbundene Anschauung verloren geht, wie dies natürlich ist,
da, wenn die Reflexion schärfer wird, die sinnliche Wahrnehmung sich ab-
stumpft. Ebenso werden auch die Flexionen nicht reicher, sondern ärmer;
neue Erfindung ist nicht mehr möglich, es fehlt dazu die Lebenseinheit des
Naturzustandes. Die Abstraction nämlich sucht hier den in der Flexion
liegenden unbestimmten Sinn auf einen bestimmten Begriff zu reduciren. In
dem flectirten Worte liegt nämlich zweierlei, die Bedeutung des Wortes und
dessen Beziehung auf ein anderes. Dies sonderte die erste Sprache nicht,
die Abstraction thut's und stellt jedes für sich hin, den Begriff und seine
Beziehung, diese durch ein besonderes Wort ausgedrückt, also einen Casus
durch eine Präposition mit dem Nomen. Ferner hat natürlich die Flexion
einen weiteren, unbestimmten Begriff; derselbe Casus kann in verschiedenen
Fällen durch verschiedene Präpositionen vertreten werden. Die Abstraction
fängt an diese verschiedenen, wenngleich analogen Beziehungen und Bedeutungen zu sondern, welche in einer und derselben Flexionsform liegen;
dadurch entsteht das Bedürfniss der Unterscheidung; diese kann natürlich
nicht durch eine neu erfundene Flexion bewerkstelligt werden, weil die Periode
der Erfindung überhaupt vorüber ist; die Unterscheidung muss durch einen
schon vorhandenen, allgemein verstandenen Begriff und Ausdruck gemacht
werden, und so werden die Beziehungen der Casus anfangs verdeutlicht und
unterschieden durch Präpositionen, bis diese wegen ihrer specielleren Bestimmungen allgemein vorgezogen werden und die Casus ganz verloren gehen.
So werden die Unterschiede der Tempus- und Modus-Bezeichnungen theilweise durch Hülfsverba verdrängt. Dies lehrt die Geschichte aller Sprachen;
im Lateinischen selbst werden wir sehen, wie die Präpositionen allmählich,

und besonders im silbernen Zeitalter einen weiten Spielraum gewinnen, und wie sich auch Spuren componirter Tempora finden statt der einfachen; besonders vergleiche man die romanischen mit der römischen; die Endungen sind fast alle verloren oder unbestimmt und bedeutungslos geworden. Damit sind zugleich Casus und Genera verloren, letztere im Englischen ganz; auch im Deutschen existiren die Casus nur durch Studium; in der Volkssprache ist nur Nominativ und Accusativ, wie im Neugriechischen, das auch alle Präpositionen mit dem Accusativ construirt; Tempora haben wir nur noch zwei, die Neugriechen drei. Kurz es folgt hieraus die Regel: je reicher die Reflexion und je grösser die Abstraction, desto ärmer die Flexion, und umgekehrt. Daher kann man also z. B. im Lateinischen nicht annehmen, dass der Ablativ später gebildet sei, vielmehr ist seine deutliche Unterscheidung vom Dativ verloren gegangen. Kann nun diese Periode der Reflexion nicht mehr neue Stammwörter und neue Flexionen erfinden, sondern nur die alten verlieren, so ist sie dagegen desto fruchtbarer, wie schon bemerkt, an den Productionen der Abstraction, nämlich an Ableitungen sowohl in den Formen als in den Bedeutungen. Dies ist nun nicht eigentlich mehr die Sprachbildung als ursprüngliche verstanden, sondern ihre weitere Ausbildung, ihr Gebrauch; hier geht die Richtung nicht mehr von der Ungeschiedenheit der Gegensätze zu ihrer Scheidung in alle Einzelnheiten fort, sondern die Reflexion fasst die schon vorhandenen Einzelnheiten zusammen in Allgemeinheiten, sie strebt, wie in der Wissenschaft so in der Sprache, nach Universalität und Idealität, die sich eben in den abstracten Begriffen ausdrücken, welche die Masse des Concreten umfassen. Aus derselben zusammenfassenden Richtung geht noch eine andere Production dieser Periode hervor, die letzte, welche in ihrer Vollendung auch die Sprache selbst zur höchsten Vollendung bringt; dies ist das Zusammenfassen, die Composition der Rede zu zusammengesetzten Sätzen und Perioden. Hierzu gehört eine grosse Bildung der Reflexion, eine sehr grosse und bewusste Herrschaft über die einzelnen Gedanken, welche man ausdrücken will. Die erste, einfache, unperiodische Sprache bringt es nur dazu, die einzelnen Begriffe so zu ordnen, dass daraus ein Satz, ein Gedanke hervorgeht; ihre Bestimmung reicht nicht über Einen Gedanken hinaus; ist dieser ausgedrückt, so geht es dann an den zweiten, der dem ersten nur einfach angereiht wird. Das gebildete Bewusstsein dagegen überschaut eine ganze Reihe von Gedanken mit Einem Male, erkennt das Verhältniss, in dem sie zu einander stehen müssen, und verbindet sie demnach nicht durch blosses Anreihen und Nebenordnen, sondern auch durch vielerlei Arten von Unterordnung, so dass daraus ein wohlgeordnetes Gedankengebäude entsteht. Manche Sprachen haben es gar nicht dazu gebracht, wie z. B. die hebräische; ebenso ist das etymologisch so ausserordentlich reiche Sanscrit gar nicht periodisch und hat darum eine ebenso arme Syntax als seine Etymologie reich ist. Die Franzosen, überhaupt sehr kurz von Gedanken, haben auch nur kurze Perioden; wir dagegen haben, zu ihrem grossen Verdruss, sehr lange. Ferner können wir besonders im Griechischen sehr deutlich den allmählichen Fortschritt beobachten: wie einfach ist der Satzbau bei Homer, bei Herodot, und wie künstliche Perioden hat Demosthenes aufgeführt! Denselben Fortschritt werden wir nun auch im Lateinischen bemerken, wo die Periodologie erst in Cicero ihren Schöpfer und Meister fand, denn noch manche seiner Zeitgenossen, wie z. B. Varro, schrieben sehr unperiodisch und selbst ungelenk.

Es sind drei Stufen: 1) Bildung des ersten Materials unvermittelt, unter der Herrschaft der Natur, Interjectionen, sinnliche Wahrnehmung — Familie; 2) Sonderung der Redetheile und Verbindung zu kunstlosem, natürlichem Ausdrucke von Gedanken in einfachen Sätzen — Trennung der Familie in viele und Vereinigung naturgemäss zum Volke mit der Form der Familie unter patriarchalischer Regierung — Volk; 3) kunstmässige Ausbildung zusammenhängender Rede in zusammengesetzten Sätzen und Perioden — Staat.

Nun kann man fragen: wenn eine Sprache bis zu dieser Vollendung ausgebildet ist, wie geht dann ihre Geschichte weiter? Im Allgemeinen kann man sagen, dass die Sprache dann sinkt und allmählich zu Grunde geht; aber freilich modificirt sich dies sehr vielfältig bei den verschiedenen Völkern; die Sprache kann nicht zu Grunde gehen ohne das Volk, weil ein Volk nicht mehr dasselbe Volk ist, wenn es nicht seine eigene Sprache hat. Nun geht aber ferner auch kein Volk leicht zu Grunde, wenn nicht seine moralische Kraft gebrochen ist, und es ist daher evident, dass die sittliche Verderbniss des Volkslebens Hand in Hand geht mit dem Verderben der Sprache; der Egoismus ist die Wurzel aller Immoralität; er ist es überall, der Völker und Sprachen verdirbt. Aber was ist Egoismus in der Sprache? Was im Leben Egoismus ist, das ist in der Sprache, wie in jeder darstellenden Kunst, die Subjectivität. Das Hervordrängen der Subjectivität führt die Sprache zum Untergange, auch das Zulassen des Fremden; aber davon sehe ich hier ab, weil es zu sehr von historischen Bedingungen abhängt. Die Sprachgesetze haben sich unbewusst gebildet; sie beherrschen die Sprache mit unumschränkter Tyrannei, so lange das individuelle Bewusstsein darin befangen bleibt, so lange es nicht durch die Abstraction auf den Gedanken kommt, dass es sie auch verletzen, daran künsteln und seinen Witz daran versuchen könnte. Is dieses arcanum imperii (Tac. hist. I, 4) einmal verrathen, dann ist die Objectivität der sprachlichen Gesetze nicht mehr vor der kecken Frivolität der Subjectivität sicher; diese drängt sich hervor und stellt sich selbst dar da, wo sie ihren Gedanken hätte unter die objectiven Gesetze stellen sollen. Wir werden sehen, wie sich dieses Hervordrängen der Subjectivität mit Verletzung der in der Sprache von jeher begründeten Gesetze besonders in dem Gebrauche der Tempora und .Modi zeigt, und zwar eben schon im silbernen Zeitalter, wo das Verderben der Sprache und der Sittlichkeit reissend um sich griff. Dasselbe zeigt sich aber noch in vielen anderen Dingen. Der Egoismus zerstört die herrschende Kraft des Hergebrachten; er strebt nach Freiheit davon, nicht der Freiheit wegen, sondern aus Eigennutz. So verlässt die Subjectivität die gewohnten Bahnen der Darstellung, nicht aus Begeisterung für ein natürlich erwachsenes, innerhalb der gezogenen Schranken gefundenes Bessere, sondern aus Eitelkeit; sie hascht nach dem Neuen und Pikanten, um ungewohnte Effecte hervorzubringen[1]); die Sprache wird immer mehr zur Rhetorik verarbeitet mit all dem buhlerischen Schmucke, den zierlichen Spitzen und Kanten, welche oft mit Geist und Witz erfunden werden

---

[1]) Haec recens politura, Sen. epist. 100, §. 4. Ib. §. 5: clausulas abrumpunt, ne ad exspectatum respondeant.

und dazu dienen die Aufmerksamkeit zu errregen und ein für das wahrhaft Edle abgestumpftes Volk zu amüsiren [1]) Unter solchen Umständen wird natürlich Alles angetastet. Wie kein Gesetz der Sittlichkeit mehr unverletzt bleibt, so auch fast kein Gesetz der Sprache, und wir werden sehen, wie im silbernen Zeitalter die bis dahin geltenden Regeln wo nicht umgestossen so doch stark modificirt wurden, indem man eine sich darbietende Analogie über das Gewöhnliche hinaus auf eine neue Weise ausdehnte, und was von solchen Einflüssen nicht allzu subjectiv, d. h. allzu willkürlich war, sondern sich auf eine nicht unnatürliche Weise an die objectiven Gesetze anschloss, fand dann allgemeinere Verbreitung. Bei allen diesen Neuerungen war oft viel Geist; aber eine Verderbniss war es dennoch, die auch die Sprache bis zu ihrem völligen Untergange geführt hat; denn der Geist und Witz allein retten sie nicht, wie wir ja auch sehen, dass die letzten Redner des römischen Reiches, die Panegyrici, und der letzte bedeutendere Dichter, Claudian, daran keinen Mangel hatten. Sie sind noch im Stande zu ergetzen, aber nicht im Stande zu begeistern; man fühlt, dass in ihrer Kunst nicht mehr die Kraft des Gemüths mitwirkt; ihre Rede kommt nicht von Herzen und geht darum auch nicht zu Herzen. Die rhetorische Kunst ist überhaupt kalt, sie spricht nicht zu Gemüth, sondern zum Verstande; in solcher Zeit ist auch die Poesie rhetorisch. Es werden Vorschriften nöthig, wie die bei Sen. epist. 52, §. 14: *ad rem commoveantur, non ad verba composita: alioquin nocet illis eloquentia, si non rerum cupiditatem facit, sed sui.* Um diese Bemerkungen nicht ungerecht anzuwenden, mache ich noch auf Folgendes aufmerksam. Wenn eine Sprache eine solche Richtung nimmt wie die lateinische seit dem silbernen Zeitalter, so ist dies allerdings ein sicheres Zeichen, dass das Volk verderbt und seinem Untergange nahe ist; auch ist es im Allgemeinen wahr, dass eine so vorwiegende Richtung und Neigung zur Rhetorik mit Hypokrisie, Heuchelei und Perfidie verbunden zu sein pflegt; indessen wäre es doch unrecht, wenn wir jedem einzelnen Schriftsteller, dessen Stil diese Zeichen der sittlichen Verderbniss trägt, dieselbe Verderbniss auch persönlich zur Last legen wollten; vielmehr kann es sein, dass er nur sich nicht hat los machen können von dem Einflusse seiner Zeit, von deren Verdorbenheit er sich übrigens in moralischer und politischer Beziehung rein erhalten hat; auch kann ja, wenn einmal dem freien Hervortreten der Subjectivität die Bahn gebrochen ist, mitunter eine zwar sehr scharf hervortretende, im Grunde aber reine und edle Subjectivität auftauchen, und in diesem Falle befindet sich Tacitus, dessen wegen ich diese Bemerkung überhaupt mache, die ich näher in den Vorlesungen über ihn auszuführen gedenke.

Die erwähnte sprachliche Corruption, welche mit der sittlichen verbunden ist, hat zwar einen noch grösseren Spielraum in der Rhetorik und Stilistik als in der Grammatik, aber auch in dieser zeigt sie sich vielfältig und deutlich, und dürfte es deshalb nicht unrecht sein, wenn ich schon in der ersten Vorlesung der Grammatik die interessante Aufgabe vindicirte, jene Wandelungen des römischen Geistes zu beobachten, welche

---

[1]) Sensus coacti in sententiam. Senec. epist. 100, §. 4; stimuli et subiti ictus sententiarum, ib. §. 7. Seneca, ep. 100, §. 4, erwähnt verba huius seculi more contra naturam suam posita et inversa (was ganz mit dem Gesagten übereinstimmt, aber mir ist nicht klar, auf welche Erscheinung es geht).

zu gleicher Zeit kleine grammatische Regeln und — das Schicksal der Welt änderten. Blicken wir nun noch einmal auf das über den Ursprung der Sprache Bemerkte zurück, so hatten wir, nächst den Interjectionen, Nachahmungen der empfangenen Eindrücke gefunden, Töne, in denen sich nicht das freie Selbstbewusstsein des Menschen, sondern die äussere Natur selbst ausdrückte. Wie sich der Mensch überhaupt noch nicht zum Selbstbewusstsein, zur Scheidung zwischen sich und der Welt, zwischen Subject und Object, Denken und Ding erhoben hat, so macht er auch bei jenen ersten Tönen noch keinen Unterschied zwischen dem Tone und der dadurch ausgedrückten Sache, zwischen dem Zeichen und dem Bezeichneten, deshalb eben, weil der Ton noch unvermittelt ist, d. h. nicht aus dem freien Bewusstsein des Menschen, sondern aus dem ihn beherrschenden sinnlichen Eindrucke unwillkürlich hervorgeht. Wird nun aber diese erst unwillkürliche Nachahmung wiederholt, so wird sie vermittelt, d. h. sie wird bewusst, weil sie mit dem Gedächtnisse festgehalten wird; sie wird erst dadurch zu einem stehenden Zeichen; aber es wird nicht bloss der Laut festgehalten, sondern auch das, wodurch er zu einem Zeichen wird, nämlich seine Beziehung auf den Gegenstand, den er wiedergiebt. Diese Beziehung nennen wir in der Grammatik die Bedeutung. Die Bedeutung ist also eine Vorstellung, ein Begriff, insofern dieser mit einem Worte als seinem Zeichen und Abbilde verbunden ist. Je bestimmter die Begriffe werden, desto bestimmter, d. h. formirter, wird auch das Zeichen. Allmählich wird beides fest bestimmt und fixirt, die Bedeutung zu einem festen, klaren Begriffe, das Zeichen zu einer festen Form, beides immer vereinigt zu einer untheilbaren Einheit, und diese nennen wir Wort; ein Wort ist kein Wort ohne bestimmte Bedeutung und ohne bestimmte Form. Wenn nun auch Beides untrennbar verbunden ist, so können doch an dieser Verbindung Modificationen vor sich gehen, die denn auch wieder, theils an der Form, theils an der Bedeutung erscheinen, in der geschichtlichen Zeit der fixirten Sprache meistens an der letzteren, indem die Bedeutung, d. h. also der Begriff in dem Denken des Volkes sich mannigfach fortentwickeln kann, wie es die Culturgeschichte des Volkes mit sich bringt. Wenn also die Sprache den Geist des Volkes und dessen Geschichte darstellen soll, so ist die Bedeutungslehre unentbehrlich.

Aber die Bedeutung ist von doppelter Art; sie ist 1) die specielle, 2) die allgemeine, relative. Auf der letzteren beruht die Eintheilung aller Wörter in die Redetheile. Z. B. das Wort *Blume* giebt mir vermöge seiner speciellen Bedeutung den bestimmten Begriff eines Dinges, wofür dieses Wort das Zeichen ist; ebenso giebt das Wort *blühen* den Begriff eines Seins in einem gewissen Zustande, der so bezeichnet wird. Aber abgesehen von jenem besonderen Dinge und diesem besonderen Sein ist zugleich der allgemeine Unterschied zwischen beiden, dass jenes ein festes, dieses ein fliessendes Sein ist, dass jenes eine feste Form im Raume, dieses eine freie Bewegung in der Zeit hat; es ist also die allgemeine Natur dieser Begriffe verschieden; wenn also auch die Begriffe selbst zu anderen sich nicht auf gleiche Weise verhalten können, so auch ihre Zeichen, die Worte, die eben durch diese allgemeine Verschiedenheit ihrer Bedeutung und durch die daraus folgende Verschiedenheit ihrer gegenseitigen Verhältnisse als besondere Redetheile bestimmt werden. Aber dieses Wort hat zugleich die bestimmte

Natur, dass es mit anderen Wörtern nur auf eine gewisse Weise in Verbindung treten kann; dieses sein Verhältniss zu anderen macht es zum Nomen; *blühen* hat zu anderen ein ganz anderes Verhältniss als *Blume*, und es wird dadurch zum Verbum. Hieraus nun ergiebt sich die Disposition der ganzen Grammatik, wie sie aus den vorgetragenen Ansichten nothwendig folgt, zwar die Sprache, wie früher erinnert, nothwendiger Weise schon voraussetzend, aber doch von den einfachsten Theilen derselben ausgehend und diese durch eine allmähliche Synthesis zu dem grossen harmonischen Ganzen der Rede gestaltend.

Indem wir also ausgehen von dem, was der erste Anfang der Sprache ist, von den anfangs noch rohen und sowohl begriff- als formlosen Tönen, also überhaupt von dem sinnlichen Material der Sprache, haben wir als den ersten Haupttheil der Grammatik

A. Die Etymologie.

Diese wird drei Theile umfassen

1. Die ersten und einfachsten Elemente der Sprache, und zwar

    a) die Buchstaben;

    b) die Sylben;

    c) die ungeformten Stämme, welche aber eher sind als Sylben und noch eher als Buchstaben, eigentlich Interjectionen mit dem Gedankeninhalt ganzer Sätze.

Bis hierher gehen die Elemente, die an sich noch roh und für sich keinen bestimmten Begriff haben; diesen giebt erst

2. Die Wortbildung, welche jene Elemente gestaltet und zwar zunächst durch

    a) Formirung des Stammes, des noch ungeformten zu einer bestimmten, angemessenen Form, zu Redetheilen;

    b) Ableitung;

    c) Composition.

So ist das Material des Wortschatzes gebildet; aber die Wörter treten auch in Verhältnisse zu einander, und dann erleiden sie

3. Die Flexion, welche wieder dreifach ist, nämlich

    a) Declination;

    b) Comparation;

    c) Conjugation.

In diesen drei Theilen, wovon jeder wieder drei Unterabtheilungen hat, ist die ganze Aufgabe der Etymologie erschöpft; das Wort, als sinnliches Zeichen, ist aus seinen Elementen hergeleitet und nach allen Richtungen gestaltet zu bestimmter Form; es ist aber mit der Form stets die Bedeutung innig verbunden, und diese bildet demnach den zweiten Haupttheil:

B. Die Bedeutungslehre.

Die Bedeutung ist nicht willkürlich mit einem willkürlichen Tone verbunden, sondern diese Verbindung ist von Ursprung her eine natürliche, ja selbst nothwendige gewesen; obgleich nun diese Nothwendigkeit jetzt nicht mehr demonstrirt werden kann, so hat doch die Bedeutung jedenfalls ein Verhältniss zur Form, das noch jetzt in vielen wichtigen Beziehungen sich bestimmen lässt, und daher entsteht der erste Theil der Bedeutungslehre.

1. **Verhältniss der Bedeutung zur Form, und zwar**

   a) zum rohen Stamme;

   b) zum formirten Stamme, und zwar α) zu dem einfach formirten, β) zu dem zugleich abgeleiteten, γ) zu dem zugleich componirten;

   c) zur Flexion; α) Casus, β) Comparation, γ) Conjugation;

Die Bedeutung kann aber auch getrennt werden von ihrer Beziehung auf dieses Wort; dann ist sie Begriff, der für sich existirt und sich bewegt, daher

2. **Verhältniss der Bedeutung zu ihrem Inhalte, d. h. dem Begriffe** als einem Gegenstande des freien Denkens ohne Rücksicht auf seine Zeichen.

Die eigentliche Bedeutung nämlich stimmt oft nicht genau überein mit dem, was man bezeichnet; dies hat einen doppelten Grund: 1) entweder hat sich die Bedeutung selbst geändert, weil sie ein beweglicher, lebendiger Begriff ist, durch die Bildung und durch Verhältnisse des Lebens (hostis), oder 2) sie ist an sich nicht verändert, wird aber durch die Besonderheit der Darstellung auf einen verschiedenen Begriff übertragen nach gewissen Analogien (Metapher); dies letztere ist grossentheils Gegenstand der Rhetorik und Poetik, jenes aber gehört in die Grammatik, weil es nicht von willkürlicher Anwendung abhängt, sondern stehend ist; es sind die allgemeinen Principien der Lexikographie; 3) Vertausch verwandter Begriffe, enger mit weiteren, Ursache und Wirkung, Ganzes und Theil etc. (Metonymia und Synecdoche).

3. **Verhältniss der Bedeutung oder des Begriffes eines Wortes zu anderen Begriffen, wodurch nähere Bestimmung entsteht, und zwar**

   a) adjectivische Bestimmung, Concordantia (Nomina durch Nomina und nominelle Theile des Verbi), Gleiches mit Gleichem;

   b) adverbielle Bestimmung des Verbi durch den Dativ, Accusativ, Ablativ, des Nomen durch Genetiv; α) durch Casus; β) durch Adverbien (wozu auch Präpositionen und Conjunctionen ge-

hören) des Verbi und Adjectivi, auch des als Adjectivum betrachteten Nomen; γ) Casus und Adverbium zugleich;

c) correlative Bestimmung. Diese bildet den natürlichsten Uber-
gang zu

C. Die Satzlehre.

Die mitgetheilte Disposition wird sich am besten rechtfertigen durch
ihre Ausführung; daher will ich hier weiter nichts darüber bemerken. Dass
sie grösstentheils neu ist, ergiebt sich sehr leicht aus der Vergleichung mit
den bisher versuchten Anordnungen. Nur über die Bedeutungslehre ist zu
bemerken, dass schon Reisig, und zwar dieser meines Wissens zuerst, eine
Bedeutungslehre als nothwendigen Theil der Grammatik anerkannte und sie
wirklich in seinen Vorlesungen aufstellte. Er hatte aber davon noch einen
sehr unbestimmten Begriff und wusste sie nicht in ein einziges Ganze zusammenzufassen, sondern er stellte verschiedene Einzelnheiten zusammen, die gar
keinen Zusammenhang haben; jedoch ging er aus von dem, was ich zum
zweiten Theile der Bedeutungslehre gemacht habe. Er liess darauf die Syntax
im Ganzen nach dem alten Zuschnitte folgen. Bei diesem ersten und einzigen Versuch hat es bisher sein Bewenden gehabt. Später haben die
Sanscritaner die Bedeutungslehre als nothwendig erkannt, Agathon Benary,
ein Schüler Reisigs, in den Berl. Jahrbüchern für wiss. Krit. 1834, Juli,
S. 68; Pott, Etymologische Forschungen Bd. II, S. 376. Auch hat Benary
wieder davon gesprochen in den Vorreden zu seiner Römischen Lautlehre
S. XXII und angekündigt, dass er sie bearbeiten wolle, ohne dabei dies
Mal Reisigs Namen zu nennen, wodurch Weissenborn Gramm. Vorr. S. IV,
welcher ebenfalls die Bedeutungslehre für zweckmässig erklärt, zu der Meinung
verführt ist, dass die Erfindung von Benary herrühre. Keiner von diesen
aber hat sich näher erklärt, was unter Bedeutungslehre zu verstehen sei,
welchen Umfang und welche Theile sie habe.

Mehlhorn, Griechische Grammatik, Einleitung S. 1 sagt darüber nichts
weiter, als dass praktische Rücksichten die Bedeutungslehre, welche man in
neuerer Zeit verlangt habe, verbieten. Georg Curtius, in der Rec., Jahrbücher für wiss. Krit. 1846, Nr. 63, S. 501 fg., stimmt ihm bei in Bezug
auf den Ausschluss der Bedeutungslehre, trotz mancher warmen Empfehlung,
die diese Disciplin seit Reisig erfahren hat. In der That existirt dieselbe
aber bis jetzt mehr in der Vorstellung, und ist da wo man versucht hat sie
zu realisiren, nach Art der alten Syntaxis ornata eine Rüstkammer zerstreuter
Bemerkungen. Die wahre Bedeutungslehre würde die Aufgabe haben, in
möglichster Vollständigkeit die Regeln über den Wechsel und die Ueber-
gänge der Wortbedeutung aufzufinden. Sie würde sich zur Wurzelforschung
ungefähr ebenso verhalten, wie die Syntax zur Etymologie und ist auf dem
Gebiete einer einzelnen Sprache kaum durchzuführen. Für eine solche Disciplin fehlt es noch an den nothwendigsten Vorarbeiten. Ehe diese gemacht
sind, ist es gerathener darauf zu verzichten, als etwas Unreifes und für den
engeren Kreis der Grammatik einer einzelnen Sprache nicht unbedingt Nöthiges

zu versuchen. Vgl. dagegen Düntzer, Zeitschrift für Alterthumswissenschaft 1839, p. 1021 und 1847 Nr. 116, S. 927.

Nach meiner Ansicht kommt nun der grösste Theil der bisherigen Syntax in die Bedeutungslehre, soweit dieselbe nämlich nur die specielle oder allgemeine oder relative Bedeutung einzelner Wörter behandelt. Dadurch wird es möglich, die Satzlehre rein für sich zu behandeln. Die schon oben erwähnten lateinischen Grammatiker, welche von der Becker'schen Satzlehre im Lateinischen Anwendung machten, haben Beides vermischt, wodurch erhebliche Nachtheile entstanden sind, die ich schon oben erwähnt habe, und die ich näher auseinandergesetzt habe in der angeführten Recension Hall. Lit. Z., Erg. Bl. Aug. 1838, Nr. 65—70; dort habe ich auch meine Ansicht über die Bedeutungslehre schon vorgetragen. Dieselbe hat nun den sehr erheblichen Vortheil, dass theils die bedeutendsten Theile der Grammatik eine zusammenhängende Entwickelung finden, und dass dabei die Satzlehre ebenfalls ihren Platz findet, und zwar einen eigenen. Zugleich erfordert diese Eintheilung eine Behandlung vieler Dinge, welche man bisher gar nicht unterzubringen wusste, oder welche man in die wüste Polterkammer der Syntaxis ornata setzte. Daher wird der Umfang dieser Syntax (wenn man beide Theile so nennen will) weit grösser, und ich werde mich daher genöthigt sehen, die weniger wichtigen Theile der Disposition möglichst kurz zu behandeln, um für die nöthigsten und wichtigsten Zeit genug übrig zu behalten. Jedoch soll dabei das Schema erschöpft werden.

A. Bedeutungslehre.

1. Verhältniss der Bedeutung zur Wortform.

A. Zum rohen Stamm.

Vielleicht wäre es richtiger gewesen, dieses Kapitel zu überschreiben: Verhältniss der Bedeutung zu den Elementen der Sprache, Buchstaben, Sylben und rohem Stamm. In der That mag es dem Princip nach nicht unrichtig sein, wenn man die Bestimmung der Bedeutung in neueren Zeiten schon bei den Buchstaben angefangen hat. Gelänge dies mit einiger Genauigkeit, wäre es möglich, die Bedeutung jedes Buchstaben für sich und in seiner Verbindung mit anderen anzugeben, so liesse sich daraus die Bedeutung eines jeden Wortes gewissermassen a priori finden; sie liesse sich durch Verbindung der verschiedenen Factoren gewissermassen bereichnen. Man müsste also zunächst die Tonleiter der fünf Vocale u, o, a, e, i nehmen in dieser ihrer vom Tiefsten zum Höchsten aufsteigenden Reihe, und festsetzen, welche Klasse von Begriffen sich auf jeder Höhe befindet; dass z. B. das u das Dumpfe im Tone, daher das Stumme, Dumme, Stumpfe, im Raum, das tief unten Befindliche, daher das Sumpfige, Schmutzige, die Grube, Gruft, Runzel, das

Dunkle, in den Uranfang und Ursprung Zurckgehende, das Klumpige, Kulpige, Krumme (curvus [Wurm]), das Runde und Kugelrunde, das um etwas ist, die Ruhe u. s. w. ausdrückt. Eben so könnte man auch bei den Consonanten dergleichen Bedeutungen ermitteln; ja man könnte diese vielleicht selbst physiologisch begründen, wenn man einen bestimmten Zusammenhang zwischen den dabei thätigen Organen, Lippe, Gaumen etc., und den Seelenthätigkeiten ermittelte. Das lateinische *f* hatte nach Quintilian XII, 10, 29 einen beinahe unmenschlichen Ton, es wurde .durch die Zähne geschmettert mit einem starken Sausen. Dies scheint auch vorzugsweise zur Bezeichnung von Begriffen angewendet zu sein, welche etwas Starkes, stark Wirkendes, Eindringendes, Zerstörendes bezeichnen wie *ferus, ferrum, ferox, ferire, farcire, fortis, flucre, flere, fundere, facere, fervere, fuscus, furvus.* Alles dies ist versucht, z. B. in der schon oben erwähnten Schrift von Städler; vgl. Dr. H. E. Bindseil, Abhandlungen zur allgemeinen vergleichenden Sprachlehre, Hamburg 1838, ein dickes Buch, dessen bei weitem grösster Theil enthält: Physiologie der Stimm- und Sprachlaute, wo alles Mögliche gesammelt ist. Der Erfolg von solchen Bemühungen ist nur sehr gering, weil alle uns bekannten Sprachen von ihrem Ursprunge viel zu weit entfernt sind, als dass man auf die ersten Regeln der Wurzelbildung und auf die wahren Bedeutungen der Elemente zurückgehen könnte; man wird immer nur bei einzelnen malerischen Wortlauten stehen bleiben, und wird die übrige Masse unerklärt lassen müssen. So z. B. weichen von jenem Sinn des *f* ab: *favere, flos, ficus, fucus, fiscus.* Ich werde daher auch keinen Versuch dieser Art im Lateinischen machen, da man ja hier deutlich genug sieht, wie weit das Lateinische vom Griechischen und beide wieder vom Sanscrit, und alle von der ältesten oder supponirten ersten Sprache abweichen. Etwas mehr lässt sich von den unformirten Stämmen sagen; denn die Formation des Stammes durch eine besondere Endung hat nur insofern Einfluss auf die Bestimmung der Bedeutung, als einige Nebenbestimmungen hinzutreten, wie das Genus, der Numerus, die Conjugation. Der rohe Stamm an sich existirt in der Sprache gar nicht; wir können ihn nur durch Weglassung der Endung finden; ob er je existirt hat, kann man bezweifeln; es finden sich bei den ältesten Schriftstellern einige Formen, die man so ansehen könnte, wie *δῶ* statt *δῶμα*, *κρῖ* statt *κριθή*, *πᾶ, μᾶ* bei Homer, *βρῖ* statt *βριθύ* bei Hesiodus, über welche Beispiele vgl. Buttmann § 56, Anmerkung 13; *cael* statt *caelum* bei Ennius; *hil* statt *hilum* in *nihil; lac, lact* und *lacte* im Nominativ; auch *do* für *domus* und *gau* für *gaudium* hatte Ennius gesagt; *al* für *allium, min* für *minium, tau* für *taurus* C. Annius Cimber, der Rhetor, den deshalb Vergilius in den Catalectis lächerlich machte; diese Beispiele hat Ausonius, Idyll. XII im Grammaticomastix. S. Huschke, de C. Annio Cimbro, Rostochii 1824. Festus p. 205 *Pa* pro *patre* (var. *parte*) *et po* pro *potissimum* positum est in saliari carmine. Jenes *pa* hat Bergk als Vocativ in dem Liede der Arvalen, und als Accusativ in einem fragmentum aus den „Salischen Liedern" bei Varro VII, 27 aus Conjectur angenommen; s. Zeitschrift für Alterthumswissenschaft 1856, Nr. 18, S. 140.

Wohl möglich, dass dies Erinnerungen aus einer früheren, längst überwundenen Sprachperiode waren, die sich hielten, wie Erinnerungen aus unreifer Kindheit, die das spätere Alter nur scherzweise noch ertragen kann und die im Ernste unerträglich. Aber solche Formen werden von Vielen als Verkürzungen angesehen, die z. B. sind bei *dic, duc, fac, fer.* Doch dies ist eine Frage der Etymologie. Wirklich im Gebrauche befindliche rohe Stämme kann man nur die Interjectiouen nennen, die eine Empfindung aber keinen Begriff ausdrücken. Von diesen werden manche formirt, und erst dann geben sie einen Begriff, so z. B. *αἱάζω,* von *αἴ,* Laut des Schmerzes; *εὐάζω,* von *εὖα,* Jubelruf am Bacchusfeste; solche sind noch *ἐλελίζω,* von *ἔε,* wovon wohl auch die Interjection *ἐλελεῦ,* dann *ἔλεος, ἔλεγος;* so auch *ἀλαλάζω,* der Schlachtruf; *οἰμώζω* von *οἴμοι; ὤζω* (Verwunderung) von *ὤ.* Solche giebt es einige wenige auch im Lateinischen wie *ovare,* das Festus p. 195 als das Siegesgeschrei der Soldaten *geminata o littera* erklärt; Dion. Halic. V, c. 47 leitet es von *εἰάζω,* was beinahe dasselbe. Andere (Plut. vit. Marcell. c. 22. Serv. zu Virg. Aen. IV, 543) und Neuere [nicht allgemein] leiten es minder richtig von *ovis* wegen des Schafopfers. Ferner *eiulare,* von *eia,* griechisch *εἶα; havere* von *εὖα; iubilare* von *ιοῦ; foetere* von *fae* und *fafae.* Für uns giebt es einen rohen Stamm von jedem Worte, das eine Endung hat, die wir weglassen. Die übrig bleibende Wurzel muss das sein, was zunächst das Zeichen der Bedeutung war; also *cael* = Himmel, *leg* = *lex, dic* = *dicere* u. s. w.; dann übereinstimmende: *fur, sol,* und *sat* = *satis.* Wie sich nun zu diesen ursprünglichen Bestandtheilen der Sprache die Bedeutung verhalten habe, ist in der Einleitung gezeigt; die Bedeutung ist nachgeahmt und onomatopoetisch ausgedrückt, und dieser Satz wird jetzt allgemein angenommen, wie auch Doederlein, lat. Wortbildung S. 9, versichert. Man kann hierzu noch den zweiten fügen, den derselbe S. 11 auch annimmt, dass die ursprünglichen Wörter also eine sinnliche Anschauung, keine Abstraction ausdrücken. Ferner sind ungeformte Stämme die primitiven Adverbien, welche zwar keinen so unbestimmten Begriff haben als die Interjectionen, aber sie bedürfen auch weder der Formirung noch der Flexion, wie schon in der Einleitung gezeigt ist. Die meisten sind *Derivata;* s. unten. Die ursprünglichen bezeichnen nur allgemein locale Relationen, bei denen es schwer ist ihren Zusammenhang mit der sinnlichen Malerei in den Tönen zu finden. Demnach werden wir nur in den Wörtern, welche etwas Sinnliches bezeichnen, und auch unter diesen nur bei den Stammwörtern das Onomatopoetische zu suchen haben. Aber auch bei diesen ist es im Ganzen nur an einem sehr kleinen Theile zu erkennen; bei den übrigen nehmen wir die Onomatopoesie nicht mehr wahr, sei es, dass sie auf dem langen Wege der Sprache von ihrem Ursprunge bis zu ihrer vorliegenden Gestalt sie selbst verloren hat durch Wechsel der Vocale und Consonanten, sei es, dass wir nur nicht mehr im Stande sind die Uebereinstimmung, das Malende des Tones noch zu erkennen, und dies muss uns besonders in einer fremden Sprache begegnen. Beim Lateinischen kann man aber obenein die Bemerkung machen, dass es weniger wahrnehmbare Onomatopoesie bewahrt hat, als das Griechische und Deutsche, ein Beweis, dass die Römer mit der Natur in weniger nahem Rapport standen, und dass der Verstand bei ihnen das Uebergewicht über die Phantasie hatte. Die Wörter, in denen eine Onomatopoesie unverkennbar ist, sind fast nur solche, welche einen Laut nachmachen, und zwar ist es dann hauptsächlich der Vocal, welcher die Malerei enthält; wozu am häufigsten *r* kommt (*quaken, quäken, quiken*); z. B. mit *a: balare, latrare, clamare, cacare, gannire* (knurren vom Hunde), *coaxare* (krachen, knarren); mit *e: strepere, crepare, fervere, stertere, sternuere, frendere, fremere, tremere, terere, terebrare;* mit *i: tinnire, tintinnabulum, hinnire, stridere, pipare, pipire* und *pipulus, fringilla, trissare* (von den Schwalben), *vsiire, fritinnire* von kleinen Vögeln und Cicaden); mit *o: tonare, tonitru, sonare, vocare; crocire* und *crocitare, corvus;* mit *u: grunnire, rudere, turtur, tussire, susurrus, murmur, upupa, ululare, mutire* und *mussare (mussitare), trudere, tundere, turgere.* Für die Töne der Vögel und anderer Thiere hatten die Römer viele schöne onomatopoetische Verba, auf die Spätere eine besondere Aufmerksamkeit richteten; es giebt mehrere Sammlungen davon; zwei in den beiden elegiae de Philomela in Anthol. ed. Meyer. Nr. 233. 392, welche dem Ovid in späterer Zeit untergeschoben [1]; eine andere Sammlung hat der englische Bischof S. Aldhelmus (sec. VII) de re grammatica et metrica pag. 569 fg. in d. Class. auctt. von Mai tom. V [2]. Eine dritte hat ebendaselbst Mai praef. p. LII aus einem alten cod. palatin. 253 abdrucken lassen. Für das Griechische hat Mancherlei gesammelt Iriarte im Catal. Bibl. Matrit. an verschiedenen Stellen. Doederlein bemerkt (Wortbild., S. 11), die Wortforschung müsse zuweilen den wohlthuenden Glauben an eine ursprüngliche Onomatopoesie zerstören, indem sie nachweise, dass dabei kein ursprünglicher Stamm zum Grunde liege, sondern ein abgeleiteter und verunstalteter; er führt als Beispiel an *lallare, λαλεῖν,* lallen; dieses komme nämlich von *λέγειν, λαλαγεῖν* es sei also durch Reduplication entstanden, und dann *lallare* und *λαλεῖν* aus *λαλαγεῖν* durch Assimilation verunstaltet. Hierbei ist aber, selbst vorausgesetzt die Richtigkeit jener Etymologie, übersehen, dass es gerade die Reduplication ist, die sehr häufig angewendet wird, um onomatopoetisch zu wirken und einen sich gleichförmig wiederholenden Ton auszudrücken, wie im Griechischen *παφλάζω, καχλάζω, ὀλολύζω, πιφαύσκω, πίφιγξ* (ein unbekannter Vogel), und auch wo kein Schall nachgemacht wird, sondern ein wiederholtes, eifriges Handeln, wie *παπταίνω, ποιπνύω, ποιφύσσω, τετραίνω* u. s. w. Solche Wörter sind im Griechischen sehr viele. Im Lateinischen fehlt es auch nicht ganz daran; Buttmann, Lexil. I, S. 21, rechnet dahin *volvo, palpo,* wobei die zweite Sylbe, die Stammsylbe, sich abgestumpft habe, wie in *malmen, treten.* Andere Beispiele sind *turtur, pipire — pipillare* (pipen), *tintinnabulum, cacare, tetrinire* (Schnattern der Enten), *gingrire* (Gänse), *mamma — tata* (Vater — Mutter, bei Kindern), *cucubat noctua murmur — upupa* (Uhu), *susurrus, cicindela,* das Johanniswürmchen (wohl vom Flimmern und Leuchten), *gurgulio* (Gurgel), *cucus — κόκκυξ* (Kuckuck), gewöhnlich *cuculus, cacabare* (Rebhühner), *cacabus (κάκαβος)* Kochtopf. Sehr geeignet ist dies für das im Kreise wiederkehrende sich lockende Haar, *cincinnus* und *tutulus.* Daher bei wollenem Zeuge *sisurna (σίσυρα* oder *σίσυρνα).* Das Wiederholen; *titillare — kitzeln, titubare — kekeln.*

Manche Gewächsnamen mögen aus demselben Grunde die Reduplication haben; es sind nämlich immer nur kleine Kräuter und Früchte, die sich also in Menge wiederholen; *cicer* (Kicher), *siser (σίσαρον — Zuckerwurzel),*

---

[1] Das hauptsächlich hierher gehörige carmen jetzt bei Riese, Anthol. lat. I. 2., p. 224, und bei Reifferscheid in Sueton. reliqu. p. 308. Die die Thierlaute bezeichnenden Wörter haben gesammelt Fr. W. Sturz, de vocibus animalium in den opusc. nonnulla p. 133—228. u. bes. W. Wackernagel in dem Baseler Progr. voces animalium.

[2] Aldhelmus ist neu herausgegeben von J. A. Giles, Oxon. 1844, und in Migne's patrolog. Bd. 89.

piper (πέπερι, plattdeutsch Päper — Pfeffer), *papaver, lilium, lolium, furfur, cucumis* — Gurke, *cucurbita* — Kürbiss, *cacalia* (κακαλία) ein Kraut, *sesamum* (σήσαμον), *seselis σεσέλη* — Sesel, ein Kraut). Bei *pōpulus* — Pappel ist es wohl vom Geräusch, *pŏpulus* — die Masse soll von πόλις sein. Wenn man die Reduplicationen sammelte, so würde es wohl gelingen, die Wörter dem grössten Theile nach in Klassen zu zerlegen und für jede die Bedeutung zu finden, welche die Reduplication ausdrückte. S. Doederlein, über die Reduplication in der griechischen und lateinischen Wortbildung, in seinen Reden und Aufsätzen, zweite Sammlung, S. 111—152. Hainebach, de graecae linguae reduplicatione praeter perfectum, Giss. 1847.

Schwerer ist es das Onomatopoetische wahrzunehmen bei Wörtern, die nicht einen Schall ausdrücken, sondern etwas Anderes, z. B. das Sichtbare, Farbe, Licht u. s. w. Im Allgemeinen liegt hier die Regel nahe, dass das Helle durch helle Vocale, *e* und *i*, das Dunkle durch dunkle Vocale *o*, *u*, auch *a* ausgedrückt wird; und dies lässt sich auch durch viele Beispiele bestätigen, wie *nitere, ignis, titio, incendo, accendo, splendere, renideo, ningere, nix, nitedula* (Wiesel), *limpidus, nimbus;* das dunkle *nox* (νύξ — Nacht — *nuit*), σκότος — *obscurus, umbra, pullus, furvus, ater* — schwarz. Vgl. *nimbus* und *nubes* oder *nubs; flavus* und *fulvus, pallidus* und *pullus.*

Aber Vieles stimmt auch nicht überein, theils weil dabei eine andere Vorstellung stattfand, theils weil die ursprüngliche Onomatopoesie durch Ableitung verdunkelt ist; z. B. *niger* sollte eher weiss als schwarz bedeuten; man leitet es von νύξ, νύχιος ab, und dann hätte es einen dunklen Vocal ursprünglich gehabt. Schön ist bei uns Licht und Blitz, in beiden haben die Lateiner einen dunklen Vocal, *lux* und *fulgur*, oder *fulmen* und *fulgere;* aber beides ist nicht ursprünglich: *lux, lucere, lucidus* kommt von λύχνος und wohl von λευκός, was nahe an λείος kommt, also von einem hellen Vocale ausgeht; vgl. *lēvis* und *livere. Fulgur* und *fulgere* kommt durch φλόξ von φλέγειν; dieses hat zwar ein *ε*, aber es drückte wahrscheinlich nicht die helle Farbe aus, nicht das Leuchten, sondern den Ton, wie das ebendaher abgebildete *flamma* und *flackern;* eben so drückt auch *cremare* den Ton aus, wie *crepare*, das Knistern.

Das Wasser, das Nasse, hat ein *a*, so auch *aqua;* auch *i, imber, stilla* — der einzelne, reine Tropfen, wie *Quell, quillen;* dagegen das bloss Feuchte, das nicht Reine hat ein *u* wie *Sumpf, Schmutz;* so *udus, humor, humidus, unda, spurcus, ulva;* aber *limus* hat ein *i*, wie *Schlamm* und *Schleim.*

Mit dem Hellen gehört auch das Frische zusammen; so stellt sich zu *nitere* auch *vigere, virere, vir, virgo, vis;* dagegen ist *robur* (ῥώννυμι) dunkler, die Kraft und Macht, die einen düstern Eindruck macht, die solche Aeusserungen hat wie mit dumpfem Tone *rumpere, tundere, urgere, cudere.* Ridere schildert ursprünglich ohne Zweifel bloss das freundliche Aussehen; das Grienen nach einem Provinzialismus; Lachen ist onomatopoetisch für den Laut, das ist nicht *ridere*, sondern *cachinnus* und *cachinnare.*

Eine sehr schwierige Frage ist aber die, wie man zu den Wörtern gekommen ist, die zwar concrete Gegenstände, aber auch abstracte, relative Weise bezeichnen, nämlich den Pronominibus; ähnlich verhält es sich mit den ursprünglichen Adverbien, Präpositionen, und mit den Zahlwörtern. Bei den Pronominibus haben wir fast nur etymologische Trümmer, eine Mischung von verschiedenen Stämmen, verstümmelt und unkenntlich. Am

deutlichsten zeigt sich das *t* als demonstrativ; *tu* — Du, *te* in *tute*,
iste, in *tam, tum, tantus, talis, tot*, τῇ, da, dort, τόσος, τοῖος u. s. w.
Aber über die anderen ist noch auf weitere Forschungen der Etymologie
zu warten. Die Zahlwörter onomatopoetisch zu erklären, möchte eben
so schwer sein; am ersten lässt sich es denken bei *zwei, twe, duo,
δύο*, was übergeht in *Zwist, duellum*, zweifeln, *dubitare, δοιάζομαι*. Im
Uebrigen mögen die Zahlen sammt der Kunst damit umzugehen sich fortgepflanzt haben, also nicht φύσει; daher auch die grosse Uebereinstimmung
der Sprachen. Sogar im Hebräischen שֵׁשׁ,שֵׁשׁ — sechs und שִׁבְעָה — sieben.
Es giebt Sprachen, die nicht fünf zählen können. S. Lepsius, über den
Ursprung und die Verwandtschaft der Zahlwörter in der indogermanischen,
semitischen und koptischen Sprache. Dies möge Beispiels halber genügen. Denn
wie deutlich auch oft der Laut des Wortstammes in Verwandtschaft steht
mit der Bedeutung, selbst durch ganze Wortreihen hindurch, woraus dann
wirklich Regeln zu entnehmen sind, so ist doch auch wieder der Wechsel
und die Abweichung sehr gross, so dass man es nicht zu Regeln bringen
kann, welche den ganzen Wörterschatz erschöpfen. Abgesehen davon müssen
eine Menge Forschungen gemacht werden, welche nur etymologisch sind;
die Resultate davon gehören nur in die Bedeutungslehre; auf diese muss
also noch gewartet werden, bis jene Forschungen gemacht sein werden.

B. Zum formirten Stamme.

Der rohe Stamm enthält das ursprünglich sinnliche Abbild des empfangenen sinnlichen Eindruckes, ohne das Wahrgenommene als festen Begriff zu
bezeichnen; jene Wurzel kann demnach Nomen und Verbum oder auch Partikel werden, und wir finden, auch in verwandten Sprachen, dass dieselbe
Wurzel in diesen sich wiederfindet, aber zu verschiedenen Redetheilen gestaltet. Es wird demnach durch den rohen Stamm die specielle Bedeutung
jedes Wortes bestimmt, die Beziehung auf die concrete Wahrnehmung; dagegen deren Fixirung zu einem Begriffe nach den Kategorien der sprachlichen
Begriffe der Stempel zu einem Redetheil; die Verleihung der allgemeinen
Bedeutung ist Sache der Formation. Der rohe Stamm wird zu einem formirten
dadurch, dass er eine bestimmte Endung annimmt, und überhaupt diejenige
Gestalt, durch welche er sich als einer bestimmten Art der Redetheile angehörig ausweist und fähig wird in den Zusammenhang der Rede einzutreten
und sich in Verhältnisse zu anderen Wörtern zu stellen. Alles dies, welche
allgemeine relative Bedeutung ein Wort hat, d. h. was für ein Redetheil es
ist, und in welche Art von Verhältnissen es zu anderen kommen kann, hängt
ab von der Bedeutung oder dem zu Grunde liegenden Begriffe; ist dieser
fixirt, so muss sich auch das Wort zu einer bestimmten Gestalt fixiren; oder
vielmehr, wie die Interjectionen zeigen, vor der Formirung ist das Wort noch
kein Redetheil, und wenn die Wortformirung gleichzeitig mit der Begriffs-
formirung und durch diese geschieht, so müssen auch die beiderseitigen Verschiedenheiten einander entsprechen, es muss in der Verschiedenheit der
Formen ein Sinn liegen. Nun haben wir in der Einleitung gesehen, dass
es nur drei Hauptklassen von Wörtern giebt, Nomen, Verbum und Adverbium; die Endung eines jeden Wortes hat zunächst die Bedeutung, es unter
eine dieser Klassen zu ordnen. Die Adverbien und Partikeln sind entweder

durch eine bestimmte Endung abgeleitet, und dann sind sie unten bei der Ableitung zu besprechen; oder wo keine Analogien gefunden werden können, scheinen diese nur verdunkelt zu sein, und es bleibt daher dem Anschein nach ein roher Stamm übrig, von dem ebenfalls hier nicht die Rede sein kann. So bleiben uns hier nur die beiden Klassen zu besprechen, Nomen und Verbum. Die Endungen unterscheiden sich hier so stark, dass es nicht nöthig ist auf den Unterschied aufmerksam zu machen; in dem *ere* des Infinitiv kann man noch fühlen, dass sich darin die Flüchtigkeit des Seins und Werdens eben so deutlich ausdrückt, als der abgeschlossene, festgewordene, Begriff eines Nomen in *us, es, is, er, ar, o, um* u. s. w.

Die Endung bestimmt aber nicht allein die Wörterklasse; sie bestimmt auch noch mehr, nämlich zunächst beim Nomen, Genus, Numerus, Declination.

Alle diese Bestandtheile der Formirung sind, wie von selbst einleuchtet, auch bedeutungsvoll; es sind die wesentlichen Bestandtheile der Begriffsbestimmung, die nach verschiedenen Seiten hin der Natur des bezeichneten Wesens entspricht, indem dieses dadurch, wie es die Auffassung seiner Natur mit sich bringt, eingereiht wird in die Rubriken der Wörterklassen und bei Nominibus des Genus, Numerus und der Declination. Wenn es nun namentlich eine beträchtliche Zahl von Suffixen ist, wodurch theils die ursprüngliche erste Formirung, theils die Ableitung bewerkstelligt wird, so ist klar, dass die Wahl der Suffixa nicht zufällig sein kann, und dass sie eben so wenig allein von Gesetzen der Euphonie abhängen kann; sondern zuerst und wesentlich haben sie die Bestimmung jene begriffsmässige Rubricirung zu bewirken. Die Rücksicht auf Euphonie ist dabei zwar wirkend, aber nur als untergeordnetes Moment; sie kann manche Modificationen bewirken am Stamme und an dem Suffixum, welche bei der Verbindung beider dem Ohre und dem Sprachorgane nothwendig werden, aber das Wesentliche, die Begriffsbestimmung, darf und kann dadurch nicht alterirt werden. Dies wird meistens nicht bedacht von den Sprachvergleichern, z. B. Ge. Curtius, de nominum Graecorum formatione linguarum cognatarum ratione habita. Berol. 1842, wo meistens Euphonie und Zufall als die wesentlichen Factoren betrachtet werden; es wird keine Rücksicht darauf genommen, dass die Begriffsbildung allmählich vor sich geht, dass es namentlich für die Ableitung frühere und spätere Analogien giebt, dass namentlich Abstracta immer später sind; die Suffixa werden möglichst identificirt, es wird angenommen, dass sie ursprünglich alle zur Bezeichnung von Personen gedient haben, dass es mithin für die Abstracta gar keine eigenen Suffixa gegeben habe, und wo eine Verwandtschaft der Suffixa auch augenscheinlich ist, deren Nachweisung ein besonderes Verdienst in jener Schrift ist, da wird doch nicht darauf Rücksicht genommen, dass die Suffixa darum noch nicht identisch sind, sondern in sich noch die Verschiedenheiten jener Begriffsrubriken enthalten. S. die Recension von A. Dietrich, Zeitschrift für Alterthumswissenschaft, 1846, Nr. 68—70, der zwar diese Mängel zum Theil bemerkt, aber nicht mit Bestimmtheit und Consequenz, weil ihm die Verschiedenheit des Standpunktes nicht klar genug ist.

Wir verstehen unter der Endung des Nomen vorzugsweise die Endung des Nominativs, weil dieser den Begriff rein und für sich enthält, ohne ihn in irgend ein Abhängigkeitsverhältniss zu stellen, wie es die Casus thun.

Indess der Nominativ ist in der Regel eben so gut wie jeder andere Casus
erst abgeleitet vom Stamme, und seine Endung hat zuweilen den Stamm verändert oder ist durch ihn verändert; es ist daher überall, wo man Stamm
und Endung richtig sondern will, nicht der Nominativ allein zu berücksichtigen, sondern auch der Genetiv.

Was die Declinationen betrifft, so steht es jetzt hinlänglich fest, dass
nur drei oder zwei anzunehmen sind, da die vierte und fünfte nur als besondere Unterarten, die vierte als Contraction der dritten, die fünfte als eine
Unterart der ersten mit Einmischungen aus der dritten anzusehen sind. Von
den übrigen drei können auch die erste und zweite identificirt werden; ferner
steht es gleichfalls fest, dass die dritte, die consonantische oder starke, die
reichste und umfassendste zugleich auch die ursprüngliche ist. Demnach ist
hieraus auch für die Bedeutungslehre ein Schluss zu machen. Wenn nämlich
die erste und zweite Declination, welche vokalische und schwache sind, indem
ihr Stamm auf einen verschiedenen Vokal ausgeht, während ihre Endungen
sich identificiren lassen, so dass sie auch als nur Eine schwache Declination
betrachtet werden können, jüngeren Ursprungs sind, so werden es auch die
Wörter sein, welche danach gehen; und so ist es in der That. Von der bei
weitem grössten Zahl der Wörter dieser Declinationen lässt sich nachweisen
oder mit Wahrscheinlichkeit vermuthen, dass sie Derivata sind; namentlich
aber ist dies als charakteristisch anzusehen, dass diese beiden Declinationen
vorzugsweise adjectivisch sind; denn eben auch die Adjectiva können nicht
zu den ursprünglichen und ältesten Nominibus gehört haben, sondern sind
erst durch fortgehende weitere Ausbildung des Nominal-Begriffs entstanden,
wie in der Einleitung gezeigt wurde. Hier tritt nun oft der Fall ein, dass
ein Wort schwankt zwischen Substantivum und Adjectivum, weil seine specielle
Bedeutung von der Art ist, dass dabei die allgemeine, relative in Bezug auf
den Unterschied zwischen Substantivum und Adjectivum etwas unbestimmt
bleibt, indem darin gewisse Merkmale enthalten sind, welche bald ein bestimmtes concretes Wesen bezeichnen, bald auch nur einen Zustand qualifi-
ciren, in welchem sich ein solches befindet. Es sind besonders Ausdrücke
für Gesinnung, Beschäftigung, Stand, womit zugleich bestimmte Gattungen
von Menschen oder gewöhnlichen Eigenschaften der Menschen bezeichnet
werden. Die Substantivirung wird dadurch unterstützt, dass diese Bestimmungen nur auf Menschen passen, diese also von selbst verstanden werden.
Daher kommt es, dass viele Substantiva zugleich Adjectiva dreier Endungen
sind, wie *amicus, inimicus, philosophus, philologus, servus-a-um, socius,
sponsus, (patrona lex* s. Zumpt, zu Cic. div. in Caecil. 20, § 65); noch
einiges Merkwürdige s. bei Jani A. P. p. 85 fg., und andere in einzelnen
Beispielen wie ich Anmerkung 190 zu Reisig angeführt habe von *maritus
— marita fides, fabra ars* von *faber*, Superlativ *faberrimus* bei Appulejus
(*affabre* und *infabre*), *jussa magistra* von *magister*. Dazu füge *arvus-a-um*
(s. Doederlein III, S. 8.) *truncus, viduus*, wo aber *vidua* wohl ursprünglich war, wie das deutsche *Wittwe* zeigt, und im Sanscrit heisst *vithawa*
manulos (*vidhavâ* von *vi* [ohne] und *dhava* (Ehemann)[1]. Andere zeigen
wenigstens insofern eine Annäherung an den adjectiven Bdgriff, als sie in
zwei Geschlechtern vorhanden sind, denn indem sie beide Geschlechter um-

---

[1] Vgl. Lobeck, pathol. p. 29.

fassen, ist ihr Begriff weiter und umfassender und nähert sich dem Adjectivum, wie *filius* — *filia*, *magister*, *asinus*, *equus*, *mulus*, *nuncius-a* und selbst auch *-um*, *animus*, *mimus*, *privignus* u. s. w. Ebenso findet sich auch ein Schwanken zwischen *us* und *um*, wie *jugulus* und *jugulum*, *coelus*, *candelabrus*, *vinus* und andere, worüber siehe zu Reisig Anmerkung 111 und unten beim Genus.

Nun giebt es freilich ausser den Adjectivis auf *us*, und *er*, *a*, *um* auch andere, welche nach der dritten Declination gehen; bei diesen ist anzunehmen, dass sie eben so sehr ihrer Bedeutung nach sich zu dem Substantiv-Begriffe neigen, als jene Substantiva auf *us* sich zu dem Adjectiv-Begriffe hinneigen. Wir werden hierfür noch weiterhin eine Bestätigung finden in einer kleinen Observation über den Gebrauch von *nemo* und *nullus* in Verbindung mit dem Participium praesentis und dem Participium perfecti in Ablativis absolutis. *Nemine* nämlich findet sich zwar bei Cicero gar nicht, aber doch bei Anderen, wie Tacitus, Suetonius. Nun ist es bekannt, dass *nullus* von *nemo* sich wie *ullus* von *quisquam* dadurch unterscheidet, dass jenes Adjectivum, dieses Substantivum ist, und auch schon hierin bestätigt sich der Unterschied der beiden Declinationen. Man sagt aber ferner beim Participium praesentis *nullo*, z. B. *nullo prohibente*, nicht *nemine*, dagegen wohl *nemine prohibito* oder mit einem Adjectivum *nemine obvio;* der Grund dieses Unterschiedes kann nur der sein, dass das Participium praesentis, weil es nach der dritten Declination geht, sich mehr dem Begriffe eines Substantivi nähert und daher das Adjectivum *nullo* zu sich nimmt, während das Participum perfecti passivi, weil es nach der ersten und zweiten Declination geht, viel entschiedener Adjectivum ist und daher das Substantivum *nemine* zu sich nimmt [1]).

Fragen wir nun nach dem Grunde, warum einige Adjectiva κατ᾽ ἐξοχὴν Adjectiva sind und die eigentliche adjectivische Form haben, andere aber, indem sie nach der dritten Declination gehen, die substantivische Form angenommen haben, so kann der Grund nur in der Verschiedenheit der Bedeutung liegen. Sehr deutlich lässt sich dies schon aus den Participien sehen, doch achten wir zunächst auf den Begriff eines Adjectivi und Substantivi. In der Einleitung ist gesagt, dass jenes später als dieses, weil es erst durch fortgehende Reflexion und Abstraction entstehen konnte, indem man bis zur Absonderung eines einzelnen Merkmals in einer ganzen Wahrnehmung fortschritt. Die Gegenstände, welche die sinnliche Anschauung wahrnimmt, werden mit der ganzen Masse der Merkmale wahrgenommen, die dem Gegenstande eigen sind; ein einzelnes Merkmal aber für sich wahrzunehmen selbst in sinnlicher Gestalt setzt eine grosse Abstraction voraus, denn kein sinnlicher Gegenstand wird seinem Begriffe nach nur durch ein einziges Merkmal constituirt, und wenn ich auch einen ganz bestimmten

---

[1]) Zunächst muss man bedenken, dass die Sprache überhaupt bloss Nominalbegriffe hier anerkennt und im Gegensatze zu den Verbis unterscheidet; die Gattungen der Nomina sind nicht als Substantiva und Adjectiva unterschieden, sondern diese Unterscheidung ist erst von den Grammatikern gemacht und lässt sich oft gar nicht halten, wie z. B. wenn *par* bald als Adjectivum, bald als Substantivum genommen werden soll, wonach Manche selbst die Ablativendung bestimmen wollen, oder auch die Construction mit Genetiv und Dativ; es ist Nomen überhaupt, und die Sprache unterscheidet die dritte Declination von der ersten und zweiten dadurch, dass jene das Thätige und dadurch in die Augen Fallende, diese das bloss mit einer Eigenschaft, einer gewissen Natur Behaftete bezeichnet, jene das Active, diese das Passive, also das Abgeleitete.

Menschen nehme und ihn *bonus, amicus, socius, loquax, mendax* nenne, so ist es eine Abstraction, dass ich eben nur dies Eine Merkmal an ihm wahrnehmen und bezeichnen will. Demnach sind sowohl die Adjectiva der schwachen als die der starken Declination jünger als die Substantiva; beide sind abgeleitet und ihr Stammwort lässt sich grossentheils erkennen; aber ob sie bei der Ableitung der einen oder anderen Analogie folgten [1]), hängt von der Bedeutung ab, ob diese der substantivischen analog ist oder nicht; dagegen ob sie syntaktisch zu Substantiven werden, hängt ab von der speciellen Bedeutung, ob das Merkmal eine · Substanz einschliessen kann. Nun giebt es aber Merkmale, die so sehr in die Augen springen, dass sie vorzugsweise bemerkt werden; sie wirken wie eine selbstständige Substanz und sind dieser insofern analog. Solche in die Augen fallende Merkmale also, die nicht so grosser Abstraction bedürfen als andere, sind die geeignetsten, um die Form eines Substantivs anzunehmen. Diese sind aber auch zugleich die ältesten, denn bei den am ersten und leichtesten wahrnehmbaren wird auch die Abstraction des Einen Merkmals am leichtesten sein, so dass beide Rücksichten zusammentreffen, das Alter und die Bedeutung; da es sich jedoch meistens um abgeleitete Wörter handelt, zum Theil aus späterer Zeit, so fällt das Alter weg und es ist nur nach der Bedeutung die Form gewählt. Welches sind aber diese Merkmale? Vor allen das der Thätigkeit, und daher geht das Participum praesentis activi nach der dritten Declination, während das Participium perfecti passivi und das Participium praesentis passivi (dass es praesens s. unten) nach der zweiten gehen. Es ist kein Widerspruch, dass das Participium futuri activi nicht auch nach der dritten Declination geht, denn wiewohl das Activum ist, so ist doch die Thätigkeit keine wirkliche, wahrgenommene, sondern nur eine künftige, also supponirte, auf Abstraction beruhende; es ist ein Zustand, nicht ein Thun in *lecturus, venturus, moriturus;* auch der Wille liegt nicht darin. Diese Bemerkung wird auch durch das Griechische bestätigt,

---

[1]) Uebrigens siehe Stenzler, über die verschiedenen Conjugationen und Declinationen in den indo-germanischen Sprachen, besonders im Lateinischen, Breslau 1864 (Aus den Abhandlungen der Schlesischen Gesellschaft für vaterländischen Cultus, Philos. hist. Abth. Heft 1), der zwar für die Conjugation eine Betrachtungsweise zugiebt, für die Declination aber nicht; er will die Lehre von der Bedeutung der Nomina in das Kapitel von der Bildung der Nomina verweisen, nicht aber in das Kapitel von der Declination. Dies scheint aber nur auf einer Verwechselung der im Lateinischen vorliegenden Sprachbildung mit ihren Antecedentien in vorlateinischer Zeit zu beruhen; für das Lateinische ist es nicht mehr richtig, was für das Sanscrit richtig ist, dass für alle Nomina nur Eine Declination mit gleichen Casusendungen vorhanden ist; im Lateinischen sind die Casusendungen wirklich vorhanden, möge auch der Ursprung dieser Verschiedenheit in unvordenklicher Zeit wirklich bloss phonetischer Natur gewesen sein (was sich jedoch schwerlich wissen lässt und mir nicht glaublich ist). Im Lateinischen aber hängt die Declination auf's Engste mit der Nominalformirung zusammen, und beides zusammen bildet die Unterscheidungszeichen für die Klassen der Nomina; wollte man bloss die Bildung der Nomina in's Auge fassen ohne Verschiedenheit der Declination, so würden wir dadurch nur auf kleine Subdivisionen im Einzelnen kommen, die problematisch und von geringer Wichtigkeit wären, keinenfalls durchgreifende, wesentliche Verschiedenheiten, die für die Grammatik allein wichtig sind. Was Stenzler die Betrachtung vom Standpunkte der vergleichenden Grammatik nennt, das ist eben das Zurückgehen auf eine frühere Sprachperiode, über die das Lateinische hinaus ist; aus ihr mag man den *Ursinn* der Formen und Suffixe holen, wenn man kann; aber der Unterschied zwischen den Wortklassen, die nach der adjectivischen und nach der substantivischen Formation gebildet und declinirt sind, ist zu suchen auf dem Standpunkte des Lateinischen.

wo immer die Participia activer Form nach der dritten, und passiver Form nach der zweiten und ersten Declination gehen, das Futurum nicht ausgenommen, das sie also consequenter als Activum betrachteten; vielleicht ist aber die römische Anschauung gründlicher.

Hiermit ganz übereinstimmend gehen nun solche Abjectiva nach der dritten Declination, die ebenfalls eine starke Thätigkeit oder eine hervorragende Neigung bezeichnen, die vielen Adjectiven auf *ax, ox, ens*, wie *ferox, velox, audax, loquax, dicax* u. s. w. Ich nenne hier zunächst nur Adjectiva Einer Endung, weil diese, eben dieser Einen Endung wegen, die substantivischste Form haben, und weil an ihnen gerade die Bedeutung der Thätigkeit am Deutlichsten hervortritt. Sie stehen nebst den Participiis praesentis activi sehr nahe den substantiven Verbalien, welche den Handelnden bezeichnen, wie *emens, emax, emptor, providens, prudens, providus, provisor*. Daher folgt auch weiter, dass sie grossentheils nur Prädicate von Personen sind, viel weniger von Sachen im Neutrum; daher sehr wenige im Neutrum substantivirt werden; ja auch bei den eigentlichen Adjectiven ist meistens das Neutrum selten, z. B. *memor* bei Virg. Aen. IV, 521, aber in Bezug auf *numen*, also eine Person. Zwischen diesen nun und den gewöhnlichen, eigentlichen Adjectiven stehen die auf *is-e* oder *er-is-e* in der Mitte, wie etymologisch, da sie zwei Endungen haben, so auch der Bedeutung nach; ist es hier auch nicht gerade eine starke Thätigkeit oder hervorstechende Neigung, so ist es doch gewöhnlich eine Eigenschaft, die sehr in die Augen fällt, wie *fortis, illustris, turpis, brevis, levis, gravis, gracilis, humilis, similis, grandis* (vgl. *magnus*); *acer — acris, alacer, celeber, celer* und dann die sehr zahlreichen Adjectiven auf *ilis* und *bilis*, welche, wo nicht die Thätigkeit selbst, so doch die Fähigkeit dazu bezeichnen *(iuvenilis, senilis, virilis, anilis, puerilis)*, wobei es sehr nahe liegt, dass dies zugleich umschlägt in die passive Bedeutung der Fähigkeit zum Erleiden einer Thätigkeit, also wie *agilis, docilis, facilis, versatilis, penetrabilis* (activisch und passivisch), *laudabilis* u. s. w. Dagegen bezeichnen doch viele Adjectiva, abgeleitet auf *us, eus, ius, icus, icius, aceus, inus, anus* nicht eine Wirksamkeit, sondern bloss das Behaftetsein mit einem gewöhnlichen Merkmale, das Bestehen aus einem gewissen Stoffe, die Herkunft von —, die Aehnlichkeit mit — u. s. w.

Der Comparativ geht nach der dritten, der Superlativ nach der zweiten Declination; denn jener ist älter, da man eher zwei Dinge vergleicht als mehr, und das übertreffende erscheint als thätig, siegend. Dagegen ist der Superlativ später; er kann erst durch grössere Abstraction gefunden werden, und so erscheint das eine grösste gegen die übrige Masse nicht mehr in der Klarheit des Ueberwinders, sondern bloss durch Abstraction versehen mit dem Prädicat der höchsten und grössten Steigerung. Aehnlich die Deminutiva. Dies ist auch bei synonymischen Unterscheidungen zu beachten; es kommt häufig vor, dass synonyme Adjectiva verschiedener Declinationen sich so unterscheiden, dass die nach der dritten Declination zwar dieselben Eigenschaften ausdrücken, aber in einem höheren Grade, oder so, dass diese Eigenschaft zugleich gewissermassen thätig gedacht wird als einen starken Eindruck machend, Verwunderung und Schrecken erregend; so unterscheiden sich *magnus, amplus, vastus*, von *grandis, ingens, immanis;* s. Doederlein III, S. 222 fg.; so *benignus* und *liberalis* (Doed. IV, S. 145), der Liebe gegen die Mitmenschen — einem edlen Stolze und Selbstgefühle folgend; letzteres ist also thätiger. So ist in *tristis* nach Doederlein III, S. 234 die Verstimmung des Gemüths mehr von ihrer hässlichen Seite als Finsterkeit, in *maestus* mehr von ihrer bemitleidenswerthen Seite als Betrübniss und elegische Stimmung dargestellt. So vergl. *gravis* mit *gravidus* und *ponderosus*, *prudens* und *providus*, *hilarus* und *hilaris*, *imbecillus* und *imbecillis*, *gracilis* und *gracilus*. Davon lässt sich auch Anwendung machen auf die Substantiva, z. B. *lapis* ist ein einzelner Stein, *saxum* die Steinmasse als Stoff, ohne Form. Vgl. noch *gladius* und *ensis*, *sica* und *pugio*, *fluvius* — *flumen* — *amnis* — *torrens*; *clivus*, der Hügel, als geneigt gedacht an den Seitenflächen wegen dieser Beschaffenheit, *collis*, die Höhe als ein Ganzes gedacht, oder *clivus* wegen der Neigung nach unten, Abhang; *collis* wegen der Erhöhung nach oben. So haben die Deminutiva die adjectivische Form, weil dadurch nicht der Gegenstand bloss als solcher, sondern als behaftet mit der Eigenschaft der Kleinheit bezeichnet werden soll; überdies sind diese wieder abgeleitet, also später, und auch insofern der adjectivischen Declination angehörig. Dagegen die Verstärkung auf *o*, denn sie machen einen grossen Eindruck wie *naso, capito, pedo* u. s. w.

Ich habe oben gesagt, dass die Endung ausser der Declination auch Numerus und Genus bestimmt. Der Numerus erscheint aber nur als ein Theil der Flexion, er braucht daher in der Regel nicht besonders angegeben zu werden. Der Begriff der Zweiheit ist im Lateinischen fast ganz verloren. Der Begriff solcher Wörter aber, welche entweder nur den Singularis oder nur den Pluralis haben, bringt dies der speciellen Bedeutung wegen mit sich, und daher sind solche Wörter ganz ebenso formirt wie die übrigen Wörter, welche beide Numeri haben. Es ist unrichtig, wenn eine Anzahl von Wörtern aufgeführt wird, welche im Pluralis eine verschiedene Bedeutung annähmen; dies ist immer nur die Pluralbedeutung, wie *castra, aedes*.

Schwieriger ist das Genus. Hierüber kann die Bedeutungslehre nur das Allgemeine bemerken, das Einzelne wird in der Etymologie abgehandelt. Die verschiedenen Meinungen über das Genus findet man gesammelt in dem oben angeführten Buche von Bindseil, Abhandlungen zur allgemeinen, vergleichenden Sprachlehre, Hamburg 1838. Der zweite kleinere Theil dieses weitläuftigen Buches handelt von den verschiedenen Beziehungsweisen des Genus [1]. Manche haben das Genus gar nicht als einen Gegenstand der allgemeinen und philosophischen Grammatik gelten lassen wollen, weil es kein nothwendiger Bestandtheil der Sprache sei, wie Seguier, la philosophie du langage, p. 18, der es nur als eine Willkürlichkeit betrachtet und der die Einführung eines Neutrum sogar eine bizarrerie nennt; ebenso sieht es Reisig §. 11 am Ende als etwas Zufälliges an. Aber wenn man sich darauf beruft, dass die Engländer kein Genus haben, so ist dies kein Beweis; denn hier ist der Mangel des Genus nicht ursprünglich, sondern erst aus Corruption entstanden. Allerdings haben manche Sprachen von Ursprung her kein Geschlecht; etliche, namentlich amerikanische Sprachen, unterscheiden bloss das Leblose und Lebendige; aber es kommt nicht darauf an, welches

---

[1] Vgl. A. F. Pott's Art. grammatisches Geschlecht in der Allg. Encycl. Erste Sect. Bd. 72, S. 393—460.

das Minimum von grammatischen Kategorien ist, um für die blosse Verständigung auszureichen, sondern es kommt darauf an, den ganzen Reichthum der Beobachtung, der aus der Individualität eines Volkes hervorgeht, zu erkennen als einen Abdruck derselben. Gegen jene Ansicht protestirt auch W. v. Humboldt, über den Dualismus, S. 25 fg. Die Modistae im Mittelalter haben es als einen Modus significandi anerkannt.

Der geschlechtliche Unterschied ist eine sehr nahe liegende Anschauung, die sich dem Menschen an sich selbst und von da aus an den meisten lebenden Wesen leicht darbieten musste, und dann lag es eben so nahe, dass er in seinem bewusstlosen Naturleben, wo er noch keinen abstracten Unterschied zwischen dem Baume und Steine und Thiere und Seinesgleichen machte, Alles, was er überhaupt wahrnahm unter dieselben Rubriken ordnete. Dies war jedoch nicht in jeder Beziehung leicht und unfehlbar.

Zunächst ergab sich der Unterschied bei den Menschen ganz zweifellos; der Abstand zwischen kräftigen grossen Männern und den kleineren schwächeren Weibern war augenscheinlich; er zeigte sich ausserdem in der ganzen Lebensweise und den Geschäften des Hauses und der Familie so sehr, dass hier auch überall das Bedürfniss vorhanden war, die Verschiedenheit des Geschlechts zu bezeichnen; man kann jedoch bemerken, dass das Femininum später zu sein scheint als das Masculinum, wie ja auch in der mosaischen Schöpfungssage der Mann älter als das Weib. Denn die Wörter dafür sind in den Sprachen erst vom Masculinum abgeleitet; so hat man im Hebräischen אִשָּׁה von אִישׁ, im Lateinischen *virgo* und *virago; γυνή* hängt mit *γίγνω* zusammen wie *foemina* mit *foetus, φύω*, also die Erzeugerin.

Anders war es bei den Thieren; bei vielen fällt die Geschlechtsverschiedenheit gar nicht in die Augen, wie bei Fischen, vielen Vögeln u. s. w. Bei keinem aber hatte man für gewöhnlich und häufig das Bedürfniss das Geschlecht zu unterscheiden; dies geschah also am meisten nur bei denen, mit welchen man näheren Verkehr hatte, wie *asinus, mulus, equus* u. a., und auch hier unterschied man nur, wenn das Geschlecht gerade ganz besonders in Betracht kam. In der Regel aber war das nicht der Fall, da man bei den meisten von beiden Geschlechtern denselben Gebrauch machte; *ovis* wurde vorzugsweise Femininum, weil man es melkte; doch unterschied man *agnus, vervex*, und aus demselben Grunde hatte man für Ochs und Kuh besondere Wörter: *bos, taurus* und *vacca*. Die Sau, *sus*, mochte ihrer besonderen Fruchtbarkeit wegen sich auszeichnen, und man unterschied *verres* u. s. w.

Aber bei anderen Thiergattungen hatte man gar keinen Grund auf das Geschlecht besonders zu achten, und man bezeichnete daher beide als eine Einheit; dies sind die Epicoena. Hierbei war denn die Richtschnur die, ob eine Thiergattung durch ihre besondere Individualität oder im Vergleiche mit anderen sich als männlich oder weiblich zeigte; so ist *felis* Femininum wie bei uns Katze, und Kater sagen wir nur in besonderen Fällen, wo es uns auf das Geschlecht ankommt; ebenso Ente — *anas* und Enterich. Bei anderen aber ist unsere Anschauung verschieden, wie *Gans*, Femininum, *anser*, Masculinum wahrscheinlich im Vergleiche zu *anas*, dem kleineren Femininum. *Gänserich* haben wir nur in besonderen Fällen. So *vulpes* der Fuchs, *canis* besonders der Jagdhund u. s. w. Wo keine doppelte Form für die Geschlechter da war, half man sich durch Zusammensetzung vom mas oder masculus und femina, wo eine Unterscheidung nothwendig war.

Aber viel schwieriger wurde die Geschlechtsbestimmung noch bei Dingen, die überhaupt kein natürliches Geschlecht haben. Hier ist es für uns sehr schwer, mit unserer der Natur entfremdeten, abstracten Denkweise den ursprünglichen Sprachbildnern in ihre lebendigen Anschauungen zu folgen. Da uns diese Anschauungen fehlen, so müssen wir, wie auch bei anderen sprachlichen Erscheinungen sie dadurch ersetzen, dass wir ihre Analogien aufsuchen und diese in Regeln fassen, so dass wir uns auf diesem Wege der Vermittelung die ursprüngliche, unvermittelte Anschauung zum Bewusstsein bringen. Aber wenn es schwer, ja unmöglich ist, bei jedem Worte seine onomatopoetische Gestaltung zu erkennen, so gilt dasselbe von der durchgängigen Nachweisung der Gründe des Genus. Vieles wird uns hier immer dunkel bleiben, weil wir uns den Eindruck nicht vergegenwärtigen können, den jedes Ding machte nach seiner ursprünglichen Auffassung, als es seinen Namen und sein Genus empfing.

Zunächst ist klar, dass das ursprüngliche Bewusstsein des Menschen keinen Unterschied macht zwischen dem Lebenden und nicht Lebenden; wir sehen das noch an Kindern, für welche eine Puppe ebenso lebendig, ebenso mit einem besonderen Charakter und mit Launen behaftet ist als ein Mensch oder ein Thier; das Kind bemerkt, dass ein Tisch oder ein Spielwerk die besondere Laune hat sich nicht zu bewegen; aber das ist der einzige Unterschied, den es zwischen ihm und z. B. einem Hunde macht; der wesentliche Unterschied bleibt ihm verborgen. So also beruht die Geschlechtseintheilung überhaupt auf der ursprünglichen Anschauung, der Alles auf gleiche Weise als belebt erscheint, wie der Mensch selbst, für die also auch Alles entweder männlich oder weiblich sein musste. Nun liegt es aber in der Natur der wahrnehmbaren Dinge, dass eins mehr als das andere die Fähigkeit hat als belebt betrachtet zu werden, z. B. ein Baum mehr als ein Stein. So kam man endlich auf Dinge, bei denen man diese Fähigkeit überhaupt nicht zu entdecken im Stande war, unbewegliche, massenhafte Dinge, die keinen dem Leben analogen Eindruck machten durch Bewegung, Wirkung oder wenigstens durch individuell abgegrenzte Gestalt. Diesen gab man nun die Form der Nomina, aber nicht die Form eines Geschlechts; sie bleiben Neutra, d. h. geschlechtslos, und ihre physische Unbeweglichkeit drückte sich auch in der Form ihrer Namen aus, da überall das Neutrum das Unbeweglichste ist, d. h. die unvollkommenste Flexion hat. Nomina daher, die gar keine Flexion haben, die Indeclinabilia, sind immer Neutra, ausser *nequam, frugi*. Wie aber schon erinnert ist, dass das Femininum später als das Masculinum, so ist das Neutrum später als beide; es setzt nämlich eine fortgehende Reflexion voraus, die da angeregt wird, wo die ursprüngliche Anschauung der Dinge als lebendiger anstösst und nicht weiter kann mit dieser aus der Phantasie hervorgehenden Belebung, wo sie also darauf hingewiesen wird, das lebende Wesen von dem Dinge zu unterscheiden. Hätte man diese Einsicht gleich von vorn herein gehabt, so würde man gleich anfangs alle Dinge zu Neutris gemacht haben, aber es geschah erst später, als man auf Dinge stiess, die dem Streben der Phantasie sie zu beleben Widerstand leisteten, weil sie sich überhaupt nicht in ausgeprägter, begrenzter Individualität darstellten, sondern als Substanzen oder Klassen von unbegrenztem Umfange, deren Eigenthümlichkeit nur in gewissen Eigenschaften besteht, und umgekehrt, wo die Phantasie durch allmähliches Erwachen der Reflexion schon so viel von ihrer Lebhaftigkeit verloren hatte, dass sie nicht mehr im Stande war auch die unbeweglichsten Dinge als lebende Wesen aufzufassen. Im indogermanischen Sprachstamme sind die drei Genera, d. h. eigentlich die beiden Genera und die Beziehung der Geschlechtslosigkeit durchgängig, wo nicht durch spätere Corruption ein Genus verloren gegangen ist, wie in den romanischen Sprachen, oder gar aller Unterschied, wie im Englischen. Dies war sehr natürlich; da nämlich doch einmal schon eine grosse Menge lebloser Dinge mit einem Geschlechte versehen war, so konnte man den Unterschied nicht mehr festhalten, wodurch andere leblose Dinge geschlechtslos blieben: denn als diese Sprachen sich bildeten, stand man den ursprünglichen Anschauungen schon unendlich fern. Obenein, und das ist wohl die Hauptsache, haben diese Sprachen fast alle Endungen verloren, welche die bestimmte Charakteristik des Wortes enthielten. Aber es ist auch denkbar, dass eine Sprache gleich von Ursprung an so viel Phantasie und so wenig Reflexion hat, dass sie mit ihrer geschlechtlichen Belebung überhaupt Alles bezwingt und zu der Bemerkung des Unterschiedes zwischen dem Lebenden und Leblosen überhaupt gar nicht kommt, wenigstens nicht in der Periode der Sprachbildung; so ist es im Hebräischen und den verwandten Sprachen, wo man kein Neutrum hat.

Ueber die Principien nun, nach denen man die Genuseintheilung im Lateinischen machte, will ich nur einiges Allgemeine bemerken.

Es ist aus den sogenannten Generalregeln der Grammatik bekannt, dass männlich ausser den männlichen Personen auch die Winde, Flüsse und Berge sind (denn die Monate gehören eigentlich nicht hierher, da sie ursprünglich Adjectiva sind und sich auf *mensis* beziehen). Zu den weiblichen Wesen gehören ferner Bäume, Städte, Länder, Inseln und die meisten Edelsteine. Schon hieraus sieht man ungefähr, welche Gründe man bei der Unterscheidung befolgte; die Winde und Flüsse sind kräftige Naturen, die mit Gewalt einherbrausen, herrschend und zerstörend mit kräftiger Bewegung; sie sind männlich. Die Berge sind gross, drohend, riesenhaft, also auch männlich. Dagegen ist eine Pflanze, ein Baum ein zarteres Geschöpf, das lebt und sich bewegt, und doch zu schwach ist, um sich vom Platze zu bewegen, das zugleich zierlich geschmückt ist und Blätter und Blüthen trägt und Früchte erzeugt, das ist weiblich. Später lernte man einen Unterschied machen zwischen zahmen und wilden Bäumen; die letzteren wurden ihrer kräftigeren, spröderen Natur wegen Masculina; dies sind die auf *ster*, wie *pinaster, oleaster.* So sah man ferner [1]) die Erde als Mutter des Lebenden an, die Alles in ihrem Schosse trägt und ernährt; daher ist *terra, tellus* γῆ, χθών Femininum und demnach auch die Theile der Erde, die einzelnen Länder, die Inseln und so auch die Städte, weil alle diese ein Volk oder eine Gemeinde umfassen und nähren. Dagegen betrachtete man *ager —* ἀγρός — Acker als männlich, wie *campus* und *fundus*, weil man darunter nicht ein viel umfassendes verstand, sondern das einzelne Stück, das dem Menschen dient wie ein Knecht, das tragbar, somit thätig ist; dagegen sind *solum, arvum, rus, pratum* unbestimmte Massen; dabei ist *arvum* gar nicht als Gegenstand bezeichnet, sondern durch ein Merkmal; denn *arvus* war

---

[1]) Lobeck, Patholog. p. 26.

adjectivisch, auch *pratum* hat deutlich adjectivische, nämlich participiale Form.

Uebrigens ist zu bemerken, dass die genannten Begriffe doch nicht immer das Geschlecht haben, das der Begriff erforderte; man konnte z. B. einen Berg, weil er einen weniger männlichen Eindruck machte, als Femininum bezeichnen, wie die Jungfrau in der Schweiz, weil sie Silberhörner trägt, ähnlich dem Schmucke der Schweizerinnen; die Schneekoppe ist Apellativum = die Spitze; darnach bekam der Name etymologisch die Form eines Femininum, und dann entstand ein Schwanken zwischen dem Genus, das der Begriff, und dem, das die Endung an die Hand giebt, worüber s. Reisig §. 95.

Ferner lassen sich noch einzelne andere Rubriken auffinden, wo ein bestimmter Begriff auch ein bestimmtes Genus nebst einer bestimmten Form zur Folge hatte; denn es ist unrecht, wenn man das Geschlecht aus der Endung deducirt; umgekehrt folgen aus dem Geschlechte die meisten Endungen. Hier zeigen sich besonders unter den Derivatis einzelne Rubriken. Namentlich sind die Nomina abstracta, welche Eigenschaften und abstract gedachte Handlung bezeichnen, durchgehends Feminina. Diese sind nämlich als abstracte Begriffe jüngeren Ursprungs, also dem jüngeren Geschlechte, dem Femininum angehörig ihres Sinnes wegen, denn das Abstracte erscheint nicht als etwas Selbstständiges, für sich Thätiges, sondern nur als eine Eigenschaft, ein Accidens an einem Anderen. So die Substantiva auf *ia*, wie *amicitia, laetitia;* von Adjectivis die auf *tas*, wie *claritas, aetas, sagacitas;* die auf *do*, wie *dulcedo, consuetudo* u. s. w.; die auf *tus*, wie *virtus, servitus, senectus, iuventus;* dann die substantivischen Verba auf *io, dictio, scriptio, cognitio.* Davon ist aber wohl zu unterscheiden die concrete Thätigkeit, wie *conatus, auditus, visus, olfactus;* diese als thätig wirkend sind Masculina, wie im Deutschen der Geruch, der Geschmack, der Mord, der Tod, der Trank. So sind ferner manche Derivata deshalb Neutra, weil sie gar keine bestimmte Idee eines einzelnen Wesens geben, sondern die einer unbestimmten Masse, eines Stoffes, sie zeigen eine collective Natur; so die Metalle, *aes, aurum, ferrum, stannum;* ferner *hordeum, triticum, lutum, coenum, linum;* die Wörter auf *arium* und *etum*, z. B. *seminarium, arboretum* u. dergl.; ferner die auf *men* und *mentum*, die auch nicht etwas Bestimmtes bezeichnen, sondern im Allgemeinen etwas, das zu dem dient, was in der Wurzel liegt, ein Mittel dazu, was sehr verschieden sein kann, *vestimentum* das Kleid, *instrumentum, munimentum, tegmen* und *tegumentum, frumentum, sacramentum* etc. Dazu gehören auch alle die Substantiva, welche aus Adjectivis entstanden sind und ohne Voraussetzung irgend eines specielleren Begriffs nur die ganze Masse dessen bezeichnen, was die durch das Adjectivum bezeichnete Eigenschaft an sich trägt: *arvum, desertum, bonum, malum, publicum, meritum, debitum.*

Es ist von geringem Nutzen dies noch weiter durchzuführen, da an ein Erschöpfen doch nicht zu denken ist.

Ueber einzelne Wörter lässt sich viel speculiren wie die Anschauungen einzeluer Völker differirt haben, z. B. in den bekannten Beispielen, dass bei uns Sonne Femininum, Mond Masculinum ist, bei Römern und Griechen umgekehrt. Es wird sich aus solchen Vergleichungen, wenn man sie in Massen macht, manche interessante Bemerkung über die Eigenthümlichkeit der Völker ziehen lassen; ich kann hierauf nicht eingehen, weil es theils zu weitläuftig ist, theils in die vergleichende Grammatik gehört. Charakteristisch ist die Behandlung der Deminutiva rücksichtlich des Genus; im Griechischen wie im Deutschen werden sie regelmässig zu Neutris mit Aufgebung des ursprünglichen Geschlechts; es entsteht also ein ganz neues Wesen, das gar nicht mehr die Natur des Wurzelwortes hat; es hat zwar noch das Wesen desselben als Eigenschaft an sich, aber es ist gleichsam nur ein kleines Quantum dieser Eigenschaft oder eine ungewisse und ganz unbestimmte Art davon. Die Römer dagegen gehen nicht so weit; sie lassen das Wort in seiner Natur und seinem Geschlechte, und fügen ihm nur die Eigenschaft der Kleinheit durch die Endung bei; sie zeigen sich hier also weniger beweglich, mit weniger Phantasie.

Nur das bemerke ich noch, dass sich auch im Lateinischen selbst sehr oft ein Schwanken zeigt im Genus, so dass einzelne Wörter selbst in den dem Genus entsprechenden Endungen variiren, bis eine bestimmte Ansicht und Anschauung zur herrschenden wird; in anderen Fällen bestand das Schwanken im gemeinen Volke noch fort. Hierher gehören besonders die zahlreichen Wörter, die zwischen der Endung *us* und *um* schwanken, was nicht als Ursache, sondern als die Folge von dem Schwanken im Genus anzusehen ist. Nicht füglich kann das Schwanken bei Wörtern vorkommen, welche lebende Wesen bezeichnen, die ein bestimmtes Geschlecht haben (*das Weib, Kind* — τέκνον, *etwas Kleines* gleich *Kind*). Im Lateinischen ist dies sehr selten; das Neutrum rührt dann davon her, dass die Person indirect bezeichnet wurde mit einem Begriffe, der eigentlich eine Sache bezeichnet, z. B. *mancipium*.

Wie dieses Schwanken stattfinden kann, will ich an einigen wenigen Beispielen betrachten; leicht wird sich dann der allgemeine Begriff in den übrigen einzelnen Fällen anwenden lassen. Nehmen wir z. B. *gladius* und *gladium;* für die letztere Form sind Lucilius, Plautus und Varro die Gewährsmänner; s. Voss. Aristarch, III, cap. 36, pag. 558, in welchem Capitel auch die anderen Wörter dieser Art zu finden, und Anderes in meiner Anmerkung 111 zu Reisig. *Scortum:* 1) Leder, 2) Sauleder. Indem die erste Bedeutung sich verwischt, wird der Grund des Genus unklar, und es entsteht das Bedürfniss das wahre Genus zu setzen; daher sagt Luxorius (Anthol. Nr. 319 ed. Meyer, in der Ueberschrift[1]), *multas scortos.* Andererseits wird mit Beibehaltung des Neutrum die Bedeutung geändert; es bekommt den Sinn von *scortatio,* z. B. bei Gregor. Tur. de gloria martyrum I, 88, di.: *Mulier erat adultera, cui haec erat consuetudo teterrima, ut quotiens a scorto concipiens partum edisset, statim suffocatum terrae reconderet.* Im Deutschen haben wir: der *Degen,* der *Säbel,* und was das Masculinum hier bedeutet, zeigt am deutlichsten der allgemeine Ausdruck: der *Schläger;* dies Instrument soll Einem etwas thun, es ist thätig wie ein Mann. Dagegen ist das Rappier ein blosses Instrument, stumpf, das nichts thun soll. Das poetische Schwert ist auch mehr ein Zierrath, nicht in dem wirklichen Gebrauche thätig. So also ist *gladius* aufgefasst als der thätige, treffende Degen; *gladium* dagegen ist das Instrument, dem nicht eigene Thätigkeit zugeschrieben wird, sondern dem diese erst durch den gegeben

---

[1] Riese, Anth. I, 1. p. 218, hat *multa scorta* gegen die Ueberlieferung.

wird, der den Degen führt. So ist auch das griechische ξίφος. *Ensis* ist ebenfalls Masculinum und mehr poetisch als *gladius;* sollte es mit dem deutschen *Sense* zusammenhängen, so bezeichnet es doch nicht bloss die *Klinge,* sondern den ganzen Degen, und ist daher Masculinum. Die Sense, die Klinge ist als etwas Weiches, Biegsames Femininum; ebenso die Spitze, als etwas Kleines, Unselbstständiges, die Schneide (Schärfe) ist abstract wie auch jenes; so *acies, lamina* und *lamella, cuspis, falx. Culter* das Messer; *sica* die Spitze. versteckt heimlich zum Meuchelmord; *pugio* der Stecher, der Dolch als offene Waffe.

Der Wein erscheint uns als etwas Wirksames; er ist thätig und kräftig (unter Umständen); so betrachten ihn auch die Griechen in οἶνος; die anständigen und pedantischen Römer haben seine Männlichkeit nicht anerkannt, sie betrachten ihn bloss als ein Getränk, ein gemeines prosaisches Mittel den Durst zu löschen; im gemeinen Volke dagegen gab es auch *vinus,* wie ich aus Petron. 41, 12 angeführt habe. Gerade so *zythum* aus ζύθος.

Ein sehr gewöhnliches Wort ist *vallus* und *vallum;* abgesehen von einigen wenigen einzelnen Stellen, wo der Gebrauch ungenau oder poetisch ist, bedeutet *vallus* den einzelnen Pfahl, also gewissermassen eine abgeschlossene, kräftige, nach Umständen wirkende Individualität; dagegen *vallum* ist die ganze collective Masse, die unthätig daliegt; wir stellen das anders vor, wenn wir sagen, der Wall, und die Lateiner, wenn sie sagen: *agger.*

Man betrachte die Körpertheile, *pulmo, poples, pes, digitus, oculus, torus, nervus, humerus, dens* (der *Zahn, Beisser, la dent*); dagegen die unbeweglichen, oder wenigstens unselbstständigen, *lingua, auris, nares, gena, frons, maxilla, vena arteria, sura, manus, gingiva, faux;* die blossen Stücke: *latus, pectus, brachium, caput, occiput* und *sinciput, cor, abdomen, femur* und *femen, genu, crus.*

Sehr deutlich sind hiernach *dorsus* und *dorsum, tergus* und *tergum;* das Masculinum ist veraltet; man hat also mit der Zeit wohl eingesehen, dass der Rücken mehr zu leiden als zu thun hat; so noch bei anderen Körpertheilen; *collus* und *collum,* wo, wie bei jenen, das Neutrum herrschend wurde, *nasus* und *nasum, uterus* und *uterum, lacertus* und *lacertum, cubitus* und *cubitum, capillus* und *capillum,* wo das Masculinum herrschend wurde (jene ersten sind thätig; *capillum* hätte leicht als Collectivum verstanden werden können); *pălātus* und *pălātum, iugulus* und *iugulum* sind in beiden Endungen gut; hier konnte man sich also nicht entscheiden; *sanguis,* ehemals auch *sanguen; pileus* und *pileum,* (dieses bei Valer. Max. VIII 6, 2), *galerus* und *galerum,* doch nur *galericulum.*

So kommt noch mancher andere Wechsel in der Endung vor, der nur von der verschiedenen Geschlechtsanschauung ausgeht; z. B. die musikalischen Instrumente sieht man meistens als Feminina an, auch im Deutschen z. B. die *Trompete,* die *Pfeife,* die *Flöte, Geige* u. s. w., wohl weil man sie als leidend, den Ton empfangend und wieder erzeugend ansah, oder als schwache, unselbstständige, gleichsam weibliche Wesen, die den Mann erfreuen durch ihre Musik; so auch *tibia, tuba, buccina, gingrinae (genus quoddam tibiarum exiguarum* nach Festus); aber von *buccina* hat man auch *buccinum,* wo man es dann als ein blosses charakterloses Instrument ansieht; *Lituus,* der *Zinken,* wegen kräftigen, durchdringenden Tones. Ein anderes Schwanken zwischen *a* und *um* ist in *alimonia* und *alimonium*, jenes weiblich, mütterlich, während dieses nur die unbestimmte Masse der Nahrungsmittel. *Saxum* ist die unbestimmte Masse, das Gestein, die Felsmasse, der Stoff; *lapis* der einzelne, für sich selbstständige Stein, der verletzen kann; so auch *scopulus,* der einzelne, gefährlich drohende Fels; dagegen *rupes* und *petra* sind zwar auch grosse Massen, aber nicht ohne Form, wie *saxum,* sondern meistens hoch und spitz, nicht selbstständig gedacht, sondern als Theil einer grösseren Masse, aus ihr hervorragend, die Spitze; ebenso *cautes* die Klippe, die einzelne hervorragende Spitze. Vgl. Doederlein, V, 191. *Lutum coenum,* die schmutzige, schlammige Masse, *limus* der schleimige Schlamm, der eine zähe, klebende, bedeckende Kraft hat, auch das Land befruchtet. Auch das Genus sollte man, wenn man den Unterschied der Synonyma erwägt, immer mit in die Wage legen, wie die übrige Formation.

Die Modistae nehmen an: *masculinum significat per modum agentis, femininum per modum patientis, commune per modum utriusque, neutrum per modum neutrius.* Darnach vergleiche, wie unglücklich das Masculinum und Femininum *dies* unterschieden wird[1]).

Das Gesagte findet grossentheils keine Anwendung auf diejenigen Nomina, welche einen Nominalbegriff nicht nach den sein Wesen constituirenden Merkmalen, sondern nach relativen Bestimmungen bezeichnen. Hierher gehören also namentlich die Pronomina und die von ihnen abgeleiteten Adjectiva.

. Bisher sind die Nomina substantiva und die Nomina adjectiva besprochen; es fehlen uns noch die Pronomina und die Numeralia, um auch an ihnen das Verhältniss ihrer Wortformen zu ihrer Bedeutung zu betrachten. Aber das ist sehr schwer; bei den Pronominibus erklärt es sich aus dem, was oben schon über die Pronominal-Stämme bemerkt ist. Deutlich unterscheiden sich unter ihnen jedoch die adjectivischen und substantivischen. Jene haben eine entschieden adjectivische Form, ·wie die Possessiva und einige andere, wie *alius, alter, uter* u. s. w.; sie sind jüngeren Ursprungs; während die anderen, die Primitiven im Nominativ und in den anderen Casibus wegen der Dunkelheit ihrer Stämme nicht leicht zu erklären sind. Das bleibt eine Aufgabe der Etymologie. Aehnlich verhält es sich mit den Numeralien, wobei ich auch an das oben Gesagte erinnere. Die Cardinalia sind im Griechischen nur bis 4, im Lateinischen nur bis 3 flectirt; der Grund scheint zu sein, weil man nicht im Stande war von fünf und mehr Einheiten zugleich eine so bestimmte, abgeschlossene Vorstellung zu fassen, dass man diese in einem Nomen von bestimmter Formation als einen klaren Begriff hätte ausführen können; man bezeichnete daher diese für die Vorstellung unklare Menge durch eben so unklare Zeichen, die ihrer Form nach weder Genus noch auch nur den Begriff der Mehrheit überhaupt ausdrücken. Es kam dazu, dass diese Wörter bei fast allen Völkern nicht aus eigener ursprünglicher Anschauung gebildet, sondern von Anderen erlernt waren, und so pflanzte man sie formlos fort. Dies reicht aber nur bis 10. Die nächsten sind componirt oder abgeleitet von jeder Sprache selbst aus jener Grundlage.

---

[1]) Thurot p. 202 führt eine Stelle an: Antiquitus quidam sub masculino genere posuerunt, eo quod expellendo noctem dies agit, alii vero sub.feminino genere posuerunt, eo quod a nocte expellitur et sic se habet in ratione patientis.➝ Si quidem diversas opiniones intuentes, subsequentes volentes utrique opinioni satisfacere, hoc nomen *dies* sub dubio genere posuerunt et poncre voluerunt.

Bei den abgeleiteten Distributivis und den componirten Cardinalien von
ducenti an folgte man dem eigenen Sprachgenius und gab ihnen nicht nur
den Ausdruck der Mehrheit, sondern auch überhaupt die adjectivische Form,
zumal da die Distributiva und Cardinalia nicht bloss die Zahl nennen, sondern
sie mit einer adjectivischen näheren Bestimmung versehen.

Dasselbe fast gilt von den Verbis, auf welche wir jetzt übergehen,
oder wenigstens von ihren Haupttheilen. Wie die Casus obliqui nur erst
durch die Zusammenstellung von Wörtern, so werden Tempora und Modi
erst durch die Zusammenstellung von Sätzen in allen ihren Beziehungen
verständlich; daher wird dies unten in der Satzlehre behandelt werden.
Hier haben wir am Verbum nur zu berachten, wie durch seine Formirung,
Person, Numerus, Conjugation und die sogenannte vox verbi bestimmt wird.

Wenn ein ungeformtes Wurzelwort zu einem Verbum formirt wird, so
beruht das, wie früher gesagt, darauf, dass man in einem sinnlichen Totaleindruck Substanz und Accidens, Ursache und Wirkung zu unterscheiden
lernte, das Sein und das Seiende, an dem das Sein haftet oder von dem es
ausgeht; indem man dies aber unterschied und trennte, musste man es doch
auch zugleich wieder als verbunden bezeichnen, damit die Zusammengehörigkeit des Subjects mit seinem Verbum erkannt werden konnte. Daraus folgte
die Nothwendigkeit an dem Verbum die Personen und den Numerus zu
unterscheiden; denn ohne Bezeichnung dieser wesentlichen Stücke wäre nicht
zu erkennen, auf welches Subject sich ein Verbum beziehen sollte; es hätte
ferner das Verbum auch noch eine dritte Bestimmung, nämlich die des Geschlechts, enthalten können. Aber das Genus zu bezeichnen war nicht nöthig.
Die erste und zweite Person haben sich unmittelbar vor Augen, und daher
brauchen sie einander nicht anzuzeigen, welchem Geschlecht sie angehören;
deshalb haben auch die Pronomina personalia dieser beiden Personen kein
Genus. Bei der dritten Person und bei der ganzen Menge der Objecte, welche
ausserhalb der sprechenden Personen liegen, hielt man es auch für hinlänglich bloss die Beziehung auf dies dritte auszudrücken, dessen Genus sich dann
von selbst verstand. Die Hebräer sind hier weit sorgfältiger, da sie bloss
bei der sprechenden Person das Genus nicht bestimmen lassen, aber es bei
der zweiten und dritten noch ausdrücklich im Verbum bezeichnen. Nur bei
den Verbalformen, die aus Participien componirt sind, müsse jene als Adjectiva das Genus bezeichnen; demnach gilt hier dasselbe vom Genus wie beim
Nomen; ebenso ist es mit dem Numerus. Die Personen aber kommen
ihrem Begriffe nach überein mit den Pronominibus, welche die Personen besonders ausdrücken; ja es ist sogar nicht zu bezweifeln, dass die Personalendungen der Verba dieselben Pronominalstämme sind, welche noch in den
Pronominibus personalibus existiren; s. Ge. Curtius, die Bildung der Tempora
und Modi im Griechischen und Lateinischen sprachvergleichend dargestellt
(Berlin 1846), p. 16—39. Demnach bleibt uns von dem, was die Formen
der Verba ausdrücken, für jetzt nur übrig die Conjugationsweise und die
vox verbi, beides wichtig für die Bedeutung, obgleich man gewöhnlich nicht
daran denkt, eine Bedeutungsverschiedenheit in der Conjugation zu suchen,
ebenso wenig wie bei der Declination.

Wir kommen hier auf die Eintheilungen der Verba, so weit dieselben
in ihren Formen ausgedrückt sind. Wir haben in der Einleitung gesehen,
dass die Nomina sich nach der engeren oder weiteren Sphäre ihres Begriffes,

d. h. nach der grösseren oder geringeren Menge der darin begriffenen Merkmale in Nomina propria, Appellativa, Collectiva, Adjectiva und Pronomina eintheilen; eine ähnliche Eintheilung kann hier nicht stattfinden, da diese nicht das Sein, sondern nur das mit ihm verbundene Merkmal, den Nominalbegriff treffen würde. Demnach kann die Eintheilung der Verba nur nach den besonderen Modificationen des Seins gemacht werden, welche durch die Verbindung des einfachen Seins mit einem Merkmal entstehen. Die Grammatiker haben diese Modificationen äusserlich bestimmt aus der Syntax nach den möglichen Beziehungen des erfüllten Seins zu einem ausserhalb befindlichen Gegenstande, indem das Sein entweder ein ruhiges, in einer gewissen Besonderheit für sich beharrendes (intransitives) ist, oder ein nach Aussen wirkendes, transitives. Indessen ist diese Eintheilung höchst schwankend und unbestimmt; sie beruht auf dem bloss äusserlichen, nichtigen Princip der Rection. Mit dem Princip der Rection ist keine haltbare Eintheilung der Verba zu Stande zu bringen; die Begriffe transitiv und intransitiv, wenn man sie beibehält, haben einen ganz unbestimmten Sinn, da das Transitive an sich nichts regiert, oder alles, was dasselbe ist, und da die Verba transitiva auch intransitiva sind, weil sie ohne Object sein können, und die intransitiva auch transiva, weil sie mit einem Object verbunden sein können.

Geben wir also diese Eintheilung auf, welche die Grammatik gemacht hat, und halten uns an die, welche die Sprache gemacht hat.

Wir können zunächst zwei Klassen der Verba unterscheiden, von denen aber die eine nur ein einziges Verbum enthält; das in dem Begriffe des reinen Seins im Gegensatz gegen das erfüllte, mit irgend einem Merkmale verbundene Sein. Das erste ist *esse;* dies steht ganz allein; es ist der abstracte Verbalbegriff, der sich daher in keine Analogie der übrigen fügt.

Die lateinische Sprache theilt ihre Verba in vier Klassen, nämlich in vier Conjugationen. Es ist die Aufgabe der Bedeutungslehre die Conjugationen in diesem Sinne zu fassen, während man sie gewöhnlich als bloss zufällige Verschiedenheit der Formation ohne Sinn betrachtet. Hierbei muss ich wieder den noch sehr mangelhaften Zustand der Etymologie beklagen, welche ihrerseits die Aufgabe hätte nicht nur die Masse der Formen selbst zu sammeln, sondern auch ihren Ursprung, Zusammenhang und Sinn zu ermitteln, so dass man in der Bedeutungslehre nur die Arbeit hätte, diese einzelnen Resultate zusammenzustellen. Ich versuche dies nun hier auch ohne diese Vorarbeiten.

Dass aber überhaupt in der Verschiedenheit der Formation ein begriffliches Princip zum Grunde liegen muss, darauf kann ich nicht genug aufmerksam machen. Die Sprache ist bei ihren Bildungen nicht so äusserlich verfahren, als die Grammatik es bisher gethan hat. Aber freilich ist es sehr schwer den ursprünglichen Begriff zu finden, weil die Formen allerhand historischen Einflüssen ausgesetzt gewesen sind in dem langen Leben der Sprache, und weil die Analogien sich verdunkelt haben, dadurch dass die Formen aus Rücksicht auf Wohlklang, und die Bedeutungen wegen fortgehender Entwickelung und Bewegung des Begriffes gewechselt haben. Wir müssen daher zufrieden sein, wenn sich nur die Mehrheit der Verba unter die Analogie fügt, und wenn die abweichenden nur eine geringe Minorität bilden; dadurch kann dann das allgemeine Resultat nicht zweifelhaft werden [1]).

Die Formation der Conjugationen giebt uns selbst den Punkt an, von wo wir ausgehen müssen; offenbar nämlich ist die dritte Conjugation, die starke, die älteste und ursprüngliche. Diese umfasst überhaupt bei weitem die meisten Verba, und in ihnen sehr zahlreiche Verschiedenheiten, aber doch zeigt sie zugleich auch in den einzelnen Endungen die grösste Einfachheit, so dass sie offenbar die Grundlage der übrigen Conjugationen bildet. Ist nun diese Conjugation die ursprüngliche, so müssen es auch die Verba sein, welche darnach gehen; und dies ist das erste, was wir bemerken können, dass fast sämmtliche Verba der dritten Conjugation als Primitiva anzusehen sind, wobei nur Eine erhebliche Ausnahme Statt findet, nämlich die Verba inchoativa nebst einigen anderen Derivatis.

Sind nun die Verba primitiva, so folgt daraus weiter für ihre Bedeutung, dass sie die ersten sinnlichen Anschauungen der Menschen ausdrücken, und diese sind keine anderen als Bewegung und folglich Thätigkeit. Dies durch Beispiele zu belegen ist nicht nöthig, da die Ausnahmen sehr gering sind. Mit jenem Ausdruck: Bewegung und Thätigkeit komme ich aber nicht zurück auf die Unterscheidung von Transitivum und Intransitivum, welche ganz gleichgültig ist und nur zufällig aus jener folgt. Sehen wir aber die sogenannten intransitiven Verba dieser Conjugation an, so finden wir immer, dass sie Bewegung und Thätigkeit ausdrücken, wenn auch eine unwillkürliche, so doch eine sehr in die Augen fallende, sinnlich wahrnehmbare; so *cadere, ruere, currere, fluere, vadere, scandere, repere, serpere, sidere, vergere, vivere, furere;* ausser diesen wird man fast gar keine Intransitiva weiter finden. Eben so drücken die Verba Bewegung und eine Thätigkeit aus, welche onomatopoetisch sind, wie *spuere, sternuere, stridere, frendere, stertere, strepere, fremere, gemere, tremere.* Man hat in dieser Conjugation kein Verbum für das regungslose Sichbefinden in einem Zustande, das Stillliegen, Schlafen (denn *stertere* ist sehr energisch) u. s. w. Und wenn man nun nach der Analogie dieser Conjugation die Verba inchoativa gebildet hat, so ist das sehr natürlich, da ja eben diese auch wo nicht eine Thätigkeit,

---

[1]) Peter, über die schwachen Verba der lateinischen Sprache, im Rheinischen Museum für Philologie, 3. Jahrg. S. 95—127, S. 361—395. Ge. Curtius, die Bildung der Tempora und Modi im Griechischen und Lateinischen sprachvergleichend dargestellt, Berlin 1846, acceptirt vom sprachvergleichenden Standpunkte die Rubriken der ersten, zweiten und vierten Conjugation; die dritte zerlegt er in 7 Arten, p. 67—118, aber er legt hierbei wesentlich das Griechische zu Grunde; er findet selbst, dass einige dieser Klassen gar nicht oder so gut wie gar nicht im Lateinischen vorhanden sind; er zieht die Summe, die für das Lateinische übrig bleibt, nicht zu einem Resultate für das Lateinische zusammen, sondern er behandelt dies stückweis immer als Anhang zum Griechischen; es sind einzelne Brocken, die von dem reichen Tische des Sanscrit und des Griechischen gefallen sind, nicht gesammelt um als römisches Eigenthum zu erscheinen. Es ergiebt sich überhaupt daraus eine viel grössere Einfachheit und viel geringerer Formenreichthum für das Lateinische, eine verstandesmässige Beschränkung des sprachlichen Haushaltes auf das Nöthige; endlich ist auch nicht der Versuch gemacht, den im Lateinischen wirklich vorhandenen Klassen jeder ihre Bedeutung zuzuweisen, was auch bei der geringen Ausdehnung der Analogien, wie er sie gesondert hat, sehr schwer sein dürfte; wir sind desshalb zumal für die Bedeutungslehre befugt, diese bloss etymologische Sonderung der dritten Conjugation fallen zu lassen und diese als ein Ganzes zu betrachten.

so doch eine Bewegung ausdrücken, nicht ein Sein, sondern ein Werden, das Wachsen, *crescere,* das sich Hinbewegen nach einem Ziele, einer Thätigkeit oder Eigenschaft; wie *reviviscere, concupiscere, extimescere, conticescere, grandescere, repuerascere, quiescere* — zur Ruhe kommen, *paciscere* — Frieden bringen, *noscere* — zur Kenntniss gelangen, u. s. w.

Die übrigen drei Conjugationen sind abgeleitete und umfassen daher auch Verba derivata, nur dass man die Ableitung nicht immer mehr kennt. Sie können zusammen die schwache Conjugation genannt werden nach der Terminologie der deutschen Grammatik. Den nächsten und entschiedensten Gegensatz gegen die dritte Conjugation bildet die zweite; wenn jene die Begriffe der Bewegung und der Thätigkeit umfasste, so hat diese die Begriffe der Ruhe, der Bewegungslosigkeit und Unthätigkeit; wo jene das Werden bezeichnet, bezeichnet diese das Sein. Also z. B. *sidere* und *sēdēre, pendēre* und *pendēre, jacēre* und *jacēre, arescere* und *arere, horrescere* und *horrere, madescere* und *madere.* Die grosse Mehrzahl der Verba der zweiten Conjugation drückt ein Behaftetsein mit einem gewissen Prädikate aus, das ruhige Sichbefinden in dem Zustande, welchen das Prädikat bezeichnet, z. B. *calere — calidum esse, madere, virere,* und so auch bei Substantivis *callere, frondere, florere,* und wo ein solches Adjectivum nicht gebildet ist, wie *dolere, flere.* Schon aus diesen Wörtern aber sieht man, dass hierbei der Unterschied des Transitiven und Intransitiven ganz unpassend wäre; offenbar drücken sie alle ursprünglich einen Zustand aus, aber dennoch können sie meistens einen Accusativus annehmen, wie *callere aliquid, horrere, stupere, flere, dolere.* So ist es noch bei anderen, welche das Sein in einem gewissen körperlichen Zustande oder Stellung ausdrücken. Wenn nun das Sein in solcher Stellung einen Gegenstand ergreifen kann, so dass er zum Objecte wird, so werden die Verba dadurch transitiv; aber nichts desto weniger drückten sie ursprünglich eine ruhige, nicht nach Aussen wirkende Lage aus. So ist *terrere* eine abschreckende Lage oder Aussehen haben; *sorbere* — schlürfen ist sogar onomatopoetisch und malt also bloss den Zustand; ebenso *mordere,* ferner *videre* — die Augen offen haben; darnach wird man denn auch *habere, tenere, urgere, movere, torquere, arcere* leicht erklären: dem *habere* entspricht *carere, egere;* folglich auch *debere* (sicher mehr leidend), *merere.* Ferner, *tacere* ist offenbar wie *silere* ein Zustand, obgleich beide ein Object zu sich nehmen können; daher auch das Gegentheil von Schweigen, verschiedene Arten des Sprechens, wie *docere, monere, spondere, jubere. Delere* hat schon im Griechischen die entsprechende Form δηλέω; es scheint ursprünglich bedeutet zu haben: nachtheilig, zerstörend sein, eine tödtliche Kraft haben, wie ein Gift; daher auch im Griechischen δηλητήριον. *Docere* soll nicht δοκέω sein, d. h. *existimare* — meinen, sei es die Meinung äussern oder factitiv anderen beibringen; *in alia omnia abeunt* die Sprachvergleicher; s. Corssen, kritische Beitr. zur lateinischen Formenlehre, p. 47.

So wird man auch bei den nur wenigen noch übrigen transitiven Verbis leicht die ursprüngliche Bedeutung des Zustandes und ruhigen Daseins erkennen, so wie die Möglichkeit ein Object anzunehmen; wie *manere.* Am evidentesten ist dieser Umstand da, wo entweder derselbe Stamm nach beiden Conjugationen gebildet ist wie *pendēre, jacēre, sedēre* und *sidēre;* oder wo dieselbe Bedeutung in zwei Verbis zu liegen scheint, die doch von verschiedener Conjugation sind. Ich führe hiervon zwei Beispiele an: die Ausdrücke des

Fürchtens gehen fast alle nach der zweiten Conjugation: *timere, pavere, horrere, vereri;* dagegen *tremere* und *metuere* nach der dritten. Bei *tremere* ist folglich klar, dass es ursprünglich eine Bewegung ausdrückt, die sinnlich wahrnehmbar ist; *metuere* aber unterscheidet sich so von allen übrigen Verbis des Fürchtens, dass jene immer einen leidenden Zustand ausdrücken, dies aber eine Thätigkeit, nämlich das Fürchten aus Gründen und Ueberlegung, und mit der Absicht etwas zu vermeiden; mit dem Deutschen mei den mag es auch etymologisch verwandt sein. Der *timens* fürchtet sich auch vor einem Uebel, aber in dem *timere* liegt bloss die leidende Schwäche, die Feigheit; in *metuere* liegt zugleich Besonnenheit und Bedenken *(timidus, meticulosus).* Ebenso *videre* ist das Sehen als bloss leidendes Empfangen mittels des Gesichtsorganes, das sehen muss, was in seinen Bereich kommt; dagegen enthält *specere* mit seinen Derivatis *spectare, inspicere, adspicere, despicere* u. s. w. den Ausdruck der freien Thätigkeit; es ist nicht bloss Sehen, sondern Sehenwollen, Schauen. *Tueri* stand in der Mitte zwischen beiden, und daher auch die Formen nach der dritten Conjugation *tuor, tuuntur,* bei guten Autoren. Nun giebt es ferner Verba, welche nach Stamm und Bedeutung gleich sind, aber doch in der Conjugation differiren. Bei diesen hat also ursprünglich ein Schwanken stattgefunden, gerade wie wir es beim Genus gesehen haben; die Vorstellung war nicht entschieden, ob etwas als Ruhe oder Bewegung anzusehen sei; dass dies wirklich der Grund war, zeigt die Bedeutung der Verba sehr deutlich; man hat *fervēre* und *fervĕre, tergēre* und *tergĕre, stridēre* und *stridĕre, frendēre* und *frendĕre;* diese drücken einen Schall aus, also entweder das leidende Behaftetsein mit demselben oder das thätige Hervorbringen, *fulgēre* und *fulgĕre* die Bewegung oder Ruhe des Lichts. Vom Geruch *olēre.* Es scheint, dass man auch ein *tremēre* neben *tremĕre* annehmen muss wegen *tremefacere.* S. A. W. Zumpt, Jahrbücher für wissenschaftliche Kritik 1845, November, Nr. 92, S. 734 und wegen des inchoativen *tremescere* (nicht *tremiscere*) s. Wagner ad Virg. Aen. III, 648. In beiden Fällen, bei diesen Wahrnehmungen sowohl des Auges als des Ohrs, ist sehr deutlich, wie das Schwanken der Vorstellung entstehen konnte; es mochte demnach ursprünglich auch die Bedeutung geschieden sein, also *fulgēre* — glänzen mit ruhig beharrendem Glanze, und *fulgĕre* einzelne Male blitzen, mit beweglichem Glanze. Ueber *fulgĕre* giebt Seneca nat. quaest. II, 56 an, es sei ehemals gebräuchlich gewesen und zwar ad significandam hanc e nubibus subitae lucis eruptionem; daher wird *fulgēre* nicht die subita eruptio lucis bezeichnen, sondern das ruhige Verharren im Glanze, Behaftetsein mit Glanz, wie *lucere* mit Licht, So war *tergēre* (onomatopoetisch-deutsch scheuern) ursprünglich wohl intransitiv, durch Reibung einen Ton hervorbringen, an sich haben, in fortwährender Gleichmässigkeit; dann willkürlich und transitiv *tergĕre.* *Tuor* nach Festus gleich *video, tueor* gleich *defendo.* Dass dieser Unterschied sich bestätigt, zeigt Doederlein, Synon. IV p. 305 sq. durch Stellen; dass er begründet ist, zeigt das Obige; denn *tuor* ist das freie Hinschauen, wann und so oft man will; dagegen will man etwas schützen, so muss man es immer im Auge haben, man muss immer in dem Zustande der Achtsamkeit sein, folglich *tueri* nach der zweiten Conjugation. Aber später, als man keine ganz deutliche Vorstellung oder Gefühl mehr hatte von der Verschiedenheit der Conjugationen, vermischte man beides und sollte wirklich die Sonderung noch stattgefunden haben, so ist sie in den Autoren wegen der Gleichheit oder Aehnlichkeit der Formen schwer zu erkennen. Mehr dieser Art, zum Theil falsch oder unsicher s. bei Voss. de anal. III. c. 35.

Die erste Conjugation ist ihrer Bedeutung nach gleichsam die Vermittelung zwischen der dritten und zweiten, indem bei ihr in der Regel sowohl eine Bewegung und Thätigkeit zu Grunde liegt, wie in jener, als auch ein Zustand, ein ruhiges Befinden, wie in dieser, und beides ist nun auf die Weise mit einander verbunden, dass die Bewegung und Thätigkeit das Ziel und den Zweck hat einen solchen Zustand, eine so ruhige Qualität, wie die zweite Conjugation ausdrückt, zu schaffen, oder zur Erscheinung zu bringen. Es sind demnach die Verba der ersten Conjugation im Allgemeinen ebenfalls Derivata, wenn auch nicht überall die Wurzel nachzuweisen ist; diese Wurzel enthält den Sinn des Prädicats, welches durch die Bewegung und Thätigkeit geschaffen oder auf irgend eine Weise zur Erscheinung gebracht wird. Daher sind die Verba der ersten Conjugation im Vergleiche mit denen der zweiten und dritten oft ihre Factitiva, z. B. *albere, albare, dealbare* und *albescere; sĕdērc, sĭdēre, sēdare; plăcēre, plăcare; fugēre, fugare.* Hiervon hat Doederlein für die Synonymik Gebrauch gemacht; Bd. II, S. 168 behandelt er eine Reihe von Verbis, von denen das eine immer einen inneren Zustand, das andere dessen äusseren bezeichnet, und das letztere geht nach der ersten Conjugation. Er zieht dahin *miserari* und *misereri, metari* und *metiri, assentari* und *assentiri, venerari* und *vereri, aspernari* und *spernere, temerare* und *temnere, despicari* und *despicere, memorare* und *meminisse.* Am häufigsten liegen Adjectiva und Substantiva zum Grunde; Adjectiva z. B. *infoedare, lĕvare, lēvigare, acerbare* und *exacerbare, aequare, durare, firmare, gravare, lacerare, laxare, liberare, orbare, vastare.* Hier ist also der Sinn: etwas zu dem machen, was die Wurzel aussagt, oder etwas in den Zustand versetzen, den die Wurzel bezeichnet. Bei der Ableitung von Substantiyis heisst es: den Begriff derselben zur Erscheinung bringen dadurch, dass man ihn an einem anderen hervorbringt, z. B. *aggerare, cumulare, acervare* — etwas aufhäufen, d. h. daraus einen Haufen machen. Unter Voraussetzung solcher Verba sind Adjectiva als Participia auf *atus* gebildet, aber nur von Wörtern der ersten und zweiten Declination und von solchen Wörtern der dritten, welche kein *i* im Stamme haben, *barbatus, galeatus, oculatus, calceatus, aeratus, dentatus, falcatus.* Ebenso wird ein solches Verbum vorausgesetzt bei anderen Ableitungen auf *aris, arius, arium, alis,* s. Corssen, krit. Beitr. zur lateinischen Formenlehre p. 338 fg., ib. über jene Participia p. 517.

Die bisher genannten haben zugleich *avi, atum,* Mittelstufe zwischen erster und dritter Conjugation. Es giebt aber einige mit *ui, itum,* welche hierdurch von der Analogie abgehen; sie behalten in diesen Formen nicht die vocalische Endung des Stammes; diese scheint daher hier überhaupt nicht eigentlich wesentlich zu sein und einen ganz besonderen Grund zu haben. Bei einigen ist wohl Onomatopoesie der Grund: *sonare, tonare, crepare, fricare (-ui, -atum* und *frictum),* vielleicht *secare,* so dass hierbei eigentlich die Bedeutung der dritten Conjugation oder auch der zweiten zu Grunde lag, wie *stridere* etc. Die übrigen sind auch alle alte Wörter mit einfacher Bedeutung, nicht deutlich abgeleitet, nämlich *domare (δαμάω); vetare, micare* ohne Supinum; *iuvare, cubare* sind am meisten unklar.

Wechselnd *plicare* und *necare* in Compositis. Es scheinen bei diesen Verba der dritten Conjugation zu Grunde gelegen zu haben, die sich auch bei manchen noch nachweisen lassen.

Es sind wohl nur drei Verba, die sich nicht dem allgemeinen Charakter dieser Conjugation fügen, nämlich *cubare*, *dare* und *stare*. *Cubare* zeigt eine entschiedene Hinneigung zur dritten Conjugation, zu der aber seine Bedeutung gar nicht passt, theils in seinen eigenen Formen *cubui*, *cubitum*, theils in seinen Compositis, wo es *cumbere* lautet. *Dare* (δόω) und *stare* (στάω) nähern sich der dritten Conjugation noch mehr duruh ihr *ă*, jedoch mochten sie nicht *ĕ* annehmen, weil sie als einsylbige sonst zu wenig Corpus behalten hätten; es giebt daher noch eine weitere Verlängerung: *dănĕre* bei Plautus, wonach man auch *stanere* angenommen hat (Düntzer S. 132); ich weiss nicht, ob bloss der Analogie wegen oder auf Autorität; obenein ist die Bedeutung bei beiden nicht ganz entgegen, denn *dare* ist ja gar transitiv und *stare* wenigstens ein sehr in die Augen fallender Zustand. Ein wirkliches Schwanken aber zwischen dieser Conjugation und den übrigen ist sehr selten, denn *mandere* und *mandare*, *appellere* und *appellare* gehören wohl nicht hierher, eher schon *fundere* und *fundare*, doch ist letzteres von *fundus*. Es entsprechen sich *lābi* und *lăbare*, *dūcere dŭcare*; anders *fugere* und *fugare*, *dicere* und *dicare*. Zwischen *mănere* und *manare* ist wohl kein Zusammenhang. Zwischen der ersten und zweiten Conjugation bei gleicher Bedeutung schwankt ein einziges *densare* und *densere*, letzteres bei Dichtern und Tacitus. S. Voss., de anal. III, 35 und die Nachweisung von Eckstein vol. II, p. 870. Es ist wohl auch anzunehmen, dass *densere* ursprünglich hiess: dicht sein, wie *augere*: im Zunehmen sein; darauf wurde beides factitiv.

Zwischen der ersten und dritten Conjugation schwankt besonders *lavare* und *lavere;* man leitet es von πλύνειν, κλύζειν, *luere*, λούειν s. Corssen, kritische Beiträge zur lateinischen Formenlehre p. 151; mir liegt nichts näher als λούω, λόω (λοέω), daher *lavere*, und durch onomatopoetische Vocalsteigerung *lavare*. *Lavere* ist mehr poetisch; der Bedeutung nach sind beide Conjugationen angemessen; die dritte scheint die ursprüngliche gewesen zu sein, dabei aber mochte man es unangemessen finden, dass das Wort aus lauter Kürzen bestand.

Die übrigen Schwankungen zwischen der ersten und dritten Conjugation beziehen sich auf onomatopoetische Wörter, die einen Ton ausdrücken. Von *sonare*, *tonare*, *boare*, *crepare* führen die Grammatiker aus den älteren Autoren, Ennius, Pacuvius und Anderen einzelne Formen nach der dritten Conjugation an; dies ist also nach der Analogie von *strepere*, *stertere*, *sternuere*, *fremere* und anderen die Aeusserung und Bewegung eines Tones. Hierbei aber ist wahrscheinlich selbst die Conjugationsform mit benutzt, um die Onomatopoesie zu unterstützen. Die erste Conjugation hat nämlich von allen den dunkelsten Vocal; wo also Töne tiefster, stärkster Art ausgedrückt werden sollten, war es zweckmässig die Verba nicht in die dünne Endung *ĕre* auslaufen zu lassen; wie man daher *balare*, *latrare*, *clamare*, *coaxare*, *cuculare* (Kuckuck), *ululare*, *crocitare* (neben *crocire*, vom Raben), *vocare* und andere nach der ersten Conjugation bildete, so musste man es auch bei *tonare*, *sonare*, *boare* und *crepare* zweckmäsiger und malerischer finden.

Zugleich ist zu bemerken bei *tonare, sonare, crepare* die Bildung des Perfectum und Supinum in *-ui, -itum.*

Endlich bemerke ich noch, dass eine Bestätigung der angegebenen Bedeutung der ersten Conjugation auch in den Derivatis liegt, die man später nach ihr gebildet hat. Dies sind besonders die Iterativa. Die Wiederholung von Etwas, sei es eine Handlung oder ein Sein, ist an sich schon eine Bewegung und in die Augen fallende Energie; es kommt aber noch dazu, dass diese Verba abgeleitet sind vom Supinum, oder richtiger vom Participium perfecti passivi. Ihr Sinn ist also: etwas schon Geschehenes zur Erscheinung bringen, d. i. eben die Wiederholung und Verstärkung, z. B. *pulsare, spectare, cantare, occultare, venditare* u. s. w., zuweilen mit noch einer Verstärkung durch die Sylbe *it,* die recht deutlich an das *iterum* und *iterare* erinnert, wie in *dictare, dictitare, clamitare, scriptitare, lectitare, factitare, ventitare.*

Die Verba auf *icare* drücken aus das annähernde zur Erscheinung Kommen einer Eigenschaft, besonders einer Farbe, z. B. *albicare, nigricare* (bei Plinius), *claudicare, nigrare* in *nigrantia antra* bei Claudian, de Olyb. et Prob. cons. v. 42.

Aehnliche annähernde Bewegungen liegen in den Deminutivis *scribillare, sorbillare, cantillare* und am deutlichsten in denen auf *issare,* wie *graecissare, sicilicissare, atticissare, patrissare.*

Die vierte Conjugation ist von allen die schwierigste, um ihr eine bestimmte Bedeutung beizulegen. Ich bin nicht im Stande diese Einheit zu finden, ohne neben der Klasse von Verbis, welche darunter begriffen sind, noch zwei andere übrig zu lassen; hier lässt uns die bisherige etymologische Forschung im Stiche. Wir haben bisher folgende Stufen: Thätigkeit und Bewegung in der dritten, Unthätigkeit, ruhiges Sein in einem bestimmten Prädicate in der zweiten, Thätigkeit und Bewegung, um ein ruhiges Sein, ein Prädicat zur Erscheinung zu bringen in der ersten Conjugation.

Hiermit war eigentlich die Eintheilung erschöpft in Satz, Gegensatz und deren Vermittelung; man sieht nicht, welche begriffliche Rubrik noch übrig sein könnte. Damit stimmt es nothwendig überein, dass die älteren lateinischen Grammatiker überhaupt nur drei Conjugationen annahmen, und die vierte zur dritten rechneten, wobei sie eine dritte correpta und producta unterschieden; so Diomedes p. 337, (346 K.); Probus in der Ars; bei Mai, class. auctores tomus V, p. 286 a. 287, (p. 158 K.), und öfters in den Catholica wird die Benennung vierte Conjugation daneben gestellt, wie bei Phocas, sect. VIII, (p. 435 K.), IX, 5 (p. 438 K.)., der jedoch auch einfach zur dritten Conjugation rechnet die Verba *contingit, evenit, accidit, expedit,* sect. IX, 1., (p. 435 K.). In der That scheint hier mehr ein etymologischer und euphonischer Grund gewirkt zu haben bei dem *i,* dem höchsten Vocale. Doch mochte gerade dieser auch für gewisse Begriffe geeignet scheinen, und diese müssen wir denn, so gut es gehen will, zu entwickeln versuchen; im Uebrigen aber, da die Begriffseintheilung einmal erschöpft war, konnte die vierte Conjugation keine klar geschiedene Bedeutung finden, und daher mischt sich in ihr Verschiedenes. Dies entspricht ganz dem onomatopoetischen Charakter dieser Conjugation, die in sehr vielen Beispielen die besonders hellen und hohen Töne, die singenden, schrillenden, zwitschernden, pipenden ausdrückt, oder auch dunklere, die nur nicht gerade in das volle *a* ausgehen sollten, die zu beweglich und auffällig sind, um mit dem *ē* der Ruhe zu schliessen oder dem *ĕ* der zu flüchtigen, zu schnell vorübergehenden Thätigkeit; so also hat man *tinnire, hinnire, pipire* (neben *pipare*), *vagire, balbutire, crocire* (neben *crocitare*), *glocire* (glucken), *gingrire* (Gänse), *tetrinnire* (Enten), *gannire* (Knurren des Hundes), *garrire, cucurrire* (krähen), *mutire* (mucksen, wohl nicht von *mutus*), *rugire, bullire, grunnire, tussire, raucire, singultire, dormire* (vielleicht wie *stertere* — δαρθάνειν). Bei diesen wäre also, abgesehen von der onomatopoetischen Malerei, sowohl die erste als die zweite Conjugation passend gewesen. So finden wir nun in anderen nicht onomatopoetischen Wörtern auch die Bedeutung beider Conjugationen, und zwar je nachdem der etymologische Ursprung verschieden ist.

Die vierte scheint ursprünglich zwischen der zweiten und ersten ihrer Bedeutung nach sich eingeschoben zu haben, indem sie dasjenige Sein in einem bestimmten Prädicate umfasst, das dieses Prädicat besonders lebhaft zur Schau stellt oder hörbar und fühlbar macht, ein absichtliches Nachahmen und äusserliches Darstellen desjenigen, was die Wurzel des Verbi ausdrückt, der äussere Schein davon.

Wenn also in diesen der Ton hell hervortritt, so ist es bei anderen das Prädicat, was als ein besonderes Auffälliges, besonderes Krankhaftes dem Verbum zum Grunde liegt, z. B. *ferocire, saevire, insanire, ineptire, blandiri; lippire, hirquitallire, caccutire, balbutire, largiri, servire, lascivire, protervire* (Tertullian), *superbire, fastidire, bullire* (von *bulla*, zugleich onomatopoetisch), *gestire* (*gerere?*), *dormire, sentire, audire*. Hier ist zugleich zu bemerken, dass in allen diesen Fällen die Ableitung gemacht ist vom einem eigentlich adjectivischen Stamme, d. h. von der ersten oder zweiten Declination, ausser bei *ferox*, das aber doch kein *i* in der Endung vor dem *s* hat. Es gehören hiermit zunächst zusammen die Verba desiderativa, welche dieselbe Bedeutung und Formation haben; abgeleitet vom Participium futuri, nur mit Verkürzung des *u*, bezeichnen sie das äussere Hervortreten des Thunwollens, der Neigung, wie *esurire, parturire, micturire* (Juvenalis), *cacaturire* (Martialis), *proscripturire* (Cicero), *petiturire* (Cicero).

Ganz anders ist es bei denjenigen Verbis, die von Substantivis oder Adjectivis der dritten Declination abgeleitet sind, deren Stamm meistens nicht auf einen Consonanten endigt, sondern auf einen Vocal, welcher dann *i* ist. Bei diesen scheint die Endung *ire* nur die der ersten Conjugation zu vertreten, indem sie eintrat statt *are* wegen des Endvocals *i* am Stamme; sie drücken daher das Bewirken, Produciren der Wurzel oder auch das Versehen, Belegen damit aus. So kommen von Adjectivis der dritten Declination (nicht auf *x* oder *ns* oder *rs*, denn diese haben das *i* nicht) *stabilire, lenire, inanire* und *exinanire, erudire, insignire* (nicht von *signum*, was *signare* macht, sondern von *insignis*), *potire* und *potiri, grandire* (was aber auch *sich gross machen, gross werden* heisst); ebenso *dulcire, süss sein*, bei Lucretius. So ferner von Substantivis *partire* von *pars, sortiri* von *sors, finire, vestire, saepire* (*saepes*), *cratire* eggen (*crates*). Plinius N. H. XVIII, c. 28 §. 258 *sicilire* (*sicilis* — Sichel); ib. §. 259 *sepelire* (wovon *sepulcrum*, von einem verlorenen Stamme, *vincire* (verlorener Stamm [*vincis?*]), wovon *vinculum*), *moliri, custodire, munire*, (*moenia*), *punire* (nicht von *poena*, sondern *punis, impune*), *fulcire* (*fulcrum*), *farcire, sarcire; amicire, sancire, polire, sopire, nutrire, perire* (wovon *aperire, reperire, comperire* und andere), *ferire, haurire.* **Salire** — einsalzen ist von *sal* oder einem vermittelnden Adjectivum *salis, id est salsus;* aber *salire,* springen ist dunkel; man leitet es von ἄλλεσϑαι; vielleicht ist dies von ἅλς (Springfluthen, die hüpfende Bewegung der Wellen), daher wäre denn *salire* von *salum* abzuleiten und gehörte zu der obigen Analogie. *Irretire* von *rete, impedire, expedire* von *pes:* Die Participia *ignitus, auritus* und *auratus* von *aurum* (gegen *oculatus, mellitus, crinitus, pellitus, turritus* cf. Corssen, Beiträge p. 518. Ferner *sitire* und *febrire* (Celsus) drücken das Haben der Wurzel aus (wie *nauseare*); so auch *tussire, ravire* (mit *raucire*), *dentire* Zähne bekommen. Ausgenommen: *tristari, levare, gravare* deuten auf *levus* und *gravus; humiliare* bei Tertullian; dagegen *breviare* bei Quintilian ist später gebildet, wo man schon nur noch *are* in diesem Sinne verstand, aber doch *i* nicht aufgeben wollte; bei *dulcare* (Sidonius) und *edulcare* ging auch das *i* verloren, und *dulcire* bei Lucretius heisst süss sein; es hat offenbar ein Stamm *dulcus* oder *dulx* zu Grunde gelegen, denn es ist auch *dulcere* wenigstens vorauszusetzen in *dulcedo* und *dulcescere.*

Gerade in solchen Wörtern aber, wo das *i* durch Contraction entstanden, konnte leicht auch ein Schwanken stattfinden, wenn nicht *i,* sondern *e* die Oberhand behielt; daher giebt es · nicht wenige Wörter der vierten Conjugation, welche eine weniger gebräuchliche Nebenform nach der dritten Conjugation haben, wie auch umgekehrt eine Anzahl Verba der dritten Conjugation, wo die vierte die weniger gebräuchliche Nebenform war; so von der ersten Art *salire* und *salere* oder *sallere; potiri* und *oriri,* worüber s. Anm. 293 zu Reisig, wo gezeigt ist, dass diese beiden Verba bei sehr guten Autoren nach der dritten Conjugation gehen und zwar wahrscheinlich schon bei Caesar[1]), sicher bei Livius, Tacitus, Suetonius und bei den Dichtern.

Regelmässige Adjectiva abgeleitet auf *ilis, alis, bilis* und andere; desgleichen Composita mit Präpositionen bilden keine Verba weder auf *ire* noch auf *are.*

Adjectiva gebildet aus Composition von Substantivis und Präpositionibus auf *is* (viele schwankend auf *us*) bilden nie *ire,* sondern *are,* wie *enervare, infamare, perennare, rebellare, segregare* (von *segrex* oder *segregis* [der Nominativ fehlt] und *segregus*), *sublimare* (man hat auch *sublimus; * Stammwort unsicher). Ausgenommen ist *insignire.*

Von der zweiten Art *cupire, moriri, gradiri, fodire, parire, sapire.* Alle diese nähern sich der vierten Conjugation auch insofern, als sie im Präsens *io* haben; dazu kommt noch *linere* und *linire;* die Form *linire* ist geläugnet für die ältere Zeit von Burman zu Quintil. declamationes XIII, c. 5, aber mit Unrecht; er sieht sich genöthigt eine ganze Reihe von Stellen ohne Mss. zu ändern und hat übersehen, dass es sich schon bei Plautus findet, *sublinitur* Mil. gl. II, 1, 75 [jetzt nicht mehr]. Ferner schwanken die Verba auf *essere,* namentlich *arcessere,* wo man auch *arcessire* und *accersire* hat; hier ist zwar nicht *io* im Präsens, aber Perfectum und Supinum auf *ivi* und *ītum* zeigen offenbar die Analogie der vierten Conjugation.

Im Ganzen sehen wir, dass der Verbalbegriff sehr vielfach und logisch disponirt ist in die drei Rubriken der ersten Conjugationen; das Uebrige ist

---

[1]) Auch jetzt bei Cicero, z. B. Tusc. disp. I, 10, 22; V, 4, 10.

theils euphonisch, onomatopoetisch, theils hat es auch etymologische Gründe in der Herkunft aus älteren Zuständen, die sich einigermassen durch Vergleich der verwandten Sprachen ermitteln lassen. Abgesehen davon erscheinen die Römer in ihren Analogien klar, einfach, wenn man will, arm. Die Etymologie hat in neuerer Zeit noch viele andere Fragen rücksichtlich der Verbalformen zu beantworten gesucht, über die Bildung der Personen, der Tempora und Modi, über die Bildung der Verbalstämme überhaupt in den Stammformen, insbesondere im Präsens und Perfectum, indem die einfachen dabei zu Grunde liegenden Wurzeln mancherlei Veränderung erleiden dadurch, dass sie in die Verbalformation eingehen. Es lassen sich auch hierin gewisse Klassen und Analogien aufstellen', und es ergiebt sich im Allgemeinen dasselbe Resultat, dass die Lateiner sich auf eine viel geringere Zahl von Varietäten beschränkten; die grösste Mannigfaltigkeit findet sich verhältnissmässig in der Präsensbildung; geringer ist die in der Perfectbildung auf *ui* (nach Consonanten), auf *vi* (nach Vocalen), auf *si* (nach einigen Consonanten), auf blosses *i* nur durch Reduplication. Die Untersuchung über diese Analogien kann nur mit Hülfe der vergleichenden Sprachwissenschaft zu einem Resultate gelangen und die Forscher auf diesem Gebiete haben bis jetzt die Analogien nur von der etymologischen Seite betrachtet und sind daher auch nur auf Gesetze gekommen, welche die etymologische Natur der Wörter betreffen, sinnliche, euphonische, und in der That scheint auch in dieser Beziehung meistens kein anderes Resultat erreicht werden zu können. Jedoch will ich dies nicht als ausgemacht behauptet haben; es kann sich vielleicht noch ändern, wenn die Sprachvergleichung erst angefangen haben wird die etymologische Forschung mit der Rücksicht auf die Bedeutung zu verbinden. Ich kann hier nicht eingehen auf jene etymologischen Etymologien und verweise auf die darauf bezügliche Litteratur, z. B. Ge. Curtius, sprachvergleichende Beiträge zur griechischen und lateinischen Grammatik, 1. Theil, die Bildung der Tempora und Modi im Griechischen und Lateinischen sprachvergleichend dargestellt, Berlin 1846. Jedoch will ich ein Beispiel erwähnen. Unter den angefangenen verschiedenen Arten, wie die Verbalstämme im Präsens und im Perfect gebildet werden, ist auch die Reduplication. Diese ist im Präsens im Lateinischen fast ganz verschwunden, während sie im Griechischen häufig ist; nur in wenigen lässt sie sich erkennen, *gigno, sisto, sero* für *se — so* und *bibo;* s. Curtius p. 81 fg. Dies ist also nur ein Rest von geringer Ausdehnung; die Reduplication bildet im Präsens im Lateinischen keine lebendige Analogie; es kann also auch nicht davon die Rede sein hier eine Begriffsrubrik finden zu wollen, was im Griechischen allerdings möglich ist; dagegen im Perfectum ist die Reduplication viel ausgedehnter und wenn es augenscheinlich ist, dass sie früher noch ausgedehnter war, so entsteht die Frage, was hat die Römer bewogen, doch noch in 27 Fällen (mit Einschluss der veralteten *tetuli, tetini, sccecidi*) die Reduplication festzuhalten. Dies war eine noch lebendige Analogie; es erklärt sich aus der Bedeutung; s. Sched, zur lateinischen Grammatik.

Activum, Passivum, Deponens, Verba neutro-passiva.

Wir haben im Activum und Passivum zwei Gegensätze, in welche der einfache Begriff des Verbi, des Seins zerfällt. Schon oben ist er-

innert, dass diese Scheidung des Verbalbegriffes eine Folge war von der Unterscheidung zwischen Ursache und Wirkung; wie man das Wahrgenommene
in Nomen und Verbum schied, so schied man wieder das Verbum in Activum und Passivum. Hält man hier wieder den Begriff transitiver Verba
fest und will das Passivum nicht anders verstehen als unter Voraussetzung
der Transitio, so wird die Erklärung dessen, was Activum und Passivum
ist, immer einseitig und mangelhaft bleiben. Man muss die Erklärung nicht
vom Object hernehmen, was zufällig ist, sondern vom Subject, was nothwendig ist. Wird das Dasein und seine Vollendung seinem natürlichen und
ursprünglichen Subjecte beigelegt als dem Seienden, Werdenden, Handelnden,
Ursächlichen, so ist es das Activum. Vollendet sich aber das Sein ausserhalb seines natürlichen Subjectes, seiner Ursache, so ist es Passivum. Zufällig ist es, ob das Sein und die Wirkung des Subjectes ein Object trifft;
daher ist es eben so zufällig, ob die ausserhalb des Subjectes liegende Vollendung des Seins und Handelns an einem anderen Gegenstande vor sich geht
oder nicht, z. B. *lego*, zufällig *lego librum*, folglich *legitur* und zufällig *legitur liber*. Daher kann es auch nicht auffallen, wenn bei sogenannten
Verbis intransitivis doch dieselbe Vollendung des Seins ausserhalb des Subjects möglich ist, z. B. *dormio dormitur; eo, itur*. Hier kann nun wieder
die ausserhalb des Subjectes gelegte Handlung auf dasselbe zurückbezogen
werden, so dass die Handlung an und für sich zwar als eine von ihrem
Subjecte getrennte dargestellt, folglich an der Form des Verbi selbst keine
Veränderung wahrgenommen wird, wohl aber durch einen Zusatz ausgedrückt
wird, dass diese sich so vollendende Handlung herrührt von diesem oder
jenem Subjecte; dieser Zusatz ist *a* mit Ablativ oder *per*, oder der blosse
Ablativ oder Dativ oder *ex,* und wenn sonst noch eine Bezeichnung für
diesen Zweck möglich ist, wodurch dann eine Verschiedenheit des Einflusses
des Subjectes auf die Vollendung der Handlung ausgedrückt wird [1]), z. B.
scribitur liber a servo; scribitur liber per servum, wo der *servus* nur das
Medium ist, durch welches die Vollendung der Handlung ihren Weg nimmt,
während die erste Ursache, der Herr, der ihn schreiben lässt, gar nicht ausgedrückt wird. Die nähere Erörterung dieser Unterschiede folgt unten.

Wenn nun aber die Vollendung ausserhalb des Subjectes liegt und zugleich an einem Objecte geschieht, so ist auch dies wieder eine bestimmte
Art des Seins, in welcher sich dieses Object befindet, und es wird daher
seinerseits ebenso gut grammatisches Subject, wie es vorher das wirkende
Subject war. Diese Art des Seins ist eben die, dass es ein abgeleitetes
von aussen kommendes, durch fremde Thätigkeit an dem Subjecte producirtes
Sein ist; also *liber legitur;* das *legi* ist eine Art des Seins, gerade wie
legere auch, aber das Sein dessen, *quod legitur,* hat nicht seinen ersten
Grund in ihm selber, sondern in dem *qui legit.* Wie nun aber nach dem
schon Gesagten die Beziehung auf diesen ersten Grund durch *a, per* u. s. w.
ganz wegfällt oder nur eine zufällige ist, so ist auch die Voraussetzung des
ersten Seins, des *legere* beim *legi*, nur eine zufällige, nicht nothwendige;
vielmehr ist *legi* ein neues, für sich bestehendes Sein, das nur durch seine
abgeleitete Form an jenes erinnert. Es ist so selbstständig, dass zuweilen

---

[1]) Die gute Schulübung der Umsetzung aus Activum in das Passivum muss nicht
verleiten zu der Meinung, dass beides ganz identisch sei.

auch dieses Band der Form nach zerrissen wird und sich für dasselbe eine ganz neue Form bildet, die entweder mit der ersten gar keinen Zusammenhang hat, z. B. *vendo, venco*, erst spät *vendi* [1]), *interficio, mori, vapulo* und *verbero, doceo, disco*, oder einen ganz anderen, z. B. *caedo* und *cado;* oder *iacio* und *iaceo, pendo* und *pendeo*. Aber wo auch dieselbe Form angewendet ist, braucht wenigstens nicht immer die Bedeutung des Abgeleiteten in dem Sein festgehalten zu werden; z. B. bei *delector* braucht man nicht daran zu denken, dass der sich im Ergetzen Befindende durch Etwas ausser ihm in diese Lage gebracht wird. So wird es also ein neues, von seinem Ursprung, seiner Wurzel und Ursache losgelöstes Sein, obgleich eigentlich abgeleitet. Jedes Sein aber ist eine Bewegung und Thätigkeit, die auf Anderes wirken kann. Wenn also das Passivum ein neues, vom Activum ganz gesondertes Sein ausdrückt, so ist dies auch einer weiteren Entwickelung seiner Bedeutung fähig, die unabhängig ist von seiner Entstehung aus dem Activum. Diese Bedeutung kann in ihrer Entwickelung so weit von ihrem Ursprunge abgehen oder vielmehr von dem Ursprunge aus so weit fortgehen, dass sie selbst wieder eine solche active wird, wie die, wovon sie ausgeht, d. h. sie kehrt nicht zu dieser zurück und wird dieselbe, sondern sie ist eine neue, die aber zu Objecten in dasselbe Verhältniss treten kann, wie jene. So also z. B. *pascere* weiden, füttern, *pasci* geweidet, gefüttert werden, sich füttern *aliqua re* (vgl. *gravari, morari*); aber da sich füttern heisst verzehren, so sagt man auch *pasci* und *depasci aliquid*, wenigstens bei Dichtern. Hierbei ist also der Gegenstand, welcher ursprünglich Object des *pascere* war, in ein neues Sein des *pasci* übergegangen; dieses neue Sein entwickelt sich zu einer neuen Thätigkeit, und nimmt daher auch ein neues Object an, wobei die Beziehung auf das *pascere* ganz wegfällt. Dies ist der Ursprung der Deponentia [2]).

Demnach sind die Deponentia ursprünglich Passiva, die dadurch zu einer besonderen Klasse von Verbis werden, dass 1) das im Passivum ausgedrückte Sein sich selbstständig entwickelt, und seine Beziehung zu dem ursprünglichen Activum und zu dessen Subjecte aufgiebt, und dass 2) der Form nach dieses Activum ganz verloren geht, und bloss das Passivum mit seiner neuen Bedeutung übrig bleibt, und dass dann 3) hierdurch eine Analogie gegeben ist, welche weiter ausgebildet wird, ohne dass immer derselbe Ausgang von einem Activum stattfände.

Die Beziehung auf das ursprüngliche thätige Subject wird aber am leichtesten aufgegeben, da, wo dieses identisch ist mit dem Objecte, also bei Verbis reflexivis. Die Lateiner haben das Reflexivum überhaupt durch das Passivum ausgedrückt; der Gebrauch des Pronomen reflexivum mit dem Activum ist bei Weitem nicht so ausgedehnt wie im Französischen, Deutschen etc. Ihre Betrachtung ist hierbei weniger subjectiv; sie stellen bloss das abgeleitete Sein des Individuums dar ohne ihm selbst die Production dieses Seins zu vindiciren; wo dennoch das Pronomen reflexivum mit dem Activum vorkommt, ist es immer nur so, dass es darauf ankam die wirklich freie

---

[1]) *Vendi* im Passivum gebraucht zweimal Jul. Capitol. vit. Pertinacis c. 7.
[2]) Dr. Theod. Nölting, ord. Lehrer am Gymnasium zu Wismar, über das lateinische Deponens. Aus dem Programme der grossen Stadtschule zu Wismar für 1859 abgedruckt, Wismar 1859, Hinstorff. 54 S. 4. geh. Sehr zu beachten nach G. Curtius im Lit. Centralblatt 1860, No. 2, S. 29.

Thätigkeit zu bezeichnen, bei der es unwesentlich und zufällig ist, dass sie sich auf das Subject zurückbezieht, die Selbstthätigkeit. So ist es z. B. wenn statt *congregari* gesagt wird *se congregare*, wie bei Cicero pro Rabir. perduell. reo c. 7, § 21, Philipp. XIV, 6, § 15, am Anfang; so auch *se colligere* bei Cicero de imperio Cn. Pomp. § 24 vom freiwilligen Zusammenkommen von Truppen, während sonst *se colligere* gewöhnlich eine ganz andere Bedeutung hat. Die Stellen sind von Fr. Schneider, N. Jahrb. für Philologie und Pädagogik (1845) Bd. 41, S. 444; in der ersten Stelle ist von einer einzelnen Person die Rede: *fallor* ich täusche, irre mich. Cic. Fin. I, 5, 15, ad Att. IV, 17, 1. XVI, 6, 2. Nep. Epam. 5, 1. Dagegen Cic. Philipp. XII, 8, 21: *nisi forte me fallo.* Gell. I, 3, 3: *Equidem in hoc certe tempore non fallo me, nihil esse quicquam commissum a me, cuius memoria rei aliquid pariat aegritudinis.*

Erst in späterer Zeit ist der Gebrauch des Activi cum pronomine reflexivo häufiger, wobei eine Art von Personification stattfindet, z. B. Sen. suas. VI, § 3 sagt von Cicero's *os, cui se debet salus publica,* wo *debetur* nach älterem Sprachgebrauche die *salus* als eine Sache betrachtet; bei *se debet* wird sie personificirt, als selbst zum Danke verpflichtet. Sogar *se occidere* ist in der classischen Latinität selten statt *mortem sibi consciscere, manum sibi inferre;* doch nicht ohne Beispiel: Keil ad Aur. Vict. de vir. ill. c. 9, 4 aus Krebs Antib. v. occidere.

Wie *pasco me pascor* wird, ohne dass *a me* dabei nöthig wäre, ebenso *delectari, vesci, epulari, frui, potiri* (vgl. *potire* bei Plautus) *nancisci, adipisci, indipisci, uti, reminisci, oblivisci, imaginari, gloriari, laetari, irasci, ulcisci, mirari, versari, vehi, invehi, niti, expergisci.*

Diesen zunächst liegen die Verba reciproca: *pacisci, sortiri, partiri, aemulari, altercari, digladiari, fabulari* und *confabulari, mutuari, communicari, rixari;* so kann man auch *osculari* und *saviari* verstehen von der Gegenseitigkeit; auch *comitari.*

Es kann aber auch die Rücksicht auf ein solches Subject ganz wegfallen und dies ist ganz besonders häufig der Fall bei Verbis der ersten Conjugation. Erinnern wir uns, dass diese Conjugation gewöhnlich abgeleitet von Substantivis oder Adjectivis den Sinn hat, den in der Wurzel liegenden Begriff zur Erscheinung zu bringen, Jemanden damit belegen, machen, dass er damit behaftet ist. Das Passivum davon ist also das mit etwas behaftet Werden oder Sein, also der Zustand des sich darin Befindens, des damit Umgehens, der Beschäftigung damit; oder es ist: sich selbst versehen mit dem Prädicate, sich so zeigen und geriren, als habe man es, es vorstellen. Von der zweiten Art sind z. B. *ancillari, dominari, architectari, aucupari, augurari, auspicari, bacchari,* (thun wie eine *baccha*), *cauponari, comitari, convivari, cornicari, furari, graecari, heluari, hospitari, medicari, mōrari, nutricari, parasitari, patrocinari, philosophari, rusticari.*

So auch von Adjectivis: *aemulari* s. oben, *argutari* (sich als *argutus* zeigen), *adversari, aversari, dignari, indignari, gratari* (d. i. *gratulari*), *laetari, peregrinari, pigrari, tristari, vagari, verecundari;* so auch *blandiri, largiri.* Von der ersten Art sind sehr viele Verba, wie *aquari, frumentari, pabulari, materiari, auxiliari, calumniari, causart; circulari, consiliari, conviciari, criminari, epulari, fenerari, pignerari, feriari, iaculari, lucrari, urinari* u. s. w. Diese Analogien lassen sich noch mehr ins Einzelne zerspalten. Die grosse Mehrzahl der Verba aber ist nach Bedeutung und Ableitung so deutlich, dass man keinen Anstoss nehmen kann an denjenigen, wo die Ableitung nicht deutlich ist, wie z. B. *conari*, das der Bedeutung nach dem *niti* ganz nahe steht, und dem *moliri*, bei welchem die Ableitung von *moles* klar ist.

Deponentia der zweiten Conjugation sind wegen der Bedeutung dieser Conjugation nicht häufig; sie beruhen auf einer Entwickelung der Zustandsbedeutung zur Bedeutung der Thätigkeit; *liceri, polliceri* (beide Reciproca), *vereri, fateri, misereri, mederi, mereri* (nur theilweise geschieden von *merere*), *tueri* (neben *tui*). Endlich *reri* (defect und eigentlich Verbum der dritten Conjugation, da das *e* nicht die Ableitungsendung der zweiten Conjugation ist, sondern zum Stamme gehört).

Ich habe schon beim Genus der Substantiva, bei den Declinationen und bei den Conjugationen bemerkt, dass diese Formverschiedenheiten für die Bedeutung nicht ohne Gewicht sind, dass man also namentlich auch bei Synonymen darauf immer Rücksicht nehmen sollte; dasselbe gilt nun auch für die synonymische Unterscheidung der Activa und Deponentia. Z. B. *exspectare* und *praestolari;* schon die Form zeigt, dass in jenem eine grosse Energie liegt; es ist das hinschauende, also thätige, bewusste Warten, daher folgt auch *ut* darauf; dagegen dieses heisst sich zeigen als einen der *praesto* ist zu irgend einem erwarteten Dienste. *Cadere* und *labi;* jenes ist die schon entschiedene Bewegung, dieses der Anfang davon, der Zustand, wo man sich nicht halten kann, sich senkt oder zum Fallen gedrängt wird. *Ambulare* und *spatiari:* jenes ist eine Thätigkeit, das Herumgehen ohne Ziel; es ist nicht einmal eine gemächliche Thätigkeit, wie Doederlein annimmt, da es ja von den Marschierübungen der Soldaten der Terminus technicus ist. *Spatiari* dagegen ist bloss das Sichbefinden auf dem Spaziergange, das unthätige Sichdaumhertreiben, nur dass es nicht gerade ein so vulgärer Ausdruck ist, sondern fast poetisch. Aehnlich verhält es sich mit *errare, palari* und *vagari;* jenes ist eine Thätigkeit, die nur das Unglück hat ihr Ziel zu verfehlen (falsch gehen, falsch handeln; man verhält sich thätig dabei); dieses dagegen ist der Zustand der absichtlichen Ziellosigkeit, indem man sich zu einem *vagus* macht; *palari* indem man absichtslos herumgetrieben wird, πλάζεσθαι. *Audere* ist als Verbum der zweiten Conjugation auch ein Zustand, der des *audax,* das Besitzen des Muthes; *conari* dagegen ist nur das Sichbemühen, der Zustand dessen der etwas versucht, ohne etwas zu vollbringen. Aehnlich wird derselbe Zustand durch zwei andere Verba bezeichnet, die ebenfalls Deponentia sind, *niti,* wodurch die Kraftanstrengung, und *moliri,* wodurch die Schwierigkeit der Sache hervorgehoben wird. Man sieht, dass bei diesen Begriffen das Deponens besonders schicklich befunden wurde, und darum geht selbst *audere* in diese Form theilweise über, da das Perfectum *ausi* veraltet ist (*ausim* nur in präsentischer Bedeutung) und dafür *ausus sum* gesagt wird; dieses stammt wahrscheinlich nicht von *audēre,* sondern von einem verlorenen oder wenigstens vorausgesetzten *audĕre — ausi,* wie *claudere — clausi;* davon *ausus sum* ich habe mich ermannt, erkühnt, erfrecht, erdreistet; auch *audax* spricht dafür, da die Adjectiva auf *ax* meistens von Verbis der dritten Conjugation kommen, wie *bibax, capax, dicax, fallax, ferax, fugax, loquax, sequax, rodax, perspicax, rapax;* nur *tenax* ist von *tenēre,* das aber wohl, wie *audere,* ursprünglich der dritten

Conjugation angehörte. Nur vom Nomen substantivum oder adjectivum sind *furax, verax (meracus), nugax.* Ebenso verhält es sich mit den übrigen Neutro-passivis der zweiten Conjugation *gaudere* und *solere. Gavisus sum* ich bin erfreut worden, habe mich gefreut. *Solitus* setzt ein Activum voraus, da es auch passiven Sinn hat, *res solita,* das Gewohnte, daher *solitus sum,* ich habe mich gewöhnt. Die Perfecta *ausi, gavisi, solui* werden als ungebräuchlich von den Grammatikern angeführt; s. Voss. de anal. lib. III, c. 21. Ebenso *fisus sum,* ich habe mich vertraut, verlassen, und *confisus sum. Confiderunt* ganz allein bei Liv. 44, 13, 7; von *fido* führt Prisc. lib. VIII, c. 11, § 61 [p. 420 H.], *fisi* als ungebräuchliches Perfectum an und darnach auch Voss. 1 c. Es soll wohl *fidi* heissen.

Es giebt nun noch eine grosse Menge von Schwankungen, indem viele Verba theils in einzelnen Formen, theils durchgehends sowohl als Activa als auch als Deponentia gebraucht werden, wobei bald das eine bald das andere ungewöhnlicher ist, ferner auch viele Deponentia die, selbst wenn die active Form sich nicht findet, in passivem Sinne angewendet werden, und zwar besonders im Participium perfecti. Das Einzelne hiervon, und es ist dessen sehr viel, gehört in die Etymologie; man sehe darüber Vossius und was ich zu Reisig § 150 und 151 nachgetragen habe. Einiges wird auch noch beim Participium perfecti erwähnt werden. Man kann sagen, dass in den Participiis, Supinum und Gerundium, d. h. in den abgeleiteten Nominalformen der Unterschied von Verbum activum, passivum und deponens nicht Statt findet; Participium praesentis und Futurum activi fehlen den Deponentien nicht; Participium praesentis passivi ist auch bei ihnen Passivum; Participium perfecti passivi ist schwankend, weil damit Tempora gebildet werden. Supinum und Gerundium haben dieselbe Bedeutung.

Eine Form aber ist auch bei den Deponentien immer passivisch, nämlich das sogenannte Participium futuri passivi. Dass dies aber ein Participium praesentis passivi ist, wird seiner Zeit gezeigt werden.

Nun sind von den Theilen des Verbi noch übrig Tempora und Modi, welche in der Satzlehre, Infinitiv, Participia, Gerundia und Supina, welche im dritten Theil der Bedeutungslehre vorkommen.

Die adverbiellen Redetheile können hier nicht in Betrachtung kommen, da sie keinen formirten Stamm haben; wo dies doch der Fall zu sein scheint bei den stehenden Endungen *e, o, ter* und anderen, findet eine Ableitung statt, welche im nächsten Kapitel vorkommt.

1. Verhältniss der Bedeutung zum formirten Stamme.

B. Zu dem zugleich abgeleiteten und componirten.

Auch in diesem Abschnitte werden natürlich die etymologischen Regeln vorausgesetzt. Das Gewöhnlichste darüber findet man in den Grammatiken, wie z. B. bei Zumpt, Kap. 61. Von besonderen Abhandlungen verweise ich namentlich auf die, welche auch auf dem Standpunkte der vergleichenden Grammatik stehen, von Düntzer und Doederlein; jener hat sehr flüchtig gearbeitet, dieser ohne Kenntniss des Sanscrit, sonst aber solider; ausserdem: Johannsen, die Lehre der lateinischen Wortbildung, nach Anleitung der vollkommeneren Bildungsgesetze des Sanscrit genetisch behandelt. Altona, 1832.

Ramshorn, lateinische Synonymik, Th. I (Leipzig 1831), Eiuleitung p. XXVII—CXX.

Die Lehre von der lateinischen Wortbildung und Composition. Wissenschaftlich dargestellt von H. Düntzer, Köln 1836.

Die lateinische Wortbildung von Ludwig Doederlein, Leipzig 1839. Beilage zu seinen lateinischen Synonymen und Etymologien.

Wenn nun Ableitung und Composition als Gegenstand der Bedeutungslehre behandelt werden, so handelt es sich nicht um die Regeln für die Formenbildung, sondern um die der Begriffsbildung. Wir haben also das ganze Reich der Begriffe zu überschauen in der Rücksicht, wie sie im Bewusstsein des römischen Sprachgeistes aus den wenigen ursprünglichen Begriffen, nämlich den zunächst sinnlichen Anschauungen, hervorgegangen sind. Hierbei ist es eine sehr schwierige Frage: wo hören die ursprünglichen Begriffe und Wörter auf, und wo fangen die abgeleiteten an. Aus dem Wesen der Begriffe selbst dürfen wir dies nicht entwickeln, denn das wäre Philosophie und nicht Grammatik; die Grammatik hat die Grenze durch die Sprache zu erkennen, worin sich das Abgeleitete von dem Wurzelwort durch die Form unterscheidet; dies ist also eine Aufgabe der Etymologie, deren Lösung ich hier voraussetzen muss, obgleich die Etymologie diese Aufgabe noch bei Weitem nicht gelöst hat, auch wohl nie lösen wird, für eine einzelne Sprache wie die lateinische. Viele Wurzeln sind ganz verloren gegangen oder nur noch in anderen verwandten Sprachen enthalten; in anderen Fällen haben die Wörter so grosse Veränderungen erlitten, dass ihr Ursprung für uns zweifelhaft oder gar nicht mehr zu erkennen ist. Auf dieses ganz dunkle Gebiet also kann sich die Bedeutungslehre vorläufig noch nicht einlassen; sie geht am sichersten, nur diejenigen Ableitungen zu berücksichtigen, welche klar vorliegen. Deren sind so viele, dass sie hinlängliche Analogien darbieten auch für die dunkeln Partien.

Da der ursprüngliche Vorrath von Begriffen nur sinnliche Anschauung enthält, so werden die Ableitungen von dreierlei Art sein, entweder werden sie noch andere sinnliche Begriffe darstellen, und dadurch jene vervollständigen, indem theils die ursprüngliche sinnliche Anschauung verschiedentlich gefasst wird, z. B. ein Verbum auch als Nomen, ein Nomen auch als Adjectivum, theils Modificationen desselben Begriffes gefunden werden, oder sie werden die Abstracta liefern, die späteste und daher am leichtesten zu erkennende Bereicherung des Wortschatzes, oder sie werden nur mehrere Wörter zusammensetzen, um daraus einen einzigen zusammengesetzten Begriff zu bezeichnen, sei es nun, dass er etwas Sinnliches oder etwas Abstractes bezeichne. Auch zwischen der Ableitung und Composition ist oft die Grenze schwer zu finden: es ist nämlich möglich und wahrscheinlich, dass manche Ableitungssylben, die für uns keine weitere eigene Bedeutung mehr haben, doch ursprünglich Wörter von eigener Bedeutung gewesen sind. Dies zu ermitteln, ist ebenfalls eine Aufgabe, welche wir der Etymologie überlassen müssen [1]).

---

[1]) Der dürre Abschnitt über Ableitung der Nomina, Adjectiva und Verba ist methodisch falsch, er gehört so in die Etymologie; ich habe ihn 1845 ex tempore so vorgetragen: 1) Modificationen der Begriffe ohne Aenderung der grammatischen Kategorie; Verstärkung, Schwächung und dergl. allen drei Redetheilen gemeinsam, dazu auch Motio bei den Nominibus und besonders Modificationen wie *arium, etum* etc.; 2) Uebergehen

Nomina.

I. Von Nominibus.

1) **Substantiva von Substantivis.** Vergrösserung und Verkleinerung des Begriffes, meist nach der zweiten oder ersten, also nach der adjectivischen Declination.

a. *capito, labeo, naso, pedo, fronto, cicero,* fast nur als Namen.
Deminutiva[1] *ellus, illus, olus, ulus, culus, unculus.*

ellus, illus: asellus, libellus, cerebellum, anguilla, sigillum, lapillus, codicillus;
olus: filiola — us, ingeniolum;
ulus: adulescentulus, aquula, scutulum;
culus: aedicula, muliercula, fraterculus, corculum, munusculum;
unculus: domuncula, virguncula, disputatiuncula, homunculus (u statt *i* und *o);*
io: homuncio, pusio.

b. Aehnlichkeit: *aculeus* von *acus, equuleus* (Folter), *haeduleus, hinnuleus* (Rehbock oder junger Hirsch); *hinnus* (Maulthier, von Pferd und Eselin).

c. *περιεκτικά*[2]), die umfassen, alles . was dazu gehört, zusammen, z. B.
sacerdotium, exilium, collegium;
umfassen als Ort, Gebäude: *armamentarium, columbarium, valetudinarium;*
Stall für Thiere: *bovile, ovile, equile* und andere *(cubile, sedile, hastile);*
Beet und Schule für Pflanzen: *myrletum, lauretum, arboretum;*

d. Abstracta, Zustände, obwohl sehr fühlbar: *virtus, servitus, senectus, iuventus (senecta* und *iuventa), virginitas, militia.*

Dies sind nur wenige und können auch noch angesehen werden als von Adjectivis herkommend. Dies ist für den Begriff natürlicher, denn der Zustand geht hervor aus einer Qualität.

2) **Substantiva von Adjectivis.** Abstracte Zustände: *claritas —* *claritudo, necessitas — necessitudo, pinguedo, concordia, miseria, iustitia.*

Der concrete Begriff, das Begabte mit der Eigenschaft, liegt schon in dem Adjectivum selbst.

3) **Adjectiva von Adjectivis.** Verkleinerung: *horridulus, misellus, plusculum, leviculus;*

Annäherung: *icus: albicus, tetricus;*
Verstärkung: Comparativ und Superlativ.

4) **Adjectiva von Substantivis.** Hier giebt es sehr viele Endungen und verschiedene Begriffe, doch ist es schwer alle deutlich zu scheiden; bei vielen ist weiter nichts zu sagen, als dass der Substantiv-Begriff in einen

---

aus einer grammatischen Kategorie in die andere, theils ohne sonstige Aenderung des Grundbegriffes, theils mit Modificationen; 3) doppelte Ableitung durch einen Mittelbegriff.
[1]) G. Müller, de linguae latinae deminutivis, Lips. 1865., 8.
[2]) Diese bleiben in derselben Kategorie von Redetheilen, bezeichnen aber doch ganz andere Wesen; es scheint, dass sie nicht direct abgeleitet sind, Substantiva von Substantivis, sondern durch Vermittelung eines Adjectivums.

Adjectiv-Begriff verwandelt wird, so dass also die ganze Gesammtheit der Merkmale, die einen concreten Gegenstand bilden, umgesetzt wird in ein einziges, in eine einzige Eigenschaft, die jenen Gegenstand ganz oder nur ähnlich enthält; davon manche ohne Endung (s. zu Reisig Anm. 192. Oceanae aquae, Rhenum flumen, Pompilius sanguis. Die Adjectiva auf *icus, icius, ius, inus,* die mehr substantivischen auf *ilis* und *alis*[1]). Andere bilden den Adjectiv-Begriff mit genauerer Modification,

    wie Stoff: *eus: aceus;*
    Fülle: *osus — ulentus: vinosus, vinolentus, somnolentus, temulentus,*
        virulentus entsprechen den Substantivis von Substantivis *a;*
    Beschäftigung: *arius: statuarius, librarius* ib. *c.*

    5) Pronomina. Da sie keine specielle, sondern nur eine allgemeine, relative Bedeutung haben, so können sie nur von einander herkommen. Diese Ableitungen können aber die Form von Adjectivis, Substantivis und Adverbiis annehmen, je nachdem sie in ein besonderes Verhältniss zu den anderen Redetheilen treten; dabei bleibt jedoch die Bedeutung immer eine allgemeine, relative: *meus, tuus, suus; nostras, cuias; alius — alienus,* davon *alienare* und *alienatio; is, ibi, inde, eo* u. s. w.; aber so relative Begriffe in ein Abstract zu verwandeln, setzt eine bedeutende philosophische Bildung voraus: *alienitas* ist spät und schlecht; vollends *meitas* und dergleichen sind erst von Scholastikern des Mittelalters gebildet.

Verba.

    1) Verba von Verbis. Verstärkung: Intensiva und Frequentiva. *Dictare, dictitare* u. s. w.

    Diese sind sehr selten Composita; es ist fraglich, ob sie von Compositis gebildet oder ob die schon von Simplicibus abgeleiteten Frequentiva erst nachher componirt sind, z. B. *retractare, con — at — detrectare, attemptare, exprospectare, suspectare* erst bei Tacitus von *suspicere.*

    Schwächung: *scribillare sorbillare.*

    Inchoativa, Desiderativa und andere siehe oben bei den vier Conjugationen.

    2) und 3) Verba von Substantivis und Adjectivis, s. die vier Conjugationen.

    4) Nomina substantiva von Verbis:

    Der Thäter: *tor, trix*[2]*); pugio, erro, ludio, scriba.* Nur in Compositis *cola, peta, fuga, gena; dicus, legus, lix* in *trilix* von *ligare (ligĕre), lex* in *allex, pellex (paelex), ficus, fer, ger, volus, bibus, crepus, loquus, igus, cen* von *canere (tubicen), ceps* von *capere (anceps), fex* von *facere (opifex), ses* von *sedere (de — ob — praeses), cox* in *praecox* von *coquere, iux* von *iungere (coniux), sul* in *consul, praesul, exul* von *salire.*

---

[1]) Lingnau, de origine atque ratione terminationum adiect. in *alis (aris), ilis, elis* et *ulis* desinentium, Königsb. 1829. Progr. von Braunsberg.

[2]) Conr. Dr. Cramer, über die Verbalsubstantiva auf *tor* und *trix* bei Cicero. Programm des Gymnasiums in Cöthen 1848; Verzeichniss: 284 auf *tor,* 45 auf *trix,* dann ihren Gebrauch. Ueber den Gebrauch der Derivata auf *tor* und *trix,* zwei Prenzlauer Progr. von Schäffer.

Das Mittel[1]): *men — mentum: tegmen — tegmentum; bulum: venabulum — fulcrum.*
Ort: *lavacrum, sepulcrum.*
Der Zustand: *pavor, terror, furor, maeror.*
That, concret: *us; motus, consensus, concursus, visus.*
— abstract: *io; motio, consensio, concursio (factio), occidio, legio, religio.*
Beides: *ura; cultura, scriptura, pictura* [2]).
Alle drei Arten sind wohl nicht leicht neben einander vorhanden bei demselben Stamme: *scriptio, scriptura, visio, visus.*
5) Adjectiva von Verbis.
Die Neigung, Fähigkeit, Leichtigkeit: *bundus, cundus, idus, uus,* — *ax, ox, ilis;* in Compositis *fer, ger, dicus* [3]).

Particulae.

Adverbia von Adjectivis.

Bei weitem die meisten Adjectiva können durch das eine Merkmal, durch welches sie ein Nomen bestimmen, zugleich auch ein Verbum bestimmen, beides das feste und das fliessende Sein; nur bei denen ist dies nicht möglich, welche ein Merkmal enthalten, das seinem Begriffe nach nur an einem festen Sein sich finden kann; dies sind die Merkmale des Stoffes, woraus ein Gegenstand besteht, der Form, in welcher er angeschaut wird, der Farbe, vorausgesetzt, dass diese Merkmale in eigentlichem, nicht in übertragenem Sinne verstanden werden. Wenn also Cicero das Adverbium *rotunde* gebraucht, so geschieht dies nur in übertragenem Sinne, wie er auch *oratio rotunda* sagt; und da er auch einen *scriptor ferreus* nennt, so wäre es nicht undenkbar, dass auch *ferrec scribere* gesagt wäre; indess findet sich dies nicht. Der Uebelklang entscheidet dabei nicht unbedingt; denn es findet sich ja *idonee* bei Cicero de Invent. I, c. 15, Ulpian. tit. XII, § 4.

Die gewöhnlichsten Endungen sind bekanntlich bei Adjectiven der zweiten Declination *e, a, o, um,* bei Adjectiven der dritten *ter,* welche sich jedoch auch bei einigen der zweiten findet. Zwischen *e* und *ter* scheint nur ein etymologischer Unterschied Statt zu finden; dagen *e, a, o* und *um* unterscheiden sich; es sind aber so feine Nüancen, dass es schwer ist, sie genau zu bestimmen, und dass sie auch nicht immer beobachtet wurden.

Zu den gewöhnlichen auf *a: recta, hac, illa, ea, qua, hactenus* u. s. w., *quadamtenus* kommt auch noch *quaad* statt *quoad,* was Keil in den Codices des Varro de r. r. fast durchgängig gefunden hat, s. Keil obss. crit. in Cat. et Varr. pag. 39 fgg. Dasselbe ist auch herzustellen bei Tacitus, wo es

---

[1]) Lingnau, de origine et natura terminationis nominum in *men* et *mentum* exeuntium. Progr. von Braunsberg 1836. 4.
[2]) Wichert, de adiectivis verbalibus latinis. Progr. von Tilsit 1839. 4.
[3]) Ein Verzeichniss mit Angabe der Fundörter giebt Teipel, Jahrbücher für Philologie und Pädagogik 1849, Suppl. Bd. XV, S. 203—205; er bemerkt nichts über die Bedeutung, sagt aber, da diese Bildung theils der Geschäfts- und Umgangssprache in den niederen Kreisen, theils der späteren Zeit angehört, so ist es leicht begreiflich, dass so viele Hauptwörter auf *ure* im Französischen und *ura* im Italienischen sind, wovon es ebenfalls eine Sammlung giebt.

Ann. IV, 61. VI, 51 der Codex giebt; auch findet es sich in Inschriften (s. Forcellini v. *quoad* am Ende); aber in den Texten der Schriftsteller ist es, wie es scheint, sonst noch nicht nachgewiesen.

Im Ganzen scheint die Regel die zu sein, dass *e* die Art und Weise (real), *o* die Zeit und einen begleitenden Umstand des Seins angiebt (temporal), *a* die Richtung, den Weg (local), durch *via* und *ratione* erklärt; *um* (eigentlich nicht Adverb) aber enthält ein Prädicat entweder bloss des Objects oder des Seins sammt seinem Object und was sonst dazu gehört.

Darnach unterscheiden sich deutlich *prime, primo, primum.*

Prime: Auf die erste, höchste Weise, d. h. im höchsten Grade. Z. B. *prime cata ancilla* bei Plaut. Mil. gl. III, 1, 195 ein Ausbund von einem verschmitzten Mägdlein, dessen Klugheit von der ersten Sorte ist. Dies ist veraltet.

Primo: In der ersten Zeit, anfänglich, wobei man erwartet, dass nachher veränderte Umstände eintreten, die dann durch *mox, deinde, postea, tum* und dergleichen oft eingeführt werden.

Primum: Das erste Mal, und erstlich. Z. B. *primum consul creatus,* d. h. *consul creatus est et id primum fuit, quod creatus est,* wofür die Syntax auch noch andere Analogieen giebt. Spätere haben dies zuweilen verwechselt. Siehe darüber zu Reisig A. 207 Jordan zu Cicero pro Caec. 16, § 46. Ueber *tertio* und *tertium consul* war man schon zu Cicero's Zeit zweifelhaft, wie die Erzählung des Tiro bei Gell. X, 1 zeigt.

Certe, certo, certum.

Certe z. B. *dixit,* das Sagen ist sicher, d. h. es ist sicher, dass er gesagt hat. Es geht auf das nicht ausgesprochene Sagen, Denken, Glauben: mit Sicherheit sage ich dies; daher *certe scio,* es ist sicher, dass ich weiss, also die Existenz des Wissens wird versichert, wie in dem deutschen: sicherlich; daher „wenigstens", d. h. so viel ist gewiss.

Certo scio, ich weiss mit Sicherheit; also es wird nicht die Existenz des Wissens versichert, sondern diese wird vorausgesetzt, und ihm nur ein Accidens beigelegt, von dem es begleitet ist, die hier nicht eine Zeit, sondern eine temporal begleitende Qualität ist. Daher kann man wohl sagen *certe nescio;* die Existenz des Nichtwissens ist gewiss: aber nicht: *certo nescio;* denn wenn man überhaupt nicht weiss, so wäre es ein Unsinn zu sagen, mit Gewissheit nicht wissen, weil jenes weniger ist. Die Ungewissheit kann gewiss sein ihrer Existenz nach; aber sie kann nicht von der Sicherheit einer Sache begleitet sein. Wohl aber kann man sagen: *non certo scio;* hier nämlich wird nicht das Wissen selbst, sondern nur dessen Gewissheit geläugnet. Dagegen *non certe scio* so gestellt kann nicht gesagt werden, weil *certe* die Existenz versichert und *non* sie läugnet.

Certum scio: als etwas Gewisses wissen, was mit *certo* ziemlich auf Eins hinausläuft, aber seltener ist. Cic. pro Sulla 13, 38: respondit — se nescire certum; Cic. de Legibus I, 19, 52: quamdiu affutura sint, certum sciri nullo modo potest; ad Att. VII, 13: Quid actum sit, scribam ad te, cum certum sciam. Valer. Max. II, 7, 6.

Ueber diese drei s. die Nachweisungen zu Reisig A. 249 [1]).

Umgekehrt scheint es bei *vere* und *vero* zu sein, der Unterschied liegt aber darin, dass bei *vere* und anderen das Merkmal nicht ein Merkmal der

---

[1]) Mehr noch bei Neue II, S. 499.

blossen Existenz an sich ist, sondern des ganzen Verbi. *Vere dico* mit Wahrhaftigkeit sagen, als Qualität des Gesagten. Dagegen *dico vero:* ich sage in Wahrheit, was in die Bedeutung von *aber* übergeht, wenn es in Gegensatz gegen etwas tritt, das nicht in Wahrheit ist.

Verum dico: ich sage als etwas Wahres; auch dies wird zur Conjunction *aber,* durch den Gegensatz: das Wahre ist.

Continuo: in der unmittelbar folgenden Zeit, ohne dass etwas dazwischen tritt; es ist also eigentlich ein Prädicat der Zeit, des Zeitpunktes, in welchem Etwas geschieht: *Continue* ist ein Prädicat des Geschehens, dass es ununterbrochen ist, besonders räumlich, z. B. Varro de l. l. V, §. 27: stillicidium eo quod stillatim cadat; flumen, quod fluit continue. Flor. II, 17, 5. [I, 33]: prope ducentos per annos dimicatum est, non continue nec cohaerenter, sed prout causae lacessierant. In demselben Sinne wird von der Zeit *continenter* gebraucht, fortwährend; z. B. *bellum gerere.* Caes. B. G. I, 1, 26. III, 5, B. Civ. I, 46: pugnatum continenter horis quinque. Cic. de N. D. I, 39, 109.

Die Bedeutung des *o* zeigt sich am deutlichsten in den Ablativis absolutis: *auspicato, improviso, merito* und dergleichen, und bei eigentlichen Ablativen der Zeit, wie *quotidiano* statt *quotidie.* S. Halm zu Cic. in Vatin. I, § 3. Bentl. zu Ter. Heaut. III, 5, 7. Ruhnken zu Rutil. Lup. p. 11. Neuerdings ist es selbst bei Cicero in Verr. III, 8, § 18 hergestellt. Nach dieser Analogie haben Spätere weiter gebildet; z. B. *hesterno* (Cic. in Vatin. c. 1, 3; das. s. Halm) statt *heri* Sulpic. Sev. dial. III, 1, 5. 2, 1. 5, 2. 3. 17, 3. *Hiberno* Dositheus fab. Aesop. 17 extr. p. 37 ed Böcking. *Verno-hibernoque* der Anonym. de VII miracc. c. 3, pag. 69, ed. Haupt. *matutino, vespertino, repentino, horno.*

Adverbia von Substantivis.

Sind nur wenige, die auf *tus: radicitus, stirpitus, coelitus, medullitus, funditus.*

Andere sind Ablativi: *sponte, rite* (*rite nefasto.* Stat. Theb. II, 284), *gratis* statt *gratiis;* oder Accusativi, wie *partim*[1]).

Oder es ist eine Ableitung, welche durch Voraussetzung eines Verbi vermittelt ist; so ist wohl zu erklären *conatim, suatim, viritim*[2]).

Aus der verschiedenen Bedeutung von *cumulus* und *acervus* ergiebt sich, warum nur *cumulate* und nicht *cumulatim* gesagt werde, welches sich erst bei Prudentius findet; denn nur jenes bedeutet den ganzen Haufen als Menge, dieses nicht sowohl den ganzen Haufen, als insofern er eine Spitze hat, das, was oben darauf gesetzt ist. Wenn man hierbei sagt, es bezeichne das Distributive, so ist dies nur aus wenigen Beispielen gezogen, worauf es zufällig wegen der besonderen Wortbildung passt. Eigentlich liegt ein Verbum zu Grunde, sowohl wenn sie von Verbis oder wenn sie von Substantivis kommen, und zwar das Participium perfecti passivi; also gemacht zu —. Nun wird dies aber durch *im* in den Accusativ gesetzt, der eigentlich Object ist, mit bloss abstractem Begriffe, das, was entsteht, wenn etwas zu Wurzel

---

[1] Gryczewski, de nomine adverbiascente latino, Progr. Königsberg 1836, 4.
[2] L. Meyer in der Zeitschr. f. vergl. Sprachf. Bd. VI, S. 301.

gemacht ist; wird dies nun zum Object des Seins, so heisst es: diesen Begriff darstellen als das Product, das Hervorgegangene darstellen, ausmachen. Daher ist es besonders häufig, wenn ein Product durch Trennung oder durch Zusammenfassung entsteht, also die Vereinzelung oder die Summe darstellen, so dass eine Vereinzelung oder eine Summe erscheint. Die Zusammenfassung liegt in *coniunctim, catervatim, summatim, accrvatim, gregatim*; ersteres zu unterscheiden von *coniuncte*, z. B. *vivere*, freundschaftlich verbunden leben; aber *coniunctim*, z. B. Caes. VI, 19: huius omnis pecuniae coniunctim ratio habetur, es wird so berechnet, dass es als eine einzige, ganze Verbindung, untheilbare Summe erscheint, bestehend aus der Mitgift der Frau und dem dazu gefügten, gleich grossen Eigenthume des Mannes. Cf. Nep. Att. 10, 5. Das Gegentheil ist, wenn etwas als Einzelnheit genommen wird: *separatim (separate)* und von Nominibus *singulatim, paulatim, articulatim (articulate loqui), generatim, stillatim, ordinatim, oppidatim, viratim, viritim*. Doch ist es nicht alle Mal eine Quantitätsbestimmung, sondern auch blos die Beschaffenheit, wie *punctim, caesim, strictim* (z. B. *attingere*, d. i. *breviter*, so dass jedes Mal gestreift, ein Streifen dargestellt wird, aber *stricte*, so dass man immer streift, nie davon abgeht, also fast sich daranhält, genau). *Gravate* und *gravatim;* letzteres nur bei Lucret. III, 388, und da von leblosen Dingen, und bei Liv. I, 2, 3, wo es von einer Person gesagt ist. *Punctim*, so dass eine Stichwunde, *caesim*, eine Hiebwunde, *puncta* und *caesa* bei Späteren, *strictim*, dass eine Streifwunde entsteht oder entstehen kann. Von einem Adjectivum ist *ubertim* (nicht bei Cicero), das zu der Bezeichnung von Summen gehört.

Adverbia von Pronominibus [1]).

Hic, illic, ibi, alibi (nullibi ist schlecht, bloss bei Vitruv und ganz Späten; *nuspiam* ist ganz barbarisch, weil die Endung *piam* nicht an negative Wörter gehängt werden kann). Es sind ihrer viele, die bekannt sind; man kann sie zusammengestellt finden bei Zumpt, Cap. 63, und die Localia namentlich § 288 fgg.

Manche Stämme sind hierbei sehr dunkel. Ich erinnere an eine Ableitung mittelst des demonstrativen *ce*, welches als Suffixum an manche Pronomina und Adverbia tritt. So ist schon *hic* durch *ce* aus *hi* entstanden; dann macht man noch *hicce* und *hiccine;* ebenso *illic, istic*.

Hieraus erklärt sich *nunc*, entstanden aus *num*, was sich noch in *etiamnum* findet. Ferner *tum* und *tunc;* denn *tunc* ist immer demonstrativ, *damals; tum* hat diese Bedeutung auch, nur mit weniger Nachdruck; ausserdem hat es auch noch eine andere, nämlich: *dann, darauf*, in Aufzählungen und im Fortschreiten, wie in *quid tum;* in solchen Fällen kann *tunc* nicht gebraucht werden. S. A. 419 b zu Reisig; genauerer zu Tibull I, 10, wo gezeigt ist, wie in *tunc* eigentlich eine doppelte Demonstration liegt, durch *t* und *c*, so dass jenes bloss einen Gegensatz demonstrirt gegen die Gegenwart überhaupt oder eine schon vorher bestimmte Zeit, und dann ist es *darauf*. Dagegen *tunc* demonstrirt nicht nur einen Gegensatz der Gegenwart, sondern ausserdem auch noch eine schon bestimmte ausserhalb der Gegenwart liegende Zeit.

---

[1]) Fr. G. Beisert, de adverbiis Latinorum pronominalibus, Dissert., Breslau 1840. 8.

Praepositiones [1]).

Dass sie von Pronominalstämmen herrühren, mögen die Sanscritauer beweisen, die es behauptet haben. Dieser etymologische Zusammenhang würde dann rücksichtlich der Bedeutung dadurch bestätigt werden, dass beide Wortklassen relative Beziehungen geben; und so sind ja die localen Adverbia ganz unzweifelhaft von den Pronominibus abgeleitet; aber im Grunde ist die Art der Relation doch etwas verschieden. Ueberhaupt sind Bestimmungen des Raumes und der Zeit nur durch Angabe des Verhältnisses zweier Punkte zu einander möglich, da das Dasein dieser Begriffe überhaupt nur durch Relation des Gesonderten zum Bewusstsein kommt. Daher muss also das sprechende Subject entweder sich selbst und etwas ausser sich zu diesen beiden Punkten nehmen, oder, wenn es zwei Punkte ausser sich hat, die es mit einander in Relation setzt, so geschieht dies unter Voraussetzung des Standpunktes, auf welchem sich das Subject befindet; dieser wird jedoch nicht ausdrücklich ausgesprochen, sondern von selbst verstanden. Nun giebt es eigentliche und uneigentliche Präpositionen; die letzteren sind etymologisch Derivata, syntactisch Adverbia, welche bald mit, bald ohne Casus gebraucht werden können, während die eigentlichen Präpositionen wo nicht an sich Primitiva sind, so doch im Verhältnisse zu den uneigentlichen, deren Wurzeln sie grossentheils sind; zugleich können diese nur mit einem Casus gebraucht werden; sie sind alle einsylbig; die uneigentlichen sind meistens zweisylbig, doch einige auch einsylbig. Die eigentlichen sind: *ad, ob, per, ab, cum, de, ex, pro, in, sub.*

Dass eine Präposition mit einem Casus oder auch ohne ihn gebraucht werden kann, hat seinen Grund in ihrer Bedeutung. Der Casus enthält den einen Punkt, welcher mit einem anderen in Relation gesetzt wird; ist nun die Relation ein einfacher Gegensatz in dem Verhältnisse zweier Punkte, wie: vorn und hinten, unterhalb und oberhalb, so versteht sich bei Angabe der einen Seite die andere von selbst; dann ersetzt also das in dem Zusammenhange gegebene Verständniss der Relation deren einzelne Glieder. Dies ist der Sinn der uneigentlichen Präpositionen auf *ter.* Ebenso wenn die Präposition eine Richtung von einem Punkte auf einen anderen angiebt, so ist es nicht nöthig, dass dieser andere wirklich als materiell erreicht bezeichnet wird, wenn man nur aus dem Zusammenhange den Anfangspunkt und das Ziel weiss. Dies ist der Fall bei denen auf *a.*

Die gewöhnlichsten Endungen der abgeleiteten Präpositionen sind *a, ter* und *am.* Das *a* ist einfach nur in *circa, erga, iuxta*; in den anderen ist es *ra* oder *tra*, worin zugleich das Comparativzeichen liegt; *citra* von *cis, ultra* von *uls*, *contra, extra, intra, infra, supra.* Es ist wohl dasselbe, was schon bei den Adverbiis angeführt ist, wie in *recta, ea, qua*, drückt also eigentlich Richtung und Weg aus; daher ist dabei kein Object nöthig, weil die Richtung von dem Anfangspunkte aus bestimmt wird und es gleichgültig ist, ob sie bis zu einem gewissen anderen Punkte fortgeführt wird,

---

[1]) Doederlein, über die Classification der Präpositionen, Vortrag bei der Philologen-Versammlung in Kassel, gedruckt in seinen „Reden und Aufsätzen; 2. Sammlung, S. 152—156."

ob sie einen materiellen Gegenstand erreicht oder nicht; er kann aus dem Zusammenhange verstanden werden. Die Endung *ter* dagegen in *circiter*, *praeter*, *propter*, *inter* und *subter* ist wohl Comparativzeichen. Früher fand man in der Endung *ter* und *iter* (wie *similiter*) das Substantivum *iter*, und bei *obiter* haben dies Manche noch bis in die neuesten Zeiten festgehalten; bei den Präpositionen nahm man an, es bezeichne die Richtung nach etwas hin. Bei jenen Adjectivis der dritten Declination mag es eine andere Bedeutung und auch anderen Ursprung haben; durch *circiter* werde ich zweifelhaft, ob nicht dies *ter* die gewöhnliche Adverbialbedeutung hat, denn bei *circiter* ist doch der Begriff der Zweiheit schwerlich anzuwenden, wogegen die gewöhnliche Bedeutung wohl auf alle Präpositionen passt. In vielen Fällen aber ist es noch augenscheinlich Comparativzeichen, dass sich im Sanscrit findet wie auch im Griechischen τέρος. Im Lateinischen ist es deutlich in *dexter, sinister, alter, uter, neuter, ceteri*, wo es immer von der Sonderung einer Zweiheit gebraucht ist, wie ja auch die Comparationen nur zwei Dinge mit einander vergleichen (δεύτερος — *alter*). Dies scheint mir nun auch in den Präpositionen zu liegen, was am deutlichsten ist bei *inter* — *zwischen*, was ja die Zweiheit selbst im Worte ausdrückt. *Propter* kommt von *prope*, d. h. nahe bei, überhaupt und allgemein; aber das *ter* bringt noch den Begriff der verbundenen Zweiheit hinzu, also entsteht die Bedeutung der Nähe zweier zusammengehörigen, sich entsprechenden Dinge; sie sind parallel; daraus geht die bildliche Bedeutung des Grundes hervor; denn wenn etwas gethan wird so, dass es einem anderen parallel sein soll, so ist dies die Richtschnur, der schon bestehende feste Punkt, nach dem man seine angemessene Richtung nimmt. Daraus geht also zugleich hervor, dass wie dieser Punkt ein schon vorhandener ist, so auch im bildlichen Sinne *wegen* nur einen schon vorhandenen Grund bezeichnet, nicht etwas erst zu Erreichendes, wie *causa*.

Aehnlich verhält es sich mit *praeter* von *prae*. *Prae* bedeutet überhaupt, dass etwas *vor* etwas ist, an der Vorderseite, wie *prae se ferre*; bildlich *prae ceteris* u. s. w., der Vorzug (daher ist dies auch im Wege, hinderlich; *prae metu* und dergl.). Kommt nun auch hier wieder der Begriff der Zweiheit hinzu, so haben wir zwei Dinge, die einander die Vorderseite zukehren, also neben einander hingehen, ohne sich zu berühren, folglich ausserhalb.

Noch leichter zu verstehen ist *subter;* *sub* heisst bloss unter, eines tiefer als das andere; *subter* aber bezeichnet zwei miteinander verbundene Gegenstände, von denen der eine unterhalb des anderen ist.

Die Endung *am* ist augenscheinlich bloss adverbiell; sie findet sich in *tam, quam* und den Compositis *iam, perperam, trifariam, multifariam* (*nequam* bei Plautus noch Adverb) und anderen; daher sind auch *clam, coram* und *palam* nichts weiter, und wo diese Wörter mit Casibus verbunden werden, kann ein Schwanken stattfinden, namentlich *clam* steht oft nicht nur cum ablativo, sondern auch cum accusativo und sogar, was keiner Präposition möglich ist, mit dem Dativ bei Plautus, Mil. gl. III, 3, 9 [1]). Einzeln

---

[1]) *Mihi clamst* nach Lambin, *nihil* ist Ueberlieferung. Sogar an den Genetiv hat man gedacht, Mercat. I, 1, 43.

stehen noch die Endungen *um* und *us*: *circum, secundum, adversum, adversus, tenus,* alle Adverbia.

Conjunctionen.

Bei vielen ist die Ableitung dunkel [1]). Für die Bedeutungslehre ist das Wichtigste dies zu sehen, wie sie aus Adverbien zu Conjunctionen geworden sind vermöge der Satzverbindung; das gehört aber nicht hierher.

Compositio [2]).

Abgesehen davon, ob in einzelnen Fällen oder immer die Ableitung zur Composition werden kann, halten wir uns an diese Composition, deren Bestandtheile für sich verständlich sind, so dass auch die Römer das Bewusstsein davon gehabt haben.

Die Ableitung geht aus von der Thätigkeit des Verstandes, die Composition von der Phantasie, sofern nämlich diejenige Gattung von Composition verstanden wird, bei welcher die Bestandtheile der Composition, wenn sie getrennt werden, in einem grammatischen Verhältnisse zu einander stehen, das durch bestimmte Endung ausgedrückt werden muss, ohne welche die Bedeutung ihrer Verbindung nicht zu erkennen ist.

Die Composition setzt nämlich eine gewisse Lebhaftigkeit der Vorstellung und der Phantasie voraus, welche im Stande ist zwei an sich gesonderte Begriffe ohne Bestimmung ihres gegenseitigen Verhältnisses zu verbinden und als eine Einheit anzuschauen. Diese Fähigkeit ist nicht bei allen Völkern gleich gross. Die Orientalen und die Griechen sind darin ausgezeichnet; beide können bekanntlich endlos lange Wörter bilden, und wenn wir ihnen darin auch nachstehen, so gelingt es doch auch uns solche „weltkugelumsegelnde Wörter", wie Platen sagt, zu ·bilden. Die Römer liebten zur Zeit des Horaz die sesquipedalia verba nicht. Gewöhnlich sagt man, die lateinische Sprache sei nicht fähig viele Composita zu bilden; das ist aber ein Irrthum; man betrachte nur, was davon wirklich in der Sprache vorhanden ist. Es ist eine reiche Fülle von Analogieen, wonach man immer weiter bilden könnte und es oft unversehens thut. Man betrachte ferner, was die ältesten Dichter hierin geleistet haben; auch hier wird man viele mit Geschick gebahnte Wege zu weiterer analoger Bildung finden, z. B. die Wörter bei den Komikern: *multibibus, stultividus, delenificus, urbicapus, falsiiurius, lucripeta, largiloquus, stultiloquium, tardigradus* bei Pacuvius, *raucisonus* bei Lucretius und Catullus, zu geschweigen vieler anderer Wörter mit *ficus, dicus, volus, loquus, vagus, cola* u. s. w. Dann *triseclisenex* und andere grössere Bildungen, die Gellius 19, 7 anführt, wie Pacuvius: Nerei

---

[1]) Ueber mehrere vgl. O. Ribbeck, Beitr. zur Lehre von den lateinischen Partikeln, Leipzig 1869, 8.

[2]) Teipel, grammatische Nachlese. Lateinische Verba mit zwei oder mehreren Präpositionen zusammengesetzt. Neue Jahrbücher für Philologie. Suppl. Bd. XVI. 1851. H. 4, p. 555—568. Ueber die Composition vergleiche Einiges mit Bezug auf das Wort Pontifex Exc. I. und II. in Roeper, lucubrationum pontificalium primitiae, Danzig 1849, 4. Progr. des Gymnasiums; eine auch sonst schätzbare Abhandlung.

repandirostrum incurvicervicum pecus, und Laevius, der seine vituperones sub-
ducti-supercilicarptores nannte. Plautus macht Spottnamen mit Zuziehung
griechischer Analogien, *Argenticxterebronides, Nummorumexpalponides, Quod-
semelarripides, Numquamposteacripides.* Dann finden sich manche technische
Ausdrücke hübsch componirt, wie bei den Aerzten manche Kräuternamen:
vertipedium, corsalvium, semperflorium, miserevivium, citocacium (i. e. la-
thyris, quae alvum solvit); solche und andere kann man z. B. bei dem Ps.
Apuleius de medicaminibis herbarum finden. Cicero, Or. c. 49, 164
findet eine asperitas in den Wörtern: *perterricrepus* und *versutiloquas ma-
litius.* Es war überhaupt mehr der Geschmack der Römer, als die Natur
der Sprache, welche die Composition an weiterer Ausdehnung hinderte; dass
sie aber keinen Geschmack daran fanden, kann nur theils in ihrem Ernste
gelegen haben, der keinen Spass verstand, wie ihn z. B. Plautus so hübsch
machte, theils in ihrer ebenfalls etwas pedantischen Verständigkeit, die wohl
eine gewisse Unverständlichkeit und Unbestimmtheit in sehr langen Compositis finden mochte, weil darin die Welt nicht der Regel gemäss streng
construirt und nach strenger Gesetzmassigkeit in ein Verhältniss zu einander
rangirt war; es fehlte die genaue Bestimmtheit der Verhältnisse, in welchen
die Begriffe zu einander stehen; diese Bestimmtheit ist ein Bedürfniss des
Verstandes, scharfer Verstandesbildung, philosophischer Cultur. Daher kann
man bemerken, dass die Composition mit der Republik zu Grunde geht; da
hat der egoistische Verstand Alles in seine Bestandtheile aufgelöst, so auch
die Composita.

Was nun die Regeln der Composition anbetrifft, so würde es sehr weit
führen diese hier durchzugehen; sie sind theils etymologisch und beziehen
sich auf die Veränderungen der Form, theils betreffen sie die Bedeutung,
die aus der Composition zweier Begriffe entsteht. Die letzteren sind bei
Weitem die wichtigsten; sie lassen sich jedoch von den etymologischen nicht
ganz trennen, und auch ihrer sind sehr viele, denn wir müssten alle die
Combinationen, die zwischen den verschiedenen Redetheilen möglich sind,
durchgehen, sowie auch die unmöglichen; bei den letzteren ist dann der
Grund der Unmöglichkeit zu ermitteln, und bei den möglichen sind die Bedingungen und Schranken der Möglichkeit aufzusuchen. Dies ist ein weites
und ergiebiges Feld, worauf noch viele interessante Resultate zu gewinnen
sind. Denn was man bis jetzt darüber hat ist nicht sehr genügend. Die
Grammatiker, wie Zumpt S. 260 sq., Ramshorn §. 87 fgg. geben nur
wenig und zum Theil nach schlechten Principien; besser in beiden Beziehungen ist Düntzer in dem angeführten Buche S. 159—210. Er bringt
die Principien der indischen Grammatik in Anwendung, jedoch ist auch dort
der Gegenstand noch bei Weitem nicht erschöpft. Darüber ist so viel zu
sagen, dass es eher der Gegenstand einer besonderen Vorlesung sein könnte.
Nur beispielsweise führe ich einige Einzelnheiten an.

Man müsste also fragen z. B.: wie werden Nomina substantiva unter
einander zusammengesetzt?

1. So, dass wieder ein Substantivum herauskommt, und zwar

A. ohne Veränderung des zweiten Substantivi.

Hier findet sich überhaupt kein grosser Reichthum, und die meisten
Wörter sind

a) so componirt, dass das erste einfach im Verhältnisse des Genetivs zum zweiten steht, z. B. *agrimensor, agricultor, agricultio, agricultura; aurifodina, arenifodina* (Varro l. l. V, 7 aus Conjectur bei Müller, sonst nur aus den Pandecten angeführt), *cretifodina* (Pandecten), *auripigmentum, campidoctor; vitisator* (poetisch bei Attius und Virgilius), *gallicrus* (— *ris,* ein Kraut, Hahnenfuss); die Sclavennamen *Marcipor, Quintipor.* Keine von der ersten Declination, auch eigentlich keine von der dritten; denn da hat man die volle Genetivform, wie *legislator; lucisator* hat erst Prudentius cathem. 3, 1, *nemoricultrix* Phaedrus, in beiden Fällen substantivische Verbalia als Adjectiva; *pietaticultrix* in einem dem P. Syrus wohl mit Unrecht zugeschriebenen Gedichte bei Petron. c. 55. Diese von der dritten Declination scheinen eine alte, später aufgegebene und noch später wieder hervorgesuchte Analogie zu sein.

b) So componirt sind nur sehr wenige, und diese in früherer Zeit meistens in griechischen Wörtern oder nach griechischem Muster, und andere erst in späterer Zeit; dass das erste Wort nicht der Genetiv ist, sondern den Stoff, die Art und Weise, den Ort und dergleichen ausdrückt. So ist es in den Namen von Mischvölkern: *Gallogracci, Celtiberi;* griechisch: *moechocinaedus, galliambus, choriambus.* Spätere *currodrepanus, manubalista* (Veget.), *virgiliocento* (Hieron.), *noctuvigulus* (Plautus). Solche Wörter bleiben unverbunden, wie *verbis velitatio* bei Plautus, Asin. II, 2, 41. Die juristischen Ausdrücke *veste contubernium, traditio nexu.*

B. Mit Veränderung des zweiten Substantivi, und zwar
  a) in der Endung *um,* was das Häufigste ist. Hier ist nämlich eigentlich ein Adjectivum gedacht, dessen Neutrum erst wieder einen concreten Begriff giebt, z. B. *equisetum* (Pferdeschwanz, ein Kraut, von *seta*), *assipondium, hastiludium barbarum, regifugium, fenisecium.*
     Wo aber die Wörter schon in *ium* endigen, wird dies beibehalten und dann ist, wie oben (A. a), keine Veränderung sichtbar, wie *manifolium, manupretium.*
  b) In eine andere Endung: *suovetaurilia, capricornus* (eigentlich als Adjectivum, wie 2. A. *der Steinbock*).
2. So, dass ein Adjectivum herauskommt.
  A. Mit Veränderung des zweiten Substantivi, was das Gewöhnlichste ist, also Veränderung der Endung in die eines Adjectivi, z. B. *anguimanus — a — um, anguicomus, auricomus, lauricomus, ignicolorus* (Juvencus), *tauriformis.*
  B. Ohne Veränderung, in Substantivis, die nach der dritten Declination gehen und deren Endung adjectivisch klingt, wie von *pes: capripes, anguipes, cornipes* und andere; von *color: auricolor, iricolor* (Ausonius), *pudoricolor* und andere; von *frons: cornifrons.*
Also eigentlich bloss Substantiva mit Substantivis zu Substantivis componirt, wenn die erste im Genetiv steht und nach der zweiten Declination geht, und ohne Veränderung des zweiten.

2. Substantiva mit Substantivis zu Adjectivis componirt mit Veränderung des letzten, wenn es nach der ersten und zweiten Declination geht. Aus solchen Adjectivis und durch sie vermittelt wieder Substantiva durch Ableitung. Es ergiebt sich hieraus, dass gerade diejenige Art der Composition der Substantiva (1. A. b) am wenigsten ausgebildet und am seltensten ist, welche bei uns und bei den Griechen die häufigste und vielfältigste ist wegen der Unbestimmtheit und Vielfältigkeit der Verbindung. In der Natur der Sprache und ihrer Elemente liegt es nicht, dass man nicht hätte Wörter bilden können, wie: *Staubwolke, Schildkröte, Blumengarten, Armenhaus* und dergleichen. Es kann daher nur in der Neigung der Römer liegen, sich vor der Unbestimmtheit der Verbindung zu hüten und vielmehr das Verhältniss zweier Begriffe zu einander genau durch eine förmliche und bestimmte grammatische Construction zu bezeichnen.

Verba mit Verbis werden nicht componirt, sondern nur neben einander gestellt, wie in *uti frui* zur Bezeichnung des *usus fructus*, wobei auch nicht eines durch das andere modificirt, sondern nur das gleichzeitige factische Vorhandensein beider Begriffe bezeichnet ist, woraus denn allerdings ein bestimmter juristischer Begriff hervorgeht. An sich kann ein Verbum nur adverbiell oder durch Casus obliqui bestimmt werden, denn die Bestimmung durch das Subject kann nicht in ein Compositum eingeschlossen werden. Wenn demnach scheinbar Verba mit Verbis componirt werden, so geschieht das nur so, dass sich der zur Modificirung des anderen verwendete Verbalbegriff zuvor in den Begriff eines Adverbium umgesetzt und demnach auch der Form nach geändert hat. Hierher gehören: *labĕfacio, expergēfacio, tremĕfacio, commonĕfacio* (Cic.), *condocefacio, perterrefacio* (einmal bei Ter., Andr. I, 1, 142). *Admonefacio* bei Cic. pro Planc. 34 ist jetzt nach Codd. verbessert; *incendefecit* bei Trebell. Poll. Claud. c. 8 ist längst in *incedi fecit* verbessert. *Assuēfacio* und einzeln vorkommend: *maturēfacio, rarēfacio, vacuēfacio*. Darnach scheint allerdings die Analogie von *quatefacio* in Epp. Brut. I, 5 bedenklich; s. A. W. Zumpt, Jahrbücher für wissenschaftliche Kritik 1845, No. 92, S. 733 fg. gegen C. F. Hermann, Vindiciar. Brutin. epimetr. p. 21.

Ich führe noch eine andere Weise der Composition beispielsweise an aus den Partikeln. Von diesen sind ohne Zweifel die Präpositionen diejenigen, welche am frühesten zur Composition verwendet sind, da ihre allgemeine, relative Bedeutung, die ursprünglich eine locale ist, am natürlichsten sich mit den Verbis vereinigt, die ursprünglich auch etwas Räumliches, die Bewegung im Raume ausdrücken [1]). Demnächst können die Präpositionen zuweilen auch mit Adjectivis verbunden werden, wofern diese entweder von Verbis herkommen oder einen entsprechenden localen Sinn haben, z. B. *praeacutus, praecisus, praefluus, praevius*; von der Zeit *praematurus, praesagus, praescius*, oder die Präposition nimmt einen anderen Sinn an, wie *prae* den localen bildlich, den der Verstärkung zu einem vorzüglichen Grade, *praeclarus, praedives, praepinguis, praelongus, praeferox* u. s. w., andere bildlich local, wie *absimilis, consimilis, absonus*, oder wie *sub* den der

---

Schwächung annimmt, *subrusticus, subcrispus, subamarus* und dergleichen. Mit Substantivis dagegen ist eigentlich gar keine Composition der Präpositionen möglich, da das Substantivum an sich ein fester Begriff ist, der keine locale oder temporale Bewegung hat, überhaupt kein Sein; und wenn es dennoch mit einer Präposition oder einem anderen Adverbium zusammengesetzt wird, so fehlt dabei eigentlich das Mittelglied, der Ausdruck des Seins des Begriffes, welches allein nur durch das Adverbium bestimmt werden kann. Sehr selten und nur eine Ausnahme ist daher eine Zusammensetzung wie *antecanis*, wörtlich übersetzt aus προκύων; *antepedes* = *antecambulones (amici), circumpedes servi* können als Adjectiva gelten wie *intercus*. Ferner sind *proconsul, propraetor* und ähnliche erst aus *pro consule* entstanden, so wie selbst das Wort *proportio* noch von Varro nur in der getrennten Form *pro portione* gebraucht wird; so auch von Cicero. S. Zumpt zu Cic. in Verr. III, 63, 148. Es giebt jedoch gewisse Ausnahmen, aber sehr natürliche, die gerade auch ohne Composition vorkommen, nämlich wenn der Mittelbegriff des Seins local, temporal oder nach seiner Wirklichkeit bestimmt wird; *semideus, sesquilibra*; dann in den Verwandtschaften *pronepos, abnepos, abneptis, abavus, proavus* u. s. w. Dagegen finden mittelbare Zusammensetzungen statt, wenn das Substantivum von einem Verbum herkommt, wie *descriptio*, nicht von *de* und *scriptio*, sondern von *describo;* oder wo kein Verbum vorhanden, wird das Substantivum umgestaltet, wie *interlunium* (Plin. N. H. XVIII, §. 275 sq.), *internodium* (über solche Composita mit *inter* siehe Hildebrand zu Apuleius II, c. 14, p. 50), *interturrium, procestria* von *castra*, d. h. *propugnacula, postliminium.* Dies Alles müsste jedoch mit viel genauerer Erörterung aller theils scheinbar, theils wirklich abweichenden Einzelnheiten abgehandelt werden. Hierbei nämlich ist, um den vermittelnden Begriff des Seins zu erlangen, das Substantivum erst in ein Adjectivum verwandelt, das durch ein Adverbium ganz natürlich bestimmt wird, wie *circumforaneus, transmarinus, cispadanus, transalpinus, intercus, antepes, internodius*, und davon wird dann erst wieder das Neutrum zu einem neuen Substantivum. Bei Substantivis der dritten Declination Adjectiva ohne Endung, wie oben *antepes, intercus;* so auch *degener* als Femininum in Paneg. VIII, 13, 5 (*occiput, sinciput, interrex*); *decolor flurius* Pacat. 34, 4. Aber solche sind wohl schwerlich im Neutrum gebraucht wegen der widersprechenden Endung; auch *memor* deshalb und wegen der Bedeutung als Neutrum selten; doch bei Liv. I, c. 32 von *ingenium.* Ich füge nur noch Eine Regel hinzu, nämlich die, dass die Negationspartikeln *in* und *ne* oder *nec* nur mit Adjectivis und folglich auch mit Adverbiis zusammengesetzt werden können, nicht mit Substantivis oder Verbis. Was zuerst *ne* betrifft [1]), so ist *nefas* als Adjectivum zu betrachten, *fas est;* mehr adjectivisch *nefarius* und *nefastus. Negotium* ist zwar scheinbar unmittelbar mit *otium* zusammengesetzt; aber hier tritt der Fall ein, der schon oben bei den Substantivis vorkam, *manupretium, manifolium;* da nämlich das letzte Wort schon die Ableitungsendung *ium* hat, so kann diese nicht geändert werden. In *nemo* aus *ne — homo* ist *homo* nicht eigentlich als Substantivum in der gewöhnlichen Bedeutung zu betrachten, sondern es hat hier mehr bloss den Zahlbegriff von *unus* oder *ullus;* die Zusammensetzung ist also ganz dieselbe

---

[1]) O. Ribbeck, Beitr. zur Lehre von den lat. Partikeln S. 11 fgg., 46 fg.

wie in *nullus, neuter, neutiquam, necubi, numquam, nusquam.* Von Verbis [1]) haben wir *nescire, nolle, negligere* und *nequire.* Aber *nescire* ist nicht abzuleiten von *scire*, sondern beides von *scius* (Pacuv.) und *nescius*, wofür auch die Conjugation stimmt. *Nolle* ist nicht von *non velle* bloss contrahirt; aber Plautus hat *ne volo, nevis* u. s. w.; man hat sich eigentlich gedacht als Mittelbegriff *nevolus* oder *nevolens*, indem man das *ne* nicht an das Sein anschloss, sondern an das damit verbundene Merkmal; ebenso wird man zu urtheilen haben über *negligere*; könnte man die Ableitung von Doederlein aus νηληγής — *unbekümmert*, von ἀλέγω (mit α intens., *sich kümmern*) annehmen, so wäre die Schwierigkeit gehoben; man kann dies indess leichter auf dem lateinischen Boden bewerkstelligen, wenn man annähme, dass ein Adjectivum *neglex* entweder wirklich existirt hat, oder wenigstens als Vermittelung vorausgesetzt wurde, und dies hat keine Schwierigkeit, da ja das Substantivum *lex* (vgl. *pellex, illex* von *illicere*, z. B. *avis*, worüber s. Buenem. zu Lactant. VII, 27, 1) offenbar von demselben Stamme *lego, lexi* — λέγω gebildet ist; ja *neglex* kann sogar von *lex*, dem Substantivum, gerade so gebildet sein, wie die Adjectiva *illex* bei Caecil. [v. 60 Ribb.] und Plautus, *exlex* bei Cicero; beides ist ἄνομος. Ebenso ist auch *nequire* nicht von *quire*, sondern vermittelt durch ein verlorenes *nequus* oder *nequis* (vovon *nequiter*), wovon das ursprünglich als Adverbium gebrauchte *nequam*, und Comparativ *nequior*, Superlativ *nequissimus.*

Alle übrigen Wörter, welche mit *ne* und *nec* gebildet sind, folgen der Regel, wie *necopinans, necopinatus, necopinus, necobediens, nefrens, nefandus.*

Dieselbe Regel gilt für das negirende *in*, welches jedoch viel häufiger angewendet ist, und wo daher auch mehr Besonderheiten zu bemerken sind. Regelmässig wird es nur mit Adjectivis verbunden, aber auch bei Adjectiven giebt es Grenzen; man sagt nicht *imbonus* und *immalus*, wofür man sogar einen logischen Grund gesucht hat. Das Verbum besteht aus zwei Theilen, dem Merkmale und dem Sein; das Sein kann zwar geläugnet werden, durch *non* also äusserlich; desshalb bleibt es immer ein wirkliches Sein, welches in allen Fällen zu Grunde liegt. Von Verbis, die damit ausnahmsweise unmittelbar zusammengesetzt wären, führt man gewöhnlich *ignoscere* an: nicht wissen wollen. Dies läugnet schon Doederlein Bd. VI, s. v.; jedoch stellt er keine bessere Meinung dafür auf; er leitet es, nach seiner Weise aus dem Griechischen her, und zwar von ἀναγιγνώσκειν, was aber einen anderen Sinn als im Griechischen habe, den er durch ἀνιέναι τῇ γνώμῃ ausdrückt. Dies ist sehr unwahrscheinlich; ich glaube, dass vielmehr ein Adjectivum *ignos* zum Grunde liegt, ganz ähnlich dem griechischen ἀγνώς gebildet, mit Ausstossung des *t* vor *s*, wie in *locuples* von (*im*)*plēre*, *interpres, impos* und *compos, intercus* (z. B. *aqua*) bei Cic. aus *inter* und *cutis*. Das *nos* oder *gnos* ist dann wie *ples* von *plere* gebildet, und setzt ein Verbum *noēre* oder *noēre* voraus, wovon *noscere* wie auch von *crescere* ein *crēre* vorausgesetzt werden muss, der Zustand, dessen Beginn in *crescere*

---

[1]) Bei allen ist das Verhältniss dies, dass nicht eigentlich das Sein an sich von der Negation getroffen wird; denn ein Unsein giebt es nicht, sondern man hat sich das Verbum aufgelöst gedacht in seine Bestandtheile, Adjectivum oder Participium und *esse*; nun trifft die Negation bloss das erste, *nescius, nevolus* oder *nevolens* u. s. w. Nun hätte hiervon abgeleitet werden können; dies ist auch vielleicht geschehen, oder, wenn dies nicht mit dem Simplex übereinstimmt, ist man auf das Simplex zurückgekehrt.

und dessen Production in *creare* liegt. Am deutlichsten ist die Verbindung der Negation mit dem in dem Verbum liegenden Adjectivbegriffe in solchen Verbis, wie *indecet* bei Plinius, epp. III, 1. Dies ist ein intransitives Verbum mit dem Sinne *indecentem esse*. Aehnlich *inobaudire* bei Tertullian, d. i. *inobedientem esse*. Hier kehrt die Formation auf den Standpunkt zurück, wie bei *nolo, id est nevolus sum*. Dagegen wird es sehr häufig mit Participiis verbunden, und zwar nicht mit dem Participium futuri activi; denn die Zukunft liegt nur in der subjectiven Vorstellung, würde es mit *in* zusammengesetzt, so würde die Negation als innerlich mit dem Verbalbegriffe verbunden, objectiv, dargestellt sein, und das wäre ein Widerspruch; es müsste denn sein, dass auch dieses Participium futuri activi in die Bedeutung eines Adjectivi übergegangen wäre, wovon es aber wohl kein Beispiel giebt, aus demselben Grunde.

Dagegen das Participium perfecti passivi nähert sich dem Adjectivum weit mehr durch den passiven Sinn; das, was man leidet, steht einer anhaftenden Qualität viel näher als eine thätige Wirkung; jenes ist ein ruhiger Zustand, und zwar dann am meisten, wenn die Action, die etwas oder Jemand erleidet, eine vollendete ist; dann ist eben ein Zustand daraus hervorgegangen, der sich von einer anhaftenden Qualität kaum unterscheidet; und daher kann man annehmen, dass wohl ziemlich alle Participia perfecti haben wie Adjectiva mit *in* verbunden werden können, obwohl nicht von allen Beispiele vorkommen. Dabei sind Verwechselungen möglich, vor denen man sich zu hüten hat, wie bei *infractus, indictus* und anderen.

Seltener ist es beim Participium praesentis passivi. Bei Cicero ist *intolerandus;* aber andere sind nur bei Späteren, wie *illaudandus* bei Tertullian, *incredendus* bei Apuleius. Hier wurde die Adjectivbildung weniger häufig, weil das noch fortdauernde, noch nicht geendete Leiden nicht den Begriff eines abgeschlossenen Zustandes hat; wo aber die Bedeutung des Präsens übergeht in die der Nothwendigkeit und Möglichkeit, da war dies überhaupt nur der Fall in und wegen der Verbindung mit *est* im Nominativ, während in anderen Verbindungen und Casibus die Bedeutung des Präsens stattfindet. Wegen jener Verbindung sind zwar manche Participia adjectivisch in dem Sinne der Möglichkeit und Nothwendigkeit geworden, aber nicht sehr viele, und von diesen sind noch weniger mit *in* verbunden. Man hatte die Adjectiva theils auf *bilis*, theils lag auch in der Anwendung des Participii praesentis passivi eine gewisse Zweideutigkeit, da es sowohl auf die Nothwendigkeit als auf die Möglichkeit übergetragen werden konnte; das wird deutlicher unten erhellen, wo von der Natur dieser Participia gehandelt wird.

Ebenso sind auch die Participia praesentis activi bei Weitem nicht so häufig als die Participia perfecti passivi; ein neuer Beweis dafür, was schon oben aus der verschiedenen Declinationsform gefolgert ist, dass dieses mehr Adjectivum ist als jenes. Manche indess gehen ganz in die Bedeutung eines Adjectivi über, wie *impatiens, immerens, irreverens* Plin. epp., *intolerans* Liv., *inolens* Lucret., *insciens, insolens, insipiens, impoenitens* Quintil. declam., *indifferens* (ἀδιάφορος bei Cicero). So auch *non esse inficientem, nicht unthätig* bei Varro de l. l. VI, §. 78. de re rustica III, c. 16. Andere werden fast bloss zu Zeitbestimmungen gebraucht, wie *inopinans, insperans;* ebenso *non me indicente haec fiunt* Ter. Adelphi III, 4, 62. *Etiam me indicente* Liv. XXII, 39, 2 und daselbst Gronov und Ruhnk. zu

Terent. Andr. III, 4, 24. Nun kann ferner *in* zusammengesetzt werden mit Substantivis (*Unmensch, Unsinn, Undank, Unglaube, Unwerth, Unrecht, Untiefe*), aber regelmässiger Weise nur unter zwei Bedingungen, nämlich entweder wird ein Adjectivum daraus, und das Substantivum ändert darnach, wenn es nöthig ist, seine Endung; so hat man *inglorius, implumis, imberbis* und *-us, informis, incoenis* (Plaut.), *illunis* (Plin.), *illunus* (Apuleius) Dann von Wörtern der zweiten Declination *illimis* (Ovid.), *imbellis, indemnis* (Seneca), *inermis* und *-us, infrenis* und *-us, innumerus* (wofür besser *innumerabilis*), *insomnis* und *-us, insonus, interminus* (Auson.), *invinius* (bei Apuleius für *abstemius*). Dazu kommt auch ein Adverbium *infabre* bei Livius. Von Wörtern der dritten Declination sind: *inhonorus* bei Plin., Tac., Sil., *inodorus* bei Apuleius, *indolorius* bei Cael. Aurel., *inorus* (d. h. *sine ore* bei Gell.), *iniurus* und *iniurius, illuminus* (bei Apuleius), *investis* (bei Apul. und Tertull.), *innubis* (Senec.), *inhospitus, intempestus, inops, infrons* d. h. *sine fronde* (Ovid.), *inquies* und bei Auson. *irrequies*. Wo aber ein Substantivum entsteht aus *in* und einem Substantivum, da ist ein Adjectivum der Mittelbegriff, und von diesem wird die Ableitung gemacht, möge es vorhanden sein oder nicht; nur in einzelnen Fällen findet ein Zurückkehren auf die Form des ursprünglichen Substantivi statt, wenn dies selbst schon eine Ableitungsendung hatte; z. B.: *Infortunium, iniuria, incuria, insomnia* oder *-ium, imbalnities* (Lucil.). *Indoloria* soll Cicero nach Sidon. gesagt haben; *infinitas* ist gut und bei Cic., gebildet unter Voraussetzung von dem Adjectivum *infinis*. *Imbonitas* bei Tertull., wobei das Adjectivum *imbonus* vorausgesetzt wird; *immemoria* in den Pandecten ist daher von *immemor*, und *immisericordia* bei Tertull. von *immisericors* abzuleiten, nicht von *memoria* und *misericordia*. Wider die Analogie ist bloss *illatebra* bei Plautus. Leichter sind *insatietas* bei Plautus, Aul. III, 5, 13, wobei ein Adjectivum *insatias, id est insatiatus; invaletudo* bei Cicero, wobei *invalidus, incautela* bei Salvian., wobei *incautus* vorausgesetzt.

Aber es giebt noch eine Reihe von Substantiven, welche eigentlich wider die Analogie gebildet sind, und sich doch in einzelnen Beispielen schon früh finden. Nämlich die Endung *io* der Verbalia drückt die Activa aus, und die Ableitung findet unmittelbar vom Verbum statt, das nicht mit *in* zusammengesetzt sein kann, also man hat *finire*, nicht *infinire; daher finitio*, nicht *infinitio;* aber nun hat man das Adjectivum *infinitus;* wollte man hier ein Substantivum bilden, so müsste es eigentlich heissen etwa *infinititas;* aber hier bildete man *infinitio;* dies braucht Cicero für das griechische ἀπειρία de fin. I, 6, 21. Durch die gewöhnlichen *tas, ia, tudo* werden nur sehr selten Ableitungen vom Participium perfecti gemacht, auch wenn dies wirklich zu einem Adjectivum geworden. Vgl. meine Miscell. philol. lib. V, pag. 20 (1863). So hat der Auct. ad. Herenn. II, c. 4 *inapparatio;* und Cicero hat noch *immoderatio.* Sonst giebt es noch eine Reihe von Wörtern dieser Art, die aber alle erst bei Apuleius, Tertullian und Anderen vorkommen, wie: *incorruptio, inordinatio, imperfectio, imperturbatio, inconsummatio, indevotio, indisciplinatio, infectio, irrecogitatio;* vor diesen muss man sich hüten, was Neuere nicht immer gethan haben.

Endlich giebt es noch solche Verbalia auf *u*, nämlich *iniussu, invocatu, inconsultu, incultu,* sowie auf *us: intactus* bei Lucret. I, 454; (unecht) und *inusus* bei Plaut. Mostell. I, 2, 65, wo aber die Lesart zweifelhaft.

Reisig (§ 159) hat die gute Bemerkung gemacht wegen *indefessus* und *indevictus* bei Vergil. Ich füge hinzu, dass auch *incon* — selten, wo nämlich *con* bloss verstärkt; und ferner, dass Adjectiva auf *osus* nicht mit *in* zusammengesetzt werden; *insomniosus* ist gut bei Cato von *insomnia; importuosus* hat Sall. *Infructuosus* bei Plin. epp. und Columella, *incuriosus* von *incuria* bei Plinius und Tacitus. — So viel beispielsweise über die Composition.

2. Verhältniss der Bedeutung zum Denken.

Wir haben bisher die Bedeutung immer im Verhältniss zur Form betrachtet, mit der sie wie Seele und Leib innig verbunden ist. Aber diese Verbindung kann auch aufgehoben, die Bedeutung kann für sich betrachtet werden, und dann ist sie nichts weiter als der Begriff selbst, für den das Wort das Zeichen ist. Wenn sich nun dieser Begriff ändert, ohne dass sich zugleich sein Zeichen ändert, so ist dies offenbar eine Veränderung, die nur aus dem Denken des Menschen hervorgeht, in welchem der Begriff selbst sich fortbewegt und verschiedene Momente und Gestaltungen durchläuft, die nothwendig in einem natürlichen Zusammenhange stehen und eine Einheit behaupten müssen; und wo ein Begriff in einen ganz heterogenen überzugehen scheint, oder wo er gar in sein Gegentheil umschlägt, da muss doch immer eine naturgemässe und dem volksthümlichen Geiste entsprechende Fortbewegung des Begriffes zum Grunde liegen. Man muss hierbei bemerken die allgemeine Erscheinung in der Geschichte der Sprache, dass sich überhaupt die Verbindung zwischen Bedeutung und Form allmählich immer mehr lockert, dass die ursprüngliche und nothwendige Beziehung der Bedeutung auf die Form sich verdunkelt; sie hält sich in den Stämmen nur bei auffälliger Onomatopoesie, die Formirung und Flexion löst sich allmählich ab, gestaltet sich zu besonderen Begriffen, für welche auch besondere Ausdrücke gesucht werden. Die Stämme selbst gehen zum Theil verloren oder verdunkeln sich; die Ableitungen und Compositionen sind nicht mehr klar als solche; sie werden wie Primitiva behandelt, wobei denn auch die Bedeutung allmählich eine so abweichende werden kann, dass das Bewusstsein des Zusammenhanges mit dem Stamme und mit der ursprünglichen Bedeutung verloren geht; kurz ein grosser Theil der Wörter pflanzt sich fort wie Fremdwörter, weil die Anknüpfung an die heimischen Wurzeln verwischt ist; so dass also in alternden Sprachen die Verbindung von Form und Bedeutung zufällig und willkürlich erscheint, das Wort ist das ϑέσει, nicht mehr φύσει für einen Begriff fixirte Zeichen. Der gegenwärtige Theil hätte darzustellen, wie dies durch die ganze lateinische Sprache hindurchgeht, und das ist eine an sich sehr schwierige und ihrem Umfange nach sehr grosse Aufgabe, welche sich noch nie Jemand gestellt hat. Wenn ich nun jetzt diese Aufgabe aufstelle und den ersten Versuch zu ihrer Lösung mache, so muss ich mich auf Weniges beschränken, theils wegen der Kürze der Zeit, theils weil überhaupt die Arbeit lange Jahre erfordert. Ich werde aber doch so viel zu zeigen suchen, dass dieser Theil für die Kenntniss der lateinischen Sprache und des römischen Geistes von der grössten Wichtigkeit ist, und dass erst durch ihn mancherlei zerstreutes Stückwerk der grammatischen Studien seine Einheit und richtige Stellung bekommt. Es möge anregen.

In der Fortbewegung der Begriffe ist Vieles, was auf dem allgemeinen menschlichen Denken beruht; aber theils wird dies von den Römern auf eigenthümliche Weise dargestellt, bald ausgedehnter bald beschränkter als bei anderen Völkern, theils tritt manche eigenthümlich römische Anschauungsweise hinzu, so dass sich hier eine reiche Quelle von Bemerkung darbietet, die uns zu einer tiefern Erkenntniss des römischen Geistes anleiten.

Das Ganze zerfällt in drei Theile:

A. Anwendung Eines Begriffes für einen oder mehrere andere;

B. Anwendung mehrerer Begriffe für Einen (Synonymologie) und ihre Zusammenfassung im Pleonasmus;

C. Anwendung Eines Begriffes unter Voraussetzung eines anderen als seiner Bestimmung (Ellipse).

In diesen Theilen also werden im Allgemeinen die Principien der Lexicographie enthalten sein. Betreibt man diese mechanisch, wie es bisher meistens geschehen, so behandelt man jedes Wort einzeln, ohne Beziehung in der Methode auf andere zu finden. So stellt man unter jedem Worte eine Bedeutung neben die andere, wohl numerirt und registrirt, aber man kümmert sich wenig darum, ob die Reihenfolge die richtige ist, wie es überhaupt möglich ist, dass gewisse Bedeutungen entstehen, die von der ersten abweichen, und ob sie auch in der That in dem Worte vorhanden sind, und nicht erst durch den Zusammenhang bewirkt werden. Auf diesem Wege ist die lexicographische Kenntniss der Sprache eine todte, bloss mit dem Gedächtnisse aufgefasst; man ist weit entfernt von einer lebendigen Einsicht in den Geist der Sprache und dessen lebensvolle Bewegung.

Und wenn man auch versucht die natürliche, geschichtlich richtige Reihenfolge der Bedeutungen zu ermitteln, so thut man dies doch immer nur für jedes Wort einzeln und sucht nicht die allgemeinen Gesetze und Regeln, nach welchen die Aenderung und Ausdehnung der Begriffe und Bedeutungen geschichtlich vor sich gegangen sind.

Ferner kann es erst hier klar werden, was es eigentlich mit den sogenannten Figuren auf sich hat. Von diesen giebt man meistens sehr unbestimmte Definitionen, und sieht sie an als Licenzen, als Ueberschreitungen der Gesetze, während sie vielmehr selbst als Gesetze zu betrachten sind. Da man sich dies nie klar gemacht hat und da man folglich die Grenzen des Gebrauches einer Figur nie fest bestimmt hat, so war die grösste Willkür freigegeben für ihre Annahme im Einzelnen, und es ist daher häufig gewesen, dass man sie angewendet hat, um den grössten Unsinn zu vertheidigen; man hängte ihm den Namen einer Figur an und glaubte damit sei Alles gethan. In neuerer Zeit ist durch die Kantische Schule zwar Aufklärung in die Sprachwissenschaft gekommen, d. h. die Vernichtung alter Vorurtheile und superstitiöser Meinungen, aber keine Wissenschaft; jene hat das Verdienst vieles Unbrauchbare weggeräumt zu haben, aber sie hat dafür nicht viel Neues gebaut. So hat man denn in neuerer Zeit die Figuren ganz bei Seite geworfen, weil viel Unsinn darin war, die Aufgabe ist aber, sie zu sinnvollen Gesetzen umzugestalten, die ein wahres Leben in der Sprache haben[1]). Wie

---

[1]) Dissen hat in seiner Ausgabe des Tibull eine Behandlung der Figurae angekündigt; leider hat der Tod ihn nicht zu dieser Arbeit kommen lassen, die gewiss sehr brauchbar geworden wäre. Lobeck kat auch über die Figuren gearbeitet und einzelne

sich namentlich Pleonasmus und Ellipse stellen, zeigt schon die angegebene Disposition; diese sowohl als die anderen Figurae waren sonst Anhänge, für die man keinen Platz finden konnte. Endlich die Synonymik ist längst als ein wichtiger Theil der Sprachwissenschaft angesehen; aber sie war und blieb auch in den neuesten und besten Bearbeitungen eine ganz willkürliche Aufhäufung solcher Wörter, die man einmal Synonyma nannte; nicht einmal die alphabetische Ordnung war möglich, ausser in den Indices; und so kann man also diese Bücher eben so gut von vorn als von hinten zu lesen anfangen. Alle diese Uebelstände werden hinweggeräumt, wenn erst die Bedeutungslehre fertig sein wird.

A. Anwendung Eines Wortes für mehrere Begriffe.

Man könnte sich hier versucht fühlen die Eintheilung des Folgenden nach philosophischen Principien zu machen, da es bloss von Begriffen handelt; indess ziehe ich vor, nur diejenigen Kategorien zu berücksichtigen, welche die Sprache selbst ausgedrückt hat. Also zunächst die Redetheile.

1. Wechsel der allgemeinen oder grammatischen Bedeutung.

Kann ein Wort, das ein bestimmter Redetheil ist, zugleich auch als ein anderer Redetheil oder für einen solchen gebraucht[1] werden? — Nein. Denn durch die Sonderung der Redetheile kommt ja erst der Satz zu Stande; sie können daher nicht unter einander gemengt werden, und es ist undenkbar, dass ein Nomen statt eines Verbi sollte stehen können oder umgekehrt; denn dann müssten ja zwei Nomina einen Satz bilden, was unmöglich ist. Ein wenig anders ist es mit den Adverbien, welche nicht zu den unentbehrlichen Bestandtheilen des Satzes gehören; jedoch sind auch sie von so bestimmtem Character, dass sie für keinen anderen Redetheil eigentlich gesetzt werden können. Es giebt jedoch gewisse Fälle, wo man zu sagen pflegt, das Adjectivum stehe für ein Adverbium und umgekehrt; hier ist aber immer das Verhältniss der Satztheile so beschaffen, dass je nach der Verschiedenheit der Vorstellung beides gleich möglich ist. Die deutsche Vorstellung weicht aber ab von der römischen, oder es sind auch bei den Römern zweierlei Vorstellungsweisen vorhanden. Nämlich das Adjectivum statt des Adverbii steht, wenn eine Bestimmung des Seins, des Verbi auf das Subject oder Object desselben zugleich übertragen werden kann; dies ist namentlich der Fall bei Zeitbestimmungen, wie *hesternus, nocturnus, vespertinus, matutinus, serus, subitus, citus, tardus* und dergleichen. Denn wenn etwas langsam gethan wird, so kann ebenso gut der Thuende als langsam bezeichnet werden. Es wird wohl dieselbe Zeit dazu gehören, möge

---

seiner Schüler zu bearbeiten darüber veranlasst; aus seinem Nachlasse hat Friedlaender in Königsberg (Index scholarum 1864) dessen dissertationes de metaphora et metonymia publicirt, was freilich den Erwartungen nicht ganz entspricht. Willmann, de figuris grammaticis, dissertatio inauguralis, Berol. 1862.

[1] Frühere Grammatiker nahmen dies ohne Weiteres an und nannten das Figur; es war eine Species der Enallage, nämlich die Antimeria, durch alle Redetheile behandelt in d. Gramm. March. p. 809 unter den figurae etymologicae.

man etwas adjectivisch oder adverbiell langsam thun. So haben dies die Lateiner auch weiter ausgedehnt, als wir es können; wer gestern kam, kam als ein gestriger. Horaz stellt beides zusammen: *Mane forum gnavus, vespertinus pete tectum*, Epist. I, 6, 20. Dieser Gebrauch ist poetisch, wohl nicht ohne Einfluss des Griechischen entstanden; auch ist nicht zu verkennen, dass dabei eine kleine Zweideutigkeit war, welche 'die genauen Römer vermieden; denn ein Langsamer kann doch auch einmal etwas schnell thun. So auch die Zahlbestimmung des wirklichen Seins, des Seins in der Wiederholung, also: *häufig — frequens, selten — rarus, gar nicht — nullus, heimlich — occultus, zuerst — primus, allein — solus*. Selbst mit Verletzung der ursprünglichen Bedeutung und in Uebertragung auf die Sache: Epistulae tuae, quas adsiduas [adsidue die Hdschr.] scripsisti, mihi satis ostendunt bei Fronto epp. ad M. Caesarem [p. 23. Nab.]. Tiberius properis matris litteris accitur, Tac. Ann. I, 5; eilig in Bezug auf das Schreiben und die Beförderung. Auffallen kann hierbei *nullus*, wofern es nämlich von einem ganz bestimmten Subjecte gesagt wird, statt *non;* dann wird also nicht das Sein selbst, wie durch *non*, geläugnet; es wird vielmehr bejaht, aber so, dass dabei das Subject gleich Null ist, wie Cic. pro Roscio Amerino 44, 128: haec bona in tabulas publicas nulla redierunt, d. h. redierunt ita, ut nulla essent. Das Einkommen hat stattgefunden, aber was kam, war gleich Null. Es ist ein Widerspruch, der eine komische Wirkung hat und haben soll. Am auffallendsten ist dies, wo von einer bestimmten Person wie *ego, tu*, oder einem Nomen proprium die Rede ist; aber auch hier ist es so zu verstehen, dass das Subject dabei die Eigenschaft des Nichtseins hat, woraus die Negation jedes anderen Seins oder Thuns dieses Subjectes folgt, es gleich Null ist, obwohl dies nur ein einzelnes und ganz bestimmtes ist, wie bei Cic. ad Atticum XV, 24: Philotimus nulles venit: kein Philotimus kommt, in keiner Weise, in keiner Gestalt; ib. XV, 22: Sextus ab armis nullus discedit. Aber man bemerke wohl, dass dies sich nur in den Briefen findet, also in der Conversationssprache, in die es durch die Komiker gekommen ist; man muss also das allzubeliebte *nullus dubito* nur anwenden, wenn man nicht ernhaft und feierlich spricht, sondern sich nachlässig, scherzhaft ausdrücken will. Vgl. Ruhnken zu Terent. Andr. II, 2, 33.

Einen etwas anderen Gebrauch hat *nullus sum* in dem Sinne von *perii;* z. B. Ter. Phorm. V, 7, 49. Plaut. Bacch. II, 2, 16 (161): Anima est amanti amica; si abest, nullus est; worüber s. Ruhnken zu Terent. Andr. III, 4, 21. Manches andere s. Reis. § 225, Anmerkungen 394 und 395, Jani A. P. p. 332 sqq. Ueber den griechischen Gebrauch παννύχιος φερόμην Od. μ, 429. Matth. § 446, 8 und zu de Rep. Lac. 14 (13), 3. Auch in Prosa τριταῖος, κνεφαῖος.

Ein anderer Fall, wo ein Adjectivum für ein Adverbium stehen soll, ist der, wo das Neutrum adjectivum im Accusativ als Object gesetzt ist, wie *dulce ridere, magnum sonare* und dergleichen; auch hierbei findet keine eigentliche Verwechselung statt (s. unten beim Object).

Umgekehrt, wo das Adverbium für ein Adjectivum genommen wird, ist ebenfalls der Begriff nicht geändert; es waltet babei dieselbe Verschiedenheit der Vorstellung ob. Dies ist namentlich der Fall in der Zusammenstellung mit *esse;* z. B. *bene est, ita est, sic est [recte est]*, d. h. es verhält sich. *Tuto esse*, z. B. *Romae*. Cic. ad Att. XV, 11, 1. zwei Mal, [nicht XIV, 20, 3], aber auch ohne solchen Zusatz, was auffallender, bei Liv. 39, 19, 6. So *indiligenter hic eram* Plaut. Mil. gl. I, 1, 28, ich benahm mich. Romanos laxius licentiusque futuros, Sall. Iug. 87, 4. Cic. ad Att. I, 16: Noster autem status est hic: apud bonos iidem sumus, quos reliquisti; apud sordem nobis et faecem multo *melius* nunc, quam reliquisti (wo doch wohl *sumus*, nicht *est* zu ergänzen). Cato de re rustica c. 4, fundus melius erit. Ib. c. 5: nam res rustica sic est, si unam rem sero feceris, omnia opera sero facies. Eine, vielleicht die einzige [aber sehr zweifelhafte, weil auf Interpolation beruhende] Stelle dieser Art ist bei Cic. pro Roscio Amerino c. 5, 11: hanc quaestionem haud remissius sperant futuram. Ter. Adelph IV, 7, 21 (739): Ita vita est hominum, quasi quom ludas tesseris. Später jedoch, wie bei Seneca (cons. ad Marc. c. 3, 4: Moderatius ac mitius eris in aerumnis) findet es sich wieder, wie ich A. 392 zu Reisig erinnert habe, wo man noch mehr Nachweisungen über diesen Gebrauch findet. Id. epist. 65 extr. nusquam tam anguste ero; ad Marc. 7, 1. Vaccarum uno die alterove mugitus auditur, nec diutius equarum vagus ille amensque discursus est. Suaviter fuit bei Petron. 65, 11. 59, I. 75, 8; solebas suavius esse in convictu, ib. 61, 2.

Wenn ferner ausserdem zuweilen Adverbia mit Substantivis verbunden werden, so stehen sie auch dann als wirkliche Adverbia und nicht als Adjectiva. Dies findet statt in zwei Fällen; nämlich entweder ist das Substantivum ein Verbale oder hat wenigstens den Sinn eines Participii, schliesst also den Sinn des Seins in sich, und dann ist das Adverbium in seinem Rechte, *populus late rex* bei Verg. Aen. I, 21, d. h. *late regnans*. Substantiva verbalia in *io*, wie bei Fronto, *cottidie ventio, obviam itio, paene subiectio, ictu comminus*. Ueber die Substantiva, welche in adjectivischen Sinn übergehen, vgl. Liv. VI, 2, 12: minime largitor dux. Nep. Att. 13, 1: nemo illo minus fuit emax, minus aedificator. Cic. in Verr. II, 22, 54: Numquam vos praetorem tam palaestritam vidistis. Senec. Controv. I, praef. § 9: Quis aequalium vestrorum quid dicam satis ingeniosus, satis studiosus, immo quis satis vir est? Bei Cicero ist indess dergleichen äusserst selten; *publice testis* ist die einzige mir bekannte Stelle in Verr. II, 64, 156, die ich angeführt habe in A. 391. Daselbst sind auch Nachweisungen über den zweiten Fall, wo die Substantiva nicht Verbalia sind. Vgl. Iani A. P. 97 ff. *Feliciter ille maritus* bei Ovid. Amor. III, 5, 15, d. h. glücklich verheirathet; *tam artificer saltationis*, Suet. Tit. 7. Werden andere Substantiva mit Adverbien verbunden, so werden sie nicht selbst als solche durch diese bestimmt, sondern vielmehr ihr Sein, ihre Existenz; die Merkmale der Existenz sind aber, wie sie auch die Conjugation in Temporibus und Modis ausdrückt, Zeit und Wirklichkeit; die Zeit wird leicht auf den Raum übertragen; daher finden sich Adverbien mit diesem Sinne der Zeit, des Raumes und der Wirklichkeit bei Substantivis. Hier fehlt bei der Verbindung eigentlich das vermittelnde Glied, nämlich das Sein, was eigentlich durch das Adverb bestimmt wird; es ist also dasselbe Verhältniss, wie wenn Substantiva mit Adverbien oder Präpositionen zusammengesetzt werden, so dass man diese Zusammenstellung ansehen kann als nicht fertig gewordene Composita, und das haben die Grammatiker auch durch die Figur Hyphen [1]) bezeichnet. So bei Verg. Aen. I, 198: neque enim ignari

---

[1]) Claussen, de figura hyphen, Programm von Rastenburg 1840, 4.

sumus ante malorum, d. i. *quae ante fuerunt*; es ist hier zeitlich, wie räumlich in dem oben angeführten Compositum *antecanis*. Cicero in Verrem V, 50, 131: praefuisse classi populi Romani Siculum *perpetuo* sociis atque amicis Syracusanum. Aus Fronto habe ich Anmerkung 391 angeführt (II, 5, p. 37 Nab.): illa cottidie tua Lorium ventio, illa in serum exspectatio, wo sich der Begriff des Seins besonders leicht vermittelt, weil *ventio* ein Verbale ist. Ueber *saepe* s. Cic.; de divin. I, c. 7 am Ende in Versen aus Aratus: scopulorum *saepe* repulsum. Florus poeta in Anthol. Meyer No. 219, v. 2 (III, 112 Burm.; I, p. 170 Riese). *Semper*: tam malum est audere *semper* quam malum est semper pudor (i. e. *pudere*); Flor. II, 7, §. 1, [I, 23]: Macedones, adfectator *quoniam* imperii populus. Id. II, 6, §. 58 [I, 22]: duo omnium et *antea* et *postea* ducum maximi, wofür Liv. 33, 30, §. 1, die Quelle des Florus, sagt: congressi sunt non suae modo aetatis maximi duces, sed omnis ante se memoriae, omnium gentium cuilibet regum imperatorumve pares. Flor. II, 8, §. 14 [I, 24]: ille *modo* victor Carthaginis Africanus. Ibid. 17, §. 7 [I, 33]: provinciam Scipio ille, *mox* Africanus, invasit. Seneca controv. 1, praef. §. 10: ite nunc et in istis vulsis atque expolitis et *nusquam nisi in libidine viris* quaerite oratorem. Ebenso bei Raumbestimmung: *mansiones diutinae Lemni*, Ter. Phorm. 1012; *obviam itio* bei Cicero ad Att. XIII, 50. Dann häufig *circa* und *extra* besonders bei Tacitus, Seneca und Anderen, wie de Ira I, c. 20, 7 (dial. III): omnis extra paratus (πᾶσα ἡ ἐκτὸς παρασκευή), die äussere Zurüstung, Prunk. Ueber *circa* vgl. Liv. V, 30, 5: cetera circa templa ostentantes. Viele andere Stellen und sonstige Nachweisungen darüber hat Drakenborch zu Liv. IX, 2, 7, und darnach wird auch die Stelle des Tibull I, 3, 87: et circa gravibus pensis affixa puella zu erklären sein: puella gravibus circa pensis affixa, wie ich in den Jahrbüchern für wiss. Krit. 1837, Januar, No. 6, S. 43 gegen Dissen erinnert habe, der der Geliebten des Tibull durch seine Interpretation gern einige ancillae verschaffen wollte, um ihr einen anständigeren Stand zu vindiciren. Von *vix* s. Cic. de Off. II, c. 14, §. 11. Heus.: duri enim hominis vel potius vix hominis videtur periculum capitis inferre multis. Martial. I, 5, 2 *nimis poeta es,* sehr verschieden von *nimius.* Die Wirklichkeit oder Nichtwirklichkeit liegt in *vere, nimis, paene, vix, quasi;* so *quasi corpus* und *quasi sanguis.* Cic. N. D. I, 18, 49; 24, 68. Sen. de ira I, 2, §. 4: quicquid est tale, non est ira sed quasi ira. Verschiedene Beispiele aus Dichtern s. bei Jani A. P. p. 197 fgg. Von *paene* führt Weissenborn in der Recension über Reisig, p. 441 Beispiele aus Cicero an (wo jedoch das Citat Madvig ad Cic. de Fin. I, 1, 4 nicht passt): Cic. pro Sestio 43, 93: duo illa rei publicae paene fata, Gabinius et Piso; de Or. III, 53, 202: nam et commoratio una in re permultum movet et illustris explanatio rerumque quasi gerantur, sub aspectum paene subiectio; und so in Definitionen Sen. de beneficiis V, 10, 1: venditio alienatio est et rei suae iurisque in ea sui *ad alium* translatio.

Etwas über die Grenzen des Gebrauchs, wie sie bisher bestimmt sind als die gewöhnlichen in der älteren Zeit, gehen solche Ausdrucksweisen hinaus, wie bei Plin. N. H. XXXIV, c. 8, §. 55: Polycletus Sicyonius Ageladae discipulus diadumenum fecit *molliter iuvenem,* — idem et doryphorum *viriliter puerum.* Hier sind *iuvenis* und *puer* wie Adjectiva behandelt, bei denen ähnliche pikante Zusammenstellungen mit Adverbien ebenfalls erst in späterer Zeit vorkommen. Es wird nicht einfach wie durch ein Adjectivum ein Merkmal zu dem Substantivum hinzugefügt, *mollis iuvenis, virilis puer*; das wäre etwas anderes; der Begriff *iuvenis, puer* bliebe derselbe, er würde nicht alterirt, sondern nur mit einer Eigenschaft versehen; dagegen das Adverbium bedingt das Sein dieser Begriffe; es soll also gesagt werden, dass sie nicht ganz passen, sondern nur in einer gewissen, durch das Adverbium angegebenen, beschränkenden Modification anwendbar sind; ein *iuvenis*, der dies *molliter* ist, also es beinahe nicht ist, sondern sich dem *puer* oder einem Mädchen nähert; ein *puer,* der sich dem Manne nähert. Es wird damit etwas Aehnliches in pikanter Kürze bezeichnet, was Ovid. Heroid. XV, 93 so sagt: O nec adhuc iuvenis nec iam puer; utilis aetas!

Beim Gebrauche der Adverbia statt Adjectiva ist noch beizufügen die Stellvertretung der Pronomina durch die entsprechenden relativen und demonstrativen Adverbia mit localer Bedeutung [1]). Diese Vertauschung erklärt sich leicht dadurch, dass diese Adverbien der Ableitung nach den Sinn jener Pronomina in sich schliessen und dass die Ableitung demnach nur als ein Casus des Pronomens selbst verstanden werden kann; daher kommt es nicht selten vor, dass auf ein vorhergegangenes Nomen von beliebigem Genus und Numerus (denn Genus und Numerus sind für das Adverbium gleichgültig) sich ein solches locales Adverbium bezieht gleichwie ein adjectivisch angeknüpftes Pronomen in einem Casus, durch welchen das locale Verhältniss ausgedrückt wird; z. B. Caes. B. G. I, 42: commodissimum esse statuit, omnibus equis Gallis equitibus detractis *eo* legionarios milites legionis decimae — imponere. So ferner *eo* von Sachen ib. c. 51, VII, 58; bell. civ. III, 24, 67 a. A. *Qua* Jordan ad Cic. pro Caec. 8, 21. In gleicher Weise *quo* von Sachen; Caes. B. G. IV, 1: non longe a mari, quo Rhenus influit, Sall. Jug. 103, 1. 66, 2 und dazu Kritz; Liv. 39, 8, 6: cum ad *id* quisque, *quo* natura pronioris libidinis esset, paratam voluptatem haberet; Cic. Verr. IV, §. 73; Halm ad Cic. pro Sulla 19, 53. Seltener wird die Beziehung auf eine Person so gemacht, nämlich wenn sie eigentlich oder bildlich als eine Localität aufgefasst werden kann. So bei Namen, wie Sall. Jug. 66, 2: Vagenses, quo Metellus praesidium imposuerat. Ebenso das Ziel in juristischer Bezeichnung der Personen, Cic. Verr. V, 65, 167; Caes. B. G. V, 14.

Unde: fines — quos — unde Sall. Jug. 14, 8. Si illam mentem, unde haec consilia manarunt, mihi eripuisses, Cic. Parad. IV, c. 1. pro Sulla c. 26, 72, pro Caec. 30, 8 sq. Das Aderbium bezeichnet sowohl *ex quo loco* als *a quo loco.* Sall. Cat. 5, 2: illud, unde. Seneca, epist. I, 10, 9. Cicero Parad. III, 2. Cic. pro Flacco §. 62: adsunt Athenienses, *unde* humanitas, doctrina, religio, leges ortae atque in omnes terras distributae putantur. Es bezeichnet die Quelle bei der Abstammung. Curt. III, 1, §. 22: Paphlagoniae iuncti erant Heneti, unde quidam Venetos trahere originem credunt. Verg. Aen. VIII, 71. Die Quelle beim Lernen, Erfahren. Cic. de Or. I, §. 199: se esse eum, unde sibi — consilium expetant. cf. in Verr. 1, §. 115.

---

[1]) Spalding zu Quint. VI, 1, 6. Frotscher zu Quint. X, k. 106. Mehr bei Vechner, Hellenol. p. 236, 238, wo schon Sachen und Personen geschieden sind; auch Bröder §. 718.

Die Quelle bildlich. Multaque merces *unde* potest tibi defluat aequo ab Iove, Hor. Carm. I, 28, 28.

Ferner Entfernung, in juristischer Bezeichnung Cic. Verr. III, §. 35: ille autem, *unde* ablatum est, iudicio suum recuperare nullo modo potest. In ebenfalls juristischer Bezeichnung *unde petitur*, d. i. *a quo*, s. Gronov., Obss. IV. c. 11; dann von politischen Parteien überhaupt: *aliunde stare inde*, *unde*, s. Gronov. l. c. Das Ausgehen einer Handlung Sall. Iug. 14, 22: tibi immaturo et unde minime decuit, vita erepta est. Hor. Sat. I, 6, 12: Laevinus, Valeri genus, unde Superbus Tarquinius regno pulsus fuit. Kritz zu Sall. Iug. 14, 22 citirt noch Gronov. ad Plaut. Trucul. I, 1, 42; Serv. ad Aen. VIII, 71. Liv. I, 24, 2, I, 49, 5: non suspectos modo aut invisos, sed [eos] unde nihil aliud quam praedam sperare posset.

Ibi. Liv. IV, 13. 12: T. Quinctius — ait, — se dictatorem L. Quinctium dicturum; *ibi* animum parem tantae potestati esse, d. h. das sei der rechte Fleck, wo man die gesuchte Tüchtigkeit finde. Liv. I, 24, 2: *ibi* imperium fore, unde victoria fuerit; die Sache soll gleichsam unter ein allgemeines Naturgesetz gestellt werden, ohne speciell von Personen zu reden. Tac. Ann. XIII, 46: illum animo et cultu magnificum: ibi se summa fortuna digna visere.

Illuc. Tac. Ann. I, 3: postquam — Nero solus e privignis erat: *illuc* cuncta vergere, d. h. nach der Seite; Hist. II, 24: propinquante Fabio Valente, ne omne belli decus illuc concederet; Hist. III, 38: versas illuc omnium mentes.

Illic. Sall. fragm. Hist. III, 22, 6: concessere illic omnes, i. e. ad illos. Tac. hist. II, 42: civile bellum a Vitellio coepit, et ut de principatu certaremus armis, initium *illic* fuit.

Ubi. Sall. Cat. 20, 8: divitiae apud illos sunt, ubi illi volunt. *Ubi* in verschiedenartiger abgeleiteter Beziehung hat oft Aurel. Victor de vir. ill. c. 4, 9; 8, 3; 16, 2; 35, 5.

Ibidem. Nachweisungen bei Jordan ad Cic. pro Caec. 9, 23.

Während in älterer Zeit, selbst in formeller Amtssprache, dieser Gebrauch im einfachsten Sinne vorkommt, ist er in der Kaiserzeit überwiegend nur so angewendet, dass man die Adverbia wirklich nur als Ortsbezeichnung nahm und die Personen also nur uneigentlich mit einer pikanten Nüance bezeichnete; man sieht, die lediglich etymologische Begründung des Gebrauches in früherer Zeit war geschwächt; die Adverbien erschienen weniger mehr als nur flectirte Pronomina und wurden daher ohne Nüancen in der Regel nur bei Sachen gebraucht.

Es ist hierbei natürlich, dass das Nomen voraufgeht, welches die Localität ausdrückt, zu welcher ein folgendes Verbum ein besonderes, durch das Adverbium angegebenes locales Verhältniss hat. Selten dagegen und weniger natürlich, sondern etwas gesucht und daher auch erst in der silbernen Latinität ausgeklügelt ist der Gebrauch, dass eine durch ein Adverbium gegebene locale Bestimmung hinterher pronominell explicirt wird. So Seneca, Suas. I, §. 4: quid agitis, commilitones? regem domitoremque generis humani, magnum Alexandrum, *eo* dimittitis, *quod* adhuc quid sit disputatur? Es ist die Rede von Alexanders Vordringen bis zum östlichen

Ocean, und von dem Zweifel über die Natur der Dinge an jenem Orte, ob dort die Elemente so geschieden seien wie sonst auf der Erde, oder ob der Ocean von ganz anderer Natur sei; vgl. Sen. epist. 20, 6: fortasse perduceris aut ad summum aut *eo quod* summum nondum esse solus intellegas.

Ebenso selten ist es wohl oder vielleicht noch seltener, dass, wenn das Adverbium nachfolgt, die vorher gegebene Substanz, worauf sich das Adverbum bezieht, lediglich in einem Pronomen demonstrativum generis neutrius besteht, das seine Erläuterung erst durch das Adverbium relativum empfängt; so kann gefasst werden und ist wahrscheinlich zu fassen Sen. dial. III (de ira I), c. 7, 3 (4): commota enim semel et excussa mens *ei* servit, quo impellitur. S. mein prooemium lection. aest. 1852, p. 8.

Die übrigen Vertauschungen verschiedener Redetheile, die früher unter den Antimeria angenommen wurden, will ich nicht anführen; sie sind zu thöricht, und es kommen gelegentlich die dahin gerechneten Erscheinungen vor. Es begreift z. B. Jeder, wenn Vergilius Aen. I. 296 fg. sagt: Remo cum fratre Quirinus iura dabunt, dass nicht *cum* für *et* steht, Praepositio statt Conjunctio; dies ist zur Erklärung des Plural angenommen, der aber leicht erklärlich sich so auch bei Cicero und Anderen findet; s. Reisig §. 195, A. 340.

Ist es demnach also nicht möglich, dass ein Wort zugleich den Begriff verschiedener Redetheile umfassen kann, so ist es dagegen viel leichter möglich, dass ein Wort für verschiedene Unterabtheilungen desselben Redetheiles gebraucht wird.

Betrachten wir in dieser Beziehung zunächst die Nomina[1]).

Wir haben gesehen, dass sie eingetheilt werden nach der Menge der Merkmale, welche darin eingeschlossen sind. Die meisten Merkmale sind enthalten in dem Nomen proprium. In der Einleitung ist gezeigt, dass es mit dem Pronomen, das gar kein eigentliches Merkmal, sondern nur eine allgemeine, relative Bezeichnung enthält, ganz denselben Zweck erfüllt, da dies auch immer eine einzelne ganz bestimmte Person oder Sache bezeichnet. Da beide also gleichbedeutend sind gewissermassen, so liegt eine Vertauschung sehr nahe. Es ist zwar sachlich gleichgültig, ob man die dritte, zweite und erste Person mit ihrem Namen oder mit einem Pronomen bezeichnet, vorausgesetzt, dass das Pronomen schon durch den Zusammenhang eine hinlänglich klare Beziehung hat[2]). Dagegen ist es nicht ohne besondere rhetorische Bedeutung, wenn eine Person durch ihr Nomen proprium bezeichnet wird und dadurch die erste Person, bei welcher es am häufigsten ist, also zu der Sprachweise der Kinder zurückkehrt. Dies hat gewöhnlich den Grund, dass Jemand ein Urtheil über sich selbst fällen will, und da drückt er dann in der Sprachform gleichsam die Unparteilichkeit aus, indem er nicht wie in eigener Person von sich selber spricht, sondern wie

---

[1]) Ueber Verschiedenes, was hierher gehört, hat in einer nicht recht klaren Eintheilung gehandelt Holtze, de notione substantivi apud priscos scriptores latinos usque ad Terentium, Naumburger Progr. 1850, 4., und erweitert in den fleissigen Monographien syntaxis priscorum scriptorum latinorum, Lips. 1861 u. 62, und syntaxis Lucretianae lineamenta, Lips. 1868.

[2]) Bei der zweiten Person, z. B. Seneca, Herc. fur. 1282: Nunc Hercule opus est, perfer hanc molem mali sagt Theseus zu Hercules, wie derselbe zu demselben bei Eur. Herc. fur. 1241: ὁ πολλὰ δὴ τλὰς Ἡρακλῆς λέγει τάδε.

von einer anderen dritten Person, über die er um so freier urtheilen kann, je ferner er sie sich rückt. Ueberhaupt objectivirt er sich; er denkt, wie andere Leute über ihn sprechen und urtheilen, er thut es aus ihrer Seele. Das persönliche Verhältniss der Subjecte zu einander, wonach sie sich bloss als der Redende und Angeredete betrachten, wird aufgehoben; die Person will oder soll der anderen bloss als Object erscheinen, allgemein aufgefasst, nicht in besonderem Verhältnisse zu ihr. Meist mit sehr feinem Eindrucke; Bescheidenheit, Prahlerei, Schmeichelei, Berufung und Beziehung auf den Ruf, die Gedanken und Empfindung, welche sich an den Namen Jemandes knüpfen. Z. B. *Parmeno* ist ein schlauer Kerl, der Alles merkt: an temere quidquam Parmenonem praetereat, quod facto usus sit? Ter. Hec. V, 4, 38. Es ist gewöhnlich dann das Urtheil gar nicht ausgesprochen, sondern es wird vorausgesetzt als eine bekannte Vorstellung, die Jedermann mit dem Eigennamen verbindet; es ist die Berufung auf die allgemeine Vorstellung, die man von Jemandem hat, und die sich natürlich an seinen Namen knüpft und durch diesen sogleich erweckt wird, nicht aber durch *ego*. Also Ter. Eun. V, 4, 3: quantam et quam veram tandem capiet Parmeno, d. h. Parmeno, der bekannte (der als schlau bekannte) Parmeno; sein Lob und Name wird in Aller Munde sein. Phorm. V, 8, 38: Phormionem qui volet lacessito, d. h. wer Lust hat, möge kommen und den Phormio reizen, da der Kerl darnach ist sich nicht ungestraft reizen zu lassen. Diese Stellen hat Ruhnk. zu Ter. Eun. V, 4, 3; vgl. Verg. Aen. II, 549; Seneca, Herc. fur. 1155: ipsumque quis non Herculis somnum horruit? sagt Hercules; sein Name ist hinreichend, um zu schrecken. Tac. Ann. II, c. 71: flebunt Germanicum etiam ignoti. Wenn hier also an den bekannten Sinn, den man mit einem Nomen proprium verbindet, appellirt und eine bestimmte Vorstellung von gewissen Eigenschaften vorausgesetzt wird, so tritt das Nomen proprium dem Sinne eines Appellativi sehr nahe. Und so wird zuweilen auch ein wirkliches Apellativum zur Bezeichnung der ersten Person gesetzt, wie *hic senex* Terent. Adelph. V, 1, 8; hic homo [1]) Plaut. Curc. II, 1, 33 (v. 252). Vah, solus hic homo est, qui sciat divinitus ist eine Prahlerei; Terent. Heautont. II, 3, 115; das. s. Muret und Ruhnken. Auch bloss *hic* statt *ego* s. Tibull. II, 6, 7, ib. Vulp. *Hoc caput = ego* Plaut. Epid. I, 1, 86; Stich. V, 5, 10; Asin. II, 4, 89. Ebenso im Griechischen ὅδε ἀνήρ, s. Brunck zu Soph. Oed. R. 533, 808 und δέμας τόδε für τοὐμὸν δέμας, was Porson zu Eur. Med. 389 elegant nennt; es findet sich, obwohl seltener, auch in Prosa; s. Maetzner zu Antiphon p. 253.

Wenn aber das Nomen proprium als Appellativum gefasst wird, so verliert es diejenigen Merkmale, welche seine bestimmte Beziehung auf eine einzige Individualität begründen und es wird nur als Inbegriff derjenigen Merkmale verstanden, welche an jenem Individuum die hervorstechendsten sind, welche aber auch an anderen sich finden, so dass dann dadurch eine ganze Klasse bezeichnet werden kann, welche die erste einzelne Individualität gleichsam in vielen Exemplaren wiederholt; also ist zunächst Jemand z. B. ein *alter Maecenas*; s. Juven. Sat. 7, 94: quis tibi Maecenas? quis nunc erit aut Proculeius aut Fabius? quis Cotta iterum? quis Lentulus alter? Dann im Plural. So der bekannte Vers: Sint Maecenates, non deerunt,

---

[1]) Vgl. zu Horat. sat. I, 9, 47, Brix zu Plaut. Trin. 172.

Flacce, Marones bei Martial. Epigr. III, 53, 5; qui Curios simulant bei
Iuven. Sat. 2, 3, i. e. continentissimos [1]). Griechische Beispiele dieser Art
s. bei Lobeck ad Soph. Aiac. 190.
Die Namen der Götter werden zu Appellativen; *Bacchus* gleich *vinum* etc.,
s. unten. Eine solche Wiederholung des wesentlichen Charakters einer Gottheit in anderen Individuen wie unter Menschen, ist freilich nicht möglich,
weil jede Gottheit in ihrer Besonderheit einzig ist und bleibt; doch hat sich
etwas Analoges gefunden zu der Zeit des Unglaubens, wo man den Unterschied zwischen Göttern und Menschen verwischte, jene vermenschlichte,
diese vergötterte, und also in einem Menschen gleichsam die Wiederholung
eines Gottes, ein anderes Exemplar desselben sehen konnte, z. B. Grazien,
zehnte Muse, mea Venus u. dgl.

Dass umgekehrt Appellativa und namentlich auch Adjectiva zu Nomina
propria werden, bedarf keiner Erläuterung; dann wird einfach die Allgemein-
heit des Merkmals bei Seite gesetzt und wird nur auf Einen Gegenstand
bezogen ausschliesslich; dies ist überhaupt der gewöhnliche Ursprung der
Nomina propria, nur ist er oft verdunkelt; aber deutlich sind z. B. Bestia,
Caligula, Naso, Capito, Lupus, Catulus, und Adjectiva: Brutus, Dentatus,
Crassus, Iuvenalis, Magnus, Augustus.

Gerade so wie ein Nomen proprium zu einem Appellativum werden
kann, indem das Einzelne eine ganze Menge repräsentirt, ebenso kann nun
auch das Appellativum zu einem Collectivum werden, indem das einzeln ge-
nannte Individuum einer Gattung (im Singular) die ganze Masse bezeichnet,
zu welcher es gehört. Das Appellativum bezeichnet zwar auch ein einzelnes
Individuum, aber nicht wie das Nomen proprium ein einziges, sondern
eines von einer Gattung, gleichgültig welches; irgend ein Exemplar wie *vir*,
miles, *centurio*; soll damit ein ganz bestimmtes Individuum bezeichnet
werden, so geschieht dies nur durch einen Zusatz, wie *hic*, *ille*, oder der
Zusammenhang der Rede enthält die nähere Bestimmung. Da also zwischen
den Individuen einer Gattung, insofern sie bloss durch den Gattungsnamen
bezeichnet werden, gar kein Unterschied stattfindet, weil jeder *miles* als solcher
dem andern ganz gleich ist, insofern er bloss als *miles*, nicht als *miles* mit
einem besonderen Prädicate, als tapferer, Römer, gemeiner u. s. w., betrachtet
wird, so kann natürlich nicht nur jeder für jeden, sondern auch jeder beliebige einzelne für alle gesetzt werden; der *miles* kann gesetzt werden für
die ganze Soldateska, für das Heer, dem er angehört, oder für eine andere
Abtheilung und Menge, für Alle, zu denen er gehört, und so kann man auch
sagen, es stehe in diesem Falle Singularis pro plurali. Unter dem einen
oder anderen Namen hat man über diesen nicht seltenen Gebrauch viele
Sammlungen. Ueber *miles*, selbst in der Anrede s. Gronov und Drakenborch zu Liv. VII, 35, 2, *eques* zu II, 20, 12, *pedes* zu I, 14, 8. So
hostis Drakenb. zu Liv. V, 50, 2, *mercator* Drakenb. zu Liv. X, 17, 6.
Ueber verschiedene andere Wörter Kritz zu Sall. Jug. 57, 4. *Romanus*
Drakenb. zu Liv. III, 2, 11, *Samnis*, *Poenus* und andere Völkernamen s.
zu VII, 33, 15. XXI, 9, 1. Iani A. P. p. 91, wobei denn sogar oft Singularis
und Pluralis neben einander stehen; s. Drakenb. zu X, 27, 3. So auch im
Griechischen s. Intptt. zu Gregor. Cor. p. 126 fg. ‒

---

[1]) Seneca ad Marc. 20, 5: tantum Catilinarum „catilinarische Existenzen“.

Merkwürdig sind hierbei die Stellen, wo ein solcher Singularis als Apposition zu einem Pluralis gesetzt ist, wie bei Tac. Ann. II, 45: Cherusci sociique eorum, vetus Arminii miles, sumpsere bellum. Frontin II, 3, 1: acies ita directa, ut in dextro cornu Hispani constituerentur, robustus quidem miles, sed qui alienum negotium ageret; in sinistro autem Afri, miles viribus infirmior. Das. s. Oudend. Vgl. Drakenborch zu Liv. 28, 2, 12. Schrader zu Avien. 908.

Auch ist auffallend, poetisch und bei späteren Prosaikern, dass zu einem solchen collectiven Singular, wenn dann doch zugleich eine grosse Vielheit von einzelnen Individuen bezeichnet werden soll, das Adjectivum *multus* gesetzt wird [1]). Multa cane, Horat. Epod. 2, 21; obscssum multo hoste locum, Seneca ad Marc. 9, 2: saturata multo conchylio purpura, id. ad Helv. 11, 3; iura, fides ubi nunc commissaque dextera dextrae? quique erat in falso plurimus ore deus? Ov. Heroid. II, 32. Ebenso ist bei Liv. XXI, 54, 2: delige centenos viros ex *omni* pedite atque equite recht eigentlich die Gesammtheit der *equites* verstanden, da von der Auswahl daraus gesprochen und das Ganze durch den Zusatz *omnis* im Gegensatz gegen den Theil bezeichnet wird. Daher kann man sich nicht wundern, dass Ovid. Trist. IV, 2, 16, nachdem er collectiv *plebs* und *senatus* genannt, dann den Ritterstand im Ganzen mit dem Singularis *eques* bezeichnet, aber davon sich selbst als einen Theil aussondert: Parvaque cuius eram pars ego nuper, eques. Dies wird in Prosa nicht vorkommen, da ein zu harter Widerspruch darin liegt, in dem einen Individuum, das die Gesammtheit repräsentirt, eine Scheidung in Theile und Individuen mit *pars* vorzunehmen.

Die Meinung Walchs, dass dieser Gebrauch an einzelne Casus gebunden sei, widerlegt Mützell zu Curt. III, 1, 1.

Tacitus stellt zusammen: *patres, eques,* Senat und Ritterstand, Ann. I, 7. IV, 74; *pater* im Singularis findet sich nie collectiv für die Senatoren überhaupt; denn das Wort wurde nur im Pluralis zur Bezeichnung dieser Corporation übertragen; ein einzelner Senator wird nicht stehend *pater* genannt. Zu der Umwandlung war erforderlich, dass das Appellativum dieselbe Eigenschaft bezeichnet, welche auch die ganze Masse charakterisirt, so dass ein Exemplar genau alle repräsentirt, also in beliebiger Vervielfältigung gedacht werden kann; dies ist aber bei *pater* nicht der Fall, da dies nur in übertragener Bedeutung den Senat bezeichnet und diese Bedeutung am Plural haftet.

Umgekehrt können wirkliche Collectiva zu Appellativis werden in der Weise, dass der Name der ganzen grenzenlosen Masse einem einzelnen Theile derselben beigelegt wird, der in bestimmter Form und Grenze existirt. Hiervon ist die Folge, dass das Nomen collectivum, welches wegen der Grenzenlosigkeit seines Begriffes keinen Pluralis haben kann, dennoch in diesem Falle Pluralis annimmt, da die Unendlichkeit in viele einzelne, concrete Dinge zerfällt werden kann. Demnach kann *terra*, insofern es bloss das *Land*, im Gegensatz gegen das Wasser, oder die Erde im Gegensatz gegen den Himmel bezeichnet, nicht im Pluralis stehen; zerfällt man aber das Ganze in einzelne Theile, so giebt es *terrac, Länder*, oder den Stoff in einzelnen Arten, so giebt es *Erdarten, terrac.*

---

[1]) **Vogel**, Einl. zu Curtius §. 4.

Dagegen wird man dies nicht leicht bei *tellus* finden, wofür Ruddim I, p. 147 nur eine einzige Stelle aus Corn. Gall. bei Vib. Sequester de flumin, p. 45 beibringt; obwohl im Singularis *tellus* nicht selten von einem Theile gesagt wird, aber nur mittels eines Zusatzes, wie *Gnosia tellus*, d. i. Creta bei Vergil. Nec tellus eadem parit omnia, Ovid. A. A. I, 757. Von *humus* im Pluralis hat Ruddim. I, p. 146 gar kein Beispiel; doch im Singularis hat man auch hier *humus Punica, Pontica* bei Ovid. Bei beiden Wörtern ist diese Anwendung nur poetisch.

Solum dagegen, der Boden, als festes Element gefasst, kann wieder getheilt gedacht werden, und daher hat man *sola terrarum* selbst bei Cic. pro Balb. c. 5, 13; andere Beispiele s. bei Voss. de anal. I, c. 41. Ebenso hat man *arva, rura*. Bei *ager* versteht es sich von selbst. Aehnlich verhält es sich mit anderen Stoffen, deren grenzenlose Masse durch ein Nomen collectivum bezeichnet wird, wie *aquae, vina, mella, musta;* dann Metalle und andere mineralische Stoffe, *aera, stanna, orichalca, arenae, sulfura, pices, cerae* (nur nicht *aura* und *argenta*, die nicht so gemein sind), Getreidenamen *hordea, tritica, avenae*, cf. Gell. XIX, 8.

Alle diese werden auf analoge Weise so gedacht, dass das Ganze in einzelne Arten oder Theile und Stücke geschieden wird. Darüber s. Reisig §. 89 und die dort gegebenen Nachweisungen.

Nahe verwandt hiermit ist der Gebrauch der Abstracta pro concretis. Nämlich auch die Abstracta haben einen collectiven Begriff, es ist der allgemeine Begriff, unter dem concrete Einzelnheiten umfasst werden, es ist das ihnen Gemeinschaftliche, was an und für sich nicht concret angeschaut wird, sondern immer nur in dem Einzelnen zur Erscheinung kommt; also namentlich die grosse Zahl abgeleiteter Wörter auf *ia, tudo, tas*, welche Eigenschaften an sich bezeichnen. Solche Eigenschaften umfassen nun drei Arten von Concretis, 1) die Individuen, denen sie eigen sind; 2) die Dinge, worin sie sich äussern, die einzelnen concreten Aeusserungen; 3) die Eigenschaft selbst abstract, aber erscheinend in einzelnen concreten Fällen gedacht. Das erstere ist indess im Lateinischen sehr selten; wir sagen Capacitäten, Notabilitäten, Illustrationen, Excellenzen und dergleichen; für die Römer waren diese Begriffe zu heterogen, um sie zu verwechseln; es war entweder zu viel, wenn man einen Menschen mit einer Eigenschaft identificirte, oder es war zu wenig, zu erniedrigend. Sen. de clem. I, 26, 3: tuta est etiam inter feras similitudo, ib. 25, 3: tam multis periculis petitur, quam multorum ipse periculum est. Sen. ad Marc. 17, 4: exitium von einer Person; desgleichen maledicta, ib. §. 6.

Es kommt der Vergötterung sehr nahe, wenn man ein abstractes Wesen in einem Menschen verkörpern sieht; ehe das zu einem geläufigen Sprachgebrauch wird, können solche Ausdrücke vorkommen wie bei Tac. XVI, 21: trucidatis tot insignibus viris ad postremum Nero virtutem ipsam exscindere concupivit interfecto Thrasea Paeto et Barea Sorano. So wird *potestates* zuweilen gesagt von Menschen, welche mit der *potestas* bekleidet sind, weil sie hier wirklich identisch ist mit den Menschen selbst in ihrer Wirksamkeit; ebenso *imperium* und *imperia*. *Odium* Plaut. Rud. 309. Aber in anderen Fällen ist dies äusserst selten, und es ist noch fraglich, ob bei Cic. pro Sestio 51, 109 *honestates* für *homines honesti* gesagt sei; s. Reisig §. 90, Anm. 145. Leichter entsteht der collective Sinn; z. B. *gentilitas*, die

Gesammtheit der *gentiles*, bei Aur. Victor de vir. ill. c. 24, 8. So *tota vicinia* neben *domus*, wie *familia, nobilitas, civitas, iuventus, senectus*. Aber in etwas anderer Weise ist dies doch in die Sprache gekommen. Nämlich die fortschreitende Abstraction begann die Eigenschaft, die mit einem Objecte concret verbunden war, von diesem zu trennen und für sich als ein besonderes Wesen anzuschauen, das nicht mit dem Object zu einer concreten Einheit verbunden, sondern ihm durch Reflexion als ein selbstständiges Wesen beigelegt wird; zu diesem Zwecke wurde das Adjectivum in ein ·Substantivum verwandelt oder in sein substantivisch gebrauchtes Neutrum. In früherer Zeit ist dies seltener; später dehnt es sich sehr aus, indem diese Abstraction immer geläufiger wurde und man zugleich wahrnahm, dass oft nicht das Object an sich das Wichtigste, das Wirkende ist, sondern seine Eigenschaft, oder das Object nur insofern es mit der Eigenschaft versehen ist. Bei Cicero ist dieser Gebrauch sehr sparsam zu finden, und nur so, dass eben wirklich von der Eigenschaft allein gehandelt, diese für sich betrachtet wird; man s. die Stellen bei Bröder §. 669, bei Zumpt §. 672. Z. B. de N. D. II, 47, 122: aliorum (animalium) ea est humilitas, ut cibum terrestrem rostris facile contingant; quae autem altiora sunt, — adiuvantur proceritate collorum. Aber anders ist es, wenn die Eigenschaft nicht ganz für sich betrachtet, sondern nur in der Einheit mit dem Objecte gedacht wird, so sehr, dass die auf die Eigenschaft sich beziehenden Wörter eigentlich nur vom Objecte verstanden werden können; so Tac. XV, 38: ignis vento citus longitudinem circi corripuit. Itiner. Alex. c. 11: in amnem sese praecipitat eiusque omnem latitudinem natat. Liv. 28, 12: illum equitem sex dierum spatio transcurrisse longitudinem Italiae. Phaedr. I, 8, 8: (Grus lupi) gulae credens colli longitudinem. In diesen Fällen ist eigentlich die Rede von dem Substantivum *circus, amnis, Italia* und *collum;* aber das Adjectivum *latus* und *longus* würde die Eigenschaft nicht so sehr als das Merkwürdige hervorheben. Vgl. Jani A. P. p. 329 fg. Dies kann nun insbesondere angewendet werden auf Personen, und hier werden denn eine Menge von Umschreibungen gemacht. Eigentlich bloss genaue Trennung des Begriffes zeigen die, welche Kritz als Umschreibung bezeichnet, nämlich mit *animus;* s. zu Sall. Jug. 39, 5. Anders aber sind die poetischen, welche Jani A. P. p. 475 fg. anführt. Gronov zu Liv. XXIV, 5, 1: succedens tantae caritati Hieronis; wie Hor. Carm. III, 21, 11: Narratur et prisci Catonis saepe mero caluisse virtus, Sat. II, 1, 72: Virtus Scipiadae et mitis sapientia Laeli. Dies ist nach dem Griechischen. Weiter ging die Servilität, indem man aus Bescheidenheit und Demuth oder aus Schmeichelei gegen Andere sich selbst oder die Person, zu der und von der man spricht, durch die Eigenschaft bezeichnet, welche man der Person gerade besonders beilegen will, jedoch mit dem Zusatze eines Genetiv oder Pronomen possessivum. So sagt Velleius Paterc. II, 104, 3: mediocritas mea, und c. 111, 3: mediocritas nostra. Valer. Max. praefatio ad Tib. Caesarem: mea parvitas. Phaedr. II, 5, 23: tum sic iocata est tanti maiestas ducis. Vgl. die Interptt. zu diesen Stellen und Bünemann zu Lactant. III, 30, 1. Hieraus geht denn in späteren Zeiten eine förmliche Titulatur hervor, z. B. in Anreden an die Kaiser sagt Veget. I praef., II praef., IV praef., clementia vestra. Praef. II: tranquillitas tua; praef. II, IV, V: maiestas vestra. Lib. III, epil., serenitas tua. Lib. IV praef. Clementia serenitatis tuae. Eutrop. praef. sagt mansuetudo tua. So geht das fort, bis daraus gesetzlich feststehende Titulaturen werden, wie *magni-*

ficentia mea, pietas nostra, clementia, sublimitas vestra und dergleichen, was man häufig in den epistolis Symmachi, Cod. Iustinianeus u. s. w. findet. Im Griechischen ist etwas Aehnliches schon in der ältesten Poesie: μένος Ἀλκινόοιο, βίη Ἡρακληείη, Παλαιμενέος λάσιον κῆρ. Diese poetische Hervorhebung eines Accidens ist bei den nüchternen Römern sehr wenig ausgebildet, und erst aus dem Griechischen entlehnt. Eine Umschreibung ist echt römisch, nämlich mit *nomen*, wie *nomen Romanum*, alles was römisch heisst; so sehr häufig; zuweilen selbst in Bezug auf einzelne Personen, wie bei Fronto (or. de testamentis, p. 277, ed. Frcf.). Idem filia postulabit; nepos, abnepos, frater —, omnia necessitudinum nomina hoc privilegium invadent, d. h. alle Personen, welche den Namen irgend einer *necessitudo* führen und diesen geltend machen können. Ferner *nomen* für Schuldner und Schuld.

So viel über den ersten Fall, wo die Eigenschaft in der Weise zu einem Concretum wird, dass das Individuum damit bezeichnet wird, welchem sie eigen ist. Der zweite ist der, dass damit die concreten Aeusserungen, Erscheinungen und wiederholte Bethätigung der Eigenschaft bezeichnet werden; wie z. B. *insaniae* Tollheiten, d. h. Aeusserung der Tollheit in Worten oder Thaten, oder bei verschiedenen Gelegenheiten[1]). Cic. in Verr. II, 14, 35. *turpitudines* — einzelne hässliche Handlungen das. V, 41, 107. *multi luxus* — viele Arten von Verschwendung an einem einzelnen Menschen bei Valer. Max. VI, 9, 5. Cf. Flor. II, 8, 3 [I, 24]: Antiochus rex otia et luxus tamquam victor agitabat. Omnes omnium rerum sectatores atque fautores parum se satisfacere voto et conscientiae suae credunt, si non ipsarum, quas appetunt, gloriarum templa constituant, Paneg. III (Eumen. pro restaur. scholis) c. 6, 4: conscientiae ib. c. 12, 2: ille — glorias vestras sibi iuste vindicat, Eumen. Paneg. VI, 15, 5: tot victoriarum gloriae Paneg. VIII, 15, 1: ille gloriarum tuarum gradibus adscendit. Paneg. VIII, 25, 1.

Der dritte Fall ist, wenn die Eigenschaft zwar als solche betrachtet, jedoch dadurch gewissermassen zu einer concreten gemacht wird, dass sie bei mehreren Individuen nicht allen gemeinschaftlich als dieselbe, sondern jedem besonders als ihm eigen beigelegt wird; daher denn auch *insaniae* wieder heissen kann: die Tollheit Mehrerer; z. B. Cic. in Verr. IV, 21, 47. Verg. Ecl. 7, 4: Ambo florentes aetatibus, Arcades ambo. Seneca ad Helv. 16, 16: altius praecepta descendunt, quae teneris inprimuntur aetatibus; Liv. V, 25, 3: ab horum aetatibus dignitatibusque et honoribus abstinebatur. Nämlich jeder hat seine eigene *aetas*. Cic. in Verrem II, 49, 120: in his omnibus senatoribus — ne genera quidem spectata esse, ex quibus in eum ordinem cooptari liceret neque census neque aetates. Vgl. Kritz zu Sall. Cat. 14, 5, Jug. 64, 6. Dies Letztere dehnt sich auch weiter aus auf concrete Dinge; z. B. auf Handlungen, welche wir als Abstracta zu behandeln pflegen, so dass wir, wenn dieselbe Handlung Mehreren beigelegt wird, doch den Singularis setzen; die Lateiner setzen hier genauer und sinnlicher den Pluralis, z. B. *clarae mortes* Cic. Tusc. I, c. 48, d. i. der Tod derjenigen, welche auf eine ausgezeichnete Weise sterben; multis mortibus (d. h. multorum)

---

[1]) Viele solche Abstracta hat aus Cicero gesammelt Fr. Schneider, N. Jbb. für Phil. u. Päd. 1845, Bd. 44, S. 443, aber ohne die Bedeutung zu erörtern. Jetzt Draeger, histor. Syntax I, S. 9.

unam animam redimere, Sen. de clem. I, 3, 4; o hominem mille mortibus dignum! ib. c. 18, 3 (von einer Person, an der sich die *mors* oft wiederholen soll). So *adventus,* wenn von Mehreren die Rede ist; s. Zumpt zu Cic. in Verr. IV, 14, 32; interitus exercituum Off. II, 6, 20; Sen. ad Polyb. c. 15, 3: ne singulos eius luctus enumerem, alle Trauerfälle einzeln.

So geht dies weiter auf Substantiva über, welche nur den Begriff des Verbi zu bestimmen dienen, ohne eine nähere Beschreibung der handelnden Personen zu enthalten; dies sind namentlich die Theile des menschlichen Körpers und sonstige Accidenzen des Menschen, welche allen in gleicher Weise zukommen, wofern sie nur als adverbielle Bestimmung zum Verbum treten; und überhaupt die stehenden Redensarten, welche aus einem Substantivum und Verbum bestehen, wie *impetum facere, in custodiam tradere.* *Vestis* ist bald der Stoff, das Zeug, bald ein einzelnes Kleid; indem man aber dem von der ersten Bedeutung hergenommenen Gebrauche folgte, setzte man oft bei der zweiten den Singular, wo von den Kleidern Mehrerer die Rede ist. Tacit. Hist. II, 89 praefecti castrorum tribunique et primi centurionum candida veste. Frontin. IV, 7, 33: viri muliebri veste tecti. Gemischte Beispiele bei Gronov zu Liv. XXI, 31, 8.

Ist dies Letztere nicht der Fall, sondern enthalten diese Substantiva noch eine andere nähere Bestimmung, so ist im Lateinischen der Pluralis nothwendig, wenn von mehreren Personen die Rede ist; z. B. Cic. de Fin. V, 24, 69: non perfecti autem homines et tamen ingeniis excellentibus praediti excitantur saepe gloria; in Verrem II, 49, 120.

Regel: der Pluralis ist nothwendig, wenn das Accidens irgendwie näher bestimmt und dadurch hervorgehoben und individualisirt wird; wenn es zur näheren Beschreibung jedes einzelnen Individuums der Mehrheit dient. Ist es bloss adverbielle Bestimmung des Verbi, so steht es bald Singularis bald Pluralis. Steht aber der Singularis, so ist es immer nur adverbielle Bestimmung. Moderne Scribenten sind hierin oft sehr ungenau und haben keine Ahnung von dem feinen Unterschiede.

Wenn das Substantivum wirklich bloss als eine einfache adverbielle Bestimmung des Verbi angesehen werden kann ohne das handelnde Subject näher zu bestimmen, so wird zwar im Lateinischen auch sehr häufig der Pluralis gesetzt, wo von Mehreren die Rede ist, jedoch nicht immer; z. B. Sall. Cat. c. 47, 3: Senatus decrevit, uti — ceteri in liberis custodiis haberentur. Hier der Pluralis wegen der Bestimmung *liberae,* und weil dann sogleich die Einzelnen aufgezählt werden, bei welchen die Verschworenen *in libera custodia* sein sollen; jeder soll seine eigene haben. Ebenso das. c. 52, 14: ipsos per municipia in custodiis habendos; sie sollen zerstreut werden; und ib. c. 50, 4: de his, qui in *custodiis* tenebantur. Hier wäre auch *custodia* möglich, was auch in Handschriften; der Sinn ist bloss *custodiebantur.* Ebendas. c. 50, 3: refert quid de his fieri placeat, qui in custodiam traditi erant. Hier ist es bloss adverbielle Bestimmung und feststehende Phrase, zur Bezeichnung des Gegensatzes gegen die vorher genannten, die noch auf freien Füssen sind. Darnach kann man auch den Gebrauch von *tergum* und *terga* observiren. In Bezug auf ein Heer als Masse, das als solche nur Eine Rückseite hat, sagt man *a tergo,* nicht *a tergis.* So in ähnlichen Fällen, wie *tergum premere* bei Frontin I, 6, 2; *tergo inhaerere* und *in tergo haerere* Liv. 27, 42, 6 und 1, 14, 11. Wo dagegen nicht die ganze Masse, sondern die Thätigkeit und der Zustand eines jeden Einzelnen betrachtet wird, sagt man *terga vertere* — *dare, caedere.* Aber in vielen anderen Fällen kann man schwanken. Wenn Tac. hist. V, 16 sagt: superesse qui fugam animis, qui vulnera tergo ferant, so schreibt er einem Jeden seinen *animus* zu, weil es hier darauf ankommt zu sagen, dass Jeder diesen *animus* zu fliehen hat, dass also die Menge dieser *animi* ebenso gross sei als die Menge der Feinde; dagegen bei *tergo* wäre es unwahr gewesen, allen ein solches *tergum* zuzuschreiben; es kam mehr darauf an und ist nachdrücklicher, die Art der Wunden zu beschreiben, und das geschieht durch den Singularis, welcher bloss das Verbum adverbiell bestimmt, ohne sich auf jedes einzelne Subject zu beziehen; also wer immer Wunden hat, alle oder nicht alle, sie sind von dieser Art; es sind Rückenwunden, nicht Brustwunden. Ebenso ist es in gleichem Zusammenhange Ann. II, c. 15; bei Horat. Carm. III, 2, 16: nec parcit imbellis iuventae poplitibus timidove tergo, wo *poplites* im Pluralis steht, weil jeder Mensch zwei hat. Id. III, 5, 21: vidi ego civium retorta tergo brachia libero.

So wird ferner *corpora curare* stehend gesagt, weil jeder Einzelne für seinen Leib sorgt; daher im Singularis Liv. 31, 39, 1: corpus iam curabat consul. Dagegen hat Frontin II, 1, 5: hostes statim ad corporis curam et cibum capiendum festinaverunt; hier nicht *corporum*, weil *corporis cura* gleichsam als Compositum gedacht wird ohne Beziehung auf das Subject, nur im Gegensatze gegen die Schlacht.

Aehnliche Differenzen sind bei *animus*; man vergleiche z. B. die beiden Stellen Liv. 25, 38, 22: ite dis bene iuvantibus, corpora curate, ut integri vigentesque *eodem animo* in castra hostium irrumpatis, quo vestra tutati estis. Hier handelt es sich nicht um den *animus* eines jeden Einzelnen, sondern um den einen *animus*, der sich bei Allen in dem *tutari* gezeigt hat. Dagegen wo Jeder das Seine thun soll, 36, 17, 16: in haec tanta praemia dignos parate animos, ut crastino die bene iuvantibus dis acie decernamus, und daselbst vorher §. 13: illud proponere animo vestro debetis; denn hier haben alle denselben Wunsch und dieselbe Einsicht. Hier wäre auch der Pluralis möglich. Daher wird auch *animum advertere* von Mehreren gesagt; über *animos* s. Drakenb. zu Liv. IV, 27, 8 und *in animo habere, in animum inducere.* Wie *pendere animi* auch von Mehreren gesagt werde, zeigt Gronov. zu Liv. VII, 30, 22, doch ist dann häufiger *pendere animis.* Verschiedenes hierüber vergl. bei Oudend. zu Suet. Claud. cap. 34. Die Frage, ob er schreiben solle *vitam sanctorum* oder *vitas sanctorum*, behandelt Gregor. Tur. in der Vorrede zu dem Buche, welches in den Editiones vitae patrum betitelt ist, p. 1143 ed. Ruinart, der für den Plural Gellius anführt (bei dem sich die Stelle jetzt nicht findet) und Plinius, artis grammaticae lib. III; er selbst aber entscheidet sich für den Singular, weil die Grammatiker behaupteten, *vita* habe keinen Plural und *quia, cum sit diversitas meritorum virtutumque, una tamen omnes vita corporis alit in mundo.* Wenn man das Buch selbst so nennt, so ist es natürlich zu sagen *vitae*, sofern es aus mehreren Biographien besteht, nicht aber *vita*; dagegen *scribere de vita Sanctorum* bezeichnet bloss adverbiell die biographische Behandlung; dagegen *de vitis Sanctorum* betrachtet jeden Heiligen und sein Leben besonders; so Cornelius Nepos, praef. extr. de vita excellentium imperatorum.

Wenn nun hier deutlich ist, warum ein solches Nomen im Singular stehen kann, wenn es auch eigentlich eine Beziehung haben könnte als Accidens auf einen Pluralis, so ist damit nicht zu verwechseln der Fall, wo das Accidens im Pluralis steht in Beziehung auf einen Singularis. Da jeder Mensch nur einen *animus, cornus, pectus* u. dergl. hat, so sollte man dies nicht für möglich halten. Hierbei ist zu scheiden zwischen dem prosaischen und poetischen Gebrauche, welcher letztere viel ausgedehnter ist; jedoch liegt bei beiden dieselbe Anschauungsweise zum Grunde, welche uns fremd ist [1]).

Die Lateiner nämlich, wie auch die Griechen, schauen viele einzelne Dinge als Mehrheiten an, weil sie darin eine Mehrheit von Theilen oder eine Mehrheit von Eindrücken und Wirkungen wahrnehmen.

So zunächst die geistigen und körperlichen Accidenzen des Menschen. *Animi* ist der sich in vielen Menschen äusserlich beurkundende, oft hervortretende *animus*, daher ein grosses Selbstbewusstsein, hoher Muth, auch Hochmuth, Stolz; man sieht, dass die Alten sinnlicher als Menge auffassten, wo wir den Grad erhöhen. So Liv. XXIV, 22, 8: filia Hieronis, inflata adhuc regiis animis ac muliebri spiritu. Vgl. Fabri zu Liv. XXII, 26, 1: Is iuvenis, ubi pecunia a patre relicta animos ad spem liberalioris fortunae fecit. Cic. div. in Caecil. 11, 33: ut istius animos atque impetos retardaret.

Ebenso *spiritus* von Anmassung; s. Caes. B. G. I, 33: Ariovistus tantos sibi spiritus, tantam arrogantiam sumpserat, ut ferendus non videretur; vgl. das. II, 4: magnam sibi auctoritatem magnosque spiritus in re militari sumere; s. Bremi zu Nep. Dio V, 5, Walther zu Tac. Ann. XVI, 24.

Bei Dichtern *numina* von Einem, wie Verg. Aen. I, 666 wegen seiner vielfältigen Einwirkung.

So die Theile des Körpers. *Cervices* ist in guter Zeit in Prosa allein gebräuchlich; nur bei Dichtern und im silbernen Zeitalter findet sich *cervix*; der erste, der es gebrauchte, war Hortensius nach Quintil. VIII, 3, 35; s. Reisig §. 93 und Anm. 154 [2]); man dachte dabei vielleicht an die einzelnen Nackensehnen, wie im Griechischen οἱ τένοντες (αὐχένιοι). Doch findet sich auch αὐχένες; s. Bernhardy, Synt. S. 64, der zugleich andere Plurale der Art hat.

Bei Dichtern sind demnach sehr häufig *colla* (Ov. Met. III, 169, 88), *ora* (ib. III, 187, 202), *pectora* (ib. V, 435), *corda* (Lucan. I, 633, ib. Cort.), *mea corpora* (Ov. Trist. III, 3, 39), *guttura* (Ov. Met. III, 73), *terga* (ib. III, 68), *rictus* (ib. 74), *ora oculosque* (Aur. Vict. de vir. ill. c. 29, 2), wo Liv. III, 26, 4 bei derselben Sache *os oculosque* sagt. Alle diese in Bezug auf einen Einzelnen; s. Jani A. P. p. 92 fg.

In Prosa ist dergleichen selten; wie Seneca, epist 22, §. 1 sagt: *terga vertere* von Einem (*referet pedem, non vertet terga*), wobei der sonst stehende Ausdruck mitgewirkt hat.

Man kann hierbei zugleich bemerken, dass die meisten dieser Wörter Neutra sind, also collectiven Sinn haben, der sich leicht in Einzelnheiten zerlegt.

---

[1]) C. G. Jacob, de usu numeri pluralis apud poetas Latinos, Progr. von Schulpforte 1841, 4.; abgedruckt mit einigen Zusätzen in den N. Jbb. für Phil. u. Päd. 1842. Suppl. Bd. VIII, p. 165—267. Jetzt Draeger, hist. Syntax I, S. 6.

[2]) Kühnast, Livianische Syntax S. 66.

Daher auch andere sinnliche Dinge, wie *Capitolia alta* bei Verg. Aen. VI, 837; *arces* Ov. Metam. XIII, 196, 344; ebenso oft *altaria* und *arae*. Keil zu Aur. Vict. c. 42, 1 bemerkt, zur Bezeichnung Eines Altars sei der Pluralis *arae* beinahe eben so selten wie der Singularis *altare*, doch hat er von jenem ausser Aur. Vict. c. 12, 3. 42, 1 auch Liv. 45, 27, 9. *Aequora, maria; tunicae* Ov. A. A. III, 569. 639. Bei Anderen ist es bald die überall zerstreute, an vielen Orten, zu vielen Zeiten sichtbare Menge, wie *nives, pruinae, imbres, grandines* u. a.; auch in Prosa, selbst bei Cicero; s. Drakenb. zu Liv. V, 2, 7.

Frigora Verg. Ecl. X, 47, 48, 57, 65. Cic. de N. D. II, 10, 26: itaque et aquilonibus reliquisque frigoribus adiectis durescit humor. Ov. Met. V, 390: frigora dant rami (Mehrheit der wirkenden Ursachen). So *ψύχη* und *θάλπη*, worüber vgl. Index zu Xen. Resp. Lac. unter *ψύχος*. Ebenso *calores, aestus* (Ov. A. A. III, 697); *tenebrae — silentia*, wovon s. Bach zu Ov. Met. I, 232; *somni* Ov. A. A. III, 647; Metam. I, 685, das. Bach; *Rivi praetereuntis aquae* Tib. I, 1, 28, wo Dissen mit Unrecht die Be-deutung des Pluralis festhält; *umbrae*, von Einem Baume, Lucan. I, 140, ib. Corte. Endlich erwähne ich noch solche Appositionen oder Prädicate, wie im Griechischen *ἔργα, δῶρα* in Bezug auf Einen Gegenstand, wovon s. Matth. §. 431, Bernh. p. 64 fg., auch diese im Neutrum vorzugsweise; so *dona* von Einem *clipeus* bei Verg. VIII, 729; Ov. Her. XVII, 124; Cf. Ov. Her. IV, 149: an potius serves nostram, tua munera, vitam; ib. XV, 181, XI, 19, 99; Justin. XII, c. 10: ibi in monumenta rerum a se gestarum urbem Barceu condidit; Ov. Fast. IV, 709: factum abiit, monumenta ma-nent, nämlich Eine *lex*; ib. 611: templum, monumenta parentis; Ov. Am. III, 1, 14: Lydius alta pedum vincla cothurnus erat; ib. III, 721: vidit op-pressam, vestigia corporis, herbam; *conubia* Ov. Her. XI, 99; *praemia* Ov. Her. XVI, 263 *Gaben*, nämlich 1) die Sache selbst, das Concretum, und 2) die damit verbundene geistige Thätigkeit, Wohlwollen, Freigebigkeit, Er-innerung.

Auch hier kann wieder das Gegentheil stattfinden. Schon oben ist er-wähnt, wie *miles* als Apposition zu einem Pluralis stehen kann als colle-ctiver Begriff; noch natürlicher ist dies, wenn es nicht bloss ein als Colle-ctivum gebrauchtes Appellativum ist, sondern ein wirkliches Collectivum; z. B.: et Veneris dominae volucres, mea turba, columbae tingunt Gorgoneo punica rostra lacu, Propert. III, 2, 32; ut fugiunt aquilas, timidissima turba, columbae, Ov. A. A. I, 117, oder: nec desunt comites, sedula turba, canes, Ov. Rem. A. 182 und: et valeant vigiles, provida turba, canes, Ov. Fast. IV, 764. Einige Stellen hat Jani p. 328. Dulichii Samiique et quos tulit alta Zacynthos turba ruunt in me luxuriosa proci, Ov. Heroid. I, 89. Daher ist *turba* und andere Wörter oft Apposition zu dem blossen Subjecte im Verbum, z. B. *turba ruunt*, wovon s. zu Reisig Anm. 338; vgl. dazu Jani A. P. p. 108, der z. B. anführt: quo ruitis generosa domus, Ov. Fast. II, 225; Dicemus io triumphe civitas omnis, Hor. carm. IV, 2, 50.

Dies kann nun namentlich auch bei Abstractis stattfinden; dann näm-lich wird eine Mehrzahl von concreten Einzelnheiten zu einer Einheit zu-sammengefasst, welche jene vermöge einer gemeinschaftlichen Eigenschaft oder einer gemeinschaftlichen Wirkung bilden. Sceleris nisi praemia magnas adiecisset opes, animi irritamen avari, Ovid., Met. XIII, 434. Iliadumque labor, vestes, Verg. Aen. VII, 247; raucae, tua cura, palumbes, Verg. Ecl. I, 58; Scipiadas, cladem Libyae, Verg. Aen. VI, 842.

Dergleichen findet sich selbst in Prosa bei manchen Wörtern; so z. B. *praesidium, subsidium, decus, documentum* und dergl. Sall. Jug. 103, 1: quo Jugurtha perfugas omnis praesidium imposuerat. Tac. Ann. I, 30, 1: quosdam ipsi manipuli documentum fidei tradidere.

Dasselbe in der Form des Prädicats. Ter. Andr. III, 3, 23: Amantium irae amoris integratio est. Ovid. Am. III, 1, 14: Lydius alta pedum vincla cothurnus erat.

Hierbei ist eigentlich nicht die Verschiedenheit des Numerus das Auffallende, sondern die Verschiedenheit der Begriffe selbst, welche zusammengestellt werden. Die frühere strengere Prosa wagte nicht leicht zwei so heterogene Begriffe durch ihre Verbindung als Apposition oder Prädicat wie identisch zu bezeichnen, da der eine vielmehr eine Accidens des Anderen, eine Eigenschaft, Wirkung, Zweck desselben ist. Dabei kann dasselbe Wort zuweilen in verschiedener Weise übertragen werden; über *cura* vergl. das obige Beispiel; dazu in demselben Sinne: Nemesis — Delia (die Geliebten des Tibull) altera cura recens, altera primus amor, Ovid. Am. III, 9, 32; Hor. Carm. II, 8, 8: iuvenum publica cura. Das bekannte *belli mora concidit Hector.* Dies war valde celebre, wie Sen. suasor. II, 19 Bip. bemerkt, der denselben Ausdruck auch aus Abronius Silo anführt; sonst ist er sehr häufig angewendet; s. Heyne zu Virg. X, 428. Vgl. Drakenb. zu Sil. VIII, 33; ib. Ernesti zu I, 479; Corte zu Lucan I, 100, VI, 217; Sen. Agam. 211; auch noch Merobaudes carm. IV, v. 44. Vgl. meine Miscell. philol. II (1858), p. 24.

Aber ganz anders Ov. Heroid. I, 104: Tertius immundae cura fidelis harae, d. h. *curator.* Ebenso *cura fidelior*, ein Liebhaber, A. A. I, 255.

So wird besonders oft ein Wort, das eine Species ist, durch sein Genus bestimmt oder bezeichnet, wie *rex, genus egregium Fauni* Verg. Aen. VII, 213; *sidus* für *sol* Hor. carm. III, 1, 42. 9, 21, Ov. Met. I, 424 A. A. I, 24; *ignis* für *sidus* Hor. carm. I, 12, 47; *triste lignum* für *arbor* ib. II, 13, 11. Dies gehört jedoch mehr in das Kapitel von der Congruenz.

Ich füge hier nur noch hinzu eine häufige Uebertragung der Nomina propria der Götter auf die Sache, welcher sie vorstehen, welche ihre Gabe ist, worin sie wohnen, wobei dann mehr oder weniger in den dazu gesetzten näheren Bestimmungen Rücksicht genommen wird auf die eigentliche Bedeutung. Die Möglichkeit dieses Sprachgebrauches geht hervor aus der religiösen Auffassung der Alten, welche keine ausserweltlichen Götter kannten, sondern nur innerweltliche, deren Leben und Wirken sie überall in der sinnlichen Welt wahrzunehmen glaubten; aber doch ist der Sprachgebrauch, wie er hier vorliegt, erst in der Zeit des Unglaubens und der Frivolität entstanden, wo man jene Grundansicht vom Wesen der Götter auf die Spitze trieb, ihr Wesen zersplitterte und es mit ganz einzelnen, selbst ordinären Dingen identificirte, in denen sie leben und wirken; sie werden versinnlicht bis in die Einzelnheiten vulgärer Stoffe und dadurch erniedrigt, was ebenso zur Zerstörung des alten Glaubens beitrug wie andererseits die ernste philosophische Vergeistigung. Ueber die jenem Sprachgebrauche entsprechende philosophische Ansicht s. Cicero de nat. deorum I, 15, 38, und dazu Krische, die theologischen Lehren der griechischen Denker, p. 442 fg.

Wenig weicht davon ab oder gar nicht Horat. Carm. III, 25, 1: Bacche, rapis tui plenum; dagegen sehr Verg. Aen. I, 701: Cereremque canistris expediunt; VII, 77: totis Vulcanum spargere tectis; Ovid. Trist. IV, 5, 5: anima haec moribunda revixit, ut vigil infusa Pallade (i. e. oleo) flamma solet. *Venus* ist Liebreiz, *venustas*, daher auch *veneres;* vgl. Jani A. P. p. 403.

Aehnlich die Namen der Menschen für ihr Accidens; z. B. Verg. Aen. II, 212: iam proximus ardet Ucalegon, d. h. sein Haus; Hor. Sat. I, 5, 72: ubi sedulus hospes paene arsit. Hieraus erklärt sich der Gebrauch der abgekürzten Vergleichung; nämlich wenn an zwei Dingen dasselbe Accidens verglichen wird, so setzt man häufig auf der einen Seite das Accidens der Sache, auf der anderen die Sache selbst; z. B. *κόμαι χαρίτεσσιν ὁμοῖαι* Hom. Il. ῤ. 51. S. Matth. §. 453; Bernhardy p. 432; Reisig §. 378, S. 679; Caes. B. Civ. II, 39: videtisne milites, captivorum orationem cum perfugis convenire; Cic. de Rep. II, 1: Cato dicere solebat, praestare nostrae civitatis statum ceteris civitatibus. Der Name eines Autors für seine Schriften; „es steht im Cicero" nicht *in*, sondern *apud*, und vollends nicht *occurrit*.

Die Namen der Völker für das Land, besonders nothwendig wegen der Wahl der Präpositionen, wie *in Aequis*, d. i. *in Aequorum agro*; s. Drak. zu Liv. V, 28, 5; vgl. zu IV, 41, 11; Kritz zu Sall. Iug. 88, 3: ex sociis praedam agere. Danach richtet sich auch der Gebrauch der darauf bezogenen Wörter, wie *expugnare* und *expugnabilis* von Personen; s. Mützell zu Curt. III, 1, 7. *Gens* für *terra;* s. Verg. Aen. I, 533: Oenotri coluere viri: nunc fama, minores Italiam dixisse ducis de nomine *gentem*. So im Griechischen *δῆμος*. Wagner führt an Hom. Od. 16, 526: *Θεσπρωτῶν ἐν πίονι δήμῳ*. So die attischen Demen.

Umgekehrt das Land für sein Accidens, seine Macht, seine Bewohner. Verg. Aen. VIII, 685: hinc ope barbarica variisque Antonius armis Aegyptum viresque orientis et ultima secum Bactra vehit.

Es sind nur noch übrig die Adjectiva im Verhältnisse zu den Appellativis; auch diese werden verwechselt.

Appellativa werden nicht eigentlich zu Adjectivis, sondern werden nur adjectivisch gebraucht in Appositionen. Hierbei werden nun viele selbst auch der Form nach zu Adjectivis, wie *Rhenum flumen, Parthae sagittae* (Ov. Rem. 157), *mare Oceanum, in Oceano fluctu, Oceanae aquae*; s. Reisig S. 165 u. Anm. 192. Auch *philosophus* und ähnliche gehören hierher. Die nach der dritten Declination bleiben unverändert, wie *Arabes liquores* bei Statius; *infantia ossa* Ov. Met. IV, 517: *infantes umbras* Ov. Her. XI, 119; *caelitibus regnis ab Iove pulsus erat* Fast. I, 236; *nuncius ales* i. e. *Mercurius alatus* Ov. Her. XVI, 68; *Mares oleae* Ov. Fast. IV, 741; *Iuvenes ioci* Pers. Sat. VI, 5; *Marem strepitum* ib. v. 4; *hostes turmac* Stat., Theb. II, 22; *cymba hospes* Stat. sylv. V; cf. Heins. ad Ovid. Her. II, 74, wo er *hospite dolo* lesen will; *heroas sensus* Pers. I, 69, und dazu Passow; cf. Jani A. P., p. 84 fg.

Besonders schwanken auch die Substantiva auf *a* generis masculini, aus Verbis componirt, namentlich *ruricola, alienigena, indigena; fuga, peta, vena; collega, auriga, parricida*. Hier war die Bedeutung sehr geeignet in ein Adjectivum überzugehen, und das ist denn auch der Form nach geschehen, wiewohl nicht in jeder Weise; so wird z. B. die Endung *a* beim Neutrum beibehalten bei Ovid. Trist. IV, 6, 1: tempore ruricolae patiens fit taurus aratri; Gell. 11, 24 aus einem alten S. C.: neque vino alienigena, sed patrio usuros; Plin. N. H. XIV, 6, 8: indigena vino. (Diese drei Stellen bat Voss., de anal. I, 15, p. 328 ed. Hal.) Auspiciis alienigenis hat Valer. Maximus I, 31; alienigena exempla id. I, 5, ext. 1; alienigenis exemplis II, 10, ext. 1, VII, ext. 1; ut alienigena scrutemur VIII, 11, ext. 1; alienigena studia II, 1, 10; alienigena sacra Sen. ep. 108, 22.

Gen. fem.: alienigena ingenii exercitatione Valer. Max. II, 2, 3; alienigenae urbes V, 3, ext. 1; alienigenae iustitiae obliti VI, 5, ext. 1; alienigenae religionis VII, 3, 8; indigenam ex frumento potionem Flor. II, 18, 12 [I, 133, p. 55].

Gen. masc.: alienigeni amores Val. Max. IV, 6, ext. 1; mulier alienigeni sanguinis VI, 2, ext. 1; indigenum sermonem Appuleius, Met. I, initio.

Pompeius, commentum artis Donati, p. 155 ed. Lindem. [p. 164 Keil]; Probus, Cathol. p. 1439 und 1445 Putsch [p. 3 u. 7 Keil] schreiben den Wörtern *advena* und *verna* alle drei Geschlechter zu, haben aber für das Neutrum kein anderes Beispiel als *advena* und *verna mancipium*, welche Zusammenstellung nichts beweist. Für *hacc advena* und *verna puella* bringen sie keine Belege bei. Osann, Beitrag zur griechischen und römischen Litteraturgesch. Bd. 2, S. 219 fg., spricht ungenau über die Sache. „Zu dieser Wörterklasse würde auch *convena* zu rechnen sein; für den masculinischen Gebrauch ist noch kein sicheres Beispiel aufgebracht worden; es findet sich aber bei Symmach. laud. in Valentinian. senior. S. 27 ed. Mai *amnem convenam*. *Amnis* als Femininum ist überhaupt nur alterthümlich, Symmachus aber gebraucht es als Masculinum; vgl. ibid. S. 28." Osann thut so, als würde *convena* mit *amnis* als Femininum nicht auffallend sein; aber das zu Beweisende ist gerade, dass es anders als von mänulichen Personen als Substantivum gebraucht wird.

Ist *dies victores* oder *victrices* zu sagen? Hierbei vermied man also nur die Nominativformen *alienigenus* und *alienigenum*. Aehnlich verhält es sich mit Substantivis verbalibus. Diese werden ungefähr von Livius an immer häufiger als Adjectiva gebraucht, am meisten *victor*[1]); *bellator equus* Tac. Germ. 14: Verg. Ge. II, 145; Ov. Fast. II, 12; dann *bos arator* bei Sueton. Vesp. c. 5: *proditor risus* Hor. Carm. I, 9, 21. Exercitus infirmus agri magis quam belli cultor Sall. Iug. 54, 3. So *praedator* das. c. 44, 1 und dazu Kritz; *provisor* Tac. Ann. XII, 4. S. Amant. c. 9: vigebat in ea tamen fortis animus aerumnarumque contemptor; *proscriptor animus* bei Plin. N. H. VII, 12, am Ende. Als Femininum hatte man dann die Form auf *ix* (*victrix framea*, Tac. Germ. 14), und diese wurde dann weiter wie ein Adjectivum einer Endung benutzt, um als Neutrum zu dienen, jedoch zuerst nur im Pluralis, wie *victricibus telis* bei Quintil. decl. IV, c. 5; *victricia arma* bei Verg. Aen. III, 54, Valer. Max. I, 1, 11 u. ö. Im Singular dagegen ist dies selten, und namentlich der Nominativ und Accusativ *victrix* als Neutrum möchte ganz unerhört sein; s. Reisig §. 104 und Anm. 177. *Debitricia* gebraucht Serv. zu Verg. G. II, 438 zur Erklärung für das Adjectivum *obnoxia*.

---

[1]) Neue, Formenl. II, S. 12.

Eine weitere Consequenz ist die, dass, indem Appellativa und ebenso auch zu Appellativis gewordene Nomina propria nur als Bezeichnung gewisser Eigenschaften betrachtet, also wie Adjectiva angesehen werden, ihnen auch Comparation zukommen muss, da ja dann die so bezeichnete Eigenschaft auch in verschiedenem Grade vorhanden sein kann. Die Consequenz ist folgerichtig, aber keck, und pikant, eine Spielerei des Witzes, an der im Mittelalter Manche Gefallen fanden; so Everardus Bethuniensis II, v. 79 fg.: ursior urso, tigride tigridior femina laesa [caesa schreibt Leyser p. 813] furit. Henricus Pauper elegiae lib. III, v. 3 sagt von der Phronesis: ecce nitens proba, quae Salomonior est Salomone. Antike Vorgänge s. bei Voss. Aristarch IV, c. 22, p. 672 Eckst. Plaut. Poen. V, 2, 31: nullus me est hodie Poenus Poenior; ib. 4, 24: o patrue, mi patruissime.

Eine andere Consequenz ist *appietas* und *lentulitas* bei Cicero ad fam. III, 7. Adel der Appii, Lentuli, der Vorzug dieser Familie anzugehören.

Carl Wilh. Dietrich, quaestiones grammaticae, Freiberg 1842, Osterprogr., handelt gründlich von dem substantivischen Gebrauche der Adjectiva, der nicht auf so enge Grenzen zu beschränken sei, als Hand und Andere annehmen. Er stellt das Gesetz auf, nur solche Adjectiva werden substantivisch gebraucht: *quae praeter notae significationem simul certum aliquod rerum aut hominum genus, quod illa nota insigne est, comprehendant.* Den weiteren Inhalt s. in Zeitschr. f. d. Alterthumswiss. 1843, Nr. 21, S. 168. Die Abhandlung selbst ist abgedruckt in den Neuen Jahrbüchern für Phil. und Päd. 1842, Suppl. Bd. VIII, S. 485—503.

Bisher hat man den Gebrauch der Adjectiva als Substantiva (zunächst beim Masc.) nur von Seiten der ängstlichen Stilistik betrachtet und in jedem einzelnen Falle gefragt, ob sich bei Cicero etc. ein Beispiel für jedes Adjectivum findet. Dietrich hat nun zwar gezeigt, dass sich der Gebrauch auf alle Adjectiva erstrecken kann und dass nur die Frage ist, ob das Adjectivum ein solches Merkmal enthält und ob es in solchem Zusammenhange vorkommt, dass sein substantivischer Gebrauch zulässig ist, dass dabei keine Zweideutigkeit, kein Zweifel über die damit bezeichnete Substanz entsteht, doch hat auch er die Sache nur als eine Frage der Stilistik angesehen.

Namentlich hat man gesagt, es sei im Singularis ein Nomen hinzuzufügen, also nicht *doctus*, sondern *vir doctus*, nicht *liber*, sondern *homo liber* zu sagen, und hat allenfalls den Plural zugelassen. Man hat dies von dem Mangel des Artikels hergeleitet. Aber jene zwei Bestimmungen, Natur des Merkmales und Zusammenhang, wozu noch das Genus zu fügen, sind als allgemeine Grundlage festzuhalten und zwar für alle Genera; was aber den Numerus betrifft, so fragt es sich nicht, ob der eine oder andere mehr oder weniger klassisch und erlaubt ist, sondern es sind beide Numeri erlaubt, aber jeder unter gewissen Beschränkungen, welche aus der Natur der Numeri hervorgehen. Der Singularis bezeichnet, wie bei den Appellativis, jeden beliebigen Einzelnen derselben Gattung, wie *miles*, so *bonus, doctus, liber*, ein Guter, dann aber eben darum auch den Guten, als Repräsentanten der Gesammtheit, also alle Guten, die *boni* oder jeden, der den Begriff *bonus* an sich trägt. Der Pluralis bezeichnet also ganz ähnlich eine Mehrheit einzelner Individuen, welche das Prädicat an sich tragen, alle überhaupt oder einzelne, und dabei kann das Vorhandensein des Prädicates ein zufälliges, accidentelles sein; dagegen wenn man den Begriff der Gattung als das Wesentliche betrachten, ihn definiren oder seine Consequenzen angeben (sein Vorhandensein bedingen) will, setzt man den Singularis; also z. B. in der Verbindung mit dem Iufinitiv: Aliud est iracundum esse, aliud iratum, Tusc. IV, 12, 27; non esse cupidum, pecunia est; non esse emacem, vectigal est; contentum vero suis rebus esse, maximae sunt certissimaeque divitiae, Cic. Parad. VI, 3, §. 5 (s. Dietrich p. 9); Cic. Parad. V, c. 2 extr.: quid horum est liberi? (was davon schickt sich für einen Freien?) Ferner in der Constructiou mit *est* und Gen. wie *est prudentis*, Cic. Cael. 17, 63, fortis et constantis est, Cic. Off. I, 23, §. 80 (s. Dietrich p. 8 sq.). Nicht hierher gehört der participielle Gebrauch: nil ego contulerim iucundo sanus amico (solche Stellen scheint Dietrich p. 10 eingemengt zu haben).

Ferner werden nun häufig Adjectiva zu Substantivis. Hier ist der Uebergang sehr leicht, indem das eine Merkmal, welches das Adjectivum enthält, in einer bestimmten concreten Beschränkung und Form gedacht wird, indem ein gewisses selbstständiges Wesen gedacht wird, das durch ein Merkmal bestimmt wird; dies Wesen ist dann ein Gattungsbegriff, von welcher das Adjectivum eine Species bezeichnet. Diesen Gattungsbegriff betrachteten Frühere als Ellipse. Die Beschränkung durch den Gattungsbegriff kann natürlich keine sehr specielle sein; es muss eine solche sein, die theils durch das Merkmal selbst, theils durch das Genus, theils durch den Zusammenhang hinlänglich angedeutet wird. Also z. B. bei *bonus* kann man zwar leicht verstehen *vir* und *homo* als das concrete Wesen, an welchem sich das Merkmal *bonus* findet, zumal wenn dem *bonus* menschliche Handlungen und Zustände zugeschoben werden; aber man kann nicht verstehen *miles, liber* und dergleichen.

Wenn die Regel richtig ist, dass als das mit dem Merkmale behaftete Wesen kein anderes gelten kann, oder dass dem Merkmale kein anderer Substantivbegriff beigelegt werden kann als ein solcher, der sich von selbst ergiebt aus jenen drei Momenten, Sein des Merkmales, Genus und Zusammenhang, so folgt von selbst, dass der so verstandene Substantivbegriff nicht supplirt werden muss; denn was man nicht umhin kann auch so zu verstehen, das ist da, das fehlt nicht, ist nicht zu suppliren. Aber solche Fälle werden gewöhnlich zu den Ellipsen gezählt (auch bei Reis. §. 454: vgl. das lange alphabetische Register bei Sanct. lib. IV, c. 4), und man sagt dann: es können ausgelassen werden die Wörter: *mulier, aqua, caro* und so fort. Man sieht, wie thöricht dies ist; diese Begriffe sind überhaupt nicht ausgelassen, sondern sie sind mit enthalten in dem Allgemeineren, was man sagt, sie ergeben sich daraus von selbst und mit Nothwendigkeit, und die besondere Form desselben, das Masculinum oder Femininum oder Neutrum, und die Verbindung mit einem gewissen Verbum lässt dann über das Speciellere keinen Zweifel übrig. Nur die Fälle können von jener allgemeinen Regel ausgenommen werden, wo die Römer nicht sowohl die allgemeinen Gesetze des Denkens und Verstehens anwendeten, als vielmehr gewissen positiven, historischen Sitten folgten, so dass sie manche in ihrem alltäglichen Leben öfter vorkommende Dinge allmählich nur durch das speciellere Adjectivum bezeichneten und den allgemeineren Gattungsbegriff wegliessen; so *Annales, Circenses, Latinae, Curulis* (sc. sella; z. B. in *curulibus*, Aur. Vict. de vir. ill. c. 23, 8); *opima* (sc. spolia), s. Sen. Herc. fur. 48. Et opima victi regis (inferni Iovis) ad Superos refert. (Dies hat Sanctius noch übersehen und Bauer nicht nachgetragen).

Demnach sind es im Masculinum eben Männer, Menschen, die durch ein Wort bezeichnet werden, das ursprünglich Adjectivum ist. Schon oben habe ich mehrere der Art erwähnt, wie *amicus, inimicus, socius, iniqui me, meus particeps* Ter. Heaut. I, 1, 98, d. h. mein Sohn und Erbe, *servus, spoinsus, infans, adulescens;* so ist nun auch *bonus,* namentlich in noch speciellerem, politischem Sinne *boni* und *optimi,* d. h. *optimates.* Auch mit einem anderen Adjectivum: Ille dives modo superbus rogavit alimenta, Senec. Controv. I, 1, §. 17. S. Dietrich p. 15; aeger intemperans, Senec. epp. 65, 1. 78, 20 dial. II, 13, 2; vicinus dives Senec. epp. 7, 7; sanus dives, Senec. epp. 17, 4; stultorum divitum adrosor, id. ibid. 27, 7.

So *plebeius, pauper, egenus, nobilis, dives, multi, pauci, plerique* und viele andere, die besonders im Pluralis als Substantiva gebraucht werden. Wo dagegen schon der Sinn des Adjectivi selbst hindeutet auf eine besondere Art von Menschen, kann auch ein specielleres Substantivum verstanden werden, wie *vicesimani, hastati* und dergleichen, d. h. *milites, auxiliares, mercennarii;* sollen vollends nicht Menschen, sondern Dinge verstanden werden, worauf das Masculinum nicht hinweist, so ist dazu nöthig, dass der Sinn des Adjectivi oder der Zusammenhang darauf führen. *Salientes* s. Frontin. de aquaedd. öfter; *cani* bei Cic. de sen. c. 18, Tibull I, 10, 43. Valer. Max. IV, 5, ext. 2. Auch kann wie schon bei *lavari* erinnert, das Verbum die Andeutung geben, welcher Begriff beim Adjectivum zu verstehen sei; also limis adspicere sagt Plaut. Mil. gl. IV, 6, 2, limulis intueri id. Bacch. V, 2, II (1091). Die Griechen πολλὰς ἐντείνειν, weil man beim ἐντείνειν sogleich an πληγάς denkt (Deutsch: zwanzig aufzählen).

Im Femininum sind solche zu Substantivis gewordene Adjectiva selten; denn wo bloss der allgemeine Begriff *homo* verstanden wird, werden die Weiber unter dem Masculinum mitbegriffen wie beim Genus epicoenum. Soll man aber *mulier* verstehen, so ist dies schon ein specieller Begriff, der dann nothwendig auch schon durch das Merkmal angedeutet sein muss; z. B. kann man *gravidae* als Substantivum gebrauchen, weil diese Eigenschaft nur von Frauen prädicirt werden kann.

Andere Adjectiva erinnern vermöge ihres speciellen Sinnes nicht an *mulier,* sondern an etwas Anderes, das Generis feminini ist; also z. B. *pars* bei *antica* und *postica.* Es sind wohl hier auch bei Femininis die adverbiellen Formen des Ablativus auf *a* zu erwähnen, wie *recta, hac, illa, ea, qua,* und in den Zusammensetzungen mit *tenus,* wie *hactenus;* auch *quadamtenus; usque, quaque;* dazu *quaad* statt *quoad* bei Varro de r. r. die häufigste, vielleicht alleinige Form; s. Keil, obss. crit. in Cat. et Varr. p. 39 fg. Ohne Zweifel ist hierbei nur locale Bedeutung und Verbindung ursprünglich gewesen, so dass der Begriff *via* oder *pars* sich von selbst verstand; als sich so die Formen zu einer besonderen Species von Adverbiis fixirten, war dann auch eine weitere übertragene Bedeutung möglich. Aehnlich ist *hora* zu verstehen bei *ad quartam iaceo* und dergleichen Zeitbestimmungen; z. B. *tertiana, quartana* ist ein weibliches Wesen, das alle drei oder vier Tage wiederkehrt, d. h. das Fieber. Ebenso *calida* und *frigida,* nämlich *aqua,* in der Zusammenstellung mit *lavari.* Bei *ferina* und *suilla* denkt man an etwas Weibliches, das vom Wild, vom Schwein kommt, d. i. *caro;* in Bayern setzt man das Neutrum Schweinernes. Vom Löwen bekommt man nicht das Fleisch zum gewöhnlichen Gebrauche, wohl aber die Haut, daher ist *leonina* die *pellis.*

Man würde sehr in Verlegenheit kommen, wenn man nun ferner beim Neutrum immer das Substantivum angeben sollte, welches man ausgelassen hätte. Sanctius freilich und seine Nachfolger halfen sich leicht; wenn kein anderes Wort zu haben war, setzten sie *negotium,* da unglücklicher Weise *res* ein Femininum ist. Also *triste lupus stabulis* ist ein negotium; oder bei Lucret. *Ductores Danaum delecti, prima virorum* sind auch negotia; und um das zu motiviren, gab man sich die vergebliche Mühe zu zeigen, dass negotium ganz wie πρᾶγμα und χρῆμα und *res* gebraucht sei; und selbst wenn das der Fall wäre, würde es doch nicht immer passen, und wenn es passte, würde es dennoch nicht ausgelassen sein.

Schon oben beim Neutrum ist bemerkt, dass dies da eintritt, wo man es nicht möglich gefunden hat einen Gegenstand zu beleben, ihn zu personifi-ciren; dies ist da der Fall, wo der Gegenstand keine bestimmte Form hat, oder wo es bloss eine rohe, unbewegliche, unthätige Masse ist, ein collectiver Begriff. So ist denn auch der gewöhnlichste Sinn, den ein Adjectivum im Neutrum als Substantivum annimmt, der des collectiven; es ist die ganze Masse dessen, was das Merkmal an sich trägt, oder auch jedes beliebige einzelne Ding (Wesen), welche Form es auch haben möge, das jenes Merk-mal an sich hat und nur durch dieses Merkmal bezeichnet werden soll, wenn jedes einzelne für sich natürlich auch noch andere hat. Die erstere Auffassung ist seltener; denn die Masse des Guten, alles was gut ist, existirt nicht wie eine andere Masse zusammenhängend und gleichartig; hier sind sehr verschiedene Dinge begriffen, deren Gemeinsamkeit in dem Merkmale liegt und also nur abstract aufgefasst werden kann; daher ist dieser Gebrauch der schulmässigen, philosophischen Sprache eigen, dem Volke fremd. Ein einzelnes Merkmal, wie *bonum,* kann aber einer unendlich grossen Zahl von Dingen zukommen; wenn man nun alle diese Dinge in eine Masse zusammen-fasst, so hat diese natürlich keine bestimmte Form, kann daher auch keinen so besonderen Eindruck machen, dass man sie als Masculinum oder Femininum personificiren könnte. Im Deutschen bezeichnen wir die ganze Masse des Guten durch das Neutrum im Singularis. Im Lateinischen dagegen unter-scheidet man die ganze Masse, welche aus vielen Einzelnheiten besteht, und diese bezeichnet man durch den Pluralis *bona;* die Einzelnheiten selbst aber bezeichnet man durch das Neutrum im Singularis und zwar auch diese durch das Neutrum, weil sie zwar keine Massen sind, aber doch, da man sie nur durch Ein Merkmal bezeichnet, ganz unbestimmte, formlose Wesen, von denen das eine so gut als das andere dasselbe Merkmal an sich trägt, also auch denselben Namen bekommt, obgleich sie unter einander sehr verschieden sind. Ein *bonum* ist jedes einzelne Ding, was gut ist, sei es ein Stück Geld, oder ein Haus, Gesundheit, eine Speise u. s. w. Dies ist der Grund, warum man im Lateinischen das Neutrum im Pluralis zu setzen pflegt, wo wir den Singularis setzen (sogar bei Quantitätsbezeichnungen: *multa* — Vieles, *omnia* — Alles); bei uns ist der Grund, wesshalb wir nicht unterscheiden, der, dass wir für das Neutrum im Pluralis keine besondere Form haben; und die Lateiner haben keinen Artikel.

Schon früher ist erinnert, dass *arvum* entstanden ist aus dem Adjectivum *arvus-a-um*, d. h. urbar, beackert; *arvum* bezeichnet also ein unbestimmtes, urbares, versteht sich Stück Landes, denn nichts anderes ist urbar (Vgl. *au sec*, auf dem Trocknen; im Freien; ins Weite; ins Grosse; aus dem Vollen). Es wäre also unnütz dabei eine Ellipse von *solum* oder gar *negotium* anzunehmen. Obenein ist *solum* wahrscheinlich in demselben Falle; es scheint mir ebenso ein Adjectivum gewesen zu sein wie *arvum;* davon machte man *solidus*, wie von *albus albidus;* und *solidus* blieb dann allein als Adjectivum im Gebrauche. Ganz mit demselben Begriffe is *desertum* ein Substantivum geworden: *hosticum; posticum*, Hinterthür, Hintergebäude und *podex*. Ferner vgl. *debitum, decretum, delictum, erratum, peccatum, responsum, scriptum, sertum, sputum, malefactum, fatum, maledictum, inceptum, institutum, interdictum, monitum, pactum, portentum, praeceptum, propositum, punctum, votum, rectum, incommodum, festum, linteum, merum, bonum, honestum*. Ueber *commissum* und *admissum* s. Halm zu Cic. pro Sulla c. 26, §. 72. Und nach der dritten Declination besonders die Wörter auf *ile* und *ale*, wie *bovile, ovile, equile, funale, penetrale, tribunal;* dann andere: *utile, dulce, insigne, commune, inane* u. s. w.

Auch Comparative und Superlative werden, wenn auch selten, substantivisch gebraucht, wie *maiores, priores; optimi (optimates)*, Cic. pro Sulla 17, 49: amicissimi vestri und amicissimi tui legem: Sen. ep. 31, 2: surdum te amantissimis tuis praesta.

Für den Gebrauch solcher substantivirten Adjectiva, und zwar solcher, ' bei denen die adjectivische Bedeutung die gewöhnliche ist, gilt im Allgemeinen die Regel, dass sie nur in denjenigen Casibus zu gebrauchen sind, in welchen sie als Neutra zu erkennen sind; das wäre denn bloss der Nominativ und Accusativ. Indessen ist hiervon bei den Adjectivis auf *um* häufig abgewichen, weit seltener bei den Adjectivis auf *e*, deren auch überhaupt weniger als Substantiva gebraucht werden. Z. B. *omnia*, aber nicht *omnium* ohne *rerum*, oder *in omnibus*. Hier muss man sehr vorsichtig sein; nur bei *insigne*, das Zeichen, und *commune*, τὸ κοινόν, die Volksgemeinde, z. B. *commune Siciliae*, kann man alle Casus gebrauchen. S. zu Reisig Anmerkung 397.

Adjectiva Einer Endung kommen wohl gar nicht vor als substantivische Neutra, am wenigsten die auf *x;* auch nicht *rs;* von *ns* wenige, *praesens* als grammatischer Terminus und Uebersetzung des Griechischen, und in der adverbiellen Verbindung *in praesenti;* auch *in continenti; in* und *ad praesens*.

Zu Reisig Anmerkung 397 habe ich noch auf eine andere Beschränkung des Gebrauches aufmerksam gemacht, nämlich, dass man zu solchen Adjectivis nicht gern noch ein zweites Adjectivum setzt, wenn dies nicht eine blosse Zahlbestimmung enthält. Sonst nämlich würde man eigentlich nicht wissen, welches von beiden als Substantivum gedacht wird, z. B. *dives superbus: orbus dives*. Es giebt davon aus guter Zeit nur einige einzelne Beispiele bei den im politischen Leben geläufig gewordenen Begriffen, namentlich ist sehr häufig *bonum publicum, optimum publicum, egregium* bei Tacitus und Sulpic. Severus, *malum pessimum, publicum*, worüber s. Drakenb. zu Liv. II, 1, 3; Intptt. zu Tac. Ann. III, 70; Vorst. zu Sulpic. Sev. hist. eccles. II, 51, 5; Kritz zu Sallust. Iug. 25, 3.

Die meisten übrigen Zusammenstellungen finden sich bei Dichtern oder Prosaikern des silbernen Zeitalters oder noch Späteren; ich habe l. c. aus

Iuven. X, 107 angeführt *praeceps immane;* dazu vgl. Sen. ep. 94, 73: exanimantur et trepidant, quotiens despexerunt in illud magnitudinis suae praeceps. Ib. 117, 21 ist vielleicht zu lesen: quomodo ultimum necessarium non exspectem, sed ipsemet, cum visum erit, profugiam (die letzte Nothwendigkeit, d. h. den Tod); ultimum abruptum bei Veget. III, c. 9 init.; in novissimo fati stamus abrupto, Quintil. decl. IV, c. 5: inane longum; id. I, praesagium magni nescio cuius incerti. id. IV, c. 3: ignorantiae pudorem tegere magno temptavit incerto. id. VIII, 4: immobile profundum. Sen. rhet. suasor. I, §. 2. lacus immensi profundi; Sulpic. Sev. hist. 1, 54, 4. Sen. de benef. VII, 2, §. 7: Non satis adparebat inopem esse — qui se in profundum inexploratum et immensum aviditate caeca prorsus inmitteret, wo Fickert unrichtig nach profundum ein Komma setzt.

Obsceni forma virilis Ov. Fast. VI, 631; magnum inane Verg. ecl. 6, 31. Dies *inane* ist aus dem wissenschaftlichen Stil; cf. Sen. nat. qu. V, 2, 1: in angusto inani — in multo inani. ib. c. 15, 4: per caecum inane.

Diese Neutra sind aber nicht zu verwechseln mit den entsprechenden Abstractis, z. B. *ius incertum* mit der *incertitudo;* diese drückt bloss die Beschaffenheit an sich, den Zustand des Behaftetseins mit der Eigenschaft aus; dagegen das *incertum* etwas Concretes, ein Ding, das die Eigenschaft hat und durch sie wirken kann. Man sieht aber, es ist gewöhnlich etwas Ungeheures, Unermessliches, Geheimnissvolles, überhaupt etwas Unklares, was in dieser Zusammenstellung durch das substantivirte Adjectivum bezeichnet wird, sehr natürlich und passend; man wollte absichtlich bei solchen Begriffen das Wesen nicht anschaulicher machen und genauer bestimmen, als durch das eine Merkmal: „ein ungewisses Etwas."

Wenn dieser Gebrauch erst in dem silbernen Zeitalter der römischen Litteratur häufiger wurde, so zeigt sich darin eine grössere Abstraction, wie sie die Bildung dieser Zeit mit sich brachte, indem man im Stande war sich ein blosses einzelnes Merkmal als einen concreten Begriff zum Bewusstsein zu bringen, was man früher nur bei wenigen zu Stande brachte, wo es besonders nahe lag.

Die Abstraction ging so weit, dass man das einem Substantivum mittels eines untergeordneten Adjectivi beigelegte Merkmal von ihm trennte und als ein Wesen für sich betrachtete, wofern nämlich das Substantivum eine Thätigkeit oder irgend sonst eine Wichtigkeit hat, die es nicht schlechthin an sich besitzt, sondern nur insofern als ihm das Merkmal beigelegt wird, und durch dasselbe; oder wenn es vorzugsweise rücksichtlich der Qualität betrachtet wird. Solche energische Merkmale also werden substantivirt und ihnen ihr Substantivum untergeordnet, wie *amara curarum; inania bonorum,* bei Dichtern und den Schriftstellern des silbernen Zeitalters, besonders Tacitus. Davon s. unten. Ferner gehen davon im silbernen Zeitalter aus eine Menge adverbieller Ausdrücke mit Präpositionen. Locale Ausdrücke dieser Art sind manche schon in früherer Zeit vorhanden, wie *ex adverso, ex alto* u. s. w., aber niemals *ex altiore;* s. Keil zu Aur. Vict. de vir. ill. 7, 4, pag. 111. Vgl. daselbst c. 14, 3 über *ex* und *e diverso;* das. c. 21, 3 *in secretum* und andere, *in publicum* c. 34; *in incerto* bei Sall. Cat. 41, 1 *in arduo, in levi, ex vero, ex facili, difficili, abundanti, toto.*

So viel über die Uebertragung der Klassen der Nomina unter einander.

Die Participia werden zu Adjectivis und umgekehrt, indem entweder jene die Zeitbestimmung in eine Eigenschaft umwandeln, oder diese die Eigenschaft auf eine gewisse Zeit beschränken z. B. *superstes, vivus*, also die Zeitbestimmung hinzunehmen: *praesens, potens, patiens, amans, tolerans, audiens, accuratus, falsus, notus, ignotus, abiectus, afflictus, perditus, fractus, mortuus, doctus.* Ueber den Unterschied von *captus* und *captivus* vgl. Mützell zu Curt. III, 19.

Aber weder werden alle Participia in gleichem Masse Adjectiva, noch nehmen die, welche es werden, alle Eigenschaften des Adjectivi an. Es ist schon oben klar geworden, dass das Participium futuri activi am wenigsten im Stande ist Adjectivum zu werden, weil die Zeitbestimmung darin subjective Betrachtung und Relation zu der gegebenen Gegenwart voraussetzt. Jedoch finden sich auch hier einige Anfänge des absoluten und objectiven Gebrauches, wenn man einem Dinge oder Person objectiv die Bestimmung oder Fähigkeit zu etwas beilegt, wie *moriture Delli*, Hor. Carm. II, 3, 4, wo jedoch der subjective Standpunkt noch festgehalten werden kann. Dagegen hat es öfter Seneca, z. B. nat. quaest. I, 5, §. 8: illa specula sunt) eiusdem materia tota, hae (nubes) diversis (materiis) temere compositae et ob hoc discordes nec diu cohaesurae; d. h. sie haben nicht die Fähigkeit. Man kann dies auch so darstellen: es wird die Beziehung auf die subjectiv bestimmte Gegenwart aufgehoben; es ist eine Beziehung auf jede beliebige Gegenwart, in jeder Zeit die Eigenschaft, in objectiven Verhältnissen begründet, oder auch in subjectiver Meinung Anderer, dass einem etwas zukünftig ist; aber das ist eben identisch mit Neigung oder Fähigkeit, was ganz zusammentrifft mit der adjectivischen Bedeutung des Participii praesentis passivi und praesentis activi. Vgl. Sen. de provid. 5, §. 7: languida ingenia et in somnum itura aut in vigiliam somno simillimam inertibus nectuntur elementis. Ib. 6, §. 4: vobis dedi bona certa, mansura quanto magis versaverit aliquis et undique inspexerit; meliora maioraque bei Tac. dial. c. 22, 4. Urtheil über die Beredsamkeit des Cicero mit diesem Vergleiche: et velut in rudi aedificio firmus sane paries et duraturus, sed non satis expolitus et splendens. Tac. Ann. I, 28: noctem minacem et in scelus erupturam fors lenivit. Sen. de benef. VI, 3, 1: divitiae certae — permansurae; III, 35, 4: pater filio vitam dedit perituram, nisi multa accessissent, quae illam tuerentur. Die letzteren beiden Stellen, von denen die zweite gar nicht hierher gehört, führt Feldhuegel an, N. Jahrbücher für Phil. und Päd. 1845, Suppl. Bd. XI, S. 534 fg., wo Feldhuegel in Bezug auf Cicero legg. III, 14, 31 um die Lesart *secuturam* statt *secutam* zu vertheidigen, Mehreres über den Gebrauch des Participii futuri activi anführt, was sich meiner Bemerkung nähert. Er sagt: Participium enim futuri act. non solum ea significat, quae facere iam aggredimur, verum etiam ea, quae eo iam tempore certum est fieri, quod in enunciatione primaria descriptum est. Damit will er wohl sagen: das Participium futuri hat seine Relation nicht bloss in der vorliegenden Gegenwart, sondern auch in jeder beliebigen anderen durch den Zusammenhang gegebenen Zeit; dann wird natürlich die Bestimmung der Zukunft, die eigentlich eine subjective ist, zu einer objectiven, womit denn der Begriff des Adjectivi erreicht ist. Aber Feldhuegel ist hierüber nicht recht klar; es ist zu prüfen, inwiefern die von ihm aus Cicero und Livius angeführten Stellen hierher gehören, die wohl den Uebergang bilden könnten zu dem von mir bemerktem Gebrauche. Ebenso die Stellen des Propert., worüber Klotz gegen Hertzberg, proleg. de elocut., p. 141, in der Recension, N. Jahrbücher für Phil. und Päd. 1847, Bd. 49, S. 38 fgg.

Das Participium futuri activi wird von Seneca bald in Verbindung mit Adjectivis, bald für sich allein, im Ganzen aber sehr häufig, in conditionalem Sinne gebraucht, so dass es den Nachsatz eines Bedingungssatzes in sich schliesst. Hiervon scheint eigentlich der adjectivische Gebrauch des Participii auszugehen, indem der adjectivische Sinn durch Weglassung des bedungenen Falles entsteht. Sen. de clem. I. §. 1: immittere oculos in hanc immensam multitudinem discordem, seditiosam, impotentem, in perniciem alienam suamque pariter exsultaturam, si hoc iugum fregerit. Ib. c. 3 extr.: sic haec inmensa multitudo unius animae circumdata illius spiritu regitur, illius ratione flectitur pressura se ac fractura viribus suis, nisi consilio sustineretur. Ib. c. 4, 1: (Imperator est) spiritus vitalis, quem haec tot milia trahunt nihil ipsa per se futura, nisi onus et praeda, si mens illa imperii subtrahatur. Ib. c. 19, 2: noluit illum natura nec saevum esse nec ultionem magno constaturam petere. Ib. II. 5, 2: scio male audire apud imperitos sectam Stoicorum tamquam nimis duram, et minime principibus regibusque bonum daturam (ἂν δώσουσα) consilium. Sen. ad Marc. 2, §. 3 (wo *quantumcumque* statt *si*): patientem laborum, voluptatibus alienum, quantumcumque imponere illi avunculus et, ut ita dicam, inaedificare voluisset, laturum. Bene legerat nulli cessura ponderi fundamenta. Ib. 24, 2: sub oculis tuis studia formavit excellentis ingenii et aequaturi avum, nisi obstitisset verecundia. Ib. 26, 2: felicissimos futuros, si —. Sen. de beneficiis III, 30, 1: si quis patrem meum aegrum ac moriturum sanaverit. Sen., nat. quaestionum II, 18, am Ende: quid est ergo ipsa fulguratio? aeris diducentis se corruentisque iactatio languidum ignem nec exiturum aperiens; ib. c. 23 a. f.: verisimile est ignem excuti caducum et cito interiturum, quia non ex solida materia oritur; ad Marc. 10, 1: collaticiis et ad dominos redituris instrumentis scena adornatur; cf. ib. 11, 2, ad Helv. 5, 6: inania et specioso ac decepturo fuco circumlita. Tac. hist. II, 71: Valerium Maximum, destinatum a Galba consulem, distulit nulla offensa sed mitem et iniuriam segniter laturum. Ib. c. 97: pares iure et — certaturi; hist. III, 56 extr.: iucundum et laesurum; ib. 85: vulgus ignavum et nihil ultra verba ausurum.

Sen. ad Marc. 6, §. 1: si fletibus fata vincuntur — omni se genere saevitiae profecturus maeror exerceat. Ib. 12, 3: melius est, *discussura* nobis bona quam nulla contingere; utrumne molles degenerem aliquem et numerum tantum nomenque filii *expleturum* habuisse an —; ad Polyb. 18, 2: melius illum duraturo semper consecrabis ingenio quam inrito dolere lugebis; ad Helv. 16, 14: illa neminem satiatura garrulitas; ib. 17, 2: nihil profuturo maerore consumi.

Teipel, Jahrbücher für Phil. und Paed. 1849, Suppl.-Bd. XV, S. 202, sagt, dass das Participium futuri activi in der guten Prosa, d. h. bei Cicero, Caesar und Anderen vor Livius nur im Nominativ und Accusativ prädicativ vorkomme, später aber finde es sich sowohl als Adjectivum wie auch in Participialconstructionen auch in anderen Casibus; für den ersteren Fall (als Adjectivum) citirt er: Plin. N. H. 16, 41: vere coepturo; Quintil.

decl. 8, 19; perituri iuvenis, grassaturas manus, abacta est a perituro mater.

Ueber die Comparation der Participia giebt Teipel a. a. O. S. 208, 224, eine fleissige Sammlung, die weiter fortzusetzen wäre; er hat 289 Participia perfecti passivi, 84 Participia praesentis, von denen beide gradus, oder einer mehr oder weniger gebrauchlich sind; dagegen hat er Participia futuri passivi nur folgende: *admirandus* Nep. Cat. 3, Epam. 3; admirandissimi iuvenes Salvian. ep. 8; *reverendus* Gell. 9, 14, — *dissimus* Cod. Iust. 1, 55, 8; 1, 2, 6 (vergl. unten); *venerandus* Sil. 16, 248, — *dissimus* Paulin. Nol. ep. 38 (29), 3; inscr. ap. Grut. p. 209, n. 2; *infandissima* fero Varr. ap. Quint. 3, 8; *nefandissima* quaeque Iustin. 16, 4; vgl. 18, 7. Quint. decl. 18, 11 gehört nicht hierher, weil durch die Zusammensetzung der participialische Charakter verwischt ist.

Dazu füge *observantissimus* bei Fronto ad Anton. P. ep. 4, p. 10.

Die Adverbia werden ebenfalls übertragen, so dass eigentlich Adverbia als Präpositionen gebraucht werden, wie *clam, coram, palam, procul,* und im silbernen Zeitalter *usque* (s. Keil zu Aur. Vict. c. 67, 3). Noch später *una* statt *una cum* und *simul*. Es ist aber eigentlich gar kein Unterschied in der allgemeinen Bedeutung der Adverbia und Präpositionen, und es hängt bloss von der besonderen Bedeutung ab, ob ein Adverbium mit einem Casus construirt und so zu einer Präposition gemacht werden kann, und ebenso umgekehrt. Darüber wäre bei den Praepositionen zu handeln; das Allgemeine wird bei den Casibus vorkommen.

Ferner werden die Adverbia durch Uebertragung zu Conjunctionen mittels der Satzverbindung, wie *simul* statt *simulac; quandoque* ist Adverbium und Conjunction zugleich; ebenso *dum* ist Adverbium in *nihildum, nondum, vixdum* etc., immer nach Negationen. Darüber ist ebenfalls unten zu handeln bei den Conjunctionen in der Satzlehre. Nomina werden zu Adverbiis nur durch gewisse Endungen: *coelitus, divinitus, recte, leviter* u. s. w., oder in Casibus obliquis, wie *rite, tempore* oder *tempori* u. dergl.; *merito, primo*. Dies ist also kein eigentlicher Uebergang, da die adverbielle Bedeutung durch die Bedeutung der Endung erzeugt wird. Dagegen ist hier zu erwähnen der Gebrauch der Neutra im Nominativ oder Accusativ, welche eigentlich ursprünglich als Prädicate zum ganzen Satze oder zum Verbo aufgefasst sind; so *multum, primum, tertium, plurimum, certum scire* und so später andere: *rarum; incertum an*.

Ferner sind zu beachten die von Participiis abgeleiteten Adverbia, welche sie als Adjectiva voraussetzen (dies ist nicht der Fall bei denen auf *o, improviso, auspicato* etc.), *perdite (amare), accurate, docte, crudite;* von Participiis praesentis *patienter, amanter, potenter* etc. s. Beier zu Cic. Off. vol. 1, p. 77, eine scherzhafte Sammlung.

Was nun die Verba anbetrifft, so können auch deren Klassen untereinander wechseln. Welche Klassen dies sind, ist schon oben auseinandergesetzt. Dass mit transitiven und intransitiven nichts auszurichten ist, davon giebt das Folgende einen Beweis, indem es zeigt, dass die Sprache es verwechselte.

Die gewöhnlichste Uebertragung des Verbalbegriffes ist die, dass Zustand und Thätigkeit miteinander wechseln, also die Bedeutung der dritten und zweiten Conjugation. Jedoch um zwei so verschiedene Begriffe gleichsam

zu identificiren, indem man sie durch dasselbe Wort ausdrückte, musste eine
besondere Veranlassung vorhanden sein, ein tertium, worin sie zusammen-
kamen, worin die Vertauschung vermittelt wurde. Dieser vermittelnde Begriff ist der der Bewegung und Veränderung. Wenn sich Etwas in dem
Zustande befindet, dass es sich bewegt und sich sichtlich verändert, so erscheint es dadurch als thätig; dies ist die dritte Conjugation. Wenn es die
Bewegung und Veränderung einem anderen Gegenstande mittheilt, so ist es
ebenfalls thätig; dies ist die erste Conjugation. Diese Thätigkeit ist wirklich an sich nicht weiter unterschieden als durch ihr Ziel, also durch etwas
ausser ihr Liegendes, Zufälliges, sie wesentlich nicht Aenderndes. Es kommt
also Alles darauf an, ob ein Object hinzutritt oder nicht; wo nicht, so hat
die Bewegung und Thätigkeit kein Ziel ausser sich; sie bleibt in und bei
dem, der bewegt; folglich ist er selbst in Bewegung; er befindet sich in
dem Zustande, aber nicht: er versetzt sich hinein. Wie wenn wir sagten:
Jemand beschäftigt sich mit Rollen, Stürzen u. dergl; ob er ein Object hat,
ob er sich oder etwas Anderes rollt, stürzt, ist dabei unbestimmt, und doch
ist es dieselbe Thätigkeit. So giebt es eine grosse Zahl von Verbis der angegebenen Bedeutung, welche in doppelter Weise gebraucht werden, also für
das Sichbefinden in dem Zustande der Bewegung und für das Hineinversetzen
in diesen Zustand; und wäre die Sprache so genau verfahren bei denselben
Begriffen, die beiden Arten der Thätigkeit auch in der Form zu unterscheiden, so würde sie die Verba gebildet haben wie *fugere* und *fugare;*
sie that das nicht, weil für sie das Transitivum und Intransitivum etwas
Unwesentliches war. Wenn sich nun Verba der zweiten Conjugation unter
diesen befinden, so werden wir bei diesen annehmen, dass sie ursprünglich
nur den Zustand als einen ruhigen bezeichneten, dass dieser Zustand erst
später als Bewegung und Thätigkeit verstanden und demnach zuletzt auch
auf die causative oder transitive Thätigkeit übertragen wurde, wenn auch in
dem gewöhnlichen Gebrauche die letztere Bedeutung selbst die vorherrschende
geworden sein sollte; obenein ist es gewiss, dass bei *movere* und *augere* die
Zustandsbedeutung gerade die veraltete, also wahrscheinlich die frühere ist;
denn die Vermischung der beiden Begriffe überhaupt hat keineswegs bloss
in der früheren Zeit stattgefunden, sondern fortwährend, und in der schlechten
Latinität ist sie selbst noch über die Grenzen der Analogie ausgedehnt.
Uebrigens geht aus dem Gesagten von selbst hervor, was man davon zu
halten hat, wenn man bei diesen Verbis wieder mit einer Ellipse von *se* bei
der Hand gewesen ist, oder wenn Kritz zu Sall. Cat. c. 6, §. 7 die Bedeutung der Verba reflexiv genannt wissen will. Beides ist unrichtig
und macht das Verständniss ungenau. Der Unterschied ist derselbe wie
zwischen *fugere* und *fugare;* hätte nun *fugare* die Zustandsbedeutung von
fugere angenommen, so würde man es doch unpassend finden, *fugere* für
gleichbedeutend mit *fugare se* zu nehmen. Ebenso heisst *augere* in seiner
Zustandsbedeutung nicht *se augere*, sondern es ist so viel als *crescere*. So
können wir nicht *sich* ergänzen bei *rollen, reissen, stürzen* und dergl., wodurch eine ganz verschiedene Bedeutung entsteht, das Sichbefinden und das
Sichhineinversetzen, gerade wie ein äusseres Object: *die Bourbonen stürzten
sich*; beides wahr, aber verschieden.

Es ist nun über diesen Gegenstand von jeher viel gesammelt und im
Einzelnen observirt; es wäre wünschenswerth, wenn er einmal einzeln für

sich, und dann möglichst vollständig und erschöpfend behandelt würde. Bis jetzt sind die grössten Sammlungen die bei Voss. de Anal. III, cap. 3; p. 729 Eckst.; Vechner, Hellenol. p. 59—79; Sanct. Min. III, c. 3 und seine intptt. Periz. und Bauer; Adolph Eckert, de verborum latinorum transitivo et intransitivo qui dicitur usu, Vratisl. 1849. Dann in verschiedenen Grammatiken und in einzelnen Anmerkungen zu den Autoren. Von den Alten hat schon Gell. XVIII, 12 davon gehandelt. Viele andere Nachweisungen mit Anführung der Verba, die nicht bloss ein einzelnes Mal etwa durch poetische Licenz so gebraucht sind, sondern bei denen der Gebrauch häufiger und bei Prosaikern gewöhnlich ist, habe ich gegeben zu Reisig §. 174 in der Anm. 319.

Bei den angeführten Sammlungen fehlt es noch gänzlich an richtigen Gesichtspunkten für die Beurtheilung dieses Sprachgebrauches, und es ist manches ganz Ungehörige beigemischt; bei vielen Einzelnheiten ist noch eine kritische Prüfung nöthig und die Ausdehnung der Analogie müsste stufenweise in einem natürlichen Fortschritte dargelegt und dabei auf den Unterschied der Perioden und Stilgattungen, auf das Gewöhnliche und nur auf einzelner Licenz Beruhende geachtet werden. Die häufigsten Verba sind die, welche eigentlich Bewegungen von verschiedener Art ausdrücken; *movere* ist schon angeführt; zu dem, was ich darüber l. c. angegeben habe, füge man noch den Ausdruck *hastae Martiae moverunt* in dem SCtum bei Gell. 1V, 6, und darüber Ambrosch, Studien und Andeutungen im Gebiete des römischen Cultus und Bodens H. I, S. 9. *Ruere, corruere, erumpere, prorumpere, volvere, rotare, vehere,* besonders *vehens, ferre* besonders *ferens;* so auch *deferens* bei Plin. paneg. 82, 5: flumina liquida ac deferentia, wo man ganz unschicklich deserentia hat schreiben wollen. *Praecipitare* Cic. pro Sulla §. 1, Halm ib. §. 87, ib. pro Sestio §. 25, *vertere, convertere, avertere* (nicht bei Cicero, sonst sehr häufig), *flectere, deflectere, declinare, recipere, sedare, insinuare; appellere navem* und *nave,* worüber s. Vorst., de lat. merito susp. c. 16 am Ende; Duker und Drakenb. zu Liv. VIII, 3, 6; Oudend. zu Front. III, 9, 4, Bremi zu Corn. Nep. Milt. IV, 2; *applicare,* anlegen, Drakenb. zu Liv. 37, 21, 7, Oudend. zu Front. IV, 7, 44; *transmittere* Drakenb. zu Liv. XXI, 20, 9; *traicere* id. zu Liv. XXX, 24, 11, mit *se* bei Valer. Max. V, 1, 1, wos. s. Vorst.; *appetere (lux, nox appetit)* Drakenb. zu Liv. X, 20, 9; *contendere* und *tendere* — streben, Drakenb. zu Liv. 32, 32, 7, Corte und Kritz zu Sall. Cat. 60, 4: scil. tentorium vel tabernaculum; Vorst. zu Valer. Max. II, 7, 15, Tennul. und Oudend. zu Frontin. IV, 1, 18. So auch *deserere* — desertiren, in einem ähnlichen stehenden militärischen Ausdrucke, wobei man *militiam* nicht hinzusetzt; s. Corn. Nep. Eum. c. 5, 1, Tennul. und Oudend. zu Frontin. IV, 1, 20, Stewech. zu Veget. II, 3 u. 5; in jener Stelle ist *militiam* aus allem Mss. zu tilgen, wie geschehen; aber c. 5 am Ende hat man zu viel gethan es zu tilgen, denn hier haben es alle, und c. 3 hat es gar keine Handschrift. Auch in anderen Dingen wird *deserere* absolut gebraucht; s. Buenem. zu Lactant. II, 1, 11.

Diesen Verbis, welche eine eigentliche Bewegung ausdrücken, stehen zunächst die, welche eine Veränderung bezeichnen: *mutare* — umschlagen, *variare, augere, minuere; grandire, lenire.*

Von *tendere* scheint das Zustandsverbum *tenere* zu sein, d. h. gespannt sein, fest sein, festhalten, anhalten; z. B. *proelium, consultatio tenuit* — so und so lange; s. die Interpreten zu Liv. IV, 7, 7. VI, 35, 10. Dann *halten*, in einer gewissen Richtung fahren, an's Ufer, nach einem Orte hinhalten, worüber s. Gronov. und Drakenb. zu Liv. 24, 3, 9. Dann auch in Compositis *abstinere* mit und ohne *se;* Drak. zu Liv. V, 43, 8; Zumpt zu Cic. in Verr. III, 2, §. 4; Vorst. de lat. falso susp. c. 26 g. f.

Ganz stehend ist *abstinens* und *continens (homo* und *terra)* als Adjectivum, doch steht *continens* auch als Participium ohne *se* bei Vell. II, 104, 5. Chersonesum et continentia usque Atho montem, Plin. N. H. XVIII, c. 25, §. 205.

Ueber *gignentia, animantia, intolerans, desiderans* s. unten.

Dass man und wie man in späterer Zeit über die in allen angeführten Verbis gemeinschaftliche Analogie hinausging, davon will ich nur einige Beispiele anführen aus Sulpic. Severus, einem nicht uneleganten Schriftsteller des fünften Jahrhunderts. Bei Anderen, selbst Früheren, findet sich noch Manches der Art, und auch dieses zu beachten ist nicht unwichtig, wenn man es als eine historische Weiterbildung der Sprache ansieht, die geeignet ist auch auf eine frühere Bildung einiges Licht zu werfen[1]). *Incrementare* scheint intransitiv gebraucht zu sein bei Valer. Prob. ad Verg. Buc. prol. p. 3, 23, ed. Keil, quae (pecora) cum incrementassent, non defuerunt, qui gratuitam custodiendis operam adhiberent. *Infirmare* ist ein gutes Verbum in der Bedeutung: zu einem *infirmus* machen, ganz der Bedeutung der ersten Conjugation gemäss, welche Bedeutung auch allein in den Lexicis angegeben wird; aber bei Sulpic. Sev. vit. Mart. 18, 4 und epist. II, 12 heisst es so viel als *infirmum esse, aegrotare;* hierbei ist also das Gefühl von der ursprünglichen Bedeutung ganz verschwunden; es ist ihr die Bedeutung der zweiten beigelegt. Ebenso heisst *inquietare* beunruhigen, aber epist. III, 4 *inquietante filio* ist intransitiv. Ferner *communicare alicui,* mit Jemandem Gemeinschaft haben, κοινωνεῖν τινι, dial. III, 11, 3. 13, 1. *Profanare* ist in der hist. sacra in dem Sinne: profanum esse, se gerere, profana sacra facere gebraucht; in der tragoedia Orestes v. 128 u. 583 *pulcrescere* und *tepescere* transitiv cum accusativo gebraucht.

Es versteht sich, dass dergleichen nicht nachgeahmt werden darf.

Hierher gehören auch *pergere* bei Tac. Ann. 1, 28, *festinare, properare, cessare, morari* und andere. Alle diese drücken einen Zustand aus, und wenn dieser für sich betrachtet wird, so nennt man sie Intransitiva, wie man auch *amare* so nennen könnte, wenn es bloss hiesse *verliebt sein,* ohne Object. Findet sich nun zufällig für den Verliebten ein Object, so wird *amare* transitiv. So auch die Eile, das Zögern und Aufhören; *rem festinare* (Kritz zu Sall. Iug. 37 extr.) und dergl. Daher hat Voss. de Anal. IV, c. 13 ganz am ungehörigen Orte die Participia *festinatus, properatus, cessatus (arva,* die man hat brach liegen lassen, Ov. Fast. IV, 617; *tempora* Metam. X, 669, Sil. Ital. V, 533, d. h. vertrödelt), *erratus* und *pererratus, decursus; laboratus* und *regnatus* mit angeführt. Man sehe dort, was berichtigend von Eckstein über den Gebrauch dieser Verba beigebracht ist. *Desinere* cum accusativo z. B. Front. ad Anton. P. ep. 3, p. 7: amicitiam

---

[1]) Vgl. ad Gregor. Tur. de cursu stell. §. 17, p. 31 sq.

cum eo desinere. Bes. *artem*, s. O. Gifanius, observationes linguae latinae p. 137; Ernesti clav. s. v.

Das Umgekehrte, wie bei *amare*, findet statt bei Verbis, welche gewöhnlich ein Object haben, aber ohne dasselbe gleichsam zu intransitiven werden, obgleich die Handlung darin dieselbe ist. So *turbare* i. e. *turbas facere* Itin. Alex. c. 13 med. S. Drak. zu Liv. 38, 13, 12, Walth. zu Tac. hist. I, 7. *Curare*, z. B. Sall. Iug. 60, 5: Marius in ea parte curabat. s. Drak. zu Liv. IV, 45, 7, Kritz zu Sall. Iug. 59, 3; auch in anderen Dingen, wie Tacitus Ann. XI, 22 von den Quästoren: duo additi, qui Romae curarent. Ueber *frequentare* und *callere* s. Valer. Prob. ad Verg. Buc. 6, 74, p. 23, 22. ed. Keil.: Triton a Circe venena accepit, *quibus* illa callebat, et mare infecit, per quod Scylla ad Neptunum frequentabat d. h. frequenter ibat. *Reticere alicui* — nicht antworten; s. Gron. u. Drak. zu Liv. 23, 12, 9. *Agere* und *agitare* — sich benehmen, befinden, leben, besonders oft bei Sall. und Tac. S. Kritz zu Sall. Cat. 23, 3; Iug. 18, 9.

Facere im obscönen Sinne Petron. Sat. c. 45, 8. 87, 9; Ovid. Am. III, 4, 4; Rem. A. 779 fgg. *Habere* — sich verhalten, *bene*; dann auch *sic* — so gesonnen sein, überzeugt sein. Kritz zu Sall. Iug. 114, 2.

Der bisher besprochene Bedeutungswechsel betrifft die Bedeutung, insofern sie durch die Conjugationen bestimmt wird. Wir haben nun noch den Wechsel zwischen Activum, Passivum und Deponens zu besprechen.

Was zunächst den Wechsel zwischen Activum und Passivum betrifft, so ist die Bedeutung beider so geschieden, dass eine Verwechselung nicht füglich denkbar ist. Wenn dergleichen aber dennoch vorkommen, so hat dies nur den Grund, dass man eine Form, welche in der einen vox fehlte, aus der anderen herübernahm mit veränderter Bedeutung. Natürlich musste die Natur des Verbi von der Art sein, dass die Bedeutung sich leicht ändern konnte. So wird z. B. *venditus* gebraucht, obgleich *vendi* in älterer Zeit nicht vorkommt, sondern *veneo*. *Traicere*, in der Bedeutung *übersetzen*, wird nicht leicht anders als im Activum gebraucht; *traicere classe* soll nicht gebräuchlich sein, sondern nur *classem*, obwohl für jenes viele Analogieen sprechen; s. Keil zu Aur. Vict. de vir. ill. c. 40, 1. Man sagt auch im Perfectum *traiecit*, nicht *traiectus est;* wollte man aber das Participium perfecti gebrauchen, so hatte man keines vom Activum und dann nahm man *traiectus*, was zwar von dem sonstigen Gebrauche des Verbi abweicht, aber doch nicht gegen die Natur des Verbi ist, das doch eigentlich transitiv war. Dieses *traiectus* findet sich bei Liv. 22, 6, 1.

Wenn nun hier Activum und Passivum zu wechseln scheinen, also die Bedeutung beider angemessen war, so ist dies nichts Anderes als deponentialer Gebrauch, worin ja dieselbe Mischung liegt, wie oben deducirt.

Derselbe Grund findet statt bei den Participiis *iuratus, cenatus, potus;* denn obwohl man sagt *iuravi, cenavi, potavi,* so ist es doch eigentlich: mit dem Eide, mit Speise, Trank Jemanden versehen. Andere sind *dissimulatus, conceptus, penetratus, peccatus, peroratus, rebellatus,* worüber ich die nöthigen Nachweisungen gegeben habe zu Reisig Anm. 285.

Ein solches Participium ist ferner *adultus* von *adolescere*, wo man auch nicht zu sagen hat *adultus est* als simples Perfectum, sondern *adolevit; inveteratus, obsoletus.*

De usufructu aderescendo ist Ueberschrift Digest. lib. VII, tit. 2; im Texte kommt es nicht vor, sondern immer nur das *ius adcrescendi*, wenn eine zwischen Mehreren getheilte Erbschaft Einem zufällt dadurch, dass die Ansprüche der Uebrigen nicht erhoben werden oder wegfallen; eigentlich sollte es heissen: de usufructu aderescente.

Andere ungewöhnliche kann man finden vermischt mit ganz heterogenen bei Voss. de Anal. IV, c. 13, wie *conspiratus, desperatus, degeneratus, discessus, deflagratus, conflagratus, emersus, interitus, occasus* (Plaut. Epid. I, 2, 41), *redundatus, titubatus*. Dies kommt also ganz nahe dem *ventus sum* der Anfänger. Bei Fronto p. 111 Nab. schreibt M. Aurelius: mora intercedenda; aber die Stelle ist lückenhaft und darum dieses Participium unsicher. Plaut. Epid. I, 1, 69: puppis periunda est; nulla dubitatione emergenda. Justin. de confirmatione Digestor. §. 17: non desperamus quaedam postea emergi negotia, quae adhuc legum laqueis non sunt innodata. Paneg. VI, 2, 2: immanes Gotthorum copias, Ponti faucibus et Istri ore *proruptas*, terra marique delevit. Fragm. Vatic. 1, lin. 16 (VI, 1 a: exempto et vendito): locus aedificii non est profanus et ideo veniri (sic cod.) non potest. Venant. Fortun. de vita S. Hilarii lib. II, c. 3: cum spem *convalescendae* infantiae mors invida parentibus subripere festinaret.

Etwas anders ist der Gebrauch des Participii *honoratus*, worauf ich aufmerksam gemacht habe zu Reis. A. 285. Dies wird nämlich in dem Sinne von *honorans* oder *honorificus* gebraucht, so dass also z. B. *honoratus sermo* eine ehrenvolle, Ehre erweisende Rede ist, eigentlich eine mit Ehre versehene. Der Anfang dieses Gebrauchs ist schon bei Vell. II, 129, 3: honorate continet, sc. Maroboduum, d. h. honorifice, cum honoris specie. Aber entschiedener sind Tac. hist. III, 12: honorata custodia; hist. IV, 17: honorata militia; mehrere Stellen des Val. Max., welche ich dort angeführt habe; letzterer sagt z. B. VIII, 15, 9: vim honorati iudicii admirabilem. Dazu füge ich Quintilian. declam. 388 in der narratio, p. 785, ed. Burm.: nec sane invidimus isti honorata viri iudicia. Es ist einleuchtend, dass es ganz unrichtig ist, wenn Schulting hier *honorantia* lesen wollte. Aehnlich *curatissimae preces* bei Tac. Ann. I, 13 und *accuratus*.

Ganz ähnlich verhält es sich mit anderen Participiis perfecti passivi, welche zu Adjectivis mit activer Bedeutung geworden sind, wie *festinatus* (Tac. Ann. VI, 40: festinatis lictorum manibus in carcerem raptus est), *homo consideratus* (s. Jordan zu Cicero pro Caec. §. 1), *cautus, circumspectus, falsus, tacitus, profusus* und A. bei Laur. Valla elegant. I, c. 30. Mitior Corvinus et dulcior et in verbis magis *elaboratus* Tac. dial. de oratt. c. 18, 3: eigentlich nur eine Uebertragung; so auch *offensus* bei Cic. Off. I, 17, §. 56 von Sachen und Personen; s. Schulting und Burm. zu Quint. declam. I, c. 3. Darnach hat Beier und Andere das Nihil autem amabilius nec *copulatius*, quam morum similitudo bonorum vertheidigt, wo Andere copulantius lesen wollten. Heusinger jedoch nahm es in passivem Sinne, aber statt copulabilius: cf. Val. Max. II, 7, 5: copulata societas generis et imaginum. Alle drei Meinungen sind entbehrlich: „nichts ist enger verbunden als gleiche Charaktere". Es findet hier bei Manchen ganz entsprechend die Entwickelung der Bedeutung statt, wie aus dem Activum und Passivum und aus diesem wieder das Deponens mit activer Bedeutung entsteht. Z. B. *falsus* ist betrogen und verfälscht, also falsch, daher auch der sich gegen

Andere als einen Falschen zeigt, also wieder betrügt; s. Sall. Cat. 10, 5; das. Kritz. Ebenso *ignotus;* s. das. und Bremi zu Nep. Ages. 8, 1, Walther zu Tac. Agr. c. 43, Intptt. zu Phaedr. I, 11, 2, Drakenb. zu Sil. Ital. II, 98, Lambin. zum Auct. ad Herenn. III, c. 6; cf. Claudian. do Olybr. et Prob. cons. v. 33: nec ignota rapiet sub nube vetustas (gloriam). Gregor. Tur. de miraculis S. Iuliani c. 32 med.: Stupentes illi et quid narraret ignoti (al. ignari). Ebenso *consultus, peritus.* Hiermit lässt sich auch das Substantivum *tectum* zusammenstellen, was eigentlich hätte *tegens* heissen sollen.

Ferner finden sich auch in wenigen einzelnen Fällen Spuren davon, dass das Participium praesentis activi als Passivum gebraucht wurde, was auch nur dann geschehen konnte, wenn die Bedeutung des Verbi eine solche Uebertragung erleichterte. Hier hatte man zwar ein Participium praesentis passivi wie in *volvenda dies;* indess dies hatte seine Bedeutung nur in den Casibus obliquis, im Nominativo mit *est* nahm es die Bedeutung der Nothwendigkeit oder Möglichkeit an, und daher war dies weniger zu gebrauchen; indessen die meisten Participia, welche man hier anführen könnte, sind doch von der Art, dass sie vielmehr aus dem schon oben besprochenen Wechsel der transitiven und intransitiven Bedeutung zu erklären sind; so *volvens (volventibus annis), volutans, ferens, vehens, praecipitans, res moventes, vertens annus, luna minuens, abstinens, continens* (s. Jordan zu Cic. pro Caec. 4, 11), *ingerens, subtrahens.*

Auf dieselbe Weise ist auch der vielbestrittene Ausdruck *gignentia,* Gewächse, zu erklären bei Sallust. Iug. 76, und 93, 4, wo sich Kritz viel Mühe giebt es activ zu nehmen als organische Körper, welche andere zeugen; es sind τὰ γιγνόμενα, in intransitivem Sinne, gerade wie *res moventes;* vgl. darüber Buenem. zu Lactant. de ira dei c. 13, 10. Vitruv. V, 1. VIII, 1, Lactant. de mortibus persec. c. 31, 5, sagen dafür *nascentia,* und das ist die Bedeutung. Dazu kann man noch fügen *evidens; volens* nur im Neutrum pluralis; vielleicht auch Sall. Iug. 84, 1, wo gewöhnlich *dolentia;* wie *volentia* aus Sallust. hist. IV, 56 ed. Kritz, der es erklärt aus der activen Bedeutung *velle alicui,* wohlwollen, übertragen auf Sachen, angef. bei Non. p. 186, vgl. Tac. Ann. XV, 36: haec atque talia plebi volentia fuere; Hist III, 52: ii omnes — Muciano volentia rescripsere. *Ingerens* wie *insinuare.* Plin. paneg. 86, 2: praefectum praetorio non ex ingerentibus, sed ex subtrahentibus legere — (aufdringlich, zurückgezogen, zurücktretend).

Dazu kommt noch *intolerans* für *intolerabilis* oder *intolerandus.* Gell. 19, 7 führt aus Laevius an curis intolerantibus. So hat Tacitus Ann. III, 45 am Ende intolerantior servitus iterum victus, und XI, 10 ferocior et subiectis intolerantior. Diese Stellen hat man ändern wollen; aber sie sind richtig; es ist gerade ein solches Umschlagen des Begriffes wie in *volens.* Dem zunächst steht *desiderans;* bei Fronto in den Briefen steht es drei Mal: *amice, domine* und *homo desiderantissime* [p. 17. 132 Nab.]; wo Mai auf Forcellini verweist, in welchem sich noch aus Augustinus und aus Inschriften einige Belege finden; ebenso hat es in Briefen Servatius Lupus Ferrariensis. Andere Participia dieser Art dagegen, oder vielmehr Adjectiva, sind weniger gut beglaubigt; z. B. hat Valla elegantiae I, c. 30: indulgens facies, i. e. cui alii indulgeant, aus Quintil. declam. XVIII, c. 10: Placet ergo, ut si filio obtigerit indulgentior facies, vultus erectior, refugiat mater amplexus? Dies heisst wohl nichts weiter als: liebreich, obwohl die *indulgentia* gewöhnlich die Elternliebe bezeichnet. *Delectans* in passivem Sinne Gregor. Tur. p. 966, A. 1170, A.

Was Buenemann zu Lactant. I, 1, 15 angeführt hat für *reverentissimus*, ist nur beweisend für das neunte Jahrhundert. Forcellini sagt, es stehe bei Cassiod. Var. VII, 27 und öfter. Andere sagen *reverendissimus*, was aber auch barbarisch ist, wenigstens kein älterer Autor hat als Orosius und Cassiodor. S. Cellar. cur. poster. p. 428. Jedoch *observandissimus* bei Fronto ad Anton. P. ep. 4, p. 10. Bei Lactant. de mortib. per sec. c. 33, 9, steht auch *tabescendus* statt *tabescens*.

Alle diese Verba haben das gemein, dass sie nach Conjugationen gehen, welche eigentlich Thätigkeiten ausdrücken, dass dagegen ihre Bedeutung ein Zustand oder eine reflexive Thätigkeit ist; aus diesem Zwiespalt scheinen jene Formen hervorgegangen zu sein; wie auch in ähnlichen Fällen häufig die Deponentia schwanken, z. B. *fluctuare* und *fluctuari, conflictari, meridiari, tumultuari, luctari, altercari,* die das Befinden in einem Prädicate, Beschäftigung mit etwas und zugleich eine Thätigkeit ausdrücken; *aucupari, auspicari, fabricari, fabulari, ludificari, nutricari* u. s. w., wovon s. Reis. §. 150 und daselbst die Anmerkung.

Das Verbum *revertere* und *reverti*; dies wird in den übrigen Formen fast nur als Deponens gebraucht, denn die Stelle bei Liv. 45, 28, 6 steht ganz allein mit dem Praesens activi: dagegen im Perfectum und den davon abgeleiteten Formen als Activum und bei den besten Autoren nicht als Passivum; wo jedoch bloss das Participium gebraucht wurde, setzte man unbedenklich *reversus,* aus demselben Grunde wie bei *traiectus* [1]). Es steht z. B. bei Caes. B. G. VI, 42 init.; aber nur das Eine Mal; bei Cicero vielleicht gar nicht. Dagegen bei Suet. Ner. c. 25. Sen. trag. Med. 237. Hipp. 1160. Oed. 870. Suet. Tib. c. 15. Tac. Ann. I, 68 am Ende, XII, 27. Flor. II, 2, §. 27. Sen. nat. quaestionum 1, 2, §. 1. Epit. Liv. CXXV. CXXXIII. Plin. epp. VII, 4, 7. Tac. hist. II, 92. Valer. Prob. ad Verg. p. 2, z. 12 und 14: Lacedaemoniis reversis — non reverterunt. Aur. Vict. de vir. ill. c. 31, 2. Jedoch will ich gleich bemerken, dass hier die passive Form gar nicht so sehr selten ist, als man bisher geglaubt hat; kaum hat man dafür ein paar ganz einzelne Stellen anzuführen gewusst: eine aus Phaedr. IV, 15, 10, eine aus Valer. Max. V, 3, 4, eine aus Ascon. Pedian. (prooem. or. in Pison.) und eine aus Hygin. fab. 131, worüber Cellarius und Borrichius eine Fehde geführt haben; sie fanden nicht einmal die Stelle des

---

[1]) *Fiere* gebrauchte ausser Laevius (Gell. XIX, 7) auch Ennius, wie ausdrücklich der Grammatiker Anecdota Vindobon. S. 163 bezeugt, und es ist diese Form, wie auch Ilberg gesehen hat, herzustellen in den Annalen v. 15: memini me fiere pavum. Aber die passive Form verdrängte die active Bildung, welche dem Gedanken genügte, vollständig jedoch nur im Infinitiv; denn andere passive Formen vom Präsensstamme hielten sich nicht, wie *fitur* und *fiebantur,* was Cato sagte nach Priscian VIII, p. 377 H. Aehnlicher Wechsel zeigt sich übrigens auch sonst, so z. B. in einer Inschrift bei Orelli n. 4388 steht *veniri* für *venire,* und diese Form findet sich auch bei Plaut. Pers. 575 in allen Handschriften, wie Plautus Diomedes 1, S. 61, der Hagenauer Ausgabe, selbst *venear* sagte. So dürfte auch die Variante *periri* statt *perire* bei Lucrez V, 761 Beachtung verdienen. Bergk, Zeitschr. f. A.-W. 1856, No. 17. Vergl. dazu Fleckeisen, kritische Miscellen.

Corn. Nep. Them. V, 2, welche, wenn man den Corn. Nep. in seiner jetzigen Gestalt für echt hält, die einzige aus dem goldenen Zeitalter wäre. Bei Späteren aber ist es nicht selten; bei Vellei. II, 42, 3 könnte man *revectus est* conjiciren; aber, wie ich glaube, nicht bei Livius, gewiss nicht bei beiden Senecae, Tac., Plin. min. Drei Mal findet es sich im vierten Buche des Frontin, c. 2, 7, c. 5, 17, c. 7, 12, dann sieben Mal in den dem Quintilian beigelegten Declamationen, nämlich V, c. 1, 6, 13, 21, 22 am Ende, declamatio XI im argum. und declamatio XVII, c. 8. Dann auch Epit. Liv. CXXX, bei Sulpic. Sev. hist. s. I, 3, 3, Aur. Vict. de vir. ill. c. 17, 4, Ulpian. tit. XXIII, §. 3. X, §. 4 bis.

Hier will ich nur noch einen bisher wenig beachteten Sprachgebrauch erwähnen. Es ist bemerkt worden, dass das Deponens auch die reciproke Bedeutung hat. Hieraus entstand nun ein Schwanken in den Fällen, wo die Reciprocität auf adverbielle Weise noch ausser dem Verbum bezeichnet ist. Die gewöhnlichste Bezeichnung der Reciprocität wird durch *inter se* gegeben; wie nun wir im Deutschen bei unserem „einander" auch noch „sich" hinzusetzen können: sich einander lieben und bloss: einander lieben, so auch im Lateinischen, nur dass hier die Weglassung des *se* das allein Gewöhnliche ist. So sagt Tacitus hist. II, 42 a. f.: noscentes inter se; Varro de re rustica III, c. 16: alvos ita collocant, ut ne agitentur neve inter se contingant. Andere Beispiele s. bei Hand, Turs. III, p. 398 fgg., der auch die früheren Sammlungen erwähnt, jedoch gerade die sorgfältigste übersehen hat, von Gunther. Latin. restit. II, p. 96 s. v. *amare inter se*. Hierbei kommt es jedoch vor, dass ungeachtet des *inter se* doch noch die Reciprocität besonders ausgedrückt wird durch die passive Form des Verbi, nämlich Liv. 44, c. 25 a. f. sagt: Ita nequidquam inter se captati nihil praeter infamiam movere. *Captari* kommt sonst als Deponens nicht vor, und hier ist es zugleich dadurch veranlasst, dass Livius gerade ein Participium perfecti gebrauchte; kurz vorher, c. 24, 8, hatte er noch mit der activen Form gesagt: dum inter se duo reges captantes fraude et avaritia certant. Sonst steht in diesem Falle das Activum ohne *se* nicht eigentlich statt des Passivum oder Deponens, sondern bloss als Activum, da die Lateiner aus dem *inter se* das Object entnahmen. Aber es muss nun ferner noch bemerkt werden, dass dieselbe Vorstellung auch bei *mutuo* und *invicem* vorkommt, im silbernen Zeitalter; denn *invicem* in dieser Bedeutung findet sich überhaupt nicht früher, nicht vor Livius in Prosa; Cicero und Sallust haben das Wort überhaupt nicht. Quintil. decl. XIII, 6 sagt: (apes) in globum nexas et mutuo amplexas mors sola divisit. Tac. hist. II, 47: Experti invicem sumus, ego ac fortuna. Hier ist wenigstens ein Deponens, obwohl wir nach deutscher Vorstellung noch ein *se* begehren würden. Tac. Agr. c. 6: vixeruntque mira concordia per mutuam caritatem et invicem se anteponendo; vielleicht unrichtig Ann. XIII, 2: iuvantes invicem. Ev. Matth. 24, 10: tunc scandalizabuntur multi, et invicem tradent et odio habebunt invicem (καὶ ἀλλήλους παραδώσουσιν καὶ μισήσουσιν ἀλλήλους). Ebenso Plin. paneg. c. 84, 4: suspiciunt invicem (i. e. altera alteram), invicem cedunt. Idem c. 83, 6: Idem estis invicem, quod fuistis: probatis ex aequo (scil. ἀλλήλους, Traianus et uxor). Dagegen invicem se timebant, Iust. XIII, 2, 2, der aber den Dativ *sibi* nicht hinzusetzt bei invicem munera mittere II, 10, 10; ferre auxilia XXXVIII, 10, 10. Andere Stellen s. Hand, Turs. III, p. 454 sq. Hier findet also eigentlich kein Wechsel der Bedeutung statt; es zeigt sich bloss eine Verschiedenheit der Auffassung im Vergleich mit dem Deutschen.

Dasselbe gilt von einer gewissen Attraction in der Verbindung einiger Hülfsverba mit Infinitiven; nämlich wenn der Infinitiv im Passivum steht, so setzten die Lateiner auch *coepisse* ins Passivum, wie z. B. Sall. Iug. c. 27, 1: res in senatu agitari coepta. Cic. de divinatione II, 2, 7: de republica consuli coepti sumus. Der Grund ist der, weil hier das Hülfsverbum nicht bloss auf den Infinitiv bezogen wurde, um diesen, wie jedes andere Sein, näher zu bestimmen, sondern weil man gleich das Hülfsverbum mit auf das Subject bezog, und da dies als das Subject eines Leidens, einer nicht eigenen, sondern abgeleiteten Handlung erschien, so wurde selbst dem Hülfsverbum der Ausdruck der Handlung, d. h. die Form des Passivum gegeben, wie wenn an dem Subjecte zwei verschiedene Handlungen vollzogen würden: die Sache ist angefangen worden verhandelt zu werden. Bei *coepi* ist dieser Gebrauch als fest anzusehen; zwar sagt Plin. paneg. c. 40, 4: deberi coeperat, Sen. controv. 1 praef. p. 63 extr.: nam et studium ipsum nuper celebrari coepit, und dann Spätere noch häufiger, wie Sulp. Sev. hist. sacra II, 30, 3: viae oppleri cadaveribus coepere und das. II, 44, 6: professiones edi coepere. Andere Stellen der Art hat Freund gesammelt, in den Neuen Jahrbüchern für Phil. und Päd. V, Bd. 13, H. 2, aber sie beweisen nichts für die beste Zeit der Latinität. S. zu Reis. Anm. 284 und §. 448 am Ende[1]). Gerade so wie *coepit* hat man ausserdem auch *desinere* behandelt; obgleich Liv. V, 3, 2 sagt: desisse dubitari. Aber Cicero und Aeltere beobachten die Regel, wie: *orationes legi sunt desitae. Desitum est disputari.* Ja es kommt sogar vor, dass der passive Sinn allein durch dieses Hülfsverbum ausgedrückt wird, und der Infinitiv im Activum steht, wenn man keinen Iufinitivus passivi hatte: so Plaut. Mostell. IV, 3, 42: nunquam hic triduum unum desitum est *esse* et *bibi.* Derselbe Gebrauch hat auch früher bei *posse* stattgefunden; man sagte *potestur, poteratur* bei Passivis, wovon ich Beispiele bei Reis. §. 150 angeführt habe; *nequitur* steht so noch bei Sall. Iug. 31, 8 wos. s. Kritz; cf. Ter. Hec. IV, 1, 57: forma in tenebris nosci non quita est. Eine wirkliche Zweideutigkeit liegt in solchen Participiis praesentis activi und futuri activi, wo die active und Deponens-Form mit verschiedener Bedeutung neben einander bestehen; hierüber ist noch zu observiren. *Versans* als Deponens steht bei Sen. epist. 58, 27 (24 F.), 71, 36 (35 F.), 74, 3.

Wenn nun in den zuletzt angeführten Fällen der Wechsel der Bedeutung kein wirklicher war, sondern nur ein scheinbarer durch die Vergleichung mit der deutschen Vorstellungsweise, so findet sich doch ferner ein wirklicher Wechsel der activen und passiven Bedeutung in Substantivis und Adjectivis.

1. Substantiva.

Es giebt viele Substantiva, welche von Ursprung weder eine active noch eine passive Bedeutung haben, wohl aber die eine oder andere durch den Zusammenhang annehmen können. Dies sind namentlich solche, welche eine Eigenschaft, Fähigkeit, den Besitz eines Prädicates bezeichnen; diese Eigenschaft kann als eine thätig wirkende Kraft erscheinen, und dann

---

[1]) Kratz in Fleckeisens Jahrb. 1865, S. 724. Wölfflin, Livian. Kritik und Liv. Sprachgebr. S. 21.

erscheint die Bedeutung activ an dem, von welchem aus die Eigenschaft wirkt, und passiv an dem, auf welchen sie wirkt, während sie beiden, in gleicher Weise beigelegt werden kann, z. B. *memoria mea*, d. i. *facultas qua memor sum;* dann ist es der Act dieser facultas, ihre Thätigkeit, das Andenken, die Erinnerung, *recordatio, qua recordor aliorum* und *qua alii recordantur mei.* Aehnlich *iniuria, caritas, satietas.*

Aber wenn bei diesen Wörtern die eine oder andere Bedeutung erst durch den Zusammenhang hervorgeht, so ist es natürlich, dass, wo der Zusammenhang einen Zweifel hierüber lässt, die Unterscheidung auf andere Weise gemacht werden muss. Dies geschieht dann durch Präpositionen und bei den Pronominibus personalibus, wo man die active und passive Bedeutung durch das Pronomen possessivum und durch den Genetiv unterscheiden kann, durch die Wahl des einen oder anderen; wie *memoria mei* in guter Latinität nur passiv verstanden wird. Wo dagegen das Substantivum ein Verbale ist, also an sich schon eine Handlung ausdrückt, wird der Unterschied des Activi und Passivi nicht festgehalten, weil darin die Form nicht hinlänglich entschied und weil hier die Handlung nicht mehr als ein fliessendes Sein aufgefasst wurde, als das Sein in der Bewegung, sondern als der feste Begriff davon, der nur das Sein an sich auffasst, und der ebenso wenig seine zeitliche Besimmung, als die Bestimmung des Selbstständigen und Abgeleiteten, Activi und Passivi festhält; denn diese Differenzen sind erst wahrnehmbar in dem factischen, fliessenden Sein. Hier also tritt ein wirklicher Wechsel der Bedeutung ein, oder vielmehr die Unterscheidung hört auf; und zwar namentlich bei den Wörtern auf *io.* Die erste Bedeutung war die active; jedoch wurde diese oft in die passive verwandelt, und man scheint dabei geleitet zu sein durch die Erinnerung an das Participium perfecti passivi, dessen Form diesen Wörtern zum Grunde liegt. Solche Wörter, zum Theil erst später entstanden, welche den Zustand dessen ausdrücken, von dem das Participium perfecti passivi prädicirt wird, sind z. B. *deditio*, Act der Uebergabe und Zustand des *deditus; exercitatio*, die Uebung als Thätigkeit und als erworbene Eigenschaft; s. Stuerenb. zu Cic. p. Arch. p. 23. Ebenso *incitatio;* s. Cic. de Or. I, 35, 161. Daher ist bei Vellei. I, 17, 6 vielleicht mit Unrecht *imitationem* statt *incitationem* in alle Ausgaben aufgenommen. *Existimatio*, die Meinung, welche man hat, und die Meinung, welche Andere von uns haben, der Ruf. Diese Bedeutung hat zuweilen auch *opinio*, wie bei Sen. de benef. II, 23 a. f.: dum opinionem clientium timent, graviorem subeunt ingratorum (i. e. timent, ne clientes esse credantur). Ausschliesslich hat diese Bedeutung *dignatio.* Es wird immer nur von dem Ansehen gebraucht, in welchem Jemand steht; es ist beinahe gleichbedeutend mit *dignitas;* es ist aber nicht die *dignitas*, welche Jemandem an sich eigen ist, sondern nur insofern sie ihm durch die Meinung Anderer beigelegt wird. S. Drakenborch zu Liv. II, 16, 5. Walther zu Tac. Ann. I, 34. Nur eine einzige Stelle wird dagegen angeführt Iustin. 28, c. 4: Cleomenes Aegyptum ad Ptolemaeum proficiscitur; a quo honorifice susceptus diu in summa dignatione regis vixit. Der Gebrauch des Iustin würde schon an sich nicht viel beweisen; aber diese Stelle ist gar nicht widersprechend, abgesehen davon, dass Viele *dignitate* lesen; man hat nämlich *regis* missverstanden, wenn man es auf Ptolemaeus bezog und es desshalb in activem Sinne nahm; es ist Cleomenes zu verstehen, dem fortwährend die königliche Würde beigelegt wurde, obgleich er nicht mehr König war, sondern aus Sparta verjagt durch Antigonus. Daher sind auch bei Tacitus zu Gunsten gewisser historischer Ansichten zwei Stellen missverstanden worden, um zu läugnen, dass die alten Deutschen erbliche Adels- und Fürstengeschlechter unter sich gehabt haben; nämlich Germ. c. 13: insignis nobilitas aut magna patrum merita principis dignationem etiam adolescentulis adsignant, d. h. nicht die Gunst der Fürsten, sondern das Ansehen, den Rang eines Fürsten. Das. c. 26: agros inter se secundum dignationem partiuntur, d. h. nicht nach Abschätzung der Aecker, sondern gemäss ihrem persönlichen Ansehen. Beide Stellen hat schon Walther richtig erklärt. So ist ferner *inflatio* die Aufgeblasenheit, die Eigenschaft des *inflatus*; *infractio animi* bei Cicero die Gebrochenheit, von *infractus*, d. i. von *infringere*; ebenso *invidia* der Neid und die Missliebigkeit. *Invidia annonae* Cic. ad fam. V, 17, 2, die Missliebigkeit, welche des Getreides wegen entsteht. Keil zu Aur. Vict. de vir. ill. c. 65, 2 nennt diesen und ähnliche Genetive wie *defectionis, caedis, facti invidia* subjective, was unrichtig. *Custodia* bezeichnet auch diejenigen, welche *sub custodia tenentur* (s. Lips. zu Sen. epist. 5, Gruter zu epist. 70); ferner *intentio, contentio, continuatio* und *coniunctio* (das Verbundensein) s. Sen. nat. quaestionum II, 2, §. 2. *Infinitio*, die Eigenschaft des *infinitum*, ἄπειρον, bei Cicero, ist schon früher erwähnt, so wie *inapparatio* beim Auct. ad Herenn., wo ich noch mehrere Wörter dieser Art mit dem *in privativum* aus Späteren angeführt habe.

Bei anderen wechselt die active und passive Bedeutung in der Weise, dass die erstere die Handlung, die zweite das durch diese Handlung Producirte bezeichnet; so *scriptio, dictio, cognitio, editio* u. a. wovon vgl. Reis. §. 70 und dazu Anm. 88. Aehnlich *beneficium*, wovon Seneca, de beneficiis II, 34 a. f. sagt: beneficium est et actio benefica, et ipsum quod datur per illam actionem, ut pecunia, ut domus, ut praetexta. Unum utrique nomen est, vis quidem ac potestas longe alia.

Von den Substantivis verbalibus auf *us* habe ich schon früher in Bezug auf ihr Genus erinnert, dass sie einen concreten Sinn haben; wir haben nicht wenige solche Verbalia im Masculinum, deren Bedeutung ganz entsprechend ist, ein Blick, Anblick, Frass, Biss, Lauf, Kauf, Ruf; sie bezeichnen zunächst die als vollendet vorliegende Handlung als ein concretes Wesen, das daher thätig sein und wirken kann; wie *conatus, consensus, conventus, concursus, adventus, discessus* (wesshalb auch die Ablativi *adventu, discessu* häufig im Sinne des Praeteriti gebraucht werden; s. zu Reis. Anm. 569). *Admonitu* deutlich in passivem Sinne bei Ov. Rem. Am. 662, Her. IX, 135, XIV, 17. Daher kommt es, dass in vielen Wörtern dieser Art die Bedeutung des Handelns und Geschehens gar nicht mehr mit enthalten ist, sondern dass sie etwas ganz Concretes bezeichnen, etwas sinnlich Wahrnehmbares, wie etwas Sichtbares oder Gesehenes, wie *habitus, gestus, vestitus, incessus, gressus, visus*[1] (der Anblick) u. s. w., oder etwas Hörbares, Gehörtes, Ton, wie *cantus, crepitus, fletus, fremitus, gemitus, latratus, hinnitus, plausus, sonitus, strepitus, ululatus*; oder noch concreter selbst das Organ, womit die sinnliche Wahrnehmung gemacht wird, wie *auditus, visus, olfactus*,

---

[1] Ueber *visus*, das Gesehene, die Erscheinung, hat Stellen gesammelt Arntzen ad Aur. de vir. ill. c. 7, 2, die dort auch Keil anführt.

sensus u. s. w. Constant ist der Wechsel des activen und passiven Sinnes in den Supinis, d. h. Accusativ und Ablativ des Substantivi verbalis, jener activ, dieser passiv.

2. Adjectiva.

Die Adjectiva als Bezeichnung einzelner Merkmale und Eigenschaften enthalten, wo sie nicht Participia sind, gar keine bestimmte Bezeichnung des Activi und Passivi weder in ihrer Bedeutung, noch in ihrer Form; und selbst die Participia, wenn sie Adjectiva werden, verlieren mehr oder weniger jenen Unterschied — ganz natürlich, wie wir oben gesehen. Wo nun Eigenschaften von der Art sind, dass sie sich als Thätigkeit äussern, wenn sie thätigen Substanzen beigelegt werden, da schlagen sie dann natürlich in das Gegentheil um, in die Bedeutung des Erleidens der Thätigkeit, wenn sie den Substanzen beigelegt werden, an welchen dieses Erleiden stattfindet. Dies sind demnach Adjectiva, welche sich auf die sinnliche Wahrnehmung, die Fähigkeit dazu und die Veranlassung derselben, oder überhaupt auf sinnliche oder geistige Eindrücke beziehen, so dass also bald der Wahrnehmende, bald das Wahrgenommene, bald die Fähigkeit oder Unfähigkeit wahrzunehmen oder wahrgenommen zu werden; ferner bald das, was die Wahrnehmung bewirkt, bald das, woran sie bewirkt wird, durch dieselben Adjectiven bezeichnet werden kann.

Das Wahrnehmen und Wahrgenommen werden: *gnarus* und *ignarus;* s. Kritz zu Sall. Iug. 18, 6: ignara lingua. Besonders oft bei Tacitus, s. Ann. I, 5. 51, 63. II, 6, 69. IV, 8. VI, 46. XII, 45, 11.

Conscius. Conscia virtus Verg. Aen. XII, 668.

Nescius. Plaut. Rud. I, 5, 17: quae in locis nesciis nescia spe sumus. Tac. Ann. I, 59. XVI, 14.

Inscius trames. Apuleius, Metam. 5, c. 26, p. 368.

Memor. Memorem Iunonis ob iram Verg. I, 1, 4, cf. Hor. Carm. I, 13, 12.

Immemor vielleicht bei Ter. Andr. I, 1, 17. Doch ist Lesart und Erklärung zweifelhaft.

Fähigkeit zur Wahrnehmung und Unfähigkeit:

Caecus. Caecum corpus, i. e. tergum, Sall. Iug. 107, 1. Dann übertragen der Gegenstand, den man nicht sehen kann, oder der Ort, wo. So Verg. Aen. V, 164: caeca saxa timens; I, 536: vada caeca; III, 203: incerti caeca caligine soles; über die letztere Bedeutung vergl. Bach zu Ovid. Metam. I, 24. Doch ist dieser Gebrauch nicht bloss den Dichtern eigen, auch Cicero hat ihn; s. Ern. clav. So sagt Liv.: caeci ictus, wenn man blindlings zuschlägt, ohne nach dem Ziele zu sehen, XXXIV, 14, 11; das. Drakenb. und zu IX, 5, 7; Lambin. zu Hor. Carm. III, 27, 21; Goclen., problem. gramm. II, c. 67.

Surdus, taub; dann was und wo man nicht hören kann, lautlos, stumm, für das Auge unsichtbar oder nicht recht sichtbar; *surdus color* — wie ein dumpfer, nicht recht zu erkennender Ton, so eine dumpfe, nicht klar in die Augen fallende, deutlich zu erkennende Farbe bei Plin. N. H. 37, 5 u. s. w. S. Forcell. Vgl. Lambin. zu Hor. Carm. III, 7, 21.—

Mutus, stumm; dann der Ort, wo Alles stumm ist; ebenso die Zeit und zuweilen der Gegenstand, über welchen man schweigt.

Formidolosus, infestus, innoxius; dann eigentliche Verbalia adjectiva, dann Uebertragung; *homo dubius, res dubia, studiosus* passivisch. Iustin. in der historia iuris, de concept. digestor. ad Tribonian. §. 1: nihil tam studiosum in omnibus rebus invenitur quam legum auctoritas; ib. §. 7: sed et hoc studiosum vobis esse volumus, ut —. Zugleich Ursache und Wirkung.

Eine Menge von Adjectiven, welche einen gewissen Zustand, eine Stimmung ausdrücken, werden von den Dingen gesagt, welche die Ursache davon sind. Farben, wie *lurida aconita,* weil das Gift die natürliche Gesichtsfarbe bleich macht; s. Ovid. Met. 1, 147. So auch *atra venena,* weil *ater* nicht nur vom Tode, sondern auch von Allem was dazu führt und dazu gehört, von der Unterwelt und was sie angeht, gesagt wird. Ueber *ater* und *niger* s. Jacob, Zeitschrift für Alterthumswissenschaft 1835, No. 33 fg. Pallida mors Hor. Carm. I, 4, 13. *Dives homo* und *dives aurum.* So häufig *laetus,* auch in Prosa; z. B.: laetissimus Masinissae adventus Liv. 29, 29; laetum genus verborum Cic. de Or. I, 18, 81, und *triste* ac severum dicendi genus Cic. Brut. c. 30; laetae segetes Verg. Georg. 1, 1. Ueber *tristis,* besonders von dem tristen Aussehen eines Menschen, s. Ruhnk. zu Ter. Andr. V, 2, 16: tristis severitas; Heusing. und Bremi zu Corn. Nep. Epam. 2, 2.

Formidolosus, Furcht erregend und Furcht habend; s. Kritz zu Sall. Cat. 7, 5.

Innoxius, was keinen Schaden thut; selten: unbeschädigt; s. Corte zu Sall. Cat. 39, 2.

Infestus, eigentlich Participium perfecti passivi, also zuerst wohl passiv: *angefeindet,* daher unsicher; *infestum mare* durch Seeräuber; dann *unfeindend, drohend.* S. Drakenb. zu Liv. 39, 1, 5 über die passive, und zu 33, 46, 2 und öfter über die active Bedeutung; Heins. zu Ovid. Metam. 4, 620; Matth. zu Cic. p. Rosc. Am. XI, 30; Kritz zu Sall. Cat. 15, 4.

Attonito pede prosilit Ino, Val. Flacc. Argon. VIII, 21.

Trepidus. Trepida res; s. Drak. zu Liv. III, 49, 6.

Flebilis. 1) passiv Hor. Carm. I, 24, 9: multis ille bonis flebilis occidit; 2) zum Weinen stimmend; flebiles modi das. II, 9, 9, wo vgl. Lambin.; flebilis ut noster status est, ita flebile carmen Ov. Trist. V, 1, 5, und 3) weinend: flebilis sponsa, Horat. Carm. IV, 2, 21, wegen des Verlustes ihres Bräutigams; doch kann es auch heissen: die Beklagenswerthe. Denn von den Adjectiven auf *bilis* ist die active Bedeutung sehr selten und meistens nur bei späten Autoren. *Penetrabile frigus* hat Verg., *telum* Statius.

Ramsborn §. 206, S. 693 führt *amabiliter* an aus dem Briefe des Antonius bei Cic. ad Att. 14, 13: si humaniter et sapienter et amabiliter in me cogitare vis, und sagt, es stehe für *amanter;* aber es heisst: liebenswürdig. Jedoch Ovid. A. A. III, 675: spectet amabilius (liebevoll, liebreich) iuvenem, suspiret ab imo femina, tam sero cur veniatque roget. Bei Späteren findet man mehr der Art; z. B. *irritabilis,* reizend, bei Lactant. V, 23, 5; *insensibilis* Lact. VII, 3, 7; Sulpic. Sev. hist. sacra II, 8, 5; *interfectibilis* bei Ps. Apuleius de medicam. herb. c. 89; *densabilis* ib. c. 60; *illicibilis* wird in den Lexicis noch angegeben; es findet sich aber wohl nur bei Lactant. VII, 27, 1, aber dort hat Buenem. *illices* aufgenommen, statt *illicibiles voluptates,* was besser ist.

Adjectiva auf *ilis*, wie *facilis*, *res* und *manus; agilis*, *habilis*, *docilis*, *ductilis*, *pensilis* *(fertilis)*, *fictilis*, *missilis.* Incredibilium latratus (nicht: incredulorum) conatur obstrepere, Gregor. Tur. vit. patr. c. 13 extr., p. 1218 A.

3. Wechsel der besonderen oder lexicalischen Bedeutung.

Alles, was bisher gesagt ist über die Vertauschung der Begriffe, ging von der Frage aus, inwiefern die Redetheile unter einander vertauscht werden und die verschiedenen Arten jedes Redetheils.

Es giebt aber noch andere Vertauschungen und Uebertragungen, welche allen Redetheilen gemeinschaftlich sind. Diese knüpfen sich an die Geschichte der Sprache überhaupt und an die fortschreitende Erweiterung der Sphäre des menschlichen Denkens, sowie an die Geschichte der besonderen römischen Cultur (hostis). Wie überhaupt alle Redetheile entweder ursprüngliche oder abgeleitete sind, so auch die Bedeutung, und zwar sind die ursprünglichen Bedeutungen alle sinnlich; jedoch ist zu bemerken, dass die Sinnlichkeit und Geistigkeit zur Zeit der Sprachschöpfung nicht zwei im Bewusstsein der Menschen geschiedene Gegensätze waren, sondern der Mensch schaut Eines im Andern zugleich an ohne Sonderung. Die concreten Wahrnehmungen fallen freilich zunächst in die Sinne; aber sie sind auch ganz einzeln, in jedem concreten Falle, und damit würde der Mensch die Unendlichkeit der objectiven Welt niemals bewältigt, nie eine Sprache geschaffen haben. Ihre Verhältnisse unter einander sind ihrer Natur nach allgemein, also alle Gattungen (Relationen), wie sie die Präpositionen, die Casus, die drei Personen, die Tempora und Modi ausdrücken; ferner die Rubriken der Redetheile und ihre Species beruhen auf allgemeinen Begriffen; das Gemeinsame wurde empfunden, nicht gewusst. Geistige und sinnliche Wahrnehmungen und Verhältnisse, wenn sie analoge Eindrücke machten, konnten als identisch aufgefasst und so bezeichnet werden, ohne dass man einen Unterschied machte; erst die spätere Zeit der Reflexion lernte die beiden Sphären unterscheiden; die Reflexion zerriss das Band der sinnlichen und der geistigen Welt, und dieselbe Reflexion bemüht sich nun dieses Band wiederzufinden, wie es in den Sprachschöpfungen vorhanden war. Für die Zeit der Reflexion reichte auch der ursprüngliche Vorrath von Bezeichnung geistiger Dinge und Verhältnisse nicht mehr aus; indem sie sich eben der Betrachtung der Geistigkeit für sich zuwenden konnte, fand sie viele Begriffe, die dem ursprünglichen Menschen fremd waren. Da aber in der späteren Zeit, wo die Reflexion erwacht ist, keine Wörter mehr von Grund aus, sondern nur durch Ableitung entstehen, so muss nothwendig auch, wo für die nicht sinnlichen Begriffe diese Ableitungen nicht ausreichen, die ursprüngliche sinnliche Bedeutung mittelst Ableitung, d. h. Uebertragung vergeistigt werden. Diese Uebertragung geschieht zufolge einer Analogie geistiger und sinnlicher Verhältnisse, wofür das Gesetz dem Menschen unbewusst innewohnt. Die nähere Erforschung dieses Gesetzes, sofern es allgemein menschlich ist, ist eine Aufgabe der Philosophie; die kunstmässige Anwendung davon gehört in die Rhetorik und Poetik; die Grammatik kann nur seine hauptsächlichsten Erscheinungen in volksthümlicher Modification aufzeigen, welche die Grundlage der freien kunstmässigen Anwendung sind und sich in der Sprache festgestellt haben, so dass sie auch ohne Kunst aus Noth zur Anwendung kommen. Wie das geistige Leben eines Volkes ein immer bewegliches, fortschreitendes ist, so ist auch der Bedeutungswechsel immer in Bewegung unter dem Einflusse der Standpunkte und Richtung der Individuen und der Zeitalter. Diese ganze Geschichte der Sprache ist noch gar nicht versucht; nur das Nöthigste wird vereinzelt in der Lexicographie gegeben bei jedem Worte; die allgemeinen Gesetze sind noch gar nicht ermittelt, am wenigsten so, dass man nicht bloss allgemeine logische Begriffskategorien (Figuren) sucht, sondern den geschichtlichen Fortschritt. Im Lateinischen nun können wir bis auf die Wurzel nicht zurückkommen wegen der späten Gestalt, in der wir diese Sprache kennen. Viele Wörter haben ihre ursprüngliche wie Form so Bedeutung schon ganz verloren, z. B. *fallere, animus* ($\sigma\varphi\acute{\alpha}\lambda\lambda\epsilon\iota\nu$, $\mathring{\alpha}\nu\epsilon\mu o\varsigma$).

Manche Aenderungen der Bedeutung können auch in der Grammatik nicht erläutert werden, weil es Begriffsänderungen sind, die nur in anderen Gebieten klar werden können; z. B. religiöse, politische, sittliche Begriffe, *religio, sacramentum, plebs, municeps, hostis* (gleich *peregrinus*) und dergleichen, oder *as, denarius, sestertius (-um)*. Dies gehört theils in die Culturgeschichte, theils in die Antiquitäten. In solchen Fällen ist es eine Aenderung der Bedeutung, wobei die frühere Bedeutung ausser Gebrauch kommt.

Hier haben wir es damit zu thun, die Bedeutungsänderungen zu besprechen, welche nicht willkürlich sind.

Da nun alle Sprache von der Onomatopoesie ausgeht, so sind die ersten Wörter Nachahmungen von Tönen, woraus sich analog die Zeichen zunächst für das Sichtbare bilden, und dann auch für die Eindrücke durch Gefühl, Geschmack und Geruch, welche Sinne die niedrigsten und unklarsten sind, und desshalb auch in der Sprache fast gar kein eigenes Gebiet erlangen, sondern sich mit entlehnten und übertragenen Wörtern behelfen müssen.

In der Einleitung sind schon Beispiele angeführt, wie die Uebertragung der Ausdrücke, welche sich auf die verschiedenen Sinne beziehen, stattfindet; also unnöthig dies hier im Einzelnen durchzuführen.

Alle sinnlichen Wahrnehmungen aber sind auf doppelte Weise beschränkt und bestimmt, die einen (die festen) durch den Raum, die anderen (die fliessenden) durch die Zeit. Diese beiden Grenzen der Objecte (Begriffe) stehen demnach als solche in der nächsten Verwandtschaft. Raum und Zeit sind die grossen umfassenden Gebiete, in denen alle Wahrnehmungen uns zu Bewusstsein kommen; in ihnen liegen die Körper, in ihnen alle Bewegung, alles Sein und Geschehen, und wie eine Raumform die andere innerhalb des ganzen Raumes beschränkt und bestimmt, insofern sie überhaupt zu einander in Beziehung treten, so eine Zeitform die andere innerhalb der ganzen Zeit; das Geschehen, insofern es nicht das ewige Sein ist, wie beweglich es auch sei, erfüllt doch nicht die ganze Zeit, sondern nur einen bestimmten, abgegrenzten Theil derselben, welcher zu anderen Theilen dasselbe Verhältniss hat wie im Raume ein Körper zum anderen. Auch ein Geschehen liegt vor, hinter, neben, in dem anderen; es ist daher zwischen diesen Gebieten die grösste Analogie, die an die ersten und ursprünglichsten Wahrnehmungen geknüpft auch zuerst wahrgenommen und bezeichnet wurde. Daher geht sie denn durch die Sprache hindurch und drückt sich in allen Redetheilen aus durch Uebertraguug der Begriffe des Raumes auf die Zeit und umgekehrt. Es sind aber nicht diese Begriffe selbst, welche vertauscht werden; denn wenn man sie benennt, will man sie eben unterscheiden; also nicht *locus* und *tempus*, auch nicht die einzelnen Theile und Punkte, wie *annus, hiems, ver, auctumnus, aestas, dies, nox, hora,* oder *circulus, planities, modius, milliare, iugerum, passus, gradus;* auch *punctum* für Zeitpunkt, Augenblick, ist erst bei ganz späten Schriftstellern; Cicero sagt punctum temporis; viele Beispiele aus ihm und Anderen siehe bei Hadrian. card. de modis lat. loquendi p. 123, ed. Ketel. Puncto mobilis horae sagt Hor. Ep. 11, 2, 172. Vgl. Buenem. zu Lact. VI, 16, 4. Es ist ein Bild von Raum, das auch auf die Zeit passt. Anders aber ist es mit relativen Bestimmungen; daher auch nicht *ibi* verwechselt mit *tum.* Zwar bemüht sich Hand, Turs. III, 165 fg. diesen Gebrauch zu beweisen, womit auch Kritz zu Sall. Iug. 114, 2 übereinstimmt, beide gestützt auf die Autorität von Drakenborch, Duker und Ruhnken, deren Stellen sie anführen; ferner Beisert, de adverbiis Latinorum pronominalibus, p. 14 fg., der über die plautinischen Stellen selbst zweifelt, aber doch Hand's Autorität folgt, wie wenn der Gebrauch aus anderen Schriftstellern als hinlänglich gesichert vorausgesetzt werden könnte, was nicht der Fall ist. In der That liegt etwas Unpassendes in jenem Gebrauche; die Pronomina demonstrativa unterscheiden sich durch die Relation auf die verschiedenen Personen; *hic* — bei mir, *istic* — bei dir u. s. w. Durch diese Relation kann zwar der Raum unterschieden werden, aber nicht die Zeit, welche für alle Personen dieselbe sein kann und es wenigstens für die beiden Sprechenden immer ist. Wenn man auch sagen wollte, *hic* soll die gegenwärtige Zeit des Sprechenden bezeichnen, so macht doch *hic* zugleich einen Gegensatz gegen *istic* und *illic,* was bei der Zeit nicht passt. Sage ich dagegen ausdrücklich *hoc tempore,* so versteht Jeder, dass von der Zeit die Rede ist und dass dabei die Gegenwart für alle Sprechenden und Besprochenen dieselbe ist. Wo also die Relation sich auf die Unterscheidung der drei Personen gründet, ist diese Uebertragung nicht möglich; in der Zeit wird nicht nach den drei Personen unterschieden, sondern Gegenwart, in der allerdings die erste Person ist, aber auch zweite und dritte sein kann, und Nichtgegenwart, die dies aber auch nur durch die Beziehung auf die erste Person und deren Gegenwart ist, nicht aber durch Beziehung auf andere Personen, auf zweite und dritte, die ja möglicher Weise nicht ausserhalb der Gegenwart sind. Die Zeit wird nach der Beziehung auf die subjectiv denkende und sprechende Person gegliedert, welche die erste ist, obwohl nicht immer in der Form derselben und nicht immer als grammatisches Subject; wenn man aber drei Personen unterscheidet, so werden dabei alle objectiv in gewissem Verhältnisse zu einander gedacht, und dieses Verhältniss begründet keinen Unterschied in der Zeit. Prisc. XVII, c. 7 extr. sagt: et localia quidem adverbia pro temporalibus frequentissime ponunt auctores, temporalia vero pro localibus nunquam. Darnach ist zu beurtheilen, ob mit Recht angenommen wird, dass die Partikel *ut,* welche allerdings als temporale gebraucht wird, zugleich auch locale sein könne. Bei älteren Philologen sind die Annahmen solcher Verwechselung ganz geläufig und ohne allen Scrupel und Zweifel, aber das locale *ut* hat ganz neuerlich M. Haupt angenommen im Index lectt. Berol. hib. 1861—62, p. 6 sq., wo er alle ihm zu Gebote stehenden Stellen darüber beibringt; es sind deren fünf und

eine sechste bringt er durch Emendation in den Ovid.; aber auch jene fünf
Stellen werden zum Theil anders erklärt und dies ist nothwendig und möglich; die Vergleichung mit *ἵνα* und *ὡς*, worauf sich Haupt beruft, ist bei
ὡς sehr bedenklich, aber natürlich beweist sie nichts für *ut*, wenn sie auch
sicher stände. Der Gebrauch von *ibi* statt *tum* ist höchstens bei den
Komikern anzunehmen, und auch da möchte es gerathener sein, wie in den
wenigen Stellen, welche Hand aus anderen Autoren noch dafür anführt, *ibi*
nicht als blosse Demonstration einer Zeit zu verstehen, sondern wo es nicht
der Ort ist, da ist eine andere Uebertragung des Ortes anzunehmen: unter
den Umständen, dabei. Daher erklärt sich auch die Zusammenstellung von
tum ibi und *ibi tum*, welches sich selbst bei Cicero findet (s. Jordan zu pro
Caec. 10, 27); hierin will Hand bloss einen Pleonasmus sive duplicatio eiusdem notionis finden, was weder in diesem Falle zuzugestehen ist, noch in
anderen ähnlichen, wie *tum deinde*. Vielmehr hat dann *tum* die Bedeutung
der Zeit, *ibi* aber weist auf die stattfindenden Umstände. Ganz dasselbe
gilt von *hic* und *illic* statt *nunc*, *tum* und *tunc*, worüber s. Hand. Turs.
III, p. 78 über *hic* und p. 206 über *illic*. Die Stellen sind von der
Art, wie diese von Hand nicht angeführten, Ovid. A. A. I, 243--45:
Tunc (wenn man Wein getrunken) aperit mentes aevo rarissima nostro
simplicitas, artes excutiente deo; illic (beim Weine unter diesen Umständen)
saepe animos iuvenum rapuere puellae, et Venus in vinis ignis in igne fuit.
Hic tu fallaci nimium ne crede lucernae: iudicio formae noxque merumque
nocent. Von *istic* hat selbst Hand auch nicht einmal ein falsches Beispiel
für die temporale Bedeutung beigebracht.

Von den Partikeln sind dagegen manche, welche bloss auf die Zeit gehen,
wie *interim*, *interea*, *postea*, *antea*, *mox*, *nunc*, *tum*, *tunc*, *quum*, *quando*,
aliquando, *numquam*, *postquam*, *antequam*, *priusquam*, *dum*, *donec*, *diu*,
dudum, *iam*; *abhinc* nur von der Zeit, die von der Gegenwart aus rückwärts gerechnet wird. *Deinde* hat keine locale Bedeutung, was Hand,
Turs. II, p. 239 fg. mit Unrecht behauptet; bei *deinceps* dagegen ist beides.

Dagegen werden diejenigen Begriffe, welche relativ nicht den Unterschied
der drei Personen oder der auf sie bezogenen Dinge, sondern das Verhältniss zweier Punkte zu einander bestimmen, meistens gleichmässig sowohl
für Raum als Zeit gebraucht. So von Substantivis *spatium*, *intervallum*
(*intercapedo* nur von der Zeit, der Pause, Unterbrechung; den Nominativ
verdammen Cicero, ad fam. VIII, 22, Quintil. VIII, 3, 46; dennoch hat ihn
Cicero selbst, de fin. I, 18, 61). Von Verbis ist gar kein Wort, was ganz
eigentlich und allein die Zeit bezeichnet, sondern sie sind alle von räumlichen Dingen hergenommen, mögen sie nun die Dauer oder die Bewegung
der Zeit überhaupt, oder ihre Beschränkung durch zwei Punkte ausdrücken,
wie *fluere*, *labi*, *praeterlabi*, *venire*, *advenire*, *praesens*, *praeteritus*, *intercedere*, *interesse* u. dergl. Die Präpositionen, wie *ante*, *post* u. s. w. fast
alle gleichmässig in localer und temporaler Bedeutung, doch ist die locale
wohl als die ursprüngliche anzusehen. Nur local *apud*, *adversus*, *cis*, *citra*,
extra, *supra*.

Ferner liegt nun der Uebertragung des Räumlichen auf das Zeitliche
sehr nahe der Begriff der Ursache und Wirkung; denn wenn auch der
Schluss falsch ist: post hoc ergo propter hoc, so ist doch factisch dies sehr
häufig der Fall, da wenigstens umgekehrt immer: propter hoc, ergo post hoc.

Jedoch ist nur selten die Zeit auf die Wirkung übertragen, wie in *quum*, wo aber die Bedeutung des Grundes erst durch den Conjunctiv entsteht. Wenn andere, wie *postquam*, *dum* den Grund auszudrücken scheinen, so entsteht diese Bedeutung nur durch den besonderen Zusammenhang; in den Wörtern selbst liegt sie nicht.

Am häufigsten liegt die Uebertragung eines localen Verhältnisses zu Grunde; so bei *sequitur*, *efficitur*, *colligitur*, *concluditur*. Am meisten in den Präpositionen wie *ab*, *ex*, wo das Herkommen, Ausgehen von Etwas bezeichnet wird. Desgleichen *inde*, *hinc*, *unde*, jedoch in früherer Zeit nicht so, dass sie als gewöhnliche conclusive Partikeln gebraucht wären, sondern immer adverbiell mit Festhaltung des Bildes vom Herkommen, Ausgehen. Hand hat sich auch hier wieder geirrt; s. Reisig §. 273, A. 435. Allmählich hat sich das Bild verbraucht und verwischt; nach Cicero werden jene Partikeln conclusiv, wie Conjunctionen gebraucht *inde* und *hinc*, und dann nachgestellt, bloss um den causalen und temporalen Fortschritt auszudrücken; s. im Philologus 1848, p. 155. Meistens aber liegt das Bild des Sichrichtens nach Etwas zum Grunde, weil daraus der Sinn des Gemässseins des Einen zum Anderen, also sein Folgen aus jenem ausgedrückt wird; bei *propter* habe ich dies schon früher erklärt; ebenso ist es mit *ob*; dies bezeichnet das, was man vor Augen hat, indem man Etwas thut, theils was man erreichen will, theils was Beweggrund ist, und zwar zunächst äusserer; dann aber auch innerer, z. B. *ob iram* Liv. 21, 2, 6 ib. Fabri. Dies führt uns denn darauf, dass locale und überhaupt sinnliche Ausdrücke zu abstracten Begriffen werden, z. B. *animus*, *fallere*, von denen die ursprüngliche Bedeutung gar nicht ·mehr vorhanden; so *spiritus* der sinnliche Athem, für Leben und Stolz, Anmassung. *Pectus*; z. B.: facit disertum oder pectoris angustiae.

Desgleichen Verba, z. B. *frangere (animum)*, *abicere*, *abiectus*, verworfen, moralisch, und niedergeschlagen vom Unglücke; *cedere*, *consistere*, *constare*, *sapere*, *videre*, *audire* (i. e. verstehen — *audio*, ich bemerke, höre wohl den Einwand).

Im Ganzen wird man finden, dass bei den ältesten Autoren, z. B. Plautus sich wenig Abstracta finden; eines der frühesten wird *libertas* gewesen sein; in Plaut. Bacch. 1, 2, 58 (135): istactenus tibi, Lyde, libertas data est orationis; in dem Stücke werden kaum noch ein paar Beispiele sein von ähnlichen Abstractis.

Später wo sie sich ausgebildet haben und im Gebrauche geläufig sind, werden sie dann wieder umgekehrt an die Stelle der Concreta gesetzt, indem man gelernt hatte im Sinnlichen das Geistige anzuschauen, dies in jenem als das Wesentliche zu erkennen und also durch dies jenes zu bezeichnen. Z. B. *liberalitas* für ein Geschenk, in dem sie sich zeigt; s. Roth zu Tac. Agr. p. 119. S. oben *impietates*, *pravitates*, *audaciae*, *fallaciae*, *insaniae* und dergleichen. Vgl. auch oben *colli longitudinem*, *parvitas mea*, *clementia vestra* zur Umschreibung concreter Dinge.

Aehnlich verhält es sich mit dem Substantivum verbale; jedoch finden sich davon schon bei Plautus Beispiele zur Umschreibung des simplen Verbum finitum, z. B. in der Frage: *quid tibi tactio*, *pultatio est* und dergleichen, wovon s. die Casuslehre. Sodann umständliche Umschreibung, wie *revorsionem facere* statt *reverti*, Plaut. Bacch. I, 3, 62 (296).

Merkwürdig ist es nun, dass sich doch in späterer Zeit zugleich auch das Gegentheil findet, dass man zuweilen an die Stelle der abstracten Begriffe eine ganz concrete Darstellung treten lässt, indem ein concreter Gegenstand bezeichnet wird statt seines abstracten Begriffes, seiner Eigenschaft, der Rücksicht auf ihn oder statt seines Seins oder statt des Motives, welches in seinem Sein, in seiner Betrachtung liegt, überhaupt der concrete Begriff statt seiner subjectiven Wirkung; s. intptt. zu Vellei. II, 95, 3: implere censorem und zu Veget. I, 6: implere bellatores, wo in den alten Ausgaben die Glosse implere officium bellatoris. Corte zu Lucan. VI, 213: exuere hominem ex homine; Cic. de fin. V, 12, 35. requirere se in senatu consularem (das Benehmen eines solchen), in votis sacerdotem, in iure iurando civem, nisi contra instituta et caerimonias maiorum perditorem palam et hostem Thrasea induisset. Tac. Ann. XVI, 28, Sen. Thyest. 938: veterem ex animo mitte Thyestem! sagt Thyestes zu sich selbst. Vgl. Schulting zu Quint. decl. I, c. 2, p. 5. Namentlich wenn ein Accidens eines Begriffes getrennt werden sollte als ein selbstständiger Begriff, geschieht dies nicht, sondern es bleibt als untergeordnete concrete Bestimmung mit jenem verbunden. Demnach steht das Adjectivum mit seinem Substantivum verbunden, während jenes in ein Nomen abstractum hätte verwandelt werden sollen, wozu das Substantivum im Genetiv träte, das Gegentheil also von *colli longitudo*; das Participium tritt ebenso zum Nomen, während es hätte sollen in das Verbalsubstantiv verwandelt werden. Darüber s. zu Reis. A. 521, Roth. zu Tacitus Agr. p. 186, Tac. Ann. I, 8: quum occisus dictator Caesar aliis pessimum, aliis pulcherrimum facinus videretur. Seneca Controv. I, 6, 10: aiebat Latro non esse tanti detrahere illi commendationem soluti adulescentis, ut detraheretur invidia relicti patris: und Participium praesentis Tac. Ann. IV, 34: Accusabant Satrius Secundus et Pinarius Natta, Seiani clientes; id perniciabile reo et *Caesar* truci vultu defensionem *accipiens*. Zuweilen haben dann Adjectiva denselben participialen Sinn: Hor. Carm. I, 37, 13: sed minuit furorem vix una sospes navis ab ignibus.

Von Adjectivis und Substantivis s. Tac. Ann. 1, 19: superbire miles, quod filius legati orator publicae causae satis ostenderet necessitate expressa, quae per modestiam non obtinuissent. Ib. c. 36: augebat metum gnarus Romanae seditionis et, si omitteretur ripa, invasurus hostis.

Es ist aber nicht identisch mit den Substantivis verbalibus, sondern das Participium steht so zwischen ihm und dem Verbum finitum in der Mitte, wie der Infinitiv; es ist nicht der abstracte Begriff der Handlung, sondern ihr Geschehen bezeichnet, ihre thatsächliche Verwirklichung, wie man denn auch im Deutschen gewöhnlich umschreibend übersetzen kann: die Thatsache, der Umstand, dass —. Dies ist genauer als die Abstracta.

In diesen Fällen ist es also nicht der abstracte Begriff der Handlung oder der Eigenschaft, von welchem etwas ausgesagt wird, so dass seine concrete Verwirklichung, das wirkliche Geschehen der Handlung oder die wirkliche Existenz und Verkörperung der Eigenschaft an einem Individuum unbestimmt bliebe, sondern die Wirklichkeit wird vorausgesetzt, in dem Masse ausgesagt, wie es der Zusammenhang mit sich bringt, und näher modificirt. Daher ist klar, dass zwar der abstracte Begriff an sich immer für die concrete Bezeichnung stehen kann, weil er diese unbestimmt und zur Annahme frei lässt, aber nicht umgekehrt; die concrete Bezeichnung kann nicht für die abstracte stehen, wo die Wirklichkeit nicht vorhanden ist oder wo sie nicht mindestens hypothetisch angenommen, jedenfalls gedacht wird. Uebrigens kommt hinzu, dass zuweilen auch, wenn es dem Sinne nach möglich ist, die concrete Darstellung darum vorgezogen wurde, weil ein Abstractum nicht existirte oder weil die concrete Bezeichnung so viele Momente enthält, die sich nicht in Einen abstracten Begriff zusammenfassen lassen, z. B. *Caesar truci vultu defensionem accipiens (Caesaris acceptio* [bloss als schulmässiger Terminus im Gebrauch] *defensionis* [lästige Verdoppelung des Genet.] *truci vultu* [harte Bestimmung, wobei etwa noch *facta* hinzuzusetzen]).

Die Griechen haben ein Mittel, die in einem Participium oder Adjectivum enthaltene untergeordnete concrete Bestimmung in eine selbstständige zu verwandeln, ohne doch eine abstracte daraus zu machen; sie erreichen dies, indem sie beides in einen Infinitiv mit τό verwandeln, welcher als selbstständiger Begriff gehandhabt wird, aber doch nicht abstract ist, sondern das wirkliche fliessende Sein aussagt mit einer relativen Zeitbestimmung, wie sie auch die Participia enthalten; und er kann bequem alle einzelnen Momente des Seins ausdrücken, welche bei dem Verbum finitum bestimmt werden können; also in jenem Satze τοῦτο ὀλέθριον ἐγένετο τῷ φεύγοντι καὶ τὸ τὸν Καίσαρα τὴν ἀπολογίαν αὐτοῦ στρυφνῷ τῷ προσώπῳ ἀποδέχεσθαι oder καὶ ὁ Καῖσαρ τῷ (oder διὰ τὸ) — ἀποδέχεσθαι. Es kann nun wohl der Fall eintreten, dass das Geschehen der Handlung oder das Sein der Eigenschaft kein Subject hat, oder wenigstens kein Nomen als grammatisches Subject, was namentlich bei dem impersonellen Gebrauche des Passivi eintritt: z. B. *perlitare* = καλλιερεῖν, ein Opfer verrichten, das günstigen Ausgang eines Unternehmens verheisst; ein Passivum *perlitatus, perlitatum est:* es ist geopfert worden, impersonell; soll dies als Begriff gefasst werden, so sagt man griechisch τὸ κεκαλλιερῆσθαι (im Griechischen würde man das Activum vorziehen); im Lateinischen bleibt bloss das Participium *perlitatum* übrig ohne Subject, und so bekommt dieses Neutrum participii den Sinn des Begriffes der Handlung, steht statt des griechischen substantivirten Infinitiv, und kann als Subject eines Verbi dienen; Liv. III, 8, 5: diu non perlitatum tenuerat dictatorem, ne ante meridiem signum dare posset; ib. 22, 1: tentatum domi per dictatorem, ut ambo patricii consules crearentur, rem ad interregnum perduxit. Ebenso tentum IV, 49, 6; pronunciatum IV, 59, 7; degeneratum I, 53, 1; auditum XXVIII, 26, 7; lege cautum IV, 16, 4; nunciatum XXVII, 37, 5. So auch bei Tacitus coordinirt mit wirklichen Substantivis im Nominativ; Ann. III, 22: adiciebantur adulteria, venena, quaesitumque per Chaldaeos in domum Caesaris; Hist. I, 51: accessit callide vulgatum, temere creditum, decumari legiones: Hist. I, 18: observatum id antiquitus comitiis dirimendis non terruit Galbam, quominus in castra pergeret. In allen diesen Stellen ist das Neutrum participii Subject eines Verbi finiti. Es ist natürlich, dass es nicht so viel Biegsamkeit hat wie der griechische Infinitiv mit dem Artikel: es kommt daher im Genetiv, Dativ gar nicht vor, meines Wissens: im Accusativ sehr selten, als Object bei Lucan. Phars. I, 5: bella — cominus — cognatasque acies et rupto foedere regni certatum totis concussi viribus orbe in commune nefas, und mit einer Präposition bei Livius XXIX, 10, 4: libris Sibyllinis propter crebrius eo anno de caelo lapidatum inspectis. Im Ablativ siehe: *opus est.* Dasselbe gilt nun auch von Adjectivis z. B. Verg. Aen. V, 6: duri — dolores notumque, furens quid femina possit, triste per augurium Teucrorum pectore ducunt; und wieder coordinirt mit anderen Substantivis Tac. Hist. II, 82: sufficere videbantur adversus Vitellium pars copiarum et dux Mucianus et Vespasiani nomen ac nihil arduum fatis. Diese Gebrauchsweise habe ich zu Reis. A. 521 auch nach dem Gesichtspunkte besprochen, dass die lateinische Sprache die Tendenz gehabt hat den Infinitivbegriff in einer substantivischen Form darzustellen, wozu das Neutrum participii benutzt wurde; vgl. das. Anm. 275 und §. 372, über *opus est, usus est facto, dicto, properato, maturato*, auch in Bezug auf einen Nominativ pluralis z. B. quae opus sint locato bei Cato de r. r. c. 2 und andere Beispiele ib., was sich an den obigen Gebrauch anschliesst. Doch kommt auch der Infinitiv selbst substantivisch, ja sogar fast personificirt vor. Hier habe ich diesen Gebrauch um so mehr an das Obige angeknüpft, wo ein Subject hinzutritt, weil ich speciell auf den Gebrauch des Participii und Infinitivi in dieser Vorlesung nicht eingehen werde, und weil die Anknüpfung an das Obige ganz stetig und nothwendig ist.

Diesem Wechsel der concreten und abstracten Auffassung steht sehr nahe die Vertauschung der objectiven und subjectiven Darstellung, indem das als objectiv, materiell wirklich bezeichnet wird, was genau genommen als Gegenstand des Gedankens und Wollens und als bedingt durch die Subjectivität bezeichnet werden sollte. Hierher gehören manche verschiedenartige Erscheinungen, die einzeln genommen in verschiedene Theile der Grammatik gehören, die aber hier unter jenem Gesichtspunkte um so mehr zusammenzufassen sind, weil man sie meistens unter gar keinen Gesichtspunkt bringt, und sie nur einzeln als Ellipsen oder auf andere Weise erklärt.

Zuerst will ich den Gebrauch mancher Ausdrücke erwähnen[1]), wo bei Berathung und Abstimmung nicht die subjective Meinung, sondern statt derselben ihr objectiver Inhalt und Zweck gesetzt wird, so dass man den Unterschied und Abstand unberücksichtigt lässt, der zwischen dem subjectiven Willen und der objectiven Verwirklichung desselben besteht, und der dann aus der übrigen Rede erhellen muss; es liegt darin die gewaltige Willensenergie der Römer in politischen Dingen, die den persönlichen Willen gleich als sachliche Verwirklichung betrachten. Namentlich wird das Verbum *decernere* oft so gebraucht. Aur. Vict. de vir. ill. c. 85, 1; z. B. Liv. IV, 50, 6: tribunis militum de morte collegae per senatum quaestiones decernentibus, tribuni plebis intercedebant. Dass hier das Decret nicht verwirklicht wird, zeigen gleich die folgenden Worte; man sagt dann: für *decernendum censere*, oder man schiebt es auf das Tempus de conatu. Doch kommt es auch in anderen Temporibus vor; s. Gronov. ad Liv. XXVII, 20, 12; Kritz zu Sall. Iug. 104, 2; *revocare* Keil zu Aur. Vict. de vir. ill. c. 63, 1, permittere ib. c. 66, 4, damnare ib. 81, 3, hostem iudicare 81, 5. Andere Beispiele von *notare, dare, facere, diem proferre* u. s. w. s. bei Drakenb. zu Liv. XXVII, 25, 4. Die Verba können alle beliebigen sein, welche das ausdrücken, was nach der Meinung und dem Votum Jemandes geschehen soll.

Eine ähnliche Wendung ist es, wenn Dinge, die ausserhalb des Menschen liegen, die das Ziel seines Strebens sind, als innerliche Motive gefasst werden,

---

[1]) Nägelsbach, lat. Stilistik S. 269.

wobei in früherer Zeit die übrige Rede die nähere Bestimmung giebt. Z. B. *gloria* und *laus = cupiditas gloriae* oder *studium.* Cic., pro Arch. c. 11, verbindet beides: trahimur omnes laudis studio et optimus quisque maxime gloria ducitur. Da giebt *ducere* hinlänglich an, dass *gloria* als ein innerlich wirkendes Motiv zu denken ist; cf. pro Fontei. c. 10 am Ende: qui maxime gloria et laude ducuntur; Tac. Ann. I, 43: iisdem cum militibus, quos iam pudor et *gloria* intrat, wo das *intrat* und die Verbindung mit *pudor* die Erklärung giebt. Kühner ist es, wenn ohne solche Zusätze *gloria* als Motiv steht; z. B. Tac. Ann. I, 8: primores civitatis (haeredes) scripserat — iactantia gloriaque ad posteros, aus Streben nach Ruhm bei der Nachwelt, wo das Subjective in dem coordinirten *iactantia* liegt, das dies Moment als ἐν διὰ δυοῖν hinzubringt. Curt. IX, c. 6, 15: orabant, ut tandem exsatiatae laudi modum faceret. Vgl. Verg. Ge. IV, 205; Cic. epist. ad fam. VII, 13 (welche beiden Stellen Doederlein zu Tac. Ann. I, 43 anführt; sie sind aus Forcellini. Naegelsbach, lat. Stilistik p. 136).

So auch *honor* d. h. *studium honore afficiendi alterum*; z. B. Tac. hist. I, 44: omnes conquiri et interfici iussit, non honore Galbae (d. h. ut Galbae honorem haberet), sed tradito principibus more. Ann. XV, 28: in castra Tiridatis venere, honore eius ac ne metueret insidias.

Wie in diesen Fällen der subjective Wille das Bedingende ist, was man nicht ausdrücklich bezeichnet, so ist es in anderen Fällen die subjective Ansicht, Ueberzeugung. Man kann sagen, wie es Cicero thut, *depellere de sententia*; aber derselbe sagt auch: me nemo de immortalitate depellet, Tusc. I, c. 32, 77, d. h. von dem Glauben daran.

Diese Anschauungsweise hat Einfluss auf verschiedene Satzverbindungen, indem ein realer Zustand in dem abhängigen Satze statt des Glaubens daran gesetzt wird; z. B. liesse sich jener Satz des Cicero so umsetzen: nemo me adducet, ut credam animos non immortales esse; davon kann doppelt abgewichen werden: nemo me adducet, ut animi non immortales sint; dabei ist die reale Folge gesetzt ohne Andeutung der Subjectivität; oder 2) es wird die Ansicht als solche bezeichnet, aber die Folge nicht ausgedrückt: nemo me adducet, animos non immortales esse. Alle drei Ausdrucksweisen kommen bei guten Schriftstellern vor; die regelmässige z. B. bei Cicero oft, wie ad fam. II, 10 a. A.: non enim possum adduci, ut abs te — nullas putem datas (litteras); ib. ep. 16: illud miror adduci potuisse te, ut me existimares aut tam improvidum — aut tam inconstantem. Zu der Abweichung 1) s. Lucret. V, 1340: sed vix adducor, ut ante non quierint animo praesentire atque videre. Cic. de fin. I, 5, 14: nam illud quidem adduci vix possum, ut ea — tibi non vera videantur d. h. vera videri credam; ib. IV, 19, 45. Zu Abweichung 2) Cic. Legg. II, 3, 6: ut iam videar adduci hanc quoque — esse patriam tuam: ad Att. XII, 16; Curt. X, 2, 19.

Derselbe Wechsel ist bei *efficitur, sequitur.* Ferner vgl. Tac. Ann. II, 30: pertulit libellos vecordes adeo, ut consultaverit Libo, an habiturus foret opes, quis viam Appiam Brundusium usque pecunia operiret, d. h. ut intelligeretur consultasse; jenes *ut consultaverit* wäre nur dann richtig, wenn vorher von Libo selbst gesagt wäre adeo vecors fuit ut consultaverit; Hist. I, 42: huc potius eis vita famaque inclinat, ut conscius sceleris *fuerit*; wie *fuisse videatur, indicetur*[1]). Ueber *ne* s. was ich zu Reis. A. 493 a. f. angeführt, z. B. Plaut. Mil. gl. 11, 2, 33 (187): ut eum, qui se hic vidit, verbis vincat, ne is se viderit.

Hierauf beruht die Erklärung, die ich von *quin* nach *non dubito* gegeben habe; s. zu Reisig A. 492, S. 583.

Dieselbe Erscheinung, wenn man sie verfolgen will, lässt sich auch noch in anderen Fällen erkennen; z. B. Plaut. Bacch. 11, 3, 110 (312): id utrum velim iam mi haud licere intellego (i. e. intelligo mihi non licere constituere, utrum velim an nolim); Sen. Controv. 1, 3, 2: male de diis existimas, si sacerdoti suae tam sero succurrunt (d. h. si tam sero succurrere statuis).

Also es ist immer dieselbe Thatsache, nur entweder in der Realität, objectiv, oder im Gedanken subjectiv gefasst. In der oratio indirecta kehrt sich das Verhältniss der Modi um. Wenn statt des Conjunctiv der Indicativ gesetzt wird, so herrscht nicht mehr die in der Natur der Sache liegende grammatische (insofern objective) Abhängigkeit, sondern das sprechende oder schreibende Subject reisst diese für einzelne Zwischensätze ab und setzt sie aus seinem Sinne als Thatsachen.

Es versteht sich, dass in allen diesen Fällen die Weglassung des Subjectiven nicht eintreten kann, wenn nicht der Zusammenhang es hinlänglich andeutet, oder wenn es darauf ankommt das Subjective gerade als solches ausdrücklich zu bezeichnen, z. B.: *adduci non possum, ut liber sim* — ich bin nicht dahin zu bringen, mich für frei zu halten oder mich als frei zu zeigen.

Nahe verwandt scheint der Gegensatz zwischen Person und Sache, der besonders ergiebig ist zur Aufklärung der römischen Anschauung vom Rechte der Persönlichkeit; aber er tritt wohl nur in der Syntax mehrfach hervor. Darüber s. Weigand, über Person und Sache in der lateinischen Syntax, Würzburg, Programm 1850.

Recht eigentlich vom Denken geht aus der Bedeutungswechsel, welcher die Sphäre des Begriffes betrifft, welche mehr oder weniger eng gefasst wird, je schärfer die Begriffe aufgefasst werden, je mehr das Wesentliche an ihnen nicht bloss äusserlich, sondern auch innerlich erkannt und festgehalten wird. Die sonst erwähnten Figuren sind rhetorisch und poetisch und hängen ab von willkürlicher Wahl und von der Gattung der Darstellung.

Aber es wird auch Ursache und Wirkung unter einander verwechselt, indem man bald jene hervorhebt und darin gleich diese mitsieht, bald umgekehrt. So ist denn hierher zu rechnen was man unter Metonymia versteht, worüber s. Jani p. 202 fgg. Also 1) Ursache für Wirkung; dazu gehört zugleich der Stoff, woraus etwas besteht, für die Sache selbst. Dies giebt eine nachdrücklichere, anschaulichere Bezeichnung, da man zugleich mit anschaut, aus welchem Stoffe die Sache ist, und zugleich vermehrt dies oder bestimmt näher die Wirksamkeit der Sache. Es versteht sich aber, dass, wo aus demselben Stoffe verschiedene Dinge gedacht werden können, der Zusammenhang das richtige Verständniss mit sich bringen muss. Z. B.:

---

[1]) S. Madvig zu Cic. de fin. p. 32 sp. und was Halm aus Matthiae anführt zu Cic. pro Sulla c. 14, 40.

aere ciere viros, Verg. Aen. VI, 165 aes = tuba. Rapit arma manu nodisque gravatum *robur*, i. e. clavam roboream, Aen. VIII, 220. Nautica pinus, i. e. navis, Verg. Ecl. 4, 38. Letalis arundo, Aen. IV, 73, d. i. sagitta. Agrestem tenui meditabor arundine Musam, Ecl. 6, 8, d. i. fistula. Fulvum mandunt sub dentibus aurum, i. e. aurea lupata, Aen. VII, 279. Pleno se proluit auro, i. e. aureo poculo, Aen. I, 743. Tota licet veteres exornent undique cerae atria, i. e. cereae imagines, Iuvenal. 7, 53. Phidiacum vivebat ebur, i. e. statuae eburneae, Iuv. 8, 103. Dies ist besonders poetisch, weil der Stoff in die Augen fällt und daher so eine lebendigere Anschauung gegeben wird.

Meistens können hierher auch gezogen werden die häufigen Fälle, wo die Eigenschaften der Personen und Sachen miteinander verwechselt werden; doch kann man darin auch Wechsel zwischen Activum und Passivum finden; beides unrichtig. So *dives aurum*. Ipsa magnae felicitatis tutela sollicita est, Sen. ad Polyb. 9, 2.

Jedoch ist der Gebrauch auch in der Prosa zu finden, obwohl bei Weitem beschränkter, wie natürlich. Man hat dabei darauf zu achten, dass eine solche Uebertragung der Prosa einen poetischen oder doch feierlich rhetorischen Anstrich giebt; daher findet sich auch das Meiste dieser Art in der nicht mehr reinen Prosa der späteren Zeit, oder, wo es in früherer vorkommt, hat es in der Sache und dem Zusammenhange seinen Grund.

Hierher gehören manche von den schon früher erwähnten Uebertragungen der Abstracta auf concrete Begriffe, z. B. *liberalitas* für Geschenk, was davon ausgeht; s. Roth zu Tac. Agr. p. 119. So *impietates, pravitates, audaciae, fallaciae* u. dgl.

Dann was den Stoff anbetrifft, so ist *ferrum* Stahl, Eisen für *gladius*, wie in der Redensart *ferro et igni*, wo man zwei Stoffe zusammenstellte; auch in anderen Fällen muss man *ferrum* nicht anders gebrauchen, als wo wir auch sagen: Stahl oder Schwert. Anders Petron. Satir. 58, 11: iam scies hoc ferrum fidem habere, d. h. dieser Ring, obwohl er nur von Eisen ist, hat Credit. *Aurum* für Geld, das daraus geprägt ist, oder Gefässe, Schmuck u. dgl., wenn es bloss darauf ankommt die Kostbarkeit zu bezeichnen, nicht die Gegenstände selbst. So wir: sich kleiden · in Seide, Wolle u. dergl.

Der Mensch oder verschiedene Gattungen oder Stände von Menschen werden bezeichnet statt ihrer Accidenzen, die direct zu bestimmen zuweilen nicht wünschenswerth. Valer. Prob. ad Verg. Buc. 6, 74, p. 23, 26 Keil, sagt von der Verwandelung der Scylla: pars sola hominem retinuit, quae super aquam fuit, d. h. hominis figuram. Besonders in geistiger und ethischer Beziehung: implere censorem Vell. II, 95; implere bellatores Veget. I, c. 6, d. h. officium bellatoris oder officia bellatorum, wie dort die schlechteren Lesarten sind. S. Corte zu Lucan VI, 213.

2) Wirkung für die Ursache. *Pallere* für *timere*, auch so construirt. Mediasque fraudes palluit audax, Hor. Carm. III, 27, 27. *Umbra* für Laub. Viridi fontes induceret umbra, Verg. Ecl. 9, 20. Nodosi ictus = ictus nodosarum virgarum, Val. Max. II, 7, 8. Häufig ist dies in Prosa, in der Weise, dass die Wirkung und Zweck als Apposition gesetzt wird, wie *praesidium, documentum, decus, gloria* u. dgl. *Scipiadas, cladem Libyae* ist

schon angeführt. *Boum labores*, bebautes Feld, Verg. Ge. I, 324. *Auxilium* für *in auxilium* oder *auxilio;* o et praesidium et dulce decus meum. Umgekehrt: Ursache schliesst die Wirkung mit ein; quandoque bonus dormitat Homerus, Hor. A. P. 359; opere in longo facile est obrepere somnum. Auch in grammatischen Fügungen: suade ei, ut satis laverit (also: desinat, exeat).

Ganz ähnlich kann ein Ding auch in seinen Theilen und umgekehrt ein Theil in dem Ganzen angeschaut werden, woher denn die Verwechselung beider Begriffe. Synecdoche partis pro toto und totius pro parte. Ueber beide s. Jani A. P. p. 407 sqq. Die Sache für das Accidens der Sache in abgekürzten Vergleichungen (Cic. in Vatin. 14, 33, wenn die Lesart sicher ist); s. d. Sammlung bei Halm zu Cic. pro Sulla 26, 72.

Totum pro parte: ingens a vertice pontus (i. e. fluctus) in puppim ferit, Verg. Aen. I, 115. Aequorque (i. e. aquam marinam) refundit in aequor, Ov. Met. XI, 487. *Elephantus* für *ebur* Verg. Ge. 3, 26, Aen. VI, 895. Boves aurati, caprae auratae, d. h. cornibus auratis, Liv. XXV, 12, 13; Aur. Vict. de vir. ill. c. 84, 2. Plaut. Poen. I, 2, 152—154: mea voluptas, meae deliciae, mea vita, mea amoenitas, meus ocellus, meum labellum, mea salus, meum savium, meum mel, meum cor, mea colostra, meus molliculus caseus, cf. ib. v. 174—178. *Caput:* tam cari capitis bei Hor. Carm. I, 24, 1, aber auch ganz prosaisch bei Zählungen und spöttisch *lepidum caput. Cor* und *corculum, anima.* Selten *spiritus;* bei Propert.: tu, spiritus iste levis; Vell. II, 123, 3: subrefectus conspectu alloquioque carissimi sibi spiritus (Augustus Tiberii).

Hierher gehören auch die Verwechselungen zwischen Collectivis und Appellativis, und dabei wieder zwischen der höheren und niederen Gattung, wie *sidus* für *sol, ignis* für *sidus* u. s. w. Hierbei kann bemerkt werden, dass der Euphemismus gewöhnlich sich darauf gründet, dass man ein allgemeineres Wort für das besondere setzt, wie Vell. II, c. 32: si quid huic acciderit. Cic. p. leg. Man. 20, 59 sagt dafür in derselben Geschichte: si quid de eo factum esset. Andere Euphemismen für den Tod s. bei Jani A. P. 415; Tac. Ann. XIV, 47: si quid fato pateretur. Es findet hierbei oft der Spruch Anwendung: a potiori fit denominatio, und dann, dass der Begriff nicht scharf gefasst, sondern nach dem vorwiegenden Eindrucke. Eines der häufigsten Beispiele hiervon ist der Gebrauch von *pedestres copiae* statt *terrestres* im Gegensatze gegen *navales,* mit Einschluss der Reiterei als des kleineren Theiles; so *pedestres pugnae, pedestria proelia, iter pedestre* u. s. w. S. Gronov. und Drak. zu Liv. 37, 53, 15, die den Gebrauch auch für das Griechische nachweisen. Vgl. die Intptt. zu Cic. de senectute c. 5, Bremi zu Corn. Nep. Alcib. c. 8, 1. Das Umgekehrte findet statt bei dem Gebrauche von *milites* statt *pedites.* S. Gronov. zu Liv. 28, 1, 5; 26, 19, 10; Duker zu 22, 37, 7; Tennul. zu Frontin. II, 5, 37; Oudend. zu II, 3, 14; Interpr. zu Vell. II, 15, 3. Hierher kann man auch rechnen *mortales* für *homines.*

Umgekehrt *dies* für Zeit. Dies beruht auf der Betrachtung, dass die Zeit in dem gleichmässigen Wechsel von einem Tage zum anderen fortschreitet und dass diese Theile der Zeit indifferent sind in Bezug auf die Ereignisse, dass diese also an jedem beliebigen Tage eintreten können, welcher dann gleichsam der Repräsentant der ganzen Zeit ist; z. B. *aestas, hiems, auctumnus, ver* für das ganze Jahr, nämlich wenn von mehreren die Rede ist, da jedes nur Eine *aestas* hat. Seu plures hiemes — es ist gerade Winter — seu tribuit Iuppiter ultimam Hor. Carm. I, 11, 4; s. Jani S. 408 sq., Lambin. zu Hor. l. c. Es muss natürlich ein Grund zur Wahl vorhanden sein. Hor., Ep. I, 20 am Ende setzt December, weil er in diesem Monate geboren: me quater undenos sciat implevisse Decembres. Opinionum commenta delet dies Cic. N. D. II, 2, 5. Dann, da *dies* im Femininum einen bebestimmten Termin bezeichnet, so wird es auch angewendet für die ganze Frist, von welcher jener die Grenze bildet; daher sagt Cicero in Verr. Act. I, 2, 6: cum ego diem inquirendi in Sicilia perexiguam postulavissem; Liv. 37, 1, 1: brevem induciarum diem habebant. Ueber die Wahl des Genus von *dies* in den verschiedenen Anwendungen dieses Wortes s. zu Reisig A. 168 b.

Oft aber wird ein fast speculativer Unterschied gemacht in dem Begriffe eines Wortes, indem dieser bald in gewöhnlicher Weise alle Gegenstände umfasst, die damit ursprünglich bezeichnet sind, bald in speciellerem Sinne gebraucht, *κατ' ἐξοχήν*, sensu eminentiori, indem man nicht die ganze darunter begriffene Klasse versteht, sondern nur diejenigen, welche mit den Eigenschaften versehen sind, welche eigentlich für die Klasse wesentlich sind, ohne welche man eigentlich nicht Anspruch machen sollte ihr anzugehören. Quintilian VIII, 3, 86 nennt den Gebrauch emphasis und führt *vir, homo, vivere* als Beispiele an; derselbe hat, wie ich vermuthe, von derselben Emphasis auch an der corrupten Stelle IX, 3, 67 gesprochen, wo wieder *homo* als Beispiel dient, der Name *ἔμφασις* aber ist durch Corruption übergegangen in facilis, wofür in den Codd. falsis, fassis und *φάσις* steht[1]); vgl. noch VIII, 2, 11. So oft *homo*, z. B. Cic. ad Att. IV, 15: si vis homo esse; de Or. II, 10, 40: nox te nobis, Antoni, expolivit hominemque reddidit. Vgl. Ern. clav. v. *homo*; Beier zu Cic. Offic. III, 31, 112; Ruhnken zu Rutil. Lup. II, p. 114, zu Ter. Adelph. 4, 2, 40.

Jenachdem man nun einen grösseren oder geringeren Anspruch an den Menschen macht, kann es auch verächtlich sein, wenn man meint, Jemand sei nichts weiter als ein Mensch, er habe weiter keinen anderen Titel; daher wie *Leute*, von Sclaven; s. Cic. fragment. oratt. p. 34 ·und 39. So nimmt *homo* oft einen verächtlichen Sinn an, wie *homo histrio* bei Cic. de Or. II, 46, 193; *homo plebeius* Liv. VI, 36, 11; *homo Gracchus, Gallus* u. dergl. (vergl. Müller zu Cic. pro Sestio c. 68, Wolf zur or. p. red. in sen. 9, 24), was nur in alten Formeln nicht verächtlich ist, von welchen s. Gronov. observatt. II, c. 13, p. 314. So ist es auch meistens verächtlich oder wenigstens eine nachlässige Bezeichnung, wenn es statt eines blossen Pronomen der dritten Person steht (s. Jordan zu Cic. pro Caec. 7, 19), wogegen, wenn in demselben Falle *vir* gebraucht ist, die Person mit Achtung bezeichnet wird, auch wenn man sie tadelt. S. Burm. zu Phaedr. II, 5, 19; Bremi zu Corn. Nep. Datam. 10, 3, Eum. 4, 4; Ruhnk. zu Ter. Andr. 4, 4, 5; Kritz zu Sall. Iug. 70, 5. Aehnliche Differenzen in *ce monsieur là* oder *cet homme*.

Wird dagegen *vir* sensu eminentiori gebraucht, so bezeichnet es den, der diesen Namen verdient, der mannhaft, kein Weib ist. Z. B. Sall. Cat. 40, 3: si modo viri esse voltis. S. das. Corte; Tennul. zu Frontin. IV,

---

[1]) Dieselbe Verbesserung hat E. Wölfflin gemacht und Halm aufgenommen.

2, 9; Drak. zu Liv. III, 67, 3: Ter. Eun. I, 2, 74: Vell. II, 24 a. f. und herzustellen bei ihm I, 6, 3: Lycurgus auctor disciplinae convenientissimae viris, womit übereinstimmt die häufige Phrase *viro dignum* oder *indignum*, welche man findet bei Cic. Tusc. II, c. 13; de Fin. II, 22, 73; Off. I, 27, 94, ad fam. 4, 13; Liv. VIII, 13, 9; Seneca de ira I, c. 12; Quintil. X, 1, 43; Iuven. Sat. 4, 136. Vgl. Allg. L. Z. 1841, No. 197, p. 354, wo ich diese Stellen angeführt habe in Bezug auf die Stelle des Velleius. Denkt man den Mann in speciellem Falle in Beziehung auf seine Frau, so bekommt *vir* den Sinn von *maritus*. S. Ruhnk. zu Ter. Hec. 4, 1, 9; Sall. Cat. 24, 4; ib. Kritz 25, 3; ib. Corte.

Ueber ähnliche Anwendungen von *pater, mater* und dergleichen (Jemand, der väterliche Gefühle, ein väterliches Herz hat) s. Heins., Burm. und Bach zu Ov. Met. VI, 629, und die dieser angiebt.

Diesen Gebrauch haben auch die Alten schon beachtet und mit rhetorischer Bedeutsamkeit angewendet; s. Rutil. Lup. I, c. 12 (in der Diaphora), der es so fasst, dass das Wort erst in gewöhnlichem Sinne gesetzt, dann in engerem Sinne wiederholt werde. Er führt an: cuius aerumnae quemvis etiam extrarium hominem, modo hominem, commovere possent; dann: Universum, mulierem. Quid potius dicam aut verius quam mulierem? Dieses letztere Beispiel ist weder richtig emendirt, noch richtig verstanden. Der Zusammenhang zeigt gar nicht, in welchem besonderen Sinne *mulier* im zweiten Satze zu nehmen; auch hat noch Niemand bemerkt, dass es Vers ist, wahrscheinlich aus einem Komiker gezogen; ich lese: Inveni versam mulierem, quid potius etc. Hier ist also *mulier* das varium et mutabile semper femina; dass dies aber so gemeint sei, ist nicht zu rathen, wenn es nicht angedeutet ist: daher *versam*, umgewendet [1]). *Locus, tempus* κατ' ἐξοχήν für den rechten Ort, die rechte Zeit. Vgl. P. Syrus v. 727: qui cum dolet blanditur, post tempus sapit.

Ferner kann hier noch betrachtet werden Continens pro contento. Wie *accendere, adolere, aras.* Bibere fontem Verg. Ge. 4, 32. Qui profundum Danubium bibunt, Hor. carm. 4, 15, 21. Pocula si quando saevae infecere novercae, Verg. Ge. II, 3 — eine Flasche trinken. Hierher gehören die Fälle, in denen das Land für die Einwohner gesetzt ist. Aehnlich *dies* für die Ereignisse des Tages, wie Liv. 42, 67, 1: hic dies et Romanis refecit animos et Persea perculit; dort giebt gute Beispiele Drakenborch.

Gewissermassen das Gegentheil von diesem Gebrauche, wodurch die Bedeutung streng auf die Grenze des eng und scharf bestimmten Begriffes beschränkt wird, ist der sogenannte prägnante Gebrauch, wenn ein Wort neben seiner gewöhnlichen Bedeutung noch eine andere miteinschliesst, deren Verbindung mit jener durch den Zusammenhang oder die Construction erkannt und bezeichnet wird: z. B. *nominare* und dergl. mit Localbestimmung. Plin. N. H. XVIII, 17, 155: circa Philippos atcramon nominant in pingui solo herbam, qua faba necatur. Zu *defendere* s. Madvig und Halm zu Cic. in Vatin. II, 5 [2]), wo auch gezeigt, dass, indem es zu einem Verbum dicendi wird, gesagt werden kann: *defendor fecisse.* Zu anderen Stellen, die Madvig

---

[1]) Diese Conjectur hat keinen Beifall gefunden; s. Ribbeck, tragic. Rom. fragm. p. 72.

[2]) Nipperdey zu Tacit. Ann. XIII, 43; Nägelsbach, lat. Stil. S. 279.

hat, füge in Verr. lib. II, 72, 177: quid defendet? d. h. defendendi causa proferet. Cornific., Rhet. ad Her. I, c. 14: hic nihil aliud defendit nisi licere nominari eum qui. *Excusare* Liv. III, 13, 9, mit dem Acc. cum inf. gleich excusandi causa dicere. *Obtestari* Tac. XIII, 44; XIV, 7; ut plerique falluntur, XI, 24, gleich falso credunt. *Tolerare* == tolerando premi; s. Keil zu Aur. Vict. c. 18, 2. Fidem atque pericula pollicentur Tac. II, 40, gleich pericula a se subeunda, se subituros. *Timere* mit Fragesatz; *cur* nach *irascor*, *doleo* u. dgl., wovon Hand Tursell. II, p. 177.

Es fehlt der Abschnitt über Vertauschung der verschiedenen Arten der Adverbia oder Partikeln. Dass eigentlich Adverbia nicht von Präpositionen zu trennen sind, ist schon oben erinnert, wo *clam, coram, palam, simul, procul, usque* erwähnt sind. Dazu kommt *una* cum ablativo in dem Itiner. Alexand. c. 15: una ipso; ib. 16: unaque bis. Andere Beispiele aus Iul. Valer., res gest. Alex. I, 55 a. f.; III, 40: una Theodecto. Dies hat Forcellini und auch aus Itin. Alex. c. 90: una blanditoribus regis (die beiden Stellen kann ich bei Mai, class. auctt. tom. VII, nicht finden [1]). *Simul* cum ablativo Tac. Ann. III, 64, wo Nipperdey noch anführt ib. IV, 55 und VI, 9 nebst Hor. Sat. I, 10, 86. Sil. V, 418: ore simul cervix (in allen diesen Stellen, bloss ausgenommen die des Sil., kann der Casus auch für den Dativ gehalten werden). His simul Sil. Ital. III, 268; cf. Heins. und Burm. ad Ovid. Fast. I, 567; Ovid. Trist. V, 10, 29: quippe simul nobis habitat discrimine nullo barbarus, wo Heins. zu Ov. Amor. I, 4, 1 das *nobis* für den Dativ erklärt; Drakenb. ad Sil. Ital. VIII, 394: Burm. ad Val. Flacc. IV, 88. *Usque* Atho montem Plin. N. H. XVIII, c. 25, §. 215.

Es ist nun noch diejenige Gattung von Uebertragungen übrig, welche von allen die erste, ursprünglichste und zugleich die ausgedehnteste ist, die Metaphora. Die Uebertragung eines Begriffes auf einen anderen vermöge der Aehnlichkeit; theils werden sinnliche auf andere sinnliche übertragen, indem der eine ein Bild des anderen ist, theils sinnliche auf geistige, vermöge der Analogie, theils auch wieder geistige auf sinnliche.

In den älteren Grammatiken bildeten die Figuren einen nothwendigen Bestandtheil, als Gegensatz zu der Syntaxis regularis die Syntaxis irregularis oder figurata. In neuerer Zeit kam man davon ab in den Figuren nur Fehler zu sehen und machte daraus vielmehr einen Abschnitt von Verschönerung oder Veredelung des Ausdrucks, Syntaxis ornata, und packte dahinein allerlei Bemerkungen, grammatische, die man nicht suo loco unterzubringen wusste, oder stilistische, die gar nicht in die Grammatik gehören, sondern in die Rhetorik. Aeltere Bücher: Valentini Erythraei Lindaviensis de Grammaticorum figuris tam singulorum quam constructorum verborum et de periodis, libri IV, Argentinae 1561, zweite Ausgabe [2]). De figuris libri duo — conscripti a M. Ioanne Benzio Bruxellensi, d. h. aus Bruchsal, Argentorati 1606, behandelt sowohl die grammatischen als die rhetorischen Figuren; s. Reis. §. 173; Hand, Lehrbuch des lateinischen Stils p. 280—87; Iani A. P. p. 395 sqq.; Wiskemann, commentatio de Veterum oratione

---

[1]) Die Stelle aus Itiner. Alex. c. 90 ist richtig; una Theodecto steht bei Iul. Valer. III, 17, p. 127 der Didotschen Ausg., dagegen die andere Stelle: una servitiis pecuisque et quae vehebant I, 41, p. 47.

[2]) Das Buch ist 1549 geschrieben.

translata sive figurata, im Programm des Gymnasium zu Hersfeld 1843, enthält besonders Zusätze zu Mützell, de translationum quae vocantur apud Curtium usu commentatio, Berol. 1842, 4, (das Programm des Joach. Gymn. enthält es nicht ganz); es geben vorher die Stellen der alten Grammatiker und Rhetoren. Lobeckii dissertationes de metaphora et de metonymia nunc primum editae, Regimonti 1864, aus Vorlesungsheften herausgegeben mit einer Vorrede von Friedländer, bezieht sich hauptsächlich auf die Griechen, Einiges auch auf das Lateinische, aber sehr kurz; mehr Entwurf als Ausführung.

Alles hierher Gehörige zu umfassen würde sehr weit führen; ich will ganz darauf verzichten diese Uebertragungen in ihre Arten zu zerlegen und von jeder Beispiele anzuführen. Dagegen will ich wenigstens Einiges hierüber bemerken, was für den Stil von Wichtigkeit ist, da in keinem Dinge so viele Fehler vorkommen als in dem richtigen Gebrauche der Uebertragung. Im Allgemeinen ist die lateinische Prosa der guten Zeit bei ihrem nüchternen Charakter sparsam mit Uebertragungen; erst in der silbernen Zeit werden sie häufig.

Besonders hüte man sich vor dem zu häufigen Gebrauche der Substantiva verbalia in *io*, wenn sie durch ein Participium ersetzt werden können; zumal als Subjecte mit einem Verbum der Thätigkeit verbunden, wobei sie gewissermassen personificirt werden, sind sie gar nicht zu gebrauchen. Dasselbe gilt vom Infinitiv, der auch erst in dem silbernen Zeitalter so vorkommt, wie ich zu Reis. A. 601 gezeigt habe.

Hat man einmal einen übertragenen Ausdruck gebraucht, so ist häufig theils die Wahl der übrigen Wörter bestimmt und umgekehrt, theils die Construction; endlich muss die Uebertragung lateinisch sein.

Die Wahl der Ausdrücke: z. B. *fons* für *causa*. *Ab eo fonte manavit*, *derivatum est*, *fluxit*; aber nicht *accidit*, *factum est*. *Magnus finis* nicht, sondern *consilium magnum*. *Afferre* bringen, ganz gut; aber nicht *equum*, *navem*, *hominem* für *adducere*. *Valere*, kräftig sein, Kraft haben, dann können; daher nur mit dem Activum, nicht mit dem Passivum, was erst bei Späten vorkommt: es wird eine eigene Thätigkeit, nicht eine fremde, durch den Begriff erfordert, wie beim deutschen „vermögen". *Incumbere ad*, nicht *alicui*, was zu Quintilians Zeit aufkam und von diesem getadelt wird: s. Reisig §. 368: *incumbit ihm onus, res, officium*, aber nicht *aliquid faciendum*, was kein Bild mehr ist. Vorst. p. 419 fg. *Pendere ex* gewöhnlich, und nicht leicht *ab*; im eigentlichen Sinne beides. S. Reis. §. 406. *Allegare exemplum* u. dgl. citiren, erst später; s. Vorst. de lat. mer. susp. p. 352 fg. *Occurrere*, vorkommen, in Schriften, zumal ohne Dativ. *Librum foras dare* kommt zwar bei Cicero vor, ad Att. XIII, 22, aber es heisst: „aus dem Hause geben", nicht einfach *edere*. *Impingere notionem voci; tractare de* —; *versio; supra adfuit, supra habuimus. Pertinere ad* und *spectare ad* nicht in dem Sinne angehören als Eigenthum. S. Vorst. p. 349. *Subditi* Unterthanen, erst im silbernen Zeitalter; auch da nicht cum genetivo. S. Vorst. de lat. mer. susp. c. 27, p. 420 fgg. *Surgere* statt *exoriri*, nicht gut: denn *surgere* setzt voraus, dass etwas schon vorhanden sei. Vorst. p. 383. *Abhinc* nur von der Zeit, und zwar nur von der vergangenen, gewöhnlich mit dem Accusativ, zuweilen mit dem Ablativ, s. zu Reis. A. 561. *Penitus*, nicht in der Bedeutung „genau" im Comparativ und Superlativ zu gebrauchen; s. Reis.

113, A. 200; auch nicht mit Superlativ zu verbinden, wie ich ebendas. §. 229 erinnert habe.

Es versteht sich, dass nicht dasselbe Wort zwei entgegengesetzte Bedeutungen haben kann. Gleichwohl haben dies die Grammatiker zuweilen angenommen. Res pro rei defectu, an sich auch unmöglich, z. B. *pecuniam habeo* heisst nicht: ich habe Schulden. S. Reis. §. 183. Die Sache ist diese: Wir haben früher gesehen, dass die sinnliche Vorstellungsweise in der Sprache die Prädicate mit den Nominibus verbindet, welche eigentlich bei schärferer Reflexion als Begriffe für sich gedacht werden konnten; z. B. *inania honorum* und dergleichen. Die ältere Sprache setzt *honores inanes*, und schreibt nun die Wirkung, welche sie nur durch ihre Leere haben oder welche ihre Leere selbst hat, diese für sich gedacht, den *honores* selbst zu. Ein solches Prädicat kann natürlich nicht gänzlich wegbleiben, wie man es auch grammatisch stellen möge, da sonst der Grund der Wirkung ganz fehlt. Jedoch ist es wohl möglich das Prädicat wegzulassen, wenn dies nämlich nichts weiter aussagen würde als die Existenz oder die Nichtexistenz. Wenn ich einer Sache eine ihrem Wesen angemessene positive Wirkung zuschreibe, so versteht sich von selbst, dass die Sache da ist. Hor. Epod. 14, 1: Mollis inertia cur tantam diffuderit imis oblivionem sensibus — occidis saepe rogando. Es versteht sich, dass die *mollis inertia* da ist und als seiend dem Horatius zum Vorwurf gemacht wird, wenn sie die Wirkung hat, die ihrem Wesen angemessen, nicht zu hindern *inceptos, olim promissum carmen, iambos, ad umbilicum adducere.* Dagegen hat eine Sache eine ihrem Wesen widersprechende Wirkung, also das Positive eine negative oder umgekehrt, eine Wirkung, welche die Sache nur dadurch haben kann, dass sie nicht da ist, so kann dies letztere zwar gesagt werden, aber es kann auch fehlen. Hor. carm. I, 28: Te maris et terrae numeroque carentis arenae mensorem cohibent, Archyta, pulveris exigui prope litus parva Matinum munera. Ov. Met. VII, 573: prohibent consistere vires. Sen. epist. 89, 13: quicquid ex his tribus defuit, turbat et cetera. Das Nomen an sich sagt gar nicht darüber aus, ob es ist oder nicht ist, eben weil es nicht fliessendes Sein ist. S. Dillenburger, Zeitschr. f. Alterthumswiss. 1842, H. 6, S. 610 fgg., und in seinen quaestionibus Hor. part. II, p. 120—132. Grauert, Zeitschr. f. Alterthumswiss. 1842, Jan. p. 1—34. Köhler, de veterum scriptorum usu in enuntiationibus verbo adfirmantibus, re negantibus, Zwickau 1839, Progr. Teipel, über die Ausdrucksweise, nach der man statt eines negativen Ausdruckes einen positiven, statt eines mehr passiven einen mehr activen setzt, in der Zeitschrift für Gymnasialwesen, Bd. IX, S. 613—15, auf Anlass von Iustin 31, 2, 4, wo *facultas* die mangelnde Gelegenheit bezeichne, und Aehnliches anderwärts, ferner *opacare* für *non collustrare*, zulassen für bewirken, *notus ponit fluctus* u. s. w.

B. Anwendung mehrerer Wörter auf einen Begriff.

a. In ihrer Besonderheit (Synonymik) [1]).

Die Synonymik ist ein sehr wichtiger Theil der gesammten Sprachwissenschaft, aber sie ist lange sehr versäumt worden. Die alten Grammatiker

---

[1]) Blätter aus einem Entwurfe zu einer lateinischen Synonymik, von einem Ungenannten, im Archiv für Philologie 1850, Bd. XVI, S. 77—94.

waren schon aufmerksam darauf, bei denen wir zerstreute Bemerkungen
darüber finden, z. B. bei Serv. ad Verg., Donat. ad Ter. u. s. w. Die
Rhetoren hatten eine Figur, Synonymia, welche nach Aquila Romanus de
figuris p. 180 ed. Ruhnk. darin bestand, dass man Synonyma zusammen-
häufte, um dieselbe Sache dadurch nachdrücklicher zu bezeichnen: z. B. Cic.
excessit, evasit, erupit. Oder, was jener selbst anführt, *prostravit, afflixit,*
perculit. Die Rhetoren machten ferner Gebrauch von den Synonymen durch
Unterscheidung derselben; dies hatte bei den Griechen zuerst der Sophist
Prodikos gethan, wovon Plato im Protag. ergetzliche Beispiele giebt. Für
die Beredsamkeit ist dies oft brauchbar, um einen Begriff recht scharf und
einleuchtend zu machen, dass man ihn von verwandten unterscheidet. Aus
der Schule des Prodikos und Anderer ist dies verbreitet; z. B. hat Thucydides
davon Gebrauch gemacht. Auch ist es als Figur aufgenommen in die Lehrbücher; Rutil. Lup. I, 4, hat sie unter den Namen Paradiastole, und davon
hübsche Beispiele. So unterscheidet Cicero *bellum* und *tumultus*, Phil. VIII,
c. 1. Man hat denn auch schon im Alterthum angefangen Synonyma zu
sammeln und zu unterscheiden. Wir haben ein Buch, welches dem Cornelius
Fronto beigelegt wird, de differentiis vocabulorum; es ist pingui Minerva
gemacht, abgedruckt bei Putschius 2191—2203 (auch bei Mai): daselbst
findet man noch einen Anonymus de differentiis vocum p. 2203-8 und den
Agroetius de orthographia et proprietate et differentia sermonis p. 2265 fgg.
Auch soll noch ein Werk des Probus de differentiis in einer alten Handschrift in Montpellier liegen: an der ars minor des Probus in den Anecdota
von Eichenfeld et Endlicher p. 446 fgg. findet sich ein Anhang dieser Art,
und ebendaselbst p. 226 ein Fragment ohne Namen, vielleicht auch von
Probus[1]). In diesen Schriften werden zum Theil Wörter unterschieden, die
nur ihres ähnlichen Klanges wegen verwechselt werden können, ohne Synonyma
zu sein. Im Mittelalter ist am bekanntesten eine Schrift des Engländers[2])
Magister Joannes de Garlandia, im elften Jahrhundert: Synonoma magistri
Joannis de garlandia, gedruckt Coloniae per Henr. Quentel, 1495 und öfter;
auch in Mss. nicht selten. Im vierzehnten Jahrhundert und in der folgenden
Zeit sind magere Register. Das beste war zuletzt Ausonius Popma de
differentiis verborum libri IV, Antwerpen 1606. 8 und öfter, herausgegeben
von Hekel, Lips. 1694; Richter, Dresden 1741 und am besten von Messer-
schmid, Dresd. und Lips. 1769. Dann ist gefolgt ein Buch von dem
Franzosen Gardin-Dusmesnil, deutsch bearbeitet von Chr. Gottlob Ernesti,
Lpz. 1799 und 1800. Dazu die neueren: Doederlein, 6 Bände und 1 Beilage,
Ramshorn 2 Bände, Habicht, Schmalfeld, Schultz Aus Doederlein und
Ramshorn giebt es auch Auszüge, der von Doederlein (Handbuch der lateinischen
Synonymik, Lpz. 1840) und das Buch von Schultz, lateinische Synonymik,
zunächst für die oberen Klassen der Gymnasien sind für den Schul-
gebrauch am besten. Andere Litteratur s. Reisig §. 180 und bei Klotz
in den N. Jahrb. für Phil. und Päd. Bd. 40, wo auf S. 4—15 Doederlein,
Jentzen, Ramshorn (bloss das Handwörterbuch), Habicht, Schmalfeld und
Schultz ausführlich recensirt sind, ohne Prüfung der Principien, bloss über

---

[1]) Vgl. Keil, Grammat. Lat. t. IV, p. 199.

[2]) Er war Lehrer der Grammatik in Toulouse 1229—1232, gestorben um 1245.

Einzelnheiten. Meine Recension über Doederlein, Ramshorn, Habicht, Schmalfeld, Schultz, in d. A. L. Z. 1842, Erg.-Bl. Novbr., Nr. 93—97. Bei weitem die Meisten haben die Synonymik als einen Theil des Lexicons behandelt. Um recht genau die Bedeutung zu bestimmen, hat man hauptsächlich drei Quellen, die Etymologie, die ausdrücklichen Definitionen bei den Alten, den factischen Gebrauch. Die Etymologie ist sehr schwankend, wo sie auf die Stammwörter gerichtet wird, zumal durch halbe Benutzung der vergleichenden Sprachforschung, worin Doederlein und Ramshorn unglaublich fehlgegangen sind; aber auch bei besserer Kenntniss [1]) kann sie leicht irre leiten, wenn Bedeutungen angenommen werden, die im Lateinischen für keine Zeit als vorhanden angenommen werden können. Die Definitionen sind oft falsch, weil die Alten überhaupt nicht genau definirten, sondern einseitig und falsch, oder weil sie nur für den Augenblick die Definition benutzen wollten. Der Gebrauch ist die sicherste Grundlage. Man ist nun aber sehr zweifelhaft gewesen, was Alles in die Synonymik gehört; der verschiedene Inhalt in den obigen Büchern zeigt dies.

Zunächst hat man alle diejenigen Synonyma abzusondern, deren Bedeutung im ersten Theile der Bedeutungslehre bestimmt wird, also durch die Bedeutung der Form. Ich habe davon Beispiele angeführt, z. B. nach den Declinationen, Genus, Conjugationen. Ferner sind abzusondern diejenigen, deren Bedeutung durch Ableitung und Composition bestimmt wird; hat man die Bedeutung der Ableitungsendung festgesetzt, so erklären sich daraus viele Wörter [2]). Bei den Compositis sind namentlich die Präpositionen wichtig, deren Bedeutung, besonders in der Zusammensetzung, noch lange nicht genug ermittelt ist. Z. B. Composita mit *de* und *a* wie *deterrere* und *absterrere*, und die wegen schwankender Lesarten noch schwerer zu scheidenden Composita mit *de* und *dis* oder *di*, wie *dis*- und *decedere*, *di*- und *demovere*, *di*- und *devertere* u. s. w. Hierüber vgl. Reisig §. 175 wegen der Litteratur, denn die Erklärung selbst ist nicht durchaus genügend. Herm. Schmidt, disputatio de verborum demovere et dimovere discrimine, Wittenberg 1844, zeigt das Ungenügende der Unterscheidung von Fabricius zu Cic., divin. in Caec. 2; Burm. zu Quintil. VII, 3; Garatoni zu Cic. in Verr. I, Hand Turs. II, p. 84 und Anderen, und der künstlichen Distinctionen von Peerlkamp zu Hor. carm. I, 1, 13, und Ellendt zu Cic. Brut. 21; er bestimmt den Sinn beider Wörter in einer Reihe von einzelnen Stellen richtig, aber hat nicht, was nach Jahn's richtiger Bemerkung (Jahrb. für Phil. XLIV, p. 245) durchaus nöthig ist, den gesammten Sprachgebrauch der mit *dis* und *de* componirten Verba betrachtet. Jahn selbst hat zu Verg. Ge. II, 3 und l. c. den Unterschied im Allgemeinen so bestimmt, dass die Verba mit *dis* nicht bloss das Zerlegen in Theile und das Lostrennen vom Ganzen, sondern auch

---

[1]) Auch die neuesten Arbeiten von Val. Hintner, kl. Wörterbuch der lat. Etymol., Brixen 1873, Seb. Zehetmayr, lexicon etymol. latino-sanscritum comparativum, Vindobonae 1873, unterliegen vielen Bedenken. Dagegen G. Curtius, Grundzüge der griech. Etymol., 4. Aufl., 1873, auch für das Latein reiche Ausbeute gewährt, und die Schriften von Corssen. Besser Al. Vaniček, etymologisches Wörterbuch der lateinischen Sprache, Leipzig 1874, 8.

[2]) E. A. Diller, commentatio de consensu notionum qualis est in vocibus eiusdem originis diversitate formarum copulatis, Meissen 1842, 36 S. Eine fleissige Zusammenstellung sehr verschiedenartiger Spracherscheinungen.

das Wegbringen vom Orte bezeichnen, wodurch sie in die Bedeutung der
Verba mit *de* übergreifen, aber mit dem Unterschiede, dass die Verba mit
de das Wegkommen vom Orte und das Wohingelangen zugleich bezeichnen,
die mit *dis* aber nur das Wegkommen angeben und das Gelangen an einen
anderen Ort ausschliessen. Dies ist unglaublich. Cf. Jordan ad Cic. pro
Caecina c. 15, 42. Dass die Form *diverticulum* statt *deverticulum*
(worüber Drakenb. ad Liv. I, 51, 8), sowohl den Schriftstellern und Dichtern
der besten Zeit, als auch denen des dritten und vierten Jahrhunderts nicht fremd
war, hat Obbarius zu Prudent. c. Symmach. II, 580 gezeigt; auch Donat. zu
Ter. Eun. IV, 2, 7 vertheidigte *diverticulum*. *Derigere* statt *dirigere* hat
O. Müller bei Varro de l. l. p. 244 aus dem cod. Florent. hergestellt; dasselbe hat Keil auch an den meisten Stellen in den codices des Varro de
r. r., gefunden; s. dessen obss. crit. in Cat. et Varr. p. 44. Dasselbe ist
bei Tacitus, wo ich es hergestellt habe.

So wird ein grosser Theil der Synonyma wegfallen und da seine Erklärung finden, wo sie am besten im Zusammenhange mit verwandten Erscheinungen und aus Gründen gegeben werden kann.

Die dann übrig bleiben, sind als der eigentliche Stamm der Synonyma
zu betrachten, welche die Sprache für nöthig gehalten hat. Diese bloss
lexicalisch zu verzeichnen, kann wohl für manche Zwecke bequem sein; aber
auf die Weise ist die Synonymik keine Disciplin für sich, sondern bloss
ein Auszug aus den Lexicis; wenn diese gut sind, ist jene überflüssig. Es
ist hier aber eine wissenschaftliche Frage zu beantworten, welche die eigentliche Aufgabe der Synonymik ist und welche ihre Einheit als Disciplin ausmacht, nämlich die Frage, welche der zweite Abschnitt dieses zweiten Theiles
der Bedeutungslehre aufstellt. Wenn der erste fragte: wie hat der römische
Sprachgeist die Begriffe umgestaltet, die Bedeutung Eines Wortes fortbewegt,
und mit Einem verschiedene, aber natürlich verwandte Begriffe verbunden,
so wird hier gefragt: wie hat der römische Sprachgeist Einen Begriff auf
verschiedene Weise durch verschiedene Wörter bezeichnet.

Es ist aber dies nicht so misszuverstehen, als seien die Wörter eigentlich gleichbedeutend; solche giebt es eigentlich in der Sprache nicht; es wäre
ein Luxus; die Sprache bildet und bewahrt bloss, was sie bedarf. Vielmehr
ist zwischen den synonymen Wörtern immer ein Unterschied. Nämlich
wenn sie auch genau denselben Begriff materiell bezeichnen, so können sie
dies doch auf verschiedene Weise, weil derselbe Begriff mehrere Merkmale
hat, und er bald nach diesem bald nach jenem bezeichnet wird, indem unter
verschiedenen Umständen bald dies, bald jenes als hervortretend erscheint, z. B.
die Begriffe für Wasser, Luft, Geist, Feuer. So *unda* und *fluctus* bedeuten
beide Welle, doch unterscheiden wir auch Welle und Woge, und letztere ist
mehr *fluctus*. Nämlich *unda* ist die Welle, wie sie sich in gleichmässiger
Bewegung des Meeres bildet; sie hat etwas Sanftes, Weiches, Ruhiges (dah.
auch gen. fem.). Dagegen *fluctus* erscheint als die energische Strömung, die
Woge, welche auf einem stürmisch bewegten Meere oder Flusse kräftig ein-
herströmt.

Tempestas ist allgemein das Wetter, jedes beliebige, daher auch für
Zeit, was jedoch etwas ungewöhnliches alterthümliches ist; s. Cic. de Or. III,
38, 153. Dann ist es das Wetter κατ' ἐξοχήν, was sich bemerklich macht,
Sturmwetter und Gewitter; es kann Sturm, Blitz, Donner, Platzregen sein,

dagegen *procella,* Sturm, ist der heftige Wind, der in Einer Richtung vorwärts dringt und Alles niederschlägt; *turbo* der Sturmwind, der im Kreise dreht. Das allgemeine Wort für Wind ist *ventus;* aber die sanft bewegte, angenehm berührende Luft ist *aura;* daher auch übertragen auf Gunst, Ehre, Auszeichnung, die den Menschen angenehm berührt, aber nicht absolut *auram captare,* sondern mit dem Zusatze *popularem* oder *favoris* u. a. Die *aura* entspricht der *unda,* dem *fluctus* der *ventus,* beide in Bezug auf die grössere oder geringere Kraft. Aber *unda* und *fluctus* sind auch einzelne Gestaltungen, gleichsam Individualitäten des Wassers, der *aqua,* als Element; solche giebt es auch in der Luft, dem *aer,* als Element, nämlich der *aura* und *unda* entspricht *anima,* dem *fluctus* und *ventus* entspricht *spiritus,* beide als begrenzte Theile der bewegten Luft, welche von einem gewissen Punkte ausgehen und sich in einer gewissen Richtung fortbewegen (der Athem); *anima* ist der weibliche Athem, der nicht selbstständige, der an den Leib gebundene, der dessen physisches Leben bedingt: *spiritus* ist der männliche Athem, der kräftige, frei nach Aussen gehende, und so auch vom Winde sein Blasen in bestimmter Richtung, und in übertragener Bedeutung das energische Blasen eines aufgeblasenen *animus,* insofern jene die unselbstständige, physische Lebensbedingung ist; daher ist *animus* als Masculinum das selbstständige, energische Lebensprincip im Menschen, das sein Wollen und Handeln bestimmt, sein Geist als thätig, als Muth, als bestimmter Wille und Gesinnung. Davon unterscheidet sich das Femininum *mens;* es ist auch der Geist des Menschen, aber nicht als thätiger Trieb zum Handeln selbstständig hervortretend, sondern als unselbstständig, leidend empfangend, nämlich als das Gegebene, Vorgelegte verstehend, und so Verstand und Vernunft, überhaupt das Denkvermögen. Das Neutrum *ingenium* konnte weder Masculinum sein, wie *animus,* noch Femininum wie *mens,* da es beides umfasst; es ist eine auf späterer Reflexion beruhende Bezeichnung des Geistes, in Folge der Wahrnehmung, dass dieser von Natur verschieden ist; es bezeichnet also *ingenium* den eigenthümlichen Geist (das Naturell) des Menschen, insofern er ihm angeboren ist; es ist also überhaupt das angeborene Wesen, sowohl in ethischer als in intellectueller Beziehung, jeder beliebige Charakter, nicht ein bestimmter einzelner. Selbst von sinnlichen Dingen wird *ingenium* gesagt für die ihnen eigenthümliche natürliche Beschaffenheit. Da es aber in dem Angeborenen besondere Talente, Anlagen sind, worin der Unterschied liegt, so wird auch dies besonders durch *ingenium* bezeichnet, aber nicht positiv, sondern das Positive muss erst durch einen Zusatz gegeben werden, z. B. *magno, acri ingenio, summo,* und dergleichen; denn irgend ein *ingenium* hat Jeder, wäre es auch *parvum, malum, tardum* oder *pingue.*

Beim Feuer sind weniger Modificationen; der allgemeine Begriff ist *ignis,* von der Latinität gefasst als ein kräftig wirkendes männliches Wesen, nicht wie bei uns und in $\pi\tilde{\upsilon}\varrho$ als blosser Stoff oder Masse collectiv im Neutrum. Damit ist nur noch *flamma* zu vergleichen, eine einzelne Individualisirung des Feuers, sofern dies sich in geschlossener einzelner Form wenn auch beweglich erhebt, gebunden natürlich an einen einzelnen Gegenstand, von welchem die Flamme ausgeht, daher von ihm abhängig und also Femininum. Es entspricht also *flamma* der *unda* und *anima, ignis* dagegen schliesst in sich die allgemeine Bedeutung von *aqua* oder *aer* und die kräftige Aeusserung in *fluctus* und *ventus. Incendium* dagegen ist ein später von *incendere* abgeleitetes Wort, als Neutrum collectiv die Feuersbrunst. Aehnliche Unterscheidungen für Erde, Land, Stein und Fels sind früher bebesprochen. Es leuchtet ein, wie nahe hier oft die Analyse der Sprache mit der der Mythologie zusammenhängt: dieselben Regeln der Personification werden in beiden verfolgt; so sagt z. B. Cic. de N. D. II, c. 26, man habe den *aer* mit der Juno identificirt, einem weiblichen Wesen: Effeminarunt autem eum (aerem) Iunonique tribuerunt, quod nihil est eo mollius. Wenn man so sinnliche und geistige Begriffe zusammenstellte in Reihen und untersuchte, wie die Römer dieselben Begriffe nach den verschiedenen Merkmalen, äusserlichen Eindrücken gesondert und unterschieden haben, so gäbe dies eine wichtige Einsicht in die volksthümliche Anschauungsweise und Psychologie der Römer. Man wird z. B. Mangel an Phantasie und an Abstraction, dagegen Verstandesschärfe im Practischen finden; z. B. die Luft als blosses Element ist für die Sinnlichkeit gleichgültig; daher ist *aer* erst von den Griechen entlehnt, und ebenso *aether*. Ferner haben sie Ding, Sache, *res* und *causa*, auch *negotium*, aber nicht Wesen, τὸ ὄν, worüber sich Seneca epist. 58 beklagt; es war ihnen kein Bedürfniss und daher nicht möglich den Begriff einer allgemeinen Substanz zu fassen, welche keine andere Eigenschaft haben soll als die des reinen Seins. Doederlein IV, S. 243 unterscheidet *urere* für den Gefühlssinn, *ardere*, *incendere* und *inflammare* für das Gesicht, *adolere* für den Geruch, *cremare* für das Gehör. Unterscheidung des Objectiven und Subjectiven, wie in *causa* und *res*; z. B. *qua de causa*, *qua de re; ut non — ne; quominus, quin; levis* und *facilis, vix* und *aegre*. Ursache und Wirkung: *percutere* und *percellere; uti* und *frui.*

b. Bezeichnung desselben Begriffes durch verbundene gleiche oder verwandte Begriffe. (Pleonasmus.)

Mit Pleonasmus bezeichnet man zuweilen einen Fehler, wenn wirklich etwas Ueberflüssiges gesagt wird. Aber dies ist nur das Urtheil des Hörers oder Lesers; der Sprechende selbst, wenn er mit Besinnung spricht, sagt nach seiner eigenen Meinung nichts vollkommen Ueberflüssiges, und wie es daher keine Synonyma giebt, die ganz gleichbedeutend wären, so giebt es auch keinen Pleonasmus, der etwas ganz Ueberflüssiges enthielte. Dies wäre nur dann der Fall, wenn man dasselbe Wort zweimal setzte, z. B. und und. Dies thut kein Mensch, wenn er nicht auch denselben Begriff zweimal gedacht wissen will, wozu allerdings Veranlassung sein kann; z. B. *ille, ille* (Jordan ad Cic. pro Caec. 4, 14); *parce precor, precor.* Daher die Figuren Anadiplosis, Anaphora, Epanalepsis, Epiploce, Climax. Solche Wiederholung kann auch ohne rhetorischen Nachdruck sein, und bloss die Deutlichkeit zum Zwecke haben; und diese pedantische Aengstlichkeit war den Römern eigen und namentlich in ihrer besonders ausgebildeten juristischen und Curialsprache waren sie übermässig besorgt jedes Missverständniss zu vermeiden. Daher das sehr häufige Wiederholen des Substantivi nach dem Relativum, damit dies ja nicht anders bezogen werden möchte; z. B. Cic. in Verr. I, 125: ex edicto istius, quod edictum Sacerdos non habuerat. S. Zumpt 742; Reis. A. 612; Ellendt ad Cic. de Or. I, 174, p. 98; Peter in exc. IV. ad Cic. Brut. p. 271.

Ein anderer Fall, wo dasselbe Wort wiederholt werden kann, nähert sich dem rhetorischen Gebrauch; jedoch bei diesem soll die Wiederholung einen besonderen Eindruck machen auf das hörende Subject oder den Affect des sprechenden Subjects ausdrücken. Es giebt einen Fall, wo die Wiederholung eine ganz objective Bestimmung der Bedeutung giebt; dies kann demnach nur die sein, dass, wie man dasselbe Wort in der Rede wiederholt, so auch in den Dingen, von denen man spricht, sich etwas in gleicher Weise wiederholt. Das ist der Fall bei Wörtern, welche Zunehmen oder Abnehmen, überhaupt eine Aenderung bezeichnen, die sich öfter und in gleicher Weise wiederholt, oder die Wiederholung selbst. So findet sich *magis magisque, plus plusque, minus minusque, aliter atque aliter, alii aliique, iterum iterumque, etiam etiamque;* dann überhaupt bei Steigerung und Häufung, wo man den Begriff dadurch verstärkt, dass er wiederholt gedacht werden soll, also den Hörer nöthigt, wenn er die Steigerung schon gedacht hat, sie noch einmal zu wiederholen; so *multo multoque,* auch *multa multaque, nimium nimiumque, longe longeque.* S. Bentl. zu Hor. Sat. I, 6, 18; Burm. ad Val. Flacc. VI, 104; Ochsner zu Ovid. Metam. XI, 423; Vechner Hellenol. II, 13, §. 12, p. 587; Hand Turs. III, p. 552 über *longe,* p. 564 fg. über *magis,* p. 623 fg. über *minus;* bei *multo* nicht erwähnt; *minimum minimumque* Ovid. Trist. V, 6, 35; *penitus penitusque* Ov. Met. II, 179, *magis ac magis* Suet. Tit. 3. Augustin. de civ. d. XIII, c. 10: quicquid temporis vivitur, de spatio vivendi demitur et quotidie fit minus minusque quod restat. Die Verdoppelungen *magis magisque* etc. haben am gewöhnlichsten die Partikel *que* oder auch *ac* und *atque.* Es gehört dazu noch das sehr gewöhnliche *iam iamque,* welches von der Zukunft gebraucht wird, von Dingen, die in jedem Augenblicke eintreten können, deren Erwartung sich also in jedem Augenblicke wiederholt; es steht daher gewöhnlich mit einem Futurum oder auch Präsens, wenn dies eine sehr nahe Zukunft bezeichnet, wie bei Cicero ad Att. VII, 20: at illum ruere nuntiant et iam iamque adesse.

Seltener ist es, dass Wörter in dieser Weise ohne *que* oder eine ähnliche Partikel verbunden werden; stehend ist dies nur in relativen Pronominibus und Adverbiis, wie *quamquam, quisquis, ut ut, ubi ubi, quoquo* u. s. w. Durch Wiederholung soll der Begriff erweitert werden: wowo = wo auch immer.

Von anderen Wörtern haben wir *iam iam* und *modo modo, magis magis* bei Catull. 38, 3. Ueber die beiden ersten herrscht noch einige Unklarheit. Ersteres kann durch Anaphora wiederholt sein, und dann weicht es in der Bedeutung von dem einfachen *iam* nicht ab. Verdoppelt, ohne Anaphora, stimmt es zum Theil mit *iam iamque* überein, bei sehr naher Zukunft; aber es wird auch vom Präsens und Präteritum gebraucht, und, wie es scheint, auch nur, wenn ein successives Annähern an ein Ereigniss bezeichnet wird. Beispiele siehe bei Hand Turs. III, p. 155 fg.; es ist dabei aber noch manche Stelle kritisch zweifelhaft und daher der Gebrauch noch weiter zu untersuchen. *Modo modo* — Martial II, 57, 7: hic quem videtis gressibus vagis lentum, Amethystinatus — — — oppigneravit modo modo ad Cladi mensam vix octo num s anulum, unde cenaret — er der so prunkt, hat so eben einen Ring versetzt, ist kaum damit fertig. Petron. c. 42, 3: homo bellus, tam bonus Chrysanthus animam ebulliit; modo modo me appellavit;

videor mihi cum illo loqui; ib. 46, 8: vides Phileronem caussidicum, si non didicisset, hodie famem a labris non abigeret, modo modo collo suo circumferebat onera venalia: nunc etiam adversus Norbanum se extendit. Quintil. decl. VII, c. 12 s. fin. Sen. de beat. vita c. 19, 5; de consol. ad Helv. c. 2, 5; vielleicht nat. qu. VII, c. 23, 3.

Es ist also Pleonasmus nicht Wiederholung desselben, sondern Verbindung des Verwandten, um das Ganze nach mehreren Rücksichten zu bezeichnen. Dies kann sich auf die ganzen Gedanken beziehen, indem nahe verwandte Gedanken neben einander gestellt werden, um durch verschiedenartigen Ausdruck von mehreren Seiten her einen und denselben darzustellen. Dies ist ein rhetorischer Pleonasmus, wovon s. zu Reisig Anm. 611 und Kritz zu Vellei. prolegg. p. LV fg. Z. B. Vell. II, 22, 5: postea id quoque accessit, ut saevitiae causam avaritia praeberet, et modus culpae ex pecuniae modo constitueretur, et qui fuisset locuples, fieret inde nocens, suique quisque periculi merces foret nec quicquam videretur turpe, quod esset quaestuosum. Der grammatische Pleonasmus bezieht sich nicht auf ganze Gedanken und Sätze, sondern auf einzelne Begriffe, welche durch verbundene synonyme Ausdrücke bezeichnet werden. Wenn man also nur den Unterschied der Synonyma ermittelt hat, so ist klar, welches der Grund des Pleonasmus st.

Es sind nun aber drei Formen des Pleonasmus zu unterscheiden:

1) wenn gleichartige Wörter (Synonyma) unabhängig neben einander gestellt sind, wie *tum deinde*;

2) wenn ungleichartige verbunden werden, die verschiedenartige Satztheile bilden und doch zu demselben Zwecke dienen;

3) wenn ein Begriff durch einen anderen bestimmt wird, dieser also zu jenem in ein abhängiges Verhältniss tritt, so dass die Bestimmung eigentlich schon in dem Begriffe des Bestimmten liegt: immanente Bestimmung.

Ad 1. Substantiva. Z. B. mit ganzer Seele, mit Herz und Sinn; Caes. bell. civ. I, 21: tanta erat summa rerum exspectatio, ut alius in aliam partem mente atque animo traheretur. B. G. VI, 5: totus et mente et animo in bellum Trevirorum insistit. Cic. de consol. ap. Lactant. III, 19, 6: *vitiis et sceleribus* contaminatos deprimi in tenebras atque in coeno iacere docuerunt; *castos* autem animos, *puros, integros, incorruptos*, bonis etiam studiis atque artibus expolitos, *levi* quodam et *facili* lapsu ad deos id est ad naturam similem pervolare. Liv. XXII, 9, 4: miles proelio magis ad eventum secundo quam levi aut facili adfectus (angegriffen). Adjectiva und Pronomina, zwei coordinirte Einem Nomen subordinirt, bringen doch immer zwei verschiedene Merkmale hinzu, z. B. *fortis ac strenuus, debilis et mancus, par ac similis*, hic oder *is ipse, ille idem*, aber nicht *is hic, is ille*; auch nicht leicht *hic ille*, wo nicht *ille* Prädicat ist; auch *idem ipse* ist nicht gut belegt. Ueber diese Verbindung der Pronomina s. Reis. §. 216—218.

Verba geben die Figur der Synonyma; wie *excessit, evasit, erupit*. *Inquit* oft unnöthig eingeschoben, um einzuschärfen, dass man fremde Worte anführt, s. Keil zu Aur. Vict. de vir. ill. c. 73, 7.

Oft sind Partikeln so verbunden, wie temporale, welche die Zeit demonstriren und welche zugleich an das Vorhergehende anknüpfen, so dass also die Zeit und die Reihenfolge beider bestimmt werden. So *tum deinde, ibi tum, post deinde, deinde postea, postea deinceps, deinde deinceps, deinceps inde;* alle diese bei den ersten Autoren; s. Reis. §. 458. Vgl. Jani A. P. p. 232 fgg. So bei anderen Anreihungen durch *quoque etiam* und *quoque et, nec non etiam,* gewöhnlich so, dass *quoque* ein Nomen hinzufügt, *etiam* das Verbum. Ferner *ergo igitur, itaque ergo* bei den Komikern, *ita sic* bei Liv. u. A.

Ad 2. Hier ist namentlich der Fall, dass zu dem Nomen eine adjectivische und zu dem Verbum eine adverbielle Bestimmung tritt, welche doch beide etwas Synonymes aussagen, nur dass jene als Eigenschaft des Nomen darstellt, was diese als Beschaffenheit des Seins angiebt. Z. B. Felix, cui placidus leniter afflat amor Tib. II, 1, 80. Regia solis erat sublimibus alta columnis Ov. Met. II, 1; ib. Bach. Verg. Aen. IV, 588: vacuos sensit sine remige portus. Noch häufiger ist es ein Adverbium und dann eine Umschreibung oder nähere Beschreibung durch Substantivum in einem Casus mit einer Präposition, oder mit einem Adjectivum. Z. B. Cic. in Verr. II, §. 182: sane homini praeter opinionem improviso incidi. So besonders oft Dichter, z. B. clam tacito pede Tibull I, 10, 34, Ov. A. A. III, 712. S. Wunderlich und Dissen zu Tib. I, 5, 65: pauper ad occultos furtim deducet amicos.

Ad 3. Von immanenten Bestimmungen wird noch oft die Rede sein müssen, und ich will gleich hier die allgemeine Definition davon geben. Eine immanente Bestimmung ist eine solche, welche einem Begriffe schon als eine nothwendige, wesentliche, sich also von selbst verstehende innewohnt, welche also eigentlich nicht hinzugesetzt werden kann, ohne wirlich etwas Ueberflüssiges zu sagen. Gleichwohl kommen dergleichen immanente Bestimmungen häufig vor in sehr verschiedener Weise und ihr richtiges Verständniss ist für die Grammatik sehr wichtig, obwohl die Grammatiker davon gar nichts wissen. Wenn sie aber oft vorkommen, so versteht sich, dass das Ueberflüssige und Unnütze solcher Bestimmung auf irgend eine Weise aufgehoben werden muss, und das ist auch jederzeit der Fall, und zwar meistens dadurch, dass von den beiden verbundenen Begriffen der eine oder andere seine Bedeutung geändert hat. Zunächst bei den Nominibus ist eine immanente Prädicatsbestimmung, wenn einem Dinge eine Bestimmung beigelegt wird, die seinen Begriff schon an sich enthält; z. B. ein steinerner Stein; dagegen ein harter Stein, weil es auch weiche giebt. Wenn das Mass schon an sich wirklich ein grosses ist, so kann dies doch noch hinzugesetzt werden des Nachdruckes wegen, ohne dass die Bestimmtheit aufhört; z. B. Plaut. Cist. II, 3, 19: unde tibi talenta magna viginti pater det dotis. Dies findet auch Anwendung auf relative Massbestimmungen, wenn eine absolute, also weniger bestimmte und in jenen mitenthaltene hinzutritt, weil die relative Bestimmung die absolute nur in utramque partem enthält, diese also ihrem Begriffe nach so schwankend werden kann, dass man nöthig findet ihn ausdrücklich wieder zu befestigen; vgl. *tantum* und *multum.* S. Plaut. Bacch. II, 3, 76 (278): nae ille Hercle mihi sit multo tanto carior, si is illo me auro tanto circumduxerit; der Mann wird mir noch um so so vieles (und dies ist viel) theurer sein (d. h. theurer zu stehen kommen), wenn er mich um so viel Geld bringt. So auch *nimio multo* Plaut. Bacch. IV, 4, 21 (635), sogar *nimio multo tanto,* id. Stich. II, 2, 15. Vgl. Hand, Tursell. III, p. 666. Aehnlich ist Caes. b. civ. I, 21: tanta erat summa rerum exspectatio. Wenn also bestimmte Masse genannt werden, die ein für alle Mal eine ganz bestimmte Grösse haben, so kann von diesen nicht noch die Grösse im Allgemeinen prädicirt werden, da der Begriff selbst schon eine viel bestimmtere Grösse in sich schliesst. Z. B. eine Meile; sagt man eine grosse Meile, so ist dadurch die Bestimmtheit der Grösse aufgehoben, und man unterscheidet grosse und kleine, z. B. eine deutsche und eine preussische Chausseemeile; oder gar man denkt an willkürliche Bestimmungen, wie die berühmte Meile von Malchin nach Teterow, oder wenn man sagt: eine gute Meile. Kurz wenn solche Bestimmungen hinzutreten, muss die andere Bestimmung aufhören, und wo dies nicht möglich ist, ist auch jenes nicht möglich; z. B. eine grosse geographische Meile ist ein Unding; denn diese sind alle gleich. Sonach ist es klar, wie Tib. I, 1, 2 hat sagen können: et teneat culti iugera magna soli, wo iugera multa offenbar aus nüchterner Verbesserung. Die *iugera* haben hier ihre genaue Massbestimmung verloren, es sind bloss noch Grundstücke, Stücke Ackers ohne bestimmtes Mass; und so können auch wir übersetzen: möge er mächtige Hufen besitzen. Es lässt sich auch so auffassen, dass Jemand viele Hufen im genauen Sinne hat, die zusammen etwas Grosses ausmachen; immer aber kommt es dem Dichter nicht darauf an Hufen in eigentlichem Sinne zu verstehen; sagt doch Horat. Carm. III, 24, 12: rigidi Getae, immetata quibus iugera liberas fruges et Cererem ferunt. Ein *iugerum* ist an sich gemessen; wenn es Horaz *immetatum* nennt, so heisst dies bloss Landstrecken, die nicht gemessen und getheilt sind, und so gross, dass das erste nicht möglich, das zweite nicht nöthig ist. In derselben Weise sagt man *legiones* in dem Sinne: Heerhaufen; z. B. Acvil. Glabrio Cos in tabula ap. Atilium Fortunatian, p. 2680: fundit fugat prosternit maxumas legiones. Hor. Sat. I, 6, 4: magnae legiones. So werden ja auch in ganz anderer Verbindung solche Wörter in unbestimmtem Sinne gebraucht, wie bei Hor. Carm. I, 3, 31: nova febrium terris incubuit cohors. Ja selbst die Zahl *milia* wird, da man ein Tausend überhaupt in dem Sinne einer grossen Menge sagt, ähnlich in unbestimmter Bedeutung genommen bei Valer. Flacc. V, 274: iamque aderat *magnis* regnum urgens *milibus* urbi, Primaque in adversos frustratus proelia muros Constiterat (der König Perses). Fast bis zum Unsinn geht die decentissimi generis stulta sententia, die Sen. suasor. II, §. 18 anführt über die 300 Spartaner in Thermopylae: Trecenti, sed viri, sed armati, sed Lacones, sed ad Thermopylas: numquam vidi plures trecentos, als ob die Zahl der 300 sich durch mehrere Prädicate vervielfache.

In anderen Fällen wird das immanente Prädicat hinzugesetzt, um auszudrücken, dass das Wort κατ’ ἐξοχήν verstanden werden soll, dass man nicht vergisst einen ihm wesentlichen Begriff auch wirklich an ihm zu finden; so Sen. de const. sap. c. 6 *vir natus*, der von Geburt, von Geschlecht ein Mann ist, Phaedr. III, 8, 11; ἄνθρωπος πεφυκώς, Xen. Cyrop. I, 1, 3; oder dass der ganze Umfang des Begriffs bezeichnet werden soll in seinem eigentlichsten Sinne, soweit ihm das immanente Prädicat eigen ist, d. h. ganz und dasselbe. Z. B. ist es ein immanentes Prädicat am Menschen, dass er geboren ist. Wir Alle vom Weibe geboren sind Staub. S. Hildebr. ad Apulei. Metam. I, c. 14, p. 49, dazu Apuleius de magia c. 8, p. 396 (p. 457 ed. Hildebr.): Et quid ego de homine nato diutius? Belua immanis crocodilus — purgandos sibi dentes innoxio hiatu praebet. Sich die Zähne zu reinigen ist recht aus verschiedenen Gründen; was soll ich da noch länger den Menschen beweisen, da sogar das Krokodil es thut. Um also jeden nur denkbaren Menschen zu beweisen, sagt man *homo natus;* s. Plaut. Cas. II, 4, 15: de Casina certum est concedere homini nato nemini. Fronto de bello Parth. p. 323 [p. 218 Nab.]: haudquaquam utile est homini nato res prosperas perpetuo evenire (irgend einem, wer er auch sei). Seneca de const. sap. c. 6: non est quod dubites, an tollere se homo natus supra humana possit. Mehr darüber s. bei Ruhnk. zu Rutil. Lup. II. §. 6, 94, ed. Lugd.; Buenem. zu Lactant. III, 19, 7: tamquam necesse sit omnem hominem natum immortalitate donari. Eine ähnliche Verstärkung des Begriffs liegt in solchen Ausdrücken, wie bei Plaut. Mil. IV, 1, 13: quae te amat tuamque expedisset pulchram pulchritudinem. Epid. I, 2, 17: sed operam Epidici nunc me emere pretio pretioso velim; ib. v. 24: Stratippoclem salva impertit salute servus Epidicus. Spes sperata Plaut Merc. III, 4, 13. V, 2, 2; Plaut. Pseud. I, 3, 103: dum ego vivus vivam. Auch hier soll der Begriff *vivere,* als Zeitbestimmung benutzt, so weit ausgedehnt werden als irgend möglich, d. h. so weit als das wesentliche Prädicat *vivus* damit verbunden ist. Cf. Plaut. Epid. V, 1, 44: quod boni est, id tacitus taceas tute tecum et gaudeas. Pseud. IV, 1, 30: memorem immemorem facit qui monet quod memor meminit; teneo omnia, d. h. wer eine gewisse Eigenschaft hat und sie auch bethätigt, oder umgekehrt: wer, indem er eine gewisse Eigenschaft äusserlich bethätigt, sich zugleich auch als einen wirklichen Inhaber derselben zeigt. Wenn ferner Liv. XXI, 3, 4 sagt: iusto iure repetere aliquid, so scheint er damit gleichsam ein doppeltes Recht bezeichnen zu wollen, indem man nicht nur die Forderung überhaupt als gerecht betrachtet, sondern noch überdies die Anwendung dieses Rechts, weil man nämlich die Forderung auch selbst schon an sich erfahren und befriedigt hat, so dass hier also als Gegensatz ein *iniustum ius* zu denken wäre, ein Recht, das zwar recht ist, das aber durch die Anwendung unrecht werden kann. Dies geht also zurück auf eine grosse und kleine Meile.

Hinzuzufügen ist der Pleonasmus der Negationen (cf. Garaton. und Madvig. bei Halm. ad Cic. in Vatin. 1. §. 3), der nur durch die Verhältnisse der Sätze und Satzglieder unter einander veranlasst wird, in viel beschränkterem Masse als bei den Griechen, welche die allgemeine Negation des Verbi bei dessen einzelnen Bestimmungen wiederholen οὐκ εἶπεν οἰδεὶς οὐδέπω oder οὐκέτι οὐδὲν οὐδενί u. dgl. Im Lateinischen dagegen ist dies nicht erlaubt; regelmässig ist nur gestattet in zwei coordinirten Gliedern eines Satzes, der schon im Allgemeinen negirt ist, die die Coordination ausdrückenden Partikeln nochmals mit derselben Negation zu verbinden; *non (nihil, numquam) neque — neque,* wofern auch disjunctive Conjunctionen stehen können, *aut — aut* u. s. w., aber nicht *et — et* ohne besondere Vorsicht. Wiederholung der prohibitiven Negation nach dem Imperativ bei dessen einzelnen untergeordneten Bestimmungen. Aehnlich ist es bei Hervorhebung eines einzelnen Satztheils *non — ne — quidem.*

Ein seltener Fall ist der durch Anakoluthie bewirkte, wie man es im Lateinischen wohl ansehen muss, während der entsprechende griechische Gebrauch als regelmässig angesehen werden kann, nämlich *quam non* statt *quam,* wie μᾶλλον ἢ οἴ. Eine solche freilich angezweifelte Stelle ist bei Cic. pro Sestio c. 20, 46: depugnarem potius cum summo non dicam exitio sed periculo certe vestro liberorumque vestrorum, *quam non* id quod omnibus impendebat, unus pro omnibus susciperem ac subirem? Gesner, Madvig, Halm strichen *non;* Orelli, Klotz und die Recension von Halm in dem Münchener gel. Anzeigen 1847, No. 82, p. 428 fg. vertheidigen es; der letztere meint, in *quam non* liege der Sinn von *quo ne,* „um nur ja nicht" zu Grunde; doch scheint eine zweite Stelle der Art noch nicht beigebracht zu sein. Mir ist als käme eine ähnliche Stelle bei Propertius vor in der Recension von Klotz über Hertzberg.

Weit weniger auffallend sind solche Verbindungen, wo der Sinn des Prädicates nicht ausdrücklich und nicht in seinem ganzen Umfange schon in dem Nomen liegt, oder wo es nur relativ dadurch ausgedrückt wird. Dann ist es unbedenklich das noch nicht vollständig ausgedrückte Prädicat noch besonders hinzuzusetzen. Dies ist namentlich der Fall, wenn gewisse Eigenschaften noch zu einem Nomen gesetzt werden, welche schon durch seine Form relativ einigermassen ausgedrückt sind, z. B. die Deminutiva, wenn dazu *parvus* gesetzt wird, wie *navigiolum parvum* u. dgl., wobei man es sogar liebte auch dieses *parvum* noch wieder in's Deminutivum zu setzen, z. B.: filiola virgo parvula, Plaut. Rud. prol. 39; animula parvula blandula in Versen des Kaisers Hadrian. S. Jani A. P. p. 233; Reisig Anm. 176. Ferner gehört hierher, wenn zum Genetiv des Besitzes und selbst zu dem Pronomen possessivum noch *proprius* gesetzt wird, wovon s. Reisig §. 457; wenn zu *malle* oder zu einem Comparativ noch *potius,* zu einem Superlativ noch *maxime* gesetzt wird; s. Reisig A. 404 und §. 457, Jani A. P. p. 238; wenn vor *quicumque* noch *omnis* steht, wie bei Cic. ad Qu. fr. I, 1, 56 (Off. I, 4, 11); Fronto de bello Parth. p. 323 [p. 218 Nab.]: omnium quaecumque intenderat — potitus. Derselbe p. 237 [p. 127 Nab]: omnes universos quicumque oratores extiterunt. *Ubique — ubicumque* bei Seneca nat. quaestt. 1, 10, 1.

Besonders häufig findet sich dergleichen in Verbindung der Adverbien mit Verbis in derselben Weise, z. B. *praesto adesse.* Dann sehr oft in solchen Fällen wie *porro pergere* Hand. Turs. IV, p. 483; Jordan zu Cic. pro Caec. 21, 59; *ante praevidere, praedicere, praeoccupare, rursus redire, reverti,* wovon Beispiele und Nachweise bei Reisig A. 613; vgl. Jani A. P. p. 235 fgg. Nächstdem giebt es noch viele immanente Bestimmungen durch Casus obliqui, am meisten durch Accusativus und Ablativus, aber auch durch Nomin., da es auch immanente Subjecte giebt. Me retinent vinctum formosae *vincla* puellae, Tib. I, 1, 55. Beim ersteren die immanente Objectsbestimmung, z. B. *pugnam pugnare,* beim zweiten immanente Bestimmung der Zeit, des Ortes und des Mittels, z. B. *ore loqui, oculis videre* u. dergl. Unter welchen Bedingungen dergleichen möglich ist und in welchem Sinne, werden wir bei den Casibus sehen.

In dasselbe Verhältniss kann selbst ein abhängiger Satz zu dem regierenden treten, z. B. *facito ut facias* Plaut. Bacch. V, 2, 34 (114).

Ein Zusammentreffen der ersten und dritten Gattung kann gefunden werden in dem Ausdrucke *unde domo,* wie bei Seneca ad Helv. 6, 3: unde domo quisque sit, quaere. Die allgemeine Frage *unde* genügte nicht; die speciellere *qua domo* wird nicht gesetzt, sondern beides verbunden, so dass *domo* nur als nähere Bestimmung zu *unde* hinzutritt.

c. Bezeichnung desselben Begriffs durch verbundene, nicht
synonyme, sondern heterogene (Hendiadys).

Fasst man den Begriff dieser Figur bloss so, wie ihr Name aussagt,
ἕν διὰ δυοῖν, so liesse sich darunter sehr viel verstehen, z. B. auch die Verbindung eines Substantivi mit einem Adjectivum zur Bezeichnung Eines
Begriffes. Aber man versteht darunter immer nur zwei coordinirte Nomina,
welche also coordinirte Begriffe darstellen, während sie eigentlich so verbunden
sein sollten, dass nur Ein Begriff dargestellt würde (nämlich der eine von
jenen beiden modificirt durch den andern). Aber auch diese Bestimmung
genügt noch nicht; es würde sich nämlich auf diese Weise Hendiadys nicht
vom Pleonasmus unterscheiden, denn z. B. in jenen Stellen des Caesar mit
animo et mente soll der ganze Geist des Menschen, der auch nur Einer ist,
dargestellt werden, und dies geschieht durch Zerlegung in seine Aeusserung
im Willen und Denken. Es muss als Hendiadys so definirt werden, dass
man darunter die Coordination zweier Begriffe versteht, wo eigentlich nur
der Eine Begriff von beiden hätte stehen sollen, aber dieser modificirt durch
den zweiten, der ihm hätte demnach subordinirt werden müssen, der aber
doch auch fähig sein muss dieselbe Sache selbstständig durch sich zu bezeichnen.

In Wahrheit aber ist diese Figur nicht besser begründet als der Pleonasmus, wenn man nämlich unter diesem etwas nothwendig Ueberflüssiges
versteht; denn auch hier ist keine Nothwendigkeit vorhanden, die beiden
coordinirten Begriffe zusammenzuziehen in Einen, und es lässt sich auch
nicht umgekehrt die Regel aufstellen: wenn von zwei Begriffen der eine dem
anderen subordinirt ist, so kann man diesen jenem auch coordiniren zum
Zwecke zierlicher Darstellung; denn z. B. sagt man: ich reite ungern auf
Herrn Maizens Pferden, so wäre es Unsinn, wenn man wollte Hendiadys
anwenden: ich reite ungern auf Herrn Maizen und auf Pferden. Es ist also
offenbar ein nothwendiges Gesetz hierbei, dass die Hendiadys nur gesetzt
werden kann, wenn die Coordination zweier Begriffe möglich ist, d. h. wenn
das, was man von dem einen Begriffe aussagt, gleichmässig auch von dem
anderen ausgesagt werden kann, der als jenem subordinirt gedacht wird,
also weil beide auch eben so gut getrennt und selbstständig angeschaut
werden können. Es ist demnach falsch, wenn man sagt, hier ist Hendiadys,
hier muss also anders verstanden werden als es gesagt ist; da nämlich beides
möglich ist, so muss es dem Schriftsteller freistehen zu wählen, was ihm
gut scheint, und zwar nach Gründen. Die Gründe sind aber eine grössere
Anschaulichkeit und grösserer Nachdruck, wenn man das Ganze in seine
Momente zerlegt und von jedem dasselbe aussagt; z. B. Tac. Ann. II, 61:
eductae pyramides certamine et opibus regum. Hier will man eine Hendiadys finden, certamine opum, in opibus ostentandis; aber unrichtig; es ist
nicht Ein Grund, sondern es sind zwei verschiedene Momente, der Wetteifer
der Könige nicht in dem Prunken mit ihren Schätzen, sondern im Pyra-
midenbau selbst und ihre opes, welche ihnen die Mittel dazu gaben. Ferner
Ann. I, 58 sagt Segestes: non hic mihi primus erga P. R. fidei et constantiae dies; könnte sein für: *fidei constantis* oder *constantiae fidei;* aber
Tacitus will beides; „nicht jetzt zuerst beweise ich Treue und Beständigkeit".
ib.: pro iuventa et errore filii veniam precor; nicht *errore iuventae,* sondern

für seine Jugend, welche ihn an tiefer Einsicht hindert, und für seinen Irrthum, der aus der Jugend hervorgegangen, der jedoch nur ein Irrthum ist, welcher einem jeden Menschen, auch dem älteren passiren kann, bitte ich um Verzeihung. Cic. de divinatione I, 1: Assyrii propter planitiem magnitudinemque regionum — traiectiones motusque stellarum observitaverunt; man will verstehen: propter magnam planitiem (falsch). Dann Verg. Ge. II, 192: pateris libamus et auro, aus Schalen und zwar aus Golde. Dies ist ein wirkliches Hendiadys, wo wirklich nur Ein Gegenstand bezeichnet ist, es wird aber zweimal nach verschiedener Betrachtung bezeichnet. Vgl. Jani A. P. p. 330. Will man suchen, so kann man sehr Vieles hierherziehen, woran man Unrecht thut. Roth hat den ganzen Tacitus so durchgeritten in dem Buche: Ueber Synonyma und die Figur Hendiadys bei Tacitus, Nürnberg 1826 [1]). Daraus eine Uebersicht von Eckstein in Tacitus ed. Walther. tom. IV; Reisig §. 366, Anm. 2; Halm zu Cic. in Vatin. 10, §. 24, pro Sulla 1, §. 2.

C. F. W. Müller, über das sogenannte hen dia dyoin im Lateinischen, im Philologus, Bd. VII, S. 297—318, besonders gegen Roth und Naegelsbach gerichtet, giebt folgende Definition: „Hendiadyoin ist diejenige Figur, die für ein sachlich als ungetheilt zur Erscheinung kommendes Object zwei copulativ verbundene Ausdrücke setzt, deren jeder einzelne seinem Begriffe nach die Fähigkeit hat, als der zu bezeichnende ganze und auch als der ihm copulativ verbundene in der Wirklichkeit sich zu gestalten, und die sich so beide die bestimmtere Erscheinungsform, in der der andere auftreten soll, angeben." Er setzt hinzu: „Da nun jeder von beiden Begriffen als der andre zur Erscheinung kommen kann, mit beiden aber nur ein einziger ausgedrückt werden soll, so müssen also die zwei Ausdrücke zwar durchaus nicht ihrer Wortbedeutung nach, sondern dem sachlichen Gehalt ihres Begriffs nach vollkommen identisch sein, und dies kann eben nur auf die Weise geschehen, dass jeder für den anderen bestimmt, welche bestimmtere Erscheinungsform seinem sachlichen Gehalte nach das Wort annehmen soll. Gold kann in die Erscheinungsform oder Formation (species) als Schüssel übergehen (nicht aber das Wort Gold kann die Bedeutung von Schüssel annehmen) und diese in der als Gold auftreten. Damit ist die Möglichkeit gegeben, beide zu einem Hendiadyoin zu verbinden. Geschieht dies, so drückt der Begriff Gold für den Begriff Schüssel aus, dass dieser hier in der Erscheinungsform des Goldes und jenes in der der Schüssel auftreten soll. Sind nun hiermit die Bedingungen angegeben, unter denen aus einem fertigen Begriffe, sowie umgekehrt aus zwei Wörtern ein Hendiadyoin gemacht werden kann, so liegt auch zugleich darin ausgedrückt, wann ein gegebener lateinischer Ausdruck nothwendig als Hendiad. gefasst werden muss, wenn nemlich die zwei Ausdrücke nicht zwei neben einander bestehende Begriffe ausdrücken können, sondern nur als gegenseitig einander individualisirend gedacht einen Sinn geben." Müller behandelt die Sache gesetzgeberisch,

---

[1]) Roth hatte schon 1824 die commentatio, qua Taciti aliquot per figuram hend. dicta — colliguntur et digeruntur herausgegeben, 1826 folgte das Progr. de Taciti synonymis et per figuram hend. dictis. Ausserdem Wagner, quaest. Vergil. p. 452; Seyffert, Pal. Cic. p. 81. Jetzt noch Ph. Spitta, de Taciti in componendis enunciatis ratione (Gotting. 1866) c. II, und Ulbricht, Taciti quae ad figuram hend. referuntur ex minoribus scriptis locos congessit atque interpretatus est. Friberg. 1874, 4.

nicht historisch; er macht es Roth und Naegelsbach zum Vorwurfe, dass sie nicht den wahren Begriff der Figur aufgestellt, während sie doch nie einen wahren Begriff gehabt hat, und es ist unsere Willkür, wenn wir jetzt eine wahre und begründete Eigenthümlichkeit der Sprache mit diesem Namen bezeichnen. Ferner umschreibt er das Gebiet der Möglichkeit dieser Figur recht gut mit scharfer logischer Bestimmung, aber er erklärt nicht die rhetorische Bedeutung derselben, deren wegen sie gebraucht oder nicht gebraucht wird; es ergiebt sich also keine Geschichte des Gebrauches der Figur, die offenbar in später Zeit häufig ist wegen genauerer Zerlegung der Begriffe; und es wird der Widerspruch nicht aufgeklärt, in welchem doch auch nach Müllers Definition die Form des Ausdruckes (in der Zweiheit) mit dem Sinne desselben (der Einheit) steht. Das Wahre scheint doch immer zu sein das Zerlegen eines Gesammtbegriffs in seine Momente, die coordinirt werden, sofern sie auch coordinirt gedacht werden können gegenüber einem gemeinsamen Prädicate. Somit werden allerdings von Müller eine Menge von falschen Anwendungen der Hendiadys beseitigt, aber innerhalb des Gebietes, auf welches er die Figur einschränkt, wird sie doch nicht klar. Er setzt die Existenz der überlieferten Figur wie einen unumstösslichen Glaubenssatz voraus, so dass es sich nur darum handelt, die Figur, die in der Sprache vorhanden sein muss, zu erkennen und sie richtig zu definiren.

Im Allgemeinen ist Hendiadys eine schärfere Sonderung der Begriffe, ein Emancipiren der untergeordneten Bestimmung, ähnlich wie wir oben gesehen haben, dass Adjectiva zu Substantivis werden, wie *colli longitudo.* Dasselbe geschieht bei verschiedenen Accidentien; sie werden auch zu Substanzen; sind sie nun zufällig fähig, dieselbe Substanz, zu der ein Accidens ursprünglich gehörte, selbstständig zu bezeichnen, also dass diese zweimal bezeichnet wird statt einmal mit einem Accidens, so kann man für solchen Fall den Namen des Hendiadys gelten lassen.

Bei Cicero lassen sich viele Ausdrücke hierherziehen, wenn er mit gewohnter copia zwei Ausdrücke mit einander verbindet, die in dem Verhältnisse stehen, dass eines auch hätte ein Accidens des anderen sein können; z. B. in Verr. V, 14, 36: ius imaginis ad memoriam posteritatemque prodendae.

C. Anwendung eines Begriffs unter Voraussetzung eines anderen.

Das weitläuftige Gebiet dessen, was man im Allgemeinen Ellipse nennt, findet hier seinen angemessenen systematischen Platz, indem wir bei der Bestimmung der Bedeutung durch das Denken erst sehen, wie Ein Wort mehrere Begriffe bezeichnen kann, dann wie mehrere Wörter Einen Begriff bezeichnen und nun wie Ein Wort gesetzt, aber nicht für sich allein, sondern unter Voraussetzung eines anderen verstanden wird; es wird hier also Etwas durch mehrere Wörter bezeichnet, aber von diesen nur Eines gesetzt, und das andere nicht, sondern dieses wird bei dem Verständnisse jenes vorausgesetzt oder, wenn man will, supplirt. Hiermit ist in früherer Zeit ein unsäglicher Missbrauch getrieben, indem man eine Menge grammatischer Erscheinungen nicht aus ihnen selbst und ihrer eigenen Bedeutung erklärte, sondern durch Ergänzung von etwas Anderem; dadurch ist z. B. die Casuslehre dem grössten Theile nach missverstanden, weil man nicht die Bedeutung des Casus an sich auffasste, sondern seine Anwendung durch eine ausgelassene Präposition erklärte. Sanctius war der Führer, dann Scioppius, Perizonius, und von da kamen lange Register von Auslasssungen [1]) durch alle Redetheile und Satztheile hindurch in die Grammatiken, wie Ruddiman, Broeder; in den neueren sind die Register etwas zusammengeschrumpft, namentlich seit Hermann, der eine Abhandlung über Pleonasmus und Ellipsis in Wolf und Buttmann's Mus. antiquitatis studiorum lieferte (1808, vol. I, fasc. 1, p. 95—135 [2]), wovon ein Auszug im Viger. Hermann rechnete diese zu den Idiomata und definirte: idioma illud est, quod usus contra linguae legem rationemque introduxit. Dies ist ein trauriges Missverständniss, als ob nicht lex und ratio im usus lägen und allein daraus zu entnehmen wären. Der Irrthum ist ausgegangen von dem Kantischen Standpunkte Hermann's, wonach er die lex linguae und ratio ausserhalb der Sprache und des Sprachgeistes in der Philosophie sucht; und was diesem mitgebrachten Gesetze sich nicht unterwarf, das nannte er also contra *linguae* legem rationemque, da er hätte sagen sollen: contra philosophiae Kantianae legem rationemque, oder vielmehr noch specieller gegen das Gesetz, was ich aus subjectiver Anwendung der Kantischen Philosophie aufstelle. Dadurch haben die Idiomata oder Figuren einen bloss negativen Sinn bekommen, den Sinn einer Gesetzwidrigkeit, während sie in der That lebendige Gesetze der Sprache sind, aus ihrem Geiste geboren. Sie sind also in etwas Positives umzuwandeln, und wo sie nichts Positives enthalten, sind sie ganz wegzuwerfen. Hermann definirt [3]): ellipsis est omissio vocabuli, quod etsi non dictum, tamen cogitatur; pleonasmus autem adiectio vocabuli, quod etsi additum, tamen non cogitatur. Ich habe schon gezeigt, wie beim Pleonasmus in seinen drei Gestaltungen nichts gesagt wird, was nicht im Sinne des Sprechenden seine Bedeutung hätte und gedacht würde. Bei der Ellipse ist nun zu zeigen, dass nichts gedacht wird, was nicht gesagt ist. Denn wie kann man verlangen, dass Jemand etwas denken und verstehen soll bei unserer Rede, worauf wir ihn durch unsere Rede nicht führen? Vorausgesetzt, das unsere Rede vernünftig ist; aber für eine unvernünftige giebt es kein Gesetz und keine Grammatik.

Es ist aber etwas Anderes, ob man einen Begriff, einen Gedanken, den man hat und in dem Hörer erwecken will, geradezu, direct mit seinem eigentlichen Ausdrucke bezeichnet, oder ob man auf andere Weise sein Verständniss erweckt auf indirectem Wege, ohne ihn geradezu auszusprechen; dieses letztere kann man der Kürze und des durch die Kürze bewerkstelligten Nachdrucks wegen vorziehen. Es versteht sich von selbst, dass nicht Begriffe fehlen können, auf die ein Nachdruck gelegt werden muss, z. B. *annum* kann stehen statt *unum annum*, wenn das Wort gleichsam sensu eminentiori verstanden wird, ein Jahr, nicht ein Monat etc., aber wenn ein Jahr im Gegensatze gegen mehrere Jahre gesetzt wird, so kann *unus* nicht

---

[1]) Palairet thesaurus ellipsium latinarum, cum indicibus 1760, cur. Runkel. Lips. 1830. Andere Litteratur zu Reisig A. 607.

[2]) Abgedruckt in den Opuscula I, p. 148—244.

[3]) Ueber den Begriff der Ellipse handelt Mehlhorn in dem Glogauer Programm von 1833 polemisch gegen Hermann, ohne jedoch eine neue Definition weder von der Ellipse, noch von der Figur ἀπὸ κοινοῦ aufzustellen; dagegen wird Hermann vertheidigt in der Recension des Progr. von Sommer.

fehlen, was gleichwohl Klotz bei Cicero pro Caec. c. 22, 63 annahm bei dem Gegensatze von *plures armati* und *unus armatus;* s. das. bei Jordan die Widerlegung von Wesenberg. So kann also Pleonasmus und Ellipsis denselben Zweck haben, den Nachdruck; jener so, dass er den Begriff mit möglichster Anschaulichkeit und Deutlichkeit nach allen seinen mehr oder weniger synonymen Ausdrücken vorführt; diese so, dass sie die Deutlichkeit des Begriffes voraussetzt, wo er deutlich ist, und ihn in einem möglichst kurzen Ausdrucke hinstellt, wobei die Kürze um so mehr Eindruck macht, weil man den Hörer selbst zum Denken zwingt, indem man ihn nöthigt etwas zu verstehen, was man nicht direct sagt, sondern nur indirect aber unfehlbar andeutet. Auch bei sich von selbst verstehenden Begriffen sucht man die Kürze, um nicht langweilig zu werden. So hat auch die Ellipse ihren sehr positiven Sinn und Zweck. Sie ist ebenfalls wie der Pleonasmus entweder rhetorisch oder grammatisch; jenes, wenn sie sich auf ganze Gedanken bezieht, dieses, wenn nur auf einzelne Begriffe oder auf die grammatische Vollständigkeit der Sätze, indem man zuweilen Glieder weglässt, welche aus mehr als einem Begriffe bestehen. Jene rhetorische Ellipse besteht also in der Kürze der Rede, womit man ganze Gedanken weglässt oder nur kurz andeutet, und es dem Hörer überlässt sie sich hinzuzudenken, was sehr zweckmässig, aber auch fehlerhaft sein kann, wenn der Sprechende dem Hörer zu viel zumuthet, und wenn er sich irrt in dem Masse dessen was er suppliren lassen kann. Zur rhetorischen Ellipse kann auch das Asyndeton gezählt werden. Was aber die grammatische Ellipse betrifft in Bezug auf den Ausdruck einzelner Begriffe und Satzglieder, so brauche ich um so weniger die Einzelnheiten durchzugehen, da das Meiste in anderen Theilen der Grammatik seine Erklärung findet. Ich will nur die allgemeinen Rubriken angeben.

I. Figura ἀπὸ κοινοῦ.

Wenn in einem Satze oder Satzgliede etwas ergänzt wird, das er mit einem anderen Satze oder Satzgliede gemeinschaftlich hat; natürlich müssen die Sätze so nahe bei einander stehen und so mit einander verbunden sein, dass es sich von selbst ergiebt, aus dem ersten etwas im zweiten zu wiederholen, oder aus dem zweiten etwas auf den ersten zurückzubeziehen. So die Rhetoren: Herodian περὶ σχημάτων bei Walz rhetores vol. VIII, p. 594 [p. 94 Sp.] ᾽Απὸ κοινοῦ μέν ἐστι λόγων συνέχεια ἐν διανοίᾳ κοινωνοῦσα ὡς ἐπὶ τὸ πλεῖστον ἑνὸς ῥήματος εἰς συντέλειαν, οἷον [Hom. Il. ά, 15] „καὶ ἐλίσσετο πάντας ᾽Αχαιούς, ᾽Ατρεΐδα δὲ μάλιστα δύο κοσμήτορε λαῶν.“ Ebenso Tiberius π. σχημάτων λεξ. ap. Walz, vol. VIII, p. 566 [p. 76 Sp.]. Τὸ δὲ ἀπὸ κοινοῦ οὕτως [Demosth. in Mid. p. 538, 9 et 23] „καὶ τῷ μὲν Εἰβαίῳ τῷ τὸν Βοιωτὸν ἀποκτείναντι πολλὴν ουγγνώμην ἔχω. δοκοῦσι δέ μοι καὶ τῶν δικασάντων τότε πολλοί.“ ᾽Απὸ κοινοῦ „συγγώμην ἔχειν.“ εὐειδὲς τὸ σχῆμα (So Walz durch Conjectur). In diesem Sinne ist diese Figur zu nehmen, obwohl die Grammatiker zuweilen davon eine sehr ungenaue Vorstellung haben und Verschiedenes vermischen; vgl. Buttmann Scholia antiqua in Hom. Odysseam, Addend. zu γ, 104, p. 568. Wenn der bei einem Gliede aus dem anderen zu ergänzende Ausdruck nicht ganz genau passt, sondern mehr dem nächsten accommodirt ist, so jedoch dass darin der allgemeinere, jenes umfassende Sein liegt, so nennt man dies

Zeugma. Darüber s. Jani A. P. p. 269. Nahe verwandt sind die Formen, welche Ramshorn §. 206, 3b., p. 711, zusammenstellt unter dem Namen *ἀπὸ κοινοῦ, συνεζευγμένον* und Zeugma. Cf. Mehlhorn, schematis *ἀπὸ κοινοῦ* ratio et usus quidam in Graeca lingua, Glogau 1833, Progr. des evangelischen Gymnasiums, worüber s. die Recension von Sommer, Zeitschr. für d. Alterthumswiss. 1836, Nr. 12 fg.

Es ist ein besonderer nicht häufiger Fall, der zuweilen Schwierigkeit und Dunkelheit verursacht, wenn zweien coordinirten Sätzen dasselbe Verbum gemein ist, es aber in dem einen, in dem es gesetzt wird, mit der Negation verbunden ist, während es in dem anderen ohne diese verstanden werden soll. Schiller: „Vor dem Sklaven, wenn er die Kette bricht: vor dem freien Menschen erzitt're nicht." So fassen Obbarius und Dillenburger (s. Recension des ersteren über letzeren in den Jahrbüchern für Phil. und Paed. Bd. 44, p. 264 fg.) die Stelle Hor. Epod. 5, 85; Venena magnum fas nefasque, non valent convertere humanam vicem. Obbarius citirt noch seinen Excurs zu Hor. Epist. I, 7, 18; Sen. epist. 71, 20: (virtus) recta est. flexuram non recipit. rigidari quidem, amplius intendi non potest. So in den Sentenzen unter P. Syrus Namen v. 689: Puras deus, non adspicit plenas manus. Roth zu Tac. Agr. Exc. XXXII, 1, S. 272 nennt diesen Fall ungenau Zeugma. Es gehören von den Stellen des Tacitus hierher Ann. XIII, 56: Deesse nobis terra, in qua vivamus (sc. potest), in qua moriamur, non potest. Im Codex Flor. steht bloss *terram niuam*. Das *in qua vivamus* ist aus dem Codex Agricolae., Doederlein und Orelli schreiben *ubi* (man könnte auch *ut* vermuthen) statt des ersten *in qua*[1]). Nipperdey in der Recension über Orelli, H. L. Z. 1847, Nr. 23, S. 183 meint, *potest* im ersten Gliede zu ergänzen sei nur möglich, wenn jeder Satz seinen eigenen Infinitiv habe, wie Ann. XII, 64; er will daher das *vivam* in der Handschrift als Glossem ganz streichen, das ein Unverständiger über *moriamur* oder am Rande hinzugesetzt. Der Grund eines solchen Glossems leuchtet nicht ein; die grammatische Beschränkung des Gebrauches ist nicht begründet, wie die Stellen des P. Syrus und Horaz etc. zeigen. Doch kann Nipperdey darin Recht haben, dass bei Cic. de Fin. I, 1, 2: veritus, ne movere hominum studia viderer, retinere non posse zu *movere* nicht *posse* zu ergänzen sei.

Es kann dann auch die Negation mit dem Verbum coalescirt sein; wie bei Tac. Ann. XII, 64: Agrippina, quae filio dare imperium, tolerare imperitantem nequibat.

Zweifelhaft ist, ob hierher zu ziehen Tac. hist. I, 8: Rufus, vir facundus et pacis artibus, bellis inexpertus. Roth will *expertus* ergänzen; mir ist wahrscheinlicher, dass *pacis artibus* als adjectivische Bestimmung durch *et* mit *facundus* verbunden ist; es ist Ablativus der Eigenschaft, der so stehen kann, statt *pacificis artibus* oder *artibus paci convenientibus* u. a. Damit ist Rufus ausgerüstet, *instructus, ornatus;* der Begriff *expertus* würde darauf nicht passen, sondern auf *pacis negotia;* man müsste also ausser dem Zeugma, was sich auf Affirmation und Negation bezieht, noch ein zweites für die unpassende Bedeutung des Wortes überhaupt annehmen.

Bedenklich ist Tac. Agr. c. 9: ubi officio satisfactum, nullam ultra potestatis personam: tristitiam et adrogantiam et avaritiam exuerat. Bekker und Hertel wollen aus *exuerat* ergänzen *induit;* Roth *induebat* oder *indutus*

---

[1]) Haase selbst hat J. Gronov's Verbesserung in *vitam* aufgenommen.

erat; richtiger wäre *induens, indutus, gerens;* denn das Vorhergehende soll eine adjectivische Bestimmung sein. Die Beispiele bei Hertel belegen nur das gewöhnliche Zeugma. Es ist auch hier das Verhältniss der beiden Sätze ein ganz anderes; beide sind negirt; sie bilden gar nicht einen Gegensatz; der zweite ist nur eine weitere Ausführung des ersten: der Unterschied liegt darin, dass im ersten die Negation durch *nullus,* im zweiten durch das Verbum *exuerat* ausgedrückt ist; dort geht die Negation vorauf; indem aber der zweite Satz mit *tristitiam* beginnt, war es gleich klar, dass hier ein negativer Begriff nachfolgen musste; dieser Widerspruch ist bei so kurzen und einfachen Sätzen nicht zu entschuldigen noch zu erklären; ich glaube daher, man muss mit alten Ausgaben lesen: *nulla ultra potestatis persona.* So hat auch Wex, und ich in meiner Ausgabe. Der Fehler ist entstanden durch Missverstehen des *ultra* oder wegen Gleichklangs der folgenden Accusative.

Bei Gegensätzen ist oft ein Wort des einen so im anderen zu ergänzen, dass es in diesem den entgegengesetzten Sinn bekommt, was durch die Natur der Gegensätze bewirkt wird; wie Horat. Sat. I, 1, 1: qui fit, ut nemo — contentus vivat, laudet diversa sequentes, eigentlich *ut unusquisque* — non contentus vivat, sed laudet; der gemeinsame Begriff ist hier also nur mit der Negation in dem ersten Gliede coalescirt, welche in dem positiven zweiten Gliede nicht vorhanden ist. Meistens sind dies coordinirte Sätze und der Gegensatz wird meistens durch eine Partikel ganz ausdrücklich bezeichnet; auffallender ist daher die Stelle bei Tacitus Hist. II, 52: trepidi et utrimque anxii coeunt, *nemo* privatim expedito consilio, inter multos societate culpae tutior. Tibull I, 1, 25 sq.: iam modo iam possum contentus vivere parvo Nec semper longae deditus esse viae, d. h. et possum — non semper — id est nec cogor. Tac. Ann. XI, 26: (Messalina) nomen matrimonii concupivit ob magnitudinem infamiae, cuius apud prodigos novissima voluptas est, wobei *prodigos* aus *infamiae* das Gegentheil *famae* oder *bonae famae* zu verstehen. Nipperdey nimmt *prodigos* ohne Beziehung auf *infamiae* in absolutem und ganz allgemeinem Sinne, dass es nicht nur auf materielle, sondern auch auf geistige und ideelle Güter geht, auf alles was man verlieren kann. Aber dieser Sprachgebrauch ist nicht belegt und er hätte hier auch etwas Schiefes; das Aeusserste, um was es sich hier handelt, kann nicht die Gleichgültigkeit gegen das Eigenthum sein. Ich glaube das Wort ist verdorben: vielleicht *probrosos, impudicos, propudiosos* [1]).

Tac. Ann. XIII, 41: (Artaxata) deleta et solo aequata sunt, quia nec teneri sine valido praesidio ob magnitudinem moenium, nec id nobis virium erat, quod firmando praesidio et capessendo bello divideretur, wo es allerdings sehr hart ist, aus dem Nachfolgenden *id virium erat* vorher zu verstehen *(teneri) poterant* [2]). Doch scheint dies angenommen werden zu müssen; jedenfalls ist schlecht die Conjectur von Nipperdey *teneres,* weil es ganz unpassend, durch diesen Ausdruck aus der vorliegenden Situation ganz herauszugehen und sich gleichsam an jeden beliebigen Leser zu wenden. Diese letzte Stelle gehört dann aber zum Zeugma.

---

[1]) In ähnlichem Sinne ist neuerdings *profligatos,* von Nipperdey selbst *perditos* vorgeschlagen.

[2]) Dies hat Halm jetzt hinzugesetzt.

Haupt hat in seinem Programme im index lectt. hib. 1864—65, p. 15 sq. über die figura *ἀπὸ κοινοῦ* sehr schlecht gehandelt, da er die Gattung der Beispiele gar nicht scheidet und keine vernünftige Grenze des Gebrauchs kennt. In dem Eifer dieses adstrictius dicendi genus mit mehreren Belegen zu schützen, hat er sich solche Belege erst durch Aenderung hergestellt, die sich als unmöglich erweisen lassen. Daneben führt er an aus Seneca ep. 115, 3: nemo illam amabilem, qui non simul venerabilem diceret. Diese Stelle soll ganz congruiren mit der Stelle in Seneca ludus c. 8, die nach seiner Emendation zu 2) a. gehören würde; aber der Fall ist ganz verschieden; Haupt muss auch wohl in ep. 115, 3 so verstanden haben, dass die Stelle einigermassen passt, obwohl völliges Passen auch nicht durch Irrthum zu erreichen ist; *diceret* ist in beiden Gliedern gleichmässig zu verstehen; Haupt hat wohl im ersten Gliede nicht *diceret*, sondern *dixit* verstanden, was aber falsch wäre, wie der durchgängige conditionale Charakter der Rede zeigt. Es könnte also bloss eine Frage sein, wie ein Relativsatz dazu kommt mit dem Hauptsatze coordinirt zu werden. Alles andere ist Thorheit.

1) Die einfachste Form der Figur *ἀπὸ κοινοῦ*: bei zwei correspondirenden Sätzen oder Satzgliedern ist das, was aus dem einen in den anderen herüber zu nehmen, ganz genau übereinstimmend, sowohl nach der grammatischen Form als nach dem Sinne und Bedeutung.

So die Präposition bei Pronomen demonstrativum gesetzt, bei relativum zu ergänzen, weil beide als Eines angesehen. Excessif in eadem qua pater villa Suet. Tit. 11; Vitavit ne in id quod Homerus incideret, Vellei. I, 7, 1. S. zu Reis. A. 575. Dieselben werden bei coordinirten Casibus bald wiederholt, bald *ἀπὸ κοινοῦ* ergänzt, wobei mancherlei observirt werden kann. S. Reis. §. 418, A. 576.

2) Es findet eine Differenz statt, und zwar:

a. Die grammatische Form ist verschieden; es kann Person, Tempus, Modus differiren, so dass eigentlich nur der Begriff des Verbi im Allgemeinen für beide Sätze gemeinsam ist; die näheren Bestimmungen desselben bei seiner Verwirklichung aber werden in dem einen ausgedrückt, in dem anderen nicht, wo sie sich aus den Umständen ergeben. Es ist eine Auflösung des Verbi in jene zwei Bestandtheile, wie sie sich auch in der Sprache der Hülfsverba ausdrückt, bei einfacher Verwirklichung durch *thun; ich thue schreiben.*

Eine ganz ähnliche Erscheinung ist beim Pronomen relativum, indem es in zwei Bestandtheile zerlegt wird, den nominalen und die Conjunctionskraft, wenn dies *ἀπὸ κοινοῦ* in einem Satze aus einem anderen zu verstehen ist, aber in einem anderen Casus, Numerus, Genus, so dass um dies zu bezeichnen, ein Pronomen demonstrativum gesetzt wird, und vom relativum wird nur die allgemeine, relativ anknüpfende Kräft wiederholt. S. zu Reis. §. 213, A. 373. Namentlich ist der Infinitivus statt des Verbi finiti zu ergänzen. *Misit, quos ei visum est,* d. h. *quos voluit;* ebenso *misit quos potuit, placuit* u. s. w. Auch das Umgekehrte wäre wohl möglich, was Haupt bei Seneca ludus 8 schreiben will: sororem suam, festivissimam omnium puellarum, quam omnes Venerem, maluit Iunonem vocare, indem er den Conjunctiv *vocarent* nach *Venerem* anstössig findet. Seneca de provid. 3, 5: quod regem. quem armata manu non potuit, exusta fugat (scil. fugare non potuit). Darnach will Haupt bei Sen. (consol. ad Polyb.) dial. XV, 7, 26 die Lesart vertheidigen: ut periclitantium lacrimae possint, tibi tuae adsiccandae sunt. Hier kann nicht *siccari* ergänzt werden, weil dies nicht so in *adsiccandae sunt* mit enthalten ist, wie *fugare* in *fugat*; denn *fugat* setzt ein wirkliches *fugare* voraus, das in dem Relativsatze durch *potuit* nur eine andere Modalität bekannt; dagegen in *adsiccandae sunt* ist *siccari* als ein wirkliches noch nicht enthalten; es ist noch problematisch, kann also nicht als schon mitgedacht verstanden werden; nur was ist und als seiend gesetzt ist, kann vorausgesetzt werden.

b. Der Sinn weicht ab. Zeugma. Künstlich und nicht von gutem Geschmack sind Fälle, wo das zweien Sätzen oder Satzgliedern gemeinsame Wort zwar dasselbe ist, aber in verschiedener Bedeutung zu verstehen; dabei kann noch der Fall a hinzukommen; z. B. Seneca epist. 22, 11: paucos servitus, plures servitutem tenent. Dial. II, 2, 3: Huic tu putas iniuriam fieri potuisse a populo, quod aut praeturam illi detraxit aut togam.

c. Es ist eine mit dem Herüberzunehmenden verbundene Bestimmung wegzulassen, nämlich die Negation.

3) Es ist eine Bestimmung gemeinschaftlich einem übergeordneten und einem diesem untergeordneten Satztheile. Hierher gehören wohl die Fälle von ὅπως μή und ἵνα μή, bezogen entweder so auf ein Verbum finitum und ein dazugehöriges Participium, dass die Negation beide trifft, bald so, dass die Negation nur zum Verbum *finitum* gehört und nicht zum Participium. Darüber s. lucubratt. Thucyd. p. 11 fg. Aehnliche Fälle müssen auch im Lateinischen existiren. Vorläufig habe ich nur ein Beispiel von *vix* bei Liv. fragm. ap. Sen. suasor. VI, §. 17: Vix attollentes lacrimis oculos homines intueri trucidata membra civis poterant. Man könnte sagen, *vix* sei zweimal zu denken, zu *attollentes* und zu *poterant;* in der That ist es auch bei beiden Begriffen zu denken; aber darum war es doch nur einmal nöthig zu setzen, weil *attollentes* kein selbstständiges, coordinirtes Satzglied ist, wie wenn es hiesse: *vix attollebant oculos; vix intueri poterant.* Auch wir sprechen so, wenn wir das Participium setzen: kaum die Augen erhebend vermochten sie es anzusehen, wie das Haupt und die Hände des ermordeten Cicero auf der Rednerbühne zur Schau gestellt waren. Die Wortstellung, der Zusammenhang entscheiden hierbei; denn an sich ist die gemeinschaftliche Beziehung nicht nöthig. Wenn man sagte: *lacrimis oculos vix attollentes poterant intueri,* so könnte dies auch heissen: kaum die Augen erhebend vermochten sie doch dies anzusehen. Hierher gehört denn auch der Fall, dass ein Object oder sonst ein Casus obliquus auf ein Participium und das mit ihm verbundene Verbum finitum zugleich bezogen, also eigentlich zweimal verstanden werden muss, was aber wieder in anderen Fällen nicht möglich ist.

II. Eigentliche Ellipse [1]).

Wenn der bei einem Begriffe vorausgesetzte andere Begriff weder vorhergeht noch nachfolgt, sondern durch das gesetzte Speciellere oder das Allgemeinere schon gegeben ist. Das sind also eigentlich immanente Bestim-

---

[1]) G. Wichert, über die Ergänzung elliptischer Satztheile aus correspondirenden im Lateinischen. Zwei Progr. von Guben 1861 u. 1862.

mungen, die allgemeineren, welche sich aus den specielleren an sich ergeben. Das können selbst die Subjecte sein, so z. B. *dicunt, credunt.* Dies sind menschliche Thätigkeiten, und nur dass der ganz allgemeine Begriff *homines* dabei zu verstehen, kann man voraussetzen; die Menschen sind das immanente Subject jederzeit. Will man etwas Specielleres verstehen, wie *milites, Germani* etc., so ist dies nur dann möglich, wenn von dem Specielleren schon die Rede gewesen ist; dann wird es also ἀπὸ κοινοῦ ergänzt. Die Verba impersonalia waren für die Grammatiker eine unbequeme Ausnahme, wofern sie keine andere Erklärung fanden als die Ellipse, durch welche sie dieselben wieder in Verba personalia verwandelten. Apollon. de synt. I, 3, 18 (. 12, 22) nennt es eine ἐξαίρετος ἐνέργεια in ἀστράπτει und βροντᾷ. Prisc. XVII, 2, 14 (p. 117 H.) setzt *de suo* hinzu: ea enim, quamvis non addamus nomen, definita esse videntur, cum ad solum pertineant Iovem; ib. 9, §. 60 (p. 144 H.): fulminat et tonat de Iove solo intellegimus, non quod verbum tertiae personae finitum est, sed quod is, qui eius significationem agit, proprium habet hunc actum. So bei Adjectivis: *sapientes, divites, boni.* Immanente Objecte s. beim Accusativus. Hierher gehören ferner alle die früher schon erwähnten Adjectiva, bei welchen man Substantiva ergänzt, z. B. *annalis, calida, frigida, lavari, cani, ferina* u. s. w. Ferner bei Verbis *esse,* wo die Existenz schon durch das Prädicat oder auf andere Weise angedeutet ist, denn auch dies ist der allgemeinste Begriff; jedoch ist das nicht grenzenlos noch unterschiedlos; Tib. I, 10, 54: scissosque capillos femina perfractas conqueriturque fores, wo die Interpolation: perfractas *esse* fores queritur. *Consultum velle* und ähnliche meist ohne, zuweilen mit *esse* bei Cicero; s. Matth. zu pro Lig. 5, 16, Halm zu pro Sulla §. 62. Ein specielleres Verbum zu ergänzen ist nicht möglich, wo es nicht ἀπὸ κοινοῦ geschieht, wie *tum ille,* scil. *inquit.* Sogar *esse* selbst kann nicht ausgelassen werden, wenn es in einem Tempus oder Modus stehen müsste, der sich nicht von selbst versteht. Verba der Bewegung nach einem Ziele oder von etwas her, wo das Ziel der Bewegung oder ihr Ausgangspunkt angegeben wird und natürlich die Bewegung so allgemein gefasst wird, dass sie nichts weiter ist als ein durch jene locale Bestimmung modificirtes Sein; dies ist übrigens selten; s. Gronov zu Seneca Troad. 844, Duker zu Flor. 3, 6, 12, Nipperdey, Doederlein und Orelli zu Tac. Ann. IV, 57. Dies ist nur ein modificirtes Sein, nämlich das in der Bewegung, welche Specificirung durch die Angabe der localen Bestimmung hinzugebracht wird; aber wie zu *esse* das transitive *facere,* so kommt auch zu dem Sein in der Bewegung das Bringen* in sie, ohne weitere nähere Bestimmung, wenn der Zusammenhang ein Transitivum erfordert Der Gebrauch des Tacitus hat die weitesten Grenzen, die zu bestimmen wichtig wäre. Dem einfachen Sein entspricht der einfachste transitive Verbalbegriff, *facere, agere,* wo ein Transitivum erforderlich. Hier ist zu sprechen von der gewöhnlich angenommenen Ellipse bei *nihil aliud* u. dgl., wozu merkwürdig die Stelle bei Tac. XVI, 19: ne codicillis quidem, *quod* plerique pereuntium, Neronem aut Tigellinum aut quem alium potentium adulatus est, wo das *quod* nicht anders erklärt werden kann als durch *fecerunt,* den allgemeinen Begriff, der im folgenden *adulatus est* mitenthalten ist. Oft fehlt der allgemeine Verbalbegriff, wenn das gesetzte Subject und ein Adverbium, zuweilen auch ein Object ihn zu ergänzen nöthigen. Val. Max. II, 7, 10: nec minus Pisone acriter Q. Metellus;

ib. II, 7, extr. 1: Leuiter hoc patres conscripti, si —; id. II, 8, 2: Mirifice iudex, quod — passus non est; probabilius Lutatius, quod — defendit; sed ne Valerius quidem improbe, quia — petiit; besonders in lebhaften, kurzen Beschreibungen und Urtheilen über das Verhalten Jemandes in einer gewissen Situation oder in der Behandlung einer Sache. Ebenso Tac. Ann. I, 43: melius et amantius ille, qui —; IV, 38: melius Augustum, qui speraverit. *Ad Veneris;* der Zusammenhang ergiebt, dass man eine Localität angeben will, und sie kann keine andere sein als der Tempel. In kurzen Citaten Ciceronis de n. d. scil. *opus, liber.* Allenfalls könnte man hierherziehen *si forte* und *nihil aliud quam,* beide ohne Verbum; vom ersteren s. Cic. de Or. III, 12, 47: vereor ne nihil sim tui nisi supplosionem pedis imitatus et pauca quaedam verba et aliquem si forte motum. Dies hat adverbiellen Sinn angenommen, *vielleicht,* wie *forsitan, fors sit an; quasi, incertum an, dubium an; aliquem, si forte est aliquis, dicere licet aliquem.* Ebenso heisst *nihil aliud quam: nur;* man ergänzt *facere;* auch nihil amplius quam Sen. Controv. I, 1, §. 10, Sen. ep. 114, 16; quid aliud quam Sen. ep. 14, 13; si nihil aliud, certe ib. I, 2, §. 1; cf. ib. I, 3, §. 1, §. 3. Si nihil aliud, loco incestarum stetisti, Sen. ep. 9, 8, 35. 1, 56, 2. 97, 3. Petron. 114, 11: quanto minus quam in templum resilivit? Sen. Controv. I, 3, §. 4, p. 94: iturum Tiridaten ostentui gentibus, quanto minus quam captivum? Tac. Ann. XV. 29 extr. Sen. epist. 20, 9 (ep. 95, 27: quantulo autem hoc minus est). Plin. N. H. 18, 15, §. 137: Vicia — non saritur, non stercoratur, nec aliud quam deoccatur. Petron. 107, 11: qui ignotos laedit, latro appellatur, qui amicos, paulo minus quam parricida. Dass *facere* oder *agere* bei Cic. öfter hinzugefügt als weggelassen werde, bemerkt Garatoni zu Cic. pro Sestio 6, 14; vgl. Halm zu pro Sulla c. 12 [1]), §. 35. Er sollte sagen, der adverbielle Gebrauch hat sich erst später mehr festgestellt; cf. Sen. ep. 98, 16. 109, 17. 107, 31. Seneca controv. X, 34, §. 4: Crudelis ille Graeciae carnifex istum tamen nihil amplius quam vendidit, ibid. I, 1, 18: Movit me, quod nihil suo iure, nihil pro potestate [sc. *fecit* oder *dixit*], quod tamquam patruus accessit; ibid. c. 20: Hispanus hunc colorem venustius [scil. *tractavit, adhibuit*]; cf. Wex ad Tac. Agr. c. 19: nihil per libertos servosque publicae rei. Jedoch das passt nur, wenn ein Verbum folgt, das auch eine Art von Thun ist. Aber diese Ergänzung ist in vielen Fällen unmöglich; man kann sagen es ist *nihil aliud est, dici potest quam,* als eingeschobenes Urtheil des Sprechenden, das abgekürzt adverbiellen Sinn annimmt; z. B. Liv. II, 63, 4: hostes quidem nihil aliud quam perfusis vano timore Romanis citato agmine abeunt. Lactant. III, 19, 12: Damnant vitam omnem plenamque nihil aliud quam malis opinantur. Dies ist nicht auf andere Weise zum Adverbium geworden, als *primum, multum, verum, tantum* etc. nur erst in späterer Zeit. Vgl. Reis. A. 610. Es ist vielmehr zusammenzustellen mit dem Gebrauche von *plus quam,* wovon s. A. 399, oder mit beiden.

3. Aposiopese. Dergleichen wenig bei den Römern, die pedantischer waren als die Griechen, wo z. B. bei εἰ μὲν — εἰ δὲ der Nachsatz nach εἰ μὲν fehlt, wenn er lautet: dann versteht sich von selbst was zu

---

[1]) G. T. A. Krüger, de formulae *nihil aliud facere quam* vel *nisi* cognatarumque formularum usu tam pleno quam elliptico comment., Brunsvigae 1838, 4.

14

thun. Dies zu sagen war den Griechen zu langweilig, die Römer sagten es. Es ist aber zu unterscheiden die rhetorische Aposiopese, welche je nach dem Zusammenhange verschieden ist, indem namentlich im leidenschaftlichen Affect Jemand seine Rede abbricht, ohne sie zu vollenden, wie öfter bei den Komikern, z. B. Ter. Eun. I, 1, 20: Egone illam? (adeam?) quae illum (recepit.) quae me (exclusit)? quae non? (admisit me?) Sine modo; mori me malim. Sentiet qui vir sim. So dann bei Dingen, die man sich scheut auszusprechen, weil sie unanständig sind, wie Verg. Ecl. 3, 8, oder bei Drohungen, wo man nicht aussprechen will, was Einem widerfahren soll. Verg. Aen. I, 135: quos ego; cf. Ter. Andr. I, 1, 135. Und sonst aus verschiedenen Gründen; s. Verg. Aen. II, 100 (diese Stellen sind aus Jani A. P. p. 437). Aber abgesehen von solchen Aposiopesen, welche der jedesmalige Zusammenhang mit sich bringt, giebt es andere stehende; zunächst wieder ihrer Form nach ganz einzelne, die stehend geworden sind in Sprüchwörtern und ähnlichen oft wiederholten Ausdrücken, wie z. B. *Di meliora. Manum de tabula. Sus Minervam* und dergleichen. Solche aber, welche in gewisser Form stehend geworden wären, in welcher sie in jedem Zusammenhange hätten angewendet werden können, wie jene griechischen bei *εἰ μὲν* — giebt es im Lateinischen eigentlich gar nicht.

III. Bestimmung der Bedeutung durch die Verbindung mehrerer Wörter.

(1) durch die Form; 2) durch das Denken. Bisher haben wir immer nur einzelne Wörter für sich betrachtet, nur dass die Ellipse uns schon darauf geführt hat einen Begriff unter Voraussetzung eines anderen zu verstehen, und so führt uns dies am natürlichsten zu der wirklichen Verbindung. Diese ist von dreifacher Art: A. adjectivisch; B. adverbiell; C. correlativ, welche letztere uns denn zu dem dritten Haupttheile der Grammatik, zur Satzlehre hinüberleitet.

A. Adjectivische Verbindung des Gleichen, Concordantia, Convenientia [1]).

Diese Verbindung beschränkt sich auf die verschiedenen Klassen der Nomina, welche die Begriffe des festen Seins ausdrücken. Wir haben gesehen, dass sich die Klassen der Nomina durch die Enge und Weite der Begriffe oder durch die grössere und geringere Zahl der Merkmale unterscheiden, welche sie enthalten. Nun kann aber ein Begriff nicht vollständig in einem Nomen enthalten sein, d. h. das Nomen enthält zwar seine meisten, wesentlichsten Merkmale, aber doch nicht alle, welche der zu bezeichnende Begriff immer oder doch unter Umständen mitumfasst. Es müssen also zu dem im Nomen schon vorhandenen Inhalte die noch fehlenden Merkmale gleichsam hinzuaddirt werden, um den Begriff vollständig auszudrücken. Dieses additamentum von Merkmalen kann natürlich auch nur durch ein Nomen ausgedrückt sein, wo nicht durch zwei oder mehr; denn sie sind ja ebensogut Merkmale eines festen Seins, wie die in dem ersten Nomen enthaltenen; indem also ein

---

[1]) Strakerjan, zur Lehre von der Congruenz im Lateinischen, Jever 1856 (29 S. 4.). Progr. d. Gymnasiums.

Nomen zu einem anderen addirt werden soll, und beide Eine Summe von Merkmalen geben sollen, müssen sie natürlich Ein zusammengehöriges Ganze bilden, das einen zusammengehörigen Begriff bildet, welcher folglich immer dasselbe Verhältniss zu anderen hat, von anderen auf gleiche Weise in seinen Theilen afficirt wird, stets gleich abhängig oder unabhängig ist, und folglich müssen die Theile eines so componirten Begriffes stets in gleichem Casus stehen. Dies ist eine Nothwendigkeit, von welcher es keine Ausnahme geben kann. Ferner ist das addirte Nomen ein Adjectivum oder Pronomen, das folglich nur ein einziges Merkmal oder eine relative Bestimmung des Verhältnisses zu dem Sprechenden mit sich führt, so kann dies, wie in der Einleitung gesagt, mit diesem einen Merkmale nicht eine selbstständige Existenz darstellen, es kann daher kein eigenes Genus haben, sondern muss sich dem darin anschliessen, zu dem es sein Merkmal hinzufügt. Dasselbe gilt natürlich vom Numerus. Dies ist die Begründung der gewöhnlichen Regel: Ein Adjectivum muss mit seinem Substantivum übereinkommen im Genus, Numerus und Casus. Etwas anders verhält es sich, wenn das Additamentum von Merkmalen nicht in einem Adjectivum oder Pronomen, sondern in einem Substantivum oder substantivirten Adjectivum oder Pronomen enthalten ist. Dass dies im Casus übereinstimmen muss, ergiebt sich aus dem Obigen von selbst; aber im Genus und Numerus ist die Uebereinstimmung nicht immer möglich noch auch nöthig. Das Substantivum ist an sich schon eine selbstständige Existenz mit seiner besonderen, festen Physiognomie, das darum auch sein bestimmtes Genus hat, sofern es darin nicht variabel ist, und dessen Numerus sich nach seinem eigenen Begriffe und dem jedesmaligen Sachverhältnisse bestimmt. Hierin können also Differenzen eintreten, indem ein Begriff durch einen anderen näher bestimmt werden kann, welcher weder im Genus noch im Numerus übereinstimmt. Iliadumque labor vestes Verg. Aen. VII, 247. Die einfachsten Bestimmungen dieser Art sind die, wenn zu dem speciellen ein weiterer Begriff gesetzt wird, wie z. B. *Philippus rex*; oder *Cornelia mater Gracchorum. Mater Gracchorum, femina illustrissima* u. s. w. Alle Arten von Verhältnissen durchzugehen ist nicht nöthig, da sie sich aus der sprachlichen Logik von selbst ergeben und für die Praxis ohne Einfluss sind. Es versteht sich aber, dass hier keine immanenten Bestimmungen hinzutreten können, z. B. nicht *Cornelia, mater Gracchorum femina*; dann dass sie *femina* ist, versteht sich von selbst; dies könnte also nur unter den früher gegebenen Bedingungen geschehen, wodurch das Ueberflüssige aufgehoben wird; z. B. wenn hier *femina* nicht bloss das Geschlecht bezeichnete, sondern *sensu eminentiori* (wofür man *mulier* sagen würde) genommen wäre: ein Weib, mit allen weiblichen Schwächen und dergl. Ebensowenig dürfen widersprechende Bestimmungen hinzutreten. Also man kann weder sagen der steinerne Stein, noch der lederne Stein.

Aber abgesehen von dem Verhältnisse der beiden verbundenen Begriffe, ihrem Inhalte nach, ist noch zu betrachten die Art der Verbindung, in welche beide mit einander treten; denn die Addition ist nicht immer in gleicher Weise gemacht. Es kann nämlich unterschieden werden zunächst nach den Redetheilen die Bestimmung 1) durch Adjectiva mit Einschluss der Participia; 2) durch Pronomina; 3) durch Substantiva, welches man speciell Apposition nennt. Indess diese Eintheilung der Verbindungsarten ist nicht

wesentlich, weil darin an sich kein wesentlicher Unterschied in der Hinzufügung der Merkmale heraustritt; es ist nach dem alten lexicalischen Zuschnitt der Grammatik. In dieser Beziehung lassen sich drei Gattungen
unterscheiden, von denen nur eine zum Theil auch äusserlich von den anderen
sich unterscheidet, und auch diese nicht immer; im Uebrigen ist der Unterschied aus dem jedesmaligen Sachverhältnisse zu entnehmen, da die Lateiner
dabei nicht wie die Griechen den Artikel zur Unterscheidung benutzen konnten.
Diese drei Gattungen sind Inhärenz, Cohärenz, Adhärenz.

a. Inhärenz. Die innigste Verbindung ist die, wo die hinzugefügten
Merkmale mit den in dem durch sie bestimmten Nomen enthaltenen ganz
zusammenwachsen zu einem einzigen Begriffe, so dass gar keine Sonderung
zwischen beiden mehr stattfindet, sondern aus der Vereinigung beider ein
dritter neuer hervorgeht, der einem Compositum gleichkommt. Den Unterschied können wir uns deutlich machen an Compositis; z. B. ein Neugroschen
ist ein ganz besonderer Groschen in Sachsen; dagegen ein neuer Groschen,
welcher neu ist, kann viel mehr umfassen; so Neustadt und neue Stadt, und
bei Substantivis: Bürgerwerder und Werder der Bürger; Sommersprossen;
Freiheitskrieg. So wird der Begriff durch die Composition immer viel enger,
als durch blosse Cohärenz, wo er nicht zum allerengsten, zum Nomen
proprium wird. Diese innige Verbindung kann sowohl zwischen Substantivum
und Adjectivum, als auch zwischen zwei Substantiven stattfinden. Beim
Substantivum und Adjectivum findet dann in sehr vielen Fällen die Regel
Anwendung, dass das Adjectivum vor das Substantivum gestellt wird.
Dies ist demnach besonders der Fall bei Wörtern, welche oft und als
besonderer componirter Begriff gebraucht werden, z. B. *sacra via;* dies ist
der feste Ausdruck, mit poetischer Licenz sagt Horaz: ibam forte via sacra;
carbonarium negotium, Kohlengeschäft, Kohlenhandel. Aur. Vict. de vir.
ill. 72, 1; Cic. ad Att. I, 16, 3 sagt: in ludo talario; nachher: ex gladiatorio
ludo. Lignaria negotiatio bei Iul. Capitol. vit. Pertin. c. 1: pater eius
tabernam coctiliciam (coactiliriam cod. Bamberg.) exercuerat ib. c. 3. Ferner
nannte Plinius sein Buch naturalis historia, Naturgeschichte. So kommen
auch andere vor, wie *Vestalis virgo, Martius campus, equarius medicus
Punicum bellum,* diese jedoch nicht immer fest in derselben Stellung s. Reis.
§. 461. Aber besonders ist dies stehend in juristischen Ausdrücken, wie
*extraordinaria cognitio, famosus liber, calata comitia, militare testamentum,
virilis portio* u. s. w., was zuerst nachgewiesen von Hugo, civilist. Magazin,
Bd. 5, H. 3, p. 299; vgl. Reisig a. a. O.

In unseren Compositis ist die Reihenfolge die entgegengesetzte: Kiesel-
stein, Wirbelwind, Eichbaum, (in Schlesien) Karpfisch. So auch Rheinstrom
u. ä., aber hier auch lateinisch *Rhenum flumen.*

Es giebt jedoch manche stehende Ausdrücke als Composita, welche
nicht so gestellt sind, namentlich *respublica, iusiurandum.* Ueber *publica
res.* so des Gegensatzes wegen gestellt, s. Seyffert zu Cic. Lael. 4, p. 81 fg.
Auch *vir bonus* und *bonus vir* sind beide im Gebrauch, doch ersteres häufiger; s. Beier zu Cic. Off. I, 7, 20. Vielleicht hat bei diesen Wörtern die
Einsylbigkeit mitgewirkt auf die Stellung. Hierbei wird abgesehen von Gegensätzen, welche die Stellung bestimmen können. Es giebt ferner auch manche
Substantiva, welche so zusammengesetzt werden, dass sie gleichsam ein Compositum bilden; dies ist jedoch nicht sehr häufig: es findet sich namentlich

so, dass Genus und Species verbunden sind, und zwar die Species folgt, wie auch nothwendig; denn sonst wäre das Genus überflüssig. Daher sagt man: *fratres gemini*, *soror gemina*, *mulier ancilla*, *digitus pollex* (Cato de re rust. c. 20), worüber s. Schneider zu Caes., B. G. III, 13, 4. lapis silex findet sich Plaut. Poen. I, 2, 77. 78, Cato de re rust., c. 18 und öfter; dann in einer Inschrift die aus dem Bullettino dell' inst. archeol. 1839, S. 59 mitgetheilt wird von Osann, Zeitschr. f. Alterthumswiss. 1846, Nr. 68, S. 543, wo Osann sagt, die Zusammenstellung von *lapis* und *silex* bedürfe keiner weiteren Nachweisung durch Beispiele; ficos mariscas bei Cato de r. r. c. 8; ventus turbo Plaut. Curc. V, 2, 47, mit verächtlichem Nebensinn *homines Latini*, *homo Italus*, *homo servus*, *homo adulescens* u. s. w., bei welchen Verbindungen das erste immer eine immanente Bestimmung sein würde, wenn es nachstände. Vgl. Reisig §. 471 b; dagegen quercus arbor, Valer. Prob. ad Verg. ecl. 9, 13; ad Georg. I, 7 Pecoribus autem *canis sidus* ideo inimicum est — id. ad Georg. I, 217, wo *canis* vielleicht als Genetivus zu nehmen.

b. Cohärenz. Die zweite Stufe der Verbindung, wobei die beiden Wörter nicht innig verbunden einen neuen, dritten Begriff bilden, sondern wo der eine der Hauptbegriff bleibt und er nur versehen mit einem Merkmale gedacht wird, das noch einfach hinzugefügt wird, z. B. *miles fortis*; beides giebt nicht den Begriff einer besonderen neuen Soldatenklasse, sondern man denkt sich bloss einen beliebigen Soldaten, und zwar einen solchen, der mit jenem Merkmale versehen ist, und zwar wirklich, ohne eine Beschränkung nach Zeit oder Wahrheit, sondern insofern man den Begriff *miles* auffasst, soll zugleich das *fortis* mit hinzugedacht werden. Die regelmässige Stellung ist die, dass das Adjectivum nachsteht, wenn nicht durch einen Gegensatz sich die Sache ändert. Dieselbe Art der Verbindung kann auch durch Substantiva gemacht werden, und dies ist besonders dann der Fall, wo das Eine dem Begriffe eines Adjectivi nahe kommt, wie *exercitus victor*, *filia virgo* (aber *virgo filia* Cic. de rep. II, 37), *filius adulescens*, wo sich das erste beim zweiten nicht von selbst versteht, und wo das zweite nur eine nähere Bestimmung des ersten ist.

c. Adhärenz. Die dritte Stufe der Verbindung, die lockerste, nämlich eine bedingte, wo ein Merkmal nur unter einer gewissen Beschränkung der Wirklichkeit oder der Zeit hinzugefügt wird. Dies sind die Fälle, wo die Adjectiva und Appositionen durch beschränkende Partikeln aufgelöst werden können, wie: wenn, als, da, insofern, weil und dgl. Dies können dieselben schon erwähnten Merkmale sein, nur dass sie auf bedingte Weise angeknüpft sind; z. B. *filia virgo*: eine noch unverheirathete Tochter; aber es kann auch heissen: wenn sie, so lange sie *virgo* ist. *Cicero consul Catilinam oppressit.* Insbesondere gehören hierher die Participia, welche ihre eigentliche Bedeutung behalten und nicht zu Adjectivis geworden sind.

Alle drei Arten der Verbindung entsprechen gewissen Satzformen; die Inhärenz lässt sich nicht auflösen: z. B. *sacra via* kann nicht heissen: *via quae sacra est*, sondern nur: *quae sacra dicitur*. Ebenso bei *homines Latini* in den alten Formeln, *ventus turbo*, *digitus pollex*, und bei den juristischen Kunstausdrücken, wie *famosus liber*. Dagegen lässt sich die Cohärenz auflösen durch *qui est* oder *quicumque est;* endlich auch die Adhärenz durch *si, quando* u. s. w. Dabei wird aber immer ein Merkmal gesetzt als wirklich vorhanden seiend, wenn auch bedingter Weise.

Es giebt aber einen Fall, wo man hiervon abweicht, wo man ein Merkmal hinzufügt, welches noch gar nicht vorhanden ist, sondern dem Nomen erst kommt durch die Handlung oder den Zustand, welcher von ihm ausgesagt wird als seinem Subjecte oder Objecte oder anderen Casus; es wird also gewissermassen praecipirt: darum nennt man diesen Gebrauch Prolepsis, wodurch natürlich keine genaue Darstellung des Sachverhältnisses gegeben wird, und darum ist dieser Gebrauch auch den prosaischen Römern eigentlich fremd geblieben. Nur die Dichter haben sich zuweilen zu solcher Ungenauigkeit erhoben; es gehört dazu Phantasie. Tib. I, 10, 46: pax duxit aratores (doch besser hier wegen der Codd. *araturos*) sub iuga panda boves; hier würde *aratores* heissen: was sie dadurch wurden. Ov. Met. VI, 248: laniataque pectora plangens; ib. VII, 113: pulvereumque solum pede pulsavere bisulco; der Boden wurde staubig durch das Stampfen, aber er war es auch schon, indem sie fortfuhren; hier liegt es also nahe. Iure perhorrui late conspicuum tollere verticem bei Hor. Carm. III, 16, 19. Natürlich hat die Prolepsis, obwohl auf Phantasie beruhend, ihre Grenzen; z. B. er schlug den Hund lahm, und er schlug den lahmen Hund. Dies wird man nicht leicht verwechseln. Cf. Dissen zu Tibull I, 1, 36; Bach zu Ov. Met. I, 32. XIII, 602 und die besondere Schrift von J. B. Ahlemeyer, über die dichterische Prolepsis des Adjectiv, Paderborn 1827, Progr.

Auf alle einzelnen Besonderheiten rücksichtlich der Uebereinstimmung im Genus und Numerus gehe ich hier nicht ein, weil sie in den Grammatiken genügend behandelt sind. Uebrigens ist vieles der Art der Verbindung des Subjectes mit dem Prädicate im Satze gemein.

Es kann davon allerdings hier die Rede sein, zwar nicht insofern als durch die Verbindung ein Satz entsteht als solcher, wohl aber insofern als die Uebereinstimmung zwischen Prädicat und Subject lediglich darin seinen Grund hat, dass das Prädicat auch einen nominalen Inhalt hat, Merkmale des festen Seins, die mit denen des Subjects verbunden werden, nur dass diese Verbindung nicht eine schon fertige ist, die bloss den Begriff eines näher bestimmten festen Seins zum Resultate hätte, wie *arbor viridis;* sondern wenn man sagt *arbor viret* oder *viridis est,* so ist jene Verbindung gleichsam im Werden, es ist die Vollziehung derselben durch das Urtheil des Menschen. Dass nun aber auch hier Uebereinstimmung im Casus, zum Theil im Genus und Numerus stattfinden muss, beruht auf denselben Gründen wie bei der besprochenen Verbindung. Die Abweichungen von der Uebereinstimmung sind in beiden Gattungen im Ganzen gemeinschaftlich; der Abschnitt ist in den Grammatiken genügend behandelt.

Nur Eine Erscheinung ist hier zu erwähnen. Man sollte nämlich meinen, wenn der Satz die werdende Verbindung ist und dagegen die durch Co- und Adhärenz (die Inhärenz ist unauflöslich) die fertige, so könnte ohne Ausnahme jede werdende Verbindung in eine fertige, jede fertige in eine werdende verwandelt werden: also aus *arbor viridis* kann *arbor viret* werden und hieraus jenes. Aber dieser Satz leidet eine Ausnahme, nämlich bei den Nominibus propriis. Ueber ein Einzelwesen kann man zwar ein Urtheil fällen, z. B. *Cicero fuit eloquens,* oder eine Wahrnehmung machen: *Caius est aegrotus;* aber das so einem Einzelwesen beigelegte Prädicat beruht immer nur auf dem Urtheile und der Wahrnehmung des Sprechenden; es vereinigt sich mit dem Nomen proprium nicht objectiv, sondern nur subjectiv; die Vereinigung ist daher nur eine bedingte, beschränkte, folglich kann von den drei Formen der unmittelbaren Verbindung nur die Adhärenz eintreten. Wir können sagen: der beredte Cicero, aber nicht die Lateiner: *Cicero eloquens*, ausser durch Adhärenz, z. B. *Cicero aegrotus* — als, da, wenn, obgleich er krank war. Nehmen wir dagegen ein Nomen appellativum, *homo eloquens*, so kann dies zwar auch auf einem subjectiven Urtheile beruhen, aber dies ist nicht die einzige Möglichkeit, und in der Form ist es gar nicht ausgedrückt, sondern in dieser liegt bloss die objective Verbindung: ein beredter Mann ist eine Species, objectiv dargestellt aus dem Genus Mann mittels eines hinzugetretenen beschränkenden Merkmals. Ein Einzelwesen aber kann nicht in Unter-Gattungen zerlegt werden; man kann nicht objectiv einen beredten Cicero als einen besonderen aufstellen und ihn von einem unberedten unterscheiden. Daher die Regel, dass nicht ein Adjectivum oder ein Substantivum mit einem Nomen proprium verbunden werden kann ausser durch Adhärenz, und dasselbe gilt vom Genetiv und Ablativ der Eigenschaft. Es muss der Gattungsbegriff dazwischen geschoben werden, *Cicero vir eloquentissimus*, *vir summa eloquentia* u. dergl. Wir werden später beim Genetiv und Ablativ sehen, dass in späterer Zeit diese Regel ihre Gültigkeit verlor; für die beste Zeit gilt sie. S. Stat. Silv. I, 3, 22: placidus Vopiscus; Ov. Trist. II, 369: iucundus Menander; ib. 423: gravis Ennius, 427: lascivus Catullus, 431: exiguus Calvus, 435: Cinnaque procacior Anser, 465: blandus Propertius. Jedoch mit einer natürlichen Ausnahme; wenn das Nomen proprium nicht mehr in strengem Sinne ein solches ist, und wenn das Adjectivum nicht ein solches ist, so ändern sich natürlich die Verhältnisse.

Eine andere eigentlich nur scheinbare Ausnahme ist die, wenn des Prädicats Stelle durch eine adverbielle Bestimmung vertreten wird, z. B. *Caius fuit mecum*, oder durch sonstige locale Bestimmung, wie *domi*, *Romae*, *in urbe*, *apud amicos* u. dgl. Hier liegt es schon in dem Begriffe dieser Bestimmungen, dass sie nicht Prädicate sind; sie enthalten nicht ein an dem Subjecte haftendes Merkmal, sondern nur Bestimmungen des Seins, die mithin von diesen nicht getrennt und zum Subjecte gesetzt werden können.

Ueber den letzten Punkt kann man vergleichen eine Abhandlung von Dr. Füisting, über die relative Apposition, in den Verhandlungen der zweiten Versammlung deutscher Philologen (Mannheim 1840), S. 99—104, der eine andere Theorie aufstellt, indem er Concretion, Copulation und relative Apposition unterscheidet; unter Concretion begreift er Inhärenz und Cohärenz, aber beschränkt auf Adjectiva, unter relativer Apposition Adhärenz, und die Copulation ist ihm Verbindung des Subjectes und Prädicates im einfachen Satze; indem er diese heterogenen Dinge vermischt, dagegen Inhärenz und Cohärenz nicht scheidet und bei beiden die Substantiva ausser Acht lässt, sind seine Bestimmungen weder vollständig, noch klar und richtig. Eine andere Schrift ist von J. P. A. Jungclaussen, commentatio de appositione grammatica, Schleswig 1839, 4. Daraus eine Uebersicht von Dreis in N. Jahrb. f. Phil. 1839, Bd. 26, p. 336 fg. [1]).

---

[1]) Weiter fasst den Begriff S c h u l t z e , de linguae latinae appositione, Progr. von Prenzlau 1843, 4.

Sehr nahe steht ein anderer Fall, wenn nämlich die Apposition den Zweck (Wirkung) einer Sache als ihr Merkmal setzt. S. Tac. Ann. I, 3: subsidia dominationi, c. 30: documentum fidei; und dann die ungenaue Apposition zur Handlung überhaupt, wovon s. Walther zu Tac. Ann. I, 27. Hier tritt zugleich eine formale Eigenheit ein, nämlich die Apposition gehört nicht mehr streng zu einem Nomen, sondern zu dem ganzen aus Verbum und Nomen componirten Begriffe einer Handlung.

Rhetorisch und poetisch können hier sehr kühne Begriffsverbindungen vorkommen, z. B. Seneca suas. VII, §. 8, p. 48 extr. über die Vertilgung der philippischen Reden durch Cicero, wofern ihm angeblich Antonius das Leben schenken will: sine durare post te ingenium tuum, perpetuam Antonii proscriptionem; nicht bloss *ingenium*, sondern *eo quod durat, efficit*.

Bei den besprochenen Arten der Verbindung sind die Nomina propria nicht berücksichtigt, die sich in einem besonderen Falle befinden; sie bezeichnen ganz bestimmte Einzelwesen, von denen jedes für sich abgeschlossen und nicht weiter specificirt oder in Gattungen zerlegt werden kann durch Hinzufügung verschiedener Merkmale; also wie es einen *miles fortis* und *ignavus* giebt als zwei Gattungen der Begriffe *miles*, so kann nicht z. B. *Scipio*, der Eine bestimmte Mann, durch Prädicate in verschiedene Gattungen zerlegt werden. Daraus folgt die Regel, dass ein Adjectivum mit einem Nomen proprium weder durch Inhärenz, noch durch Cohärenz verbunden werden kann, wohl aber durch Adhärenz. Etwas unbestimmt und allgemein und ohne Erörterung der Gründe sprechen über die Erscheinung Madvig, §. 300, A. 4, Krebs Antibarb. §. 86. Letzterer führt als Ausnahme an aus Cicero ad fam. VI, 18, 5: Lepta suavissimus. Fr. Schneider, Jahrb. für Phil. und Päd. 1845, Bd. 44, p. 443 setzt hinzu Tusc. I, 96: propino hoc pulchro Critiae und sagt: „ganz gewöhnlich steht so unmittelbar beim Nomen proprium das Adjectiv *magnus*, z. B.: Pompeius Magnus (Cic. Philipp. V, 41); so auch *sapiens* (Cic. Verr. II, §. 5: Cato sapiens); vgl. de Or. I, 170: P. Crassus, ille dives." Die letzteren Stellen sind unpassend; es sind Adjectiva, die zu Beinamen geworden, um Personen gleichen Namens, für welche also ihr Name gleichsam zu einem Appellativum geworden ist, durch ein besonderes Prädicat zu unterscheiden. Dahin gehören mit gleichem Rechte alle Beinamen, wie *Scipio Africanus maior* und *minor* und viele andere. Ueber wirkliche Ausnahmen bei Aur. Vict. s. Keil zu de vir. ill. c. 69. 1. Sen. Herc. fur. 439: miseranda coniunx Herculis magni sile; ib. 496: et nuptiales impii Oedipodae faces. Troad. 326: tunc magnus Hector — cantus Achillis timuit. Valer. Max. II, 7, 1: acrem illam et animosam Numantiam — solo aequavit. Hor. Sat. I, 5, 1: egressum magna me excepit Aricia Roma. Es scheint also, dass Ortsnamen ausgenommen sind als Namen von Sachen, desgleichen die mythischen Namen der Griechen. Ferner wohl zu unterscheiden solche Appositionen der Adjectiva wie Cic. de rep. III, c. 36. Schol. Iuven. X, 362: Sardanapalus ille vitiis multo quam nomine ipso deformior. Die Apposition ist hier subjectives Urtheil.

Es ist die Frage, welche Erscheinungen entstehen, wenn zu einem und demselben Nomen adjective Bestimmungen treten, welche nicht auf gleiche Weise bestimmen, sondern z. B. die eine durch Inhärenz, die andere durch Cohärenz oder Adhärenz. Es versteht sich, dass sie dann nicht coordinirt werden können, was z. B. durch *et* geschehen würde. Cic. Parad. V, c. 2

extr.: quem nutum locupletis orbi senis non observat? Seneca epist. 65, 1: intervenerunt amici, qui mihi vim adferrent et tamquam aegrum intemperantem coercerent; id. epist. 78, 20: nihil agere te credis, si temperans aeger sis? Ebenso valentes colorati und aegri intemperantes dial. II, 13, 2. Cic. ad Att. XII, 21, 5: fortis aegrotus. Seneca epist. 7, 6: convictor delicatus —; vicinus dives cupiditatem irritat; malignus comes — wo die Gleichstellung mit Substantivis deutlich, aber doch zweifelhaft, ob ein benachbarter Reicher oder ein reicher Nachbar zu übersetzen. Dies letztere ist richtig, weil *vicinus* mit *convictor* und *comes* parallel. In anderen Stellen ist es anders, wie sanus dives, epist. 17, 4; stultorum divitum adrosor ep. 27, 7; nec quidquam *insipiente fortunato* intolerabilius fieri potest, Cic. Lael. c. 15, §. 54 und dazu Seyffert.

B. Die Verbindung in ungleichem Verhältnisse, durch Subordination, Regimen und adverbielle Bestimmung.

Wenn die adjectivische Verbindung der Addition entspricht, so könnte man die adverbielle der der Multiplication vergleichen. Dies würde indess vorzugsweise nur auf die eigentlichen Adverbia passen, namentlich insofern sie den Sinn eines Ablativus haben. Im Allgemeinen ist vielmehr zu sagen, dass hier die Verbindung in ungleichem Verhältnisse stattfindet; dort nämlich bildeten zwei Substanzen einen gemeinsamen Inbegriff von Merkmalen, welcher also als ein Ganzes stets dieselbe Art von Existenz in allen seinen Theilen haben musste, woraus sich eben das gleiche Verhältniss ergab, die Uebereinstimmung im Casus und zum Theil im Genus und Numerus. Nun sind aber noch folgende Combinationen möglich, nämlich 1) die Substanzen treten unter einander in ein gleiches Verhältniss; 2) sie treten zu den Ausdrücken des fliessenden Seins, den Verbis, in ein Verhältniss; 3) die Verba treten unter einander in ein Verhältniss, ein ungleiches. Was 1) anbetrifft, so wird sich später zeigen, dass das Verhältniss durch den Genetiv bezeichnet wird. 2) das feste und fliessende Sein sind ganz heterogene Dinge von so verschiedener Natur, dass an ein gleiches Verhältniss zwischen beiden nicht zu denken ist. Es ist hierbei nur zweierlei möglich: zunächst kann ein Gegenstand da sein, welcher das Subject des fliessenden Seins ist d. i. sein Anfangspunkt, Ursprung, von welchem die Bewegung des fliessenden Seins ausgeht, die bewegende Kraft selbst, welche überall nothwendig ist und daher auch überall bezeichnet oder verstanden werden muss, ausser natürlich wo sie verborgen ist und dem Menschen unbekannt (Verba impersonalia) oder wo er bloss die Vollendung des Seins ausserhalb seines Ursprungs und Urhebers bezeichnen will, z. B. *itur*, *creditur* u. dgl. Zwischen dem Subjecte und seinem Verbum ist allerdings eine gewisse Uebereinstimmung und Gleichheit nothwendig; denn das Verbum enthält ein Prädicat *arbor viret* = *est viridis*; dies muss auf das Subject zurückbezogen werden und daher ist Gleichheit erforderlich, wie bei der adjectiven Verbindung. Aber *arbor viret* oder *viridis est* ist nicht = *arbor viridis*: dies ist der componirte Begriff aus zwei Stücken, jenes ist das Componiren selbst durch ein drittes, durch *est*. Das Compositum ist noch nicht fertig, es ist sein Werden in dem Gedanken der Menschen, der eben erst wahrnimmt, dass das Eine zum Andern gehört, und der nun diese durch sein Urtheil vermittelte Zusammengehörigkeit ausspricht. *Arbor viridis* ist ein einziges festes Sein, componirt aus allen Merkmalen, die *arbor* und *viridis* enthalten; dagegen *arbor viridis est* ist ein fliessendes Sein, das im Gedanken erst werdende feste Sein des schon vorhandenen festen Seins *arbor* und des ebenfalls vorhandenen festen Seins *viridis* zu dem noch nicht vorhandenen festen Sein *viridis arbor*. Es kann jedoch auch umgekehrt *viridis arbor* als das schon vorher factisch vorhandene Concretum aufgefasst werden, das die Reflexion mittels des Satzes in seine Bestandtheile zerlegt, welche Auffassung mehr der allgemeinen Ansicht entspricht, die in der Einleitung über die Entstehung des Satzes ausgesprochen ist. In einer Zeit aber, wo solche Reflexions-Composita gebildet werden, wie *arbor viridis*, fallen beiderlei Betrachtungen des Satzes zusammen, oder es bestehen beide gleichzeitig neben einander. Es kann nun aber das fliessende Sein, indem es von seinem Subjecte ausgeht, im Laufe seines Fliessens und seiner Bewegung noch auf andere Substanzen stossen, und kann vermöge seiner Bewegung ein verschiedenes Verhältniss zu ihnen bekommen ; es kann sie umfassen und mit sich fortführen, so dass es sich selbst mit ihnen erfüllt und sie so zu seinem Inhalte nimmt; oder das fliessende Sein nimmt sich eine Substanz blos zum Ziel und Zweck, worauf es sich richtet, ohne es zu berühren ; oder es hat Substanzen zu den Bedingungen seines Fliessens und seiner Bewegung, wie der Fluss das Bett, in welchem, das Quellenhaus, aus welchem das Gefälle fliesst, die Zeit, in welcher, und die sonstigen äusseren Substanzen, durch welche es die Art und Weise seiner Bewegung bedingen, es beschränken und ihm eine besondere Form geben kann. Diese Verhältnisse zu äusseren Substanzen werden durch die Casus obliqui ausgedrückt, es leuchtet ein, dass das Subject alle diese Verhältnisse schon in sich enthalten kann; es kann sich zur Bedingung, zum Ziel und zum Inhalt seines Seins machen, so dass dann keine äussere Substanz hinzukommt, um diese Verhältnisse zu bezeichnen; dann kann man das Verbum ein Verbum intransitivum nennen, was aber doch eine sehr schwankende Bezeichnung ist, wie schon früher gezeigt ; denn es hängt bloss vom Zufall ab, und man kann sagen, dass jedes Verbum intransitivum auch transitiv werden kann, und umgekehrt. Wir haben also hier zwei Verhältnisse zu betrachten, a) Subject zum Verbum: b) Casus obliqui zum Verbum. Das erstere will ich jetzt übergehen, weil es passender in die Satzlehre aufgenommen wird, auch nicht schwierig ist (dies ist die Concordia der Satzlehre); das zweite ist nun mit dem Genetiv die Casuslehre.

Was ferner 3) die Verhältnisse der Verba zu einander betrifft, so wäre die Frage, ob hier auch ein gleiches Verhältniss stattfinden kann, wie bei den Substanzen, in welchem Falle wir noch nicht zum Regimen übergehen könnten. Allerdings ist zwar Coordination möglich, aber nicht innere Verbindung der coordinirten Theile zu einem Ganzen; denn es lässt sich nicht ein Verbum zu dem anderen addiren, wie bei den Nominibus, und zwar darum nicht, weil jedes Verbum wesentlich das einfache Sein enthält und dies versehen mit einem besonderen Prädicate; z. B. *florere = florentem esse, vigere = vigentem esse*. Addirt man dies, so hat man immer zwei geschiedene *esse;* dies kann werden *vigentem florere* oder *florentem vigere ;* oder auch mittels Adverbium z. B. *fortem esse et militem esse* oder *militare* kann werden *fortem militem esse* oder *fortiter militare*. Man sieht also, hier findet nur eine Addition der Merkmale statt, nicht aber des Seins selbst, das $= a$; also $a + a = 2\,a$. Es ist ein gleicher und ein ungleicher Theil; die Addition des Gleichen kann zu nichts führen: nur die des Ungleichen ist möglich; d. h. also nicht das *esse,* sondern die Merkmale. Dabei kommt nichts heraus, folglich unterbleibt es; es ist also die Bestimmung eines Verbi durch ein Verbum mittels Verbindung in gleichem Verhältnisse nicht möglich, sondern die Bestimmung wird dann nur in den Merkmalen gemacht durch Prädicate und Adverbien, Dies ist also die Bestimmung durch eigentliche Adverbia, welche ich als zweiten Theil gesetzt habe; daran schliesst sich als dritter beides zugleich, Adverbia nämlich Praepositiones mit Casus. Es ist aber ferner die Frage, ob nicht Verba einander in ungleichem Verhältnisse bestimmen können, wie Substanzen beim Genetiv. Dies ist allerdings der Fall, und zwar in ganz entsprechender Weise, so dass ein Sein einem andern untergeordnet wird und dadurch beide ein Ganzes bilden (ähnlich der Inhärenz und Cohärenz). Wie macht man es aber, wenn man ein Sein einem andern unterordnet? Offenbar kann dabei der Zweck nur derselbe sein, den man auch bei der adverbiellen Bestimmung hat, z. B. *frequenter lavor*; nur tritt der Unterschied ein, dass jene adverbielle Bestimmung in einem andern Sein erscheint; dies andere Sein wird demnach das Bestimmende, folglich das Vorherrschende, Selbstständige; und das dadurch bestimmte Sein wird das unselbstständige, abhängige. Worin besteht aber die Unselbstständigkeit des Seins? Darin, dass es nicht mehr seinen eigenen Fluss, seine eigene Bewegung verfolgt, von seinem eigenen besondern Anfangspunkte aus, mit eigener Bestimmung der Zeit etc., kurz darin; dass es nicht selbst Verbum finitum ist, sondern infinitum oder Infinitivus: und Alles, wodurch ein Verbum finitum sich charakterisirt, Beziehung auf ein Subject also, Bestimmung der Person, dazu Bestimmung des Modus und Tempus, dies geht auf das bestimmende Verbum über; so entsteht also die Verbindung der Verba, welche man Auxiliaria nennen könnte, mit dem Infinitiv. Die Benennung ist verkehrt, nur hergenommen eigentlich davon, dass sie aushülfsweise gewisse Flexionsformen ersetzen sollen, die den Verbis fehlen; in Wahrheit ist es so, dass diese Verba umgekehrt der Hülfe anderer Verba bedürftig sind; sie haben für sich keinen vollständigen Sinn, sie bedürfen näherer Bestimmung durch eine Substanz oder ein Verbum, ohne welche ihr Begriff nicht vollständig ist; sie sind relative Verbalbegriffe (wie relative Adjectiva), und in dem Falle, wo die Ergänzung ihres Begriffs in einem Verbum liegt, heissen sie Auxiliaria; aber alle Verba können solche Ergänzungen annehmen, ohne sie schlechthin zu bedürfen, gerade wie Adjectiva: *felix, certus*. Also *soleo lavari* statt *frequenter lavor*. Warum aber hat man sich nicht mit Bestimmungen durch Adverbia begnügt? Was nöthigte viele Bestimmungen des Seins nicht durch Adverbia, sondern durch Verba zu machen? Die Antwort ist nicht schwer. Bestimme ich das Verbum durch ein Adverbium, so muss ich jenes schon als ein wirkliches setzen, und es wird nur durch ein äusserlich hinzutretendes Merkmal bestimmt; das Sein wird dann schon als ein zur Erscheinung kommendes ausgesprochen, möge es auch durch das Adverbium äusserlich beschränkt oder ganz geläugnet werden, wie *raro lavor, non lavor, paene dixi, vix effugi*. Es wird also gar nicht gesagt, dass das zur Erscheinung Kommen des Seins an eine gewisse Disposition des Subjects selber gebunden ist, an seine Neigung oder Abneigung, Fähigkeit oder Unfähigkeit u. s. w., kurz an ein anderweitiges Sein des Subjects, wodurch es zu jenem Sein so oder so disponirt wird. Dies kann nicht durch Adverbia ausgedrückt werden, sondern es muss durch ein disponirendes Sein des Subjects, also durch ein Verbum auxiliare bezeichnet werden. Man sieht hieraus Folgendes: 1) worin der Unterschied der adverbiellen Bestimmung und der durch ein Verbum auxiliare liegt, und 2) welchen Sinn und Zweck eigentlich ein Verbum auxiliare hat. Nämlich ad 1 *frequenter lavor* sagt factisch: ich bade, und zwar oft (*non lavor*, das Nichtbaden ist factisch); dies ist also blos factisch erzählt und objectiv bestimmt; ob dies *frequenter* von einer gewissen Disposition des Subjects ausgeht, ob es aus Neigung, Gewohnheit oder Noth geschieht, ist nicht gesagt; dagegen sage ich *solco lavari*, so ist sogleich der subjective Grund, die Gewohnheit angegeben. Ferner *libenter lavor* heisst: ich bade mich, und so oft es geschieht, geschieht es mit Vergnügen, also blos objectiv referirt; aber sage ich *amo lavari, cupio, volo* u. dgl., so ist die subjective Disposition dazu bezeichnet, und zwar in Nüancen, die sich nicht alle durch Adverbia ausdrücken lassen. Damit ist zugleich klar, welchen Sinn ein Verbum hat, das mit einem Infinitiv verbunden wird unmittelbar; es ist ein Sein, welches die Disposition zu einem andern Sein enthält; unter Umständen auch nicht die Disposition, sondern das Disponiren dazu. Auf diesem Satze beruht die ganze Lehre vom Infinitiv. Zugleich ist klar, dass das regierende Verbum bloss Modification des Seins enthält, also bloss die subjective Bedingung seines Flusses; es tritt daher an und für sich nicht in Berührung mit äusseren Substanzen, sondern dies thut der Infinitiv, z. B. *debeo legere librum.* Diese Grundlagen der Lehre vom Gebrauch des Infinitiv müssen nur weiter entwickelt werden; das disponirende Sein kann in einer Eigenschaft enthalten sein, z. B. *paratus sum, cupidus sum lavari;* die Eigenschaft braucht aber nicht erst prädicirt zu werden; sie kann an dem Nomen schon haften; daher der ganze Gebrauch der Adjectiva cum Infinitivo, der sich sehr ausdehnt bei Dichtern. Ferner das disponirende Sein kann ein transitives sein; es drückt nicht das Disponirtsein, sondern das Disponiren zu einem andern Sein aus; *volo esse clemens; volo me, te esse clementem;* daher *iubeo, adhortor, cogo, prohibeo* mit dem sogenannten Accusativus cum Infinitivo, wo das Passivum das Disponirtwerden oder Sein ausdrückt, also Nominativ cum Infinitivo. — Ferner die Wirklichkeit oder Unwirklichkeit eines Seins kann bedingt sein nicht durch das Disponiren dazu, sondern dadurch, dass es wahrgenommen wird oder nicht, oder wahrgenommen worden ist oder nicht, oder wahrgenommen werden kann oder nicht; oder dass es für wahrgenommen gehalten oder dafür erklärt wird; dies ist der Accusativ cum Infinitivo bei Verbis sentiendi und declarandi.

Aus Allem ergiebt sich nun folgende Disposition der Bestimmungen:
1. gleiche.
   a. Nomina mit Nomina und Nomina mit Verba. Concordia.
2. ungleiche. Regimen.
   a. Nomina mit Nomina. Genetiv.
   b. Verba mit Nomina.
     α. eigentliche. Casus obliqui.
     β. uneigentliche. Adverbia.
     γ. beide zugleich.
   c. Verba mit Verba.
     Gebrauch des Infinitivi, Supini und Gerundii.
3. correlative.

Vorlesungen

über

lateinische Sprachwissenschaft

von

Friedrich Haase,

weil. o. ö. Professor a. d. Universität Breslau.

Band II.

Bedeutungslehre (Zweiter Theil)

herausgegeben

von

Hermann Peter.

LEIPZIG,
Verlag von Simmel & Co.
1880.

Vorrede.

Die Frage, ob diese Vorlesungen geeignet seien durch den Druck dem grösseren Publikum vorgelegt zu werden, war schon entschieden, als die Aufforderung mich an der Herausgabe zu betheiligen an mich herantrat. Aus dem persönlichen Verkehr mit Haase weiss ich, wie viel er noch sammeln, beobachten und untersuchen zu müssen glaubte, bis dies sein Lebenswerk zur Veröffentlichung reif sei. Auch hatte er selbst die Vorlesungen seines Lehrers Reisig über den gleichen Stoff in einer so aufopfernden und musterhaften Weise herausgegeben, dass jeder unwillkürlich mit der gleichen Erwartung Haase's Vorlesungen in die Hand genommen haben würde. Zu einem solchen Wetteifer mit Haase fühlte ich aber in mir weder Muth noch Kraft.

Nachdem jedoch einmal die Herausgabe begonnen war, und zwar so, dass, was gewiss seine volle Berechtigung hat, nur eine Redaction der Aufzeichnungen Haase's angestrebt wurde, glaubte ich, wie Herr Professor Eckstein die Fortsetzung ablehnte, mich der Aufgabe sie zu Ende zu führen, nicht entziehen zu dürfen. Das Hauptmotiv dabei war die Pietät gegen meinen hochverdienten Lehrer, dem ich für die gerade in dieser Vorlesung gegebene Anregung reichen Dank schulde, wie ich in ihm stets das Muster eines wahren Mannes verehren werde.[1] Mit Bedauern hatte ich bemerkt, dass der erste Theil in der wissenschaftlichen Welt nicht die ihm gebührende Beachtung gefunden, und war überzeugt, dass dieselbe ihm zufallen würde, wenn erst die Fortsetzung vorliege. Ferner aber bestimmte

---

[1] Ein vorzügliches Bild Haase's hat sein langjähriger Freund C. Fickert in der ‚Friderici Haasii memoria' (Progr. d. Elisabet-Gymnasiums in Breslau 1868) in wahren und warmen Farben gezeichnet. Ein Wiederabdruck desselben würde Freunden und Verehrern sehr erwünscht sein.

mich die Rücksicht auf unsere Schule dazu diese zu veröffentlichen. Je mehr man nämlich jetzt — und gewiss mit Recht — für den Unterricht die gedruckte lateinische Grammatik in einzelne Regeln auflöst, um dem Schüler nur den objectiven Thatbestand zu überliefern und es der Individualität des Lehrers zu überlassen, den Stoff mit seinem Geiste zu durchdringen, desto mehr wird es jetzt ein Bedürfniss sein, diesen durch angemessene Bücher dazu in den Stand zu setzen. Wie viel ist in den letzten Jahrzehnten für das innere Begreifen der griechischen und lateinischen Formen gethan worden! wie wird von vielen Seiten darauf hingearbeitet ein solches auch dem Schüler zu übermitteln! wie äusserlich ist aber meist das Verstehen der syntactischen Regeln! Auf das Studium der griechischen Syntax haben u. A. die vorzüglichen Grundzüge der griechischen Tempus- und Moduslehre Aken's einen ausserordentlich vertiefenden Einfluss geübt: für das lateinische einen gleichen Weg zu weisen, erschienen mir diese Vorlesungen ganz besonders geeignet.

Als ein Buch zum Nachschlagen werden dieselben natürlich nicht gebraucht werden können; die Anmerkungen zu Reisig behalten vielmehr auch nach dieser Veröffentlichung ihren ungeschmälerten Werth, und jeder Freund derselben wird es mit Freude begrüsst haben, dass dieselben jetzt unter der berufenen Leitung H. Hagen's in einer neuen Auflage erscheinen. Haase hat bei der Niederschrift seines Collegs stets an den Vortrag gedacht, wie schon der Stil desselben beweist, und so soll dasselbe auch im Druck von Anfang bis zu Ende durchstudirt werden und zu selbständigem Nachdenken über grammatische Fragen anregen, wie es einst in so hohem Grade sein Wort gethan. Er verschmähte dabei die äusseren Mittel der Rhetorik, aber seine Darstellungsweise war so klar und verständlich, dass man ihr leicht und willig folgte, auch wenn er an seine Zuhörer hohe Anforderungen stellte, z. B. am Ende des Wintersemesters 1857/58 zwei Wochen hindurch täglich drei Stunden las. Sein Vortrag gab nun aber genau das wieder, was er sich aufgeschrieben, und so hoffe ich, dass auch die gedruckten Vorlesungen, aus denen uns überall die eigenartige Persönlichkeit des Mannes entgegenblickt, durch die Methode der Untersuchung, die stets von allgemeinen Gesichtspunkten ausgeht und so die einzelnen sprachlichen Erscheinungen in Zusammenhang setzt, ordnet und gruppirt, und durch das Licht, das dadurch auf die bekannten Regeln fällt, die Studien auf dem

Gebiete der lateinischen Grammatik durch fruchtbare Anregung fördern werden. Dass die Ausführung zuweilen zu weit geht und der Scharfsinn zur Spitzfindigkeit wird, wird diesem Zweck keinen Eintrag thun. Haase hat nach den mir vorliegenden Mittheilungen der Herren Oberlehrer Dr. Fredde und Peiper über lateinische Grammatik gelesen: im Sommer 1842 (5stündig), Sommer 1845 (6stündig), Winter 1847/48 (5stündig), Winter 1850/51 (6stündig), Winter 1853/54 (5stündig), Sommer 1857 (erst 6-, dann 10stündig) und Winter 1857/58 (6stündig), Winter 1860/61 (6stündig), Winter 1864/65 und Sommer 1865 (6stündig). Wann er das Heft zu derselben ausgearbeitet und wann er es theilweise umgearbeitet, habe ich leider nicht mit Sicherheit erfahren können. Der mir vom Verleger für diesen zweiten Band zur Verfügung gestellte Theil stammt jedenfalls aus zwei verschiedenen Zeiten; die ersten Blätter (S. 4 „Nomina und Nomina in ungleichem Verhältniss" — S. 20 unten „untergeordnet einem Gegenstand und dabei") gehören einer früheren Redaction an; dieselbe war aber durch zahlreiche Nachträge, Umstellungen, Aenderungen allmählich so unbrauchbar für den Vortrag geworden, dass Haase sich entschloss sie, wie mir scheint, zu den Ostern 1857 begonnenen Vorlesungen neu auszuarbeiten, wobei er indes den Stoff so erweiterte, dass er ihn seitdem nur einmal in einem Semester bewältigen konnte, die beiden anderen Male auf zwei vertheilen musste. Für die Ausführung der Lehre vom Ablativ und den Schluss (S. 175—203) fehlte es mir leider an jeder Unterlage von Haase's Hand, sodass ich nicht anzugeben vermag, ob sich die Umarbeitung auch hierauf erstreckt hat.

Demnach gehen S. 4—175 dieses Bandes auf die eigenen Aufzeichnungen Haase's zurück und zwar S. 4—20 auf die ältere Redaction, S. 21—175 auf die jüngere, welche er auch äusserlich an die beibehaltenen Blätter der älteren gefügt hatte. Ausserdem aber stand mir mein eigenes Heft aus dem Jahr 1857/58 zur Verfügung und die Transcription eines stenographischen Heftes des Herrn Oberlehrer Dr. A. Langen in Brieg aus dem Jahr 1864/65, wo also Haase zum letzten Mal über lateinische Grammatik gelesen hat. Aus diesen beiden Nachschriften habe ich selbst diejenigen Theile des Haase'schen Heftes, über deren Verbleib der Verleger trotz aller aufgewandten Mühe nichts erfahren konnte, ergänzt, im Uebrigen aber mit geringen unwesentlichen Aenderungen die Worte des Haase'schen Heftes wiedergegeben. Für die Einordnung der vielen Nachträge am Rande waren mir die nach dem Vortrag niedergeschriebenen Hefte massgebend. Jene sind freilich sehr verschiedener Natur, zum Theil nur Collectaneen aus Seneca und aus zufälliger Lectüre, und es hätte nahe gelegen solche beim Druck wegzulassen; da indes Haase auch diese fast alle in der Vorlesung mittheilte, habe ich mich dazu nicht für berechtigt gehalten und auch sie eingereiht und mit abdrucken lassen. Ordnung in den Observationen und Beispielen wird freilich hier und da vermisst werden, indes wollte ich grundsätzlich nicht über das von Haase in der Vorlesung Gegebene hinausgehen.

Dagegen habe ich das von ihm vorgelegte urkundliche Material, also die ausgeschriebenen Beispiele sämmtlich nachgeschlagen und nach den neuesten und besten Ausgaben revidirt, vermehrt aber sie nur dann, wenn Haase selbst nach Vollständigkeit derselben gestrebt hatte. Auch die Hinweisung auf die neuere Literatur ist nur sparsam erfolgt, und habe ich mich dabei möglichst an den Character der Vorlesung selbst gehalten, also jede Vollständigkeit ausgeschlossen und nur notirt, wo für eine weitere Behandlung der von Haase angeregten Fragen wichtiges Material zu finden sei, oft der Kürze wegen nur Draeger und Kühner. Ein Repertorium für die Literatur der lateinischen Grammatik, welche durch Schulprogramme (mit oft recht werthvollen Beiträgen) und Zeitschriften ganz besonders zersplittert ist, verdanken wir bereits E. Hübner, ein anderes wird uns die neue Auflage der Reisig'schen Vorlesungen von H. Hagen bringen; in diesem Buch aber wird ein solches um so weniger gesucht werden können, als es ja nur einen Theil der Grammatik überhaupt behandelt. Die wenigsten Zusätze von meiner Hand, die übrigens alle durch eckige Klammern [ ] kenntlich gemacht sind, zeigt die Lehre von den Temporibus und Modis, wenn sie mir auch die meiste Mühe verursacht hat. Hier wollte und konnte Haase von der Zeit gedrängt, nur die Grundzüge seiner Auffassung vortragen und hat Einzelheiten nur dann berührt, wenn sie für das Allgemeine ihm besonders lehrreich erschienen. Ueber *cum* lag ihm z. B. die reiche Beispielsammlung von E. Hoffmann bereits vor, und wenn er auch mit den daraus gezogenen Folgerungen nicht durchgehends übereinstimmte, so hätte er doch leicht mehr Einzelheiten und Beispiele daraus citiren können, wenn er es eben gewollt hätte. Mithin habe auch ich nur, wo Haase mir etwas vergessen zu haben schien, es nachgetragen.

Nach diesen Grundsätzen habe ich das mir zur Verfügung stehende Material bearbeitet, und wenn ich dabei auch in Kleinigkeiten von meinem verehrten Vorgänger Prof. Dr. Eckstein abgewichen bin, so war ich doch im Allgemeinen bemüht, zwischen dem ersten und zweiten Theil möglichste Uebereinstimmung herzustellen.

Schliesslich habe ich noch mit verbindlichsten Danke es auszusprechen, dass Herr Oberlehrer Dr. A. Langen in Brieg seine stenographische Niederschrift der Vorlesung mir gütigst überlassen und sich durch Bearbeitung der Indices auch sonst um dies Buch wesentliche Verdienste erworben hat, und dass mein Freund, Herr Oberlehrer Peiper in Breslau, mit dem ich vor 23 Jahren diese Vorlesung bei Haase gehört, mich bei der Revision der Druckbogen mit der grössten Bereitwilligkeit unterstützt hat.

St. Afra in Meissen, den 26. Mai 1880.

Dr. **Hermann Peter.**

Inhalt der Vorlesungen über die lateinische Grammatik.*)

---

*) Ich habe die Uebersicht nach Haase's Manuscript noch einmal vollständig ab-
drucken lassen, obgleich dies schon für den ersten Theil Vorrede S. V f. geschehen ist,
theils der bequemeren Uebersicht wegen, theils um damit ein Versehen, welches dort mit
untergelaufen ist, zu berichtigen.

Dritter Theil der Grammatik.

Satzlehre (nicht behandelt).

I. Einfacher Satz.

II. Zusammengesetzte Sätze.

  1. Arten der Zusammensetzung.

    a. Coordination. — Cohaerenz.

    b. Subordination. — Adhaerenz.

    c. Abhängigkeit. — Inhaerenz.

      α. subjective —

      β. objective —

      γ. correlative —

  2. Form und Zeichen der Zusammensetzung.

    a. Partikeln, die keinen andern Zweck haben als die Verbindung.

    b. Relativa, welche ausserdem noch Satztheile enthalten.

    c. Bestimmung des Seins durch die Zusammensetzung.*)

  3. Mass und Planmässigkeit der Zusammensetzung.

III. Perioden. Ihre Architektonik:

  1. im Einzelnen. Wortstellung.

  2. im Ganzen. Verhältniss der Glieder zu einander.

  3. in Beziehung auf andere Perioden und auf die Rede überhaupt.

---

*) Im Jahre 1857/8 behandelte Haase an dieser Stelle die Tempora und Modi, die er
aus der Satzlehre herausgriff, später hat er dieselben in die (S. 208 ff.) Bedeutungslehre
hinübergenommen.

Bedeutungslehre.

Zweiter Theil.

B. *Verbindung des Ungleichen, adverbielle Verbindung durch Subordination. Regimen*[1]*).*
  1. *Nomina und Nomina in ungleichem Verhältniss.* **Genetiv.**
  2. *Verba und Nomina.*
    a. *Verba und eigentliche Nomina.* Casus obliqui.
      α. **Accusativ.**
      β. **Dativ.**
      γ. **Ablativ.**
    b. *Bestimmung des Seins durch Adverbia.*
      α. Adverbia mit eigentlichen Verbis verbunden,
      β. „ *mit Adjectivis verbunden,*
      γ. „ *mit Substantivis verbunden.*
    c. *Bestimmung des Seins durch Casus obliqui und Adverbia oder Präpositionen zugleich.*
  3. *Verba und Verba in ungleichem Verhältniss. Infinitiv.*

Dieser Abschnitt enthält also die gesammte Casuslehre, jedoch so dass aus Gründen, die im Folgenden ihre Erörterung finden sollen, der Genetiv den anderen Casus gegenüber eine besondere Klasse bildet.

Die ältere Litteratur s. zu Reisig Anm. 508. Von der späteren ist zu nennen: C. Michelsen, Philosophie der Grammatik unter steter Leitung der Geschichte entworfen; 1. Theil: Casuslehre der lat. Sprache vom causal-localen Standpunkt aus, Berlin 1843 (zwischen den beiden nachher zu besprechenden Auffassungen der Casus einen Mittelweg einschlagend, der aber nicht zu billigen ist); Recension in der Hall. Literaturzeit. 1844 n. 33—36. Th. Rumpel, die Casuslehre in besonderer Beziehung auf die griech. Sprache dargestellt, Halle 1845 (in bestimmtem Widerspruch gegen die Kant'sche von G. Hermann eingeführte Richtung in der Casustheorie). [Ders. Zur Casustheorie im Progr. des Gymn. zu Gütersloh 1866 (gegen die Localisten).] R. Jacobs, über die Bedeutung der Casus in bes. Beziehung auf die lat.

---

[1]) [Die Einordnung dieses Theils der Bedeutungslehre in das ganze System s. in der Vorrede. Die einleitenden Bemerkungen sind bereits in Th. I S. 217—220 zum Abdruck gebracht.]

Sprache in der Ztschr. f. Gymnasialw. 1847 S. 93 ff. (das Allgemeine und der Ablativ, die Behandlung ist nicht übel). F. A. A. Bach, die Lehre von dem Gebrauch der Casus in der lat. Dichtersprache, Gotha 1848 (eine etwas jugendliche Schrift; nicht ausreichend). F. H. Th. Fischer, die Rectionslehre bei Caesar, 2 Progr., Halle 1853 u. 1854 (eine sehr zweckmässige Methode die Observationen vor der Hand nur an einem einzelnen Schriftsteller zu machen)[1]. F. G. Holtze, Syntaxis priscorum scriptorum latinorum usque ad Terentium I p. 34—340.

Die erste Methode der Behandlung der Casuslehre war die lexikalische, indem man die Worte, welche die Casus regieren, nach Redetheilen sammelte und in den Grammatiken aufführte. Wenn aber auch nach diesem Zuschnitt sehr viele Grammatiken bis in die Neuzeit hinein angelegt worden sind, so führt sie doch nicht dazu den Casus zu verstehen, da man den Grund zu seiner Anwendung nicht in ihm sucht sondern in den regierenden Wörtern; auf eine Ergründung der Casusbedeutung ist so nicht zu rechnen. Dann hat man im Mittelalter angefangen, die grammatische Betrachtung zur leitenden zu machen und hat Bedeutungen der Casus aufgesucht und danach den Gebrauch in gewisse Gruppen geordnet. Der Versuch verschiedene Bedeutungen (vires) eines Casus zu einer Einheit zusammenzufassen und so die Grundbedeutung eines Casus zu erforschen, unterblieb jedoch lange Zeit. Erst spät, hauptsächlich seit Einwirkung der Kant'schen Philosophie, hat man sich bemüht, aus diesem Zustand der Grammatik herauszukommen, dabei nach zwei Richtungen sich scheidend: Entweder schrieb man den Casus eine geistige Bedeutung zu und schob ihnen gewisse begriffliche Kategorien unter, die man aus der Philosophie mitbrachte, namentlich auf Grundlage der Kantschen, so G. Hermann in 'de emendanda ratione graecae grammaticae', in den Anmerkungen zum Viger und in seinen Vorlesungen, aus denen G. Billroth's lateinische Grammatik (zuerst 1834, s. Th. I S. 32) hervorgegangen ist. Dasselbe hat auch Reisig gethan § 337 ff. Aber man steht dabei auf sehr unsicherem Boden, diese grammatischen Kategorien lassen sich drehen und wenden wie Wachs, und der thatsächliche Sprachgebrauch muss häufig gewaltthätig zurecht gelegt werden, um ihn denselben anzupassen. Es ist eben wider die Natur, solche historische Dinge nach Principien zu reguliren, die ganz ausserhalb liegen. Die Grammatik muss vielmehr aus sich selbst, aus dem historisch Gegebenen, das darin wirkende Princip finden, aber nicht hineintragen, was nur zu allerhand Missbrauch und Verdrehung des Sprachgebrauchs führen kann. Eine andere Ansicht, dieser entgegengesetzt, hat sich später geltend gemacht[2]; man legte nämlich bei den Casus eine

---

[1] [Ein jetzt bekanntlich fleissig angebautes Gebiet; vgl. namentlich B. Lupus, der Sprachgebrauch des Cornelius Nepos (Berlin b. Weidmann 1876) S. 12—94; L. Kühnast, die Hauptpunkte der Livianischen Syntax[2] (Berlin b. Weber 1872) S. 70—192; A. Draeger, über Syntax und Stil des Tacitus[2] (Leipzig b. Teubner 1874) S. 18—41; andere Schriften s. b. E. Hübner in seinem Grundriss zu Vorlesungen über die lat. Grammatik S. 52 f. u. 58. Doch reichen alle diese Arbeiten noch nicht hin, um für eine allen Ansprüchen genügende historische Grammatik eine zuverlässige Grundlage abzugeben. Dass A. Draeger's sehr verdienstliche historische Syntax der lat. Sprache in 2 Bänden (Leipzig 1874, erscheint jetzt in 2. Aufl.) empfindliche Lücken aufweist, verkennt er selbst am allerwenigsten.]

[2] [Besonders seit J. A. Hartung, Ueber die Casus, ihre Bildung und Bedeutung in der griechischen und lateinischen Sprache, Erlangen 1831.]

sinnliche, eine locale Bedeutung zu Grunde und glaubte hierbei im voll-
kommensten Rechte zu sein, indem man meinte, es sei nicht bloss historisch
erwiesen, dass es so sei, sondern es sei dies auch allein naturgemäss und
dem Standpunkte der sprachbildenden Menschen am angemessensten. Der
historische Beweis ergab sich daraus, dass man in den Casus-Suffixen gewisse bekannte Suffixe, welche localen Sinn haben, wiederfinden wollte.
Allein es ist ungemein schwer und ein äusserst schlüpfriges Gebiet, solche
Suffixe auf ursprünglich selbständige Wörter mit bestimmtem Sinn zurückzuführen. Nirgends ist das Conjecturiren so schrankenlos gestattet wie hier,
und nirgends ist die Gefahr grösser, dadurch in Irrthümer zu verfallen, und
schliesslich hat auch G. Curtius, in solchen Fragen eine anerkannte Autorität, das Bekenntniss abgelegt[1]), dass sich die locale Bedeutung der lateinischen Suffixe mittelst der Sprachvergleichung nicht nachweisen lasse und man
eben so gut eine geistige Bedeutung annehmen könne. Der historische Beweis ist daher nicht gelungen, und was den philosophischen anbetrifft, so beruht derselbe ebenfalls auf einem Irrthum. Es klingt freilich sehr probabel,
wenn man darauf hinweist, dass die Menschen ursprünglich bloss locale Anschauungen besassen, und folgert, dass daher auch die Casus local seien;
denn allerdings ist die menschliche Wahrnehmung ursprünglich sinnlich.
Aber diese schlechthin sinnliche Wahrnehmung beschränkt sich immer nur
auf das Einzelne, Concrete; sobald der Mensch in der Sprache Redetheile
bildet, muss er sich über die einzelnen sinnlichen Wahrnehmungen erheben,
sie in Gruppen zusammenfassen und allgemeine Kategorien schaffen, und
diese sind abstract, mögen sie nun locale Specialitäten oder andere enthalten.
So haben sich die Casus obliqui nicht ausbilden können, bevor man die Nomina als Redetheile von den Verbis, also das feste vom fliessenden Sein,
zugleich Ursache und Wirkung, und innerhalb des fliessenden Seins das ursprüngliche und das abgeleitete, das Activ und das Passiv, unterschieden
hatte, daneben auch noch das wirkliche und das unwirkliche Sein in den
Temporibus und Modis. Demnach ist es durchaus verkehrt, für die Casus
eine sinnliche, locale Bedeutung zu verlangen, während die Menschen schon
vorher — natürlich nicht in der Weise von Philosophen mit freiem Bewusstsein, sondern instinctiv, — andere Begriffe erkannt und durch eine gemeinsame Form ausgedrückt haben (s. Th. I S. 63 ff.). Es sind vielmehr
die Casus offenbar und unzweifelhaft allgemeine Kategorien, in denen eine
Menge von Einzelheiten zusammengefasst sind, Rubriken, die eine mehr oder
weniger grosse Mannigfaltigkeit von speciellen Rubriken umschliessen, den
einzelnen Erscheinungen gegenüber abstracte Begriffe, und daher steht es
uns frei, ihnen eine geistige Bedeutung zuzuschreiben, wie dies ja auch bei
den Temporibus und Modis geschehen muss.

Unsere Aufgabe ist es aber nur zu fragen, was sich in der Einzel-
sprache aus dem thatsächlichen Gebrauch über die Bedeutung ihrer Casus
erkennen lässt; die Resultate, zu welchen etwa die philosophische Speculation
und die Sprachvergleichung gelangt sind, mögen wir immerhin auf ihrem
Gebiete anerkennen, aber es folgt daraus noch nicht, dass diese Resultate für

---

[1]) [Auf der Meissener Philologenversammlung (1863) in dem Vortrag über die loca-
listische Auffassung der Casus in den Berichten S. 45—50; s. auch die Erläuterungen zur
griech. Schulgrammatik[2] S. 106 ff.]

das Lateinische richtig sind; denn es ist nicht nothwendig, dass die Lateiner ihr Sprachgesetz den Gesetzen der Idealsprache, welche die Philosophen berücksichtigen müssen, unterworfen haben, und ebenso wenig, dass die ursprüngliche Bedeutung eines Casus, welche er in unvordenklicher Zeit gehabt hat, vor der Sonderung der Völker, sich auch bei den Lateinern gehalten hat, und dass sie noch eine im Bewusstsein des Volkes lebendige war in der sehr viel späteren Zeit, in welcher sich die geschichtliche lateinische Sprache ausgebildet hat. Für uns handelt es sich also allein darum, aus dem thatsächlichen Gebrauche die Bedeutung eines jeden Casus zu entwickeln, aber dies muss man auch versuchen und darf es nicht aufgeben, wenn man früher auch nur einzelne Regeln gefunden hat.

Dazu braucht man eine doppelte Operation, eine auf- und eine absteigende. Die Forschung hat natürlich vom Einzelnen auszugehen, verwandte Erscheinungen mit einander in Verbindung zu bringen und zu einer Einheit zusammenzustellen und dies so lange fortzusetzen, die Bedeutung des Casus stetig erweiternd, bis man den Grundbegriff gewonnen hat, der im Leben und im Sprachbewusstsein des Volkes der schaffende und herrschende ist. Dies kann man dann vergleichen mit dem, was die Speculation und die Sprachvergleichung ermittelt hat, indess darf man dieses Resultat nicht darum aufgeben, wenn sich hier eine Differenz zeigt. Grade in der Differenz tritt die Eigenthümlichkeit des einzelnen Volkes hervor. Für die Lehre und Darstellung ist es dagegen eine Nothwendigkeit den umgekehrten Weg zu gehen, also vom allgemeinen Begriff anzufangen und aus ihm die Einzelgebrauchsweisen zu deduciren. Zugleich ist dies Verfahren gleichsam der Prüfstein des ersteren; denn nur, wenn es ein natürliches ist und alle sophistischen und künstlichen Erklärungen ausgeschlossen sind, ist die Voraussetzung eine wirklich richtige gewesen. Ein lebendiges Sprachgefühl gehört dazu vor Allem.

1. *Nomina und Nomina in ungleichem Verhältniss.*

Genetiv.

Literatur: Blackert, über γενική und δοτική πτῶσις, Progr. von Rinteln 1847. A. L. R. Liebig, de genetivi usu Terentiano, Progr. von Oels 1853. L. E. M. Aubert, Beiträge zur lat. Grammatik I. Christiania 1856 (Inhalt: über einige Arten des lat. Genetivs).

In der Verbindung der Substanzen in ungleichem Verhältniss kann keine Mannigfaltigkeit liegen, weil zwei Begriffe des festen Seins mit einander verbunden werden, die an sich keine Bewegung, keinen Wechsel haben. Somit drückt der Genetiv nur das eine mögliche Verhältniss aus, das der Ungleichheit überhaupt, im Gegensatz gegen die Verbindung der Concordia, wo zwei Nominalbegriffe ihre Merkmale durch Addition vereinigen, und daraus ein Ganzes entsteht, das in allen seinen Theilen eine coordinirte, gleiche Existenz hat. Anders hier. Allerdings werden auch hier zwei Nominalbegriffe so verbunden, dass sie ein Ganzes bilden; aber sie stehen nicht in gleichem Verhältniss; das Eine erscheint vielmehr als das Selbständige, das Andere als das ihm Untergeordnete, zu seiner Bestimmung Dienende, und das Andere,

B, macht die Bestimmung von A so, dass gesagt wird, A gehört dem B an, ist von B abhängig, in Bezug auf dasselbe unselbständig; es werden also nicht die Merkmale von B zu denen von A addirt, sondern es kommt zu A nur ein Merkmal, das Angehören zu B, das Aussprechen seines untergeordneten Verhältnisses zu diesem. Die eine Bestimmung des Angehörens kann dann allerdings als ein Merkmal gefasst und wie andere Merkmale bezeichnet werden, also durch ein Adjectiv, so dass z. B. für *epistolae Plinii* eintreten kann *epistolae Plinianae.* Daraus geht hervor, dass der Genetiv nahe verwandt ist mit der adjectivischen Bestimmung, welche das Angehören zu einer anderen Substanz als eine Eigenschaft an der ersten ausspricht, während der Genetiv bloss das Verhältniss der beiden Substanzen angiebt, und dass er weiter ebenso wie das Adjectiv auch Prädicat sein kann.

Man muss nun hierbei das logische und das grammatische Verhältniss der beiden Begriffe wohl unterscheiden: was logisch übergeordnet ist, erscheint grammatisch als das untergeordnete; Plinius ist logisch übergeordnet im Verhältniss zu seinen Briefen; aber grammatisch dient er als Verfasser nur als eine Bestimmung der Briefe, um ihnen das Merkmal ihrer Herkunft beizulegen, und so wird er zu dem grammatisch untergeordneten Genetiv, der das Verhältniss ausdrückt.

Der Genetiv hat also den Sinn, dass zwei Substanzen durch die Angehörigke'it, die relative Unselbständigkeit der einen in Bezug auf die andere mit einander zu einem Ganzen verbunden sind.

Wenn wir demnach nun die Mannigfaltigkeit des Gebrauchs entwickeln wollen, so geht sie lediglich hervor aus dem Begriff der relativen Unselbständigkeit, durch welche die beiden Substanzen verbunden sind; diesen Begriff müssen wir zergliedern, woraus sich dann die sogenannten Regeln über den Gebrauch des Genetivs ergeben. Wir haben dabei zunächst zwei Fälle zu unterscheiden, nämlich

1. die beiden Begriffe sind schon ihrer Natur nach ungleich, und es liegt in den Begriffen selbst die Nothwendigkeit, dass sie, wenn sie verbunden werden, nicht in gleichem Verhältniss zu einander stehen, sondern der eine dem andern subordinirt ist;

2. die Begriffe sind an sich ihrer Natur nach unabhängige, coordinirte, bei denen keine Nothwendigkeit zur Subordination vorhanden ist, sondern diese tritt nur zufällig ein unter besonderen Umständen, wobei denn natürlich das Verhältniss der Unselbständigkeit, weil es nicht durch die Natur der Begriffe selbst gegeben ist, unklar sein muss; es könnte sich möglicher Weise bei diesen coordinirten Begriffen ja auch umkehren. Wegen dieser Unklarheit kann dieser Fall nur unter besonderen Umständen eintreten, unter denen die Unklarheit irgendwie aufgehoben ist. Dieser Gebrauch kann also nur beschränkt sein, der erste dagegen ist natürlich sehr ausgedehnt.

Wenn nun 1. die Begriffe ihrer Natur nach ungleich sind und daher die Subordination nöthig ist, so kann sie erfolgen

A. im eigentlichen,

B. im uneigentlichen Sinne,

d. h. im eigentlichen Sinne, wenn dasjenige dem andern subordinirt ist, was in Wahrheit seiner logischen Natur nach das subordinirte ist; es kann jedoch das Verhältniss umgekehrt werden: was an sich etwas Untergeordnetes ist, kann zum Uebergeordneten werden, indem man Accidenzien der selbständigen Substanzen nicht diesen unterordnet, sondern sie selbst zu allgemeinen Kategorien macht, denen man die Substanzen subordinirt; z. B. in *eloquentia Ciceronis* haben wir die natürliche Unterordnung im eigentlichen Sinne, dagegen in *vir magnae eloquentiae* das umgekehrte Verhältniss; das verschiedene Mass der Beredsamkeit ist die Rubrik, unter welche Personen gestellt werden. Näheres siehe unten.

Nehmen wir also den ersten Fall,

A. natürliche Unterordnung im eigentlichen Sinne, so haben wir hier auch wieder zwei Gattungen zu unterscheiden; nämlich die natürliche Unterordnung der Begriffe beruht

   a. auf der Qualität ihrer Merkmale;

   b. auf der Zahl der Merkmale, wovon also ein ungleicher Umfang der Begriffe ausgeht.

Hiernach können wir das Specielle betrachten; zuerst

   1. A. a. **Natürliche Unterordnung ungleicher Begriffe im eigentlichen Sinne vermöge der Qualität ihrer Merkmale.**

Diese Verbindung lässt sich am besten im Allgemeinen dahin bestimmen, dass die untergeordnete Substanz ein Accidens der anderen ist; denn im Allgemeinen ist ja ein Accidens oder Attribut, sofern es durch ein Substantiv ausgedrückt ist, nichts anderes als eine Substanz, welche ihrem Begriff nach im Vergleich mit einer anderen Substanz nicht selbständig ist, nicht für sich existirt, sondern nur in der Unterordnung unter jene. Somit wird denn der Genetiv zunächst gebraucht, um alle Attribute mit ihren Substanzen zu verbinden, d. h. die Substanz steht im Genetiv, das Attribut in irgend einem andern Casus, den die Natur dessen, was sonst von diesem Attribut gesagt wird, mit sich bringt.

Die Substanz, welcher ein Attribut angehört, erscheint als dies besitzend, möge dies Besitzen nun im eigentlichen und materiellen Sinne gesagt sein von Personen, welche Sachen besitzen, oder möge es im übertragenen Sinne vom geistigen Besitz der Personen oder von Sachen gesagt sein, denen ein Attribut zukommt.

Dies ganze Gebiet umfasst der sogenannte **Genetivus possessivus;** also z. B. *divitiae Croesi, domus Ciceronis, virtus Catonis, probitas amici;* von Sachen *urbis moenia, veritas orationis, integritas animi*[1]). Die Eigenschaft, welche einer Person oder Sache zugeschrieben wird, kann auch durch das Neutrum eines Adjectivs gegeben werden, so dass die Eigenschaft dadurch zu einem substantiellen Attribut wird, z. B. *inania honorum, amara curarum* (s. I S. 154). Nur ist hierbei zu bemerken, dass diese Verbindung nicht immer dieselbe Bedeutung hat; zuweilen treten jene Neutra wirklich an die Stelle des Begriffs der Eigenschaft: das Leere, Bittere an —, d. h. die Leerheit, die Bitterkeit; oder auch es wird die Eigenschaft als concret verbunden gedacht mit dem Nomen, sie soll aber für sich betrachtet werden in dieser Verbindung, hervorgehoben werden: die bittern Sorgen, die

---

[1]) Vergl. Sen. de benef. VII 4, 1 quemadmodum potest aliquis donare sapienti si omnia sapientis sunt. ib. c. 2, 5 omnia illius sunt, non sic quemadmodum Alexandri fuerunt. c. 4, 2 iure civili omnia regis sunt. c. 4, 3 donare agros nostros reipublicae possumus, quamvis illius esse dicantur, quia aliter illius sunt, aliter mei. c. 4, 6 omnia patris sunt — omnia deorum sunt. cf. VII 12, 3.

Sorgen, insofern sie bitter sind; oder endlich der Genetiv ist partitiv zu verstehen (wovon siehe unten): das was an den Ehren leer ist, das Leere davon oder darin. S. zu Reisig Anm. 524. Es ist nicht immer eigentlich Besitz, welchen das Attribut bezeichnet; es kann irgend ein anderes Accidens sein; z. B. ein Product, Werk, That, Zustand, Sein; aber in diesen Fällen ist doch immer kein anderes Verhältniss bezeichnet als das des Attributs und seiner Substanz; es ist thöricht, aus solchen Beispielen dem Genetiv die Bedeutung des Ausgehens von etwas local und causal zu vindiciren; denn, um zunächst diese Verbindung von Personen zu betrachten, so ist bei *filius, liberi, nepos* u. s. w. keineswegs durch den Genetiv das Ausgehen von einer Person durch die Geburt bezeichnet, sondern es hat diese Verbindung ganz dieselbe Bedeutung, wie wenn man von dem entgegengesetzten Verhältniss sagt: *Gai pater, mater Gracchorum.* Ueberhaupt findet dasselbe Verhältniss statt bei allen Bezeichnungen von Personen, welche relativ sind und eine Person nach ihrer Verbindung mit einer andern bezeichnen, wie bei allen übrigen Benennungen der Verwandtschaft, *frater, soror* u. s. w., dann *servus, libertus, dominus, familiaris, amicus, inimicus* u. dergl. Da wird also immer nur die Angehörigkeit bezeichnet; das ist der gemeinschaftliche Sinn aller solcher Verbindungen; die Verhältnisse sind dabei entgegengesetzt oder reciprok; z. B. *Tiro Ciceronis servus* oder *libertus,* und *Cicero dominus (patronus) Tironis; Laelius amicus Scipionis* und *Scipio amicus Laelii.* Der Genetiv hat immer denselben Sinn. Die Angehörigkeit kann auch in einer verhältnissmässigen Thätigkeit bestehen, z. B. *Cicero accusator Verris; Popilius percussor Ciceronis; Agamemno rex regum*[1]). Wenn dagegen die Bezeichnung einer Person gar nicht eine solche relative Bezeichnung ist nach ihrem Verhältniss zu andern, so ist natürlich auch eine solche Verbindung nicht möglich; z. B. *homo hominis* giebt keinen Sinn, und sofern dergleichen überhaupt zu sagen möglich ist, gehört es zu Nr. 2. In der Regel muss hierbei die Exposition des Verhältnisses noch durch ein besonderes Wort, Substantiv oder Adjectiv, gegeben werden.

So ist nun auch, wenn eine That, ein Zustand, ein Sein in Nominalform als Attribut dem Subject dieses Seins beigelegt wird, keineswegs zu glauben, dass der Genetiv das Ausgehen von einem Punkte local oder causal bezeichne; z. B. in *Ciceronis adventus, interitus* u. s. w.[2]) finden wir wieder, dass der Genetiv auch das Entgegengesetzte bezeichnen kann, nicht bloss den Ursprung einer Handlung oder eines Seins, sondern auch das Ziel; es wird also überhaupt das Sein als Attribut durch den Genetiv einer Substanz beigelegt, sowohl wenn das Sein von der Substanz ausgeht, so dass sie sein

---

[1]) Nicht dagegen darf man sagen *patris filius;* denn wenn die Benennung beider Personen ein und dasselbe Verhältniss bezeichnet, wiewohl von verschiedenen Seiten, und wenn weiter nichts mit der Benennung verbunden ist, so ist dies eine immanente Bestimmung, ein Pleoasmus ohne Entschuldigung.

[2]) Ebenso Sen. dial. I 3, 6 longinqui litoris pisces et peregrina aucupia. Liv. 44, 9, 4 nondum hac effusione inducta bestiis omnium gentium circum conpleudi. Liv. 6, 25, 7 ex propinquis itineris locis, 'aus den Orten, die zu der Strasse als benachbarte gehörten'; so Weissenborn in seiner Ausgabe; aber nach Wölfflin, Livian. Kritik und Livian. Sprachgebrauch S. 24 ist *itineri* zu schreiben, wie vor Weissenborn und Hertz geschrieben wurde. [Auch bei Corn. Nep. Hann. 5, 1 ist die handschriftliche Lesart in propinquis urbis montibus, doch schreiben Halm und Lupus nach Fleckeisen *urbi,* s. Lupus Sprachgebr. S. 31.]

Subject ist, als auch, wenn es ein fremdes, von Aussen kommendes ist, dessen
Object die Substanz ist. So ist denn der Genetiv in diesem Falle sowohl
subiectivus als obiectivus, weil das Sein sowohl dem Subject als dem Object
als sein Attribut beigelegt werden kann, und es geht daraus deutlich hervor,
dass der Genetiv nicht in einem specielleren Sinne gedacht werden kann.
Amor patris ist die Liebe, welche dem Vater angehört als sein Attribut,
die Liebe, welche er hat, sei es bei Andern oder gegen Andere. Diese Zweideutigkeit ist hier unvermeidlich, weil der Sinn nicht durch ein Verbum
ausgedrückt wird, durch das fliessende Sein selbst, welches Activ und Passiv
unterscheidet, sondern durch ein Nomen, worin dieser Unterschied verschwindet. Es ist daher auch nicht nöthig, dass in dem Falle, wo der Genetivus
obiect. steht, das Substantivum von einem Verbum herrührt oder den Sinn
eines Verbums hat, das ein eigentliches Object im Activ zu sich nähme;
denn so wenig wie Subject und Object unterschieden werden können, eben
so wenig andere Beziehungen des Verbums zu einem Casus obliquus. Der
Genetiv bezeichnet nur den Gegenstand, dem eine Handlung angehört, weil
sie an ihm oder in Bezug auf ihn geschieht, ohne dass er eigentliches Object
ist; namentlich geschieht dieses bei manchen Substantivis verbalibus, deren
Stammverbum eigentlich die Präposition *de* erforderte; z. B. coniecturam
totius provinciae facere (Cicer. in Verr. III 52, 121), dubitatio damnationis
(ebda 29, 70), dimicatio capitis, famae fortunarumque omnium (pro Rabir.
perd. r. c. 2, 4), conservatae rei p. gratulatio [in Catil. IV 10, 20[1])]. Diese
und andere Beispiele s. z. Reisig Anm. 535. Dazu vergleiche noch Cicero
pro Caec. 18, 50 (nebst der Anm. v. Jordan) verborum error[2]); 3, 9 vel
iniuriarum vel capitis iudicia; pro Sulla 32, 90 honoris contentio; de offic.
I 25, 87 honorum contentio; pro Sulla 17, 49 honoris certamen; pro Caec.
11, 33; 14, 41; 16, 46 possessionis controversia; 13, 36 de minimis aquarum
itinerumque controversiis. Senec. de benef. IV 33, 1 difficilis animi humani
coniectura est; dial. II 15, 2 ex inbecillitate vestra coniecturam capitis
ingentis animi. Ovid. trist. I 9, 51 augurium ratio est et coniectura futuri.
Doch finden wir den Genetiv beim Substantiv, auch wenn das Stammverbum
in einem anderen Verhältniss zu seiner Substanz stehen würde, z. B. in ex-
cessus vitae ([Cic. Tusc. I 12, 27] Valer. Prob. ad Verg. georg. I 14, III 37),
nullum in proximo suffugium aut imbris aut solis (est) (Plin. epist. IX 39, 2),
flumen integrum subter tot maria et a confusione peioris undae servatum
(Senec. dial. VI 27, 3), frigidi mixtura (de ira II = dial. IV 19, 2); vacatio
militiae heisst Befreit sein von —, vacatio aetatis, die Befreiung, welche das
Alter, die Rücksicht auf das Alter gewährt, rerum gestarum vacatio bei
Cicer. pro Sulla 9, 26 Musse aus Rücksicht auf die früheren Thaten, die
dazu gehört, damit verbunden ist. Auch von Adjectivis hergeleitete Substantiva, die ein Sein oder einen Zustand ausdrücken, nehmen den Genetiv
zu sich, z. B. caritas in passivem Sinne (Senec. de benef. V 9, 1), potestas
alicuius, die Macht, die Jemand über Andere hat und Andere über ihn, periculum alicuius, meistens die Gefahr, von der Jemand bedroht wird, imago,

---

[1]) [In der grossen krit. Ausgabe liest Halm *conservata re p.*, ist aber in den späteren Weidmann'schen Ausgaben zu dem Genetiv zurückgekehrt.]
[2]) Vergl. Gai. III 93 verborum obligatio, wo man eigentlich nach III 92 verbis
obligatio fit ex interrogatione et responsione sagen müsste, es stehe der Genetiv für den
Ablativ; die Verpflichtung liegt aber in den Worten, darum der Genetiv.

effigies, statua alicuius, das Bild, womit Jemand einen Anderen darstellt
oder wodurch er selbst dargestellt wird, similitudo (bei Senec. de clem.
II 2, 1 cuncta in similitudinem sui formabuntur, vgl. epist. 66, 8), laetitia (Senec.
controv. I 1, 11 (p. 73 B.) laetitiam parati patrimonii — nullam percepi),
misericordia (Terent. Andr. I 5, 26 [261] misericordia huius, — tum patris
pudor) [1]).

Jedenfalls ersehen wir aus dieser Unterschiedslosigkeit, indem weder
Activum und Passivum noch die Casus obliqui unterschieden werden, wie es
eine ganz müssige Frage ist, ob z. B. bei Cicero de off. III 22, 86 Pyrrhi
bello, oder III 30, 109 pax Samnitium, oder bei Aurelius Victor de vir. ill.
49, 15 bello Antiochi der Genetiv ein G. obiect. oder subiect. ist. Der Genet.
ist beides, wie wenn wir ein Adjectivum setzen: der antiochische Krieg.

Gebrauch der Pronomina personalia und possessiva in vorstehenden Fällen.

Wenn einer der drei Personen der Besitz irgend eines materiellen oder
geistigen Attributs zugeschrieben wird, welches nicht eine Handlung ist, so
steht statt des Genet. possessivus das Pronomen posses.; es geht also die
Bezeichnung der Angehörigkeit mittels des Genetivs in eine adjectivische
über, indem eben das Verhältniss der Angehörigkeit selbst als ein Merkmal
der einen der verbundenen Substanzen, als eine Eigenschaft betrachtet wird;
also *domus mea*. Dasselbe kann auch stattfinden bei andern Substantiven,
dass an die Stelle des Genet. ein von demselben abgeleitetes Adjectiv tritt, z. B.
domus Ciceroniana, epistolae Plinianae, animus paternus, amor maternus etc.
Aber bei andern Substantiven ist dieser Gebrauch nicht durchgängig, und
zwar darum nicht, weil theils der specielle Begriff dieser Substantiva oft in
das Adjectiv noch einen anderen Sinn hineinbringt als den des einfachen
Besitzes; z. B. *Plinianae epistolae* können auch solche sein, die im Geist
und Stil des Plinius geschrieben sind; *animus paternus* ist nicht bloss der,
welchen der Vater hat, sondern es kann auch der sein, welchen ein Vater
hat, zu haben pflegt oder zu haben verpflichtet ist, oder welchen der Sohn
hat, als ererbt vom Vater, dem *animus* des Vaters ähnlich oder gleich.
Eine solche Zweideutigkeit konnte in den von den Pronominibus personalibus
abgeleiteten Pronominibus possessivis nicht liegen, weil die drei Personen ja
gar nicht nach ihren Eigenschaften, sondern nur nach ihrem relativen Verhältniss zu einander bezeichnet werden; darum haben die Römer die Angehörigkeit an eine der drei Personen immer als eine Eigenschaft betrachtet
und bezeichnet. Bei den Griechen ist das bekanntlich nicht der Fall; sie
haben beide Ausdrucksweisen neben einander ἡ ἐμὴ οἰκία und ἡ ἐμοῦ οἰκία.
Sie haben also das Angehören an eine der drei Personen nicht so betrachtet,
dass dies Verhältniss sofort als Eigenschaft an dem, was angehörig ist, aufgefasst wurde, und die drei Personen, die relativ vom Standpunkt des Subjects aus bezeichnet werden, ganz gleich gestellt mit allen Objecten, die
ausserhalb dieser Relation liegen, ein Beweis, dass sie weniger subjectiv,
weniger egoistisch waren, weniger persönlich als die Römer, bei denen in
der That auch im Leben, in der Verfassung, im Recht von jeher die Person,
das Individuum, bei weitem mehr hervortritt als bei den Griechen.

[1]) [S. noch Draeger I S. 430 f.]

Es versteht sich nun, dass, wenn die in dem Pronomen possess. liegende Person durch ein anderes Wort als Apposition näher bestimmt werden soll, es nur im Genet. poss. hinzutreten kann; jedoch ist dieser Gebrauch auf wenige pronominale Appositionen beschränkt, wie *unius, solius, ipsius;* z. B. *mea unius opera.* Dass andere Wörter als Apposition hinzutreten, findet sich selten und nicht bei Cicero [1]). S. Reis. § 348, ubi adde Quint. decl. IV c. 16 Credo mehercle in illum natalem meum monstri diem iratorum numinum conspirasse violentiam. Senec. Hippol. 124 sq. Quis meas miserae deus — iuvare — flammas queat? Paneg. VII 15, 5 felix beatusque vere, quem vestra tantorum principum colunt obsequia privatum[2]).

Selten findet sich, äusserst selten, eine solche Verbindung mit einem andern Adjectiv, welches den Besitz ausdrückt; z. B. Sen. controv. II 3, (11) 11 p. 144 B. Hic paternos adfectus tractavit spem facientis, (sc. patris), und auch hier ist es möglich *spem facientis* als eine selbständige Bezeichnung zu verstehen, ohne dass gerade dabei eine Beziehung und Unterordnung zu *patris* zu denken nöthig wäre.

Zwei Ausnahmen sind zu bemerken in Bezug auf den Gebrauch des Pronomen poss. Nämlich im Plural wird zuweilen der Genetiv *nostrum, vestrum,* der sonst nur partitiven Sinn hat, wovon s. unten, statt der Pron. poss. gebraucht. Dieses ist selten, wenn jenes Pronomen allein steht, wie bei Cic. ad Att. VII 13 a. 3 splendor vestrum, Philipp. V 1, 2 quantus consensus vestrum, [de leg. agr. 2, 21 hac vestrum frequentia, vgl. Gell. XX 6, 11[3])]; dagegen ist es durchgängiger Gebrauch in der Verbindung mit *omnium;* z. B. Cic. in Cat. III 1, 1 vitam omnium vestrum; ib. IV 1, 1 omnium vestrum ora atque oculos, ib. 1, 2 patriam omnium nostrum, pro Muren. 37, 78 vitae omnium nostrum causa, ad famil. IV 9, 2 omnium nostrum periculum, Phil. XI 4, 10 aris et focis omnium nostrum — inimicus. Paneg. VIII 8, 2. 14, 4. IX 23, 3. S. zu Reisig Anm. 540, wo noch einige wenige aus Attraction zu erklärende Ausnahmen anderer Art erwähnt sind.

Die zweite Ausnahme kommt erst in der Kaiserzeit auf, nämlich dass die anderen Genetivformen *mei, tui, sui, nostri, vestri* statt der Pronomina poss. stehen. Dies erklärt man gewöhnlich als eine Nachahmung des Griechischen, die freilich auch diesen Gebrauch unterstützt und erleichtert haben mag, indessen die blosse Nachahmung kann nicht eine feste, herkömmliche Regel ändern, es muss daher in der Sprache selbst und in veränderter Anschauungsweise des Volks ein Antrieb gefunden werden. Da sie nun hauptsächlich eintritt bei abstracten Begriffen, namentlich Eigenschaften, so ist es mir wahrscheinlicher, dass man die Attribute aufzufassen anfing als Theile eines geistigen Wesens, dem eine Eigenschaft angehört, oder eines Begriffs. Diese Auffassung ist der Kaiserzeit ganz angemessen, wo die philo-

---

[1]) [Einige Beispiele aus Cicero haben dafür beigebracht G. T. A. Krüger Lat. Grammatik § 296 Anm. 8 S. 390 und § 341 Anm. 2 S. 456 und R. Kühner Ausführl. lat. Gram. II § 67, 4 S. 184.]

[2]) [Hiermit hängt der nicht seltene Gebrauch zusammen, dass sich ein Relativum in Genus und Numerus nach dem einem Genetiv eines Personalpronomens gleichbedeutenden Possessivpronomen richtet; z. B. nostra qui remansissemus, cacde contentum te esse dicebas Cic. in Cat. I 3, 7. Kühner, Ausführl. lat. Gram. II § 193 S. 845. Vgl. auch ex eo numero qui — sancti sunt habiti Cic. p. Arch. 12, 31 Kühner II 18, 3 S. 45.]

[3]) [S. Draeger 1 S. 433 f.]

sophische Bildung fortgeschritten war und der spaltende Verstand jeden Begriff, jedes Wesen zu zergliedern gelernt hatte, z. B. sui vilitas Quintil. decl. XI 2, brevi contactu vim sui relinquunt (apes) id. XIII 13, Gratia tui XIV 6, XV 8. Ardor ille — ipsa sui immanitate consumptus est XIX 1, Contagium mei Sen. ep. 13, 6, magnum sui decus ep. 66, 2, sui onus dial. I 2, 6 (4), magnificentia sui nat. quaest. VI 4, 2, alimento sui educare, ib. VI 16, 1, signa sui dare dial. III 1, 7. Noch mehr Beispiele s. z. Reisig Anm. 540.

Was aber die Handlung betrifft, so wird zwar im Genetiv überhaupt bloss die Angehörigkeit bezeichnet, ohne Unterschied, ob sie sich auf ihr Subject oder ihr Object bezieht; dagegen bei den Pronominibus personal. wird der Genetivus obiectivus und subiectivus unterschieden, indem an die Stelle des letztern das Pronomen possessivum tritt, für den erstern aber der Genet. des Pronom. person. gebraucht wird. Diese Erscheinung erklärt sich sehr natürlich: eine Handlung, die nach der Angehörigkeit zu ihrem Subject bezeichnet werden soll, also nach ihrem Ursprung, kann dies einfach als ein Merkmal, als Eigenschaft an sich nehmen; z. B. bei *amor meus* wird die Liebe damit charakterisirt, dass sie von mir ausgeht, es ist das eine Bestimmung dessen, was jeder Handlung nothwendig und wesentlich ist, d. i. ihres Subjects. Dagegen ist das Object nicht wesentlich und nothwendig, sondern zufällig; daher ist es natürlicher, dass in diesem Falle die beiden Substanzen nur in das Verhältniss der Zusammengehörigkeit zu einander gesetzt werden, da doch auch die drei Personen wie andere Objecte dieses nur zufällig sind; z. B. amor mei Senec. nat. quaest I 17, 6, de benef. I 2, 5, ep. 82, 15. 109, 16. neglegentia nostri de benef. VII 31, 3. cura ep. 116, 3. 121, 17. de benef. VI 23, 4. experimentum de benef. VI 31, 5. spes sui dial. IV 21, 3. Plin. n. h. XVIII 56. recognitio Senec. dial. V 36, 2. cogitatio mei de benef. VI 19, 3. suspectus sui de ben. II 26, 1. aestimatio dial. IV 21, 5. VII 10, 2. de benef. VI 31, 4. obiectu de benef. V 6, 4. respectu ib. VI 13, 1.[1]) contemplatio sui n. q. III praef. 2. taedium et displicentia sui dial. IX 2, 10 (8). conspectus n. q. I 16, 4. nutrimentum n. q. II 5, 2. notitia sui dial. I 4, 3. n. q. I 17, 4. spectaculum sui Val. Max. II 2, 9. Senec. dial. I 6, 5. fructus sui dial. VIII 5, 3. desperatio sui, tui reverentia, tui dignatio ep. 25, 2, 6. appellatio sui Val. Max. II 1, 6. mutatio mei Sen. ep. 6, 2. intellectus tui ep. 7, 9, 120, 13, 53, 7. ostentatio tui ep. 31, 10. conservatio tui ep. 36, 8. possessio nostri, emendatio nostri ep. 50, 7, 8. sui tutela ep. 58, 30 (27), 85, 28. 104, 8. 121, 23. usus sui ep. 58, 34 (31). 94, 18. 109, 15 (13). e coniect. 113, 31 (24). 121, 1. de benef. II 33, 1. contemptus sui ep. 66, 1. poenitentia sui ep. 71, 29. nostri laceratio ep. 74, 18. odium sui ep. 78, 26. sui cognitio ep. 82, 6. obiurgatio 90, 14 (11). fastidium ep. 95, 25. scientia ep. 95, 26. imitatio ep. 100, 12. dial. XII 10, 10 (11, 7). suspicio ep. 114, 11. adpetitio ep. 118, 9. cupido ep. 119, 9. sensus n. q. IV 13, 7. dial. V 5, 8.

Natürlich findet dasselbe statt in allen den früher erwähnten Fällen des Genet. obiect., möge das diesen regierende Nomen von einem Verbum oder einem Adjectiv herkommen, und möge das Wurzelwort den Accusativ nach

---

[1]) Nat. quaest. II 59, 13. expectationem suam antecedit ist schwerlich richtig; besser vulg. tuam [was jedoch Haase in seiner Ausgabe verschmäht hat].

sich haben oder *de* c. abl. oder eine andere Construction; z. B. desiderium mei Senec. ep. 30, 5. caritas mei ep. 121, 24, de benef. V 9, 1. misericordia sui Tacit. ann. IV 9. potestatem sui transferre Senec. ep. 93, 2. potestatem tibi mei faciam de benef. VII 24, 3. fiducia sui, ep. 13, 1. dial. IX 11, 1. de benef. VI 42, 1. satietas ep. 32, 4. 78, 26 (24). Cicer. pro Mur. 9, 21. facultas Senec. ep. 32, 5. Invenio translationes verborum ut non temerarias, ita quae periculum sui fecerint ep. 59, 6 (4). fortitudo periculum facere debet sui ep. 74, 13. ubi periculum sui faciat qui timet verbis? ep. 100, 4. dulcedinem quandam sui faciunt ep. 111, 5. pretium sui de ben. I 9, 1. Nihil mihi tecum, fortuna, non facio mei tibi copiam ep. 118, 4. Nullum sui arbitrium dial. III 1, 4. Locum sui facere de benef. I 12, 4. — Selten und poetisch oder später sind Abweichungen, wie *desiderium meum* statt *mei* (s. z. Reisig Anm. 540), neglegentia tua Terent. Phorm. 1016, genau genommen die Sehnsucht, die Jemand bei Anderen besitzt, ein Besitz, dessen man sich rühmen kann. *Terror* wird je nach der Auffassung bald mit dem Pronomen posses. bald mit dem Genetiv gebraucht: Livius sagt IX 11, 6 tantum terrorem sui fecit, ebenso Aurel. Vict. de vir. ill. 77, 6 cum magno sui terrore, dagegen Hirtius de bell. Afric. 32 Scipio — de terrore suo desperationeque exercitus Caesaris verba fecit (er sprach über den Schrecken, den er besitzt, verbreitet); vgl. auch terrore meo Plaut. Amph. 1066. Umgekehrt ist bei Tacitus ann. III 67 defensionem sui deseruit zwar regelmässig, aber doch ungewöhnlich, weil man bei *defensio mea* etc. die Person zunächst als Subject denkt, die freilich auch Object ist [1]. — Statt *mea causa* findet sich *mei causa,* selbst schon bei Cicero, s. z. Reisig Anm. 540, es beruht auf dem object. Sinne, dass eine Berücksichtigung Jemandes stattfindet. — *Iniuria mea* wird in beiderlei Sinn gebraucht; darin ist auch keine Thätigkeit ausgedrückt. Tac. annal. XIV 43 iniurias suas ultus est interfector. — Bei *caedes* wird man nicht leicht *sui* oder *mei* finden, nur das Pronom. posses., z. B. Aur. Vict. de vir. ill. c. 76, 8 In caedem suam manum trepidantis adiuvit.

Zu bemerken ist aber noch, dass diese Regel nur Anwendung findet, wenn das Substantiv die Handlung, Thätigkeit, die wirkende Eigenschaft selbst bezeichnet. Anders ist es, wenn Personen nach ihrer Thätigkeit durch Verbalsubstantiva auf *tor* und *trix* [2] bezeichnet werden; dann nämlich wird in der Regel keine Rücksicht darauf genommen, ob die Thätigkeit dieser Person eine andere Person zum Object hat, oder ob diese andere Person jene erstere, thätige etwa besitzt; denn ihr Subject kann sie nicht sein, da diese es selbst ist, es tritt daher hier lediglich jene relative Bezeichnung von Personen ein, die oben besprochen ist, sie gehören zu einander und daher wird das Pronomen posses. ohne Unterschied gesetzt; z. B. *percussores mei,* die mich morden oder Mörder, die ich nur in meinem Dienst und Besitz halte; Terent. Hec. 846 (V 4, 16) O mea Bacchis, servatrix

---

[1] Bei Sen. ep. 66, 13, cogit invictas manus in exitium ipsas suum verti steht in alten Ausgaben *sui,* doch scheint dies auch wegen des *ipsas* unrichtig, das sich gern mit dem Pronom. posses. im Nominativ oder Accusativ statt des Genet. verbindet. (Eine Ausnahme epist. 70, 14 nefas iudicent ipsum interemptorem sui fieri.)

[2] Die oben erwähnte Freiheit in der Anfügung des Genet. findet auch hier statt, z. B. Valer. Max. II 6, 8 quod nec hortator vitae meae (v. hortari ad vitam) nec mortis spectator esse fastidisti.

mea; Cic. ad fam. VI 4, 3 consolatorem suum; Corn. Nep. Lysand. 4, 3 ipse suus fuit accusator, der Ankläger ist einer, den der Beklagte hat, besitzt oder zu ihm gehört, um ihn zu einem Angeklagten zu machen; die Thätigkeit des Anklagens wird nicht bezeichnet; Senec. de ben. V 7, 4 adsentator suus, de ira III 43, 2 (dial. V) suus confector. [1]) Curt. VIII (2) 6, 9 ego servatorum meorum latro revertar in patriam. Paneg. VIII 1, 1 restitutori suo, immo — conditori. Nur wo die Thätigkeit in ihrer Wirkung auf ein Object hervorgehoben werden soll, ist es auch hier wieder natürlicher, den Genetiv zu setzen; z. B. Cic. de fin. V 9, 26 natura servatrix sui; ad Att. I 14, 6 nostri laudator; Rhet. ad Her. IV 36, 48 vestri defensor. Sall. hist. I 51, 15 (p. 79 Kr.) nostri proditor, istis infidus, II 50, 3 (p. 162 Kr.) si parricida vostri sum. Curt. VIII 2 (6), 2 Videbat — egregium bello virum et, nisi erubesceret fateri, servatorem sui occisum. Martial. VIII 30, 5 ipse sui spectator adest. Senec. dial. V 5, 7 (de ira III 5, 6) at ille ingens animus et verus aestimator sui non vindicat iniuriam, quia non sentit. ibid. c. 36, 2 speculator sui. ep. 12, 9 sui possessor, 70, 141 (12) qui nefas iudicent ipsum interfectorem sui fieri. Tacit. ann. XI 11 ipse haudquaquam sui detractor. ibid. c. 24 conditor nostri Romulus.

Distraction. Es ist früher (I S. 214 f.) ausgeführt worden, dass sich unter gewisser Beschränkung die unmittelbare adjectivische Verbindung in eine mittelbare mittels der Copula auflösen lässt. Da nun, wie gesagt, die Bestimmung des Begriffs durch einen Genetiv der durch ein Adjectiv sehr nahe steht und in diese oft übergeht, so findet natürlich hier auch dieselbe Möglichkeit statt; z. B. *domus Ciceronis* wird *domus est Ciceronis;* das Prädicat der Angehörigkeit haftet nicht schon an dem Begriff *domus,* sondern wird ihm dadurch erst beigelegt, wie wenn man sagte *domus est Ciceroniana;* so wenig wie hierbei eine Ellipse anzunehmen ist, ebenso wenig bei der Anwendung des Genetivs; es ist also weder dasselbe Wort zu ergänzen nöthig (das Haus ist Cicero's, — ist das Haus Cicero's), noch auch einen anderen Begriff, z. B. Eigenthum u. dgl., sondern der Sinn ist: das Haus ist ein solches, welches im Verhältniss der Angehörigkeit zu Cicero steht.

Als eine besondere Gebrauchsart hat man eine gewisse Verbindung mit *esse* und dem Genetiv aufgeführt, wobei noch Zumpt bis zu der zehnten Auflage (§ 446) die Begriffe *res* und *negotium* nach Sanctius als ausgelassen annimmt, um das auszudrücken, was die Sache, das Geschäft, das Eigenthum Jemandes ist, und zwar suchte man diese Ellipse dadurch zu bestätigen, dass in manchen Stellen solche Worte wie *negotium, proprium, munus, officium* ausdrücklich bei Genetiven stehen. Aber man könnte mit mehr Recht sagen, diese Begriffe bilden, wo sie gesetzt werden, einen Pleonasmus; der Genetiv drückt wie immer so auch hier bloss den allgemeinen Begriff der Angehörigkeit aus, eine Ellipse findet dabei nicht statt; jene Worte aber treten dann hinzu, wenn man den Begriff der Angehörigkeit ausdrücklich bezeichnen, specialisiren und bestimmen will, dahin, dass das Jemandem angehörige Attribut ein Geschäft, oder ein Amt, oder eine Pflicht oder ein Eigenthum, eine Eigenheit sei. Es kann übrigens natürlich das Attribut auch als Folge, Wirkung, Product, auch als Anzeichen, Beweis gefasst und entweder ausdrücklich oder bloss durch die Angehörigkeit bezeichnet werden, in der

---

[1]) Senec. de clem. I 21, 2 servatoris sui ist daher nicht als zweideutig zu betrachten.

ersten Weise, wenn etwas darauf ankommt, die besondere Art der Angehörigkeit hervorzuheben (z. B. Terent. Heautontim. 119 f. illud inceptum tamen animist pudentis signum et non instrenui. Cicer. parad. VI 3, 52 solique, quod est proprium divitiarum, contenti sunt rebus suis. Senec. de benef. I 1, 11 hoc et magni animi et boni proprium est non fructum beneficiorum sequi sed ipsa), und natürlich dann immer, wenn noch eine nähere Bestimmung dabei steht, z. B. Plin. paneg. 9, 1 Magnum hoc tuae moderationis iudicium, quod non solum successor imperii sed particeps etiam sociusque placuisti, oder wenn durch lange Zwischensätze das zum Genetiv Gehörige getrennt wird, wie Senec. de benef. VII 3, 3 ingentis spiritus res est — emittere hanc dei vocem.

Endlich ist noch zu erwähnen, dass in den Fällen, wo man nach der gewöhnlichen Annahme den Begriff *signum, iudicium* u. dergl. hinzuverstehen will, wie in *hominis stulti est*, für die Person auch der abstracte Begriff gesetzt werden kann: *stultitiae est, sapientiae est* etc. So können also wechselnde Ausdrücke angewandt werden: *hominis stulti est*, es ist ein Attribut eines Thörichten, *stultitiae est*, es gehört der Thorheit an, ist ein Zeichen von Thorheit, *stultitia est*, es ist die Thorheit selbst, *stultum est*, es ist thöricht.

Dasjenige nun, was so als Attribut einer Person oder Sache zugeschrieben wird, kann verschiedene Formen haben; es kann ein Subject sein, z. B. Cicer. pro Mur. 9, 21 assiduitatis et operarum harum quotidianarum putat esse consulatum. Sen. suas. III 3 p. 20 B. Dixit navigaturum (se); illam enim moram naturae maris et ventorum [esse], (von Agamemnon, er wolle absegeln und die Tochter nicht opfern; denn der Verzug habe einen natürlichen Grund, er gehe aus, sei Wirkung —, gehöre an —). id. controv. II 3 (11), 3 p. 139 B. Haec audacia eius ex parte culpae meae est, und das umgekehrte Verhältniss ib. II 1 (9), 18 p. 124 B. Pompae ista exempla Cicer. orat. c. 13, 42 Verum haec ludorum atque pompae, nos autem iam in aciem dimicationemque veniamus. Senec. ep. 59, 18 illud gaudium — quia non est alieni muneris, ne arbitrii quidem alieni est. dial. I 1, 2 non sine aliquo custode tantum opus stare nec hunc siderum coetum discursumque fortuiti impetus esse. de ben. III 11, 1 tota res voti est. Tacit. ann. III 20 praeerat castello Decrius, inpiger manu, exercitus militia et illam obsidionem flagitii ratus. Sehr gewöhnlich ist ferner ein Infinitiv, z. B. Cuiusvis hominis est errare Cic. Phil. XII 2, 5. moris est — consules invitari ad cenam Valer. Max. II 8, 6. nondum artis erat caput ense rotare (es war noch nicht, wie unter den Kaisern, eine Sache, ein Geschäft kunstmässiger Fertigkeit, zu köpfen mit einem Hiebe) Lucan. Phars. VIII 673. artis quoque cuiusdam est aequaliter spargere (semen) Plin. n. h. XVIII 197. Tacit. ann. IV 39. Frontin. de aquaed. 23. Ferner ein Satz mit *ut*, wenn das Angehörige als Folge bezeichnet wird, z. B. Est miserorum, ut malevolentes sint Plaut. Capt. III 4, 51 [580]; *consuetudinis, moris, iuris est* u. drgl.; moris est ut z. B. Cicer. Verr. act. II. I 26, 66, iuris est ut pro Cacc. 24, 69. Nun können aber auch Modificationen des *esse* eintreten, ohne dass dadurch der Genetiv geändert würde; wie man sagt Bello Gallico praeter Capitolium omnia hostium erant (Liv. VI 40, 17), ebenso auch Celtiberia Romanorum facta est, denn das Werden ist das Entstehen des Seins, und in geistigem Sinne Senec. ep. 74, 1 qui alia bona iudicat (praeter honestum), in fortunae venit potestatem, alieni arbitrii fit. Namentlich sind solche Modificationen angewandt worden für die Ausdrücke *beneficii, muneris, iuris esse:* Suet. Claud. 23 commeatus a senatu peti solitos benefici sui fecit. Quintil. X 2, 6 nihil habebimus nisi beneficii alieni? Tacit. ann. XIV 55 quod meditatae orationi tuae occurram, id primum tui muneris habeo. XV 52 ne — sui muneris rem p. faceret Plin. paneg. 75, 5 habeant muneris tui quod iam decipi non poterunt. Senec. ep. 77, 15 fac tui iuris, quod alieni est. Pikant kann auch eine Person wie eine Sache betrachtet werden: Ovid. am. II 13, 22 Digna est, quam iubeas muneris esse tui; Ilithyia soll die Corinna bei der Entbindung retten und sie so zu ihrem Eigenthum machen. — Senec. de benef. III 18, 4 adeo quidem dominis servi beneficia possunt dare, ut ipsos saepe beneficii sui fecerint.

Hinzuzufügen ist hier noch, dass wenn in diesen Fällen eine der drei Personen die ist, welcher ein Attribut zugeschrieben wird als ihre Sitte, Geschäft, Eigenthum u. s. w., natürlich das Pronomen possess. gesetzt wird, denn est ist ja der einfache Besitz, welcher ausgesagt wird, z. B. *meum est, tuum est* u. s. w., besonders mit folgendem Infinitiv. Das Pronomen possess. und der Genetiv verbunden bei Sen. de benef. III 30, 1 Sed vide, ne illud verius sit aestimari, an id quod potui et id quod feci, meum sit, mearum virium, meae voluntatis.

In allen diesen Fällen wird durch *esse* mittels des Urtheils des Sprechenden einer Person oder Sache etwas ihr Angehöriges zugeschrieben, während die unmittelbare Verbindung als objectiv an einer Sache oder Person vorhandenes Attribut das darstellen würde, was doch nur mittels des subjectiven Urtheils vorhanden ist. Darin lag der Grund, weshalb die Römer es in älterer Zeit vermieden (s. Th. I S. 214 f.), mit einem Nomen proprium unmittelbar ein Adjectiv oder einen Genetiv oder Ablativ der Eigenschaft zu verbinden; und deshalb sind Stellen wie Plin. paneg. 38, 1 hoc quoque parentis indulgentissimi fecit (d. h. hoc quod est parentis ind.), quod — largam — bene faciendi materiam filio reservavit, und Senec. suas. II 6 p. 12 B. nihil prius illorum imitabor quam fugam (d. h. nihil quod illorum est)[1]), selten; erst in der Kaiserzeit kommt die Weglassung der Copula auf[2]), woraus man sieht, dass in der subjectiven und egoistischen Zeit die Subjectivität sich nicht scheute, die Form der Objectivität anzunehmen und sich mit ihr ohne Weiteres zu identificiren. In der Natur der Dinge liegt es, dass nur eine Sache von einer Person besessen wird. Indessen geschieht doch zuweilen auch das Widernatürliche, wie wir auch von einem Menschen, der Ehrgeiz besitzt, sagen, er ist vom Ehrgeiz besessen, um auszudrücken, dass in diesem Falle das Attribut zur Herrschaft über die Substanz gelangt ist; der Mensch ist ganz seinem Ehrgeiz unterthan, geht ganz in ihm auf, gehört ihm ganz. Die Römer drücken dies mit Hinzufügung von *totus* auch durch den Genetiv aus, selbst bei an sich freien und selbständigen Personen, wenn eine sich der anderen als Eigenthum hingiebt, ihre natürliche Selbständigkeit aufgiebt. Livius sagt III 36, 7 von den Decemvirn, hominum, non causarum toti erant.

---

[1]) Durch Subsumtion ist für Auslassung von *esse* zu erklären Valer. Prob. ad Verg. bucol. 6, 31 p. 10, 13 ed. Keil. Proprium in Vergilio est, ut nihil magnum sua auctoritate confirmet sed aut à Musis acceptum dicat aut admirabile fato tribuat, hoc quidam diffidentiae dicunt.

[2]) Aber auch da immer nur mit gewissen Beschränkungen, wie bei *meum, tuum* etc.

XXXV 33, 1 Multitudo avida novandi res Antiochi tota erat. Senec. de benef. VII 26, 4 alius abdomini servit, alius lucri totus est. ibid. III 4, 2 quomodo gratus esse quisquam adversus beneficia potest, qui omnem vitam suam transsilit praesentium totus ac futurorum? Plin. epist. V 16, 8 expulsisque virtutibus aliis pietatis est totus. Weiter auf Sachen analog übertragen ist dies bei Liv. III 48, 9 Icili vox tota tribuniciae potestatis ac provocationis ad populum ereptae publicorumque indignationum erat, wo *Icili vox* Umschreibung und nähere Bestimmung für *Icilius* selbst ist. (Falsch setzt Drakenborch ein Komma nach *tota* und vor *erat*.)

Endlich ist hierher noch der Gebrauch zu ziehen von *refert* und *interest* mit dem Genetiv der Person, welcher an etwas liegt[1]). An diesen Ausdrücken ist der Genetiv nicht das Schwierige; denn dieser geht einfach zurück auf das besprochene Verhältniss *patris est hoc,* das ist dem Vater angehörig, ihn betreffend; die Art der Angehörigkeit wird aber nicht durch ein Nomen näher bestimmt, sondern diese Bestimmung wird mit dem Verbum verbunden, also statt *patris est: patris interest, ut hoc fiat,* dass dies gegeschieht, ist etwas den Vater betreffendes, und zwar so, dass es einen Unterschied für ihn macht, ihm also nicht gleichgültig ist; es ist sein Interesse. Die Schwierigkeit liegt vielmehr in dem $r\bar{e}$ in *refert,* das vermöge der Subsumtion für *interest* eintreten kann, und in $me\bar{a}$, $tu\bar{a}$ u. s. w.; denn dass die erste Silbe von *refert* und die letzte von *mea* u. s. w. lang sei, haben schon die alten Grammatiker angenommen. Neuere wollen die letzteren Formen freilich als Neutrum plur. fassen und *negotia* oder *commoda* ergänzen. Doch dürfte es am einfachsten sein in dem *mea* u. s. w. eine Adverbialbildung zu sehen, wie bei *ea, qua, hac* u. s. w., also auf meiner Seite macht es einen Unterschied, *interest.* Bei *refert* mag man eigentlich durch ein Missverständniss dazu gelangt sein *re* lang zu sprechen, indem man es mit dem Ablativ $me\bar{a}$ verband und so gleichsam die Ellipse ausfüllte[2]). Uebrigens beweisen die Stellen der Dichter die Länge in $me\bar{a}$ bloss für die Verbindung mit *refert;* in keiner findet sich *interest;* indess, da auch kein Verbum dabei steht, z. B. Ter. Phorm. V 8 (7), 47 (940) quid id nostra? Senec. controv. IX 3 (26), 9 p. 263 B.[3]) Nihil, inquit, mea, an tu cogaris, si non a me cogeris, so ist daraus zu ersehen, dass das Verbum hierbei indifferent war. — Uebrigens scheint die Seltenheit der Stellen zu beweisen, dass das Sprachgefühl der Römer selbst hierüber schwankend war und daher in Versen diese Formen gern vermied[4]).

Es ist einleuchtend, dass in allen den zuletzt erwähnten Fällen der Distraction es nicht das Verbum ist, welches den Genetiv bestimmt, sondern

---

[1]) Uebrigens kann in Folge einer Personification, die sich allerdings erst in späterer Zeit findet, etwas auch im Interesse einer Sache liegen; pacis Tacit. ann. I 1. interest etiam gloriae, quam tanti principes tot victoriis ac triumphis merentur, ut — Eumen. pro restaur. schol. (pan. IV) c. 9, 1. Pacat. (pan. XII) 24, 2. [Stellen aus Quintilian und dem jüngern Plinius s. b. G. T. A. Krüger §. 348 Anm. 2 S. 466.]

[2]) [Die richtige Ansicht hat schon Verrius Flaccus aufgestellt, indem er *re* in *refert* als Dativ erklärt (bei Fest. p. 282); auf dieselbe hatte schon Müller als beachtenswerth hingewiesen (supplem. annot. p. 405), neuerdings Reifferscheid in den analect. crit. et gram. (ind. lect. Vratisl. hib. 1877/78) p. 14 fg.]

[3]) [Kiessling schiebt nach Vahlen vor *mea* ein *refert*.]

[4]) [Ganz neu ist die Deutung von A. Teuber in der Ztschr. f. Gymn. XXXIII (1879) S. 431 ff., der *interest* aus *in rem est* entstanden sein lässt.]

es ist immer ein nominaler Begriff vorhanden, dessen Angehörigkeit, eine
seiende oder werdende, eine vorausgesetzte oder vorhandene, zu dem Begriff
des Genetivs ausgesagt wird. Es sind nun aber noch gewisse Adjectiva und
insbesondere Participia zu erwähnen, welche mit dem Genetiv verbunden
werden. Diese Wörter sind Nomina und bezeichnen, wenn auch nur nach
einem einzelnen Merkmale, Substanzen, und es liegt also hierin kein Widerspruch gegen die allgemeine Regel, dass durch den Genetiv das ungleiche
Verhältniss zweier Nomina zu einander bestimmt wird. Ich habe oben [S. 7]
erwähnt, dass gewisse Personalbezeichnungen relativ sind und nur verstanden werden können, wenn möglicher Weise die andere Person, welcher
sie angehören, im Genetiv hinzutritt oder gedacht wird, auch dass dies
auf Personenbezeichnungen sich erstreckt, welche nach einer gewissen Handlung erfolgen, durch welche sie in Verhältniss zu einer andern Person
oder Sache treten, auf welche sich ihre Handlung erstreckt, der sie als
ihrem Object angehört, z. B. *percussor, accusator, victor, consolator.* Ferner
ist ebenfalls schon früher [I S. 213] erinnert worden, dass solche Nomina häufig in Adjectiva übergehen, wie *victor exercitus, scriptor animus*
u. dgl., indem das Verrichten einer Handlung auch als eine Eigenschaft
einer Person aufgefasst werden kann; folglich schliessen sich hier unmittelbar die Participia an, welche ja ganz eigentlich das Verrichten
einer Handlung oder irgend ein anderes Sein als eine Eigenschaft, in der
Form eines Adjectivs, bezeichnen, also in gleicher Weise mit einem Genetiv verbunden werden können; z. B. wie man sagen kann *amator gloriae,*
so auch *amans gloriae.* Aber es leuchtet sofort ein, dass *amans* dem Begriff *amator* sehr nahe tritt; das Particip ist ohnehin schon eine Vermittlung zwischen Verbum und Nomen; von beiden hat es etwas; s. I S. 58 f.;
hierdurch aber tritt es dem Nomen noch um einen Schritt näher oder es
wird völlig zum Nomen, Adjectivum oder Substantivum, nur nicht gleichbedeutend dem auf *tor.* Behält es nämlich seine eigentliche participiale
Natur, so ist es das an einer Person haftende, an ihr zur Erscheinung
kommende fliessende Sein und ist insofern an die Zeit gebunden; es schliesst
also eine temporale Bestimmung ein und hält den Unterschied zwischen
Activum und Passivum fest, mithin kann das Participium Praes. Act.,
wie das Verbum selbst, einen Accusativ zu sich nehmen und bezeichnet
zeitlich die relative Gegenwart, d. h. die Gleichzeitigkeit. Wenn es aber
völlig zu einem Nomen wird, so verliert es diese beiden Eigenschaften; es
wird zu einem Substantiv oder Adjectiv, wie man will; als solches sagt
es ebenso wenig wie jedes andere Adjectiv eine Zeit aus und regiert auch
nicht mehr ein Object, sondern statt dessen den Gegenstand, dem der sich
damit Beschäftigende eben wegen dieser Beschäftigung damit angehört. Also
amans gloriam ist der, welcher zu einer gewissen Zeit den Ruhm liebt und
diese Thätigkeit ausübt; das kann allerdings dauernd, es kann aber auch beschränkt sein auf eine kleine Zeit; es kann sein: als er —, wenn er —, so
lange er — etc.; es ist = *qui amat* oder *amabat gloriam,* in der Zeit, welche
im Verbum finitum liegt. Dieses fällt weg, wenn man sagt *amans gloriae;*
das ist = *qui gloriae amans est* oder *erat.* Hier liegt die Zeitbestimmung
nicht mehr in *amans* selbst, sondern in dem hinzutretenden und nach dem
Zuschlag zu bestimmenden *est,* wie bei *cupidus, studiosus* und jedem Adjectiv; *amans* selbst ist zu einer unveränderlichen, von der Zeit gelösten

Eigenschaft geworden; und zwar ist es eine Thätigkeit, die an Jemandem zur Eigenschaft geworden ist. Diese Thätigkeit kann aber durch den Gegenstand, welchem sie angehört, noch characterisirt werden, oder genauer: es kann noch der Gegenstand bestimmt werden, welchem die Person vermittels der an ihr als Eigenschaft haftenden Thätigkeit angehört; natürlich nicht anders als durch den Genetiv. Dadurch verwachsen beide Nomina zu einem Ganzen: ruhmliebend, Ruhmesliebhaber. Der Ruhm ist nicht das Object, wie beim Verbum, das vielleicht nur zufällig, nur unter gewissen Umständen und zu gewissen Zeiten von der Thätigkeit ergriffen wird, sondern hier ist das Object ein für alle Mal mit dem Adjectiv zu einem Begriff verbunden; sofern also die Eigenschaft des amans vorhanden ist, soll auch sofort ihre nähere Bestimmung und Beschränkung auf den Gegenstand mit gedacht werden; *amans gloriam* entspricht dem *amare gloriam,* dagegen *amans gloriae* nur dem *gloriae amantem esse.* So *patiens frigoris* und *p. frigus, fugiens laborem* und *f. laboris,* arbeitsscheu, *negotii gerentes,* Geschäftsführer (Cicer. in Vatin. 5, 12, pro Sest. 45, 97), *metuens c. gen.* (s. Cort. ad Lucan. VII 373). Wenn also nicht das Verrichten einer Handlung in seinem Fluss bezeichnet wird, sondern das dauernde Haften der Handlung, des Seins an Jemandem als zu einer Eigenschaft befestigt, so wird diese Eigenschaft, wenn wir sie mit der Handlung vergleichen, da sie die an Jemandem haftende Handlung ist, zunächst die Gewohnheit sein; aber es kann nach der verschiedenen Art der Handlung oder jedes Seins überhaupt sich das Haften auch in der Neigung dazu, in der Fähigkeit zeigen. Es wird nicht das factische Sein, sondern die Eigenschaft etwas zu sein ausgesagt, der haftende Grund des Seins, d. i. die Gesinnung, von welcher eine Handlung ausgeht, Gewohnheit, Fähigkeit, Neigung. Vgl. zu Reisig Anm. 527.

Einen andern Sinn haben die Substantiva verbalia auf *tor;* sie bezeichnen zwar auch Individuen, an denen eine Handlung oder ein gewisses Sein dauernd haftet, aber dies sind Individuen, die blos dadurch characterisirt werden, dass sie die Handlung verrichten, dass dies ihr Geschäft, ihr Kennzeichen ist, ihr Stand; also *amator,* Liebhaber, drückt blos das Verhältniss einer Person zu einer andern aus, begründet durch das *amare; amans* aber die Eigenschaft, den Zustand dessen, der liebt, also innerlich; so kann z. B. Jemand *amator Fulviae* sein, der nicht eigentlich *amans Fulviae* ist, sondern z. B. *amans divitiarum* u. dgl. Oft wird die Jemand characterisirende Benennung hergenommen von einer Handlung, die er verrichtet hat, sodass dann ein solches Substantiv das Participium Perf. Act. ersetzt; z. B. erhält oft *exercitus* den Zusatz *victor,* weil das Heer einen Sieg erfochten hat, aber diese That giebt ihm den nun haftenden Titel. Tac. ann. XIV 39 exercitus tanti belli confector. XIV 62 maternae necis patrator Anicetus. XI 8 patris sui — defectores. XI 29 Appianae caedis molitor Narcissus.

Die Participien mit dem Genetiv können auch comparirt werden wie alle andern Adjectiva, aber nicht die eigentlichen Participien mit dem Accusativ, z. B. Gloriae amantissimus u. dgl. Ov. amor. II 6, 23 Non fuit in terris vocum simulantior ales; denn die Steigerung kann sich nur auf Eigenschaften beziehen, die haften.

Ferner ist auch noch der Unterschied im Gebrauch der Pronomina personalia und possessiva zu bemerken; die Substantiva auf *tor* und *trix* haben, wie oben bemerkt, (S. 12 f.) gewöhnlich das Pronomen possessivum bei sich, — *amator tuus;* dagegen beim Particip steht der Genetiv des Personalpronomens, *amans tui, observans mei* etc. Dies beruht auf dem schon angegebenen Unterschiede, dass jene eine blos äusserliche Standes- oder Gattungsbezeichnung geben, wobei die Angehörigkeit ganz einfach als adjectivische Bestimmung hinzutreten kann; dagegen die Participien geben nicht eine äusserliche Gattungsbezeichnung, sondern bestimmen innerlich den Zustand, in welchem sich ein Individuum durch sein Sein befindet und durch welchen es zu einer andern Substanz als ihr Object in ein Verhältniss der Relativität tritt; da kann diese andere Substanz nicht füglich zu einer adjectivischen Bestimmung werden, wie auch sonst nicht beim Genetivus obiect. Tacitus verbindet ann. IV 1 das Participium und das Substantivum verb. sui oblegens, in alios criminator.

Hieran knüpfen sich nun leicht viele eigentliche Adjectiva, zunächst diejenigen, welche einen eigentlichen Besitz als Eigenschaft aussagen; sie entsprechen also Substantiven wie *dominus, possessor alicuius rei,* und es wird eine Person zum Attribut einer Sache, sodass das bisher vorausgesetzte Verhältniss sich umzukehren scheint, jedoch ist das eigentlich nicht der Fall. Natürlich ist es zu sagen *divitiae Croesi,* aber man kann nicht umkehren *Croesus divitiarum;* wenigstens ist von dieser Umkehrung hier noch nicht die Rede; lege ich dagegen dem *Croesus* die Apposition *dominus* zu, so ist seine Person relativ bezeichnet und an sich logisch unselbständig; sie muss erst noch in Rücksicht auf die Sache in eine Beziehung gesetzt werden, der sie mittels ihrer Qualität als *dominus* angehört. Dieses Verhältniss einer Person zu ihrem Besitz kann nun ein sehr mannigfaltiges sein, wenn sie nicht schlechthin als Besitzer bezeichnet wird, sondern wenn das Besitzen als Eigenschaft aufgefasst, also durch ein Adjectiv ausgedrückt wird, z. B. kann an die Stelle von *dominus* treten *dives,* z. B. *opum,* ein Besitzer von Schätzen, der durch das Besitzen die Eigenschaft reich hat; die Art seines Besitzes wird näher bestimmt durch den Ausdruck *dives.* Das Verhältniss ist ein wechselseitiges: der Ausdruck für den Besitz wird durch den Gegenstand näher bestimmt und umgekehrt das allgemeine Verhältniss der Angehörigkeit der Person zu dem Gegenstand durch das Adjectiv, welches eine besondere Art von Besitzen aussagt und zunächst natürlich immer ein unvollständiger, relativer Begriff ist, der nur durch seine Beziehung auf den besessenen Gegenstand seinen vollen Sinn erlangt, gerade wie *dominus* und *possessor.* Der Besitz nun, den solche relative Adjectiva ausdrücken, kann sehr mannigfaltig sein; es kann sein ein materieller oder ein geistiger, ein grosser oder ein kleiner, ein erstrebter, im Conat begriffener oder ein schon erlangter, ein blosses Antheilhaben oder eine völlige Negation des Besitzes; dabei wird der materielle, äussere und der geistige, innere Besitz oft durch dieselben Ausdrücke bezeichnet. Dies sind also die s. g. relativen Adjectiva: *dives — pauper, egenus; particeps*[1]) — *expers; potens* (sui Sen. de ben. VI 24, 2), *compos — impos; plenus — vacuus, inanis; fertilis*[2]), *ferax —*

---

[1]) Ungewöhnliche Subsumtion bei Gregor. Turon. hist. Franc. II c. 30 p. 82 C. ed. Ruin. unde credo eos (deos meos) nullius esse potestatis praeditos, qui sibi obedientibus non occurrunt, in der Passio sanctor. quattuor coronator. init. (edid. Wattenbach pag. 6): invenit inter eos magnae peritiae artis imbutos homines.

[2]) Auch mit dem Ablat.: Thracia vino fertilis est Valer. Prob. ad Verg. georg. II 37

sterilis; geistig: *gnarus — ignarus; peritus — imperitus, rudis, insolitus, insuetus* (Sallust. hist. I 114 [p. 119 Kr.]); *memor — immemor;* der Tendenz und Fähigkeit nach: *cupidus* (tui Cic. pro Planc. 23, 55. pro Sull. 27, 75), *avidus, avarus, studiosus, insatiabilis, curiosus — incuriosus, capax, tenax* u. m. a. Weiter ausgedehnt hat sich diese Verbindung mit dem Genetiv in späterer Zeit auf *attentus*(Senec. d. clem. II 5, 3; Valer. Max. II 5, 5, während es in der älteren Latinität in Folge des Festhaltens der eigentlichen Bedeutung des Participiums stets mit *ad* verbunden wird), *securus* (Valer. Max. II 6, 14, Senec nat. quaest. VI 1, 2 Campaniam numquam securam huius mali), *laetus* (frugum pabulique laetus ager Sall. hist. II 9 2 [p. 190 Kr.]), *timidus* (offensarum Senec. de ira III 24 extr.), *fugax* (Gloriae sequentis fugacissimus Senec. de ben. IV 32, 4) und *fugitivus* (patriae fugitivi Valer. Max. II 4, 12); ut (columbas) — negent fugitivas illius loci fieri Plin. n. h. XVIII 142). Doch treten manche von diesen Adjectiven den Particip. Präs. mit dem Genetiv sehr nahe, indem sie eine sich als Thätigkeit äussernde Eigenschaft bezeichnen und zum Theil ja auch von Verbis abgeleitet sind. — Ferner gehören hierher *reus criminis* und *affinis culpae,* worin der Besitz, das Antheilhaben deutlich ist, auch *manifestus rerum capitalium, innocens factorum* (Tacit. ann. IV 34), *dominationis suspecti* (Aurel. Vict. de vir. ill. 81, 4). Auch die locale Angehörigkeit wird durch den Genetiv bezeichnet und durch ein Adjectiv specialisirt, z. B. *medius,* was einer Sache oder zweien so angehört, dass es in deren Mitte oder zwischen ihnen ist, z. B. Valer. Prob. ad Verg. ge. I 233 pag. 39, 13 ed. Keil. temperata regio media frigidae et adustae. Caes. b. g. IV 19 hunc (locum) esse delectum medium fere earum regionum, quas —. [VI 13, 10 regio totius Galliae media.] Ovid. fast. V 67 medius iuvenum. Hor. od. II 19, 28 Pacis eras mediusque belli. Eumen. pro restaur. scholis (Paneg. IV) c. 9, 5 Apollo medius Camenarum. Vellei. II 114, 3 agebatque medium plurima dissimulantis, aliqua inhibentis (was zu sagen scheint, dass er Beides that, nicht aber, dass er keins von Beiden that)[1]; *vicinus* im eigentlichen und übertragenen Sinne: vicinus amborum Cic. or. 6, 21. 31, 113, *continuus* und *contiguus, secundus* (Cic. orat. 1, 4 sed horum vel secundis vel etiam infra secundos), *mixtus* Sen. ep. 102, 22 cum venerit dies ille, qui mixtum hoc divini humanique secernat.

Bei allen diesen Wörtern ist nach dem Obigen ganz klar, warum sie als verschiedene Modificationen des Verhältnisses eines Besitzers zu dem Besitz, dem jener durch seine Eigenschaft angehört, den Genetiv zu sich nehmen. Es kommt aber noch eine Reihe von Adjectiven hinzu, welche eigentlich nicht jenen relativen Sinn haben, sondern einen absoluten und gleichwohl in ähnlicher Weise gebraucht werden, die meisten nur bei Dichtern oder in der Kaiserzeit. Indem zu diesen ein Genetiv hinzutritt, wird für den besonderen Fall ihr absoluter Sinn zu einem relativen; er soll beschränkt werden auf eine gewisse Sphäre, untergeordnet einem Gegenstand, und dabei sagt auch das Adjectiv nicht immer gerade einen Besitz aus, in irgend einem

---

(gleich darauf aber regio, quae fertilis est oleae). id. ad v. 98 Tmolum, Lydiae montem, amminio vino fertilem. ib. ad v. 224 Vesuvius mons est in Campania vino fertilis. ib. ad v. 437 Cytoros est oppidum Ponticum fertile buxo.

[1] [Haase hat sich der Ueberlieferung angeschlossen, Halm schreibt mit Acidalius *dissimulans* und *inhibens* und verweist auf Madvig's Advers. II p. 310.]

Sinne, sondern nur irgend ein Verhalten eines Individuums zu irgend
einem Gegenstand, irgend eine Eigenschaft, welche zwar an sich nicht die
Angehörigkeit überhaupt oder eine besondere Art derselben bezeichnet, welche
aber, wenn einmal das Verhältniss doch eintritt, geeignet ist, es in gewisser
Weise zu modificiren oder zu bedingen, so jedoch, dass eine andere Eigenschaft den Maassstab der Angehörigkeit hergiebt und die Art und Weise
oder den Grad des Angehörens bestimmt. Z. B. *Caius certus consilii;* es
soll gesagt werden, C. gehört in gewisser Weise einem *consilium* an, ist
(*plenus, inops* etc.) Besitzer eines *consilii* und zwar mittels der Eigenschaft
eines *certus.* An sich ist *certus* ein absoluter Begriff, gewiss, zuverlässig,
hier wird es relativ, gewiss einer Sache und steht dem geistigen Besitz in
conscius, memor sehr nahe; ebenso *dubius* praesidii Sen. de benef. VI 28, 2,
consili Sall. hist. III 99 (p. 300 Kr.), *ambiguus* (imperandi Tac. ann. I 7),
mendax (huius rei Plaut. Asin. V 2, 5 [855]), *firmatus* (animi Sall. hist. III 15
[p. 210 Kr.]). Daher bildet dies schicklich den Uebergang zu den übrigen
Adjectiven, welche nach dieser Analogie gebraucht werden und nur das Verhalten zu einer Sache überhaupt durch irgend eine Eigenschaft bestimmen,
während umgekehrt, da die Wirkung eine reciproke ist, auch gesagt werden
kann, die Eigenschaft wird beschränkt, näher bestimmt ihrem Gegenstande
nach, dem sie angehört, auf den sie sich also beschränkt, sodass sie nur in
Bezug auf ihn in dieser Relativität aufgefasst werden soll. Schon in älterer
Zeit kamen in dieser Weise vor: *anxius, aeger, miser,* besonders mit dem
Genetiv *animi, aeger animi* geisteskrank, *anxius animi,* um die Herzens-
angst, und *miser animi,* um das Seelenleiden als Eigenschaft zu bezeichnen;
z. B. petulantia mea me animi miseram habet Plaut. Cist. IV 2, 3. animi im-
modicus Sall. hist. I 113 (p. 119 Kr.). animi atrox ib. II 93 (p. 190 Kr.).
impotens et nimius animi ib. IV 74 (p. 356 Kr.). anxius animi atque incertus
ib. IV 75 (p. 357). consili aeger IV 76 (p. 357 Kr.). caecus animi Quintil.
I 10, 29. victus animi Verg. ge. IV 491. infelix animi Verg. Aen. IV 529;
dann *maturus* (aevi maturus Pacat. paneg. (XII) 8, 3. adhuc aevi immaturus
sed iam maturus imperio Nazar. paneg. (X) 16, 4. Seltener sind, nur bei
Dichtern oder spätern Prosaikern, *flavus comarum, durus oris, integer vitae,
felix necis*[1]); praestantissimus sapientiae Tac. ann. IV 6. T. Livius eloquentiae
ac fidei praeclarus ib. V 34. omnium denique optimarum artium praecipuum
virum Fronto p. 202 (edit. Mediol. p. 232 Nab.), doch auch schon bei Sallust
(hist. I 112 p. 119 Kr.) egregius militiae[2]).

Bei diesen Adjectiven kann in der Regel ein Pronomen person. nicht
vorkommen, weil es ihr Sinn mit sich bringt, dass sie mit Sachen verbunden
werden; jedoch findet es sich bei einigen, und dann ist natürlich nicht möglich das Pronomen possessivum zu setzen, weil dann zwei Adjectiva zu-
sammenstossen würden, wenn man die Angehörigkeit auch als eine Eigenschaft bezeichnen wollte; z. B. certus mei, incertus sui Sen. ep. 23, 2, Sen.
suas. 1, 16 p. 9 B. illud quosdam dubios iudici sui habet, Horat. od. III 25, 1
quo me Bacche rapis tui plenum?

---

[1]) [Nachweise von Stellen z. B. bei Kühner II S. 322 f.]
[2]) Ueber solche Adjectiva s. die Samml. bei Ruddim. II p. 73 u. 76, zu Reisig
Anm. 525. Jani A. P. p. 111—119 u. Lentz de insolenti adiectivorum cum genetivo
constructione. Graudenz 1849. Programm der höheren Bürgerschule, in nicht gutem Latein, doch zu beachten. [Ferner Draeger I 436—444 u. R. Kühner II S. 319—330.]

Ferner schliesst sich nun an diese Adjectiva sehr natürlich an, dass gewisse **Verba** sich derselben Analogie subsumiren, welche den gleichen nominalen Inhalt haben, der nur verbunden ist mit dem Verbum *esse* oder einer Modification davon. Wenn man also sagen kann, *compotem esse alicuius rei*, so bildet sich danach *potiri alicuius rei*, und bei Tacitus und Andern *apisci* und *adipisci*, einer Sache mächtig, theilhaftig werden. Ferner sofern *plenus*, *satur* einen Genetiv bei sich haben, construirt man auch *plenum esse*, *plenum facere*, d. h. *complere*, *explere*, *implere*, *satiare*, *saturare*, *scatere* und für das Gegentheil *egere*, *indigere* zuweilen mit dem Genetiv. Mehr Beispiele s. bei Jani p. 119 fg. Die hierbei vorkommende Construction mit dem Ablativ und zum Theil mit dem Accusativ wird später bei diesen Casibus besprochen und der Unterschied erörtert werden. So schliesst sich ferner an *memor* an *memorem esse* und *facere*, also *meminisse*, *reminisci*, *recordari*, *in mentem venit*, wenn es impersonell gebraucht wird (d. h. *memorem facit*), *oblivisci*, *commonere*, *commonefacere*, *admonere alicuius rei* [1]); demnächst an *manifestus*, *reus*, *innocens*, Theil haben oder nicht Theil haben einer Sache durch Schuld, schuldig und nicht schuldig sein, für schuldig oder nicht schuldig erklären und überhaupt die verschiedenen Arten des gerichtlichen Verfahrens und Erkennens gegen Jemand: *reum facere*, *accusare*, *arguere* (rei capitalis Cic. pro Caec. 9, 25; probri, stupri, dedecoris Plaut. Amphitr. 883. 897. 869, *insimulare* (Plaut. Amph. 477), *deferre* (Tacit. ann. XIV 48), *accersere* (cum primores civitalis — tumultus hostilis et turbandae rei publicae accerserentur Tacit. ann. IV 29), *urgere* (Tacit. ann. IV 29 [35] quia male administratae provinciae aliorumque criminum urgebatur), *agere* (iniuriarum Cic. pro Caec. 12, 35. Senec. d. benef. V 8, 4. Senec. contr. I 2, 22 p. 77 B. controversiam de illa, quae egit cum viro malae tractationis), *interrogare* (repetundarum Tacit. ann. XIV 46), *damnare*, *iudicare* (pecuniae); in seltneren Fällen *deprehendere* (Plaut. Bacch. IV 9, 26 [940] doli ego deprensus sum), *captare* (tu si me impudicitiai captas, capere non potes Plaut. Amph. 821) *infamare* (impudicitiae infamatus est Aur. Vict. de vir. ill. c. 78, 1) *manum inicere* (ego te manum iniciam quadrupli Plaut. Truc. IV 2, 49). Ferner die entgegengesetzten Ausdrücke *absolvere*, *liberare*, *purgare*, und die für juristische Handlungen im Allgemeinen, z. B. *satisfacere iniuriarum*, *satisfacere* und *satisdare*, *promittere* (Cic. topic. c. 4), *repromittere*, *stipulari*, *cavere damni*, *condicere rerum*, *litium*. S. Brisson. de verb. sign. 5 s. v. damnum.

Ferner an die Ausdrücke für Gemüthsstimmung *anxius*, *miser*, *aeger*, *dubius animi* schliessen sich die Verba *angor*, *pendeo animi* (dieses auch bei Cic.), und daher auch das Activum: Absurde facis, qui augas te animi Plaut. Epid. III 1, 6. excruciare se animi Rud. 388, 399. excruciare animi Epidic. III 3, 8. Hierher gehören auch *vereri*, wenigstens *veritus* c. gen., s. Reisig §. 352, sodann *miserescere*, *misereri* (nach miser), *erubescere alicuius rei*, und daran schliessen sich die bekannten Impersonalia *miseret*, *piget*, *pudet*, *taedet*, wobei es, wie bei *in mentem venit*, ein unbestimmtes Etwas, eine unklare Ursache ist, welche den Menschen in eine geistige Stimmung setzt, die durch einen gewissen Gegenstand im Genetiv bestimmt und

---

[1]) Nur bei dem Simplex *monere* ist der Genetiv in älterer Zeit nicht gebräuchlich; später findet er sich bei Tac. ann. I 67 [und II 43], s. Nipperdey zu d. erst. St.

beschränkt wird. Nach derselben Analogie kommt auch vor bei Plaut. Epid. I 2, 35 desipiebam mentis, und ib. II 2, 55 nec satis exaudiebam nec sermonis fallebar tamen. Endlich wenn man sagt, *felix necis, fortunate animi*, (dieses bei Stat. Theb. I 638), *egregius animi, praeclarus fidei* etc., so folgt daraus der Begriff des für glücklich oder ausgezeichnet halten oder erklären, z. B. *mirari aliquem alicuius rei*, ebenso *laudare (εὐδαιμονίζειν)*: laudabat leti iuvenem Sil. Ital. IV 259. Abii Scythae Homero iustitiae laudati Itiner. Alex. c. 36 (p. 19 Volkm.) und *invidere* c. gen. *(φθονεῖν τινι τινος)*, bei Hor. sat. II 6, 83 f. neque ille sepositi ciceris nec longae invidit avenae. Für einen Gräcismus erklärt dies Quintilian IX 3, 17. Einzelne poetische Fälle [welche ebenfalls aus dem Griechischen erklärt werden] sind: Plaut. Rud. I 4, 27 (247) ut me omnium iam laborum levas. Horat. od. III 27, 69 abstincto — irarum calidaeque rixae, ibid. II 9, 17 desine mollium querelarum. Verg. Aen. X 441 tempus desistere pugnae[1]).

Diese Gebrauchsweise ist darum im Lateinischen kühn, weil die Verba *laudare, mirari* nicht so wie *εὐδαιμονίζειν* den Begriff des *εὐδαίμων* deutlich und direct enthalten, und weil sie daher im gewöhnlichen Gebrauch als Object nur das zu sich nehmen, was man lobt oder bewundert, und die Rücksicht und Beschränkung, mit welcher dies geschieht, gewöhnlich als Grund aufgefasst, also durch Präpositionen, *propter, de* etc., bezeichnet werden kann; der Genetiv ist daher bei diesen Verbis erst später durch allmähliche Ausdehnung der Analogie entstanden und selten und poetisch. Vgl. zu Reisig A. 527, wo zuerst die Verba auf ihren Nominalgehalt consequent zurückgeführt sind, auch Jani p. 119—123.

Es ist hiernach nicht unrichtig, wenn man solche Genetive übersetzt durch: in Rücksicht auf —, womit die Beschränkung des Adjectivbegriffs, der für sich steht oder im Verbum liegt, bezeichnet wird; nur muss man sich erinnern, auf welchem Wege dieser Sprachgebrauch entsteht, woraus sich dann auch ergeben wird, wie sich derselbe von dem sogen. griechischen Accusativ unterscheidet, den man auf dieselbe Weise übersetzt, der aber erst für sich erklärt werden muss, bevor der Unterschied deutlich werden kann.

Hierbei will ich noch auf einen von den Grammatikern meist ganz übersehenen Sprachgebrauch aufmerksam machen, da sie sich gar zu sehr auf das Allergewöhnlichste einschränken und nur eine enge Bekanntschaft mit der Literatur und beschränkte Lectüre zur Grundlage nehmen. Wenn man nämlich ganz allgemein sagen will, dass Jemand ein Prädicat, möge dieses in einem Adjectiv oder Verbum liegen, in allen oder vielen Rücksichten überhaupt zukomme, so wird das durch den Genetiv *omnium, multarum, ceterarum rerum* ausgedrückt. Dieser Gebrauch ist sehr alt[2]), bei Plautus, Terentius, selbst bei Cicero; dann taucht er in ganz später Zeit wieder auf. Plautus hat *credere* in dem Sinne Jemand trauen, für zuverlässig halten, mit diesem Genetiv verbunden, Truc. II 2, 52 Numquam edepol mihi quis-

---

¹) [Noch einige andere bei Draeger I S. 454. Kühner II S. 346 f.]
²) Er scheint aus dem juristischen und Curialstil herzurühren; ein Beispiel ist in einem Plebiscitum, dem einzigen, das uns vollständig erhalten ist, aus 745 a. u. c., bei Frontin. de aquaed. c. 129 (p. 150 Buech.) an einer freilich etwas corrigirten Stelle: Qui adversus ea quid fecerit, (et) adversus eum siremps lex, ius causaque omnium rerum omnibusque esto. [Buecheler schliesst nach Scaliger *et adversus eum* in eckige Klammern].

quam homo mortalis posthac duarum rerum creduit, ni ista ego vostra hero maiori facta denarravero. Asin. II 4, 53 (458) Nam si sciat noster senex fidem non esse huic habitam, suscenseat, qui [huic] omnium rerum ipsus semper credit[1]). Ter. Adelph. IV 5, 61 (695) Nolim ceterarum rerum te socordem eodem modo. Sempron. Asellio b. Gell. V 18, 8 (hist. Rom. rell. I p. 178 P.) Inter eos, qui annales relinquere voluissent, et eos, qui res gestas a Romanis post scribere conati essent, omnium rerum hoc interfuit, d. h. im Ganzen, im Allgemeinen. Cic. pro Quinct. c. 3, 11 C. Quinctius fuit P. Quinctii huius frater, sane ceterarum rerum pater familias et prudens et attentus, una in re paulo minus consideratus. Fronto epp. ad Antonin. Pium 3, 2 p. 6 ed. Berol. (p. 165 Nab.) Fuit sine dubio Niger Censorius verborum suorum inpos et minus consideratus, sed idem multarum rerum frugi vir et fortis et innocens. Id. epp. ad M. Caes. II 4, 18 p. 56 (p. 24 Nab.) Quid est domine? certe hilaris es, certe bene vales, omnium rerum certe sanus es. Apulei. de magia c. 73 Mihi — soli ait rerum omnium confidere sese et credere. Symmach. epp. VII 54 Ut es solers omnium rerum, scis—[2]). Weniger auffallend ist dieser Gebrauch bei Substantivis: Cic. de senect. 2, 4 Saepe numero admirari soleo — cum ceterarum rerum tuam excellentem, M. Cato, perfectamque sapientiam, tum vel maxime quod —. de orat. I 1, 3 devenimus in medium rerum omnium certamen atque discrimen[3]).

Das bisher Besprochene umfasst die häufigsten Gebrauchsweisen, die Angehörigkeit vermöge der Beschaffenheit der Merkmale. Ueber die Wortstellung in dieser Gattung ist im Allgemeinen dasselbe zu bemerken, wie bei der Wortstellung der adjectivischen Bestimmung (I S. 212 f.); denn in Wahrheit giebt der Genetivus possess. eine adjectivische Bestimmung dem Sinne nach, wenn auch nicht genau dieselbe wie ein wirkliches Adjectiv. Derselbe bezeichnet zwar die adjectivische Bestimmung der Angehörigkeit der Sache zur Person oder eines Accidens zur Substanz, aber doch so, dass die beiden Begriffe gesondert von einander, jeder in seiner eigenen Sphäre selbständig gefasst werden, nur dass der eine zum andern in das Verhältniss der Angehörigkeit tritt, was ja auch ganz zufällig und vorübergehend sein kann, ohne zu einem haftenden Merkmal zu werden. Wird dagegen statt des Genetivs ein Adjectiv gesetzt, so verschwindet der Begriff der Substanz als ein selbständiger gänzlich; an die Stelle ihres Begriffs tritt der Begriff der Eigenschaft, ihr angehörig zu sein; und als Eigenschaft gefasst ist diese Angehörigkeit eine andere als die, welche der Genetiv ausdrückt; diese wird

---

[1]) [Draeger I S. 453 und Kühner II S. 347 haben ausser dem ersten der oben angeführten Beispiele nur noch Amph. II 2, 40 (672) numquam edepol tu mihi divini creduis post hunc diem und Bacch. III 4, 6 (504) nam mihi divini numquam quisquam creduat.]

[2]) Heusinger ad Vechner. Hellenol. add. p. 133 citirt Gronov ad Plaut. Cist. I 1, 33 [s. auch ad Bacch. IV 4, 5]. Weiz ad Terent. p. 548 und Parei Lexic. crit. p. 70. Niebuhr ad Fronton. p. 6 citirt Hotom. Observ. 4, 11. Graev. ad Cic. de senect. c. 2. Oft wird auch omnibus rebus gesagt, z. B. felix Cic. ad fam. VI 7, 2. cf. Halm ad Cic. in Vatin. 7, 17, wo er noch anführt de nat. d. I 27, 76 ad fam. XI 21, 5. Held ad Caes. b. civ. I 26, 3. — Derselbe Genetiv ist auch in anderer Verbindung nicht selten: Ter. Heaut. 267 nam mihi nunc nil rerum omniumst quod malim, quam —. ib. 364 quod rerum omniumst primum.

[3]) Bei Sen. de clem. I 13, 2 ist wahrscheinlich zu lesen: omnium rerum oder omnibus omnium rerum noxior ac sollicitior. [Das Letztere hat Haase aufgenommen].

nur als Thatsache, jene als characterisirendes Merkmal verstanden, also *fabulae Terentii* heisst ganz allgemein: die dem T. angehören, nichts weiter; dagegen *Terentianae* sind die, deren Beschaffenheit, Character es ist, ihm anzugehören, die also die Eigenthümlichkeit seines Geistes, seiner Kunst, seines Stils zeigen. Da nun aber die Thatsache des Angehörens auf die Eigenschaft schliessen lässt und andererseits in der Eigenschaft die Thatsache des Angehörens vorausgesetzt werden kann, so leuchtet ein, dass sehr häufig beide Ausdrucksweisen bei denselben Dingen und Verhältnissen wechseln können, und dass dies nur da nicht möglich ist, wo einer von beiden Begriffen ausgeschlossen werden soll; also wenn *Terentianae fabulae* sein soll = *Terentii more, exemplo compositae, sed ab alio*, so kann nicht *Terentii* gesagt werden, anderseits nicht *Terentianae*, wenn nur das Verhältniss des Angehörens oder die Thatsache in Frage steht. Hiernach leuchtet ein, dass der Genetiv eine adjectivische Bestimmung vertritt, und mit welchem Sinnesunterschied, und dass für die Wortstellung dasselbe gilt, wie für Adjectiva. (Vgl. *patrius* und *paternus* mit *patris*). Der nachgestellte Begriff ist der eigentlich bestimmende, der voraufgehende, der sich von selbst verstehende, der vorausgesetzte, und so ist für das Verhältniss der Inhaerenz gesetzmässig, dass der Genetiv die erste Stelle einnimmt[1].

1. A. b. **Natürliche Unterordnung ungleicher Begriffe im eigentlichen Sinne vermöge des ungleichen Umfangs der Begriffe oder vermöge ungleicher Zahl der Merkmale.**

Hier handelt es sich mithin um Begriffe, die gewisse Merkmale gemein haben müssen, und dadurch gleichartig sind; je mehr Merkmale aber hinzutreten, desto enger wird die Begriffssphäre oder die Bedeutung, und diese specielleren Begriffe ordnen sich natürlich und logisch den allgemeineren unter; sie sind eben eine Species, also ein Theil davon. (Genetivus partitivus.) Diese Unterordnung kann auf verschiedene Weise ausgedrückt werden. Ordnet man blos die Species ihrer Gattung unter, so ist das eigentlich eine immanente Bestimmung; denn die Species schliessen die Merkmale der Gattung mit ein; die Hinzufügung derselben bringt also nichts Neues hinzu und ist überflüssig. Z. B. wenn man sagen wollte: *miles hominum*, so schlösse das die Versicherung in sich, dass der Soldat wirklich zu den Menschen gehöre; eine solche Versicherung wäre aber doch nur unter sehr abnormen Umständen möglich, und dann würde eine solche ausdrücklich mittels sub-

---

[1] Merkwürdig ist die Bemerkung d. Donat zu Terentius [die Stellen s. b. Hermann opusc. I p. 296], dass bei den ersten drei Stücken des Ter., Andria, Adelphoe, Heautontimorumenos, der Name des Dichters nachgestellt, bei den späteren vorgesetzt sei, Adelphoe Terenti und Terenti Hecyra, weil bei den erstern Terenz noch unbekannt gewesen, bei den späteren sein Name bereits eine bekannte und anerkannte Autorität gehabt habe. Ritschl verwirft die Nachricht, Parerga p. 303, Wilh. Wilmanns de didascaliis Terentianis (Berol. 1864) p. 54 ff. vertheidigt sie; hier kann die Frage der historischen Begründung derselben dahin gestellt bleiben, aber grammatisch betrachtet ist gegen den Unterschied nichts einzuwenden. Der Name des schon bekannten und bewährten Dichters wird als bekannt vorausgesetzt: neu und interessant ist dann ein neues Stück von ihm; ist er dagegen noch unbekannt, so ist sein Name das Neue und Interessante, mehr als der des Stückes. Hierbei ist aber zu bemerken, dass es sich nur um einfache Verbindung der beiden Begriffe handelt, ohne dass sie einen Gegensatz bildet, durch welchen die allgemeine Regel der Wortstellung sich ändert.

jectiven Urtheils ausgesprochen werden, nicht in der einfachen objectiven Unterordnung[1]). Unter natürlichen Verhältnissen ist jene Versicherung gerade so überflüssig, wie wenn man sagte *ancilla mulier, pollex digitus, silex lapis*, was, wie wir früher (I S. 212) gesehen haben, in dieser Stellung nicht möglich ist, wohl aber in der umgekehrten. So ist es auch gerade bei diesem Genetiv: indem er die Gattung bezeichnet, welcher eine Species untergeordnet wird, kann er nur voraufstehen, und dann wird man immer einen besonderen Grund haben, die Gattung ausdrücklich zu bezeichnen; sie wird dann nämlich einer andern Gattung entgegengesetzt, und es tritt nur zufällig hinzu, dass aus ihr Species oder Individuen hervorgehoben werden; z. B. Plin. n. h. IX 162 Piscium lupus et trichias bis anno parit. id. X 168 Volucrum animal parit vespertilio tantum; — eadem sola volucrum lacte nutrit ubera admovens.

Nicht immer hat man für die Species einen besonderen Speciesnamen; alsdann ist es nöthig, die Species aus der Gattung dadurch herauszuheben, dass man blos die Eigenschaft angiebt, durch welche die Species gebildet und von der Gattung unterschieden wird; so kann es also kommen, dass ein beliebiges Adjectiv, welches eben diese Eigenschaft bezeichnet, mit dem Genetiv der Gattung verbunden wird; z. B. lanarum nigrae Plin. VIII 193; man kann auch sagen *nigrae lanae*, dann bezeichnet man aber blos die Species; jenen Ausdruck wird man vorziehen, wenn man nicht blos die Species bezeichnen will, sondern auch einen Grund hat, die Gattung, der sie angehört, zu bezeichnen, und solche Fälle sind eben nicht häufig, da bei *nigrae lanae* zwar die Species und Gattung gesondert sind, aber doch in der Bezeichnung der Species hinlänglich die Gattung angedeutet ist, welcher sie angehört. Am häufigsten kommt es vor bei solchen Adjectiven, deren Sinn es schon mit sich bringt, dass sie eine besondere Species, eine gesonderte, hervorgehobene Classe bezeichnen; z. B. *delecti equitum, pauperes civium*.

Es kann hierbei ferner noch vorkommen, dass in einer durch eine gemeinschaftliche Eigenschaft constituirten Species ein oder mehrere Individuen dadurch wieder eine besondere Abtheilung bilden, dass sie die Eigenschaft in anderem, besonderem Grade besitzen, was regelmässig bei zweien durch den Comparativ, bei mehreren durch den Superlativ bezeichnet wird, *maior eorum, maximus eorum*, d. h. das Prädicat *magnus* haben alle, aber von allen werden die hervorgehoben, welche dies Prädicat in höherem Grade besitzen, als die übrigen. Ebenso kann das Merkmal, welches die Abtheilung aus einem grösseren Ganzen heraussondert, eine allgemeine relative Bestimmung sein, die durch Pronomina ausgedrückt wird; z. B. *hi militum, ei, illi, qui;* auch im Neutrum *hoc* etc., *quod, quid rerum, aliquid, quidquid, quidquam;* vgl. z. B. Liv. III 14, 3 iuniores, id maxime, quod Caesonis sodalium fuit, auxere iras in plebem.

Hiervon ist der Uebergang dazu gegeben, dass eine solche relative Bestimmung in einem Adverbium enthalten ist; das sind natürlich nur die pronominalen Adverbien, und da Adverbien überhaupt nur als Casus eines

---

[1]) Der Gattungsbegriff kann aber schwanken und dann vertritt er die Stelle eines nicht überflüssigen Prädicats: quae tum magnificae supellectilis habebantur, monopodia et abacos Romam advexerunt Liv. 39, 6, 7.

Adjectivs oder Pronomens oder Substantivs betrachtet werden können, so liegt hierin keine Abweichung von der allgemeinen Regel über den Genetiv, z. B. *hic = hoc loco, huc = in hunc locum;* also *hic, huc viciniae, huc dementiae; ubi terrarum, gentium, locorum, ubicunque* (ubicunque locorum vivitis Hor. ep. I 3, 34), *eo loci, hoc loci, quodam loci,* immer in der Bedeutung der Ruhe. S. zu Reisig A. 534.

Dies ist ebenso bei Theilen und Punkten der Zeit, *interea temporis,* wie *interea loci* bei Komikern. Dahin gehört auch *tum, tunc temporis,* was jedoch erst in der spätern Latinität [bei Justin und Apulejus] vorkommt und daher für den Gebrauch nicht zu empfehlen ist[1]).

Hiernächst ist auf den Fall überzugehen, dass aus einem grösseren Ganzen nicht eine durch eine Eigenschaft oder relative Bestimmung characterisirte Species hervorgehoben wird, sondern sofort die einzelnen Individuen selbst ohne eine sie besonders characterisirende Eigenschaft. Dabei sind drei Fälle möglich: 1) es tritt dasselbe ein, was wir bei der Unterordnung einer Species unter eine Gattung gefunden haben, sodass man also z. B. sagen würde: *oratorum Cicero,* in dieser Wortstellung (s. oben S. 25); z. B. Cic. de prov. cons. 2, 4 ad ipsas venio provincias, quarum Macedonia — sic a barbaris vexatur, ut —. Tac. hist. I 31 tribunorum Subrium et Cetrium adorti milites minis, Longinum manibus coercent. 2) Es wäre hier aber auch die entgegengesetzte Wortstellung denkbar, denn ein Individuum kann nach sehr verschiedenen Gesichtspunkten betrachtet und daher in sehr verschiedene Classen gesetzt werden; demnach erfüllt die Angabe der Classe den Sinn eines Prädicats, und es wäre auch denkbar zu sagen: *Cicero oratorum.* Indessen wird man davon wohl kaum Beispiele bei Aelteren finden; es ist in diesem Falle natürlicher, dass man entweder die Classenbestimmung zum wirklichen Prädicat macht, also das gleiche Verhältniss anwendet, *Cicero orator,* oder 3) falls nicht auf andere Weise das Verhältniss des Individuums zur Classe bestimmt wird, z. B. durch Superlativ oder Comparativ, so kann sein Zahlverhältniss zu derselben angegeben werden, z. B. *Cicero oratorum unus*[2]).

So, nämlich durch eine Zahl, welche den Theil im Verhältniss zum Ganzen bestimmt, ist am einfachsten die Hervorhebung eines Individuums zu erreichen. Ebenso aber liegt es, wenn nicht ein bestimmtes Individuum durch das Nomen propr. bezeichnet ist, sondern wenn die Individuen überhaupt nicht anders bezeichnet werden als durch die Gattung und durch die Bestimmung der Zahl, wie viele ihrer von der Gattung sind, z. B. *pauci, multi, centum militum.* Dabei ist jedoch wohl zu beachten, ob der Quantitätsbegriff einen Theil eines vorher bezeichneten Ganzen, oder eine attributive Bestimmung zu dem Ganzen bezeichnen soll, z. B. Val. Max. II 6, 14 Respiciantur Indorum feminae, quae cùm more patrio conplures eidem nuptae esse soleant, mortuo marito in certamen iudiciumque veniunt, quam ex iis maxime dilexerit, ib. c. 7, 8 ut —

---

[1]) Vgl. bei Sen. de benef. V 18, 1 In infinitum eius me obligas, wenn es richtig ist; vielleicht *in infinitum ius.* [Eine reiche Sammlung von Beispielen dieses Gen. bei Draeger I S. 413 ff.].

[2]) Jedoch giebt bei Tac. ann. VI 12 (18) die Handschrift Caninius Gallus quindecimvirum, was ich nicht mit Ritter, Nipperdey, Beroaldus und anderen in quindecimvir ändern möchte.

cruore renovata victoriarum, quas modo speciosissimas erat adeptus, titulos respergeret (sc. Rullianus virgis caesus).

Eine nicht häufige Form ist diese bei Tac. ann. III 41 erupere primi Andecavi ac Turoni; quorum Andecavos Acilius Aviola legatus — coercuit; Turoni legionario milite — oppressi; das Ganze wird gebildet durch Aufzählung und Verbindung zweier Nomina propria, die Theile durch deren Vereinzelung; cf. hist. I 31 tribunorum Subrium et Cetrium adorti milites minis, Longinum manibus coercent; die drei waren vorher genannt als das Ganze, mit dem Zusatz *tribuni*, zum Unterschied von den dort sonst noch genannten Personen. Frontin. de aquaed. I c. 19 unantur inde Iulia, Marcia et Tepula; quarum Tepula — nunc a piscina eiusdem Iuliae modum accipit[1]). Verg. Aen. II 435 Iphitus et Pelias mecum; quorum Iphitus aevo iam gravior, Pelias et volnere tardus Ulixi.

Natürlich bleibt das Verhältniss dasselbe, wenn diese Zahlbestimmung des Theiles eine andere wird, wenn nicht Individuen gezählt, sondern sie entweder zu einer Masse zusammengezogen werden, die mittels eines Nomen substantivum bezeichnet wird, oder wenn auch schon das Ganze ein Stoff war, der nicht in einzelne Individuen zerlegt wird, sondern nur in Stücke und Massen; also z. B. *pars, multitudo, numerus, manus militum* u. dgl. oder *multum militum* oder *auri, satis, affatim, abunde argenti, parum, plus, minus, plurimum, minimum; tantum, quantum, quod* (quod cius Liv. 39, 7, 5), *nihil*[2]).

Zuweilen wird das Stück eines Ganzen, welches durch solche Neutra bezeichnet wird, nicht nach seiner Quantität, sondern nach seiner Qualität bestimmt; also durch ein Adjectivum gen. neutr., z. B. *medium diei, summum montis, sero diei* (Tac. ann. II 21), *ad serum usque diei, plana urbis, inania honoris* (Tac. hist. III 82)[3]); doch ist hier blos die partitive Be-. deutung dieser Verbindung gemeint; über die beiden andern siehe oben S. 6.

Diese Gebrauchsweisen des Genetivs sind bekannt genug. Indessen sind darüber doch noch einige Punkte näher zu besprechen, welche in den Grammatiken wenig erläutert werden. Es ist nämlich zu bemerken, dass nicht immer durch die erwähnten partitiven, mit dem Genetiv verbundenen Ausdrücke ein Theil eines Ganzen im einfachen und gewöhnlichen Sinne bezeichnet wird. Oft bezeichnet der Genetiv nur den Stoff, aus welchem Etwas besteht, das durch einen partitiven Ausdruck bezeichnet wird; z. B. *caterva, turba militum* soll nicht heissen, dass man sich gewisse Soldaten als ein Ganzes zu denken hat und davon dann einen Theil zu sondern, welcher eine *turba* bildet, sondern man stellt sich in diesem Falle *turba, caterva* selbst als das Ganze vor und denkt nicht an Soldaten, die noch übrig bleiben, wenn man die *turba* davon abgerechnet hat. Der Unterschied liegt also blos darin, ob man bei dem Begriff *milites* ein bestimmtes Ganze von Soldaten

---

[1]) [Haase citirt die Stelle nach Dederich; bei Buecheler lautet sie ganz anders (p. 12): *tres* autem earum, Iulia, Marcia, Tepula quae intercepta, sicut supra demonstravimus, rivo Iuliae accesserat, nunc a piscina et q. s.]

[2]) Beispiele von *tantum, quantum, plus, id, quod* in Bezug auf Personen giebt Keil zu Aur. Vict. c. 33, 2. vgl. auch suarum rerum sat agit Ter. Heautontim. 225.

[3]) [Das älteste Beispiel dieser Art Cic. Lael. 10, 33 ad extremum vitae wird jetzt durch Einschiebung des von zwei Hdschrr. gebotenem *diem* beseitigt; Sallust hat aber mehrere. S. Draeger I S. 417 ff.]

ins Auge fasst (einen Haufen von den Soldaten), oder ob man den Begriff so nimmt, dass er gar nicht auf bestimmte Individuen fixirt wird, sondern ganz unbestimmt als Stoffbezeichnung (als Gattungsbegriff ohne concrete Existenz im speciellen Falle). Bei *turba* allein würde man nur den allgemeinsten Begriff verstehen, also nur Menschen. überhaupt, *turba hominum*, denken können; mit *militum* bestimmt man die Bestandtheile des Haufens näher. Der Sinn des Genetivs aber ist derselbe, denn es ist immer die Angehörigkeit des Theils zum Ganzen, welche bezeichnet wird, möge das Ganze ein bestimmtes sein, oder möge es der unbestimmte Begriff des Stoffes sein. Hierher gehören denn besonders viele Stoffbestimmungen bei Maassen, z. B. *modius tritici, libra auri* u. s. w.; desgleichen bei manchen anderen Wörtern, welche nicht eigentlich Maasse sind, sondern andere Formen oder Gestaltungen, in welchen ein gewisser Stoff erscheint, welche aus ihm bestehen, z. B. praemia pecuniae (Caes. b. c. III 83, Gell. X 18, 5), flumina lactis, nectaris (Ov. met. I 111); rivus, imber sanguinis, nubes exemplorum; navis auri (Cicer. parad. III 1, 20) und navis palearum (de fin. IV 27, 76). In solchen Fällen ist eigentlich der Begriff des Stoffes die Hauptsache, und man will nur aussagen, dass dieser in einer gewissen Form erscheint.

Dies wird zuweilen in sehr pikanter und witziger Weise auf Begriffe angewendet, die eigentlich gar nicht einen Stoff bezeichnen, sondern nur uneigentlich so gefasst werden, dass ein gewisses Wesen gleichsam das Material hergiebt, aus welchem ein anderes besteht; z. B. quaedam pestes hominum (eigentlich ein aus Menschen bestehendes Verderben) Cic. ad fam. V 8, 2; monstrum mulieris [1] (Ungeheuer von einem Weibe) Plaut. Poen. I 2, 6. m. hominis Ter. Eun. IV 4, 29 (696). scelus viri Plaut. Curc. V 2, 16 (615). Truc. II 7, 60. flagitium hominis Plaut. Cas. II 1, 8. Men. III 2, 24 (489). V 1, 9 (709).

Hierbei ist also immer der Zweck, dass man einer Person, welcher eigentlich der Begriff des Genetivs als ihre Bestimmung zukommt, diese Benennung abstreitet und aussagt, es erscheine dieser ihr Begriff in einer ganz anderen oder heterogenen Gestalt. Damit hängt es denn nahe zusammen, dass man einer Person oder Sache in derselben Weise ihre eigentliche Benennung streitig macht, aber keinen andern bestimmten Begriff hat, nach dem man sie benennen will; sie wird mithin zu einem ganz unbestimmten Wesen, einem unbestimmten Etwas, das man als solches bezeichnet und dessen eigentlichen Begriff man als den Stoff darstellt, woraus dies unbestimmte Etwas besteht; z. B. quid tu hominis es? Cic. in Verr. II 54, 134 exponam vobis breviter, quid hominis sit. Ter. Hec. IV 4, 21 (643) quid mulieris uxorem habes? Catull. 6, 4 nescio quid febriculosi scorti diligis: hoc pudet fateri.

So werden auch von Sachen dergleichen Neutra oft gebraucht, wenn man auf eine feine Weise andeuten will, dass die Sache ihrem Begriffe nicht entspreche, dass sie also eigentlich gar nicht existire oder wenigstens einen anderen Namen haben müsse. So: quidnam Pompeius propositi aut voluntatis ad dimicandum haberet Caes. b. c. III 84, wo die Existenz durch *propositum* und *voluntas* spöttisch bezeichnet wird; *id consilii, hoc rationis*

---

[1] Anders Sen. dial. V (de ira III) 3, 2 quantum monstri sit homo in hominem furens.

u. s. w.; hoc mali Terent. Heautont. II 1, 17 (229). hoc supplicii Aur. Vict. de vir. ill. c. 12, 3. s. das. Keil, Zumpt zu Cic. de off. II 14, 10 u. zu Reisig Anm. 530.

Hieraus erklärt es sich auch, dass zuweilen der Genetivus partitivus von einem Wort abhängt, das gar nicht einen Theil, sondern vielmehr das Ganze bezeichnet; das Ganze ist nämlich ein doppeltes, einmal das real vorliegende, wirklich gegebene; dann das Ganze des Begriffs, der ganz allgemein ist ohne Rücksicht auf Realität. Vgl. Quidquid patrum plebisque est Liv. III 17, 5, Alles was ausgeht von diesem Begriff, was diesen Namen trägt. Namentlich steht so der Genetiv öfters bei *cuncti;* z. B. cuncta terrarum subacta Hor. od. II 1, 30. cuncta scelerum suorum pro egregiis accipi videt Tac. ann. XIV 60. cuncta curarum III 35. cuncta camporum hist. V 10. hominum cuncti Ovid. met. IV 631. Dieser Gebrauch von *cunctus* ist nicht bei Cicero, sondern nur bei Dichtern und in der Prosa von Livius an vorhanden.

Sonst ist noch zu bemerken, dass von den genannten partitiven Neutris nur Nominativ und Accusativ in der Regel gebraucht wird und zwar der Accusativ bei Cicero immer ohne Präposition; auch bei andern Schriftstellern finden sich Präpositionen nicht bei *satis, abunde, affatim, parum, plus, minus, nihil,* wie sie auch bei den übrigen Neutris nicht häufig sind und meistens nur in gewöhnlicher Verbindung, z. B. *in* und *ad multum diei, ad ultimum inopiae, ad id loci.* Noch seltener sind solche Ausdrücke wie per Europae plerumque Liv. 45, 9, 2. per tantum terrae Ov. ex P. I 5, 75. postque morae minimum Ov. her. (18) 19, 47. post multum vulnerum Tac. ann. XII 56. post triumphos inmensumque terrarum adiectum imperio Plin. n. h. XVIII 18.

Ferner ist zu bemerken, dass diese Neutra in Verbindung mit Adjectiven treten können; dieselben stehn dann entweder in Concordanz damit, wie ein Adjectiv zu einem Substantiv, oder sie werden als selbständige Substanzen betrachtet und treten dann in den Genetiv wie Substantiva. Der Unterschied ist der, dass man im ersten Falle ein Urtheil aussprechen und also die Qualität hervorheben will; z. B. Cic. de leg. II 4, 8 aeternum quiddam, etwas, das die Eigenschaft *aeternum* hat, von dem das geurtheilt werden kann. Cic. parad. 5, 2, 38 quorum in villa ac domo nihil splendidum, nihil ornatum fuit praeter ipsos. pro Tull. 35 quid ad haec Quinctius? (scil. respondet.) sane nihil certum neque unum. Cic. pro Mur. 10, 23 non patiar te in tanto errore versari ut istud nescio quid,' quod tantopere didicisti (i. e. scientiam iuris), praeclarum aliquid esse arbitrere. Senec. contr. I 6, 2 p. 93 B. nihil in illa (archipiratae filia) deprehendi poterat piraticum. Sen. de otio 5, 1 Navigant quidam et labores peregrinationis longissimae una mercede perpetiuntur cognoscendi aliquid abditum remotumque. epist. 99, 18 inest quiddam dulce tristitiae. Sen. de benef. I 5, 6 quid habet per se corona pretiosum? dial. III 20, 3 (de ira I 16, 24) iracundia nihil amplum decorumque molitur. Tac. ann. XI 37 sed animo per libidines corrupto nihil honestum inerat, d. h. nichts, was das Prädicat verdiente. Flor. I 22 (I 17), 1 quiddam spirabat indomitum. Stehend findet sich *quid mirum?* z. B. Senec. dial. I 4, 12. IV 31, 4. Dagegen, setzt man den Genetiv, so kommt es nicht erst auf das Urtheil an, sondern es wird ein Prädicat als Substanz ohne Weiteres vorausgesetzt, der dann etwas angehört, und ein Theil davon abgerechnet, der grösser oder kleiner sein kann; der Nachdruck fällt dann auf

die Bezeichnung der Quantität oder des Maasses der Existenz: *aliquid novi,*
etwas von Neuigkeiten. Terent. Heautont. III 3, 10 (571) nil me istius
facturum. Senec. de benef. I 1, 12 quid magnifici erat multis prodesse, si
nemo deceperit? ibid. III 18, 2 quid enim erat tuti adversus repentina, quid
animus magnum promitteret sibi, si certam virtutem fortuna mutaret? dial.
IV 31, 4 (de ira II 31, 2) quid novi est, si inimicus nocet, amicus offendit?
Es ist jedoch zu bemerken, dass dies nur Anwendung findet auf das
Neutrum der zweiten Declination; die Adjectiva der dritten werden in diesem
Falle höchst selten in den Genetiv gesetzt und nicht leicht anders als der
Gleichmässigkeit wegen in Verbindung mit einem andern Adjectiv. Denn
die mehr substantielle Natur der Adjectiva der dritten Declination (s. I S. 85)
brachte es mit sich, dass darin das Masculinum und Femininum überwog und
dass das Neutrum sich viel weniger zum Substantiv ausbildete, am wenigsten
in den Casus, worin das Neutrum nicht als solches zu erkennen ist, wozu
eben der Genetiv gehört. Vergl. Wölfflin, Livian. Kritik und Livian. Sprachgebrauch S. 25.

Endlich ist noch zu erwähnen, dass beim Genetivus partitivus ebenso
wie in andern Gebrauchsweisen des Genetiv die Distraction stattfinden kann,
z. B. *esse militum,* wobei wieder, ganz in der früher bemerkten Weise, Modificationen des *esse* eintreten können, also das Beginnen des Seins wie oben:
Celtiberia Romanorum facta est (S. 14). So Hor. od. III 13, 13 fies nobilium
tu quoque fontium. Sen. epist. 75. 16 (13 F.) spero me posse et amplioris
ordinis fieri. Dann das Factitivum; z. B. Hor. ep. I 9, 13 scribe tui gregis
hunc.

Hierher sind endlich noch zu rechnen die Redensarten *boni consulere,*
eine Sache als zum Guten gehörig betrachten und so über sie beschliessen,
in bonam partem accipere, interpretari, es gut aufnehmen, und *nihil reliqui
facere* Pacat. paneg. (paneg. XII) 28, 1. vergl. quid enim est huic reliqui,
quod eum in hac vita teneat? Cic. pro Sulla 31, 89. quod fortuna in malis
reliqui fecit — id sibi ne eripiatis vos, iudices, obtestatur ib. 32, 89.

Für den Genetivus partit. wird bei Pronominibus person. der Genetiv
mei, tui, sui, nostrum, vestrum gebraucht, doch letztere Formen nur, wenn
der Plural wirklich von mehreren Personen verstanden wird, nicht von einer,
und von einem Theil jeder einzelnen in der Mehrheit: daher Sen. ep. 5, 3
efficimus ut nihil imitari velint nostri. Natürlich gehört diese Redeweise
erst einer späteren Zeit an, wo man bei fortschreitender Speculation auch im
Individuum Theile, Qualitäten, Accidenzien erkennt: Senec. de benef. VII 9
extr. plus sui. VI 23, 6. VII 2, 1. ep. 9, 4 und 15 pars sui. cf. 109, 10;
23, 6; 65, 18; 71, 32; 74, 16; 79 extr.; 82, 18; 87, 37; 113, 5. nat. q.
II 3, 2; 11, 1; 26, 2; 32, 7; VI 2, 8; 3, 3; 16, 1; 31, 1; VII 24, 2.
dial. IV 8, 1. Frontin de aquaed. I 19 u. 20. Sen. ep. 12, 5 finis sui. ep. 61,
3 finem nostri. ep. 71, 14 (13). 93, 9. nat. q. VI 32, 8. ep. 120, 14
Habebat perfectum animum ad summum sui adductus. ep. 124, 6. nat. q. VI
15, 1. de benef. III 29, 8 (30, 1) initium mei. n. q. II, 1, 1 coelum infra sese
sidera habeat an in contextu sui fixa. nat. q. VII 9, 3 in exitum sui tendunt.

1. B.   Natürliche Unterordnung ungleicher Begriffe im
uneigentlichen Sinne.

Wir haben bisher die Verbindung ungleicher Begriffe der Art betrachtet,
dass derjenige dem andern untergeordnet wurde, welcher ihm im eigentlichen

Sinne, seiner Natur nach, untergeordnet ist, sei es wegen der Qualität oder wegen der Zahl ihrer Merkmale; also im eigentlichen Sinne und naturgemäss wird das Attribut der Substanz, das Eigenthum seinem Inhaber (der Person), der Theil seinem Ganzen untergeordnet.[1]) Wenn aber diese Verbindung im uneigentlichen Sinne erfolgt, so heisst das, sie erfolgt nicht in diesem naturgemässen Verhältniss, sondern im Widerspruch gegen dasselbe, also in entgegengesetzter, widernatürlicher Weise: die Substanz wird dem Attribut, der Inhaber (die Person) seiner Eigenschaft, das Ganze seinen Theilen untergeordnet. Da dies in der That widernatürlich ist, so muss man fragen, wie es möglich wird. Es versteht sich, dass hierbei der allgemeine Begriff des Genetivs, der Begriff der Angehörigkeit, sich nicht ändern kann; die Frage stellt sich also so: wie kann man nicht die Eigenschaft als angehörig ihrem Inhaber, sondern den Inhaber als angehörig der Eigenschaft bezeichnen, nicht den Theil als angehörig dem Ganzen, sondern das Ganze als angehörig dem Theil? Es leuchtet gleich ein, dass dies so einfach und allgemein nicht möglich ist, wenigstens nicht natürlich, naturgemäss, wenn der Genetiv den Sinn der Angehörigkeit beibehalten muss. Abgesehen von gewissen Fällen, in denen auch das Unnatürliche wirklich wird, (s. ob. S. 15) ist es mithin nur möglich unter der Bedingung, dass sich das Verhältniss der Begriffe umkehrt, dass also das Attribut oder der Theil nicht durch die Substanz oder das Ganze bestimmt wird, sondern die Substanz oder das Ganze durch das Attribut oder den Theil; z. B. sage ich: *virtus Catonis*, so wird das Attribut seiner Substanz regelmässig untergeordnet und durch sie bestimmt; ich weiss, es ist nicht jede beliebige *virtus*, auch nicht *virtus Ciceronis*, die sehr verschieden ist, sondern es ist *virtus Catonis = Catoniana*. Ebenso sind *capita libri* nicht *capita hominum* u. s. w.[2]) Am einleuchtendsten ist das bei solchen Attributen, wie *genus, ordo, conditio, gens* u. dgl., womit zugleich die Gesammtheit bezeichnet werden kann, der die Substanz angehört[3]).

Soll sich nun das Verhältniss bei dieser Unterordnung umkehren, so muss das Specielle zum Allgemeineren und das Allgemeine zum Specielleren werden, das Attribut oder der Theil also zur Bezeichnung einer umfassenden Rubrik, einer Gattung gebraucht werden, welcher die Substanz oder das Ganze zu näherer Bestimmung untergeordnet wird. Es wird demnach ein Begriff (sei er eine Substanz oder ein Ganzes), dadurch bestimmt, dass er einer Gattung oder Rubrik als angehörig bezeichnet wird, welche durch ein Attribut oder einen Theil bezeichnet und characterisirt wird. Dies kann aber das Attribut oder der Theil nicht ohne Weiteres; *virtus* oder *ingenium* kann nicht an sich eine Rubrik bezeichnen, der ein Mensch angehört, denn man weiss nicht, in welchem Verhältniss der Mensch zur *virtus (ingenium)* steht, ob er viel oder wenig oder nichts davon hat; daher ist *virtus (ingenium)*

---

[1]) Es war also in diesem Theil *divitiae Croesi*, nicht *Croesus divitiarum* möglich; freilich kann man sagen *dominus divitiarum, dives auri, compos mentis*, aber dann wird die Person nicht schlechthin als solche, sondern durch einen relativen, also unselbständigen Ausdruck bezeichnet, welcher der Bestimmung durch den Genetiv, der Unterordnung bedarf.

[2]) Uebrigens beschränkt sich das Verhältniss der Angehörigkeit in diesem Falle nicht auf Attribute und Eigenschaften; z. B. *omnium horarum amici*, wie Tiberius nach Sueton. Tib. 42 ein paar seiner Zechbrüder nannte, bezeichnet die Freunde als solche, die für alle Zeiten passend sind.

[3]) So ist auch *ars* gebraucht Tac. ann. I 73 Cassium histrionem solitum inter alios eiusdem artis interesse ludis.

hominis vollkommen verständlich; aber nicht *homo virtutis* oder *ingenii*, denn es giebt ja *homines magni, praestantis,* auch *nullius ingenii.* (Sen. suas. VII 12 [p. 44 B.] Erat Cestius nullius ingenii.) Ebenso verhält es sich bei der Unterordnung des Ganzen unter den Theil; auch hier wird der Theil nicht durch das Ganze bestimmt, sondern er muss selbst anderweitig so bestimmt sein, dass er zu einer Gattungsbezeichnung werden kann, welcher das Ganze untergeordnet wird, um durch sie bestimmt zu werden; z. B. *capita libri* ist deutlich, aber *liber capitum* unbestimmt. Es ist also klar, dass in diesem Falle der Begriff des Attributs nicht durch seine Substanz bestimmt wird, sondern er muss für sich betrachtet und mit einer anderweitigen Bestimmung versehen werden, wodurch er zur Bezeichnung einer Rubrik wird, der die Substanz untergeordnet und wodurch ihr Begriff bestimmt und verengt wird, z. B. *capita multa*; an sich weiss man nicht, was für *capita,* wessen *capita* gemeint sind, aber sie sind durch das *multa* bestimmt; viele Capitel können die Gattung eines Buches bezeichnen, also *liber capitum multorum* gehört der Gattung an, welche durch *capita multa* characterisirt und ausgedrückt wird.

Das ist der sogenannte Genetiv der Eigenschaft, in welchem die beiden Unterarten von I A (a. b.) nicht getrennt zu werden brauchen.

Hierbei haben wir zunächst die beiden Seiten der Verbindung zu betrachten, nämlich 1. in welchem Verhältniss hierbei der bestimmt werdende Begriff zu dem Genetiv der Eigenschaft steht, und welcher Art er ist, in Beziehung auf ihn, 2. von welcher Beschaffenheit der Genetiv der Eigenschaft selbst sein, namentlich ob er immer aus zwei Theilen bestehen muss oder ob dieses nicht nöthig ist.

1. Die beiden Begriffe bilden, wie immer, ein zusammengehöriges Ganze; indem der Genetiv der Eigenschaft, welche eine Gattung characterisirt, hinzugefügt wird, wird durch diesen Gattungsbegriff der andere verengt und nun, während er vorher allgemeiner und umfassender gewesen ist, zu einer Species, z. B. *homo magni ingenii* ist enger als *homo, liber multorum capitum* enger als *liber.* Es ist wie bei Hinzufügung eines Adjectivs, weshalb auch beides oft verbunden ist; z. B. Sen. controv. I 3, 3 p. 79 B. praeruptus locus et inmensae altitudinis. suas. VI 10 p. 30 B. ut liber et inlibatae dignitatis consummes vitam. Sen. de clem. II 1, 1 vocem generosam, magni animi, magnae lenitatis. ad. Marc. 17, 3 videbis celebratissimum carminibus fontem Arethusam, nitidissimi ac perlucidi ac imum stagni, gelidissimas aquas profundentem. ib. c. 24, 3 ipse pridem aeternus meliorisque nunc status est. dial. IV 12, 3 (de ira II 12, 6) nulli sunt tam feri et sui iuris adfectus, ut non disciplina perdomentur. Tac. ann. IV 31 compositus alias et velut eluctantium verborum. Hieraus folgt also, dass das regierende Wort so allgemein sein muss, dass es durch den Genetiv noch auf eine engere Sphäre beschränkt werden kann; folglich kann es kein Nomen proprium sein, denn dies ist schon so eng als möglich; es kann davon nicht mehrere Species geben, in deren eine es gesetzt würde. (S. I S. 214 f. 216.) Erst in der Kaiserzeit[1] hat man in Anknüpfung an den gewöhnlichen Gebrauch, nach welchem man das Adjectivum oder den Genetivus qualitatis prädicativ von einem Nomen proprium

---

[1] [Anfänge im Briefstil Cicero's (suavissimus Cicero) und bei Cäsar; die Stellen s. Kühner II S. 171 f.]

aussagte, dieselben ohne Hinzufügung eines Gattungsbegriffs unmittelbar (durch Inhärenz und Cohärenz) mit einem Nomen proprium verbunden; so schon bei Livius 42, 55, 2 in Athamaniam est transgressus asperi ac prope invii soli. 30, 26, 7 Q. Fabius Maximus moritur exactae aetatis. 30, 37, 9 novem annorum a vobis profectus — redii[1]). Sehr viele Beispiele finden sich dann bei Tacitus (s. Roth zu Tacit. Agric. S. 138).

2. Es ist oben der Grund dargelegt, welchen die gewöhnliche Regel hat, dass der Genetiv der Eigenschaft immer aus zwei Wörtern bestehen müsse, einem Nomen und einem dazu gehörigen adjectivischen Wort; nämlich: da die Eigenschaft als characteristisches Merkmal einer Species benutzt wird, so ist nicht der Begriff der Eigenschaft an sich genügend, durch den allein noch gar nicht gesagt ist, ob oder wie sie existirt, sondern es muss eine Bestimmung hinzutreten, welche das Vorhandensein oder Nichtvorhandensein oder einen hohen oder niedern Grad oder sonst eine besondere Weise aussagt, in welcher die Eigenschaft bei ihrer Verwirklichung zu denken ist; dadurch allein kann sie zum characteristischen Merkmal einer Gattung werden. Aber die Grammatiker haben diesen Grund nicht ermittelt und darum auch die eigentliche Bedeutung des Gebrauchs und seine Grenzen nicht rationell erkannt[2]); sie beschränken sich auf die äusserliche Observation, und darum ist auch die Regel so ganz grob äusserlich gefasst, dass der Genetiv der Eigenschaft aus zwei Wörtern bestehen müsse; denn es ist gar nicht wahr, wenn man es so allgemein hinstellt; es muss vielmehr heissen: der Genetiv der Eigenschaft muss nicht nur den Begriff einer Eigenschaft, eines Attributs enthalten, sondern auch eine nähere Bestimmung der Art oder des Grades, in welchem sich dasselbe verwirklicht. Allerdings sind dazu in den gewöhnlichen Fällen zwei Wörter erforderlich, wovon das eine das Attribut bezeichnet, das andere dessen nähere Bestimmung. Aber es ist möglich, dass beide Begriffe in einem und demselben Worte enthalten sind[3]), und das tritt namentlich bei vielen Maass- und Werthbestimmungen ein. Z. B. man kann sagen: *iter quattuor dierum* in regelmässiger Form; aber die vier Tage können in ein Ganzes zusammengezogen werden, welches als besonderer Begriff durch den Ausdruck *quadriduum* bezeichnet wird; folglich kann man auch sagen: *iter quadridui*; ebenso *bidui, tridui, biennii, triennii* etc., auch *trioboli* (Plaut. Poen. I 2, 168 Non ego homo trioboli sum).

In diesen Fällen ist die Vereinigung der doppelten Bestimmung durch die Zusammensetzung erreicht worden. Es ist aber auch ohne eine solche möglich, wenn ein Wort an sich schon ein Attribut, also einen Werth, ein Maass, und zugleich dessen Bestimmung enthält. Z. B. *nihil*[4]) ist ein ganz bestimmter Werth und es bedarf dabei keines näheren Zusatzes; daher sagt man *res, homo nihili* beim Nomin. Plaut. Cas. II 3, 22 tu nihili cana culex,

---

[1]) [So bei Angabe von Lebensjahren stehend bei Nepos, Lupus Sprachgebr. S. 23. Für Livius vgl. Kühnast S. 72.]

[2]) Auch Aubert, Beiträge zur Lat. Gramm. I p. 10 fg. sagt: „Irgend ein in der Natur der Sache oder der Beschaffenheit des Gedankenverhältnisses liegender, allgemein gültiger und durchgreifender Grund dazu lässt sich kaum auffinden".

[3]) Auffällig und allerdings abweichend ist der Gebrauch bei Gregor. Tur. vit. patr. II 1 p. 1207 D locus ille tam difficilis est ad incedendum, ut etiam feris bestiis illuc accedere sit laboris. Doch so auch Tac. ann. III 20 Decrius, impiger manu, exercitus militia et illam obsidionem flagitii ratus.

[4]) Das Wort ist zwar auch zusammengesetzt, aber nicht in obiger Weise.

beim Dat. ebd. v. 39 quam illi servo nequam des armigero, nihili atque improbo, beim Accus. III 2, 29 nunc ego illum nihili, decrepitum, meum virum veniat velim, mil. glor. II 2, 25 (180) Vae mihi misero, cui pereundum est propter nihili bestiam. Asin. 859 illum-madidum, nihili, incontinentem atque ossorem uxoris suae, beim Vocativ Truc. II 3, 12 improbe nihilique homo, und sogar allein stehend Asin. 472. Impure, nihili, non vides irasci. Cas. II 3, 29 Unde is, nihili[1]). — Ungefähr denselben Werth hat der Genetiv *nauci*.

Aber es leuchtet ein, dass hierher nothwendig auch die Ausdrücke *magni* (nicht *multi*), *parvi*, *pluris* (sehr selten *maioris*, z. B. Phaedr. II 5 (6), 25) *plurimi*, *minoris*, *minimi*, *tanti*, *quanti* gehören, bei denen man früher eine Ellipse von *pretii* annahm; das ist aber falsch, wie z. B. aus *pluris* hervorgeht, was nie adjectivisch gebraucht wird; es sind alles selbständige Neutra; und das Neutrum giebt an sich den substantivischen Begriff eines unbestimmten Wesens oder Quantums, dessen Grösse der Sinn des Adjectivs näher bestimmt; es liegt also auch in ihnen der doppelte Begriff, wie in *iter quadridui* oder *homo magni ingenii*.

Sonach ist erlaubt zu sagen *res magni*, wie *res nihili* oder *nauci*, obwohl bei jenen Ausdrücken die unmittelbare Verbindung wenig gebräuchlich ist, dagegen ist die mittelbare durch Distraction häufig und vielfältig ausgebildet: *res est magni*. Hieran schliessen sich nun wieder die gewöhnlichen Modificationen des Verbalbegriffs: statt *credo esse rem magni* kann man sagen: *duco, facio, aestimo magni*. Dahin gehört ferner die andere Subsumtion, wenn *res est magni* den Sinn hat *res venit magni*, sie ist eine Sache von grossem Werth für den Verkauf, daher zuweilen bei *venire, vendere, emere* diese Genetive stehen. Freilich wird hierbei häufiger der Ablativ gesetzt: der Genetiv rubricirt die Sache als in die Gattung der mehr oder weniger theuren gehörig, und das ist natürlich, wenn man über sie urtheilen, sie in dieser Weise rubriciren will; der Ablativ dagegen bezeichnet den Preis als ein Mittel, durch welches sie erworben werden kann, sodass sich diese Bestimmung nicht eigentlich auf die Gattung der Sache, sondern auf das Factum, auf das Verbum bezieht. Vergl. unten und zu Reisig Anm. 533.

Ferner gehört hierher *magni interest* und *refert*. Bei diesen Ausdrücken sind jedoch blos die Genetive *tanti, quanti, magni, permagni* und *parvi* gebräuchlich; sonst sagt man *maxime, minime, plurimum, minimum*. Noch weiter geht die Subsumtion in Verbalbegriffen, die an sich keine Schätzung ausdrücken und trotzdem eine Werthbestimmung zu sich nehmen. Quanti aestimas in solitudine hospitium, in imbre tectum, in frigore balneum aut ignem? scio tamen, quanti ista consecuturus diversorium subeam Sen. de benef. VI 15 7. Videamus hoc quod concupiscimus quanti deferatur epist. 42, 8. Tu non concupisces quanticunque ad libertatem pervenire? ep. 80, 4.

Sodann sind noch einzelne feste Redensarten zu bemerken, die nach dieser Analogie zu beurtheilen sind; wie *nihili* und *nauci* sagt man auch *flocci, pili, assis, unius assis, teruncii non facio;* auch *huius non facio,*

---

[1]) Ebenso Bacch. IV 8, 63 (904 R.) nach Hermann; Ritschl und Fleckeisen setzen jedoch *homo* hinzu.

mit einem Gestus „nicht so viel". Dazu gehören ferner noch *aequi facere, aequi bonique consulere, pensi habere, ducere, reliqui facere.*

Somit gehen also die Regeln vom Genetiv bei Schätzungen und Käufen lediglich auf den Genetiv der Eigenschaft zurück, über den jetzt noch ein paar allgemeine Bemerkungen zu machen sind.

Die Distraction kann natürlich auch bei anderen Genetiven stattfinden als bei denen, die ich ausdrücklich angeführt habe, und da ist auch die Beschränkung rücksichtlich der Nomina propria nicht mehr vorhanden; z. B. *Gaius fuit spectatae virtutis*. Modificationen des Seins kommen jedoch nicht häufig vor; z. B. Incertae enim sortis vivimus Sen. suas. IV 3 (p. 28 B.); *abesse bidui*, d. h. *iter habere bidui*, s. z. Reisig Anm. 541. Pluris tibi frater efferendus quam alendus est Sen. controv. I 1, 1 (p. 57 B.). isti, qui nunquam tutelae suae fiunt Senec. ep. 33, 10. qui alia bona iudicat (praeter honestum), in fortunae venit potestatem, alieni arbitrii fit 74, 1. fac tui iuris, quod alieni est 77 15 (13). sicut torrentes modicae magnitudinis eunt, quamdiu separatis suus cursus est nat. quaest. V 12, 3. Vrgl. unser „ich fahre dritter Classe auf der Eisenbahn", d. h. ich bin ein Fahrender, Passagier dritter Classe.

Ferner habe ich schon darauf aufmerksam gemacht, dass man auf den Casus zu achten hat, zu welchem der Genetiv der Eigenschaft gehört; es können alle Casus sein bei einem Nomen proprium, wenn noch dessen Gattungsbegriff hinzutritt, es also nicht elliptische Apposition ist; bei einer solchen ist es hart, einen andern Casus als einen Nominativ oder auch Accusativ im Object in dieser Weise anzuwenden; denn der Genetiv der Eigenschaft als Adjectiv gedacht, kann ja durch nichts zu erkennen geben, zu welchem Casus er Apposition sein soll. Daher sind solche Stellen nicht häufig wie bei Liv. 42, 55, 2 in Athamaniam est transgressus asperi ac prope invii soli. Noch härter Tac. ann. XV 13 quod pro Armeniis semper Romanae dicionis aut subiectis regi — hostilia faceret. Noch auffallender ist es, wenn ein Genetiv der Eigenschaft ganz allein steht und in dem Casus zu verstehen ist, in welchem die Sache oder die Person zu denken ist, zu welcher er eine Bestimmung bringt; so kann man wohl Adjectiva setzen ohne den Begriff *homo*, aber das Adjectiv bestimmt doch immer den Casus und das Genus; beides fällt hier weg. Darum ist dies fast unerhört und sehr selten, wie bei Liv. 39, 8, 6 mixti feminis mares, aetatis tenerae (scil. homines) maioribus. Tac. ann. I 41 pergere ad Treviros et externae fidei, wo Aubert a. a. O. I p. 6 dies als Dativ der Richtung und des Ziels nehmen will als Hyperbaton: „sich in fremden Schutz begeben"[1]).

Nun ist noch eine ganze Gattung von Genetiven der Eigenschaft zu bemerken, bei denen auch die Regel ungültig ist, dass sie aus zwei Worten

---

[1]) Bei Sen. controv. I 2, 11 p. 72 B. las man früher Ambitiosa lex est, ad sacerdotium notae non sanctitatis tantum sed felicitatis admittit (scil. virgines, welche Auslassung der Zusammenhang erleichtern würde), jetzt wird hinter *sacerdotium: non ullas* eingeschoben und gewiss mit Recht, wenn auch im Uebrigen die Stelle noch nicht sicher emendirt ist. Bei Frontin de aquaed. I 32 u. 33 wird der Genetiv *centenum vicenum* als Name einer Gattung von *fistulae* mit den *centenariae* u. s. w. coordinirt und sowohl von einer Präposition abhängig gemacht (in centenum vicenum quinariae octoginta sex [uncia] und ex centenum vicenum quinarias octoginta octo) als auch als Genetiv gebraucht (centenum vicenum diametro adiciunt digitos tres et q. s.).

bestehen sollen; das sind nämlich diejenigen, welche den Zweck einer Sache oder Handlung bezeichnen. Hierbei ist aber wohl zu bemerken, dass der Genetiv an sich keineswegs den Zweck bezeichnet als solchen; die Zweckbestimmung geht vielmehr nur aus der Natur der Sache und aus dem Verhältniss der beiden Begriffe zu einander hervor; der Genetiv bezeichnet nichts anderes als in den obigen Fällen, nämlich eine Eigenschaft, durch welche ein Begriff beschränkt und einer Species untergeordnet, als ihr angehörig bezeichnet wird. Das Merkmal aber, das in diesem Falle zur Characterisirung der Species benutzt wird, ist der Zweck. Es kann also der Zweck niemals im Genetiv stehen, ausser wenn er in dieser Weise benutzt wird, um durch seine Beziehung den Begriff einer Sache zu bestimmen und zu verengen. Das ist ein grosser Unterschied. Nehmen wir z. B. *pecunia dotis, lucri, mercedis, accessionis, decumae, praemii* u. dgl.[1]) Damit soll nicht der Zweck an sich als solcher bestimmt werden, denn das kann nie durch den Genetiv geschehen; die *dos* ist wirklich, factisch die Bestimmung des Geldes, wird aber hier nur angegeben, um das Geld als besondere Art und Species zu characterisiren, Mitgiftsgeld oder Ausstattungsgeld, *decumae* Zehntengeld, eine besondere Art Geld, die durch ihre Bestimmung einen besonderen rechtlichen Character hat; vgl. noch Plaut. Pers. III 1, 66 (394) Dabuntur dotis tibi inde sescenti logei, Verg. buc. 6, 25 f. carmina vobis, huic aliud mercedis erit[2]). Vgl. Vossius de constr. c. 7 p. 343 (ed. Hal. p. 1051). Hierbei kann man allerdings zuweilen das Verhältniss umkehren; es ist nämlich das Verhältniss in solchen Fällen dies, dass der eine Begriff einen Stoff bezeichnet, der andere diesen Stoff durch den Zweck, wozu er dient, characterisirt; nun haben wir aber oben S. 27 beim Genetivus partit. gesehen, dass auch der Stoff im Genetiv stehen kann, indem er das Ganze bezeichnet, die Masse, welcher ein Einzelnes angehört; daher kann man nach dieser Auffassung auch sagen: praemia pecuniae, Caes. b. c. III 83, indem man die Belohnung durch ihren Stoff characterisirt: Geldbelohnung; dagegen *dare pecuniam praemii* characterisirt das Geld nach seinem Zweck: Prämien, Belohnungsgelder. Beide Auffassungen sind ganz verschieden, und es ist also nicht anzunehmen, dass etwa ein Ausdruck für den andern stehe durch einen Umtausch, wie es Vossius l. c. annimmt, sondern jeder hat seinen besonderen Grund und Sinn.

Hierher gehören noch solche Stellen wie bei Cic. ad fam. VI 19, 1 nam et villa et amoenitas illa commorationis est, non deversorii, wo vorher gesagt war mit ausdrücklicher Bezeichnung des Zwecks: Falernum mihi semper idoneum visum est deversorio; es handelt sich um die verschiedene Beschaffenheit zweier Landgüter, dem Petrinum und Falernum; jenes ist so beschaffen, dass es zur *commoratio* dienen kann, wo man einzeln gern verweilen mag; dieses ist geeignet zum *deversorium*, um den Besitzer mit grossem Geleit für kürzere Zeit zu beherbergen. Caes. b. g. V 8 (naves) quas sui quisque commodi fecerat, d. i. eine Gattung von Schiffen, Privatschiffe, klein, ungleichmässig, nicht dauerhaft, wie sie beschaffen sind, wenn

---

[1]) Auch *compendi facere* ist wohl hiermit zu verbinden. Eumenius paneg. VI (paneg. VII) 1, 4 sagt dafür itaque primum illud compendium faciam, wenn nicht compendi oder compendii zu lesen ist, wie schon Acidalius wollte. [Bährens hat compendium beibehalten].

[2]) Bei Plaut. Amph. 646 id modo si mercedis datur mi, ut — könnte mercedis als Genet. partit. genommen werden.

sie zur Privatbequemlichkeit gebaut sind. Venant. vit. S. Marcelli c. 9 cum beatus Marcellus — esset pontifex ordinatus, quam dignitatem sibi reputabat magis oneris.

Dass zu dieser Gattung von Genetiv der Eigenschaft nur ein Wort nöthig ist, leuchtet von selbst ein, denn der Zweck ist an sich hinlänglich, um eine Sache zu characterisiren; es bedarf dazu nicht einer näheren Bestimmung wie bei dem blossen Begriff einer Eigenschaft, aus dem man noch nicht weiss, ob und wie sie vorhanden ist, um eine Substanz zu characterisiren und eine besondere Species daraus zu machen. Ferner ist hierbei natürlich, dass sich leicht die Bezeichnung des Zwecks nicht an ein einzelnes Nomen anschliesst, an eine einzelne Sache, welche zur Erreichung eines Zweckes dient, sondern an die ganze mit dieser Sache vorgenommene Handlung, durch welche der Zweck erreicht werden soll, sodass also nicht *pecunia lucri, dotis* allein zu denken ist, sondern die ganze Handlung *dare pecuniam*, welche durch ihren Zweck characterisirt wird; davon kann dann weiter die Folge sein, dass es bei weitem weniger die mit dem Verbum verbundene Substanz ist, als vielmehr die ganze Handlung, welche man characterisiren will, ja es ist endlich die kühnste Anwendung dieses Gebrauchs, dass eine Substanz überhaupt gar nicht vorhanden ist, sondern bloss die Handlung, das Verbum durch Hinzufügung des Zwecks im Genetiv zu einer besonderen Species gemacht wird; es wird also der Begriff der Handlung, die im Verbum liegt, gerade so durch einen Genetiv beschränkt wie ein Nomen.

Diesen Gebrauch will ich durch einige Beispiele stufenweise verfolgen[1]) und bemerke noch, dass der Zweck als ein noch zu erreichender durch den Zusatz eines Partic. praes. pass., oder auch durch den Genet. gerundii bezeichnet wird: Tac. ann. VI 30 pecuniam omittendae delationis ceperant. Caes. b. g. IV 17, 10 sive naves deiciendi operis essent a barbaris missae. b. Alex. c. 65 quod-multa contra morem consuetudinemque militarem fierent, quae dissolvendae disciplinae severitatisque essent (Characteristik der multa.) Sallust. hist. I 51 exercitum opprimundae libertatis habet. ib. § 6 cum privata arma opprimundae libertatis cepisset; es sind hochverrätherische Waffen, ein ungesetzliches, rebellisches Heer; [I 45, 8 p. 45 Kr. et omnia retinendae dominationis honesta aestumet.] (vgl. Kritz zu Sall. Cat. 6, 7, p. 36). Liv. IX 29, 11 Lectis rerum summis cum animadvertisset pleraque dissolvendarum religionum esse (von den dem Numa untergeschobenen Büchern), ib. XXXIX 16, 9 nihil aeque dissolvendae religionis esse, XXXVIII 50, 8 nihil tam aequandae libertatis esse quam potentissimum quemque posse dicere causam. Tac. ann. III 27 Pulso Tarquinio adversum patrum factiones multa populus paravit tuendae libertatis et firmandae concordiae, und ebenda werden bald nachher *leges* in gleicher Weise nach ihrem Zweck charakterisirt. ann. XII 24 a foro boario-sulcus designandi oppidi coeptus, gleichsam die Demarcationslinie, um diesen *sulcus* als eine besondere Art von jedem andern zu unterscheiden. Sonst vgl. Tac. ann. II 37. XI 3. XIII 11 a. E. hist. IV 42.

---

[1]) Vgl. Nipperdey zu Tac. ann. II 59, der im Wesentlichen übereinstimmt, im Einzelnen aber nicht genau genug ist; er giebt die Stellen des Tacitus an, aber III 7 erectis omnium animis petendae e Pisone ultionis scheint nicht hierher zu gehören, sondern zu den Adjectiven c. gen., wie z. B. *certus, incertus, anxius.*

Der nächste Fortschritt ist der, wenn zwar das Verbum noch mit einer Substanz verbunden ist, aber der Genetiv nicht eigentlich zur Charakteristik des Nomen allein dient, sondern vielmehr der ganzen Handlung, welche durch Verbum und Nomen bezeichnet wird. Tac. hist. IV 25 e seditiosis unum vinciri iubet, magis usurpandi iuris quam quia unius culpa foret. ann. III 41 pugnam pro Romanis ciens ostentandae, ut ferebat, virtutis.

Endlich kann der schon hierbei nur zufällige Umstand auch wegfallen, dass ein Nomen beim Verbum steht; das Verbum kann allein sein und der Begriff der darin liegenden Handlung wird gerade so, wie wenn es ein substantivischer wäre, durch den Genetiv näher bestimmt. Dabei ist jedoch der Unterschied, dass der Genetivus qual. entweder wie ein Adjectiv das Subject der Handlung (damit aber auch, wie *vespertinus* adverbiell das Verbum) bestimmt, wie in 'dritter Classe fahren, schnellen Schrittes kommen, der Hoffnung leben', *incertae sortis vivimus, modicae magnitudinis ire*, s. o. S. 36, oder die Handlung selbst, wie bei *quanticunque ad libertatem pervenire* u. a.,[1]) z. B. Tac. ann. II 59 Aegyptum proficiscitur cognoscendae antiquitatis[2]). Es soll gesagt werden, dass die Reise, welche Germanicus unternahm, nicht eine amtliche, nicht eine Geschäftsreise war, sondern eine literarische Vergnügungsreise; so wird der Begriff der Handlung in Gattungen getheilt und jede durch einen Genetiv bestimmt. Aeusserlich kann man sich das deutlich machen, wenn man dafür sagt: *suscipit iter cognoscendae antiquitatis* oder *proficiscitur atque erat ea res, ea profectio cognoscendae antiquitatis*. Ebenso Tac. ann. III 9 vitandae suspicionis — Nare ac mox Tiberi devectus.

Diese Erscheinung ist nun zwar formell auffallend und auch erst jüngeren Ursprungs, indess ihrem Wesen nach darf sie nicht auffallen, da es auch andere Fälle giebt, in denen der in einem Verbum liegende Begriff einer Handlung wie ein Substantiv behandelt oder bestimmt wird, wie wir z. B. beim Accusativ finden werden, dass zu einem Verbum selbst ein Nomen als Apposition gesetzt wird, bei welchem Gebrauch der Entwickelungsgang ein ganz ähnlicher ist.

Ueber jenen Genetiv des Zwecks nun ist noch zu bemerken, dass es in manchen Fällen sehr schwer ist zu bestimmen, ob er wirklich angewendet ist oder nicht, nämlich wo die Endung auch der Dativ sein kann, in der ersten Declination, oder wo die Lesart schwankt. Dabei kann denn nur als Norm dienen, was oben über diesen Gebrauch gesagt ist, nämlich dass der Zweck nicht als solcher bezeichnet wird, sondern dass der Genetiv nur dazu dient, um die Beschaffenheit und Species eines Begriffs näher zu bestimmen und also eine Species von der andern zu unterscheiden. Z. B. bellum abolendae infamiae bei Tac. ann. I 3 ist ein Ehrenkrieg, nicht ein Eroberungskrieg; also als Genetiv zu nehmen. Wo dagegen nichts Anderes bezeichnet sein kann als nur der Zweck als solcher, und wo es gerade darauf ankommt,

---

[1]) Vgl. die juristischen Ausdrücke *satisfacere, satisdare* etc. ob. S. 22.
[2]) Bei Cic. de rep. I 10, 16 in Aegyptum discendi *causa* — contendisse fehlt *causa* im Codex; Nonius [und auf seine Autorität hin Halm] setzt es hinzu; Weissenborn will es nicht aufnehmen (s. N. Jahrb. f. Phil. u. Päd. Bd. 52, H. 2, 1848, S. 149), weil sich, wie 'Vrarap' (Krarup) nachweise, Spuren dieser Construction schon bei Cicero finden und auch sonst in früherer Zeit [b. Licinius Macer fr. 21 in den Rell. h. R. p. 308]; s. Weissenb. de gerundio p. 124 fg. [Kühner II S. 551 f. Draeger II S. 800 f.].

den Zweck zu bestimmen, da kann nicht der Genetiv angenommen werden, der an sich niemals diese Bedeutung hat, obwohl Reisig § 438, 3 sie annimmt. Z. B. bei Caes. b. g. IV 1 quotannis singula milia armatorum bellandi causa ex finibus educunt kann nur der Zweck bestimmt sein, und daher ist das Wort *causa* nothwendig und mit Recht von Schneider [wie auch von Nipperdey und den übrigen neueren Herausgebern] beibehalten. Wenn man die Sache bloss äusserlich ansieht, dann freilich ist keine sichere Entscheidung zu finden. Bei Terent. adelph. II 4, 6 (270) heisst es: ne id adsentandi magis quam quo habeam gratum facere existumes. Bentley conjicirt hier *assentando,* aber die Bedeutung ist hier eine andere; die Schmeichelei soll nicht als Zweck sondern als Character der Handlung bezeichnet werden, gerade wie bei Tac. ann. II 37 nec ad invidiam ista sed conciliandae misericordiae refero; doch ist es hier möglich, ausser dem Genetiv auch den Dativ des Zwecks anzunehmen, entsprechend dem *ad;* bei beiden Erklärungen ist in entsprechenden Gliedern die Ungleichmässigkeit angewendet, die Tacitus so sehr liebt.

Wir haben bisher die erste, natürlichste, und darum auch ausgedehnteste Art des Genetiv-Gebrauchs entwickelt, die darin besteht, dass die in ungleichem Verhältniss verbundenen Begriffe auch ihrer Natur nach ungleich sind und folglich auch die Subordination des einen unter den andern naturgemäss ist, mag sie nun im eigentlichen oder uneigentlichen Sinne statt finden. Wir kommen nun zu dem zweiten Fall:

2. Verbindung an sich gleicher, coordinirter Begriffe in ungleichem Verhältniss.

Wenn zwei Begriffe solche Bedeutung haben, dass darin gar keine relative Unselbständigkeit liegt, so sollte man meinen, dass die Verbindung durch den Genetiv gar nicht möglich wäre; man würde dann zwar sagen, dass A zu B gehört; aber man würde, wenn die Natur der Begriffe eine solche Angehörigkeit gar nicht mit sich bringt, auch nicht begreifen können, von welcher Art die Angehörigkeit ist und warum das Verhältniss nicht auch umgekehrt ist; z. B. *Cicero Hortensii amicus, aemulus, aequalis* ist klar, aber *Cicero Hortensii* ganz unklar; dabei könnte man auch das Gegentheil denken *inimicus* und sonst alles mögliche; auch wäre dann ebenso möglich *Hortensius Ciceronis* und das Verhältniss ebenso unklar.

Daher hat der Gebrauch eine sehr geringe Ausdehnung, dass Begriffe durch den Genetiv (also in ungleichem Verhältniss) verbunden werden, welche an sich gar nicht die Bedeutung einer relativen Unselbständigkeit enthalten, durch welche diese Verbindung erst klar würde. Er tritt daher nur in wenigen einzelnen Fällen ein, in welchen diese Unklarheit anderweitig gehoben ist. Also

1. Personen, die nicht nach ihrem relativen Verhältniss zu einander bezeichnet werden (wie die Bezeichnung durch Verwandtschaft etc. s. ob. S. 7), sondern in deren Bezeichnung gar keine Andeutung einer Beziehung zu einander liegt, werden nur selten ohne nähere Bestimmung durch den Genetiv verbunden, weil der Sinn der Angehörigkeit ein zu allgemeiner ist für die vielfältigen Beziehungen, durch welche Personen zu einander gehören können; die Römer mit ihrer juristisch pedantischen Genauigkeit liessen

solche Unbestimmtheit nicht zu, ausser in einem Falle, nämlich bei unfreien, abhängigen Personen, die in Bezug auf andere als Eigenthum betrachtet werden konnten; also bei Sclaven [1]) und Freigelassenen, sodann auch bei Töchtern, Gattinnen[2]), auch bei Söhnen und endlich bei Schülern[3]). Jedoch ist der Gebrauch in den letzteren Fällen nur selten und in allen nicht gerade sehr häufig. Nachweisungen darüber habe ich gegeben bei Reisig § 353. Dazu füge Osann, Beiträge zur griechischen und römischen Literaturgeschichte, Bd. II S. 153 [Draeger I S. 447]. Manche Beispiele beruhen auf der Nachahmung des Griechischen; jedoch ist der Gebrauch echt römisch und schon in der ältesten Literatur vorhanden gewesen, wie namentlich aus den alten Formeln hervorgeht bei Gell. XIII 22 zur Bezeichnung von Götterfrauen, wie Neria Martis oder Nerienc Mavortis. — Ausserdem gehören hierher solche Verhältnisse von Personen, bei denen die Angehörigkeit der einen zur andern zwar nicht durch ihre Benennung, wohl aber durch den Zusammenhang hinlänglich bezeichnet ist. Abgesehen aber muss natürlich werden von Fällen, wo Personen ganz wie Sachen betrachtet werden, also als Eigenthum anderer, im eigentlichen oder uneigentlichen Sinne, Liv. 39, 16, 5 optare unusquisque vestrum debet, ut bona mens suis omnibus fuerit: si quem libido-in illum gurgitem abripuit, illorum eum, cum quibus-coniuravit, non suum iucidet esse.

2. Ferner sind offenbar ganz coordinirte und ihrer Natur nach in gleichem Verhältniss stehende Begriffe diejenigen, von denen der eine nur eine nähere Bestimmung des andern ist; naturgemäss können diese nur in gleichem Casus stehen, denn der eine bildet zu dem andern eine Apposition. Indess kommen doch in diesem Falle Abweichungen vor, die dann natürlich in einer modificirten Auffassung der Begriffe ihren Grund haben. Z. B. wenn ein Nomen appellativum mit seinem Nomen proprium verbunden wird: *urbs Antiochia;* das ist das natürliche. Aber es findet sich zuweilen, dass das Nomen propr. wie ein selbständiges Wesen gedacht wird, nicht bloss als Benennung und Bestimmung des Begriffs im Nomen appell., sondern als übergeordneter Begriff, dem der Appellativ-Begriff wie ein Accidens angehört, wie wenn wir sagten: Antiochiens Stadt. Das geht auf eine Personification zurück; Antiochien ist wie eine Göttin, ein selbständiges Wesen, dem die Stadt angehört. Cic. ad Att. V 18, 1 in oppido Antiochiae ist das einzige Beispiel aus guten Prosaikern, und dort vielleicht nicht ohne Bedenken. Aurel. Vict. de Caesarib. c. 33, 32: recepta Mediolani urbe. Bei andern Localitäten, insbesondere bei Flüssen kommt es öfter vor, weil der Fluss als Accidens des Flussgottes leicht aufzufassen ist; z. B. bei Liv. VIII 13, 5: Asturae flumen. XLIII 4, 6: flumen Loracinae. ib. XXIV 12, 4; 13, 1; 20, 14: lacus Averni. XLI 1, 2: lacus Timavi. Diese Stellen giebt Fabri zu XXIV 35, 3 ad Pachyni promontorium, dazu füge noch Suet. Tib. 74 turris Phari terrae motu Capreis concidit.[4]) Mehr haben Dichter, denen die Perso-

---

[1]) [S. Holtze I p. 341.]
[2]) Ueber Gattinnen s. Nipperdey z. Tacit. ann. IV 11.
[3]) *mater* ist ausgelassen Senec. ad Marc. c. 13, 3 Cornelia Livii Drusi, doch wird hier die Ellipse durch das Vorgehende (Cornelia Gracchorum mater) erleichtert.
[4]) Noch einige Beispiele führt an Keil zu Aur. Vict. de-vir. ill. 16, 1 apud Regilli lacum; denselben Ausdruck hat Flor. I 11 (I 5), 2; dagegen Livius II 20, 13 ad lacum Regillum. [Draeger I S. 429].

nification näher liegt, s. Jani A. P. pag. 477 fg., zu Reisig § 349. A. 523 [Draeger I S. 429].

Dass dagegen Propert. III (IV) 9, 25 Medorum pugnaces ire per hostes gesagt haben könnte statt *Medos*, wie Reisig 1. c. annimmt, und Hertzberg in den Prolegg. p. 139, davon kann ich mich nicht überzeugen; denn dieser Fall ist den obigen gar nicht ähnlich und auch durch kein zweites Beispiel zu belegen; es wird wohl die Lesart falsch sein und mit Burmann [Markland] *hastas* [so auch Haupt] oder mit Lachmann *astus* zu lesen sein.

3. Es kommt nun ferner auch vor, dass zwei Nomina appell. in dem Verhältniss zu einander stehen, dass am natürlichsten das eine als Apposition zum andern gefasst wird, dass aber doch auch eine andere Auffassung möglich ist, wodurch eins zum Accidens des andern wird. Besonders findet sich diese Auffassung bei dem Wort *causa* öfter, indem eine Sache ohne Weiteres als *causa* seiend gedacht wird, also in gleichem Verhältniss, oder die Ursache geht von der Sache aus; z. B. Cic. de off. II 5, 16 von den Ursachen des Umkommens der Menschen: Collectis ceteris causis, eluvionis, pestilentiae, vastitatis, beluarum etiam repentinae multitudinis; de or. II 15, 63: es ist von der Geschichtsschreibung zu fordern: ut causae explicentur omnes vel sapientiae vel temeritatis; pro Sulla 3, 9 doloris vero et timoris et periculi fuit illa causa communis. ib. 8, 23 pro magnis causis nostrae necessitudinis (vgl. Matthiae und Halm z. d. St., Madvig. ep. crit. ad Orell. p. 79 und Bemerkungen über latein. Sprache p. 71. Zumpt ad Verr. p. 770. Matthiae ad or. Catil. II 11, 24. Wunder ad Cic. pro Planc. p. 104. Halm ad Cic. pro Sulla c. 7, 21). Q. Cic. de petit. cons. c. 5, 16 Qui sunt amici ex causa honestiore cognationis aut affinitatis aut sodalitatis aut alicuius necessitudinis, is carum et iucundum esse maxime prodest. Caes. b. c. III 72 quam parvulae saepe causae vel falsae suspicionis vel terroris repentini vel obiectae religionis magna detrimenta intulissent. Ovid. metam. II 836 nec causam fassus amoris, d. h. amorem, er bekannte nicht, dass der Grund seines Thuns ausgehe von der Liebe. Diese Auffassung dieses Begriffs wird zuweilen noch ausdrücklicher durch Präposition bezeichnet, z. B. bei Tac. ann. I 7 causa praecipua ex formidine. XVI 15 causa festinandi ex eo oriebatur (statt *ea* erat). IV 58 unde exitii causa. Wie bei *causa*, so findet sich dies Verhältniss auch bei *perfugium:* Cic. in Vatin. 14, 34: cum legationis perfugio uti noluisses; ferner gehören hierher folgende Stellen: Sen. ad Marc. 1, 6 Illud ipsum naturale remedium temporis, quod maximas quoque aerumnas componit, in terra vim suam perdidit. de ira II 18, 4 (dial. IV 19, 1) cum elementa sint quatuor, ignis, aquae, aëris, terrae, potestates pares his sunt. Cic. pro Muren. 10, 23 aliis ego te virtutibus, continentiae, gravitatis, iustitiae, fidei, ceteris omnibus, consulatu et omni honore semper dignissimum indicavi, s. Beier z. Cic. de off. l. c. Matthiae z. Cic. in Cat. II 11, 24 und zu Reisig Anm. 523.

4. Insbesondere kann ein Grund, die Gleichheit des Verhältnisses aufzuheben, auch in der Form liegen, wenn z. B. ein gewöhnlicher Nominalbegriff mit einem Factum gleichzustellen ist, das durch ein Verbum oder Particip ausgedrückt wird; z. B. Vellei. II 115, 5 damno amissi militis, d. h. quod amissus miles est, der Schaden, der in dem Verlust eines Soldaten liegt. In solchem Falle tritt besonders oft der Genetivus gerundii oder participii ein, z. B. bei Cic. de or. III 24, 91 hae duae partes, quae

mihi supersunt, illustrandae orationis ac totius eloquentiae cumulandae. de fin. III 14, 45 ipsum bonum — crescendi accessionem nullam habet, d. h. quae crescendo fit. Tac. ann. II 47 neque solitum in tali casu effugium subveniebat, in aperta prorumpendi. II 43 aemulatio insectandi. IV 2 ambitus ornandi. Senec. de otio c. 5, 1 navigant quidam et labores peregrinationis longissimae una mercede perpetiuntur cognoscendi aliquid abditum remotumque. ep. 7, 9 non est quod te gloria publicandi ingenii producat in medium. 15, 2 stulta est et minime conveniens literato viro occupatio exercendi lacertos et dilatandi cervicem ac latera firmandi. 58, 34 cum maius periculum sit male vivendi quam cito moriendi, stultus est qui non exigua temporis mercede magnae rei aleam redimit. 122, 5 Interrogas, quo modo haec animo pravitas fiat aversandi diem et totam vitam in noctem transferendi. de benef. VII 21, 2 cum reprehendisset hanc suam non reddendi tacitam voluptatem[1]).

Hierbei tritt eine ähnliche Entwicklung des Gebrauchs ein, wie wir oben beim Genetiv der Eigenschaft gefunden haben. Zuweilen nämlich gebt ein aus Substantiv und Verbum componirter Ausdruck vorher, welcher den Infinitiv hätte nach sich haben sollen oder eine andere Form; da wiegt denn der Substantivbegriff so sehr vor, dass auf ihn allein das folgende Verbum bezogen wird im Genetivus gerundii; z. B. Frontin. de aquaed. I 11 quae ratio moverit Augustum — perducendi Alsietinam aquam, quae vocatur Augusta, non satis perspicio. Es hätte heissen sollen *perducere* oder *ut perduceret;* aber die Beziehung ist auf *ratio* gemacht. Valer. Max. IV 3, 4 deinceps et iis vacemus (sc. viris), quorum animus aliquo in momento ponendi pecuniam numquam vacavit, wo *ponendo* oder auch *ponere* stehen könnte, aber weder das eine noch das andere stehen muss, obgleich Kempf [und Halm nach Vorstius] *ponendo* in den Text gesetzt haben[2]).

Hiervon geht nun wieder als letzte Spitze der Entwicklung des Gebrauchs dies aus, dass zuweilen ein Genetivus gerundii sogar dann steht, wenn ein Substantiv nicht vorhergeht, sondern nur irgend ein Prädicat, zu welchem der Begriff der Handlung im Infinitiv die nähere Bestimmung und Vervollständigung hätte sein sollen. Das voraufgehende Prädicat ist natürlich immer ein Neutrum, und so erweckt das doch den Begriff einer Substanz, wenn auch einer ganz unbestimmten; diese hätte als Apposition zu näherer Bestimmung das Verbum empfangen sollen, was also in gleichem Casus hätte stehen sollen; nun ist aber der Infinitiv überhaupt nicht declinirbar und das Gerundium kann auch nicht in jeder Weise als Substantiv stehen; daher hat man es vorgezogen, jene unbestimmte Substanz im Neutrum nicht durch eine Apposition zu bestimmen, sondern durch den Genetiv. Man kann leicht denken, dass die Grammatiker hierbei mit Ellipsen bei der Hand

---

[1]) [Eine Zusammenstellung der Wörter, welche mit dem Genetiv des Gerundiums und Gerundivums verbunden werden, giebt J. K. Witt, Ueber d. Genet. des Gerundiums und Gerundivums in der lat. Sprache. 1. Theil, im Progr. d. Gymn. v. Gumbinnen 1873.]

[2]) Sogar aus Cicero wird eine solche Stelle angeführt von Valla eleg. I c. 25, und aus ihm von Linacer und Vossius; sie soll sein aus den ep. ad uxorem (d. h. ad fam. XIV); sie findet sich aber dort nicht und beruht ohne Zweifel auf einem Irrthum, dessen Grund und Veranlassung ich noch nicht habe ausfindig machen können; nach Valla soll Cicero gesagt haben: cum in animo haberem navigandi; sonst würde das Beispiel allerdings den obigen entsprechend sein.

gewesen sind; noch Zumpt §. 663, auch in der 11. Ausgabe, ergänzt *negotium*, andere *consilium, animus* u. dgl., was Alles dem Sinn nach passend ist; es sind nämlich Umschreibungen und nähere Bestimmungen des unbestimmten Substantivbegriffs, der in dem Neutrum liegt. Die Beispiele dieser Art finden sich nicht bei Cicero, sondern erst bei Livius und Tacitus. Vgl. zu Reisig A. 594. Liv. 37, 16, 13 Inde in Telmessicum profecti sinum, omisso Patara amplius temptandi[1]). Tac. hist. II 100 praetexto classem adloquendi, d. h. temptare oder adloqui im Ablativ. Liv. 35, 49, 13 auch im Nomin. und Accus.: quod optimum esse dicunt non interponendi vos bello, wo eine andere Lesart [des cod. Mogunt.] *interponi* giebt [welches Weissenborn aufgenommen hat]. Tac. ann. XIII 26 nec grave manumissis per idem obsequium retinendi libertatem, per quod adsecuti sint. XV 5 Vologesi vetus et penitus infixum erat arma Romana vitandi. Das äusserste scheint die Stelle bei Tac. ann. XV 21 (die darum Aubert S. 47 für corrupt hält, obwohl er die andern etwa in meinem Sinne zulässt) et quomodo ad nutum alicuius (sc. provincialium) grates, ita promptius accusatio decernitur: decernaturque et maneat provincialibus potentiam suam tali modo ostentandi; es ist im Allgemeinen der Substantivbegriff aus *accusatio*, der bei *maneat* noch vorschwebt; sie, dieses Mittel[2]).

Bei dieser Gelegenheit ist auch zu erwähnen, dass man in der Kaiserzeit angefangen hat den Infinitiv wie ein Substantiv mit einem Genetivus possess. zu verbinden; so z. B. Valer. Max. VII 3, 7 Fabius Maximus, cuius non dimicare vincere fuit. Sen. ep. 101, 13 Quid autem huius vivere est? diu mori. ad Polyb. c. 16, 2 et hoc fuit eius lugere, viginti legionum sanguine fratri parentare, wo ich *eius* statt *ei* hergestellt. Später verschwindet dieser Gebrauch wieder und man zieht den Dativ vor, z. B. Venant. vit. S. Germani c. 28 Nam causas infirmitatis hoc erat sancto viro curare, quod tangere. ib. c. 45 totamque viscerum molem hoc fuit apud sanctum vivificare, quod tangere.

Es sind nun noch ein paar Punkte über den Gebrauch des Genetivs zu besprechen, welche nicht seine Bedeutung betreffen, sondern äusserliche Umstände dabei, nämlich

1. Die Verbindung mehrerer Genetive.

Im Allgemeinen kann natürlich eine solche Verbindung leicht schwerfällig und unklar werden, indessen ist sie doch möglich und zuweilen nöthig. Sie kann nun stattfinden

a. so, dass ein Genetiv vom andern abhängt; das Wort, welches durch einen Genetiv verbunden und durch ihn bestimmt wird, kann in jedem beliebigen Casus stehen, folglich auch im Genetiv. Auf diese Weise könnte eine ganze Reihe von Genetiven aneinander hängen, wenn das nicht hässlich

---

[1]) [Da dies das einzige Beispiel der Art bei Livius sein würde, so nimmt Weissenborn zu dem Neutrum den Ausfall von *consilio* oder *conatu* hinter *omisso* an.]

[2]) Es scheint, dass Spätere den Genetivus gerund. geradezu als Zweckbestimmung zum Verbum gesetzt haben. S. Venant. vit. Germani c. 6 Episcopus habens cubicularium graviter vi febrium fessum, qui destinato animo totus pendebat in transitu, dirigit ad sanctum virum intercedendi suffragium (?). ib. c. 35 debilis palma dirigitur et (scil. monachus) ad propria eundi cum libertate dimittitur (wo schwerlich *eundi* von *libertas* abhängig ist). [S. Draeger II, S. 801.]

und schwerfällig wäre. Liv. praef. §. 3 hat drei Genetive hintereinander: rerum gestarum memoriae principis terrarum populi consuluisse. Andere Beispiele s. bei Reisig §. 342, der auf die Wortstellung aufmerksam macht, dass von zwei Genetiven gewöhnlich der regierte dem regierenden nicht folgt, sondern voraufgeht, z. B. *suspicio Pompeii voluntatis*. Jedoch kann diese Regel natürlich nicht durgängig sein, wenn andere Rücksichten eine andere Wortstellung verlangen; im Griechischen ist es ähnlich, doch hat Thucydides jene Regel ganz streng beobachtet. Die Bedeutung der Genetive kann natürlich eine verschiedene sein; vgl. z. B. Cic. pro Caecin. c. 1, 3 de adversarii testium fide derogatur.

b. Es wird nicht bloss der Genetiv durch einen Genetiv bestimmt, sondern der ganze Ausdruck, der durch ein Wort mit seinem Genetiv gebildet ist, wird zusammengefasst und nun noch durch einen andern Genetiv bestimmt. In diesem Falle sagt man gewöhnlich, es hängen beide Genetiven von einem und demselben Worte ab; das ist aber nicht richtig; denn genau genommen hängt der eine Genetiv nicht von demselben Begriffe ab, mit welchem der andere zunächst verbunden ist, sondern von dem ganzen, aus beiden componirten Ausdruck; natürlich ist hierbei die Bedeutung und das Verhältniss der Genetive in der Regel ein verschiedenes. Z. B. kann Genetivus subiect. und obiect. verbunden sein. Cic. de nat. d. II 63, 158 Canum tam fida custodia tamque amans dominorum adulatio. Cic. pro Caec. 2, 4 cum illorum actionem causae considero. ib. 14, 41 privatorum hominum contentio iuris. Valer. Max. II 6, 3 Egregios virtutis bellicae spiritus Lacedaemoniorum. ib. 6, 11 laudanda utrorumque populorum animi praestantia. 6, 12 naturalis omnium animalium dulcedo vitae. Oder Genetiv des Besitzes und Genetiv der Eigenschaft: Cic. pro Mur. 4, 8 si hominis — amplissimi causam tanti periculi repudiassem. So sind noch verschiedene Combinationen möglich; z. B. Plaut Cistell. I 1, 32 Nostra copia nihilo volunt nos potesse, suique omnium rerum nos indigere, ut sibi simus supplices, wo der Ausdruck *sui indigere* zuerst zusammen genommen und dann noch durch den Genetiv der Rücksicht bestimmt ist. Liv. 28, 11, 6 Vestalis, cuius custodia noctis eius fuerat (wo die Lesart *cuius* zweifelhaft ist; doch hat so Drakenborch und Weissenborn [und auch A. Luchs]).

Die mannigfaltigen Combinationen verschiedenartiger Genetive, welche hierbei möglich sind, will ich nicht weiter im Einzelnen verfolgen; Nachweisungen sind darüber genug gegeben bei Reisig §. 342 [mehr noch bei Draeger I S. 434 ff.]. An einer besonderen Abhandlung darüber fehlt es noch; eine solche wäre zwar nicht schwer und würde hauptsächlich im Sammeln und Sondern der Beispiele bestehen, wäre aber doch zur Uebersicht und zur Uebung zweckmässig. Nur eine eigenthümliche Verbindung zweier Genetive will ich noch hervorheben, die sonst gewöhnlich in das Capitel vom Gerundium gesetzt wird:

c. coordinirte Abhängigkeit zweier verschiedener Genetive von demselben Wort. Dies tritt ein, wo von einem Substantiv eine Handlung abhängt, die demnach im Genetivus gerundii steht, und zugleich ein Object dieser Handlung, das aber nicht als solches bezeichnet, sondern wie das Gerundium in dieselbe Abhängigkeit zu dem ersten Substantivum gesetzt wird, z. B. exemplorum eligendi potestas Cic. de invent. II 2, 5. Eorum, quae secundum naturam sunt, adipiscendi (causa) Cic. de fin. V 7, 19. Das ist also so coordinirt zu fassen, wie wenn man sagte *corum causa* und *adipiscendi causa.* Manche haben den Fall auf a reduciren wollen, indem sie annahmen, dass das Gerundium völlig zum Substantiv geworden sei und deshalb den Genetiv regieren könne; so früher Vossius und Ursinus, unter den Neueren Lindemann zu Plaut. Capt. IV 2, 72. Michelsen, Sprachphilos. S. 188 fg., ganz gegen die Natur des Gerundii; Andere auf den Fall b, sodass das regierende Substantiv mit dem Genetivus gerund. zu einem componirten Begriff verbunden würde, und von diesem der andere Begriff abhinge; also *eligendi potestas exemplorum.* Indessen auch diese Erklärung ist nicht richtig; in den meisten Stellen zeigt die Wortstellung, dass jeder Genetiv für sich gedacht ist; so ist es auch im Griechischen Demosth. τούτων οὐχὶ νῦν ὁρῶ τὸν καιρὸν τοῦ λέγειν. S. zu Xen. resp. Lac. II 12 p. 86 fg. Reisig §. 439. A. 595, wo mehr nachgewiesen ist. Dieser Gebrauch steht allerdings im Widerspruch mit der sonstigen pedantischen Genauigkeit der Römer im Construiren; indessen hier lag es in der That nahe, das Object mit der Handlung zu coordiniren, während die Subordination eine lästig fortgeführte Construction nöthig gemacht hätte: *potestas eligendi exempla* oder gar *eligendorum exemplorum.* Auch haben wir in anderer Form einen ganz analogen Fall in dem Herausnehmen des Accusativs aus den Nebensätzen: novi te quam levis sis. Uebrigens ist dies auch im Singular vorhanden, wo es beim Femininum deutlich ist; z. B. Plaut. Truc. II 4, 19 tui videndi est copia, und so ist auch bei Ov. heroid. (XX) 74 zu lesen: Copia placandi sit modo parva tui, aus den Codices [so auch Merkel], während Manche *placandae* oder *placando* wollten. Eine Sammlung von Beispielen giebt Moser in den Heidelberger Jahrbüchern 1825 [auch Draeger II S. 799 f.]

2. Trajection der Adjectiva.

Es kann der Fall eintreten, dass ein aus einem Substantiv und einem Genetiv componirter zweitheiliger Ausdruck nicht wie bei b durch einen andern Genetiv, sondern durch einen Adjectiv zu bestimmen ist; hier kann leicht ein Schwanken entstehen, auf welchen der beiden Begriffe das Adjectiv zu beziehen ist, wenn nämlich die Eigenschaft in der That auf beide Bestandtheile des componirten Begriffs in gleicher Weise anwendbar ist. Natürlich ist das nicht immer der Fall; die beiden verbundenen Begriffe können ganz heterogen sein, sodass die Eigenschaft nur auf einen von beiden passt, dann soll sie auch nur den einen von beiden Begriffen näher bestimmen; z. B. führt Reisig an § 349: des Mannes schwarzes Pferd. Aber in vielen Fällen, wo eine Substanz ein Accidens oder Theil der andern ist, trifft die Eigenschaft beide zugleich, z. B. Vellei. II 92, 2 vetere consulum more. Tac. ann. III 62 multaque alia imperatorum nomina. Ovid. rem. 562 Torqueat hunc acris mutua summa sui. Sen. de clem. I 26, 2 apparentur licet (spectacula) magna impensa et artificum exquisitis nominibus. ad Helv. 11, 4 desiderat aureis fulgentem vasis supellectilem et antiquis nominibus artificum argentum nobile. Sen. dial. IV (de ira II) 19, 1 (18, 4) fervidi animi natura. ib. 19, 2 (19, 1): fervida animi natura. ep. 58, 34 stultus est qui non exigua temporis mercede magnae rei aleam redimit. S. Jani A. P. p. 262 ff. u. zu Reisig A. 522, wo vieles nachgewiesen ist und auch Stellen verbessert sind. Was ich dort als das kühnste Beispiel erwähnt habe, steht bei Claudian.

de cons. Probini et Olybrii v. 25, tunc fulva Leonis ira perit, d. h. dann verliert das Löwengestirn seinen Glanz. Der Zorn ist also hier in Bezug auf den Löwen gesetzt, um den drohenden Glanz des Gestirns zu bezeichnen, und der ist gelb wie der Löwe überhaupt; die Kühnheit ist also unter diesen Umständen noch mässiger, als wenn man bloss an das Thier denkt und *ira* für die Mähne nimmt.

2. *Verba und Nomina in ungleichem Verhältniss.*

a. *Eigentliche Nomina.* Casus obliqui: Accusativus, Dativus, Ablativus.

Wenn man sonst die Casus obliqui alle in eine Reihe gestellt hat, den Genetiv eingeschlossen, ohne zwischen ihnen einen andern Unterschied zu machen, als den der besondern Bedeutung, so hat sich für uns der wesentliche Unterschied ergeben, dass der Genetiv das ungleiche Verhältniss der Nomina unter einander bestimmt, die übrigen Casus obliqui aber das ungleiche Verhältniss zwischen Verbis und Nominibus, indem nach dem gewöhnlichen Ausdruck letztere von ersteren regiert werden. Unter diesen Casus ist vorauf zu stellen

1. der Accusativus.

Literatur: Chr. Theophil. Schuch, Der Objectscasus oder Accusativus der lateinischen, besonders der poetischen Sprache. Carlsruhe, 1844 (reiche Sammlung, aber mangelhafte rationelle Behandlung der Casus). J. Bartelmann, Ueber die factitiven Objecte der lat. Sprache, im Philologus IV 3 (1849). S. 497—509. Baarts, Ueber den Becker'schen Factitiv. Marienwerder, 1850. Programm des Gymnas. F. G. Holtze, Syntaxis priscorum scriptorum lat. usque ad Terentium. Lips. 1861. vol. I p. 183—291. [C. Rantz, Der Accusativus bei Vergil. 1. Theil. Ein Beitrag zur latein. Syntax, bearbeitet unter Berücksichtigung des Bedürfnisses der Schule. Progr. des Gymnas. in Düren 1871.]

Dass dieser Casus von allen der wesentlichste und nothwendigste ist, kann man daraus sehen, dass manche Sprachen, welche die Unterscheidung der Casus obliqui überhaupt verlieren und sie durch Präpositionen ersetzen, doch den Accusativ bewahren, so das Deutsche in der Volkssprache, das Neugriechische; auch im Lateinischen hat sich der Accusativ am längsten gehalten und grossentheils bei den Uebergängen in die romanischen Sprachen als Grundlage zu den neuen Wortstämmen gedient; z. B. aus *leo* ward französisch *lion*, italienisch *leone*, immer mit Beibehaltung des *n*, was im Nominativ fehlte. Somit wird der Accusativ wohl zugleich als der erste und letzte unter den Casus obliqui gelten können; jedenfalls hat er auf dem Wege von seinem Ursprung bis zu seinem Untergang den weitläufigsten und mannigfaltigsten Gebrauch erlangt, und es ist daher nicht leicht, alle einzelnen Gebrauchsweisen in einen natürlichen Zusammenhang zu bringen, welcher zugleich ein causaler und ein historischer oder temporaler ist.

Der Accus. nebst den übrigen Casus obliqui bestimmt das Verbum, wie der Genetiv ein Nomen. Wenn also beim Genetiv zu zeigen war, dass, wenn er mit einem Verbum verbunden wird, dabei doch immer ein Nominalbegriff zu Grunde liegt, mochte nun dieser ein Verbum selbst enthalten oder mittels Distraction von ihm getrennt sein, so werden wir beim Accusativ, Dativ und

Ablativ umgekehrt zu zeigen haben, dass auch, wo diese Casus nicht mit einem Verbum verbunden sind, doch immer der Begriff eines solchen zu Grunde liegt. Als einfacher Grundbegriff des Accusativs nun ist zu betrachten: der Accusativ ist der Casus des Objects. Aber es fragt sich, was ist Object? Dieser Begriff ist in neuerer Zeit immer schwankender geworden. Früher verstand man darunter den Accusativ, den ein transitives Verbum regiert; aber dass die Begriffe „transitiv" und „regieren" ganz unklar und unbestimmt sind, ist schon früher öfter erinnert; auch bleibt dann ein grosser Theil von dem Gebrauch des Accus. übrig, den man nicht unter jenen Begriff bringen kann. Jetzt nennt man daher jede Substanz Object, die in ein Verhältniss zum Verbum tritt, also alle Casus obliqui, selbst den Genetiv eingeschlossen, weil man die von mir angenommene Scheidung der Casus obliqui nicht fand; consequenter Weise wurden dann auch die Adverbia für Objecte erklärt in der Voraussetzung, dass sie eigentlich Casus obliqui seien. Somit ist ein Extrem durch das andere verdrängt; erst war der Begriff „Object" zu eng, da er nur einen Theil des Accusativs umfasste, neuerdings ist er zu weit geworden, da er alle Substanzen ausser dem Subject umfassen soll. Hierbei ist auch wohl die philosophische Betrachtung von Einfluss gewesen, indem man allerdings alle Substanzen, die ausserhalb des Subjects liegen, als Gegensatz davon, als Object also, betrachtete. Indess dieser Standpunkt ist für die Sprache unrichtig, wo man es nicht mit dem denkenden Subject zu thun hat, sondern mit dem grammatischen, welches selbst wieder sehr häufig nicht das denkende Subject bezeichnet, sondern das Object des Denkens; und ferner hat die Sprache die Casus obliqui als die Kategorien gegeben, in welche die das Verbum bestimmenden Substanzen zerfallen; die grammatischen Begriffe aber haben wir aus der Sprache selbst zu entwickeln, nicht aus der Philosophie. Wenn ich also sage, der Accusativ ist der Casus des Objects, so verstehe ich darunter das grammatische Object, und das soll identisch sein mit der Kategorie, welche die Sprache selbst geschaffen und durch diesen einen besonderen Casus bezeichnet hat. Was ist also grammatisches Object? Ich definire: es ist der substantielle Inhalt des Seins. Ich setze demnach den Begriff des Seins hier in seinem ganzen Umfang; ich sondere nicht transitive und intransitive Verba, nicht das reine oder leere Sein, *esse*, und das erfüllte Sein; denn jedes Sein auch *esse*, auch das intransitive, kann ein Object haben, wie wir sehen werden. Ferner nenne ich den Inhalt substantiell, weil er eben eine Substanz ist, die ein Nomen bezeichnet, ein festes Sein, im Gegensatz gegen das fliessende im Verbum. Es bleibt uns also nur noch übrig, den Begriff „Inhalt" näher zu bestimmen und zu entwickeln, was ich gleich im Allgemeinen thun will, sodass wir wie beim Genetiv eine Disposition des gesammten Gebrauchs im Voraus haben, wenn diese auch erst nachher durch die weitere Erläuterung und die Beispiele ganz klar werden kann. An sich ist Inhalt alles das, was in etwas enthalten ist, was also das Andere erfüllt und von ihm umschlossen wird. So ist also hier festes und fliessendes Sein in der Weise mit einander verbunden, dass dieses von jenem erfüllt ist. Der Strom des Seins wird von einer Materie angefüllt und führt sie gleichsam als seinen Inhalt mit sich; diese Materie oder Substanz ist, um in dem Bilde zu bleiben, das Wasser des Flusses oder eine andere Materie, welche das Wasser mit sich führt, Farbe, Erde, Steine etc. Daraus entsteht also eine gegenseitige Bestimmung; die Substanz ist nicht in der unbeweglichen Festigkeit, die das feste Sein an sich als Begriff hat, sondern sie ist ergriffen von dem fliessenden Sein, von ihm in Bewegung gesetzt und so zur realen Erscheinung gebracht, wie es das fliessende Sein eben mit seiner jedesmaligen Natur vermag. Andrerseits ist durch das fliessende Sein auch sein substantieller Inhalt bestimmt, der es nöthigt, in einer beschränkten Form zur Erscheinung zu kommen; sein Inhalt ist zugleich seine Schranke und Grenze.

Es zerlegt sich nun der Inhalt des Seins in drei grosse Classen:

1. Das Nächste ist, dass das Sein von sich selbst erfüllt ist, sich selbst zum Object hat; das fliessende Sein stellt sich nämlich selbst als ein Festes, als eine Substanz dar; der Inhalt des Seins ist das Sein selbst, aber als Nominalbegriff aufgefasst. Das würde sich nun eigentlich von selbst verstehen, da natürlich jedes Sein sich selbst darstellt und vollendet; aber gleichwohl versteht es sich nicht immer von selbst, mit welchem festen Begriff (Nominalbegriff) das fliessende Sein bezeichnet und identificirt werden soll, als was für eine Substanz man es bezeichnen, durch welches Nomen man sein Wesen, seine Bedeutung angeben soll; daher kommt es, dass

a. wo der Begriff des Seins als ein fester nicht bestimmt werden kann und doch dieses fliessende Sein trotz dieser Unbestimmtheit als eine Substanz gefasst werden soll, dies durch ein Neutrum geschieht; das ganze Sein wird zu einer unbestimmten Substanz aufgefasst, die natürlich seinen Inhalt bildet, es ganz erfüllt; beides durchdringt sich gegenseitig, denn es ist identisch;

b. es kann dabei nicht das Sein bloss einfach in eine Substanz verwandelt werden, nur um es in Nominalform zu bringen, sondern man hat das eigentliche Wesen, die Bedeutung des Seins im Auge, sofern auch diese nur in Nominalform ohne bestimmten Begriff bezeichnet werden soll; auch das geschieht durch Neutra. Da aber die Bedeutung eines Seins, sein eigentlicher Sinn, der durch das ganze Sein hindurchgeht, in seinem Grunde und in seinem Zwecke liegt, so können diese Neutra Grund und Zweck bedeuten. Sind aber Grund und Zweck nicht so unbestimmte Begriffe, sondern bestimmte, so können sie nicht mit dem Sein selbst identificirt werden, sondern liegen dann ausserhalb desselben, bilden mithin nicht den ganzen Inhalt des Seins und werden also nicht durch den Accusativ bezeichnet;

c. das Sein wird in eine Substanz verwandelt, deren Begriff identisch ist, jedoch Nominalform hat; da tritt also der Fall ein, dass das Sein sich selbst vollendet; es erscheint dann lediglich in doppelter Form, in der des fliessenden und in der des festen Seins. Dies ist mithin wirklich überflüssig; es ist ein sich von selbst verstehendes, durch den Begriff des Verbums schon gegebenes Object, d. h. ein immanentes, kann aber gleichwohl unter der Bedingung vorkommen, dass das, was dabei überflüssig ist, verschwindet, und die Identität durch eine nähere Bestimmung auf der einen oder andern Seite aufgehoben wird.

2. Zunächst können nun solche Substanzen den Inhalt des Seins bilden, welche seine materielle Begrenzung bezeichnen, d. h. die Begriffe der Quan-

tität, des Raumes, der Zeit; diese bilden die Schranken des fliessenden Seins; es erfüllt aber durch sein Sein

    a. eine gewisse unbestimmte Masse,

    b. ein bestimmtes Mass, Raum oder Zeit,

    c. als Mass für die Ausdehnung eines qualificirten Seins wird irgend eine Substanz als bildlicher Spielraum, als Sphäre betrachtet, welche das qualificirte Sein mit seiner Eigenschaft erfüllt, und durch welche deren Ausdehnung begränzt wird.

    3. Die dritte Classe endlich umfasst diejenigen Objecte, welche eigentlich die entferntesten sind, aber gewöhnlich als die nahen von den entfernteren unterschieden werden; es sind die gewöhnlichen Objecte der Verba transitiva. Hier ist das Object weder das Sein selbst als Substanz gefasst noch das Mass, welches jedes Sein erfüllen kann, sondern irgend eine andere beliebige äussere Substanz, welche das Sein zu seinem Inhalte nimmt; es ist dann

    a. eigentlich oder bildlich seine Grenze, local; der Gegenstand wird also von dem Sein getroffen, ergriffen, in seinen Fluss fortgezogen:

    b das Object wird durch das Sein in einen gewissen Zustand versetzt, mit einem Prädicat versehen. Dies ist zwar bei a auch meistens der Fall, aber es beruht dann nur auf einem Schluss, der aus der Natur der Sache gezogen werden kann, während an sich der Accusativ nichts weiter aussagt, als dass er von der Thätigkeit getroffen und wirklich erreicht und ergriffen wird; hier dagegen handelt es sich von solchen Verbis, die gerade ausdrücklich das Versetzen in einen gewissen Zustand aussagen.

    c. Endlich kann das Object auch insofern der Inhalt des Verbums sein, als es das Product desselben ist; wir kehren damit gewissermassen auf die erste Gattung zurück; dort wurde das Sein selbst durch sich selbst vollendet und als Substanz producirt; hier ist es irgend ein anderer äusserer Gegenstand, der producirt wird und also überall den Inhalt der Thätigkeit bildet, so lange diese dauert; das Product ist dann fertig, wenn auch die Thätigkeit vollendet ist.

Nächstdem ist dann noch zu besprechen die Verbindung mehrerer Accusative bei demselben Verbum, ferner der Gebrauch desselben, der scheinbar der allgemeinen Regel über die Abhängigkeit vom Verbum widerspricht, nämlich in der Verbindung mit einem Substantiv, einer Präposition oder einem Adverbium und einer Interjection, und der Gebrauch, wo er von nichts abzuhängen scheint, also elliptisch gebraucht ist oder als sogenannter Accusativus absolutus.

---

1. a. Object des Seins ist das Sein selbst, dies als Substanz gefasst jedoch mit unbestimmtem Begriff, also bezeichnet durch ein Neutrum, welches das fliessende Sein lediglich als ein substantiell existirendes unbestimmtes Wesen darstellt.

Dieser Gebrauch hat nur in der formalen Darstellung seinen Grund, denn durch das Neutrum wird ja der Begriff des Seins gar nicht näher bestimmt; es ist also bloss die grammatische Verbindung, welche das Bedürfniss

herbeiführt, das, was als fliessendes Sein bezeichnet ist und wofür eine bestimmte substantielle Benennung fehlt, doch in nominaler Form in die Construction zu fügen. Zugleich gehört dazu ein gewisser Grad von geistiger
Beweglichkeit, eine Art von Speculation, das fliessende Sein als ein festes
aufzufassen, und eben deshalb ist der Gebrauch nicht häufig und kann nicht
in die früheste Zeit der Sprache gehören. Er kommt übrigens selbst im
Deutschen vor, obgleich bei uns der Accusativ nicht so weiten Umfang hat
wie im Lateinischen: z. B. sagt Goethe, Faust I S. 206 vom Kritiker: „Was
Andre tanzen, muss er schätzen." Es hätte heissen können, wenn (während)
Andre tanzen, muss er kritisiren; aber eben jenes Tanzen selbst soll als der
Gegenstand des Schätzens bezeichnet werden, als dessen substantielles Object;
darum muss das Tanzen selbst sich selbst zum Object haben; was für Andre
Object des Tanzens ist, d. i. das Tanzen, das ist für ihn Object des Schätzens.
Nic. Lenau, Waldlieder Nr. 5 (Gedichte, 2. Bd. S. 302):

> Wie Merlin
> Möcht' ich durch die Wälder ziehn;
> Was die Stürme wehen,
> Was die Donner rollen,
> Und die Blitze wollen,
> Was die Bäume sprechen,
> Wenn sie brechen,
> Möcht' ich wie Merlin verstehen.

d. h. ich möchte verstehen das Wehen der Stürme, das Rollen der Donner,
was es ist und bedeutet.

In dieser Weise sagt Sall. Cat. 2, 7 quae homines arant, navigant,
aedificant, virtuti omnia parent, d. h. Alles Ackern, Seefahren, Bauen der
Menschen, all das Thun als Substanz zusammengefasst, gehorcht der Tugend.
Es wäre falsch, wenn man *quae* als äusseres Object nehmen wollte: Aecker,
Meer, Häuser; das wäre zu eng: nicht bloss die Materie an sich, sondern
das Behandeln und Bewältigen derselben bei jeder in ihrer Weise ist es,
was der Tugend unterthan ist, sofern sie bewältigt werden soll. Vgl. quidquid delirant reges, plectuntur Achivi Hor. epist. I 2, 14. quicquid ultra
moror, non servio materiae sed indulgeo Sen. de benef. V 1, 1, wo jedoch
quicquid schon in die Quantitätsbezeichnung übergeht; Sen. epist. 66, 53 in
integrum restituit quicquid erraverat. Sidon. Apoll. carm. V 544 sq. Num
Pegasus alis adiuvit quicquid gradior? Venant. vit. S. Marcelli c. 6 quod
praecessit dominus in Galilaea, ille successit in Gallia. ib. c. 8 et iam quod
imperaverat, obediebat. Es beruht hierauf der Gebrauch der Conjunction
quod in den Fällen, wo sie nicht den Grund und Zweck angiebt, wovon
nachher, sondern bloss ein Sein oder Geschehen als Substanz zusammenfasst,
wo also *quod* ein ausgesprochenes oder gedachtes Pronomen oder Substantiv,
jedenfalls einen Substanz-Begriff durch einen Satz umschreibt oder wo es,
wie die Grammatiker sagen, den Sinn hat: was das anbetrifft, dass: Plaut.
Poen. V 1, 18 ut quod de mea re huc veni, rite venerim. Dionys. Cato
distich. I 22 ne timeas illam, quae vitae est ultima finis: qui mortem me-
tuit, quod vivit, perdit id ipsum. Cic. ad fam. IV 13, 2 ut ipsum quod ma-
neam in vita, peccare me existimem.

**1. b. Sinn und Bedeutung eines fliessenden Seins wird in
substantieller Form durch ein Neutrum unbestimmt ausgedrückt.**

4*

So lassen sich auch die Worte Lenau's fassen: was die Stürme wehen, was der Donner rollt, d. h. die Bedeutung des Wehens. Diese würde man aber wissen, wenn man Grund und Zweck angeben könnte; z. B. *quid rides?* was bedeutet dein Lachen? was ist der Grund davon? *quid venis?* was ist die Bedeutung deines Kommens? d. h. Grund und Zweck. Hierbei ist es ganz gleich, von welcher Art das Verbum ist; es kann transitiv oder intransitiv, activ oder passiv sein; in jeder Weise kann ein Sein sich selbst erfüllen, sein Wesen, seine Bedeutung als eine allgemeine, unbestimmte Substanz darstellen. Daher steht z. B. *venire* und *mittere* oft bei den Komikern mit dem Neutrum eines Pron.: Plaut. mil. glor. IV 4, 22 (1158) Id nos ad te, si quid velles, venimus. Curc. II 3, 60 (339) rogat quid veniam Cariam. ib. III 86 (456) quid hoc quod ad te venio. ib. II 3, 48 (327) Set quod te misi, nihilo sum certior; vgl. noch Cic. ad fam. IV 1, 2 Trebatio mandavi, ut si quid tu eum velles ad me mittere, ne recusaret. Beim Passiv: Plaut. Pseud. II 2, 44 (639) ut id agam, quod missus huc sum? Ferner mit einem andern Object: Epid. I 2, 28 empta ancilla est, quod tute ad me litteras missiculabas. So ferner besonders bei solchen Verbis, die eine Gemüthsstimmung ausdrücken, deren Gegenstand und Bedeutung also nicht Zweck, sondern Grund ist, z. B. *id gaudeo, doleo, fleo, utrumque laetor*. Vgl. Reisig § 385. Plaut. Epid. II 2, 8 id ego excrucior und Amph. 1100 istuc gaudeo. Es geht hieraus hervor, dass die Conjunction *quod* nichts anderes ist, als der Accusativ Gen. neutr., der substantiell die Bedeutung, den Grund und Zweck eines fliessenden Seins zusammenfasst, von welcher Art dieses auch sein möge; daher kommt es selbst in der Verbindung mit *id* vor, was doch nicht Conjunction geworden ist, bei Ter. Hec. III 3, 8 (368) Laetae exclamant: venit! id quod me repente aspexerant; *id* allein z. B. Plaut. Amph. 909 id huc revorti uti me purgarem tibi. Vgl. zu Reisig A. 559 S. 693. Ferner geht darauf auch zurück der Gebrauch von *quid* und *quid ita,* wenn es für *cur* steht; bei den Verbis des Kommens z. B. Cornif. ad Herenn. IV c. 22 quid[1]) veniam, brevi cognoscetis, Ovid. ex P. I 1, 13 quid veniant, — roges fortasse, Plaut. Asin. prol. 6 nunc quid proceserim huc et quid mihi voluerim dicam, dann aber auch bei jedem andern Verbum im Act. und Pass., transitiv und untransitiv, *quid vides? quid dormis? quid missus es?* Daher kann bei Verbis trans., die auch ein äusseres Object haben, die Bedeutung des *quid* eine doppelte sein: *quid legis? quid scribis?* was bedeutet dein Lesen? Schreiben? oder: welches ist der äussere Gegenstand, den du vor dir hast, und den du liesest oder schreibest?

Man könnte nun fragen, warum doch, wenn Grund und Zweck in dieser Weise durch den Accusativ eines Neutrums bezeichnet werden, nicht auch ein Nomen im Accusativ dieselbe Bedeutung haben kann. Die Antwort ist schon oben gegeben; ist nämlich die Substanz eine bestimmte, so hört die Identität mit dem fliessenden Sein auf, und es muss diese bestimmte Substanz ausdrücklich als Grund oder Zweck bezeichnet werden; der Accusativ bezeichnet aber nicht ausdrücklich Grund und Zweck, sondern nur insofern, als dies die allgemeine Bedeutung eines Seins und sonach damit identisch ist oder gedacht wird, sodass hier Grund und Zweck als dasselbe Sein in

---

[1]) [So die meisten Handschriften; Orelli liest jedoch in der 2. Ausg. nach dem cod. Tur. *qui.*]

seinem wahren Sinne aufgefasst werden, also Objecte desselben sind, indem es sich vollendet.

Daher finden sich solche Neutra auch bei Verbis, welche, mit Substantiven verbunden, gar nicht den Accusativ zu sich nehmen, sondern eine andere Construction; z. B. hoc disputant, das ist ihr Disputiren, Inhalt, Zweck, Bedeutung desselben, Cic. pro Caec. 24, 68; id laborat pro Sulla 31, 88, ut id non minus in hac causa laborarit atque contenderit pro Caec. 36, 103, ac mihi magis illud laborandum videtur pro Tull. 4, hoc contendo ad Q. fr. I 1, 13, 38. Pars adversa id nititur parentem fuisse in calamitate eam, quae deserta sit Quintil. declam. VI 12. hoc studet unum Hor. ep. II 1, 120. Andere Stellen aus Plaut., Ter., Cic. bei Reisig § 385 S. 689; auch *has res studeo* bei Plaut., aber nicht *litteras studeo*. Adnuere aliquid Tacit. dial. de orat. 33, 4, nescio quid dissentire Cic. de nat. deor. I 33, 93, id ego percupio opsequi gnato meo Plaut., Asin. 76, mihi quoque adsunt testes, qui illut quod ego dicam adsentiant Amph. 824, id ego si fallo ib. 933.

1 c. Wenn das Sein sich selbst zum Objecte hat, indem es sich selbst vollendet, kann sein Object auch wirklich in der Form eines bestimmten Nomens auftreten, das aber dem Sinne nach mit dem Verbum gleich oder synonym ist, abgerechnet den Unterschied, der zwischen Verbum und Substantiv überhaupt besteht. Verbinden wir aber z. B. *pugnam pugnare, vitam vivere, servitutem servire* u. dgl., so fügt das immanente Object an sich gar nichts Neues zu dem Begriff des Verbums hinzu, sondern ist schon in diesem mit enthalten. Daher kommt dieser Gebrauch auch nicht vor, ohne dass die Identität der Begriffe aufgehoben wäre; unter dieser Bedingung aber ist der Gebrauch der immanenten Objecte in älterer Zeit häufig, wozu auch theils das der republikanischen Zeit eigenthümliche Gefallen an der Allitteration mitwirkte, theils die Sorge für möglichst genaue und vollständige Begriffsbestimmung, besonders in juristischen Dingen. Die Identität der Begriffe kann nun aber auf mehrerlei Weise aufgehoben werden, nämlich

α. die Begriffssphäre ist auf der einen oder andern Seite erweitert und soll auf ihre eignen, natürlichen Grenzen genau beschränkt werden, was zuweilen dazu führt, dass ein Begriff in eminenterem Sinn zu verstehen ist; da wird also der weitere Sinn des Verbums durch das Substantiv oder der weitere Sinn des Substantivs durch das Verbum beschränkt. Dies haben die Römer bei ihrem verstandesmässigen Streben, die Begriffe genau zu bestimmen, besonders in juristischen und anderen geschäftlichen Dingen angewendet; es findet sich daher in manchen festen, geschäftlichen Formeln, z. B. *noxam nocere*, um zu bezeichnen, dass nicht ein unvorsätzlich begangenes *nocere* stattfindet, sondern ein wissentlich begangenes *maleficium* und *damnum*. S. Drakenborch zu Liv. IX 10, 9. — Dahin gehört auch der Ausdruck *servitutem servire*, um nicht unbestimmt ein Dienen überhaupt, sondern den rechtlich genauen und vollständigen Begriff der Sclaverei zu geben. Cic. topic. 6, 29 Gentiles sunt inter se, qui eodem nomine sunt, — qui ab ingenuis oriundi sunt, — quorum maiorum nemo servitutem servivit. Vgl. pro Murena 29, 61. — Häufig findet sich diese Ausdrucksweise bei den älteren Dichtern, bei denen neben dem Streben den Begriff durch die Wiederholung stark zu bezeichnen, auch die oben erwähnte Allitteration von Einfluss war[1]). So Plaut. mil. gl. III 1, 149 [745] Servientis servitutem ego servos instruxi mihi, hospes, non qui mi inperarent, quibus ne ego essem obnoxius; ibid. II 6, 2 [482]. Merc. II 4, 5 [472] ibi me toxico morti dabo: quando id mi adimitur, qua causa vitam cupio vivere, d. h. ich will das Leben wirklich leben, nicht es bloss ertragen, sondern es geniessen, im Gegensatz gegen die vorher beschriebene Unerträglichkeit des Lebens.

β. Aber meistentheils wird diese Verschiedenheit der Begriffe erreicht durch ausdrückliche Zusätze mit einer näheren Bestimmung auf der einen oder andern Seite, sowohl bei den stehenden Formeln als auch in anderen Verbindungen, welche willkürlich der Allitteration wegen gemacht werden. %. B. adjectivische Bestimmung beim Nomen oder adverbielle beim Verbum: servire volt bene servos servitutem Plaut. Pers. I 1, 7 [7]. set is privatam servitutem servit illi au puplicam? Capt. 334. vides autem, quam malam et noxiosam servitutem serviturus sit Sen. de vita beata (dial. VII) 4, 4. Bonas preces precor in Gebetsformeln bei Cato de r. r. c. 134, 139. *Pugnam pugnare* mit einer hinzutretenden Bestimmung: haec illi vi pugnata pugnast usque a mane ad vesperum Plaut. Amph. 253. inclitam in ponte pugnam, qua — tum pugnatam Liv. VI 42, 5. Ebenso *vitam vivere*, Plaut. mil. gl. III 1, 34 [628]; 131 [726]. Epid. III 3, 6. Poen. I 2, 95. vin tu facinus facere lepidum et festivum? Bacch. IV 4, 31 [682]; 9, 1 [925]. Sallust. Cat. 7, 6[2]). hunc, oro, sine me furere ante furorem Verg. Aen. XII 680. hilarem insaniam insanire Sen. de vita beata (dial. VII) 12, 1. nam hunc scio mea — gavisurum gaudia Ter. Andr. V 5, 8 [964]. cf. Cael. in Cic. epist. ad fam. VIII 2, 1. Beide Bestimmungen zugleich: Plaut. Bacch. IV 4, 47 [698] si audias quae dicta dixit me advorsum tibi. mil. gl. III 1, 139 [734] minus audacter scelesta facerent facta. Bacch. IV 4, 2 [641] nam duplum hodie facinus feci. ib. IV 8, 67 [908]. — Amph. 947 ut quae aput legionem vota vovi — ea ego ut exoluam omnia. — Die Bestimmung liegt in einem Relativsatz: Fingit equum tenera docilem cervice magister ire viam qua monstret eques Hor. ep. 1 2, 64 f.

γ. Die dritte Möglichkeit ist die, dass der Begriff auf der einen Seite mit der hinzugefügten näheren Bestimmung in ein Wort zusammengezogen wird, das dann natürlich einen engeren Begriff hat; z. B. kann die speciellere Bestimmung auch beim Verbum eintreten, also statt *bellum bellare* oder *gerere* kann man sagen *pugnando gerere*, um kräftiger auszudrücken, dass der Krieg nur durch Kampf geführt ist, nicht durch Märsche, Manöver,

---

[1]) [Reiche Sammlung, in der aber zwischen den einzelnen Gebrauchsweisen nicht geschieden ist, bei Holtze I p. 236 sqq.]

[2]) Ueber *facinus facere* s. C. W. Mueller bei Friedländer im Index. lect. Regimont. aest. 1860. Die Komiker, Ennius, Catull, Auct. b. Hisp., Cornif. ad Her. (IV 55, 68 extr.), Livius, Sallust (dieser 7 Mal) haben es immer mit einem Adjectiv; so auch Cicero 3 Mal, zugleich mit adverbieller Bestimmung beim Verbum: Phil. XIV 3, 8. pro Rabir. 9, 24. pro M. Tull. 14, 34 extr., oder mit einem Verb. compos.: facinus efficere Phil. II 42, 109, conficere pro Rosc. Am. 28, 76. Dagegen sollen ausgenommen sein 2 Stellen, Enn. ann. 249 ed. Vahlen. (bei Gell. XII 4, 3) und Cic. de fin. II 29, 95, und letztere soll daher poetisch sein; aber bei Ennius scheint *malum* zu *facinus* zu gehören; bei Cic. haben die Worte: Si enim ita est, vide ne facinus facias, cum mori suadeas keine poetische Farbe; *facinus* ist sensu eminentiore *malum facinus, crimen*.

Verhandlung, Ueberlistung etc., daher bella pugnata bei Catull. 37, 13. Verg. Aen. VIII 629. bella terra pugnata marique Horat. ep. I 16, 25. tibi paulo post alia in Taurinatibus campis pugna pugnata est Paneg. IX 6, 2. gravissimas pugnas terra marique pugnatas Paneg. XII (Pacat.) 8, 3. bella consulibus ancipiti Marte pugnata Cilix pirata conflavit ib. 23, 2; eine andere Modification haben wir bei Hor. epod. 1, 23 hoc et omne militabitur bellum in tuae spem gratiae. Umgekehrt kann auch das Substantivum näher bestimmt werden; z. B. *pugna male pugnata* lässt unbestimmt, von welcher Art die *pugna* ist, daher sagt Sallust Iug. 54, 7 proelium male pugnatum. Ferner kann für *pugnare* eine Specification eintreten: einen Kampf mit Glück kämpfen, *vincere:* sic ut fortis equus — qui saepe — vicit Olympia Enn. b. Cic. de sen. 5, 14, womit magna coronari Olympia bei Horat. ep. I 1, 50 zusammenzustellen ist, longinqua bella vicisse Iust. XLI 1, 8; ebenso wird *vincere* mit dem Acc. auch von anderen Kämpfen, von gerichtlichen, gebraucht, z. B. in Verbindung mit *iudicium* Cic. Verr. 1 53, 139, *causam* Ovid. her. 16, 76, *sponsionem* Cic. pro Tull. 30 (vgl. Beier a. h. l.), pro Caec. 31, 91 (vgl. Jordan a. h. l.); 33, 92. vici unam rem. — vici alteram pro Tull. p. 102 ed. Orell. alt. — Statt *vitam vivere* hat Plautus Amph. IV 2, 3 (1023) ut profecto vivas aetatem miser. [Cic. de sen. 10, 31 tertiam iam aetatem hominum Nestor vivebat.] Nun kann aber für *vita* ein anderer Ausdruck stehen, indem das Leben nach seiner Qualität bestimmt wird; z. B. Iuv. sat. II 3 qui Curios simulant et Bacchanalia vivunt, d. h. ein Leben, welches beständigen Bacchanalien gleich ist. Oder statt *vivere vitam iustam e Christi praeceptis* sagt Prudent. Perist. XIII 32 vivere iustitiam Christi. Aehnlich Boet. cons. phil. IV pr. 3 [p. 98 Peip.] segnis ac stupidus torpit? asinum vivit. Iuven. sat. XII 128 vivat Pacuvius quaeso vel Nestora totum, d. h. tria saecula.

In dieser Weise werden besonders viele Verba mit einem solchen Accusativ verbunden, welche einen sinnlichen Eindruck bezeichnen; z. B. *olere;* das immanente Object wäre *odorem*, specificirt *odorem hirci*, daher kurz: *olere hircum; sapere aliquid* z. B. Pers. sat. I 11 cum sapimus patruos; vom Sehen: Verg. Cul. 218 [222 Ribb.] sanguineumque micant ardorem luminis orbes; vom Hören: Nec vox hominem sonat Verg. Aen. I 328. Sonat vitium percussa — fidelia Pers. sat. 3, 21; so oft *crepare aliquid*, z. B. Sulcos et vineta crepat mera Hor. ep. I 7, 84; auch anhelans crudelitatem Cornif. ad Her. IV 55 ('Wuth schnauben') gehört hierher. — *Loqui* hat den Gegenstand, über welchen man spricht, meistens mit *de* im Ablativ bei sich, das eigentliche Object sind die hörbaren Töne, woraus die Rede besteht, die Worte, nicht der Gegenstand. Aber für harte, steinharte Worte setzt Plautus Aul. II 1, 30 f. scherzhaft und bildlich Steine ein: mihi misero cerebrum excutiunt. tua dicta soror: lapides loqueris. Zuweilen wird auch der Gegenstand, über welchen man spricht, als das betrachtet, was man spricht, als der Inhalt: Plaut. Poen. I 2, 41 ne nosmet nostra etiam vitia loquamur. P. Syrus v. 372 Invidia loquitur id quod abest non quod subest. [1]) v. 382 [281 Ribb.] Iratus nil non criminis loquitur loco. Ovid. trist. III 3, 17 te loquor absentem, te vox mea nominat unam. Cic. parad.

---

[1]) [v. 263 Ribbeck, der aber den Vers so liest: Invidia coquitur quod videt, non quod subest.]

VI 3, 50 ne semper Curios et Luscinos loquamur. de fin. II 9, 26 loquitur tria genera (S. Madvig a. h. l.). Tac. ann. XVI 22 Ut quondam C. Caesarem et M. Catonem, ita nunc te, Nero, et Thraseam avida discordiarum civitas loquitur [1]).

Statt *pluit pluviam* oder *aquam* sagt man *sanguinem, lapides,* indem man den substantiellen Inhalt des Regens in den Accusativ setzt; ferner *manat picem, mella;* fidis enim manare poetica mella te solum Hor. ep. I 19, 44 durae quercus sudabunt roscida mella Verg. ecl. 4, 30. cf. 8, 54. Si roravit quantulumcunque imbrem Plin. n. h. XVII 74. — Pastorem saltaret uti Cyclopa rogabat Hor. sat. 1 5, 63. Nunc Satyrum nunc agrestem Cyclopa movetur Hor. ep. II 2, 125. Saltat Tonantem tauricornem ludius Prudent. peristeph. X 222. Dies kann auch gefasst werden wie *saltando, movendo effingere, agere;* desgleichen Iuv. sat. VI 636 Grande Sophocleo carmen bacchamur hiatu, wie *bacchando canimus, facimus.* In solchen Fällen kann die Specification des immanenten ganz zusammenfallen mit dem äusseren Object, namentlich dem Product, also die erste Gattung mit der dritten.

Der ganze Gebrauch der immanenten Objecte in *α, β, γ* ist von den Grammatikern meistens nur äusserlich behandelt, gewöhnlich als Gräcismus, nach dem Vorgang Quintilians (IX 3, 17), der den Ausdruck des Verg. Aen. I 67, Tyrrhenum navigat aequor für einen solchen erklärt. Grosse Sammlungen haben Vechner, Hellen. p. 316—321 ed. Heusing., Voss. de constr. c. 22. Ruddim. II p. 157, Reisig § 383. Vgl. Ameis in den Jahn'schen Jahrbb. 1844 (XLI) S. 152 f. und in der Ztschr. f. Alterth. 1846 S. 1125 (n. 141). Ueber den griechischen Gebrauch vgl. Lobeck in den Paralip., [diss. VIII p. 501 sqq.], der einen specificirenden Zusatz immer zu finden meint, womit jedoch manche Stellen im Widerspruch stehen, wie z. B. Herod. VII 10, 4 εὕρημα εὕρηκε, Aristoph. Plut. 517 λῆρον ληρεῖ, Thesmoph. 793 μανίας μαίνεσθε. [S. R. Kühner, Ausführl. griech. Gramm. II S. 261 ff.].

Es kann hier aber noch eine andere Ausdrucksweise entstehen. Es ist nämlich klar, dass, wenn die Bestimmung des immanenten Objects durch ein besonderes Adjectivum gegeben wird, der Begriff, der in dem Nomen liegt, überflüssig ist; denn er ist ja schon in dem Verbum mitgegeben; aber es ist ja auch möglich, das Adjectiv selbst zu einer Substanz zu machen, indem man es ins Neutrum verwandelt; dann ist dies freilich eine Substanz, die nur durch die eine Eigenschaft characterisirt wird und im Uebrigen ganz unbestimmt ist; da sie aber zum Object des Seins wird, so ergiebt sich von selbst, dass die Substanz eben das Sein ist; denn wenn das Object nicht besonders angegeben wird, so ist es das Sein selbst, was sich vollendet [2]). Indessen haben doch die Römer diesen Gebrauch, obwohl er seinen guten Grund hat, in der klassischen Prosa nicht gekannt, weil sie directe, genaue Bestimmung ihrem Character nach suchten und daher lieber pleonastisch sprachen, als eine nähere Bestimmung dem Schluss und Gedanken des Hörers überliessen. Daher findet sich derselbe nur bei Dichtern und in der Prosa

---

[1]) [Bei Livius nicht häufig, s. Kühnast S. 147, Anm. 100 und das dort citirte Programm von Krause.]

[2]) Man kann auch sagen, es ist eine Modification von 1a, indem an die Stelle einer ganz unbestimmten Substanz eine lediglich durch ein Merkmal bestimmte tritt.

seit der Kaiserzeit, hauptsächlich wieder bei Verbis der Art, wie sie unter γ angeführt sind; z. B. sehr oft bei denen, die einen Schall ausdrücken, und in Verbindung mit solchen hat es vielleicht schon Cicero gebraucht, wenn Sen. suas. VI 27 [p. 44 K.] wörtlich citirt: Sextilius Ena — fuit — plane talis, quales esse Cicero Cordubenses poetas ait, pingue quiddam sonantis atque peregrinum. So findet sich bei den Dichtern vieles Aehnliche, *immane, magnum, horrendum sonare;* tum tonuit laevum Enn. 517 p. 76 V. carmen tuba sola peregit et pereunte viro raucum sonus aere cucurrit ibid. 508 f. p. 75 V. Valles cavae sonuere maestum Sen. Oed. 582 f. dirum fremens ib. 982. aestivum tonat Iuven. 14, 295. suave olere Catull. 19, 13. Gladii triste minantes Lucan. I 320 (cf. Corte a. h. l.). Oculi nihil gentile nec patrium micant Sen. Hippol. [Phaedra] 387. Dulce ridere Hor. od. I 22, 23. Ov. her. XVI 83. spirat tragicum Hor. ep. II 1, 166. canet indoctum sed dulce bibenti Hor. ep. II 2, 9. Omnes, quos vecors animus supra cogitationes extollit humanas, altum quiddam et sublime spirare se credunt Senec. de ira I 16, 23 (dial. III 20, 2). ira dirum quiddam atque horridum stridens ibid. III 3, 6 (dial. V 3, 6). trementia labra interdumque conpressa et dirum quiddam exsibilantia ibid. c. 4, 2. qui altum quiddam aut magnificum cogitat ib. c. 32, 2 (3). somnus per symphoniarum cantum ex longinquo lene resonantium quaeritur dial. I 3, 10. oculis mite quiddam, sed nihilominus vivido igne flagrantibus epist. 115, 4. dulce loqui, ridere decorum Hor. ep. I 7, 27. flebile gavisae Stat. Theb. XII 426. tenera sic dulce profatus voce silv. I 2, 63. Noch viele andere Beispiele und Nachweisungen s. zu Reisig Anm. 555, Jani A. P. p. 81 f.

Gewöhnlich sagt man hier, es stehe das Neutrum Adi. statt des Adverbiums; so schon Priscian. XVII 1, 11 (p. 115 H.) 'Horrendum clamat' pro 'horrende', nomen pro adverbio; 'sublime volat' pro 'sublimiter'. Dies ist auch äusserlich richtig; nur ist der Grund des Gebrauchs zu bezeichnen, dass das Adjectiv die an sich unbestimmte Substanz des immanenten Objects, also das Sein selbst als Object gedacht, characterisirt, während das Adverbium das Sein als fliessendes bestimmt.

Noch ist hierbei darauf aufmerksam zu machen, dass das Neutrum auch im Plural stehen kann, wenn ein wiederholtes oder in mehrfachen Eindrücken und Aeusserungen wahrnehmbares Sein in Rede steht; z. B. wenn von wiederholten Tönen die Rede ist: acerba gemens Ov. her. VIII 105. ululärunt tristia Galli Lucan I 567. (venti) transversa fremunt Verg. Aen. V 19. venti transversa frementes Stat. Theb. I 348. insanire sollemnia Hor. ep. I 1, 101; auch beim Blick, der sich hin und her bewegt, also eine Mehrheit von Blicken ist, steht der Plural: oculi diversa videntes Ov. fast. I 283. obliqua tuentes Stat. Theb. I 447. transversa tuentibus hircis Verg. ecl. 3, 8. — In anderen Fällen kann man sagen, das Verbum geht in ein Verb. trans. über; z. B. *ludere;* fortuna-ludum insolentem ludere pertinax Horat. od. III 29, 49 f.; dann von schriftstellerischen Spielereien: luserunt ista poetae, Sen. ad Marc. c. 19, 4. carmina qui lusi pastorum Verg. ge. IV 565. (Vgl. später *ludere aliquem).*

2. Objecte der materiellen Begrenzung des Seins.

Das Sein erfüllt nicht sich selbst, sondern es hat zum Inhalt ein gewisses Mass, das es durch sein Sein voll macht. Das Mass steht in der

Mitte zwischen dem innern, immanenten Object und dem äusseren in der dritten Gattung, denn die Substanzen, um die es sich hier handelt, sind keins von beiden; sie bezeichnen die materielle Begrenzung, welche jedes Sein haben kann, und sind ganz allgemeiner Natur; jedes Sein, auch das passive, kann mit irgend einem Mass gemessen werden, das es erfüllt oder nicht erfüllt. Dagegen sind die äusseren Objecte nicht so allgemeiner Natur; sie hangen vom Zufall und der Beschaffenheit des Seins ab und sind nicht allgemeine Kategorien wie das Mass.

2. a. Die erste Gattung schliesst sich ganz nahe an die zuletzt besprochene Gattung der Objectsbestimmung durch ein Neutr. Adi. an und stimmt in der Form überein. Es kann nämlich das Mass, welches ein Sein erfüllt, zunächst eine Masse sein, die nicht in bestimmter Form als geschlossene Substanz durch ein Substantiv, sondern als ein ganz unbestimmtes Wesen durch ein Neutr. Adi. bezeichnet wird; hier könnte man nun wieder das immanente Object verstehen als unbestimmte Substanz, wie oben, und in der That kann man bei der Gleichheit der Form zuweilen zweifelhaft sein; indessen giebt doch der Sinn der Adjectiva an, dass sie eben eine Masse bezeichnen, eine Quantität als unbestimmte Substanz, die bloss durch die Eigenschaft des Gross und Klein, Viel oder Wenig u. s. w. characterisirt wird; z. B. *multum*, ein Vieles, kann als substantivischer Begriff für sich gedacht werden und bezeichnet eine Masse, welche für irgend ein Sein den Inhalt bildet, den dieses Sein erfüllt und umschliesst und der natürlich auch seinerseits die materielle, substantielle Grenze des Seins bildet. Als unbestimmte Substanz kann es Gewicht, Raum, Menge sein, je nachdem das Verbum selbst dies mit sich bringt, z. B. Sen. epist. 93, 4 hoc agamus, ut, quemadmodum pretiosa rerum, sic vita nostra non multum pateat, sed multum pendeat. id. ep. 66, 30 bona vera idem pendent, idem patent. de benef. III 8, 3 eadem licet sint, aliter data non idem pendent. Lucret. I 361 nam si tantundemst in lanae glomere quantum corporis in plumbo est, tantundem pendere par est. Sagte man *multos pedes, m. annos*, so wäre es ein bestimmtes, begrenztes Mass. So kommt es also, dass man *multum* als Adverbium gebraucht, wie es heisst, und zwar bei jeder Art von Verbum. Diesen Accusativ kann selbst das einfache *esse* regieren; denn auch das Sein kann eine gewisse Masse erfüllen; z. B. *multum fui cum Gaio, multum vixi* u. dgl., *multum amo, diligo*, mein Sein, Leben, Lieben macht ein Vieles, eine grosse Masse. Doch ist die Auffassung eine andere als bei *valde* oder *vehementer;* bei *amo* könnte beides stehen, jedoch in verschiedenem Sinn, dagegen bei *esse, vivere* u. dgl. kann nicht der Grad bezeichnet werden, sondern bloss die Masse. In dieser Weise werden *multum, plus, plurimum; minus, minimum; nihil, nimium; tantum, quantum*, auch *aliquid*, zuweilen *quicquid, quidquam, nequicquam* gebraucht, jedoch nicht häufig so, dass das Verbum noch einen andern Casus obl. bei sich hat. Ich will nur ein paar Beispiele anführen, in denen gerade diese Auffassung der Quantität besonders deutlich und ausgeführt ist. Einfach Cic. ad Att. II 20, 5 si me amas tantum, quantum profecto amas. Ov. her. XIX (XVIII) 18 Plus quoque, quam reddi quod mihi possit, amo, und noch spielender Fronto ep. ad M. Aurel. Caes. II 1, p. 43 ed. Berol. (p. 22 ed. Mediol.) [p. 18 Nab.] Sane ut illud queri possim, cur me nondum ames tantum, quantum plurimum potest (fort. potes). namque in dies plus amando efficis, ne quod ante diem amaveris,

plurimum fuerit. Sen. de benef. V 1, 1 quicquid ultra moror, non servio
materiae sed indulgeo. Sen. ad Helv. (dial. XII) c. 4, 3 ne quid incertis
opinionibus perturberis 14, 3. tu liberorum tuorum bonis plurimum gavisa
es, minimum usa. Cic. parad. VI 3, 50 sed quid ego de me loquor, qui
morum ac temporum vitio aliquantum etiam ipse fortasse in huius saeculi
errore verser? pro Sulla 18, 50 nihil laborabatis. Cornif. ad Herenn. III
18, 31 imagines sicut litterae delentur, ubi nihil utimur. Quintil. declam.
XIV 4 levior est calamitas, cui blanditur aliquid de voluptate laetitia. Sen.
de clem. I 18, 2 eos qui se aliquid offenderant, in vivarium-abici iubebat.
Terent. Heautont. 163 aliquantulum tibi parce. Sen. de clem. I 13, 5 hic
princeps — nihil praesidiis eget. ad Polyb. 4, 1 nihil umquam parcunt ulli
nec remittunt. Hor. sat. I 6, 89 nil me paeniteat sauum patris huius.
epist. I 18, 67 si quid monitoris eges tu [1]). S. über *multum* und *plus*
Madvig zu Cic. de fin. I 2, 5; W. Zumpt in den Jahrbb. f. wissensch. Krit.
1845 n. 92 S. 736; über *aliquid* und *quicquam* Stürenburg zu Cic. pro
Arch. 3, 5 p. 52; vgl. auch Kritz z. Sall. Cat. 16, 5. — Nicht häufig ist
dieser Gebrauch bei Adjectiven, wie Plaut. Asin. 400 aliquantum ventriosus,
vgl. Amph. 669.

Nahe kommen diesen einfachen relativen Massbestimmungen andere, die
durch Adjectiva ausgedrückt werden, um Masse, Ausdehnung in Raum und
Zeit zu bezeichnen; sie sind nur poetisch oder in der spätern Prosa und
werden mit der obigen Bestimmung der immanenten Objecte meistens zusammen geworfen, weil sie äusserlich ähnlich sind; z. B. Lenis ac modicum
fluens aura Sen. Oed. 908 [*modicum* hat der Ambrosianische Palimpsest,
Peiper und Richter lesen nach dem Etruscus *modice*]. deliberandi gratia
modicum secessit Sulpic. Sev. chron. II 13, 8; so ferner *immensum* oft bei
Tac., aeternum obmutuit Cornel. Sever. ap. Sen. suasor. VI 26 [p. 47 K.].
serviet aeternum Hor. ep. I 10, 41. sedet aeternumque sedebit infelix Theseus
Verg. Aen. VI 617. Sil. Ital. I 90. III 479. Tac. ann. II 26. XII 28. utere
perpetuum Stat. silv. I 1, 99. o longum memoranda dies ib. 3, 13. commodum adveni domum Plaut. Amph. 669 und andere Beispiele, die ich auch
vermischt mit andern beigebracht zu Reisig A. 555. In solchen Fällen ist
die Masse eine unbestimmte; das Mass wird nicht genau angegeben, sondern
nur durch eine relative Bezeichnung oder durch eine Eigenschaft. — Hierher
werden auch die eigenthümlichen Ausdrücke zu rechnen sein, welche relativ
durch Neutra von Pronominibus Alter, Zeit, Art bestimmen und wie die
obigen Neutra zu stehenden adverbialen Formen geworden sind, die aber
zugleich als adjectivische Bestimmung zu jedem beliebigen Casus gesetzt
werden können: *id aetatis, id temporis, id genus*, auch hoc noctis Plaut.
Amph. 154. 163. 292. 310. Z. B. neque puduit eum id aetatis Plaut. Asin.
71. ego istuc aetatis non amori operam dabam Terent. Heaut. 110. cum hoc
aetatis esset, quod tu nunc es Sen. de clem. I 9, 1. aggerem et id genus
rudes Lucil. XI 8 [346 p. 40 Lachm.]. Die Entwicklung dieses Gebrauchs
stufenweis zu verfolgen, ist schwer, weil in der Sprache fast nur noch die
letzte und jüngste Ausbildung davon übrig ist. Für griechisch ist der Gebrauch nicht zu halten; er findet sich z. B. oft bei Varro de re r.; s. Keil,
obs. crit. in Cat. et Varr. p. 36. Ursprünglich sind diese Ausdrücke ohne

Zweifel nur Bestimmungen des fliessenden Seins gewesen: *esse id aetatis,
vivere, venire id temporis,* aber da sie dem Sinne nach an dieser Stelle ein
Prädicat vertreten, so hat man sie wie andere adjectivische Prädicate behandelt, die Distraction aufgehoben und sie unmittelbar mit dem Nomen
verbunden: *homo id aetatis*[1]).

Zu diesen allgemeinen Massbestimmungen durch Neutra können wir
auch einige Substantiva ziehen, welche an sich eine ganz allgemeine Bestimmung geben und die des Masses erst durch den Zusammenhang erhalten:
partem oder *partim* und *vicem;* das erstere als Mass z. B. bei Plaut.
Asin. 679 age sis tuam partem nunc iam hunc delude; in Betreff der Construction ist dafür zu bemerken, dass, wie *id aetatis* ein Zusatz zum Subject,
partim eine Umschreibung desselben sein kann, sodass *partim hominum venerunt* statt *homines partim venerunt* stehen kann; Cic. Phil. VIII 11, 32
cum partim e nobis ita timidi sint; vgl. Zumpt § 271, Hand Tursell. IV
p. 392 sqq., Gell. X 13; *vicem* bezeichnet, dass Jemand etwas thut in
dem Masse, wie es natürlich ist, wenn er die Stelle eines Andern vertritt
oder ausfüllt; dies kann aber geschehen durch jede Art von Sein, folglich
können ebenso gut Activa wie Passiva mit diesem Accusativ construirt werden, ja sogar das einfache *esse:* Liv. XXVIII 113, 9 ut meam quoque, non
solum rei p. et exercitus vicem videretur sollicitus. VIII 35, 1 stupentes tribunos et suam iam vicem magis anxios, quam eius, cui auxilium ab se pete-
batur, liberavit onere consensus populi Romani. Terent. Heaut. 749 Mene-
demi vicem miseret me: tantum devenisse ad eum mali. Plaut. Rud. III 5,
33 [813] si appellabit quempiam, vos respondetote istinc istarum vicem.
Liv. XXV 38, 3 cogor vestram omnium vicem-unus consulere. I 9, 15 cum
suam vicem functus officio sit (quisque). Gronov. u. Drakenborch zu d. St.
u. z. I 25, 6. Sallust. hist. II 59 Kr. (p. 177) ceteri vicem pecorum obtrun-
cabantur. Cic. ad Att. X 8, 7 nisi forte me Sardanapali vicem in suo lectulo
mori malle censueris. Tiro ap. Gell. X 1, 7 cum Pompeius aedem Victoriae
dedicaturus foret, cuius gradus vicem theatri essent. Gell. XVI 10, 11 quoniam res pecuniaque familiaris obsidis vicem pignerisque esse apud rem p.
videretur.

Gehen wir zu den **bestimmten Massen** über, so haben wir zunächst
2 b. **die Massbestimmungen des Raums.** Ein Sein kann ein gewisses locales Mass erfüllen, zum Inhalt haben; doch versteht es sich von
selbst, dass es nur ein räumliches Sein sein kann, also nicht das einfache
Sein, sondern ein qualificirtes, z. B. sich ausdehnen, sich erstrecken, lang,
breit, dick, tief, hoch sein, entfernt sein, sich entfernen etc.; wenn da der
Raum angegeben wird, welchen ein solches räumliches Sein erfüllt, so steht
er im Accusativ: *longus est quinque pedes;* sein Langsein erfüllt 5 Fuss,
indes ist es in solchem Falle nicht immer nöthig, dass *esse* dabei steht; die
locale Eigenschaft schliesst das Sein mit in sich; denn jedes Wesen, das die
Eigenschaft hat, ist insofern auch ein seiendes.

---

[1]) Oder sollte nicht die Sache so sein, dass *id aetatis, temporis* ursprünglich adverbielle Bestimmung zum Sein waren, dagegen *id genus* vielmehr Apposition zum
Nomen? So sagt Ennius ann. v. 149 [p. 24 Vahl.] vento quem perhibent Graium genus
aëra lingua, wo *Graium genus* Apposition zu dem unbestimmten Subject in *perhibent* ist,
cf. ib. 187 sq.

Bei dem Begriff des Entferntseins oder Entfernens kann eine doppelte Auffassung stattfinden und daher auch ein doppelter Casus gebraucht werden, Accusativ und Ablativ. Der Raum nämlich, welcher zwischen zwei Punkten sich befindet, kann entweder angesehen werden als die wirkende Ursache, wodurch die zwei Punkte getrennt und rücksichtlich ihrer räumlichen Stellung verschieden sind, der eine näher, der andere ferner; dann steht der Ablativ ganz wie beim Comparativ und bei Verbis, die einen Comparativbegriff in sich schliessen; z. B. *praestare.* Oder der zwischen zwei Punkten liegende Raum wird angesehen als Mass (Object) des Entferntseins; es ist der Inhalt dieser Entfernung; wenn sie diesen Raum einnimmt, dann wird der Accusativ gesetzt. Es ergiebt sich hieraus, dass beide Constructionen keineswegs ganz gleichbedeutend sind, wie die Grammatiker sie hinstellen, Madvig § 234, Krüger § 321 und 392. Es kommt auf den Zweck des Sprechenden an: ist es ihm das Wichtigste, den Raum zu messen, der zwischen zwei Punkten liegt, wobei die beiden Punkte nur als die Grenzpunkte des Raums angesehen werden, so steht der Accusativ; beim Ablativ ist der Zweck, die beiden Punkte in ihrem Verhältniss zu einander zu bestimmen, also zu sagen, dass sie sich nicht an demselben Ort befinden, sondern durch einen gewissen Abstand getrennt sind. Materiell läuft das natürlich auf dasselbe hinaus, aber subjectiv ist es verschieden nach der Intention des Sprechenden. Z. B. Cic. acad. II 18, 58 Ab hac (regula) mihi non licet transversum, ut aiunt, digitum discedere. Hier kommt es darauf an, die Entfernung zu messen und mit Nachdruck zu sagen, sie solle nicht einmal einen Finger breit betragen. Der Ablativ erreicht diese Intention nicht ausdrücklich und ist daher in allen Fällen anwendbar; denn er giebt ja auch das Mass der Entfernung an; der Accusativ ist enger, da er nichts weiter als dies thut.

Die **Massbestimmungen der Zeit.** Diese sind ganz analog denen des Raums, jedoch mit dem Unterschiede, dass dort nur eine gewisse Gattung von Verbis ein Object des Raums haben konnte, nämlich diejenigen, die ein räumliches Sein bezeichnen, welches auch allein eine räumliche Grenze haben und einen Raum erfüllen kann; zeitlich dagegen ist jedes Sein; es kann also auch jedes einen gewissen Zeitraum erfüllen und mithin diesen zum Object haben; auch ist es ganz gleichgültig, welche Form das Verbum hat, active oder passive; denn in jeder Form hat es eine Dauer, durch die es eine Zeit erfüllt. Also *dormire totum diem, tres horas* u. dgl.; *noctes atque dies patet atri ianua Ditis, Romae reges fuerunt annos amplius ducentos,* oder *regnaverunt,* oder *regnatum est;* ferner *natus sum viginti annos,* d. h. *vixi. — Abhinc* c. Acc. ist das gewöhnliche, um die Zeit zu bezeichnen, die zwischen dem Punkt des Sprechenden und irgend einer Vergangenheit erfüllt ist; aber der Accusativ hat nicht in *abhinc* seinen Grund, das bloss den einen Grenzpunkt angiebt: *Carthago diruta est abhinc annos ducentos,* ihr Zerstörtsein, von der Gegenwart an gerechnet, erfüllt 200 Jahre.

Noch muss bemerkt werden, dass zuweilen eine Zeit oder ein Zeittheil auch betrachtet werden kann wie ein immanentes Object nach der ersten Classe, z. B. *aetatem agere, transigere;* dann wird natürlich das Object beim Passiv Subject, also *aetas agitur, transigitur.* Dies ist nicht möglich bei andern Verbis, deren Bedeutung es nicht zulässt, die Zeit als immanentes Object aufzufassen, z. B. *regnatum est tres annos,* nicht *tres anni regnati sunt;* also hic iam ter centum totos regnabitur annos Verg. Aen. I 272. Manche Verben lassen jedoch beide Bedeutungen zu: *vivere tres annos, vivitur tres annos;* aber es kann auch transitiv gefasst werden: *vivendo agere, transigere,* daher bei Ov. met. XII 188 iam tertia vivitur aetas; ebenso kann man *dormire* in der Bedeutung von *dormiendo transigere* nehmen, daher sagt Mart. XIII 59, 1 tota mihi dormitur hiems. Ungewiss ist die Erklärung bei Enn. trag. fragm. v. 259 [p. 121 Vahl.] (bei Gell. XIX 10) Incerte errat animus, praeter propter vitam vivitur, wo nach der einen Auffassung der Accusativ von dem als Präposition genommenen *praeter propter* abhängt, während Hand (Tursell. IV p. 544 sq.) *praeter propter* als Adverbium ansieht und *vita* schreibt. Als immanentes Object ist wohl zu betrachten *quod* bei Senec. ep. 99, 31 hoc quod vivimus, proximum nihilo est, als Nominativ in derselben Epistel § 11 intelleges etiam in longissima vita minimum esse, quod vivitur und bei Augustin. de civ. d. XIII 10, quidquid temporis vivitur, de spatio vivendi demitur.

Es lässt sich denken, dass auch noch andere Massbestimmungen in gleicher Weise behandelt werden, die weder local noch temporal sind. Die Bestimmungen des Gewichts bieten keine Mannigfaltigkeit im Gebrauch, und so verlohnt es sich nicht sie im Einzelnen zu verfolgen, dagegen ist noch eine Bestimmung zu erwähnen, die aus dem öffentlichen Leben der Römer herrührt, nämlich die des Besitzes beim Census: die Schätzung Jemandes erfüllt das Mass von so und so viel. Davon giebt Forcellini folgende zwei Beispiele: Gell. VI [VII] 13, 1 qui centum et viginti quinque milia aeris ampliusve censi erant (dagegen bald nachher § 2: qui minore summa aeris censebantur), und Cic. pro Flacc. 32, 80, wo er aber meint, *censeri* sei Deponens: Voluisti magnum agri modum censeri. Census es praeterea numeratae pecuniae $\overline{\text{CXXX}}$. — Census es mancipia Amyntae. — Ac primo quidem pertimuit, cum te audisset servos suos esse censum. — Madvig § 237 a. Anm. führt den erstern Theil der letztern Stelle an und übersetzt: „beim Census grossen Ackerbesitz anzeigen." Er stellt es unpassend zusammen mit *Cyclopa moveri,* scheint es also für Passiv zu nehmen. Die von Forcellini noch angeführten zwei Stellen sprechen indess sehr für das Deponens, Ovid. ep. ex P. I 2, 137 Hanc probat et primo dilectam semper ab aevo est inter comites Marcia censa suas, und die merkwürdige Lesart bei Ov. fast. V 25 Hinc sata maiestas, hos est dea censa parentes (d. Vulg. ist: Hinc s. maiestas, quae mundum temperat omnem[1]). Dem steht nahe der Accusativ bei *intercedere,* wenn das Mass, die Summe, wofür man sich verbürgt, angegeben wird: Cic. ad Att. VI 1, 5 adscribit etiam et quasi calcar admovet intercessisse se pro iis magnam pecuniam, Phil. II 18, 45 Orabat (Curio), ut se contra suum patrem, si sestertium sexagiens peteret, defenderem: tantum enim se pro te intercessisse dicebat; daher parad. VI c. 2 der Genetiv: intercessiones pecuniarum[2]). Ebenso findet sich und in gleichem Sinne *fide iubere* dig. XVII 1, 48 Q. Mucius Scaevola ait: Si quis sub usuris creditam pecuniam fide iussisset, wenn es nicht richtiger ist diese Objecte zur dritten Gattung zu rechnen vermöge einer Wendung des Verbalbegriffs.

---

[1]) [Die erstere Lesart findet sich nur im cod. Maz. und zwei unbedeutenderen Handschriften; daher ist die andere als besser bezeugt sowohl von Riese als von mir in den Text gesetzt worden.]

[2]) [Die Lesart ruht nur auf Vermuthung; *intercidas pec.* bieten die Handschriften]

2. c. Unbestimmtes oder bestimmtes Mass in bildlichem Sinne.

Es kann der Fall eintreten, dass weder von einem localen oder temporalen Mass oder von einer Masse, welche ein Sein erfüllt, die Rede ist, noch überhaupt von einem eigentlichen localen Sein, oder der Bestimmung einer zeitlichen Grenze oder Masse im eigentlichen Sinn, dass aber gleichwohl ein Sein auf einen gewissen Raum, eine gewisse Grenze eingeschlossen werden soll. Hierbei ist zweierlei zu bemerken: 1. dass das reine Sein hier nicht in Betracht kommt, denn dies kann auf eine gewisse substantielle Grenze nicht füglich beschränkt werden; es ist entweder Sein oder Nichtsein, wenigstens haben die Römer eine andere Möglichkeit in der Sprache nicht erkannt [1]). 2. Wenn also einem Gegenstande ein Prädicat beigelegt, dieses aber durch eine Grenze beschränkt werden soll, so kann die Substanz, welche die Grenze bildet, nur ein Theil oder Accidens des Gegenstandes sein, dem das Prädicat beigelegt wird; es kann nicht ein ganz anderer, selbständiger, jenem coordinirter Gegenstand sein; denn es wird ja gesagt, dass Jemand ein Prädicat besitze in einer gewissen Ausdehnung, in einem gewissen Raume, welchen das qualificirte Sein erfüllt; dieser Raum muss mithin in oder an dem Individuum liegen und ihm angehören, denn sonst würde ihm ja auch das Prädicat, das diesen Raum erfüllt, nicht angehören. Indem nun einem Subject ein qualificirtes Sein beigelegt wird, das so eine dem Subject eigene Sphäre erfüllt, gleichsam einen Raum, der ihm angehört, bildet dieser Raum die Grenze, innerhalb deren ihm das qualificirte Sein zukommt; es wird ihm dies nicht überhaupt und schlechthin, sondern nur innerhalb jener Begrenzung zugeschrieben. also in einer gewissen Beziehung und Rücksicht, und daher kommt es, dass man diesen Accusativ, welcher jene Begrenzung anzeigt, auch den Accusativus respectivus, den Acc. der Rücksicht, genannt hat. Auch Accusativus graecus wird er genannt, weil man meint, dass der Gebrauch desselben aus Nachahmung des Griechischen geflossen sei, und in der That wird das Griechische hierbei von Einfluss gewesen sein; indessen ist der Gebrauch doch nur eine weitere Ausdehnung der Massobjecte und hat also im Lateinischen selbst seinen Anfang. In manchen Fällen ist es kaum möglich eine bestimmte Grenze zu ziehen, nämlich bei den allgemeinen und unbestimmten Massbezeichnungen durch pronominale und adjectivische Neutra, die früher [S. 52] erwähnt sind; z. B. Cornif. ad Herenn. III 18, 31 imagines, sicut litterae, delentur, ubi nihil utimur; ebenso bei *aliquid, multum* etc. Wenn daher Sallust. Iug. 19, 7 sagt: rex Bocchus — praeter nomen cetera ignarus populi Romani, so wird mit *cetera* die ganze Sphäre der Erkenntniss bezeichnet mit Ausnahme des *nomen*, welche Bocchus hätte haben können; es ist insofern eine Quantitätsbestimmung, als die Unwissenheit des Bocchus das grösste Mass davon erfüllt mit Abrechnung eines Punktes, des *nomen* der Römer; aber das neutr. plur. *cetera* bezeichnet doch dieses Mass nicht direct als solches, sondern durch Zusammenfassung der einzelnen übrigen Dinge, auf welche sie sich erstreckt, und darum ist es nicht eine eigentliche Massbestimmung, sondern eine uneigentliche und gehört hierher; aber da die Begriffe hier so nahe an einander grenzen, ist der Uebergang hier auch schon in älterer Zeit gemacht, wie das Beispiel des Sallust zeigt [2]), und wenn es

[1]) Ueber das einfache *esse* in Verbindung mit *vicem* s. ob S. 60.
[2]) Auch Servius zu Verg. Aen. III 594 führt uns Sallust an: sanctus alia (bei Kritz

Servius zu Verg. Aen. IX 656 für *Ennianum* erklärt, dass *cetera* statt *cete-*
rum gesetzt ist, mit Anführung des Fragments ann. XL (v. 57) p. 11 ed. Vahlen.
cetera quos peperisti ne cures, so ist dies derselbe Gebrauch. Gerade jenes
cetera ist dann auch in der folgenden Zeit besonders häufig, obwohl es sich
bei Cicero nicht findet; s. Vechner Hellenol. p. 301 und Heusing. z. d. St.; eine
zweifelhafte Stelle ist Cic. de nat. d. I c. 22. Sonst s. Horat. epist. I 10, 50
excepto quod non simul esses, cetera laetus. carm. IV 2, 60 cetera fulvus.
Liv. I 32, 2 cetera egregium (s. die Ausleger z. d. St. und Drakenborch zu
XXXVII 7, 15). Vellei. II 46, 2 vir cetera sanctissimus. Vgl. Bentley zu
Hor. epist. I 10, 3. Heinsius zu Ov. met. IX 99. — Aehnlich ist *omnia;*
s. Liv. XXI 34, 5 circumspectans sollicitusque omnia incedebat. Aurel. Vict.
Caes. c. 9, 1 sanctus omnia [s. Draeger I S. 362]. *Multa;* s. Ov. ep. ex P.
III 9, 48 Materiem quamvis sibi finxerit ipse, arbitrio variat multa poeta
suo (doch kann dies auch wie *multa obtestatus* zu 1 b. S. 52 bezogen
werden). *Pleraque:* Gell. IX 10, 5 Annaeus Cornutus, homo sane pleraque
alia non indoctus neque imprudens. VI (VII) 2, 1. XII 5, 5. Sehr häufig
ist dieser Gebrauch jedoch nicht; oft werden Präpositionen hinzugefügt, wie
ad cetera, ad omnia, per omnia.

Weiter aber hat sich der Gebrauch dahin ausgedehnt, dass jene allgemeinen Ausdrücke specialisirt werden, zunächst bei den Dichtern in der
augusteischen Zeit[1]), dann nach deren Vorgang auch in der Prosa. Quintilian IX 3, 18 führt an *saucius pectus* und rechnet es zu den Graecismen,
aber es sei zu seiner Zeit vulgär geworden und finde sich schon im Zeitungs-
stil: et iam vulgatum actis quoque saucius pectus, und Ausdrücke dieser
Art sind in der That früh in die Prosa gekommen; schon Sallust sagt hist.
III 91 (p. 298 Kr.) Dedecores inultique terga ab hostibus caedebantur, dann
der Auct. b. Afr. c. 85 brachium gladio percussus. Liv. XXI 7, 10 Hannibal-
adversum femur tragula graviter ictus cecidit, und so öfter bei den Ausdrücken des Verwundens[2]). Sehr vieles der Art haben dann die Dichter,
z. B. sibila colla tumentem (anguem) Verg. georg. III 421. tremis ossa pavore
Hor. sat. II 7, 57. tremit artus Verg. georg. III 84. roseas laniata genas Verg.
Aen. XII 606. longos turbata capillos Tibull. I 3, 91 (cf. III 2, 11). redi-
mitus tempora quercu Verg. ge. I 349. terribilem picea tectus caligine vultum
Ov. met. I 265. 332. S. Schuch, d. Objectscasus, S. 56 [s. Draeger I S. 335].

---

fragm. inc. 80, p. 390), doch citirt dafür Charisius [p. 175 P. p. 194 K.] *sanctus aliter,*
s. Kritz, fragm. I 94, p. 115.

[1]) Die Beispiele, welche Holtze I p. 220 sq. aus der ältern Latinität anführt, sind
nicht beweisend; denn Plaut. Poen. IV 2, 6 und Rud. V 2, 3 enthalten den griechischen
Accusativ erst durch Emendation, die also unrichtig ist; die Manuscripte haben ihn nicht.
Rud. IV 3, 23 gehört gar nicht hierher, sondern ist eine anakoluthisch doppelte Construction (mit zwei sogenannten Acc. absol. bei *novi*). Epid. IV 1, 39 ut alias res est
impense improbus, hat Lambin *ad* hinzugefügt, aber ist die handschriftliche Lesart auch
richtig, so ist *alias res* nur als Umschreibung des Neutrums *alia cetera* zu nehmen. So
bleiben nur zwei Beispiele aus Ennius übrig; von diesen ist aber das eine ann. 312 (p. 47
Vahlen) perculsi pectora Poeni ohne Zweifel unecht, und das zweite ann. v. 392 (aus Serv.
ad Verg. Aen. IX 678) succincti corda machaeris kann leicht im Zusammenhang anders
gelautet haben und keinesfalls in dieser fragmentarischen Ueberlieferung für jenen Gebrauch
in älterer Zeit beweisend sein, da sonst bei Ennius, Plautus u. Terenz sich nichts Aehnliches findet.

[2]) Ein paar Stellen bei Caesar beruhen auf falschen Lesarten; Schneider zu b. g.
II 8, 2 und 18, 2.

Es ist einleuchtend, dass hierbei, da nicht das reine Sein, sondern das Sein, insofern es mit einer Qualität verbunden ist, durch den Accusativ bestimmt und beschränkt wird, dies ebensowohl ein Act. als ein Pass. sein kann; denn auch das passive Sein, das Leiden, kann sich auf einen gewissen Raum, eine Sphäre beschränken; wenn dann von Verbis auch das Particip so gesetzt werden kann, so folgt von selbst, dass dies auch für das Adjectiv gilt; also wie *ictus*, *traiectus*, so auch *saucius*, wie *laniatus*, so *lacer*, und so denn bei andern Adjectiven, wenn die Eigenschaft nicht allgemein prädicirt, sondern auf eine gewisse Grenze eingeschränkt werden soll. Z. B. os umerosque deo similis Verg. Aen. I 589. Deiphobum vidit lacerum crudeliter ora, ora manusque ambas VI 495. nec Mauris animum mitior anguibus Hor. carm. III 10, 19; selbst *talis* ist mit einem solchen Accusativ verbunden bei Stat. Theb. II 170 di bene, quod tales stirpemque animosque venitis[1]).

· Wenn man nun sagt, dieser Accusativ heisst: in Rücksicht auf —, so entsteht die Frage, wie unterscheidet er sich vom Genetiv, den wir gerade so mit Adjectiven verbunden gesehen haben; ja es finden sich sogar beide Casus bei demselben Adjectiv, z. B. bei *aeger animi*[2]) und *animum*. In der That wird auch durch den Genetiv die Sphäre des Adjectivbegriffs auf eine gewisse Grenze eingeschränkt, wie es eben vom Accusativ gesagt ist, aber es ist ein feiner Unterschied, ungefähr derselbe, der zwischen der Verbindung der Adjectiva mit Nominibus mittels Inhärenz und Adhärenz besteht; beim Genetiv nämlich ist Nomen mit Nomen zu einem zusammengesetzten Begriff verbunden, der ein spezielierer, engerer ist als ohne Gen.; *animi aeger* ist „gemüthskrank". Da ist nur von dieser Species der Krankheit die Rede; sie wird als die vorhandene vorausgesetzt. Dagegen sage ich *animum aeger*, so wird der *aeger* nicht als Substanz, als festes Sein bestimmt, sondern sofern er ein *aeger* seiender ist, wenn auch das Sein nicht ausdrücklich bezeichnet wird; dieses Kranksein ist das allein vorausgesetzte, das erst in seinem Sein sein Object bekommt; die Beschränkung ist eine erst werdende, hinzutretende, gleichsam prädicativ. *Gaius est animi aeger*, G. ist gemüthskrank; *animum aeger*, krank, und zwar betrifft die Krankheit das Gemüth und nichts Anderes. Dies wird man also wählen, wenn der Zusammenhang fordert, dass man den allgemeinen Begriff krank für sich in seinem ganzen Umfang nimmt und Beschränkungen auch für sich als Gegensätze hinzukommen. Dasselbe gilt natürlich für die Verba, wie *dolere*, *angi* u. dergl. M. Caesar bei Fronto de nepote amisso p. 145 ed. Berol. [p. 231 Nab.] Cum autem in singulis articulorum tuorum doloribus torqueri soleam, mi magister, quid opinaris me pati, cum animum doles? Das *dolere* ist der allgemeine Begriff, vorher in *dolores* enthalten, so jedoch, dass hier das Nomen, wie es nicht anders möglich ist, durch einen Genetiv in eine Species verwandelt wird, aber die Beschränkung eine zufällige, nur beispielsweise gesetzte ist, um überhaupt jedes kleine körperliche Leiden zu bezeichnen; dann kehrt der allgemeine Begriff des Leidens wieder, aber durch den zufälligen Todesfall ist es jetzt ein Leiden, das den *animus* ergreift. Daher der Accusativ. Bei

---

[1]) [Apulejus verbindet *tantus* mit dem Genet. apol. 22 p. 440 tantus animi; s. Kretschmann de lat. Apul. p. 126.]

[2]) Das Bewusstsein, dass *animi* eigentlich eine Locativform ist, war natürlich den Römern sehr frühzeitig abhanden gekommen; vgl. Flor. II 5 (III 17), 9 Drusum aegrum rerum temere motarum matura mors — abstulit. Sil. III 72 aegra timoris Roma.]

Virg. ge. IV 491 steht victus animi von Orpheus, als er unterliegend der Sehnsucht nach der Eurydice sich umsieht; dass es sich hier von dem geistigen Unterliegen handelt, ist schon aus der ganzen Erzählung klar, und darum wird der componirte Begriff als ein fertiger und gegebener gesetzt; durch *animum* würde es als etwas Neues gemeldet werden, dass sein Unterliegen den *animus* betroffen habe, was unpassend wäre. Dagegen Aen. I 713 expleri mentem nequit ardescitque tuendo Phoenissa et pariter puero donisque movetur. Hier ist etwas Neues, dass Dido nicht bloss die Geschenke nicht genug ansehen kann, ihre Augen es nicht satt werden, sondern dass es auch ihre *mens* ergreift und so, wie erläuternd hinzugefügt wird, sie während des Sehens in Liebe entbrennt[1]). — Natürlich konnte man diesen Unterschied erst dann machen, als die Sprache beiderlei Gebrauch entwickelt hatte. Dass auch in andern Fällen, wo Genetiv und Accusativ bei denselben Verbis wechseln, wie bei *meminisse, oblivisci*, ein Unterschied von ganz ähnlicher Art vorhanden ist, wird sich später ergeben.

In Bezug auf diesen Accusativus respectivus sind ferner noch zwei Bemerkungen zu machen. Es ist oben [S. 63] gesagt, dass dieser Accusativ ein Accidens des Subjects sein müsse, weil, wenn dies nicht der Fall wäre, das auf den Accusativ beschränkte Sein gar nicht das Subject mittreffen würde, von dem es doch ausgesagt wird; *lacerum crudeliter ora* kann man sagen, denn es sind die *ora* des *lacer*; wären es aber die *ora* eines Andern, oder wäre es eine andere zerrissene Sache, z. B. ein Blatt Papier oder ein Schiff, so würde dadurch nicht dem Deiphobus das Prädicat *lacer* zukommen. Wenn man nun gleichwohl unter den Beispielen, welche die Grammatiker bei diesem Gebrauch anführen, solche findet, welche jenes Gesetz verletzen, wie Ruddimann II p. 63 adn. 49 solche ausdrücklich als irregulär bezeichnet und aus poetischer Kühnheit herleitet, so ist das nur eine Ungenauigkeit; man vermischt ganz verschiedene Gebrauchsweisen. Dahin gehört die bekannte Stelle Hor. sat. I 6, 74 pueri-laevo suspensi loculos tabulamque lacerto, wenn die Tafel an der Schulter des Knaben aufgehängt ist, so ist doch darum nicht der Knabe selbst aufgehängt; Krüger lat. Gramm. § 323 hat dies erklären wollen: *qui sibi suspenderant;* das ist aber eine grundlose Ausflucht; denn *suspensus* kann nicht activ oder medial genommen werden[2]). Richtig hat dagegen Schuch S. 58 gesagt, dass es für *accincti* steht und es zu einer Klasse von Fällen gerechnet, die ich später beim doppelten Accusativ besprechen werde; einstweilen vgl. Ovid met. VII 161 inducta cornibus aurum victima und v. 183 (Medea) nudos umeris infusa capillos. Dahin gehört aber auch *inscribere*, d. i. eine Art von *induere*, mit Schrift bekleiden; daher Verg. ecl. III 106 inscripti nomina regum-flores, was Schuch S. 57 falsch betrachtet; (vgl. Stat. Achill. II 178, wo ein Schild caelatus pugnas genannt

---

[1]) Allerdings finden sich manche kühnere Ausdrücke, wo es unnatürlich scheint, den Verbalbegriff von dem ganzen Subject und nicht bloss von dem Accidens desselben zu prädiciren; z. B. Stat. silv. I 2, 11 f. nuptam-ducit lumina demissam; das entschuldigt sich aus der übertragenen Bedeutung von *demissus*, wodurch das Wort zugleich ein Prädicat der Person sein kann, während es im eigentlichen Sinne nur auf das Niederschlagen der Augen geht. Umgekehrt liegt in v. 14 dissimulata deam die Kühnheit in der Bezeichnung des Accidens; es sollte etwa sein *divinam formam, naturam*.

[2]) [Schroeter, der Accusativ nach passiven Verben in der latein. Dichtersprache (Progr. d. kath. Gymn. in Glogau 1870), erklärt im Anschluss an Krüger den Acc. aus der medialen Bedeutung der Verbalformen; ebenso Nägelsbach, Stilist. § 97 S. 263.]

wird); ähnlich kann bei *signare* gesagt werden sowohl *rem saxo* als *saxum re*, s. Bach z. Ov. met. VIII 539; nahe verwandt ist der kühne Ausdruck bei Tac. hist. III 74 Domitianus-aram posuit casus suos in marmore expressam, wo Krüger wieder erklärt: *in qua expressit;* vgl. Valer. Flacc. I 398 casusque tuos expressa-arma geris. Diese und ähnliche Beispiele sind also nicht mit dem hier besprochenen Gebrauch zusammen zu werfen.

Ferner ist zu bemerken, dass bei manchen Verbis, bei welchen man den Accusativ als Acc. respect. nehmen könnte, ein Bedeutungswechsel stattgefunden hat, wozu sie zu wirklichen Verbis trans. werden, sodass ihr Object in die folgende, dritte Gattung gehört. Bedeutungswechsel geht durch die ganze Sprache hindurch; zum Theil fällt er in die älteste Zeit, sodass er sich nicht aus den erhaltenen Schriftwerken constatiren lässt; er ist aber auch in der Literatur der republikanischen und der monarchischen Zeit sichtbar und reicht bis zum Untergang der Sprache. Für die älteste Zeit, wo es an Literatur fehlt, lässt sich nur aus den Analogien in den Formen ein Schluss machen, wie z. B. *docere* nach der im ersten Theil besprochenen Bedeutung der zweiten Conjugation [S. 97 f.] wohl ursprünglich die Bedeutung: „der Meinung sein" gehabt haben mag, entsprechend dem griechischen *δοκεῖν;* das Meinen muss sich aber schon früh in die Bedeutung: „die Meinung äussern" umgewandelt haben, wie wir auch unser „Meinen" gebrauchen, und wie in der Kaiserzeit *existimare bene* und *male de aliquo* gebraucht wird, um das Aussprechen des Urtheils zu bezeichnen; s. meine Bemerkung zu Sen. de ira III (dial. V) c. 22, 2 in d. prooem. ind. schol. aest. 1852 p. 16. vgl. Sen. epist. 102, 8 und eine ähnliche Bemerkung über *anteferre* bei Wex zu Tac. Agric. c. 21. So ist *docere* das intransitive Verbum der 2. Conjugation schon in alter Zeit in dem Grade transitiv geworden, dass es sogar zwei Objecte bei sich haben kann, wovon s. unten. Ebenso steht es bei *augere, movere* u. a. Ich will nicht mehr Beispiele dieser ältesten Art erwähnen, aber deutlich und in der Literatur sichtbar ist die doppelte Bedeutung bei *timere, pavere, pallere, tremere,* die als Zustandsbezeichnung ohne Object stehn aber mit der Bedeutung von *metuere* versehen, ein solches annehmen; *mortem* in Verbindung mit *timere* kann- ursprünglich nur Acc. respect. gewesen sein, in Furcht sein in Bezug auf den Tod, aber dies fixirt sich zu einem Verbum transit. und derselben Analogie folgen später zunächst bei Dichtern und dann auch in der Prosa der Kaiserzeit *pavere, pallere, tremere;* bei *pavere* findet sich seiner allgemeinen Bedeutung wegen am meisten der Accusativ, bei Plautus nur der eines Neutrums (Cist. II 1, 59 et illud paveo et hoc formido, also ganz gleich gestellt mit *formidare),* schon weiter geht Sall. Cat. 31, 3 omnia pavere, wo es Kritz noch als intransitiv nehmen und *ad omnia* nach Liv. V 42 erklären will; aber specielle Objecte finden sich bei Hor. epod. 12, 25. Tac. hist. I 29. 50 und sonst; so auch bellum pavescere Tac. ann. I 4. Seltner hat *pallere* den Accus. bei sich, wie Hor. carm. III 27, 26. Pers. sat. V 184; auch *trepidare* nur selten und poetisch, wie bei Sen. Herc. Oet. 1058. Iuven. sat. X 21. VIII 152. Dagegen häufiger *tremere,* schon bei Liv. XXII 27, 3; vergl. Verg. Aen. VIII 296 und öfter, woher auch *tremendus.* Aehnlich verhält es sich mit *horrere, erubescere aliquid* [1]), woher denn auch *horrendus, erubescendus. Dolere* steht

---

[1]) *Erubescere* wird selten mit speciellen Objecten verbunden, wie im Vetus und in

nicht selten mit dem Acc. bei Ovid, wo Heinsius den Ablativ gern bevorzugte; s. Bach zu met. VII 720. *Indulgere*, nachsichtig sein, *alicui*, wird besonders von der nachsichtigen, auch schwachen Liebe der Eltern gegen die Kinder gebraucht, aber als Liebe gefasst kann es auch den Accus. bei sich haben; so Terent. Heaut. 988 dum istis fuisti solus (so lange du das einzige Kind deiner Eltern warst), te indulgebant [1]).

Einer andern Gattung von Begriffen gehört *callere* an, das auch ursprünglich eine absolute Zustandsbedeutung hatte und keinen Accusativ zu sich nahm; dann wird es oft mit dem Ablativ der Sache construirt, in welcher man erfahren ist; s. Stellen bei Forcellini, wo man hinzufügen kann Valer. Prob. zu Verg. ecl. 6, 74 p. 23 Triton a Circe venena accepit, quibus illa callebat; aber auch mit dem Accusativ wird es schon in alter Zeit construirt, wie bei Plautus und Terenz, auch Cicero und Späteren. Sodann *ardere, deperire aliquem;* letzteres schon bei Plaut. Amph. 517. Cas. II 8, 34. Curc. 46; *desinere artem* bei Cic. und *amicitiam* bei Sueton (abbrechen), *telam* Ter. Heaut. 305. s. Heinsius ad Ov. a. am. II 725; vgl. cessatis in arvis bei Ov. fast. IV 617; cessato officio Valer. Max. V 10, 3 und Kempf a. h. l. *Perseverare* mit Neutris z. B. in dem Bruchstück der Cornelia Corn. Nep. [p. 123 Halm.] Ne ille sirit Iupiter te ea perseverare. Cic. pro Quinct. 24, 76 id perseverare; in anderer Verbindung nicht häufig; s. Gronov und Drakenborch zu Liv. XXII 38, 13. Beispiele aus Symmachus u. A. bei Forcellini. Aehnlich *degenerare propinquos, famam,* s. Bach z. Ov. met. VII 543. ep. ex P. III 1, 45.

Es giebt noch eine Reihe von Verbis, welche zwar Thätigkeiten bezeichnen, aber in älterer Zeit kein Object bei sich haben, das vielmehr in ihnen selber liegt, nämlich das Hervorbringen, Darstellen, Bewirken dessen, was die Wurzel des Verbums aussagt; dennoch nehmen später z. B. *regnare* und *triumphare* als Object die Person an, welche von der Handlung betroffen wird, doch kommt dies weniger in activer als in passiver Construction vor, z. B. Tac. Germ. c. 37 triumphati magis quam victi sunt. Aur. Vict. vir. ill. 61, 2 Achaeos-triumphandos Mummio tradidit. Ov. fast. III 732 deque triumphato viscera tosta bove. ep. ex P. II 1, 41 triumphatum durum. Im Activ c. acc. selten und spät.

So wird auch *fulminare* mit dem Acc. des getroffenen Ortes und der getroffenen Person verbunden: Sen. de ira III (dial. V), c. 6, 1 inferiora fulminantur, was ich hergestellt habe, cf. Sen. Herc. Oet. 7. Petron. c. 80, 7 fulminatus hac pronuntiatione. Eumen. pro restaur. schol. (paneg. IV) c. 21, 2 te, Maximiane invicte, perculsa Maurorum agmina fulminantem; auch coruscare hastam Verg. Aen. XII 431 und linguas Ov. met. IV 494[2]). Aehnlich verhält es sich mit Objecten des Raumes, welche durch irgend eine locale Thätigkeit getroffen, erfüllt werden; so *sedere equum, sederi, sedendus; navigare, currere aequor* (s. Forcellini s. v.); Ov. trist. V 2, 25 quot piscibus unda natatur. Stat. silv. I 3, 27 pelagus natatum (durchschwommen).

---

der vulgata in Luc. 9, 26 Nam qui erubuerit me et meos (sermones om. cod. Vrat.), hunc filius hominis erubescet. [in Vatin. 16, 39 ist für diesen Gebrauch bei Cicero nicht beweisend.]
[1]) [Eine reiche Sammlung solcher Verba mit dem Accusativ, chronologisch geordnet, bei Draeger I S. 330 ff.]
[2]) [So liest der cod. Leid., Haupt u. Riese aber *lingua*.]

Ov. fast. IV 573 erratas dicere terras (i. e. pererratas). ib. III 655. erratis in agris. ex P. 1 3, 76 trabs Colchas sacra cucurrit aquas [1]); Verg. Aen. V 33 hic iuvenis-vestigia presso haut tenuit titubata solo, sed pronus in ipso concidit; sehr kühn nach dieser Analogie Pacat. paneg. (XII) c. 4 geminis Delos reptata numinibus. Hieran reihen sich solche Objecte, welche die Zeit bezeichnen, die durch das Verrichten einer Handlung hingebracht wird, wie noctes vigilantur amarae Ov. her. XII 169. cenatas noctes Plaut. Truc. II 2, 24 (i. e. cenando traductas). vigilata nocte Ov. fast. IV 167 (anders kurz vorher 109 Primus amans carmen vigilatum nocte negata dicitur ad clausas concinuisse fores). actas sub pellibus hiemes, aestates inter bella sudatas Pacat. paneg. 12, 8. cessata tempora Ov. met. X 669 (was aber auch anders, s. S. 55, erklärt werden kann). Bei den Verbis, welche das Hervorbringen eines Tons bezeichnen, kann Object sein, was von dem Ton getroffen, erfüllt wird; so wird schon in alter Zeit gesagt *clamare deum hominumque fidem* und *clamare meridiem*, welches das Geschäft eines accensus war; dann ist es mit dem Namen einer Person verbunden z. B. clamata (i. e. inclamata dea) Ov. fast. IV 453, und mit dem ausgeschrieenen Gegenstand ibid. V 189 clamata palma theatris [2]); ebenso *ululare:* Ipsa (dea mater) — feretur urbis per medias exululata vias Ov. fast. IV 185 f. Nocturnisque Hecate triviis ululata per urbes Verg. Aen. IV 609. Ogygiis ululata furoribus antra descrit Stat. Theb. I 328, cf. silv. I 3, 86; *latrare:* latratum Siciliae litus Quint. decl. XII 26; ein Activ Gell. VI (VII) 1, 6 quod-canes-neque latrarent eum neque incurrerent. Stat. silv. I 3, 5 illum nec calido latravit Sirius astro. Aur. Vict. de vir. ill. c. 49, 2 In Capitolium intempesta nocte euntem numquam canes latraverunt; *plorare:* Ov. fast. IV 856 plorato rogo.

So liessen sich noch viele Verba zusammenstellen, bei welchen derselbe Bedeutungswechsel stattfindet. Es ist darüber im Einzelnen hin und wieder von den Auslegern Vieles bemerkt; aber es fehlt an einer klaren, geschichtlich geordneten und richtig gesonderten Zusammenstellung. Indess für jetzt werden diese Beispiele genügen, um deutlich zu machen, dass es sich hierbei nicht um den Accusativus graecus, entferntes Object und dergleichen handelt, sondern dass eine Fortentwicklung der Verbalbegriffe stattfindet. Darüber kann noch viel gearbeitet werden.

3. Aeussere Objecte.

Wir kommen zu derjenigen Gattung der Objecte, welche man immer vorzugsweise unter diesem Namen verstanden hat, den Objecten der gewöhnlichen Verba transitiva. Diese Benennung selbst, nach dem griechischen μεταβατικά, giebt zu erkennen, dass eine Handlung verstanden wird, welche von dem Subject aus auf einen anderen, ausserhalb liegenden Gegenstand übergeht. Es ist demnach eine ganz verkehrte Terminologie, wenn man in neuerer Zeit andere Objecte als die entfernteren, diese also als die näheren bezeichnet hat; denn da sie von der Substanz ganz gesondert, durch irgend eine Kluft oder Entfernung davon getrennt sind, welche die Handlung des Subjects erst überschreiten muss, bevor sie die äussern Objecte erreichen

---

[1]) [So Heinsius nach wenig beglaubigter Ueberlieferung, Korn und Riese lesen *Colcha-aqua.*]
[2]) [S. Fabri z. Liv. XXI 62, 2. Draeger I S. 360.]

kann, so sind sie offenbar die entferntesten, während dagegen die immanenten Objecte, indem ein Sein sich selbst erfüllt, und die Massobjecte, indem ein Sein ein gewisses Mass zu seinem Inhalt hat, das es ausfüllt und durch das es begrenzt wird, offenbar die allernächsten Objecte sind; ja es sind bei der uneigentlichen Massbestimmung die eigenen Accidentien des Subjects. Die äusseren Objecte sind also solche, welche ausserhalb des Subjects und seiner Handlung liegen, welche aber diese vom Subject ausgehende Handlung trifft, ergreift und so in ihren Fluss hineinzieht. Die drei Gattungen der Objecte bieten einen Unterschied dar, wenn das Verbum in das Passivum tritt; die Objecte der ersten und dritten Gattung nämlich verwandeln sich dann in den Nominativ, die der zweiten aber bleiben im Accusativ stehen, aus einem natürlichen Grunde; denn das Massobject ist verschieden sowohl von dem Subject, von welchem das Sein ausgeht, als auch von dem immanenten und dem äussern Object; es bezeichnet vielmehr den Umfang, den das Sein erfüllt, möge es nun vom Subject ausgehen oder sich (an einem Object) ausserhalb des Subjects erfüllen; also das ursprüngliche wie das abgeleitete Sein erfüllt in gleicher Weise dasselbe Mass. Dagegen werden die immanenten und die äusseren Objecte zum Subject des passiven oder des abgeleiteten Seins; an ihnen vollendet sich die Handlung, die dann zur Bezeichnung eines Zustandes wird, welcher nicht der des ursprünglichen Subjects, sondern der des ursprünglichen Objects ist, das sich in diesem Zustand befindet, also dessen Subject ist; also *ego pugno pugnam, pugnatur a me-pugna; verbero servum, a me verberatur servus;* aber *regnavit multos annos,* und *ab eo regnatum est multos annos.* Eine Mittelstufe ist *Romam eo, itur:* die Bewegungsziele, so weit sie als Objecte behandelt werden, können zwar ihrem Sinne nach als Specificationen der immanenten Objecte, des Weges, angesehen werden, in der Construction aber werden sie wie Massobjecte behandelt. Davon siehe unten.

Die gewöhnlichen äussern Objecte lassen sich in drei verschiedene Species zerlegen,

    a. diejenigen, welche überhaupt von der Handlung getroffen und ergriffen werden,

sei es im eigentlich sinnlichen, oder in übertragenem geistigen Sinne. Es ist nicht genug, wenn man das Object in diesem Falle als das Ziel bezeichnet, auf welches die nach aussen gehende Handlung des Subjects gerichtet ist; vielmehr muss das Ziel auch wirklich erreicht und berührt und der Gegenstand, welcher das Ziel bildet, ergriffen und afficirt werden, sodass er in den Strom der Handlung hineingezogen wird und zu deren Inhalt und Grenze wird; z. B. *vincire hostem* ist eine Thätigkeit, die nach aussen geht: sie hat zum Ziel ihrer Richtung und Bewegung den Feind, aber dieser wird auch wirklich von ihr getroffen und afficirt und in diesem Falle in einen gewissen Zustand versetzt, in dem er vorher nicht war; andrerseits ist er auch die Grenze und Bestimmung der Handlung; sie wird dadurch specialisirt und ist eine ganz andere, als die dessen, *qui verberat discipulum, filium, patrem;* ihr Werth, ihre Bedeutung kann sehr verschieden sein, je nach dem Object. Dieses gegenseitige sich Bestimmen haben wir überall als den Begriff des substantiellen Inhaltes festgehalten. Hierher gehören also alle sinnlichen und geistigen Thätigkeiten, bei welchen im Allgemeinen das erreichte substantielle Ziel der Thätigkeit bezeichnet wird, ohne ausdrücklich auszusagen, dass dadurch der erreichte Gegenstand in einen gewissen neuen Zustand versetzt wird; z. B. bei sinnlicher Wahrnehmung, *video, audio*, wird der Gegenstand bloss Grenze und Inhalt der Handlung, ohne dass er selbst dadurch nothwendig ein andrer werden musste, wenigstens ist es nicht die Absicht dies ausdrücklich zu sagen. Man kann meinen, dies sei immer der Fall, dass ein Gegenstand, der gesehen werde, dann in einen andern Zustand trete, als der war, in dem er sich befand, als er noch ungesehen war; indessen diese Aenderung ist nur für die Substantiva von Bedeutung, nicht für das Object, das materiell dasselbe bleibt, und wenn nicht, so ist es wenigstens nicht Absicht, dies auszudrücken. So lassen sich manche Verba in doppelter Weise nach diesen beiden Seiten hin auffassen, z. B. *capere urbem* kann so gesagt werden, dass damit bloss die That des Subjects, ihre Bedeutung, ihr Werth bestimmt werden soll; es wird ihm die Eroberung einer Stadt zugeschrieben. Freilich wird dadurch auch der Zustand der Stadt sehr wesentlich geändert; sie wird zu einer eroberten, welche der Willkür des Eroberers preisgegeben ist, und es kann *capere* nach der Seite des Objects hin auch das Versetzen in diesen geänderten Zustand bezeichnen. Was von beiden der Fall ist, muss der jedesmalige Zusammenhang ergeben; aber am natürlichsten ist es in dem letzteren Falle das Passivum zu setzen, und es ergiebt sich so der Unterschied zwischen den scheinbar identischen Ausdrücken: *Gaius urbem cepit* und *urbs a Gaio capta est;* beim ersten hat man die Absicht, die That des Subjects anzugeben, beim zweiten den geänderten Zustand des von der That getroffenen Objects. Da man sich von Jugend an gewöhnt, vermöge der Umwandlung activer Sätze in passive, beides als gleichbedeutend anzusehen, so muss man später um so sorgfältiger den Unterschied beachten. [S. Th. I S. 104 ff.]

b. Objecte, die materiell geändert, modificirt werden.

Es giebt viele Verba, welche ausdrücklich aussagen, dass die nach aussen gehende und ein Object ergreifende Handlung die Bestimmung hat, es zu ändern, wobei das Erreichen und Ergreifen des Objects sich von selbst versteht. Hierher gehören alle die Verba, welche als causativa von einem gewissen Zustand erscheinen, z. B. *caedere* zu *cadere, sistere* zu *stare, docere* zu *discere;* ferner *movere, vertere, volvere, mutare, augere*, welche beiderlei Bedeutung in sich vereinigen; dann die grosse Zahl solcher, welche von Substantiven abgeleitet sind und ausdrücken, dass der Begriff dieses Substantivs an dem Object zur Erscheinung gebracht werde, und dass es davon afficirt, damit versehen werden soll in bonam und malam partem; z. B. *laudare aliquem*, d. i. *laude afficere, verberare*, d. i. *verberibus afficere*, ferner *vulnerare, signare, frenare, numerare, vestire, saepire*. Ferner diejenigen Verba, welche von Adjectiven abgeleitet aussagen, dass eine Eigenschaft an einem Object zur Erscheinung kommen, dies also durch dieselbe geändert werden soll; z. B. *firmare, sanare, obliquare, ampliare, stabilire, lenire, exinanire, insignire* u. s. w. Endlich gehören viele hierher, bei denen das Wurzelwort nicht mehr vorhanden, ungebräuchlich oder undeutlich, deren Sinn aber deutlich ist, wie *munire, punire, ornare, juvare* u. s. w.

Die Aenderung des Zustandes tritt ein zu der Zeit und nach dem Mass, wann und wie sich die Handlung, die das Hervorbringen eines neuen Zustandes bezeichnet, verwirklicht; aber ihre Wirkung beschränkt sich auf das Object, das ihr Inhalt und ihre Grenze ist.

c. Objecte, die producirt werden.

Diese Objecte der letzten Gattung haben die nächste Verwandtschaft mit denen, welche ich an der ersten Stelle erwähnt habe, mit den immanenten. Wie bei diesen das Sein sich selbst producirt als Substanz, so producirt hier eine Handlung irgend einen Gegenstand, der nicht die Handlung selbst ist, aber doch immer mit ihr in einer natürlichen, causalen Verbindung stehen muss, vermöge deren er als Product aus ihr hervorgehen kann. Dort ist auch schon gesagt, dass, wenn an die Stelle der substantivirten Handlung verschiedene Modificationen dieses Begriffs treten, wie in *durae quercus sudabunt roscida mella*, oder *grande Sophocleo carmen bacchamur hiatu*, diese Modificationen des immanenten Objects nichts anderes bezeichnen als die Producte der Handlung; in manchen Beispielen fallen also diese Gattungen so zusammen, dass sie schwer zu sondern sind. Doch gehören hierher solche Producte, welche als äussere, von der Handlung geschiedene Gegenstände auch für sich betrachtet werden können, ohne einen näheren etymologischen oder begrifflichen Zusammenhang mit dem Verbum zu haben, als den, dass sie überhaupt als Producte aus einer gewissen Handlung hervorgehen können. Diese liegen dann aber als solche nicht ausserhalb der Handlung, sondern in ihr, und geben ihr ihre Grenze und Bestimmung; sie werden und entstehen in ihr und mit ihr und sind wirklich und vollendet, wann und sofern es auch die Handlung ist, z. B. *scribere librum, litteras, saturam*. Am natürlichsten gehören hierher diejenigen, welche gerade das Hervorbringen eines Products bedeuten, wie *creare mundum, facere, efficere, perficere, excogitare, quaerere, merere, pecuniam, laudem* u. s. w. Häufig aber sind diese Begriffe mit anderen Verbis vermöge prägnanten Gebrauchs derselben mit enthalten; es wird nämlich durch sie ein Zustand ausgesagt, in welchem sich der das Product hervorbringende während des Producirens befunden hat und zum Zweck desselben, oder auch eine Thätigkeit, die nicht das Produciren selbst ist, sondern nur dabei oder dazu verwendet wird, und es wird nun das Product-Object unmittelbar mit dem Verbum verbunden, welches den begleitenden Zustand oder die begleitende Thätigkeit beim Produciren bezeichnet. Dieser Gebrauch ist im Ganzen poetisch oder oratorisch, z. B. Ov. fast. IV 109 Primus amans carmen vigilatum nocte negata dicitur ad causas concinuisse fores, d. h. *vigilando confectum; carmen bacchari, chartis illudere, ludere*, z. B. Stat. silv. I 2, 267 qui carmina ludant. ib. 3, 50 quidquid et argento primum vel in aere Myronis lusit — manus.

Bei allen diesen drei Gattungen der äusseren Objecte ist es nicht nöthig, die Verba einzeln aufzuzählen oder ihre Bedeutung und ihr Verhältniss zum Object näher zu besprechen, da dies alles leicht und klar ist. Es wird auch nicht nöthig sein, die Verba besonders hervorzuheben, welche in der Grammatik gelernt werden: *iuvo, adiuvo, effugio, deficio, sequor, imitor* und *sector;* denn sie sind gewöhnliche Verba transitiva ihrer Bedeutung nach, nur die deutsche Uebersetzung macht es zu Nutz und Frommen deutscher Schüler nöthig, sie besonders aufzuzählen; übersetzte man *iuvo* nicht mit helfen, sondern mit unterstützen, *deficio* im Stich lassen u. s. w., so wäre zu der Regel kein Grund.

Wichtiger dagegen ist es, auch hier wieder auf den Bedeutungswechsel der Verba aufmerksam zu machen, durch den es bewirkt wird, dass manche Verba, welche ihrer Natur nach gar kein äusseres Object haben konnten, doch ein solches annehmen, oder dass sie ein anderes annehmen, als mit ihrer ursprünglichen Bedeutung vereinbar ist. Dies geschieht zunächst und am natürlichsten, ja selbst nothwendig, wenn die Verba selbst durch Composition oder Ableitung eine Aenderung erleiden, durch welche auch ihre Bedeutung nothwendig geändert wird.

Hier ist also die Regel zu erwähnen, welche die Grammatiker zu geben pflegen, wie Zumpt § 387, dass die mit gewissen Präpositionen componirten Verba den Accusativ regieren, nämlich die mit *circum, per, praeter, trans* und *super*. Es herrscht hierin aber eine so grosse Mannigfaltigkeit, dass sich die Regel in solcher Weise gar nicht aufstellen lässt, eben so wenig wie die andere § 415, dass Verba composita mit

> *ad, ante, con, in, inter,*
> *ob, post, prae, sub* und *super*

den Dativ regieren: hier wird *super* in beiden Regeln gesetzt, und das hätte mit allen Präpositionen geschehen können[1]). Denn das Entscheidende liegt nicht in der Präposition, sondern in der Bedeutung, welche aus ihrer Zusammensetzung mit einem Verbum entsteht: die Präpositionen enthalten die relativen Bestimmungen des localen Verhältnisses eines Gegenstandes zum andern; werden sie mit einem einfachen Verbum in ursprünglicher, d. h. sinnlicher, localer Bedeutung componirt, so wird dadurch bezeichnet, dass ein locales Sein, sei es in der Bewegung, sei es in der Ruhe, in einem gewissen räumlichen Verhältniss des Seienden zum andern Gegenstande stattfindet; ist das Verhältniss nun ein solches, dass das besondere locale Sein, welches ein Verbum enthält, in der Verbindung mit jener Bezeichnung des Verhältnisses und der Richtung zu einem andern ein wirkliches Berühren, Ergreifen, Afficiren dieses Andern wird, so muss dieser Gegenstand nothwendig Object des Verbums werden, und das Verbum selbst ist dann ein transitives geworden. Dies ist nun z. B. bei *circum* gewöhnlich der Fall, so bei *circumsedere urbem*, die Stadt umlagern; *circumstare aliquem*, ihn umgehen; *circumire* u. s. w., denn es entsteht hierbei die Bedeutung des *cingere*, etwas umgeben, sei es sitzend oder stehend oder gehend. Dennoch findet sich auch in solchem Fall der Dativ: Sen. controv. II (9) 7 pag. 119 Burs. [p. 156 K.] Non tibi per multos fulta liberos domus est neque turba lateri circumerrat. Hier ist nämlich das *circumerrare* nur eine malerische Bezeichnung für *lateri haerere, ad latus esse*; die Schaar der Kinder ist um die Seite herum, aber nicht um sie einzuschliessen, denn darauf kommt es hier nicht an, sondern sie läuft an der Seite des Vaters herum; *lateri circumdata*, nicht *latus circumdans;* ebenso *circumfundi alicui* (sich ausbreiten im Kreise um Jemand, ohne dass dieser eingeschlossen zu werden braucht) Aur. Vict. de vir. ill. c. 49, 1. arvo circumferri Plin. n. h. XVIII 158. Mehr aus Caesar u. Ta-

---

[1]) [Reiche Sammlungen, und zwar, was hier von besonderer Bedeutung ist, in chronologischer Gruppirung, giebt Draeger 1 S. 349 ff. 376 ff. Vgl. auch die Vorrede von M. Seyffert zur 5. Aufl. der Ellendt'schen Grammatik, durch die zuerst in das Gewirr von Regeln über dies Capitel Ordnung gebracht worden ist. Alphabetische Verzeichnisse bei Kühner I S. 199 ff.]

citus s. b. Lehmann, de verborum compositorum, quae ap. Sall., Caes., Tac.
leguntur, cum dativo structura. diss. inaug. philol. Vratisl. 1863 p. 46 sqq.

So lassen sich von allen Präpositionen Ausnahmen anführen, selbst für
die eigentliche Bedeutung; aber noch zahlreicher werden diese, wenn die
bildliche und übertragene Bedeutung ins Auge gefasst wird.

Das Gleiche gilt von den Compositis, welche angeblich mit dem Dativ
verbunden werden; da haben wir den Accusativ z. B. in den Verbindungen
*ascendere montem, adire loca, inire domum, urbem, proelium, convivia,
numerum* u. dgl., *invadere hostem, ingredi urbem* u. s. w. Es kommt darauf
an, ob die Composita mit *ad* und *in* bloss die Richtung auf etwas hin bezeichnen oder das wirkliche Ergreifen und Erfassen. Also ist die allgemeine
Regel nur aus der Bedeutung des Compositums zu entnehmen, je nachdem
sie ein wirkliches Object annehmen kann oder nicht. In der Zeit des Cicero
ist die bildliche Bedeutung, welche das Compositum annimmt, im Ganzen
nicht losgerissen von der ursprünglichen, eigentlichen Bedeutung, sondern
dieselbe Structur beibehalten. Viel kühner aber sind die ältesten Schriftsteller verfahren, wie Plautus, wenn er construirt *inhiare* (*hereditatem* Stich. 605,
dann später auch bei Verg. ge. II 463, und nach Sillig's Lesart Ciris 132,[1])
instare, accumbere aliquid; convenire aliquem ist im allgemeinen Gebrauch
(bei Plaut. z. B. Amph. 767. 1009. Capt. 342); aber Plautus sagt auch *con-
loqui aliquem*, z. B. Asin. 150. Amph. 898. Dann findet sich Aehnliches
wieder in der Kaiserzeit; wenn z. B. Tacitus sagt: *praesidere exercitum,
castra* u. dgl., so ist dabei das Bild in *praesidere* ganz aufgegeben, und es
ist lediglich die darin liegende übertragene Bedeutung *regere, gubernare* ins
Auge gefasst und danach allein richtet sich die Construction, ohne Rücksicht auf die ursprüngliche Bedeutung, welche den Dativ forderte.

In allen Fällen kommt es nur darauf an, dass man sich den Begriff
des Objects klar gemacht hat, dann wird dessen Gebrauch nicht dunkel sein,
noch als unregelmässig erscheinen, auch wenn vermöge eines Bedeutungswechsels im Verbum diese Construction von der ursprünglichen abweicht.
Sammlungen s. z. Reisig S. 663, bei Zumpt l. c, Schuch p. 42—52, Lehmann a. a. O.

Viele Verba aber nehmen ein Object an in Folge eines Bedeutungswechsels, der lediglich in der Auffassung der Bedeutung selbst
vor sich geht ohne Aenderung der Form, sodass nicht selten die Construction gegen die mit ihrer Form ursprünglich verbundenen Bedeutung in
Widerspruch steht. So werden also viele Verba, welche ursprünglich intransitiv sind und einen Zustand der Thätigkeit bezeichnen, die ganz in sich
verharrt, doch zu Verbis transitivis; darüber mögen die Beispiele genügen,
welche ich oben S. 67 fgg. am Schluss der Objecte zweiter Gattung beigebracht habe.

Dasselbe findet statt bei manchen Deponentibus, welche doch eigentlich
passiva, reflexiva oder reciproca sind und also sämmtlich ursprünglich kein
Object anzunehmen fähig waren, so lange ihre ursprüngliche Bedeutung festgehalten wurde; bei den meisten ist das auch immer so geblieben, bei manchen aber findet sich schon in der ältesten Zeit der Literatur der Gebrauch

---

[1] [*Minoa inhiasset* liest auch Ribbeck nach einer Conjectur Lachmann's; die
Hdschr. haben für *Minoa: si non.*]

des Accusativs völlig ausgebildet, wie z. B. bei *hortari* ausschliesslich. — Bei andern ist der Accusativ jünger und findet sich, wenn auch schon bei alten Schriftstellern, neben einer anderen Construction; so ist es bei *utor*, *fruor*, *fungor*, *potior*, *vescor*, *dignor*, die gewöhnlich den Ablativ bei sich haben. Dieser hat, mit Ausnahme von *dignor*, das auf *dignus* zurückgeht, den Grund, dass sie alle ursprünglich passiv sind, sodass der Ablativ nichts anderes ist als ein Ablativ. instrum. *Uti* heisst sich bedienen einer Sache, sich durch sie unterstützen, *frui* sich durch eine Sache und an ihr erfreuen; *vesci* sich nähren, *fungi* sich beschäftigen; *potiri* sich zu *potis* machen durch eine Sache, sich mächtig durch sie machen, oder auch sich mächtig einer Sache machen. Am augenscheinlichsten ist der Bedeutungswechsel bei *potiri*, weil sich die Wurzel *potis = po(t)s* in *compos* und *potens*, und so auch die active Form des Verbums mit Ablativ und Genetiv findet, bei Plaut. Amph. I 1, 23 [177] qui hodie fuerim liber, eum nunc potivit pater servitutis i. e. *compotem fecit*, und mit dem Ablativ Rud. IV 2, 6 [911] piscatu novo me uberi conpotivit, hat mich durch einen Fang beglückt, oder mächtig an Fischfang gemacht. Daher kommt nun *potiri* c. Gen. u. Ablat., sich bemächtigen; aber der Genetiv ist nur ergänzende Bestimmung zu dem relativen Begriff *compos* und *potens*, wessen Jemand mächtig ist; bei *rerum*, wenn es die höchste Gewalt im Staate bedeutet, ist der Genetiv ausschliesslich gebräuchlich; denn *res* sind hierbei nicht einzelne Dinge, welche Jemand in seine Gewalt bringt, sondern es ist der Inbegriff von Allem, in Bezug auf das Jemand Herr und Meister ist; ähnlich pacis potiri Enn. trag. v. 10 [p. 92 V.], *regni potiri;* doch da das *regnum* auch als ein Einzelnes gefasst werden kann, so ist auch erlaubt zu sagen: *regno potiri;* und so ist der Ablativ überhaupt das Gewöhnlichste. *Potiri* kann aber auch nicht bloss als ein passiver oder reflexiver Zustand gefasst werden; indem sich Jemand einer Sache bemächtigt, muss er sie bewältigen; in Bezug auf sie ist dies also eine Handlung, durch welche die Sache ergriffen, erfasst, afficirt wird. Da dies aber nur bei einer einzelnen Sache geschehen kann, die von der Handlung durch *potiri* gleichsam umschlossen und umfasst wird, so sagt man *locum*, *portum potiri*, in Besitz nehmen, aber nie *res* statt *rerum*. Dieser Accusativ steht schon bei Enn. ann. v. 78 [p. 14 V.] potitur praedam, bei Terent. *commoda*, *gaudia*; sceptrum poti Pacuv. v. 217 p. 103 ed. sec. Ribb. Attius v. 590 p. 212; regnum potior Pacuv. 57 p. 84. 289. p. 113. plagas Att. v. 40 p. 141. Pergamum fragm. inc. trag. v. 51 p. 242. Manche sind so weit gegangen zu behaupten, wie Bremi zu Nep. Miltiad. 2, 1, Beier zu Cic. de fato c. 7, dass der Gebrauch des Accusativs in der besten Zeit häufiger gewesen sei, doch lässt sich dies nicht erweisen. Eine Entscheidung ist oft durch das Schwanken der Lesart erschwert; nicht zu bezweifeln aber ist, dass sich der Accusativ bei Cornelius Nepos und Hirtius findet, nicht bei Caesar, Sallust und Livius, nicht sicher bei Cicero[1]). S. zu Reisig A. 557. Aehnlich verhält es sich mit *fungi;* dies kann transitiv nicht mit dem Accusativ

---

[1]) [Tusc. I 37, 19 haben die drei von Baiter für die 3. Orelli'sche Ausgabe benutzten Handschrr. *potiri* mit dem Accusativ verbunden; da aber sonst diese Construction für Cicero nicht sicher bezeugt ist, so hat Baiter, und nach ihm die neueren Herausgeber, auch Seyffert, den Ablativ eingesetzt; s. die Bemerkung Wesenberg's in der Orelli'schen Ausgabe. Kühner vertheidigt dagegen den Accus., s. seine Ausg. zu d. St. u. die ausführl. Gramm. I S. 282 f.]

der ganzen Amtswürde verbunden werden, z. B. nicht mit *practuram, con-sulatum;* wohl aber werden einzelne Geschäfte in den Accusativ gesetzt, wie *munia ducis fungi, munus suum, boni viri officium* (hominis frugi et temperantis functus officium Ter. Heaut. 580) u. dgl., „ausrichten", „verrichten", was auf den Inbegriff eines ganzen Amtes nicht passt. S. zu Reisig A. 553. Ebenso verhält es sich bei *frui* nebst dem alten *frunisci* und *vesci:* wird die Speise als Object verstanden, also als das, was man durch die Handlung ergreift, materiell geniesst, verschluckt, so steht der Accusativ; wird sie dagegen nur als das Mittel der Ernährung verstanden, ohne ausdrücklich zu sagen, dass sie wirklich materiell erfasst und genossen wird, so steht der Ablativ. Das letztere ist umfassender und begreift jenen Fall mit in sich; daher ist der Ablativ natürlich häufiger [s. Draeger I S. 527 u. 528], zumal bei *frui,* das die Freude an etwas ausdrückt und den Accusativ sehr selten bei sich hat; s. Broukhus. zu Tibull II 5, 64; öfter bei Plin. in der nat. hist. von einzelnen Speisen (z. B. caprinum iecur vesci); von Menschen, die wirklich verzehrt werden, Tac. Agr. c. 28.

Dasselbe gilt von *uti,* doch ist hier wie bei *frui* der Accusativ sehr selten (in der älteren Latinität Plaut. Asin. 199 [und auch sonst mehrfach bei Plautus, ferner ein paar Mal bei Terenz, vielleicht sogar einmal bei Cicero Phil. X 11, 26, s. Draeger I S. 526 f.]); dagegen findet er sich oft bei *abuti,* bei Plautus, Terenz und Anderen.

Endlich ist zu bemerken, dass von allen diesen Verben die Participien *utendus, fruendus, fungendus, potiundus* häufig sind, allerdings der Bequemlichkeit der Form wegen, aber nicht im Widerspruch mit der Bedeutung, denn sie setzen die Structur des Accusativs voraus; siehe zu Reisig A. 582.

Ferner sind zu erwähnen die Verba reminisci, oblivisci, recordari, meminisse, welche Accusativ und Genetiv bei sich haben, mit einem Unterschied, der sich aus der Natur der Casus leicht ergiebt. Reisig § 356 wollte beim Genetiv den partitiven Sinn anwenden und daraus den Unterschied herleiten, dass man beim Accusativ die ganze Sache, beim Genetiv nur etwas von ihr, den Eindruck von ihr im Sinne habe; das ist aber völlig unrichtig, ebenso die Erklärung Weissenborn's Synt. § 89 u. 144. Der Genetiv ist vielmehr, wie früher gezeigt, die nähere Bestimmung des relativen adjectivischen Begriffs, der in jenen Verbis liegt, des *memor* und *immemor;* es wird mit dem Genetiv also nur die Beschaffenheit der Erinnerungskraft bestimmt, indem der Gegenstand angegeben wird, auf welchen sie gerichtet ist, es ist also nicht eine freie Thätigkeit und Wirkung des Geistes, welche den Gegenstand erfasst hat und festhält oder nicht, wie dies beim Accusativ der Fall ist.

Wenn z. B. Cic. Phil. V c. 6, 17 sagt: Cinnam memini, vidi Sullam, modo Caesarem, so will er nur bemerken, dass er diese Männer gekannt habe; er hat den Caesar und Sulla gesehen, und die Kraft seiner Erinnerung reicht bis auf den Cinna: er kann sich dessen noch erinnern und trägt ihn im Gedächtniss; dass er hier nur die geistige Thätigkeit bezeichnen wollte und weiter nichts, zeigt schon die Verbindung mit *vidi.* Sagte er dagegen *Cinnae memini,* so könnte darin mehr liegen; dann wäre seine Erinnerungskraft durch Cinna so beschränkt, dass sie sich von ihm nicht trennen kann, dass er ihn nicht vergessen kann, z. B. wenn er an ihm mit Liebe hinge, oder wenn sich sonst Cinna seinem Gedächtniss so eingeprägt hätte, dass er nicht im Stande wäre, ihn los zu werden; dann ist also seine Erinnerung eine durch die Natur der Dinge beschränkte und bestimmte, nicht aber eine freie Thätigkeit, vermöge deren er sich den Cinna vorstellen kann, wenn er will, oder es nicht thun, wenn er nicht will. Von Personen ist dieser Accusativ selten, der Genetiv häufig; ganz natürlich; denn das gewöhnliche ist, dass Personen in ihrem relativen Verhältniss der Liebe, Freundschaft etc. dargestellt werden; einer ist des andern eingedenk vermöge der Neigung; daher steht wie bei *memor*, so auch bei den Verbis der Genetiv. Ein anderes Beispiel: Caesar sagt b. g. I 14, 3: Quod si veteris contumeliae oblivisci vellet, num etiam recentium iniuriarum — memoriam deponere posse? Das könnte zwar recht eigentlich als eine freie Thätigkeit erscheinen; es ist das Verzeihen und Nichtverzeihen; aber eines dem eignen Volke angethanen Schimpfs ist man von Natur und pflichtmässig eingedenk; es ist eine Kränkung, die man unfreiwillig in der Seele trägt, die Erinnerung daran also eine unwillkürliche, und Caesar setzt nun den Fall, dass, wenn er auch sich einer solchen Erinnerung entschlagen wollte, dies doch bei der noch frischen Kränkung ganz unmöglich wäre. Dagegen schildert Cicero pro Cael. 20, 50 die Clodia als eine offenbare Dirne, die öffentlich ihr Handwerk getrieben, sodass bei ihr von Ehebruch, dessen Caelius sich mit ihr schuldig gemacht habe, nicht die Rede sein könnte; dann sagt er weiter: Obliviscor iam iniurias, Clodia, depono memoriam doloris mei, quae abs te crudeliter in meos me absente facta sunt, neglego. Hier fragt Cicero nicht wie bei Cäsar dort, ob es möglich sei, der Kränkung eingedenk zu sein, sondern für den Augenblick, *iam*, vergisst er sie wirklich vermöge einer freien That und erwähnt sie aus freiem Entschluss nicht; das zeigen die folgenden Verba: *depono — neglego.*

Cic. pro Ligar. 12, 35 Equidem, cum tuis omnibus negotiis interessem, memoria teneo, qualis T. Ligarius quaestor urbanus fuerit erga te et dignitatem tuam. Sed parum est me hoc meminisse: spero etiam te, qui oblivisci nihil soles nisi iniurias, quoniam hoc est animi, quoniam etiam ingenii tui, te aliquid de huius illo quaestorio officio, etiam de aliis quibusdam quaestoribus reminiscentem recordari. Es ist deutlich, dass Cicero hier auf eine für Cäsar schmeichelhafte Weise die Kraft seines ausgezeichneten Gedächtnisses in Verbindung setzt mit einem Lobe seines persönlichen Characters, *animus* und *ingenium* sagt er nachher; du pflegst nicht zu vergessen (das ist die Wirksamkeit des *ingenium*); nur für die *iniurias* scheinst du kein Gedächtniss zu haben; das ist die Wirkung des *animus;* aber er behandelt es so, wie wenn es auch eine Sache des *ingenium* wäre; und wenn er, Cicero, den dem Cäsar erwiesenen Dienst des T. Ligarius nicht vergessen habe, der doch keine Verpflichtung hatte, dessen eingedenk zu bleiben, so werde um so weniger Cäsar es vergessen haben, da es ihn anging und da er nichts zu vergessen pflege, am wenigsten Wohlthaten.

Cic. de fin. V 20, 57 quo studio cum satiari non possint, omnium ceterarum rerum obliti nihil abiectum, nihil humile cogitant. Es ist von Menschen die Rede, welche sich weder um Privatgeschäfte, noch um öffentliche Angelegenheiten kümmern, sondern sich geistigen Beschäftigungen, Studien hingeben, so gänzlich, dass sie darin unersättlich sind, während sie an nichts weiter denken: es ist zwar ihr Wille; sie haben angefangen durch freie That alles andere zu vergessen; aber Cicero schildert sie als auf den Punkt angelangt, wo sie ohne freie That durch ihre auf Anderes ausschliesslich gerichtete Neigung aller anderen Dinge uneingedenk sind; es ist Eigenschaft geworden. Ich hoffe, dass diese Erläuterung der Beispiele gezeigt hat, dass in solchen Fällen das Object seinen bestimmten Sinn hat und dass es der Bedeutung nach keineswegs mit dem Genetiv identisch ist. Nur das kann man zugeben, was Zumpt bemerkt § 440, dass die Neutra, wie *hoc, illud, cetera* etc. gewöhnlich im Accusativ stehen, weil man den Genetiv vermeidet, der nicht als Neutrum zu erkennen ist; aber freilich muss auch in diesem Falle der Accusativ passend sein; wäre er es nicht, so würde man sagen, wie Cic. de fin. 1. c., *omnium ceterarum rerum* oder *huius· rei* u. dgl.

Bei den Activis *moneo, admoneo* ist zur Bezeichnung der Sachen nur der Accusativ der Neutra gebräuchlich, weder der Genetiv der Neutra noch der Accusativ von Nominibus appell., weil die eigentlichen Objecte dieser Verba äusserliche sind, also Personen, *quos memores facimus*, zu denen nur ein allgemeines immauentes Object im Neutrum hinzutreten kann: gewöhnlich ist *admonere aliquem alicuius rei* oder *hominis*. Doch ist für die ältere Latinität ein weiterer Gebrauch anzunehmen; s. Plaut. Pseud. 149 rerum ita vos perditi estis, neglegentes, ingenio inprobo, officium vostrum ut vos malo cogatis commonerier. Stich. 58 qui manet ut moneatur semper seruos homo officium suum-seruos is habitu hau probost. Capt. 53 set etiamst paucis vos quod monitos voluerim. ib. 309 hoc te monitum — volueram.

Ein anderer Bedeutungswechsel besteht darin, dass viele Verba, welche Objecte von einer gewissen Gattung, die ihrer ursprünglichen Bedeutung angemessen ist, zu sich nehmen, auch noch mit Objecten einer andern Gattung verbunden werden können. Es handelt sich hier hauptsächlich um die sachlichen und persönlichen Objecte, zuweilen auch um verschiedene Gattungen der sachlichen. Es giebt Verba, bei denen beiderlei Objecte gleichmässig im Gebrauch sind, wie namentlich *docere aliquam rem* und *aliquem hominem;* ebenso *rogare, celare, inducere* u. s. w., über die später die Rede sein wird. Dazu gehören ferner manche, bei welchen dieser Gebrauch sich dahin beschränkt, dass das sachliche Object nur ein Neutrum pronominale sein kann, wie *hoc te hortor, moneo, iubeo, cogo*.

Andere aber haben nicht gleichzeitig beiderlei Objecte, sondern immer nur eins von der einen oder andern Gattung, wechseln aber darin. Von dieser Art ist *cogere*, sofern es sich nicht um unbestimmte, sondern bestimmte sachliche Objecte handelt. In der Bedeutung „zwingen" ist das gewöhnliche Object das der Person, welcher ein Zwang angethan wird; wenn Thiere oder auch Sachen genöthigt werden, einem bestimmten Zwecke zu dienen, so nehmen sie in solchem Falle die Stelle von Personen ein. Aber es kommt auch vor, dass der Zweck selbst, die Sache, deren wegen der Zwang stattfindet, das Object von *cogere* ist, in welchem Falle wir sagen „erzwingen". In älterer Zeit ist das wohl nur bei Neutris gebraucht, wie z. B. bei Cic. de leg. II 6, 14 Plato-hoc quoque legis putavit esse persuadere aliquid, non omnia vi ac minis cogere. de rep. I 2, 3 Ergo ille civis, qui id cogit omnis imperio legumque poena, quod vix paucis persuadere oratione philosophi possunt, etiam is, qui illa disputant, ipsis est praeferendus doctoribus. Vgl. Osann z. d. St. u. Klotz in Jahn's Jbb. 1841 B. 33 S. 206. Derselbe Gebrauch findet sich auch schon bei Terenz u. A., vgl. Gronov und Drakenborch zu Liv. IV 26, 10. Schwarz ad Plin. paneg. supplem. ad c. 6.

pag. 584. Burmann ad Verg. Aen. III 56 quid non mortalia cogis pectora, auri sacra fames? cf. ib. IV 412 Improbe amor, quid non mortalia pectora cogis! Senec. ep. 82, 11. dial. II 3, 1. VI 22, 7 interpellantes quod coegerant. Plin. paneg. 46, 2 rogatus es tu, quod cogebat alius. Auch im Passivum Liv. VI 15, 13 id cogendi estis. Aber bestimmte Substantiva in dieser Weise zu setzen ist jüngerer Gebrauch, den Drakenborch bei Liv. IV 26, 3 anwenden wollte: lege sacrata, quae maxima apud eos vis cogendae militiae erat, den Kriegsdienst zu erzwingen; aber er hat auch eine andere Auffassung angegeben nach *cogere exercitum* u. dergl. und die erstere durch kein einziges passendes Beispiel bestätigt. Doch sagt so Sen. de benef. III 15, 2 cogere fidem quam spectare maluerunt. (Beim Geldleihen hat man lieber durch Gesetze die Gewissenhaftigkeit zu erzwingen, als sie bei denen, welchen man Glauben schenkt, zu prüfen.) Pacat. paneg. c. 13, 1 ut suadere potius honesta quam cogere videreris. Lucan. IV 798 fortis virtute coacta. Sil. Ital. XII 361 sedes posuere coactas.

Aehnlich wird bei *solari* und *consolari* zum Object die Sache, deren wegen man eine Person tröstet; es heisst „gut machen" und wird oft von Sachen gesagt, die eine andere gut machen, dafür einen Trost gewähren; so Cic. pro Quint. 15, 49 consolatur honestas egestatem. de fin. I 12, 40. Sen. ad Polyb. 2, 1. Tac. ann. II 36, auch III 24 ist so aufzufassen: Iulustrium domuum adversa — solacio adfecit D. Silanus Iuniae familiae redditus (i. e. eius restitutio). Aber Tac. ann. XVI 13 cladem Lugdunensem quadragiens sestertio solatus est princeps. Sen. de ira III (dial. V) 15, 3 non consolabimur tam triste ergastulum.

Aehnlich *exonerare aliquem aliqua re*, Jemand einer Sache entlasten, entledigen, überheben; dann *rem*, erleichtern, abbürden, dies erst in der Kaiserzeit; s. Nipperdey zu Tac. ann. III 44. [Kühnast S. 143.]

Im gewöhnlichen Gebrauch wechselt *donare aliquem aliqua re* und *alicui aliquid;* ferner *inducre* u. ä.; s. unten üb. d. doppelten Accusativ.

Anders ist es bei manchen Verbis, welche sachliche Objecte zu sich nehmen, aber diese von verschiedener Gattung, und natürlich nicht gleichzeitig. Von dieser Art sind *excusare, defendere;* diese können persönlich Objecte haben, wenn es Personen sind, welchen Entschuldigung oder Schutz zu Theil wird; werden sie mit sachlichen Objecten verbunden, so werden die Sachen bezeichnet, welche der Entschuldigung oder der Vertheidigung bedürfen; beiderlei Ausdrucksweisen sind ganz gewöhnlich. Aber beide können auch als Objecte diejenigen Sachen haben, welche man zur Entschuldigung oder Vertheidigung anführt *(morbum, valetudinem* u. dergl.); auch dieser Gebrauch findet sich schon bei Cicero u. Caesar (inopiam excusare bell. civ. III 20, 3), dehnt sich jedoch in der Kaiserzeit weiter aus, z. B. *excusare:* Tac. ann. III 11 diversa excusare, verschiedene Entschuldigungsgründe vorbringen. Fronto ep. ad M. Caes. II 15 p. 71 extr. ed. Berol. [p. 15 Nab.] languor excusabitur. Quint. decl. XII c. 25 Tu tamen si interpellatus tempestatibus serius venisset, excusares mare et ambiguos flatus. S. Valla elegg. V c. 67. Vorst zu Iustin. XVII 7 und zu Valer. Max. VI 14, 1. [Fabri zu Liv. XXII 40, 6.] Vgl. auch Bach zu Ov. met. XIV 461. Ebenso hat *defendere* die Bedeutung *defendendi causa commemorare* und daher sachliche Objecte bei sich, welche nicht die vertheidigte Sache, sondern die Ver-

theidigungsgründe bezeichnen, weshalb statt solcher auch der Acc. c. inf.
folgt. S. Halm z. Cic. in Vatin. 2, 5. Beier zu Cic. pro Tull. § 32
pag. 44.

Ueber die wechselnden Sachobjecte bei *inscribere, signare* u. a. s. oben
S. 66.

Noch eine Gebrauchsweise des Accusativs ist übrig, welche bisher nicht
erwähnt wurde, der locale Accusativ auf die Frage: wohin? eine Haupt-
stütze der Localisten, weil es allerdings scheinen kann, dass die locale Bedeutung hier ganz evident vorliegt. Wie sich aber schon beim Genetiv gezeigt hat, dass gar nicht an eigentliche locale Bedeutung zu denken ist, und
wie sich das später auch beim Dativ und Ablativ zeigen wird, so muss die
Annahme auch hier in Zweifel gezogen werden. Um jedoch meine Ansicht
deutlich zu machen, ist es zweckmässig, auf die hauptsächlichsten Gebrauchsweisen der Verba zurückzublicken, welche eine Bewegung bezeichnen.

Wir haben gesehen, dass diese Verba erstens ein immanentes Object
haben können, worin die Bewegung selbst als Begriff, als Substanz gefasst,
liegt, und zwar irgendwie modificirt, um die Identität der Begriffe aufzuheben.
Das sind Redensarten, wie *ire viam, currere viam, cursum* u. dergl., dann
Modificationen, indem eine concrete Species der *via*, des *cursus* oder sonst
einer Bewegung gesetzt wird, *currere stadium, ambulare maria, saltare
Cyclopa*, etwa wie wir von Waldläufern und vom Waldlaufen sprechen, wo
die Besonderheit des Laufs durch Wald bestimmt ist; vgl. ferner Feldflüchter,
von Tauben, die ins Feld fliegen, Strandläufer, Kirchgang, Kirchgänger, Bitt-
gang, Stoppelhopser; in Verbis haben wir es weniger, nur ähnlich, etwa in
Sturm laufen, Wache stehen. welche Verbindungen aber wie Composita behandelt werden, wie man aus dem Passivum sieht. Ferner konnte die räumliche Ausdehnung durch den Accusativ bezeichnet werden wie *currere, fugere,
ire, tria millia passuum* u. dergl.

Endlich konnte der Grund und Zweck des Gehens durch das Neutrum
eines Pronomens ausgedrückt werden, jedoch mit der Beschränkung auf
solche Zwecke oder Zielpunkte des Gehens, welche nicht als solche ausdrücklich bezeichnet zu werden brauchen, sondern wobei es genügte, sie
schlechthin als Inhalt der Handlung zu bezeichnen; *id venis* ist genau genommen nicht gleich *ad id* oder *in id venio*, wenn *id* auch das locale Ziel
ist und so gedacht werden kann, sondern es wird nur als Bezeichnung des
Wesens und Inhalts der Handlung verstanden; man kann also nicht sagen
venire iudicium, spectaculum, ludos statt *in* und *ad*. Gleichwohl ist das
bei gewissen Gängen angewendet, welche häufig vorkamen, bei bestimmten
Geschäftsgängen, wo das Geschäft den Gegenstand des Gehens bildet und
der häufige Gebrauch im gewöhnlichen Leben Anlass war, sich mit dieser
allgemeinen Bestimmung zu begnügen, wie bei Sturm laufen; daher *suppetias
ire* aus dem militärischen Gebrauch, *exequias ire* aus dem religiösen, *inficias ire* aus dem politischen Leben (wohl veranlasst durch das *pedibus ire
in sententiam)*; s. zu Reisig Anm. 158 u. die Ausleger zum bell. Afr. 66, 3.
Auch der Gebrauch des Supinums auf *um* ist hierher zu rechnen; denn dass
dies ein Substantivum verbale ist (Nomin. *us,* nach der 4. Declination), wird
Niemand bezweifeln; wenn es dies aber ist, so ist es der Accusativ des
Objects, wie ihn die alte Sprache auffasste; *cubitum (venatum) ire,* schlafen

geheu, das Liegen, Jagen ist der Gegenstand, Grund oder Zweck meines Gehens [1]).

Dass nun bei *irc Romam* der Accusativ ebenso aufzufassen ist, geht daraus hervor, dass dieser Casus nicht überall so gebraucht wird, sondern bloss innerhalb gewisser Schranken. Hätte nämlich der Accusativ an sich die locale Bedeutung des Ziels, so wäre schlechterdings nicht abzusehen, warum nicht auch bei Länder- und Personennamen und bei jedem beliebigen Appellativum der Accusativ in demselben Sinne hätte stehen sollen, da er doch dieselbe Endung hat. Fasst man dagegen diesen Accusativ in der angegebenen Weise, allein als Gegenstand des Gehens, so erklärt sich diese Erscheinung. (S. zu Reisig Anm. 560, Schuch d. Objectscasus S. 81 ff.) Nämlich eine Stadt, sowie auch kleinere Inseln, werden aufgefasst als einzelne Punkte, die man bloss als Gegenstände des Weges anzugeben braucht, um diesen hinlänglich zu characterisiren; er ist durch seinen Endpunkt bestimmt, von dem ja überall die Richtung, wie auch die Länge, das Mass abhängig ist. Dasselbe gilt von den wenigen Appellativen, welche ebenso construirt werden, *domum, rus, (humum,* wofür auch *humi);* es sind dies nämlich ganz besonders häufige Gattungen von Wegen, nach Hause, heim gehen (der Heimweg), auf's Land gehen, so wie die obigen Geschäftsgänge *exequias ire* etc., wo auch keine nähere Bestimmung erforderlich ist, und zwar ist *domum* hier immer von der eignen Behausung gesagt, wenigstens ist das das häufigste und ursprüngliche, während sonst die Präposition zwar nicht immer, aber doch gewöhnlich gesetzt wird; z. B. *ivi in domum Ciceronis.* Bei grossen Inseln und ganzen Ländern ist dagegen der Weg nicht so bestimmt gleich durch den Namen anzugeben; denn hier denkt man natürlich an einen grossen Umfang, an den man von verschiedenen Seiten herankommen kann, und so müssen hier zur näheren Bestimmung Präpositionen angewandt werden. Dasselbe muss geschehen, wenn näher bestimmt werden soll, ob man in den Umfang hinein will, oder nahe heran u. dgl.; auch dann, wenn von Städten die Rede ist; s. Aur. Vict. de vir. ill c. 52, 2 Aetolos-victos et in Ambraciam oppidum coactos in deditionem accepit[2]). Auch bei Appellativis ausser den genannten kann die Art, wie man zu jedem Dinge gehen, es verrichten oder erreichen will, eine sehr verschiedene sein, sodass auch hier eine bestimmtere Ausdrucksweise angewendet werden musste.

Auf diese Weise erklären sich die Schranken des Gebrauchs sehr leicht und natürlich. Es giebt freilich Abweichungen davon, aber nicht viele, selbst bei Dichtern nicht sehr häufig, und zum Theil haben diese einen besonderen Grund; z. B. ist es selbst in Prosa gebräuchlich *Aegyptum* zu sagen, s. zu Reisig A. 560, und zwar deshalb, weil es überhaupt eine sehr gewöhnliche Reise der Römer war, und weil man dabei immer denselben Punkt, Alexandrien, im Sinne hatte; bei Griechenland dagegen war die Reise nicht so bestimmt, weil man nach Athen oder Sparta, Korinth, Argos oder

---

[1]) [Darüber ist zu vgl. E. L. Richter de supinis Latinae linguae (in 5 Programmen des altstädt. Gymn. in Königsberg 1856—1860) I p. 12 sq. Beispiele für den sehr ausgedehnten Gebrauch in der älteren Zeit s. bei Holtze I p. 245 sqq.]

[2]) Ohne solchen Grund steht bei demselben Schriftsteller in den letzten angehängten Capiteln *in Alexandriam* c. 85, 6. 86, 1, was von dem Gebrauch des Aur. Vict. abweicht und auch sonst keine guten Gewährsmänner hat. [Uebrigens findet sich auch bei Plautus die Präposition *in* oft bei Städtenamen, s. Holtze I p. 205 sq.]

einen andern berühmten Punkt gehen konnte. Wenn aber die Dichter kühner sind (so sagt Vergil Aen. I 2 Laviniaque venit litora u. v. 124 u. 165 Speluncam Dido dux et Troianus eandem deveniunt, vgl. Ov. met. III 462, Ruddimann p. 284) und nach ihrem Muster, indess nicht eben häufig, spätere Prosaiker, [über Livius, wo jedoch die Beispiele nur vereinzelt sind, s. Kühnast S. 156,] über Tacitus vgl. Nipperdey zu ann. II 69[1]), so ist das kein Wunder. Wir werden ganz ähnlichen Ueberschreitungen auch bei anderen localen Bezeichnungen begegnen.

Die Griechen sind bestimmter in diesen Fällen, sie kennen den blossen Accusativ auf die Frage wohin? so gut wie gar nicht, und da sie doch dieselbe Endung für den Accusativ haben, so ist das für den Localisten eine Schwierigkeit. Dass sie aber den Accusativ nicht als Object so gebraucht haben, wie in *exequias* und bei Städtenamen, zeigt, dass sie keine Veranlassung hatten, besondere Gattungen der Wege anzunehmen und zu bezeichnen; sie reisen weniger und so haben sie überall die Präposition gesetzt oder das locale *δε*, was auch nur für sehr gewöhnliche Wege gewählt wurde und doch auch sinnlicher ist.

Endlich ist eine Bemerkung über das Passivum zu machen. Da nämlich bei *ire Romam* gar nicht gesagt wird, dass Rom wirklich erreicht oder sonst afficirt wird, wie bei *petere Romam, Roma petitur,* so kann Rom auch nicht als der Gegenstand betrachtet werden, an welchem sich das Gehen vollendet; Jemand der nach Rom geht, braucht deshalb nicht hinzukommen; daher kann man nicht sagen: *Roma itur.* Auch dann, wenn sich das Sein ausserhalb seines Subjects vollendet, bleibt Rom in gleicher Weise der Gegenstand und Inhalt des abgeleiteten Seins, des Passivums, ganz wie beim Zweck *id te misi, id missus es.* Ebenso heisst es beim Supinum *itur venatum,* während *exequias itur* nicht vorkommt.

Von doppelten Accusativis.

Der Gebrauch doppelter, ja dreifacher Accusative ist von sehr mannigfaltiger Art. Zunächst ist ohne Wichtigkeit der Fall, dass ein Accusativ vom andern abhängt; das kann sehr leicht eintreten, wenn ein Accusativ die Bestimmung zu einem Particip oder Adjectiv bildet, welches seinerseits selbst im Accusativ steht; ja ein Particip im Accusativ kann selbst noch zwei Accusative bei sich haben, wenn es von einem Verbum dieser Art ist; z. B. bei Horat. epist. I 20, 17 Hoc quoque te manet, ut pueros elementa

---

[1]) In der späten Latinität z. B. bei Gregor von Tours und Venantius Fort. wird als Ziel-Casus gewöhnlich nicht der Accusativ, sondern der Dativ [dessen bereits entwickelte Anfänge übrigens bis auf die Dichter der augusteischen Zeit zurückgehen, s. Draeger I S. 393 f.] gebraucht, auch in Städtenamen, und sogar bei Hinzufügung der Präposition *in* sehr häufig nicht der Accusativ als Zielbezeichnung, sondern der Ablativ; z. B. in balneo descendere Venant. vit. S. Radegund. c. 35. proferatur in medio c. 36. intulit ei in ore paululum aquae frigidae vit. S. Germani c. 61 und so sehr oft [auch schon früher, s. Gell. I 7, 16 u. Hertz, Vind. Gell. alt. p. 14. bei Apulejus, den Scriptores hist. Aug., Arnobius u. A., auch häufig auf Inschriften]. Zuweilen findet sich hier aber auch der blosse Accusativ anstatt *in* c. acc., z. B. vit. S. Rad. c. 23 iciuna rediens cellulam, c. 33 mulier cum marito sospes redit hospitium. [Aber auch schon früher, z. B. bei Apulejus, s. Hildebrand in seiner Ausg. I p. 28, den Scriptores hist. Aug. u. A.; s. A. Köhler, de auct. b. Afr. et b. Hisp. auctoritate p. 61. Ueber dies Capitel ist sehr viel gesammelt worden, doch fehlt es noch an einer zusammenfassenden Abhandlung.]

docentem occupet extremis in vicis balba senectus. So beim Pass. Ov. met.
I 332 umeros innato murice tectum caeruleum Tritona vocat. Desgleichen
bei Adjectiven, wie lacerum crudeliter ora, s. oben S. 65.

Solche Structur
hat also grammatisch nichts Besonderes; sie geht auf die gewöhnlichen Gebrauchsweisen zurück, und man hat nur darauf zu achten, ob nicht durch
solches Anhängen eines Accusativs an den andern die Rede allzu schleppend,
unklar oder auch zweideutig wird, weshalb Quintil. VIII 2, 16 solche Ausdrücke tadelt, wie: visum a se hominem librum scribentem; vgl. das. VII
9, 10, wo er die in solchem Falle entstehende Zweideutigkeit erwähnt.
Indess kommen solche Beispiele doch vor: Sueton. Vesp. c. 16 negata—libertate, quam imperium adeptum suppliciter orabat. Curt. VII 9 (36), 3 remigem loricam indutum scutorum testudine armati protegebant, wo Zumpt
sagt, dass ihm die drei Accusative nicht gefallen, doch duldet er sie wegen
der handschriftlichen Autorität; diese ist freilich gering bei dem nachfolgenden
in, der Grund, dass ein so accurater Stilist wie Curtius die drei Accusative
an einander reihte, lag wohl vielmehr darin, dass der sonst auch von ihm
gebrauchte Ablativ bei *indutus* nicht recht passend gewesen wäre; s. unten
S. 91.

Die übrigen Fälle von doppelten oder mehr Accusativen sind der Art,
dass die Accusative zu einem und demselben Verbum gehören oder zu
einem und demselben Wort, welches die Stelle des Verbums vertreten kann;
dann hat also das so bezeichnete Sein zu gleicher Zeit einen mehrfachen
substantiellen Inhalt. Wären nun die Objecte von gleicher Art, sodass das
Sein oder die Handlung zu jedem derselben eine gleichartige Beziehung hat,
so kann man sich die Handlung nur als eine wiederholte denken, indem sie
sich in einem Moment mit der einen, im andern auf dieselbe Weise mit der
andern Substanz erfüllt (z. B. *occidit regem et eius filium*). Dies kann nur
durch die Nebeneinanderstellung der Objecte ausgedrückt werden; die Handlung aber hat, da sie bei jedem Object als sich wiederholend gedacht werden
muss, in jedem Wiederholungsfall nur ein Object.

Wenn jedoch wirklich bei einer einzigen Handlung, die nur einmal ausgesprochen und gedacht wird, sich mehrere Objecte befinden, so müssen diese
zu der Handlung ein verschiedenartiges Verhältniss haben, sodass die Handlung gleichzeitig in verschiedener Beziehung als einen verschiedenen Inhalt
habend betrachtet wird, wie der Strom, womit wir das Sein öfter verglichen
haben, zum Inhalt sich selbst, das Wasser, haben kann, dann eine Bestimmung des Masses, welches er erfüllt, und eine äussere Substanz, Steine, Erde,
welche er ergreift, mit sich fortführt, verändert, oder solche, welche er producirt, wie Dünste oder eine Ueberschwemmung; alles das kann gleichzeitig
sein. Aber es ist nicht bei jedem Verbum möglich, es mit mehreren Objecten zu verbinden, weil die Bedeutung des Verbums der Art sein muss,
dass zu erkennen ist, in welcher Weise der eine und andere Nominalbegriff
sein Object werden kann. Die allermeisten Objecte, welche zu jedem Sein
ohne allen Unterschied gesetzt werden können, sind die Massobjecte der
Zeit; denn jedes Sein ist an die Zeit gebunden, es ist, dauert, endet in der
Zeit; es kann also unter allen Umständen ein gewisses Zeitmass erfüllen,
nur dass sehr oft eine solche Bestimmung überflüssig und unpassend wäre,
wenn sie sich von selbst versteht oder wenn man ein Sein von einer ganz
andern Seite betrachtet. Z. B. wenn ich ein Haus beschreibe und angebe,

dass es 100 Fuss hoch, 200 Fuss breit ist, so ist dieses Hochsein und Breit-
sein freilich auch ein temporales, wie das ihm zu Grunde liegende einfache
Sein; aber wenn ich das Hochsein bestimme, kann es nicht meine Absicht
sein, zugleich die Dauer des Seins zu bestimmen; immerhin jedoch wäre der
Fall denkbar, dass ein gewisses Hochsein aufgehört hat, ohne dass das Sein
aufgehört hat; z. B. das Haus ist viele Jahre nur 30 Fuss hoch gewesen,
dann ist es erhöht worden. Also möglich ist es, jedes Sein temporal zu
messen, aber in vielen Fällen giebt die Beschaffenheit und nähere Bestimmung des Seins zu erkennen, dass man es nicht temporal messen, sondern
es unter anderen Gesichtspunkten betrachten will.

Die Massbestimmungen des Raumes haben eine viel beschränktere
Anwendung, weil sie natürlich nur das locale Sein betreffen können, und noch
beschränkter sind andere Masse, die sich auf besondere Eigenschaften der
Dinge beziehen, wie Gewicht, Geldwerth. Ebenso können die uneigentlichen
Massbestimmungen mittels des Acc. respect. in der Zeit, wo er überhaupt
gebraucht wird, nur dann Anwendung finden, wenn sich ein qualificirtes
Sein auf ein Accidens beschränken lässt.

Sofern aber überhaupt diese Massbestimmungen bei einem Verbum zulässig sind, verhalten sie sich ganz indifferent gegen die besondere Art, in
der sich das Sein verwirklicht; es kann Activ und Passiv, Particip und Adjectiv sein, transitiv und intransitiv, weil die Masse überhaupt nur den Umfang bestimmen, den das Sein als Sein hat; es kann daher ganz füglich
noch vermöge seiner anderweitigen Beschaffenheit ein anderes Object zu sich
nehmen, also z. B. *Graeci decem annos ad Troiam fuerunt*, oder *Troiam
obsederunt;* ebenso die unbestimmten Masse, wie Sall. Iug. 79, 4 alteri
alteros aliquantum attriverant. Cic. pro Sulla c. 33, 93 ego vos, quantum
meus in vos amor postulat, tantum hortor.

Ferner sollte man meinen, auch die immanenten Objecte müssten bei
jedem Verbum eintreten können, weil jedes Sein sich selbst erfüllt; aber wir
haben gesehen, dass sie an sich überflüssig sind und also überhaupt nur
im Fall eines besondern Bedürfnisses stehen; und wo sie vorkommen, ist es
natürlich, dass man ein Sein als ein sich in sich selbst vollendendes darstellt; es kann daher zwar ein Massobject hinzutreten, aber nicht leicht ein
äusseres Object. Ganz undenkbar ist es jedoch an sich nicht, denn es kann
ja eine Handlung, indem sie sich selbst vollzieht, auf ein anderes äusseres
Object gerichtet sein und das ergreifen; daher finden sich denn auch einzelne
Beispiele: te bonas preces precor Cato de re r. c. 134, 139 und öfter; tam
te basia multa basiare vesano satis et super Catullo est Catull. 7, 9. Vgl.
unten S. 95. Ganz ähnlich im Griech. ἵνα μή σε βάψω βάμμα σαρδιανικόν
Arist. Ach. 112. ἐφ' ᾗ (προφάσει) σ'ἐγὼ καὶ παῖδες αἱ λελειμμέναι δεξόμεθα
δέξιν, ἥν σε δέξασθαι χρεών Eurip. Iph. Aul. 1180 (sc. ἡμᾶς, welches der
dritte Acc., der des Subjects wäre neben dem immanenten und dem Object).
Dazu wird auch der Ausdruck bei Caes. b. c. I 76, 3 zu rechnen sein: princeps in haec verba iurat ipse; idem iusiurandum adigit Afranium. vgl. ib. II
18, 5; denn das *adigere* hat die causative Bedeutung von *iurare;* es ist
also = *idem iusiurandum iurare facit Afranium;* s. Gronov. ad Gell. IV 20.
Drakenborch ad Liv. 43, 15, 8, es kommt jedoch hierbei auch *iure iurando*
und *ad iusiurandum* vor; s. Davis. und Schneider zu Caes. b. g. VII 67, 1,
wo Schneider [und Nipperdey] den Ablativ aufgenommen, der sich öfter bei

Livius und Späteren findet, in dem Sinne wie Plaut. Rud. prol. 46 sagt iure iurando adligat; die Construction mit *ad* ist aus dem Verbum selbst genommen (dies hat Sall. Cat. 22, 1, ubi vid. Corte et Kritz); beides aber scheint eine Verdeutlichung der ursprünglichen Structur mit doppeltem Accusativ zu sein.

Ein ganz entsprechender Fall findet sich bei den Verbis factitivis der Bewegung des Gehens; denn da man sagen kann *ire viam* und *agere* und *ducere* Factitiva von *ire* sind, so können diese sowohl das innere als das äussere Object annehmen, sodass für *facere aliquem ire viam* eintritt *agere* oder *ducere aliquem viam*. Z. B. sagt Stat. Theb. I 644 mea me pietas et conscia virtus has egere vias.

Hieran schliesse ich die von diesen Verbis abgeleiteten Composita wie *transire* und *transducere;* das erstere kann das räumliche Sachobject bei sich haben, welches man überschreitet, *transducere* ausserdem noch das Personenobject, welches man die Sache überschreiten lässt; z. B. *transducere exercitum pontem;* so häufig Caesar, z. B. b. g. I 12. II 5, 10. VII 11. VIII 13, 27. b. c. II 61. Ebenso, doch nicht so häufig einige andere Verba, wie *transportare,* Caes. b. g. IV 16. b. c. I 54 (genau wie im Griechischen ὑπερφέρειν τὰς ναῦς τὸν ἰσθμόν. Thuc. III 81. VIII 7.) und *transicere,* z. B. Caes. b. c. I 55; 83.

Wenn solche Verba ins Passivum gesetzt werden, so können aus den beiden Accusativen, obwohl beide äussere Objecte sind, doch nicht zwei Nominative werden; sonst würden sie ja eins zum andern Apposition, beide also nur eins sein, da sie doch als Sache und Person ganz verschieden sind. Es verwandelt sich nur die Person oder das in Bewegung gesetzte Object in den Nominativ; das Sachobject, der Raum, welcher überschritten wird, wird aber auf dieselbe Weise überschritten, möge man *transducere* oder *transduci* sagen; denn das letztere ist ja gleich *transire* und behält also den Accusativ; s. z. B. Caes. b. g. I 31, 16 ne maior multitudo Germanorum Rhenum transducatur. cf. ib. II 4. b. c. III 76.

Ebenso verhält es sich mit einigen anderen Compositis mit *circum, praeter, super,* auch *ad* bei Dichtern; s. Caes. b. c. III 61 Quos Pompeiusomnia sua praesidia circumduxit. Frontin. strateg. III 15, 4 horrea tota nocte circumduxerunt captivos. (Getrennt sagt Cic. Verr. IV 19, 41 Diodorus Romae sordidatus circum patronos atque hospites cursare.) Hor. epist. I 15, 10 deversoria nota praeteragendus equus. Liv. XXI 55, 9 Mago Numidaeque, simul latebras eorum improvida praeterlata acies est, exorti ab tergo ingentem tumultum ac terrorem fecere. Nahe verwandt ist der Ausdruck des Cato de r. r. c. 141 agrum terram fundumque meum suovitaurilia circumagi iussi. Sehr auffallend dagegen ist bei Sall. fragm. IV 3 p. 304 ed. Kritz. ita castra sine volnere introitum, vermöge des in *introitum* liegenden *intra.* Anderes, besonders bei Dichtern, s. bei Wagner var. lect. zu Verg. Aen. XI 625.

Von den immanenten Objecten sind nun ganz besonders die allgemeinen neutralen häufig und schon in alter Zeit bei vielen Verbis gebraucht, bei welchen sonst zwei Accusative nicht vorkommen, wenigstens nicht zwei Nomina appellativa. Hierher gehören die Fälle, wo die Neutra die Bedeutung von Grund und Zweck haben; z. B. *Hoc quod te revocamus, hoc te misi,* auch beim Passiv: set hoc est, quod ad vos venio quodque esse ambas conventas volo (Plaut. Stich. 127) u. dgl. s. oben S. 52. Ebenso das fragende *quid,* z. B. Cic. pro Mur. 37, 97 Quaeris a me, quid ego Catilinam metuam? Nihil. Vgl. auch die S. 78 besprochene Construction von *cogere* und die dort gegebenen Beispiele. Wenn man in solchem Falle, der doch schon in der alten Latinität vorhanden ist, das Neutrum den griechischen Accusativ nennt, so ist das ein Widerspruch gegen die Behauptung, dass der griechische Accusativ erst in späterer Zeit eingeführt; es ist aber etwas ganz Verschiedenes; denn *id* ist nicht ein uneigentliches Massobject, sondern das immanente Object; freilich so gefasst würde es beim Passivum im Nominativ stehen müssen; aber wenn es mit anderen äusseren Objecten verbunden wird, verwandelt es sich dadurch in ein Massobject, da dann die nach aussen gehende transitive Thätigkeit auf ein anderes Object gerichtet ist. So werden in der ältesten Latinität noch andere Verba construirt, bei denen es später nicht leicht vorkommt, wie Plaut. Merc. II 2, 49 [321] hoc non voluntas me inpulit[1]). Pseud. 13 id te Iuppiter prohibessit. Amph. 1051 neque me Iuppiter neque di omnes id prohibebunt, si volent, quin sic faciam uti constitui.

Dagegen ist es häufig bei *iubere; auch* bei *velle* im Conversationsstil; si quid ille se velit Caes. b. g. I 34. Numquid, Geta, aliud me vis? Ter. Phorm. 151. numquid nos vis? ib. 458; so oft beim Weggehen; aber auch sonst, wie Plaut. Stich. 253 quid igitur me volt? ib. 328 ego quid me velles visebam. Cas. II 1, 3. 6, 1. s. Holtze I p. 288; bei *hortari:* Cic. ad Att. VI 2, 2 quod quidem illum soleo hortari. Q. Cic. de petit. cons. 7, 27 hoc quod ego te hortor[2]); bei *vincere,* um den Gegenstand des Gesprächs zu bezeichnen, in dem man Jemand schlägt, Plaut. Capt. 186 numquam istoc vinces me, bei *testari* und ähnlichen, um den Inhalt des Zeugnisses, zu dem man Jemand auffordert, allgemein zu bezeichnen: id testor deos Ter. Hec. 476. hoc vos, iudices, testor Cic. pro Sulla 12, 35. multa — Pomptinum obtestatus Sall. Cat. 45, 4. qui multa deos venerati sint Caecina ap. Cic. ad fam. VI 7, 2. illud tamen, pater, testor Senec. contr. I 1, 6 [p. 70 K.]. Ueber *monere, admonere* ist oben S. 78 schon bemerkt, dass sie neben dem persönlichen Object Neutra zum Sachobject haben; aber wenn das Sachobject ein Nomen appellativum ist, kann dies nur im Genetiv stehen. Dagegen giebt es mehrere Verba, bei welchen bestimmte und unbestimmte Sachobjecte mit Person-Objecten verbunden werden, wie sie auch allein stehen können; diese unterscheiden sich von jenen dadurch, dass jene eigentlich nur Personenobjecte haben können, und die Neutra sind nicht als äussere Objecte zu betrachten, sondern als innere, immanente, welche wie in der Form, so auch in der Bedeutung den Massobjecten sehr nahe kommen. Hier aber sind die Sachen ebenso äussere Objecte wie die Personen; es sind nämlich Verba, welche das Versehen einer Person, das Ausrüsten derselben mit einer Sache bezeichnen, theils äusserlich, sinnlich, das Bekleiden, theils innerlich, das Versehen, Ausrüsten, mit einer Wahrnehmung, Mittheilung. Die erste Gattung s. unten S. 91 fg.; die zweite Gattung begreift Verba, welche eine

---

[1]) Pseud. IV 7, 33 (1130) wird jetzt bei Fleckeisen gelesen Venus-homines huc adigit lucrifugas [bei Ritschl quom adigit huc lucr.], früher Venus-hos hoc adigit lucr.

[2]) [So schon in dem Fragm. eines Tragikers p. 243 Ribb. ego tunc pudendam trepidus hortabar fugam, bei Nepos, Tacitus und Iustin, jedoch sehr vereinzelt, s. Lupus S. 58.]

Aeusserung aussagen, die Jemand macht, aber in solcher Weise an eine Person richtet, dass diese davon afficirt wird. So bringt es die Bedeutung dieser Verba mit sich, dass bei ihnen beiderlei Objecte gleichberechtigt sind, und es erhellt zugleich, warum dies bei anderen nicht so ist; es sind: *docco, celo, interrogo, percontor, oro, rogo, posco* und *postulo;* doch ist der Gebrauch der doppelten Accusative bei diesen nicht so unbeschränkt, wie man es nach den gewöhnlichen Regeln in den Grammatiken denken möchte, und namentlich sind die sechs letzten Verba hierbei noch zu unterscheiden von den ersten zwei, und auch diese sind wieder unter sich nicht gleich. *Docere*, auch *edocere* und *dedocere*, können unbedenklich mit einem persönlichen Object und mit einem Neutrum pronominale als Sachobject in den verschiedenen Anwendungen dieser Verba construirt werden, dagegen mit Nom. apell. als Sachobject *docere* hauptsächlich nur dann, wenn es nicht vom Benachrichtigen, sondern von dem eigentlichen Lehren und Unterrichten gesagt wird; *aliquem litteras, musicam docere;* Iuventutem — mala facinora edocebat Sall. Cat. 16, 1. cf. Plaut. Pseud. 1193; auch von Processen, Cic. pro Cluent. 70, 198 cum me hanc causam doceret. ad fam. VII 21 Silii causam te docui. Dabei wird auch das Passivum mit Nominativ der Person und Accusativ der Sache gebraucht; doch wird man das letztere, sofern es ein Nomen appellativum ist, nicht ein Neutr. pron., in älterer Zeit und bei Cicero nicht finden, wohl aber bei Dichtern und in der Kaiserzeit; z. B. Hor. carm. III 6, 21 motus doceri gaudet ionicos matura virgo. id. III 8, 5 docte sermones utriusque linguae. III 9, 10 dulces docta modos et citharae sciens. Dies hat schon Sallust fragm. hist. I 111 [p. 119 Kr.] doctus militiam. Laber. fragm. v. 17 ed. Ribbeck. [p. 282] Pythagoream dogmam doctus. Ferner cuncta edoctus Sall. Cat. 45, 1. Iug. 112, 2. vgl. auch Senec. contr. I 2, 5 [p. 83 K.] docetur blanditias (sc. puella) et in omnem corporis motum confingitur. Bei Cic. steht auch *doctus* nur cum abl.; vgl. Kritz zu Sall. Cat. 25, 2; auch das Verbum, *docere fidibus, equo armisque,* s. Liv. 29, 1, 8 u. Gronov z. d. St. C. Mar. Victorin. expos. in Cic. de inv. I init. [p. 155 H.] qui his artibus fuerit edoctus. Veget. III 2 intellegitur, quanto studiosius armorum arte docendus sit semper exercitus (so nach dem Cod.)[1]). Man sieht also, dass der Gebrauch des sachlichen Objects, wenn es ein Nomen ist, bei Cicero gar nicht vorkommt; zuerst findet es sich bei Sallust und Laberius, und zwar nur bei dem Particip oder Adjectiv *doctus*, beim Verbum finit. erst bei Horaz und Späteren. Schon hieraus ist wohl deutlich, dass dieser Accusativ nichts anderes ist, als der sogenannte Accusativus graecus, der eben um jene Zeit im Lateinischen gebräuchlich wurde. Es liegt hier nicht ein solches Verhältniss vor wie bei *transire* und *transducere*, wo *transduci*, das Passivum, doch den Sinn von *transire* behält und mithin dasselbe räumliche Object annehmen kann, während man nicht sagen kann *transducitur pons*, sondern nur *transitur;* dagegen kann es bei *docere* im Passivum ebenso gut *docetur ars* heissen als *docetur homo;* sagt man aber *docetur homo*, so ist nicht abzusehen, wie dazu *artem* hätte das Object sein können, da es ja auch nur ein äusseres Object zu *docere* ist, das sich zu diesem ebenso verhält wie *homo*, also ebenso gut Anspruch gehabt hätte beim Passivum Nominativ zu werden. Man könnte sagen, *doceri* nimmt die Bedeutung von *discere* an;

---

[1]) [Ebenso liest C. Lang.]

aber da die beiden Verba nicht in etymologischer Verbindung stehen, so hat
dies dem Sprachgefühl fern gelegen, und so ist also jener Accusativ auf
keine andere Weise zu ergründen, denn als Accus. graecus oder der uneigentlichen Massbestimmung. Dafür sprechen auch die Gebrauchsgrenzen
bei anderen Verbis, zunächst bei *celare.* Hier ist dasselbe Schwanken, dass
Person und Sache als gleichberechtigte Objecte erschienen; nämlich *celare
aliquem* und *celor de re* (s. unten), *rem celo* und *res celatur* (s. Duker zu
Liv. 44, 35, 3 u. Ter. Phorm. 182); auch der Bedeutung nach steht es
ganz nahe; es ist die Negation von *docere;* die Sache wird verhehlt, die
Person wird getäuscht. Beides geschieht im Activ gleichzeitig, weshalb
beide Objecte schon in alter Zeit gebräuchlich sind: Afran. fragm. v. 22
[p. 168 R.] id me celabat. Cic. or. 69, 230 O virum simplicem, qui nos
nihil celet. Terent. Hec. 384 te atque alios partum ut celaret suom. cf.
Hec. 320. Phorm. 959. Nep. Eum. c. 8, 7 iter quo habeat, omnis celat.
Lucret. IV 1185, quo magis ipsae omnia summo opere hos vitae poscaenia
(postscenia) celant, quos retinere volunt adstrictosque esse in amore. Cic. ad
fam. II 16 non te celavi sermonem T. Ampii. Im Passivum: Ter. Hec.
645 Nosne hoc celatos tamdiu? Sen. ad Marc. (dial. VI) c. 22, 6 hoc unum-
celata. Lucan. V 200 nullum futuri a superis celate diem. Sil. Ital. XIII 57
nec celata deam, d. h. Minerva erscheint in eigner Gestalt[1]). Aber gerade
umgekehrt sagt Plaut. Pseud. I 5, 76 [490] quor haec-celata me sunt? weil
die Person in gleicher Weise getäuscht wird, wenn *homo hominem celat* und
wenn *res celantur hominem.* Das ist also gerade die entgegengesetzte
Structur von *docere,* da man nicht sagen kann *res hominem docetur*[2]). Daneben finden sich Structuren mit *de aliqua re:* Cic. pro Sulla 13, 39 credo
celatum esse Cassium de Sulla uno, s. Drakenb. zu Liv. IX 23, 8. Broukhus.
ad Tibull. I 9, 1. Quintil. decl. IX 2[3].) Im Ganzen ist also auch hier
das Ergebniss, dass *celare* ursprünglich im Activum beiderlei Accusativ
haben konnte, gesondert und zugleich; im Passivum konnte sowohl die

[1]) Forcellini will dies in activer Bedeutung nehmen, aber es kann als Acc.
graecus verstanden werden; sie versteckten die Göttin nicht, die sie gleichsam als ein
Accidens ihres ganzen Wesens bei sich halten, das sonst auch in menschlicher Gestalt
erscheint; also konnte es heissen: in Bezug auf die Göttin, ihr göttliches Wesen, war sie
nicht verborgen. Das Gegentheil bei Verg. Aen. II 591 confessa deam.
[2]) Ein solches Beispiel vermisste Oudendorp, um im bell. Alex. c. 7, 1 die Lesart:
quod nequo celari Alexandrinos possent in apparanda fuga zu rechtfertigen; er hat daher
den Dativ *Alexandrinis* aufgenommen, Neuere den auch handschriftlich überlieferten
Nominativ *Alexandrini.*
[3]) Der Dativ ist angewendet bei Corn. Nep. Alcib. 5, 2 id Alcibiadi dintius celari
non potuit. Aber da Nepos sonst auch den Accusativ gebraucht, und die Wiederholung
der Silbe *di* die Lesart verdächtig macht, so hat schon Heusinger nicht daran glauben
wollen und [wie auch M. Gesner] *Alcibiades* geschrieben [worin ihm die neueren Herausgeber gefolgt sind; vgl. Nipperdey spicil. crit. in Corn. Nep. p. 34 = opusc. p. 40 u. Lupus,
der Sprachgebr. des Nepos S. 37]; die Stelle im b. Alex. kann nicht zur Stütze dienen,
ebenso wenig die falsche Lesart *viris* bei Ov. fast. IV 149 (ubi vid. Heins.). An anderen
Belegen aber fehlt es; denn Paulin. Nolan. carm. 18, 295 occulti furos quacunque latebra
non tibi celantur, was Heinsius anführt, ist nicht beweisend; *tibi* scheint Dat. comm.
oder respect. zu sein: „für dich giebt es kein Geheimniss!" ebenso scheint die Stelle aus
Dracontius hexaem. v. 15 nec celantur ei quaecunque obscura geruntur zweifelhaft nach
der Erklärung, wo nicht nach der Lesart; gewiss falsch ist die Lesart bei Ter. Phorm. 825,
auf welche Heinsius sich auch beruft; im besten Falle also gehört der Dativ in die
späteste Zeit.

Person Accusativ bleiben und die Sache Subject werden als umgekehrt; die Structur, dass im Passivum die Person Subject ist, die Sache Object bleibt, aber hauptsächlich, wenn dies ein Neutr. pron. ist, wird die überwiegende in der Kaiserzeit, während Cicero die Construction mit *de* bei der Sache vorzieht. Es ist also auch hier der Accusativ der Sache beim Passivum wohl nur als Accus. graec. betrachtet worden.

Etwas anders verhält es sich mit *oro, rogo* und *interrogo;* sie können ein inneres Object haben, das den sachlichen Inhalt dessen, was man bittend oder fragend ausspricht und ausdrückt, und ein äusseres Object der Person, an welche die Bitte oder Frage oder Forderung, gerichtet ist. Bei *orare* findet sich im Gebrauch des Cicero[1]) wohl nur das Act. mit doppeltem Accusativ, und zwar so, dass das sachliche Object ein Neutr. pron. ist; s. Verr. V 45, 119 idque postremum parentes suos liberi orabant, ut levandi cruciatus sui causa lictori pecunia daretur. ad Q. fr. I 1, 16, 46 Illud te ad extremum et oro et hortor. vgl. ferner Verg. Aen. IX 24 multa deos orans. Turpil. fragm. v. 211 [p. 110 Ribb.] hoc te oro. Plaut. Capt. 210 unum exorare vos sinite nos. Cas. III 2, 2 (ebenso bei *obsecro* Plaut. Capt. 241 nunc opsecro te hoc unum), und mit bestimmtem Sach-Object Liv. 28, 5, 6 auxilia regem orabant. Sueton. Vesp. c. 16 negata sibi gratuita libertate, quam imperium adeptum suppliciter orabat. Das Passivum ist bei diesem Verbum in der Bedeutung bitten überhaupt selten und namentlich bei Cicero wohl gar nicht vorhanden; von der Structur mit dem Accusativ habe ich keine Beispiele.

Dagegen ist häufiger *rogare:* Plaut. Pseud. IV 6, 9 [1070] Roga me viginti minas. Asin. 29 dice — quod te rogem. Pers. II 5, 20 [321] argentum hic inest quod me dudum rogasti[2]). Amph. 708 unum rogare te volo. ib. 917 hoc rogato Sosiam. ib. 1025 id tu me rogas? *aliquem sententiam rogare* und *rogatus sum sententiam* ist überall gewöhnlich; auch *plebem Romanam tribunos plebis rogare,* d. h. auffordern zur Wahl der Volkstribunen. Liv. III 65, 4[3]). Quod (tribuni) plebem rogassint, ratum esto Cic. de leg. III 3, 9. Ausser in den gewöhnlichen Redensarten mit *sententiam* oder mit einem Neutr. pron. ist es freilich bei Cicero kaum zu finden, aber vor ihm und nach ihm ist die Analogie weiter ausgedehnt: Sen. controv. I 1, 5 [p. 70 K.] vide quis alimenta rogetur et quis roget. ib. § 10 [p. 72 K.] quisquis alimenta a mendico rogatus est. ib. I 7, 9 [p. 174 K.] pater te pro beneficio similem sortem rogo. Martial. IV 77, 1 nunquam divitias deos rogavi. Hor. carm. II 16, 1 otium divos rogat in patenti prensus Aegaeo. Plin. paneg. 39, 2 quae priores principes a singulis rogari gestiebant.

[1]) Oefter das eine oder andere Object allein; z. B. nihil aliud orabant, nisi ut filiorum suorum postremum spiritum ore exciperе liceret Verr. V 45, 118. Vgl. auxilium ad bellum-orantes Liv. XXI 6, 2. primum hoc abs te oro Pacuv. fragm. v. 122 [p. 92 Ribb.]. hoc me orare a vobis iussit Iuppiter Plaut. Amphitr. prol. 64. Ebenso steht äusserst häufig allein das persönliche Object, *oro te, oro vos,* dies auch oft parenthetisch für sich eingeschoben; s. Drakenborch zu Liv. 39, 37, 14. Auch *orare cum aliquo* sagt man; Plaut. Cas. II 5, 16. III 4, 5. Curc. 432.

[2]) [Ritschl liest nach dem Ambr. *mecum dudum orasti,* während die übrigen Handschr. allerdings *me dudum rogasti* haben.]

[3]) Ueber den Ausdruck *magistratus rogare,* d. h. auf deren Wahl antragen, siehe die Nachweisungen bei Kritz zu Sall. Iug. 29, 7 Calpurnius Romam ad magistratus rogandos proficiscitur [u. Kühner II S. 222].

Ebenso findet sich *interrogare* nur verbunden mit den bestimmten Accusativen *sententiam* und *testimonium;* s. Gronov. ad Liv. 32, 23, 1, sonst nur mit dem Neutrum eines Pronomens, z. B. Plaut. Amph. 753 id me interrogas; bei Cicero nur Tusc. I 24, 57 pusionem quendam Socrates interrogat quaedam geometrica. Noch seltener steht bei *percontari* ein doppelter Accusativ, wie bei Hor. ep. I 20, 26 forte meum siquis te percontabitur aevum. Das Gewöhnliche ist, dass diese Verba zur Bezeichnung der Sache *de* oder einen abhängigen Satz bei sich haben oder grammatisch ganz absolut stehen. Bei *poscere, postulare, flagito* steht dagegen die Sache jederzeit im Accusativ, und nie ein Accusativ der Person allein ohne Accusativ der Sache, weil sie dann selbst als Sache angesehen werden würde; wird also die Person allein angegeben, so muss sie durch *a* c. abl. ausgedrückt werden. Nun ist der Grund des Accusativs beim Passivum bei *rogare* und *interrogare* deutlich; denn das Verhältniss der Sache ändert sich in Bezug auf den *rogatus* oder *interrogatus* gar nicht, gleichviel ob ich sage *rogo te* oder *rogaris sententiam,* d. i. *iubeo te dicere sententiam* und *iuberis dicere sententiam;* ganz ebenso aber liegt es bei den Verbis des Forderns; denn die Sache ist immer das Object der Forderung, mag sie von dem Fordernden ausgehen oder der, an welchen sie gerichtet ist, als der von ihr Betroffene bezeichnet werden. Bei Cicero kommt jedoch weder *posco* noch *postulo* oder *flagito* im Passivum mit dem Accusativ vor, auch in der ältern Latinität nur selten, wie Plaut. Asin. 181 is dare volt, is se aliquid posci, [dann aber wieder bei den Dichtern der augusteischen Zeit, Kühner II S. 221] häufiger ist dagegen der doppelte Accusativ im Activum bei *posco,* auch mit bestimmten Objecten, nec te quicquam poscerem Plaut. Asin. 197. leno te argentum poscit Pers. III 3, 20 [425]. illecebram stupri principio eam savium posco Cas. V 2, 13. ut Verrem adirent et eum simulacrum Cereris et Victoriae reposcerent Cic. Verr. IV 51, 113. (Verres) M. Octavium Ligurem pecuniam ob ius dicendum poposcerit ib. II 48, 119. vocatum qui pro quaestore Mauli erat, catenas poposcit Liv. 41, 10, 8, dagegen bei *postulo* und *flagito* kaum anders[1]) als mit einem Neutrum pers. neben den Person-Object (z. B. haec cum praetorem postulabas Cic. pro Tull. (39). Dass in der ältern Latinität auch *exigere* so gebraucht wurde, zeigen u. A. die Stellen, welche Gell. XV 14, 2 aus einer Rede des Q. Metellus Numidicus anführt: socios ad senatum questum flentes venisse, sese pecunias maximas exactos esse, und Caecilius [v. 92 p. 51 Ribb.] aus einer Komödie: exigor portorium.

Für *petere* wollten Heinsius und Burmann (zu Ovid. metam. VII 296) die Construction mit doppeltem Accusativ erweisen, doch sind die dafür beigebrachten Beweise ungenügend; vgl. Bach z. d. St. Bei diesem Verbum ist vielmehr die Sache so allein als Object gedacht, dass die Person nur durch *a* bezeichnet wird,[2]) eine Ausdrucksweise, die auch bei *posco, postulo, flagito* sehr häufig ist und sich auch bei *oro, rogo* und *interrogo* findet; man sieht

---

[1]) [Für *postulo* wird eine Stelle aus Cicero ad Att. II 7, 1 citirt orationes me duas postulas, für *flagito* de dom. 6, 14 me frumentum flagitabat. Für das Passivum von *flagito* kennt Draeger I 346 nur Caes. b. c. I 87, 3 Petreius et Afranius cum stipendium ab legionibus — flagitarentur.]

[2]) [Doch siehe Draeger I S. 334, der auch *quaeso* mit dem Acc. der Person belegt, für die Scriptores hist. Aug. steht *peto* mit dem Acc. der Person in der Bedeutung 'bitten' jedenfalls ausser Zweifel.]

also, dass der Accusativ der Sache beim Passivum unklar geworden, in der besten Zeit vermieden und erst später wieder, obgleich auch nur mässig und wohl nicht ohne Einfluss des griechischen Vorbildes (αἰτεῖσθαί τι), zugleich mit dem sogenannten griechischen Accusativ in Gebrauch gekommen ist. Es ist damit ferner noch eine Gattung von Verbis zu verbinden, welche das Ausrüsten einer Person mit einer Sache bezeichnen, sodass zugleich die Sache, welche der Person angethan oder gegeben wird, als Object dieser Handlung erschien.

Am einfachsten ist dies bei *donare*, wo sich die doppelte Richtung der Handlung in der doppelten Construction *donare aliquid alicui* und *aliquem aliqua re* ausdrückt; in der ältern Zeit wurde es aber ganz so wie *docere* behandelt, das ja auch als ein geistiges Ausrüsten mit der Kenntniss einer Sache betrachtet werden kann und daher zwar nicht die Structur *alicui aliquid*, wohl aber *aliquem aliqua re* annahm. Es findet sich also bei Terenz *donare aliquem aliquid*, Hec. V 4, 9 (849); ebenso *condonare* Phorm. V 8, 54 (947) Argentum quod habes condonamus te und daher im Passivum Eun. prol. 17 habeo alia multa, quae nunc condonabitur. Afran. fragm. v. 173 [p. 186 Ribb.] id aurum me condonat litteris. Ebenso das Gegentheil *privare* mit zwei Accusativen bei Novius fragm. v. 69 quod res vis hunc privari pulchras, quas uti solet, und in gleichem Sinne Plaut. Curc. V 2, 31 [628] dicas unde illum habeas anulum, quem parasitus hic te elussit, und sogar *abducere* Pseud. IV 7, 97 (1194) docuit te, ut fallaciis hinc me mulierem abduceres, wo jedoch Fleckeisen [u. Ritschl nach B] schreiben: hinc mulierem a me abduceres; ferner *defraudare* Asin. 95 nisi quid tu porro uxorem defraudaveris. Ausserdem führt Forcellini noch an: Varro ap. Non. I 95 [?] aes defraudasse cauponem und die zweifelhafte Stelle aus Cic. ad fam. VII 10, 2 quem autea ne andabatam quidem defraudare poteramus [wo Gessner *andabata* lesen will]; *insimulare:* Plaut. Amph. 858 Nimis ecastor facinus mirumst, qui illi conlubitum siet meo viro, sic me insimulare falso facinus tam malum.

Diese Beispiele zeigen, dass der Gebrauch des doppelten Accusativs bei Verbis der genannten Art in der älteren Zeit ausgedehnter war; von der ciceronianischen Correctheit wurde er ausgeschlossen. Ferner gehören hierher die Ausdrücke, welche sich auf die Bekleidung und Ausrüstung beziehen; *inducre aliquem veste, alicui vestem* sind die ciceronianischen Structuren, aber das Pass. *indutus vestem* findet sich schon bei Plaut. Menaechm. I 3, 8 [190]. Ter. Eun. 708 (IV 4, 40); das Kleid ist Object sowohl bei *induere* als bei *indui*. Dann erscheint dieser Gebrauch nach Cicero wieder sehr häufig bei den Dichtern und kommt selbst, wenn auch seltener, in die Prosa: loricam induitur Verg. Aen. VII 640. galeam ib. II 392. induiturque atras vestes Ov. met. VI 568. impigre superiorem exutus tunicam Apul. met. XI c. 14 p. 781. (Dido) Sidoniam picto chlamydem circumdata limbo Verg. Aen. IV 137. Auch metaphorisch werden *induere* und die sinnverwandten oft gebraucht, so *accingere* (Verg.) Cir. 6 alliud studium atque alios accincta labores. Aen. IV 493 magicas invitam accingier artis. Beispiele s. bei Ruddimann II p. 163. Zumpt u. Muetzell zu Curt. VII 36, 3 belegen aus Curtius sowohl Accus. als Ablativ bei *indutus*, wobei der Unterschied der sein wird, dass der Ablativ das Mittel der Bekleidung, der Accusativ aber das Kleid als eine besondere Species bezeichnet; danach ist der

Accusativ an jener Stelle des Curtius (remigem loricam indutum protegebant, s. ob. S. 83) wohl zu rechtfertigen, denn dass Ruderer nicht gewöhnliche, leichte Kleider haben, sondern Panzer, ist etwas ganz aussergewöhnliches, was dort nur durch besondere Umstände motivirt ist. — Vom Activum mit doppeltem Accusativ werden sich kaum Beispiele finden.

Zu dieser Analogie nun sind manche Beispiele zu rechnen, welche die Grammatiker unbedachtsam zum griechischen Accusativ gezogen haben; s. ob. S. 63 f. Beiderlei Accusative konnten nämlich hier dicht zusammen treffen, der Accusativ der Sache, womit Jemand bekleidet wird, und der Accusativ des Theils oder Accidens des Subjects, worauf sich die Bekleidung beschränkt; indess hat man dies vermieden und den einen oder den andern Accusativ durch eine andere Construction ersetzt; so Hor. sat. I 6, 74 pueri laevo suspensi loculos tabulamque lacerto, wo es auch umgekehrt hätte heissen können *lacvum lacertum tecti, onerati loculis tabulaque* (s. ob. S. 66). Ov. met. VII 161 inducta cornibus aurum victima statt *cornua auro ornata, induta, inducta*. Verg. Aen. II 273 per pedes traiectus lora tumentis, statt *pedes tumentes loris traicctus* oder *cui lora traiecta erant per pedes.* Lucan. II 336 cineres ingesta sepulchri. IX 172 in vultus effusa comas. X 121 crebro maculas distincta smaragdo. Vgl. Schuch p. 58.

Zu den Modificationen von *inducre* gehört auch *inicere*, wie Apul. metam. II c. 28 p. 159 iuvenem quempiam linteis amiculis iniectum; ebenso ib. VIII c. 27 p. 579; aber IX c. 20 p. 631 raptim tunicas iniectus. Ferner ib. VIII 27 p. 580 Quidam tunicas albas-cingulo subligati, pedes luteis induti calceis, deam serico contectam amiculo mihi gerendam imponunt, wo die verschiedenen Structuren verbunden sind. Wie aber *iniectus tunicas,* so konnte auch *iniectus terras* gesagt werden bei Stat. Theb. XI 16 und *impositus Aetnam* bei Verg. Aen. III 579, obwohl an jener Stelle die Erklärung, an dieser die Lesart unsicher ist[1]).

Sodann ist hier anzuführen Eruiturque oculos Ov. met. XII 269, auch *imbucre;* doch sind die Belege für den Accusativ beim Passivum bei Forcellini s. v. von Lachmann zu Lucret. II 734 beseitigt[2]); es bleibt nur ein Beispiel mit einem Neutr. pron. bei Tac. hist. V 5 nec quicquam prius inbuuntur quam contemnere deos.

Ueber *inscribere* und *exprimere* s. ob. S. 66 f.

Aus dem über den Gebrauch der doppelten Accusative Gesagten geht deutlich hervor, dass es von besonderer Wichtigkeit ist, verschiedene Zeiten und Schriftsteller zu unterscheiden; besonders aber zu beklagen ist, dass es noch ganz an Special-Untersuchungen fehlt, wie namentlich über den Gebrauch des Accusativs bei Plautus, Terenz und in der älteren Latinität überhaupt. Die Bezeichnung „griechischer Accusativ" aber hat sich als sehr unglücklich gezeigt, indem damit einerseits nichts erklärt, andrerseits damit manche Gebrauchsweisen bezeichnet werden, welche schon der altlateinischen Sprache angehörten. Ueberhaupt kann man fragen, ob die Benennung selbst

---

[1]) [Die Handschriften lesen *Aetnam inpositam*, wie Ribbeck in den Text gesetzt hat; Haase's Lesart beruht auf einer Conjectur von Bothe u. Peerlkamp.]

[2]) Lambin erklärte *inbuta colorem* bei Lucr. statt *colore* für unlateinisch, Wakefield sagt, er habe es oft gelesen, Lachmann entscheidet nicht; ich glaube, dass es allerdings in der ältern Latinität nach obiger Analogie wohl vorkommen und sich also bei Lucrez wohl finden konnte; bei späteren Dichtern wird es wohl Beispiele geben.

im Sinne derer passt, welche sie anwenden. Die Verba bezeichnen eine Thätigkeit, welche eine doppelte Richtung hat; sie wirkt auf eine Person und nimmt also diese als äusseres Object an, da sie von der Handlung des Fragens, Bittens, Forderns, Bekleidens, Lehrens ergriffen wird; aber dieselbe Thätigkeit hat zugleich ein sachliches Object; das ist der sachliche Inhalt jener Thätigkeiten, der Inhalt der Rede, mit welcher die Persönlichkeit angegangen wird, der geistige oder leibliche Besitz, d. h. das Kleid, die Kenntniss, womit die Person versehen wird, oder der Gegenstand, welchen auszusprechen oder zu geben oder zu thun die Person veranlasst wird. Wie nun die beiden Accusative beim Activum zusammen treffen können, ist leicht zu erklären: das sachliche Object ist nur eine Specialisirung des immanenten Objectes; also beim Lehren ist es die Bestimmung des lehrbaren Gegenstandes, beim Bitten, Fragen, Fordern die Bestimmung der Bitte, Frage, Forderung; es wird also durch den sachlichen Accusativ nur die Handlung selbst, nicht nach ihrer äusseren Wirkung, sondern nach ihrem Inhalt, ihrer eignen innern Substanz bestimmt; und mit dieser Bestimmung kann sie dann auch noch Aussenwirkung, also noch ein äusseres Object haben. Man denke sich also *musicam docere* wie eine Species des *docere*, wie einen componirten Begriff, Musikunterricht ertheilen; dieser so durch das innere Object bereits bestimmte Verbalbegriff wird dann noch weiter bestimmt durch das Object der äusseren Wirkung, welches bei *musicam docere* ebenso gut hinzutreten kann wie bei *docere*. Schwerer ist der Accusativ beim Passivum. Die nach aussen gehende Thätigkeit ergreift eine Person, welche durch sie afficirt und in einen modificirten Zustand versetzt wird; diese Person also muss beim Passivum zum Subject werden, der Accusativ der Sache aber kann es natürlich nicht ebenfalls, sonst wäre Beides identisch, Subject und Apposition dazu, da doch nicht eine einzige Handlung in einem bestimmten einzelnen Falle zwei ganz verschiedene Subjecte haben kann; vielmehr soll nur gesagt werden, dass an dem äusseren Object, das im Passivum Subject wird, die Handlung mit demselben Inhalt, den sie auch im Activum hatte, vollendet wird; das *docere musicam* findet statt, sowohl wenn ich sage *doceo Alcibiadem* als *Alcibiades docetur;* die innere Substanz der Handlung bleibt dieselbe und ist in gleicher Weise leidend, mag nun die Handlung als ein äusseres Object ergreifend oder als sich selbst an ihm als ihrem Subject vollendend dargestellt werden; das Passivum also ist kein Passivum für die Sache, sondern nur für die ausserhalb der Handlung befindliche Person; für die Sache wird nur der Begriff *docere musicam* festgehalten, und durch das Passivum wird das nicht geändert, sondern nur gesagt, dass sich das *docere musicam* an einem dritten verwirklicht. In gleicher Weise lässt sich dies für die andern Verba derselben Gattung darlegen, nur mit der Modification, dass bei *poscere* im Activum die Sache ebenso als äusseres Object betrachtet werden kann wie die Person, und die Person selbst auch Gegenstand der Forderung, d. h. der geforderte Gegenstand selbst sein kann; daher ist die Folge, dass zwischen Person und Sache immer ein Unterschied gemacht werden muss, also beide Accusative zusammenstehen müssen, *posco te aliquid,*[1]) aber niemals *posco te* allein, weil da *te* Sache sein könnte; da muss es also

---

[1]) Plaut. Curc. 683 clamore hominem posco wird der Mensch als geforderte Sache angesehen.

a te heissen; und im Passivum kann *posceris* nicht in dem Sinne gesagt werden: „es wird von dir gefordert“, sondern nur wenn es heisst: „du wirst verlangt, man verlangt nach dir“. Also bei Horat. carm. I 32, 1 ist *Poscimur* nicht absolut zu nehmen, sondern in Verbindung mit dem in dem nachfolgenden Satz: si quid vacui sub umbra lusimus tecum enthaltenen Sachobject; dies wird von mir verlangt; vgl. Ov. fast. IV 670 gravidae posceris exta bovis. Dagegen wäre bei *celo* beides denkbar, sowohl *celo rem te* als *celo te rem*.

Demnach ist es deutlich, dass das Sachobject hier wirklich Object ist und solches auch beim Passivum bleiben muss; und gerade weil es so ist, und weil dies nicht als Accus. graecus oder als uneigentliche Massbestimmung zu betrachten ist, erklärt sich die Erscheinung, dass diese Objecte beim Passivum unklar werden konnten und deshalb von Cicero vermieden wurden; in der Kaiserzeit aber scheint es, sind sie als Massobjecte angesehen und daher zugleich mit diesen wieder in Anwendung gekommen, wenn auch in geringerer Ausdehnung und nicht ohne Einfluss des Griechischen.

Die vorgetragene Ansicht, dass *doceo rem* als ein componirter Verbalbegriff anzusehen ist, wird durch mehrere Ausdrücke bestätigt, bei welchen diese Auffassung die einzig mögliche ist; dies sind nämlich solche, wo das mit einem Sachobject verbundene Verbum nicht bloss durch dieses specialisirt wird, sodass es ohne dasselbe doch das nämliche Verhältniss zu einem äussern Object haben würde, wie *doceo musicam* zu *Alcibiadem* dasselbe Verhältniss hat wie *doceo Alcibiadem*, denn es ist ganz dieselbe Thätigkeit, deren Inhalt nur specialisirt wird; hier handelt es sich vielmehr um solche Verba, welche an sich noch nicht eine bestimmt fixirte, nach aussen gehende und eines äussern Objects fähige Handlung bezeichnen, sondern diese Bedeutung erst durch die Composition mit dem Sachobject bekommen. Von dieser Art ist der Ausdruck *manum inicere*, die Hand auf etwas legen und es dadurch als sein Eigenthum in Anspruch nehmen; hier kann nämlich der Begriff dieser durch den componirten Ausdruck bezeichneten Handlung noch weiter durch das äussere Object der Person oder Sache bestimmt werden, auf welche Jemand durch jenen Act Anspruch zu haben zu erkennen giebt, oder wenn es eine Person ist, die er gerichtlich belangen will. Hier ist die natürliche und in der classischen Latinität allein gebräuchliche Structur die mit dem Dativ; aber Plaut. hat auch den Accusativ Truc. IV 2, 49 ego te manum iniciam quadrupli[1]) und verbindet beides Pers. I 2, 18 [70] Ubi quadruplator quempiam[2]) iniexit manum, tantidem ille illi rursus iniciat manum. Ein scherzhaft modificirter Ausdruck ist Pseud. 634 (II 2, 48) nam certo scio nunc febrim tibi esse, quia non licet huc inicere ungulas.

Aehnlich sind ferner folgende Ausdrücke: *ludos facere aliquem*, wofür denn auch das wirkliche Compositum *ludificare aliquem* gebildet wird: Plaut. Capt. III 4, 47 (579) nunc iste *te* ludos facit. Rud. IV 1, 9 (900) nam nunc et operam ludos fecit et retia. cf. Men. II 3, 54 [405], auch im Passivum Bacch. V 1, 4 (1090): perii pudet: hocine me aetatis ludos bis factum esse

---

[1]) Vgl. über diesen Vers Bergk im Philologus XVII p. 50 und Fleckeisen, krit. Miscellen im Progr. des Vitzthum'schen Gymn. Dresd. 1864 p. 34 der noch verweist auf Naeke zu Valer. Cato pag. 96 sqq. zu dem Verse: Si minus hace, Neptune, tuas infundimus auris.

[2]) [So die Bücher; Ritschl hat aber nach Acidalius *quoipiam* eingesetzt.]

indigne? und kurz darauf in einem verdächtigen Verse (14 [1100]): me hoc
aetatis ludificari: immo edepol sic ludos factum. Pseud. IV 7, 72 [1167] Ex-
ploratorem hunc faciamus ludos suppositicium, adeo donicum ipsus sese ludos
fieri senserit: Amph. 571. Ferner *inficias irc aliquid* Cist. IV 1, 9 omnia
inficias ire ea, quae dudum confessa est mihi. cf. Menaechm. II 3, 45 [396].
Hierzu kommt der einzige Ausdruck, der in die gewöhnliche Prosa ge-
drungen und stehend geworden ist, *animum advertere aliquid*, z. B. Pseud.
I 2, 20 (153) hoc agite, hoc animum aduortite. In derselben Weise hat
Plautus auch *adhibere aures* ib. v. 23 sq. (155 sq.) adsistite omnes contra
me, quae loquor aduortite animum, hoc adhibete auris, quae ego loquar, wo
allerdings die handschriftliche Lesart *huc* statt *hoc* bietet. Ferner *animum
inducere:* Lucil. 27, 20 [658 p. 73 Lachm.] quod animum induxit semel;
operam dare: Lucil. p. 26, 9 [578 p. 65 Lachm.] primum id dant operam, ut —
Auch können einige von den früher schon erwähnten Ausdrücken hierher gezogen werden, wie: agrum, terram, fundumque meum suovitaurilia
circumagi iussi Cato de re r. 141 (s. ob. S. 85), auch Plaut. Epid. I 2, 28 empta
ancilla est, quod tute ad me litteras missiculabas; doch wäre hier auch das
blosse *mittebas* c. acc. möglich; endlich ein paar alte Formeln, die freilich
nicht ganz fest stehen: *postilionem postulare id* bei Varro de l. l. V 148
und *vocare inlicium Quirites* ib. VI 88 s. das. Müller addend. p. 301; die
erstere kommt nahe dem *dcos bonas preces precor;* s. oben S. 84.
Wir haben ferner noch eine wesentlich verschiedene Gattung des doppelten Accusatives zu erwähnen, welche sehr gewöhnlich ist. Es ist der Fall,
wo die beiden Objecte nicht als Sach- und Person-Object im Gegensatz
stehen, sondern wo beide gleichartig, ja identisch sind oder es werden. Das
transitive Verbum hat hierbei nämlich ein Object, welches die Handlung
trifft und afficirt, und ein anderes, welches es producirt; indem nun aber
das Produciren des zweiten durch das Afficiren des ersten bewirkt wird, ist
der Sinn eben der, dass das afficirte Object in das producirte umgeschaffen,
mit ihm identificirt wird, sei es nun materiell oder ideell, in der Vorstellung,
Beurtheilung oder Bezeichnung. z. B. *facio, creo te consulem; avaritia homines caecos reddit; lego te senatorem; adscisco mihi socium, do tibi
adiutorem, habes a.* (die Vollendung davon); *dictatorem dico, appello, voco,
nomino, dico, saluto, inscribo* (d. h. schriftlich mit einem Namen bezeichnen:
Cicero in co libro, quem Laelium, Brutum inscripsit); dann in Urtheil und
Meinung: *senatus Antonium hostem iudicavit; te iudicem aequum puto;
hoc verum credo, existimo* u. s. w.; auch kann Jemand das an sich selbst
vornehmen, z. B. *facio me iudicem, dico* u. s. w., sowie durch die That sich
als etwas darstellen: *praesta te virum; praebeo me indulgentem.*
Es ist leicht einzusehen, dass alle diese Verba, von denen manche nur
in solchen Verbindungen mit zwei Accusativen gebraucht werden, nicht mit
einem allein, eigentlich Causativa von *esse* sind, z. B. von *sed te nos facimus, Fortuna, deam* (Iuven. 10, 265) ist die Wirkung *Fortuna est dea;*
sie bezeichnen eben nur die verschiedenen Arten, wie das *esse* bewirkt wird,
sei es nun ein wirkliches, materielles Sein, oder ein Sein in der Meinung,
ein Sein dem Namen nach (heissen). Treten sie daher ins Passivum, so
verbinden sie natürlich in gleicher Weise zwei Nominative, wie im Activum
zwei Accusative, es ist dann das modificirte *esse* selbst, das durch das
Passivum bezeichnet wird.

Hierbei ist vorausgesetzt, dass die beiden Objecte auf beiden Seiten in ihrer vollen Totalität gefasst werden, das eine ganz aufgeht in dem andern, das andere ganz hervorgeht aus dem ersten. Diese Identität behalten wir jedoch im Deutschen nicht immer bei; übersetzen wir z. B. *te facimus, Fortuna, deam:* „wir machen aus dir eine Göttin", so ist damit nicht gesagt, dass von der Fortuna, wenn die Göttin aus ihr hervorgegangen, nichts mehr übrig bleibt, dass sie ganz in die Göttin aufgeht, sie ganz, wie sie ist, eine Göttin wird. Im Lateinischen wird nicht *ex* gesagt, wenn nicht dadurch bloss der Stoff, aus welchem ein Anderes gemacht wird (wobei ein Rest übrig bleiben kann), oder die Succession einer verschiedenen Zeit bezeichnet werden soll, oder dass, wenn B aus A geworden, dieses B überhaupt nicht mehr A zugleich ist, also A nicht bloss ein Prädicat mit sich vereinigt hat, sondern sich selbst verloren und aus sich in ein Anderes übergegangen ist. Vgl. Plaut. Amph. 583 at ego faciam te hodie — ut valeas minus, et miser sies ex salvo. ib. 704 ex insana insaniorem facies. ib. 814 haec iam mulier factast ex viro. Capt. 235 ex bonis pessumi et fraudulentissimi fiunt. ib. 305 Me qui liber fueram, servom fecit, e summo infumum. Cas. II 3, 7 faciet hominem ex tristi lepidum et lenem. cf. IV 4, 8. V 4, 27. Pseud. 324.[1]) — Ebenso setzt man im Lateinischen den Accusativ für die Präpostion, wenn wir z. B. deutsch sagen: ich habe in ihm oder an ihm einen angenehmen Collegen: *quem habeo collegam suavissimum.*

Auf der andern Seite kann der Mangel völliger Identität auf der Seite des Prädicats oder producirten Objects ausgedrückt werden, wenn man z. B. *pro* setzt, *pro hoste habere, pro nihilo putare,* womit ein willkürliches Gleichsetzen, ein Unterschieben des Einen statt des Anderen bezeichnet ist; ferner *loco parentis habere, ducere, colere,* oder, was noch ferner liegt, *in hostium numero habere.*

Bei dem Benennen wird der Name so behandelt wie die Person selbst; der Name ist nach der Auffassung der Römer das, was man wirklich ist, nicht bloss das grammatisch betrachtete sprachliche Zeichen; daher setzen wir die Namen meist indeclinabel, die Römer nicht, und so erklärt sich der doppelte Dativ *mihi nomen est Gaio;* und einige hierher gehörige besondere Erscheinungen. Wenn nämlich der Name unbekannt oder unsicher ist, so kann man zwar fragen: *quis ille est?* indess dies fragt mehr als nach dem blossen Namen; will man nur den Namen wissen, so kann es neben andern Ausdrücken (wie *quod nomen habet? quo nomine appellatur? quod ei nomen est?* u. dgl.) auch heissen entweder *quis ille vocatur?* (wer ist er seinem Namen nach?) oder *quid ille vocatur?* ersteres z. B. Sen. suas. VII 13 [p. 55 K.] subinde interrogabat, qui ille (vulg. *quis ille*) vocaretur qui in imo recumberet; und gleich darauf: interroganti domino quis ille esset. — Plaut. Amph. 382 quid igitur? qui nunc vocare? SO. nemo nisi quem iusseris, wo die Antwort mit *nemo* deutlich zeigt, dass *vocare = es.* Martial. IX praef. ne ignorares, Avitus iste quis vocaretur. Das Neutrum in solchem Falle gesetzt bezeichnet in gleicher Weise die Unbestimmtheit des Namens und des Wesens selbst: Seneca controv. I 6, 3 pater meus, socer tuus — hoc [p. 113. K.] enim te iam pridem vocabat — socer, inquam, tibi tuus gratiam referet. (Die Meinung ist, dass die Benennung *socer* nicht richtig war.) Sen. benef.

---

[1]) Die Beispiele Hand's im Tursell. II p. 634 u. 37 passen nicht hierher.

I 3, 10 poetae non putant ad rem pertinere verum dicere, sed aut necessitate coacti aut decore corrupti id quemque vocari iubent, quod belle facit ad versum. epist. 31, 11 quid aliud voces hunc quam deum in corpore humano hospitantem? cf. nat. qu. I 11, 1. Sen. Oed. 1031 quid te vocem? Tac. dial. 1 horum autem temporum diserti causidici et advocati et patroni et quidvis potius quam oratores vocantur. Plin. paneg. 21, 3 nec publicae pietatis intererat, quid vocarere, nisi quod ingrata sibi videbatur, si te imperatorem potius vocaret et Caesarem, cum patrem experiretur (um den Titel *pater patriae* handelt es sich). Quintil. declam. XVI 7 Rogo, quid refert, quid vocetur ille, qui sic amat? instit. IX 3, 60 quae si aposiopesis est, nihil non, in quo deest aliquid, idem appellabitur.

Eine merkwürdige Structur hat Fronto ep. ad M. Caes. II 13 p. 68 ed. Berol. [p. 35. Nab.] Ibi me (sc. commemini) videre arborem multorum ramorum, quam ille suum nomen catachannam nominabat; man möchte *suo nomine* erwarten; aber *nomen* ist hier so gesetzt wie *hoc,* und *catachannam* ist dazu die Erklärung, wenn es nicht vielleicht als immanentes Object zu nehmen ist, wie *bonas preces precor* oder *basia basiare;* s. S. 84.

Dass durch jene Ausdrucksweise das Wesen der Dinge, sofern es sich durch den Namen ausdrückt, bezeichnet sein soll, nicht etwa, wie die Stelle des Fronto anzunehmen verleiten könnte, das Nomen, geht daraus hervor, dass dieselbe Ausdrucksweise sich auch da findet, wo gar nicht von der Benennung, sondern von der Beurtheilung der Sache die Rede ist; z. B. Cic. Phil. XI 4, 9 qua re cum crudelissimi Poeni iudicati sint in hoste, quid in cive de Dolabella iudicandum est? P. Syrus sentent. v. 733 (bei Ribbeck app. sent. 62 p. 370) quid ipse sis, non quid habearis interest. So namentlich die Frage *quid videtur* von einer bestimmten Sache oder Person, welcher Ausdruck der Conversationssprache angehört. Cic. ad fam. IX 21, 1 an den Pätus: quid tibi ego in epistolis videor? nonne plebeio sermone agere tecum? Hor. epist. I 11, 1 quid tibi visa Chios? wie hat dir Chios gefallen? Senec. suas. III 5 [p. 26 K.] Memini una nos ab auditione Nicetis ad Messalam venisse. — quaerebat a Gallione Messala, quid illi visus esset Nicetes? controv. I 6, 4 [p. 114 K.] quid tibi videntur illi ab aratro, qui paupertate sua beatam fecere rem p.? Sen. epist. 102, 28 quid tibi videbitur divina lux, cum illam suo loco videris? So auch *idem* Ter. Heaut. 522 faceta haec meretrix. — Sane. — Idem visast tibi? meinst du dasselbe von ihr?

Dies hängt zusammen mit der Frage über die Uebereinstimmung des Subjects und Prädicats, namentlich wenn jenes ein Neutrum pron. ist wie *quid, illud, hoc* u. s. w., da doch *videri, haberi, vocari* nichts weiter sind als Modificationen von *esse;* darüber s. zu Reisig Anm. 333.

In dem besprochenen Falle sind die beiden Objecte nicht in Wahrheit zwei verschiedene Gegenstände oder Personen, sondern es ist nur eins, zu dem ein anderes als seine Bestimmung hinzutritt, was unter anderen Umständen auch sein Prädicat oder seine Apposition hätte sein können.

Dazu will ich noch einen besonderen Fall von Apposition erwähnen, wobei es freilich nur zufällig ist, dass sie im Accusativ steht; der Casus ist dabei deutlich und gleichgültig, das Besondere liegt in der Anwendung der Apposition überhaupt, durch die der Anschein eines doppelten Accusativs entsteht, während eigentlich das eine Wort als das Ganze im Genetiv hätte stehen sollen, abhängig von dem andern, welches dessen Theile bezeichnet. Cato de r. r. c. 93 amurcam (Oelschaum aus den Oliven) cum aqua commisceto aequas partes. ib. c. 122 id mane ieiunus cyathum sumito. c. 123´posten id utito vini cyathum mane ieiunus. proderit. Vgl. Keil observat. crit. in Cat. et Varr. p. 48. Hier wird erst der Stoff im Allgemeinen als Object gesetzt, und dann das Mass, in welchem er gemessen werden soll, als Apposition oder nähere Bestimmung. Aehnliches findet sich auch im Griechischen, besonders häufig bei den Verbis, welche das Eintheilen des Ganzen in Theile bezeichnen; Matthiä gr. Gramm. § 419. i. Bernhardy wissenschaftliche Synt. p. 126 fg. Im Lateinischen ist es Zeichen der alten einfachen Rede, welche wie sie aus Sätzen keine längern Perioden bildet, so auch zwischen einzelnen Wörtern, die zusammen construirt werden könnten, das Band der Construction und Unterordnung vermeidet und die Nebenordnung vorzieht. So möchte auch hierher gehören Plaut. Amph. 831 inro — ut me extra unum te mortalis nemo corpus corpore contigit, quo me inpudicam faceret, wenn nämlich hier *me* zu schreiben ist, wie ich vermuthe, statt *mi;* auch Valer. Prob. z. Verg. ge. III 391 p. 63 ed. Keil. Pan Mercurii filius — dicitur — duas partes fecisse gregem.

So haben wir nun die verschiedenen Gebrauchsweisen des Accusativs nach ihren drei Hauptgattungen und dann die Verbindung verschiedener Accusative betrachtet. Es hat sich dabei gezeigt, dass es in Wahrheit immer der Inhalt des Seins ist, welcher durch den Accusativ ausgedrückt wird.

Es bleiben noch die Fälle übrig, welche äusserlich betrachtet als Ausnahmen erscheinen können, in denen also kein Seinsbegriff vorhanden ist und dennoch ein Accusativ gesetzt wird. Bei diesen Gebrauchsweisen wird es also darauf ankommen zu zeigen, dass der Seinsbegriff doch wirklich vorhanden ist und nur scheinbar fehlt, und dass demnach, je nach der Beschaffenheit des Seins, der Accusativ in eine der früher besprochenen Rubriken zu setzen ist, selbst dann, wenn der Accusativ ganz allein steht, also für einen Accusativus absolutus genommen werden könnte.

1. Accusativ in Bezug auf Nomina Substantiva. Diese sind, sofern sie das feste Sein bezeichnen, der eigentliche Gegensatz vom fliessenden Sein im Verbum und können also, sofern sie das sind und bleiben, nur durch einen Genetiv, nicht durch einen Accusativ bestimmt werden. Aber

A. wenn zu einem Nomen Substantivum der Begriff des Seins hinzugefügt wird, bildet beides zusammen einen mit einem Prädicat verbundenen Seinsbegriff, der vermöge dieser Composition eine Bedeutung bekommen kann, welche einen Accusativ als gewöhnliches Object zulässt. Wir haben solche componirte Verbalbegriffe schon besprochen, insofern der eine Bestandtheil ein Accusativ ist, wie in *animum advertere, ludos facere* u. s. w. (S. 94.) Hier handelt es sich von dem blossen *esse* in Verbindung mit einem Nominativ. Dabei sind zwei Gattungen hervorzuheben: *a.,* wenn das Nomen eine Person nach einer solchen Eigenschaft bezeichnet, welche in Verbindung mit *esse* sich als eine Thätigkeit documentiren kann, die ein Object zu haben fähig ist, z. B. *testis sum, auctor sum* für *testor, suadeo,* hauptsächlich mit dem Neutrum eines Pronomens construirt; s. Plaut. Capt. prol. 3 hoc vos mihi testes estis me verum loqui. Pseud. I 3, 2 (231) quid mi's auctor. ebenso ib. VI 7, 70 (1166). Poen. I 3, 1. III 4, 11; selbst Cic. ad fam. VI 8, 2 hat Quid sim tibi auctor. Das Nomen kann aber nicht nur ein Substantivum, sondern auch ein Adjectivum sein, z. B. *gravidam esse* für *concepisse:*

Plaut. Amph. 878 sq. Faciamque ut uno fetu et quod gravidast viro et me quod gravidast pariat sine doloribus. Ael. Lamprid. vit. Commodi 1 Faustina cum esset Commodum cum fratre praegnans, visa est in somnis serpentes parere (so der cod. Bamberg [der Palat. u. d. exc. Pal.]; die Vulg. *Commodo*). *b.* Wie nun durch das Verbinden des *esse* mit einer an der Person haftenden Qualität der Begriff einer transitiven Thätigkeit entstehen kann, so ist das auch der Fall, wenn *esse* in Verbindung mit dem Begriff der Handlung selbst tritt, d. i. mit einem Subst. verb. — Diese Ausdrucksweise stammt aus dem juristischen Curialstil der Römer, welche in dieser Weise das einer Person zustehende Recht für Verrichtung einer Handlung bezeichnen; s. z. B. das S. C. bei Liv. 39, 19, 5 utique Feceniae Hispalae datio, deminutio, gentis enuptio, tutoris optio item esset, quasi ei vir testamento dedisset. cf. Leg. XII tab. ap. Gell. XX 1, 45 post deinde manus iniectio esto. Dig. I 7, 4 magistratum, apud quem legis actio est. — Ulpian XX 2 testes, cum quibus testamenti factio est. ib. § 8. XXIV 33 Legatorum perperam solutorum repetitio non est. Dann findet sich diese Ausdrucksweise bei den Komikern in die gewöhnliche Sprache übertragen, um das Recht Jemandes zu irgend einer Handlung in Frage zu stellen, bei Plautus am häufigsten und am vollständigsten ausgebildet, indem das Subst. verb. mit *est* dieselbe Structur annimmt, wie das Verbum selbst, von welchem es abgeleitet ist; z. B. Truc. II 2, 3 qui tibi ad hasce accessio est aedis prope aut pultatio est? oder mit dem Dativ Rud. II 6, 18 (502) quid mihi scelesto tibi erat auscultatio? Quidve hinc abitio? Quidve in navem inscensio? Demnach ist auch der Accusativ zulässig, wobei man nicht sagen kann, er wird von einem Nomen Subst. regiert, sondern er ist das wirkliche Object zu dem transitiven Verbalbegriff, der aus dem Nomen verb. und *esse* entsteht: Truc. II 7, 62 quid huc venti est? quid tibi hanc aditio est? quid tibi hanc notio est, inquam, amicam meam? Asin. 920 quid tibi hunc receptio ad test meum virum? Aulul. IV 10, 14 quid tibi ergo meam me invito tactio est? Cas. II 6, 74. Epid. II 2, 112 nihil in hac re captio est. Amph. 519. Curc. 626. Vgl. Reisig § 340. Anm. 511. [Holtze I p. 279.] Bei Terenz findet sich zwar diese Ausdrucksweise noch, aber ohne Hinzufügung eines Casus; s. Rubnken zu Ter. Andr. II 3, 26; man sieht, das Streben nach gebildeter Correctheit entsagt solchen Structuren, die der Wortform widersprechen, aber in dem Sinn derselben begründet sind; sie will Einklang zwischen Wortform und Structur herstellen, also die constructio ad sensum, d. h. das Ueberwiegen des Gedankens über die grammatische Form, ausschliessen.

c. Dazu kann der Fall kommen, dass das Nomen ein Accidens eines Subjects bezeichnet, welches in Verbindung mit *esse* auch den Begriff einer Thätigkeit, eben den der Bethätigung des Accidens annehmen kann, z. B. id animus est Plaut. Pseud. I 1, 16 [18] (wo aber Fleckeisen [u. Ritschl nach den Handschr.] richtiger *idem animus est*). Lucret. IV 789 quaeretur inprimis, quare, quod cuique libido venerit, exemplo mens cogitet eius id ipsum.

B. Es können aber auch ferner Substantiva verbalia ohne den Zusatz von *esse* einen Accusativ bei sich haben; doch geschieht dies nur in wenigen Fällen und hat den Grund, dass dabei eigentlich der Accusativ zuerst als mit dem Verbum verbunden gedacht ist, dann aber dieser componirte Ausdruck durch Ableitung zu einem Subst. verb. gebildet wird, wobei der Accusativ unverändert bleibt, wie wenn wir z. B. sagen von „Geld fordern"

„Geldforderung". Hierzu sind die Römer dadurch veranlasst, dass sie weder ein Object mit seinem Verbum frei componiren konnten, wie *ludificare, animadvertere*, noch auch den bei dem Object erforderlichen Infinitiv so frei wie die Griechen mittels des Artikels[1]) substantiviren konnten. Wie den Accusativ, so trifft diese Erscheinung auch andere Casus, je nachdem solche vom Verbum erfordert werden würden, welches gerade, statt ein Infinitiv zu sein, in ein Subst. verb. verwandelt ist. Dies geschieht besonders in kurzen Definitionen, bei denen der Verbalbegriff in substantivischer Form nöthig ist; da ist also die Verbindung mit dem Accusativ das Gegebene, das prius, und die Umbildung zum Subst. verb. nur das accidentiell hinzutretende. Z. B. beschreibt Cicero de or. III 53, 202, wo er die rhetorischen Figuren ganz kurz aufführt, indem er mit lateinischen Namen die griechischen Termini übersetzt und sie kurz definirt, die griechische ἔμφασις, die darin besteht, dass man mehr andeutet als man ausspricht, mit den Worten: plus ad intellegendum quam dixeris significatio, d. i. das *plus significare*. Eine glattere Umschreibung, wo er diesen Accusativ vermeidet, giebt er im or. 40, 139 significatio saepe erit maior quam oratio, und ebenso sagt Cornific. ad Herenn. IV 53, 67 gleichfalls glatter: Significatio est, quae plus in suspicione relinquit, quam positum est in oratione; dagegen Quintil. IX 2 3: amplificandi ratio — desiderat illam plus quam dixeris significationem, id est ἔμφασιν. Andere Beispiele werden sich schwerlich finden. Bei den Juristen kann man noch bemerken, dass durch den technischen Ausdruck *plus petere* die Ableitung *plus petitio* gebildet ist; doch findet sich dies nur im Corpus iuris cod. Iustin. III, 10 in der Ueberschrift: De plus petitionibus, so wie auch im Text dort, d. h. in den Constitutionen des Zeno und Justinian; aber nicht bei älteren Juristen, wie z. B. bei Paulus, der dasselbe Capitel betitelt: De plus petendo. Uebrigens ist bei diesem Accusativ plus der Gebrauch um so verzeihlicher, weil das Neutrum als indeclinabel behandelt wurde, selbst als Adverbium, und der hier erforderliche Genetiv *pluris* nur bei *aestimare* und dergleichen gebräuchlich ist.

Dagegen finden sich mehr Beispiele von anderen Accusativen, wenn diese Localobjecte bei Verbis der Bewegung sind. Also von *domum ire* wird gebildet *domum itio;* dies ist schon in der alten Latinität vorhanden, bei Pacuv. 173 [p. 97 R.] Att. 173 [p. 158]. inc. tragg. v. 26. 27 [p. 237], auch aus Lucil. XXVI 63 [v. 549 p. 62 Lachm.]) führt es Nonius an; da die Endung *um* vor *i* elidirt wurde, so ist nicht zu verwundern, dass bei Cornificius (III 21, 34) der Name *Domitius* als Erinnerungsmittel an die *domum itio* gebraucht wird; doch ist es unnöthig, wie dies zu geschehen pflegt, das Compositum *domuitio* zu schreiben, da es sich nicht auf andere Fälle anwenden lässt, wie *domum reditio*, z. B. Caes. b. g. I 5 domum reditionis spe sublata. Val. Max. IX 8, 2 inpatiens legionum tardioris a Brundusio Apolloniam traiectus. Aus Hygin fab. 118 und 125 führt Gronov observatt. in scriptt. eccles. c. 14 a. E. noch an *domum repetitio* (wo es eigentlich Object ist) und *domum reditio* [s. Draeger I S. 366 f.]. Anders ist es, wenn bei diesen Verbis *esse* oder *fieri* steht; denn dann wird der Begriff des Verbums her-

---

[1]) Wie dergleichen Ausdrücke als Composita angesehen wurden, zeigt auch ein Beispiel wie das bei Ulp. XXVI 7 sine in manum conventione.

gestellt; z. B. magni domum concursus ad Afranium fiebant Caes. b. c. I 53; andere Stellen s. zu Reisig Anmerk. 511.

Viel seltener wird ein Substantivum verbale durch einen Accusativ der Zeitdauer bestimmt, aber auch da ist augenscheinlich, dass es eben der Verbal-, nicht der Nominalbegriff ist, der so bestimmt wird: Caes. b. g. II 35 Ob easque res ex litteris Caesaris dies quindecim supplicatio decreta est, d. h. *ut supplicatio fieret quindecim dies.* [Bei Liv. nur X 47, 7 unum diem Aesculapio supplicatio habita est.]

2. Accusativ in Bezug auf Adjectiva.

Abzusehen ist hier von dem früher besprochenen häufigen Gebrauch, dass die uneigentliche Massbestimmung als der sogenannte Accusativus graecus zum Adjectiv tritt. Ebenso wenig ist es nöthig zu erwähnen, dass ein Adjectiv ein Zeit- und Raumobject bei sich haben kann, wie *totum diem aegrotus, decem pedes longus,* worin das Sein der Eigenschaft bestimmt wird, das Kranksein nach der Zeit, das Langsein nach dem Raum. Es giebt aber verschiedene Fälle, wo das Adjectiv selbst scheinbar oder wirklich die Bedeutung einer transitiven Thätigkeit annimmt und dadurch fähig wird, durch einen Objects-Accusativ bestimmt zu werden.

Scheinbar ist das der Fall, wenn ein Adjectiv durch Verbindung mit *esse* einen componirten Verbalbegriff bildet; s. S. 98. Bei einfachen Adjectiven aber ist der Accusativ als Object einer transitiven Thätigkeit sehr selten; nur bei Petron. c. 63, 9 in der plebejischen Sprache des Trimalchio kommt vor: sunt mulieres plus sciae, indem gleichsam von dem Compositum *plus scire* ein abgeleitetes Adjectiv gebildet ist, gerade wie bei *plus petitio* (s. S. 100.) Sodann sind namentlich zu bemerken die Adjectiva auf *bundus,* abgeleitet von Verbis transitivis und die Neigung zu der Thätigkeit ausdrückend, welche das Verbum aussagt, oder die Beschäftigung damit. Da hierdurch dem mit dieser Eigenschaft behafteten Subject die Thätigkeit selbst keineswegs abgesprochen wird, so sind diese Adjectiva geradezu als Part. praes. act. angesehen und demgemäss mit dem Accusativ construirt worden; s. Gell. XI 15, 7. Serv. ad Verg. ecl. VI 58. Das findet sich schon in alter Zeit; z. B. Sisenna [H. R. R. I p. 286] bei Gell. l. c. populabundus agros ad oppidum pervenit. Sall. hist. fragm. III 20 [p. 213 Kr.] inter molem atque insulam mari vitabundus classem hostium ad oppidum pervenit. Liv. XXV 13, 4 Hannibal vitabundus castra hostium consulesque — loco edito castra posuit. Iustin. XXXVIII 3, 7 Romanum meditabundus bellum[1]). S. Ruddim. I p. 309 ed. Lips. Eine Sammlung solcher Adjectiva überhaupt, mit Einschluss derer, welche den Accusativ bei sich haben, giebt Günther, Latin. rest. II pag. 37—55.

Die bisherigen Fälle haben sich alle als solche herausgestellt, dass in der That der Verbalbegriff nicht fehlt, wo ein Substantivum oder Adjectivum mit einem Accusativ verbunden wird. Eher könnte das der Fall zu sein scheinen:

---

[1]) [Mit Vorliebe hat Apulejus diese Adjectiven gebildet und einen Casus davon abhängig gemacht; s. H. Kretschmann, de latin. Apul. p. 50.]

3. bei Adverbien und Partikeln, welche den Accusativ bei
sich haben.

Man könnte hier zunächst erwarten, dass Adverbia, welche von Verbis
transit. abgeleitet sind, einen Accusativ bei sich haben, z. B. *amanter,* und
in der That findet sich ein solches Beispiel bei Quint. XI 3, 67 plus signifi-
canter, was sich ebenso rechtfertigen liesse wie *plus significatio,* indes ist
die Lesart nicht ganz sicher[1]) und andere Beispiele sind nicht vorhanden.
Hauptsächlich kommen hier in Frage die Präpositionen, doch handelt es
sich vor Allem darum, ob diese überhaupt einen Casus regieren können
und ob den localen Adverbien eine solche Bedeutung zugeschrieben werden
kann, dass dazu der Accusativ in irgend einem Sinne das Object bildet?
Das ist aber nicht der Fall. Die Präpositionen sind vielmehr unzweifelhaft ursprünglich nur als Adverbien anzusehen, welche eine locale relative Bestimmung des Seins enthalten, wie denn viele von ihnen auch
ohne Casus als Adverbien gebraucht werden, und wenn das bei einigen, den
eigentlichen Präpositionen, nicht der Fall ist, so liegt der Grund davon in
ihrer Bedeutung, wie schon dargelegt ist. Dies hindert aber nicht, sich auch
diese als ursprüngliche Adverbien zu denken; mithin ist der Casus eigentlich
vom Verbum abhängig, und ist es der Accusativ, so ist er als Object oder
Inhalt einer Thätigkeit oder Bewegung gedacht, und es wird dieser allgemeine Begriff nur durch die adverbielle Bestimmung der Präposition in
localer Beziehung näher bestimmt und specialisirt. Ich habe früher bereits
[S. 81] den Accusativ des Ziels als ein Object erklärt, wie *ire domum, ire
Romam;* in diesen Fällen war aus den früher angegebenen Gründen eine
nähere Bestimmung des Objectes nicht erforderlich, wenn diese Ausdrücke
in dem gewöhnlichen Sinne stehen, dass sie heissen: nach Hause, nach Rom.
Aber wenn das Haus nicht als die eigene Wohnung gedacht ist, sondern als
ein Gebäude überhaupt, so wird eine nähere Bestimmung hinzugefügt werden
müssen, ob das Haus der Gegenstand des Gehens so ist, dass man heran, hinein,
herum kommt; also wurde ursprünglich gesagt oder gedacht *ire domum ad,
in, circa,* oder *adire, inire, circumire;* also was man Tmesis der Präposition
von Verben nennt, das ist als das ursprüngliche anzusehen, weshalb diese
Tmesis im Griechischen bei Homer auch viel häufiger ist als später.

Der Inhalt, das Object einer Bewegung, kann aber nur das Ziel sein,
wohin sie gerichtet ist, nicht der Ort, von wo sie ausgeht, noch auch der,
wo sie stattfindet, wie wir dies noch später beim Ablativ besprechen werden;
also nehmen die Verba für das Wohin den Accusativ, für das Wo und
Woher den Ablativ zu sich; folglich können auch Präpositionen, welche eine
nähere Bestimmung des Wohin geben, nur beim Accusativ hinzutreten; die,
welche das Wo und das Woher specialisiren, nur beim Ablativ; endlich diejenigen, welche sowohl das Wo als auch das Wohin bestimmen können, verbinden
sich, je nachdem sie das eine oder andere thun, mit beiden Casus. Somit
ist deutlich, dass es in Wahrheit nicht die Präposition ist, welche den Casus
regiert, sondern diesen regiert das Verbum seinem eigenen Sinne gemäss;
aber weil die Präpositionen ihrer Bedeutung wegen an bestimmte Casus gebunden sind, so hat man diese nothwendige Verbindung Regieren genannt;

---

[1]) [Halm schreibt nach Obrecht *significans,* die Handschrr. haben meist *significat.*]

in Wahrheit dienen sie nur dazu, das Verhältniss, welches der vom Verbum
regierte Casus bestimmen soll, näher zu bestimmen und zu specialisiren.
Da aber die Präpositionen auf diese Weise nach ihrer Bedeutung an bestimmte Casus gebunden waren, so ist es natürlich, dass diese Verbindung
auch ohne alle Rücksicht auf das dabei erforderliche Verbum betrachtet und
gebraucht wurde, und dass sich im Sprachbewusstsein selbst diese Verbindung
um so mehr als eine in sich begründete darstellte, weil dieselben Verba oft
nach Umständen zur Bezeichnung ganz verschiedener localer Verhältnisse
gebraucht werden konnten; also *in ius ambulare* und *in foro; venire ab*
oder *ex urbe, in urbem, ad urbem.*

Näher würden sich diese Verhältnisse ergeben, wenn es am Orte wäre,
die Bedeutung und den Gebrauch aller einzelnen Präpositionen durchzugehen
und so das obige Gesetz im Einzelnen zu bestätigen. Das würde uns aber
vom Grammatischen ins Lexikalische führen; es mag also diese allgemeine
Bemerkung genügen, um zu zeigen, dass die Präpositionen keinen Widerspruch gegen die Behauptung enthalten, dass der Accusativ nur zur Bestimmung eines Verbums dient, und dasselbe gilt dann auch für den Ablativ.
Zugleich ist klar, warum im Lateinischen keine Präposition (denn *causa,
gratia, ergo, merito* sind eigentlich Substantiva) den Genetiv regiert, da
dieser nur einen Nominalbegriff, nicht das Sein bestimmt; warum auch keine
den Dativ, wird später die Bedeutung dieses Casus zeigen.

4. Accusativ im Ausruf, mit und ohne Interjection.

Die Interjection ist ein begrifflicher Laut, der nur eine Empfindung,
nicht einen irgend wie bestimmten Begriff bezeichnet; sie ist daher kein
Redetheil, insofern diese alle eine begriffsmässig bestimmte Bedeutung und
dadurch auch ein ebenso bestimmtes Verhältniss zum Satze haben. Nun
können freilich Empfindungen auch durch Redetheile bezeichnet werden, wie
affectus, dolor, ira u. dgl., oder *miserari, flere, irasci, dolere, piget, pudet*
u. s. w.; aber dann ist immer die Empfindung begriffsmässig bezeichnet, sowohl nach ihrem Wesen, wie nach der Art ihrer Erscheinung als festes und
fliessendes Sein, und danach bestimmt sich dann von selbst die entsprechende
Construction im Satze. Die Interjection aber ist nur ein von einer Empfindung dem Menschen gleichsam ausgepresster, unwillkürlicher und unmittelbarer
Laut, nicht vermittelt durch die Reflexion über die begriffsmässige Bestimmung; sie ist ein bloss malender, symbolisch durch die Art des Tons die
Beschaffenheit der Empfindung andeutender Laut, der immer etwas Unbestimmtes hat, keine begriffsmässige Grenzen. Also ob O! Verwunderung,
Staunen oder Schmerz, Unwillen bezeichnet, wird nicht ausdrücklich gesagt;
ebensowenig ob diese Empfindung ein festes oder fliessendes Sein ist, das zu
irgend einem andern festen oder fliessenden Sein in einem gewissen Verhältniss steht. Gleichwohl kann doch eine Substanz bezeichnet werden, welche
in einem Verhältniss zu der Empfindung steht, und zwar durch den Dativ
und durch den Accusativ. Ueber den Dativ wird unten gehandelt werden.
Der Accusativ bezeichnet den Inhalt der Empfindung, und da die Interjection
kein Redetheil ist und indifferent in Bezug auf die Unterschiede der Redetheile, so kann diese sowohl den einen wie den andern enthalten; namentlich also kann sie wie ein Verbum wirken. *O me miserum* heisst demnach:
das *o,* d. i. die dadurch bezeichnete Empfindung, hat zum Inhalt *me miserum,*

also ich beklage ihn, *miseror,* oder bewundere, *admiror* u. s. w., wenn man die Empfindung auf einen Begriff reducirt; vgl. Ter. Heaut. 313 O hominis inpudentem audaciam. Plaut. Bacch. IV 9, 73 (995) enge litteras minutas! ei der tausend über die kleine Schrift. Wir haben im Deutschen keine Interjection cum accus., sondern nur cum nominat., wir setzen also den Ge- genstand als existirend und begleiten ihn mit dem Laut der Empfindung; die Römer lassen die Empfindung energischer wirken und den Gegenstand zu ihrem Inhalt nehmen.

Die Empfindung kann aber auch ohne Interjection ausgedrückt werden durch den blossen Ton der Stimme, in welchem ein Ausruf erfolgt; er ersetzt das *o* und *a* vollkommen und es kann also ebenso der Inhalt der so be- zeichneten Empfindung durch einen Accusativ ausgedrückt werden, weshalb der Accusativ auch allein im Ausruf steht. So *vestram fidem* (sonst *per fidem*), *testes egregios* u. s. w. Beispiele s. bei Zumpt § 402. Gronov zu Sen. ad Marc. c. 9. [Holtze I p. 279 sq. Draeger I S. 367 f. 369.]

5. Elliptischer Accusativ.

Da der Accusativ den Inhalt eines Seins bezeichnet, kann er nicht für sich allein stehen; er ist ohne Beziehung auf ein Sein sinnlos, möge dieses auch durch eine Interjection oder durch den Ausruf vertreten werden. Aber allerdings ist es möglich, dass das Verbum nicht immer ausdrücklich dabei steht; es muss indes aus dem, was man sagt, so zweifellos erkannt werden können, dass ein Irrthum darüber nicht stattfinden kann, sodass man also nicht einmal sagen kann, dass der Begriff des Verbums fehlt; denn ist er auch nicht durch ein besonderes Wort bezeichnet, so wird er doch durch die übrigen ausgesprochenen Worte in der Seele des Hörers erweckt.

So steht der Accusativ, wenn man ausrufend wünscht oder verlangt, dass eine Sache oder Person entfernt oder gebracht werden soll, ohne den Begriff des Fortschaffens oder des Bringens auszusprechen; z. B. ultro istunc Plaut. Amph. 320. Ultro istum a me Capt. III 4, 19 (551). Ultro te amator, apage te a dorso meo Cas. II 8, 23, in welchem Beispiel die Zusammen- stellung des *ultro te* mit *apage te,* welches Verbum und Ausruf zugleich ist, für die Erläuterung dieses Gebrauches lehrreich ist. Aehnliche Ausdrücke sind: extra portam hanc virginem! Sen. controv. I 2, 21 [p. 92 K.]. huc aliquis ignem! Sen. Oed. 883 (sc. *afferat*). Huc aliquis propere sceptrum Stat. Theb. XI 559. Nicht selten steht so auch *unde* mit dem Accusativ und Dativ; z. B. Iuvenal. XIV 56 unde tibi frontem libertatemque parentis, cum facias peiora …? S. Heinsius ad Ov. her. XII 84. Corte zu Lucan. VII 28. Mark- land ad Stat. silv. I 2, 188, der dort nach Gronov den Accusativ belegt, während sonst von Statius selbst der Nominativ gebraucht wird, wie Theb. X 804 und wohl auch X 236. Zweifelhaft ist Quint. decl. 2, 17 unde tantum virium Cacco, ut in uno statim ictu mors tota peragatur? (cf. decl. 301 p. 582 Burm. unde enim nobis adversus istum tantus animus, ut vindicaremur?), Ovid. ex Pont. I 8, 61 unde sed hoc nobis? Ev. Matth. 13, 56 unde ergo huic omnia ista? v. 54 wird gewöhnlich gelesen unde huic sapientia haec et virtutes? während im Euang. Palat. ed. Tischend. steht *unde huic sapientiam istam et virtutes?* und ib. c. 15, 33 auch in der Vulgata: unde ergo nobis in deserto panes tantos, ut saturemus turbam tantam? (im Ev. Palat. fehlt *tantos,* sodass der Casus nicht zu erkennen ist.)

Viel häufiger ist die elliptische Redensart *quo mihi hanc rem?* „wozu
mir das?" (ebenso wie: „wozu mir der Titel?") es ist dabei der allgemeinste
transitive Verbalbegriff zu verstehen, also von *esse* das Causativum; denn
ein Transitivum wird durch den Accusativ von selbst erfordert; das allgemeinste aber ist das Hervorbringen des *esse*, und da es zugleich mit dem
Dativ verbunden ist, so erklärt es sich durch *dare, tribuere;* alles andere
am Verbum, wie Person und Tempus, bleibt unbestimmt, weil es unbestimmt
bleiben soll oder muss. Wie bei *unde* findet sich auch hier zuweilen der
Nominativ (zweideutig ist Martial IX 66, 2. XIV 116, 2), in welchem Falle
das einfache *esse* zu verstehen natürlich ist. Häufig wird der Ausdruck angewendet, wo es sich von Gaben des Schicksals oder des Zufalles handelt,
wo also der Geber etwas Unbekanntes, Unpersönliches ist; aber auch wo das
nicht der Fall ist, wird immer nur nach dem Zweck und Nutzen einer
Sache für Jemand gefragt, und es kommt nicht darauf an, den Geber zu
bestimmen. Cic. ad fam. VII 23, 2 Martis vero signum quo mihi pacis auctori?
Quint. decl. II 10 quo caeco hereditatem vel innocenti? — quo, per fidem,
divitias iuveni, apud quem omnium rerum diversitas periit? decl. XII 3 quo
nunc tantum frumenti? quo classem commeatu gravem? Häufiger ist es bei
Dichtern: Iuven. XIV 135 Sed quo divitias haec per tormenta coactas, cum
furor haud dubius, cum sit manifesta phrenesis, ut locuples moriaris, egentis
vivere fato? Hor. ep. I 5, 12 Quo mihi fortunam, si non conceditur uti?
siehe Bentley a. h. l. und Heinsius und Burmann zu Ovid. heroid. II 53.
IV 157. Gronov zu Sen. controv. I 2, 1 und zu Sen. nat. quaest. I c. 16, 8.
Intpt. ad Phaedr. III 18, 9 quo mi, inquit, mutam speciem, si vincor sono?
Kempf ad Val. Max. IX 13 ext. 2. Jaeger ad Paneg. VIII 10, 3 quo tibi
manus nostras, si versa vice pugnas ipse pro nobis? Arntzen ad Dion. Cat.
dist. IV 16, 2. Auch mit dem Infinitiv wird der Ausdruck construirt; so
Ov. am. III 8, 47 sq. in einer Anrede an das Menschengeschlecht (hominum
natura): quo tibi turritis incingere moenibus urbes? quo tibi discordes addere
in arma manus? a. a. I 303 quo tibi, Pasiphaö, pretiosas sumere vestes? (vgl.
Heinsius a. h. l.) Hor. sat. I 6, 24 sq. Statt des Infinitivs ein Satz mit *si:*
Ov. ep. ex P. I 5, 79 quo[1]) tibi, si calida prosit laudere Syenae? (Darauf
synonymer Ausdruck quid inde feras? v. 82 u. v. 78 iuvat nihil.)
Es finden sich ferner noch sehr mannigfaltige Fälle von allein gesetzten
Accusativen in Fragen oder auch Ausrufen in verschiedener Verbindung mit
anderen Wörtern und zur Bezeichnung sehr verschiedener Affecte, die allemal
aus dem Zusammenhange zu erkennen sind; z. B. eine Frage, wo Nominativ
und Accusativ verbunden sind, um die Verwunderung zu bezeichnen, wie die
Person in den Besitz einer Sache kommt, oder eine Sache zu einer andern:
Lucan. VIII 542 O superi, Nilusne et barbara Memphis et Pelusiaci tam
mollis turba Canopi hos animos! (zu welcher Stelle Corte Sen. Troad. 347
anführt Hos Scyrus animos? d. h. *dat* oder *habet?*) Iuvenal. I 88 alea quando
hos animos? vgl. Heins. ad Claudian. II Eutrop. 132.
Eine Ergänzung von *facere,* dem allgemeinsten factitiven Begriff von
esse, ist anzunehmen: Cic. de fin. IV 1, 1 Quae cum dixisset, finem ille, u.
de d. n. III 40, 94 Cotta finem, er sagte das Letzte und machte so des
Redens ein Ende. Ferner ist häufig *facere* zu verstehen da, wo man Je-

---

[1]) [Die handschriftliche Ueberlieferung ist quid tibi.]

mand nach seiner Lebens- und Handlungsweise charakterisirt. Der Zusammenhang zeigt, dass man von seinem Sein und Thun spricht; diese allgemeinen Begriffe werden also weggelassen und bald der eine, bald der andere verstanden, je nachdem es die sonstigen Bestimmungen mit sich bringen. Meistens stehen bloss Adverbia zur Bezeichnung der Handlungsweise, oft aber auch Objecte, besonders allgemeine, *nihil, omnia, haec* u. dgl. Cic. pro Mil. 14, 36 nihil per vim umquam Clodius, omnia per vim Milo. Caes. b. g. V 33, 1 Tum demum Titurius — trepidare et concursare cohortesque disponere; haec tamen ipsa timide. Die letzteren Worte ebenso bei Cic. ad Att. X 4, 6, aber nicht auf das Handeln, sondern auf das Sprechen bezogen; denn wenn auch dieser Begriff specieller ist als der des *facere*, so verlangt doch der Zusammenhang seine Ergänzung; ebenso beim Referiren der Rede eines Andern oder auch der eigenen: *haec ille, haec alias* (Cic. de n. d. I 7, 11), *ne multa, quid multa?* u. dergl.; non unus haec Tac. ann. I 31.

Hierher gehören ferner sprichwörtliche Redensarten, wo jeder das fehlende weiss; *di meliora, bona verba quaeso* sind stehende Aposiopesen; dazu künstlich im Affect *Quos ego* — Verg. Aen. I 135, wo man die Handlung ahnen lässt, die man verrichten will, ohne sie näher zu bezeichnen; nur das Object wird angegeben, das von ihr getroffen werden soll; desgleichen wenn die Handlung darum verschwiegen wird, weil sie unanständig ist, sodass man sie auszusprechen sich scheut, aber sie ahnen lässt; Verg. buc. III 8 novimus et qui te — transversa tuentibus hircis. Terent. Eun. I 1, 20 [65] Egone illam? quae illum, quae me quae non! [S. Th. I. S. 209 f.]

Daran schliesst sich der Accusativ bei *en* und *ecce*, wo er sich aus der Bedeutung dieser Wörter von selbst ergiebt [einmal auch bei Cicero Phil. V 6, 15 en causam, cum lex ferretur, s. Draeger I S. 368 f.]; *eccum, eccam* steht bei Plautus häufig, auch *eccillum;*[1]) noch häufiger aber werden sie absolut oder mit dem Nominativ gebraucht. Ferner verbindet man bei Trinksprüchen *bene* mit dem Accusativ der Person, welcher er gilt: Plaut. Stich. 709 Bene vos, bene nos, bene te, bene me, bene nostram etiam Stephanium. Tibull. II 1, 31 sed 'bene Messalam' sua quisque ad pocula dicat. cf. Ovid. fast. II 637. Man giebt zu erkennen, das Trinken bedeute: *bene Messalam valere,* scil. *volo, precor.* Aber von diesem Ausruf oder Trinkspruch aus, mit dem man das Trinken begleitete, kam man zu der Auffassung, den Namen oder die Person Jemandes als Gegenstand, ideellen Inhalt des Trunkes zu bezeichnen; daher sagt man, ohne *bene*, bloss: *nomen alicuius bibere* und *aliquem*, und *aliquis bibitur*, z. B. Martial. I 71, 1 Laevia sex cyathis, septem Iustina bibatur, quinque Lycas, Lyde quattuor, Ida tribus. id. VII 51, 26 nomen utrumque bibam, wobei man sich zu erinnern hat, dass man den Namen Jemandes durchtrank, wenn man so viele Becher trank, als der Name Buchstaben enthält, so dass hier mittels doppelter Uebertragung die Person als Object für ihren Namen steht, der Name aber das Quantum des Getrunkenen repräsentirt.

Ein sehr häufiger Gebrauch ist der des *nihil aliud quam*[2]) mit einem

---

[1]) [Die Beispiele s. b. Holtze I p. 280 sqq.]
[2]) [Vgl. hierüber Th. I S. 209, wo in dem gleichen Sinne über diese Redensart gehandelt ist, aber nicht so ausführlich wie hier. — S. übr. die Specialschrift von G. T.

nachfolgenden specielleren Verbum, wo man bei *nihil aliud* das Verbum *facere* in derselben Form ergänzt, welche das nachfolgende Verbum hat. Aber dass diese allgemein angenommene Ergänzung falsch ist, habe ich schon zu Reisig A. 610 erinnert; trotzdem aber bleiben die Grammatiker beim Alten. Madvig § 447 A. 5. Zumpt § 771. F. Schultz § 461. § 225 Anm. 2. Der Ausdruck *nihil aliud quam* ist also ein abgekürzter Prädicatssatz und so, wie der Ausdruck *plus quam*, über den zu Reisig Anm. 399 gehandelt ist, zu einem Adverb in der Bedeutung „nur" geworden, etwa wie sich *incertum an, dubium an* in dem Sinne von „vielleicht" gebraucht finden; s. Drakenborch zu Liv. VIII 17, 10. Freinsheim im Index zu Flor. s. v. *dubium*. Mützell zu Curt. V 15, 19. pag. 436 sq. Die ältesten Belege haben wir bei Sallust fragm. hist. IV 50 u. 63 ed. Kritz, aber keine bei Cicero. Diese adverbiellen Ausdrücke sind gerade so entstanden, wie in ältester Zeit schon *primum, ceterum* u. a., s. Bd. I S. 157; in der Kaiserzeit aber hat sich dieser Gebrauch sehr ausgedehnt, indem sich namentlich bei Tacitus, aber auch bei Anderen ein solches Neutrum gleichsam wie ein Ausruf eingeschoben findet, das nun die Stelle eines Adverbiums vertritt; z. B. rarum Tac. ann. I 39. 56. VI 10. XIII 2. mirum dictu Plin. n. h. XVIII § 113. incredibile dictu Flor. II 6 [1 22], 38. novum sane et moribus veterum insolitum Tac. ann. XII 37. Extremum malorum Tac. hist. III 31. Aus der Analogie so abgekürzter und eingeschobener Prädicatssätze erklärt sich nun jenes *nihil aliud quam*, bei dem zu beachten ist, dass es nicht auf das ganze folgende Verbum geht, sondern nur auf die Bedeutung des Stammes, ohne die Formirung; bei Cicero findet es sich in dieser Weise noch nicht und nur ein paar ungefähr sich nähernde Beispiele führt Zumpt § 771 an. Wohl aber kennt Cicero den auch von Späteren sehr häufig angewendeten Ausdruck *si nihil aliud*, z. B. Verr. I 58, 152, bei welchem nichts Anderes ergänzt werden kann als *est, erat, dici potest* u. dgl.. Einfach Sen. suas. II 22 [p. 23 K.] Expectemus, si nihil aliut, hoc effecturi, ne — dicat. Dagegen controv. I 3, 1 [p. 94 K.] si nihil aliud, loco incestarum stetisti. I 2, 1 [p. 81 K.] si nihil aliud, certe osculatus est te quisquis spurcam putavit. ib. II 7 (15), 3 [p. 226 K.]. VII 7 (22), 2 [p. 353 K.] si nihil aliud, et ducem genuisti et dux esse voluisti. Petron. 114, 11 si nihil aliut, certe diutius, inquit, iunctos nos mare feret. Andere modificirte Ausdrücke hat Sen. contr. I 6, 7 [p. 116. K.]. I 7, 4 [p. 121 K.] captum me piratae nihil amplius quam alligaverunt. X 4 (34), 4 [p. 504 K.] istum tamen nihil amplius quam vendidit. Für *nihil aliud (amplius) quam* vgl. z. B. contr. X 2 (31), 15 et feci nihil aliud quam laudavi patrem. II 7 (15) 2 [p. 225 K.] Veni nihil aliud quam ut fortunam meam querar. Quint. decl. XVI 8 Iam non corporis nexus haerebat, nec aliud quam resederant pondere catenae. Sueton. Claud. 16 alium — nihil amplius quam monuit. Calig. 44 nihil autem aliud amplius quam — regis filio — in deditionem recepto — magnificas Romam litteras misit. S. die Stellensammlung von Bremi zu Caes. c. 20, wo er eine Ellipse annimmt, während er es zu Calig. 44 für eine unveränderliche Formel ansieht. Endlich gehören noch hierher Sen. controv. IX (4) 27, 6 [p. 422 K.] at patrem quantulo minus quam occidisti? Petron. c. 107, 11 qui ignotos laedit, latro appella-

---

A. Krüger De formulae *nihil aliud facere quam* vel *nisi* cognatarumque formularum usu tam pleno quam elliptico im Progr. des Braunschweig. Gymn. 1838.]

tur, qui amicos, paullo minus quam parricida. Sen. controv. I 3, 4 [p. 95 K.] et quam a saxo nusquam reverti fas est nisi ad saxum, quanto minus quam in templum resilivit? Dies mag über den elliptischen Accusativ genügen; die einzelnen Fälle sind aus dem Zusammenhange immer leicht zu erklären und es finden dabei die allgemeinen Gesetze der Ellipse stets Anwendung.

6. Accusativus absolutus.

Die Benennung eines Casus absolutus wird meistens mit grosser Unklarheit angewendet. Die lateinischen Ablativi absoluti heissen so, weil sie scheinbar ein Satzglied bilden, das man als ganz losgelöst von der Construction betrachtet und im Deutschen in einen besondern Satz verwandelt; dass dies aber unrichtig ist, werden wir beim Ablativ sehen, und was man vollends Accusativus absolutus genannt hat, das ist völlige Thorheit. Reisig hat § 380 die Benennung noch aus früheren Grammatikern beibehalten, doch habe ich dort schon in A. 553 gezeigt, dass nichts Absolutes dabei ist; ebenda ist auch die Literatur angegeben. Es sind hauptsächlich zwei Fälle hierher gezogen. Der erste ist der, dass zufällig ein Nomen, welches eigentlich Subject seines Satzes sein sollte oder hätte sein können, durch einen an dasselbe geknüpften Relativsatz von seinem Verbum fin. getrennt ist und darum in den Accusativ gesetzt wird, weil das Pron. relativum im Accusativ steht. Man könnte das also richtiger Attraction nennen. Es beruht auf dem Mangel an Fertigkeit oder an Neigung, einen zusammengesetzten Satz oder Periode schon im Voraus zu überschauen. Man construirt also das voraufgehende Subject des erst später folgenden Satzes mit dem zu ihm gehörigen Pron. relat. zusammen und lässt es vom Verbum des Relativsatzes mit abhangen; materiell entsteht dadurch keine Unrichtigkeit, nur die formale Genauigkeit ist verletzt, und auch dies geschieht nur, wenn das in den Accusativ gerathene Subject bei dem nachfolgenden Verbum unfehlbar zu verstehen ist. Diese Ausdrucksweise ist, wenn sie unwillkürlich ist, Zeichen der Unbildung und Kurzsichtigkeit, welche die verbundenen Gedanken nicht übersehen und beherrschen kann, oder der Nachlässigkeit und wissentlichen Achtlosigkeit, welche sich nicht die Mühe nimmt, die Sätze vorher zu ordnen[1]). Dieser Ton kann aber auch künstlich angenommen werden, um der Rede den Anstrich von naiver Sorglosigkeit zu geben, und da öfter zu Scherzen dienen; indem man das Subject im Voraus nicht verräth, kann es als etwas ganz anderes zu Tage kommen, als man nach dem Accusativ hätte erwarten sollen. So hat es öfter Plautus, z. B. Bacch. IV 9, 11 [935] Nam ego has tabellas obsignatas consignatas quas fero, non sunt tabellae. Curc. III 49 [418] Set istum quem quaeris, ego sum. Epid. III 4, 12 Sed istum quaem quaeris Periphanem Platenium, ego sum. Aehnlich Petron. 134, 8 O Oenothea, hunc adolescentem quem vides, malo astro natus est. Eine solche Ueberraschung ist auch bei Verg. Aen. I 573 beabsichtigt: Urbem quam statuo, vestra est; desgl. wird bei Sen. Herc. Oet. 412

---

[1]) [Im Griechischen ist bekanntlich diese s. g. Attractio inversa sehr häufig, s. Kühner, Ausführl. gr. Gr. II. S. 918 ff., aber auch im Deutschen, z. B. den besten Buhlen, den ich hab, der liegt beim Wirth im Keller. Für das Lat. geben noch mehr Beispiele Draeger II S. 475 f. u. Kühner, Ausführl. lat. Gram. II S. 857 f. Bei Livius ist sie zweifelhaft, Kühnast S. 194.]

der Vers hunc quem per urbes ire praeclarum vides — in noch fünf weiteren ausgeführt, dann aber in völlig unerwarteter Weise geschlossen mit levis est. Vgl. Jani A. P. p. 274 sq. Es versteht sich, dass diese Erscheinung auch andere Formen annehmen kann. Der Zwischensatz kann gerade umgekehrt bewirken, dass ein Wort Subject wird, das eigentlich Object des Nachsatzes sein sollte; z. B. Plaut. Bacch. I 2, 20 [127] Etiam med adversus exordire argutias? qui si decem habeas linguas, mutum esse addecet. Ferner kann es auch, wenn das Subject in den Accusativ übergeht, bei umgekehrter Reihenfolge geschehen, wie bei Ter. Andr. 1 poeta — id sibi negoti credidit solum dari, populo ut placerent quas fecisset fabulas.

Der zweite Fall, in welchem Reisig § 381 auch noch einen Anschein von Accus. absol. findet, steht jenem sehr nahe, da auch hier ein Zwischensatz den Anlass zur Abweichung giebt; wenn nämlich der abhängige Satz als Object zu demjenigen Verbum angesehen werden kann, von welchem er abhängt, so wird sein Subject oft aus ihm herausgenommen und als Object unmittelbar mit dem regierenden Verbum verbunden, sodass dann der nachfolgende abhängige Satz nur eine Epexegese ist, durch welche das Verhältniss zwischen dem Verbum und Object näher erläutert wird. S. zu Reisig A. 554, Jani A. P. p. 272 fgg., Gronov zu Sen. de benef. IV c. 32 [u. besonders Kühner II S. 1055 ff. nach G. T. A. Krüger's Untersuchungen III S. 131 ff.]. Bei Cicero ist dergleichen nicht zu finden[1]), ausser wenn in der That der abhängige Satz nur Epexegese ist und das Verbum mit dem Object einen für sich vollständigen und ausreichenden Satz bildet, z. B. nosti Marcellum quam tardus sit [Cic. ad fam. VIII 10, 3][2]), während das Charakteristische dieses Gebrauchs gerade darin besteht, dass die Epexegese keineswegs überflüssig oder entbehrlich, sondern recht eigentlich das ist, was man sagen will, so dass das vorhergehende Verbum mit seinem Object an sich gar kein genügendes Verständniss hat. In dieser Weise nun gehört der Gebrauch nur der älteren, noch nicht periodischen Sprache und der nachlässigen Conversationssprache niedern Tons und ist daher hauptsächlich bei den Komikern gebräuchlich. Am natürlichsten ist er da, wo das regierende Verbum ein Verbum sentiendi oder declarandi ist, sodass der abhängige Satz den Inhalt einer Wahrnehmung ausdrückt, meistens in indirecter Frage, deren Subject dann der Hauptgegenstand der Wahrnehmung ist, während die Frage diesen nur specialisirt. Z. B. Ter. Eun. V 8 5 [1035] scin me in quibus sim gaudiis? Plaut. Amph. 1038 quid opus est med advocato, qui me utri sim nescio? Aber die älteren Schriftsteller, wie Plautus und Cato (andere, wie Varro, nur in sehr vereinzelten Fällen) dehnen diesen Gebrauch auch auf Verba der Absicht und Folge aus, was in späterer Zeit ganz unerhört ist; z. B. Pseud. 214 Te ipsam culleo ego cras faciam ut deportere in pergulam. Plaut. Merc. II 4, 15 [483] quo leto censes me ut peream potissimum. Truc. IV 3, 42 Nunquam te facere hodie quivi, ut is quis esset, diceres. Epid. IV 2, 36 Si invenio (Epidicum), exitiabilem ego illi faciam hunc, ut fiat diem. Cato de r. r. 5 villam videat, clausa uti siet, und so öfter. Noch später, als

---

[1]) Ad fam. IV 1, 2 liest der cod. Med. res vides quomodo se habeat [wie Orelli in der 2. Ausg. aufgenommen hat] anstatt rem.

[2]) [Von gleicher Art ist pro Deiot. 11, 30 quis tuum patrem antea, quis esset, — audivit. S. Draeger II S. 470 f.]

die Schriftsteller auf jenen alten Standpunkt der Unfähigkeit zu periodolo-
gischer Genauigkeit wieder herabsanken, findet sich Aehnliches wieder, z. B.
bei Gregor. Turon. de glor. mart. I 40 p. 766 sq. Ego te faciam ne audeas
contra sectam nostram amplius mussitare.

Hierher kann man noch einen gewissen Accusativ ziehen, der gleichfalls
den Schein hat absolut zu stehen und nicht als Object an das Verbum allein
sich anschliesst, sondern als Resultat und Zweck des ganzen vorhergehenden
Satzes, wie eine für sich stehende Epexegese zu ihm erscheint[1]). Aehnliches
findet sich im Griechischen, z. B. Eurip. Orest. 1105 Ἑλένην κτάνωμεν, Με-
νέλεῳ λύπην πικράν. Der Form nach ist der letzte Acc. angeschlossen
an Ἑλένην, während doch nicht diese an sich die λύπη πικρά ist, sondern
es erst durch die Handlung κτάνωμεν wird, also: tödten wir sie, ihm
zum bittern Schmerz. Ueber den griechischen Gebrauch s. Matthiae § 410
und 432, 5 (wo nach Pflugk zu Eurip. Hec. 1074 u. Androm. 291 hinzuzufügen ist), Bernhardy 127 fg., der jedoch in Anm. 96 ganz falsch behauptet,
der Gebrauch sei bei den Lateinern ausgedehnter als bei den Griechen, und
das folge aus der Sammlung bei Heindorf zu Hor. sat. II 1, 52; dieser aber
bringt keine einzige lateinische Stelle bei und die des Horaz selbst ist von
anderer Art und von Heindorf nicht richtig aufgefasst[2]).

Vor allen Dingen ist zu bemerken, dass der Accusativ in Wahrheit
nicht absolut steht, und dass auch andere Casus in ganz ähnlichem epexege-
tischen Verhältniss zu einem vorhergehenden Satze stehen; vom Genetiv
siehe oben namentlich den Fall, wo der Gen. gerundii den Zweck einer
Handlung angiebt (S. 32).

Dieser Gebrauch des Accusativs geht vielmehr lediglich darauf zurück,
dass er eine ungenaue Apposition zu einem andern Accusativ oder zu einem
auf andere Weise bezeichneten Object bildet. Der correcte Stil des Cicero
und der früheren Zeit liess solche Ungenauigkeit nicht zu; in der monarchischen Zeit ist sie gerade dadurch entstanden, dass man, geübter im logischen
Denken, mit Leichtigkeit im Concreten das Abstracte sah und daher oft und
gern diese Kategorien wie auch andere zusammenstellte und sie auf pikante
Weise als identisch behandelte. Bei Cicero ist ein sehr bescheidener Anfang
gemacht, wenn er den allgemeinen Begriff *res* zuweilen als eine nicht ganz
genaue Apposition setzt. Solche Stellen führt Matthiä zwei an or. 16, 52
hoc mihi quaerere videbare, quod genus ipsius orationis optimum iudicarem:
rem difficilem, di immortales, atque omnium difficillimam. Hier besteht in
Wahrheit noch keine Abweichung, da *rem* auf *id* zurückbezogen werden
kann, wenn es auch allerdings den Satz umfassen soll, der das *id* erläutert;
der Satz ist es eigentlich, der sowohl durch *id* als durch *rem* in eine nomi-
nale Form zusammengefasst werden soll. Entschiedener ist schon die Abweichung de or. II 19, 79 deinde quinque faciunt quasi membra eloquentiae,

---

[1]) [S. Kühner II S. 185 f.]

[2]) Vgl. Eurip. Electr. 231 εὐδαιμονοίης μισθὸν ἡδίστων λόγων. Dieser Ausdruck ist
am natürlichsten so zu fassen, dass μισθός als ein einfaches, das Product bezeichnendes
Object aufgefasst wird; da aber jede Handlung ein Product haben kann, möge sie in
einem einfachen Verbum liegen, wie εὐδαιμονεῖν, oder möge sie durch ein mit einem
Casus obliq. verbundenes Verbum bezeichnet sein, so könnte man den hier angenommenen
Ausgangspunkt von der Apposition zum Accusativ eines Substantivi ganz fallen lassen.
[Vgl. auch Kühner Ausführl. gr. Gramm. II S. 248 f.]

iuvenire quid dicas, inventa disponere, deinde ornare verbis, post memoriae mandare, tum ad extremum agere ac pronuntiare, rem sane non reconditam, d. h. damit, dass sie fünf Theile machen, thun sie etwas, das eine unklare Sache ist; es ist also nicht sowohl Object von *faciunt* und Apposition zu *quinque membra*, sondern es ist zu jenem zusammengefassten Ausdruck *faciunt quinque membra* eine allgemeine Apposition, *quae est res non recondita*, sc. *quod faciunt quinque membra*, diese aber in den Accusativ gesetzt, wie wenn sie bloss zum Object Apposition wäre, und durch den Begriff *res* wird das Ganze verallgemeinert und zusammengefasst. Spätere Schriftsteller sind darin viel kühner, indem sie zu Personen abstracte Begriffe oder Neutra als Appositionen setzen, welche die Bestimmung, Bedeutung, Zweck, Wirkung der Personen ausdrücken, so Tac. ann. I 3 subsidia dominationi. XVI 17 idem Annaeum Lucanum genuerat, grande adiumentum claritudinis. I 30 quosdam (sc. *turbatores*) ipsi manipuli documentum fidei tradidere, wo es aber schon sehr nahe liegt, das *documentum fidei* nicht sowohl in dem *quosdam* als in dem ganzen Act *ipsi quosdam tradidere* zu finden. Ebenso Sen. suas. V 7 [p. 33 K.] Triarius — exultavit quod Xerxen audiret venire ad se, ipsis novam victoriam, nova tropaea. Wenn nicht vielleicht zu lesen ist: *adesse ipsis* [was Kiessling aufgenommen hat], so ist *victoriam, tropaea* der Form nach als Apposition zu *Xerxen* zu nehmen, dem Sinne nach zu dem ganzen Act: *Xerxen venire*. Aehnlich Tac. ann. I 27 Postremo deserunt tribunal, ut quis praetorianorum militum amicorumve Caesaris occurreret, manus intentantes, causam discordiae et initium armorum; sie drohen mit den Fäusten, und dieser Act soll darbieten *causam discordiae et initium armorum.* Ebenso ann. III 64 enimvero audita mutatione principis inmittere latronum globos, excindere castella, causas bello; hier ist es schon gar nicht mehr möglich, bei *causas* noch das Verbum *inmittere*, oder gar *exscindere* zu verstehen. hist. IV 19 promissa a Vitellio postulabant, non ut adsequerentur sed causam seditioni. hist. I 44 omnes conquiri et interfici iussit, non honore Galbae sed tradito principibus more, munimentum ad praesens, in posterum ultionem ann. VI 43 (37) auspicium. XV 35 nomina summae curae et medimenta. hist. I 72 effugium. Germ. 16 suam quisque domum spatio circumdat, sive adversus casus ignis remedium sive inscitia aedificandi. Bei Anderen ist diese Ausdrucksweise weniger häufig, kommt aber vor, z. B. Dict. Cret. de b. Troi. 4, 3 (Diomedes Penthesileam) pedibus adtractam in Scamandrum praecipitat, scilicet poenam postremae desperationis atque amentiae. Die Ungenauigkeit besteht also darin, dass der Accusativ der Apposition so hinzugefügt wird, dass er einerseits nicht bloss eine Erläuterung des vorhergegangenen Accusativs giebt, sondern vielmehr der ganzen Handlung, und andrerseits, dass er nicht mehr eigentliches Object des vorhergehenden Verbums, dies für sich genommen, ist, sondern gleichsam ein Object zu dem ganzen zusammengefassten Ausdruck, der ohnehin schon aus Verbum und Object besteht. So könnte man wohl richtiger sagen, es ist ein doppeltes Object, wovon das eine Object eines transitiven Verbums ist, das andere das Product, die Wirkung, Absicht, Bedeutung, welche jener zusammengefasste Act darstellt, wie wenn man erläuternd sagte: *quae res erat hoc vel illud*, oder *quam volebant esse hoc vel illud*. Daher erklärt es sich denn, dass zuletzt auch das Vorhergehen eines Accusativs nicht mehr nöthig war, da ja nicht er, sondern ein ganzer Act durch den Accusativ als Apposition bestimmt wird; z. B. Tac. ann. I 49 Truces etiam tum animos cupido involat eundi in hostem, piaculum furoris, wo man nicht wird *piaculum* als Nominativ nehmen dürfen, in Bezug auf *cupido,* sondern es ist der Zweck des *ire in hostem,* die Bedeutung des ganzen: *(involat animos cupido) eundi in hostem.* Vergleiche Nipperdey zu Tac. ann. I 27, der aber mit diesem Gebrauch den oben S. 110 besprochenen vermischt, das Einfügen von Prädicaten, welche Urtheile des Schriftstellers sind, was bei jenen Accusativen nicht der Fall ist; und doch hat er auch wieder nur einen Theil jener Prädicate hierhergezogen, welche mit den Accusativen eine gewisse äusserliche Aehnlichkeit haben.

Der zuletzt besprochene Gebrauch des Accusatives zeigt allerdings eine Neigung, diesen Casus von der unmittelbaren Verbindung mit dem Verbum loszureissen; es ist ein annähernder Schritt dazu, und so können wir nun sagen, dass noch später der ganze Fortschritt zu einem wirklichen und wahren Accusat. absol. gemacht ist, indem ich das Wort in demselben Sinne nehme, wie bei den Ablat. absoluti. Es mag bis dahin, wo dieser Fortschritt vollendet vorliegt, noch einige Mittelstufen und Annäherungen gegeben haben, die aber noch Niemand beobachtet hat; ist doch selbst die Thatsache, dass sich ein wirklicher Accusativus absolutus (derselbe, den noch heutzutage die Franzosen gebrauchen) ausgebildet hat, so gut wie unbekannt gewesen; wo er sich findet, hat man ihn zum Theil beseitigt und mit dem Abl. absol. vertauscht, was selbst einem Manne wie M. Haupt begegnen konnte. Ich habe ihn nun aber so sicher und mit so vielen Stellen für den Gregorius Turon., der von 543 bis 593 lebte, nachgewiesen, dass ihn Niemand wieder wegläugnen kann. Sein ungedrucktes Buch de cursibus ecclesiasticis habe ich im J. 1853 aus einem Bamberger Codex in einem academischen Programm zuerst herausgegeben und dabei auch zuerst, gestützt auf den sehr alten Codex in longobardischer Schrift den Sprachgebrauch dieses Autors in vielen Punkten festgestellt, was nach den vorhandenen sehr unkritischen Ausgaben seiner grösseren Werke nicht gut möglich ist. Daselbst habe ich zu § 26 pag. 35 (emicante autem sole primum et iubar infert ignem adprehensumque nidum tota integre concrematur, wo man nicht mit Haupt adprehensoque nido lesen darf) eine grosse Zahl von Stellen gesammelt, zu denen ich noch einige andere füge: Gregor. de mirac. S. Iul. c. 17 init. Fuit quidam diaconus, qui relictam ecclesiam fisco se publico iunxit. Daselbst c. 19, extr. p. 865 C. ed. Ruinart. Denique sub custodia eum illa nocte detentum, mane facto cuncta quae fecerat, patefecit (scil. ille detentus). Daselbst c. 32 p. 873. C. basilicam in honore beati martyris construxit, cuius reliquias post perfectam fabricam expetiit fideliter ac devote quas acceptas dum viatim psallendo regreditur, Remensem est ingressus Campaniam. de mirac. S. Mart. 1 2 p. 1004 B. factum est, ut invidia tentatoris immissum incendium domus voraci flamma circumureretur. Auch in dem Orest., der nicht viel älter sein wird als Gregor von Tours, findet sich ein solcher Acc. v. 254 dixit et exutum tutanti tegmine regem callida funereo perfundit corpus amictu.

Der Dativus.

Der Dativ steht dem Accusativ näher als der Ablativ; aber diese beiden Casus haben das gemein, dass sie nicht die Substanzen bezeichnen, welche den Inhalt des Verbums bilden, also das Sein erfüllen und in ihm sind, sondern ausserhalb. Denkt man sich das Sein, seiner Natur gemäss, als ein fliessendes, sich fortbewegendes, so bezeichnet der Ablativ die Substanzen, welche den Ausgangspunkt desselben oder die ihm von Anfang gesetzten äusseren Schranken bilden und so seinen Lauf bedingen, ohne in diesen selbst hineingezogen zu werden; der Dativ dagegen bezeichnet die Substanzen, auf welche sich das Sein in seinem Laufe richtet; sie bilden den Zielpunkt, dem es sich zuwendet, der aber gleichfalls ausserhalb des Seins bleibt, von ihm nicht erreicht, ergriffen und afficirt, also nicht zum Inhalt desselben gemacht wird. Wenn ich auf diese Weise durch sinnliche Verhältnisse die Bedeutung des Casus anschaulich machen will, so möge man nicht glauben, dass ich damit auf die Vorstellung der Localisten eingehe, gegen die von Anfang an meine ganze Darstellung gerichtet ist; denn man muss bedenken, dass die Bewegung, welche dem Sein überall zugeschrieben werden muss, wenn sie auf jedes Sein ohne Ausnahme sich beziehen soll, keineswegs eine locale ist, denn nicht jedes Sein ist local und nicht jedes locale Sein hat auch locale Bewegung; die Bewegung, welche einem jeden Sein zugeschrieben werden kann und muss, ist vielmehr eine temporale, und so ist auch, wenn ich den Dativ als Ziel bezeichne, dies nicht als locales Ziel zu verstehen, was es nur dann sein kann, wenn das Verbum zufällig ein locales ist. Daher ist es denn auch bei diesem Casus am allerwenigsten möglich, ihm eine locale Bedeutung zuzuweisen; Hartung, über die Casus S. 81, bringt mit Mühe fünf Stellen dafür bei, aus Ennius, aus Versen des Cicero, aus der Anthologie, aus Justin und Hygin, also drei poetische und zwei aus späteren Prosaikern, sodass schon die Auswahl dieser mühsam zusammen gebrachten Gewährsmänner den grössten Verdacht erwecken muss, und bei näherer Betrachtung verschwinden auch diese Belege noch. Um also keine Zweideutigkeit zu erwecken, will ich den sonst nicht unzweckmässigen Ausdruck Ziel fallen lassen und so definiren: der Dativ bezeichnet den substantiellen Zweck des Seins, seine Bestimmung, sofern sie in einer Substanz liegt.

Um den gesammten Gebrauch des Dativs und die ganze Entwickelung jenes Grundbegriffs zur Uebersicht zu bringen, will ich folgenden Gang nehmen:

A. Verbindung mit dem einfachen *esse*, wobei sich ja am deutlichsten die Bedeutung des Casus herausstellen muss, da der Begriff des Verbums so einfach ist, dass er sie nicht alteriren kann. Es wird sich dabei zeigen, dass die Bestimmung des Seins liegen kann

1. in der Person,
2. in der Sache,
3. in beiden zugleich.

B. Verbindung mit solchen Wörtern, in deren Bedeutung eben diese Zweckbestimmungen ausdrücklich enthalten und näher bestimmt sind. Dahin gehören also

1. solche Verba, welche nur Modificationen von *esse* sind, dessen Causativa,

2. solche Verba oder Prädicate (Adjectiva), welche die Art und Weise des Seins oder der Beschaffenheit einer Person oder Sache näher bestimmen, vermöge deren sie fähig und geeignet werden, ihren Zweck oder ihre Bestimmung

α. in einer Person oder

β. in einer Sache zu haben.

C. Beliebige qualificirte Verba oder Prädicate, deren besondere Bedeutung nicht dazu dient, die Zweckbestimmung zu specificiren, die aber dennoch einen Dativ annehmen können, weil sie unter allen Umständen das Sein enthalten, also ebenso wie *esse* auch entweder

1. in der Person oder

2. in der Sache ihre Bestimmung haben können.

Hieran werde ich dann noch, wie früher, die Betrachtung mehrerer Dative in demselben Satze und derjenigen Dative knüpfen, welche scheinbar unregelmässig gebraucht sind, also abhängig von Substantiven, Adverbien, Interjectionen. Ein Dativus absol. ist nicht vorhanden, auch von den Grammatikern nicht einmal mit Ungrund angenommen.

A. Dativ in der Verbindung mit *esse*.

Hier stellen sich gleich die beiden hauptsächlichsten Gebrauchsweisen dar, welche sich nachher überall wiederholen; man kann sagen: *res mihi est*, ich habe die Sache, und *res est laudi*, gereicht zum Lobe; also sie hat entweder ihren Zweck oder ihre Bestimmung in einer Person, für welche sie da ist, sodass die Person von ihr Gebrauch machen kann, wenn sie will, oder in einer Sache, welche durch sie erreicht werden kann, welche also ihr sachlicher Zweck selbst ist. Beides ist näher zu betrachten.

1. Dativ der Person in Verbindung mit *esse*.

Est mihi res, eine Sache hat den Zweck ihres Seins in mir, sie ist für mich da. Dies bezeichnet also zunächst den Besitz, durch welchen eine Sache der Disposition einer Person unterworfen wird; z. B. An nescis longas regibus esse manus? Ov. her. 16 (17), 166. Nullus argento color est avaris abdito terris Hor. carm. II 2, 1. Als Besitzer kann, wie das Beispiel zeigt, auch eine Sache gedacht werden, die dann gegenüber einer andern Sache sich zu ihr wie eine Person verhält, wie eine selbständige Substanz, der ein Accidens zugeschrieben wird. Ferner kommt es auch nicht darauf an, ob die Sache für den Besitzer von Vortheil oder Nachtheil ist. Jedoch kann nicht für jedes „haben", für jede Art von Besitz dieses *esse* c. dat. gesetzt werden; es kann nur eine solche besessene Sache verstanden werden, welche von der Person des Besitzenden getrennt ist und ausserhalb derselben oder wenigstens so gedacht wird, dass die für sich gedachte Sache für die Person da ist, für sie also zu etwas dienen, auf sie in gewisser Weise einwirken kann (ohne dass diese Einwirkung ausgesagt wird, ein Afficiren, das ein Object erfordern würde), und andrerseits, dass auch die Person auf die Sache einwirken, sie benutzen, über sie verfügen, von ihr einen Vortheil oder irgend einen Eindruck haben kann. Dies gegenseitige Verhältniss ist ferner ein wandelbares, wie es das fliessende Sein zufällig begründen und wieder lösen kann; man denke sich *esse* = *contingere*. Also kann man z. B. statt *puer habet decem annos* nicht sagen: *sunt ei decem anni;* denn seine Lebensjahre sind nicht etwas ausser ihm, das man sich als getrennt von ihm denken könnte und das ihm gelegentlich einmal zu Theil würde. Ebenso ist es mit den nothwendigen und wesentlichen Accidenzen und Bestandtheilen einer Person oder Sache; man wird nicht leicht sagen: *est homini corpus, animus* u. dergl.; wenn aber ein Prädicat hinzutritt, das ein zufälliges ist und auch ein anderes hätte sein können, sodass dann die Accidenzen ein durch Zufall bestimmtes Verhältniss zu dem Inhaber haben, auf ihn in einer gewissen Weise einwirken, dann ist es unbedenklich; also z. B. *fuit ei corpus validum, laboris patiens; animus fortis, ingenium acutum* etc.

Ferner ist zu erwägen, wie sich diese Bezeichnung des Besitzes von der durch den Genetiv unterscheidet, den wir ja als eigentlichen possesivus schon kennen gelernt haben. Der Unterschied ergiebt sich leicht aus der Natur des Genetivs und Dativs. Beim Dativ, der nicht ohne das *esse* stehen kann, geht der Begriff des Besitzes erst daraus hervor, dass man sagt, dass eine Sache für Jemand ist; der Begriff des Besitzes folgt also erst aus dem des beweglichen Seins; der Besitz ist hier eine Art des Seins, nämlich das Sein für Jemand. Also kann hier der Besitz nicht anders bezeichnet werden, als durch das Sein der besessenen Sache, aus dem er erst mittels Hinzufügung des Dativs erkannt wird; er beruht also gleichsam auf einem Schluss, den man erst machen muss, um auf den Begriff des Besitzes zu kommen; derselbe ist ein Ereigniss, das eintritt, wenn ein Ding seine Bestimmung in einer Person findet. Beim Genetiv wird dagegen nicht zunächst das Sein bestimmt, sondern ein mit dem Genetiv verbundenes Nomen; *argenti color,* der Silberglanz; *regum manus,* Tyrannenhände. Da wird also der Besitz nicht erst ausgesagt, er entsteht nicht erst durch das Urtheil und für das Urtheil, sondern er ist schon vorausgesetzt und zwar als eine Eigenschaft der besessenen Sache, die dadurch, dass sie einer andern Sache oder Person angehört, einen engern Begriff bekommt und aus einem Gattungsbegriff zu einer Species wird. Aber die Aehnlichkeit der Ausdrücke wird erst dann so gross, dass eine Verwechselung möglich ist, wenn der Genetiv von dem Nomen, welches das ihm Angehörige, Besessene bezeichnet, durch Distraction getrennt wird; indes auch so ist dieselbe Bedeutung des Genetivs festzuhalten; z. B. Sen. epist. 41, 7 In homine quoque id laudandum est, quod ipsius est wäre *ipsi* unmöglich; dies würde heissen: was er besitzt, kann aber so vielfach und verschiedener Art sein, dass es kein Lob verdient, z. B. alle äusserlichen, zufälligen Güter; Seneca will sagen: nur das ist am Menschen zu loben, was in Wahrheit sein Eigenthum ist, was das Wesen, die Eigenschaft hat, sein Eigenthum zu sein, also was er sich selbst durch sein eigenes Bemühen und Streben angeeignet hat. Er erläutert dies selbst § 6 quid enim est stultius quam in homine aliena laudare? und nemo gloriari nisi suo debet und § 8 Lauda in ipso, quod nec eripi potest nec dari, quod proprium hominis est: quaeris quid sit? animus et ratio in animo perfecta. Ebenso bei einer ganz äusserlichen Sache Liv. VI 40, 17 Praeter Capitolium atque arcem omnia haec hostium erant, d. h. Alles war in der Gewalt der Feinde, es war nicht mehr römisches Eigenthum, sondern feindliches; man kann hier nicht sagen: omnia hostibus erant; denn dabei würde man doch zunächst die Existenz der *omnia* versichern und dann die Bestimmung „für die Feinde" hinzufügen; aber die Existenz der *omnia* erst noch auszusagen, ist in diesem Falle ganz überflüssig; sie versteht sich von selbst; es kommt nur darauf an zu sagen, dass Alles die Eigenschaft hatte, Feindesgut zu sein, nicht mehr Eigenthum der Römer. Kommen Prädicate zu der besessenen Sache hinzu, so ist dies beim Dativ gleichgültig: *est mihi domus* oder *domus pulcherrimam, regibus sunt manus* oder *regibus sunt longae manus;* die Art, wie hier der Besitz der Person zugeschrieben wird, bleibt dieselbe. Dagegen setzt man den Genetiv, so kann entweder der Genetiv oder jenes Adjectiv das Prädicat in diesem Satze sein: *regum manus sunt longae* oder *manus longae sunt regum;* der Sinn ist in diesen beiden Fällen: Tyrannenhände sind lang, oder die langen Hände sind ein Eigenthum der Tyrannen, sind Tyrannenhände. Ob das Eine oder Andere passt, kann nur der Zusammenhang entscheiden; z. B. Cic. n. d. III 4, 9 cum idem obtutus esset amborum (oculorum), beider Augen Blick ist derselbe, oder an beiden Augen ist der Blick derselbe; dass sie überhaupt einen *obtutus* haben als ihr Eigenthum, ist schon vorausgesetzt; es wird nur prädicirt, dass er an beiden gleich ist. Dagegen bei Horaz l. c. wäre es eigentlich widersinnig zu sagen *nullus argenti color est;* denn *argenti color* würde einen zusammengesetzten Begriff bilden: Silberglanz, die besondere Art *color,* die dem *argentum* eigen ist; dass also das *argentum* überhaupt einen *color* hat, setzt man dabei so sehr voraus, dass man eben diesen *color* darum als eine besondere Species von *color* bezeichnet, weil er dem *argentum* angehört; sagt man nun *nullus est,* so leugnet man, was man eben vorausgesetzt hat: der *color,* welcher dem Silber eigen ist, existirt nicht. Das ist ein Widerspruch und wäre nur möglich, wenn ein ganz verschiedenes Sein, das unwandelbare im Begriff und das wandelbare in der Realität, verstanden und das *nullus est* in dem Sinne des realen Seins genommen wird, wobei im Begriff die Existenz nicht aufgehoben wird; der Silberglanz ist nichtig, d. h. er existirt zwar als dem Silber eigen, aber er ist für nichts zu achten. Horaz spricht dort nicht von *argenti color* überhaupt, auch nicht im Allgemeinen von *argentum,* sondern von *argentum abditum terris,* wenn man die Schätze vergraben hat; dann, sagt er, haben sie keinen Glanz, dieser existirt für sie nicht; da es sich also darum handelt, den Besitz erst auszusagen, nicht aber die Sache mittels ihres Besitzers zu characterisiren, so ist der Dativ nöthig. Ebenso liegt es Cic. off. III 33, 120 nulla potest esse ei (voluptati) cum honestate coniunctio.

Also in Summa: beim Dativ wird der Besitz als das Sein einer Sache erst ausgesagt, als eine Thatsache, ein Ereigniss; beim Genetiv dagegen wird die Thatsache schon vorausgesetzt und der Besitz ist in Folge derselben zu einer Eigenschaft geworden, die den Begriff der besessenen Sache inhaerirt und ihn dadurch unwandelbar zu einem engern macht.

Dies ist der Unterschied, der aus der Natur der Casus hervorgeht. Wenn man gesagt hat: der Genetiv stehe, wenn der Besitz ein dauernder und ein geistiger sei, so ist das falsch. Beides kann sowohl beim Dativ wie beim Genetiv der Fall sein; nur auf das Dauernde des Besitzes beim Genetiv konnte man darum allerdings leicht fallen, weil der Besitz nicht erst ausgesagt, sondern vorausgesetzt und nur zur Specificirung benutzt wird; er musste also schon vorher vorhanden sein, während er beim Dativ für das Urtheil erst da beginnt, wo man ihn aussagt; er ist also in jenem Falle

freilich dauernder, aber er braucht darum auch in diesem Falle kein vor-
übergehender zu sein.

2. Dativ der Sache in Verbindung mit *esse*.

Res est laudi, eine Sache hat in einer Sache ihren Zweck, nicht so,
dass diese andere Sache die Stelle der besitzenden Person vertritt, für welche
also die erste ist, sondern so dass sie die Wirkung selbst bezeichnet, welche
durch das Sein einer Sache erreicht werden kann, den substantiellen Zweck
selbst oder das mögliche Resultat ihres Seins, sodass also die Person, für
welche eine Sache eine andere Sache bewirken kann, noch ausserdem hinzutreten kann.

Es ist zu bemerken, dass der Dativ nur den Zweck bezeichnet, für welchen eine Sache geeignet ist, zu welchem sie dienen, wozu sie gereichen
kann; wenn sie aber selbst wirklich ist, so versteht sich, dass sich auch
der Zweck verwirklicht, zu dem sie dient.

Vergleichen wir diesen Dativ der Sache mit den Objecten, so steht er
denjenigen am nächsten, welche die Producte einer Handlung sind, oder
auch immanente Objecte, indem eine Handlung sich selbst als eine vollendete
darstellt, welche dann, zumal wenn sie mit einer specialisirenden Bestimmung
versehen ist, mit den äussern Objecten zusammenfallen kann; z. B. *Cyclopa
saltare* oder *moveri*, einen Tanz tanzen, aber der Inhalt, Gegenstand des
Tanzes ist der *Cyclops*, der also dadurch dargestellt wird; *scribere librum*,
ein Buch durch das Schreiben darstellen, produciren. So kann man von
einer *res, quae laudi est*, auch sagen *laudem affert, parat, efficit;* dann ist
laus das Product ihrer Wirkung. Aber der Unterschied ist, dass hier die
Sache als eine thätige erscheint, welche ein Product hervorbringt, das etwas
von ihr selbst verschiedenes ist. Bei *esse laudi* dagegen wird keine thätige
Wirkung der Sache ausgesagt, sondern nur ihr Sein; der Dativ vertritt die
Stelle eines Prädicats, und daher steht andererseits der Prädicats-Nominativ
diesem Dativ sehr nahe: *res est impedimento* und *impedimentum, documento*
und *documentum*[1]). Zwischen beiden Ausdrücken *res efficit (obicit) impedimentum* und *est impedimentum* steht also *est impedimento* in der Mitte;
der Dativ ist eine Sache, welche ein anderer Gegenstand, das Subject, durch
sein Sein annähernd darstellt, ohne sie thätig als ein äusseres Product zu
bewirken, aber auch ohne sie selbst und mit ihr identisch zu sein wie im
Prädicat; sie ist fähig ihre Rolle zu vertreten, ohne doch aufzuhören von ihr
verschieden zu sein. Hieraus geht hervor, dass der Gebrauch des Dativs
sich beschränken muss auf einen nicht sehr grossen Kreis von Begriffen,
welche in dem Verhältniss zu der Sache, die das Subject ist, stehn, dass sie
beinahe, aber nicht ganz mit ihr für identisch erklärt werden können, nämlich so, dass sie durch jene vertreten, von ihr dargestellt werden können,
obwohl sie verschieden sind.

Die im gewöhnlichen Gebrauch befindlichen Wörter dieser Art sind in
den Grammatiken aufgeführt; es sind diese: *praesidio, subsidio, auxilio,*

---

[1]) Der Dativ *frugi* ist geradezu zu einem adjectivischen Epitheton geworden, auch
Beiname *Piso Frugi*. Die Aelteren verbinden es noch mit *bonae*, so Plaut. Curc. 521
Face sis bonae frugi sies. Pseud. 339 numquam eris frugi bonae. [So zuletzt auch
Corssen Vocal. I² S. 729, während er es in den Nachträgen S. 82 als Genetiv der Eigen-
schaft aufgefasst hatte. Die Literatur s. b. Vaniček, gr.-lat. Wörterb. S. 641 f.]

*utilitati, emolumento, pignori, muneri, dono, praemio, doti, fenori, frugi,
decori, quaestui, lucro, ludibrio, honori, laudi, vitio, probro, bono,* auch
*malo, curae, fraudi, oneri; contemptui, religioni, despicatui, derisui, do-
cumento, argumento, indicio, testimonio,* diese zum Theil nicht mit *esse,*
sondern mit den diesem subsumirten Verbis, von denen nachher die Rede
sein wird[1]).

Ausserdem kommen noch manche Ausdrücke vereinzelt vor und finden
sich nicht in gewöhnlichem Gebrauch; z. B. Plaut. Truc. II 5, 13 Male quod
mulier facere incepit, nisi id efficere perpetrat, id illi morbo, id illi senio
est, ea illi miserae miseria est. Tac. ann. III 13 quod neque convictum
noxae reo, neque defensum absolutioni erat. Cic. in Verr. III 40, 91 hae
pecuniae — tibi fraudi et damnationi esse deberent.

Ich knüpfe hieran gleich die subsumirten Verba, welche das *esse* nur
in irgend einer Modification enthalten, namentlich Causativa, welche im Allgemeinen den Sinn haben: *facere ut sit,* oder *credere esse; z.* B. *dare alicui
dono, mittere* und *arcessere* (Caes. b. g. III 11) *auxilio, relinquere praesidio,
pignori ponere, pecunias fenori dare* (Tac. ann. XI 13); *habere ludibrio,
quaestui, contemptui, despicatui, vitio vertere* (Attius fragm. v. 7 [p. 137 Ribb.]
Tu addis quod vitio est; demis quod laudi datur. Auch hier will ich einige
weniger gewöhnliche Ausdrücke anführen: Tac. ann. VI 23 (17) quae remedio
quaesita — in contrarium mutari. ib. c. 25 (19) magnitudinem pecuniae
malo vertisse (dies intransitiv). ib. c. 26 (20) Claudiam — coniugio accepit.
Valer. Prob. ad Verg. buc. prol. pag. 3 ed. Keil. plurima pecora muneri quisque conferebat (für die Göttin[2]).

Wunderlich ist die Bemerkung von Bergk, Ztschr. für Alterthumsw.
1856 S. 133, dass die Construction *dono dare* sicherlich auf einem Irrthum
beruhe, und dass in dieser Wendung ursprünglich nur der Accusativ gebräuchlich gewesen; aber weil man *dono dare* gesprochen und geschrieben
habe statt *donom,* so hätten dies die Römer später für einen Dativ genommen. Er führt aus einer alten Inschrift bei Mommsen Inscr. regni
Neap. 4495 [in Ritschl's Atlas Taf. LII A, in Mommsen's C. I. L. I n. 1175,
p. 240] an: donu danunt Hercolei. Es ist nicht zu bezweifeln, dass in diesem Falle *donum* auch schon in alter Zeit gebraucht sein konnte, und vorzugsweise bei Weihegeschenken, vgl. Attii fragm. v. 127 (p. 152 Ribb.) Mi-
nervae donum. Aber es ist unrichtig, wenn in Inschriften *o* und *u* statt
om und *um* geschrieben wird, deshalb zu glauben, dass das nicht geschriebene *m* auch in der Aussprache gar nicht zu hören gewesen wäre, da doch
bekanntlich Quintilian IX 4, 40 bezeugt, dass das *m* in der Aussprache nicht
ganz verschwand; es würde also das Missverständniss nicht aus der Aussprache hervorgegangen sein, sondern nur aus falschem Lesen des Geschriebenen; aber daraus eine syntaktische Fügung herzuleiten ist an sich
unwahrscheinlich, hier aber vollkommen unglaublich, wo eine so weit ausgedehnte Analogie des Dativ-Gebrauchs vorliegt, in die das *dono* gehört;

---

[1]) [Diesen Gebrauch des Dativs hat in sehr sorgfältiger Weise F. Nieländer in zwei
Gymnasialprogrammen behandelt, die einzelnen überhaupt so vorkommenden Substantiva
durchgehend: Der factitive Dativus in den ciceronianischen Schriften, Krotoschin 1874 u.
der fact. Dat. bei römischen Dichtern und Prosaikern, Schneidemühl 1877.]

[2]) [Am weitesten ist Apulejus in der Anwendung solcher Dative besonders auf *ui*
gegangen, s. Kretschmann, de latin. Apul. p. 129.]

auch ist diese Analogie keineswegs etwa jüngeren Ursprungs, sie ist schon in der ältesten Literatur vorhanden, so bei Plautus (s. ob. S. 117 f.) und so ist das *dono* selbst auch gewiss richtig als Dativ zu nehmen bei Enn. ann. v. 207 ed. Vahlen. dono ducite.

Möglich ist es, dass, wie Sachen gegenüber von anderen Sachen die Stelle von Personen einnehmen, so auch umgekehrt Personen wie Sachen betrachtet werden, indem ihnen eine sachliche Zweckbestimmung gegeben wird. Dies ist namentlich der Fall bei gewissen Aemtern und Geschäftspersonen, wo es sich zu Titulaturen befestigt hat mit dem Dativ gerundii oder gerundivi; wie man also von Sachen sagt: *comitia creandis consulibus habita,* so auch bei Personen, und zwar mit Weglassung des Seinsbegriffes: *decemviri legibus scribundis, curator muris reficiendis, triumviri coloniis deducendis, rei publicae constituendae* u. dgl. In einigen Ausdrücken wird dieser Dativ gebraucht, um die Fähigkeit zu etwas auszudrücken, z. B. oneri ferendo esse Liv. II 9, 6, ganz besonders in dem stehenden Ausdruck *[non] solvendo esse* [nicht] zahlungsfähig sein; vgl. nach Sall. Cat. 46, 2 poenam illorum sibi oneri, impunitatem perdundae rei publicae fore credebat[1]).

3. Dativ der Person und Sache in Verbindung mit *esse.*

Wenn der Dativ der Person und der Sache verbunden werden, so ist der Dativ der Person nicht mehr derselbe, den wir zuerst als Bezeichnung des Besitzes besprochen haben, sondern es ist vielmehr der sogenannte Dativus commodi oder incommodi. Sage ich: *res mihi est laudi,* so gehört nicht zunächst *mihi est* zusammen, sondern vielmehr *laudi est,* die Sache gereicht zum Ruhme, ist rühmlich, und nun wird die Person hinzugefügt, für welche sie das ist; dieser Dativ also gehört zu jenem zusammengefassten Ausdruck, der aus *esse* und dem Dativ der Sache besteht. Hier haben wir also einen Dativ, der nicht mehr von dem reinen Sein, sondern von dem qualificirten Sein abhängt; statt *laudi est* hätte es auch *laudabilis est* heissen können mit demselben Dativ der Person und ohne Aenderung seiner Bedeutung. Aber die Bedeutung des Dativs ist auch hier die des Zwecks und der Bestimmung; wenn die Sache geeignet ist, einen sachlichen Zweck zu erreichen, so kann dies eben wieder seinen Zweck in einer Person haben, für welche es statt findet. Der sachliche Zweck wird erreicht, indem dabei die Person das Ziel ist, für welche jener sachliche Zweck irgend ein Interesse hat, indem er ihr angenehm oder unangenehm, nützlich oder schädlich ist, wichtig oder gleichgültig.

Dies führt uns sofort zu B.

B. Dativ bei Wörtern, welche die Zweckbestimmung specialisiren.

Die hierher gehörigen Wörter sind Verba und Adjectiva; z. B. wie man sagen kann *res mihi utilitati est,* so auch *res mihi prodest* und *utilis est.* Es sind dies also allerdings nur Modificationen des Seins, aber nicht, wie vorher, solche, welche blos die Existenz des Seins betreffen, sondern solche,

---

[1]) [Hierüber und über das Folgende eine Specialuntersuchung von K. Lorenz in zwei Meldorfer Programmen von 1871 u. 1874: Beobachtungen über den Dativ der Bestimmung, besonders des Gerundivi bei Livius. Seit Livius bis Tacitus nimmt der Gebrauch dieses Dativs in dem Grade zu, dass er zuletzt die Bedeutung eines Finalsatzes gewinnt; Draeger II S. 802—811.]

welche das Sein mit einer Bestimmung verbinden, die eine der allgemeinen Zweckbestimmungen specialisirt. Dass es Verba sein können, versteht sich von selbst; bei den Adjectiven ergiebt es sich leicht, wie wir schon früher in andern Fällen beim Accusativ gesehen haben, dass sie das Sein mitenthalten können; wenn es also erlaubt ist zu sagen: *res utilis est mihi,* so auch: *fecit rem mihi utilem,* wo das *esse* nicht mehr vorhanden ist und der Dativ sich allein an das Adjectiv anschliesst, aber dieses Adjectiv kann sofort auf jenen Ausdruck reducirt werden: *quae est utilis.*

Die hierher gehörenden Wörter kann man, insofern sie eine solche Bedeutung haben, dass sie zur Ergänzung ihres Begriffs eines Dativs bedürfen, relative nennen, wie beim Genetiv gewisse Adjective so heissen. Z. B. *accommodare* lässt sich nicht gebrauchen ohne einen Dativ, sei es, dass er ausdrücklich dabei steht, sei es, dass er aus dem Zusammenhange ergänzt werden kann; denn es heisst: etwas angemessen für eine Person oder Sache machen, es dafür einrichten; ebenso stehen *prodesse* und *utilis* absolut nur, wenn sich aus der Sache selbst ergiebt, für wen oder für was, wozu der Nutzen besteht.

Diese Wörter theilt man gewöhnlich in solche, welche die Bestimmung (oder den Zweck) für eine Person, und in solche, welche die für ein Sache bezeichnen; meistens jedoch vereinigen sie Beides[1]). Nur wenige Ausdrücke beziehen sich vorzugsweise auf den sachlichen Zweck, z. B. *aptus insidiis locus, inservire alicui rei, studere,* doch nicht ausschliesslich, z. B. auf Personen Cic. ad fam. V 15, 5 quid enim est utrique nostrum aptius? (nämlich *una esse.*) ad Att. XI 5, 3 optimatibus vero tuis nihil confido, nihil iam ne inservio quidem. Sehr viel zahlreicher sind die Ausdrücke, welche gewöhnlich einen Dativ der Person bei sich haben, aber zum grossen Theil wenigstens auch mit einem der Sache verbunden werden. Hierher gehören zunächst wieder alle solche Verba, bei denen das *est mihi* zu Grunde liegt, also *deesse, abesse, adesse, superesse, sufficere, praesto esse, praestolari, accidere, contingere, evenire, patere;* sodann alle ihre Causativa, welche den Sinn haben *facere ut alicui aliquid sit* und *non sit,* und da dies in sehr mannigfaltiger Weise bewirkt werden kann, durch verschiedenartige Mittheilung und das Gegentheil, so ist die Zahl dieser Verba nicht klein: *dare, donare, impertire, largiri, concedere, credere, mutuari, praebere, suppeditare, praestare, exhibere, tribuere, promittere, polliceri, debere, negare, adiungere, quaerere* (erwerben), *conciliare alicui aliquid, ostendere, monstrare* und *demonstrare, dicere, narrare, nuntiare, scribere, occultare, patefacere, communicare, mandare, praecipere, imperare, edicere, suadere, persuadere, probare, permittere, committere;* endlich gehören hierher noch die Adjective *proprius, communis, alienus.*

Ueber diese Wörter ist zunächst Einiges zu bemerken. Wenn unter den genannten Verbis *donare, impertire* und ebenso zuweilen auch *induere, exuere, imbuere* mit dem Dativ construirt werden, so geschieht dies, weil bei ihnen die Analogie der hier vorliegenden Verba anwendbar war; auch sie alle können als Modificationen des *facere ut alicui aliquid sit* betrachtet werden; jedoch ist bei *donare* und *impertire* dies nicht die ursprünglich

---

[1]) [Ein Unterschied ist bei vielen dieser Wörter darin beobachtet worden, dass je nachdem die Bestimmung eine Person oder Sache ist, der Dativ oder eine Präposition mit einem Casus häufiger gesetzt wird.]

mit diesen Verbis verbundene Bedeutung; denn da *donare* eigentlich heisst mit einem Geschenk versehen, wie *laudare* mit Lob, *frenare* mit dem *frenum*, Zügel [s. Th. I S. 99], so hätte es eigentlich die Person im Accusativ gefordert, also *donare aliquem aliqua re* (sogar ausserdem die Sache, s. S. 91); ebenso heisst *impertire* (bei dem wohl ein Adjectiv *impers*, das Gegentheil von *expers*, vorauszusetzen ist) theilhaft machen, nach der Bedeutung der vierten Conjugation [s. Th. I. S. 101 ff.], daher mit dem Accusativ der Person und dem Ablativ der Sache besonders häufig bei den Komikern, wie Plaut. mil. gl. IV 2, 69 (1060). II 2, 79 (232). Ter. Ad. III 2, 22 (320), an letzter Stelle als Deponens. Bei Cic. ist *imp. alicui aliquid* weit häufiger[1]).

Nicht alle Verba, bei denen man es nach deutscher Auffassung hätte erwarten können, sind nach derselben Analogie behandelt; so ist *docere* aufgefasst als transitive Thätigkeit, welche die Person ergreift, wie *erudire*. Ferner *iubere* ist in der Regel nicht wie *imperare* construirt, sondern vielmehr so wie *cogere* betrachtet. Doch finden sich hier schon vereinzelte Ausnahmen[2]), wie umgekehrt *imperare* und *praecipere*, besonders im Passivum, in späterer Zeit wie *iubere* behandelt sind; ebenso *celare* wie *fallere;* dass dabei der Dativ kaum nachzuweisen ist, haben wir oben S. 88 f. erinnert; doch wenn es Beispiele gegeben hat, so ist es eben unter diese Analogie gebracht.

Bei den Adjectiven *proprius* und *communis* findet sich sowohl der Genetiv als auch der Dativ der Person. Die Grammatiker suchen dies nur ganz äusserlich und statistisch zu unterscheiden; sie zählen ungefähr die Stellen und finden nun, dass bei *proprius* der Genetiv häufiger ist als der Dativ; jener soll deshalb besser sein und Reisig § 354 meint sogar, Cicero setze den Dativ gewöhnlich nur, um einen Uebellaut zu vermeiden[3]), so dass also ein Unterschied der Bedeutung gar nicht in Frage käme. Bei *communis* findet Reisig umgekehrt den Dativ viel häufiger als den Genetiv. Madvig § 288 f. stellt bei *communis* beide Casus als ziemlich gleichberechtigt dar, ja er giebt sogar dem Genetiv den Vorzug und erkennt nur bei reflexiven Pronominibus ausschliesslich den Dativ an: *commune mihi cum aliquo.* Man sieht, auf diese Weise kommt man gar nicht zu einer Unterscheidung; es ist eine ganz äusserliche Betrachtung. Es muss vielmehr gesagt werden, die Adjectiva sind gleichsam nur weitere Ausführung desselben Begriffs, der ohnehin schon im Genetiv und Dativ liegt; da beide das Eigenthum bezeichnen, so können Adjectiva dieses Sinnes auch zu beiden treten; der Unterschied ist dann natürlich derselbe, der zwischen den Casibus überhaupt besteht: soll etwas als Eigenthum eines Andern characterisirt und dies als Eigenschaft an ihm betrachtet werden, so steht der Genetiv; dagegen soll

---

[1]) [Das früheste Beispiel dieser Construction in der Prosa ist Corn. Nep. Att. 1, 2; aus Cicero habe ich keins gefunden.]

[2]) [In der Bedeutung „übertragen" bei Sallust Iug. 84, 1 Mario provinciam Numidiam populus iussit, s. Fabri z. d. St., dann bei Livius, in der Bedeutung „befehlen" jedoch erst bei Tacitus, s. Draeger, Synt. u. Stil. d. Tac. S. 22.]

[3]) [An den Stellen, wo *proprius* bei Cicero mit dem Dativ vorkommt, z. B. pro Sulla 3, 9. de imp. Cn. Pomp. 16, 48 ist es wohl richtiger, den Dativ mit *esse* zu verbinden, wie übrigens bereits Haase z. Reisig Anm. 529 bemerkt hat; ähnlich pro Rosc. Am. 8, 21 tria praedia — Capitoni propria traduntur, wo der Dativ von *traduntur* abhängt.]

das Besitzen erst ausgesagt werden, der Dativ. Handelt es sich nun um die drei Personen, so steht natürlich statt des Genetivus possess. das Pronom. possess.; man sagt also *meus proprius;* s. Reisig § 457 (unter den Pleonasmen); vergl. Sen. de benef. VII 12, 3 Equestria omnium equitum Romanorum sunt. in illis tamen locus meus fit proprius, quem occupavi. Dies ist auch bei Cicero öfter zu finden; s. Reisig a. a. O. und Müller Cur. sec. ad orat. p. Sest. c. 7 p. 30. Dem scheint in Beziehung auf *communis* nun zu widersprechen die Bemerkung von Madvig § 288 f. Anmerkg. „Bei dem persönlichen und reflexiven Pronomen muss es immer mit dem Dativ heissen: *commune mihi (tibi, sibi) cum aliquo.*" Die Observation ist allerdings richtig, nur hätte Madvig bemerken müssen, dass dieselbe für den Singular nicht aus dem Sprachgebrauch der Römer, sondern aus der Natur der Sache hervorgeht; handelt es sich ja doch bei *communis* immer um zwei oder mehr Eigenthümer, die eine Sache gemeinschaftlich besitzen; da kann also nicht Einer allein die Sache für sein besonderes Eigenthum erklären, was er thun würde durch *meus; meus communis* ist ein in der Natur der Sache liegender Unsinn. Was aber von der einen Person gilt, das gilt auch von der andern, folglich auch von beiden, sofern man sie einzeln denkt; daher ist auch in diesem Falle der Dativ gewöhnlich: Cic. off. I 17, 53 Multa enim sunt civibus inter se communia. or. 29, 107 Quid enim tam commune quam spiritus vivis, terra mortuis, mare fluctuantibus, litus eiectis? Dagegen wäre möglich im Plural zu sagen *communis noster,* wenngleich auch hier der Dativ häufiger ist; s. Sen. benef. VII 12, 4, der von einem Platz in den *equestria* sagt: et iure habeo locum illic, quia sedere mihi licet et non habeo, quia ab his, cum quibus mihi ius loci commune est, occupatus est. Idem inter amicos puta fieri: Quicquid habet amicus, commune est nobis, sed illius proprium est, qui tenet. Aber Lucceius ap. Cic. ad fam. V 14, 3 ad convictum nostrum redeas et ad consuetudinem vel nostram communem vel tuam solius ac propriam; bei Petron. 10, 4 itaque communes sarcinulas partiamur ac paupertatem nostram privatis quaestibus temptemus expellere hätte das Pronomen *nostra* wie bei *paupertas,* so auch bei *communes sarcinulas nostras* stehen können, wenn es nöthig gewesen wäre. Denn im Plural ist *noster, vester, suus* in der Regel darum überflüssig, weil die Personen ja nicht gesondert, also nicht eine der andern entgegengesetzt wird, wie es bei *meus proprius* u. s. w. der Fall ist.

Wie mit *proprius* verhält es sich auch mit *peculiaris.* Dagegen ist es anders mit *alienus.* Damit wird der Besitz für die Person, von welcher die Rede ist, geleugnet und gesagt, dass er Andern gehört, fremdes Eigenthum ist. Dann wird diese Bedeutung „fremd" übertragen, wenn man überhaupt sagen will, dass man mit einer Person oder Sache nichts zu thun hat, abgeneigt ist; in diesem Falle setzt man *a: alienus ab aliquo homine, a studiis,* wie *abhorrere.* Ausserdem steht es auch mit dem blossen Ablativ, z. B. *homine, dignitate alienum,* was zu etwas nicht passt; so gewöhnlich bei Cicero. Ferner wird auch der Genetiv gesetzt, z. B. Cic. de fin. I 4, 11 quis alienum putet eius esse dignitatis? Da steht es als das Gegentheil von *proprius* und ist wie dies construirt; Beispiele vom Genetiv hat Otto in s. Ausg. z. d. St. gesammelt, zum Theil falsch; hinzuzufügen ist noch Varro de r. r. III 5. Endlich wird es auch mit dem Dativ verbunden: Cic. de Caec. 9, 24 id dicit, quod illi causae maxime est alienum, d. h. *non convenit* ep.

ad Brut. I 9. Diese Structur ist in der Kaiserzeit die allein gebräuchliche oder wenigstens durchaus vorherrschende. S. Val. Max. 11 5, 6; 7, 12. Sen. ep. 102, 28. quaest. nat. IV praef. 1. dial. VI 2, 3; 3, 3. XII 8, 5 (9, 1). IV 31, 6¹).

2. Der nächsten Gattung von Verbis, welche hierher gehören, ist der Begriff gemeinsam, dass sie ein Sein ausdrücklich als ein solches charakterisiren, welches in Rücksicht auf eine Person stattfindet, nicht um ihr einen Besitz zu vermitteln, sondern um ihr irgend einen Vortheil oder Nachtheil zuzuwenden, ihr Interesse wahrzunehmen oder zu verletzen, sei es nun in materiellen Dingen bei materiellem Nutzen oder Schaden, sei es bei der Einwirkung auf die Stimmung einer Person, für welche ein Sein ein erwünschtes, erfreuliches, angenehmes oder das Gegentheil sein kann. Auch hier giebt es eine sehr grosse Zahl von Ausdrücken, welche den Begriff des *commodum* und *incommodum* specialisiren, nicht bloss Verba, sondern auch Adjectiva: Nützen und schaden: *prodesse, obesse, officere, nocere, expedit, conducit, succedere, procedere, utilis, inutilis, noxius, commodus* und *incommodus, secundus, adversus, perniciosus.* Die Neigung dazu: *favere, cupere, studere, indulgere, cedere, gratificari, adversari, obstare, ob-* und *resistere, amicus, inimicus, familiaris, praesto, acquus, iniquus, propitius, infestus, infensus, adversus, contrarius.* Die Fähigkeit dazu: *aptus, idoneus.* Verschiedene Arten der Bethätigung der Neigung: *consulere, providere, prospicere, cavere, subvenire, succurrere, auxiliari, opitulari, mederi, patrocinari, blandiri, adulari, assentiri, servire, ignoscere, conivere, famulari, subvenire, succurrere, obedire, obsequi, obtemperare, parere, praestolari, invidere, insidiari, obtrectare, suscensere, irasci, conviciari, benedicere, maledicere* (und ähnliche Worte, z. B. Plaut. Pseud. 27 cur inclementer dicis lepidis litteris, d. h. *male dicis*), *minari, ominari* (Cic. Phil. XI 5, 12 suo capiti salvis nobis ominetur). Gefälliger oder missfälliger Eindruck: *placere, displicere, arridere, sordere, commendare, gratus, iucundus, amoenus, suavis, ingratus, iniucundus* u. s. w., *gravis, molestus.*

Wie nahe die genannten Verbalbegriffe oft den transitiven Thätigkeiten stehen, welche ein Object annehmen, zeigen manche Synonyma derselben, die den Accusativ wirklich erfordern. Wenn also der Begriff des Helfens im Deutschen den Dativ hat wie *auxiliari, opitulari, succurrere, subvenire* und ähnliche, so hat doch *iuvo* und *adiuvo* den Accusativ, eben weil es im Sinne der Römer nicht helfen, beistehen heisst, sondern eine ein Object ergreifende, afficirende Thätigkeit bezeichnet, also: unterstützen, erfreuen, fördern. Aehnlich verhält es sich mit *deficio*, das wie *desero* construirt wird, im Stich lassen; *effugio = vito; mederi* erklärt schon durch seine Form den Dativ; es heisst: sich als heilkräftig, heilsam zeigen für Jemand; dagegen muss *sanare* natürlich den Accusativ haben: heilen, gesund machen.

Andererseits giebt es manche Verba, welche mit beiden Casus construirt werden; bei diesen fand ein Schwanken in der Auffassung der Bedeutung statt, wie bei *adulo* und *adulor.* Quintilian IX 3, 1 erklärt den Dativ für modernen Gebrauch; nach dem älteren Plinius bei Pompei. comm. art. Don. 22 § 6 [p. 233 sq. Keil.] soll die active Form *adulo* den Accusativ bei sich haben, die deponentiale den Dativ und das soll auch Cicero beobachtet ha-

---

¹) [S. Kühner II S. 275.]

ben; in den erhaltenen Schriften hat er jedoch die active Form nur ein Mal und zwar in Versen gebraucht, in einer aus Aeschylos übersetzten Stelle, Tusc. II 10, 24 nostrum adulat sanguinem, einmal *adulari* als Passivum, off. I 26, 91 neve adulari nos sinamus, einmal das Deponens *adulatus*, aber auch mit dem Accus. de div. II 2, 6 neque porro ita aut adulatus aut admiratus fortunam sum alterius. Im Uebrigen aber scheint, obgleich auch Valerius Maximus noch den Accusativ immer gebraucht, die Bemerkung des Quintilian richtig zu sein. S. zu Reisig § 371. Den Dativ hat Sen. dial. VII 2, 4 [1]).

Palpare c. acc. betasten, streicheln; *palpari* c. dat. streicheln um zu schmeicheln, s. zu Reisig l. c.

Ueber *moderari* und *temperare* s. Reisig l. c. Hierbei wird ein Unterschied wahrgenommen; heissen die Verba: etwas mit Mass leiten und handhaben, so haben sie den Accusativ; dagegen heissen sie bloss: einer Sache ein Mass setzen, ihr also widerstehen, sich des Uebermasses derselben enthalten oder erwehren, so steht der Dativ.

Curare alicui gehört nur der ältern Latinität an und findet sich bei Plautus und dann wieder bei den Archaisten Fronto und Apuleius; s. Reisig § 371 [Holtze I p. 298]; es beruht dies darauf, dass *curare* zunächst absolut gefasst wurde, *curam gerere*, besorgt sein (daher auch mit *pro*, z. B. Plaut. Pseud. 232 ego pro me et pro te curabo) oder die Sorge auf sich haben, wie es von der amtlichen Sorge, z. B. eines Feldherrn, *in aliqua parte curare*, von Sallust u. A. gesagt wird; dann tritt zu dem absoluten Verbum der Dativ der Person, auf welche man dabei Rücksicht nimmt. — *Tractare* hat immer den Accusativ bei sich. *Obtrectare* c. acc. schon bei Cic. or. Phil. X 3, 6 [2]), später bei Valerius Maximus, Livius, Phaedrus, Tacitus, Plinius. — *Invidere* (über seine Structur s. die Ausleger zu Verg. Aen. V 541, wo Structur und Lesart zweifelhaft ist: nec bonus Eurytion praelato invidit honore [so Ribbeck], und auch *honori* oder *honorem* [Peerlkamp] oder nach einer Conjectur von Markland *honoris* gelesen wird) wird nur selten in guter Zeit mit dem Acc. construirt, nämlich nur mit dem Acc. der Sache, wenn zugleich der Dativ der Person dabei steht [3]), *alicui aliquid*. Gewöhnlich steht nur eins von beiden, aber dann sowohl die Person als die Sache im Dativ. Quintilian l. c. bemerkt es als modernen Gebrauch, dass man auch sagte: *invidere alicui aliqua re* [s. Weissenborn zu Liv. II 40, 11]; dabei liegt zu Grunde *interdicere alicui aliqua re*, und der Ablativ ist dabei so zu verstehen, wie bei *privare, spoliare*, der Sache, um welche man Jemand beneidet, möchte man ihn beraubt sehen. Endlich kommt auch vor der Dativ der Person und der Genetiv der Sache [das Klassische aber ist das von Seyffert gelehrte *invidere alicui rei alicuius*]. Von der Construction

---

[1]) [Zuerst verbindet Corn. Nep. Att. 8, 6 adulor mit dem Dativ; Livius hat an zwei Stellen (III 69, 4 u. XXXVI 7, 4) den Dativ, an zwei (XXIII 4, 2 u. XLV 31, 4) den Accusativ, s. Kühnast S. 132 Anm. 82, Tacitus aber wieder nur den Accusativ, z. B. ann. XVI 19. hist. I 92.]

[2]) [Halm hat jetzt hier nach dem codex tab. bas. Vatic., dem besten für die Philipp. Reden, den Dativ aufgenommen, der Acc. ist die Lesart geringerer Handschrr.; der erste Schriftsteller also, der *obtrectare* mit dem Acc. verbindet, ist Livius, s. Weissenborn z. XXXXV 37, 6.]

[3]) [Der Accusativ bei Cicero Tusc. III 2, 3 ist jetzt durch eine allgemein gebilligte Conjectur Madvig's verdrängt, trotz der Bemerkung Tusc. III 9, 20.]

c. acc. geht aus der Gebrauch des Pass. *invidendus*, von Sachen: caret invidenda sobrius aula, Hor.; bei Späteren [bei Horaz a. p. 56 nach φϑονοῦμαι] auch *invideor*.

Nocere ist eigentlich ein intransitives Sein, schädlich sein; aber bei Späteren geht es über in die transitive Bedeutung „beschädigen", hat den Acc. bei sich und bildet das Passiv *noceor*. Man hat das schon dem Plautus zuschreiben wollen, indes mit Unrecht; s. Ritschl im Rhein. Mus. 1842 S. 148 [opusc. III p. 797], aber bei Späteren ist es zu finden [zuerst meines Wissens bei Vitruv II 9, 14 larix — ab carie aut a tinea non nocetur.]; s. z. Reisig A. 562 und zu Gregor. Tur. de cursib. eccl. § 33. — Ebenso kommt im kirchlichen Stil vor *benedici* und *benedictus sum; s. z. B. Vorst zu Sulpic. Sev. I 4, 1.

Wie man sagt *praesto esse alicui,* so auch *praestolari alicui,* wenn es heisst: Jemandem aufwarten, ihn höflich, dienstfertig erwarten; dagegen wenn bloss das Erwarten bezeichnet wird, *exspectare,* dann hat es den Accusativ der Person bei sich; den der Sache immer, denn auf Sachen kann die Bedeutung des Dativ gar nicht angewendet werden, z. B. *adventum* [Caes. b. c. II 23, 3]. Die doppelte Structur ist schon in alter Zeit bei Terenz vorhanden; Plautus zieht den Accusativ vor (z. B. Truc. II 3, 15); bei Späteren ist das Verbum überhaupt selten.

Vitare findet sich bei Plautus mit dem Dativ construirt: Cas. II 2, 35 semper tu huic verbo vitato abs tuo viro. — cui verbo? — i foras mulier. Poen. prol. 25 vitent ancipiti infortunio. Curc. II 3, 19 (298) proinde se domi contineant, vitent infortunio.

An die besprochenen Begriffe des angemessenen oder nicht angemessenen Handelns und Seins schliessen sich sehr natürlich die des Naheseins, Zusammenseins, der Uebereinstimmung. Dies sind lokale und sinnliche Verhältnisse, welche theils im eigentlichen Sinne durch den Dativ bezeichnet werden können, theils in übertragenem; denn dann bezeichnen jene Begriffe auch verschiedene Modificationen des Angemessenseins. In beiderlei Bedeutung findet aber in der Regel dieselbe Construction statt, weil auch das Verhältniss dasselbe ist; denn was für die Interessen der Menschen angemessen ist, das ist ihm für seine locale Stellung nahe, ihm zugewendet, ihm zugerichtet, oder mit ihm gleich gerichtet, also mit ihm gleich. Hierher gehören die Ausdrücke: *propinquus, propior, proximus, contiguus, continuus, continuare, conterminus, finitimus, vicinus, congruus, congruere, convenit, cohaerere, coalescere, conferre, comparare, aequalis, aequare, similis, dissimilis, par, impar, dispar, suppar, consentaneus.*

Ausser den eine Vereinigung bezeichnenden Compositis mit *con* giebt es auch Composita mit anderen Präpositionen, welche die Annäherung, Richtung auf etwas ausdrücken. Wir kommen hier wieder auf die Regeln, dass die Composita mit *circum, per, praeter, trans* und *super* den Accusativ, dagegen die mit *ad, ante, con, in, inter, ob, post, prae, re, sub, super* den Dativ regieren sollen. Dass dies aber unrichtig ist und dass es hauptsächlich auf die aus der Composition hervorgehende Bedeutung ankommt, habe ich schon beim Accusativ gesagt; s. S. 73. Es ist also natürlich, dass, wenn *cohaerere* und *coalescere* den Dativ bei sich haben, dies auch für *adhaerere* und *inhaerere* gilt; überhaupt sofern die Präpositionen nur ausdrücken, dass etwas in Verbindung tritt mit einem andern, ein Anhang, Zubehör dazu wird, die

Richtung darauf hat, ihm nahe kommt, oder in der Nähe ist, so steht der Dativ; ist aber die Verbindung eine wirkliche Berührung, welche das Object ergreift und afficirt, so wird natürlich der Accusativ gesetzt.

Hier ist nun eine grosse Menge Einzelnheiten zu bemerken, da theils die eigentlichen localen Bezeichnungen, theils deren Uebertragungen auf geistige Verhältnisse sehr zahlreich und mannigfaltig sind.

Was zunächst die locale Bedeutung des Dativs betrifft, die Manche zur ersten und Grundbedeutung haben machen wollen, so ist diese überhaupt zu leugnen; niemals hat ein Dativ für sich allein eine locale Bedeutung, ohne dass diese ihm durch das dabei stehende Verbum verliehen würde; ein Verbum, das ein nicht in sich selbst abgeschlossenes locales Sein bezeichnet, sondern einen relativen localen Begriff ausdrückt, wird durch Hinzufügung der Substanz bestimmt, welche im Dativ auch hier den Zweck, die Bestimmung des localen Seins ausdrückt, also gewissermassen sein Ziel, auf das es gerichtet oder dem es angemessen ist. Im eigentlichen localen Sinne genommen kann dies aber sehr verschieden sein, was nicht vom Dativ, sondern von dem Begriff des Verbums abhängt, nach welchem sich der Sinn der substantiellen Beziehung richten muss; es kann das Wohin, Wo und Woher sein. Wenn also das Verbum den Zusammenhang mit Etwas, das Hinreichen bis an Etwas, das Angrenzen, Berühren ohne das Ergreifen ausdrückt, so bezeichnet der Dativ die Substanz, mit welcher etwas auf diese Weise zusammenhängt; das sind also die Rubriken des womit zusammen, woran, wobei, vor, hinter, unter, über, also das wirkliche Zusammentreffen oder das Nahesein von irgend einer Seite her, auch von allen Seiten in denjenigen Compositis, welche mit *circum* zusammengesetzt sind und den Dativ haben, wie in *circumdare, circumicere, circumfundi.* Hierbei ist es ganz gleichgültig, ob das so bestimmte locale Sein eine schon vollendete, seiende Beziehung zur Substanz ausdrückt, d. h. das Wo, oder eine werdende, mittels der Richtung und Bewegung, d. h. das Wohin, und viele Verba umfassen Beides, je nachdem sie im Präsens oder Präteritum stehen, z. B. *circumdare alicui aliquid* und *circumdatus alicui, addere aquam arbori* und *additus; infigere, infixus.* Dagegen *adhaerere, inhaerere, cohaerere* haben nur das Wo; *accedere, coalescere* u. a. das Wohin.

Es ist hieraus klar, dass der Dativ an und für sich nicht die locale Bestimmung des Wo oder Wohin enthält, sondern nur den relativen Sinn eines localen Seins vervollständigt durch Angabe der Substanz, mit welcher jenes in Zusammenhang ist oder tritt, möge diese nun das Wo oder das Wohin des localen Seins darstellen. Ja es ist sogar denkbar, dass hier selbst das Woher in Frage käme, und wirklich hat Reisig § 379 a. E. dies angenommen. In der That tritt das Woher da ein, wo von den vorher besprochenen Begriffen das Gegentheil ausgedrückt wird, also die Negation der localen Verbindung, des Zusammenhangs; z. B. *alicui aliquid detrahere, demere, abigere muscas, defendere* (wie Verg. ecl. 7, 47 solstitium pecori defendite), wie denn auch *abesse* und *deesse* in gleicher Weise construirt werden wie *adesse alicui.* Es ist in beiden Fällen der Zusammenhang mit etwas, der in der einen Weise als sich verwirklichend, in der andern als sich aufhebend ausgesagt wird. Das ist auch anzuwenden auf solche Ausdrücke wie Verg. ecl. 6, 16 serta procul, tantum capiti delapsa, iacebant, „dem Haupt entgleiten", wobei die vorher stattgehabte Verbindung mit dem Haupte vorausgesetzt wird, das *esse capiti* oder *haerere capiti;* s. Hor. sat. I 10, 48 neqne ego illi detrahere ausim haerentem capiti cum multa laude coronam. Wie nun das *delabi* das Aufheben dieser Verbindung bezeichnet, so *reponere* das Wiederherstellen, z. B. *diadema, coronam capiti reponere* Valer. Max. V 1, 9; 10, ext. 2, sodass in allen diesen Beispielen *capiti* das Wo, Woher, Wohin darstellt, je nachdem der Begriff der Verbi es mit sich bringt; dazu gehört noch *dependere* c. dat., an etwas herabhangen, was nur eine besondere Art des *haerere* und *in-* oder *adhaerere* ist. Ovid. met. VI 592 lateri cervina sinistro vellera dependent. Stat. Theb. I 609 lateri duo corpora parvum dependent; selbst in Prosa Sen. ep. 41, 7 num quis huic illam praeferret vitem, cui aureae uvae, aurea folia dependent? Es hätte hier eben so gut *haerent* oder das blosse *sunt* stehen können. Ebenso das Simplex Martial. XIV 54, 1 Si quis plorator collo tibi vernula pendet.

Dass demnach in der That der Dativ keine bestimmte Ortsbezeichnung enthält, dafür ist eine weitere Bestätigung die, dass die ältere Sprache überhaupt in solchen Fällen den Dativ in der Regel nicht gebrauchte, sondern vielmehr eine Präposition mit dem erforderlichen Casus setzte, um im eigentlichen Sinne das Wo, Wohin und Woher zu bezeichnen; man wird daher Ausdrücke der angeführten Art bei Cicero und älteren Dichtern nicht finden, sehr wenige Fälle ausgenommen, in denen es aber wahrscheinlich ist, dass der Dativ vielmehr als der alte Locativ zu betrachten ist; so *morti, neci, leto;* Plaut. Capt. III 5, 34 (692) quando ego-te morti misero. Verg. Cul. 188 morti misit. Attius fr. 491 (p. 200 Ribb.) socium mittis leto? ebenso Ov. fast. V 385. Stat. Theb. I 659 leto demittere. Verg. Aen. V 691 morti demittere, XII 513 neci mittere und II 85 demittere, XII 464 sternere morti. Enn. trag. fragm. v. 176 p. 111 ed. Vahlen. (384 p. 71 Ribb.) ut vos vostri liberi defendant, pro vostra vita morte occumbant obviam (vgl. Lucr. III 1041 sponte sua leto caput obvius optulit ipse). Ohne den Zusatz von *obviam* Ov. met. XV 499 occubuisse neci. Verg. Aen. II 62 in utrumque paratus, seu versare dolos seu certae occumbere morti. Cicero Tusc. I 42, 102 schreibt dafür erläuternd *morte occumbere* [so die Hdschrr. Baiter's], wo jedoch Andere [Baiter und Seyffert] *mortem* lesen nach Analogie von *occumbere letum* bei Enn. ann. 390. Ueber *occumbere morte* cf. Corte ad Lucan. IV 165. Drakenborch ad Liv. XXXI 18, 6, der sowohl *morte* als *mortem occumbere* aus Livius belegt [s. Wesenberg z. Cic. Tusc. l. c.]. Ferner gehört hierher morti damnatus Lucret. VI 1232. *Morti dare* bei Hor. sat. II 3, 197 (vgl. auch Lucret. VI 1255 corpora paupertate et morbo dedita morti) ist gewiss alter Ausdruck; wenigstens war *leto dare* alter Gebrauch; s. Enn. fragm. trag. 378 ed. Vahlen. Pacuv. v. 148. Lucret. V 1007, und dies war auch in der alten Formel gebräuchlich, durch welche das Leichenbegängniss eines Bürgers angekündigt wurde: Ollus Quiris leto datus Fest. s. v. Quirites p. 254. Andere Stellen aus Dichtern siehe bei Burmann zu Phaedrus I 22, 9. vgl. noch *sternere morti* bei Verg. Aen. XII 464. *neci dare* bei Attius fr. v. 347. Verg. Aen. XII 341. ge. III 480. *neci dedere* bei Verg. ge. IV 91; s. Corte ad Lucan. III 290, welcher Stellen der Art hat, aber am unrichtigen Orte.

Ich habe ausser *morti* und *neci* zu Reisig A. 520 noch *arbori, capiti, carceri, luci* als solche Locative bezeichnet, nebst *domi, humi, ruri, terrae* und den Städtenamen. Da aber dieser Casus sich im Bewusstsein der Römer verdunkelte, so ging er theils verloren, theils erhielt er sich in einzelnen Formen, theils endlich wurde er mit dem Dativ verwechselt. Dies letztere scheint in jenen Appellativis geschehen zu sein, sodass man denn auch andere Wörter in ähnliche Verbindung in den Dativ setzte; z. B. Stat. Theb. XII 764 Hippomedonta neci Capaneaque misimus umbris pectora. Verg. Aen. IX 785 iuvenum primos tot miserit Orco. Ov. met. III 695. Hor. sat. II 5, 49 si quis casus puerum egerit Orco. Verg. Aen. II 398 multos Danaum demittimus Orco; so hat nach *demittere morti* Ovid her. XIV 5 ingulo demittere ferrum, und Sen. dial. III (de ira I) 15, 2 morbidis pecoribus, ne gregem polluant, ferrum demittimus. Demnach haben die jüngeren Dichter sich überhaupt mehr Freiheit in dem Gebrauch des Dativs gestattet und ihn für das Wohin zu localen Verbis gesetzt, wo weder ein alter Locativ die Grundlage und Veranlassung war, noch auch der Dativ bloss als ein Complement des relativen Verbalbegriffs erscheint, sondern wo wirklich nichts anderes als die locale Bestimmung des Ortes, wohin eine Bewegung gerichtet ist, bezeichnet werden konnte, ohne dass sich diese Bedeutung mit Nothwendigkeit von selbst aus dem Verbum ergiebt; doch sind es zunächst Verba composita, welche zwar nicht mit voller Bestimmtheit die Richtung auf ein Ziel durch die Composition ausdrücken, jedoch immer noch eine irgendwie gerichtete Bewegung bezeichnen, bei der es nahe liegt und nicht unnatürlich ist, ein Ziel zu denken; so Verg. ecl. V 6; 19 antro succedere; cf. ge. III 418; 464. Aen. I 627. II 478. succedo oneri Aen. II 723. parvae succedimus urbi ib. III 276. portuque subimus Chaonio ib. III 292. curru succedere ib. III 541. successit sedibus IV 10. imo successit tumulo V 93. haedorumque gregem viridi compellere hibisco ecl. II 30 „dem grünen Eibisch zutreiben." Ov. her. XI 35 Erubui gremioque pudor deiecit ocellos. Verg. Aen. IV 391 conlapsaque membra marmoreo referunt thalamo stratisque reponunt. ib. 403 tecto reponunt. Hor. carm. I 29, 10 quis neget arduis pronos relabi posse rivos montibus et Tiberim reverti? Stat. silv. I 2, 195 redeunt animo iam vota precesque (i. e. *renovantur, in memoriam redeunt*)[1].

Solche Beispiele giebt es bei den jüngeren Dichtern viele (s. Bach, Gebr. d. Casus in d. Dichterspr. S. 50); sie gehen endlich so weit, dass sie sogar Verba simplicia, die blosse Bewegung ausdrücken, bei denen also die hinzutretende Substanz ebensowohl das Woher, wie auch das Wo und Wohin bestimmen konnte, mit einem Dativ verbinden, der das Ziel ausdrückt. So das bekannte Beispiel aus Verg. Aen. V 451 it clamor caelo. Ebenso XI 192. II 688 caelo palmas cum voce tetendit (wofür er v. 405 ad caelum sagt). III 678 caelo capita alta ferentis. V 233 palmas ponto tendens utrasque; ferner ire polo Stat. silv. I 2, 512. ut coelo[2] Pelion esset iter Propert. II 1, 20. Fer cineres, Amarylli, foras rivoque fluenti — iace Verg. ecl. 8, 101. viamque adfectat Olympo georg. IV 563. lapsa decipulo Apul. met. X

---

[1] Auffallend ist der Gebrauch von *reverti* in übertragener Bedeutung und bei einem Prosaiker der guten Zeit, nämlich Rutil. Lup. de fig. II 3. extr. non arbitratus es igitur rursus cum reversurum officio atque amicum tibi futurum? R. Stephanus schrieb *ad officium*, und auch Ruhnken fand den Dativ ohne Beispiel; Frotscher bringt Einiges von Koch und sich bei, was aber nicht genau den vorliegenden Fall trifft, sondern andere von mir schon erwähnte.

[2] [Jetzt wird, von Keil, Haupt u. Bährens, *caeli* gelesen.]

24, vgl. Oudendorp z. d. St.[1]). Diese Kühnheit des Gebrauchs ist aber selbst bei den Dichtern selten; es ist eine etwas starke Subsumtion; *iace rivo* heisst: gieb sie dem Bach preis; und *caelo* mag wohl alter Locativ sein wie *terrae*, wonach dann Statius *polo* weiter gebildet hat. Auf keinen Fall darf man aus diesem so beschränkten jüngeren Gebrauch schliessen, dass darin die ursprüngliche Wurzel des ganzen Dativgebrauchs und seine Urbedeutung zu suchen sei. Wollte man so verfahren, so könnte man mit ähnlichen Beweismitteln auch darthun, dass er ursprünglich das Wo bezeichnet habe. In der spätesten Latinität findet sich der eine wie der andere Gebrauch schrankenlos entwickelt; z. B. auch die Frage wohin: villae se contulit Greg. Tur. hist. Franc. IX 40 p. 467 C. lapides — litori, cui advenerat, consecravit de mir. S. Mart. I2 p. 1003 extr. in fugam versus aulae se regiae condidit Vit. patr. 6, 2 p. 1170 E. ut truderetur ergastulo de mirac. S. Mart. IV 35. Auf die Frage Wo: humo iacens de mirac. S. Mart. III 37. panem furno collocare ib. c. 56. surrexit et se lectulo-collocavit de glor. conf. c. 3 p. 896 C. asellus, cui sedeo de mir. S. Mart. IV 31 p. 1132 D. Andere Beispiele, die noch sehr vermehrt werden könnten, habe ich zu Gregor. de cursib. eccl. § 13 und § 20 angeführt; vgl. Miscell. philol. III c. 8 p. 35 (Bresl. Univers. Progr. 1861). wo viele Beispiele für das Wohin aus Orest. trag. zusammengestellt sind.

Es muss also bei diesem ganzen Gebrauch festgehalten werden, dass der Dativ als eigentliche Bestimmung des Wo, Wohin oder Woher ursprünglich nicht vorhanden ist, dass er diese Bedeutung nur annehmen kann, wenn die damit verbundenen Verba vermöge ihrer Composition mit Präpositionen eine solche relative Localbedeutung haben, dass sich jener Sinn daraus von selbst ergiebt je nach der Beschaffenheit des Verbums, also dass er im Sinn des Woher nur bei Verbis stehen konnte, welche die Negation, das Aufheben des Zusammenseins bezeichnen, demnach das *abesse* und *deesse* bewirken, in dem Sinne das Wo bei Verbis, welche das fertige, vollendete Zusammensein ausdrücken, in dem Sinne des Wohin bei Verbis, welche die Intention zu dem Zusammensein bezeichnen. Die Ausdehnung des Gebrauchs besteht darin, dass unter jede dieser Classen von Verbis solche subsumirt wurden, welche nicht ganz genau und vollständig den angegebenen, sondern einen etwas weiteren Begriff haben, der jedoch den specielleren mit umfasst und ihm nicht widerspricht, was in der spätesten Zeit, als sich die Casusbedeutungen überhaupt verdunkelten, so weit ausartete, dass bei den localen Verbis promiscue der Dativ sowohl für das Wo als für das Wohin stehen konnte.

Zu bemerken ist noch, dass die Grammatiker in dem Falle, wo ein weiterer Verbalbegriff statt eines engeren gesetzt ist, dieses oft als Enallage verbi simplicis pro composito bezeichnet haben; von diesem Mittelchen ist bei Dichtern sehr häufig Gebrauch gemacht, was man denn gedankenlos passiren lässt. Es wäre über diese Figur eine gute Abhandlung zu schreiben.

Im Allgemeinen wird der Dativ auch bei der eigentlich sinnlichen Bedeutung mit der Zeit häufiger; aber ganz besonders ist zu bemerken, dass in der Kaiserzeit die übertragene und abgeleitete Bedeutung zu Grunde gelegt wird, um danach die Construction zu bestimmen, sollte diese auch gegen

---

[1]) [Noch andere Beispiele bei Draeger I S. 393 f.] *mergere* wird nicht hierher zu rechnen sein; s. Ov. ep. ex. P. III 1, 52. Notus humo mersis Amphiaraus equis. [s. Draeger I S. 510 f.]

die eigentliche Bedeutung im Widerspruch stehen. Eine ähnliche Freiheit
war schon in der ältesten Zeit der Literatur vorhanden, aber nicht nach der
Seite, dass sie den Dativ sehr frei angewendet hätte, sondern vielmehr den
Accusativ bei Verbis, welche mit einer den Accus. regierenden Präposition
zusammengesetzt sind; so *accumbere* c. acc. Plaut. Men. III 2, 11 (476),
V 9, 82 (1142). (Ueber *accumbere mensam* und *accidit auris* Lachmann ad
Lucr. V 608 und über das letztere noch Corte zu Lucan. II 274.) *instare*
Curcul. III v. 6 (379), *inhiare* Truc. II 3, 18. *impendere* (s. Lachmann ad
Lucret. VI 489), *obrepere, occursare; accidere* und *incidere* [1]). S. Reisig
§ 368 S. 663 [Kühner II S. 201]. Diese und ähnliche Beispiele der älteren
Latinität haben einen ganz anderen Grund, als wenn in der Kaiserzeit sich
ähnliche Erscheinungen wiederfinden [2]), wie z. B. *praesidere exercitum*. In
jenen Beispielen nämlich ist es nicht sowohl die dem Verbum mittels der
Composition angeeignete transitive Bedeutung, welche den Accusativ veranlasst, als vielmehr die Kraft der Präposition für sich allein; in der älteren
Sprache ist gleichsam die Mischung beider Bestandtheile noch nicht so vollständig fertig, dass bloss das dritte daraus hervorgegangene Neue verstanden
würde, sondern es ist noch ein lebendiges Bewusstsein von den beiden
Theilen vorhanden und jeder für sich, also namentlich die Präposition kann
auf die Construction wirken, während später das Compositum wie ein gang-
barer neuer Begriff sich festgesetzt hatte, bei dem man nicht mehr an seine
Ableitung und Ursprung dachte, sondern man construirte ihn ohne Rücksicht darauf nach der ihm eigenen neuen Bedeutung. Dies letztere findet
sich zwar in der älteren Sprache auch schon in einzelnen Fällen, aber nur
zu Gunsten des Accusativs, wie bei *colloqui, convenire aliquem*, s. S. 74,
oder wie bei *manum inicere aliquem* und ähnlichen Ausdrücken; aber das
ist doch nicht so ausgedehnt und bestätigt in der Regel die Erscheinung,
dass der Gebrauch des Accusativs überhaupt in der älteren Sprache in
mehreren Beziehungen freier und ausgedehnter war als später. Dagegen
wurde der Dativ damals viel beschränkter angewandt; wie denn *manum*

---

[1]) S. Lachmann zu Lucret. IV 568, wo noch hinzuzufügen ist P. Syrus v. 722 qui
timet insidias omnis, nullas incidit, welche Sentenz Ribbeck unter die „minus probatae"
gestellt hat; [jetzt liest er aber qui omnes insidias timet, in nullas incidit;] es gehört
jedenfalls dieser Gebrauch nur der alten Latinität an und den Archaisten, wie Apulejus;
die Stelle bei Corn. Nep. Attic. 10, 4 ne quod periculum incideret wird so zu nehmen
sein, dass *periculum* Subject ist, nicht aber *in* hinzugefügt werden muss, wie Bremi u. A.
für nöthig erklärten; ebenso kann Quintil. decl. XV 3 incidit remedium das letzte Wort
Subject sein; zwei Stellen des Liv. II 30, 13 und III 13, 2 sind fehlerhaft und Drakenborch und Neuere haben dort *in* hinzugefügt [was an der ersten Stelle auch durch den
cod. Paris. überliefert ist]; s. Drakenborch zu der ersten Stelle. So steht ganz einzeln
eine Stelle des Tac. hist. III 29, welche sich auch noch durch eine Attraction entschuldigen
lässt: quae (balista) — disiecit obruitque quos inciderat. Unsicher ist Sen. dial. IX 10, 1.
Alle anderen Beispiele sind geringfügig und aus späterer Verwirrung hervorgegangen. [Bei
Apulejus finden sich jedoch mehrere unzweifelhafte Beispiele der Verbindung von *incidere*
mit dem blossen Accus., s. Oudendorp u. Hildebrand zu met. X 19 u. die dort citirten
Stellen. Wenn dagegen Draeger I S. 350 für diese Construction „schon ein Fragment
des Sallust" anführt, so habe ich dies umsonst gesucht; nach dem Index verb. von Dietsch
kommt das Wort bei Sallust überhaupt nur vor Catil. 14, 4. hist. III 76 p. 84 Kr., an
beiden Stellen mit *in; bist. II 75 p. 184 ist verderbt.]
[2]) Einiges mag nach alter Analogie gebildet sein, wie insilit undas bei Ov. met.
VIII 142 [wo aber jetzt von Merkel, Riese u. Korn *undis* gelesen wird, ohne dass Riese
eine varietas codd. anmerkte]; cf. Drakenborch ad Liv. VIII 9, 9.

iniccre später nur mit dem Dativ construirt werden konnte, ebenso *colloqui* c. dat. oder mit *cum* u. d. Ablat.; *inhiare, instare* u. s. w. nur c. dat., vor dem die alte Sprache in solchen Fällen gleichsam eine Scheu hatte. Die ciceronische Sprache kennt eine schon viel ausgedehntere Anwendung des Dativs, hat es aber dennoch nach den Verbis comp. meistens vorgezogen, die Präposition zu wiederholen oder durch eine verwandte zu ersetzen.

Dies haben die Grammatiker immer bemerkt, wenn sie Verzeichnisse der Verba composita geben, welche den Dativ annehmen: s. Zumpt § 415. Madvig § 245. G. T. A. Krüger, Grammatik der lateinischen Sprache § 359. Ferd. Schultz § 266. Kritz u. Berger, Schulgrammatik der lateinischen Sprache S. 437. Hiernächst werden denn eine Anzahl Einzelnheiten hervorgehoben, z. B. dass Cicero immer *inesse in aliquo* sagt, nicht *alicui*, mit Ausnahme einer Stelle in de offic., ferner dass *incumbere ad aliquid* in der übertragenen Bedeutung heisst: sich auf etwas legen, dagegen *incumbere alicui rei* dasselbe im eigentlichen Sinne bedeutet und dass nach modernem Gebrauch, den Quintilian IX 3, 1 bemerkt, der Dativ auch die übertragene Bedeutung annahm. Dergleichen einzelne Bemerkungen kann man noch viele finden bei Reisig § 367. 368. 388. 419. Aber alle diese Einzelnheiten sind unmethodisch aufgerafft; man wählt, was etwa am häufigsten vorkommt und was man für mustergültig hält, ohne an eine geschichtliche Entwickelung des Gebrauchs zu denken. Es können nur erschöpfende und durchaus vollständige Sammlungen über einzelne Schriftsteller deutlich machen, wie sich der Gebrauch allmählich geschichtlich entwickelt hat; dadurch wird eine Menge Zweifel zu lösen sein, wo man schwankt, ob gleichlautende Formen für Genetiv und Ablativ oder Dativ zu halten sind; sehr häufig wird sich daraus erst mit Sicherheit über zweifelhafte Lesarten entscheiden lassen. Das Buch von F. A. A. Bach (s. ob. S. 2) ist ganz unnütz in dieser Beziehung, da er nicht entfernt daran denkt, den Gebrauch der Dichter zu erschöpfen, und was hierher gehört, hat er S. 50 fg. auf zwei Seiten abgemacht, und dennoch enthält die kleine Sammlung noch Stellen, die ausgesondert werden müssten, wie die oben erwähnten mit *morti, neci, leto*, auch *humi, terrae* u. s. w. Viel besser ist die Schrift von Fischer, die Rectionslehre bei Cäsar in zwei Progr. v. Halle 1852 u. 1854; in dem ersten ist von den Verbis compositis cum dat. S. 18 fgg. gehandelt, jedoch nur eine rohe Stellensammlung gegeben in sehr oberflächlicher Ordnung und ohne dass die Resultate daraus gezogen wären, aber das Material ist sehr erwünscht; noch mehr zu wünschen wäre jedoch eine ähnliche vollständige Sammlung aus Cicero und demnächst aus Dichtern und aus Seneca, Tacitus u. s. w. Aber schon jetzt wird man aus der Sammlung von Fischer ersehen, wie erstaunlich beschränkt noch der Gebrauch des Dativs bei Caesar ist und dass sich die Beispiele sehr leicht auf wenige gemeinsame Grundbegriffe reduciren lassen, was Fischer nicht versucht hat. Ein ähnliches Resultat wäre bei Cicero zu erwarten.

In der Kaiserzeit dagegen werden theils viele neue Composita gebildet, theils wird der Dativ sehr viel häufiger gebraucht, theils in bloss localem Sinne mit Ausdehnung der oben aufgestellten Analogien, theils in dem übertragenen Sinne. Dies will ich wenigstens durch einige Beispiele erläutern[1]).

---

[1]) [Die reichste und am besten geordnete Beispielsammlung jetzt bei Draeger I S. 376 ff.]

Die Richtung auf etwas hin wird durch die Composita mit *ad, in,* auch *ob, sub, re* bezeichnet; z. B. adhinnire equo Ov. a. a. I 280. rem. am. 634. advigilare nepoti Tib. II 5, 93. adstupere divitiis Sen. dial. IX 8, 5. prope posita speique nostrae adludentia sequamur ib. c. 10, 5. Besonders kühn ist der Ausdruck bei Tac. ann. I 19 pectore usque adcrescere, womit man *advolvi genibus, accidit auribus* u. dergl. zusammenstellen kann. — Sen. dial. IX 10, 1 tibi ignoranti vel publica fortuna vel privata laqueum inpegit, cf. I 6, 8. ep. 29, 10. 95, 3. dial. XI 9, 3 ut non multum procellarum inruat magna armamenta pandentibus. Lucan. IV 563 fratribus incurrant fratres. VII 766 invigilat cunctis saevum scelus. Sen. dial. XI 8, 1 dolor requiescenti animo tuo paulatim inrepet. — *incursare* c. dat. hat Ov. met. I 303. II 205. *invehi* c. dat. in sinnlicher Bedeutung belegt Ruhnken zu Rutil. Lup. II 20 durch Liv. XXV 40, 10 stationibus hostium cum ingenti terrore ac tumultu invectus, und Curt. IV 3, 13 (12) quibus rex invectus — demersit [ebenso bei Sueton, s. Kühnast S. 137, wo auch noch andere Stellen aus Livius verzeichnet sind]; aber was sich bei Rutilius in übertragener Bedeutung findet *vitiis invehi,* ist ohne Beispiel. — Sen. dial. IX 8, 3 utrisque enim (pauperibus locupletibusque) pecunia sua obhaesit nec sine sensu revelli potest. — Wie *respondere,* so wird auch *reticere alicui,* keine Antwort geben, oft absolut gebraucht, aber c. dat. Liv. III 41, 3. [XXIII 12, 9.] — Für das Wo sind anzuführen *insudare* c. dat. Hor. sat. I 4, 71. *indubitare* Verg. Aen. VIII 404. Stat. silv. III 5, 110; ferner manche Composita mit *inter:* Sen. nat. quaest. I prol. 10 quid illis et nobis interest nisi exigui mensura corpusculi? (Was liegt Unterscheidendes zwischen ihnen und uns?) dial. VI (ad Marc.) 18, 6 rapidorum torrentium aurum arenis interfluens. ep. 100, 6 Desit sane varietas marmorum et concisura aquarum cubiculis interfluentium. — Für das Woher hauptsächlich solche, die auf das *deesse* zurückgehen: Sen. dial. IX 1, 15 in omnibus rebus haec me sequitur bonae mentis infirmitas, cui ne paulatim defluam vereor (sc. *menti).* Sen. ep. 77, 10 vitae elapsus est. cf. ep. 82, 21 non elapsus est manibus. ep. 83, 15 nullum Cosso aut privatum secretum aut publicum elapsum est. ep. 88, 34 (animus) corpori abductus in sublime secessit. ep. 30, 12 avulsum vitae. ep. 95, 35 malis avellere. de benef. V 8, 5 rerum natura nihil dicitur perdere, quia quicquid illi avellitur, ad illam redit. ep. 80, 4 quid autem melius potes velle quam eripere te huic servituti? dial. VII 2, 3 omnem operam dedi, ut me multitudini educerem. Abrumpere Tac. hist. II 28 extr. — Umgekehrt geht auf *adesse, tribuere, addere* zurück *congerere alicui:* Sen. de clem. I 14, 2 ambitiosae maiestati quicquid potuimus titulorum congessimus. ad Helv. (dial. XII) c. 11, 4 quicquid illi congesserit, non finis erit cupiditatis, sed gradus. cf. Tac. ann. I 4. Suet. Aug. c. 98. Aur. Vict. de vir. ill. c. 32, 4. Sen. suas. VII 3 p. 40 B. adsere te potius libertati. Wie kühn aber auch immer der Gebrauch des Dativs ausgedehnt werden mochte, so ist doch nicht alles möglich. Die Grammatiker sind aber leicht zufrieden mit einer äusserlichen Tradition, die gedankenlos fortgepflanzt wird. So meint man, Tibull habe I 1, 5 sagen können: me mea paupertas vitae traducat inerti, weil man das Beispiel mit den zahlreichen ähnlichen Compositis zusammenstellt, wie *adducere alicui aliquid, inducere* von *ducere* selbst, oder *immittere, inferre* und dergl. Es ist aber ein grosser Unterschied. Die Composita mit *trans* bezeichnen nämlich die Bewegung, welche von Einem zum Andern geht, sodass dabei eine Kluft, ein Zwischenraum überschritten wird. Dieser Raum, der so durchmessen wird, kann Object sein, z. B. *transire pontem, transducere exercitum pontem.* Oft aber wird dieser Raum gar nicht besonders bezeichnet, sondern nur ausgedrückt, dass etwas von Einem auf den Andern übergeht; trotzdem wird jedoch zwischen beiden immer ein Intervall gedacht, dessen Ueberschreitung eben das *trans* bezeichnet; folglich bezieht sich das *trans* ganz und gar nicht auf den andern Punkt, welcher jenseits der Kluft liegt, so dass die annähernde Bewegung an diesen Punkt durch *trans* bezeichnet würde, wie bei *immittere alicui aliquid,* d. h. *mittere in aliquem.* So ist es nicht bei Tibull *me mea paupertas ducat trans vitam inertem;* sondern *trans* könnte sich nur auf den Raum beziehen, durch den Tibull noch von der *vita iners* getrennt ist; diese selbst könnte also nur dann im Dativ stehen, wenn man auch ohne *trans* den Dativ mit *ducere* verbinden könnte, um das Ziel der Bewegung zu bezeichnen: *ducat me vitae inerti;* so aber hat nie ein Römer gesagt bis zu der Zeit, wo der Dativ die Bedeutung des Wohin annahm, d. h. bei Gregor von Tours; dieser konnte allerdings sagen de miracc. S. Mart. II c. 16 init. nauta qui nos ripae alteri transponere debebat; denn er hätte auch sagen können: *ripae ponere, collocare;* s. oben S. 129 [1]).

Man darf sich hierbei nicht täuschen lassen durch *tradere alicui aliquid* und ä.; denn da hat das *trans* gar keinen Einfluss auf die Structur, die lediglich vom Verbum abhängt; *dare alicui aliquid* und zwar *trans,* so dass es den Zwischenraum überschreitet. Es ist also überall darauf zu achten, welchen Sinn und welche Structur die Präposition hat.

In den Compositis ist es der locale Begriff des irgendwie bestimmten Zusammenseins, Zusammenkommens oder Zusammengewesenseins, welcher bei der Construction mit dem Dativ zu Grunde liegt. Aber derselbe Begriff drückt sich auch in Adjectiven aus, nämlich nahe, ähnlich, übereinstimmend, gleich. Hier sind noch einige Besonderheiten hervorzuheben.

Bei *propinquus, propior, proximus* ist zu bemerken, dass nicht der Positiv, wohl aber der Comparativ und Superlativ zuweilen mit dem Accusativ construirt werden; der Comparativ z. B. bei Hirt. b. g. VIII 9, der Superlativ bei Caes. b. g. I 24. III 7, woselbst vgl. Schneider. Da von der Präposition *prope* ebenso auch der Comparativ *propius* und Superlativ *proxime* mit dem Accusativ construirt werden (s. Fischer, die Rectionslehre bei Caes. I S. 10. Frontin. de aquaed. c. 7 extr., c. 15 extr., c. 5 bis. Varro de r. r. I 13, 2. und andere Nachweisungen bei Reisig § 367; über Livius siehe Wölfflin, Livianische Kritik und Livian. Sprachgebrauch S. 24 fg.) [Kühnast S. 126 f., der auch Sallust und Cicero mit bespricht, und die dort angeführten Stellen], so ist auch das Adjectiv nur als eine weitere Flexion von *prope* anzusehen, was aber bei *propinquus* nicht zulässig war, da dies eine besondere Adjectiv-Endung hat; es ist daher sehr bedenklich, dass dies Keil, Observ. in Cat. et Varr. de r. r. pag. 37, an einer einzigen Stelle bei Varro I 8, 2 nach den Codices annehmen will.

---

[1]) Venant. Fortun. vit. S. Hilarii I cap. 13 extr. sagt in Bezug darauf, dass Hilarius seine Töchter für das Klosterleben gewonnen: Tamen in hoc magis illas amasse cognoscitur, cum per ipsum lumini perpetuo transferuntur. Vorher hat er von derselben Sache gesagt: transmisit ad gloriam. Hier ist aber wohl nicht die reine Localbedeutung bei *transferuntur* anzunehmen, sondern der Sinn von *addicuntur.*

Hieran schliesst sich sofort eine andere viel bestrittene Frage. Der Positiv *propinquus* und der Superlativ *proximus* werden nämlich auch mit dem Genetiv construirt, welcher die Angehörigkeit als Gen. possess. bezeichnet, den auch das Pron. possess. vertreten kann, z. B. tui proximi Cic. in Verr. V 64, 165, woselbst s. Zumpt. Ebenso kann man *vicinus mihi* und *meus* sagen, und so wird eine ganze Reihe von Adjectiven, wie *finitimus, conterminus, aequalis, par, similis, dissimilis, amicus, socius* u. s. w. in beiderlei Weise construirt. Meistens hat man diese nicht alle unter einen Gesichtspunkt gestellt, sondern man sagt bei einigen in dem Falle, wo sie den Genetiv haben, sie seien zu Substantiven geworden, und mit dem Dativ seien sie Adjectiva, was Conr. Schneider (s. zu Reisig A. 76) so weit getrieben hat, dass er *par* sogar etymologisch geschieden und für das Substantiv den Ablativ *pare* für das Adjectiv *pari* gelehrt hat; bei *similis* und *dissimilis* hat man dagegen eine Verschiedenheit der Bedeutung angenommen. Das erste indes ist ganz nutzlos; denn man muss doch weiter fragen, wenn man sich auch die Unterscheidung gefallen lassen wollte: wann werden denn diese Worte als Substantiva und wann als Adjectiva gebraucht? und darauf giebt Niemand eine Antwort. Wenn man ferner bei *similis* und *dissimilis* bekanntlich in dem Genetiv die geistige, im Dativ die äusserliche, sinnliche Aehnlichkeit gefunden und das sogar in einem lateinischen Denkvers verewigt hat: Ille tui similis, mores qui servat eosdem. Ille tibi similis, faciem qui servat eandem, so ist auch diese Annahme ganz grundlos und die Verse sind prosodisch und sachlich gleich richtig, wenn man *tui* und *tibi* vertauscht, denn in der That kann der Genetiv ebenso gut von sinnlicher Aehnlichkeit gebraucht werden; ich habe daher gegen diese herkömmliche Unterscheidung protestirt zu Reisig § 550 und zu derselben Zeit auch Madvig zu Cic. de fin. V 5, 12 und später in seiner Grammatik § 247 A. 2, aber ohne Erfolg; wenigstens ist Krüger § 362 Anm. 2 und Ferd. Schultz § 264 Anm. 1 beim Alten geblieben, nur dass der Letztere naiv hinzusetzt, es sei zur Bezeichnung einer innern Aehnlichkeit der Dativ gar nicht selten, und wohl noch Andere; Kritz und Berger S. 350 und 362 [und die meisten neueren Grammatiker, auch Draeger] haben auf allen Unterschied verzichtet und bemerken bloss thatsächlich die doppelte Construction. Bremi zu Suet. Caes. c. 52 gesteht, dass dieser Schriftsteller die Regel nicht beobachtet habe. Wölfflin, Liv. Krit. u. Liv. Sprachgebrauch S. 14 fg., geht auf genauere Erwägung des herkömmlichen Unterschiedes nicht ein, giebt aber eine brauchbare Sammlung. Dass nun der Genetiv auch sinnliche Aehnlichkeit bezeichnet, ist leicht zu beweisen, ebenso dass der Dativ die geistige. Auch die Bedeutung der Casus führt nicht im mindesten auf diese Unterscheidung; denn wenn Krüger sagt, die Bedeutung der Angehörigkeit, welche der Genetiv hat, sei eine innigere Beziehung, als im Dativ liegt, so ist das geradezu Thorheit; denn der Genetiv drückt doch ganz gewiss auch den sinnlichen Besitz aus, ja diesen zu allererst. Aber wirklich Mitleiden erregt die Qual, womit Weissenborn Latein. Syntax § 156 den Unterschied so deduciren will, dass der Genetiv das Ausgehen der Aehnlichkeit von Etwas, der Dativ das Uebergehen derselben auf Etwas bezeichnen und dies auf die Unterscheidung von innerer und äusserer Aehnlichkeit hinauslaufen soll. Es verhält sich hier ganz ähnlich wie bei *proprius,* und wenn man hier nicht ebenso dauernde und vorübergehende Aehnlichkeit unterschieden hat, so liegt dies ganz einfach darin, dass die Aehnlichkeit in der Regel nicht so vorübergehend ist; übrigens beruht der Unterschied auf einem blossen Rathen aus einzelnen Stellen, nicht auf Entwicklung aus der Natur der Casus. Madvig, der die Grundlosigkeit dieser Unterscheidung erkannte, hat doch keinen bessern Weg eingeschlagen; er will den Genetiv den lebenden Wesen, Menschen und Göttern vorbehalten, s. Gramm. § 247 Anm. 2, und in der Beilage, Bemerkungen über verschiedene Punkte des Systems der Lat. Sprachlehre, S. 60, meint er, ich hätte mir zwar zu Reisig viele Mühe gegeben, aber die richtige Spur nicht gefunden; ihm stimmt bei Kühner zu Cic. Tusc. I 15, 34. Seyffert dagegen, zu Cic. Lael. S. 482 [S. 488 d. 2. Aufl.], verwirft Madvig's Unterscheidung mit gutem Grunde als völlig unhaltbar und erklärt sich für meine Auffassung. Diese geht aus der Bedeutung der Casus hervor und betrifft alle Wörter gleichmässig, welche mit Genetiv und Dativ construirt werden können, sowohl diejenigen, welche man im ersten Falle für Substantiva erklärt hat, als diejenigen, welche in allen Fällen für Adjectiva gelten; es ist jedoch bei der Anwendung des Genetivs der Unterschied, dass die meisten Worte mit dem Gen. possess. und statt dessen auch mit dem Pronom. possess. verbunden werden, *similis* dagegen und *par* nur mit dem Gen. object. Dieser Unterschied hat in der Bedeutung der Adjectiva seinen Grund, welche in diesem Falle eine wirkende Eigenschaft bezeichnen, die Eigenschaft ein Object gleichsam darzustellen, abzubilden; es ist also wie bei den Participiis praes. act., welche zu Adjectiven werden, z. B. *amans tui;* so *similis tui*, ein Bild von dir darstellend, *par mei*, der einen *Alter ego* darstellt; ebenso andere Adjectiva relativa, wie *gnarus, memor, compos* u. s. w. Abgesehen aber von diesem Unterschied, welcher von der speciellen Bedeutung der Adjectiva ausgeht, ist die Verbindung mit dem Genetiv bei allen Worten dieselbe und hat überall den allgemeinen Sinn der Angehörigkeit einer Substanz zur andern. Wir haben nun beim Genetiv schon die Worte besprochen, welche die Benennung zusammengehöriger Personen enthalten und sie nach den verschiedenen Verhältnissen dieser Zusammengehörigkeit bezeichnen; sie können also in der Geburt und Verwandtschaft begründet sein, wie bei *pater* und *filius, mater, frater, soror* u. s. w., oder in gewissen Geschäften, welche Personen an Personen ausüben, wie *tutor, dux, imperator, rex, dominus, servus, minister, pupillus*, oder auch in der Gesinnung, welche eine Person gegen eine andere bethätigt, wie *amator, laudator, fautor;* und hier treten die Adjectiva ein, welche die Gesinnung oder auch die relative Stellung zu einander als Eigenschaft aussagen, wie *vicinus, propinquus, socius, familiaris, amicus, aequalis, par, similis*. Wenn man also diese Worte mit dem Genetiv verbindet, so ist es augenscheinlich, dass zwei Menschen (oder Dinge) wie ein zusammengehöriges Paar betrachtet werden, und das Adjectiv giebt nur an, auf welchem Grunde die Zusammengehörigkeit beider beruht oder in welcher Art sie besteht; also will man hier nicht die Eigenschaft, welche ein Subject in Bezug auf ein anderes hat, sondern die aus dieser Eigenschaft hervorgegangene Verbindung beider, die durch sie bedingte Zusammengehörigkeit aussagen. Diese Relativität des Begriffs bezeichnet Varro de l. l. X 3 Minimum ex duobus constat omne simile, item dissimile, quod nihil potest esse simile, quin alicuius sit simile, item nihil dicitur dissimile, quin addatur quoius sit dissimile, während er nachher, wo noch oft von dem *simile* und *dissimile* in anderer Verbindung die Rede ist, immer den Dativ gebraucht hat. Dagegen mit dem Dativ prädicirt man recht eigentlich erst die Existenz der Eigenschaft wie eine bis dahin für das Urtheil nicht vorhandene That- sache und sagt, dass ein Subject sie hat und zwar in Bezug auf ein anderes Individuum, ohne daraus die Folge zu ziehen, dass hierdurch beide zu einem zusammengehörigen Paar verbunden sind, für deren Verbindung die schon vorausgesetzte Eigenschaft den Grund bildet; z. B. wenn Jemand in meiner Nachbarschaft wohnt, und ich habe einen Grund, dies als etwas noch Unbe- kanntes auszusagen, so heisst es: *vicinus mihi est;* daraus folgt, dass der Weg zu mir nicht weit ist u. s. w. Dagegen will ich sagen, wir stehen in einem durch die Nachbarschaft begründeten Verhältniss von Nachbarlichkeit, Bekanntschaft und Freundschaft, so heisst das: *vicinus meus est.* Mag man dann dies immerhin als ein Substantiv erklären, wenn man nur festhält, dass es sich nicht mehr darum handelt, die Eigenschaft des *vicinus* auszusagen, sondern die Zusammengehörigkeit der beiden Substanzen, welche hier Personen sind. Ebenso *amicus meus* und *amicus mihi:* mein Freund, und mir be- freundet, gegen mich gesinnt wie ein Freund. Beim Dativ spricht man also das Urtheil, die Wahrnehmung einer Eigenschaft aus, beim Genetiv bezeichnet man das daraus hervorgegangene Verhältniss gegenseitiger Verbindung. Mit- hin kann man sagen, von den beiden Beziehungen, die man durch die beiden Casus ausdrücken kann, ist die durch den Dativ ausgesagte die frühere, die durch den Genetiv die spätere; und dass es hierbei nicht auf den Unterschied des Sinnlichen und Geistigen ankommt, sieht man schon aus diesen beiden Beispielen, *vicinus* und *amicus,* wovon jenes ein sinnliches, dieses ein gei- stiges Verhältniss aussagt. Dasselbe gilt nun auch für *similis* und *par:* will ich nur die Relativität bezeichnen und sagen, dass durch die Aehnlichkeit zwei Individuen zusammen gehören, ein Paar bilden, indem eines das Abbild des andern ist, so steht der Genetiv; dagegen wenn ich die Aehnlichkeit eben erst wahrnehme und zwar nicht gleich so, dass sich die beiden Dinge als zu einem Paar verbunden darstellen, sondern vorläufig nur so, dass ich die Aehnlichkeit als Thatsache, das annähernde Gleichkommen behaupten kann, dann steht der Dativ. Es scheint aber, dass jene erstere Auffassung des relativen Verhältnisses der Aehnlichkeit, wonach zwei Objecte als durch die Aehnlichkeit verbunden und zusammengehörig angesehen wurden, die ur- sprüngliche und ältere ist, weshalb sich in der ältern Latinität überwiegend oder gar ausschliesslich der Genetiv findet und nicht der Dativ; s. Ritschl im Rhein. Museum VII S. 584 fgg. [opusc. II 570 ff.] und VIII S. 159 fgg. [opusc. II 579 ff.] und im index schol. Bonn. hib. 1859/60 (de poetarum testimoniis quae sunt in vita Terentii Suetoniana) pag. IX sq. [opusc. III p. 261 sq.], wo er dasselbe auch von *consimilis* behauptet, darum eine Stelle des Afranius emendirt und als ältesten Gewährsmann für *consimilis* c. dat. den Attius anführt und zwar wo es sich von Dingen, nicht von Personen handelt. (Doch s. unt. S. 138). Der angegebene Unterschied also konnte sich erst dadurch entwickeln, dass neben dem Genetiv auch der Dativ gleich gebräuchlich wurde, der demnach auch hier, wie wir es in anderen Fällen schon gesehen haben, seine Gebrauchssphäre ausdehnte, so dass er in der Kaiserzeit überwiegend wurde und manche Schriftsteller wohl ganz sich des Genetivs enthielten, wie z. B. Velleius, während andere den Unterschied festhielten, obwohl mit Bevorzugung des Dativs [1]). Fragen wir weiter, wie beschaffen die Aehnlichkeit sein muss, um mit dem Genetiv zu stehen oder mit dem Dativ, seit sich der Unterschied ausgebildet hatte, so ist klar, dass beim Genetiv die Aehnlichkeit eine augenscheinliche, wesentliche, die Zusammengehörigkeit zweier Dinge als Urbild und Abbild begründende sein muss; beim Dativ ist dies nicht erforderlich; da kann sie eine theilweise, auf irgend einen einzelnen Punkt beschränkte, bedingte, problematische, annähernde sein; jedenfalls ist sie eine solche, die man eben erst als Thatsache behauptet oder wahrnimmt, ohne daraus schon die Zusammengehörigkeit der ähnlichen beiden Substanzen herzuleiten; es ist also eine allgemeinere, umfassendere Ausdrucksweise. Vgl. z. B. Liv. I 20, 2 In civitate bellicosa plures Romuli quam Numae similes reges putabat fore, es würde sich öfter R. als N. in einem Abbilde wiederholen. Aber Plin. paneg. 4, 4 fingenti formantique mihi principem — numquam voto saltem concipere succurrit similem huic quem videmus, ich habe keinen erdenken können, der diesem nahe käme; es kann noch gar nicht davon die Rede sein, beide als ein Paar zusammenzustellen, da selbst die Aehnlichkeit noch problematisch ist. Vgl. einen ähnlichen Fall ib. c. 42 a. E. 94, 5. ib. 94, 5. ib. c. 59 extr. cum principem quam simillimum esse privato, consulem quam dissimillimum deceat (d. i. annähernde Aehnlichkeit). Sen. ep. 17, 5 Si vis vacare animo, aut pauper sit oportet aut pauperi similis, d. h. beinah. ep. 90, 16 Illi sapientes fuerunt aut certe sapientibus similes. ep. 114, 3 furit aut, quod furori simile est, irascitur. Tac. hist. III 23 (s. unten S. 139).

Diese Unterscheidung ist zwar nicht eine so leicht zu verstehende, nicht eine so greifbare, wie wenn man äussere und innere Aehnlichkeit oder die zwischen lebenden und nicht lebenden Wesen unterscheidet; aber sie ist dafür richtiger und macht es deutlich, warum oft beides wechseln kann, warum namentlich der Dativ mit wenigen Ausnahmen immer für den Genetiv, aber nicht immer der Genetiv für den Dativ stehen kann. Was insbesondere die sinnliche Aehnlichkeit betrifft, so versteht sich, dass beim Genetiv die Aehnlichkeit eine augenfällige sein muss, denn sonst kann man nicht veranlasst sein, zwei Dinge oder Personen zu einem Paar wie Abbilder von einander zu verbinden; daher mag es kommen, dass man diesen Gebrauch, weil er nicht so häufig sein kann, seiner Natur nach ganz geleugnet hat. Aber siehe Cic. de n. d. I 27, 75 Dicemus ergo idem quod in Venere Coa: corpus illud non est sed simile corporis. ib. § 77 quid igitur mirum, si hoc eodem modo homini natura praescripsit, ut nihil pulchrius quam hominem putaret, eam esse causam, cur deos hominum similes putemus? [2]) cf. ib. 32, 91 und ib. § 90, über welche interessante Stelle s. zu Reisig A. 550 a. E. ib. 28, 78 est enim vis tanta naturae, ut homo nemo velit nisi hominis similis esse. Dagegen vergleiche man pro Marc. 3, 8 haec qui facit, non ego eum cum summis viris comparo sed simillimum deo iudico; ebenso diis simillimus bei Liv. XXVI 50, 13. Plin. paneg. 7, 5 und Vellei. II 130, 5 amissa mater,

---

[1]) Plinius hat in d. nat. hist. kein sicheres Beispiel vom Genetiv; s. Mayhoff, lucubrat. Plinian. pag. 32; auch bei Curtius finden wir nur zwei sichere V 24 (8), 7 an vestri similes adhuc sitis; und IX 32 (8), 14 simile monstri-visum est, während IV 52, 7 Si qui dissimiles eorum essent, *eorum* als Genet. partitivus zu nehmen sein wird.

[2]) [Die Worte *eam esse causam* — *putemus* werden nach Madvig von Schoemann (s. dessen opusc. III 317) u. Baiter als nichtciceronianisch bezeichnet.]

eminentisima et per omnia deis quam hominibus similior femina; vgl. ib. II 35, 2 u. Ruhnken zu d. St. Verg. Aen. V 594 delphinum similes von den Knaben im Troia ludus, die sich ähnlich bewegen.[1] Lucrez wechselt mit beiden Casibus IV 1211 tum similes matrum materno semine fiunt, ut patribus patrio. ib. 1218 fit quoque ut interdum similes existere avorum possint et referant proavorum saepe figuras. Dagegen v. 1230 atque utri similest magis id quodcumque creatur, eius habet plus parte aequa. Ferner gebraucht Valerius Maximus bei überraschenden Aehnlichkeiten zwischen Menschen, wovon er IX c. 14 ex professo handelt, § 2 und ext. 3 den Genetiv, ebenso Plaut. mil. gl. II 5, 38 (448); 6, 39 (519). Sueton. Caes. 52. Aur. Vict. de Caes. c. 28. (Eumen.) paneg. VII (VIII) 1, 1 Si Flavia Aeduorum (die Stadt Augustodunum) — huc venire potuiset, tota profecto — in ea potisimum civitate gratias ageret, cuius eam similem facere coepisti. Dagegen gebraucht Plinius n. h. VII 49; 51; 53, wo er gerade von solchen Beispielen und zum Theil von denselben spricht, wie Valerius Maximus immer den Dativ [s. ob. S. 137 Anm.]. Wenn man sich dagegen sträubt, dass aus der Aehnlichkeit auch die Zusammengehörigkeit folgt, so versteht sich, dass der Dativ angemessen ist; so Cicero und Ennius bei Cic. n. d. I 35, 97 Ipsa vero quam nihil ad rem pertinet, quae vos delectat maxime, similitudo? Quid? canis nonne similis lupo? atque, ut ait Ennius: 'Simia quam similis, turpissima bestia nobis'! at mores in utroque dispares.

Dagegen bei geistiger Aehnlichkeit, die nicht in die Augen fällt, sondern auf dem Urtheil beruht, ist es viel leichter, zwei Menschen zu einem Paar zu verbinden, wenn man in gewissen Eigenschaften des Geistes und Characters eine Aehnlichkeit findet; hier ist nur eine theilweise Aehnlichkeit nöthig, um dennoch in dem Einen ein Abbild des Anderen zu finden; so erklärt sich ganz natürlich, dass bei geistiger Aehnlichkeit der Genetiv häufiger ist, zumal da von dieser in der Literatur auch häufiger die Rede ist. Es ist daher auch möglich, dass diese beschränkte, theilweise Ebenbildlichkeit durch einen Zusatz ausdrücklich bezeichnet wird, wie bei Cic. Tusc. I 33, 81 quaererem ex eo (Panaetio), cuius suorum similis fuisset Africani fratris nepos; facie vel patris, vita omnium perditorum ita similis, ut esset facile deterrimus. Sen. suas. II 6 p. 12 B. Adhuc non sum ex ulla parte Atheniensium similis, non muris, non educatione: nihil prius illorum imitabor quam fugam? (ich bin nicht ihres gleichen, gehöre nicht mit ihnen zusammen, in keiner Beziehung.) Tac. hist. III 76 lascivia socordiaque gladiatorum magis quam ducum similes. Wenn daher Seyffert zu Lael. S. 482 [S. 488 d. 2. Aufl.] sagt, es werde wohl nie gesagt *in hoc similis alicuius,* so ist das unrichtig; aber allerdings wenn eine solche Beschränkung beigefügt wird, kann die Aehnlichkeit überhaupt zweifelhaft erscheinen, und es ist dann natürlich, dass sie in solchem Falle häufiger durch den Dativ behauptet als durch den Genetiv vorausgesetzt wird; z. B. Cic. acad. II 37, 118 Democritus huic in hoc similis, uberior in ceteris. Phaedr. IV 15 (16), 7 sustineas tibi habitu esse similes, qui sint virtute impares. Vellei. II 41, 1 magnitudine

---

[1] Bei Ov. trist. I 7, 1 Si quis habes nostris similes in imagine vultus ist es wohl nothwendig, mit Heinsius und verschiedenen Codd. *nostri* zu lesen; sonst könnten es ja Gesichtszüge sein, die zwar dem Ovid ähnlich, aber doch einem Anderen angehören; hier ist aber von einem Portrait des Ovid die Rede und das kann nur in *nostri* liegen.

cogitationum, celeritate bellandi, patientia periculorum magno illi Alexandro sed sobrio neque iracundo simillimus. Bei Vergleichung von Dingen oder Personen, die an sich ungleich und unähnlich sind, also gar nicht zusammengehören, steht natürlich der Dativ immer; denn da muss die Aehnlichkeit erst durch die Behauptung in irgend einem Sinne oder in irgend einer Beziehung festgestellt werden. Z. B. Cic. de leg. I 11, 31 voluptate capiuntur omnes: quae etsi est inlecebra turpitudinis, tamen habet quiddam simile naturali bono (andere lesen *naturalis boni*, was Gen. partit. sein würde). Senec. nat. q. I 6, 6 in nube est aliquid vitro simile, quod potest perlucere, est aliquid et aquae, quam etiamsi nondum habet, iam parat. ib. c. 7, 2; 14, 1. II 12, 4; 14, 2. 27, 2. ep. 74, 31. Derselbe Seneca lehrt ep. 5, dass sich der Philosoph nicht durch Aeusserlichkeiten auffällig von anderen Menschen unterscheiden, sondern ihnen äusserlich ähnlich sein soll; aber § 6: dissimiles esse nos volgo sciat, qui inspexerit propius. Nachdem vorher der Anschein von Aehnlichkeit erweckt ist, bedarf die Unähnlichkeit erst der Wahrnehmung durch nähere Beobachtung; *volgi* würde schon einen Schritt weiter springen und sagen, dass nicht nur die Unähnlichkeit schon wahrgenommen, sondern daraus auch gefolgert ist, dass Philosophen und *volgus* nichts mit einander gemein haben, nicht zusammengehören. Vgl. Tac. hist. III 83 simul cruor et strues corporum, iuxta scorta et scortis similes. Liv. 39, 15, 9 Primum igitur mulierum magna pars est — deinde simillimi feminis mares, stuprati et constupratores. Wenn aber an sich ungleiche Dinge bildlich verglichen werden, eines als Abbild oder Ebenbild des andern bezeichnet wird, so steht meistens der Genetiv. Z. B. Plaut. Capt. I 2, 7 (116) Liber captivos avis ferae consimilis est. cf. Bacch. IV 8, 72 (874). Cist. I 1, 83. Truc. I 2, 68. II 1, 16. Asin. I 3, 63 (215); 88 (241). Cic. de fin. II 6, 17 rhetoricam palmae, dialecticam pugni similem esse dicebat.

Hierbei hat Plautus zuweilen auf der einen Seite den Dativ, wo die Aehnlichkeit erst ausgesagt wird, auf der andern den Genetiv, wo die Folgerung daraus gezogen wird: Amph. II 1, 54 (601) neque lac lacti magis est simile, quam ille ego (mein Doppelgänger) similis est mei. Men. V 9, 30 (1089) neque aqua aquae neque lacte lacti[1]) usquam similiust quam hic tuist tuque huius. Vergl. unten S. 140. — Etwas anders Cic. de nat. d. II 59, 149 Itaque plectri similem linguam nostri solent dicere, chordarum dentis, naris cornibus iis, qui ad nervos resonant in cantibus. Hier nahmen Lambin und Heindorf Anstoss, letzterer zumal bei dem ungewöhnlichen Genus in *qui* so sehr, dass er die Stelle für corrupt erklärte; indessen der Dativ erklärt sich leicht. Bei den ersten beiden Vergleichungen findet ein einfaches und klares Entsprechen statt; die Zunge vertritt die Stelle des Plektron, die Zähne die der Saiten, aber die Vergleichung der Nase ist nicht so einfach und nahe liegend, vielmehr etwas gesucht; die Hörner müssen auch erst näher beschrieben werden als die gebogenen Ständer an der Cither, welche den Resonanzboden bilden: daher wird hier die Aehnlichkeit nicht schon als klar vorausgesetzt, sondern erst versichert und nachgewiesen und der Dativ gewählt. Vgl. ferner de leg. I 10, 29 Nihil est unum uni tam simile, tam par, quam omnes inter nosmet ipsos sumus. Quodsi depravatio consuetudinum — non imbecillitatem animorum torqueret et flecteret,

---

[1]) [Ritschl hat *lacti* conjiciert und in den Text gesetzt.]

quocumque coepisset, sui nemo ipse tam similis esset, quam omnes sunt omnium.

Wenn ein Mensch mit sich selbst verglichen wird, so ist es natürlich, dass er immer als sein eignes Abbild bezeichnet wird: er gehört doch mit sich zusammen, wenn er auch zu verschiedenen Zeiten sich als ein Anderer zeigen sollte; ist er consequent, so ist er *semper sui similis*, und dies kann nun in verschiedenen Graden und Modificationen ausgesagt werden; dies *sui similis* hat auch schon Charisius p. 84 [P. 108 K.] bemerkt; siehe Caesar bei Cic. ad Att. IX 16, 2 nihil malo quam et me mei similem esse et illos sui. Sen. n. q. II 10, 1. Tac. Germ. 4 propriam et sinceram et tantum sui similem gentem. Cic. Brut. 93, 320 (Hortensius) sui dissimilior videbatur fieri cotidie. de leg. I 10, 29 (s. oben). Ter. Phorm. III 2, 16 (501). Ov. met. XI 273. Wenn danach aber die Grammatiker überhaupt die Personalpronomina *mei, tui, sui, nostri, vestri* im Genetiv als regelmässig annehmen, nicht den Dativ, so ist dies zwar allerdings das Gewöhnliche, aber keineswegs durchgängig; wenn man seines Gleichen so bezeichnen will, ist es richtig und natürlich; z. B. Ter. Heaut. 1020. Cic. Lael. 22, 82 par est autem primum ipsum esse virum bonum, tum alterum similem sui quaerere. Sen. ep. 109, 9. 97, 3. Phaedr. IV prol. 17 similes tui, Gesinnungsgenossen. Liv. II 31, 9. XXII 39, 1. XXVI 50, 8. XXXVIII 51, 10. Plin. paneg. 83, 3; aber doch findet sich der Dativ auch bei der Vergleichung eines Menschen mit sich selbst: Brutus bei Cic., ad famil. XI 20, 1 homo sibi simillimus; dann nobis bei Ennius (s. ob. S. 138), tibi Phaedr. IV 15, 7 (s. oben) und IV 19 (20), 15 qui est similis tibi („Gesinnungsgenosse", aber wenn auch Phaedrus Menschen im Sinne hat, so wird doch der *draco* angeredet, also sind es ganz ungleichartige Wesen). Sen. nat. qu. IV 2, 5 dissimilis sibi. ep. 120, 21 numquam eundem, ne similem quidem sibi. Martial. I 109, 20.

Nicht selten ist die Verbindung *patris similis*, weil der Sohn als das natürliche Abbild seines Vaters betrachtet wird: Plaut. Asin. I 1, 53 (68) volo me patris mei similem. cf. Cic. in Verr. III 68, 160. V 12, 30. de fin. V 5, 13, wo aber Madvig, Seyffert und Andere *patri* vorziehen. Tusc. I 33, 81 (s. oben). de off. I 33, 121: in Verbindung mit *maiores* Ter. Ad. 411 spero, est similis maiorum suom. An sich ist auch dies nicht nöthig, wenn die Umstände danach sind: Sen. Med. 23 quoque non aliud queam peius precari, liberos similes patri similesque matri; sie sollen erst so werden und sich so zeigen, keinem andern ähnlich werden. cf. Agam. 196 an te morantur virgines viduae domi patrique Orestes similis? der sich möglicher Weise so zeigen kann. Troad. 464. Med. 1117.

Ferner sagt man gewöhnlich *veri simile* (z. B. Plaut. Pseud. 403 facit illut veri simile quod mendaciumst), denn das Wahrscheinliche ist ein Abbild des Wahren; es scheint dies als ein componirter Begriff von alter Zeit her stehend gewesen zu sein, und so wollte es auch Charisius a. o. a. O., im Plural aber sagt man *veris similia*, weil bei einer unbestimmten Mehrheit von Dingen es natürlicher ist, nur die Eigenschaft des Aehnlichseins auszusagen, nicht das paarweise Zusammengehören: s. Drakenborch ad Liv. V 21, 9. Ohne Beispiel ist aber auch der Singular *vero simile* nicht, wenn er sich auch nicht bei Cicero (nur umgestellt ad fam. XII 5, 1 id autem eo facilius credebatur, quia simile vero [1] videbatur) und Caesar findet; aber sehr richtig steht es bei Liv. 44, 30, 4 et simillimum id vero fecit ducta ea virgo Platore interfecto; nämlich das Gerücht, es habe Gentius seinen Bruder Plator ermordet aus Neid über seine Verlobung mit einer dardanischen Prinzessin, machte der Umstand wahrscheinlich, dass er sie nach der Ermordung heirathete; also was an sich nur *fama* war, das erlangte die Eigenschaft, der Wahrheit ähnlich zu sein, es wurde ihr ähnlich gemacht.

Zu bemerken ist ferner noch, dass der Dativ in gewissen Gebrauchsweisen stehend ist, zunächst mit dem Partic. praes., wie *similis furenti, cadenti*, wo es oft eine Umschreibung für „beinahe" ist. Es kommt dabei gar nicht auf einen zweiten verglichenen Gegenstand an, der vielmehr ein ganz unbestimmter ist; es soll nur von einem Subject gesprochen und von ihm gesagt werden, dass das im Particip liegende Prädicat beinahe darauf passt. Der Gebrauch ist aber nachciceronisch. Verg. Aen. VI 603. XII 754. V 254. Hor. sat. II 5, 92. Ov. met. III 652 (flenti similis). Sen. Herc. Oet. 240. 877. Thyest. 698. Herc. fur. 1009. Phoen. 427. Sen. nat. qu. VI 29, 2 (wo ich es gegen Fickert und die besten Handschriften hergestellt habe). ep. 114, 2. Plin. paneg. c. 71, 2. 31, 4. Mit Part. fut. act. percussuro similis Sen. de ira III (dial. V) 12, 5. ne semper casuro similis pendeam dial. IX 1, 15. Mit Partic. perf. pass. ep. 35, 3 dum interquiescit, dum emendato similis est. ep. 55, 8 vidi-in media solitudine occupatis similes. ep. 74, 4 percusso similis obstupuit. ep. 89, 3 simile confuso est, quicquid usque in pulverem sectum est. Sen. Agam. 433 victo similis.

Ein anderer Fall ist der, dass *similis* nicht eigentlich Aehnlichkeit, sondern nur die Angemessenheit für etwas bezeichnet: es sieht danach aus, wie es nach dem Vorhandensein des Andern zu erwarten; z. B. Sen. dial. XI 5, 5 indue dissimilem animo tuo voltum. XII 5, 6 inania — intra nihil habentia fronti suae simile.

Dem kommt sehr nahe der Gebrauch des Dativs in ungenauen Vergleichungen, wie im Griechischen κόμαι Χαρίτεσσιν ὁμοῖαι, nämlich wenn von zwei Substanzen eigentlich ihre Attribute verglichen werden sollten, aber das Attribut der einen mit der andern Substanz statt mit ihrem Attribut verglichen wird. In diesem Falle wird regelmässig diese Substanz in den Dativ gesetzt: Caes. b. g. VI 27, 1 von den *alces:* Harum est consimilis capris figura et varietas pellium. Sen. n. q. VII 27, 1, 2. Anders zu erklären ist die Stelle im dial. de orat. c. 14 Materni pro carminibus suis laeta, utque poetas defendi decebat, audentior et poetarum quam oratorum similior oratio, wo ein von *oratio* abhängiges *orationi* nach dem bekannten Sprachgebrauch zu ergänzen und die Genetiven *poetarum* und *oratorum* nicht von *similior* abhängig zu machen sind. Aehnlich Caes. b. g. III 14, 5 falces-non absimili forma muralium falcium. Ter. Heaut. 393 Quoius mos maxumest consimilis vostrum, hi se ad vos adplicant. Plaut. Asin. 241 Portitorum simillumae sunt ianuae lenoniae (d. h. die Thüren der Kuppler sind sehr ähnlich denen der *portitores;* über diese Lesart s. Fleckeisen krit. Miscell. 1864

---

[1] [Auch hier wird in der 2. Orelli'schen Ausgabe *veri* gelesen; *rere* hat die erste Hand des Med., woraus erst später *rero* gemacht ist. Dafür bietet Livius noch mehr, zum Theil sichere Beispiele, s. Kühnast S. 125 und die daselbst citirte Abhandlung von Hildebrand im Dortmunder Gymn. Progr. 1865.]

p. 38.) Ovid. tr. I 6, 27 assimilemque sui longa assuetudine fecit (wo aber Andere *sibi* lesen). Plin. n. h. VIII 155 (Caesaris equus traditur) similis hominis pedes priores habuisse, was Mayhoff, lucubrat. Plin. p. 32, richtig erklärt durch *similes hominis (hominum) pedibus.*

Par ist nicht so häufig als *similis* und wird oft ohne Casus gebraucht, indem der Gegenstand der Vergleichung aus dem Zusammenhange erkannt werden kann. Hat *par* und *impar* die Bedeutung „gewachsen einer Sache, einem Geschäft oder einem Gegner", so wird natürlich der Dativ gesetzt, denn da kommt es nicht auf die Zusammengehörigkeit der Substanzen an (auch sind sie im ersten Fall nicht gleichartig), sondern nur auf die Thatsache, dass eine für die andere passt und ausreicht. Es ist also der Dativ nothwendig, der hier wie bei *similis* steht, wenn die Aehnlichkeit eine uneigentliche ist oder sich auf einen Gegenstand bezieht, der nicht zum Genossen des andern werden kann. Ein Beispiel von Genetiv in diesem Falle bei Flor. I 18 (II 2), 23: sed ille quidem par tantae calamitati[s] fuit ist jetzt durch Jahn und Halm aus den besten Codd. beseitigt; der Genetiv, der übrigens die besten Gewährsmänner aus der schlechteren Familie hat, würde nur so gerechtfertigt werden können, dass die *calamitas* personificirt wäre als ein Gegner, der am Regulus seines Gleichen gefunden.

Wird nun die wirkliche Gleichheit bei gleichartigen Begriffen ausgesagt, so ist der Genetiv nicht häufig, weil die völlige Gleichheit der Natur der Sache auch so selten ist, dass es nützlicher ist, sie zu behaupten, als sie im Genetiv schon vorauszusetzen. Doch giebt es Beispiele, die ich bei Reisig § 354 angeführt habe: par sui, sein Ebenbild, Plaut. Rud. prol. 49. illum cuius paucos pares haec civitas tulit Cic. in. Pis. c. 4, 8. semper et ubique eum parem sui invenies Fronto ep. ad amicos I 9 p. 194 ed. Berol. [p. 178 Nab.]; so auch dispar sui atque dissimile Cic. Cat. mai. 21, 78. Zweifelhaft ist Petron. 92, 4 timui ne in contubernium recepissem Ascylti parem, d. h. einen zweiten Ascyltos, wo Burmann *Ascylto* lesen will, was indes weniger pikant ist. Häufiger ist der Dativ wie Plaut. Curc. IV 2, 20 (506) mit dem Superlativ parissumi estis hibus. Hor. sat. I 3, 18 nil fuit umquam sic inpar sibi. Sen. ep. 120, 22, auch bei Cic. de or. III 50, 193 aut in paeone illo posteriore — aut ei pari cretico, wo man *eius* vermuthen könnte, weil er (s. unten S. 143) or. 64, 215 *aequalis* in derselben Sache cum genet. setzt, doch würde dann wohl zu viel gesagt sein, da doch eine völlige Gleichheit nicht stattfindet. In der Kaiserzeit scheint es, dass der Dativ in allen Fällen vorgezogen ist[1]). Ov. trist. IV 6, 26 sibi par. V 12, 30 me quosque despera — illi qui fueram posse videre parem. Hor. ep. I 18, 3 ut matrona meretrici dispar erit atque discolor. Sen. de benef. II 32, 4 qui animum parem sibi nactus est. I 8, 2 vicit — Alcibiadis parem divitiis animum. II 28, 2 ille non est mihi par virtutibus. IV 18, 2; 31, 2. V 4, 1 par tibi sum. V 10, 2 dicebam quaedam ad alios pertinere et sic esse formata, ut tota significatio illorum discedat a nobis: frater sum, sed alterius, nemo est enim suus frater. par sum, sed alicui. quis enim par est sibi? dial. I 4, 12 paulatim nos sibi pares faciat (scil. *fortuna*, „gewachsen"). n. q. I 17, 8. II 32, 8. III 28, 5 par undique sibi ipsa tellus est. IV praef. 3. VI 11, 3 par sibi ab omni parte. VI 31, 2. ep. 79, 7 cupis grande aliquid et par prioribus scribere. ep. 111, 4 par sibi

---

[1]) [Von Curtius stets, wo der Casus bestimmt ist, s. Vogel, Einleit. z. Curt. S. 25.]

in omni statu rerum. ep. 120, 10 in omni actu par sibi. de benef. V 4, 2 inparia datis recepturi.

In Bezug auf andere hierher gehörige Adjectiva ist noch Einiges zu bemerken. *Aequalis* wird nicht bloss in der Bedeutung „Zeitgenosse" cum Genet. construirt; s. Cic. or. 64, 215 creticus — et eius aequalis pacon. Bei *aequus* und *iniquus* wiegt so sehr die Bethätigung der Billigkeit gegen Jemand vor, dass der Gebrauch des Dativs weit überwiegend ist, bei *aequus* ausschliesslich: bei *iniquus* findet sich *iniqui mei,* meine Gegner, aber wohl nur bei Cicero; ebenso *invidi mei;* siehe Zumpt zu Cic. in Verr. II 69, 167; *intimus alicui* und *alicuius, meus,* meus particeps Ter. Heaut. 150.

Affinis in der Bedeutung „verschwägert" wird wie *propinquus, cognatus, amicus* construirt; dann in übertragener Bedeutung, bei einem Vergehen, einer Schuld, „der Sache nahe stehend, also nicht unverdächtig" mit dem Dativ. Mit dem Genetiv ist es mehr und bedeutet das Verwickeltsein in die Sache, Theilhaben daran; s. Cic. pro Sulla 5, 17 huius affines suspicionis. ib. 25, 70 huic affines sceleri; mit d. Gen. Ter. Heaut. 215. In localem Sinne Cic. pro Tull. 14 cui fundo erat adfinis M. Tullius.

Ueber *continuus* und *contiguus* in localem Sinne, welche Wörter nicht häufig vorkommen und dann öfter unsicher sind, da die Lesart zwischen beiden schwankt, s. zu Reisig A. 547 u. vergleiche dazu Sulp. Sev. hist. sacr. II 22, 1 (arx) continua templo, wo auch *contigua* ['probabiliter' Halm conl. II 34, 2. dial. 3, 10] vermuthet ist. Gregor. Turon. pag. 1246 B. habebat contiguum cellulae parvulum viridarium. Ammian. Marc. XXXI 14, 1 Perit-Valens, quinquagesimo anno contiguus. In übertragener Bedeutung Tac. ann. VI 32 (26) Cocceius Nerva, continuus principis (i. e. comes), nach der Analogie von *tenax.*

Assiduus (das angeblich *ab asse dando* abgeleitete Wort, das Cicero, Charisius und Gellius auf den Servius Tullius zurückführten, mag auf sich beruhen: in der uns bekannten Sprache ist nur *adsiduus ab adsidendo)* könnte ebenso construirt werden; jedoch kommt meines Wissens nur der Dativ vor, und auch dieser selten; denn bei Cic. pro Rosc. Am. 24, 67 hae sunt impiis assiduae domesticaeque Furiae, und bei Liv. I 20, 2 flaminem Iovi adsiduum sacerdotem creavit kann der Dativ von *esse* und von *creare* abhängig sein, sodass *adsiduus* absolut zu fassen ist, wie bei Liv. gleich darauf § 3 ut adsiduae templi antistites essent. Aber Valer. Prob. ad Verg. ecl. III 40 pag. 8 ed. Keil. sagt: Conon mathematicus, Aegyptius natione, Ptolemaeo adsiduus.

Aemulus steht gewöhnlich cum gen. in dem Sinne Nebenbuhler, sowohl *alicuius hominis* als *rei,* z. B. *studiorum.* Der Dativ findet sich in der älteren Zeit selten (z. B. Culex 96 Aemulus Ascraeo pastor sibi quisque poetae securam placido traducit pectore vitam, ihm ähnlich lebend und handelnd)[1], in der Kaiserzeit aber nimmt *aemulus* die Bedeutung „nahe kommend, ähnlich" an und wird danach mit dem Dativ construirt, nicht selten von Sachen, denen dadurch gleichsam ein Streben, eine Thätigkeit zugeschrieben wird: Tac. ann. XIII 3 Caesar summis oratoribus aemulus. Beispiele von Sachen s. bei Forcellini und füge noch hinzu Eumen. paneg. VII (VI) 22, 5 video circum maximum, aemulum, credo, Romano.

---

[1] Plaut. Rud. 240 mihi's aemula hängt wohl der Dativ von *es* ab, wie vorher v. 239 socia sum gesagt ist.

Superstes wird so construirt wie *similis:* cum dat. einer, der im Vergleich mit einem Andern der überlebende, länger lebende ist; cum gen. der Ueberlebende, gleichsam Nachfolger Jemandes. Beim Dativ ist der Act des Ueberlebens auf der einen und des früheren Sterbens auf der andern Seite die Hauptsache; das ist gleichsam ein Ereigniss, das man angeben will; beim Genetiv ist dieser Act schon vorausgesetzt, und es wird bloss die Eigenschaft des Ueberlebenden ins Auge gefasst, d. h. des Lebenden im Vergleich mit dem Todten; z. B. Tac. Agr. 3 pauci — non modo aliorum, sed etiam nostri superstites sumus. ann. II 71 quondam florentem et tot bellorum superstitem muliebri fraude cecidisse. Germ. 6 extr. ann. III, 4 cum — integram illi subolem ac superstitem iniquorum precarentur. Cic. ad Q. fr. I 3, 1 Utinam te non solum vitae, sed etiam dignitatis meae superstitem reliquissem; so ist auch Liv. II 7, 8 se superstitem gloriae suae als Genetiv zu nehmen. Dagegen der Dativ Cic. de n. d. II 28, 72 Nam qui totos dies precabantur — ut sui sibi liberi superstites essent, superstitiosi sunt appellati, und so steht es regelmässig cum dat. beim Wünschen, dass dieser Act des Ueberlebens eintreten möge; s. Plaut. Asin. I 1, 6 (21). Ter. Heaut. V 4, 7 (1030). Sonst steht der Dativ noch Sen. ep. 30, 5 Bassus noster videbatur mihi prosequi se et conponere et vivere tamquam superstes sibi et sapienter ferre desiderium sui; es soll nicht mit dem tadelnden Nebensinn gesagt werden, dass er sich überlebt hat, sondern dass er gleichsam nach seinem Tode noch fortlebt und nun zeigt, wie leicht ihm das Sterben geworden ist [1]).

Dass der Begriff der Gleichheit oder Ungleichheit, des Zusammentreffens, Naheseins u. s. w. theils direct durch die besprochenen und ähnlichen Wörter und die von ihnen abgeleiteten (wie *aequare* von *aequus*, u. dgl.), oder durch Composita wie *comparare, conferre, adhaerere* u. dgl. ausgedrückt werden kann, bedarf sonach keiner weiteren Erläuterung. Nur das ist noch zu erwähnen, dass der adverbiale Begriff, welcher sonst durch eine Präposition zum Verbum gebracht werden kann, in diesem Falle zuweilen durch ein besonderes Adverbium hinzugebracht wird, z. B. Liv. XXXVII 40, 10 similiter his armati. Liv. XXXVIII 16, 10 ut quas adissent quasque non adissent, pariter ultimae propinquis, imperio parerent (sc. *gentes*). So bekommen die Verba, zu welchen die Adverbien gesetzt sind, die Bedeutung der Uebereinstimmung in ähnlicher Weise, wie wenn sie mit *con* zusammengesetzt wären.

Aber auch von jenen Verbis selbst, welche an sich schon die Uebereinstimmung bezeichnen, werden Adverbia gebildet, welche denselben Dativ annehmen; z. B. *vita mea naturae convenit,* dafür *vivere naturae convenienter* und *congruenter* Cic. de fin. III 7, 26. Augustin. de civ. d. II 11 (Haec Gracci turpiter quidem, sed sane diis suis omnino congruenter). Ebenso von *constare sibi: constanter.* S. Cic. Tusc. V 9, 26 quam enim sibi constanter convenienterque dicat, non laborat; *obsequenter* Liv. 41, 10, 12 Haec collegae obsequenter facta, wo indes wohl eher der Dativ *collegae* vom Passivum *facta* herzuleiten ist [2]). Wenn auch diese Structuren der Adverbia ganz

---

[1] [Noch mehr Beispiele bei Draeger I S. 409 f., nach dem aber der Sprachgebrauch immer geschwankt hat, selbst bei den einzelnen Schriftstellern.]

[2] [Handschriftlich ist *acollegae,* wofür Madvig und Weissenborn *a collega* lesen; dagegen s. Kühnast S. 131, wo noch mehr Beispiele für diese Verbindung eines Adverb. mit einem Dat. zu finden sind.]

natürlich aus ihrem Begriff hervorgehen, so sind sie doch selten, weil es beschwerlich ist, ein Wort, das an sich schon seiner Natur nach nur ein dem Verbum untergeordnetes ist, zum regierenden zu machen, und ihm wieder ein anderes unterzuordnen.

Anzuschliessen ist hier auch *idem* cum Dat., welches ja ebenfalls den Begriff der Gleichheit ausdrückt; da jedoch dies Pronomen nur ein demonstratives ist, das vermöge der bei allen Pronominibus zu Grunde liegenden Relativität ihrer Begriffe auf einen zu den drei Personen in einem gewissen Verhältniss stehenden Gegenstand hinweist, hier mit der durch die Ableitungssilbe *dem* hinzugebrachten Modification, dass die Wahrnehmung und Demonstration des Gegenstandes sich in gleicher Weise wiederholt, so hat die lateinische Sprache es ursprünglich unzulässig gefunden, einer solchen so relativen Bezeichnung zugleich die adjectivische Kraft der Gleichheit zuzuschreiben, welche sich durch den Dativ bestimmen lässt. Dieser Gebrauch ist daher ursprünglich nicht vorhanden gewesen, hat sich aber ebenso wie im Griechischen bei ὁ αὐτός τινι ausbilden können und ist denn auch wohl nicht ohne Einwirkung des griechischen Vorbildes in die lateinische Sprache gekommen. Es findet sich wenigstens der Dativ erst bei den Dichtern der augusteischen Zeit[1]) und bei späteren Prosaikern; s. zu Reisig A. 410. Hor. a. p. 467 idem facit occidenti. Traian. ap. Plin. ep. X 80 (84) interpretationi tuae — idem existimo (d. h. *adsentior*).[2]) Vgl. Bach u. Ochsner zu Ov. met. XIII 50. — Die ältere Ausdrucksweise ist bekanntlich *idem atque*, auch *idem cum aliquo;* siehe zu Reisig A. 410.

Dass bei den bisher besprochenen Begriffen, welche die Gleichheit bezeichnen, die Wörter, welche die einfache Negation davon enthalten, derselben Construction folgen, also *dissimilis* und *absimilis* wie *similis, impar* und *dispar* wie *par, inaequalis* wie *aequalis* construirt werden, indem einfach die Negation neben dem positiven Begriff gedacht wurde, *dissimilis* = *non similis*, das ist ursprünglich auf solche Begriffe, welche auf andere Weise direct oder indirect das Nichtvorhandensein der Gleichheit oder Aehnlichkeit oder des Zusammenseins bezeichnen, nicht weiter ausgedehnt worden; *diversus* wurde z. B. entsprechend seiner eigentlichen Bedeutung „abgewendet" mit *a* construirt. Später indessen sah man von dieser eigentlichen Bedeutung ganz ab, gab dem Wort die Bedeutung von *dispar, dissimilis* und construirte es danach mit dem Dativ; ebenso die entsprechenden Verba, *differre* (noch nicht bei Cicero, wohl aber später, s. Obbarius ad Boeth. p. 151), *discrepare, distare, dissidere,* die letzteren auch in localem Sinne; s. Corte zu Lucan. VIII 487. Heindorf zu Hor. sat. I 4, 48. dissidens plebi Hor. carm. II 2, 18. distat inertiae Hor. carm. IV 9, 29. quid distent aera lupinis ep. I 7, 23. infido scurrae distabit amicus ep. I 18, 4. *discrepare* verbindet schon Cic. mit dem Dativ de or. III 50, 196 ipsi sibi singuli discrepantes, wo das Verletzen der *numeri* und *modi* im Vortrag gemeint ist, Disharmonie [auch Tusc. IV 13, 29]; in gewöhnlicher Bedeutung Hor. a. p. 152. 219. sat. I 6, 92. II 3, 108. *differre:* Hor. sat. I 4, 48 comoedia — differt sermoni. Plin.

---

[1]) [Aus noch früherer Zeit wird angeführt Lucret. III 103, 7 Homerus — eadem aliis sopitu quietest, während das Beispiel aus Cicero (ad fam. IX 6, 3) durch eine andere Erklärung beseitigt wird. S. Kühner II S. 236.]

[2]) [So Catanaeus, die Ueberlieferung giebt für *idem: ut,* Keil hat dies aufgenommen und davor das Zeichen einer Lücke gesetzt.]

n. h. IX 107 origo atque genitura conchae est haut multum ostrearum conchis differens (ungenaue Vergleichung s. S. 141). *diversus* c. dat. Hor. ep. I 18, 5. Ov. met. IX 321. Vellei. II 75, 2; s. Spalding ad Quint. IX 2, 45. [Kühner II S. 234 f. Draeger I S. 411.]

Daran schliessen sich die Verba, welche die Bethätigung des Widerspruchs, das Kämpfen, Streiten (nach griechischem Vorbild)[1] bezeichnen, *pugnare, certare,* s. Reisig S. 664. Lambin zu Hor. carm. II 6, 15. Vechner Hellenol. p. 335. *certare* Hor. carm. II 6, 15. sat. II 5, 19. Ov. met. XIV 794. Stat. silv. I 3, 4. *pugnare* Hor. sat. I 2, 73. Ov. met. I 19. *luctari* Hor. carm. I 1, 15. *decertare* Hor. carm. I 3, 13. *concurrere* Ov. met. V 89. XII 595.

C. Beliebige Verba oder Prädicate in Verbindung mit dem Dativ.

In der Rubrik B haben wir solche Begriffe besprochen, welche die allgemeine Bedeutung der Zweckbestimmung mitenthalten und sie irgendwie specialisiren. Aber es kann auch jedes andere Sein und Thun, welches an sich gar keine Beziehung auf einen Zweck in einer Person oder Sache ausdrückt, dennoch einen Dativ haben; denn jedes Sein oder Thun kann ja zu irgend einem Zweck dienen, möge dieser in einer Person oder Sache liegen. Aber die schrankenlose Anwendung des Datives in dieser Weise ist erst in der Kaiserzeit Sitte geworden, namentlich sofern der Zweck ein sachlicher ist; in der älteren Zeit beschränkt sich der Gebrauch auf wenige Gattungen, welche sich leicht an die früher besprochenen ausdrücklichen Bezeichnungen der Zweckbestimmung anschliessen.

Der Dat. commodi und incommodi in Bezug auf Personen wird in älterer Zeit hauptsächlich nur bei Verbis gesetzt, welche eine Handlung bezeichnen, die zwar ganz in sich beschlossen ist und keineswegs einen Dativ erfordert, aber doch ihrer Bedeutung und Wirkung nach leicht als ein Dienst, eine Hülfe, Gefälligkeit, Rücksicht, Ehre und dgl. für einen Andern betrachtet werden kann, als hervorgegangen aus der Rücksicht für das Interesse Jemandes. Die Grammatiker haben vielerlei hierhergezogen, was in die Rubrik B gehört. Wenn z. B. Madvig § 241 hierher rechnet Cic. de legg. II 6, 14 (Charondas et Zaleucus) leges civitatibus suis scripserunt, so geht es zurück auf *dederunt, ut iis essent;* ebenso de d. n. III 10, 26 si domus pulchra sit, intellegamus eam dominis aedificatam esse, non muribus. Ter. Andr. III 2, 48 (528) orabo gnato filiam, für den Sohn um die Tochter bitten, anhalten. Tacit. ann. I 19 peteretque militibus missionem, eigentlich *facere ut aliquid alicui sit,* Jemandem etwas verschaffen oder verschaffen wollen durch Fürbitte. Andere Stellen gehören unter andere Analogien, s. unten, hierher richtiger solche Stellen wie Cic. pro Rosc. Am. 17, 49 (Sex. Roscius praedia) aliis coluit, non sibi; denn es soll nicht das einfache *esse aliis* bewirkt werden, sondern die ganze Handlung mit allen ihren Bestimmungen, welche der Handelnde auch zu seinem eigenen Nutzen hätte verrichten können, verrichtet er zu Gunsten Anderer. Die Handlung wäre für sich vollständig auch ohne den Dativ, aber dann müsste man natürlich annehmen, dass der

---

[1] [Das älteste Beispiel ist nach Draeger I S. 375 Catull 62, 64 noli pugnare duobus; wenigstens gleichzeitig aber ist Lucr. III 6 quid enim contendat hirundo cycnis?]

Handelnde sie für sich selbst verrichtet. In erster Reihe ist hierher eine Anzahl von Verbis zu rechnen, welche Handlungen bezeichnen, bei denen es sich gleich von selbst versteht, dass, wenn das Subject sie nicht in eigenem Interesse verrichtet, es in fremdem Interesse handelt; z. B. *consulere*, zu Rathe gehen, *sibi* oder *alteri*, d. h. für Jemand sorgen (dagegen *aliquem*, Jemand berathen, d. h. um Rath fragen); auf demselben Grunde beruht es, wenn *curare* c. dat. gebraucht wird (s. S. 124); *timere, metuere, alicui*, in Furcht sein, nicht für sich, sondern für Andere, auch für eine Sache, z. B. Lucan. VII 137 sq. quis-timeat sibi? non vacat ullos pro se ferre metus: urbi Magnoque timetur. II, 240 cunctis timentem (s. Corte z. d. St.). So auch oft in der besten Prosa, z. B. bei Caesar b. g. VII 49; 56; 44. IV 16. u. s. w.; s. Fischer l. c. II S. 22. Sen. Thyest. 564. Buenemann ad Lactant. II 4, 6. Sen. controv. I 2, 3 p. 68 B. Etiamsi nos nobis non timeremus, tu tibi metuere deberes. Paneg. in Calpurn. Pison. v. 232 quo praeside tuti non unquam vates inopi timuere senectae, was eigentlich hätte *inopem senectam* heissen sollen. *desperare alicui:* Caes. b. g. VII 50 sibi. III 12 suis fortunis. [Beispiele aus Cicero s. b. Kühner II S. 245 f.] *vacare alicui homini* und *rei;* auch *parcere* wird hierher zu rechnen sein. *nubere*, bekanntlich sich für Jemand verhüllen, die Ceremonie der Braut; nach der abgeleiteten Bedeutung *nupta cum aliquo.* Daher viele Handlungen, die zu Jemandes Ehre geschehen, z. B. *ornare* (ornatam ita uti quae ornantur sibi Ter. Heaut. 288), *adsurgere alicui* (Senec. ep. 64 Apul. apol. 37), *via decedere* (Terent. Heaut. 31), *equo descendere, caput aperire* (s. Sall. hist. V fr. 16 p. 365 Kr. Suet. Tib. 31. Valer. Max. V 2, 9. Sen. controv. I 2, 3 p. 68 B.; über die Sache cf. Sen. ep. 64, 10); *fasces summittere privato* Vellei. II 99, 4. sectos fratri posuere capillos Ov. met. III 506.

Bei Handlungen, bei welchen die Interessen der Betheiligten auf dem Spiele stehen, kann der Dativ bezeichnen, für wen, auf wessen Kosten, zu wessen Vortheil oder Nachtheil sie geschehen. Also z. B. bei Prozessen wird das Urtheil zu Gunsten einer Partei gesprochen, oder auch eines Dritten, der dabei ein Interesse hat: Cic. in Verr. II 8, 22 (Verres) hunc hominem Veneri absolvit, sibi condemnat. Das. § 21 (Verres) audivit, Dioni — permagnam venisse hereditatem: statuas iussum esse in foro ponere; nisi posuisset, Veneri Erycinae esse multatum. Zu Gunsten der Venus war ihm im Testament eine Strafe auferlegt worden; Verres lässt ihn anklagen und allerdings spricht er ihn frei für die Venus, sodass er an diese nichts zu zahlen hat, aber eo ipso verurtheilt er ihn gleichsam für sich; denn um freigesprochen zu werden, muss Dio an ihn grosse Zahlungen leisten. cf. ib. c. 9, 25 in cuius testamento, quodam loco si commissum quid esset, multa erat Veneri (für sie festgesetzt). Sen. de benef. VI 4, 4 sic debitori suo creditor saepe damnatur, ubi plus ex alia causa abstulit quam ex crediti petit (er wird, obwohl Gläubiger, zu Gunsten seines Schuldners abgewiesen, weil er sich auf andere Weise schon für sein creditum gedeckt hat). Sen. controv. I 5, 7 p. 91 B. utrique raptae ultio debet contingere: utramque non potes ducere, utrique mori potes. ib. § 6 p. 90 B. morietur, sed non mihi[1]). Lucan. II 388 Urbi pater est urbique maritus, d. h., wie der Scholiast sagt,

---

[1]) [Bursian u. Kiessling schieben vor *non mihi* die Worte ein: utrique; servabitur, sed.]

urbi praestitit hoc, quod succepit liberos et quod duxit uxorem. — Auf Kosten
Jemandes: Ter. Ad. 115 si quid peccat — mihi peccat — obsonat, potat,
olet unguenta: de meo. ib. 865 Sibi vexit: sibi sumptum fecit: omnes bene
dicunt, amant, d. h. auf eigne Rechnung, er hat Niemand sonst damit einen
Schaden gethan. Anders Lucan. V 342 procerum motus haec cuncta se-
quuntur. humanum paucis vivit genus. IX 259 quod tibi, non ducibus, vivis
morerisque, quod orbem adquiris nulli, quod iam tibi vincere tutum est, bella
fugis. Sen. dial. VII 1, 4 nemo sibi tantummodo errat, sed alieni erroris et
causa et auctor est. Sall. or. Marci Licinii, hist. III fr. 82, 28 p. 292 Kr.
Ita pugnatur et vincitur paucis. cf. *sibi pugnare* Lucan. VII 697 u. Corte
z. d. St. *sibi vincere* Lucan. X 81. VIII 237. IV 793. II 323 u. Corte z. d. St.
Sen. de benef. I 13, 3 Hercules nihil sibi vicit: orbem terrarum transivit
non concupiscendo sed vindicando. Ov. tr. II 459 sq. Vgl. die Stellen aus
Seneca trag. bei Baden ad Thyest. 713.

Dieser Gebrauch des Dat. comm. und incomm. dehnt sich in der Kaiserzeit immer weiter aus, und es liegt darin oft etwas Pikantes und Ueber-
raschendes, indem eine Handlung, die an sich ihrer Natur nach nur in dem
eigenen Interesse des Subjects zu geschehen scheinen konnte, durch den Dativ
plötzlich eine ganz andere Bedeutung bekommt, einem ganz anderen Interesse
dient; ja ihr Wesen kann dadurch so geändert werden, dass durch den Dativ
selbst ihre Benennung als eine unrichtige, nur scheinbare erscheint; wie z. B.
jenes *vincere non sibi* gar nicht mehr die Bedeutung eines wahren Sieges
hat, weil der Sieger seinen Sieg eigentlich nicht erlangt. Dergleichen ist bei
Schriftstellern der Kaiserzeit viel zu finden. (S. Baden a. o. a. O.). Bei
Cicero findet sich schon *felicem* und *divitem esse* mit dem Dativ. de off. III
15, 63 neque enim solum nobis divites esse volumus, sed liberis, propinquis,
amicis maximeque rei p. Philipp. II 26, 64 mea autem sententia qui rei
publicae sit infelix [1]), felix esse nemo potest. Aur. Vict. de vir. ill. c. 75, 1
Salve, puer, tibi et rei p. tuae felix; weit pikanter ist noch Sen. Herc. Oet.
296 paelici felix fui. Vgl. Sen. Med. 280 totiens nocens sum facta, sed
numquam mihi.

Ferner gehört hierher die Redensart *quid faciam, quid fiat*, c. dat.,
wenn man zweifelhaft ist, was man mit einer Person oder Sache anfangen, ihr
anthun, oder was ihr geschehen könne, das ihr angemessen wäre. Cic. pro
Caec. 10, 30 Quid huic tu homini facias? Cic. ad Att. VII 3, 2 Quid tibi
faciam? Sen. controv. I 2, 12 p. 73 B. quid faciam mulieri in*ter* crimina
sua delitescenti? Cic. acad. II 30, 96 quid faceret huic conclusioni? Plaut.
Mostell. III 2, 88 (776). Ov. a. a. I 536 Quid mihi fiet? Tibull. II 61
Tenero quid fiet Amori? Senec. ep. 20, 7 Quid fiet huic turbae familiari?
So auch *quid mihi futurum est?* S. Drakenborch zu Liv. 45, 39, 4. Vulpius
und Huschke zu Tibull. l. c. und sonstige zahlreiche Literatur zu Reisig
§ 367 a. A. Zu vergleichen ist auch der Ausdruck bei Sen. ad Marc.
(dial. VI) 20, 6 M. Catonem si a Cypro — redeuntem mare devorasset —
nonne illi bene actum foret? Uebrigens vergl. beim Abl. *quid hoc homine
facies?*

Damit ist noch zu verbinden die Redensart *quid tibi vis?* auch in der

---

[1]) [Hahn hat aus dem Vatic. für *infelix* aufgenommen *hostis*.]

dritten Person und von Sachen; was kann es dir nützen, dass du das willst? was willst du damit und was soll das bedeuten? welche Rücksicht auf sich kann es beanspruchen? Licin. Calvus fragm. ap. Sen. controv. VII 4 (19), 7 p. 211 B. digito caput uno scalpit. quid credas hunc sibi velle? virum. S. Weichert poet. lat. reliq. p. 132. Hor. epod. 12, 1 quid tibi vis, mulier? Propert. I 5, 3 Quid tibi vis insane? S. Drakenborch ad Liv. XXXII 25, 10. Cic. de leg. III 15, 33 nec satis intellexi, quid sibi lex aut quid verba ista vellent. in Verr. III 50, 118 quid vero istae sibi quinquagesimae, quid porro numorum accessiones volunt? quo id iure atque adeo quo id potius more fecisti? Cat. mai. 18, 66 avaritia vero senilis quid sibi velit, non intellego. potest enim quicquam esse absurdius quam, quo viae minus restet, eo plus viatici quaerere?

Ferner ist hier zu besprechen der von Buttmann benannte Dativus ethicus, von ihm als ein leiserer dativus commodi bezeichnet; die früheren Grammatiker nannten ihn den überflüssigen Dativ. Ich habe zu Reisig A. 542 ihn so beschrieben: „es ist ein gemüthlicher Casus, mit dem der Sprechende je nach dem Zusammenhange bittend, fordernd, drohend, hoffend, oder, vermöge des Sensus communis, voraussetzend, eine gewisse Rücksicht auf sich oder den Angeredeten andeutet." Liv. praef. 9 ad illa mihi pro se quisque acriter intendat animum, d. h. wenn der Leser auf mich, meine Meinung, meinen Wunsch Rücksicht nehmen will, so möge er besonders darauf achten. Hor. ep. I 3, 15 Quid mihi Celsus agit? was macht mir mein Celsus? es liegt mir am Herzen. Sall. Cat. 52, 11 u. s. Kritz z. d. St.

Mit diesen Gebrauchsweisen ist in Verbindung zu setzen der Gebrauch des Dativs beim Passivum, den man gewöhnlich für griechische Nachahmung erklärt; auch mag allerdings das griechische Vorbild mitgewirkt haben, um den Gebrauch noch weiter auszudehnen; aber gerade dies Beispiel ist sehr belehrend, um zu zeigen, wie gleichwohl die lateinische Sprache sich in sich selbstständig entwickelt und wie das griechische Vorbild nur die Ausbildung eines Gliedes in dieser stetig fortschreitenden Verbindung befördern, keineswegs aber etwas ganz neues und heterogenes in die lateinische Sprache bringen kann, das nicht irgendwo einen schon vorhandenen natürlichen Anknüpfungspunkt fände. Hier liegt nun der klar und deutlich zu erkennende stetige Fortschritt darin, dass das Passivum allmählich sich immer mehr vom Activum losreisst und zu einem neuen abgeleiteten Verbum wird, das ein besonderes Sein bezeichnet, welches nicht immer nothwendig auf sein Activum zurückgeführt werden muss. Vgl. Th. I S. 106 f. die Erklärung der Deponentia, in denen diese Entwickelung so weit fortgeschritten ist, dass die Bedeutung des Passivums sich in ein neues Activum verwandelt. Wird nun das Passivum mit a und dem Abl. verbunden, so wird das abgeleitete Sein, das sich ausserhalb seines ursprünglichen Subjects vollendet, auf dieses wieder zurückgeleitet und so die erste Quelle des abgeleiteten Seins angegeben, ohne dass dieses jedoch aufhörte, das abgeleitete Sein zu bleiben; z. B. *Gaius amatur ab omnibus;* das *amari* ist das besondere Sein des Gaius, in dem er sich befindet; er wird geliebt, ist ein Gegenstand der Liebe, ist beliebt; dies könnte auch ohne weitere Bestimmung stehen; da es aber ein abgeleitetes Sein ist, das sich an ihm vollendet, so kann es, indem es ursprünglich nicht von ihm ausgeht, sondern von dem Subject des Activums, auf dieses zurückgeleitet werden und wird dadurch beschränkt, *a multis, paucis, a me, ab omnibus.* Betrachten wir nun dieses abgeleitete Sein im Vergleich zu seinem ursprünglichen Subject, dem des Activums, so kann es sich von diesem ebenso sehr emancipiren, wie es sich vom Activum losreisst; es kann wie ein mündiger Sohn seiner Mutter gegenüber treten, der nicht immer als von ihr geboren, sondern nur noch als ihr verwandt, ihr im Allgemeinen verbunden erscheint. Diese allgemeinere Verbindung, welche das Passivum in Bezug auf das Subject des Activums hat, geht daraus hervor, dass jenes Subject nicht mehr als das unmittelbar thätige bei dem abgeleiteten Sein betrachtet zu werden braucht; dies ist nun einmal und dauert fort zu sein, aber es kann doch in dieser seiner Selbstständigkeit für sein ursprüngliches Subject ein gewisses Interesse haben; es ist nun ein sich für dieses vollendendes Sein, dass sich aber selbständig vollendet, ohne dass das Subject noch immer dabei thätig ist; von dieser Thätigkeit ist das Subject gleichsam erlöst oder entbunden, es kann sich darüber freuen, dass ihm sein Werk gelungen ist, dass es nun von selbst fortdauert ohne sein weiteres Zuthun. Indessen in dem Zeitraum der Gegenwart liegt dies nicht so nahe, als in dem Zeitraume der Zukunft, wo die Thätigkeit des Subjects noch gar nicht begonnen hat, und in dem der Vergangenheit, wo sie aufgehört hat; in der Zukunft liegt das abgeleitete Sein dem ursprünglichen Subject noch vor wie eine Nothwendigkeit, eine Pflicht, die ihm zukommt, wie etwas, das für das Subject noch etwas bevorstehendes, nothwendiges, etwas zu leistendes ist; in der Vergangenheit liegt es ihm vor, wie ein für das Subject nunmehr fertiges, vollendetes, das keine weitere Mühe erfordert; in dem ersteren Falle steht das Subject gleichsam im Dativus incommodi, im zweiten im Dat. commodi, wenn die Thätigkeit eine unerwünschte ist, oder umgekehrt, wenn sie eine erwünschte ist. So sieht man, wie hier eine adjectivische Bedeutung entsteht; es ist das für Jemand noch zu vollenden nöthige, und das für Jemand fertige, abgethane, und wo diese Bedeutung am deutlichsten heraustritt, da ist auch der Dativ zuerst für das ursprüngliche Subject eingetreten, d. h. also beim Partic. fut. pass. oder Adject. verb. (eigentlich Partic. praes. pass.) und demnächst bei dem Partic. perf. pass. Bei beiden findet sich der Gebrauch zuerst, und zwar ist er bei dem ersteren schon von Alters her ohne alle Einwirkung des Griechischen im Lateinischen allgemein gewesen. *Mihi oratio habenda est,* die Rede hat für mich die Eigenschaft, dass sie eine noch zu haltende, eine mir noch als nothwendig obliegende ist; und wo das Particip die Bedeutung der Möglichkeit annimmt, was bekanntlich erst nach Cicero und in beschränktem Umfang der Fall war, da ist der Dativ ebenso natürlich: die Rede hat für mich die Möglichkeit gehalten zu werden; und ebenso ist es endlich, als im vierten Jahrhundert nach Cicero dies Particip die Bedeutung des reinen Futurums annahm. Der Dativ erklärt sich also für die drei Bedeutungen, wie wenn man mit Adjectiven sagte: *mihi necessarium est, facile est, futurum est.*

Bei diesem Adj. verb. ist der Dativ so sehr im allgemeinen Gebrauch, dass man es als Ausnahme ansehen muss, wenn dafür *a c. abl.* gesetzt wird, *a me dicendum est;* gewöhnlich geschieht dies zur Vermeidung von Zweideutigkeit, wenn das Verbum noch einen zweiten Dativ hat, *mihi tibi dicendum est,* aber auch ohne diesen Grund, wenn das ursprüngliche Subject recht eigentlich als das thätige bezeichnet werden soll. S. zu Reisig A. 581 und ausser den dort angeführten Jordan zu Cic. pro Caec. 12, 33.   Fr. Schneider in den Jahrb. für Phil. u. Päd. 1845 Bd. 44 S. 441 fg., wo der Gebrauch des Cicero dargelegt ist.[1])

Demnächst ist der Dativ bei Cicero in Verbindung mit dem Perfectum zu finden. Am leichtesten erklärt er sich bei solchen Wörtern wie *cognitum, exploratum, intellectum mihi est, inventum* und dergleichen; wenn die Mühe des Erfahrens, Erforschens, Findens u. s. w. vorüber ist, so ist die Sache als eine be- und erkannte nun ein Eigenthum des ursprünglichen Subjects: *mihi est inventum = habeo inventum, cognitum,* oder, was auf dasselbe hinausläuft, die Participien nehmen den Sinn von *notum, certum, perpicuum* u. dgl. an. Cic. ad Att. XIII 29 ego audita tibi putaram. de divin. I 52, 118 ea quibus bene percepta sunt, ii non saepe falluntur. cf. Kritz ad Sall. Iug. 46, 3. Verwandt ist Tac. ann. XII 40 quod nobis praevisum. Der geistige Besitz wird ausgedrückt z. B. Ter. Phorm. 321 iam instructa sunt mi in corde consilia omnia. 248 meditata mihi sunt omnia mea incommoda. Heautont. 391 vobis decretumst. Cic. div. in Caec. 8, 26 ego-mihi Siculorum causam receptam, populi Romani susceptam esse arbitror. pro Sulla 9, 28 cum mihi uni cum omnibus improbis aeternum videam esse bellum susceptum. Es liegt hierbei nichts weiter zu Grunde, als dass das *bellum,* weil es *susceptum* ist, in Folge davon *mihi* est. Das Uebernehmen ist für mich fertig; es ist also für mich ein Uebernommenes, mithin mir nun eigenes. Anders wäre es pro Sulla 13, 36 Allobrogibus nominatum Sullam esse dicis, aber da hat der älteste cod. Ambros. [wie auch der Tegernseeensis, der Vaticanus und das Lemma des bobiensischen Scholiasten]: *ab Allobrogibus,* ganz richtig, denn der vorliegende Fall passt gar nicht zu den obigen; *nominatum* nimmt hier nach keiner Seite hin eine adjectivische Bedeutung an, sondern es wird nur versichert, dass die Nennung des Sulla ausgegangen ist von den Allobrogern; das Nennen ist eine einzelne historische Thatsache. Dagegen de rep. III 29, 41 nobis, qui id aetatis sumus, evigilatum fere est. div. in Caec. 12, 40 magno studio mihi a pueritia est elaboratum. Senec. ep. 99, 12 cui ante lassitudinem peractum est iter. Andere Beispiele, die alle ganz ähnlicher Art sind, hat aus Cicero gesammelt Otto zu Cic. de fin. I 4, 11. im exc. II p. 373 sq.; vgl. auch Madvig p. 27. Fr. Schneider in Jahns N. Jahrb. Bd. 43 S. 393 fg.

Bei dem Präsens endlich und Imperfectum finden sich, abgesehen von *videri,* das schon von alter Zeit her mit dem Dativ verbunden wird, bei Cicero nur sehr wenige Beispiele des Dativs, und diese sind von der Art, dass man sieht, der griechische Gebrauch ist für Cicero noch nicht vorhanden; dasselbe gilt für seine Zeitgenossen, Caesar und Sallust. Z. B. de leg. II § 24 extr. quo vocabulo (neniae) etiam Graecis cantus lugubres nominantur, für sie, bei ihnen heissen sie so. Sall. hist. (or. Lepidi) I 45, 25 p. 59 Kr. quae si vobis pax et concordia intellegentur, maxima turbamenta rei publ. atque exitia probate, d. h. *sunt* oder *videntur,* wenn das für euch und nach eurem Verständniss so ist, für euern Standpunkt. Cat. mai. 2, semper in his viventi non intellegitur quando obrepat senectus, wo der Dativ von *obrepat* abhängen kann; aber auch von *intellegitur:* es wird nicht be-

---

[1]) [S. ferner Draeger I 394 f., welcher auch bemerkt, dass die Präposition hinzutreten muss, wenn das logische Subject ein Abstractum ist, wie Cic. d. orat. II 20, 86 nam neque is — deserendus ullo modo est a cohortatione nostra.]

merklich. Cic. ad Att. XVI 13 A. ante scripta epistola ex duabus tuis prior mihi legi coepta est¹). I 16 med. epistulam nolo aliis legi, d. h. bekannt werden. de inv. I 46, 86 illa nobis alio tempore atque ad aliud institutum, si facultas erit, explicabuntur, wo wohl Cicero im Sinne hatte *propositum est explicare* oder *explicanda sunt;* auch konnte *si facultas erit* mitwirken. S. zu Reisig A. 551 und dazu nach Jacob in Jahn's Jahrb. Bd. 54 S. 172. Fr. Schneider ebendas. Bd. 52 S. 284. Madvig zu Cic. de fin. I 4, 11, der den Gebrauch bei Cicero blos auf Participien beschränken will. Wisseler, de dativo cum verbis passivis coniuncto, latinis scriptoribus cum graecis communi. Wesel, 1838. Progr. d. Gymnas. Kühner zu Cic. Tusc. II 1, 2. Nicht dazu zu rechnen sind Beispiele von *probare, quaerere, acquirere, parare* und *parere,* da der Dativ auch beim Activum stehen kann. Denn *probare alicui aliquid* heisst im Activum: Jemand etwas recht machen, daher im Passivum *probatur alicui,* es ist ihm recht, hat seinen Beifall, wovon *probatur ab aliquo* noch zu unterscheiden ist, indem dann der *probans* ausdrücklich als thätig, als gutheissend gedacht wird. Doch verbindet Cic. Brut. 49, 184 beides. Vgl. Herzog zu Caes. b. c. I 72. Keil zu Aur. Vict. de vir. ill. 71, 4. *Quaerere* heisst erwerben, ein Eigenthum suchen, daher *quaeritur mihi aliquid,* d. h. *fit ut mihi sit,* wobei die Thätigkeit des *quaerens* nicht ausdrücklich bezeichnet wird, sondern nur das Eigenthum. (Es versteht sich, dass dies nur diese Bedeutung des *quaerere* betrifft, nicht wenn es heisst: fragen, untersuchen.) Beispiele sind nicht selten; s. Plaut. Curc. III 13 (386). Sall. or. Lepidi, hist. I 45, 22 p. 57 Kr. exercitus, cui per tot volnera et labores nihil praeter tyrannum quaesitum est. cf. ib. § 25. Cic. off. III 9, 38 honesta enim bonis viris, non occulta quaeruntur. de n. d. II 48, 123. de fin. IV 22, 61. ad Att. I 19. in Verr. III 16, 43 tibi consulatus quaerebatur, Metello paternus honos et avitus neglegebatur. *parere:* pro Sulla 17, 49 tum — consulatus vobis pariebatur. *acquirere:* Cic. Cat. III 12, 28 mihi quidem ipsi quid est quod iam ad vitae fructum possit adquiri? d. h. *contingere, accedere.* Denselben Gebrauch haben die Späteren beibehalten; so Iuven. VI 45. Sen. ep. 45, 12. 56, 7. dial. I 3, 10. II 9, 2. 4. ep. 64, 7 mihi ista adquisita, mihi laborata sunt. ep. 77, 3 olim iam nec perit quicquam mihi nec adquiritur? ep. 92, 1 dial. X 14, 1. de benef. V 8 extr. Ebenso *petere:* Sen. dial. XII, 16, 3 more aliarum, quibus omnis commendatio ex forma petitur. Ov. trist. II 375 femina propter amorem, dum vir abest, multis una petita viris. IV 1, 3 requiesque mihi, non fama, petita est. *adpetere:* Sen. dial. VII 6, 1 nec sanus, cui futura pro optimis adpetuntur. *captare:* Ov. trist. V. 1, 75 nulla mihi captatur gloria. *emere:* Sen. controv. I 2, 7 p. 70 B. ancillae ex lupanaribus sacerdoti non emuntur (für die Priesterin, ob auch von ihr, bleibt unbestimmt; die Hauptsache ist, dass sich solche nicht in ihrem Besitz befinden, durch Kauf). Ov. trist. II 510 empta tibi magno talia multa leges. *ducere:* Verg. buc. 8, 29 sq. Mopse novas incide faces: tibi ducitur uxor; sparge, marite, nuces: tibi deserit Hesperus Oetam, wo die beiden Dative in der Anaphora wegen der Verbindung des Activs und Passivs sehr instructiv sind.

---

¹) Doch kann *legere* hier auch „vorlesen" bedeuten, und dann hat es den Dativ auch im Activum, wie bei Ovid. ep. ex. P. IV 2, 34 u. tr. IV 10, 57. II 558 et vacuo iubeas hinc tibi pauca legi. Index vgl. Ov. trist. II 370 Et solet hic (Menander) pueris virginibusque legi.

Auffallend ist, dass derselbe Gebrauch in der Kaiserzeit sich auch bei *sacratum* und *consecratum* esse *alicui* statt *ab aliquo* findet, wo der Dativ zweideutig ist und die Gottheit bezeichnen kann, welcher etwas geweiht wird, und die Person, für welche es ihr geweiht wird, in deren und unter deren Namen; da dies aber ein wichtiges Interesse für die Weihenden war, dass es für sie und unter ihrem Namen stattfand, so ist dieser Dativ öfter angewendet und hat dann freilich bei Neueren Anlass zu Zweifel gegeben über Erklärung und Lesart; s. Tac. ann. II 49 Spei aedes Germanico sacratur, wo ich mit Unrecht *a* vor *Germanico* hinzugefügt. Suet. Caes. 20. 88. Aug. 1; so auch *vovere* Tac. ann. XV 41 aedes Statoris Iovis vota Romulo.

Aber im Uebrigen geht allerdings der Gebrauch des Dativs beim Passivum nach Cicero bei Dichtern und in Prosa über die früheren Grenzen hinaus, sodass er die Ausdehnung hat wie im Griechischen. Da jedoch daneben auch der Ablat. mit der Praep. *a* gebraucht wird, so hat man auf diese Weise ein Mittel, die Zurückbeziehung des Passivums auf das ursprüngliche Subject des Activs, welche früher nur in einer Weise ausgedrückt werden konnte, in zwei Weisen zu bezeichnen mit einer Nüance der Bedeutung; denn auch in dem freien Gebrauch der Dichter [1]), noch deutlicher aber in der Prosa der Kaiserzeit ist ein Unterschied der Bedeutung nicht schwer wahrzunehmen. Durch *a* c. ablat. wird nämlich einfach die passive Handlung auf ihren Ursprung zurückgeführt und von dem Subject des Activums hergeleitet; dieses muss also dabei als thätig gedacht werden. Der Dativ aber bezeichnet nicht den Punkt, von dem etwas ausgeht, also nicht den Urheber des passiven Seins als solchen; demnach kann es nicht darauf ankommen, die Thätigkeit des ersten Subjects ausdrücklich zu bezeichnen, sondern das abgeleitete Sein wird nur dargestellt als sich für das erste Subject vollendend; es muss also eine adjectivische Bedeutung einschliessen, wodurch es zu einem Sein wird, welches für jenes Subject nunmehr in irgend einer Weise ein *commodum* oder *incommodum* wird, seinem Interesse gemäss geschieht, ihm eigen, seiner Disposition anheimgegeben, ihm zugänglich, leicht u. s. w. ist. Dies kann oft durch den Zusatz eines Adverbiums erreicht werden, z. B. *feliciter,* es geht für Jemand glücklich von Statten. Ovid. ep. ex P. IV 2, 47 At tu, cui bibitur felicius Aonius fons, was er erklärt durch cedit tibi studium utiliter.

Die Stellen aus Livius hat Drakenborch zu VI 11, 4 gesammelt, wie gewöhnlich ohne viel Nachdenken [jetzt Kühnast S. 139]; es sind fremdartige und unsichere dabei; im Ganzen aber geht daraus hervor, dass auch bei Livius das Präteritum weit überwiegt und nur wenige Stellen gehen über den Gebrauch des Cicero hinaus. Drakenborch verweist noch auf Corte zu Sall. Iug. 21, 3. 25, 5 und zu Plin. epp. IV 13, 10. Dass aber ganz besonders Sueton sich so ausgedrückt haben soll, ist nicht richtig; s. Bremi zu Suet. Caes. c. 19; es haben bei ihm nur gerade die Stellen mit *consecrare* die Aufmerksamkeit angezogen.

Auch Seneca, der doch sonst sehr modern schreibt, hat nur einen sehr mässigen Gebrauch vom Dativ gemacht; in den Episteln sind es kaum zehn

---

[1]) Eine armselige Sammlung aus Dichtern hat Bach. in der S. 2 angeführten Schrift S. 58. [Die Stellen aus den alten Dichtern s. bei Holtze I p. 312 sq.] Auch in der griechischen Sprache ist übrigens der Gebrauch mangelhaft behandelt.

Beispiele. 8, 8 quam multi poetae dicunt, quae philosophis aut dicta sunt aut dicenda ist schon nach dem Gebrauch des Cicero entschuldigt und obenein durch die Gleichmässigkeit; (ersteres auch u. q. IV 13, 4 illi — exogitatum est.) 20, 6 nulli velle aut nolle decretum est. 76, 15 in homine — nihil ad rem pertinet, quantum aret, quantum feneret et quam multis salutetur. (ob Abl.? Anders Ov. trist. I 3, 34 Este salutati tempus in omne mihi.) 82, 2 *hoc* nunc sic excipe, quemadmodum [a] populo solet dici (das *a* fehlt hier in den besten Pariser Handschriften, was Fickert nicht bemerkt hat; es kann heissen: verstehe das so, wie es dem Volke geläufig, gewöhnlich ist; vielleicht ist statt *a* zu schreiben *in* aus dem vorhergehenden *m*). 99, 22 quam multis cum maxime funus locatur! quam multis vitalia emuntur! quam multi post luctum tuum lugent (lugebunt?)! (wenn unter den *multis* die Gestorbenen verstanden werden, so ist es einfacher Dat. comm.; sind es die Ueberlebenden, wie in *multi*, so heisst es: für wie viele ist die Nothwendigkeit vorhanden, die Bestattung zu besorgen.) ‹ 108, 26 id exhauriri [in] aliis potius patimur, ut nobis faecem reservemus? (soll das Beste Andern zu Theil werden? die Lesart ist jedoch unsicher.)

In der Prosa ist indessen der Gebrauch des Dativs nicht gerade sehr ausgedehnt;[1]) die Stellen aus Tacitus finden sich bei Nipperdey zu ann. II 50 [s. auch Draeger, Stil u. Syntax d. Tac. S. 23.]; es sind zusammen nur sechszehn, und davon sind noch einige abzuziehen, wo mit Unrecht der Ablativ für einen Dativ gehalten ist, oder wo der Dativ sonst bedenklich ist oder eine besondere Entschuldigung hat; z. B. ann. II 57 extr. quae Germanico quamquam acerba tolerabantur tamen, wo das Adjectiv zunächst den Dativ veranlasst; die Dinge waren für Germanicus bitter, aber doch noch so, dass sie ausgehalten wurden, doch noch erträglich.

Kurz auch in der Kaiserzeit ist der Gebrauch des Dativs keineswegs schrankenlos und geht nur mässig über die früheren Grenzen hinaus, und das so, dass die wahre Bedeutung des Dativs keineswegs vernachlässigt wird. Es sind daher vorzugsweise nur solche Passiva auch im Präsens mit dem Dativ gebraucht, bei denen das ursprüngliche Subject gar keine eigentliche und wirkliche Thätigkeit entwickelt. Bei *videri* ist, wie bereits bemerkt, der Dativ schon von Alters her allgemein gebräuchlich, indem dadurch nur das Gesehen werden, das Erscheinen für Jemand ausgedrückt wird, während es in Verbindung mit *a* und dem Ablativ die Thätigkeit des Sehenden bezeichnet. Ferner steht der Dativ bei solchen Passiven, welche die Art des Verfliessens der Zeit für Jemand bedeuten: Senec. ep. 20, 6 plerisque agitur vita per lusum. 93, 4 cui multi anni transmissi sunt. dial. X (de brev. vit.) 12, 3 quibus apud tonsorem multae horae transmittuntur. Tacit. ann. XIII 20 provecta nox erat, et Neroni per vinolentiam trahebatur. Ov. ep. ex P. IV 6, 5 ita Scythia nobis quinquennis Olympias acta est. (Selbst beim Act. steht der Dativ Cul. 96 sibi — traducit — vitam.) Aehnlich ep. 99, 12 cui ante lassitudinem peractum est iter. Daran schliessen sich Verba, welche das Eigenthum *(esse alicui)* bezeichnen, indem die Art, wie das Eigenthum sol-

---

[1])[Caesar hat diesen Gebrauch ganz vermieden, ebenso Cornelius Nepos (denn die von Lupus O. 44 angeführte Stelle Them. 1, 2 cum minus esset probatus parentibus gehört ob. z. S. 152); häufiger hat ihn Sallust, s. d. Zusammenstellung bei Draeger, histor. Synt. I S. 395 ff., welche aber nur bis Tacitus geht; für die spätere Zeit fehlt es noch an einer geordneten Sammlung.]

ches für Jemand ist, durch die verschiedenen Arten, wie es besessen wird, specificirt wird, während doch nicht die Thätigkeit des Besitzens, sondern das Vorhandensein des Eigenthums, der freien Disposition über Etwas für Jemand der Hauptbegriff ist, der durch den Dativ hervorgehoben wird: Tac. Germ. 16 nullas Germanorum populis urbes habitari satis notum est. Sen. n. q. VI 7, 2 paludes ne ipsis quidem inter se pervias, quibus incoluntur. Tac. hist. I 11 quae (provinciae) procuratoribus cohibentur. III 12 quae provinciae Vespasiano tenebantur. ann. XII 54 cui pars provinciae habebatur; vgl. II 50 ut exemplo maiorum propinquis suis ultra ducentesimum lapidem removeretur, suasit. Hor. carm. III 29, 27 regnata Cyro Bactra. II 6, 11. Das geistige Eigenthum wird Jemand vermittelt durch die Wahrnehmung, es wird Jemand etwas bekannt, sichtbar, hörbar, verständlich: Verg. Aen. I 440 neque cernitur ulli (ist für Niemand sichtbar). Ov. ep. ex Pont. III 9, 39 cum totiens eadem dicam, vix audior ulli. III 7, 14 iam tibi sentiri sarcina nulla potest. trist. I 5, 29 nec noscitur ulli. Liv. 40, 31, 9 quae pars maxime pugnantibus conspici poterat. Damit hängen die schon früher besprochenen Participien und Adjectiven zusammen *notus, cognitus, perspectus, auditus, spectatus;* Tac. ann. XV 3 quae ubi Corbuloni certis nuntiis audita sunt. Martial V 10, 7 Ennius est lectus — tibi (gelesen und dadurch bekannt). Auch gehören dazu solche Ausdrücke, welche das Kennenlernen durch das Besuchen und Versuchen bezeichnen, wie Liv. IX 36, 1 Silva erat Ciminia — nulli ad eam diem ne mercatori quidem adita. Ov. ep. ex P. IV 4, 29. 5, 9. trist. I 1, 127 nobis habitabitur orbis ultimus. ib. I 2, 76 oppida — non mihi visa prius. II 327 tenuis mihi campus aratur. Sueton Claud. c. 17 Britanniam — elegit (sc. *unde acquireret iusti triumphi decus*), neque temptatam ulli post divum Iulium et tunc tumultuantem; daher adject. Sen. suas. I 2 p. 2 B. humanae intemptatum experientiae pelagus, — inagitata remigio vastitas.

Eigen Jemand kann etwas auch insofern sein, als es nicht Gegenstand seines Wahrnehmens und Verstehens, sondern seines Gemüths, seiner Empfindung ist; also es ist für Jemand etwas Gegenstand der Sorge, der Furcht, der Gunst, der Liebe, des Hasses. Die Passiven, welche dies ausdrücken, wie *curari, foveri, amari, diligi* drücken dann nur das Verhältniss aus, in welchem eine Sache als Gegenstand dieser Affecte zu einer Person steht, ohne dass darum gerade die Person als thätig, ihren Affect bethätigend und zu erkennen gebend bezeichnet werden soll; man übersetzt am richtigsten: Gegenstand der Liebe, Furcht, Sorge. Tac. ann. XIV 58 pluribus salus eius curabatur. Sen. ep. 90, 25 non aliis excogitata ista sunt, quam quibus hodieque curantur. 53, 4 intellexi non inmerito nautis terram timeri. Tacit. ann. XII 1 Aelia Paetina — Narcisso fovebatur. hist. II 80 militibus — castra in modum penatium diligebantur. Dazu die Participien *exoptatus, delectus* Tac. ann. XV 65; 28. dilectus Lucan. V 473. fastiditus Ov. trist. I 7, 32. amata II 400.

Darin liegen die allgemeinen Begriffe des willkommen, angenehm, unangenehm seins, dessen, was einem recht, löblich scheint u. dgl. Daher *tolerari* mit dem Dativ bei Tac. ann. II 57 extr., wo aber auch das dabei stehende Adjectiv diesen Casus mit veranlasst. *Laudare* wird schon im Activum (wie *probare*) mit dem Dat. verbunden, Jemand etwas loben, empfehlen, wie bei Sen. controv. I 2, 5, p. 69 B. pudica es: sic te viro lauda, non templo; daher Ov. fast. V 110 nullaque laudetur plusve minusve mihi (nämlich von den Musen, die vorher verschiedene Meinungen vorgetragen haben) und Tac. Agr. 2 Legimus, cum Aruleno Rustico Paetus Thrasea, Herennio Senecioni Priscus Helvidius laudati essent, capitale fuisse, wo jedoch auch *capitale* auf die Wahl des Casus von Einfluss gewesen ist. *Scribi* mit dem Dativ hat Hor. carm. I 6, 1 Scriberis Vario, du wirst für Varius (nicht für mich) ein Gegenstand poetischer Beschreibung sein; wie oben bei Cic. vobis — explicabuntur, werden für uns eine Aufgabe sein. Anders ep. I 19, 2 carmina — quae scribuntur aquae potoribus, die für sie ein Gegenstand der Bemühung sind, oder die solchen Menschen angehören. Martial. III 38, 7 pangentur carmina nobis, es soll unsere Beschäftigung sein. Ov. trist. V 12, 35 carmina nulla mihi sunt scripta. ib. 33 Saepe tamen nobis, ut nunc quoque, sumpta tabella est. II 427 sic sua lascivo cantata est saepe Catullo femina. ib. 471 Sunt aliis scriptae, quibus alea luditur, artes. ib. 487 Composita est aliis fucandi cura coloris. ib. 555 dictaque sunt nobis — in facies corpora versa novas. *Agitur alicui aliquid* es handelt sich für Jemand um etwas; s. Liv. 35, 17, 8 per similem temptationem Romanis de duabus civitatibus agi. Tac. ann. II 7 neque Silio ob subitos imbres aliud actum, quam ut —.

Sehr nahe steht dem Passivum der Gebrauch der Adjectiva auf *bilis*, die in passiver Bedeutung von Verbis abgeleitet sind; sie drücken ähnlich dem sogenannten Particip. fut. pass. die Möglichkeit aus und haben daher ebenso wie diese den Dativ bei sich. Ov. trist. V 8, 27 per vim non est superabilis ulli. Sen. dial. II 3, 5 non refert quam multa in illum coiciantur tela, cum sit nulli penetrabilis, quomodo quorundam lapidum inexpugnabilis ferro duritia est. dial. V (de ira III) 5, 8 quanto pulchrius velut nulli penetrabilem telo omnis iniurias contumeliasque respuere. ep. 57, 4 non est hoc timor, sed naturalis adfectio inexpugnabilis rationi. ep. 64, 5 scies esse illam (vitam beatam) in excelso, sed volenti penetrabilem. ep. 94, 61 multi inveniuntur — qui inexpugnabilia saeculis — prosternant. n. q. VI 8, 4 aquae neque pediti eluctabiles nec navigio. ib. c. 7, 2 ineluctabiles navigio paludes. Apul. apol. c. 64 extr. sagt von dem höchsten Gott: paucis cogitabilis, nemini effabilis. Uebrigens kann bei solchen Adjectiven auch der Ablativ stehen, ganz wie beim Verbum passivum; s. Bach zu Ov. met. XII 166 corpus nullo penetrabile telo, und ib. 170 contemptor ferri nulloque forabilis ictu Cycnus. IX 253 Aeternum est, a me quod traxit (Hercules a Iove) — nullaque domabile flamma.

Bei allen bisher besprochenen Gebrauchsweisen des Dat. commodi bezeichnet der Dativ immer ein Individuum, für welches sich an das damit verbundene Sein irgend ein Interesse knüpft, wenn dies auch bei dem sogenannten Dativus ethicus nur in einer gewissen gemüthlichen Antheilnahme und Rücksicht besteht; jedenfalls ist dieses Interesse immer durch den besonderen Inhalt des Seins oder der Handlung bedingt. Es giebt aber noch einen anderen Fall, wo die besondere Natur des Seins und die dadurch bewirkte besondere Beziehung auf den Dativ der Person ganz gleichgültig ist; dann ist also nicht durch die besondere Beschaffenheit des Seins, nicht durch seinen adjectivischen Begriff die Beziehung auf den Dativ bestimmt: folglich bleibt nur das Sein überhaupt übrig, ohne Rücksicht auf seine besondere Beschaffenheit; es ist überhaupt die Wahrheit und die Existenz des Seins durch die Beziehung auf den Dativ bedingt; es ist Etwas für eine Person in der Weise, dass es, wenn es dieses Etwas nicht für diese Person ist, es überhaupt nicht ist oder nicht dasselbe Etwas ist. Dies ist der Fall bei Aussagen, welche überhaupt nur eine Wahrheit haben für eine auf einem gewissen Standpunkt befindliche Person, ohne diese aber nicht. Der Dativ also bezeichnet die Person, für welche etwas das ist, was es ist, wenn dies Sein durch den Standpunkt einer bestimmten Person bedingt ist. Der Standpunkt der Person kann hierbei ein sinnlicher, also ein localer sein, oder ein geistiger, der des Wahrnehmens und des Urtheils.

1. **Dativ des localen Standpunkts.** Dieser kann natürlich nur ein locales Sein bedingen; es wird eine Localität in solcher Weise bestimmt, dass diese Bestimmung nur eine relative Wahrheit hat, wenn sie nämlich auf eine in bestimmter Position befindliche Person oder auf einen sonst wie bestimmten localen Punkt bezogen wird. Diese Ausdrucksweise ist zu allen Zeiten gebräuchlich und bei allen Schriftstellern, welche das Bedürfniss einer solchen Localbeschreibung haben. Caes. b. c. III 80 Caesar Gomphos pervenit, quod est oppidum primum Thessaliae venientibus ab Epiro; vgl. Oudendorp ad b. g. V 2; ferner Liv. XXXII 4, 3. XLII 15, 5 escendentibus ad templum a Cirrha — maceria erat a laeva iuxta semita. XXVI 26, 2 sita Anticyra est in Locride laeva parte sinum Corinthiacum intrantibus. cf. Gronov ad Liv. I 8, 5. Tac. hist. V 11 turres — mira specie ac procul intuentibus pares (gleich hoch). Senec. de benef. VII 1, 5 quare latitudo porticus ex remoto spectantibus non servet proportionem suam, sed ultima in angustius coeant. nat. q. I 3, 9 poma per vitrum adspicientibus multa maiora sunt. dial. II 1, 2 propius adeuntibus.[1]) Zu bemerken sind nur noch solche, wo in etwas auffallender Weise die Lage des Orts und seine Benennung in einem Verbum angegeben werden, *appellari, vocari*, worin das in Bezug auf den Dativ erforderliche *esse* mit enthalten ist; so Plin. n. h. XVIII 188 Civitas Africae in mediis harenis petentibus Syrtis Leptimque magnam vocatur Tacape. Suet. Vesp. c. 1 Locus etiam ad sextum miliarium a Nursia Spoletium euntibus in monte summo appellatur Vespasiae.

2. **Dativ des geistigen Standpunkts.** Ein Urtheil kann für eine Person überhaupt Gültigkeit haben, welches diese für eine andere nicht hat, oder für eine Person in irgend einer gewissen Lage, wenn sie dies oder jenes thut, die Sache so oder so betrachtet. Dann kann man also sagen: der Dativ heisst: nach dem Urtheil Jemandes. Lucil. sat. XXX 83 [932 p. 101 Lachm.] Omnes formosi fortes tibi, ego improbus, esto. So lässt sich die oben S. 151 erwähnte Stelle des Sallust auch fassen: quae si vobis pax et concordia intellegentur; ferner Cic. parad. V 2, 36 an ille mihi liber, cui mulier imperat? gilt mir der für frei? wo Wyttenbach dieses mit dem Dativus ethicus zusammenwirft[2]); c. 3, 41 quae est ista servitus tam claro homini tamque nobili? was bedeutet bei ihm, für ihn *servitus*, von der er spricht. Liv. 39, 6, 9 Tum coquus, vilissimum antiquis mancipium et aestimatione et usu, in pretio esse. Hor. epist. I 19, 44 fidis enim manare poetica mella te solum, tibi pulcher. ib. 1, 23 sic mihi tarda fluunt ingrataque tempora, quae —,

---

[1]) [Noch mehr Beispiele s. bei Kühner II S. 237 f.]
[2]) In vielen Ausgaben [nicht in der 2. Orelli'schen] und Codd. wird *videtur* oder *videatur* beigefügt, was nur eine Glosse ist.

d. h. *longa videntur*, wie vorher v. 21 in einem parallelen Gliede gesetzt ist. ib. 2, 30 cui pulchrum fuit in medios dormire dies. Martial. IX 67, 7. Plaut. Truc. II 4, 18 Iam lavisti? — iam pol mihi quidem atque oculis meis. num tibi sordere videor? Tibull. IV 13, 3 nec iam te praeter in urbe formosa est oculis ulla puella meis. Sen. de benef. VII 21, 2 ille tibi vivit (für dich ist er nicht todt, du hast ihm noch die Schuld zu zahlen, auf dem Standpunkt als Schuldner). de clem. I 8, 1 quid? tu non experiris (imperium) istud esse nobis, tibi servitutem? epist. 101, 5 quid autem ad me, an naturae certum sit, quod mihi incertum est? Ferner mit näherer Bestimmung des geistigen Standpunkts der Person, besonders durch ein Partic praes., z. B. Tac. Germ. 6 in universum aestimanti plus penes peditem roboris est; ebenso Agr. c. 11 u. reputantibus hist. II 50. III 8. IV 17. Danach ist zu erklären Hor. sat. I 1, 49 vel dic, quid referat intra naturae fines viventi, iugera centum an mille aret. Mehrere hielten *viventis* für nöthig, mit Unrecht.[1])

Von etwas anderer Art ist der Gebrauch des Partic. *consultanti* bei Tac. ann. II 76 u. XI 3, wo man erwartet, dass hinterher als Resultat verschiedener Erwägungen etwa folgt *placuit, visum est* etc.; anstatt dessen aber wird vielmehr angefügt, was ein anderer, der an der Berathung Theil nimmt, gesagt, wofür er gestimmt hat; II 76 quid agendum consultanti M. Piso filius properandum in urbem censebat, und XI 3 consultanti (Claudio) super absolutione Asiatici flens Vitellius commemorata vetustate amicitiae utque — dein percursis — officiis — liberum mortis arbitrium ei (Asiatico) permisit. Nipperdey bemüht sich den Dativ auf gewöhnliche Weise zu erklären; er soll in der ersten Stelle von *properandum,* in der zweiten von dem Particip *commemorata* abhängen, immer von ganz untergeordneten Satztheilen, an die beim Vorausschicken des Dativs noch nicht zu denken war und gewiss nicht gedacht ist; nur mit den Verbis finitis ist er in Verbindung zu bringen, mit *censebat* und *permisit,* d. h. *censuit permittendum;* es ist dasselbe Verhältniss, wie wenn es hiesse *interroganti-respondit,* ihm, da er eine Berathung anstellte und die Meinung der Andern hören wollte, gab N. N. seine Meinung dahin an. Man könnte hier einen Abl. absol. natürlicher finden, wenn nicht das Abgeben der Stimmen auf Aufforderung des *consultans,* also indem ihm gehorcht und geantwortet wird, erfolgte. Danach ist auch bei Apulei. apol. c. 42 de eventu Mithridatici belli — consulentibus — puerumquae futura erant — versibus cecinisse, der Dativ, nicht der Abl. absol. anzunehmen.

Nachdem wir so den Dat. comm. in Bezug auf Personen bei beliebigen Verbis behandelt haben, ist noch übrig, auch den Dativ der Sachen zu besprechen, sofern dieser den wirklich sachlichen Zweck einer Handlung bezeichnet und nicht die Sache wie eine Person behandelt ist, und zwar ohne dass das Verbum oder Prädicat schon in sich die Bedeutung einer Zweck-

---

[1]) Walch zu Tac. Agr. p. 197 und Roth zu Tac. Agric. p. 203 meinten, man könne solch einen Dativ einen vollkommenen Dativus absol. nennen; freilich wenn man nicht weiss, was Casus absol. ist. Das Missverständniss hat darin seinen Grund, das hier die Bedeutung des Wortes, das sich mit dem Dativ verbindet, indifferent ist, und dass dieser sich nur auf den in allen Worten liegenden Begriff des Seins überhaupt bezieht, dessen Wahrheit und Wirklichkeit durch die Beziehung auf den Dativ beschränkt wird.

bestimmung hat. Dieser Gebrauch ist in der älteren Latinität gar nicht oder nur in einigen Anfängen vorhanden.

Am leichtesten konnten Adjectiva mit dem Dativ construirt werden, wenn sie auch nicht eine solche Eigenschaft bezeichnen, die an sich schon die grössere oder geringere Fähigkeit zur Erreichung eines Zweckes bezeichnen, wie *facilis, difficilis, utilis, aptus, idoneus* und dergleichen. Denn eine Eigenschaft anderer Art kann doch leicht dadurch eine sehr verschiedene Bedeutung bekommen, dass sie auf einen gewissen Zweck bezogen wird; der Begriff wird dann durch die Zweckbestimmung enger, gerade so wie die relativen Adjectiva mit dem Genetiv. So sagt Plaut. Bacch. I 1, 29 (62) istaec lepida sunt memoratui, eadem in usu, atque ubi periclum facias aculeata sunt. Apul. apol. c. 21 extr. levia sustentui, gravia demersui. Verg. georg. II 447 at myrtus validis hastilibus et bona bello cornus. Valer. Prob. ad Verg. bucol. 6, 43 Hercules sequi Argonautas noluit, quod indiligentes custodiendo comiti suo fuissent.

Bei Verbis hat sich der Dativ weiter ausgedehnt, sofern er auch bei einem ganz allgemeinen Verbum steht, das keine Zweckbestimmung enthält. Im eigentlichsten Sinne gehören zunächst solche Dative hierher, welche den zu erreichenden sachlichen Zweck selbst bezeichnen, sodass man hinzusetzen kann *ut id sit laudi*, oder wozu sonst das Verrichten einer Handlung dienen kann. Wenig auffallend ist Schol. Bob. ad. Cic. in Vatin. 9, 21 [p. 318 Or.] Valerius Maximus tabulam rerum ab se prospere gestarum proposuerat ostentui vulgo, wo das Verbum, obwohl es für sich einen vollständigen Begriff hat, die Zweckbestimmung enthalten kann; ferner Sall. Iug. 46, 6 illa deditionis signa ostentui credere (sc. *esse*). Sehr nahe kommt Plaut. Truc. II 2, 54 sq. suam non ille meretriculis muniendis rem coegit, verum parsimoniae duritiaeque, wenn die Lesart so richtig ist und nicht etwa *meretr. mun.* als Ablativ zu nehmen und demgemäss *parsimonia duritiaque* zu lesen ist. Weiter geht aber Sen. controv, I 5, 1 p. 88 B. alteram iniuriae rapuit, alteram patrocinio. Sen. dial. II 12, 2 in lapidibus ac parietibus et tectis moliendis occupati tutelae corporum inventa in periculum verterunt. Tac. ann. II 7 honori patris princeps ipse cum legionibus decucurrit. Germ. 33 super sexaginta milia non armis telisque Romanis, sed — oblectationi oculisque ceciderunt (zu ihrer Ergötzung und für ihre Augen mit zwei heterogenen Dativen); man sagt, dies sei ein ἓν διὰ δυοῖν statt *oblectationi oculorum*, jedoch fälschlich; denn die Ergötzung ist die allgemeine Folge, welche die Römer überhaupt hatten, auch wenn sie den Kampf der Germanen unter sich nicht gesehen hätten; dies kam aber noch dazu, dass sie es mit eignen Augen ansehen konnten, ohne dass sie sich selbst zu rühren brauchten. Plin. n. h. XVIII 114 emicant fontes Araxi oculorum claritati et volnerum medicinae dentiumque firmitati. cf. *dolori dedecorique* bei dem Verf. des itin. Alex. c. 13. Durch den Gebrauch im praktischen Leben setzte sich fest *canere receptui*, wo *canere* für *signum canere* steht, und zwar so, dass der Dativ auch beim Nomen *signum* allein vorkommt, ähnlich wie bei *tres viri rei p. constituendae*. S. Sen. dial. III (de ira I) 9, 2 inutilis — miles, qui signum receptui neglegit; so auch schon Cic. Phil. XIII 7, 15.

In andern Fällen bezeichnet der sachliche Dativ nicht eigentlich den Zweck selbst und den zu erreichenden Erfolg, sondern die Sache, der zu Liebe, der zu Gunsten man etwas thut, *cui hoc tribuimus, praestamus, ut aliquid faciamus, cuius causa, gratia,* aus Rücksicht auf welche man etwas thut, was es auch sei. In diesem Falle kann man auch sagen, die Sachen sind wie Personen behandelt und daher in den Dat. comm. gesetzt, während die ältere Latinität eine so kühne Personification sich nicht erlaubte, sondern die Sachen streng von den Personen unterschied. Hierher gehört die bekannte Sentenz *non scholae sed vitae discendum,* welche aus Sen. ep. 106, 12 gezogen ist, wo er tadelnd sagt: non vitae sed scholae discimus. Curt. VIII 42 (12, 10) gloriae militantem. Sen. de benef. VI 42, 2 male agit, qui famae, non conscientiae gratus est. nat. q. V 18, 16 diversis inritamentis ad temptandum mare inpellimur: utique alicui vitio navigatur, und gleich darauf: ridebis, cum cogitaveris vitae parari, in quae vita consumitur, dass man für das Leben nach Dingen strebt, welche das Leben verzehren, wo jedoch *parari* die Zweckbestimmung enthält. Dann auch in solchen Fällen, wo es sich von einer in Rücksicht auf eine bezweckte Sache getroffenen, der Sache gemässen Einrichtung handelt: Tac. ann. XIII 40 viae pariter et pugnae composuerat exercitum; da ist in dem *componere* selbst die Zweckbestimmung wenigstens angedeutet; aber auch diese Andeutung fehlt ann. I 51 iucessitque itineri et proelio, wo mit Unrecht noch neuerdings Wurm Philologus VIII S. 361 *paratus* hinzufügen wollte.

Zu weit dehnt jedoch den Gebrauch eines solchen Dativs Kritz aus zu Vellei. II 29, 5, wo er schreibt: bonum et capax recta discendi ingenium singulari rerum militarium prudentiae coluerat; die Conjectur ist schon wegen des Wortes *singulari* falsch; ferner aber muss der Dativ nothwendig etwas ausserhalb des Handelnden Liegendes bezeichnen, es kann nicht ein Accidens seiner selbst sein, wie *prudentia,* also ist hier der Ablativ *prudentia* zu setzen. Dagegen ist der Dativ richtig im Paneg. III (IV) 9, 1 ingenia quae canendis eorum *(principum)* virtutibus excoluntur. Wenn aber unter den obigen sich solche Beispiele befinden, wo die Dative als Accidenzien betrachtet werden können, wie bei Seneca *famae, conscientiae, vitio,* bei Curtius *gloriae,* so ist es gerade das Pikante des Gebrauchs, dass diese Accidenzien nicht als solche betrachtet werden, sondern als ausserhalb liegende Zwecke, wobei man sagen könnte *famae, gloriae, vitio serviens* oder *serviendo.*

Doppelte Dative.

Wie beim Accusativ und Genetiv ist es auch beim Dativ möglich, dass in Bezug auf ein und dasselbe Prädicat mehrere Begriffe im Dativ stehen, indem das Sein nach verschiedenen Seiten hin und in verschiedener Beziehung gleichzeitig ein mehrfaches substantielles Ziel haben kann. Der gewöhnlichste Fall ist schon bei A 3 erwähnt, dass nämlich die persönliche und die sachliche Zweckbestimmung zusammentrifft; ein und dasselbe Sein hat zunächst einen sachlichen Zweck und diesen hat es zu Gunsten oder Ungunsten einer Person. *Res est mihi laudi, verto alicui aliquid vitio, mitto — auxilio, venio alicui auxilio.* In Wahrheit verhält es sich also so, wie wir es schon bei anderen Casibus gefunden haben, dass das Verbum mit der sachlichen Zweckbestimmung zusammen zunächst einen componirten Begriff bildet, welcher dann weiter in eine Zweckbeziehung zur Person tritt.

Bei dem einfachen *esse* und den Modificationen des Seins, bei welchen das *esse* zu Grunde liegt, ist dieser Gebrauch häufig und gewöhnlich, wie *cui bono,* wem zum Heil, zum Nutzen (cf. Gronov. observat. IV. c. 9 p. 129) und bedarf keiner weiteren Erläuterung, wenn hier sich auch noch Modificationen finden, die oben nicht ausdrücklich erwähnt sind, z. B. Liv. II 33, 11 huic — sumptus funeri defuit. vgl. ib. 16, 7. Cato de r. r. cap. 38, 4 sarmenta, quae tibi usioni supererunt, comburito. Dann kommen bei militärischen Bewegungen nicht bloss die gewöhnlichen Verba *venire, mittere auxilio, praesidio alicui* etc. vor, sondern auch andere, wie bei Caes. b. c. I 40 cum — pabulatoribus praesidio priores legiones Fabianae duae flumen transissent. ib. II 23 quas praesidio onerariis navibus Curio ex Sicilia eduxerat u. s. w.

Wenn das Verbum selbst ein mit einem Dativ verbundenes ist, so können sogar drei Dative neben einander stehen, freilich eine ungeschickte Structur, die sich aber doch Aur. Vict. de vir. ill. c. 35, 3 erlaubt hat: auxilio Tarentinis bellum Romanis intulit (Pyrrhus).

Am nächsten würde ein doppelter Dativ liegen bei dem Gerundium von Verbis, die an sich den Dativ regieren, wie Plaut. Curc. 486 linguae moderandumst mihi, indessen wird hier der Dativ der Person gerade vermieden (S. ob. S. 150). Aber auch noch andere Combinationen mit dem Dat. comm. und Dat. ethicus kommen vor, wobei immer das Verbum mit seinem Dativ als der ganze componirte Begriff zu betrachten ist, der in seiner Gesammtheit auf den zweiten Dativ bezogen wird; z. B. Sall. Iug. 98, 3 uti suis receptui locus esset. Plaut. Rud. II 4, 13 (429) Otium ubi erit, tum tibi operam ludo et deliciae dabo. Cas. II 5, 29 quis mihi subveniet tergo aut capiti aut cruribus. Hierbei kann man überhaupt bemerken, dass sehr häufig bei Ausdrücken, die aus einem Verbum und Substantivum componirt sind, wie hier *subvenire tergo,* oder mit einer Präposition und ihrem Casus, die Beziehung auf die Person doppelt gegeben werden kann, entweder durch einen Genetivus possess. oder ein Pron. possess., welches zu dem Nomen tritt, oder durch einen Dativ, sodass die Person als Ziel der ganzen componirten Handlung erscheint; z. B. *alicui in manum tradere* Liv. I 54, 10. V 27, 4. s. Burmann zu Ov. met. VI 658 Ityisque caput Philomela cruentum misit in ora patri[1]. Corte ad Lucan. I 24 239. III 663. VII 319 (caedere hosti terga). 765. VIII 688. 772. 188, der jedoch diese Beispiele nicht streng von denen scheidet, wo sich ein Dativ an ein Substantiv knüpft. Verschiedene gemischte Beispiele von doppelten Dativen s. bei Oudendorp zu Apul. met. II 30 p. 165[2]).

Am auffallendsten und seltensten sind solche doppelte Dative, welche bei localen Verbis stehen und beide dieselbe Richtung des Verbums auf verschiedene Substanzen bestimmen; hier nämlich scheint das nicht möglich, da dieselbe Richtung doch nur auf ein Ziel, eine Substanz gehen kann, oder, wenn auf mehrere, so sind sie coordinirt, und das Verbum ist bei jeder wiederholt zu denken, und jene können durch *et, aut* u. s. w. verbunden werden. Gleichwohl kommt es vor, dass in Bezug auf eine im

---

[1] [*patris* liest Riese ohne Varietas in der Adnot., ebenso Haupt.]

[2] Bei Apul. met. III 12 p. 194 sq. ist nicht einzusehen, warum nicht mit dem besten Cod. zu schreiben ist: effecit, ut ei hodiernae cenae pignerarer, dass ich mich ihm zum Mahl verpflichtete, statt *eius* [was aber Eyssenhardt im Text hat ohne Bemerkung im Apparat]; desgleichen met. VI 18 p. 415 sq. qui te rogabit, decidenti [so der cod. Flor.] sarcinae fusticulos aliquos porrigas ei, wo Hildebrand [auch Eyssenhardt nach Gruter] wieder den Gen. *decidentis* mit Unrecht gesetzt hat.

Verbum ausgedrückte Bewegung erst das Ziel im Allgemeinen ausgedrückt und dann innerhalb dieses grösseren Ganzen noch ein einzelner Punkt als Ziel angegeben wird, der von derselben Bewegung getroffen wird; so hat es einmal Tac. ann. II 30 Uni libello manu Libonis nominibus Caesarum aut senatorum additas atroces vel occultas notas accusator arguebat, wo Nipperdey wieder die Structur zu einer gewöhnlichen machen will, indem er aus dem vorhergehenden *incrant* ganz gewaltsam und unnatürlich *inesse* ergänzen will. Man kann etwa vergleichen Martial XIV 54, 1 Si quis plorator collo tibi vernula pendet. Ov. met. IX 770 At illa crinalem capiti vittam nataeque sibique detrahit; s. Burmann z. d. St. Nach der gewöhnlichen Auffassung ist hierher zu rechnen der Ausdruck *alicui dicto audientem esse*, indem man allgemein *dicto* als Dativ auffasst. Dabei ist aber Verschiedenes auffallend; man könnte *dicti* erwarten, wie bei andern Participien und bei diesem selbst in anderer Verbindung (z. B. Plaut. Truc. I 2, 25 tibi servio atque audiens sum imperii) oder *alicuius*, oder wenigstens dass diese Ausdrucksweisen doch auch neben der andern vorkämen, da *parere dicto alicuius* gesagt wird (s. d. Ausleger z. Liv. VIII 4, 2); auch ist zu bemerken, dass nie im Plur. *dictis* gesagt wird.

Ein Beispiel allerdings ist vom Genetiv vorhanden bei Attius fragm. ap. Non., v. 442 p. 193 ed. Ribb. dicto oboediens viri; doch kann man bei der Abgerissenheit der Worte an der Sicherheit dieses Belegs zweifeln und ausserdem *oboediens viri* als zusammenconstruirt nehmen. Endlich ist auch merkwürdig, dass statt des Dativs der Person vielmehr deren Befehl gesetzt wird; denn dieser liegt entweder schon in *dicto* oder das allgemeinere *dicto* wäre überflüssig, wenn der Befehl genauer bezeichnet werden soll; s. Corn. Nep. Ages. 4, 2 dicto audiens fuit iussis absentium magistratuum. Liv. 41, 10, 7 cum (milites) consulis imperio dicto audientes futuros se esse dicerent. Alle diese Umstände machen es nur wahrscheinlich, dass das *dicto* nicht Dativ, sondern Ablativ und zwar ein Ablativus abs.; es heisst „aufs Wort gehorchen", d. h. wenn befohlen, gesprochen ist, gleich gehorsam sein, und so erklärt es sich zugleich, da bloss das sofortige Gehorchen dadurch bezeichnet ist, dass dies auch einen Dativ des Befehls noch bei sich haben kann und dass wahrscheinlich nie *alicuius* gesetzt wird und nie *dictis*. Einige wenige sind früher dieser Meinung gewesen, wie Bremi zu Nep. Lys. 1, 2. Ramshorn lat. Gr. S. 201. Dass dies *dicto* aber eine weite Analogie als Ablativus abs. hat, werden wir beim Ablativ sehen, und nur die Unbekanntschaft mit dieser ist der Grund, warum man so fest am Dativ gehangen hat. Auch ist noch zu bemerken, dass man auch sonst noch das Sofortige, dass „aufs Wort" in anderen Verbindungen ähnlich bezeichnet, wie Virg. dicto citius, Statius dicto prius (Theb. IV 679); ferner *cum dicto*, wenn die That dem Worte sofort folgt, besonders häufig bei Apuleius; s. Hildebrand zu metam. VI c. 21, der die Redensart für afrikanisch hält und sie noch aus Minuc. Felix 4, 5 und Martian. Cap. IX 889 belegt, indes findet sie sich auch bei dem Spanier Iuvencus, hist. evang. II 601. IV 512. Zahlreiche Beispiele jenes Ausdrucks giebt Arntzen zu Aur. Vict. de vir. ill. c. 7, 4, auf die Beschränkung des Gebrauchs hat besonders aufmerksam gemacht Vorst de latin. falso susp. c. 12 und nach ihm Ruddimann II p. 124. Sonst s. noch Drakenborch zu Liv. I 41, 5. Gronov und Drakenborch zu

XXIX 20, 11. Ein merkwürdiges Compositum *dicto audientia* führt Gronov observat. iu script. eccles. c. 14 a. E. aus Pacianus au. Demnächst sind die doppelten Dative zu erwähnen, welche sich auf einen und denselben Begriff beziehen. Der gewöhnlichste Fall ist der bekannte Ausdruck *mihi est nomen Gaio*. Ich habe schon früher (S. 96) die Bemerkung gemacht, dass die Römer die Eigennamen nicht grammatisch wie blosse Bezeichnungsmittel betrachteten, sondern dass sie darin die Person selbst sahen, weshalb das *vocari*, heissen, und das Sein ihnen in einander floss, wenigstens ursprünglich und in der älteren Zeit, oder das Heissen schloss das Sein in sich; *quid vocaris?* heisst: was bist du deinem Namen nach? während die genaue Frage nach dem Namen heisst: *quo nomine vocaris?* Wie also gesagt wird: *ego vocor Gaius*, so auch *mihi nomen est Gaio*, i. e. *mihi ita nomen est ut sim Gaius*. Das ist die ältere und eigentlich römische Auffassungsweise, so Plaut. Amph. 19 nomen Mercuriost mihi u. ö.[1]) Als die Römer aber gelehrter wurden, auch viele fremde Namen kennen lernten und so den Namen strenger von der Sache unterschieden, ist denn auch der Nominativ in der Redensart gebräuchlich geworden[2]), zumal bei fremden und weniger geläufigen Namen und wenn nicht von Personen die Rede war, sondern von Dingen und Begriffen. Bei wirklichen Personen behielt namentlich auch dann der Dativ im gewöhnlichen Gebrauch den Vorrang, wenn statt *esse* die Factitiva gesetzt wurden *nomen alicui dare, imponere*, wo solche Ausdrücke selten sind wie bei Liv. I 1, 11 cui Ascanium parentes dixere nomen; s. Drakenborch z. d. St., der mit Beispielen zeigt, dass Livius selbst sich sonst so nicht ausdrückt. Vgl. Mützell zu Curt. III 2, 12, der Sachen und Personen nicht unterscheidet, wie es Curtius thut[3]).

Am letzten ist es aufgekommen, den Namen in den Genetiv zu setzen, was eigentlich gleichsam eine Spaltung in zwei Personen oder Sachen voraussetzt, so dass der Name, den die eine bekommt, eigentlich eine andere bezeichnet oder bezeichnen könnte. So findet es sich zuerst bei Velleius und Valerius Maximus bei Beinamen, Macedonicus, Numidicus, und bei Nominib. appellativis, wie bei Sen. de benef. VII 7, 3 a sacris profana discerni et non omnia licere in angulo, cui fani nomen inpositum est, quae sub coelo et conspectu siderum liceut. Man sieht hier deutlich die abstractere und spitzfindigere Auffassung der Kaiserzeit: ein und derselbe Raum wird zunächst als abgeschlossener überhaupt betrachtet, als *angulus*, aber sofern er geweiht ist, wird er gleichsam noch etwas zweites und bekommt dessen Namen, den Namen des *fani*. In einem gewissen Falle kann dann, wenn einmal der

---

[1]) [S. andere Beispiele aus Plautus und Terenz bei Draeger I S. 400, doch findet sich bei Plautus auch schon der Nominativ, s. Holtze I p. 20.]

[2]) [Aus Cicero kennt Draeger I S. 406 nur ein Beispiel für den Dativ, Verr. III 31, 74, wo noch dazu die Lesart nicht ganz feststeht, sonst gebraucht auch er schon den Nominativ, während bei Livius der Dativ wieder häufiger wird. Bei Tacitus steht meist der Nominativ, seltener der Genetiv, nur bei Adjectiven der Dativ, s. Nipperdey, ann. II 16. Noch weiter ist Ovid gegangen, indem er den Namen nur als Form ansieht und sogar bei *nomen habere* und *facere* den Nominativ setzt, met. I 169 lactea nomen habet, VI 400. XV 740. 96. In der Prosa findet sich dies zuerst bei Sueton (Claud. 24), s. Draeger I S. 401.]

[3]) [Curtius setzt nur einmal (III 1, 12) den Nominativ, sonst immer den Dativ; s. Vogel, Einleit. z. Curt. S. 24.]

11*

Genetiv in Gebrauch gekommen ist, dieser selbst nöthig sein; Plinius sagt paneg. c. 84, 6 Obtulerat illis senatus cognomen Augustarum, quod certatim deprecatae sunt; sie haben den Namen nicht angenommen; er konnte also beim Anbieten dieses Namens nicht schon von ihnen prädicirt werden, was geschehen wäre, wenn er *Augustis* gesagt hätte. Anderweitige Nachweisung über diesen Gebrauch s. bei Reis. § 345 und Anm. 119.

Sehr nahe steht diesem Gebrauch die bekannte Attraction bei dem Infinitiv, wenn dieser von *licet* oder einem ähnlichen Verbum abhängt, sodass das Subject des Infinitivs, wenn es auf jene den Infinitiv regierenden Verba bezogen wird, im Dativ steht: *licuit Themistocli esse otioso.* Hier giebt es mehrere Fälle; denn es kann auch der Acc. c. inf. stehen: *licet te esse otiosum;* ferner *licet tibi esse otiosum,* oder, wie Tibull sagt I 10, 43, Sic ego sim liccatque caput candescere canis., temporis et prisci facta referre senem. Die Unterschiede dieser Ausdrücke können hier nicht näher entwickelt werden, weil sie gar nicht die Bedeutung des Casus betreffen, sondern die Natur des Infinitivs; *licet esse* c. dat. ist gleich *ego possum esse otiosus, possum esse* gleich *sum κατὰ δύναμιν.* Wenn hier das Prädicat mit dem Subject übereinstimmt, obwohl nicht ein wirkliches Sein, sondern nur ein Seinkönnen bezeichnet wird, dem Subject also die Eigenschaft zugeschrieben wird, so ist das in gleicher Weise möglich und richtig, wenn das Seinkönnen so ausgedrückt wird, dass das Subject im Dativ steht, wie bei *licet* [1]). Es ist nur eine Prädicatsbeilegung mit modificirtem Seinsbegriff. Aber beim Acc. c. inf. ist es gar nicht eine solche Prädicatsbeilegung, sondern es ist derselbe Unterschied wie bei *videtur haec res ita esse* und *videtur hanc rem ita esse.* S. zu Reisig A. 605 und 666.

Endlich ist noch eine Gebrauchsweise zu erwähnen, welche allgemein für einen Gräcismus gilt: *res mihi volenti est;* in der That hat diese eine überraschende Aehnlichkeit mit dem Griechischen βουλομένῳ ἐμοί τί ἐστιν, jedoch ist im Griechischen der Gebrauch noch ausgedehnter, da auch andere Participia so gebraucht werden wie ἀσμένῳ, προςδεχομένῳ, ἐλπομένῳ, ἄκοντι, und statt εἶναι auch γενέσθαι, φανῆναι, ἐλθεῖν u. s. w. Im Lateinischen kommen nur wenige Subsumtionen vor. Es ist wohl möglich, dass es aus dem Griechischen gekommen ist, jedoch muss das dann schon in älterer Zeit geschehen sein und stammt vielleicht aus der Uebersetzung des Odyssee von Livius Andronicus; denn in der Odyssee kommt der Ausdruck vor, und zwar gerade βουλομένῳ. Ein so einzelner Ausdruck konnte allerdings leicht herüber genommen werden, da er übrigens nichts hat, was dem lateinischen Sprachgenius widerstrebte. Ueber die Erklärung ist man jedoch schwankend; die Meisten sehen darin eine Attraction; aber dies ist ganz unrichtig; denn wenn eine solche stattgefunden haben soll, so hätte doch eine andre Verbindung oder Construction möglich sein müssen; dies ist hier aber gar nicht der Fall; *res est mihi volenti* konnte unmöglich anders heissen, wie neben *est mihi nomen Gaio* auch *Gaius* möglich ist; *volens* wäre verkehrt und jeder andre Casus; es hätte nur etwa *exoptata, grata* und dergleichen stehen können, was aber etwas ganz anderes ist. Roth zu Tac. Agr. S. 148 ist daher im Irrthum, wenn er dies für gleich-

---

[1]) [Beispiele der unter dem Einfluss des Griechischen erfolgten Ausdehnung dieses Gebrauchs bei den Dichtern der augusteischen Zeit und in der Prosa s. b. Draeger I S. 402.]

artig erklärt. Kritz zu Sall. Iug. 84, 3, wo Stellen aus Sallust, Tacitus und Macrobius gesammelt sind nebst einer einzigen aus Liv. 21, 50, 10, nimmt *esse* hierbei als Verbum existentiae, es ist, existirt für mich etwas als einen wollenden d. h. ich will es. Ich habe es zu Reisig Anm. 587 mit *gratum mihi accidit* und *est* zusammengestellt, etwas kommt mir als einem Wollenden, und dies ist richtiger, weil nicht davon die Rede ist, die Existenz einer Sache nachdrücklich zu versichern, sondern es ist meistens das aoristische Sein, dass etwas in die Erscheinung tritt für Jemand; und statt nun das Willkommene oder Unwillkommene der Erscheinung als eine Eigenschaft an ihr selbst aufzufassen, wird vielmehr gesagt, in welcher Stimmung es den trifft, den es angeht. Man könnte es auch reduciren auf *est mihi* = ich habe, *volenti* = ich habe etwas gern, wobei nur zu bemerken ist, dass keineswegs der Besitz im eigentlichen Sinne ausgesagt werden soll, was auch bei „ich habe gern" nicht geschieht, sondern nur in welcher Stimmung sich der befindet, für den etwas in die Erscheinung tritt, wie ann. I 59 ut quibusque bellum invitis aut cupientibus erat, wie gerade jedem der Krieg gelegen kam oder nicht. Fronto de fer. Als. p. 141 ed. Berol. [p. 228 Nab.] si tibi fabulam brevem libenti est audire, audi, wenn es dir beliebt, gelegen kommt. Weiteres s. b. Reisig l. c.

Unregelmässige Construction des Dativs.

Als die regelmässige Construction des Dativs haben wir bisher die Verbindung mit dem Verbum betrachtet, oder auch die mit dem Adjectivum, weil dies den Begriff des Seins, der Zweckbestimmung in sich schliesst. Aber es wird nun der Dativ auch mit Substantiven construirt, jedoch nur unter solchen Umständen, dass dabei nicht das feste Sein als solches bestimmt wird, sondern vielmehr das fliessende Sein, in welcher Weise dies auch mit dem festen verbunden ist. Hier sind zunächst die Substantiva verbalia zu erwähnen, welche in der Verbindung mit *esse* den Begriff des Verbums selbst ergeben, wie wir schon beim Accusativ gesehen haben. S. Plaut. Rud. II 6, 18 (502) Quid mihi scelesto tibi erat auscultatio, wo die beiden Dative an sich zweifelhaft sind und auch die Beziehung des *scelesto;* doch versteht sich von selbst und durch den Zusammenhang, dass der Sprechende das *scelesto* mit *tibi,* nicht mit *mihi* verbindet, und dass *mihi* von *auscultatio* est abhängt, *tibi* aber von dem Verbalbegriff *auscultare.* In anderen Fällen, deren wir auch schon beim Accusativ gefunden haben, vertritt das Subst. verbale den Infinitiv und wird daher wie dieser construirt, theils in Definitionen, wie Cic. de leg. I 15, 42 Iustitia est obtemperatio scriptis legibus. de or. III 54, 207 sibi ipsi responsio, dann in juristischen Bestimmungen, wie Cic. topic. 5, 28 Abalienatio est — traditio alteri nexu aut in iure cessio.

Ferner findet sich bei dem einfachen *esse* und was dessen Stelle vertritt, ein Dativ als Zweck, der aber nicht mit dem Substantiv allein zu verbinden ist, sondern auf den ganzen Ausdruck, bestehend aus *esse* und einem Substantiv, geht. Z. B. Ter. Adelph. IV 2, 29 (568) Sensit te esse huic rei caput. Andr. II 6, 27 (458) illic (i. e. *ille*) est huic rei caput, der Sache als Haupt dienen. Liv. 23, 10, 2 pollicitus brevi caput Italiae omni Capuam fore[1].)

---

[1] [Bei Livius häufig, s. Kühnast S. 119 f.]

Flor. I 1, 4 Alba tum erat Latio caput. So findet sich eine Menge Ausdrücke, wo *esse* mit einem Nomen verbunden ist und ein andres Nomen entweder als Genetiv an dieses, oder als Dativ nicht sowohl an *esse* allein als an den ganzen aus *esse* und seinem Prädicat zusammengesetzten Ausdruck tritt. Durch den Genetiv werden die Personen bloss als zusammengehörig, als ein Paar dargestellt, durch den Dativ wird die Wirksamkeit der einen als auf die andere gerichtet characterisirt; *fautorem esse alicui = favere; tutorem e.,* dem andern als solcher dienen. Bei der Bezeichnung von Verwandtschafts-verhältnissen möchte man das erstere vorziehen, sofern damit einfach der Besitz eines Verwandten ausgedrückt werden soll; s. Cic. Brut. 83, 286 De-mochares, qui fuit Demostheni sororis filius. Sall. hist. fr. I 96 p. 116 Kr. liberis eius avunculus erat. ib. V 9 qui uxori eius frater erat. cf. Ruhnken ad Rutil. Lup. I 10 p. 109 ed. Lips. u. ad Terent. Andr. III 3, 17, Draken-borch zu Livius 34, 25, 5. So kann man es auch bei amtlichen Ver-bindungen nehmen; z. B. *alicui legatus sum,* wobei noch die participiale Natur des Wortes mitwirkt, Einer, der einem Andern beigegeben ist. Krebs Antibarb. § 71 bezeichnet den Dativ als das regelmässige, doch führt er selbst Beispiele vom Genetiv an, zu denen Fr. Schneider, Jahrb. für Phil. und Päd. 1845, Bd. 44. S. 441 noch hinzugefügt hat Cic. pro Sestio § 8, ad Att. VIII 6, 1. — Cic. div. in Caec. 19, 61—63 sagt immer quaestorem alicuius esse, aber 62 p. 123 Or. citirt [Pseudo-]Asconius so: eum, cui quaestor fueris, und Cicero selbst sagt 20, 65 accusavi eum, cui quaestor fueram, gleich darauf jedoch wieder: eum, cuius quaestor fueris, accusare. Ferner findet sich der Dativ bei einer Reihe von anderen Verhältnissen, in denen Per-sonen zu einander stehen: Liv. V 33, 3 cui tutor is fuerat ipse. I 34, 12 postremo tutor etiam liberis regis testamento institueretur. Cic. pro Planc. 1, 1 cum — tam multos et bonos viros eius honori viderem esse fautores. pro Scauro § 17 deorum immortalium numen implorare potero, qui semper extiterunt huic generi nomique fautores. (Beide Stellen hat Fr. Schneider l. c.) Ebenso ist es bei vielen Worten, welche nicht Personen sondern Sachen bezeichnen, die mit *esse* verbunden eine Wirksamkeit in Bezug auf etwas Anderes bezeichnen; z. B. Cic. div. in Caec. 21, 70 hoc remedium est aegrotae ac prope desperatae rei publicae iudiciisque corruptis et contaminatis. Liv. III 3, 5 id remedium timori fuit. Sall. Cat. 40, 3 miseriis suis remedium mortem exspectare. Caec. Stat. com. fr. v. 119 p. 55 ed. Ribb. cum meae morti remedium reperibit nemo. Liv. II 30, 9 is finis populationibus fuit. Tac. ann. II 21 solam internecionem gentis finem bello fore. Sall. Cat. 40, 2 requirere coepit, quem exitum tantis malis sperarent. Cic. de fin. II 9, 27 qualis ista philosophia est, quae non interitum afferat pravitati (Andere lesen *pravitatis,* s. Madvig z. d. St.). Liv. II 12, 15 quando quidem est apud te virtuti honos. *Locus est,* es ist Raum für eine Sache, Gelegenheit dazu, und *locum alicui rei quaerere* werden durchweg mit dem Dativ construirt; der Genetiv steht z. B. Tib. II 5, 56 hic magnae iam locus urbis erit, aber in der Bedeutung das wird bald der Ort einer grossen Stadt sein, der ihr gehört, den sie einnimmt. Für den Dativ hat Drakenborch zu Liv. III 46, 2 Beispiele gesammelt, und zugleich für manche andere, mehr oder weniger ähnliche Ausdrücke; für *locum castris capere, eligere* s. zu Reisig A. 545, auch § 372 u. 346, wo noch mehr über diesen Gegenstand angeführt ist [auch Draeger I S. 405]. Urbi fundamenta ieci verbindet Liv. I 12, 4. cf.

Sen. dial. VIII 5, 5 acies nostra aperit sibi investigandi viam et fundamenta vero iacit. Oefters findet sich *causa est alicui rei*, s. unten. Endlich gehört hierher Sen. ep. 59, 13 quis cibo debeat esse, quis potioni modus. ep. 89, 16 ipse elementis locus, ut quidam putant, simplex est. (Der für die Elemente bestimmte Abschnitt der Naturphilosophie ist einfach, d. h. ohne Unterabtheilung. Fickert will mit einer jüngern Handschrift *de elementis*, und in der That scheint der Gebrauch des Seneca diesen Dativ ohne Verbum nicht zu billigen.) ep. 107, 4 cogitatio adsidua praestabit, ut nulli sis malo tiro.

Das Angeführte ist der Art, dass *esse* mit einem Nomen oder ein anderes Verbum construirt mit einem Nomen zusammen einen Begriff bilden, welcher durch einen Dativ bestimmt werden kann, während derselbe Dativ sich in den Genetiv verwandeln könnte, wenn man die beiden Nomina als unter sich verbunden mit einander darstellen wollte. Es hat sich aber der Gebrauch ausgebildet, dass zu einem Nomen ganz allein, in welchem Verhältniss es auch in der Construction des Satzes stehen möge, und ohne es mit einem Verbum zu einem Gesammtbegriff zu verbinden, doch der Dativ gesetzt werden kann, und auch ohne dass das Nomen schon in sich einen Verbalbegriff enthält, wie die oben erwähnten Verbalia, zu welchen ein Dativ hinzutreten kann. Doch ist dies nur möglich bei solchen Appellativis, deren Begriff als eine Eigenschaft oder als eine Thätigkeit gefasst werden kann, welche zu Gunsten einer Person oder für einen sachlichen Zweck stattfindet, also eine Zweckbestimmung enthält. Es tritt also hier dasselbe ein, wie bei den Adjectivis, dass das Substantivum den Begriff des Seins mit einschliesst, durch welchen es erst fähig wird, sich auf ein Ziel zu richten, an dem sich die Bedeutung des Mannes bethätigen kann, und umgekehrt durch den Dativ wird man genöthigt, den Begriff des Seins hinzuzudenken. Wie also *similis alicui* einer ist, der sich als ähnlich seiend Jemand zeigt, so *custos alicui*, der sich gegen Jemand als Hüter zeigt, ihm als solcher dient. Diese Ausdrucksweise ist bei Cicero nicht vorhanden; er mochte es für hart halten, die ausdrückliche Bezeichnung des Seins wegzulassen, jedoch ist dies sowohl vor ihm vorgekommen als nach ihm. Denn es findet sich theils bei den Komikern: Plaut. mil. gl. 1430 nauta non erat. — Quis erat igitur? — Philocomasio amator, ein Liebhaber für sie, der ihr als solcher dient. Das. 271 nam illic est Philocomasio custos, meus conservos, qui it foras, wo *est* nicht mit *custos* zu einem Gesammtbegriff zu verbinden, da es zunächst zu *qui it foras* gehört. Der volle Ausdruck ist 298 custos additus tu ei perieris und v. 305 custodem me illi miles addidit. Mit dem Dativ des sachlichen Zwecks: Plaut. Curc. 578 linteum extersui. ib. 439 statuam volt dare auream solidam faciundam ex auro Philippo, quae siet septempedalis, factis monimentum suis [1]). Doch findet sich der Gebrauch in der älteren Zeit sehr sparsam; aber viel ausgedehnter und schroffer hat ihn Tacitus [2]), z. B. ann. III 14 extr. vario rumore, custos saluti an mortis exactor sequeretur (ob er, der Tribun, als Wächter für —). II 64 inmittere latronum globos, exscindere castella, causas bello. (Ueber *causas* als Apposition zu

---

[1]) [Noch mehr Beispiele s. b. Holtze I p. 298.]
[2]) [Alle Beispiele aus ihm b. Draeger Synt. u. Stil des Tacitus S. 24 f. Beispiele aus Livius Kühnast S. 130 f.]

den Handlungen s. S. 111.) Der Dativ bezeichnet, dass die Gründe dahin zielen sollen, den Krieg zu veranlassen; dagegen causae belli Agric. c. 15. 30. ann. XIV 35. Das Wort *causa* hat auch Seneca öfter mit dem Dativ aber nicht ohne ein Verbum, s. u. q. III 25, 9 Huic duplex causa est. ib. c. 27, 1 aut non sit una tanto malo causa. ib. c. 30, 4 undique ergo erit causa diluvio. Dagegen Lucan. V 481 O mundi tantorum causa laborum. s. Corte z. d. St. Ueber *signum receptui* s. oben S. 159.

Im Allgemeinen haben solche Dative, welche mit Genetiven vertauscht werden können, den Herausgebern oft Noth gemacht; sehr häufig ist der Text verdorben, meistens Genetiv statt Dativ gesetzt, um eine ebenere Structur herzustellen; später aber haben sie, um dies wieder gut zu machen, auch zuweilen sich in den Dativ verliebt und diesen so oft als möglich an die Stelle des Genetivs zu bringen gesucht, wie Burmann, Corte u. A. Die Stellen sind immer sehr äusserlich zusammengestellt, sodass ganz verschiedenartige durcheinander gehen; so in den Sammlungen von Corte zu Lucan. I 506. VII 557 u. ö. Gronov zu Sen. de ira II c. 25.

Das Wenige, was über Adverbien zu bemerken ist, die mit dem Dativ verbunden werden, habe ich oben angegeben über *similiter, convenienter* etc. S. 144. Wenn in der alten Latinität *clam* c. dat. (mihi clam Plaut. mil. glor. 882) vorkommt, so ist es nach der Analogie non *ignotus, occultus alicui* behandelt. Ebenso wenig auffallend ist *obviam alicui esse*. Endlich ist übrig zu erwähnen, dass der Dativ auch bei Interjectionen stehen kann. Wie es überhaupt möglich ist, dass eine Interjection mit einem Casus construirt wird, habe ich schon beim Accusativ (S. 103 f.) gezeigt; es ist also hier nur zu erwähnen, dass die Interjectionen, welche mit dem Dativ verbunden werden, wie *hei, hem, vae* [1]), bezeichnen, dass Jemand etwas Angenehmes, oder meistens etwas Unangenehmes, Schmerzliches, Schädliches begegnet; auf die begriffsmässige Darstellung reducirt würde sich der Schmerzenslaut in ein Verbum oder Prädicat verwandeln, welches das *incommodum* für Jemand bezeichnete: *hei mihi, vae tibi, vae victis.* vae capiti tuo Plaut. Curc. 314. Bei *hem* oder *em* ist der Dativ sehr selten; es ist öfter mit *en* und *hei* verwechselt; jetzt findet es sich noch bei Ter. Phorm. 847 (V 6, 7) u. Plaut. Curc. 195 (wo der Herr seinem Sclaven einen Faustschlag giebt, weil er sich ungebührlich geäussert und dazu sagt) hem tibi maledictis pro istis, dictis moderari ut queas (jedoch könnte leicht auch *en* das richtige sein), u. v. 625 (wo Jemand gefasst wird, um vor Gericht geführt zu werden, mit den Worten) ergo ambula in ius. hem tibi [2]). Wenn bei *en* der Dativ steht, wie Ter. Andr. 842 en Davom tibi, wo man sonst auch *hem* las, so ist das Geben, Darstellen bezeichnet: „Da hast du den Davus". Ebenso *cedo mihi manum, puerum;* z. B. cedo aquam manibus Plaut. Most. 13, 150 (308) u. dgl. auch bei Cic., s. Hand. Turs. s. v.

---

[1]) Dass auch *heu* c. dat. gesagt werde, sucht Haud Tursell. III p. 68 sq. zu erweisen, jedoch ist der Beweis keineswegs überzeugend.

[2]) [Goetz schreibt an beiden Stellen des Curculio *em;* vgl. über die oft mit einander verwechselten *hem, em* und *en* die erschöpfende Untersuchung von O. Ribbeck in den Beiträgen zur Lehre von den lat. Partikeln S. 29 ff., über *em tibi* bei der Verabreichung von Schlägen S. 33. — Noch mehr Beispiele der Verbindung von Interjectionen mit dem Dativ aus Komikern s. b. Holtze I p. 308 sq.]

Der Ablativus.

Ueber diesen Casus gehen die Meinungen der Grammatiker noch mehr auseinander, als bei den früheren. Wie schwer es ist, in ihm ein einheitliches Princip zu finden, das drückt sich schon darin aus, dass die Grammatiker des Alterthums den Ablativ in mehrere Casus zerlegten. Ihre Meinungen hierüber hat Osann, Beiträge zur griechischen und römischen Literaturgeschichte II S. 304 fg., vgl. S. 309, zusammengestellt. Ich will hinzufügen, was er nicht erwähnt, dass auch der fabelhafte Grammatiker Virgilius (S. Th. 1 S. 13 f.) bei Mai, class. auct. V p. 75, in dem Buch de octo or. part. epist. V § 3 die Meinung seines Lehrers erwähnt, welcher den Ablativ in drei verschiedene Casus zerlegte, den sechsten, siebenten und achten; der sechste ist der, welcher von Praepositionen regiert wird; der siebente wird regiert von Verbis, wie *frui* oder *praeditum esse* (epist. VIII p. 136); der achte Casus ist der Abl. absol., für den jedoch Virgil auch den Nominativ als oft vorkommend anerkennt, z. B. *solus Cato miles, populus turbatus, in acie stetit,* ein Gebrauch, der sich in der That bei Gregor. Turon. u. A. neben dem früher besprochenen Acc. absol. (S. 112) findet [1]).

Im Mittelalter wird der Gebrauch, da wo er am vollständigsten behandelt ist, auf sieben Grundbedeutungen zurückgeführt, wie es in der Glosa notabilis zu Alexandri doctrinale (Th. I S. 13) heisst: Quaeritur ex quot viribus regitur ablativus. Solutio: ex septem. Primo ex vi comparationis, ut: doctior Petro. Secundo ex vi partitionis, ut: longus sex pedibus. Tertio ex vi effectus alicuius causae, ut: Iohannes pugnat gladio. Quarto ex vi distanciae localis, ut: Zutphania distat a Daventria duabus leucis. Quinto ex vi precii, ut: emi decretum sex florenis. Sexto ex vi temporis, ut: studuit tribus annis. Septimo ex vi demonstrationis essentiae. exemplum: ut vir magno ingenio. vir magna stultitia.

Mir ist kein irgend erheblicher Versuch bekannt, die sieben Bedeutungen auf eine zurückzuführen; denn in der Lehre von den modis significandi (Th. I S. 13) werden die Casus überhaupt nur in zwei Gattungen zerlegt, Casus principii (d. i. Nominativ) und Casus termini; und die verschiedenen Bedeutungen der letztern werden nur durch die Fragen *cuius, cui* etc. bezeichnet, also durch eine Appellation an das eigne unmittelbare Sprachgefühl. Die neueren Grammatiker, sofern sie überhaupt von einer Grundbedeutung ausgehen, weichen sehr von einander ab und führen ihre Ansichten ihrer Annahme gemäss mit vieler Gewaltsamkeit durch; die Sanctianer nennen den Ablativ Casum praepositionis und nehmen in jedem Falle, wo er ohne Praeposition steht, die Ellipse einer solchen an. Damit würde also der Frage nur dadurch ausgewichen, dass man dem Casus eigentlich gar keine Bedeutung lässt, sondern diese allein den Präpositionen beilegt; aber warum diese nun gerade in gewissen Fällen den Ablativ haben und keinen andern Casus, bleibt unerörtert. Ungefähr auf dasselbe läuft es hinaus, wenn Zumpt den Ablativ definirt als den Casus, welcher gewisse Verhältnisse der Substantiva ausdrückt, die im Deutschen durch Präpositionen bezeichnet werden;

---

[1]) [S. Diez, Grammatik der roman. Sprachen III³ S. 266 ff.)

das heisst doch nichts Anderes, als dass wir im Deutschen keinen Ablativ haben und ihn daher durch Präpositionen ausdrücken müssen; welche einige Bedeutung er im Lateinischen hat, wird nicht gefragt. Reisig und Andere gaben dem Ablativ als Grundbedeutung die der wirkenden Ursache, die Bedeutung der Causalität; danach sollte man also meinen, der Ablativ hätte die Bedeutung von *ob, propter,* was aber durchaus nicht der Fall ist, auch meistens gar nicht oder nur ausnahmsweise und für wenige Fälle angenommen ist. Die Localisten betrachten ihn als Bezeichnung des Punktes, von wo eine Bewegung ausgeht, aber auch des Ortes, wo etwas sich befindet und ruht, also als den Casus des Woher und des Wo, was denn natürlich mancherlei Verlegenheiten hervorruft; man hilft sich zum Theil so, dass man eine etymologische Mischung aus verschiedenen Casus annimmt, namentlich für das Wo einen Locativ aussondert, und letzteres werden wir auch thun müssen, aber doch nur so weit, als dazu ein etymologischer Grund vorhanden ist, ohne deshalb dem Ablativ die Bedeutung des Wo abzusprechen. Um nun beides, das Woher und das Wo, zu vereinigen und zugleich die andere Bedeutung des Ablativs mitzuumfassen, hat Madvig zu einer sehr unklaren und unbestimmten Erklärung seine Zuflucht genommen, § 252: er „bezeichnet im Allgemeinen, dass etwas, ohne in dem durch Accusativ und Dativ bezeichneten Gegenstands- und Beziehungsverhältnisse zu stehen, dennoch zur genauern Ausfüllung und Bestimmung des Prädicats mit hinzu gehört (dass es im Verhältniss eines Zubehörs oder Umstandes bei dem Ausgesagten steht)“. Madvig hat wohl empfunden, dass der Begriff eines solchen Zubehörs oder Umstandes zur genaueren Bestimmung des Prädicats gar nicht etwas dem Ablativ Eigenthümliches ist, sondern ebenso auf den Accusativ und Dativ passt; deshalb schickt er voraus, dass man die Anwendung dieser Casus abziehen solle; der übrig bleibende Rest bildet dann den Ablativ. Durch solche Subtraction kann man aber unmöglich zu einer dem Ablativ eigenthümlichen Definition gelangen; sein Begriff ist dann an sich identisch mit dem der andern Casus obliqui, und es ist aus dem ganzen Umfang dieses Begriffs nur ein Stück herausgenommen, dessen besondere Begrenzungsbegriffe nicht angegeben werden. Kritz und Berger § 129 S. 375 sagen: „Der Ablativ ist der Casus des durch einen Substantivausdruck bezeichneten explicativen Attributs für das Prädicat und dient daher zu Anführung eines Gegenstandes oder Zustandes, durch welchen ein Prädicat oder ein Attribut seine nähere Bestimmung bekömmt“. Das ist im Wesentlichen die Madvig'sche Erklärung, nur mit der scheinbaren Verbesserung, dass die Subtraction weggelassen und der Begriff so hingestellt ist, als wäre er wirklich dem Ablativ allein eigen, was keineswegs der Fall ist. Richtiger ist, wenn es weiter in der Anmerkung erläuternd heisst, „der allgemeine Grundbegriff des Ablativs ist der Begriff causaler Vermittelung“, aber dieser Begriff wird nachher so ins Unbestimmte gedreht, dass er sich unter alle dem, was darunter begriffen sein soll, ganz verliert und keineswegs als alle einzelnen Gebrauchsweisen durchdringend festgehalten wird.

Andere haben selbst eine historische Begründung dafür zu finden gemeint, dass sie auf alle Einheit im Ablativ verzichteten; sie berufen sich darauf, dass im lateinischen Ablativ mehrere Casus zusammengeflossen seien, die in den verwandten Ursprachen getrennt gewesen; so unterscheiden sie den eigentlichen Ablativ und einen Woher- und einen Wo-Casus, wie im Sanscrit[1]), die sich in dem einen lateinischen Casus gemischt hätten. Mag immerhin hiervon das eine wahr sein, dass sich der Locativ erhalten hat, auch in der Form erkennbar, wie oben gesagt; aber er hat nur einen sehr beschränkten Gebrauch, und die Gründe dieser Beschränkung habe ich früher nachgewiesen. Immerhin möge man vermuthen, dass jene Mischung einst in vorgeschichtlicher Zeit vor sich gegangen sei und eine Casuslehre für diese Zeit mittels der Sprachvergleichung construiren und fingiren, als die Römer noch nicht Römer waren, sondern in der italisch-griechisch-pelasgischen Völkergruppe enthalten, die ihr gemeinsame Sprachentwickelung mit durchmachten. Wir haben es hier nur mit der geschichtlichen Sprache der Römer zu thun; wenn in ihr ein Ablativ als ein besonderer Casus existirt, der wenigstens im Singular durch eine eigne Form charakterisirt ist, so muss das Sprachgefühl mit diesem einen Casus auch nur eine Bedeutung verbunden haben, die das Volk freilich nicht in begriffener Bestimmtheit angeben konnte, die aber doch mit sicherem Tact aufgefasst dahin leitete, verschiedene Gebrauchsweisen darunter zu subsumiren; es galten dem Volksbewusstsein diese Gebrauchsweisen für so verwandt, dass das Bedürfniss nicht vorhanden war, für sie besondere Formen auszubilden oder zu bewahren; waren verschiedene Formen vorhanden, so flossen diese nur darum zusammen, weil auch die Bedeutungen in eine gemeinsame weitere Bedeutung zusammenflossen, und diese, die nur im Sprachgefühl lag, in begriffener Form darzulegen, ist die unabweisbare Aufgabe des Grammatikers; ihr uns zu entziehen haben wir also kein historisches Recht. Sonst würde man ja im Griechischen, wo sogar noch der Ablativ fehlt und durch Genetiv und Dativ vertreten wird, behaupten müssen, dass die Griechen auch im Genetiv und Dativ keine Einheit gehabt und darin ganz verschiedene Casusbegriffe vereinigt hätten. Vielmehr müssen wir auch hier den Grund dieser Vereinigung in einer den Griechen zum Bewusstsein gekommenen weiteren Einheit suchen, in welche die einzelnen Bedeutungen des Urcasus so aufgingen, dass diese zu bewahren kein Bedürfniss vorhanden war.

Somit können wir uns auf Grund der Sprachvergleichung nicht von der Aufgabe dispensiren, die einheitliche Bedeutung des Ablativs zu suchen. Es hat sich davon dispensirt: Aug. Heinrichs, de ablativi apud Terentium usu et ratione. Elbingae. 1859. 4. — Holtze, Syntaxis priscor. scriptor. latinor. usque ad Terentium vol. I p. 34—182 (Lips. 1861), unterscheidet einen Abl. quantitatis und qualitatis, und folgt im Wesentlichen der Ansicht von R. Jacobs (s. oben S. 1 f.); dieser aber hat nur den allgemeinen Begriff aufgestellt und ihn nicht im Einzelnen ausgeführt.

Ich definire den Ablativ als den Casus, welcher die substantiellen Bedingungen des Seins bezeichnet. Die das Sein bedingende Substanz kann nicht der Inhalt sein, das Was, mit welchem sich das Sein in seinem Verlauf erfüllt, noch auch das Wozu, der Zweck, welchem es dient, auf welchen es sich richtet, sondern es muss eine Substanz sein, welche schon vor oder bei dem Beginn des Seins als vorhanden vorausgesetzt wird, um so das Sein in irgend einer Weise bedingen zu können. Es lassen sich daher die

---

[1]) [Hierüber ist zu vergleichen B. Delbrück, Ablativ localis instrumentalis im Altindischen, Lateinischen, Griechischen und Deutschen. Berlin 1867.]

drei Casus obliqui, welche das Sein bestimmen, sehr gut mit den drei Zeit-
räumen parallelisiren; der Inhalt des Seins, der es erfüllt, ist seine Gegenwart; der Zweck des Seins, auf welchen es gerichtet ist, seine Zukunft; die
Bedingung des Seins, die bei seinem Beginn vorausgesetzt wird, der Ablativ,
ist seine Vergangenheit, wenn auch das durch die Bedingung bestimmte Wie
des Seins ihm fortwährend anhaftet und es durch seine Gegenwart und Zukunft begleitet. Bevor ich Jemand mit dem Stock schlage, muss ich, ehe
ich mit den Stockschlägen beginnen kann, doch den Stock schon haben,
wenn ihn dann natürlich der Schlagende auch in der Hand behält, so lange
er Stockschläge austheilt. Also können wir auch so sagen: der Ablativ
ist der beim Beginn des Seins als dasselbe bedingend vorausgesetzte Gegenstand.

Was heisst aber das Bedingen eines Seins durch eine Substanz? ich
habe schon gesagt, es ist die Substanz, welche das Wie des Seins bestimmt;
sie giebt dem Sein eine gewisse Beschränkung, welche es dann an sich behält; es wird zu einer bestimmten Art und Weise des Seins, welche durch
die Verbindung des Seins mit der Substanz verursacht wird. Stockschläge
sind etwas anderes als Faustschläge; die besondere Art des Schlagens wird
durch die Verbindung dieses Acts mit der Substanz der Faust oder des
Stockes als mit dem dabei angewendeten Mittel hervorgebracht. Es liegt
also allerdings etwas Causales in dem Ablativ; das Bedingende ist die Ursache,
warum etwas so ist und nicht anders, wie das Instrument, dessen man sich
bei der Verrichtung einer Handlung bedient, die Art der Verrichtung bedingt; aber, das ist hierbei ganz besonders einzuschärfen, es ist nicht die
Ursache, aus welcher die Handlung an sich ihrer Wirklichkeit nach hervorgeht; denn diese Ursache steht nicht in dauernder Verbindung mit der
Handlung, sie bedingt nicht ihre Art und Weise, sondern nur ihre Entstehung. Sie kann daher ganz ausserhalb der Handlung liegen, weit jenseit
ihres Beginns, und ihre Wirkung kann mit dem Eintreten der Handlung
sofort aufhören, ohne sie weiter in ihrem Verlauf zu beschränken; sie wird
nur durch die Reflexion gefunden, welche eine Wirkung von ihrer Ursache
herzuleiten im Stande ist, und steht also mit der Handlung nur in einem
durch das Nachdenken erkennbaren, nicht in einem unmittelbaren, materiellen Zusammenhang, der sich während des Verlaufs der Handlung nicht löst;
ja die Ursache einer Handlung kann das Denken des Menschen selbst sein,
sein Wollen, sein Empfinden, also der Grund, das Motiv der Handlung, welches zuweilen sehr verschieden sein kann, ohne dass darum die Handlung
selbst eine verschiedene würde. Also Ursachen und Gründe, welche die
Existenz einer Handlung, die Wirklichkeit eines Seins bewirken, werden
nicht durch den Ablativ ausgedrückt, wohl aber diejenigen Ursachen, welche
mit der Handlung verbunden und in ihrem Geschehen mitwirkend herbeiführen,
dass sie nur in einer gewissen Weise geschieht. Also wenn A den B mit
einem Stock schlägt, so ist dies der Ablativ, denn der Stock bedingt die Art
des Schlagens; das Schlagen kann aber ganz dasselbe sein, ob es nun aus
Liebe oder Hass oder Zorn oder Trunkenheit hervorgeht, aus einer Kränkung
oder aus einem Missverständniss; also diese Ursachen und Gründe des Schlagens liegen nicht im Ablativ, weil sie zwar das Entstehen der Handlung, aber
nicht ihren Verlauf materiell bedingen.

Hierauf beruht die bekannte Stilregel, dass man das deutsche „aus

Hass, aus Liebe" u. s. w., wenn dadurch die Motive einer Handlung bezeichnet werden, nicht durch den Ablativ bezeichnen, sondern ein Participium wie *motus*, *adductus* und dergl. hinzufügen soll. Aber, kann man sagen, wenn nun das auch hinzugefügt wird, wie *ira commotus*, *amore ductus* u. s. w., so ist ja doch durch diese Ablative wirklich das Motiv bezeichnet; allerdings; aber nicht durch die Ablative allein, sondern durch ihre Verbindung mit jenen Verbis *moveri*, *adduci;* betrachten wir aber die Ablative im Verhältniss zu diesen Verbis, worauf es doch ankommt, so ist *ira* nicht das Motiv zu *moveri*, sondern das *ira moveri* ist das Motiv zu einer andern Handlung; die *ira* im Verhältniss zu *moveri* ist die Ursache des *moveri* insofern, als sie das *moveri* in seiner Erscheinung begleitet und es zu einer besondern Art von *moveri* macht; es ist *ira moveri* eine andere Art von Gemüthsbewegung als *amore*, *misericordia*, *periculo*, *metu* u. s. w. Diese Ursachen begleiten das *moveri*, so lange es dauert, gerade wie der Stock das Schlagen.

Diese Betrachtung ist sehr lehrreich, um über das ganze Wesen des Ablativs Aufschluss zu geben. Die Motive einer Handlung können also an sich nicht im Ablativ stehen bei jedem beliebigen Handeln oder Sein, wohl aber bei einem solchen, welches das Motivsein, das Bewegen oder Bewegtwerden, das Verursachen schon an sich bezeichnen; da kommt die Substanz hinzu, um die Art des Bewegens oder Bewegtwerdens zu bezeichnen; das ist nicht möglich bei einem Sein von anderer Art.

Hieraus geht nun deutlich hervor, dass nicht jedes beliebige Verbum mit jedem beliebigen Ablativ verbunden werden kann und dass von der Beschaffenheit des Seins die besondere Art abhängig ist, wie es durch eine Substanz bedingt werden kann; es muss zwischen der Substanz und dem Sein ein solches Verhältniss stattfinden, dass jene die Verwirklichung des letzteren in einer gewissen Weise modificiren und zu dem Zweck als ein begleitender Umstand durch seine ganze Dauer hindurch mit ihm verbunden sein kann, während sie schon vor dem Beginn des Seins als vorhanden vorausgesetzt wird, nicht aber etwa erst durch das Sein producirt oder als dessen künftiges, mögliches Resultat betrachtet wird. Nehmen wir also eine sinnliche Handlung, z. B. gehen, schwimmen, so kann dabei weder ein geistiger Beweggrund durch den Ablativ ausgedrückt werden, noch auch jeder beliebige sinnliche Gegenstand die bedingende Substanz für diese Handlung sein; wie sollte man z. B. Schornstein, Ofen als Ablativ dazu denken? das ist unmöglich. Die Bedingungen des Gehens und Schwimmens sind die Füsse, Hände; es ist eine ganz besondere Art des Gehens, wenn es mit den Händen geschieht; schwimmen kann man nach Belieben mit den Händen oder mit den Füssen oder mit beiden. Dann kann ferner die Art selbst charakterisirt werden: *aliquo, hoc, illo modo, arte* u. s. w.; auch begleitende Umstände verwandeln die Handlung in eine besondere Art, bedingen sie, also: mit Freuden, mit Vergnügen, mit Leichtigkeit, mit Bequemlichkeit u. dgl.; ferner der Ort, wo es geschieht, das Wasser, worin; ferner auch die Zeit, durch welche die Vollendung der Handlung bewirkt wird.

Betrachten wir nun also diese bei jedem Sein nach seiner Natur möglichen bedingenden Substanzen, so bietet sich als allgemeinster Begriff derselben der Abl. instrumentalis dar; denn bei jeder Handlung, jedem Sein kann zwar nicht jede, aber doch irgend eine bedingende Substanz gedacht werden, durch welche das Sein entweder verwirklicht oder doch in seiner Verwirklichung bestimmt und bedingt wird; das sind also die Ablative des Mittels und der begleitenden Bedingungen und Umstände. Ferner ist ein Ablativ der Zeit bei jeder Handlung und jedem Sein möglich, weil jedes Sein, welches auch seine sonstige Beschaffenheit sein möge, doch immer die Eigenschaft der Zeitlichkeit hat; jedes im Verbum enthaltene Sein ist ein fliessendes, also ein durch die Zeit bedingtes. Bedingt kann es aber nicht sein durch den Zeitraum, welchen das Sein erfüllt, sein Mass, welches der Accusativ ausdrückt; denn diese Ausdehnung wird ja erst allmählich erfüllt durch die Vollendung des Seins; wenn ich sage: *vixit centum annos*, so wird dieses Mass erst voll bei Vollendung des Lebens; es kann auch nicht vorher gewusst werden; das Bedingende aber muss vorher gegeben sein; es ist also die gegebene Zeit, in welcher etwas geschieht (Wann), oder binnen welcher, durch deren Vollendung sich auch das Sein vollendet (d. h. in wie langer Zeit).

Bei dem räumlichen Sein kann in ähnlicher Weise nicht der Accusativ die bedingende Substanz sein; dies ist der Raum, welchen das locale Sein erfüllt, das Mass, das erst am Ende herauskommt, und bei der räumlichen Bewegung das Ziel, das am Ende erreicht und ergriffen wird; beides kann nicht als das Bedingende schon vorher vorausgesetzt werden; folglich kann auch hier nur der gegebene Raum bezeichnet sein; der gegebene Raum aber ist für das ruhige Verharren der Ort wo, für die räumliche Bewegung der Ort woher. So ergiebt sich, dass dieser Unterschied des Wo und Woher gar kein Widerspruch ist; der Ablativ selbst unterscheidet es gar nicht; er hat nicht zwei verschiedene locale Bedeutungen, weil überhaupt gar keine locale Bedeutung, sondern er bezeichnet bloss die bedingenden Substanzen, welche, wenn das Sein ein locales ist, nothwendig locale Substanzen, Raumbestimmungen sind; und dass diese bald das Wo bezeichnen, bald das Woher, geht nicht vom Ablativ aus, sondern von der Beschaffenheit des bedingten räumlichen Seins. —

Bevor wir nun an das Einzelne gehen, will ich noch bemerken, dass wir beim Ablativ wieder auf den schon früher besprochenen Begriff der immanenten Bestimmung treffen. Es giebt bedingende Substanzen, welche sich bei der Verwirklichung eines Seins oder einer Thätigkeit von selbst verstehen und also schon mitbezeichnet sind, wenn überhaupt das Sein oder die Thätigkeit in irgend einer Weise ausgesagt wird; z. B. wenn vom sinnlichen Sehen die Rede ist, sind die Augen dazu das selbstverständliche Werkzeug; daher enthält *oculis videre* eine immanente Bestimmung der bedingenden Substanz, des Werkzeugs, das sich beim Sehen von selbst versteht; es ist ein logischer Pleonasmus; da man nun, was sich schlechthin von selbst versteht, nicht sagt, so können solche Ausdrucksweisen gerade wie beim immanenten Object nur vorkommen unter gewissen Umständen, durch die jener Pleonasmus aufgehoben wird. Diesen Gebrauch werde ich überall zuerst berücksichtigen.

Im Uebrigen werde ich den ganzen Gebrauch des Ablativs nach 3 Rubriken betrachten, die ich nennen will

    A. die instrumentalen,
    B. die temporalen,
    C. die localen Bestimmungen.

Diese Disposition ist logisch nicht ganz genau, denn auch B und C sind instrumental; es sind nur Rubriken, um die Gattungen der Seinsbegriffe zu ordnen und zur leichten Uebersicht zu bringen, mit denen sich der Ablativ überall zur Bezeichnung der bedingenden Substanzen in gleicher Weise verbindet, sofern er nur diese allgemeine Bedeutung hat und nicht darauf Rücksicht genommen wird, dass sie sich durch die Combination mit einem besonderen Seinsbegriff durch dessen Natur näher bestimmt und modificirt. Richtiger würden wir also sagen

A. Ablative ohne Unterschied der Seinsbegriffe zur Bezeichnung der bedingenden Substanzen, welche das Sein in seiner Verwirklichung bedingen, die Werkzeuge dazu, die bedingenden und begleitenden Umstände. Darin ist die Bedeutung des Ablativs am allgemeinsten enthalten ohne Unterschied der Gattungen der Seinsbegriffe.

Specieller modificirt sich die Bedeutung des Ablativs

B. bei speciellen Gattungen der Verbalbegriffe, nämlich
  a. beim temporalen,
  b. beim localen Sein.

Hierauf folgen dann die gewohnten Anhänge, nämlich
1. doppelte und mehrfache Ablative und
2. unregelmässige Ablative.

A. Der Ablativ ohne Unterschied der Seinsbegriffe zur Bezeichnung der Substanzen, welche das Sein in seiner Verwirklichung bedingen (der instrumentale Ablativ).

Wir beginnen mit den immanenten Ablativen, den Bezeichnungen von Mitteln und Werkzeugen zur Verwirklichung eines Seins, welche sich von selbst verstehn. An und für sich ist natürlich eine solche Redeweise nicht möglich, vielmehr muss der in ihr liegende Pleonasmus irgend wie beseitigt und die Identität des Seins und des Mittels aufgehoben sein. *Videre* z. B. kann in weiterem Sinne genommen und nicht bloss von dem eigentlichen Sehen, sondern auch von der geistigen Wahrnehmung gesagt werden, und so wird, um den so erweiterten Begriff auf seine ursprüngliche (sinnliche) Sphäre zurückzuführen, noch *oculis* hinzugefügt, wie Cic. Tusc. I 20, 46 nos enim ne nunc quidem oculis cernimus ea, quae videmus. ad fam. X 19, 1 sic enim vidi, quasi ea, quae oculis cernuntur, me a te amari. Plaut. mil. gl. IV 6, 44 (1259) naso-quidem videt plus quam oculis; oder es soll eine untrügliche, unumstössliche Wahrnehmung bezeichnet werden, da das mit den Augen Gesehene doch das Allergewisseste zu sein scheint: Plaut. Trin. IV 2, 118 (960) quem ego, qui sit homo, nescio neque oculis eum ante hunc diem umquam video, eine aurum crederem? (weil mir die wirkliche Wahrnehmung fehlt, kann ich ihm kein Geld anvertrauen.) Andrerseits kann diese Verbindung sehr häufig dann stattfinden, wenn auf der einen oder andern Seite eine nähere Bestimmung hinzutritt und so der eine Begriff enger gefasst wird; sage ich *limis oculis videre*, so sind die *limi oculi* kein selbstverständliches Mittel: Terent. Eun. IV 4, 10 (677) hunc oculis suis nostrarum numquam quisquam vidit. Heautont. III 1, 82 (491) somnum hercle ego hac nocte oculis non vidi meis. Adelph. III 2, 31 (329) hisce oculis egomet vidi. Plaut. mil. gl. IV 6, 3 (1217) aspicit limis oculis [1]). Hor. carm. I 3, 18 siccis oculis-vidit (vgl. Bentley u. die Ausl. z. d. St.). II 2, 23 oculo inretorto spectat acervos (s. Lambin z. d. St.). Ueber ähnliche griechische Ausdrücke (ὀρθοῖς ὄμμασι) vgl. Porson z. Eurip. Hecub. 958 (in den Add.) u. Lobeck z. Soph. Ai. 148. In einem ganzen Relativsatz liegt die Bestimmung zu *oculis* Ov. met. III 577; ein neugieriges Betrachten mit den Augen will Plaut. Amph. 1110 ausdrücken: angues oculis omnis circumvisere. Zu *videre* ist die nähere Bestimmung gefügt Plaut. Bacch. IV 9, 69 (994) euge litteras minutas. — Qui quidem videat parum oculis: verum qui satis videat, grandes satis sunt.

Dieselbe Erscheinung haben wir bei dem Hören: auribus secundis audire (Liv.), vocemque his auribus hausi (Verg.); Quintilian (VIII 3, 54) tadelt freilich diesen Vers als pleonastisch, aber mit Recht hat ihn schon Jani a. p. p. 220 (wo noch andere Beispiele) in Schutz genommen; ferner beim Sprechen: Verg. Aen. X 873 atque hic Aenean magna ter voce vocavit. IX 5 roseo-ore locuta est. Hor. a. p. 323 ore rotunda loqui. Ov. her. 12, 72 orsus es infido sic prior ore loqui; oft auch nur *ore effari* oder *ore loqui* bei Verg. Aen. II 524. VI 76. I 614 (cf. Prisc. XVII 1 p. 4 [p. 109 sq. H.]), eine Ausdrucksweise, welche aus älteren Dichtern herübergenommen, darin ihren Grund hat, dass *loqui* auch in weiterem Sinne ein blosses Andeuten bedeuten konnte.

Weniger auffallend ist diese Ausdrucksweise bei geistigen Thätigkeiten, *reminisci, cogitare* etc., in Verbindung mit *animo* oder *apud animum* (s. Jani a. p. p. 221), denn dies heisst nicht nur mit dem Geiste denken, sondern schildert auch einen inneren Vorgang, der äusserlich nicht zum Vorschein kommt. Plautus hat solche Verbindungen geliebt und sie theilweise zum Scherz, theilweise der Alliteration wegen angewandt: Capt. II 3, 33 (393) memoria memini (vgl. II 1, 61 [248] qui fueris et qui nunc sis, meminisse ut memineris, Trinum. IV 3, 11 [1018] memoria oblivisci [2])). Aehnliche cumulirte Ausdrücke: luce lucebit Curc. 182. non ego-incedo iratus iracundia 533. qui me honore honestiorem semper fecit et facit Capt. II 3, 32 (392). quem me tanto honore honestas II 2, 106 (356). qui mea nunc laetus laetitia fuat Merc. V 2, 3 (844). quia negotiosi eramus nostris nos negotiis I 2, 79 (191). Später sind die meisten solcher Ausdrücke verschollen; erhalten haben sich noch bis in die classische Zeit: *precibus petere*, Cic. pro Sull. 19, 55; *pedibus ire in sententiam alicuius*, Cic. post red. in sen. 4, 8, wo der Ausdruck falsch angewandt ist, s. Markland u. Wolf z. d. St.; *auctibus augere, crescere*, s. Drakenborch z. Liv. XXIX 27, 3. IV 2, 2 u. die Ausleger z. Tac. hist. I 12, Front. de fer. Als. 137 p. 137 ed. Berol. [226 Nab.] maiores vestri — rem p. — magnis auctibus auxerunt; *occidione occidere* (gänzlich niederhauen), Cic. ad fam. XV 4, vgl. Drakenborch z. Liv. II 51, 9. IX 38, 3 u. die Ausleger z. Justin II 14; *mori morte* mit einer näheren Bestimmung, Senec. ep. 69, 6 bella res est mori sua morte.

Alle diese bedingenden Bestimmungen sind nur sachlich oder können doch nur als sachlich aufgefasst werden, da sie allein dazu dienen, die Art,

---

[1]) [Ritschl hat hier mit Guyet *oculis* aus dem Text entfernt; s. Brix z. d. St. über die in diesem Ausdruck gewöhnliche Auslassung von *oculis*.]

[2]) [Ritschl u. Fleckeisen lesen nach Gulielmus tribusne te poteriis memoriae esse oblitum.]

wie sich ein Sein verwirklicht, näher zu beschreiben, und dies nicht durch Personen geschehen kann, welche eine eigene und selbständige Thätigkeit haben. Darin liegt die Begründung der bekannten Regel, dass die Person nicht im Ablativus instrumenti stehen kann. Jedoch ist sie zu eng und muss weiter ausgedehnt werden auf alle Ablative, die eine sachliche Beschränkung zum Begriff des Seins hinzubringen, und so können unter gewissen Umständen auch Personen wie Sachen angesehn werden, wenn nicht freie, thätige Personen bezeichnet werden, sondern sie nur als Mittel der Begriffsbestimmung dienen; also bei Sklaven: Hor. sat. I 6, 116 cena ministratur pueris tribus (nicht Dativ, wie Reisig § 379 meint). Senec. de tranq. an. 9, 3 adsuescamus ergo cenare posse sine poculo et servis paucioribus serviri. Cic. pro Mil. 9, 26 servos agrestes et barbaros, quibus silvas publicas depopulatus erat; bei Soldaten und Heeren: Cic. in Vatin. 2, 5 num armatis hominibus templum tenuerit. pro Caec. 3, 9 vim hominibus armatis factam. 2, 4 si negassent vim hominibus armatis esse factam. Philipp. XIII 6, 14 hoc (exercitu) tu arcebis hostem. Sallust. Iug. 94, 3 hostem-sagittariisque et funditoribus eminus terrere [1]). Aehnliches in mancherlei Uebertragungen in der poetischen Sprache. S. Reisig S. 713. Keil zu Aurel. Vict. Caes. 35, 4. Kritz z. Sall. Iug. 21, 3. Ferner werden Personen, einzeln oder in Masse, nur nach ihrer localen Stellung berücksichtigt und der Raum, den sie einnehmen oder ausfüllen, als Material angesehn, ohne dass den Personen ein selbständiger und selbstthätiger Antheil an der Handlung zugeschrieben wird; so bei den Ausdrücken des Begleitetseins, sofern das Begleiten nicht als eine freie That des Begleitens aufgefasst wird: Vell. II 14, 1 Drusus — immensa illa et incondita — cinctus multitudine. Ov. her. I 6, 113 comitata Cupidine parvo (wo nur bezeichnet werden soll, dass sie nicht allein war); bei ähnlichen militärischen Ausdrücken: Liv. XXI 46, 5 cornua Numidis firmat. XXIII 29, 4 mediam aciem Hispanis firmat; bei den Ausdrücken des Füllens, wenn es nur auf die Füllung ankommt: Iuven. I 32 lectica Mathonis plena ipso. Liv. III 68, 1 carcerem impleveritis principibus. V 21, 12 urbs hostibus inpletur (ebenso bei sachlichen Begriffen Senec. ad Marc. [dial. VI] 18, 2 miraberis uno sidere omnia inpleri. Cic. pro Sest. 10, 23 otiosa vita plena et confecta voluptatibus); s. Drakenborch z. Liv. III 63, 2. Hiervon sind zwei andere Constructionen der Worte *plenus, complere, implere* u. ähnl., auch solcher, welche das Gegentheil bedeuten (ein Register bei Zumpt § 460)[2]), zu unterscheiden: soll nämlich die Handlung des Ausfüllens als eine Thätigkeit von Personen aufgefasst werden, welche diese Handlung vollziehen, so steht beim Passivum der Ablativ mit *a;* wird aber die Fülle vorausgesetzt und nur der Stoff, woraus sie besteht, charakterisirt, so wird der Genetiv gebraucht (s. Drakenborch z. Liv. XXIX 14, 2): Plaut. Aulul. III 6, 15 omnis angulos furum implevisti (es sind Spitzbuben, mit denen du alle Winkel vollgesteckt hast). Cic. ad Att. I 16, 5 summo discessu bonorum, pleno foro servorum (also einer Menschenklasse, die man sonst dort nicht sieht). pro Sull. 9, 28 plenum forum est eorum hominum, quos ego —. Verr. IV 15, 33 dum-domus esset plena honestissimorum hominum; ebenso

---

[1]) [Dies sehr häufig bei Livius, s. Kühnast S. 162 f.]
[2]) [Die einzelnen Wörter sind aufgezählt und ihre Construction mit zahlreichen Beispielen belegt von Draeger I S. 516—519.]

bei Sachen: Plaut. Poen. I 2, 101 pleni oculi sordium qui erant. Ov. fast.
IV 537 luctus videt omnia plena (wo aber die Lesart zweifelhaft ist) [1]). Cic.
ad Att. I 16, 8 oratio perpetua plenissima gravitatis. ad Q. fr.
II 10, 2 nunc mihi iucunditatis plena epistola hoc aspersit molestiae. I 1, 8, 25 omnia
plena clementiae, mansuetudinis humanitatis. pro Coel. 21, 51 plenum sceleris consilium, plenum audaciae. Verr. IV 38, 83 Verres Africani monu-
mentis domum suum plenam stupri, plenam flagitii, plenam dedecoris orabit.
Das Gleiche gilt auch von den entgegengesetzten Begriffen: Liv. XXXXII
63, 6 vacua defensoribus moenia; s. Oudendorp z. Frontin III 6, 3 vacuam
eam defensoribus. Tacit. hist. IV 12 extrema Gallicae orae vacua cultoribus.
II 90 volgus vacuum curis. ann. I 34 vacua dentibus ora, dagegen ann.
XV 8 litteras — verbis magnificis, rerum vacuas (weil der Brief nur Redensarten, keine Sachen enthielt). Verwandt sind solche Begriffe, welche
den mehr oder minder grossen Mangel oder Ueberfluss bezeichnen. Eine
ungefähre Schätzung des Gebrauchs und eine daraus äusserlich abstrahirte
Regel, dass das eine oder andere Wort häufiger den Genetiv oder den Ablativ bei sich habe, hilft zu nichts; es muss auch hier die Bedeutung der Casus ins Auge gefasst werden, und da ergiebt sich, dass die oben daraus entwickelte Regel auch für diese Worte gilt; z. B. Cic. parad. 6, 3, 52 nulla
re egent, sie haben an nichts Mangel, aber Horat. ep. I 6, 39 eget aeris
Cappadocum rex, Geldmangel ist es, der den König quält. Verwandt sind
ferner die Ausdrücke „bestehen aus etwas, zusammengesetzt sein aus etwas",
constare, contineri, compositum esse, auch das blosse *esse,* dies aber nur
zuweilen bei Dichtern, z. B. Propert. II 31 [III 29], 11 auro Solis erat supra
fastigia currus[2]); häufiger, auch in der Prosa, ist das ebenso allgemeine *facere* in der Frage *quid hac re faciam?* auch *quid hoc homine faciam?* was
soll ich aus dieser Sache machen? wozu soll ich sie als Stoff benutzen?
Plaut. Casin. V 4, 9 quin responde, tuo quid factum est pallio? Terent.
Heautont. 317 quid illo facias? 333 cedo quid hic facit sua (amica)? 188
incertumst etiam, quid se faciat. Valer. Max. II 8, 3 quid facias Cn. Fulvio
Flacco? Terent. Heautont. V 715 tu-quid me fiat parvi pendes, dum illi
consulas; als Passiv von *facere* in dieser Redensart auch *esse* Ter. Heaut.
462 quid te futurum censes?[3]) Ueber *quid huic homini facias?* s. ob. S. 148.
Zuweilen wird auch *de* gesetzt.[4])

Eine Art des Anfüllens ist nun auch das Ausrüsten und Versehen
einer Person oder Sache mit einer anderen Sache, auch in der Uebertragung
auf geistige Verhältnisse, also *instruere, ornare aliquem aliqua re, praedi-*

---

[1]) [Der Genetiv ist jedoch weit besser bezeugt als der Ablativ.]

[2]) [Die Lesart *auro* ist nicht bezeugt, *et quo* ist die der Handschriften, *in quo*
lesen Keil und Haupt, *aequos* vermuthet Baehrens.]

[3]) [Noch andere Beispiele bei Draeger I S. 519 f.]

[4]) In einer Aenderung der Bedeutung der Wörter hat es seinen Grund, wenn in
der Kaiserzeit Personen in den blossen Ablativ gesetzt und wie adverbielle Bestimmungen
behandelt werden bei *desertus* (Tacit. hist. V 3 nequam deorum hominumve opem ex-
pectarent utrisque deserti. ann. III 20 donec desertus suis caderet, wo Nipperdey *suis*
falsch als Dativ erklärt, Ovid. her. 5, 75 sic Helene doleat desertaque coniuge ploret.
12, 161 descror coniuge), *captus* (her. 19 [18], 102 nescio qua paelice captus. 5, 126 de-
serui patrios hospite capta deos), *maritus* (4, 134 fratre marita soror), *spretus* (21, 180).
Die Grenzen dieses Gebrauchs sind aber bis jetzt nur sehr ungenügend bestimmt. Höchst
merkwürdig ist Plaut. Amph. 878 et quod gravidast viro et me quod gravidast.

tum esse aliqua re, instituere, assuescere, assuefacere, mit einer Gewohnheit versehen; auch *docere* kann einer solchen Auffassung unterliegen, dass es den Ablativ verlangt, doch ist er in den Texten oft in den Accusativ verändert und scheint häufiger gewesen zu sein als man gewöhnlich annimmt; vgl. Veget. 3, 2 quanto studiosius armorum arte docendus sit semper exercitus, wo jetzt die Ausgaben *artem* lesen, die älteren [wie auch C. Lang] aber *arte.* Ebenso hat *callere* in übertragener Bedeutung neben dem Accusativ (s. S. 68) zuweilen den Ablativ bei sich, in einer gewissen Sache mit Erfahrung ausgerüstet sein: Valer. Prob. z. Verg. ecl. VI 74 p. 23 K. quibus (venenis) illa (Circe) callebat (and. Beisp. s. b. Forcellini s. v.); *consultus* findet sich neben dem Genetiv auch mit dem Ablativ verbunden: *iuris* und *iure consultus,* eloquentiae consultus Aur. Vict. d. vir. ill. 72, 2, aber eloquentia primus, iuris scientia consultissimus ib. 44, 6.

Hieran reiht sich die Frage, wie im Allgemeinen die geistigen Mittel ausgedrückt werden. Zunächst ist klar, dass, wie man sagt *hostem hasta* oder *telo percutere,* man auch durch geistige Mittel die Feinde bewältigen kann, also *hostes arte superare, fortitudine, prudentia* u. s. w. Dieses Geistige indes, mittelst dessen ein Mensch eine Handlung vollbringt, ist nicht immer ein gewisser Vorzug an ihm oder eine gewisse modificirte Kraft, durch die er im Stande ist sie zu vollbringen; es kann die geistige Potenz, die dabei mitgewirkt hat, auch als das Motiv, das ihn getrieben hat, betrachtet werden; dies Motiv kann aber auch von Aussen kommen, und hier entsteht die Frage, in wie fern das, was so auf den Menschen einwirkt und der Grund seines Handelns wird, durch den Ablativ ausgedrückt werden kann. Bei denjenigen Verbis nun, welche Gemüthsstimmungen bezeichnen, ist es natürlich, dass man sie ohne Weiteres mit dem Ablativ verbindet, *gaudere, dolere aliqua re,* denn hier ist die Gemüthsstimmung durch das Verbum schon ausgesagt und wird nur noch durch den hinzugefügten Ablativ ihrem Gegenstande nach näher bestimmt und bedingt. Anders, wenn das Verbum irgend eine nach aussen hervortretende Handlung bezeichnet. Die Stilisten und Grammatiker geben für diesen Fall verschiedene Regeln. Die Einen lehren, dass man den Beweggrund nicht durch einen blossen Ablativ ausdrücken dürfe, sondern ein Participium hinzufügen müsse, *ira commotus hominem occidit;* die Anderen dagegen sagen, der Ablativ werde sehr häufig gebraucht, um das Motiv auszudrücken, also *ira hominem occidit,* ein offenbarer Widerspruch. Man muss aber unterscheiden, ob der Beweggrund ein bei der Verwirklichung der Handlung unmittelbar mitwirkender oder ob er lediglich als die tiefe, innere Quelle einer Handlung anzusehen ist, sodass zwischen ihm und der Handlung noch ein gewisser Zwischenraum, noch eine Vermittlung liegt. Im letzteren Falle werden die Participien gesetzt, im ersteren, wo die Art, wie die Handlung in die Erscheinung tritt, modificirt und bestimmt wird, können auch blosse Ablative sehen; *ira hominem occidi* heisst freilich, ich habe den Menschen aus Zorn getödtet, aber es ist zugleich im Zorn geschehen, und so ist es in der älteren klassischen Latinität immer beobachtet worden, dass, wenn der blosse Ablativ steht, das Motiv immer im Augenblick der Verwirklichung als mitwirkend gedacht wird, während der Ablativ mit dem Part. einen inneren Vorgang im Menschen bezeichnet, der von der That selbst getrennt und für sich betrachtet und beschrieben wird. Wenn z. B. Cicero ad fam. II 9, 2 sagt quod nimio gaudio paene desiperem, so ist dies nicht bloss „aus übergrosser Freude war ich beinah närrisch“, sondern auch „in übergrosser Freude, sodass die Freude den Zustand des *desipere* begleitete“.

Hierfür giebt es noch zwei andere Ausdrucksweisen, die nahe verwandt sind, aber doch unterschieden werden müssen, nämlich der Accusativ mit den Präpositionen *per* oder *ob* und *propter*. Gebraucht man *per,* so wird im eigentlichen Sinne der Weg beschrieben, den ein Sein oder eine Handlung nimmt, also die Art und Weise, die Methode beschrieben, in der etwas vor sich geht; *per litteras,* brieflich und nicht mündlich (nicht durch einen einzelnen Brief), *per iram,* in der Weise, wie man handelt, wenn man sich im Zorn befindet, in Zorneswuth[1]). Dagegen bezeichnet *propter* oder *ob iram* den Zorn als etwas im Menschen vorher vorhandenes, und dies Existiren war der Grund, dass der Mensch so und so handelte. Es sind dies freilich Unterschiede etwas feiner Natur, die in manchen Fällen leicht in einander überfliessen (vgl. das griech. διά mit dem Genet. u. Accus.), indes in der älteren Zeit sind sie festgehalten worden und auch noch in der ersten Kaiserzeit, erst später fangen sie allmählich an sich zu vermischen und den Römern selbst unklar zu werden, sodass manche Schriftsteller den Ablativ da setzen, wo bloss *ob* oder *propter* stehen könnte. S. Nipperdey z. Tac. ann. III 24, wo noch XIII 23 hinzuzufügen ist.[2])

Wie aber das Handeln und Thun, so kann auch das Nicht-Thun, das Gehindertwerden auf das Mittel, die unmittelbar wirkende Ursache zurückgeführt und mit dem Ablativ verbunden werden, *aliqua re impediri;* das Gleiche geschieht, wenn ausgesagt wird, dass etwas nicht völlig gehindert ist, dass es aber nur mit Hinderung, mit Mühe ausgerichtet ist, indem man auf die Modification keine Rücksicht nimmt, sondern nur ins Auge fasst, dass die Handlung doch zu Ende geführt ist, obgleich nur zur Noth. Hier gewinnt es den Anschein, als ob der Ablativ nicht den Grund anzeigte, sondern vielmehr ein Hinderniss, und so haben die Grammatiker das, was eine das Sein bewirkende Ursache ist, in eine das Nichtsein bewirkende, d. h. verhindernde verwandelt, namentlich in solchen Stellen, wo man sagt, der blosse Ablativ stände für *prae* mit dem Ablativ; z. B. Liv. b. Senec. suas. 6, 17 [p. 33 B.] vix attollentes lacrimis[3]) oculos, kaum konnten sie vor Thränen ihre Augen erheben, die Thränen waren ein Hinderniss, aber nicht vollständig, sondern nur *vix.* Ov. trist. I 3, 88 vixque dedit victas utilitate manus.

---

[1]) [Schon bei Sallust findet sich aber *per* mit dem Accusativ dem Ablativ parallel: Sall. Iug. 7, 1 neque per vim neque insidiis opprimi posse hominem tam acceptum popularibus. 23, 1 aut per vim aut dolis temptare. S. Draeger I S. 561 f., 564 f.]

[2]) Interesse gewährt es zu verfolgen, wie Aurelius Victor, der sonst nach dem Muster seiner guten Vorbilder correct schreibt, doch zuweilen sich etwas entschlüpfen lässt, was von der Corrumpirtheit seiner Zeit ausgegangen ist. — Vgl. de vir. ill. c. 54, 1 Antiochus — nimia opum fiducia bellum Romanis intulit. 71, 1 Viriathus — ob paupertatem primo mercenarius, deinde alacritate venator, audacia latro. 78, 1 Caesar veneratione rerum gestarum divus dictus (wo aus dem *dictus est* das *dicere* verstanden werden muss, die Handlung derer, welche den Namen geben, für welche die veneratio das unmittelbar wirkende Motiv ist). 24, 5 regni affectati suspicione in carcerem conicetus, populi consensu liberatus est (wo der Verdacht für das *conicere* das Motiv ist). 18, 6 hac fabula populus regressus est (d. h. die *fabula* war das Mittel für das Factitiv von dem, was wirklich eingetreten ist). [Beispiele für den Accusativ mit den Präpositionen, um den Beweggrund anzugeben, s. bei Draeger I S. 547—550.]

[3]) [Kiessling schiebt mit Gronov *prae* ein.]

Caes. b. g. V 34 levitate armorum nihil-iis (hostibus) noceri poterat. Ov. tr. IV 6, 49 una tamen spes est, quae me soletur in istis, haec fore morte mea non diuturna mala, sodass also der Tod diese Leiden beschliesst. Demnach liegt die Vertauschung der unmittelbaren Ursache und der mittelbaren, die erst vermöge des Urtheils zur Ursache wird, sehr nahe; man muss sich folglich klar machen, was für eine Ursache durch unser „wegen" ausgedrückt ist, und dann die oben dargelegte Unterscheidung beobachten, wenn es auch die Grammatiker nicht gethan haben. S. Gronov observ. IV 17. Schultingh z. Quintil. decl. 1 2, 4 u. bes. Otto z. Cic. de fin. exc. 6 p. 391 (dessen Erklärungen im Einzelnen freilich noch manche Bedenken übrig lassen).

Eine weitere Art instrumentaler Ablativ ist der Ablativ der Rücksicht, der ebenso wie die besprochenen Ablative das dabeistehende Wort bedingt und die unmittelbare Causalität bezeichnet. Neben os umerosque deo similis, das nur poetisch und nachklassisch ist (s. S. 64), sagt man auch, und zwar nach der prosaischen und correcten Ausdrucksweise ore umerisque deo similis, denn durch os und umeri wird das Prädicat der Gottähnlichkeit herbeigeführt; ebenso omnibus rebus felix, patrimonio[1]) naufragus (Cic. pro Sulla 14, 41), uno pede claudus, forma insignis, magnus eloquentia, pauci numero, liberi re, nomine; s. Jordan z. Cic. p. Caec. 17, 50. Gewöhnlich stehen bei diesen Ablativen Adjectiva, ausserdem aber auch Verba, deren Umfang dadurch beschränkt wird, in so fern nur derjenige Theil des Verbums gemeint ist, welcher aus der durch den Ablativ bestimmten Quelle hervorgeht. Z. B. Cic. pro Caec. 15, 42 saucii saepe homines cum corpore debilitantur, animo tamen non cedunt, sie weichen nicht zurück, soweit dies von ihrem Geiste abhängt; wenn auch Uebermacht sie wirft, ihr animus wird dadurch nicht überwältigt. So ergiebt sich auch, dass ein Ablativ gebraucht werden kann, um die Aehnlichkeit zu begründen und eine Vergleichung möglich zu machen; z. B. Cicero sagt Phil. XI 4, 9 nam ceteris quidem vitae partibus quis est, qui — conferre vitam Trebonii cum Dolabellae, die übrigen Theile sind das, wodurch das eine Leben dem anderen ähnlich oder nicht ähnlich wird; so oft bei Späteren, wie bei Pacat. paneg. (XII) 25, 1 quis se nobis calamitate contulerit? Ferner bei laudari, lobenswürdig sein vermöge einer Sache und deshalb gelobt werden; Cic. de fin. I 13, 42 ars gubernatoris — utilitate, non arte laudatur. Martial. lib. sing. 1, 3 nec — templo molles laudentur Iones. Aurel. Vict. de vir. ill. 53, 1 virtutis nomine a fratre laudatus (durch den Namen der Jugend hat er sein Lob erlangt). Aehnlich ist der Ablativ bei den Verbis des Vorziehens und Zurücksetzens, praeferre (Apul. met. X 33 p. 747 nonne divinae prudentiae senex, quem sapientia praetulit cunctis mortalibus deus Delphicus, — peremptus est?) und contemnere, zu erklären; auch das Activum laudare hat den Ablativ bei sich, Jemand durch eine gewisse Beziehung lobenswürdig erklären: Senec. suas. 6, 27 p. 38 B. uon laudabo municipem nostrum bono versu (wo jedoch Bursian [wie auch Kiessling] fraudabo liest). S. zu Reisig Anm. 569.

Hier also wird der Ablativ von einem Accidens gebraucht, durch welches Jemand auf ein Prädicat Anspruch hat, und die Beschränkung liegt in den Accidentien, durch welche Jemand ein gewisses Prädicat beanspruchen

---

[1]) [Die bessere handschriftliche Ueberlieferung ist patrĭmonii, was Halm aufgenommen hat.]

kann; es kann aber auch sein, dass die Beschränkung ausserhalb des Individuums und seiner Accidentien zu suchen ist. Dann wird offenbar das Prädicat des Individuums nicht objectiv, dem Raume, Umfange nach beschränkt, sondern es ist die Art und Weise des Geschehens oder die Wirklichkeit oder Unwirklichkeit der Existenz, die bestimmt wird. Im ersten Falle haben wir deutlich eine bedingende Bestimmung, da ja eine und dieselbe Sache auf verschiedene Weise geschehen kann; das Geschehen wird durch die Norm, welche dabei massgebend ist, modificirt und in so fern besitzt diese natürlich eine unmittelbare kausal einwirkende Kraft. Z. B. die Norm für viele Handlungen ist das Gesetz, also dem Gesetz gemäss handeln, sodass dies dabei normirend ist, heisst *lege agere*, ein stehender juristischer Ausdruck; Liv. III 45, 2; Liv. III 44, 8 se iure grassari non vi. III 49, 3 si iure ageret. Cic. parad. 4, 32 ibi eum legibus esse non oportebit. Aurel. Vict. de vir. ill. 20, 4 (Licinius Stolo) primus omnium sua lege punitus est. Hierher gehören die vielen Ausdrücke, welche im Allgemeinen die Art und Weise, dann aber auch Specialisirungen derselben, welche die Norm für das Handeln enthalten, angeben: *aliquo modo, hac ratione, conditione, more, exemplo, ritu, consilio, arbitrio, arbitratu, iussu, mandato, rogatu, arcessitu* u. s. w. Beispielsammlung b. Daum z. Caton. dist. I 3, 2; vgl. noch Cic. pro Caec. 13, 36. 1, 2; 7, 20; 10, 27; 11, 32; 33, 95. Terent. Heaut. 839. Cic. pro Mur. 34, 72 more et modo factum. de leg. III 18, 40 huic iussa tria sunt: ut adsit, — ut loco dicat, id est rogatus, ut modo, ne sit infinitus. ad fam. IV 3, 3. Liv. XXXIX 36, 8.[1]) Specialisirung in militärischen Dingen Liv. III 50, 13 eunt agmine ad urbem; vgl. III 51, 10.

Sodann aber kann die Wirklichkeit eines Prädicats durch die Meinung, Aeusserung Jemandes, natürlich eines Andern, bedingt sein, sodass das Prädicat hierin seine Schranke findet: Cic. pro Caec. 8, 22 homo mea sententia prudentissimus und so noch viele Ausdrücke *meo iudicio, opinione, testimonio, fama hominum* u. s. w. Statt aber die Meinung einer Person als Massstab zu setzen, durch die man die Existenz einer Qualität als eine wirkliche bestimmt, kann man auch diese Person selbst nennen, jedoch mit dem nothwendigen Zusatz, dass er ein meinender, urtheilender, Zeugniss gebender, überhaupt den Massstab für das Urtheil darbietender in diesem Falle ist. Also statt *meo iudicio, testimonio* kann man auch sagen *me iudice, teste*. Die Weglassung des *iudice* und *teste* ist nur dann denkbar, wenn sonst in dem Satze ausgesprochen wird, dass man die Person nur als Massstab benutzen will, nach welchem man etwas misst, beruht also auf einer gewissen Willkür der Speculation, wie sie erst in der Kaiserzeit zu erwarten ist; so sagt z. B. Senec. ep. 71, 6 revertantur ad animum, iam hominem deo metiantur. Ausserdem giebt es aber auch in der gewöhnlichen Sprache einen Fall, dass ein Individuum als Massstab zur Beurtheilung eines andern benutzt wird, wenn es sich nämlich um eine Qualität handelt, die beiden gemeinsam, aber nicht in beiden in gleichem Grade vorhanden ist. Hier haben wir die Erklärung des bekannten Ablativs beim Comparativ. *Vilius argentum est auro*, nach dem Golde gemessen ist das Silber geringer, aber beide sind gemein. Andere haben freilich hier das Ausgehen von einem Punkt bezeichnet

---

[1]) [Die vollständigste Sammlung, nicht allein aus Livius, giebt Kühnast S. 175 ff., wo auch noch andere Stellen, an denen über diesen Ablativ gehandelt ist, citirt sind.]

sehen wollen oder haben die Causalität hineingebracht und *Tullus ferocior Romulo* erklärt, T. sei wegen des R. *ferocior* gewesen, nämlich weil R. selbst *ferox* war. Aber der Ablativ kann in solcher Weise nicht gebraucht werden.

Ueber diesen Gebrauch des Ablativs beim Comparativ sind noch einige Bemerkungen zu machen:

Zunächst ist der Fall zu bemerken, dass, wenn man einen Menschen mit allem Anderen, was ausser ihm ist, vergleicht und ihn allem Anderen voranstellen will, dies häufig durch ein Neutrum ausgedrückt wird; *nihil illo homine amabilius*, seine Liebenswürdigkeit übertrifft Alles, was sich nur denken lässt. Dann aber wird immer der Ablativ gebraucht und die Auflösung, die man in der Grammatik gewöhnlich als gestattet annimmt, *quam* mit dem Nominativ zu setzen, ist nicht möglich. Dasselbe gilt, wenn die zum Massstab gebrauchte Person oder Sache im Pronomen relat. steht: *ille homo, quo nihil amabilius est*. Es muss jedoch immer klar sein, welches Ding man mit dem Massstab im Ablativ misst. Kein Zweifel waltet darüber, wenn der Comparativ ganz einfach im Nominativ prädicirt wird mit *esse* oder einem anderen Ausdruck, der *esse* vertritt und keinen weiteren Zweck hat als Subject und Prädicat mit einander zu verbinden, *homo est fortior, dicitur, creditur, videtur* etc. Nun kann zuerst eine Aenderung entstehen, wenn man von diesen Verbis die Activa nimmt und sagt z. B. *hominem dico fortiorem*, also den Comparativ in den Accusativ setzt; gleichwohl ist derselbe hier nichts anderes als ein Prädicat, das nur durch ein Factitiv von *esse* mit seinem Subject verbunden wird. Kaum zweideutig ist demnach Cic. de rep. I 10, 16 quem auctorem de illo locupletiorem Platone laudare possumus, denn wenn an sich es auch möglich wäre, das Subject mit Plato zu vergleichen, so hebt doch der Sinn jeden Zweifel auf. Bedenklicher wird es schon, wenn der Comparativ ein Adverbium ist und zunächst das Prädicat auf einen höheren Grad erhebt; kein Missverständniss würde zwar entstehen in Fällen wie Valer. Max. II 7, 10 nec minus Pisone acriter Metellus sc. egit oder dixit, da hier nur das Handeln des Subjects, Metellus, nach dem Massstab des Piso gemessen wird; seltener aber, und nur in der Poesie, werden die beiden Objecte mit einander verglichen, wie Hor. ep. II 1, 197 spectaret populum ludis attentius ipsis [s. Krüger's latein. Grammatik S. 493, wo noch mehr Beispiele der Art]. Ganz zu vermeiden endlich ist es, wenn der Comparativ eine Apposition zu einem anderen Casus obliquus sein würde, weil hier die Abhängigkeit und Beziehung des Ablativs Niemand klar erkennen konnte; so wenn ich sagen wollte *utor vestibus pretiosioribus cibis (quam cibi oder quam Gaius?), dedi me oblectationi molestiori studiis*.

Indes nicht allein das concrete Individuum kann als Massstab dienen, um einem anderen die Eigenschaft in höherem oder geringerem Grade zuzuschreiben: man kann auch ein ausserhalb eines materiellen Individuums liegendes, anderweitig bestimmtes Mass der Eigenschaft dazu verwenden. Wie also oben (S. 182) das Dasein einer Eigenschaft nach dem Urtheile eines Anderen ausgesagt wurde, so kann auch die Höhe des Grades einer solchen dadurch bestimmt werden. Die Meinung wird aufgefasst als ein gewisses Mass von Eigenschaften festsetzend, sodass dies normale Mass von einzelnen Individuen entweder überschritten oder nicht erreicht wird; z. B. *Tullus Hostilius ferocior erat opinione hominum*, er zeigte sich kriegerischer als die Meinung, d. h. das Mass von ferocia, welches ihm die Meinung zuschrieb.

Plaut. Amphitr. 545 prius tua opinione hic adero, das Mass von Eile, welches deine *opinio* mir zuschreibt, werde ich übertreffen. Cic. Brut. 1, 1 opinione omnium maiorem animo cepi dolorem. Das Mass kann ferner liegen in der Gewohnheit, in dem Erwarteten, Glaublichen, Billigen; z. B. Valer. Max. II 6, 8 lectulo cotidiana consuetudine cultius strato recubans, oder für *consuetudine* auch *solito* Suet. Galb. 16. Senec. Thyest. 267 und sonst oft bei Seneca[1]). *expectato maturius* Vell. II 123, 1. *audito* II 25, 3; danach haben die Dichter gebildet *credibili*, Ov. fast. III 618 credibili fortior illa fuit; *vero*, tr. V 6, 42. Dagegen sind in der Prosa gebräuchlich *plus iusto, plus aequo.* Soll übrigens die Ungleichartigkeit der so verglichenen Gegenstände ausdrücklich hervorgehoben werden, so setzt man zum Ablativ noch *pro: tristior quam pro consuetudine, more* u. s. w.

Nun haben gewisse Ausdrücke zwar den Sinn von Comparativen, aber nicht die Form, z. B. *ante* und *post,* auch *alius,* durch das zwei Individuen mit einander so verglichen werden, dass die Verschiedenheit derselben ausgedrückt wird; daher steht es bei Dichtern wenigstens mit dem Ablativ[2]); auch bei *anteferre* findet sich wegen des darin liegenden Comparativbegriffs dieser Casus; s. zu Reisig § 390 und die dort angeführten Stellen.

Ausserdem ist noch ein Ablativ zu erwähnen, welcher die Bestimmung enthält, um wie viel eine Qualität dem einen in höherem Grade zukommt als dem anderen; *multo maior sum quam tu,* wo das „viel" das Mittel ist, wodurch ich übertreffe; *biennio minor,* die zwei Jahre, welche mir fehlen, sind der Grund davon, dass ich jünger bin. Hierhin gehören die stehenden Redensarten *hoc, eo amplius* u. drgl. S. Hand Tursell. I p. 294. Frontin. de aquaed. 29, 73. [Holtze I p. 117—99. Draeger I S. 520 ff.]

Ferner der Ablativ bei temporalen Bestimmungen in Verbindung mit *ante* und *post,* die hier als Adverbia genommen sind, *multis annis ante, multo post* etc.; übrigens finden sich nur wenige Wörter in dieser Verbindung, *exiguo* gehört zu den weniger gebräuchlichen, kommt aber noch bei guten Schriftstellern vor. Dieselbe Vergleichung liegt dann vor, wenn *ante* und *post* Präpositionen sind, nur dass dann in dem von ihnen abhängigen Accusativ der bestimmte Punkt der Vergleichung ausgesprochen ist, der in dem ersten Fall anderswoher zu entnehmen war. Walther z. Tacit. ann. V 3 hat allerdings behauptet, dass man, wenn *ante* und *post* Präpositionen seien, *multum ante hanc rem* sage, nicht *multo,* also den Accusativ setze. Dagegen s. die Ztschr. f. Alterthumswiss. 1838 S. 265, wo der Ablativ und Accusativ nachgewiesen ist. Der letztere Casus bezeichnet nur das Mass, die Distance, ohne Rücksicht darauf, dass dieselbe zwischen zwei mit einander verglichenen Individuen besteht, was der Ablativ hervorhebt. Der Accusativ steht z. B. Cic. pro Sull. 20, 56 aliquantum ante furorem Catilinae. in Vat. 2, 6.[3]) Senec.

---

[1]) [Schon bei Livius, s. Kühnast S. 174 f.]

[2]) [Auch in einem Briefe des Brutus und Cassius b. Cic. ad fam. XI 2, 2; s. Hand Tursell. I p. 42 u. Draeger I S. 524 nebst den dort citirten Stellen.]

[3]) [Halm hat an beiden Stellen des Cicero den Ablativ. Dagegen liest Orelli noch in der 2. Ausgabe, ohne eine Abweichung der Handschriften zu notiren, ad fam. III 11, 1 de qua etsi permultum ante certior factus eram litteris u. beim Compar. de orat. III 24, 92 non multum est maius; bei Livius steht der Accusativ nicht selten beim Comparativ formam viri aliquantum ampliorem I 7, 9; s. Weissenborn z. III 15, 27. Hand Tursell. III p. 669, auch aus Terenz wird ein Beispiel citirt Eun. 131 aliquantum ad remst avidior.]

de provid. (dial. II) 3, 3. Die gewöhnlichere Betrachtungsweise ist der Ablativ, s. z. Reisig Anm. 400.

Die gleiche Auffassung finden wir bei Verbis, die im eigentlichen, localen Sinn den Abstand zwischen zwei Dingen bedeuten, also denen des Entferntseins, *abesse, remotum esse, distare* etc., also *quinque pedibus distare, biduo abesse*. Da drückt der Ablativ auch immer das Mittel aus, die Distance, durch welche ein Ding vom andern entfernt ist, während der Accusativ ein gewöhnliches Massobject ist. Ebenso ist es bei Zeitbestimmungen, nur dass *abhinc*, durch welches immer von der Gegenwart in die Vergangenheit hineingerechnet wird, vorzugsweise den Accusativ verlangt, da hier meist an der Bestimmung des Masses gelegen ist, seltener die Distance als Mittel der Trennung aufgefasst wird.[1])

Hier schliesst sich die Gattung der Ablative an, welche bei den Begriffen des Kaufens, Verkaufens, Feilseins und der Werthschätzung gebraucht werden und theils bestimmte Beschränkungen enthalten *(emere quinque assibus)*, theils allgemeine, wie sie auch beim Comparativ vorkommen *(magno, maximo, exiguo)*. Die Verba sind theils die gewöhnlichen, *emere, vendere, constare* oder bloss *stare, aestimare, ducere*, theils mehr oder weniger gebräuchliche Subsumtionen: *pacisci*, einen Vertrag schliessen, um gegen einen gewissen Preis etwas zu erwerben oder preiszugeben, Senec. suas. 7, 3 p. 40 B. pro uno homine iactura publica pacisceris. contr. I 2, 12 p. 72 B. osculo pacta es[2]); *promittere*, suas. 7, 8 p. 42 B. promittuntur oblivione[3]) nominis tui pauci servitutis anni: *imputare*, Senec. ad Marc. (dial. VI) 1, 3 incorrupta rerum fides auctori suo magno inputata. Auch gehören hierher *dignus* und *indignus*, eigentlich werth für einen gewissen Preis gekauft zu werden, aber nur in der übertragenen Bedeutung im Gebrauche; einmal, von Cornificius ad Herenn. III 3, 5, ist auch *idoneus* mit dem Ablativ verbunden.

Bekanntlich steht nun bei den Begriffen des Kaufens u. s. w. die Werthbestimmung auch im Genetiv, ohne dass jedoch die Grammatiker den Unterschied zwischen den beiden Casus richtig ermittelt hätten. Aus dem aber, was früher besprochen ist, kann darüber gar kein Zweifel bestehen: der Genetiv bestimmt adjectivisch den Begriff eines Nomens näher, und so ist es eigentlich eine *res magni* und der Genetiv vertritt die Stelle eines Adjectivs bei dem Nomen; der Ablativ aber gehört zum Verbum und bezeichnet das Mittel, durch welches der Kauf ausgeführt wird oder ausgeführt werden kann. Will man also einen Gegenstand in die Gattung der so und so theuren setzen, der *res magni*, und den höheren Werth als seine Eigenschaft bezeichnen, so steht der Genetiv; will man dagegen für den einzelnen Fall sagen, dass das Mittel, welches man angewendet hat, um einen Gegenstand zu erwerben, ein sehr hoher Preis gewesen ist, so muss man den Ablativ wählen. Daraus geht schon hervor, weshalb man bei speciellen Werthbestimmungen in der Regel den Ablativ setzt; denn sagt man *emere aliquid quinque assibus,* so wird durch die fünf As keine Begriffsrubrik construirt, wie dies der Fall ist bei *res magni*. S. z. Reisig § 357 Anm. 533. Auch beruht hierauf die

---

[1]) [Stellen z. B. bei Kühner II S. 215 f.; vgl. Madvig's Bemerkungen S. 65 f.]
[2]) [Die Stellen aus Livius s. bei Fabri z. XXI 61, 11 und überhaupt über diese Verba Kühnast S. 171.]
[3]) [Kiessling schiebt *pro* vor *oblivione* ein.]

Beobachtung, dass *magno* seltener sei als *magni;* denn der allgemeine Begriff *magni* eignet sich vorzüglich, um eine Sache adjectivisch zu bestimmen. Ganz ohne Beleg ist übrigens *magno* nicht, wie manche gemeint haben, s. d. Ausleger z. Cic. parad. VI 3, 51 (besonders *magno aestimare* Senec. n. q. II 59, 7. de clem. I 19, 3. ad Helv. 2, 4. ad Marc. 1, 3). Vgl. Ov. fast. IV 885 stat mihi non parvo virtus mea (der hohe Werth, den Jemand hat anwenden müssen, um seine *virtus* zu bewahren, soll charakterisirt werden); dagegen Senec. suas. 7, 3 p. 40 B. non emo tanti Ciceronis vitam quanti vendit Antonius (wo der hohe Werth des Lebens als seine Eigenschaft hingestellt wird). Häufig vermischen sich indes beide Gebrauchsweisen, da es auf dasselbe hinausläuft, ob man eine adjectivische Bestimmung zum Substantiv oder eine adverbiale zum Verbum hinzufügt: Cic. pro Tull. 14 emit agrum — sane magno, dimidio fere pluris incultum —, quam quanti integrum ipse atque carissimum carissimis pretiis Claudius (sc. emerat, weil man *plure* nicht sagte). Senec. de benef. VII 11, 2 ingentem rem ab illo dici audivi, cum miraretur Caii dementiam, quod se putasset tanti posse mutari.[1]

Der Ablativ der Eigenschaft, Ablativus qualitatis. Aus unserer Definition des Ablativ-Begriffs, dass er nämlich das fliessende Sein bestimmt und die bedingenden Substanzen angiebt, durch welche dasselbe modificirt wird, folgt zweierlei: einmal wenn eine Eigenschaft als eine äussere Bedingung des Seins genannt wird, und es liegt nicht schon in dem Sein selbst eine nähere Bestimmung der Eigenschaft, so muss eine solche zu dem Begriff der Eigenschaft hinzutreten, um zu erklären, in welcher Weise, welchem Grade, welcher Masse die Eigenschaft in dem einzelnen Falle einwirkt, um das Sein zu modificiren. Wenn z. B. Nepos Ages. 8 sagt: statura fuit humili et corpore exiguo, so sind die Adjective durchaus nothwendig; denn dass ein Mensch eine *statura* und ein *corpus* hat, versteht sich von selbst. Dagegen kann man sagen *Cicero floruit eloquentia,* da schon in dem *floruit* die Bezeichnung des Grades liegt, in welchem Cicero die *eloquentia* besessen hat, und die *eloquentia* nichts anderes als das Instrument ist, durch welches er im Flor war; falsch aber wäre wieder *Cicero fuit eloquentia,* da in dem Verbum die Bestimmung fehlt, in welchem Grade Cicero die Beredsamkeit besessen hat. Der Begriff der Eigenschaft an sich giebt ja noch gar nicht an, in welcher Weise sie zur Erscheinung kommt; denn es kann auch der Fall eintreten, dass Jemand ist *nulla eloquentia,* und so muss nothwendig eine nähere Bestimmung zum Begriff der Eigenschaft hinzugefügt werden.

Darauf beruht die gewöhnliche Regel, dass der Ablativ der Eigenschaft immer aus zwei Wörtern bestehen muss. Hierbei ist jedoch zu bemerken, dass natürlich, wie auch beim Genetiv der Eigenschaft (s. S. 34), der eine hinzutretende Begriff nicht immer ein Adjectivum zu sein braucht, sondern dies auch durch einen Genetiv ersetzt werden kann: Caes. bell. gall. VI 26 bos cervi figura. III 13 confixa clavis ferreis digiti pollicis crassitudine. Valer. Prob. z. Verg. georg. I 207 vitia lentis magnitudine. Tac. ann. I 57 uxor Arminii eademque filia Segestis, mariti magis quam parentis animo. hist. I 8 vir facundus et pacis artibus, bellis inexpertus. Cic. de rep. II 26, 48 qui quamquam figura est hominis.

---

[1] [Sammlung von Stellen bei Draeger I S. 525 f. u. Kühner II 287 f.; über *mutare* s. Draeger I 513 f.]

Das zweite ist hier die Erwägung des Unterschieds zwischen dem
Genetiv und Ablativ. [S. auch oben S. 33 f.] Es giebt nur wenig Fälle,
in denen nicht dieselben Begriffe gebraucht wurden bald im Genetiv, bald
im Ablativ der Eigenschaft; in den meisten ist ein Wechsel möglich und es
kommt auf den Zusammenhang und den Zweck an, um zu wählen. Nur der
Genetiv ist z. B. möglich in *puer decem annorum* oder *fossa quindecim
pedum*, da dieser Casus eine engere Begriffsrubrik bestimmt, unter die der
Substantivbegriff gesetzt werden soll, und hier der Begriff der Zehnjährigkeit
als ein adjectivischer den allgemeinen Begriff „Knabe" beschränkt. Beim
Ablativ dagegen würde eine Substanz ihr eigenes Sein durch eine ihr wirklich beiwohnende Eigenschaft oder ein ihr gehöriges Accidenz bestimmen,
und das ist bei *puer decem annorum* nicht der Fall. Die 10 Jahre sind
nicht eigentlich die Jahre, die der Knabe besitzt, mit denen er etwas thut
und verrichtet, sondern es sind Kalenderjahre, mit denen man die Länge des
Lebens misst; und ebenso sind es in dem andern Beispiele nur die Füsse
des Massstabes; der Graben hat keine Füsse. Sage ich aber *claudus fuit
uno pede,* so handelt es sich um die eigenen Füsse, durch welche das Sein
bedingt wird. Gewöhnlich aber können dieselben Begriffe in beiden Casus
gesetzt werden, um die Eigenschaft zu bestimmen; also *fossa fuit magnae
latitudinis* und *magna latitudine,* d. h. im ersten Fall: der Graben gehörte
zur Gattung derjenigen, welche eine grosse Breite haben; im andern: der
Graben besass eine grosse Breite und hatte in Folge dessen eine gewisse
Wirkung, z. B. dass er nicht gut übersprungen und überschritten werden
konnte. Das Sein, also der verbale Sinn, die Wirkung, welche eine Sache
durch eine Eigenschaft besitzt und ausüben kann, wird näher bestimmt. Meist
wird man den Unterschied zutreffend finden, dass dem deutschen „von" im
Lateinischen der Genetiv, dem „mit" der Ablativ entspricht. Vgl. Liv. I 45, 4
bos in Sabinis nata cuidam — miranda magnitudine ac specie, mit wunder-
barer Grösse und Schönheit, sodass sich sein Dasein gleich nach seiner Geburt durch diese Eigenschaften charakterisirt (während Aur. Vict. de vir. ill.
7, 10 in derselben Geschichte fälschlich den Genetiv gebraucht und damit
nur den Ochsen in die Kategorie der sehr grossen setzt, wodurch er noch
nicht zu einem *portentum* wird). Q. Cic. de pet. cons. 10, 40 in spem ab-
ducito te in eorum rebus — pari studio atque officio futurum (wo *esse* das
sich Verhalten in einer gewissen Weise aussagen soll). M. Cic. ad fam. IV
8, 1 Neque monere te audeo praestanti prudentia virum nec confirmare maximi animi hominem unumque firmissimum (im ersten Glied der Ablativ,
weil es bloss eine prädicative Angabe über Marcellus und sein Verhalten sein
soll, dass er sich mit hervorragender Einsicht benehme, im zweiten der Genetiv, weil die *homines maximi animi* eine Begriffsrubrik bilden, weshalb mit
dem Adjectivum firmissimum fortgefahren wird; unrichtig von Ferd. Schultz
lat. Gr. § 289 Anm. so gefasst, dass der Genetiv mehr die innere Weisheit
eines einzelnen Menschen, der Ablativ die Beschaffenheit eines Theils seines
geistigen Wesens ausdrücke [1]). Tac. ann. IV 29 cum primores civitatis —
Lentulus senectutis extremae, Tubero defecto corpore tumultus hostilis et
turbandae rei p. accerserentur (L. gehört zu der Rubrik der bejahrten Män-

---

[1] [Noch andere Stellen, meist aus Tacitus, an denen der Genetiv und Ablativ der
Eigenschaft neben einander stehen, bei Draeger I 426 f.]

ner, Tub. aber lebt mit geschwächtem Körper und dies bestimmt die Art und Weise seines Handelns; *defecto corpore* zu leben ist etwas singuläres und kann daher keine Begriffsrubrik bestimmen). Liv. XXXII 15, 6 nec — sicut impeditum ac difficile — ita spatio perbrevi; ebenso castra difficili aditu, saxum ascensu aequo; s. Drakenborch z. Liv. XXXII 12, 10, wo noch mehr Stellen angeführt sind.

Wenn nun von Manchen gelehrt wird, der Genetiv bezeichne mehr dauernde, der Ablativ mehr vorübergehende, momentane Zustände, so hat diese haltlose, unbestimmte Regel allerdings einige Wahrheit, nur dass man mit dieser Form nichts anzufangen weiss, nichts anfangen kann. Aber es ist augenscheinlich, dass, wenn der Genetiv der Eigenschaft eine Begriffsklasse bestimmt, diese etwas Dauerndes, ja sogar Ewiges ist; beim Ablativ dagegen ist von der Wirkung die Rede, welche Jemand vermöge seiner Eigenschaft äussert, wie er durch dieselbe sein Dasein modificirt, und dies kann man momentan nennen, denn das fliessende Sein, auf das hier ein so bedingender Einfluss geübt wird, ist ja überhaupt vergänglich. Werden daher Stiere zum Opfer geführt, so sind sie *auratis cornibus,* denn dieser Schmuck ist ein momentaner, Liv. VII 37, 1, Plin. n. h. XXXIII 3, 12, nie könnte man sagen *boves auratorum cornuum.*

Wir haben gesehen, dass die im Ablativ gedachte substantielle Bedingung, welche das Sein modificirt, beim Beginn der Handlung schon vorausgesetzt wird als existirend und wirkend. Wenn man also z. B. sagt, Jemand ertheilt einem Tyrannen Rath, so kann dies geschehen mit grossem Muth, den er darin beweist, dass er sich freisinnig ausspricht, *magno periculo,* auch *multo labore.* Trotzdem heisst es bei Tacit. hist. I 15 suadere principi quod oporteat multi laboris *sc. est;* hier aber entwickelt sich der *labor* erst während des *suadere* und ist nicht vorher vorhanden; darum setzt Tac. das *suadere* in die Kategorie der mühseligen Dinge; der Ablativ wäre hier sogar undenkbar.

Es ist noch hinzuzufügen, dass *esse,* das hier am natürlichsten gebraucht wird, auch durch die verwandten Verba ersetzt werden kann, also durch *fieri:* Vitruv. VIII 3, 20 quam (aquam) qui bibunt, efficiuntur turgidis gutturibus, diejenigen, welche dies Wasser trinken, werden zu Leuten mit angeschwollenen Hälsen.[1]

Weiter findet eine Beschränkung des Gebrauchs des Ablativs der Eigenschaft statt, die schon beim Genetiv erwähnt ist (S. 33 f.). Da nämlich zunächst der Ablativ das Sein und Handeln adverbiell bestimmen will, so ist es natürlich, dass auch, wenn die Beschreibung einer Substanz beim Ablativ beabsichtigt ist, die Möglichkeit an das Sein zu denken gegeben sein muss. Wenn man also *esse* nicht setzt und auch kein anderes Verbum beim Ablativ der Eigenschaft hat, sondern ihn als Apposition zu einem Nomen setzt, so hat man dabei immer das Participium von *esse* zu ergänzen, wie das die Grammatiker ausdrücken. *Gaius, praestanti prudentia vir,* G., der ein Mann von ausgezeichneter Klugheit ist. Dieser Zusatz enthält nun aber,

---

[1] [Hiermit ist zu vergleichen Liv. III 57, 9 non iuniores modo sed emeritis etiam stipendiis pars magna voluntariorum ad nomina danda praesto fuere, wo der Abl. qualit. *emeritis stipendiis* dem Adjectiv *iuniores* parallel steht und die Stelle des Subjects vertritt; noch kühner ist XXI 62, 5 in agro Amiterno multis locis hominum specie procul candida veste visos nec cum ullo congressos. S. Nägelsbach Stilistik [8] S. 260.]

wenngleich er der Form nach keine Begriffsrubrik bezeichnet, in Wahrheit eine nähere Bestimmung, durch die der Betreffende von den übrigen seiner Gattung unterschieden wird. Ein *vir praestanti prudentia* ist ein engerer Begriff als *vir*. Mithin muss der so bestimmte Begriff einer Beschränkung und Verengerung fähig sein, und da dies von Nominibus propriis nicht gilt, so muss zu diesen ein Gattungsbegriff gefügt werden, mit dem der Ablativ in Verbindung tritt. Dies ist in der klassischen Zeit stets festgehalten worden und nur geringe Anfänge der später allgemein werdenden Freiheit die Ablative unmittelbar zum Nomen proprium zu setzen, finden sich bei Cicero[1]). Auf dieselben hat Fr. Schneider in den Jahrb. f. Philol. 1845 Bd. 44 S. 443 hingewiesen: in Pison. 19, 44 M. Marcellus, qui ter consul fuit, summa virtute, pietate gloria militari, periit in mari. pro Planc. 21, 52 tribunus militum L. Philippus summa nobilitate et eloquentia — facti non sunt (aediles). Philipp. XI 5, 11 alter Caesar Vopiscus ille summo ingenio, qui ex aedilitate consulatum petit; an allen 3 Stellen aber ist die Härte der Verbindung dadurch gemildert, dass zu den Eigennamen vorher noch andere Zusätze gemacht sind[2]).

Endlich ist noch folgendes zu bemerken: Beim Genetiv der Eigenschaft haben wir gesehen (S. 33), dass er, der selber eine adjectivische Bestimmung zum Nomen hinzubringt, sehr häufig mit einem Adjectiv coordinirt wird. Nun kann ja der Genetiv und der Ablativ der Eigenschaft wechseln, und darum auch ein Adjectiv mit einem Ablativ verbunden werden; doch liegt es in der Natur der Sache, dass der Uebergang aus der adjectivischen in die adverbielle Bestimmung seltener ist. Beispiele: Liv. XXXII 15, 6 iter sicut impeditum ac difficile, ita spatio perbrevi. Tacit. ann. II 14 corpus ut visu torvum et ad brevem impetum validum, sic nulla vulnerum patientia.

An den Ablativ der Eigenschaft schliesst sich der Ablativ der begleitenden Umstände, der sogar mit jenem zusammenfällt, wenn die Umstände, welche das Sein oder Handeln Jemandes begleiten, zugleich seine Eigenschaften sind; also z. B. in dem Beispiel des Q. Cicero *pari studio atque officio futurum spondeto* kann man die Ablative als Eigenschaften erklären oder als Umstände des Seins, welches durch dieselben modificirt wird. Es ist nun zu unterscheiden zwischen Accidentien des Subjects, die als eine Eigenschaft oder als seine Attribute ihm anhaften und beiwohnen, sodass er mittelst derselben sein Sein oder Handeln modificirt, *cura, dolore*, Accidentien anderer Personen und Sachen, die nicht Subject sind, und endlich solchen Begriffen und Dingen, die nur einen ganz zufälligen Zusammenhang mit der Handlung haben, ohne dass schon in der Natur der Sache eine Nöthigung zu dieser Verbindung vorläge.

Ist es ein einzelnes Wort, welches die Qualität des Seins ausdrücken soll, so wird dadurch nur das Vorhandensein der Eigenschaft ausgesagt und

---

[1]) [Auch bei Caesar b. g. I 18, 3 u. II 6, 4; die von Draeger I S. 501 aus Ennius ann. 304 p. 45 ed. Vahlen. angeführte Stelle Cornelius suaviloquenti ore Cetegus Marcus ist unvollständig und gehört nicht hierher, da *orator* vorhergeht und damit der Ablativ zu verbinden ist.]

[2]) Nicht auffällig ist es, wenn *nomen* unmittelbar zu einem Eigennamen gesetzt wird, wie Aur. Vict. d. vir. ill. 11, 1 Horatius Cocles, illo cognomine, quod in alio proelio oculum amiserat, pro ponte sublicio stetit; steht dagegen *nomine* allein, *nomine Gaius*, so ist dies der Ablativ der Rücksicht; er ist vermöge seines Namens Gaius.

diese mit der Sache, die eben geschieht, so verbunden, dass sie dieselbe begleitet; für diesen Fall ist der einfachste Ausdruck die Präposition *cum: cum lacrimis orare*, eine Bitte vortragen unter Begleitung von Thränen, *cum dignitate dicere, agere*, so dass die Würde die Handlung begleitet. Wir haben hier eine ganz materielle Bezeichnung der Gesellschaft; der Ablativ mit *cum* ist dem Subject gewissermassen coordinirt und bezeichnet nur ein zufälliges Hinzutreten der einen Person zur andern oder einer Sache zu einer Handlung, und wenn auch der Ablativ mit *cum* durch sein Hinzutreten die Handlung selbst modificirt und in ihrem Begriff beschränkt, so ist dies doch in der Form nicht zum Ausdruck gebracht. Eine solche nähere Bestimmung kann nur durch den blossen Ablativ erfolgen, der den Begriff des Verbums wie durch Inhaerenz bestimmt, während auf *cum* mit dem Ablativ die Bezeichnung Adhaerenz anzuwenden sein würde (s. Th. I S. 212 f.). Jedoch giebt es nur sehr wenig Ausdrücke, welche aus einzelnen Ablativen bestehend als begleitende Umstände angesehen werden können. Man vermischt vieles, was nicht zusammen gehört, und namentlich fliessen mit den begleitenden Umständen zusammen die instrumentalen Ablative[1]) und noch öfter die Ablative der Art und Weise oder der Norm, wie denn manche Grammatiker diesen Ablativ unter dem Ablativus modi mitbegreifen, z. B. *more, modo, ratione, lege* etc., Ausdrücke, die, wie wir oben gesehen haben (S. 182), die Norm bezeichnen, nach denen sich die Handlung richtet. Besonders instructiv, um sich den Unterschied zwischen diesen beiden Ablativen zu verdeutlichen, ist Terent. Heautont. 37 ff. ne semper servos currens, iratus senex, edax parasitus — adsidue agendi sint mihi clamore summo, cum labore maximo; der *clamor* muss nothwendig sehr stark sein, weil auf ihm der Effect der Rolle beruht, der *labor* tritt accidentiell noch hinzu. Wenn *clamore* allein steht, auch *silentio*, z. B. bei militärischen Vorgängen [Kühner II S. 299], und *cura*, z. B. *scribere*, so wird dadurch die Art und Weise der Handlung charakterisirt.

Gewöhnlich aber muss man zu diesen Ablativen noch eine Bestimmung hinzufügen, also *triumphare magna gloria; gloria* allein sagt noch nicht positiv aus, in welcher Weise sie da ist; demnach muss man entweder, um die Anwesenheit einer Sache zu bejahen und ihre Wirklichkeit zu versichern, *cum* setzen oder den Grad, in welchem sie vorhanden ist, oder die nähere Beschaffenheit näher bestimmen, und so liegt es in der Natur der Sache, dass der Ablativ der begleitenden Umstände gewöhnlich aus zwei Wörtern besteht, einem Nomen, welches die Sache bezeichnet, die auf die Handlung modificirend eingewirkt hat, und der adjectivischen Bestimmung, welche ausdrückt, in welchem Grade die Sache hierbei zur Erscheinung gekommen ist. Niemand wird sagen *legiones profectae sunt animo*, nur *leg. profectae sunt alacri animo et erecto*. Vgl. Daum z. Cat. dist. I 3, 2 p. 56 u. die Ausleger z. Vell. II 18, 1. Natürlich kann aber auch, wenn die Begleitung durch zwei Wörter bestimmt ist, *cum* stehen; wenn z. B. Livius XXXIX 2, 4 schreibt conquisita intentiore cura arma, so erscheint ihm das Suchen und die *cura intentior* merkwürdig, während durch *intentiore cura* bloss einfach

---

[1]) [Auf einer solchen beabsichtigten Vermengung beruht der Witz des Plautus Amph. 366 compositis mendaciis advenisti, consutis dolis. Immo equidem consutis tunicis huc advenio non dolis. — certo cruribus, non tunicis venis.]

das *conquiri* bezeichnet würde. Begleitende Personen können, sofern sie
selbstthätig genommen werden, nur mit *cum* stehen, mit der beim Abl.
instrum. besprochenen Ausnahme von Soldaten und Truppentheilen; Liv.
III 50, 3 agmine prope quadringentorum hominum veniens — conspectus est.
So *copiis* auch schon in der älteren Latinität, ganz gewöhnlich bei Caesar.
Eine andere Art von begleitenden Umständen ist die, bei denen es sich
um Accidentien einer vom Subject verschiedenen Person handelt; hierher
gehören die gewöhnlichen Redensarten *commodo, bono, malo, [damno,]* meist
mit Hinzufügung der Person, für welche ein *bonum* oder *malum* mit einer
Handlung verbunden ist: Cic. ad fam. IV 2, 4 quod tuo commodo (mit
deiner Bequemlichkeit) fiat, quam primum velim venias. Plaut. Trin. 220
puplico fiat bono. Amph. 996 dummodo id fiat bono. 321 olet homo quidam malo suo. 366 malo tuo conpositis mendaciis advenisti. Casin. II 8,
350. IV 4, 6. Senec. contr. I 4, 11 p. 87 B. adulter meus exit commodo
suo. Ebenso Publ. Syr. 356 p. 339 Ribb. Multorum calamitate vir moritur
bonus.[1]) Ov. tr. V 1, 44 sit semel illa malo luxuriata meo, auch Tib. II
4, 36 quale bonum multis attulit ille malis wird so zu erklären sein: „Welcher Himmel auch immer die Schönheit einem habgierigen Mädchen verliehen
hat, ein wie schönes Gut hat er verliehen mit wie viel Unheil". Ov. am. III
8, 46 et nimium damnis ingeniosa tuis („zu deinem Schaden"). Vell. II 48, 3
homo — facundus malo publico. Sen. de ben. III 36, 1 nostro bono vinci-
mur. Ueber *salute fit tua* vrgl. Gronov zu Liv. XXVI 32, 6. Aus Ausdrücken wie *salute* und *calamitate* erhellt zugleich, dass auch *bono, malo,
commodo* als Ablative zu fassen sind; daher hat Nipperdey Tac. ann. XV 28
in castra Tiridatis venere honore eius mit Unrecht *honori* geschrieben; vgl.
hist. I 44 Vitellius — omnis conquiri et interfici iussit, non honore Galbae
sed tradito principibus more.

Endlich giebt es manche ganz materielle Dinge, welche an sich gar
nicht einen Umstand bezeichnen, aber doch durch ihr Vorhandensein überhaupt oder durch ihr Verhalten in einer gewissen Weise beitragen, eine
Handlung zu charakterisiren. Wird z. B. Jemand mit einer Waffe versehen,
begleitet gefunden und soll nur ausgesagt werden, dass dieselbe vorhanden
war, so muss es *cum telo* heissen; die Waffe kann aber auch durch einen Zusatz
noch besonders beschrieben werden, also es wird Jemand gefunden mit noch
blutigem Dolch: dann kann man entweder *cum* setzen, wenn nur die Verbindung der Person mit dieser materiellen Sache bezeichnet werden soll, oder
es weglassen, wenn *telo cruento* ein modificirender, die Handlung selbst näher
bestimmender Umstand ist, dieser als ein juristisches Indicium dient, die
Person verdächtig macht, von der Waffe Gebrauch gemacht zu haben.

Dies führt unmittelbar zu gewissen begleitenden Umständen, welche beliebige Personen oder materielle Dinge sein können, die, während sie allein
stehend nur *cum* bei sich haben könnten, durch einen Zusatz die Bedeutung
erlangen, eine gewisse Handlung zu modificiren und näher zu charakterisiren,
und dann im blossen Ablativ ohne *cum* stehen. Es hat also Jemand eine
Rede gehalten *magna bonorum omnium offensione,* dann sind die Umstände
für die Rede ungünstig gewesen, sie ist begleitet worden von der Missstim-

---

[1]) [*Calamitate* ist durch die Freisinger Handschr. bezeugt, Ribbek hat jedoch *calamitati* in den Text gesetzt.]

mung aller guten Bürger. Dafür kann man aber auch sagen *bonis omnibus graviter offensis,* während die Bürger gegen ihn eingenommen waren, eine wesentliche Modification der Handlung. Dies sind die sogen. Ablativi absoluti, eigentlich also nur Ablative der begleitenden Umstände[1]), die in die Construction des Satzes gehören, wie jeder andere Ablativ, und das gleiche ausdrücken, nämlich die substantielle Bedingung des Seins. Die Benennung „absolut" beruht auf der äusserlichen Betrachtung, dass wir im deutschen, zumal wenn das hinzutretende Attribut ein Particip ist, die Ablative in einen Nebensatz verwandeln, der dann aber auch nur eine modificirende Bestimmung zum Verbum hinzubringen soll, wie der Ablativ der begleitenden Umstände.

Wenn nun das Attribut des Ablativs ein Sein voraussetzt, wie es auch so ausgesprochen werden muss, wenn man auf die ursprüngliche prädicative Verbindung zurückgehen will *(boni omnes offensi sunt* oder *erant),* so muss eine solche hinzutretende Bestimmung auch die Eigenschaft des Seins bewahren, mit zeitlicher Bestimmung behaftet sein. Jedoch kann sie keine selbständige sein, diese liegt vielmehr in dem Hauptverbum, dem sie mittelst des Ablativs untergeordnet ist. Da aber die untergeordnete Bestimmung die Handlung oder das Sein des Hauptverbums modificiren soll, so muss sie schlechterdings dem Hauptverbum, in welchem Tempus dies auch stehen mag, gleichzeitig sein, sonst würde sie dies ja gar nicht treffen; z. B. *caelo tonante credidimus Iovem,* wir haben den Glauben gehabt, wenn es donnerte; das Glauben ist dem Donnern gleichzeitig gesetzt, und deshalb ist es falsch, wenn man zuweilen in Noten liest: *scripsit Gronovius probante Hermanno,* anstatt *scripsit Gr., quod H. probavit,* denn H. hat nicht gleichzeitig mit Gr. die Conjectur gebilligt. In gleicher Weise drückt das Participium Perfecti die Gleichzeitigkeit des Vergangenen aus, d. h. die relative Vergangenheit oder das in Bezug auf etwas vorhergegangene Sein: *triumphavit rege victo,* er hat einen Triumph gehalten nach dem Besiegen des Königs[2]); bei *triumphat rege victo* ist das Siegen eine Vergangenheit in Bezug auf die Gegenwart; bei *triumphabit r. v.* muss der Sieg jedenfalls eingetreten sein, wenn in der Zukunft das *triumphare* erfolgt. Endlich bezeichnet das Participium Futuri die relative Zukunft: ut eo (Hamilcare) exercitum in Hispaniam traiecturo — (Hannibal) iuraret (Valer. Max. IX 3 ext. 3), das Schwören ist gegenüber der Handlung des Uebersetzens noch etwas Zukünftiges, doch kommt der Natur der Sache nach dies Verhalten seltener vor (s. Reisig Anm. 589), weshalb die Grammatiker den Gebrauch dieses Part. im Abl. abs. be-

---

[1]) [Die neuere Literatur s. bei Hübner S. 69, auch bei Draeger II S. 768 ff.]

[2]) [Für das Partic. perf. pass. wird die relative Vergangenheit nicht für alle Autoren durchzuführen sein. „Der aoristische Gebrauch des absoluten Partic. perf. pass. ist aus dem Mangel eines Part. praes. pass. hervorgegangen" sagt Draeger II S. 764, geht bei der Besprechung von dem Partic. coniunctum aus und vergleicht Liv. II 36, 1 servum — sub furca caesum medio egerat circo mit Cicero, der div. I 26, 55 dieselbe Geschichte erzählt, aber schreibt servus per circum, cum virgis caederetur, furcam ferens ductus est. Dies hätte ihn aber bedenklich machen müssen, seine Behauptung auch auf Cicero auszudehnen; für Livius und namentlich für Tacitus in den am Ende des Satzes angeschobenen Abl. abs. hat sie aber unzweifelhafte Gültigkeit, wie dies Haase zu Reisig Ann. 583 selbst ausführt, jedoch so erklärt, dass dann die Relation der Zeit nicht auf das Verbum finitum, sondern auf den Erzählenden gehe. Jedenfalls ist auf die Entwicklung dieses Sprachgebrauchs der des Partic. Aor. im Griechischen von Einfluss gewesen.]

schränkt nennen. Nicht berücksichtigt aber haben sie, dass auch das sogen. Partic. Fut. Pass. als Abl. abs. gebraucht wird und zwar ganz ebenso wie das Part. Praes. Act., was es in der That auch ist; z. B. Cic. ad Att. IV 1, 6 cum continuo — plausum meo nomine recitando dedisset (während mein Name verlesen wurde, klatschte das Volk Beifall). Liv. XXXIV 14, 6 dum trepidant acie iustruenda, consul iam paratis — omnibus — adgreditur. XXVIII 14, 11. XXIV 36, 1. XXXIX 16, 7 ubi deorum numen praetenditur sceleribus, subit animum timor, ne fraudibus humanis vindicandis divini iuris aliquid inmixtum violemus (indem wir das eine thun, fürchten wir, dass zugleich das andere geschieht). Cic. ad fam. V 12, 4 quae placebunt, exponendis rationibus comprobatis. Tac. ann. I 26 cur venisset, neque augendis militum stipendiis neque adlevandis laboribus, denique nulla bene faciendi licentia? III 19 is finis fuit ulciscenda Germanici morte. XIV 4 prosequitur abeuntem — sive explenda simulatione, seu periturae matris supremus aspectus quamvis ferum animum retinebat. VI 38 (32) ceterum regendis provinciis prisca virtute egit. XI 32 Silius dissimulando metu ad munia fori digrediuntur. XV 69. XVI 17. Panegyr. VIII 24, 1 vix leve pallium et sericos sinus vitando sole tolerantes. Diese grosse Anzahl von Stellen ist angeführt worden, damit man sich gewöhne, in diesem Particip die Präsenzbedeutung zu sehen.[1])

Bisweilen entsteht eine Zweideutigkeit, wenn die in dem Ablativ gegebene Bestimmung verschiedene Beziehungen haben kann, wie z. B. Cic. de off. III 26, 99 Regulus — cum — captus esset duce Xanthippo oder Aur. Vict. de vir. ill. 39, 2 Atilius Calatinus — paucis navibus magnam hostium classem duce Hamilcare superavit. Der Zusammenhang muss dann entscheiden.

Noch giebt es sogen. unregelmässige Ablativi absoluti. Bekanntlich lehrt die Grammatik, dass nur dann ein deutscher Nebensatz durch einen Abl. abs. übersetzt werden darf, wenn in ihm ein Wort Subject ist, auf welches sich kein Wort im Hauptsatz bezieht. Trotzdem findet man sehr häufig Stellen, welche dieser Regel nicht entsprechen; zu Reisig Anm. 590 sind 9 Gründe aufgezählt, die einen Abl. abs. veranlasst haben, während auch die directe Participial-Verbindung vielleicht möglich gewesen wäre[2]). Vielleicht können dieselben noch vermindert werden; doch ist es für unsern Zweck unnöthig, darauf weiter einzugehen; ebenso kann uns die Auflösung der Abl. abs. nicht aufhalten, ob in causale, condicionale oder restrictive Sätze; denn in der Bedeutung des Ablativs liegt dieser Unterschied nicht ausgesprochen, er geht aus dem Verhalten der Dinge selbst hervor. Wohl aber müssen uns Ausnahmen von der Regel beschäftigen, nach welcher der Abl. abs. immer aus einem Nomen und einer adjectivischen Bestimmung zusammengesetzt sein soll, also zunächst die in den Grammatiken gewöhnlich aufgeführten nur aus einem Particip bestehenden Abl. abs. *cognito, audito* und ähnliche Wörter, an die noch die seltneren *intellecto* (Iust. XXXVIII 3, 6), *quaesito* (XXXII 1, 9), *petito* (XLIII 5, 6) anzureihen sind, auch die Adjectiva *dubio, incerto* u. a. [s. zu Reisig § 432]; jedoch ist die Ausnahme hier nur scheinbar, denn das Nomen wird von dem Satz vertreten, welcher von dem Participium abhängt: *cognito Gaium adesse.* Einen andern Fall haben wir

---

¹) [Mehrere Beispiele aus Cato bei Holtze I p. 113, wo auf Weissenborn de gerundio et gerundivo p. 130 verwiesen wird.]
²) [S. Draeger II 779 mit der dort angeführten neueren Literatur.]

dann, wenn ein Verbum unpersönlich gebraucht ist; will ich also *posteaquam*
certatum est in einen Abl. abs. verwandeln, so kann es nur heissen *certato*.
Dieser Gebrauch scheint besonders dem gewöhnlichen Leben angehört zu
haben und war in der technischen Sprache sehr ausgedehnt, so in der Land-
wirthschaft: *stercorato* (Plin. n. h. XVIII 131; 192), *seritur non arato* (XVIII
133), *praeparato* XVIII 145); in politischen und commerciellen Geschäften:
sortito (schol. Bob. ad Cic. in Vat. 14, 36, bei der Wahl eines Gesandten
durch das Loos), *auspicato* (sehr häufig), *festinato* (Plin. n. h. XVIII 98),
intestato (Ulp. XXVI 1. XXIX 1), *faenerato* (Plaut. Asin. 896), *numerato*
(Hor. ep. II 2, 166); ferner *optato* Plaut. Amph. 658, *peccato* Terent. Hecyr.
V 1, 10 (737)[1] (wo man freilich noch eine andere Auffassung hat), sehr oft
bei Cicero *errato*, *recte facto*. Dann liebt Tacitus diese Ablative (multum
certato ann. XI 10, multum disceptato XV 14) und nach ihm Andere, z. B.
Apuleius (apol. 33 p. 472 multum ac diu haesitato). Auch das oben besprochene *dicto audientem esse alicui* (S. 162) gehört hierher; endlich noch
gewisse adjectivische Bestimmungen: *sereno* (Plin. XVIII 355; 362. Sen. n.
q. II 18), *nubilo* (Sen. nat. quaest. I 3, 14. Frontin. de aquae d. 90), *tran-
quillo* (bes. vom Meere).[2]
   Ausserdem aber ist es möglich, dass im Abl. abs. kein Particip steht,
sondern an Stelle desselben der Ablativ eines Nomens, doch muss dieses die
Zeitbestimmung der Gleichzeitigkeit in sich schliessen, und da dies bei dem
Substantiv an sich nicht der Fall ist, so ist dieser Gebrauch natürlich beschränkt und findet sich nur, wenn ein an die Zeit gebundenes Sein und
Geschäft zwar nicht als solches bezeichnet, aber doch angedeutet wird, also
bei Substantivis verbalibus, welche sich dem fliessenden Sein am meisten
nähern und allein stehend die Abl. abs. ersetzen, mithin auch die Gleichzeitigkeit ausdrücken. Ganz ausgeschlossen ist freilich Zweideutigkeit nicht,
da man einen solchen Ablativ auch als einen instrumentalis nehmen kann.
Man wird ihn daher nur dann setzen, wenn sich jene von selber löst oder
wenn der Sinn aus dem Zusammenhang zu ersehen ist. Besonders werden
die Substantiva verb. der 4. Declination so angewandt, *adventu Caesaris*,
discessu u. s. w. (Beispiele z. Reisig Anm. 569), so indes, dass sich mit der
temporalen die causale Bedeutung sehr häufig verbindet: *admonitu*, *concessu*,
impulsu, *permissu*, *rogatu*, *iussu*, *hortatu*, *vocatu*, *accitu*, *arcessitu*, *missu*,
mandatu, *inductu* (diese bei Cicero, Nachweisungen zu Reisig § 391 u. Jordan zu Cic. pro Caec. 7, 19), *instinctu* (erst in der späteren Latinität), *datu*
(Plaut. Trin. V 2, 16 [1140]), *adlegatu* (V 2, 18 [1142]), und noch manche
andere, namentlich bei den Komikern, vereinzelte bei den Späteren).[3] Bis-

---

[1] [Eine reiche Sammlung von solchen Ablativen, die aber nicht bei allen Schriftstellern zu finden sind, giebt Draeger II S. 769—775, hält jedoch diesen Fall nicht auseinander von den vorher behandelten *cognito* etc.]

[2] [Einige andere hierher gehörige Fälle hat Draeger II S. 760 f., 763 f. besprochen;
an manchen Stellen, die für gewöhnlich hierher gezogen werden, ist übrigens der *s. g.* Abl.
absolutus vielmehr der Dativ, was Draeger richtig bemerkt.]

[3] Umgekehrt findet sich das Supinum auf *u* selten in der älteren, häufiger in der
späteren Zeit [s. Draeger II S. 834]. Es ist noch zu bemerken, dass die Präposition *ex*
in diesem Falle durchaus nicht gesetzt werden darf, sie bezeichnet vielmehr „in Gemäss-
heit"; Cic. pro Caec. 8, 22 ex conventu. Quint. decl. 12, 21 ex stipulata. Erst in später
Zeit hat man sich in der causalen Bedeutung die Präposition gestattet, z. B. Sulp. Sev.
hist. sacr. II 91.

weilen ist aber allein die temporale Bedeutung anzunehmeu; z. B. Tacit. ann. III 14 tot adstantium visu (indem so viele zusahen). Plaut. Merc. V 2, 6 (847) eorum inventu. Liv. XXVI 19, 7 interventu. Val. Prob. z. Verg. georg. I 464 u. 138 ortu. Plin. n. h. XVIII 218 siderum occasu. 223 vergiliarum occasu. 237 hirundinis visu et postero die arcturi exortu vespertino, vindemitoris emersu.

Viel seltener werden die Substantiva verb. auf *io* so angewandt und auch nur in späterer Zeit: inruptione Tacit. hist. II 99. defectione ann. XII 10. hist. III 45. proscriptione (in der Zeit der Proscr.) Suet. Caes. 11. Ausserdem sind nur sehr wenig Beispiele anderer Arten von Wörtern vorhanden, welche so als begleitende Umstände und Zeitbestimmungen gebraucht werden; sie gehen theils geradezu in Zeitbegriffe über oder sie sind Bezeichnungen der Art und Weise. Hier sind nur anzuführen *fuga, morte* (zur Zeit der Flucht, des Todes), dann die im gewöhnlichen Leben vorkommenden *ludis, Latinis sc. feriis, Circensibus* (Senec. controv. I praef. 24 p. 56 B. Aur. Vict. de vir. ill. 56, 5. 62, 3), *Lupercalibus* (id. 85, 1), *gladiatoribus* (Cic. ad Att. I 16, 11), welche letzteren aber schon zu wahren Zeitbestimmungen geworden sind, während *maximo aestu, mediis caloribus* als begleitende Umstände zu betrachten sind; s. Keil z. Aur. Vict. de vir. ill. 73, 10.[1]) Die Art und Weise bezeichnen *silentio* und *clamore* (s. Kritz z. Sall. Iug. 53, 7), auch *pace* (in friedlicher Weise, discedere pace Ovid. rem. am. 669. Plaut. Amph. 32), am gewöhnlichsten mit einem Zusatz: *pace tua dixerim* (z. B. Plaut. Rud. 698). S. z. Reisig Anm. 569. [Draeger I S. 497 f., wo auch *venia* behandelt ist.]

B. a. Der temporale Gebrauch des Ablativs.

Alles Sein bewegt sich durch die Zeit hin und bekommt durch diese Form und Grenze, wie das räumliche Sein durch den Raum. Es also noch auszusprechen, dass irgend ein Sein in der Zeit überhaupt liegt, ist überflüssig; wenn mithin doch noch *tempore* hinzugefügt ist, so muss es entweder eine rein instrumentale Bedeutung haben — *tempore omnia intereunt*, mit der Zeit geht Alles zu Grunde — oder es steht in eminentem Sinne und bezeichnet nicht die Zeit im Allgemeinen, sondern heisst „bei Zeiten", d. h. in zu früher Zeit. In diesem letzteren Fall ist der Ablativ *tempore* sogar zu einem wirklichen Adverbium geworden, hat auch andere Endungen *tempori* und *temperi* angenommen und sogar einen Comparativ *temperius* gebildet. Davon zu unterscheiden ist *in tempore*, obwohl es sehr nahe verwandt ist, „in der Zeit", d. h. zur rechten Zeit, mag es früh oder spät sein. S. Plaut. Amph. 877, zu Reisig Anm. 567 u. Daum z. Cat. dist. I 3, 2.[2]) Auch mit den Präpositionen *ante* und *post* wird *tempus* in eminentem Sinne verbunden, „vor der rechten Zeit" und „nach der rechten Zeit": Phaedr. IV 19, 1 qui fert malis auxilium, post tempus dolet. Publ. Syr. 560 p. 350 Ribb. qui cum

---

[1]) [Noch andere Ausdrücke *sollemnibus, triumpho, comitiis* finden sich belegt bei Kühnast S. 181 f.]

[2]) [Noch mehr Beispiele s. b. Draeger I S. 490, nach dem jedoch der Unterschied zwischen *tempore* und *in tempore* von Cicero nicht beobachtet ist; Tacitus hat nur *in tempore*, bei Livius steht nur X 14, 18 der blosse Ablativ und da sonst 15 Mal von ihm die Präposition hinzugefügt ist, so hat es Weissenborn auch hier gethan; s. Kühnast S. 180.]

dolet blanditur, post tempus sapit. Plaut. Asin. 294 adproperabo, ne post tempus praedae praesidium parem. Cic. Lael. 3, 11 (Scipio) factus est consul bis, primum ante tempus, iterum sibi suo tempore, rei p. paene sero. Ebenso ante annos Aur. Vict. de vir. ill. 49, 12. Ganz ähnlich verhält es sich ferner mit *dic*, das auch nur entweder in instrumentalem oder in eminentem Sinne stehen kann, und zwar in doppeltem; denn erstens kann es die Nacht zum Gegensatz haben, wird aber statt *interdiu* dann nur in Verbindung mit *nocte* oder *noctu* gebraucht, und zweitens kann es heissen „mit der Zeit", wie *tempore*, und kommt so auch mit den genannten Präpositionen vor, z. B. ante diem Ov. fast. IV 647. Das Gleiche gilt von den anderen Zeitbestimmungen, *anno*, *hora*, *mense*, zu denen entweder eine Zahl oder ein Genetiv oder sonst etwas zu näherer Bestimmung treten muss, oder sie werden im Gegensatz gegen andere Zeitbestimmungen gedacht: *hora*, in einer Stunde und nicht mehr, nicht in einem Tag, einer Woche u. s. w.

Es ist klar, dass causaler und bedingender Sinn hierbei zu Grunde liegt; denn wenn die Zeit auch nicht das Material ist, dessen sich der Mensch bedient, zumal es auch ohne sein Zutbun verfliesst, ja gegen seinen Wunsch, so ist es doch der Grund, wodurch ein Sein vorrückt, sich erfüllt und vollendet, die Bedingung des Geschehens; mit der Vollendung der Tage vollendet sich auch die Handlung, die von der Zeitgrenze eingeschlossen und dadurch bedingt ist. Also in dem Satze *haec res duobus diebus gesta est* wird die Handlung in die Zeitgrenze von zwei Tagen eingeschlossen und so bedingt. Doch ist damit nicht gesagt, dass sie diese Zeit auch in allen Momenten durchdringt und ausfüllt, in dem Falle gebraucht man den Accusativ; *tres dies dormivit*, er hat 3 Tage mit Schlafen ausgefüllt, in diesen 3 Tagen nichts anderes gethan als geschlafen; *vixit viginti annos*, er hat 20 Jahre mit seinem Leben ausgefüllt[1]). Hier ist jedoch der Ablativ vereinzelt schon bei Cicero [Draeger I S. 493] auch gebräuchlich und in der Kaiserzeit sogar überwiegend geworden[2]), vielleicht unter Einfluss der subtileren Auffassung, welche der silbernen Latinität eigen ist; die Philosophie behauptete, dass Jemand manchmal lebe, ohne eigentlich zu leben, und so gab man nur die Grenzen an, innerhalb deren sich das Leben vollendete, ohne auszusagen, dass es den Raum innerhalb derselben vollständig zu seinem Object gemacht habe.

Ueber Einzelheiten, die Hinzufügung der Präposition *in* bei Begriffen, welche im eigentlichen Sinne nicht Zeitmasse, sondern Zustände und Eigenschaften ausdrücken, die aber ihrer Existenz nach auf eine bestimmte Zeit beschränkt sind (namentlich bei *senectus* und *pueritia*) u. A., s. Reisig § 398 bis 400. [Draeger I S. 487 ff. In vielen Fällen schwankt die Ueberlieferung zwischen dem blossen Ablativ und der Präposition mit dem Ablativ.]

Noch kommen solche Adjectiva vor, welche an sich gewisse Zeitabschnitte bezeichnen und substantivisch im Ablativ als Zeitbestimmungen gebraucht

---

[1]) [Am deutlichsten tritt die Bedeutung des Ablativs hervor in Beispielen wie Cic. pro Rosc. Am. 7, 20 quadriduo, quo haec gesta sunt, res ad Chrysogonum — defertur, d. h. am vierten Tage nach dem Ereigniss der Ermordung; hier wird also nur der Endpunkt bezeichnet; der Anfangspunkt Cic. in Verr. IV 18, 39 responderet illud argentum se paucis illis diebus misisse Lilybaeum, d. h. vor wenigen Tagen; s. Draeger I S. 492 f.]

[2]) [Die Scriptores histor. Aug. kennen sogar nur den Ablativ der Zeitbestimmung, wenn nicht eine Präposition hinzugesetzt ist. Ver. 8, 8 ist daher mit Recht von Jordan *per multos dies* — *debacchatus est* geschrieben worden, nicht *permultos*.]

werden, sodass sie mit entsprechendem Adverbium gleichbedeutend sind; also *sempiterno* gleich *semper* (Plaut. mil. gl. 888), *hodierno* gleich *hodie*, *cotidiano* gleich *cotidie* (auch bei Cicero), *verno, hiberno, matutino* (Plin. n. h. V 181. XVIII 234. 235. 147. Macrob. sat. I 12, 14). Ueber solche Ausdrücke ist noch wenig beobachtet worden, einstweilen s. Halm zu Cic. in Vat. 1, 3 u. die Anm. zu Greg. Tur. de curs. eccl. § 24.

Während aber diese Adjective für sich vollständige und ausreichende Bezeichnungen für einen gewissen Zeitabschnitt sind, können andere nur insofern dazu dienen, als sie von einer schon benannten Zeit einen Theil angeben und ihn durch eine Quantität oder Eigenschaft bezeichnen. Solcher Ausdrücke kennt jedoch die ältere Latinität nur wenige, weit mehr die spätere, namentlich Tacitus: extremo anni Liv. XXXIX 6, 3. medio diei Tac. ann. XII 69. medio temporis XIII 28. hist. II 53. minimo temporis hist. III 83. sero diei ann. II 21. obscuro diei (am dunkeln Theil des Tages, vor Tage) ann. II 39. obscuro adhuc coeptae lucis hist. IV 50. asperrimo hiemis ann. III 5. certo anni hist. V 6.[1])

B. b. Der locale Ablativ.

Diese Bedingung des räumlichen Seins muss immer etwas vorausgesetztes sein; also kann der Ort, der erst erreicht werden soll, nicht durch den Ablativ bezeichnet werden, da er ja das Sein dann nicht bedingen und modificiren könnte; sonst aber kann die Bedingung doppelter Art sein und sowohl den Ort bezeichnen, wo etwas ist, als den, woher es kommt; denn da der Ablativ die substantielle Bedingung des Seins und Geschehens enthält und an die beiden genannten Bedingungen ein locales Sein gebunden ist, so folgt von selbst, dass er die beiden Bedeutungen des Wo und Woher umfassen muss und zwischen ihnen keinen Unterschied machen kann; er stellt sie immer nur als die substantielle Bedingung des localen Seins hin; ein deutliches Argument gegen die Ansicht der Localisten, nach der es unerklärlich bleiben würde, wie ein Casus zugleich das Wo und Woher ausdrücken könnte.

In welcher Weise aber jedesmal der Ort die Bedingung für das locale Sein ist, geht aus der Beschaffenheit des Verbums hervor, mit welchem sich der Ablativ verbindet; bei einem Verbum des Ruhms ist der bedingte Ort natürlich derjenige, wo dasselbe stattfindet, bei einem der Bewegung der Ausgangspunkt, da der Zielpunkt, wie eben bemerkt, bei dem Ablativ nicht in Betracht zu ziehen ist.

Wie bei jedem Sein die allgemeine Bedingung der Zeit eine immanente ist, so würde bei dem räumlichen Sein die Bedingung, dass dasselbe an einem Orte ist, ein ganz überflüssiger Zusatz sein; deshalb kann *loco* oder *spatio* nie in so allgemeiner Bedeutung stehen oder sie müssen entweder causal sein oder in eminentem Sinne genommen werden oder einen Zusatz bei sich haben, der das Selbstverständliche aufhebt. Wenn also *tempore* die richtige, gute Zeit bedeutet (s. S. 195), so *loco*, wofür man auch *suo loco* sagen kann, den guten, rechten, gebührenden Ort: Cic. de leg. III 18, 40 führt unter den Pflichten eines Senatoren auf ut loco dicat, — ut modo, ne sit infinitus. Cornif. ad Herenn. IV 15, 22 hac exclamatione si loco utemur, raro et cum

---

[1]) [Noch mehr Beispiele bei Kühner II S. 317.]

rei magnitudo postulare videbitur, — adducemus. Ovid hat fast. II 207 (castra loco ponunt) die militärische Formel *castra loco ponere* nicht genau angewandt; denn er will nicht sagen, dass es an einer günstigen Stelle geschah, sondern nur auf der Stelle, wo das Lager aufgeschlagen werden muss; s. z. Reisig Anm. 566. Sonst aber wird auch *in loco*, wie *in tempore*, in der Bedeutung gebraucht: „am rechten Ort“, da, wohin etwas gehört: Cic. in Verr. V 14, 37 aedilitas — recte collocata et — in loco esse posita videatur (die an den rechten Mann gekommen war).[1] Terent. Heautont. III 2, 26 (537). Horat. carm. IV 12, 28 dulce est desipere in loco; noch andere Stellen z. Reisig a. a. O. Ferner hat *loco* noch die engere Bedeutung des eigenen Platzes, den eine Person gerade inne hat: *loco movere aliquem*, Jemand von dem Platz verdrängen, den er eingenommen hat, *loco cedere*.

Die immanente Bedeutung fällt natürlich weg, sobald zu *locus* noch eine nähere Bestimmung hinzutritt und so die allgemeinere Bedeutung in eine specielle verwandelt wird. Hierbei ist zu bemerken, dass neben den vielen Bestimmungen durch Pronomina oder Adjectiva dieselbe auch in einem Genetiv liegen kann, und zwar steht da *loco*, mit oder ohne *in*, gewöhnlich in der übertragenen Bedeutung der Stellvertretung: parentis loco esse Cic. div. in Caecil. 19, 61. pro sodali qui mihi in liberum loco more maiorum esse deberet de or. II 49, 200. maiores nostri — qui hoc non in beneficii loco sed in laboris ac muneris — deo ferebant Cic. ad Q. fr. I 4, 13. Jedoch ist ein feiner Unterschied zu beobachten, je nachdem *loco* mit oder ohne Präposition gesetzt wird; das letztere bedeutet nämlich ein einfaches Gleichstellen der Wichtigkeit nach, dagegen *in loco* ein von der gewöhnlichen Ordnung abweichendes Stellvertreten für etwas Verschiedenes, sodass mit Absicht und Willkür eins an die Stelle eines anderen gesetzt wird und der Ort, an dem etwas stattfindet, nicht ohnehin als naturgemäss vorausgesetzt war; s. z. Reisig Anm. 566, wo hinzuzufügen ist, dass ebenso wie *loco* auch *numero* zur Bezeichnung der Stellvertretung und Gleichschätzung von zwei Dingen gebraucht wird: Cic. ad Q. fr. I 4, 13 accensus sit eo numero, quo cum maiores nostri esse voluerunt. Liv. IV 4, 12 ut hominum, ut civium numero simus; besonders oft in der juristischen Sprache: Ulp. 20, 14 is qui dediticiorum numero est. 22, 2 dediticiorum numero heres institui non potest, quia peregrinus est (wo ded. *numero* die Stelle eines Nominativs vertritt). 1, 11. 7, 4. Ueber den Gebrauch der Präpos. *in* s. Böcking z. Ulp. 26, 1 u. 19, 1.[2]

Treten zu *loco [parte* und *partibus, regione]* und überhaupt zu Raumbezeichnungen noch adjectivische Bestimmungen hinzu, *hoc loco, illo loco, multis locis, suo loco, commodo loco*, so wird nach der gewöhnlichen Regel *in* nicht gesetzt; gleichwohl findet es sich häufig, und zwar nach Zumpt z. Cic. Verr. IV 52, 116 dann, wenn man von einer ganzen Gegend spreche; doch ist diese Unterscheidung unrichtig, wie schon *tota Asia* u. a. beweist; Andere haben es für gleichgültig angesehen, ob *in* steht oder fehlt, das Richtige

---

[1] [Die hierüber von Draeger I S. 481 f. aufgestellten Behauptungen bedürfen mehrfacher Modification.]

[2] Auch *vice* wird manchmal so construirt: Plin. VII 7; im Plural *vicibus* aber bedeutet es Abwechselung.

aber scheint folgendes zu sein: Wenn der Ort, wo etwas ist oder geschieht,
ein schon vorausgesetzter ist, der in Verbindung mit dem Verbum nur dazu
dienen soll, den Begriff desselben näher zu bestimmen und zu vervollständigen, der ihm also inhaerirt, so steht der blosse Ablativ; soll aber bezeichnet
werden, dass dieser Ort nur bedingungsweise vorhanden ist, dass er unter
Umständen erreicht oder nicht erreicht wird, also etwas daselbst nur möglicher Weise und unter gewissen Umständen geschehen kann, ist es eine
Bestimmung, die dem Verbalbegriff nur accidentiell adhaerirt, so wird die
Präposition *in* hinzugesetzt; z. B. Caes. b. c. I 79 in locis campestribus sub-
sistebant, wenn sie auf ihrem Marsch *loca camp.* trafen, machten sie Halt,
während *locis camp.* heissen würde: sie machten Halt an ebenen Orten, wo
sie sich befanden. I 43 acie in locis idoneis instructa, weil die geeigneten
Oertlichkeiten erst gesucht und gefunden sein mussten, ehe die Schlachtreihe
aufgestellt wurde. Dagegen Cic. pro Caec. 14, 41 instructi et certis locis
cum ferro homines collocati, denn die *certa loca* sind von vornherein in der
Berechnung und dem Plane des Unternehmens bestimmt worden, um mit der
Aufstellung der Menschen daselbst einen beabsichtigten Zweck zu erreichen.
Bei Livius ist der Gebrauch vielleicht nicht ganz so accurat oder kann
wenigstens nicht so allgemein behauptet werden, weil die dazu nothwendigen
sorgfältigen Untersuchungen noch nicht angestellt sind; dem Gebrauch des
Caesar und Cicero entsprechend aber steht *in* XXXIX 20, 9 consul ubi primum ex hostium agro evasit — in locis pacatis exercitum dimisit (also auf
einem das *dimittere* bedingenden Raum, der erst erreicht sein muss). § 6
dum — persequitur, in praeoccupatis angustiis loco iniquo est circumventus
(die Niederlage wird begriffsmässig bestimmt durch *loco iniquo*, wo alle
Tapferkeit nichts hilft; dagegen ist *in praeocc. ang.* die zufällige Bedingung,
bei welcher das ganze Ereigniss überhaupt stattfinden konnte). Mehr Beispiele s. z. Reisig Anm. 566. Noch mag die Bemerkung hinzugefügt werden, dass der Nachdruck auf dem liegt, was noch hinzutritt, ohne vorausgesetzt zu sein, wobei natürlich auf den Zusammenhang und die etwa vorhandenen Gegensätze viel ankommt.

Was nun von *locus* gilt, hat auch auf andere Nomina appellativa seine
Anwendung, sowohl wenn die Ruhe an einem Ort als auch wenn die Bewegung von einem Ort aus gemeint ist. Besondere Betrachtung nimmt auch
hier die Präposition *in* in Anspruch, indem man durch sie einzelne Punkte
in einem grösseren Umfang hervorhebt und von der allgemeinen Raumbestimmung unterscheiden kann; neben dem gewöhnlichen *tota provincia* findet
sich also auch Cic. in Pis. 37, 90 tota in provincia passim [u. 35, 86 und
auch sonst öfters, Draeger I S. 484]. Im Allgemeinen jedoch dehnt sich
der Gebrauch des blossen Ablativs in der Kaiserzeit aus; zuerst haben wir
ihn bei den Dichtern, namentlich bei Ovid, auch bei Wörtern ohne nähere
Bestimmung: ep. ex P. I 3, 53 non salices ripa, robora monte virent. II 7,
28 aequore. tr. V 1, 11; dann [bei Livius, s. Kühnast S. 174 u. noch öfter]
bei Tacitus, über den man Nipperdey z. I 60 u. III 61 vergleichen möge[1]);
ann. III 5 propositam toro effigiem. XII 36 campo. Senec. suas. 3, 2 p. 19 B.

---

[1]) Auch II 31 ist appositum mensa lumen ohne Anstoss und die Einschiebung
einer Präposition vor *mensa* unnöthig; ebenso sagt Ov. fast. IV 657 nec fas animalia
mensis ponere.

virginis deae templo virginem occidere[1]). Auch die Neutra von Adjectivis werden von Tacitus häufig zur Bezeichnung des Raums gebraucht (s. ob. S. 197 *extremo anni* u. s. w.), theils in Verbindung mit einem Nomen im Genetiv, theils allein: medio Capitolini montis XV 18, ohne Genetiv medio ann. II 52. XIII 38. hist. I 68. III 16. V 20, dextro III 21[2]). vacuo atque aperto III 23. plano III 19. vicino III 38. aequo IV 23.[3])

Hierher gehört auch die Bestimmung der Grammatiker, dass *libro* stehen muss, wenn vom ganzen Buch, *in libro*, wenn nur von einem herausgegriffenen Punkt die Rede ist. S. z. Reisig Anm. 566 a. E. u. von Neueren Roth Rh. Mus. N. F. XII S. 180 (dessen Auseinandersetzung aber wenig stichhaltig ist) und Ritschl ind. lect. hib. 1859 p. 6 [= opusc. III p. 239]. Richtiger wird wohl aber die Regel so zu lauten haben, dass da, wo der Ort ein schon vorausgesetzter, der Sache nach zu erwartender ist und die Angabe des Buches sich gewissermassen von selbst ergiebt, der blosse Ablativ steht, sonst *in* c. Abl. (s. ob. S. 199). Sachlich läuft dies freilich auf die obige Beobachtung hinaus; denn wenn man ein Buch nur zufällig erwähnt, nicht darum, weil es die Sache, um die es sich handelt, ex professo bespricht, so ist dies in der Regel auch nur ein einzelner Punkt in dem Buche. Auffallend bleibt Senec. suas. 2, 11 p. 13 B. divisione autem hac suasione Fuscus usus est illa volgari, ut diceret etc. [wo Kiessling nach Schulting vor *hac* ein *in* eingeschoben hat].

Eine ähnliche Bemerkung ist in Betreff des Woher zu machen[4]), denn auch hier besteht ein Unterschied, je nachdem die Präpositionen hinzugesetzt werden oder nicht; in *aliquem sententia depellere* scheint nämlich der blosse Ablativ den Verbalbegriff näher zu bestimmen und enger zu begrenzen, sodass *sententia* dem *depellere* inhaerirt und beides zusammen eine besondere Species des *depellere* ist, das Hervorbringen eines Meinungswechsels; bei *depellere de sent.* wird dagegen das Verbum als ein vollständiger Begriff genommen, und nur accidentiell tritt die Angabe hinzu, dass diese Handlung zufällig eine Meinung betroffen hat. Mithin steht *de,* wenn es sich um eine einzelne Meinung in einem bestimmten, gerade besprochenen Fall handelt, die vielleicht durch weitere Angaben noch specialisirt wird, während *depellere sent.* auf jeden irgendwo und irgendwann stattfindenden Meinungswechsel anwendbar ist. Das erstere muss also häufiger vorkommen. Beides verbunden hat Cic. pro Caec. 15, 42 multo maior ea (vis), quae periculo mortis iniecto formidine animum perterritum loco saepe et certo de statu demovet; hier ist *loco demovet* ganz allgemein gesagt, Jemand aus seiner Position

---

[1]) [Sehr beliebt ist die Auslassung der Präposition bei Apuleius, s. Kretschmann p. 133.]

[2]) [Heraeus schiebt hier vor *dextro* ein *a* ein und verweist auf seine stud. crit. p. 33 sqq., ebenso III 23 vor *vacuo* ein *e* unter Hinweis auf stud. p. 59 sqq., III 19 *in* vor *plano* coll. stud. p. 59.]

[3]) [Noch mehr Belege bei Draeger histor. Synt. I S. 486.]

[4]) [Hierüber eine Specialschrift von Hildebrand in dem Dortmunder Gymnasialprogramm von 1859: Ueber einige Zeitwörter, welche bei Cicero, Caesar und Livius mit dem blossen Ablativ und den Präpositionen *a, de, ex* verbunden werden. Ferner s. die Zusätze dazu von Kühnast S. 165 ff. u. Draeger I S. 461—478. Die in manchen Grammatiken aufgestellte Regel, dass die eigentliche locale Bedeutung den Ablativ mit einer Präposition, die übertragene den blossen Ablativ verlange, hat sehr viele Ausnahmen und lässt sich bei einzelnen Verbis geradezu umkehren, z. B. bei *arcere*, Draeger I S. 463, *depellere,* ebenda S. 469.]

verdrängen, wie einen Fechter; dann aber heisst es *certo de statu*, weil der
Betreffende sich vielleicht in einer besonders günstigen Situation befindet,
sodass dies ein ganz specieller, individueller Fall ist; einseitig Jordan z. d. St.
Bei *decedere* in Verbindung mit *provincia* findet sich sowohl der blosse Ablativ als *de; decedere de via* und *de vita* bei Cicero, *via* und *vita* allein bei
Späteren, doch steht das Verbum auch allein ohne diese Zusätze in allen
drei Bedeutungen. *Abire* steht in der älteren Zeit mit einer Präposition, wenn
es die eigentliche Bedeutung hat[1]), später aber auch mit dem blossen Ablativ; in der übertragenen Bedeutung *abire magistratu* schon bei Cicero (de
re p. I 4, 7); s. Nipperdey z. Tac. ann. II 69.

Wir machen also die Beobachtung, dass, abgesehen von einzelnen, nicht
eben zahlreichen Ausdrücken, in der älteren Latinität die Präposition häufiger
ist und dass erst in der Kaiserzeit der Gebrauch des blossen Ablativs über-
hand genommen hat, namentlich in Folge der grossen Freiheit, die sich in
dieser Beziehung die Dichter gestatteten, ein neuer Beweis dafür, dass der
Ausgangspunkt der Bedeutungsentwicklung die locale nicht hat sein können;
sonst hätte sie die umgekehrte sein müssen.

Dass Ländernamen wie Appellativa behandelt werden[2]), Städtenamen aber keine Präposition bei sich haben, erhellt aus dem oben S. 80 ff.
Erörterten. Städte nämlich werden im Gegensatz zu ihrer Umgebung einem
ganzen Lande oder anderen Städten, wenn von der innern Ausdehnung nicht
die Rede ist, als ein Punkt gedacht, ebenso auch kleine Inseln; bei Ländern
aber ist dies nicht möglich, und so muss hier eine Präposition gesetzt
werden, um das locale Verhalten genau zu bezeichnen. Ueber das von
Quintil. I 5, 39 als Soloecismus verworfene *Aegypto venio*, das aber schon
Tacitus sich erlaubt hat (ann. II 69), s. ob. S. 81.[3]) Ebendaselbst ist der
Grund auseinandergesetzt, weshalb man gewisse Appellativa *(humo, domo,
rure)* wie Städtenamen construiren kann. Wenn man ähnlich auch *terra
marique* sagte, so galt dies als stehende Localitätsbezeichnung, welche einer
näheren Bestimmung nicht bedurfte.

Woher der Genetiv auf die Frage Wo bei den Städtenamen der ersten
und zweiten Declination im Singular und in *humi* und *domi,* sowie *belli* und
militiae, der Regel nach in Verbindung mit *domi*[4]), komme, ist eine Frage,

---

[1]) Man muss daher zweifeln, ob Pompon. v. 13 p. 227 Ribb. richtig überliefert
ist exilui de nocte ad molam fullone festinatim, und wohl möglich, dass Pomp. *ad molam
a fullone* geschrieben hat. [Auch Ribbeck verwirft das handschriftl. *fullone,* setzt aber
dafür mit Lauremberg *fullonis* ein.]

[2]) [Als früheste Beispiele dafür, dass auch bei Ländernamen zur Bezeichnung des
Ortes, wo etwas geschieht, der blosse Ablativ anstatt *in* c. abl. steht, werden von Nipperdey z. Tac. ann. I 60 u. Kühner lat. Gram. II S. 257 angeführt: Sallust. hist. IV 20, 21
p. 325 Kr. si tu Mesopotamia nos Armenia circumgredimur exercitum u. b. Alex. 25
magna Caesari praesidia terrestri itinere, Syria Ciliciaque, adduci. Doch werden hier die
Länder als Weg angesehen, sodass die Beispiele zu S. 202 gehören. Wenn bei Tacitus
sich Stellen der Art finden, z. B. ann. IV 5, so ist dies aus dem Einfluss der Dichter zu
erklären, die ja auch bei Appellativis *in* zuweilen weglassen, s. ob. S. 199.]

[3]) [Schon bei Plaut. Mostell. 440 heisst es Aegypto advenio domum. Weiteres hierüber s. b. Draeger I. S. 457. Valerius Maximus construirt auch auf die Frage wo?
Aegypten wie einen Städtenamen: IV 1, 15: duos filios — Aegypti occisos cognovit.]

[4]) [*terrae* findet sich als Locativ zuerst bei Virgil, in der Prosa bei Livius; s.
Draeger I S. 531; *belli* allein bei Cicero de re p. II 32, 56, *militiae* b. Sall. b. Iug.
84, 2, s. Kühnast S. 180 f.]

welche der Etymologie, nicht der Syntax angehört; es ist der Locativ, den
wir auch in den Formen *Carthagini*, *Tiburi*, *Bibracti* (Caes. b. g. VII
55, 4), *ruri*[1]) haben. Es mag dahin gestellt bleiben, ob die Römer sich je
des Locativs im allgemeinen Gebrauche bedient haben. Erhalten hat er sich
nur dann, wenn es sich um einzelne Punkte handelte, die durch die allgemeine Locativendung *i* hinlänglich bezeichnet waren; ihn auch auf andere
Fälle auszudehnen vertrug sich nicht mit römischer Genauigkeit. Mit der
Zeit ist den Römern jedenfalls der Locativ unklar geworden und das Bewusstsein, dass es ein besonderer Casus sei, verloren gegangen. Nur so
konnte es kommen, dass bei den Städtenamen der dritten Declination der
Ablativ an die Stelle des alten Locativs trat. Bei Plautus finden sich noch
mehrere später ganz ausser Uebung gerathene Formen; s. z. Reisig Anm. 520.
Uebrigens steht die Locativendung nur in solchen Fügungen, wo sie das Wo
bezeichnet, nie drückt sie das Woher aus.[2]) Man ersieht daraus, dass die
Römer sehr wohl das Wo und Woher zu unterscheiden wussten; der Ablativ
konnte beide Beziehungen nur desshalb zugleich umfassen, weil er keine von
beiden allein ausdrückte, sondern nur im Allgemeinen die Bedingungen des
localen Seins.

Andere Einzelheiten über die Städtenamen, die Hinzufügung von Präpositionen, wenn man durch die Namen der Städte nicht einen Punkt, sondern eine Gegend anzeigen will, u. dergl. sind in den Grammatiken zur Ge-
nüge behandelt.

Endlich ist noch eine dritte locale Bedeutung des Ablativs zu besprechen, welche ebenso von der Bedeutung des Verbums abhängt, wie die
des Wo und Woher; es kann nämlich bei einem räumlichen Sein auch die
locale Bestimmung der Richtung, in welcher die Bewegung erfolgt, als
Bedingung dabei angenommen werden; es ist dies gleichsam die Norm, welcher die Bewegung folgen muss.[3]) Am häufigsten sind hier die Ausdrücke
via, *itinere* [seltener *limite* und *tramite*], auch *parte* und die adjectivischen
laeva, *dextra*, *recta*, wie man auch *recta linea* sagen kann. Dass aber, wo
eine Bewegung stattfindet, dies auf irgend einem Wege geschieht, versteht
sich von selbst, und so wäre auch, wie wir es oben bei *loco* (S. 197) und
tempore (S. 195) gesehen haben, der Zusatz von *via* oder *itinere* als immanente Bestimmung überflüssig; *via* kann aber auch den rechten Weg bezeichnen und in dieser Bedeutung bei *ire*, *progredi*, *errare* (den rechten
Weg ganz verfehlen) stehn, und wie *redire in viam*, auf den rechten Weg
zurückkehren, auch in übertragenem Sinne gebraucht werden kann, wenn
Jemand wieder zur Besinnung kommt, so auch *via* bei einer Untersuchung von der Methode, mit der dieselbe geführt wird, *via et ratione
inquirere*. Mit Zusätzen sind *via* und *itinere* ganz gewöhnlich, *hac via* u. s. w.,
auf andere locale Bezeichnungen hat sich aber dieser Ablativ nur in be-

---

[1]) [S. Buecheler, Grundriss der lat. Declin. S. 62, der auch der Ansicht ist, dass
der Locativ dem Sprachgefühl der Alten frühzeitig ganz abhanden kam.
[2]) [Wenn also Plautus *ruri* auch in der Bedeutung „vom Lande" braucht (Draeger
1 S. 458), so ist dies auch ein Beweis dafür, dass die Römer damals den Locativ und
Ablativ nicht mehr mit Bewusstsein unterschieden.]
[3]) [Hieraus folgt, dass, wenn das dabei stehende Verbum nicht eine Bewegung ausdrückt, die Präposition hinzutreten muss, also de caede, quae in Appia via facta esset
Cic. pro Mil. 6, 15; s. Draeger I S. 483.]

schränktem Masse und erst in der Kaiserzeit ausgedehnt: Ov. tr. II 297 cur hanc Saturnia — egerit Iouio Bosphorioque mari. Tac. hist. I 61 Cottianis Alpibus Italiam inrumpere — iussus. I 70 Poenino itinere subsignanum militem et grave legionum agmen hibernis adhuc Alpibus transduxit. II 66 legionem Graiis Alpibus traductam. [1]) Auch die oben S. 197 erwähnten Ablative von Neutris Adj. kommen so sehr selten vor: Tacit. hist. V 18 si extremo paludis eques mitteretur,[2]) auf dem Wege am äussersten Rande des Sumpfes hin.

Anhang 1. Die Verbindung mehrerer Ablative in demselben Satze und in Beziehung auf dasselbe Sein.

Ein fliessendes Sein kann in verschiedener Weise bedingt werden, und so können auch mehrere Ablative zu demselben gesetzt werden: s. z. Reisig Anm. 513; z. B. Cic. Brut. 91, 315 Menippus meo iudicio tota Asia illis temporibus disertissimus. in Pison. 18, 42 quo *(sc. malo)* affici casu aliquo etiam boni viri fortesque possunt. in Vatin. 16, 38 honore animo aequo carere. de fin. I 12, 40 constituamus aliquem — perpetuis fruentem et animo et corpore voluptatibus. in Vat. 14, 34 haec omnia — diligentia C. Memmii publicis tabulis esse notata atque testata.

Bedenklicher wäre es, wenn die Ablative von gleicher Art sind, was nur in dem Falle gedacht werden kann, wenn es Abl. instrum. sind, da man bei derselben Sache verschiedene Dinge als Instrumente ansehen kann: Val. Max. I 7 ext. 2 veneficii, quo occidisse Cassandri manu creditur, suspicionem animo retudit. Senec. Thyest. 1085 manuque non qua tecta et inmeritas domos telo petis minore. Val. Max. II 6, 7 duae —, altera qua liberorum, altera qua servorum corpora ad sepulturae locum plaustro devehuntur. Tacit. ann. XV 25 facetiis insectari satis habuit Caesar his ferme verbis. Iuven. I 67 signator, falso qui se lautum atque beatum exiguis tabulis et gemma fecerit uda. Manche Ausdrücke sind stehend: *vi armatis hominibus (deiectus)*, Cic. pro Caec. 75. 85. 89. pro Tull. 7, 12, an der letzten Stelle noch verbunden mit *dolo malo.*

Wohl denkbar ist es dagegen, dass ein Ablativ vom anderen abhängt, z. B. beim Comparativ Hor. ep. I 10, 39 potiore metallis libertate caret; doch hat man dies namentlich im Abl. absol. vermieden, weil die Rede dadurch zu schwerfällig werden würde; während also z. B. Orosius VII 4 sagt quibus (venenis) mox Claudio Caesare iubente demersis infecta maria traduntur non sine magno piscium exitio, hat Sueton, dem diese Stelle entlehnt ist (Calig. 49), quibus mox a Claudio demersis geschrieben.

Anhang 2. Unregelmässige Ablative.

Da der Ablativ das Sein bestimmt, so kann eigentlich kein Ablativ zu einem anderen Redetheil treten als zu einem Verbum; also zunächst nicht

---

[1]) [Aus früherer Zeit führt Draeger aus Caesar auf b. c. I 40, 1 bis pontibus. II 11, 4 porta (dies auch bei Cicero). I 70, 1 iugis. b. g. VII 45, 4 eodem iugo. b. c. II 3, 1 freto Siciliae — pervehitur. b. g. VIII 10, 2 eadem palude. Bei Livius hat der Gebrauch eine noch weitere Ausdehnung, s. Kühnast S. 183 ff.; auch Kühner II S. 259 f.]

[2]) [Halm schreibt *inmitteretur* und Heraeus ist ihm gefolgt (coll. stud. crit. p. 49 sqq. 122.)]

zu einem Substantivum, und geschieht dies doch, so ist es nur scheinbar, wie wir dies oben bei dem Ablativ der Eigenschaft gefunden haben. Auch in den Substant. verbal. ist es nur der in ihnen liegende Sinn des Seins, welcher den Zusatz eines Ablativs erlaubt, doch aber ihn nur selten zu sich nimmt, am häufigsten noch, wenn solche Substantive für den griechischen Infinitiv mit dem Artikel gebraucht werden, in juristischen Ausdrücken *legis actio sacramento, manumissio vindicta* oder *testamento;* sonst Plaut. Asin. II 2 41 verbis velitatio.[1]) Pseud. I 1, 66 (66) teneris labellis molles morsiunculae; s. z. Reisig Anm. 511. — Ausserdem wird im Curialstil bei der Angabe der Personalien insbesondere der Name des Tribus unmittelbar zu dem Nomen hinzugefügt: so oft auf Inschriften und zuweilen, aber selten, in dichterischer Nachbildung.[2]) — Etwas kühner erscheint es schon, wenn der Ablativ der Zeit zu einem Nomen gesetzt wird; doch findet auch dies eine Milderung darin, dass die Zeitbestimmung nur ein Sein treffen kann und also auf das im Nomen liegende Sein noch besonders hinweist: Liv. XXVI 48, 2 fessos milites omnibus uno die belli operibus.

Adjectiva können natürlich mit dem Ablativ verbunden werden, Adverbien, wenn sie von Adjectiven abgeleitet sind, welche den Ablativ regieren, z. B. *condigne* Plaut. Cas. I 43. Nun sind bekanntlich auch die Präpositionen Adverbien (s. Th. I S. 157 u. ob. S. 102), doch ist schon bemerkt worden, dass es unmöglich ist, von diesen einen Casus abhängig zu machen; derselbe wird vielmehr vom Verbum bestimmt und dies Verhältniss, wo es wünschenswerth oder nothwendig ist, durch Präpositionen nur specialisirt. Der Ablativ giebt also nur im Allgemeinen eine locale Bedingung an, das Nähere, ob wo? oder woher? ob von oben? von unten? aus etwas heraus wird durch Präpositionen hinzugebracht. Z. B. *sub* heisst tief unten, sofern es Präposition ist und also relativ, unten in Bezug auf etwas; nun würde *natare* mit dem blossen Ablativ *aqua* zu unbestimmt lauten, schwimmen unter der Bedingung des Wassers, also muss noch *sub* hinzutreten, wenn man das Unten ausdrücken will, *natare sub aqua;* bezeichnet jedoch das Verbum eine Bewegung, *mergere,* und ist das Wasser das Ziel derselben, so muss dies im Accusativ stehen, *mergere sub aquam.* Die Präposition bildet also nur die nähere adverbielle Bestimmung zwischen dem Verbum und einer Substanz; sie regiert nicht den Casus, sondern fügt nur seinem Begriffe noch etwas hinzu.

b. Bestimmung des Seins durch Adverbia.

α. Adverbia mit eigentlichen Verbis verbunden.[3])

Dieser Fall scheint sehr einfach zu sein, und so hat man ihm wenig Berücksichtigung geschenkt; gleichwohl wäre er einer näheren Betrachtung würdig. Zunächst muss man fragen, welche Verbindungen von Adverbien mit Verbis möglich sind. Da finden wir zunächst auch hier immanente Be-

---

[1]) [Fleckeisen schreibt *verbivelitatio.*]

[2]) [Auch bei Cicero; ebenso wird die Heimat schon bei Plautus im blossen Ablativ zu einem Nomen hinzugefügt: Asin. 499 Periphanes Rhodo mercator dives. Mercat. 940 vides ibi hospitem Zacyntho. Pseud. 270 salve multum, serve Athenis pessime. S. über den Ablativ in unmittelbarer Verbindung mit einem Substantiv Draeger I S. 457 f.]

[3]) [Die Einordnung in das System s. S. 1.]

stimmungen, die aber natürlich nur gestattet sind, wenn irgend ein besonderer Grund den Pleonasmus aufhebt; namentlich bei Plautus, z. B. Curcul. 535. 688 propere properare, Pseud. 358 cursim currere, Pers. 3, 3 22 (427) valide valere. Ferner gehören hierher Verbindungen, in denen adjectivische und adverbiale Bestimmung mit einander wechseln können; Zeitbestimmungen, die in der gewöhnlichen prosaischen Sprache durch ein Adverbium gegeben werden, werden in der Poesie durch ein Adjectiv ausgedrückt, *vespere* durch *vespertinus* u. dergl. [s. Th. I S. 129 f.]; oder das Adjectiv schwankt zwischen einem eigentlichen Verbal und einem Nomen substantivum und danach die Bestimmung zwischen Adverbium und Adjectivum, *bene* und *bonum factum, egregia* und *egregie facta* (beides bei Cicero, s. Reisig § 224 mit Anm.). Noch sind zu bemerken die Verbindungen *latine scire* und *nescire, latine oblivisci*, peritus punice Plin. n. h. XVIII 22.

Man wird wohl in der Verbindung der Adverbia mit Verbalbegriffen einen geschichtlichen Fortschritt wahrnehmen können. Die ursprünglichste und häufigste Art der Bestimmung ist die der Art und Weise, wie sich das Sein verwirklicht, und des Grades, in welchem es geschieht; dagegen hat sich diejenige erst allmählich entwickelt, in der das Adverbium ein Urtheil über das Sein und seine Verwirklichung enthält, z. B. *honeste mori, turpiter capi* (Val. Max. II 7, 15); das Adverbium drückt allerdings objectiv die Art und Weise aus, in der das *mori* statt gefunden hat, zugleich aber ein subjectives Urtheil darüber; es konnte auch gesagt werden *turpe fuit mori*, und dies in einem besonderen Satze ausgesprochene Urtheil ist das ursprüngliche; vgl. auch Valer. Max. II 7, 9 ut — mortem, quam effeminate timuerant, viriliter optarent.[2]) Noch deutlicher tritt die Subjectivität hervor in dem Livianischen (V 55, 1) signifer, statue signum: hic manebimus optime; *optime* enthält ein Urtheil über das Haltmachen und soll keineswegs eine Gattung desselben bestimmen. Es spricht sich hierin eine gewisse Sicherheit aus, mit der sich die Subjectivität geltend macht.

Endlich ist noch ein Punkt zu erwähnen. Das Prädicat kann nämlich auch componirt sein und ist häufig componirt aus *esse* und einem Adjectiv, also *miser sum;* dieser Zustand kann aber verschiedene Modificationen erfahren, und so sagt Ovid tr. V 2, 78 precor, ut possim tutius esse miser, und V 11, 4 qui iam consuevi fortiter esse miser.

β. Adverbia mit Adjectivis verbunden.

Die ursprünglichste und gewöhnlichste Art der Verbindung eines Adjectivs mit einem Adverbium ist die Bestimmung des Grades, in dem eine Eigenschaft einer Sache zukommt. Gewöhnlich lehrt man, dass *magis* mit dem Positiv ganz dasselbe bedeute wie der Comparativ. Dass jedoch hier ein Unterschied stattfindet, ersehen wir schon aus der Wahrnehmung, dass Adjectiva, welche ihrer Bedeutung nach gar keiner Steigerung fähig sind, dennoch steigernde Adverbia zu sich nehmen; Seneca de otio [dial. VII] 5, 7 sagt z. B. nimis mortalis. Der Grund liegt darin, dass durch die Comparative eine wirkliche, objective, in dem Zustande vorgehende Steigerung aus-

---

[1]) [Die Anfänge dieser Verbindung gehen jedoch schon auf Cicero zurück; s. Madvig z. Cic. de fin. IV 23, 63.]

gedrückt wird, was bei allen den Adjectiven, welche nach der Grammatik nicht comparirt werden, nicht möglich ist, z. B. bei Stoffadjectiven, durch Adverbia dagegen eine subjective Steigerung, die nur durch unser Urtheil verwirklicht wird, durch das mehr oder weniger entschiedene Aussprechen einer Sache oder durch die subjective Neigung für das Eine oder Andere. So erklärt sich auch, dass man zum Comparativ noch *magis* oder *potius* hinzusetzt; objective und subjective Steigerung vereinigt sich hier und der Pleonasmus ist nur ein scheinbarer.

Wie *magis* und *minus* können sich aber auch *bene* und *male* mit Adjectiven verbinden, um eine Wirkung oder Schwächung des Begriffs auszudrücken, ausserdem jedoch andere Adverbien, um eine gewisse durch eine Eigenschaft bestimmte Art und Weise zu bezeichnen, in der eine Eigenschaft existirt[1]); zuerst namentlich bei Plautus Adverbien, welche von dem Adjectiv, zu dem sie treten, gebildet sind und den Begriff des Adjectivs gleichsam verdoppeln (immanente Bestimmung): misere miser Pseud. I 1, 13 (13). fidele fidelis Capt. II 3, 79 (438) (s. Lindemann [u. Brix] z. d. St.), inpudenter inpudens Rud. IV 3, 38, parce parcus Aulul. II 4, 35. unus unice Stich. I 1, 11 (11). Trucul. I 2, 91. Asin. I 3, 56 (208); dann Adverbien mit einer vom Adjectiv verschiedenen Bedeutung, um die Eigenschaft des letzteren in ihrer Erscheinung zu mässigen, zu modificiren oder sonst irgendwie zu bestimmen; so sagt schon Cicero de re p. II 31, 54 hominum concordiae causa sapienter popularium. Ein zweites Beispiel bei Cicero ist freilich zweifelhaft de fin. II 17, 54, wo man früher (Orelli in der 1. Ausgabe) las Non igitur de improbo sed de callide improbo quaerimus, jetzt aber auf Grund der Handschriften sed de callido improbo. In der Kaiserzeit dehnte sich aber diese Verbindung immer weiter aus, in Folge des ihr eigenen Streben nach Pikantem, das ja gewiss darin liegt, wenn man die Verwirklichung der einen Eigenschaft in derselben Person durch eine andere modificirt: Ov. fast. IV 555 excutitur somno stulte pia mater. Verg. Aen. I 481 suppliciter tristes. Vell. II 48, 3 Curio tribunus pl. — homo ingeniosissime nequam et facundus malo publico. Senec. ad Helv. [dial. XIII] 13, 6 fortiter miser. de benef. II 12, 2 foede furioseque insolens. ep. 49, 5 tristius inepti sunt (von den Dialektikern). 100, 10 sit aliquid oratorie acre, tragice grande, comice exile. Plin. 37, 69 smaragdi — acriter virides. 13, 34 languide dulces palmae. Martial. lib. I prooem. si quis tamen tam ambitiose tristis est. Weniger auffallend sind solche Adverbien, welche sich auf die Zeit beziehen: Senec. suas. 1, 5 p. 3 B. propter intempestive liberos sales. controv. I 1, 22 p. 65 B. ciebat tam inmature magnum ingenium non esse vitale. Valer. Max. I 1, 10 tempestive capax. Tacit. ann. VI 16 (10) fin. recens continua potestas. Ferner gehören hierher die Ausdrücke *publice* und *privatim* in Verbindung mit Eigenschaften, die auf die eine oder die andere Weise documentirt werden; z. B. Val. Max. II 7, 6 secures — ex castris publice speciosas, privatim lugubres duplici vultu recepit.

Auf die gleiche Begriffsverbindung geht zurück die von Adverbium mit Adverbium, wenn also die Negation durch ein Adverbium gehindert oder verändert wird, *adeo non*, *quam non*, *quam paene*. Auch diese hat sich erst in der weiteren Entwicklung der Sprache gebildet.

---

[1]) [Beispiele s. b. Kühner II S. 597.]

γ. *Adverbia mit Substantivis verbunden.*

Es kann natürlich durch das Adverbium kein Merkmal zum Nomen hinzugebracht werden, es wird nur das Sein der Substanz, die Art ihrer Existenz näher bestimmt. Einen Uebergang von der Verbindung mit Adjectiven haben wir in dem Th. I S. 132 citirten Beispiele aus Plinius (n. h. 34, 55) diadumenum fecit molliter iuvenem, — doryphorum viriliter puerum, ferner bei Ovid. tr. II 77 nimium crudeliter hostis[1]); es wird hier das Nomen wie ein Adjectiv prädicativ oder attributiv gebraucht und durch ein Adverbium modificirt. Ausserdem gehört hierher die Figur Hyphen, die Th. I S. 131 f. behandelt ist.

c. *Bestimmungen des Seins durch Casus obliqui und Adverbia oder Präpositionen zugleich.*

Hier könnte Alles zusammengefasst werden, was über den Gebrauch der Präpositionen gesagt ist, woran sich Einiges über die Stellung der Präpositionen reihen würde, also dass *de* in der früheren Zeit (nicht mehr unter den Kaisern) dem Pronomen relativum enklitisch nachgesetzt wurde, *quode dixi*, ebenso *cum* dem Pron. relat. und dem Pron. person. (vielleicht mit einem kleinen Unterschied bei Cicero zwischen *quocum* und *cum quo*, s. Keil z. Aur. Vict. de vir. ill. 11, 1), dass die Präposition oft zwischen Substantiv und Attribut gestellt wird, u. A. Ferner würde hier zu erörtern sein die Verbindung eines Substantivs unmittelbar mit einem zweiten von einer Präposition abhängigen Substantiv, welche in den Grammatiken verboten wird und in so fern mit Recht, als wir von derselben einen ausgedehnteren Gebrauch machen als die correcte Latinität; man soll also ein Particip hinzufügen: *bellum contra Carthaginienses gestum.* Indes ist dann, wenn der adverbiale Ausdruck mit einem Adjectiv coordinirt wird, kein Anstoss daran zu nehmen: Plaut. Curc. 468 siquis conventum velit vel vitiosum vel sine vitio vel probum vel improbum. Iuven. 7, 207 tenuem et sine pondere terram. Etwas weiter geht schon Tacitus, z. B. ann. I 77 occisis non mode e plebe sed militibus et centurione. Das Kühnste aber in dieser Beziehung hat Ovid gewagt met. I 20 pugnabant — mollia cum duris, sine pondere habentia pondus, wo *sine pondere* für den Dativ steht, *pondere carentibus.*

Anderes der Art findet sich hin und wieder bei Zeitbestimmungen, z. B. Aurel. Vict. de vir. ill. 27, 3 quarto consulatu cum Fabio Maximo — se et hostes dis Manibus devovit; ganz gewöhnlich aber setzte man zur Bezeichnung der Herkunft ein Nomen mit einer Präposition zu einem anderen, wie die Tribus mit blossem Ablativ (s. ob. S. 204): Liv. XXXIX 11, 4 ecquam anum Aebutiam ex Aventino nosset. c. 12, 1 ut Hispalam indidem ex Aventino libertinam — arcesseret ad sese. Endlich haben wir eine solche Verbindung bei Verbalsubstantiven, die man als Infinitiv gesetzt denkt: Cic. de or. III 53, 202 commoratio una in re — rerumque — sub aspectum paene subiectio, § 203 ab re digressio — reditus ad rem; gleich darauf hängt sogar von einem solchen Substantiv ein indirecter Fragesatz ab: propositio, quid sis dicturus, was man sich sonst nicht erlauben darf. Eine genauere Unter-

---

[1]) [Jetzt wird nach dem Florentinus hier *crudelior omnibus hostis* gelesen.]

suchung über diese Gebrauchsweisen ist noch nicht geführt, würde aber der
Mühe werth sein.

3. Verba und Verba in ungleichem Verhältniss.

Dieser Abschnitt hat sich mit dem disponirenden Sein zu beschäftigen,
welches bezeichnet, wie ein Wesen zu einem Sein disponirt ist oder wird.[1])
Es gehören also hierher die Verba auxiliaria, die Constructionen mit dem
Infinitiv, sowie auch mit dem Gerundium und Supinum, und die Accusativi
cum infin., ferner die temporalen und modalen Bestimmungen. Die Grundzüge dieser Verbindung der Verba sind schon Th. I S. 57 f. gegeben worden,
jetzt wollen wir nur auf die Lehre von den Temporibus und Modus
näher eingehen, und zwar behandeln wir sie in der Bedeutungslehre, nicht
in der vom Satze, weil es hier gleichgültig ist, ob sich die einzelnen Seinsbegriffe zu einem Satze zusammenfügen; es kommt uns nur darauf an, wie
die Verhältnisse eines Seins sich der Natur der Dinge gemäss zum andern
gestalten, denn natürlich wird der grammatische Ausdruck nicht willkürlich,
sondern durch den temporalen und modalen Zusammenhang bestimmt.
Die frühere Literatur s. zu Reisig Anm. 443 u. 457. Seitdem ist
noch viel auf diesem Gebiete gearbeitet worden; ich nenne von grösseren
Werken, die zugleich eine Vergleichung der verwandten Sprachen bezwecken:
E. A. Fritsch, Kritik d. bisherigen Tempus- und Moduslehre in der deutschen,
griech., lat. u. hebräischen Sprache, Frankfurt a. M. 1838. (Ein Buch, das
trotz seiner Praetensionen doch billigen Ansprüchen nicht genügt.) S. H. A.
Herling, Vergleichende Darstellung der Lehre vom Tempus und Modus, ein
Beitrag zur einfacheren und richtigeren Behandlung dieser Lehre in den
Grammatiken der deutschen, lat., französ., griech. und hebräischen Sprache,
Hannover 1840. (Es fehlt namentlich an lebendigem Eingehen in die Natur
und das Leben des Lateinischen.) [Weitere Literatur s. b. Hübner S. 65 ff.]

Die Tempora.

Die Zeit wird bekanntlich in Gegenwart, Vergangenheit und Zukunft eingetheilt, und diese drei Zeiträume werden durch die Formen des
Verbums bezeichnet und unterschieden. Es hat demnach die Sprache die
Zeitunterschiede im Verbum nicht absolut bestimmt, sondern nur ganz allgemein relativ durch die Beziehung auf die Gegenwart. Nichts ist an sich
vergangen oder zukünftig, sondern nur im Vergleich zur Gegenwart des
Sprechenden oder Denkenden. Vgl. Senec. de brev. vit. (dial. X) 10 In tria
tempora vita dividitur: quod fuit, quod est, quod futurum est. ex his quod
agimus, breve est, quod acturi sumus, dubium, quod egimus, certum. Wir
können also sagen, es giebt ein absolutes Tempus, das Präsens, und
zwei relative Tempora, die eben nur durch die Beziehung auf das Präsens verstanden werden können; ob jedoch die Entfernung, in welcher das
Vergangene vor dem Denkenden oder Sprechenden und das Zukünftige vor
ihm liegt, gross oder klein ist, wird nicht ausgedrückt, dies kann nur durch

---

[1]) Immanente Bestimmungen giebt es auch hier und zwar wieder bei Plautus (Capt.
II 1, 51 (245) qui fueris et qui nunc sis meminisse ut memineris. Aulul. II 2, 4 properare propero); in der älteren Prosa kommt höchstens vor Noli-adversum eos me velle
ducere Corn. Nep. Att. 4, 2. [Nipperdey führt in der grösseren Ausgabe hierzu noch
an Cic. Philipp. II 8, 25 nolite id velle, quod fieri non potest.]

besondere Bestimmungen des Zeitmasses, Adverbia u. dergl., geschehen. Nun giebt es aber noch ein drittes relatives Tempus, welches die Gleichzeitigkeit mit der Gegenwart bezeichnet. Die Sprache fasst nämlich die Gegenwart nicht so wie die Philosophen auf, als einen geometrischen Punkt ohne Ausdehnung, der verschwunden ist, sobald man sich seiner bewusst werden will, vielmehr als einen so grossen Zeitraum, als ihn die Wahrnehmung übersieht. Ein bestimmtes Mass dafür lässt sich selbstverständlich für ihn nicht ansetzen, denn sein Umfang ist je nach der Beschaffenheit der Sache ausserordentlich verschieden, kann sehr gross sein und auch der unfassbare geometrische Punkt; z. B. *fulgurat* kann so momentan sein, dass das Blitzen in dem Augenblick, wo ich spreche, schon vorüber ist, ebenso *moritur;* etwas länger dauert schon: „es donnert"; sage ich aber „ich bin krank", so kann dies bereits vor einer Stunde oder auch vor einem Jahr begonnen haben; es wird nur der Zustand bezeichnet, in dem ich mich jetzt befinde. Tacitus sagt in der Germ. 37 tam diu Germania vincitur und meint damit, wie er selbst hinzufügt, einen Zeitraum von 210 Jahren. Ja derselbe kann sich bis zur Unendlichkeit ausdehnen, bei Wahrnehmungen und Behauptungen, welche gar keine temporale Beschränkung haben: *deus inmortalis est.* Bei dieser Verschiedenheit des Umfanges ist also neben dem absoluten Präsens noch ein relatives möglich; z. B. in dem Satze *in metu sum, quia hostis invadit* wird durch das erste Präsens mein Zustand in der Gegenwart angegeben, durch das zweite ein untergeordneter Umstand, der gleichzeitig auch in der Gegenwart liegt und das erste motivirt; da sehen wir also ein relatives Präsens neben dem absoluten; beides liegt dem Menschen unmittelbar vor Augen, und so hat er nicht das Bedürfniss empfunden, das absolute und das relative Präsens auch durch die Form zu unterscheiden.

Präteritum und Futurum stimmen in so fern dem Präsens gegenüber überein, als sie nichts für den gegenwärtig Sprechenden Reales ausdrücken; beides beruht nicht in der gegenwärtigen Wahrnehmung, sondern im Denken. Doch besteht zwischen diesen beiden Zeiten auch ein wesentlicher Unterschied. Das Zukünftige existirt factisch überhaupt noch nicht; nur in der Vorstellung, mittelst unserer Phantasie oder einer Schlussfolgerung können wir dazu gelangen, und da unsere Vorstellung auch irren kann, so kann auch etwas von dem, was wir gedacht haben, Verschiedenes eintreten. Anders bei der Vergangenheit; diese ist, wenngleich sie nur in der Erinnerung liegt, dennoch von der Vorstellung unabhängig; das Gedächtniss zwingt den Menschen das, was real gewesen ist, in der Gegenwart wiederzugeben seiner nun vergangenen Realität entsprechend. Es existirt aber auch noch eine andere Vergangenheit. War nämlich etwas damals, als es geschah, nicht abhängig vom Denken des Sprechenden, so kann derselbe es auch nachher nicht so erscheinen lassen, muss also die Beziehung auf die Gegenwart aufgeben. So wird das Präteritum zu einem selbständigen Tempus, das zwar zur Gegenwart in Gegensatz steht, aber nicht in Relation zu ihr. Dies ist das historische Perfect, für welches die Griechen und wir Deutschen eine besondere Form ausgebildet haben, die Griechen den Aorist, wir das erzählende Imperfect, während die Lateiner für das absolute und relative Präteritum nur eine Form kennen.

Aus dem Gesagten aber folgt die Möglichkeit, dass dieses historische Präteritum auch durch das Präsens ausgedrückt werden kann; denn es wird ja nichts weiter geändert, als dass der Gegensatz, in den der Sprechende die Vergangenheit gegen seine Gegenwart stellt, aufgehoben wird, und dies kann der Sprechende thun, indem er sich vermöge der Lebhaftigkeit seiner Anschauung das Vergangene so vorführt als wenn es eben geschähe, eine Vertauschung, die bei dem relativen Präteritum undenkbar ist, weil es sich da nicht bloss um verschiedene, sondern um entgegengesetzte Dinge handelt. Z. B. *scripsi* bedeutet: mein Schreiben ist jetzt fertig, *scribo*, das directe Gegentheil, kann also nicht für *scripsi* eingesetzt werden. Demnach kann man sagen, bei jedem Sein ist das vollendete Sein ein Nichtsein in der Gegenwart, das präsentische Perfectum die Negation des wirklichen Präsens. *Fuimus Troes*, wir sind nicht mehr Trojaner. Daher bezeichnet *fui* oft geradezu das Todtsein: Plaut. Bacch. I 2, 43 (150) vixisse nimio satiust iam quam vivere. Pseud. 248 mortuost qui fuit, qui est, is vivost. Trucul. I 2, 94 ita paene tibi fuit Phronesium. Capt. 516 nunc illut est, quom me fuisse quam esse nimio mavelim.

Ebenso wenig aber kann man das Futurum mit dem Präsens vertauschen; sagt Jemand *felix ero*, so spricht er damit aus, dass er es in der Gegenwart noch nicht ist, also käme die Vertauschung auch wieder hinaus auf eine Verwechselung des Seins oder des Nichtseins. Wenn die Grammatiken trotzdem eine solche angenommen haben, so hat dies nur in Missverständniss und in der alten mechanischen Ueberlieferung seinen Grund, alle möglichen Verwechselungen zu statuiren. S. zu Reisig § 289 Anm. 452. Kritz z. Vellei. II 32, 1 si quid huic (dem Pompejus) acciderit, quem in eius locum substituitis?[1]) Der Sprechende setzt voraus, dass die Römer, indem sie den Pompejus in eine Lebensgefahr bringen, auch schon an den Nachfolger gedacht haben. Liv. XXIII 13, 5 si quis de pace consulet —, habeo quid sententiae dicam, denn der Sprechende weiss jetzt schon, was er sagen wird, wenn er seine Stimme abgeben soll; s. Fabri z. dieser St. u. z. XXI 41, 15.

Wenn übrigens die Römer für das präsentische und historische Perfectum auch nur eine Form besessen haben, so haben sie doch den Unterschied wohl empfunden; auch ist von Tacitus wirklich der Versuch gemacht worden, ihn auch durch die Form auszudrücken; s. Zeitschr. f. d. Alterthsw. 1836 n. 84 u. zu Reisig Anm. 269. Die Römer hatten für die 3. Person Plur. im Perfectum die beiden Endungen *erunt* und *ere*.[2]) Cicero betrachtete die letztere als veraltet und hat sie daher nur selten angewandt, desto häufiger Sallust eben wegen ihres alterthümlichen Klanges. Tacitus aber gebraucht die Endung *ere* sowohl für das präsentische als für das historische Perfect, *erunt* aber nur für das präsentische: ann. IV 35 Libros per aediles cremandos censuere patres; sed manserunt occultati et editi, zuerst Erzählung, dann Urtheil des Tacitus vom Standpunkt seiner Gegenwart aus. hist. I 25 suscepere duo manipulares imperium populi Romani transferendum et transtulerunt, wo er durch das zweite Perfect seinen Affect über das ungeheuerliche Beginn des *suscipere transferre* ausspricht. Während der Historiker

---

[1]) [So das apogr. Amerb. u. die ed. princ., Halm hat jedoch mit Vascosanus *substituetis* geschrieben.]

[2]) [Das statistische Material über diese beiden Formen s. b. Neue lat. Formenlehre II² S. 389—391.]

sich mit dem historischen Perfect in die Vergangenheit hineinversetzt und sie nach ihrer Wirklichkeit erzählt, sistirt er beim präsentischen die Erzählung, reflectirt darüber und begleitet sie mit seiner Empfindung. Auch im Gebrauch des Conjunctivs ist etwa bis auf Cicero ein Unterschied wahrzunehmen; denn für das historische Perfect galt als Conjunctiv der des Imperfects, für das präsentische der des Perfects, der also im historischen Stil nur da zulässig war, wo er für den Indicativ des präsentischen Perfects eintrat. Bei Cornelius Nepos und Livius aber finden wir schon in so fern eine Aenderung, als sehr häufig abhängige Sätze, namentlich Folgesätze, mit *ut* bei ihnen in den Conj. Perf. treten, wo die ältere Sprache ohne Zweifel das Imperfect gesetzt haben würde. Und wenn auch in vielen Fällen sich in der That noch die eigentliche Bedeutung des präsentischen Perfects erkennen und festhalten lässt, so ist dies doch nicht mehr allgemein durchführbar. Es hat sich auch hier wieder die Subjectivität vorgedrängt und die Sätze anstatt von den erzählten Ereignissen von dem Standpunkt des Sprechenden abhängig gemacht. Allmählich kommt es so weit, dass bei Ereignissen, welche nur in der Form zufällig grammatisch abhängig geworden sind und daher den Conjunctiv verlangen, die aber der Sache nach mit den übrigen, welche im Indic. des historischen Perfects stehen, gleichen Werth haben, der Conj. Perfecti gesetzt wird.

Auch im Indicativ des Passivs ist vielleicht — es fehlt noch an genauen Observationen — ein Unterschied in der Form ausgedrückt worden, indem man *esse* vor das Particip setzte, wenn es das präsentische Perfect ist; folgt es aber nach, so kann es sowohl das historische als das präsentische Perfect sein.

Wie sich nun aber an das absolute Präsens drei relative Tempora anschliessen, so an das absolute Präteritum, das historische Perfect, wenigstens zwei, das Plusquamperfectum zum Ausdruck der Vergangenheit und das Imperfectum zu dem der Gleichzeitigkeit; zur Bildung einer besonderen Form für das spätere Sein war kein Bedürfniss vorhanden; denn ist es ein bloss chronologisches, so sagt dies die spätere Stellung in der Reihenfolge der Ereignisse aus, und ist es vom vorhergegangenen abhängig und tritt in Folge der Einwirkung desselben ein, so muss der Conjunctiv angewandt werden. Will man aus bestimmten Gründen dies Verhältniss doch ausdrücken, so bedient man sich des periphrastischen Futurs; also *venturus eram* bezeichnet eine Handlung, die zur Zeit, wo etwas Vergangenes eintrat, noch bevorstand.

Von besonderer Wichtigkeit ist es, sich klar zu machen, dass das Plusquamperfect und das Imperfect stets relativ sind, also auf ein anderweitig schon gegebenes Präteritum sich beziehen, ohne dessen Voraussetzung sie keinen Sinn haben. Beim Plusquamperfect bereitet uns dies keine Schwierigkeit, weil wir eine genau entsprechende Form auch im Deutschen besitzen. Für das lateinische Imperfect aber fehlt uns das Gefühl der Relation ganz und gar, weil wir unser Imperfect zugleich als Aorist und als relatives Tempus gebrauchen. Man muss hier also Blick und Gefühl üben, um die Unterscheidung immer richtig vorzunehmen. Das lateinische Imperfectum kann nie selbständig stehen und kann nur abhängige oder untergeordnete, nebenher gehende Umstände, welche die freien Hauptereignisse begleiten, einführen. Oft bilden diese allerdings dauernde Situationen; aber ein nothwendiges Erforderniss für den Gebrauch des Imperfects ist dies durchaus nicht; auch momentane Dinge können in untergeordneter Weise erwähnt werden und stehen also im Imperfectum. Ein wie feines Gefühl die Alten hierfür besassen, kann man aus einer Bemerkung des Plinius (n. h. praef. 26) ersehen, dass ausgezeichnete griechische Künstler unter ihre Werke geschrieben hätten *faciebat* (*ἐποίει*), nicht *fecit* (*ἐποίησε*); er nennt dies einen *pendens titulus;* die Künstler hätten damit andeuten wollen, dass ihre Werke gleichsam unvollendet seien, und sich den Rückzug offen halten für den Fall, dass noch etwas an ihnen vermisst würde.

Z. B. *Romam veni eo die, quo Gaius mortuus est:* dies sind zwei gleichwichtige und absolute Ereignisse, von denen das eine nur zufällig in einem Relativsatz an das andere angereiht ist[1]); dagegen in *Romam veni eo die, quo Gaius moriebatur* enthält der Relativsatz nur eine untergeordnete Beschreibung des Tages, an welchem ich nach Rom kam, ein Merkmal; ob man den Moment des Verscheidens oder das im Sterben liegen im Sinne hat, das ist hier gleichgültig. Die relative Unterordnung eines Tempus unter ein anderes kann aber auch weiter fortgesetzt werden, es reihen sich oft mehrere zugleich untergeordnete Glieder an einander und die Beziehungen gehen dann vielfach durch einander; immer aber wird durch das Imperfect oder Plusquamperfect der Fortgang der Erzählung unterbrochen und sistirt. Mit ihnen schreiten die Ereignisse nicht vor, sie werden vorbereitet, motivirt, erklärt; die Umstände, unter denen die Ereignisse erfolgt sind, ihre Gründe, ihre Schwierigkeiten werden beschrieben, die Ereignisse dem Verständniss näher geführt. Häufig stehen auch wieder Ereignisse im Imperfect oder Plusquamperfect, dann aber liegen dieselben nicht in der geraden Linie der Erzählung, sondern ausserhalb und dienen nur dazu, das Hauptereigniss zu erklären.

Tritt dagegen ein präsent. Perfectum ein, so wird die Erzählung allerdings auch unterbrochen, aber so, dass der Erzählende unmittelbar hervortritt und von seinem Standpunkte aus ein Urtheil über das Ereigniss abgiebt oder aus seiner Seele eine Reflexion darüber anstellt.

Dies wäre das Wesentliche, was über die Tempora im Allgemeinen zu sagen ist. Wären alle Formen ausgebildet, so würden wir drei absolute und neun relative Tempora haben. Indes für das Futurum konnte es kein absolutes geben, weil die Beziehung auf die Gegenwart unter allen Umständen nothwendig ist. Ferner unterscheiden wir nicht neun, sondern nur fünf relative Tempora durch besondere Formen: in Bezug auf die Gegenwart und auf die Vergangenheit je zwei und für die Zukunft, obwohl sie selbst relativ ist, eine für das vorhergegangene Sein, das Futurum exactum. Mithin fehlt in der Gegenwart ein relatives Tempus für das gleichzeitige Sein, für die Vergangenheit das für das spätere Sein, für die Zukunft beide zugleich, während das vorhergegangene Sein für alle drei Zeiten eine besondere Form hat, für das Präsens das präsentische Perfect, für das historische Perfect das Plusquamperfect, für das Futur das Futurum exactum. —

Um sich ein richtiges Gefühl für die Tempora anzueignen, empfiehlt es sich ein gutes historisches Stück vorzunehmen, am zweckmässigsten aus Caesar[2]), es erst zu einem klaren Verständniss der Worte und Sachen zu

---

[1]) [Beispiele hierfür meist aus Historikern b. Draeger I S. 233 f. u. Kühner II S. 99 f.]

[2]) [Im Sinne Haase's und im Anschluss an die S. 2 von ihm gerühmten Fischer-schen Untersuchungen hat A. Procksch gearbeitet: Gebrauch der Nebensätze bei Caesar I.

bringen und dann es lediglich auf den Gebrauch der Tempora hin durchzu-
studiren und sich von jedem einzelnen Rechenschaft zu geben. Z. B. bell.
gall. I 12 Eos (Helvetios) impeditos et inopinantes aggressus magnam partem eorum concidit: reliqui sese fugae mandarunt atque in proximas silvas
abdiderunt, historische Perfecta, weil Erzählung des Hauptereignisses. Is
pagus appellabatur Tigurinus, Unterbrechung der Erzählung durch Beschreibung des Gaues. nam omnis civitas Helvetia in quattuor pagos divisa est,
erklärender Zusatz Caesars, daher präsentischer Perfect. Hic pagus unus,
cum domo exisset patrum nostrorum memoria, L. Cassium consulem inter-
fecerat et eius exercitum sub iugum miserat, Thatsache aus früherer Zeit.
Dann wird aber die Erzählung wieder aufgenommen: Ita sive casu sive consilio deorum immortalium — ea (pars) princeps poenas persolvit, also historisches Perfect; schliesslich eine Bemerkung vom persönlichen Standpunkte
Caesar's aus: Qua in re Caesar non solum publicas sed etiam privatas iniurias
ultus est.

Für den Gebrauch des Imperfectums als eines relativen Tempus ist aus
Caesar z. B. instructiv: b. g. I 7 Caesar, quod memoria tenebat, — conce-
dendum non putabat. c. 33 multae res eum hortabantur, quare sibi cam rem
cogitandam et suscipiendam putaret, imprimis quod — videbat — intellege-
bat, quod arbitrabatur. c. 46 committendum non putabat ut —; hier steht
also das Denken Caesar's über das, was geschehen muss, im Imperfectum.
Dagegen c. 11 Quibus rebus adductus Caesar non expectandum sibi statuit.
23 rei frumentariae prospiciendum existimavit. c. 37 Quibus rebus Caesar
vehementer commotus maturandum sibi existimavit; also hier das Perfect,
weil der Gedanke selbst ein Ereigniss ist, während er an den erst angeführten
Stellen durch dies Angeben seiner Ansicht nur ein Ergebniss im Fortgange
der Erzählung motiviren wollte. — C. 7. Caesar hat Nachricht bekommen
von dem Einfall der Helvetier, eilt deshalb in seine Provinz und hebt dort
Truppen aus, lauter Ereignisse im Fortgang der Erzählung; es folgt ein Umstand, der nebenher angegeben wird: erat omnino in Gallia ulteriore legio
una. Dann Rückkehr zur Erzählung: Caesar lässt die Brücke abbrechen, die
Helvetier erfahren seine Ankunft und schicken Gesandte, historische Prä-
sentia; Beschreibung dieses Schickens, Imperfect. Motivirung der Antwort
Caesars im Imperfect (memoria tenebat, putabat, existimabat); endlich die
Antwort und damit Wiederaufnahme der Erzählung, also respondit. Ein
Beispiel vom Gegentheil enthält c. 11: Die Aeduer schicken (mittunt) Gesandte an Caesar, auch noch andere Völkerschaften und begründen ihr Ge-
such um Hülfe: das Resultat ist der Entschluss Caesar's, daher quibus rebus
adductus Caesar non expectandum sibi statuit, also das Perfectum, weil der
Entschluss ein selbständiges Ereigniss ist.

Weiter betrachte man solche Stellen, die nur eine Schilderung von Umständen zu enthalten scheinen, während die Umstände zu Ereignissen werden:
I c. 53: Ariovist ist geschlagen, Alles flieht, einige entkommen auf Nachen
über den Rhein (salutem reppererunt): in his fuit Ariovistus, dies ist die
Hauptperson, also kann sein Schicksal dem der anderen Flüchtigen nicht
untergeordnet werden, und ebenso wenig kann es bei seiner Familie geschehen,
weshalb auch deren Geschick im Perfect berichtet wird.

(Progr. v. Bautzen 1873) und die Consecutio temporum bei Cäsar (Progr. v. Eisenberg
1874.)]

Wie unrichtig es ist, nach der traditionellen Auffassung länger andauernde oder sich wiederholende Ereignisse ins Imperfect zu setzen, zeigt I c. 48: Ex eo die dies continuos quinque Caesar pro castris suas copias producit et aciem instructam habuit. — Ariovistus his omnibus diebus exercitum castris continuit, equestri proelio cotidie contendit. Also fünfmal wiederholt sich derselbe Vorgang, aber trotzdem steht das Perfect, weil der Inhalt der fünf Tage in eine Summe gefasst und als ein Ereigniss erzählt wird. Jetzt heisst es aber weiter genus hoc erat pugnae, quo se Germani exercuerant und es folgt die Beschreibung der Kampfweise in lauter Imperfecten. Mit dem Capitel 49 wird aber die so unterbrochene Erzählung wieder aufgenommen und in Perfecten fortgefahren. Die umgekehrte Ordnung haben wir c. 15, wo nach der Schilderung der Methode der Kriegführung während 15 Tagen (Caesar suos a proelio continebat etc.) das Resultat derselben zusammengefasst wird durch den Satz ita dies circiter quindecim iter fecerunt, worauf noch andere Ereignisse, ebenfalls im Perfectum, erzählt werden.

Besonders verführerisch können Sätze sein, welche sich mit causalen und temporalen Conjunctionen untergeordnet sind, bei denen man leicht meint, dass der untergeordnete Satz auch rücksichtlich der Tempora untergeordnet sein müsse und nur Imperfecta oder Plusquamperfecta enthalten dürfe. Indes muss man hier nach der Natur der Ereignisse sorgfältig unterscheiden, ob eine Abhängigkeit oder eine Nebenordnung stattfindet; die Anknüpfung durch das Pronomen relativum oder eine Conjunction ist nur eine äusserliche und übt auf die Bestimmung des Tempus gar keinen Einfluss aus. Gehört also das Ereigniss in den Fortschritt der Erzählung und macht in derselben ein selbständiges Glied aus, so muss auch in dem Nebensatze das historische Perfect stehen; z. B. b. g. I 13 Helvetii — legatos ad eum mittunt, cuius legationis Divico princeps fuit; Divico wird hier zuerst erwähnt, er war für die Römer ein historisch wichtiger Mann und so ist es eine besondere That der Helvetier, dass sie ihn an die Spitze der Gesandschaft stellen; wenn Caesar aber den zweiten Relativsatz anfügt qui bello Cassiorum dux Helvetiorum fuerat, so ist dies nur eine Beschreibung der Person, also das Plusquamperfectum an seiner Stelle. Ebenso haben wir in c. 15 einen Relativsatz qui — committunt, der ein dem vorhergehenden und dem folgenden Satz durchaus gleichbedeutendes Ereigniss enthält und also auch das historische Präsens verlangt. — c. 51 postridie eius diei Caesar praesidium utrisque castris, quod satis visum est, reliquit; er hätte auch schreiben können *videbatur*, aber er wollte gerade das *videri* und *relinquere* als zwei coordinirte Ereignisse angesehen wissen und hat daher das Imperfectum vorgezogen. Ebenso ist zu erklären c. 28 id ea maxime ratione fecit quod noluit —.

Besonderes Interesse gewährt es an Stellen ohne jedes andere Anzeichen dafür, dass die Theile der Erzählung verschiedenartig sind, nur aus dem Wechsel der Tempora den Unterschied zu entnehmen. Z. B. I c. 43 giebt Caesar den Inhalt der dem Ariovist gehaltenen Rede an: sua senatusque in eum beneficia commemoravit, ein Haupttheil; dies führt er dann aus und erinnert, wie die Römer besonderen Grund hätten, sich den Aeduern verpflichtet zu fühlen, und stellt nun eine hierdurch motivirte Forderung; daher zuerst ein zweimaliges docebat, schliesslich postulavit. In der Kaiserzeit hat man auch in dieser Beziehung gekünstelt und durch Wechsel der Tempora besondere Wirkung zu erzielen gesucht: Senec. controv. I 3, 10 p. 82 B. filium obiurgabat, patri maledixit. Ein Rhetor tadelt den Sohn des Quintilius Varus wegen seiner Nachlässigkeit in der Declamation und ruft ihm zu: ista neglegentia pater tuus exercitum perdidit. Durch das Imperfect ist nur geschildert, was er vorhatte, daraus aber entspringt als Ereigniss die Injurie gegen den Vater.

Hieraus wird man nun deutlich ersehen, warum gewisse Conjunctionen, *ut, ubi primum, simul, simulac, postquam* und *posteaquam*, gewöhnlich mit dem historischen Perfect oder Präsens verbunden werden. In Wahrheit hängt das Tempus keineswegs von den Conjunctionen ab; es ist nur eine durch dieselben bewirkte chronologische Vergleichung von zwei, übrigens an sich selbständigen Ereignissen, die coordinirt in die Erzählung gehören und darum gleichmässig in historischen Perfecten stehen müssen.[1]) Um noch einige Einzelheiten hierüber zu bemerken, so gebraucht Caesar selten *ut* in dieser Weise (s. Schneider z. b. g. I 4), aber sehr häufig *ubi*, allein im ersten Buch achtmal, c. 7. 8. 12. 16. 28. 43. 49. 50 (ubi ne tum quidem eos prodire intellexit, circiter meridiem exercitum in castra reduxit, sie kamen nicht, und so ging er zurück), *postquam* 24, *posteaquam* 46. Der Indicativ des historischen Perfects oder Präsens ist jedoch nach diesen Conjunctionen nicht ausnahmslos; bei Cicero kommt auch der Conjunctiv an einigen Stellen nach *postquam* vor,[2]) auch der Indicativ des Imperfects und Plusquamperfects, aber natürlich nur bei der Schilderung von Zuständen, in welchem Falle es durch „seitdem" zu übersetzen ist. Man kann sich dabei einen Mittelgedanken ergänzen, um diesen Gebrauch auf jenen ersten zurückzuführen. Vgl. Curt. III 1, 8 (u. Mützell g. d. St.) postquam nihil inde praesidii mittebatur, ad praestitutam diem regi se permisere, als sie in die Lage der Hülflosigkeit gebracht waren und dies einsahen, ergaben sie sich dem König. Plaut. Mostell. III 1, 117 (640), öfters bei Livius, z. B. XXXVIII 48, 12, und Tacitus.

Während wir aber bis jetzt das vorausgehende Ereigniss dem nachfolgenden formell subordinirt gefunden haben, kommt auch das Umgekehrte vor; es darf dann aber das Nachfolgende nicht als Folge aus dem Früheren bezeichnet und nicht causal oder sonst abhängig von demselben gedacht werden; es ist vielmehr ein selbständiges, frei eintretendes Ereigniss, und die Conjunction zeigt nur an, dass es irgendwie später sei als das Frühere. Dies ist der Fall zunächst bei *donec* in der Bedeutung „so lange bis" (die Bedeutung „so lange als" ist überhaupt erst nach Cicero[3]) zu finden); es werden vorher Handlungen oder gewöhnliche Zustände erwähnt, die so lange dauern, bis ein gewisses Ereigniss eintritt oder auch ein anderer Zustand, der dem vorhergehenden ein Ende macht, der aber damit ein Glied in dem

---

[1]) [Aus dem Obigen erklärt sich zugleich die früher nicht hinreichend beobachtete Thatsache, dass nach einem vorausgegangenen Präsens, solche Temporalsätze, auch wenn sie unmittelbar von einem Infinitivus Perfecti abhängen, doch ihr Tempus behalten; Beispiele s. b. Draeger I S. 222 ff.]

[2]) [De imp. Cn. Pomp. 4, 9. pro Cluent. 64, 181. S. Nipperdey quaest. Caes. p. 17. Alle anderen Stellen bei ihm sind unsicher, auch die aus Livius, Draeger II S. 563 f.]

[3]) [*Donec* ist bei Cicero überhaupt nur an vier Stellen nachgewiesen; s. F. Schultz, Vorr. z. d. lat. Gramm. S. V f.; bei Caesar und Sallust kommt es gar nicht vor; Kühnast S. 242.]

Fortschritt der Erzählung und ein Ereigniss wird; z. B. Tacit. ann. VI 17 (11) multi fortunis provolvebantur —, donec tulit opem Caesar. Hier ist das *opem ferre* ein freies und selbständiges Ereigniss und steht daher im Indic. perf. histor.[1]) Soll jedoch die Grenze des Vorhergehenden nicht als eine thatsächliche, sondern bloss als eine in der Absicht liegende erscheinen, so kann *donec* auch mit dem Conjunctiv verbunden werden, wie Tac. ann. VI 49 urbe in decem annos prohibita est, donec minor filius lubricum iuventae exiret.

Oder es soll die objective Folge bezeichnet werden, die aus der Beschaffenheit des Vorhergehenden sich selbst entwickelt oder entwickeln kann; Tac. ann. I 32 Septimius — eo usque flagitatus est, donec ad exitium dederetur; mit *deditus est* wäre seine Auslieferung als ein selbständiges Ereigniss erzählt, mit *dederetur* wird die Beschaffenheit des *flagitari* beschrieben. Endlich liegt hier noch eine dritte Möglichkeit vor, nämlich wenn der vorausgehende Satz eigentlich allein das Ereigniss oder wenn der Zustand allein das thatsächliche Factum ist, welches man besprechen will, und der mit *donec* eine Bestimmung desselben angiebt: Tac. ann. IV 7 quae cuncta — retinebat, donec morte Drusi verterentur, damit trat ein neuer Abschnitt ein und nur dessen Ende soll hiermit bezeichnet werden.

Hieraus entwickelt sich die Bemerkung, dass, wenn vom Präsens die Rede ist, *donec* in der Bedeutung „bis" nicht mit dem Indicativ stehen kann; denn es trägt einen Widerspruch in sich zu sagen: A ist, bis B ist, denn wenn A durch B sein Ende erhält, so kann nicht A und B zugleich in derselben Gegenwart wirklich sein; also ist *aegrotat donec venio* undenkbar; so lange das *aegrotat* wirklich ist, kann es das *venire* nicht sein, also kann es neben *aegrotat* nur *donec veniam* heissen.[2])

Ein ähnliches Verhältniss wie bei *donec* findet statt bei dem s. g. *cum* des Nachsatzes (Zumpt § 580), übrigens eine durchaus verkehrte Benennung, denn der Satz mit *cum* ist weder nach Form noch nach Bedeutung ein Nachsatz. Er enthält vielmehr ein selbständiges Ereigniss, und das sich auf das Vorhergehende beziehende relative *cum* sagt aus, dass dasselbe eingetreten sei, während ein vorhergehender Zustand noch bestand oder eine Handlung sich noch fortsetzte. In die Dauer des bestimmten Zeitraums hinein fällt das Ereigniss in dem Satze mit *cum*, das oft *interim* zu sich nimmt, um den vorher beschriebenen Zeitraum noch fester zusammenzufassen; z. B. Sall. Iug. 12, 5. 49, 4. Senec. controv. I 5, 1 p. 88 B. Postera die erat in huius domo fletus, lamentatio matris spes suas deplorantis, cum interim ex alia domo alia vociferatio oritur, alius tumultus. coit populus velut publico metu exterritus, vix credit duos tantum fuisse raptores, cum interim producitur publicus pudicitiae hostis. Senec. ad. Marc. (dial. VI) 1, 7. Da jedoch die in beiden Sätzen enthaltenen Dinge in derselben Zeit liegen und das eine das andere nicht aufhebt wie bei *donec*, so ist der Gebrauch nicht denselben Beschränkungen unterworfen. Es können mithin in beiden Sätzen Indicativi Präsentis stehen, seltener ist in dem Gliede mit *cum* ein Indic. Imperfecti,

---

[1]) [Ein Zustand macht ein Ende Tac. hist. I 9 inferioris Germaniae legiones diutius sine consulari fuere, donec missu Galbae A. Vitellius aderat, u. ann. XIII 57 neque exstingui poterant, — donec — agrestis quidam eminus saxa iacere, dein — resistebant.]
[2]) [Beispiele b. Draeger II S. 585 f.]

da derselbe nur einen unerwarteten Zustand einführen kann, der eintritt, als ein anderer bereits bestand, natürlich etwas Auffallendes und nicht Natürliches, aber doch Mögliches: Flor. I 31, 11 (II 15, 11) aperti portus, nudatus est primus et sequens, iam et tertius murus, cum tamen Byrsa — quasi altera civitas resistebat (das *resistere* dauert also noch fort), und gleich darauf § 15 inde quasi nata subito classis erupit, cum interim — nova perditorum hominum manus — prodibat.

Ueber den anderweitigen Gebrauch von *cum* ist die neueste und ausführlichste Schrift die von E. Hoffmann, die Construction der lateinischen Zeitpartikeln (Wien 1860) [in zweiter umgearbeiteter Auflage 1873], mit einer reichen Sammlung von Stellen und Resultaten, mit denen ich theilweise einverstanden bin.[1])

Cum, dem demonstrativen Satzglied, dessen Zeit es näher angiebt, voroder nachgesetzt, sagt aus, dass etwas ist, war oder sein wird *eo tempore, quo* etwas Anderes gesetzt ist, also *cum = eo tempore quo*. Demnach giebt es nur ein *cum* temporale, kein causale, wenigstens insofern nicht, als der causale Sinn in der Partikel liegen soll; derselbe wird nur durch den Conjunctiv und den Zusammenhang der Rede hineingebracht, auch nicht durch den Conjunctiv allein, denn es ist ja bekannt, wie derselbe, namentlich im Imperfect und Plusquamperfect in Erzählungen nach der gewöhnlichen Annahme nur die Zeit bestimmt. *Cum* mit dem Indicativ bezeichnet die Zeit durch Angabe eines wirklichen Factums, mit dem Conjunctiv characterisirt es dieselbe, ohne die Thatsache als wirklich aussprechen oder läugnen zu wollen. Dass eine so beschriebene Zeit wegen dieser ihrer Beschaffenheit einen Grund für etwas Anderes abgeben kann, ist nur eine Folge des subjectiven Denkens, nicht in den Worten an sich enthalten. Davon kann man sich durch mehrere Betrachtungen überzeugen. Zunächst müsste *cum* als Exegese von *causa* dienen können; aber wenn Caesar de b. g. II 1 die *coniurandi causas* aufzählt, so sagt er primum quod vererentur, ne —, deinde quod a nonnullis Gallis sollicitarentur; *cum* für *quod* wäre geradezu unmöglich. Auch zwischen *doleo quod aegrotas* und *doleo cum aegrotes* besteht ein scharfer Unterschied; nur das erste bezeichnet den unmittelbaren Grund zur Gemüthsstimmung, das zweite characterisirt die Zeit, in der das *dolere* stattfindet; vermuthen kann man wohl, dass der Grund der Betrübniss in jener Beschaffenheit der Zeit liege, ebenso kann man aber auch einen andern Grund annehmen, z. B. *cum aegrotes, doleo quod medicum non adduxi*. Ferner vergl. man Caes. b. g. I 16; 49; 50 ubi intellexit. 28 quod ubi Caesar resciit. 12 ubi Caesar certior factus est. 24 postquam id animum advertit. 46 posteaquam in volgus militum elatum est; und c. 7 Caesari cum id nuntiatum esset. 40 haec cum animadvertisset. 52 id cum animadvertisset. Hier haben wir in der ersten Reihe von Beispielen coordinirte Ereignisse; auch das Erfahren ist von Wichtigkeit, und so heisst es: Jemand erfuhr etwas u n d so that er dies oder jenes. Wird dagegen *cum* gebraucht, so soll der von ihm eingeleitete Satz nur eine untergeordnete Beschreibung der

---

[1]) [S. jetzt namentlich noch E. Lübbert im 2. Bd. seiner grammatischen Studien: Die Syntax von *quom* und die Entwickelung der relativen Tempora im Lat. (1870) u. G. Autenrieth, die Conjunction *quom* etymologisch und syntactisch untersucht, in Fleckeisen's Jahrbb. Suppl. Bd. 6, 1872 S. 273.]

Umstände geben, unter denen das nachfolgende Ereigniss, auf das es ankommt, eingetreten ist.

Bei *cum* mit dem Indicativ ist festzuhalten, erstens dass nothwendig etwas Wirkliches damit bezeichnet sein muss, und zweitens, dass durch *cum* die Zeit, in welche der Inhalt des Hauptsatzes fällt, bestimmt wird als dieselbe mit der des Nebensatzes; die beiden verbundenen Dinge müssen also stets in derselben Zeit liegen und sich decken. Beim Präsens ist dies ohne Weiteres klar; z. B. Caes. b. g. I 1 Helvetii — fere cotidianis proeliis cum Germanis contendunt, cum aut suis finibus eos prohibent aut ipsi in eorum finibus bellum gerunt; *prohibent* und *bellum gerunt* machen summirt ganz die Zeit des *contendunt* aus. Ebenso ist es beim Perfectum (z. B. Cic. de imp. Cn. Pomp. 20, 59 cepit magnum sane virtutis fructum et dignitatis, cum omnes — dixistis) und Futurum, verwickelter beim Imperfect und Plusquamperfect. Zunächst ist hier zu bemerken, das neben einem Indic. Imperf. in dem Satze mit *cum* nie das historische Perfect im Hauptsatze stehen kann, nur das präsentische; z. B. in dem Satze *Caesar cum aderat, maturandum sibi statuit* enthält *aderat* eine relative Zeitbestimmung, welche durch *cum* äusserlich subordinirt wird; ist nun das *tum* durch ein historisches Perfectum ausgedrückt, so ist es ein freies, selbständiges, für sich erzähltes Ereigniss; indem es aber durch *cum* mit dem Imperfect in dieselbe Zeit gerückt wird, so würde es dadurch von seinem selbständigen Platz verdrängt und neben die Linie der Ereignisse gebracht werden, ein augenscheinlicher Widerspruch. Also kann eine Bestimmung eines historischen Perfects durch *cum* nur so erfolgen, dass *cum* den Conjunctiv nach sich hat, also der Zustand nicht als ein factischer bezeichnet, sondern bloss eine adverbielle Modification desselben gegeben wird. Wird mithin *cum* mit dem Indic. Imperf. verbunden, so folgt aus der Natur der nothwendigen Congruenz factischer Umstände, welche ihre Zeit gegenseitig bestimmen, dass auch im Nachsatz ein Imperfect oder wenigstens ein Plusquamperfect stehen muss.

Es lässt sich dies auch noch anders beweisen. *Cum* soll die Zeit eines Andern als ein temporal erläuternder Zusatz bestimmen; dies thut es auch durch ein historisches Perfectum oder (nur mit einer Aenderung der Färbung der Darstellung) Präsens, wenn es sich um ein unabhängiges, selbständiges Ereigniss handelt; also sagt Cicero ad Att. X 16, 5 cum redeo, Hortensius venerat, wofür es auch *redii* und *aderat* hätte heissen können; als ich zurückkehrte, war der Zustand der Anwesenheit des Hortensius eingetreten. *Redibam* wäre auch möglich, weil ein Plusquamperfectum folgt, aber nicht passend, weil so das *redire* nicht als Ereigniss erzählt werden würde, sondern als Zustand, also die Zeit des *venisse* nicht scharf genug bestimmen würde: als ich auf der Rückkehr war, war Hortensius angekommen. Die Zeit, welche in *redire* liegt, kann erst verstanden werden, wenn wir wissen, wem das *redire* gleichzeitig ist. Wir würden mithin drei Stücke unterscheiden müssen: den Vordersatz mit *cum* und dem Indic. Imperf. (A), den Nachsatz mit dem Imperfectum (B) und das Ereigniss, worauf sich das Imperfectum bezieht und mit dem es gleichzeitig ist (C). Nun ist A vermöge des Imperfectums relativ in Bezug auf C und durch *cum* auf sein *tum* in B, also muss B dieselbe Relation auf C haben wie A. Wenn jedoch in der Erzählung nichts da ist, worauf sich Vorder- und Nachsatz beziehen könnte, kein C, so müssen

wir A und B als correlativ auffassen. A war, als B war, und B, als A,
aber wann beides war, dies erfahren wir direct nicht. Gleichwohl können
wir in beiden Sätzen den Indic. Imperf. anwenden, wenn man von der Vergangenheit in Bezug auf die Gegenwart spricht; vergl. Tibull. I 10 zu Anfang dem Sinne nach: hodie homines telis utuntur non in bestias sed ad
bella inter se gerenda, divitiarum haec culpa est: nam cum pauperes homines
erant, nullum bellum erat, er vergleicht also nur gegenwärtige und vergangene Zustände mit einander, characterisirt aber die letzteren hinlänglich
durch den Gegensatz zu den ersteren. . Dies kommt nun auch sonst vor,
indes werden wir finden, dass dann die verbundenen Sachen ihrem Wesen
nach oft identisch sind und nur im Ausdruck verschieden: Cicer. de off. III
10, 40 cum Collatino collegae Brutus imperium abrogabat, poterat videri
facere id iniuste. Verr. II 11, 29 tu cum — praedabare — non statuebas
— rationem esse reddendem. V 46, 121 errabas, cum — arbitrabare. divin.
in Caec. 21, 69. pro Tull. 39. parad. 4, 2 (mehrmals). pro Caec. 32, 94. ad
fam. VI 1, 3 nec, cum id faciebamus, tam eramus amentes ut —; § 5 neque
ego ea quae facta sunt cum dicebam, divinabam futura sed — timebam. So
auch schon vor Cicero: Plaut. Aul. II 2, 1 praesagibat mihi animus frustra
me ire quom exibam domo. Cist. I 3, 39. Epid. I 2, 35 desipiebam mentis,
cum illas scriptas mittebam tibi. Zuweilen wird nicht ein und dasselbe Ereigniss auf verschiedene Weise bezeichnet, sondern nur ausgesagt, dass zwei
zu derselben Zeit stattfinden, so oft bei Cicero cum haec scribebam, z. B.
censorem iam te esse sperabam ad fam. III 13, 2. VI 4. XII 6; 10. ad Att.
XIV 8, 1. de orat. II 25, 106; s. ferner Liv. XXXV 8. Ov. her. 5, 79. 8, 35.
18, 56. Plaut. Epid. III 3, 40 u. 52. Das Verhältniss ändert sich nicht bei
wiederholten Dingen: Caes. b. g. III 4; 15. IV 17. V 19; 35. VII 22.

Nun kann ein solcher Satz mit correlativen Bestimmungen auch von
einem Präsens abhängig gemacht werden, und zwar so, dass über ihn von
der Gegenwart ein Urtheil ausgesprochen wird: Cic. de imp. Cn. Pomp. 7, 19
tum, cum in Asia res magnas permulti amiserant, scimus Romae solutione
impedita fidem concidisse (selbständig fides conciderat). in Verr. IV 21, 46
credo tum, cum Sicilia florebat opibus et copiis, magna artificia fuisse in ea
insula (selbständig fuerant). ad fam. VI 4, 4 in quo prima illa consolatio est
vidisse me plus quam ceteros, cum cupiebam — pacem. IV 14, 2 (wo die Beziehung auf die Gegenwart in recordor liegt). Plaut. Asin. 206. 927. Stich.
245. Amph. 427. Curc. 541, Für credo concidisse oder fuisse lässt sich aber
ein blosses präsentisches Perfectum einsetzen, welches die Beziehung auf die
Gegenwart mitenthält: conciderunt, fuerunt. So ist die oben prosaisch um-
schriebene Stelle des Tibull zu erklären: nec bella fuerunt, faginus adstabat
cum scyphus ante dapes (I 10, 7), wo er aber fortfährt non arces, non vallus
erat u. s. w., weil er damit nur das non bella fuerunt durch Synonyma aus-
malt, also die Beziehung auf die Gegenwart unnöthig wird; s. auch v. 19
tunc melius tenuere fidem, cum paupere cultu stabat in exigua ligneus aede
deus. Cic. de leg. agr. II 24, 64 tum, cum erant Catones —, tamen huiusce
modi res commissa nemini est. Hier kann auch gewissermassen eine immanente Zeitbestimmung eintreten, wenn nämlich in dem einen Glied ausgesagt wird, dass die Zeit war, in dem anderen, was für eine sie war. Erat,
cum hoc dici poterat wäre freilich unzulässig; es wäre dies dasselbe wie hoc
dici poterat und die Immanenz durch nichts entschuldigt; wohl aber geht

mit Aufhebung des logischen Pleonasmus *erat, cum hoc dici posset,* oder mit ausdrücklicher Beziehung auf die Gegenwart *fuit, cum hoc dici poterat,* denn darin liegt, dass die gewesene Zeit nicht mehr ist. Vgl. Liv. VII 32, 13. Cic. de invent. I 2, 2 fuit quoddam tempus, cum in agris homines passim bestiarum modo vagabantur.

Wie dann durch den Conjunctiv der Satz mit *cum* causal oder restrictiv werden kann, das zeigt jedes der gewöhnlichen Beispiele. Wenn wir bei Caesar lesen b. g. VII 62 cum primi ordines hostium transfixi telis concidissent, so kann man die Bedeutung des *cum* noch gar nicht ersehen; es erhält dieselbe erst durch den Nachsatz tamen acerrime resistebant. Vgl. auch Corn. Nep. Phoc. 1 fuit enim perpetuo pauper, cum divitissimus esse posset. Es ist demnach verkehrt, die verschiedenen Uebersetzungen, die unter Umständen im Deutschen für *cum* angewandt werden, als Grund und Rechtfertigung zu betrachten, um dem Worte selbst eine verschiedene Bedeutung zuzuschreiben, die es in Wahrheit nicht hat. Es bezeichnet immer nur eine Zeit, so, dass durch den Conjunctiv das Erzählen des Factischen, das in die Zeit fällt, aufgehoben und das Erzählte nur als Characteristik benutzt wird.

Ebenso müssen wir bei den übrigen Conjunctionen festhalten, was über die Grundbedeutung der Tempora gesagt ist, und nur noch einige Worte sind hinzuzufügen über die Fälle, wo der Deutsche den Conjunctiv für den lateinischen Indicativ braucht. Der Grund für diese Verschiedenheit ist darin zu suchen, dass wir die Unsicherheit, Unbestimmtheit durch das Verbum zum Ausdruck bringen, indem wir es in den Conjunctiv setzen, die Lateiner durch eine zum Verbum hinzutretende Bestimmung, sei es im Subject oder im Object oder durch sonst einen Casus oder ein Adverbium, und dabei verfahren die Lateiner genauer, da nicht die Wirklichkeit des Seins, um das es sich handelt, geleugnet werden soll, vielmehr die Unbestimmtheit in anderen Dingen liegt.

Bekanntlich gehören hierhin die relativen Ausdrücke *quamquam, utut, quotquot, quisquis, quicunque, ubicunque* u. s. w., welche den Begriff des Relativs so erweitern, dass er sich nicht auf ein gewisses anderweitig bestimmtes Substantiv bezieht, sondern auf jedes beliebige. Der Lateiner drückt hier die im Begriff des Relativs liegende Unbestimmtheit durch die Verdoppelung desselben oder durch Anhängen von *cunque* aus, während es im Deutschen an Formen für diese Verallgemeinerung fehlt, sodass wir die Unbestimmtheit in das Verbum hineintragen. In dem *Pindarum quisquis studet aemulari* wird nicht das *studet* in Frage gezogen, das *studere* ist wirklich, nur die Person unbestimmt, die lateinische Ausdrucksweise also logischer. Auch bei *paene* setzen wir das Verbum in den Conjunctiv, um zu bezeichnen, dass etwas nicht vollständig zu Stande gekommen ist; die Lateiner aber stellen die Verwirklichung als thatsächlich hin und zeigen nur durch *paene* an, dass etwas abzuziehen sei: Senec. contr. I 3, 5 p. 79 B. paene, indices, narrare coepi, qualis esset rea. Senec. ad Marc. (dial 6) 22, 8 paene non licuit. Aus der Verschiedenheit der Auffassungsweise erklärt es sich auch, dass in der conjunctivischen Abhängigkeit von einem historischen Tempus das Perfect sich nicht in ein Plusquamperfect verwandelt, sondern das Perfect bleibt; also *Vergilius militem ita exacerbavit, ut interfectus sit, nisi fugisset.* Ferner drücken wir bei den Redensarten *aequum, longum est, poteram, debebam* u. ähnl. den Umstand, dass sich das Sein, zu welchem die Disposition der Verwirklichung vorhanden war, doch nicht verwirklicht hat, durch den Conjunctiv des disponirenden Seins aus: *debebas hoc facere*, es wäre deine Schuldigkeit gewesen, dies zu thun; im Lateinischen dagegen fehlt der directe Ausdruck dafür, dass dieses Schuldigsein keinen reellen Erfolg gehabt hat; es lässt sich aber leicht aus dem Zusammenhang ergänzen.

Endlich sind noch die unselbständigen Zeitbestimmungen zu betrachten, die in den Participien und Infinitiven liegen; denn da dieselben immer einem andern Verbum, also auch dessen Zeitbestimmung untergeordnet sein müssen, so können sie auch nur zu demselben eine relative Bestimmung hinzubringen. Das Participium Präsentis drückt also nur die Gleichzeitigkeit, das des Perfectums die Vergangenheit aus in Bezug auf jedes beliebige Tempus, das im Verbum finitum enthalten ist. Also falsch wäre es bei Ankündigung von Vorlesungen zu sagen *interpretabor secuturus illum librum*, es muss heissen *sequens* oder, indem man das Befolgen des Lehrbuchs als etwas schon Geschehenes denkt, *secutus librum* oder *adhibito libro*. Ebenso ist zu verwerfen *scripsit Hermannus coniciente Gronovio*, da das *conicere* Gronov's und das *scribere* Hermann's der Zeit nach weit auseinander liegen.

Dasselbe gilt vom Infinitiv; auch hier ist die wirkliche und selbständige Zeitbestimmung auf dasjenige Sein übergegangen, von dem der Infinitiv abhängt, also auf das disponirende Sein, und es ist nun zu unterscheiden, ob das abhängige Sein als ein gleichzeitig in dem Masse sich vollendendes gedacht werden soll, wie es das disponirende Sein aussagt, oder ob als schon vorher vollendet oder ob als noch bevorstehend in seiner Realisirung.

Alles dies ist klar und deutlich, nur über die Zeitbestimmung des Particips in der s. g. Coniugatio periphrastica, d. h. der Verbindung eines Particips mit *esse*,[1]) könnten Zweifel erhoben werden. Durch dieselbe entsteht ein neues Verbum, welches theils zur Aushülfe für die fehlende Form des einfachen Verbums dient, theils zur näheren Beschreibung einzelner Verhältnisse, aber die Tempusbestimmung übernimmt auch hier *esse*, dem sich die des Particips durchaus unterordnet; ja es ist dies in vielen Fällen sogar ganz zum Adjectiv geworden und hat jede Zeitbedeutung eingebüsst. Keineswegs ist jedoch die Coniug. periphrast. gleichbedeutend mit den entsprechenden Formen der einfachen Conjugation, wie ja überhaupt nie die Sprache zweierlei Formen von gleicher Bedeutung ausbildet; *loquor* sagt nur die Thatsache aus, dass Jemand spricht, und bezeichnet ein momentanes Factum; in *loquens sum* ist dagegen das *loqui* attributiv geworden: es haftet Jemand an als seine Eigenschaft, ohne dass er jedoch in jedem oder in diesem Augenblick spricht; denn nicht Jeder braucht in jedem Augenblick seine Eigenschaft zu bethätigen; so kommt *loquens* auch zu der Bedeutung eines, der sprechen kann (s. z. Reisig Anm. 579. Liv. XXVIII 44, 17 illa longa oratio nec ad vos pertinens sit, die nicht die Eigenschaft hat, euch etwas anzugehen. XXXIX 16, 2, ut sis sciens Terent. Andr. 508 und sonst bei den Komikern), oder die Neigung hat zu reden, geschwätzig. In der Coniugatio

---

[1]) [Ueber die Coniug. periphr. handelt mit grosser Ausführlichkeit und einer reichen Sammlung von Beispielen Draeger II S. 263 ff., wo auch noch mehrere von Haase übergangene Fälle behandelt sind.]

periphr. mit dem Part. Präs. pass., dem gewöhnlich so genannten Part. Fut. Pass. (s. ob. S. 193) treten die drei Kategorien des Seins, die der Wirklichkeit, Möglichkeit und Nothwendigkeit, noch deutlicher hervor; *dicendum est* heisst etwas, das in der Gegenwart gesagt wird, gesagt werden kann und muss. Doch entstehen diese erst durch die Verbindung mit *esse* und verlieren sich, sobald das Participium für sich gebraucht wird. Bei Virgil. Aen. IX 6 quod optanti divom promittere nemo auderet, volvenda dies, en, attulit ultro ist *volvenda dies* ganz dasselbe wie *volventibus annis* [dem volvendis mensibus I 269 noch näher tritt]; der Begriff der Nothwendigkeit liegt hier ebenso wenig im Passiv wie im Activ und wird erst durch den Zusatz von *esse* zum Passiv hineingebracht. Die Bedeutung eines Adjectivs, die ursprünglich dem Particip nur in der Coning. periphrast. eigen war, hat allerdings eine Anzahl von Participien daraus überhaupt angenommen, z. B. *admirandus*, bewunderungswürdig, *venerandus*. Wie freilich diese Umwandlung, welche an sich nicht auffallend ist, sich allmählich entwickelt hat, ist noch nicht genügend nachgewiesen und eine geschichtliche Darstellung sehr wünschenswerth.

Das Participium perf. pass. mit *esse* zur periphrastischen Conjugation verbunden hat die Tempora gebildet, für welche das Lateinische keine eigene Conjugation besass. Der Uebergang dieses Particips in ein Adjectiv lag hier besonders nahe; denn die Bedeutung der Vollendung eines Seins an einem Object ist an sich schon eine adjectivische; hier bleibt also der temporale Sinn mit dem adjectivischen zusammen. Daraus geht nun zunächst der Sinn des präsentischen Perfects hervor, *victus sum*, ich bin einer, an dem das Siegen ein fertiges ist, ein Besiegter, νενίκημαι. Dieser Gebrauch aber hat sich zu einem aoristischen erweitert, ἐνικήθην, und so dem Mangel der einfachen Conjugation abgeholfen. Doch ist nicht zu übersehen, wie eine solche Verbalform beiderlei Bedeutungen in sich trägt, die relative, präsentische und die absolute, historische. Daher hat man das Bedürfniss empfunden, sie zu unterscheiden, und zwar durch die Wortstellung; *sum victus* war nicht leicht historisches Perfect, sondern wohl bloss präsentisches. Aber man hat die Vergangenheit auch gleichsam noch einmal bezeichnet, indem man zu einem solchen Participium anstatt *sum* setzte *fui*. Bei guten Schriftstellern geschieht das nur, wenn das Participium leicht die Bedeutung eines präsentischen annehmen konnte; *opinatus sum*, ich bin einer, der eine Meinung hat, in der Gegenwart, *opinatus fui*, (Plaut. Amph. 186) in der Vergangenheit;[1]) auch *feriatus, operatus, occupatus* finden sich so in der classischen Latinität. Die Späteren aber haben dies sehr weit ausgedehnt und es für Eleganz gehalten zu sagen *scriptum fuit*, wie *dictus fuero* für d. ero; s. z. Reisig Anm. 447. Madvig opusc. II p. 218. Dietrich Ztschr. f. Alterthsw. 1845 Bd. I. 1. Supplementheft. Auch dies würde noch eine nähere Untersuchung verdienen, in wie weit bei Participiis perf. pass. *fui* gesetzt worden ist für *sum*.

Am allerwenigsten ist das Participium Futuri act. fähig, in die Bedeutung eines Adjectivs überzugehen und seine temporale Bestimmtheit zu

---

[1]) [Sonst sind bei Plautus nur noch drei Stellen nachgewiesen, s. Holtze II p. 88, zahlreichere Anfänge finden sich erst bei Cornelius Nepos und Livius, Lupus S. 141 f. Kühnast S. 204 ff. Draeger I S. 252 ff.]

verlieren, und zwar darum, weil es immer eine Beziehung auf eine Gegenwart voraussetzt, von deren Standpunkt aus etwas als zukünftig erscheint. Daher wird es weder mit dem negativen *in* verbunden noch comparirt. Erst unter den Kaisern hat es einen Anlauf zu einer adjectivischen Bedeutung genommen, insofern nicht eine bestimmte Gegenwart als der Standpunkt vorausgesetzt wird, auf den sich das Futurum bezieht, sondern der jedesmal durch den Zusammenhang gegebene. Nun hat man freilich die Gewohnheit das Particip durch „wollen" zu übersetzen, aber es drückt nur das Bevorstehen einer Sache aus, und dieses Zukünftige ist für mich ein in der Gegenwart bestehender Zustand; ob man ihn wünscht oder nicht, darauf kommt es hier nicht an. In dem *moriture Delli* liegt sogar die Nothwendigkeit des Sterbens. Quintilian decl. 17, 16 unterscheidet *mori volo* und *moriturus sum* so, dass das erstere etwas über meine Gesinnung versichere; ich habe den Willen zu sterben; es kann dies aber unter Umständen nicht gelingen, z. B. wenn Jemand einen erfolglosen Selbstmordversuch macht; dann hat er zwar den Willen erwiesen, *mori voluit*, aber *moriturus sum* durfte er nicht sagen, weil er den Erfolg nicht verbürgen konnte. Auch zwischen *moriar* und *moriturus sum* besteht ein Unterschied; bei *moriturus sum* wird etwas Bevorstehendes schon zur Schilderung der gegenwärtigen Lage benutzt, wenn das zukünftige *mori* schon in der Gegenwart begründet ist; versetzt man sich aber mit seiner Phantasie in die Zukunft und spricht von etwas Zukünftigem, das unter Umständen oder abhängig von anderen zukünftigen Dingen eintreten wird, muss man das einfache Futurum gebrauchen. Cic. ad. fam. II 7 nunquam labere, si te audies, das *labi* wird nicht erfolgen, wenn du auf dich hörst.[1) — Wie übrigens zu einem Participium perf. pass. ein *fuit*, so wird auch zu einem Participium fut. act. noch ein *ero* hinzugefügt, und zwar findet sich eine solche pleonastische Bezeichnung der Zukunft schon bei guten Schriftstellern; s. z. Reisig Anm. 445.

Die Modi.

Auch aus diesem umfassenden Abschnitt können nur die Grundbegriffe deutlich gemacht werden.

Der Indicativ, den wir bereits besprochen haben, drückt also ein wirkliches thatsächliches Sein aus, wenn auch der Satz, in dem es steht, der Form nach untergeordnet ist; der Conjunctiv aber bezeichnet etwas nicht als wirklich (womit nicht gesagt ist: als unwirklich, denn bei *interrogo cur venias* ist der Fragende über das Kommen sicher, nur nicht über den Grund), sondern in Abhängigkeit von einem Andern. Diese Abhängigkeit kann aber eine dreifache sein, die subjective, die objective und die der Inhärenz.

1. In der subjectiven Abhängigkeit stehen alle Sätze, welche den Gedanken des sprechenden oder denkenden Subjects enthalten und als vom Gedanken abhängig bezeichnet sind; denn wenn ich sage, es ist warm, so ist dies auch ein Gedanke oder ein Gefühl von mir, aber es ist als objective Thatsache hingestellt. Zum Ausdruck der subjectiven Abhängigkeit dienen die Verba der Wahrnehmung, des Denkens und Fühlens; auch die des Wünschens und Begehrens, denn auch dies ist ein Gegenstand der Vor-

---

[1) [Sehr bezeichnend für diesen Unterschied ist Cic. de div. II 8, 21 quoquo enim modo nos gesserimus, fiet tamen illud, quod futurum est.]

stellung. Mithin gehört hierher alles, was man indirecte Rede oder Oratio obliqua nennt, die Zwischensätze des Accus. cum Infinitivo, wenn sie weitere Ausführungen des Gedankens des Wahrnehmenden sind (also *Gaius fatetur scripsisse se librum, qui pessimus sit,* wenn dies die Ansicht des G. ist, dagegen *qui — est,* wenn die des Referenten), indirecte Fragen, als Gegenstände des Wissens und Denkens des Fragenden, Sätze mit *ut,* wenn sie die Absicht ausdrücken, also auch mit *ne,* mit *quo* und *quominus;* endlich Sätze mit den causalen Partikeln *quod, quia, quoniam,* sowie auch mit temporalen und conditionalen, welche an sich nicht bezeichnen, dass etwas Gegenstand des Denkens von Jemand ist; *quod* kann den Indicativ oder den Conjunctiv nach sich haben, je nachdem der Grund ein factischer oder ein nur gedachter ist: *dolet quod iniuriis adfectus est* setzt die Beleidigung als Thatsache und demnach als Gegenstand der Betrübniss, *dolet quod — sit* bezeichnet den Grund der Betrübniss als vom Gedanken des *dolens* abhängig, ohne über die Thatsache etwas auszusagen. Dasselbe gilt von den anderen causalen und den temporalen und conditionalen Partikeln.

Für den Gebrauch der Tempora ergiebt sich das Gesetz aus der Natur der subjectiven Abhängigkeit. Was Gegenstand des Denkens Jemandes sein und als solches bezeichnet werden soll, muss nothwendig in die Zeit gelegt werden, in welcher das Denken stattfindet, denn sonst würde ja das Denken den Gegenstand nicht treffen. Mithin müssen die Tempora bei subjectiver Abhängigkeit gleichartig sein, präsentische mit präsentischen, historische mit historischen verbunden werden, wobei die futurischen unter den präsentischen eingeschlossen sind, weil das Futurum stets in Relation zum Präsens steht. Also *opto ut venias, scio cur venias* und *venturus sis; sciam cur venias* und *venturus sis; sciebam, scivi, sciveram, cur venires, venisses, venturus esses.* Uebrig ist noch das präsentische Perfect, auf das präsentische und historische Tempora folgen können, weil es zweierlei umfasst: die Beziehung auf die Gegenwart und andererseits die Vergangenheit, die in Beziehung zur Gegenwart gebracht wird; Beides kann aber auch getrennt werden, und so steht, je nachdem das eine oder das andere hervortritt, der Conjunctiv eines präsentischen oder eines historischen Tempus; *cognovi, cur venias,* ich habe dies gemeint und weiss es nun, *cur venires,* ich habe dies erfahren durch eine vorangegangene Erkundigung. Noch klarer können wir diesen Unterschied bei den Absichtssätzen erkennen: *haec exposui, ut intellegatis,* ich habe dies auseinandergesetzt und bin fertig damit; fasse ich dagegen die Absicht ins Auge, die mich während der Exposition begleitet hat, so heisst es *ut intellegeretis.* In vielen Fällen ist Beides möglich, in einem aber nur das Letztere, wenn man nämlich bei seiner Exposition die Ueberzeugung gewonnen hat, dass man mit ihr seine Absicht nicht erreicht hat; denn hier kann das *ut intellegeretis* nur von der vorangegangenen Thätigkeit abhängig gemacht werden; *ut intellegatis* würde die Absicht als immer noch vorhanden und den noch dauernden Wunsch, dass es verstanden werden möge, aussprechen.[1])

---

[1]) [Für das historische Präsens ist die Tempusfolge eine sehr verschiedene, je nachdem die Bedeutung oder die Form hervortritt; fast ausnahmslos aber hat Cicero den Conj. Praeteriti gesetzt, wenn der Nebensatz vorausgeht; Stellen wie virgis ne caederetur monet, ut caveat (in Verr. V 44, 116), sind bei ihm nicht selten. S. Draeger I S. 208 ff. und das dort citirte Programm von Reusch (Elbing 1861).]

Während aber in diesen Fällen die Wirklichkeit des durch den Conjunctiv ausgedrückten Seins keineswegs geleugnet wurde, kann doch auch der vorkommen, dass etwas Gegenstand des Denkens wird, was in der That nicht ist, sondern nur gesetzt wird, nämlich bei Condicionalsätzen. Da entsteht eine doppelte Nothwendigkeit, die Unwirklichkeit auszusprechen, einmal wegen der subjectiven Abhängigkeit und dann wegen der realen mangelnden Wirklichkeit der Sache, auf welche sich das Denken bezieht. Man muss also sagen *scio, cur venires, etiamsi plueret*, wobei der Conj. Imperf. *veniret* nach dem Präsens die Bedingtheit bezeichnet. Der Conjunctiv Plusquamperf. verwandelt sich dagegen in ein Partic. Futuri mit dem Conjunctiv perf. *fuerim*, und zwar gleichviel, ob ein Präsens oder Präteritum vorausgeht, also *scio* und *sciebam, cur venturus fueris, etiamsi pluisset*, ein stehendes von den guten Schriftstellern streng beobachtetes Gesetz, welches vor nicht gar langer Zeit erst wieder entdeckt worden ist; Cic. pro Ligar. 12, 34 an potest quisquam dubitare, quin, si Q. Ligarius in Italia esse potuisset, in eadem sententia fuerit futurus? Liv. II 1, 3 neque ambigitur, quin Brutus idem pessimo publico id facturus fuerit, si — priorum regum alicui regnum extorsisset. Senec. ep. 32, 3 cogita, quantum additurus celeritati fueris, si a tergo hostis instaret. Liv. IV 38, 5 nec dubium erat, quin, si tam pauci simul obire omnia possent, terga daturi hostes fuerint. XXVIII 16, 2 adeo citato agmine ducti sunt, ut, si via recta vestigia sequentes issent, haud dubie adsecuturi fuerint. Liv. XXIV 26 eo cursu se ex sacrario proripuerunt, ut, si effugium patuisset in publicum, impleturae urbem tumultu fuerint. pro Sull. 15, 44. Val. Max. II 8, 2. Quint. IX 2, 41 mire tractat hoc Cicero pro Milone quae facturus fuerit Clodius, si praeturam invasisset. Plin. n. h. XXXIII 13. Aur. Vict. de vir. ill. 33, 2. Tac. hist. I 26. Vgl. z. Reisig Anm. 500, wo jedoch unrichtig als Grund für diesen Gebrauch angegeben ist, dass man eine gewisse Gleichmässigkeit habe herbeiführen wollen, s. Dietrich in d. ob. S. 222 citirten Abh. S. 30. Die Erklärung ist vielmehr ohne Zweifel daher zu entnehmen, dass der Indic. Perf. mit dem Partic. Fut. statt eines Conjunct. Plusquamperf. ebenso dem lateinischen Sprachgebrauch angemessen ist, wie wir es ob. S. 220 bei *poteram* und *debebam* gesehen haben; das Condicionale liegt in dem Partic. Futuri und braucht nicht noch einmal in der Form von *esse* ausgedrückt zu werden; da also *dicturus fui* schon an Stelle des *dixissem* steht, so kann bei einer Abhängigkeit, die den Conjunctiv erfordert, nur *dicturus fuerim* für *d. fui* eintreten;[1]) zwischen subjectiver und objectiver Abhängigkeit wird dabei kein Unterschied gemacht. Abweichungen von dieser Regel finden sich selten und bei nicht mustergültigen Schriftstellern; in dem Streben nach Gleichmässigkeit hat sie ihren Grund Vellei. II 125, 1 neque diu latuit, aut quid non impetrando passuri fuissemus aut quid impetrando profecissemus; ohne eine solche Entschuldigung aber heisst es paneg. VI (VII) 19, 5 tanta fiducia morum omnem milites invaserant, ut statim sine dubio ascensuri fuissent, nisi — coniecturam oculorum sublimitas fefelliset.[2]) Nach den

---

[1]) [Daher auch in irrealen Bedingungssätzen *potuerim, oportuerim* und ähnlichen Ausdrücken nach einem Präteritum, wie Liv. XXIV 42, 3 haud dubium fuit, qui, nisi ea mora intervenissent, castra eo die Punica capi potuerint.

[2]) [Mit dem Plusquamperf. des einfachen Verbums schon vereinzelt bei Liv. II 33, 10 tantumque sua laude obstitit famae consulis Marcius, ut, nisi foedus cum Latinis columna

Verbis des Wünschen und Verlangens kann dieser Fall übrigens überhaupt nicht vorkommen, weil dies doch nicht auf etwas gerichtet sein kann, dessen Unmöglichkeit man im Voraus weiss; also wäre es ein Unsinn zu denken *cupio, ut scriberes, si posses*, nur *cuperem, ut scriberes, si p.*, wenn man also auch das Wünschen selbst bedingt sein lässt.

Noch eine Bemerkung über die Tempora in Absichtssätzen. Das, was man beabsichtigt, wünscht, kann naturgemäss nicht in der Vergangenheit, sondern nur in der Zukunft liegen. Gleichwohl kommen dem widersprechende Tempusverbindungen vor: Plaut. Truc. II 3, 9 suade iam, ut satis laverit, doch hat hier *satis lavit* den Sinn „aufhören zu baden", also ist der Widerspruch nur ein scheinbarer. Plin. paneg. 12, 2 paciscimur, ut vicerimus, wir bedingen uns aus, dass wir gesiegt haben, also als Sieger anerkannt werden. Cornif. ad Herenn. II 21, 33 vitandum est in expositione, ne quando — aliquam idoneam orationis partem reliquerimus (der Fehler, dass man am Schluss der Rede merkt, man habe etwas ausgelassen, ist zu vermeiden). Liv. XXXIX 16, 5 optare unus quisque vestrum debet, ut bona mens suis omnibus fuerit. Senec. suas. 2, 3 p. 11 B. moriamur trecenti, ut hic primum invenerit (Xerxes) quod mutare non posset.[1]

2. Die objective Abhängigkeit tritt ein, wenn das Sein nicht vom Denken und Wahrnehmen eines Subjects abhängig gemacht wird, sondern von in den realen Verhältnissen liegenden Ursachen, auf welche das Denken oder Wollen der Menschen keinen Einfluss hat. Solche Sätze sind die mit *ut*, wenn es die reale Folge bezeichnet („sodass", negirt *ut non*), auch zum Theil die mit *donec*, das aber je nach der Natur der Sache auch eine subjective Abhängigkeit anknüpfen kann; sie folgen auf *talis, tantus, ita, sic, tam*, und andere Wörter, welche auf die reale Beschaffenheit der Dinge hinweisen, oder auf Verben, welche bedeuten „eine Folge haben oder herbeiführen".

Hat nun aber etwas eine Folge und zwar eine solche, welche aus der objectiven Beschaffenheit der Dinge hervorgeht, so versteht es sich, dass die Folge allemal später ist als die wirkende Ursache, und daraus entwickelt sich für die Folge der Zeiten das Gesetz, dass das abhängige Tempus hinter dem regierenden liegen muss. Der Raum der Zukunft hat jedoch nichts hinter sich, ist aber selbst gross genug, sodass die Wirkung einer Ursache in der Zukunft auch in der Zukunft liegen kann; eine in der Gegenwart wirkende Ursache kann ihre Wirkung in der Gegenwart haben, ausserdem aber in der Zukunft, eine der Vergangenheit wieder in der Vergangenheit, oder in der Gegenwart und Zukunft. Dies Gesetz ist in der Natur der Dinge begründet, im Uebrigen aber sind alle Verbindungen erlaubt, weil und so fern sie eben möglich sind und der Wirklichkeit entsprechen. Ausnahmen sind nur scheinbar: Cic. Tusc. II 25, 61 nec committam, ut dolor corporis efficiat, ut frustra tantus vir ad me venerit, wo das Gewicht auf frustra zu legen ist: sein Kommen ist umsonst. Tacit. hist. I 84 sic fit, ut hinc res publica, inde hostes rei p. constiterint, wo das

---

aenea insculptum monumento esset, — memoria cessisset; ebenso findet sich das Plusquamperf. der Conj. periphrast. bei ihm; s. Weissenborn z. X 45, 3.]

[1] Auf Curtius IX 2, 29 dürfte wohl dieser Gebrauch nicht anzuwenden sein: rogo vos —, ne infregeritis; richtiger nimmt man *ne infregeritis* als einen unabhängigen Imperativsatz. [So auch Vogel in seiner Ausgabe, der vor *ne inf.* einen Punkt setzt.]

Perfect nur den aus dem *consistere* hervorgegangenen Zustand bezeichnet.
Agric. 6 electus a Galba — effecit, ne cuius alterius sacrilegium res p.
quam Neronis sensisset, die Ernennung des Agricola bewirkte, dass der Staat in
der Lage war, kein anderes sacrilegium zu fühlen. [S. Wex z. d. St.] An
anderen Stellen, die hierher zu gehören scheinen, wird eine Absicht anzunehmen sein.

Die Fälle, die vorkommen können, sind zu Reisig Anm. 478 aufgeführt:
hic liber mihi adeo placet, ut cum commendem, commendaverim (präsent.
Perfect; die in der Gegenwart vollendete Handlung kann sehr gut mit der
noch fortdauernden Ursache verbunden werden), *commendaturus sim amicis
meis; placet, ut commendarem* wäre an sich nicht denkbar und würde nur
möglich, wenn zu der objectiven Abhängigkeit die condicionale hinzuträte:
adeo placet, ut commendarem, si possem, wofür aber das correcte Latein
auch vorzieht *adeo placet, ut, si possem, commendaturus sim.* — Dann *pla-
cebit, ut commendaturus sim* und bei doppelter Abhängigkeit *ut commendarem, si possem;* vgl. Cic. in Verr. V 53, 139 omnia — sic erunt illustria, ut ad
ea probanda totam Siciliam testem adhibere possem.[1]) — *Placebat adeo, ut
commendarem;* dagegen wären *placebat, ut commendaverim, commendem, commendaturus sim* sehr auffallend, wenn auch nicht unmöglich; denn es wird
eine von der Gegenwart aus bezeichnete Folge, *commendem,* von einer relativen Vergangenheit abhängig, die also auch wieder in Bezug auf eine
andere Vergangenheit gedacht ist; vgl. Cic. ad Att. I 14, 1 distinebar, ut
vix huic tantulae epistolae tempus habuerim, wo also die Folge einer relativen Vergangenheit in der Gegenwart liegt; *placebat, ut commendassem* ist
nur im Condicionalsatz möglich, und auch da sagt man lieber *ut commendaturus fuerim, si* —. — *Placuit* als präsentisches Perfect, *ut commendaverim, commendarem, commendem, commendaturus sim* und *essem. Placuit*
als historisches Perfect, *ut commendarem,* dies das naturgemässe; *placuit, ut
commendaverim* enthält nach älterem Sprachgebrauch eine geschichtliche
Thatsache mit einer in die Gegenwart hineinreichenden Folge, und zwar so,
dass der Erzählende über sie ein Urtheil abgiebt, seit Livius zwei historisch
gleich wichtige Ereignisse, sodass Ursache und Wirkung coordinirt sind;
doch erstreckt sich dieser Gebrauch auch in der Kaiserzeit immer nur auf
das Activ, während im Passiv die präsentische Bedeutung festgehalten
wird.[2]) — *Placuerat adeo, ut commendassem* (wodurch die Relation auf die
in *placuerat* liegende Zeit noch einmal nachdrücklich hervorgehoben werden
soll) oder *commendarem* (einfache Gleichzeitigkeit beider Verba); *ut commendaverim, commendem, commendaturus sim* würde an sich nicht unmöglich,
aber ein sehr schroffer Uebergang aus der temporalen Abhängigkeit des Prä-
teritums in die Gegenwart sein, sodass man naturgemäss das Ereigniss von
seiner Abhängigkeit in der Vergangenheit trennt und es so stellt, dass seine
Beziehung mit der Gegenwart nicht in Widerspruch geräth: *liber placuerat
adeo et placet adhuc, ut commendem* etc. Tacit. ann. II 81 praemiis vocans

---

¹) So Zumpt [nach den besseren Handschriften], weil Cic. in Wirklichkeit Sicilien
nicht zu Zeugen genommen hat; vor ihm stand *possim* im Texte, und es mag dahin gestellt sein, ob dies nicht vielleicht richtiger gewesen ist.
²) [Hierüber hat Draeger eine besondere Abhandlung „Untersuchungen über den
Sprachgebrauch der röm. Historiker" (1860) geschrieben, aus der er in der histor. Syntax I
S. 241 ff. einen Auszug gegeben hat.]

seditionem coeptabat adeoque commoverat, ut signifer legionis sextae signum ad eum transtulerit ist nach dem spätern Sprachgebrauch zu beurtheilen, sodass wir *transtulerit* als historisches Perfect fassen, welches dem Gedanken nach dem *commoverat* coordinirt ist und nur zufällig in grammatische Abhängigkeit und deshalb in den Conjunctiv gekommen ist.

Diese Verschiedenheit der Abhängigkeit muss ins Auge gefasst werden, um zu bestimmen, wann das Reflexiv *suus* und *sui, sibi, se* in Beziehung auf das Subject des regierenden Satzes gebraucht wird. Es geschieht dies nämlich bei der subjectiven, nicht aber bei der objectiven, denn bei der letzteren wird der abhängige Satz nicht als ein Bestandtheil des regierenden betrachtet. Also *Gaius tam ingenue professus est, quae sua culpa esset* (indir. Fragesatz), *ut* (von *tam* abhängig) *ei poenam condonarem,* oder *tam enixe me rogavit, ut sibi ignoscerem, ut ei resistere non possem.* S. zu Reisig Anm. 386.

3. Bei der **Inhärenz** handelt es sich um die Bestimmung von zwei Sätzen durch einander, in der Weise, dass der eine eine immanente Bestimmung zum anderen hinzubringt; man könnte sie also auch Immanenz nennen. Es lässt sich dies Verhältniss weder zur objectiven noch zur subjectiven Abhängigkeit rechnen; dem Sinn nach gehört sie mehr zur ersteren, der Form nach aber folgt sie der letzteren.

Solcher immanenten Bestimmungen nun sind es hauptsächlich zwei Arten: die eine betrifft das Sein selbst, den Verbalbegriff, der in solchen Sätzen enthalten ist und durch ein vorausgehendes Verbum eine immanente Bestimmung empfängt; bei Thätigkeiten, welche Jemand ausübt, ist dies der allgemeinste Begriff der Thätigkeit, das *facere,* welches allen genauer bestimmten als selbstverständlich zu Grunde liegt, bei Specification des Geschehens aber dieser allgemeine, also *fac, ut venias, accidit* oder *contigit, ut venirem.* Natürlich ist hier überall nur ein Ereigniss ausgedrückt, und es muss, wenn der erste Satz nicht durchaus überflüssig sein soll, der allgemeine Begriff irgend einen Sinn haben. Derselbe ist aber darin zu suchen, dass man über die Art, wie sich ein Sein verwirklicht hat, eben nichts anzugeben weiss, als dass es geschehen, sich getroffen, gefügt hat, sodass der Begriff der Zufälligkeit damit verbunden ist *(factum est, ut advenirem eo ipso die, quo Gaius mortuus est),* oder dass man bei einer mit Selbstthätigkeit verrichteten Handlung den Eifer und das eigene Zuthun hervorhebt *(fac, ut venias).* Es sind also gewissermassen diese immanenten Bestimmungen als adverbiale anzusehen. Die andere Art der immanenten Bestimmung trifft nicht das nachfolgende Sein, sondern dessen Subject. Wenn man auch sonst ein Subject gar nicht zu bezeichnen weiss, eins weiss man jedenfalls von ihm, dass es ist, denn sonst könnte ja auch die Handlung nicht sein; es ist also *sunt qui dicant* die allgemeinste Bezeichnung des Subjects, die es geben kann, immer noch unbestimmter als *nonnulli sunt qui dicant* u. dergl.

Hieraus ergeben sich die Sprachgesetze für diese Art der Abhängigkeit.

Obgleich das zweite Verbum eigentlich das enthält, was man aussagen will, so ist es doch in Abhängigkeit gerathen von dem ersten und wird von ihm in grammatischem Sinne regiert. Also übernimmt auch das voraufgehende *(sunt* oder *accidit)* die temporale Bestimmung, das folgende aber muss als jenem inhärirend in den Conjunctiv treten und die untergeordneten

Tempusbestimmungen der Gleichzeitigkeit oder Relativität enthalten. Beide Sätze bilden nur einen Act, wie man sich dies sofort klar machen kann, wenn man die Bestimmung im ersten Fall durch ein Adverbium, im andern durch ein Nomen giebt, *forte venit* und *multi dicunt*. Sonach müssen beide Sein nicht nur in demselben Zeitraum, sondern sogar in demselben Zeitpunkt liegen und die abhängige Zeit sich streng nach der voraufgehenden Selbständigkeit richten: *fac, ut venias, contingit, ut veniat, ut venturus sit; contingebat, contigit, contigerat, ut veniret, ut venisset.* Auch nach einem präsentischen Perfectum ist *ut veniret* das regelmässige; *contigit, ut venerit* würde zweimal dieselbe Zeitbestimmung für denselben Begriff geben und einen unzulässigen Pleonasmus in sich schliessen. Allerdings muss man bei solchen Verbindungen sorgfältig darauf achten, ob eine Abhängigkeit der Immanenz oder eine objective vorliegt, da für die letztere andere Regeln gelten. Tritt also z. B. zu *accidit, ut paene periret* noch eine nähere Bestimmung, welche die Immanenz aufhebt, *ipsius culpa accidit ut paene periret,* so kann man die innerliche Verbindung der Sätze lösen, sie in zwei selbständige verwandeln: *paene periit et hoc ipsius culpa factum est,* was bei *accidit ut p. periret* nicht ausführbar ist, und es ist ein Fall der objectiven Abhängigkeit. Nun ist aber auch noch der möglich, dass weder die beiden Satzglieder einen Satz bilden oder die Aussage eines Seins bewirken sollen, noch auch beide so gesondert sind, dass das zweite Glied als objective Folge des ersten bezeichnet wird, wenn nämlich das erste Glied mit irgend einem Zusatz versehen über das zweite ein Urtheil ausspricht und es nicht die Absicht ist, erst die Verwirklichung des zweiten auszusagen, sondern diese schon besteht, sodass die beiden Sätze im Verhältniss von Subject und Prädicat sich zu einander befinden; dann muss es heissen *optime* oder *magna adhibita diligentia fecit quod venit,* denn *ut veniret* würde bedeuten, dass das Subject in einer bestimmten Weise die Verwirklichung herbeigeführt hat, also der objectiven Abhängigkeit zufallen *(= venit idque fecit magna adhibita diligentia.)*

Den gleichen Regeln, wie *contingit* etc. *ut,* folgt nun aber auch hinsichtlich Modus und Tempus *sunt qui,* obwohl hierüber, zumal da *sunt qui —* *dicant* und *dicunt* in den Handschriften leicht in einander übergehen konnte, vielerlei Streit obwaltet, s. z. Reisig Anm. 507, Bentley z. Hor. sat. 1 9, 55 u. C. G. Herzog, observ. part. XIV, in qua agitur de Latinorum formula *sunt qui,* Gera 1842, ebenso die immanenten Angaben der Ursache *est quod, est cur, habeo quod, habeo cur;* also *sunt qui dicant, dicturi sint, dixerint; erant, fuerunt, fuerant, qui dicerent, dixissent,* indem für *sunt* dasselbe gilt wie oben für *contigit.* Den Indicativ muss man für Sätze, die nur eine immanente Bestimmung enthalten, also kein eigenes Sein, leugnen; *sunt qui dicunt* wäre auch wieder ein logischer Pleonasmus, denn da *dicunt* etwas sich thatsächlich Verwirklichendes bezeichnet, setze ich bereits die, welche sagen, als seiend voraus, und so liegt *sunt qui* schon in dem *dicunt.* Noch mehr leuchtet dies ein, wenn das erste Satzglied negirt ist: *non sunt qui dicant; dicunt* würde dem *non sunt* logisch widersprechen, da es ein Sein der Person, die da redet, aussagt, und das *non sunt* es wieder aufhebt. Etwas anderes ist es, wenn zu dem *sunt* noch eine Bestimmung hinzutritt, z. B. *multi,* dann kann man fortfahren *qui dicant* und auch *qui dicunt,* denn so wird, wie oben bei *quod,* der erste Satz zum Prädicat, der zweite zum Subject; Personen, welche sagen, werden dann vorausgesetzt und *sunt* ist nicht mehr Verbum existentiae sondern Copula; auch *nulli sunt qui dicunt* ist möglich: von den Leuten, die da sagen, behaupte ich, dass sie Nullen sind. Hier haben wir nicht mehr das Verhältniss der Immanenz. Auch Cic. in Verr. IV 43, 95 findet ein solches nicht statt: nemo Agrigenti neque aetate tam affecta neque viribus tam infirmis fuit, qui non illa nocte — telum — arripuerit, da auch Ort, Alter und Kräfte in dem Vordersatz bestimmt sind, und also ist auch an dem Tempus kein Anstoss zu nehmen. Dagegen giebt es in späterer Zeit bei Schriftstellern, welche die grammatischen Regeln weniger genau beobachten oder für dieselben kein klares Verständniss mehr besitzen, allerdings Abweichungen, namentlich bei den Zeiten der Vergangenheit (vgl. z. B. Valer. Prob. z. Verg. buc. 6, 31 p. 21 Z. 2 u. Z. 14 ed. Keil.).

Endlich ist noch zu bemerken, dass auch die condicionale Abhängigkeit hier eintreten kann und sich also die Abhängigkeit verdoppelt: Cic. in Verr. V 59, 154 nihil est quod te mallem probare; in den einfachen Ausdruck *nihil est quod te malim probare* hat Cicero durch *mallem* noch eine Bedingung hineingelegt, indem er den Satz mit *si* aus dem Zusammenhang ergänzen lässt.

C. Correlative Verbindung.

Wenn die Bedeutung eines Wortes durch ein anderes bestimmt worden, diese Bestimmung aber in dem Masse stattfinden soll, wie ein anderes stattfindet, so giebt dies die correlative Verbindung, *vir tam doctus quam ingeniosus,* und eine Anwendung dieser correlativen Bestimmung auf Sätze und den Grad der Wirklichkeit die Condicionalsätze.

I.

Sachregister.

Ableitungen, Reichthum an denselben erst in der zweiten Periode der Sprachbildung I, 68; Einordnung der Lehre von denselben in die Etymologie I, 72; Ableitung der Nomina von Nominibus I, 111, von Verbis I, 112 f.; von Interjectionen abgeleitete Wörter I, 77. —

Absichtssätze, Consecutio temp. in denselben II, 226. —

Absoluter Ablativus s. Ablativus; absoluter Accusativus s. Accusativus.

Abstimmen, Verba des, eigenthümlicher Gebrauch derselben I, 178. —

Abstracta, erst Product der zweiten Periode der Sprachbildung I, 67; Abstr. gebildet von einem Eigennamen I, 149; Abstr., welche Eigenschaften und abstract gedachte Handlungen bezeichnen, sind Feminina I, 90; Abstr. für Concreta gesetzt I, 139. 175. 181, für Collectiva gesetzt I, 139 f.; Abstr. zur Bezeichnung von Personen gebraucht I, 140; Abstr. im Pluralis I, 141; Singularis der Abstr. als Apposition zu einem Pluralis gesetzt I, 145; Abstr. unterschieden von dem substantivirten Neutrum eines Adjectivums I, 154; Abstr. bei den ältesten Autoren wenig gebraucht I, 175. —

Accusativus des Neutrums eines Adjectivums als Adverbium gebraucht I, 114 f. 130. 157. II, 58. —

Acc., falsche Auffassung desselben durch Sanctius I, 23; seine Bedeutung und Eintheilung I, 60. II, 49 f.; A. Acc., wenn das Sein sich selbst zum Object hat, II, 50 ff.; Acc. des Neutrums eines Pronomens II, 50 f.; immanenter Accusativus, a) der blosse Acc. im eminenten Sinne gebraucht II, 53; b) immanenter Acc. mit näherer Bestimmung durch ein Adjectivum oder Adverbium II, 54; c) immanenter Acc., wenn der Begriff auf der einen Seite mit der hinzugefügten näheren Bestimmung in ein Wort zusammengezogen ist, II, 54 f.; imman. Acc. von Quintilian fälschlich als Gräcismus bezeichnet II, 56; Neutrum Singularis eines Adjectivums als imman. Acc. nur bei Dichtern und in der Kaiserzeit bei Prosaikern gebraucht II, 56 f.; Neutrum Pluralis eines Adjectivums als imman. Acc. II, 57. —
B. Acc. als materielle Begrenzung des Seins II, 57 ff.; a) Acc. des Neutrums eines Adjectivums, eine unbestimmte Substanz bezeichnend, welche ein Sein erfüllt, II, 58 f.; Acc. des Neutrums eines Adjectivums, eine unbestimmte Masse bezeichnend, abhängig von einem Adjectivum II, 59; Acc. des Neutrums eines Ad-

jectivums eine unbestimmte Ausdehnung im Raume und der Zeit bezeichnend II, 59. 60. — b) Acc. als Massbestimmung des Raums II, 60 f.; als Massbestimmung der Zeit II, 61 f.; Acc. als Massbestimmung der Zeit bleibt im Passivum II, 61 f. — c) Acc. ein Mass in bildlichem Sinne bezeichnend (Accusativus respectivus oder graecus) II, 63 ff. 101; der Acc. resp. muss ein Accidens des Subjects bezeichnen II, 66 f.; ursprünglich intransitive Verba mit Acc. resp., Uebergang derselben durch Bedeutungswechsel in transitive Verba II, 67 f.; Acc. eines Massobjectes bleibt im Passivum II, 70; Acc. des Ziels bleibt im Passivum II, 70. —
C. Acc. der äusseren Objecte, Begriff und Eintheilung derselben II, 69. 70 f.; Acc. bei Verben, welche als Causativa von einem Zustand erscheinen, II, 71; bei Verben, welche von Substantivis abgeleitet sind und den Begriff des Substantivs an dem Object zur Erscheinung bringen, II, 71; bei Verben, die von Adjectivis abgeleitet sind und die Eigenschaft an einem Object zur Erscheinung bringen, II, 71; Acc. bei Verben, welche das Hervorbringen eines Productes bezeichnen, II, 72; Acc. bei zusammengesetzten Verben, die ursprünglich intransitiv waren, II, 73 f.; 130 f.; Acc. bei ursprünglich intransitiven Verben in Folge eines Bedeutungswechsels II, 74; Acc. bei Deponentien in Folge eines Bedeutungswechsels II, 74 ff. — Locale Accusative auf die Frage: wohin? II, 80 ff.; dieselben bei den Griechen nicht vorhanden II, 82. —

Doppelte Accusative II, 82 ff.: Acc. abhängig von einem andern Acc. II, 82 f.; doppelte Acc. abhängig von demselben Verbum II, 83 ff.: a) Massobject der Zeit neben einem andern Object II, 83 f.; b) Massobject des Raums neben einem andern Object II, 84; c) immanente Objecte neben einem andern Objecte, sehr selten II, 84 f.; neutrale immanente Objecte, welche die Bedeutung von Grund und Zweck haben, neben einem andern Object II, 85 f.; d) doppelter Acc. nach den Verbis docere und celare II, 87 f.; doppelter Acc. bei orare, rogare, interrogare II, 89 f.; doppelter Acc. bei poscere, postulare, flagitare II, 90 f. — Doppelter Acc., von denen der eine fälschlich als Acc. respect. bezeichnet wird, II, 92. Erklärung des doppelten Acc. bei docere etc. II, 93. —

Scheinbar unregelmässige Acc.: 1) Acc., abhängig von einem Substantivum a) in Verbindung mit esse II, 98 f., b) von einem Verbalsubstantiv in Verbindung mit esse, bei den Komikern und in juristischen Ausdrücken II, 99, c) von einem blossen Verbalsubstantiv II, 99 f.; 2) Acc. abhängig a) von einem Adjectivum mit esse II, 101, b) von einem Adjectivum, welches von einem transitiven Verbum abgeleitet ist, II, 101; 3) Acc. bei Präpositionen II, 102 f.; 4) Acc. im Ausruf, bezeichnend den Inhalt der Empfindung II, 103 f.; 5) elliptischer Acc. II, 105 ff.; 6) absoluter Acc., scheinbar, a) durch einen Zwischensatz hervorgerufen, hauptsächlich bei den Komikern II, 108 f. 46; b) Resultat und Zweck des ganzen vorhergehenden Satzes bezeichnend II, 110 f. — Wirklicher absoluter Acc. nur spätlateinisch II, 112. —

Accusativus cum Infinitivo, Erklärung desselben I, 220. —

Activum, Zeit, in welcher die Bildung des Activums und Passivums erfolgt ist, I, 56. 105; Bedeutung des Act. I, 56; Unterschied der Bedeutung des Activums und Passivums II, 71; Activa mit passiver Bedeutung I, 106. —

Adhärenz, Begriff derselben I, 213. —

Adjectivum, später entstanden als das Substantivum I, 83; das entgegengesetzte Extrem vom nomen proprium I, 52; sein Verhältniss zum Collectivum I, 53; Bedeutung der Adj. nach der 3. Decl. I, 85; Bedeutung der Adj. nach der 2. Decl. I, 85; synonyme Adj. nach verschiedenen Declinationen, Unterschied der Bedeutung derselben I, 85 f.; indeclinable Adj. I, 88; Adj., von denen kein Adverbium abgeleitet wird, I, 113; Adj. auf -osus, nicht zusammengesetzt mit der Negationspartikel iu-, I, 127; Adj. mit activer und passiver Bedeutung I, 169; Adj. verbunden mit Substantivis, Begründung der Regeln darüber I, 211; Adj. mit Substantivum zu einem neuen Begriff verschmolzen I, 212; Adj. vor das Substantivum gestellt I, 212, dem Substantivum nachgestellt I, 213; mehrere Adj. mit einem Substantivum asyndetisch verbunden I, 216 f.; Adj., nicht gern mit einem nomen proprium in der klassischen Zeit verbunden II, 15. — Adjectiva dreier Endungen nach der 3. Decl., Hinneigung derselben zum Substantivbegriff I, 83; Grund des substantivischen Gebrauchs mancher Adj. I, 84; Adj. zu Beinamen geworden I, 216; Adj. zu nomina propria geworden I, 137; Adj. zu Substantiven geworden I, 140. 150; substantivischer Gebrauch der Adj. im Singularis und Pluralis I, 149 f.; Masculina der Adj. substantivisch gebraucht I, 151; Feminina der Adj. selten substantivisch gebraucht I, 151; bei Femininis der allge-

meine Gattungsbegriff bisweilen weggelassen I, 150. 151; substantivisch gebrauchte Adj. selten mit einem andern Adj. verbunden I, 153; Neutrum eines Adj. substantivisch gebraucht I, 152; substantivirte Neutra fast nur im Nominativus und Accusativus gebräuchlich I, 153; Neutrum. der Adj. im Nominativus oder Accusativus, adverbial gebraucht I, 114. 130. 157. II, 58; Neutrum eines Adj. im Acc., eine Quantität bezeichnend, scheinbar adverbialisch gebraucht II, 58 f.; Acc. sing. des Neutrums eines Adj. als immanentes Object gebraucht, nur dichterisch und bei den Prosaikern der Kaiserzeit II, 56 f.; Acc. Plur. des Neutrums eines Adj. als immanenter Acc. gebraucht II, 57; Acc. des Neutrums eines Adj. als Acc. respect. gebraucht II, 63 f. 65; substantivirtes Neutrum eines Adj. mit dem Genetiv eines Subst. I, 154. II, 6 f.; Neutra der Adj. mit folgendem Gen. part. II, 28; dieselben in der klassischen Zeit nur im Nom. und Acc. ohne Präposition gebraucht II, 30; Neutrum eines Adj. mit Gen. part. und Neutrum eines Adj., verbunden mit dem Neutrum eines andern Adj., Unterschied beider Verbindungen II, 30; Neutrum eines Adj. mit abhängigem Gen. eines andern Adj., Grenzen des Gebrauchs II, 31; attributives Adj. und Gen. oder Abl. qual. zu einem Subst. gehörig II, 33. 189; Adj. relativa mit dem Gen. II, 19 f.; absoluto Adj. bei Dichtern und Prosaikern der Kaiserzeit mit dem Gen. verbunden II, 20 f.; Adj. verbunden mit dem Gen. oder dem Acc. respect., Unterschied II, 65; Trajection der Adj. II, 46 f.; Adj. mit esse oder Acc. regierend II, 98 f. 101; Adj. der Gleichheit, Aehnlichkeit, Uebereinstimmung, Nähe mit dem Dativus II, 133 ff.; Adj. mit dem Dat. comm. der Person II, 156, mit dem Dat. comm. der Sache II, 159; Neutrum eines Adj. im Ablativus mit folgendem Gen., temporal gebraucht II, 197. 200; Neutrum eines Adj. im Abl. mit folgendem Gen., local gebraucht II, 203; Adj., eine Zeitbestimmung enthaltend, anstatt der Adverbia I, 129. II, 205; Adj. mit dem Infinitivus bei Dichtern I, 220. —

Adverbia, Entstehung derselben I, 60; Adv. primitiva, ungeformte Stämme I, 61. 77; abgeleitete Adv. I, 113; Endungen der von Adj. abgeleiteten Adv. I, 113; Bedeutungsunterschied bei Adv. verschiedener Endung, die von demselben Adjectivstamm abgeleitet sind, I, 114; Adv. von Substantivis abgeleitet I, 115, von Prononiminibus abgeleitet I, 116; Adv. von Participien abgeleitet I, 157. — Adv. anstatt

dem Präs. und Imperf. Pass., sehr selten in der klassischen Zeit II, 151. Dat. comm. und incomm. in Bezug auf eine Person, seine Anwendung in der Kaiserzeit II, 154 ff.: passive Verba des Verfliessens der Zeit mit dem Dat. der Person II, 154; passive Verba, welche das Eigenthum bezeichnen, mit dem Dat. der Person II. 154 f.; Adjectiva auf -bilis, mit passiver Bdtg mit dem Dat. der Person II, 156. — Dat. comm. und incomm. der Person, ihren localen Standpunkt bezeichnend II, 157, ihren geistigen Standpunkt bezeichnend II, 157. — Dat. comm. und incomm. in Bezug auf eine Sache II, 158 ff.: bei Adjectivis II, 159, bei Verbis II, 159. — Doppelte Dative II, 160 ff.: esse mit dem doppelten Dat. II, 160 f.; Dat. ethic. neben einem andern II, 161; doppelte Dat. bei localen Verben, dieselbe Richtung bezeichnend II, 161 f.; doppelte Dat., welche sich auf einen und denselben Begriff beziehen II, 163 ff.; bei nomen est II, 163; bei licet etc. bei abhängigem Infinitivus II, 164; Dat. des Part. Präs. Act. neben einem andern Dat. II, 164 f. — Unregelmässige Dative II, 165 ff.: Subst. verbalia mit einem Dat. II, 165; Subst. mit esse, den Dativ regierend anstatt des Gen. II, 165; bei Verwandtschaftsverhältnissen der Dat., abhängig von einem Subst. mit esse II, 166; Dat. bei einem Nomen allein, das keinen verbalen Sinn in sich enthält II, 167. — Häufigerer Gebrauch des Dat. in der Kaiserzeit II, 131 f. 136 f. 142. 146. 148. 153. 160. 167. —

Decimator, Henr., sein Commentar zur Syntax des Melanchthon I, 20.

Declination, Bestimmung derselben durch die Endung I, 81; Eintheilung derselben I, 82; 2. u. 1. Decl. jüngeren Ursprungs als die 3., Verhältniss der 4. und 5. Decl. zur 3. I, 82; Bdtg. der starken und schwachen Decl. I, 83 Anm. 1; Einordnung der Declinationen in die Etymologie I, 72. —

Definition der grammatischen Begriffe, von Sanctius in der Syntax zuerst consequent durchgeführt I, 23. —

Deminutiva, adjectivisch gebildet I, 86; Genus derselben I, 91; Demin. mit parvus pleonastisch verbunden I, 198. —

Deponentia, Ursprung derselben I, 106; Bdtg der Dep. nach der 1. Conj. I, 107, nach der 2. Conj. I, 108; Part. Fut. Pass. der Dep. mit passiver Bdtg. I, 164; Dep., ursprünglich unfähig einen Acc. zu sich zu nehmen, durch einen Bedeutungswechsel transitiv geworden II, 74 f. —

Derivata, die meisten Verba der 1. Conj. I, 99, dsgl. der 2. Conj. I, 97. —

Desiderativa, abgeleitet von Part. Fut. Act. I, 102. —

Despauterius, seine grammatischen Werke I, 19. 20 f.; ihre Verbreitung I, 28. —

Deutsche Grammatik, ihr Einfluss auf die lat. Gramm. I, 34. 35; Nachtheile für die Darstellung der lat. Syntax, hervorgehend aus der Anlehnung an die deutsche Gramm. I, 37. —

Dichternamen, dem Namen des Werkes voran- oder nachgestellt, Unterschied II, 25 Anm. 1. —

Didymus, Grammatiker I, 9. —

Diomedes, Grammatiker I, 11; nach ihm nur 3 Conj. I, 101.

Döderlein, seine Synonymik I, 188 f. —

Donatus I, 11; seine Benutzung im Mittelalter I, 13. —

Dutrey, seine Grammatik I, 26. 29. —

E

Eberardus oder Everardus, sein Graecismus I, 13. —

Eckstein, seine Grammatik I, 27. —

Eichhoff, seine Schulgrammatik I, 36. —

Eigenschaft, Gen. der, II, 33 ff.; Abl. der Eig. II, 186 ff.; Unterschied beider II, 187; Eigenschaften der Personen und Sachen vertauscht I, 181. —

Eigenthum, Verba des äusserlichen und geistigen, in der Kaiserzeit mit dem Dat. II, 154 f. —

Ellendt, seine Syntax I, 32. —

Ellipse, Missbrauch derselben durch Sanctius I, 23. 24. 25. 202. II, 169; vielfach aus der Grammatik durch Seyfert entfernt I, 31; fast ganz beseitigt durch die Hermann'sche Schule I, 33; ihre Einordnung in die Bedeutungslehre I, 128; Begriff derselben I, 201 f.; rhetorische und grammatische Ellipse I, 203 ff.; keine Ellipse bei Adjectiven, die zu Substantiven geworden I, 150; keine Ellipse bei esse mit dem Gen. der Person II, 78; Verhältniss der Ellipse zum Pleonasmus I, 203. —

Empfindungslaute, das erste rohe Material der Sprache I, 49; zuerst instinctmässige, dann stehende I, 50. —

Emphasis I, 183. —

Enallage verbi simplicis pro composito II, 129. —

Endungen, durch Annahme derselben werden die rohen Stämme zu formirten I, 80; sie bestimmen Genus, Numerus und Declination I, 81; Personalendungen des Verbi I, 94; Endungen der Adverbia, Unterschied derselben I, 113; Verlust und Abschleifung der Endungen in der zweiten Periode der Sprachbildung I, 68. —

II, 31 ff.: Gen. qualitatis, Nothwendigkeit eines Attributes bei demselben II, 32 f. 34; Gen. qual. aus einem einzigen Worte bestehend, das die nähere Bestimmung in sich enthält II, 34 f.; Gen. qual. in der klassischen Zeit nicht unmittelbar mit einem Nom. proprium verbunden II, 15; Gen. qual. und attributives Adjectivum, zu einem Substantiv gehörig II, 33; Gen. pret., ein Gen. der Eigenschaft II, 35 f.; Gen. von Adjectivis bei interest und refert II, 35; Gen. pret. bei Verbis des Schätzens und Kaufens, zurückgehend auf den Gen. der Eigenschaft II, 36; Gen. qual. alleinstehend und in dem Casus der Person oder Sache zu denken, zu welcher er eine Bestimmung bringt II, 36; Gen. qual. aus einem Wort bestehend, abhängig von einem Nomen, scheinbar zur Bezeichnung des Zweckes II, 37; scheinbarer Gen. des Zweckes bei Verben, Entstehung des Gebrauchs II, 38; scheinbarer Gen. des Zweckes bei Verben, ausgedrückt durch den Gen. eines Part. Präs. (Fut.) Pass. oder eines Gerundii II, 38 f. — II. Verbindung gleicher Begriffe in ungleichem Verhältniss II, 40 ff.: Gen. eines Nom. proprium, abhängig von einem andern Nom. proprium II, 40 f.; Gen. eines Nom. proprium von einem Appellativum II, 41 f.; Gen. epexegeticus II, 42; Gen. des Gerundiums, zur Erklärung eines Nom. appell. dienend II, 42 f.; Gen. des Gerundiums ohne vorhergehendes Substantivum, zur Umschreibung eines unbestimmten Substantivbegriffes, der in dem Neutrum liegt, dienend II, 43. 44. — Doppelte Genetive, scheinbar von demselben Wort abhängig II, 45; coordinirte Abhängigkeit zweier Gen., wovon das eine ein Gen. Gerund. ist, von demselben Wort II, 45 f. —

Genus der Wörter, bestimmt durch die Endung I, 81; Entstehung desselben I, 87; Schwanken desselben bei manchen Worten, Grund davon II, 91; Genus der Worte, welche lebende Wesen bezeichnen I, 87. 91; Genus der Worte, welche Sachen bezeichnen, Schwierigkeit den Grund desselben zu erkennen I, 88; Genus der Namen der Körpertheile I, 92, der musikalischen Instrumente I, 92; Genus der Deminutiva I, 91; Entstehung und Bedeutung des Neutrums I, 152; Grund des Verlustes eines Genus in den romanischen Sprachen I, 89. —

Gernhard, seine grammatischen Schriften I, 31. —

Gerundium, Acc. bei demselben durch Sanctius für falsch erklärt I, 23; Gen. des Gerund. zur Bezeichnung des Zweckes

s. Genetivus; Dat. des Gerund. bei Amtsnamen s. Dativus. —

Gerundivum, ein in Part. Präs. (nicht Fut.) Pass. I, 59. II, 193. 222. —

Gewächsnamen, Reduplication in denselben I, 78. —

Glauben und Meinen, Verba des, weggelassen I, 179. —

Gleichheit, Adjectiva der, Constr. derselben II, 133 ff. —

Götternamen, zu Appellativis geworden I, 137; in übertragener Bdtg I, 146. —

Graecismen, aus der lat. Grammatik möglichst beseitigt durch Seyfert I, 31. —

Grammatik, Theil der Sprachwissenschaft I, 1; Grundlage der Rhetorik und Poetik I, 1; wissenschaftliche Methode derselben I, 2; das Ziel der von ihr angestrebten Erkenntniss I, 3; ihre Stellung in der Alterthumswissenschaft I, 5; ihre Aufgabe und Erfordernisse zu ihrer Lösung I, 7; Werth der Gramm. der alten Sprachen gegenüber der Gramm. der neueren Sprachen I, 5; Unterschied der Behandlung derselben in einer lebenden und in einer todten Sprache I, 36; Gramm. im Alterthum von der Philosophie oder Dialectik und Rhetorik beherrscht und lexicalisch behandelt I, 40; Förderung der Gramm. durch den Einfluss der Hegel'schen Philosophie I, 34; Gramm., das wesentlichste Mittel formaler Bildung I, 35. —

Grammatik, lateinische, des Mittelalters I, 13 ff.; ihre Eintheilung im 16. Jahrhundert I, 19; bedeutende Fortschritte in derselben durch Sanctius I, 22, durch Ger. Jo. Vossius I, 27, durch Ruddiman I, 28, durch den Einfluss der Kantischen Philosophie I, 32 f., durch den Einfluss der Hegel'schen Philosophie I, 33 f., durch den Einfluss der historischen Gramm. I, 34 f., durch den Einfluss der deutschen Gramm. I, 35 ff.; die erste lat. Gramm. in deutscher Sprache die von Ursinus I, 25. —

Grammatica latina Marchica, die erste bedeutendere deutsch geschriebene Schulgrammatik I, 28. 29. 31. —

Grammatica Philippo-Ramea I, 20. —

Grammatische Forschungen, Hindernisse einer Entwickelung derselben im Alterthum I, 8 f. —

Grammatische Richtungen, 4 Hauptrichtungen in der jetzigen Zeit, beeinflusst durch die Kantische Philosophie I, 32 f., die Hegel'sche Philosophie I, 33 f., durch die historische Gramm. I, 34 f., durch die deutsche Gramm. I, 35 ff. —

Grammatische Schulen in der Karolingerzeit I, 12. —

Nonius Marcollus, sein lexicalisches Werk I, 11. —

Numeralia, kein Redetheil I, 62; nicht onomatopoetisch I, 80; Num. cardin., meist indeclinabel I, 93; Num. distrib., adjectivisch gebildet I, 94. —

Numerus, bestimmt durch die Endung I, 81. 86. —

Nutzen, Ausdrücke des, mit dem Dat. II, 123. —

O

Object, verschiedene Auffassung des Ausdrucks durch die Grammatiker II, 48; gramm. Object, Begriff desselben II, 48 f.: immanentes Object II, 49 f.; Objecte, welche das Sein selbst als unbestimmte Substanz bezeichnen, also durch ein Neutrum ausgedrückt II, 50 ff.; Objecte der materiellen Begrenzung des Sein II, 57 ff.; äussere Objecte, Begriff derselben II, 69: a) solche, welche von der Handlung getroffen und ergriffen werden II, 70 f.; b) solche, welche materiell geändert werden, II, 71 f.; c) solche, welche producirt werden II, 72 ff.; doppelte Objecte II, 82 ff. —

Observationen, Quelle grammatischer Gesetze I, 16; noch nicht systematisch nach Wiederbelebung der Wissenschaften I, 17. —

Onomatopoesie, ihr Verhältniss zur Entwickelung der Sprache I, 48. 172; nur möglich bei Wörtern, welche etwas Sinnliches bezeichnen, I, 77; nur bei auffälliger Onomatopoesie die Bdtg der Stämme festgehalten I, 127. —

Onomatopoetische Ausdrücke I, 48; ihre Mangelhaftigkeit I, 49 f.; dieselben die ersten Producte der Sprache I, 77; im Lat. wenig zahlreich I, 77 f.; onomatop. Verba der 3. Conj. I, 96; der 1. Conj. I, 99. 100; onomatop. Character der 4. Conj. I, 101 f. —

Ortsbestimmungen auf die Frage: wohin? II, 80 ff.; auf die Frage: wo? und woher? II, 197 ff. —

P

Papias, Grammatiker des Mittelalters I, 13. —

Parallelgrammatik, erste lateinische, zur deutschen Sprache I, 29; zur deutschen, lateinischen und griechischen Sprache I, 37. —

Participium, jüngeren Ursprungs als sämmtliche Nomina I, 54; Bdtg desselben I, 58 f.; Part., Vermittelung zwischen Nomen und Verbum bildend I, 58. II, 17; zusammengesetzt mit der Negationspartikel in- I, 125; in eigentlicher

Bdtg mit einem Substantivum durch Cohärenz verbunden I, 213; adjectivisch gebraucht I, 155; Part. comparirt I, 157. II, 18; Substantivum mit einem Part. verbunden, gebraucht an Stelle eines Verbalsubstantivs mit abhängigem Gen. I, 176. —

1) Part. Präs. Act., Bdtg desselben II, 221; Grund, warum nach der 3. Decl. gehend I, 84; dasselbe mit anscheinend passiver Bdtg I, 163; Unterschied der Bdtg, wenn es mit dem Casus des Verbi oder wenn es mit dem Gen. verbunden ist, II, 17 f.; Part. Präs. Act. mit dem Gen. comparirbar II, 18; Part. Präs. Act. im absoluten Abl. die Gleichzeitigkeit ausdrückend II, 192; Part. Präs. Act. mit esse, Bdtg desselben im Gegensatz zum Präs. II, 221; Part. Präs. Act. im Dat. bei esse neben einem andern Dat. II, 164. —

2) Part. Fut. Act., Grund, warum nach der 2. Decl. gehend I, 84; vor Livius nur im Nom. und Acc. prädicativ gebraucht I, 154 f.; im absolut. Abl. die relative Zukunft bezeichnend II, 192; mit sum etc. verbunden, Bdtg desselben II, 122 f.; mit fui verbunden, den Conj. Plusquamperf. ersetzend II, 225. —

3) Part. Perf. Pass., Grund, warum nach der 2. Decl. gehend I, 84; Bdtg desselben II, 221; Part. Perf. Pass. mit activer Bdtg I, 161; zu einem Adjectivum mit activer Bdtg geworden I, 162 f.; Neutrum des Part. Perf. Pass. von Verbis, welche im Pass. unpersönlich gebraucht sind, anstatt des griech. Infinitivus mit dem Artikel oder eines Verbalsubstantivs I, 177; Part. Perf. Pass. mit Dat. der Person II, 151; Part. Perf. Pass. im absolut. Abl. die relative Vergangenheit bezeichnend II, 192; Part. Perf. Pass. im absolut. Abl. ohne Subjectsablativus, besonders in technischen Ausdrücken und in der Kaiserzeit II, 193 f.; Part. Perf. Pass. mit esse, Bdtg desselben II, 222; Part. Perf. Pass. mit fuisse, wenn es eine präsentische Bdtg annehmen kann II, 222. —

4) Part. Präs. (nicht Fut.) Pass., Grund, warum nach der 2. Decl. gehend II, 84; Bdtg desselben I, 59. II, 193. 222; erst nach Cicero die Möglichkeit bezeichnend II, 150; Part. Präs. Pass. mit dem Dat. der Person II, 150, mit a und dem Abl. der Person zur Vermeidung von Zweideutigkeiten II, 150 f.; Part. Präs. Pass., Genetivus desselben bei Verbis, zur Bezeichnung des Zweckes II, 38; Part. Präs. Pass. im absolut. Abl., die Gleichzeitigkeit ausdrückend II, 193; Part. Präs. Pass.

in Verbindung mit esse, Bdtg desselben II, 222. —

Particulae, Entstehung derselben I, 60 f.; Verbindung zweier Partikeln, welche Zeit und Reihenfolge bestimmen I, 194. —

Passivum, Zeit, wann die Bildung des Pass. erfolgt ist, I, 56. 105; Bdtg desselben I, 56. 105; Unterschied des Pass. vom Activum I, 71; Definition des Pass. darf nicht ausgehen vom Verb. trans. I, 105; Pass. reflexiv gebraucht I, 107; Pass. mit dem Dat. der Person statt a mit dem Abl., Unterschied II, 149 f. 153; Dat. der Person bei dem Präs. und Imperf. Pass. in der klassischen Zeit sehr selten II, 151; Ausdehnung dieses Gebrauchs in der Kaiserzeit II, 154 f. —

Pastrana, mittelalterlicher Grammatiker I, 14. —

Paulus Diaconus, sein Auszug aus dem Werke des Festus, I, 11. —

Pereira, seine Grammatik I, 21. —

Perfectum, das relative oder präsentische II, 208. 209. 210; das absolute oder historische II, 209; absol. Perf., zwei relative Tempora zu demselben II, 211; 3. Pers. Plur. Perf. Ind. Act., Unterschied der Endungen -erunt und -ere bei Tacitus II, 210; Perf. Pass., wenn sum etc. bei Tacitus vorausgesetzt ist, präsentisch gebraucht II, 211. 222; hist. Perf., Conj. desselben bis Cicero der Conj. Imperf. II, 211; präsentisches Perf., Conj. desselben der Conj. Perf. II, 211; Conj. Perf., Zunahme seines Gebrauchs in abhängigen Sätzen in der Kaiserzeit II, 211. 227. —

Periphrastische Conjugation, Bdtg derselben II, 221; periphr. Futurum II, 211; Ind. Perf. derselben, gebildet durch Part. Fut. Act. mit fui, gebraucht anstatt eines Conj. Plusquamperf. II, 225. —

Perizonius, sein grammatisches Werk I, 25. 28; Missbrauch der Ellipse durch ihn I, 202. —

Perottus, seine grammatischen Schriften I, 16. —

Personen des Verbums, die dritte derselben der Zeit nach die erste I, 56; kein Genus in denselben unterschieden I, 94; Personalendungen, die Stämme der Personalpronomina enthaltend I, 94. —

Personalbezeichnungen im Abl. instrum. bei passiven Verbis s. Ablativus. —

Pflanzennamen, Feminina I, 89. —

Philosophie, Werkzeug der Grammatik I, 7; ihr Einfluss auf das gramm. System des Sanctius I, 24; Kantische Phil., ihr Einfluss auf die gramm. Richtungen der neueren Zeit I, 32. 40. 128; Eigenthümlichkeiten dieser Richtung I, 83; in Folge der Einwirkung derselben Versuch,

Casusbedeutungen aufzustellen II, 2; Hegel'sche Phil., ihr Einfluss auf die gramm. Richtungen der neueren Zeit I, 33. 40; philosophische Begriffsbestimmungen ohne Nutzen in die Gramm. hineingebracht I, 33; Phil. der Sprache s. Sprachphilosophie. —

Philosophische Grammatik, Begriff und Object derselben I, 1; nahe stehend der vergleichenden Gramm. I, 2. —

Physiologie der Sprache, Ziel und Gesetze derselben I, 49. —

Pleonasmus, Einordnung desselben in die Bedeutungslehre I, 128; Begriff desselben I, 192; rhetorischer Pleon., Wiederholung verwandter Gedanken I, 194; grammatischer Pleon., Wiederholung einzelner Begriffe I, 194; verschiedene Formen desselben I, 194 ff.; Pleon. der Negationen I, 197 f.; Verhältniss des Pleon. zur Ellipse I, 203. —

Plinius, der Aeltere, sein grammatisches Werk I, 10. —

Pluralis, nie in anderer Bdtg als der Sing. I, 86; Plur. im Lateinischen für den deutschen Sing. I, 138 ff. 144 f.; Plur. der Substantiva, welche geistige und körperliche Accidenzen des Menschen ausdrücken I, 144. —

Plusquamperfectum, relatives Tempus der Vergangenheit II, 211; Anwendung desselben II, 212. —

Poetik, Theil der Sprachwissenschaft, beruhend auf der Grundlage der Grammatik I, 1. —

Popma, seine Synonymik I, 188. —

Prädicatsadjectiva, vertreten durch adverbielle Bestimmungen I, 215. —

Präpositionen, ursprünglich allgemeine adverbiale Ortsbestimmungen I, 61. II, 102; nach einigen von Pronominalstämmen herrührend I, 117; eigentliche Präp. Primitiva I, 117; uneigentliche Derivata I, 117. 118; Präp. unter den Partikeln am frühesten zur Zusammensetzung verwendet I, 122; Präp. in zusammengesetzten Verbis ursprünglich durch Tmesis vom Verbum getrennt II, 102; Präp. bei dem Pronom. demonstr. stehend, bei dem Pronom. relat. zu ergänzen I, 206; Präp. mit dem Acc. II, 102 f., mit dem Abl. II, 204; Präp. mit dem Gen., eigentlich Substantiva II, 103. —

Präsens, das absolute II, 208; drei relative Tempora im Verhältniss zu demselben II, 208 f.; relatives Präs. der Gleichzeitigkeit mit der Gegenwart II, 209; historisches Präs. II, 210. —

Priscianus, seine Ars grammatica I, 12. 13. 22. —

Probus, Grammatiker des Alterthums I, 11; nur 3 Conj. nach ihm I, 101. —

I, 147 f.; Substant. mit activer und passiver Bdtg I, 166 ff.; zwei Substant. in gleichem Casus so verbunden, dass sie gleichsam ein Compositum bilden I, 212 f.; Substant. nach Art der Adject. mit Substant. verbunden I, 213; Unterordnung eines Substant. unter ein anderes durch den Gen. s. Genetivus; Substant. mit einem andern verbunden durch eine Präposition II, 207; Substant. mit einem Adject. attributiv verbunden, Unterschied von der Verbindung eines Substant. mit attributivem Gen. II, 5. 9. 24; Substant. mit Adject. verbunden, anstatt eines Substant. abstract. mit folgendem Gen. I, 176. 177 f.; Substant. mit einem Participium verbunden, anstatt eines Verbalsubstantivs mit abhängigem Gen. I, 176; Verbindung eines Substant. mit einem Adverbium I, 131; diese Verbindung verschieden von der eines Substant. mit einem Adject. I, 132 f.; Substant. im Acc. respect. gebraucht, erst in der Kaiserzeit und zwar zunächst bei Dichtern II, 64; Substant. wiederholt nach einem Pronom. relat. I, 192; Substant. in Verbindung mit esse, einen Acc. regierend II, 98; Substant. in Verbindung mit esse mit dem Dat. II, 114 ff.; Substant., verbunden mit esse, mit dem Dat. anstatt des Gen. II, 165 f.; Substant. ohne verbalen Sinn mit dem Dat. II, 167. — Substantiva verbalia, welche eine handelnde Person bezeichnen, ihnen nahe stehend die Adject. einer Endung nach der 3. Decl. I, 85; Substant. verb. verwandt zur Umschreibung eines einfachen Verbums I, 175; Substant. verb. in Verbindung mit esse einen Acc. regierend, bei den Komikern und in juristischen Ausdrücken II, 99; blosses Substant. verb. einen Acc. regierend II, 100. 101; Substant. verb. mit esse, verbunden mit einem Dat. II, 165; Substant. verb. mit einem Abl. II, 204; Substant. verb. mit einem Substant. verbunden durch eine Präposition II, 207. — Substant. verb. auf -io, zur abstracten Bezeichnung der That dienend I, 113; wieder die Analogie mit der Negationspartikel in- zusammengesetzt I, 126; mit Adverbien verbunden I, 131; Wechsel der activen und passiven Bedeutung in denselben I, 167; dieselben als Subject nicht mit einem Verbum der Thätigkeit zu verbinden I, 186; dieselben im Abl. gebraucht zur Bezeichnung des begleitenden Umstandes II, 195. — Substant. verb. auf -us nach der 4. Decl., zur Bezeichnung der concreten That I, 113. 168; dieselben im Abl. zur Bezeichnung des begleitenden Umstandes II, 194; dieselben

im Abl., zusammengesetzt mit der Negationspartikel in- I, 126; Wechsel der activen und passiven Bdtg bei denselben I, 167. — Substant. verb. auf -tor, Femin. trix I, 82; seit Livius immer häufiger adjectivisch gebraucht I, 148; verbunden mit einem Pronom. possess., Doppelsinn dieser Verbindung II, 12; Unterschied der Verbindung eines Verbalsubst. auf -tor mit einem Gen. und eines Part. Präs. Act. mit einem Gen. II, 18; Verbalsubst. auf -tor, das Part. Perf. Act. ersetzend II, 18. —
Substantivisch und ajectivisch gebrauchte Wörter I, 82; Grund des substantivischen Gebrauchs mancher Classen von Adject. I, 83. 84; substantivischer Gebrauch der Adject. s. Adjectiva. —
Suffixa, Wahl derselben bei der Wortbildung nicht zufällig I, 81; angeblich nur zur Bestimmung von Personen ursprünglich dienend I, 81; Suffixa, welche bei der Ableitung der Wörter gebraucht werden, I, 111 ff.; Suffixa der Casus, locale Bedeutung derselben für das Lateinische nicht nachzuweisen II, 3. —
Superlativus, Grund, warum nach der 2. Decl. gehend I, 85; substantivisch gebraucht I, 153; mit folgendem Gen. part. II, 26. —
Supina, früher als Casus betrachtet I, 30; Bdtg derselben I, 59. 169; Sup. auf -um nach ire II, 80. —
Synecdoche, Erklärung und Einordnung derselben in die Bedeutungslehre I, 73; Gebrauch und Anwendung derselben I, 182. —
Synonyme Adject. nach verschiedenen Decl., Unterschied derselben I, 85 f.; synon. Substant. nach verschiedenen Decl. I, 85; synon. Activa und Deponentia I, 108; synon. Verba der 2. und 3. Conj. I, 98. —
Synonymik, ihre Einordnung in die Bedeutungslehre I, 128 f.; Bdtg des Ausdrucks bei den Alten I, 187; ihre Aufgabe und ihr Begriff I, 190; Behandlung derselben I, 187 ff. —
Syntax, wissenschaftliche Betrachtung derselben dem Alterthume noch fremd I, 9; bei den Alten vernachlässigt oder nur lexicalisch behandelt I, 12; nach dem Wiederaufleben der Wissenschaften nur ex usu gelernt I, 16; die syntactischen Beobachtungen im 15. Jahrhundert noch nicht unter allgemeine Gesetze geordnet I, 17. 18; die Syntaxis regularis bis auf Melanchthon nach den Redetheilen behandelt I, 19. 20; dieselbe von Ramus zuerst in Concordantia und Regimen eingetheilt, aber beide noch nach den Rede-

II.

Wort- und Lautverzeichniss.

A

a, Vocal in Wörtern, welche das Dunkle, Dumpfe bezeichnen I, 79. —

-a, Endung abgeleiteter Präpositionen I, 117.—

-ā, Adverbialendung I, 113 f. 116; eigentlich Abl. des Femin. I, 151. —

ab, Präpos., Bdtg derselben in der Zusammensetzung I, 122. —

abducere mit doppeltem Acc. der Person und der Sache altlateinisch II, 91. —

abesse mit dem Dat. II, 120. 126; mit dem Abl. des Massstabes II, 185. —

abhinc nur von der Vergangenheit I, 186 f.; gewöhnlich mit dem Acc. II, 61; mit dem Abl. II, 185. —

abire mit einer Präpos. in der ältern Zeit, später mit dem blossen Abl. II, 201. —

absimilis, Constr. II, 145. —

absolvere mit dem Gen. II, 22. —

abstinere mit Gen. der Sache dichterisch II, 23. —

abuti oft mit Acc. II, 76. —

accidere in der älteren Zeit mit dem Acc. II, 130; mit dem Dat. II, 120. 132; accidit, Perf. Präs. mit ut und folgendem Conj. Imperf. II, 229. —

accingere im Passivum mit Acc. der Sache dichterisch II, 91. —

accitu, Abl. des begleitenden Nebenumstandes II, 194. —

accumbere in der älteren Zeit mit Acc. II, 74. 130; mit Dat. II, 132. —

accusare mit Gen. II, 22.

acervus, Synonyma I, 115. —

acies, Synonyma I, 92. —

acquirere, Passivum mit Dat. statt a mit Abl. II, 152. —

ad, Präpos., abhängiger Acc. ausgelassen I, 209; Verba factitiva der Bewegung des Geheus, zusammengesetzt mit ad, bei Dichtern mit doppeltem Acc. II, 85; ursprünglich intrans. Verba, zusammengesetzt mit ad, mit Acc. oder mit Dat.

verbunden, Unterschied II, 74. 125 f. 132. —

addere alicui aliquid II, 126. —

adducere, Unterschied von afferre I, 186. —

adeo non II, 206. —

adesse mit Dat. II, 120. 126. —

adhaerere mit Dat. II, 125. —

adhibere aures aliquid bei Plautus II, 95. —

adigere mit doppeltem Acc. II, 84. —

adire aliquid II, 74. —

adiuvare aliquem II, 72. 123. —

admonere mit Gen. der Sache II, 22; mit Acc. des Neutrums eines Pronomens II, 78. 86. —

admonitu, Abl. des begleitenden Umstandes II, 168. 194. —

adolere, Synonyma I, 192. —

adsciscere mit doppeltem Acc. II, 95. —

adsurgere alicui, zu jemandes Ehren II, 147. —

adulare mit Acc., adulari mit Dat. II, 123 f. —

adventu, Abl. des begleitenden Umstandes II, 168. 194. —

advolvi genibus II, 132. —

aeger animi II, 21; animum, Unterschied II, 65. —

Aegyptus, wie Städtenamen construirt II, 81. 201. —

aemulus mit Dat. oder Gen., Unterschied der Constr. II, 143. —

aequalis mit Dat. oder Gen., Unterschied der Constr. II, 134. 143. —

aequare alicui aliquid II, 144. —

aequus nur mit Dat. II, 143; aequi facere, aequi bonique consulere II, 36; aequum est, statt des deutschen Conjunctivus II, 220 f. —

aestimare mit Gen. pret. II, 35; mit Abl. pret. II, 185. —

afferre, Unterschied von adducere I, 186. —

affinis mit Gen. II, 20; mit Dat., Unterschied beider Constr. II, 143. —

agere ausgelassen I, 208; mit Gen. II, 22;

-bulum, Substantivsuffix, das Mittel bezeichnend I, 113. —

-bundus, Adjectiva auf, abgeleitet von transit. Verbis, einen Acc. regierend II, 101. —

C

cachinnus, Bdtg I, 79. —

cadere, Synonyma I, 108. —

caecus, active und passive Bdtg I, 169. —

caedere, Causativum zu cadere, Constr. II, 71. —

cael für caelum I, 76. —

caesim, später caesa I, 116. —

callere aliqua re und aliquid II, 68. 179. —

cauere receptui II, 159. —

capax mit dem Gen. II, 20. —

captare selten mit dem Gen. II, 22; mit dem Dat. der Person statt a mit dem Abl. im Passivum II, 152. —

captus mit dem Abl. einer Person in der Kaiserzeit II, 178 Anm. 4. —

causa für fons I, 186; causa mit dem Gen. epexeg. II, 42; causa als Apposition zum Acc. einer Person gesetzt, um die Bestimmung derselben auszudrücken II, 111; causa est alicui rei II, 167 f; causā, uneigentliche Präposition, Bdtg derselben I, 118. II, 103; mei causa für mea causa II, 12. —

cautes, Synonyma I, 93. —

cavere damni, juristisch II. 22. —

-ce demonstratives Suffix I, 116. —

cēdo mihi aliquid II, 168. —

celare mit doppeltem Acc. II, 88. 94; Constr. bei dem Passivum II, 88 f. —

censere, einschätzen, mit dem Acc. des Masses II, 62. —

certare, dichterisch mit dem Dat. II, 146. —

certe, certo, certum, Unterschied derselben I, 114. —

certus mit dem Gen. II, 21. —

cervices, nur im Pluralis zu gebrauchen I, 144. —

cessare aliquid II, 55. 69. —

cetera scheinbar für ceterum gesetzt, nicht bei Cicero II, 64; ceterarum rerum II, 23. —

circa, nach Art eines Adject. mit einem Substant. verbunden I, 132. —

circiter, Bdtg I, 118. —

circum, ursprünglich intransitive Verba, zusammengesetzt mit, welche den Acc. regieren, II, 73; mit circum zusammengesetzte Verba, welche den Dat. regieren, II, 126; Verb. factit. der Bewegung des Gehens, zusammengesetzt mit circum, mit doppeltem Acc. II, 85. —

circumdare alicui aliquid II, 126. —

circumerrare mit dem Dat. II, 73. —

circumfundi mit dem Dat. II, 73. 126. —

circumicere alicui aliquid II, 126. —

clam, ursprüngliches Adverbium, als Präposition gebraucht I, 61. 118. 185; mit dem Dat. I, 118. II, 168. —

clamare aliquid II, 69. —

clamore, Abl. mod. II, 195. —

clarus, Bdtg I, 48. —

clivus, Synonyma I, 86. —

coalescere mit dem Dat. II, 125. —

coenum, Synonyma I, 93. —

coepisse, Gebrauch der passiven Formen bei abhängigem Infin. Pass. I, 166. —

cogere aliquem, später auch aliquid II, 78; mit Acc. der Person und Acc. des Neutrums eines Pronomens II, 86. —

cogitare mit immanentem Abl. II, 176. —

cognitus mit dem Dat. II, 155; cognitum mihi est II, 151; cognito, absol. Abl. II, 193. —

cohaerere mit dem Dat. II, 125. —

colere loco alicuius II, 96. —

collis, Synonyma I, 86. —

colloqui aliquem bei Plautus II, 74. 130; mit dem Dat. oder cum mit dem Abl. II, 131. —

commodo, verbunden mit dem Gen. oder dem Pronom. possess., Abl. des begleitenden Umstandes II, 191. —

commonere, commonefacere mit dem Gen. II, 22. —

communis, Unterschied der Verbindung mit dem Dat. oder mit dem Gen. der Person II, 121; nicht zu verbinden mit dem Pronom. possess. der 1., 2 und 3. Pers. Sing. II, 122. —

comparare, vergleichen, mit dem Dat. II, 144. —

complere mit dem Gen. II, 22; mit dem Abl., Unterschied beider Constr. II, 177 f; Passivum mit a und dem Abl. oder mit dem blossen Abl. II, 177 f. —

compos mit dem Gen. II, 19. 32 Anm. 1. —

compositum esse, bestehen aus etwas, mit dem Abl. II, 178. —

con-, ursprünglich intransitive Verba, zusammengesetzt mit, Unterschied der Constr. mit dem Acc. oder mit dem Dat. II, 125 f. —

conari, Synonyma I, 108. —

concessu, Abl. des begleitenden Nebenumstandes II, 194. —

concurrere, dichterisch mit dem Dat. II, 146. —

condicere rerum, juristisch II, 22. —

condicione, Abl. der Art und Weise II, 182. —

condonare bei Terenz mit doppeltem Acc. II, 91. —

deinde, keine locale Bdtg I, 174. —
delabi alicui II, 126 f. —
delectus mit dem Dat. II, 155. —
demere alicui aliquid II, 126. —
demovere loco II, 200; de statu II, 201. —
densare und densēre I, 100. —
depellere aliquem sententia und de sententia, Unterschied II, 200. —
dependēre alicui II, 127. —
deperire aliquem II, 68. —
deprehendere selten mit dem Gen. II, 22. —
descendere equo alicui II, 147. —
desertus mit dem blossen Abl. einer Person in der Kaiserzeit II, 178 Anm. 4. —
desinere, Gebrauch der passiven Formen bei abhängigem Infin. Pass. I, 166.; mit Gen. der Sache dichterisch II, 23; aliquid II, 68. —
desistere mit Gen. der Sache dichterisch II, 23. —
desperare alicui II, 147. —
detrahere alicui aliquid II, 126. —
dicere und dicare I, 100; mit doppeltem Acc. II, 95; zu ergänzen II, 106. —
dicto alicui audientem esse II, 162. 194. —
dies, Geschlecht I, 93; Bdtg I, 182 f. 164; im eminenten Sinne gebraucht II, 196; die statt interdiu II, 196. —
differre mit a und dem Abl., später auch mit dem Dat. II, 145. —
difficilis mit dem Dat. II, 159. —
dignari mit dem Abl. II, 75. —
dignatio und dignitas, Unterschied I, 167. —
dignus mit dem Abl. II, 185. —
diligi mit dem Dat. statt ab aliquo II, 155; dilectus mit dem Dat. II, 155. —
dis-, Composita mit, Unterschied derselben von den Compositis mit de- I, 189. —
discrepare mit a und dem Abl., später auch mit dem Dat. II, 145. —
dispar, Constr. II, 145. —
dissidere mit a und dem Abl., später auch mit dem Dat. II, 145. —
dissimilis, mit dem Dat. oder mit dem Gen., Unterschied II, 134 ff.; in der Kaiserzeit der Dat. häufiger II, 136 f. —
distare mit a und dem Abl., später auch mit dem Dat. II, 145; mit dem Abl. des Massstabs II, 185. —
diversus mit a und dem Abl., später auch mit dem Dat. II, 145 f. —
dives mit dem Gen. II, 19. 32 Anm. 1; divitem esse mit dem Dat. II, 148. —
do für domus I, 76. —
docere, ursprüngliche Bdtg I, 97 f. II, 67; Causativum zu discere II, 71; mit doppeltem Acc. II, 67. 87. 121; Erklärung des doppelten Acc. II, 93; die Sache von Horaz ab auch im Abl. II, 87.

91. 179; das Passivum bei Cicero nur mit dem Abl. der Sache II, 87; als Passivum auch discere gebraucht I, 106. —
doctus bei Cicero nur mit dem Abl. II, 87. —
documentum als Apposition zum Acc. einer Person gesetzt, um die Bestimmung der Person auszudrücken II, 111. —
dolere mit Acc. des Neutrums eines Pronomens II, 52; dolere animum II, 65; mit andern Acc. nicht selten bei Ovid II, f.; mit dem Abl. II, 179; dolere, cur I, 185. —
domus, Acc. auf die Frage: wohin? II, 81; Acc. abhängig von Substant. II, 100; domi, alter Locativus II, 127. 201; Abl. auf die Frage: woher? II, 201; —
donare, doppelte Constr. II, 79. 91. 120 f.; mit dopp. Acc. bei Terenz II, 91. —
donec, bis, Gebrauch des Indicativus und des Conjunctivus bei demselben II, 215 f.; nach einem Präsens immer mit dem Conjunctivus II, 216; donec, so lange als, erst nach Cicero II, 215. —
dormire, im Passivum mit dem Nom. oder Acc. der Zeitbestimmung, Unterschied II, 62. —
dubius mit dem Gen. II, 21; dubio, absol. Abl. II, 193; dubium an, adverbialisch = vielleicht II, 107. —
ducere und ducare I, 100; ducere mit Gen. pret. II, 35; mit Abl. pret. II, 185; aliquem viam II, 85; aliquam II, 152; loco alicuius II, 96. —
durus oris, dichterisch II, 21. —

E

e, Vocal in Wörtern, welche das Helle, Frische bezeichnen, I, 79. —
-e, Adverbialendung I, 113 f. —
ecce, Interjection, mit dem Acc. II, 106. —
edere librum, Unterschied von foras dare I, 186. —
edocere mit dopp. Acc. II, 87. —
effari mit immanentem Abl. II, 176. —
effugere aliquem II, 72. 123. —
egenus mit dem Gen. II, 19. —
egēre mit dem Gen. II, 22; mit dem Abl., Unterschied II, 178. —
ego, das letzte der Pronom. person. I, 53. —
egregius mit dem Gen. II, 21. —
eiulare, Ableitung I, 77. —
elabi mit dem Dat. II, 132. —
-ellus, Suffix zur Bildung von Daminutivis I, 111. —
em, Interjection, sehr selten mit dem Dat. II, 168. —
emere mit Gen. pret. II, 35; mit Abl.

pret. II, 185; im Passivum mit dem Dat.
statt ab aliquo II, 152. —
en, Interjection, mit dem Acc. II, 106; mit
dem Dat. II, 168. —
ensis, Synonyma I, 86. —
eo, Ableitung I, 61; eo loci II, 27. —
eodem, Ableitung I, 61. —
ergo igitur nur bei den Komikern I, 195;
ergo mit dem Gen., uneigentliche Präposition II, 103. —
eripere mit dem Dat. II, 132. —
errare, Synonyma I, 108; errare aliquid
II, 69; errato, absol. Abl. II, 194. —
erubescere mit Gen. der Sache II, 22;
mit Acc. II, 67. —
-ērunt, -cre, Endungen der 3. P. Plur.
Perf. Ind. Act., Unterschied des Gebrauchs derselben bei Tacitus II, 210. —
esse, in Verbindung mit Adverbiis I, 130 f.;
ausgelassen I, 208; esse mit dem Gen.
s. Genetivus; esse mit dem Acc. des
Neutrums eines Adject. oder Pronom. II,
58; esse vicem alicuius II, 60; Causativa von esse mit doppeltem Acc. II,
95; esse mit einem Substant. oder Adject. verbunden, den Acc. regierend s.
Accusativus; esse mit dem Dat. siehe
Dativus; esse verbunden mit einem Participium s. Participium; absolutes Perfectum von esse, Bdtg desselben II, 210;
est cum mit dem Conjunctivus II, 219 f.;
sunt qui mit dem Conj. II, 228 f;
sunt qui, Möglichkeit des Indic. bei dem
Hinzutreten einer näheren Bestimmung
zu sunt II, 229 f.; est quod, est cur mit
dem Conjunct. II, 229. —
-ctum, Suffix zur Bildung von Substant.,
Bdtg I, 111. —
-eus, Suffix, den Stoff bezeichnend I, 112. —
evenire mit dem Dat. II, 120. —
excruciare animi II, 22. —
excusare, prägnant gebraucht, mit Acc.
II, 79; mit Acc. c. Inf. I, 185. —
exemplo, Abl. mod. II, 182. —
exequias ire II, 80. —
exigere mit dopp. Acc. in der ältern Zeit
II, 90. —
exiguo (ante) II, 184; Abl. des Werthes
II, 185. —
existimare mit dopp. Acc. II, 95; bene,
male de aliquo II, 67. —
exlex I, 124. —
exonerare aliquem aliqua re II, 79; aliquid II, 79. —
exoptatus, mit Dat. II, 132. —
expers mit dem Gen. II, 19. —
explere mit dem Gen. II, 22; expleri mentem
II, 66. —
exploratum mihi est II, 151. —
exspectare, Synonyma I, 108; exspectato
bei dem Comparativus II, 184. —

extra, mit einem Substant. verbunden nach
Art eines Adject. I, 132. —
exuere zuweilen mit dem Dat. der Person
II, 120. —

F

f, Consonant, Bdtg desselben I, 76. —
facere mit Gen. pret. II, 35; mit doppeltem
Acc. II, 95 f.; aliquid ex aliquo II, 96;
mit dem Dat. II, 148; mit dem Abl. II,
148, 178; de aliquo II, 178; recte facto,
absol. Abl. II, 194; faciebat, Bdtg desselben in den Inschriften der Künstler
unter ihren Werken II, 212; ausgelassen
I, 208. II, 105 f.; factum est ut, stets
mit Conj. Imperf. II, 229 f. —
facilis mit dem Dat. II, 159. —
factum, verbunden mit Adverbiis oder Adjectivis II, 205. —
faenerato, absol. Abl. II, 194. —
fafae s. fufae. —
fallere, ursprüngliche Bdtg verloren I,
172. —
falx, Grund des Geschlechts I, 92. —
famā, Abl. des Massstabs II, 182. —
familiaris, mit Dat. oder mit Gen., Unterschied II, 135. —
fastiditus mit Dat. II, 155. —
felix necis, dichterisch II, 21; mit dem Abl.
der Rücksicht II, 181; felicem esse mit
Dat. II, 148. —
femina (foemina), Ableitung I, 87; Unterschied von mulier I, 211. —
ferax mit dem Gen. II, 19. —
fertilis mit dem Gen. oder Abl. II, 19. —
fervēre und fervĕre, I, 98. —
festinato, absol. Abl. II, 194. —
finis, nicht für consilium zu gebrauchen
I, 186. —
firmatus mit dem Gen. II, 21. —
flagitare, mit Acc. der Person und Acc.
des Neutrums eines Pronomens II, 90;
ab aliquo II, 90; im Passivum bei Cicero
nie mit dem Acc. der Sache II, 90 f. —
flamma, Synonyma I. 191. —
flavus comarum, dichterisch II, 21. —
flebilis, active und passive Bdtg I, 170. —
flere mit Acc. des Neutrums eines Pronomens
II, 52. —
flocci, facere II, 35. —
fluctus, Synonyma I, 190 f. —
flumen, Synonyma I, 86; mit Gen. des
Nom. propr. II, 41. —
fluvius, Synonyma I, 86. —
fodere und fodire I, 103. —
foetere, Ableitung I, 48. 77. —
fons für causa I, 186. —
formidare-mit dem Acc. II, 67. —
formidolosūs, active und passive Bdtg
I, 170. —

fovere, im Passivum mit dem Dat. statt ab aliquo II, 155. —
frendĕre und frendĕre I, 98. —
fringilla, onomatopoetisch I, 49. —
frugi I, 88. II, 117 Anm. 1. —
frui mit dem Abl. II, 75; selten mit dem Acc. II, 76. —
fufae, Bdtg I, 48 Anm. 1. —
fugā, temporaler Abl. II, 195. —
fugax mit dem Gen. II, 20. —
fugere und fugare I, 100; fugiens mit dem Gen. II, 18. —
fugitivus mit dem Gen. II, 20. —
fulgēre und fulgĕre, Unterschied I, 98. —
fulminare aliquem II, 68. —
fungi mit dem Abl. II, 75; mit dem Acc. einer einzelnen Beschäftigung II, 76. —

G

gau für gaudium I, 76. —
gaudere mit Acc. des Neutrums eines Pronomens II, 52; mit dem Abl. II, 179.
genus, id, Acc. der Massbestimmung, nicht aus dem Griechischen herübergenommen II, 59. 60 Anm. 1. —
gerentes negotii II, 18. —
gladius, Synonyma I, 86; Nebenform gladium I, 91 f. —
gnarus, active und passive Bdtg I, 169; mit dem Gen. II, 20. —
gracilis und gracilus, Unterschied I, 86. —
gradi und gradiri I, 103. —
grandis, Synonyma I, 85. —
gratiā, uneigentliche Präposition II, 103. —
gratis I, 115. —
gravate und gravatim I, 116. —
gravidus, Synonyma I, 86; gravida sum (= concepi) mit dem Acc. II, 98. —
gravis, Synonyma I, 86. —

H

habere mit dopp. Acc. II, 95; pro aliquo, loco alicuius II, 96. 97; mit Dat. des Zwecks II, 118; habeo quod, habeo cur, II, 229. —
havere, Ableitung I, 77. —
hei, Interjection, mit dem Dat. II, 168. —
hem, Interjection, sehr selten mit dem Dat. I, 168. —
hesterno, temporaler Abl. I, 115. —
hiberno, temporaler Abl. I, 115. II, 197. —
hic, Pronom. demonstr., entstanden aus hi-ce I, 116; Bdtg I, 54. 173; mit andern Demonstrativis verbunden I, 194; anstatt des Pronom. persou. der 1. Pers. I, 136; hoc loci II, 27. —
hic, Adverbium, nicht temporal I, 174; mit dem Gen. II, 27. —
hil für hilum in nihil I, 76. —
hilaris und hilarus, Unterschied I, 86. —
hinc, conclusive Bdtg hervorgegangen aus der localen I, 175. —

hodierno, temporaler Abl. II. 197. —
homo, in eminentem Sinne gebraucht I, 183; in verächtlichem Sinne gebraucht I, 183. 213; Unterschied von vir I, 183. —
honore, Abl. des begleitenden Umstandes mit Gen. oder Pronom. possess. zur Bezeichnung der Person II, 191. —
horno, temporaler Abl. I, 115. —
horrere, Synonyma I, 98; mit dem Acc. II, 67. —
hortari aliquem II, 75; mit Acc. des Neutrums eines Pronomens II, 78; mit Acc. der Person und Neutrum eines Pronomens II, 86. —
hortatu, Abl. des begleitenden Umstands II, 194. —
hostis, Bedeutungswechsel I, 73. —
huc mit dem Gen. II. 27. —
humus, nicht im Pluralis brauchbar I, 139; Acc. auf die Frage: wohin? II, 81; Abl. auf die Frage: woher? II, 201; humi, alter Locativus, auf die Frage: wo? II, 127. 201 f. —

I

i, Vocal, in Wörtern, welche das Helle, Frische bezeichnen, I, 79. —
-i, alte Locativendung II, 127. 202. —
iacĕre und iacĕre I, 97. —
iam, Ableitung I, 61; iam iamque, nur von der Zukunft gebraucht I, 193; verdoppelt I, 193. —
ibi, Ableitung I, 61; anstatt des Pronom. demonstr. gebraucht I, 134; nicht von der Zeit gebraucht I, 173; ibi tum, keine Verdoppelung I, 174. —
ibidem, Ableitung I, 61; anstatt des Pronom. demonstr. gebraucht I, 134. —
-icare, Bdtg der Verba auf, I, 101. —
-icus, Suffix der Annäherung I, 111. —
idem mit Dat. bei Dichtern und den Prosaikern der Kaiserzeit II, 145; idem atque oder cum aliquo II, 145. —
idoneus mit Dat. II, 159; mit Abl. II, 185. —
ignarus, active und passive Bdtg. I, 169; mit Gen. II, 20. —
ignis, Synonyma I, 191. —
ignoscere, Ableitung I, 124. —
-ile, Suffix vom abgeleiteten Substant., Bdtg I, 111. 153. —
-ilis, Adjectiva auf, Bdtg I, 85; active und passive Bdtg derselben I, 171. —
-illare, Verb. deminut. auf, Bdtg I, 101. 112. —
illatebra, wider die Analogie durch Zusammeusetzung gebildet I, 126. —
ille, Bdtg I, 54. —
illex I, 124. —
illic, anstatt eines Pronom. demonst. I, 134; nicht temporal I, 174. —

nocere im spätern Latein mit Acc. II, 125; noxam nocere II, 53. —

nolle, Ableitung I, 124. —

nomen, zur Umschreibung des Volkes gebraucht I, 141; nomen est mit doppeltem Dat. II, 96. 163, mit dem Nominativus des Namens II, 163; nomen dare, imponere mit doppeltem Dat. II, 163, mit Gen. des Namens II, 163 f.; nomine, Abl. der Rücksicht II, 181. —

nominare, prägnant gebraucht I, 184; mit doppeltem Acc. II, 95. —

nostrum, Gen. Plur. des Pronom. Person., possessiv gebraucht II, 10. —

notare, Gebrauch desselben bei Berathungen und Abstimmungen I, 178. —

notus mit dem Dat. II, 155. —

nubere alicui II, 147; nupta cum aliquo II, 147. —

nubilo, absol. Abl. II, 194. —

nullus, Unterschied von nemo I, 83; statt non gebraucht, nur in der Conversationssprache I, 130; nullo und nemine, Unterschied des Gebrauchs s. nemo. —

nullibi, spätlateinisch I, 116. —

numen in Plur. von einem Menschen gebraucht I, 144. —

numerato, absol. Abl. II, 194. —

numero alicuius esse II, 198. —

nunc, Ableitung I, 116. —

nuspiam, barbarisch I, 116. —

O

o, Vocal in Wörtern, welche das Dunkle, Dumpfe ausdrücken I, 79. —

-o, Suffix eine Verstärkung ausdrückend I, 86. 111. —

-o, Adverbialendung I, 114. 115. —

ob, Präpos., Bdtg des Beweggrundes I, 175. II, 180; mit ob- zusammengesetzte Verba, Unterschied der Constr. mit Acc. oder Dat. II, 125 f. 132. —

oblivisci mit Gen. II, 22; mit Acc. II, 76. —

obrepere in älterer Zeit mit dem Acc. II, 130. —

obsecrare mit Acc. der Person und Acc. des Neutrums eines Pronomens II, 89. —

observans mit dem Gen. II, 19. —

obtestari, prägnant gebraucht I, 185. —

obtrectare auch mit dem Acc. II, 124. —

obviam esse alicui II, 168. —

occasu, temporaler Abl. II, 195. —

occidere occidione II, 176. —

occumbere morte und mortem II, 127. —

occurrere, vorkommen in Schriften I, 186. —

occursare in älterer Zeit mit dem Acc. II, 130. —

olere hircum II, 55. —

-ōlus, Deminutivsuffix I, 111. —

omnis, pleonastisch vor quicunque I, 198; omnium nostrum, vestrum II, 10; omnium rerum II, 23; omnia selten als Acc. respect. II, 64. —

operam dare mit Acc. des Neutrums eines Pronomens II, 95. —

opinione, Abl. des Massstabes II, 182; bei dem Comparativus II, 183 f. —

opitulari mit dem Dat. II, 123. —

oppidum mit Gen. des Nom. propr. II, 41. —

optato, absol. Abl. II, 194. —

opus, in kurzen Citaten ausgelassen I, 209. —

-or, Suffix zur Bezeichnung des Zustandes I, 113. —

orare bei Cicero nur mit Acc. der Person und Acc. des Neutrums eines Pronomens II, 89. —

oriri, Nebenformen nach der 3. Conj. I, 103. —

ornare alicui, zu jemandes Ehren II, 147; aliquem aliqua re II, 178 f. —

-osus, Adject. auf, die Fülle bezeichnend I, 112; nicht zusammengesetzt mit der Negationspartikel in- I, 127. —

ovare, Ableitung I, 77. —

P

pa für pater I, 76. —

pace, Abl. mod. II, 195. —

pacisci mit Abl. pret. II, 185. —

paene, Verbum bei, im Indic. statt des deutschen Conjunct. II, 220. —

palam, Adverbium mit einem Casus verbunden I, 61. 185. —

palari, Synonyma I, 108. —

pallere, intransitiv, seltner transitiv II, 67. —

palpare mit dem Acc., palpari mit dem Dat. II, 124. —

par, Unterschied der Constr. mit dem Dat. oder mit dem Gen. II, 134. 142; in der Kaiserzeit immer mit dem Dat. II, 142. —

parcere alicui II, 147. —

parēre, Nebenform parire, I, 103; Passivum mit Dat. der Person statt ab aliquo II, 152. —

parte, partibus, localer Abl. II, 198. 202. —

partem, partim Massbestimmung II, 60; mit dem Gen. verbunden als Satzsubject II, 60. —

particeps mit dem Gen. II, 19. —

parvi, Gen. pret. II, 35. —

pasci, Constr. I, 106. —

pater in übertragener Bdtg I, 184; im Singularis nie collectivisch für den Senat gebraucht I, 138. —

patere mit dem Dat. II, 120. —

patiens mit dem Gen. II, 18. —

pauper mit dem Gen. II, 19. —

pavere, Synonyma I, 98; ursprünglich intransitiv, später meist transitiv II, 67. —
peccato, absol. Abl. II, 194. —
pectus in übertragener Bdtg I, 175. —
peculiaris, Constr. II, 122. —
pecunia mit abhängigem Gen. zur Bezeichnung des Zweckes II, 37. —
pedibus ire in sententiam II, 176. —
pedester statt terrester I, 182. —
pendēre mit ex und dem Abl. I, 186; pendēre animi II, 22; pendēre und pendĕre, Bdtg I, 97. —
penitus, genau, kein Comparativus und Superlativus gebildet I, 186. —
pensi habere, ducere II, 36. —
per mit dem Acc., die Art und Weise bezeichnend II, 180. —
percontari, Constr. II, 90. —
perfugium mit Gen. epexeg. II, 42. —
peritus mit dem Gen. II, 20. —
permissu, Abl. des begleitenden Umstandes II, 194. —
perseverare mit Acc. des Neutrums eines Pronomens II, 68. —
perspectus mit dem Dat. II, 155. —
pertinere ad aliquem, nicht in dem Sinn: angehören als Eigenthum I, 186. —
petere, Constr. II, 90 f.; precibus petere II, 176; petito, absol. Abl. II, 193. —
petra, Synonyma I, 93. —
picus, onomatopoetisch I, 49. —
piget mit Gen. der Sache II, 22 f. —
pili facere II, 35. —
plenus mit dem Gen. II, 19; mit dem Abl., Unterschied II, 177 f. —
pleraque, selten als Acc. respect. gebraucht II, 64. —
plorare aliquid II, 69. —
pluit mit dem Acc. II, 56. —
plus quam I, 209; plus iusto, aequo II, 184; pluris, plurimi, Gen. pret. II, 35. —
po für potissimum I, 76. —
ponderosus, Synonyma I, 86. —
ponere mit Dat. des Zweckes II, 118. —
poscere mit doppeltem Acc. der Person und Sache II, 90; Erklärung dieses Gebrauchs II, 93; im Passivum nie mit dem Acc. der Sache bei Cicero II, 90. —
posse, Gebrauch passiver Formen bei abhängigem Inf. Pass. I, 166; Indicativus anstatt des deutschen Conjunctivus II, 220 f. —
post, Verba zusammengesetzt mit, Constr. mit dem Acc. oder mit dem Dat. II, 125 f.; temporale Bestimmungen im Abl. vor post II, 184. —
postea, adjectivisch mit einem Substant. verbunden I, 132. —
postquam, Constr. bei, II, 215. —
postulare, mit Acc. der Person und Acc. des Neutrums eines Pronomens II, 90;

im Passivum bei Cicero nie mit Acc. der Sache II, 90 f.; postilionem postulare II, 95. —
potens mit dem Gen. II, 19. —
potiri, Nebenform potire I, 102; dieselbe bei Plautus mit Abl. oder Gen. verbunden II, 75; Nebenformen nach der 3. Conj. I, 103; mit dem Gen. II. 22; rerum potiri II, 75; mit dem Abl. II, 75; mit Acc. einer einzelnen Sache bei Cäsar etc. II, 75. —
potius bei malle I, 198; bei Comparativen II, 206. —
prae, Bdtg I, 118; den Verhinderungsgrund bezeichnend II, 180 f; Bdtg in der Zusammensetzung I, 122; damit zusammengesetzte Verba, constr. mit dem Acc. oder dem Dat. II, 125 f. —
praebere mit doppeltem Acc. II, 95. —
praecipere, in späterer Zeit wie iubere constr. II, 121. —
praeditus mit dem Abl. II, 179. —
praeferre mit Abl. des Grundes II, 181. —
praegnans sum = concepi mit Acc. II, 99. —
praesidere mit dem Acc. II, 74. —
praestare mit doppeltem Acc. II, 95. —
praesto esse mit dem Dat. II, 120. —
praestolari, Synonyma I, 108; mit dem Dat. II, 120; mit dem Acc. II, 125. —
praeter, abgeleitet von prae I, 118; Verb. factit. der Bewegung des Gehens, zusammengesetzt mit demselben, mit dem doppelten Acc. II, 85. —
prime, primo, primum, Unterschied I, 114. —
privare, mit doppeltem Acc. altlateinisch II, 91. —
privatim, verbunden mit Adject. II, 206. —
probare alicui aliquid II, 152; probatur alicui, unterschieden von ab aliquo II, 152. —
proconsul, nachciceronianisch I, 123. —
procul, Adverbium, mit einem Casus verbunden I, 61. 185. —
proferre diem s. Berathen. —
promittere, juristisch mit dem Gen. II, 22; mit Abl. pret. II, 185. —
promontorium mit dem Gen. eines Nom. propr. II, 41. —
prope, Unterschied von propter I, 118. —
propinquus mit dem Dat. II, 133; mit dem Gen. II, 134. —
propior, propius mit dem Acc. oder Dat. II, 133. —
proportio, nachciceronianisch I, 123. —
propraetor, nachciceronianisch I, 123. —
proprius, zum Gen. des Besitzers oder zum Pronom. possess. hinzugesetzt I, 198; Unterschied der Constr. mit dem Dat. oder Gen. II, 121 f.; statt des Gen.

Prouom. possess., Abl. des begleitenden Umstandes II, 191. —

sapĕre, Nebenform sapire I, 103; aliquid II, 55. —

satiare mit dem Gen. II, 22. —

satisdare, juristisch mit dem Gen. gebraucht II. 22. —

satisfacere iniuriarum, juristisch II, 22. —

saturare mit dem Gen. II, 22. —

saxum, Synonyma I, 86. 93. —

scatere mit dem Gen. II, 22. —

scopulus, Synonyma I, 93. —

scortum und scortus, Veränderung der Bdtg I, 91. —

scribi alicui statt ab aliquo II, 156. —

sectari aliquem II, 72. —

secundus mit dem Gen. II, 20. —

securus mit dem Gen. II, 20. —

sedĕre und sidĕre, Unterschied der Bdtg I, 97; sedere equum II, 68; sederi II, 68. —

semi- in Zusammensetzungen I, 123. —

semper, adjectivisch mit einem Substant. verbunden I, 132. —

sempiterno, temporaler Abl. II, 197. —

s'equi aliquem II, 72. —

sereno, absol. Abl. II, 194. —

sesqui- in Zusammensetzungen I, 123. —

servitutem servire II, 53. —

si forte, adverbialisch = vielleicht I, 209; si nihil aliud ohne Verbum, schon bei Cicero II, 107. —

sica, Synonyma I, 86. 92. —

signare mit doppelter Constr. II, 67. —

silentio, Abl. mod. II, 195. —

similis, constr. mit dem Dat. oder Gen., Unterschied II, 134 ff.; gewöhnlich nur mit dem Gen. der Pronom. person. verbunden II, 140; gewöhnlich nur patris similis II, 140; veri und vero similis, Unterschied II, 140 f.; der Dat. in der Kaiserzeit häufiger II, 136; der Dat. stehend 1) in der Verbindung mit dem Participium und 2) in der Bdtg: angemessen II, 141; mit dem Abl. der Rücksicht II, 181. —

simul, Adverbium, mit einem Casus verbunden I, 185; simul, simulac mit dem Perf. oder Präs. hist. II, 215. —

sistere, Causativum zu stare, Constr. II, 71. —

socius, Constr. mit dem Dat. oder mit dem Gen. II, 134 f. —

solari aliquid, etwas gut machen II, 79. —

solito, Abl. beim|Comparativus II, 184. —

solvendo esse II, 119. —

sonare mit dem Acc. des Neutrums eines Pronomens II, 57. —

spatiari, Synonyma I, 108. —

spectare, Synonyma I, 98; ad aliquem,

nicht im Sinn von angehören als Eigenthum I, 186; spectatus alicui II, 155. —

spiritus, Bdtg I, 191; in übertragener Bdtg I, 175; im Pluralis von einem Menschen gebraucht I, 144. —

spretus mit dem Abl. einer Person in der Kaiserzeit II, 178 Anm. 4. —

sterilis mit dem Gen. II, 20. —

stipulari, juristisch mit dem Gen. verbunden II, 22. —

stricte, strictim, Unterschied I, 116. —

stridĕre und stridĕre I, 98. —

studere mit dem Dat. II, 120. —

studiosus mit dem Gen. II, 20. —

sub, Präposition, Unterschied von subter I, 118, Bdtg desselben in der Zusammensetzung I, 122; mit sub zusammengesetzte Verba, Unterschied der Constr. mit dem Acc. oder dem Dat. II, 125 f. 132. —

subditi, Unterthanen erst im silbernen Zeitalter gebraucht I, 186. —

subvenire mit dem Dat. II, 123; mit doppeltem Dat. II, 161. —

succursare mit dem Dat. II, 123. —

sufficere mit dem Dat. II, 120. —

summittere fasces alicui II, 147. —

super, Verba zusammengesetzt mit, Unterschied der Constr. mit dem Acc. oder dem Dat. II, 73. 125 f.; mit super zusammengesetzte Verb. factit. der Bewegung des Gehens mit doppeltem Acc. II, 85. —

superesse mit dem Dat. II, 120. —

superstes, Constr. mit dem Dat. oder Gen., Unterschied II, 144. —

suppetias ire II, 80. —

surdus, active und passive Bdtg I, 169. —

surgere, statt exoriri gebraucht, nicht gut I, 186. —

suspectus mit dem Gen. II, 20. —

sui, sibi, se, Gebrauch des Pronom. reflex. in Nebensätzen der subjectiven Abhängigkeit II, 228. —

suus, Gebrauch desselben in Nebensätzen der subjectiven Abhängigkeit II, 228. —

T

t, Consonant, enthalten in den Pronom. demonstr. I, 80. —

taedet mit Gen. der Sache II, 22. —

talis mit Acc. respect. II, 65. —

tam, Ableitung I, 61. —

tanti, Gen. pret. II, 35. —

-tas, Suffix, einen abstracten Zustand bezeichnend I, 111. —

tau für taurus I, 76. —

-te, demonstrative Pronominalendung I, 61. —

tellus, nicht im Pluralis brauchbar I, 139. —

III.

Verzeichniss der kritisch oder exegetisch behandelten Stellen.